18,- ① 13,-

Dokumentation deutschsprachiger Verlage/5

Dokumentation deutschsprachiger Verlage

5. Ausgabe

Herausgegeben
von Curt Vinz und Dr. Günter Olzog

GÜNTER OLZOG VERLAG MÜNCHEN-WIEN

ISBN 3-7892-7088-1

Alle Rechte liegen beim Verlag.

© 1974 by Günter Olzog Verlag, München 22.

Satz und Druck: Druckerei Franz Wedl OHG, Melk.

Bindearbeit: Graphische Betriebe R. Oldenbourg, München.

INHALT

Vorwort zur 5. Ausgabe 7

REDAKTIONELLER TEIL

    Inhalt der redaktionellen Teile der Ausgaben 1 — 4 10

    Der Buchmarkt und seine Kritiker 11

        Rainer Fabian 11

        Curt Hohoff 13

        Wolfgang Kraus 15

        Paul Konrad Kurz 17

        Rudolf Walter Leonhardt 20

        Janko von Musulin 22

        Georg Ramseger 23

        Karl Ude 25

    Ehrungen in den buchhändlerischen Verbänden 28

LEXIKOGRAPHISCHER TEIL

    Die Profile der Verlage 35

    Verlagsjubiläen 517

    Porträts 519

    Geburtstagskalender 541

REGISTER DES LEXIKOGRAPHISCHEN TEILES

    Ortsregister 549

    Verlagsgebietsregister 557

    Namensregister 579

Vorwort

Das Erscheinen der 5. Ausgabe der „Dokumentation deutschsprachiger Verlage" berechtigt zur Feststellung, daß sich das Werk im Laufe der zwölf Jahre seit Erscheinen der 1. Ausgabe im Jahre 1962 bewährt hat. Als nützliches Informationsmittel hat es sich sowohl im Buchhandel und graphischen Gewerbe wie im öffentlichen und wissenschaftlichen Bibliothekswesen, aber auch im täglichen Gebrauch der literarischen Redaktionen von Presse, Rundfunk und Fernsehen einen festen Platz gesichert. Für Kulturinstitute und Kulturabteilungen wurde es wie für Autoren eine unentbehrliche Informationsquelle.

Von Anfang an waren die Herausgeber darauf bedacht, möglichst viele Verlagsprofile zur Darstellung zu bringen. Es ist dankbar zu vermerken, daß die überwiegende Mehrheit der führenden Verlage, große wie mittlere und kleine, bereitwillig mitarbeiten und die für die Abfassung ihrer Verlagsgeschichte und Programme notwendigen Auskünfte erteilen.

Alle Verlage zur Mitarbeit zu gewinnen, war von vornherein bei der Besonderheit des Gewerbes nicht zu erwarten. So erklärten wir bereits im Vorwort zur 1. Ausgabe: „Verbunden mit dem Persönlichkeitswert ist die Vielfalt der Individualitäten, die dem Verlagsgewerbe in seiner täglichen Praxis oft im Wege steht, ihm aber auch stets zur Auszeichnung gereicht. Da ist der Eigenwillige, der bedächtig Abwartende und der sich ängstlich Verschließende. Dort der aufgeschlossene Mitteilsame und der über seinen eigenen Bereich hinausblickende besondere Aktive."

So betrachtet, bietet das Werk auch in seiner vorliegenden Neuausgabe ein echtes und umfassendes Spiegelbild dieses „besonderen" Gewerbes, dessen noch abwesender „eigenwilliger, abwartender und sich verschließender" Teil diesmal durch Aufnahme wenigstens der Verlagsnamen und Anschriften transparent gemacht worden ist.

Dem kleinen und mittleren Individualverlag ist diesmal in einer für ihn lebenswichtigen Frage auch der redaktionelle Teil gewidmet worden.

München, Ende Mai 1974.

Die Herausgeber

Redaktioneller Teil

Inhalt der redaktionellen Teile der Ausgaben 1—4

Aufsätze

Elisabeth Bamberg	Der Deutsche Verband Evangelischer Büchereien e. V.	3/26, 4/49
Ernst H. Berninger	Die Bibliothek des Deutschen Museums in München	4/27
Rudolf Fiedler	Die österreichischen Volksbüchereien	4/65
Bertold Hack	Das Titelblatt des Buches	2/9
Erich Hodick	Der Borromäusverein	3/20, 4/42
Rita Kalbhenn	Über die Werkbüchereien	3/30, 4/53
Hildebert Kirchner	Die Parlaments- und Behördenbibliotheken in der Bundesrepublik Deutschland	3/32, 4/22
Vittorio Klostermann	Vom Wagnis des guten Buches	1/r10
Annemarie Meiner	Über Signete	1/r76
Rudolf Müller	Die österreichischen Volksbüchereien	3/32
Günther Pflug	Die deutsche Bibliothekskonferenz	4/31
Bertold Picard	Die Deutsche Bibliothek in Frankfurt	4/11
Hellmut Rosenfeld	Die deutschen wissenschaftlichen Bibliotheken	3/7, 4/14
Hans Schachtner	Der St. Michaelsbund	3/24, 4/46
Walter Scherf	Die Internationale Jugendbibliothek in München	3/33, 4/28
Heinz Siegel	Die Bibliothek des Deutschen Patentamts	4/23
Hansjörg Süberkrüb	Die deutschen kommunalen öffentlichen Büchereien	3/13, 4/33
Friedrich Tykal	Das Österreichische Borromäuswerk	4/66
Christian Uhlig	Die Geschichte der Organisation des schweizerischen Buchhandels	1/r35
Christian Uhlig	Die Geschichte und Organisation des österreichischen Buchhandels	1/r42
Friedrich Uhlig	Die Entwicklung der buchhändlerischen Organisation in Deutschland	1/r15
Curt Vinz	Die Alpenvereinsbücherei in München	4/29
Curt Vinz	Die Arbeitsgemeinschaft der kirchlichen Büchereiverbände Deutschlands	4/41
Curt Vinz	Das Bibliothekswesen in der DDR	4/55

Dokumentation

Die deutschsprachigen Literaturpreise	2/35, 3/37
Ehrungen in den buchhändlerischen Verbänden	4/69
Die mehrfach ausgezeichneten Literaturpreisträger	3/58
Synoptische Zeittafel	1/r52
Verzeichnis der Vorsitzenden der Buchhandelsorganisationen in Deutschland, Österreich und der Schweiz	1/r50, 2/74

Der Buchmarkt und seine Kritiker

1962 — im Erscheinungsjahr der 1. Ausgabe der Dokumentation deutschsprachiger Verlage — fand in Konstanz das dritte, von den buchhändlerischen Fachverbänden der Bundesrepublik Deutschland, Österreichs und der Schweiz gemeinsam veranstaltete Literaturgespräch statt. Seither sind diese Konstanzer Literaturgespräche, die ein Beweis dafür sein wollen, „wie sehr der Buchhandel bereit ist zu versuchen, im Dialog mit der Publizistik seinen Beitrag zu den kulturellen, den literarischen und den soziologischen Problemen unserer Gesellschaft zu leisten", zu einer Art Institution geworden. Der Konstanzer Diskussionskreis befaßte sich bisher mit folgenden Themen:

1960 Haben wir eine unabhängige Literatur?
1961 Literaturpreise und Öffentlichkeit
1962 Urheberrechtsreform
1963 Der Literatur- und Buchmarkt in Europa
1964 Literatur und Bildung
1965 Wird Literatur richtig verbreitet?
1966 Literatur vor dem Richter
1967 Das Buch als Mittler zwischen West und Ost
1968 Moderne Literatur — eine Provokation?
1969 Buchhandel und Gesellschaft — heute und morgen
1970 Glanz und Elend der Literaturzeitschriften
1971 Gefesselte Literatur? Auswirkungen von Kooperation und Konzentration auf den deutschsprachigen Buchmarkt
1972 Zur Psychologie des Lesens
1973 Geschäft mit Büchern — Schein und Wirklichkeit
1974 Buch und öffentliche Hand

Diesem weitgefächerten Katalog soll in dieser 5. Ausgabe der Dokumentation deutschsprachiger Verlage ein weiteres, „brennendes" Thema hinzugefügt werden.
Wir befragten Rainer Fabian, Curt Hohoff, Wolfgang Kraus, Paul Konrad Kurz, Rudolf Walter Leonhardt, Janko von Musulin und Karl Ude, ob und inwieweit der Literaturkritik von Presse, Rundfunk und Fernsehen überhaupt noch ein Spielraum bleibe, sich bei dem massiven Angebot der Großverlage noch der vereinzelten Neuerscheinungen der kleinen und mittleren Verlage anzunehmen?

RAINER FABIAN

Ich sehe ihm zu, wie er in seinem Gehäuse sitzt und die Griffe bedient. Über dem Börsenblatt brütet, Werbe-Etats vergleicht, den Telefonhörer zwischen Schulter und Kinn klemmt, Verlagsvertreter empfängt zu einem Schnäpschen, ankreuzt und abhakt, Stempel, auf denen das Wort „Maschinensetzerei" steht, vom Stempelkarussel pflückt, Prospekte studiert, Manuskriptschlußtermine an die Wand pinnt, einem Rezensenten mit honigsüßer Stimme erklärt, daß siebzig Zeilen à 60 Anschläge selbst für den neuen Ionesco ausreichen müßten, Kaffee aufbrüht, eine 12-Punkt-Überschrift korrigiert, die Neuerscheinungen aus ihrer Verpackung schält, in die Hand nimmt, aus der Hand gibt, auch liest natürlich, auch das. Ich sehe ihm zu, wie er die Griffe der Literaturinformationsverwertungsmaschine bedient, denn an ihn ist die Frage gerichtet: An den Literaturblattredakteur.

Die Frage erweist ihm die Ehre. Sie tut in aller Unschuld so, als wäre der Literaturblattredakteur noch jener cäsarische Typus des Intellektuellen, der das Buch mit einer Daumenbewegung erledigen und aus der Arena von Sortiment und Buchhandel schleifen und in das moderne Antiquariat befördern kann. Doch daran glaube ich nicht. Weder an seine elitäre Rolle, noch an seinen exklusiven Einfluß auf den Markt in einer Zeit, da ein Wortabtausch zwischen Rudi Carell und einer Memoirendame wie das Tippen auf den Kickstarter wirkt. Daran schon allemal nicht.

Was ich gegen die Frage, ob der Literaturblattredakteur karitative Pflegedienste für die kleinen Verlage ausüben kann, einzuwenden habe, ist ein Verdacht: Die Frage beruht auf der Monokausalität. Die Frage setzt die eine Ursache für die eine Wirkung voraus. Die Frage berücksichtigt nicht die Existenz der Maschine, an die nicht nur der Literaturblattredakteur angestöpselt ist. Die Frage hätte deshalb auch gerichtet werden müssen an die Literaturproduzenten, die Kalkulatoren, die Anzeigenaquisiteure, die Kaufimpulsezähler, die Coverentwerfer, die Mediaplaner, die Sortimenter, die Buchhändler und, bitte sehr, auch an die Leser von Büchern. An die schon allemal.

Und so entpuppt sich der Kokon und entläßt den eigentlichen Beantworter der Frage. Seine Intentionen können in drei Punkten beschrieben werden.

Erstens: Leserschaft kann nicht definiert werden durch einen statistischen Querschnitt, sondern nur durch die Zielgruppe. Insofern gibt es „Konkret"-Leserschaften und die Leserschaften der „WELT", typische Bestsellerleser und Leser von Handpressendrucken, Prestigeleser, Urlaubsleser, Bibliothekleser, Zweizimmerwohnungsleser und S-Bahnleser, Leser, für die Wollust bedeutet, was andere als Pflicht empfinden, emanzipierte Leser und Gartenlaubenleser, Leser von Fachbüchern für die Schlosserlehre und Leser für albanische Poesie, Büttenpapierleser, Massenauflageleser, Leser jeder Art also und deshalb auch die ihnen entsprechenden Publikationen. Die einen dieser Publikationen favorisieren die Produktion der Kleinverlage, die anderen vernachlässigen sie aus Gründen.

Zweitens: Die Motivation zum Lesen bestimmter Titel, Themen und Temperamente entsteht synchron mit kulturellen Strömungen, bewußtseinsverändernden Prozessen und dem Auftreten neuer Kräfte, die in die Geschichte wirken. Die Buchproduktion ist nur ein Teil davon, und Ereignisse wie der

Jenseitsboom, die Zurückzurnatursehnsucht, die Erpressungen der Kidnapper und der Yom Kippur-Krieg bilden jene historische Folie, die das Programm eines Verlages bestimmen können, der das Wesen des Buches nicht mehr in der Retrospektion erblickt, sondern in Konkurrenz zu den anderen Medien in der Aktualität.

Drittens: Wir leben in einer beschleunigten Welt. Sechstausend Jahre lang benutzte der Mensch Transportmittel, die sich im Kameltempo fortbewegten, aber es dauerte nur dreißig Jahre, um die Geschwindigkeit der Fortbewegung von 600 auf 28 000 Kilometer pro Stunde zu steigern. Das Rad brauchte tausend Jahre, um über diese ganze Welt hinzurollen, Gutenbergs Druckerpressen immerhin noch hundertfünfzig, für die Radiowelle werden fünfundzwanzig Jahre veranschlagt, für die Atombombe sechs und für den Transistor drei. Dies alles hat mehr mit dem Buch zu tun, als es den Anschein hat. Während früher Jahrhunderte ins Land gingen, um eine Bibliothek von hunderttausend Büchern zusammenzuschreiben, werden heute in Europa allein in einem Jahr hundertfünfzigtausend neue Titel produziert. Die Beatles, sagt Lexikograph Flexner, „konnten sich irgendein Wort ausdenken, und innerhalb eines Monats wurde es zum Bestandteil der Sprache".

Kurz: Der Leser, der in demselben Fahrzeug fährt wie der Literaturblattredakteur, hat Bedürfnisse entwickelt, die der allgemeinen physischen und geistigen Mobilität entsprechen.

Nicht wahr, wir sehen dem Literaturblattredakteur zu, wie er in seinem Gehäuse sitzt und die Griffe bedient und auf die Frage des Olzog Verlages diese Antwort findet: Die Literaturkritik kann in einer Welt der andauernden Turbulenzen nur für die Interessen des Lesers arbeiten und wird bei Buchauswahl, Buchkritik und Buchförderung dieses ins Auge fassen, daß der Leser an die Buchproduzenten legitime Erwartungen stellt.

Sehen wir also auch ihm zu, dem Kleinverleger, wie er in seinem Gehäuse sitzt und fragen wir ihn. Fragen wir ihn danach, was er für das Überleben des Lesers tut. Denn sein eigenes hängt davon ab.

CURT HOHOFF

Jedesmal wenn ich eins der sogenannten Vorausexemplare verlagsneuer Werke ins Haus geschickt bekomme und den Vermerk lese: „Unkorrigiertes Leseexemplar — nur zum eigenen Gebrauch — unverkäuflich" und so weiter und die Ankündigung mitgeliefert bekomme, die Erstauflage umfasse 100 000 Exemplare, denn das Buch stehe seit Jahren in Paris oder New York auf der Bestsellerliste, dann bin ich eigentlich schon mit der Lektüre am Ende. Dann weiß ich, daß ein dicker Fisch aufs Leservolk losgelassen wird und daß es sinnlos ist, den mitgedruckten Lobsprüchen meine eigenen folgen zu lassen oder ihnen durch eine Kritik zu widersprechen. Andere Instanzen als die literarische Kritik haben bereits entschieden. Der Erfolg des Buches ist gemacht, bevor es ausgedruckt wurde — der Publikumserfolg, versteht sich. Man braucht nur die halbseitigen Verlagsanzeigen unserer Großverlage zu lesen, um zu wissen, wie der Hase läuft oder laufen soll. Meistens läuft er so, wie er soll: Die Lenkungsinstanz heißt Werbereklame, nicht anders wie bei Schokolade, Autos und Eigentumswohnungen.

Bleibt die Frage, ob Bücher kleiner Verlage, wenig bekannter Autoren, mit ausgefallenen Themen noch die Chance haben, wahrgenommen zu werden. Man würde den Kritiker und seinen Ehrgeiz unterschätzen, wenn man unterstellte, er fiele auf Werbung herein. Im Gegenteil, er sucht ja das Neue, die Qualität (die kaum im Massenbuch deponiert sein kann) und die Entdeckung des Autors, eines echten Urhebers, eines Talents. Ich habe einmal einen Vortrag von Butenandt gehört, in dem er berichtete, man habe in Augsburg ein Schmetterlingsweibchen fliegen lassen, und die vor München aus dem fahrenden Schnellzug in die Luft entlassenen Männchen hätten das Weibchen über 50 km Entfernung gewittert. So ähnlich, muß man sich wohl vorstellen, ist es mit der Spürnase des Kritikers bestellt. Sonst wären Autoren wie Benn, Britting, Eich, Celan, Piontek und Ingeborg Bachmann nie bekannt geworden.

Entdeckungen gibt es auch heute noch, nicht nur solche, die als Geheimtips weitergereicht werden (im Augenblick: Peter Rosei), sondern auch solche, die nur ihrem Entdecker teuer sind und vielleicht nie weiterkommen. Die entscheidende Frage ist die Verbreitung der Entdeckung, und hier hapert es seit Jahren leider sehr. Denn fast ebenso schwer, wie der unbekannte Autor sich durchsetzt, kann der Kritiker seine Entdeckung, seinen Außenseiter, seinen Unbekannten bei Presse und Funk „verkaufen", denn auch diese sind ja, aller pflichtgemäßen und beruflichen Versessenheit auf Novitäten zum Trotz, im Sog der Massenwirkung und -werbung. Sie unterliegen dem psychologischen Druck der Empfehlung, und das ist zu verstehen. Sollen sie ihren kostbaren Platz an Unbekannte verschwenden, wo Leser und Hörer doch nicht erwarten, zu hören, daß der längst „in aller Munde" zerkaute Bestseller, literarisch gesehen, Mist ist?

Sieht man sich die Literaturblätter großer Zeitungen an, so wird ein Trend zum Magazinstil immer deutlicher. Man muß Luchsaugen haben und seine Pappenheimer kennen, um den sachlich wertvollen Hinweis von der journalistisch aufgedonnerten Begeisterung zu unterscheiden. Ein philosophisches, historisches, lyrisches oder gar fremdsprachiges Werk ist schwer zu besprechen, und noch schwerer ist die Besprechung unterzubringen, wobei es freilich immer wieder rühmenswerte und rührende Ausnahmen gibt. Und dann findet man unter den weihnachtlichen und österlichen Schuttmoränen von Besprechungen den Hinweis auf ein bescheidenes aber wichtiges Reclambändchen, auf die längst überfällige und jetzt Ereignis werdende Sealsfield-Ausgabe, auf das Buch eines Unbekannten aus der Provinz oder Gedichte einer lyrischen

Schubkraft. Auch den Verriß findet man hier, wenn Ahnungslosigkeit oder Spekulation dem Verleger einen Streich gespielt haben.

Die Tendenz geht zum Massenerfolg, zum Großschriftsteller und Großverleger. Ein einziges Buch mit Millionenauflage saugt die Kaufkraft für fünfhundert normale Bücher ab. Das wird die Kritik nicht abhalten, immer wieder auf die Jagd zu gehen und das bessere Buch über das erfolgreiche zu stellen: und immer wieder gibt es eine Zeitung, einen Sender oder eine Revue, welche die Kritik bringt, denn es besteht ein gewisser sachlicher Zwang: Auf das Trommelfeuer folgt die Stille, auf „Doktor Schiwago" folgt eine lange Pause, und die Kritiker und Redakteure lassen sich nicht ausreden, daß das Seltene, Ausgefallene und Besondere einen größeren Informationswert besitzt als die präparierten Stücke vom Seller-Teller. Vielleicht darf man darauf hinweisen, daß in den letzten Jahren eine Wiederkehr literarischer Urverhältnisse zu signalisieren ist: mäzenatische Sonderdrucke, Typoskripte und fotomechanisch reproduzierte Handschriften machen die Runde und gehen billig weg. Man nennt so etwas „underground", aber es ist normal. Auf diese Weise haben die Wiener, von Artmann bis Jandl, ihren Weg gemacht, von einer kritischen Garde gefördert.

WOLFGANG KRAUS

Zweifellos haben es die kleineren Verlage schwer, sich mit ihren Büchern auf dem Markt durchzusetzen, obwohl es Gegenbeispiele gibt. So etwa ging der Welterfolg des bedeutendsten Werkes von Konrad Lorenz „Das sogenannte Böse" von dem praktisch sonst inexistenten Wiener Miniverlag Borotha-Schöler aus. Trotzdem: die mit wenig Kapital und ohne Apparat arbeitenden Kleinverlage sind nur selten in der Lage, sich im Buchhandel vorzukämpfen. Nicht ganz so schlecht sieht es für sie bei der Pressekritik, im Hörfunk und im Fernsehen aus.

Redakteure und Kritiker sind, zum Unterschied vom Buchhändler, weniger dem Geschmack des breiten Publikums ausgeliefert. Der Buchhändler will das hervorragende Werk, das ihm persönlich gefällt, auch verkaufen, er wird sich bei der Bestellung größte Zurückhaltung auferlegen, wenn er keine Kunden dafür hat. Und er wird ein schwer verkäufliches Buch eher von einem großen Verlag nehmen, mit dessen anderen Produkten er gute Geschäfte macht. Redakteur und Kritiker entscheiden nach ihrem Wissen, nach der Qualität, abgesehen von typischen Bestsellern, die im Besprechungsteil drankommen müssen und dort sehr oft mit Ironie und als Symptom behandelt werden. Der Redakteur, der in Absprache mit dem Rezensenten die Bücher zur Besprechung vergibt, tut dies nach seiner Vorstellung von der Wichtigkeit eines Werkes. Er wird, rein praktisch gesehen, für ein bedeutungsloses langweiliges Buch kaum einen Rezensenten finden, der seine Zeit dafür hergibt.

Man könnte freilich sagen, daß die großen Verlage auf die Redaktionen stärkeren Einfluß ausüben wollen als die kleinen dazu imstande sind: große Inserate zieren die Buchseiten, der Pressechef hängt ständig am Telefon, soweit er nicht umherreist und mit den maßgebenden Redakteuren und Rezensenten zu Mittag speist. In der Praxis aber darf die redaktionelle Wirkung von Inseraten nicht überschätzt werden, vor allem wird sie sich nicht auf einzelne Bücher richten. Bei der Beurteilung dieser Frage darf in erster Linie nicht vergessen werden, welch gewaltige Schlamperei in den meisten Kulturredaktionen herrscht. In irgendeinem Zimmer türmen sich zwei oder drei Berge von Rezensionsexemplaren, an denen der Redakteur oder der ihn gelegentlich besuchende Rezensent manchmal zieht. Man wühlt, dann kommt eine Lawine ins Rutschen, und plötzlich liegen vortreffliche Bücher des vergangenen Jahres zutage, die dann mitunter auch noch zum Zuge kommen, obwohl die erste Chance vorbei war.

Die Realität in den Redaktionen besteht also einerseits aus dem systematischen Interesse des Redakteurs und der Kritiker, die das Angebot neuer Bücher beobachten und das nach ihrem Ermessen Interessanteste sogleich auswählen. Diese Systematik wird kompensiert durch die erwähnte Schlamperei, die auf gar nicht so üble Weise für Pluralismus auch dort sorgt, wo er sonst vielleicht nicht gewährleistet wäre. Beide Komponenten sind für den kleinen Verlag von Vorteil.

Bei Hörfunk und Fernsehen tritt die Komponente der ausgleichenden Schlamperei allerdings zurück. Dort sitzen meist genug Leute, die auch genug Zeit haben, den Bucheingang genau im Auge zu behalten, auch wenn sie nur selten zugeben, daß im Vergleich mit einer Zeitungsredaktion mehr Möglichkeit zur Ordnung besteht. Bei Hörfunk und Fernsehen wird ziemlich genau geplant, und dort setzen die Kräfte der Großverlage recht massiv an. Wenn ein Buch im Fernsehen verfilmt werden soll, wenn ein Autor ein Fernsehporträt erhalten soll und bei ähnlichem Großeinsatz, da kann von Seiten des Verlags vorher schon einiges passieren. Allerdings kommen auch sehr viele solche Großeinsätze des TV zustande, bei denen von seiten der Verlage bestimmt nichts passiert ist. Weil eben der Autor wirklich bedeutend ist, weil sich sein Buch für eine Fernsehfassung eignet. Außerdem haben Kleinverleger ebenso wie die Autoren die Möglichkeit, mit Fernsehredakteuren Freundschaften zu schließen, wenn von beiden Seiten Sympathie besteht.

Raufereien im Kulturleben gibt es, seit es ein Kulturleben gibt, und es sind keineswegs meist die wirtschaftlich Stärkeren, die obsiegen: gerade hier kommt viel auf die Persönlichkeit, auf Enthusiasmus, auf Witz und Engagement an. Sicherlich können Großverlage mehr Mannschaft und stärkeren wirtschaftlichen Einsatz, sehr oft eben auch eine größere Zahl prominenter Autoren in den kulturellen Nahkampf schicken, aber für den Erfolg dieses oder jenes wertvollen Buches muß das nicht entscheidend sein. Dem Großverlag fällt es leichter, durch das umfangreiche Netz seiner Beziehungen — nicht zuletzt seiner eigenen Autoren — Literaturpreise zu mobilisieren und Kontakte zu Redaktionen von Zeitungen, Rundfunk und Fernsehstationen spielen zu lassen. Doch dem Kritiker und Redakteur gehen solche Versuche doch auch immer arg auf die Nerven, und er hält Umschau nach dem Outsider. Ihm wendet er oft um so stärker seine Sympathie zu, je intensiver die Monsterverleger ihn umkreisen.

Man kann beinahe sagen, daß die Publizistik die große Chance des einzelgängerischen Kleinverlags ist: wenn dieser Kleinverlag nur imstande ist, sich geistig zu profilieren, wenn eine Persönlichkeit dahinter steht, die weiß, was sie will und die Interessantes will. Die Redakteure und Kritiker sind nie die Freunde der Machtkonzentrationen im Kulturleben. Sie stehen meist selbst in nicht geringer Spannung zu Machtzentren und sind glücklich, wenn sie einen Einzelgänger, einen Individualisten treffen, der mit wenig Geld, ohne Apparat, nur mit dem eigenen Gehirn, dem Einsatz der eigenen Person oder von ein paar Leuten ins große Gefecht zieht. Redakteure und Kritiker werden immer den David gegen den Goliath unterstützen. Allerdings, der David muß Mut, Intelligenz und Phantasie haben, und der darf sich nicht als Goliath aufführen wollen. David mußte seine Chance als David nützen.

PAUL KONRAD KURZ

„Keine Literatur kann auf die Dauer ohne Kritik leben", schrieb Friedrich Schlegel. Er meinte eine produktive Kraft, die nicht so sehr „Kommentar einer schon vorhandenen, verblühten Literatur" wäre, sondern „Organon" einer gerade sich bildenden. Wenn Literaturkritik nachdenkt, wo bei einem Autor ein neuer Stoff entdeckt, ein neues Thema gefunden, eine neue Form, Sprache, Sehweise sich ausdrückt, wo und wie ein Roman das Unbewältigte eines Jahrzehnts, ein Bühnenstück das örtlich Verdrängte oder das zeitlich und öffentlich nicht Zugelassene sprachlich vorstellt, stellt sich die Kritik auch heute diesem sondierenden und prognostischen Anspruch. Der von einer größeren Leserschaft wahrgenommene Teil der Literaturkritik vollzieht sich aber nicht in diesen obersten Rängen. Er geschieht im Parterre, in den Buchbesprechungen der Tages- und Wochenzeitungen, gelegentlich mit andeutungsvollen Ausblicken, zumeist aber beschränkt auf das neu erschienene Buch des Autors. Hier vor allem praktiziert der Kritiker seine Mittlerstellung zwischen Buch und Leser, zwischen Autor und Publikum. Als dem kommerziell Unbeteiligten traut ihm das Publikum immer noch ein faires Urteil zu.

Man weiß im Zeitalter der Produktion und des Verkaufs um jeden Preis sehr wohl um den schwierigen Weg vom Manuskript zum Buch zum Kunden. Der Autor macht das Manuskript. Das Buch machen die Verleger oder die Literaturproduzenten, wie heute Büchermacher bezeichnenderweise sich nennen.

Schon bei Lessing — dessen Subskription auf „Nathan" in Weimar 12, in Jena 6 Bestellungen erbrachte — war das Buch auf zwei Ebenen vorhanden: auf dem Ladentisch und im Gehirn, als Ware und als geistige Wahrnehmung. Daß in jüngster Zeit der Warencharakter des Buches überhand genommen hat, ist offenkundig. Den Verleger und seine Aktionäre interessieren die Bilanzen des Unternehmens zumeist sehr viel mehr als die Qualität der produzierten Bücher und ihr Beitrag zum Selbstverständnis der Epoche.

Die Literaturkritik, aristokratisiert in ein paar großen Namen, institutionalisiert in den Feuilletons, proletarisiert in einem Regiment von Zeilenschriftstellern (mit Löhnen, die umgerechnet unter denen eines Hilfsarbeiters liegen), hineingezogen in den Kreislauf von Produktion und Konsum, verdrängt und beinahe ersetzt durch Werbung, kann zwar ihre Mittlerfunktion anbieten. Aber wird sie auch effizient? Zeitigt sie eine angemessene Wirkung? War die Angemessenheit des Geistigen nicht immer schon eine Sache der Minderheit?

Daß Literaturkritik heute in jeder Hinsicht zu den fragwürdigen Zünften gehört, weiß jeder Zünftige. Es ist hier nicht der Ort, ihren Selbstzweifel, die viel diskutierte Frage nach ihren Kriterien, das Mehr oder Weniger an ideologischem Vorbehalt der einzelnen Kritiker zu verhandeln. Autor und Leser bilden sich eine kritische Meinung auch über den Kritiker, erkennen Gruppenabhängigkeiten, quasi-bischöfliche Ansprüche. Standorte, Sensibilität, Wahrnehmungsfähigkeit, Wissen, die Mitteilungsfähigkeit der eigenen Sprache und das fair play gegenüber dem Gleich- und Andersgesinnten unterscheiden Kritiker. Der einzelne Kritiker betätigt sich als Glied innerhalb des literarischen Prozesses.

Er weiß, daß sein Urteil nicht vom Himmel fällt, daß er leicht zu flüchtig, zu flächig, zu voreingenommen liest, weiß überdies, daß für Argumente, Überlegungen, Vergleiche wenig Platz ist in einer Zeit der Schnellimbisse und Kürzestinformation, weiß nachgerade, daß er dem strapazierten Kunden als Leser eine schöne Geschichte erzählen sollte, die aber anderswo ihre Authentizität verloren hat. Der Leser leidet, wie der Kunde im Lebensmittel-Großmarkt, an Überfütterung, mangelndem Appetit, schlechter Verdauung, an fehlender Zeit und Lust. Manche Leute brauchen vor dem Essen Appetizer, die das Nerven- und Drüsensystem in Gang setzen. In der Zeitung besorgen das die Schlagzeilen, Überschriften, Neugierhappen. Der Tageskritiker kann sich diesen Appetizern nicht entziehen, nicht in der Zeitung und nicht im Funk. Anders steht es in den Monatsschriften mit ihren anspruchsvollen Deutungsversuchen und Selbstgesprächen, die freilich immer nur ein paar Tausend erreichen. Dazwischen liegen die Besprechungszeitschriften, denen es meist um eine kritische Kurzinformation über möglichst viele Bücher geht. Ihre Auflagen sind meist niedrig. Die größte, die „Bücherkommentare" (zweimonatlich), erreicht knapp ein Sechstel der Auflage von „buch aktuell".

Man weiß, daß in Zeitung und Funk die Buchbesprechungen den geringsten Teil der Leser und Hörer erreichen. Sie setzen den literarisch bereits geweckten und interessierten Leser voraus. Die etwas mühsame Gattung der Einzelbesprechungen erweitern einige Zeitungen bewußt durch Reihenbesprechungen (vor allem von Taschenbüchern), durch Interviews mit Autoren, durch Autoren- und Produzentenporträts, durch Berichte von der literarischen Szene. Aber die anspruchsvolleren Feuilletons schreiben mehr für Insider des literarischen Betriebs als für die große Zahl der Leser. Wie anspruchsvolle Literatur hat auch anspruchsvolle Kritik kaum je die Masse erreicht — es sei denn, sie berühre ein Politikum.

Zeitungskritik sollte zu erst dem Leser helfen. In den meisten Fällen hilft sie dann auch den Literaturproduzenten und Autoren, obschon sie 15 000 Neuerscheinungen zwischen Buchmesse und Weihnachtsausgabe nie unterbringen kann. Die Auswahl der zu rezensierenden Bücher und der bevorzugt berücksichtigten Verlage hängt am wenigsten vom Kritiker, mehr von den Redaktionen und nicht zuletzt von Lesererwartungen ab. Seller und Neuerscheinungen berühmter Autoren müssen besprochen werden. Wovon alle reden, davon muß jede Zeitung schreiben, auch wenn besser schreibende Autoren und wichtigere Bücher auf diese Weise entschieden zu kurz kommen und manchmal sträflich ausgelassen werden. Für die Masse der produzierten Bücher werden die Zeitungen immer weniger transportfähig. Die Literaturkritik bedarf jedoch eines Transportmittels. Sie ist keine selbständige Größe.

Was kann die Literarkritik und was kann sie nicht? Gegen den programmierten Seller kommt sie nicht an. Es gibt dafür Jahr für Jahr Beispiele. Auf der Gegenseite kann sie für das nicht mit einem Werbeetat ausgestattete Buch zumeist nur einen Achtungserfolg erreichen. Gelegenlich gelingt ihr die Entdeckung eines Unbekannten, die Schützenhilfe für einen Neuling, das Plädoyer für einen im lärmenden literarischen Betrieb unbeachteten Autor. Wenn ein Kritiker oder Autor von Rang an hervorragender Stelle — sagen wir in einem Wochenendfeuilleton — sich für einen Romancier einsetzt, von dessen jüngstem Roman in einem Jahr nur dreihundert Exemplare verkauft wurden, so hat das in diesem Fall nicht nur qualitative, sondern auch quantitative Folgen. Der Durchbruch von Werken hängt im übrigen selten von rein ästhetischen Qualitäten, sondern meist von gesellschaftspolitischen Konstellationen und emotionalen öffentlichen Trends ab, vom gerade zu befriedigenden Bewältigungs-, Nostalgie-, Zeit-, Lustbedürfnis.

Für die quantitative und finanzielle Seite der Literaturproduktion sorgen die großen Verlage, die Konzerne, die Buchclubs mit ihrer Werbung. Für die qualitative Seite der Literatur, für das literarische Gespräch, für den qualifizierten Leser zeichnet noch immer die Literarkritik verantwortlich. Die Werbung fragt: Wie macht man Bürger zu Käufern? Die Buchclubs fragen: Wie macht man Bürger zu Lesern und mit Lesern ein Geschäft? Die Literaturkritik fragt: Wie bringen wir Bücher und Bürger, deren Welt in den Büchern verhandelt wird, miteinander in Kontakt? Wie helfen wir denen, die am literarischen Leben beteiligt sind und mit dem literarischen Leben der Gesellschaft? Die Literarkritik ist

nach meiner Meinung weniger ein Star- als ein Dienstleistungsberuf, einer, der zu den schlechtest bezahlten dieser Gesellschaft gehört.
Wenn die Buchproduktion immer mehr in den Sog des Warenprozesses dieser Gesellschaft gerät, so ist die Literarkritik am wenigsten daran schuld. Sie wird diesen Sog nicht aufhalten. Es gab im Grunde schon immer zwei Literaturen, von denen die eine mehr die Vielen, die andere mehr die kritische Vernunft und die ästhetisch aufgeklärte Lust befriedigte. Eine Nation ohne Literatur ist nicht denkbar. Eine Literatur ohne Literarkritik auch nicht — es sei denn, wir ließen uns hineinsaugen in einen Ameisenstaat der totalen Werbung oder der totalen Funktionärsherrschaft.

RUDOLF WALTER LEONHARDT

Literaturkritiker wird man, weil man sich überdurchschnittlich für Literatur interessiert; man wird es freilich nur, wenn es einem gelingt, andere Leute davon zu überzeugen, daß man über Bücher etwas Mitteilenswertes zu sagen hat. Ein Medium, Funk oder Zeitung, findet sich dann schon.
Das ist die Ausgangslage. Sie wird durch Erfahrung ebenso erleichtert wie kompliziert.
Erleichtert: denn es genügt ja nicht das Interesse für Literatur. Es müssen dazu Kenntnisse kommen, wie sie niemand sich aneignen kann, um Literaturkritiker zu werden. Da gibt es schließlich eine planmäßige Berufsausbildung. Das Vermögen, vieles zu überblicken, um dann sichten, vergleichen und unterscheiden zu können, wächst mit den Jahren.
Mit den Jahren wachsen freilich auch die Komplikationen. Sie führen, direkt oder auf Umwegen, zu einer Antwort auf die Frage, ob die Literaturkritik sich „bei dem massiven Angebot der Großverlage noch der vereinzelten Neuerscheinungen der kleinen und mittleren Verlage" annehmen könne.
Als junger Kritiker wäre ich über diese Frage empört gewesen, hätte sie vielleicht gar nicht verstanden. Ich glaubte damals, das Beste sei es, Bücher zu besprechen, ohne den Namen des Autors oder gar des Verlages zu kennen. Und wenn es sich als praktisch kaum zu machen erwies, daß ich nur den Text zu Augen bekam — ohne Waschzettel, ohne Namen des Autors oder des Verlages (die konnten ja dann für den Abdruck der Besprechung von der Redaktion nachgetragen werden) — so wollte ich doch wenigstens niemals Autoren oder gar Verleger persönlich kennenlernen.
Das ist gründlich schiefgegangen. Nach wenigen Jahren kannte ich, ohne das eigentlich zu wollen, beinahe alle. Schon die Treffen der Gruppe 47 und die Frankfurter Buchmesse sorgten dafür von P. E. N. und privateren Anlässen nicht zu reden.
Und natürlich benutzten die Verleger, benutzten auch die Autoren jede sich dadurch bietende Gelegenheit, den Kritiker auf ein Buch „hinzuweisen", wobei

er alle Varianten zwischen vornehmer Zurückhaltung und drastischer Markenartikelwerbung kennenlernen konnte. Wie hätten Verleger auch darauf verzichten sollen? Es ist schließlich ihr Geschäft. Dazu kam am Ende freilich noch, daß ich nicht nur selber Kritiken schrieb, sondern auch die Verantwortung übernommen hatte für den Abdruck von Kritiken in einer nicht ganz unmaßgeblichen Zeitung. Ich war damit aus den Höhen der unberührbaren Kritik abgeglitten in die Position eines Marktchancenverteilers.

Nun wurde ich ziemlich auf dem laufenden gehalten darüber, was ein Autor gerade schrieb und was ein Verlag in sein Herbstprogramm aufnahm. Das war gut, war notwendig für den Überblick, der ja eben auch sehr wichtig ist; für unvoreingenommenes Arbeiten war es nicht gut.

Ich bin nach manchen trüben Erfahrungen zu der Überzeugung gekommen, ein Kritiker sollte sich so weit wie möglich heraushalten aus dem Literaturbetrieb, und ein Literatur-Redakteur, der ja „drin" sein muß, sollte sich zurückhalten mit seinem kritischen Temperament. Für mich selber habe ich aus dieser Überzeugung die Konsequenzen gezogen.

Viele können oder wollen diese Konsequenzen nicht ziehen. Manche vertrauen auf ihren eisernen Charakter und schaffen es lässig, das Buch des Freundes zu „verreißen" oder die Großzügigkeit des Verlegers zu enttäuschen. Anderen gelten Freundschaft und Großzügigkeit mehr.

Eins jedoch haben alle, die ich in meinem Gewerbe kennengelernt habe, gemeinsam, nämlich: die allergrößte Angst vor Korruption — und zwar in dem Sinne: es genügt nicht, nicht korrupt zu sein, man muß auch jeden Schein vermeiden, der es ermöglicht, dafür gehalten zu werden.

Und sie wären durchaus streng genug, auch dies für eine Form der Korruption zu halten: daß die Bücher kleinerer Verlage anders behandelt würden als die Bücher von Großverlagen. Sie scheuen es so sehr, daß sie manchmal eher ins Gegenteil verfallen. Klaus Wagenbach oder Rogner & Bernhard können sich über die Behandlung durch die Kritik während der letzten Jahre gewiß nicht beschweren.

Was so aussehen könnte wie ein Untergehen der Produktion kleinerer Verlage im Massenangebot der Großen scheint mir drei andere Ursachen zu haben: 1. manche kleineren Verlage versäumen auch jedes Minimum an Information, ohne das „der Verteiler" nicht funktionieren kann. 2. Großverlage entwickeln leichter ein innigeres Verhältnis zum Handel. 3. Kritiker und Redaktionen machen selten die Erfahrung, daß in einem ganz unbekannten Verlag ein sehr wichtiges Buch erscheint.

Der Buchmarkt und seine Kritiker

JANKO VON MUSULIN

Stellen wir uns vor, ein literarisch interessierter Mann wäre vor etwa fünfzehn Jahren nach Australien oder Neuseeland ausgewandert, hätte dort in schwerer Arbeit, die ihm wenig Zeit gelassen, sich um das Schöne im Leben zu kümmern, ein Vermögen erworben und käme jetzt nach Deutschland, Österreich oder in die Schweiz zurück. Sein erster Weg würde ihn in einen der größeren Buchläden führen, er würde feststellen, daß man sich dort modernisiert habe, aber all die alten Verlage würde er wiederentdecken und die Kritiken in den Zeitungen würden ihn ebenfalls in dem Glauben bestärken, daß die literarische Welt eine „heile" geblieben sei. Wie erstaunt wäre er, wenn man ihn mit der Realität vertraut machte: daß es diese Welt gar nicht mehr gibt, daß die meisten Verlage nur mehr leere Namen seien, hinter denen sich der eine oder andere Konzern verbirgt, daß die Deckungsauflage — und damit ist die Anzahl von Büchern gemeint, die man verkaufen muß, um ohne Verlust aus dem Geschäft zu steigen — von etwa 1000 Stück auf 6, 7 oder 8 Tsd. gestiegen ist, daß also das Risiko, einen neuen Autor vorzustellen, ungleich größer geworden ist. Aber die Kritik, würde er einwenden, sie hat sich keinesfalls verändert, hält sich an die alten Namen, mißt mit vertrauten Maßstäben! Das ist wahr. Vergleicht man, wieviel Raum in den Zeitungen, im Fernsehen oder Rundfunk den „klassischen" Verlagen, die also noch von einer Verleger-Persönlichkeit geprägt werden, eingeräumt wird und mit wie wenig Zeilen die Konzernverlage abgespeist werden, so ist das Verhältnis in der Tat ein erstaunliches. Dabei muß hinzugefügt werden, daß einzelne Verlage im Konzernverband sich noch eine gewisse Unabhängigkeit erhalten konnten. Droemer mag hier als Beispiel gelten, der als „Unternehmer" ein gewisses Ansehen hat, aber auch Peter Härtling, der S. Fischer noch eine eigene Note gab — während andere bloße Posten einer Großbilanz geworden sind. Die Regel ist dabei, daß sich das Interesse der Kritik proportional der erhaltenen Unabhängigkeit entwickelt. Keinesfalls immer, weil diese als solche erkannt wird; es ist nur ganz einfach so, daß die Auswahl der Bücher im Individualverlag eine ganz andere ist, als die im Konzern. Dort orientiert man sich notwendiger Weise an bereits stattgehabten Erfolgen, diese lassen sich auch — siehe Bertelsmann — in einem Punktsystem für die Buchgemeinschaften durchaus auswerten. Wo sich aber eine Wende abzeichnet, wo ein neuer Ton angeschlagen wird, wo die neue Literatur um Bestätigung ringt, da versagen Erfahrungswerte, da nützt es nicht, zehn Meinungen übereinander zu photographieren, um die „Universalmeinung" zu erhalten. Man könnte nun einwenden, daß sich also in der Tat nicht viel verändert hat, daß die wichtigeren Bücher in den Individualverlagen erscheinen, daß die Kritik das weiß, kurz, daß es eine „List der Literatur" gibt, die die Substanz retten und die großen Autoren über die Runde bringen wird. Das freilich ist eine Illusion und eine gefährliche obendrein. Denn auf die Dauer wird ja die „List der Literatur" von den ökonomischen Tatsachen niedergewuchtet. Das bisherige System funktioniert deshalb leidlich, weil die bedeutenden Verleger, Autoren und Kritiker sich kennen oder doch voneinander wissen. Wie aber sollen neue Autoren hochkommen, welches Wunder soll gewährleisten, daß das seines wirtschaftlichen Hintergrundes beraubte System diesen immer wieder überlebt? Die Antwort scheint einfach: indem die so gerühmten Individualverlage eben auch in Zukunft die interessanten Autoren herausbringen, die Kritiker sich mit ihnen befassen, das Fernsehen sie dem Publikum vorstellt. Hier muß man sich aber vor Augen halten, daß die wirtschaftliche Situation der klassischen Verlage eher schwieriger als leichter wird. Der Buchpreis — oft gescholten und als zu hoch befunden — hat sich in Wirklichkeit den ökonomischen Erfordernissen nur sehr zögernd angepaßt. Auch das hartgebundene Buch blieb relativ billig, das Risiko des Verlegers wuchs, seine Rendite sank. Dem Konzern, der die erworbenen klassischen Verlage als Laboratorien ansieht (und dies ist noch der beste Fall) und der sein eigentliches Einkommen aus längst etablierten Bestsellern bezieht, kann dies mit Gelassenheit hinnehmen. In den Laboratorien, wo ohnedies die „Spinner" sitzen (denen man auch politisch freie Hand läßt) wird eben kein Geld verdient. Basta! Aber wie sollen sich die Individualverleger damit abfinden, wie sieht ihr „Basta" aus? Schließlich werden die begabteren und durchschlagskräftigeren und werbebewußten Autoren doch in den Konzernverlagen herauskommen — zum großen Teil zumindest. Damit wäre das alte System, daß man sich im Grunde auf sechs oder sieben Verlage konzentrieren muß, zerstört. Es gelte plötzlich die ganze Produktion zu sichten, zu lesen und zu studieren — und diese Zeit steht den qualifizierten Kritikern gar nicht zur Verfügung. Im Augenblick ist das Verhältnis Verlag—Autor—Kritiker noch ein halbwegs gesundes, vernünftiges. Aber die Krise zeichnet sich unverkennbar ab, mit ihr gilt es sich auseinanderzusetzen, über sie muß man nachdenken.

GEORG RAMSEGER

Ich begreife ungefähr die Zielrichtung der gestellten Frage, muß aber gestehen, daß sie mir in ihren einzelnen Partikeln selber höchst fragwürdig erscheint. So wenig wie es „den" Verlag gibt, so wenig gibt es „die" Presse, „den" Rundfunk oder „das" Fernsehen. Es gibt buchfreundliche Zeitungen, R- und F-Anstalten und weniger buchfreundliche. Es gibt bei den Medien Redaktionen, die dem Schöngeistigen, das in der Frage angesprochen wird, mehr zugeneigt sind als andere, welche aber deswegen noch lange nicht „das Buch" links liegen lassen.

Die Frage ist ein wenig angestaubt. Sie scheint mir noch von einem Kulturbegriff geprägt, den es nicht mehr gibt. Der Buchhandel selber hat mit seinen Deklarationen für das Buch „als Ware" einiges dazu beigetragen, die bildungsbürgerliche Nomenklatur suspekt zu machen. — Jene Frage wurzelt also in einem Zweifel, der längst fiktiv geworden ist. Wenn der Buchhandel selber einer Literatur die kalte Schulter zeigt, die faktisch „am Markt vorbei" produziert wird, dann erledigt sich im Grunde die Frage. Nicht das „massive Angebot der Großverlage" wäre Ursache für die Zurückhaltung der Medien gegenüber Klein- und Mittelproduktionen, sondern ein vom Buchhandel selber propagiertes sachgerechtes Verhalten.

Gewiß: auch „den" Buchhandel gibt es nicht. Aber es wird wohl keiner mehr leugnen wollen, daß der Trend — beim vertreibenden Buchhandel aus begreiflichen Gründen eher mehr noch als bei den Verlegern — eindeutig auf Rendite zielt und „Kultur" selbst ihre Attraktivität für Festredner verloren hat. Das bedeutet nicht, daß es nicht einzelne Buchhändler gäbe, die mit besonderen Büchern (man erlaube mir diese Vokabelbrücke) für ihr Publikum etwas anfangen können.

Was nun die Medien angeht, so muß man bei näherem Hinsehen vermerken, daß sie vom Rendite-Modernismus des Buchhandels weit weniger beeinflußt sind als man das bei den vom Buchhandel gelieferten Denkschemata vermuten müßte. Das hat, glaube ich, seinen Grund nicht etwa darin, daß bei den Medien ein überalterter Kulturbegriff stärker im Schwunge wäre als im Buchhandel. Was sich in Rundfunk, Fernsehen und Presse tut, läßt sich, meine ich, am klarsten unter dem Begriff „Kundendienst" subsummieren.

Das bedeutet, daß die massiven Massenmedien, Fernsehen und Rundfunk, zu den Hauptsendezeiten Literatur nur im „Notfall" der literarischen Sensation zu Gehör und Gesicht bringen, daß sie andererseits aber exquisite Minderheitenprogramme abliefern, deren Ansprüche manchmal sogar noch eine Mehrheit der Minderheit vergraulen. — Die Frage, ob das in der Frage benutzte Wort „Literaturkritik" im überkommenen Sinne des Wortes für audio-visuelle Medien überhaupt trächtig werden kann, muß in diesem Zusammenhang unerörtert bleiben. Ich sage: es geht nicht.

Bei der Presse, die mit dem einzelnen Titel nicht den totalen Plural unserer Gesellschaft anspricht, ist die Situation durchschaubarer. Von „der" Presse zu verlangen, daß sie so etwas wie einen „kulturellen Auftrag" habe, ist absurd. Sie ist ein wirtschaftliches Unternehmen, das sich zum kleineren Teil von den Lesern, zum weit größeren von den Anzeigen ernährt. Der Einbau von Literatur (im weitesten Sinne) geschieht im Hinblick auf den spezifischen Leserkreis: seinen Bildungsgrad und -anspruch, seine gesellschaftliche Schichtung, seine Alterszusammensetzung etc. Demgemäß wird verfahren.

So ist es selbstverständlich, daß eine Zeitung, die sich an einen großbürgerlich-bürgerlich-akademischen Leserkreis wendet, ihren Literaturteil besonders pflegt — wie es auf der anderen Seite genau so selbstverständlich ist, daß die beiden auflagenstärksten bundesrepublikanischen Zeitungen einen Literaturteil nicht einmal besitzen. Bei der Vielfalt der bundesrepublikanischen Presse haben wir also Literaturteile in allen Variationen, aber das Kennwort „Literaturkritik" trifft nur für wenige zu. Wenn dieses Wort seinen Sinn behalten soll, muß dem Kritiker ein Platz eingeräumt werden, den nur eine Zeitung bewilligt, die ein „gewichtiges Organ" zu sein, höher bewertet als ihren Informationsdienst.

Für die meisten Literaturbeilagen genügen zur Kennzeichnung dessen, was sie bringen, die schlichteren Vokabeln „Buchbesprechung", „Buchkommentar", „Kurzreferat", „Hinweis". Mit diesen Techniken ist der Buchhandel als Ganzes nicht schlecht bedient. Wenn sich im Hinblick auf die Thematik der Zweifel erhebt, ob das „Schöngeistige" der mittleren und kleinen Verlage auch ausreichend (allerdings: was ist da je ausreichend?) repräsentiert sei, dann müssen sich die betroffenen Verlage darüber im Klaren sein, daß sich ihre Produktion — sei es durch einen gewissen Hermetismus, durch einen extrem experimentellen Charakter oder auch durch politische Radikalität — von der Erwähnung (in welchem Umfang auch immer) in einer kleinbürgerlichen (wenngleich auflagestarken), mittelständischen und/oder konservativen Presse ausschließt. Aber auch dort, wo man seinen Lesern mehr, wenn nicht gar alles zumuten kann, wiegt bei der Auswahl das Engagement des Verlegers weniger als die Qualität seines Produktes. Daß hier zwischen Literaturredakteur und Verleger ständige Übereinstimmung herrschen könne, ist eine fast schon lächerliche Illusion.

Größere Verleger haben hier natürlich größere Chancen, die gerade dadurch plausibel werden, daß die größeren Verlage Autoren aus dem Vorwärmbecken „kleiner Verlage" zu sich verpflanzen, weil sie „nun so weit sind". Die Massivität der Großverlage spielt in diesem Prozeß nur eine geringe Rolle, da sie, von Einzelfällen abgesehen, das schöngeistige als Unterhaltungsware pflegen. Im Verhältnis zu ihrer Produktion werden die Großverlage vom wichtigeren Teil der Presse kaum inniger gehegt als Mittel- und Kleinverlage — und wenn, dann mit Titeln, die nicht im Schöngeistigen angesiedelt sind.

KARL UDE

Die Chancen für Neuerscheinungen aus sogenannten mittleren und kleinen Verlagen, in der Presse durch Besprechungen herausgestellt zu werden, habe ich in einem Augenblick zu beurteilen, in dem ich mich von einer literarischen Monatsschrift trennen muß, die seit 1946 kontinuierlich mehr als dreißigtausend Bücher dieser Zeit vorwiegend in Einzelwürdigungen vorgestellt hat. Diese Zeitschrift („Welt und Wort") hat genau das getan, was die mittleren und kleinen Verlage für ihre Produktion erhoffen: sie hat aus der Flut der Neuerscheinungen auch jene Bücher berücksichtigt, die nicht dank kostspieliger Werbung bereits vor Erscheinen im Gespräch waren; sie hat Um- und Ausschau gehalten nach dem, was nicht wegen der Vorarbeit der PR-Leute, sondern um seiner selbst willen Hervorhebung verdient. Doch, wie gesagt, diese durch 28 Jahrgänge von mir begleitete und geleitete Monatsschrift hat aufgeben müssen, weil das wirtschaftliche Fundament nicht mehr trug. Das bedeutet aber auch: die Information über Bücher wird vom Publikum nicht in solcher Breite erwartet, wie sie hier vermittelt worden ist. Vielmehr genügt dem Gros der Bücherleser die sehr begrenzte Auswahl von Neuerscheinungen, die seine Tageszeitung, vorwiegend in der Buchbeilage zum Wochenende, zu besprechen in der Lage ist.

Je mehr nun eine Zeitung auf sich hält, um so größeres Gewicht legt sie auf die Mitarbeit von Starkritikern, und diese widerum halten es für unter ihrer Würde, andere als die neuesten Bücher solcher Verfasser zu kritisieren, die für sie die Spitzenautoren sind. Spitzenautoren aber erscheinen (abgesehen von wenigen Ausnahmen, die die Regel bestätigen) in einem Dutzend jener Verlage, die — wie Wedekind es ausdrückte — überhaupt „in Betracht kommen".

Nicht, daß die Starkritiker mit den Neuheiten besagter Spitzenautoren behutsam umgingen, aber das ist auch nicht ausschlaggebend. Tatsache jedoch ist es, daß sie auf deren Bücher ihre Leseenergie wie auch den ihnen in der Presse verfügbaren Platz bzw. die Sendetermine beim Rundfunk verwenden, und beides, Neugier und Zeilenumfang, sind aufgebraucht, noch bevor sie sich der Produktion der nicht „in Betracht kommenden" Verlage überhaupt zuwenden könnten. Nicht zu übersehen auch dies, daß es für sie reizvoller ist, sich hier zu engagieren als anderswo, denn nur die Großverlage sind es, die die Meinung des Kritikers in Zeitungs- und Börsenblattinseraten, auf Plakaten und Prospekten weiterverbreiten, somit auch ihrerseits zum Ansehen des Rezensenten beitragen. Derartigen „Nachruhm" muß ihm der Werbeetat der „Kleinen" meistens schuldig bleiben.

Zwangsläufig haben es bei der Kritik auch jene Bücher schwer, die — wie es mehr und mehr geschieht — nicht als Nachdrucke, sondern als Erstausgaben in Taschenbuchreihen erscheinen; auch für sie ist auf den Buchseiten nur selten Raum; auch sie bleiben vielfach ohne das Echo einer Würdigung, aber was in Taschenbuchreihen erscheint, wird häufig vom Sortimenter in Fortsetzung bezogen, so ist es immerhin vorrätig und liegt in den Regalen auf — ein Vorteil, den die Produktion der mittleren und kleinen Verlage ebensowenig genießt wie den, besprochen zu werden.

Eine Folge: die Gruppe dieser Verlage wird in ihrer Produktion noch vorsichtiger werden — zum Nachteil des Autors, versteht sich, insbesondere des „Dichters", des Belletristen, dessen Arbeiten immer geringer werdende Absatzmöglichkeiten finden. Kein Wunder, daß selbst renomierte mittlere Verlage sich nicht mehr daran stoßen, ein Lyrikbändchen erst dann herauszubringen, wenn es vom Verfasser oder von dessen mäzenatischem Freundeskreis vorfinanziert wurde. Freilich wird eine solche Neuheit, den kühnen Erwartungen des Autors zum Trotz, nur ganz vereinzelt besprochen, meistens nur dort, wo ein persönliches Verhältnis zu einem Redakteur oder Rezensenten im Spiel ist. Gerade jedoch am Erscheinen einer solchen vereinzelt bleibenden Rezension, die durchweg nicht mehr als eine Handvoll von Buchverkäufen nach sich zieht, läßt sich ablesen, wie wenig die Buchkritik in wirtschaftlicher Hinsicht letztlich bewirkt.

Trotzdem: an Presse, Funk und Fernsehen kommen auch die kleinen und mittleren Verlage nicht vorbei. Bloß sollten sie ihren Weg nicht über die Buchseite suchen, sondern über alle sonstigen Sparten, und sei es das „Vermischte"! Sobald ihr Autor dort ins Gerede kommt, etwa dadurch, weil er vorgibt, die in seinem Buch dargestellten kriminellen Begebenheiten selbst erlebt zu haben, oder daß er unter sensationellen Umständen sein Heimatland hat verlassen müssen, oder daß er von einer Stadtverwaltung wegen übler Nachrede verklagt wird — wie auch immer — in dem Augenblick nämlich, in dem außerhalb des literarischen Bereichs das erreicht wird, was ein bekannter französischer Verleger vor Jahren schon als „créer l'évènement" bezeichnet hat, von diesem Augenblick an hätte das Buch eines derartigen Autors auch dann Chancen, besprochen und bestellt zu werden, wenn es in einem der sonst nicht „in Betracht kommenden", abseitigen Verlage erschienen sein sollte.

Ein merkwürdiger und nachdenkenswerter Zufall jedoch will es, daß absatzfördernder Rummel (oder wie immer man dies bezeichnen mag) immer nur um solche Autoren einsetzt, deren Urheberrechte längst bei den Großverlagen liegen. Weiß der Kuckuck, woran das liegt...

Ehrungen in den buchhändlerischen Verbänden

Börsenverein des Deutschen Buchhandels E. V.

Ehrenmitglieder

Bürgermeister a. D. Dr. Walter Leiske † (1957)
Professor Dr. Hanns W. Eppelsheimer † (1959)
Professor Dr. Theodor Heuss † (1963)
Dr. Max Tau (1966)

Träger des Friedenspreises

Dr. Max Tau (1950)
Professor Dr. Albert Schweitzer † (1951)
Professor Dr. Romano Guardini † (1952)
Professor Dr. Martin Buber † (1953)
Professor Carl J. Burckhardt † (1954)
Hermann Hesse † (1955)
Reinhold Schneider † (1956)
Thornton Wilder (1957)
Professor Dr. Karl Jaspers † (1958)
Professor Dr. Theodor Heuss † (1959)
Dr. h. c. Victor Gollancz † (1960)
Sir Sarvepalli Radhakrishnan (1961)
Professor D. Dr. Paul Tillich † (1962)
Prof. Dr. Carl Friedrich Freiherr von Weizsäcker (1963)
Gabriel Marcel † (1964)
Nelly Sachs † (1965)
Augustin Kardinal Bea † (1966)
Dr. Willem A. Visser 't Hooft (1966)
Professor Dr. Ernst Bloch (1967)
Leopold Sedar Senghor (1968)
Professor Dr. Alexander Mitscherlich (1969)
Alva Myrdal und Professor Dr. Gunnar Myrdal (1970)
Dr. Marion Gräfin Dönhoff (1971)
Dr. Janusz Korczak † (1972)
The Club of Rome (1973)
Roger Schutz (1974)

Träger der Plakette „Dem Förderer des deutschen Buches"

Professor Dr. Hanns W. Eppelsheimer † (1950)
Oberbürgermeister Dr. h. c. Walter Kolb † (1951)
Franz Mittelbach † (1952)
Bürgermeister a. D. Dr. Walter Leiske † (1953)
Heinrich Gonski (1953)
Dr. h. c. Arthur L. Sellier † (1954)
Stadtkämmerer a. D. Dr. h. c. Georg Klingler (1955)
Horst Kliemann † (1956)
Dr. h. c. Dr. h. c. Ferdinand Springer † (1956)
Stadtrat Dr. Karl Altheim † (1956)
Dr. Eduard Hüffer † (1956)
Ministerialdirektor a. D. Hans Bott (1958)
Dr. Herbert Beck † (1958)
Friedrich Reinecke † (1959)
Dr. Annemarie Meiner (1960)
Josef Söhngen † (1960)
Oberbürgermeister Dr. h. c. Werner Bockelmann † (1962)
Gotthardt Mauksch (1962)
Dr. Felix Meiner † (1963)
Dr. h. c. Hermann Niemeyer † (1963)
Dr. Dr. h. c. Dr. h. c. Heinrich Beck † (1963)
Dr. h. c. Hans Brockhaus † (1963)
Max Niederlechner † (1964)
Dr. Georg Kurt Schauer (1961)
Dr.-Ing. E. h. Julius Springer † (1965)
Dr. h. c. Dr. h. c. Herbert Cram † (1965)
Fritz Baumann (1966)
Richard Beeck † (1966)
Martin Maasch (1966)
Theodor Volckmar-Frentzel † (1967)
Theo W. Dengler † (1967)
Fritz Pfenningstorff (1967)
Heinrich M. Ledig-Rowohlt (1968)
Oberbürgermeister Professor Dr. Willi Brundert † (1968)
Dr. Paul Hövel (1968)
Alfred Grade (1969)
Dr. Helmut Dreßler (1970)
Richard W. Dorn (1971)
Dr. Rudolf Blum (1972)
Dr. Heinz Kleine (1973)
Norbert Heymer (1973)
Dr. Herbert Haag (1974)

Träger der Ehrenmedaille des deutschen Buchhandels

Sir Stanley Unwin † (1959) Kurt Wolff † (1960)

Träger der Friedrich Perthes-Medaille

Dr. h. c. Dr. h. c. Vittorio Klostermann (1961)
Dr. Carl Hanser (1961)
Dr. Arthur Georgi † (1962)
Herbert Grundmann (1962)
Kurt Meurer (1962)
Konrad Wittwer † (1962)
Dr. Josef Knecht (1963)
Christian Wegner † (1963)
Reinhard Jaspert (1964)
Felix Jud (1964)
Dr. h. c. Arthur L. Sellier † (1964)
Dr. Ernst Hauswedell (1965)
Bernhard Wendt (1965)
Werner Dodeshöhner (1966)
Friedrich Wittig (1966)
Heinrich Cobet (1967)
Rudolf Wagner (1967)
Dr. Hans-Otto Mayer (1968)
Dr. Helmut Simons (1968)
Franz Ehrenwirth (1969)
Cyrill Soschka (1969)
Dr. h. c. Friedrich Georgi (1969)
Dr. h. c. Hans Georg Siebeck (1971)
Hans Heinrich Petersen † (1971)
Erika Klopp (1972)
Werner E. Stichnote (1973)
Hellmut Ruprecht (1973)
Karl Baur (1973)
Paul Piwowarsky (1974)
Hans-Heinrich Peters (1974)

Verband der Verlage und Buchhandlungen in Baden-Württemberg

Ehrenmitgliedschaften

Dr. h. c. Herbert Beck (Union Verlag), Stuttgart
Dr. Josef Knecht (Herder Verlag und Verlag Josef Knecht), Freiburg/Brsg.

Dr. Robert Müller Wirth (C. F. Müller Verlag), Karlsruhe

Träger der Mörike-Nadel

Gerhard Huber (früher Inhaber der Buchhandlung Stahl), Stuttgart
Fritz Baumann (Inhaber der Buchhandlung Fritz Baumann), Lahr
Theo W. Dengler † (Atlantis Verlag)
Andreas Pollitz (Prokurist im Otto Maier Verlag), Ravensburg
Fritz Ifland (Inhaber der Buchhandlung am Bubenbad), Stuttgart
Professor Dr. Wilhelm Hoffmann (ehem. Leiter der Landesbibliothek), Stuttgart
Gerhard Pohle (Herstellungsleiter im Ernst Klett Verlag), Stuttgart
Walter Weitbrecht (Inhaber der Buchhandlung Steinkopf), Stuttgart
Oberstudienrat F. D. Koch (Leiter der Buchhandelsfachklasse), Stuttgart

Verband Bayerischer Verlage und Buchhandlungen

Ehrenmitglieder

Horst Kliemann † (R. Oldenbourg Verlag), München
Dr. Ernst K. Stahl † (Lentner'sche Buchhandlung), München
Dr. Annemarie Meiner (Johann Ambrosius Barth Verlag), München
Josef Söhngen † (Buchhandlung L. Werner), München
Franz Ehrenwirth (Franz Ehrenwirth Verlag), München
Rudolf Wagner (Universitätsbuchhandlung Ferd. Schöningh), Würzburg
Dr. Carl Hanser (Carl Hanser Verlag), München
Ernst Ludwig † (Buchhandlung Ernst Ludwig), München

Ehrungen in den buchhändlerischen Verbänden

Ehrenteller

Auf Vorstandsbeschluß am 24. 11. 1968 erstmals für besondere Verdienste verliehen.

Ernst Ludwig † (Buchhandlung Ernst Ludwig), München
Karl Baur (Georg D. W. Callwey Verlag), München
Curt Vinz (Verlag Curt Vinz), München
Dr. Heinrich Wild (Kösel Verlag), München
Dr. Dr. h. c. Heinrich Beck † (C. H. Beck'sche Verlagsbuchhandlung), München
Franz Ehrenwirth (Ehrenwirth Verlag), München
Karl Pielsticker (Cl. Attenkofer'sche Buchhandlung), Straubing
Josef Söhngen † (Buchhandlung L. Werner)
Dr. Hermann Rinn † (fr. Rinn Verlag), München
Dr. Max Götz (Buchhandlung Max Götz), München
Dr. Annemarie Meiner (Johann Ambrosius Barth Verlag), München
Gustav End (Biederstein Verlag), München
Dr. Rudolf Oldenbourg (R. Oldenbourg Verlag), München
Klaus Piper (Verlag R. Piper & Co.), München
Raimund Kitzinger (Buchhandlung Kitzinger), München
Werner Enßlin (Georg D. W. Callwey Verlag), München
Dr. Johannes Steiner (Schnell & Steiner), München
Adolf Hieber (Buch- und Musikalienhandlung Max Hieber), München
Robert Lerche (Buchhandlung Robert Lerche), München
Roland Klett (Ernst Klett Verlag), Stuttgart

Berliner Verleger- und Buchhändlervereinigung

Ehrenmitglieder

Dr. Erich Schmidt † (Erich Schmidt Verlag), Berlin
Dr. Tönnies Lange † (Julius Springer Verlag), Berlin
Werner Dodeshöner (Eckart-Verlag und Luther Verlag), Witten/Ruhr
Max Niederlechner † (Julius Springer Verlag), Berlin
Paul von Bergen † (Universitas Verlags KG), Berlin

Hessischer Verleger- und Buchhändler-Verband

Ehrenmitglied

Marianne d'Hooghe (früher Inhaber der Darmstädter Bücherstube), Darmstadt

Landesverband der Buchhändler und Verleger in Niedersachsen

Ehrenvorsitz

Richard Beeck † (Buchhandlung Richard Beeck), Hannover

Ehrenmitglieder

Waldemar Delbanco † (Buchhandlung F. Delbanco), Lüneburg
Hans Klinge † (Buchhandlung Gebrüder Hartmann), Hannover

Friedrich Reinecke † (Central-Buchhandlung), Sarstedt

Norddeutscher Verleger- und Buchhändler-Verband

Ehrenmitglieder (zugleich Inhaber des Gutenberg-Gedenk-Pokals)

Adolf Marissal † (Buchhandlung Weitbrecht & Marissal), Hamburg
Dr. Dr. h. c. Felix Meiner † (Felix Meiner Verlag), Hamburg
Waldemar Heldt † (Buchhandlung Waldemar Heldt), Hamburg
Arthur Benz † (Buchhandlung Arthur Benz), Hamburg
Ernst Rowohlt † (Rowohlt Verlag), Reinbeck
Christian Wegner † (Chr. Wegner Verlag), Hamburg

Anton Lorenzen † (Buchhandlungen Hermann Lorenzen), Hamburg
Martin Maasch (Buchhandlung Boysen & Maasch), Hamburg
Dr. Arthur Georgi † (Paul Karey Verlag), Hamburg
Felix Jud (Hamburger Bücherstube Felix Jud), Hamburg
Kurt Saucke † (Buchhandlung Kurt Saucke), Hamburg

Rheinisch-Westfälischer Verleger- und Buchhändlerverband

Ehrenmitglieder

Heinrich Gonski (Buchhandlung Gonski), Köln
Dr. Eduard Hüffer † Aschendorff'sche Verlagsbuchhandlung), Münster

Paul Neubner (Buchhandlung Neubner), Köln

Hauptverband des österreichischen Buchhandels

Ehrenmitglieder

Karl Berger †
Bundesminister a. D. Dr. Fritz Bock, Wien
Hofrat Dr. Rudolf Dechant, Wien
Bundesminister a. D. Dr. Heinrich Drimmel, Wien
Komm.-Rat Franz Dvorak †
Oskar Maurus Fontana †

Komm.-Rat Leopold Heidrich †
Heinrich Hinterberger †
Robert Arndt Mohr †
Gen.-Dir. a. D. Dr. Josef Stummvoll, Baden bei Wien
Sir Stanley Unwin †
Hans Weigel, Wien

Ehrungen in den buchhändlerischen Verbänden

Inhaber der Verdienstmedaille

Dr. Gottfried Berger (Zentralgesellschaft Robert Mohr), Wien
Komm.-Rat Franz Dvorak †
Komm.-Rat Hans Fürstelberger (Buchhandlung F. Hans Fürstelberger), Linz
Komm.-Rat Leopold Heidrich †
Eduard Jackel †
Komm.-Rat Arthur Kollitsch †
Senator Otto Lange †

Robert Arndt Mohr †
Komm.-Rat Dr. Emmerich Morawa (Buchhandlung Morawa & Co.), Wien
Hans Neusser (Buchhandlung Gerold & Co.), Wien
Komm.-Rat Georg Prachner (Buchhandlung Georg Prachner), Wien
Fritz Ross †
Paul Zsolnay †

Ehrennadel

Komm.-Rat Jakob Bindel, Wien
Friedrich Hawlik, Wien
Dr. Heinrich Kschwendt (Leykam AG), Graz

Richard Pirngruber (Buchhandlung Pirngruber), Linz
Josef Welkhammer (Buchhandlung Welkhammer), Wien

Schweizerischer Buchhändler- und Verleger-Verein

Ehrenmitglieder

Otto Fehr † (Fehr'sche Buchhandlung), St. Gallen
Fritz Hess (Schweizerisches Vereinssortiment), Olten
Dr. Gustav Keckeis † (Benziger Verlag), Einsiedeln
Dr. h. c. Carl Emil Lang † (Buchhandlung + Verlag Francke), Bern
Herbert Lang (Buchhandlung Herbert Lang), Bern

Reginius Sauerländer † (Verlag Sauerländer), Aarau
Walter Schmid (Verlag Hallwag), Bern
Dr. Hans Vetter (Verlag Huber), Frauenfeld
Dr. Friedrich Witz (Artemis Verlag), Zürich

Lexikographischer Teil

34 Lexikographischer Teil

Für die Angabe der Verlagsgebiete bedienen wir uns der Aufschlüsselung, wie sie von den Fachverbänden benutzt wird. Wir haben versucht, die Angaben der Verlagsgebiete dadurch zu verdeutlichen, daß die hauptsächlich durch Produktion belegten Gebiete in fetten Ziffern angegeben, alle weiteren Verlagsgebiete in normalen Ziffern und — vor allem bei wissenschaftlichen Verlagen — Spezialgebiete jeweils am Schluß dieser Rubrik unter Voranstellung der Verlagsgebietsziffer genannt werden.

Folgende Abkürzungen finden Anwendung:

Tel:	Telefon	Hrsg.	Herausgeber
Fs:	Fernschreiber	mtl.	monatlich
Psch:	Postscheckkonto	Hz:	Hauszeitschrift
Bank:	Bankverbindung	PD:	Pressedienst
Gegr:	Datum der Firmengründung	A:	Almanach
Rechtsf:	Rechtsform des Verlages	Zwst:	Zweigstelle
AG	Aktiengesellschaft	Tges:	Tochtergesellschaft
e. V.	eingetragener Verein	Btlg:	Beteiligung
GmbH	Gesellschaft mit beschränkter Haftung	□:	hinter Namen bedeutet, die betr. Person ist im Bildteil vertreten
KG	Kommanditgesellschaft		
OHG	Offene Handelsgesellschaft	Angeschl. Betr:	Angeschlossener Betrieb
Inh/Ges:	Inhaber bzw. Gesellschafter		

Die unter der Rubrik „Verlagsgebiete" genannten Ziffern bezeichnen folgende Sparten:

1 Allgemeines, Buch- und Schriftwesen, Hochschulkunde
2 Religion
 a) evangelisch
 b) katholisch
 c) sonstige
3 Philosophie, Psychologie
4 Rechtswissenschaft, Verwaltung
5 Wirtschafts- und Sozialwissenschaften, Statistik
6 Politik, Zeitgeschichte, Wehrwesen
7 Sprach- und Literaturwissenschaft
8 Schöne Literatur
9 Jugendschriften, Bilderbücher, Bastelbücher
10 Erziehung, Unterricht, Jugendpflege
11 Schulbücher, Wörterbücher, Lehrmittel
12 Bildende Kunst, Architektur, Kunstgewerbe
13 Musik, Tanz, Theater, Film, Rundfunk, Fernsehen
14 Geschichte, Kulturgeschichte, Volkskunde
15 Erd- und Völkerkunde, Reisen, Bildbände
16 Karten, Reiseführer, Atlanten, Globen
17 Medizin
18 Naturwissenschaften
19 Mathematik
20 Technik, Industrie, Handwerk und Gewerbe
21 Handel, Verkehrswesen
22 Land- und Forstwirtschaft, Gartenbau
23 Turnen, Sport, Spiele
24 Kalender, Jahrbücher, Almanache
25 Lexika, Nachschlagewerke
26 Taschenbücher
27 Sprechplatten, Tonbänder, Dias
28 Zeitschriften
29 Tages- und Wochenzeitungen
30 Sonstiges

Zur leichteren Orientierung ist diese Tabelle der Verlagsgebiete auf der Innenseite des Rückendeckels wiederholt.

Aar Verlag, Lothar Peter Hees
D-6071 Götzenhain, Schillerstraße 11

Aargauer Tagblatt Verlag
CH-5001 Aarau/Schweiz, Postfach 225, Bahnhofstraße 39

ABC Der Deutschen Wirtschaft Verlagsgesellschaft mbH
D-6100 Darmstadt, Postfach 4034, Berliner Allee 8

Signet wird geführt seit: 1965.
Grafiker: Anton Schutzbach.

ABC Verlag Zürich
CH-8021 Zürich, Staffelstraße 12, Postfach

Tel: (01) 36 36 71. **Fs:** 57 916. **Psch:** Zürich 80-38732. **Bank:** Schweiz. Kreditanstalt Zürich. **Gegr:** 1931 in Zürich. **Rechtsf:** AG.
Verlagsleitung: Konrad Baumann.
Hauptautoren/Hauptwerke: „Verständliche Medizin" mit Autor Dr. med. Jürg Wunderli, Zürich — „Gebrauchs- und Werbegrafik" mit verschiedenen international bekannten Autoren; jeder der neun bisher erschienenen Bände (deutsch, französisch und englisch) figuriert unter den schönsten Schweizer Büchern — „Philosophie/Religion" mit Autor Swami Omkarananda.
Verlagsgebiete: 3 — 12 — 17.

Abéle, Franz
A-1010 Wien I, Neuer Markt 9

Aberbach GmbH, Musikverlag
D-2000 Hamburg 36, Warburgstraße 22

Aberbach GmbH, Musikverlag
A-1015 Wien I, Gluckgasse 1

ABZ-Druck- und Verlagsanstalt
Hamann & Sinek
A-1070 Wien, Postfach 123, Richterg. 4

Signet wird geführt seit: 3. Juni 1969.
Grafiker: Olaf Leu.

Accidentia Druck- und Verlags-GmbH
D-4000 Düsseldorf, Jahnstraße 22—24

Tel: (02 11) 37 01 21. **Fs:** 08 581 986. **Psch:** Essen 1 405 44-438. **Bank:** Dresdner Bank AG Düsseldorf 4 217 846. Deutsche Bank Düsseldorf 348 6446. **Gegr:** 1959 in Düsseldorf. **Rechtsf:** GmbH.
Ges. u. Geschftsf: Horst W. Zester und Helmut Winter.
Verlagsleitung: Verlagsleitung und Werbung: Hans Sontowski.
Vertrieb: Heinz-Gerd Heyes.
Einkauf: Herbert Vosdellen.
Herstellung: Joachim Baron.
Geschichte: Gründung 1959 in Düsseldorf. Anfangs als Druckerei größtenteils Produktion von Akzidenzen, Formularen, Karteikarten etc. 1965 Übernahme eines umfangreichen Tisch- und Taschenkalender-Programms. Ein Jahr später Ergänzung mit einer Serie Wandkalender der künstlerischen Farbfotografie. Enge Zusammenarbeit mit international bekannten Fotografen, wie Ernst Haas, Erwin Fieger, Horst H. Baumann, Manfred P. Kage. Später stärkere Verlagerung der Interessen auf das Verlagsgeschäft. 1969 Herausgabe des ersten hochwertigen Foto-Bildbandes „13 Photo-Essays" von Erwin Fieger. Wurde von der Fachwelt als großes, drucktechnisches und fotografisches Ereignis anerkannt und mit dem „Prix Nadar", der höchsten europäischen Auszeichnung für publizierte Fotografie, prämiiert. 1969 Certificate of Merit Typomundus 20/2, Auszeichnung für hervorragenden Beitrag zur Entwicklung der Grafik im 20. Jahrhundert des International Center for the Typographie Arts. 1970 gehört das Buch zu den „Schönsten Büchern Deutschlands".
1971 erscheint „Japan Sunrise Islands" von Erwin Fieger. Erhält 1972 Auszeichnung des 18. Jahreswettbewerbs des Type Directors Club, New York und 1973 Silbermedaille der 3. Biennale Internationaler Buchkunst im Israel-Museum in Jerusalem.
1973 Herausgabe von „Mexico by Erwin Fieger", erster Band einer Serie von 6 Büchern einheitlicher Konzeption, mit

dem Anspruch höchster fotografischer und drucktechnischer Qualität. Prämiiert im Wettbewerb „Die fünfzig Bücher" 1973, BDR.
Vorankündigung für 1974: „Israel by Erwin Fieger".
Hauptautoren: Erwin Fieger (Fotobildbände mit verschiedenen Themen), Horst H. Baumann, Dieter Blum, Francisco Hidalgo, Ken Biggs, David Hamilton, Manfred P. Kage, Ernst Haas, Pete Turner (für Wandkalenderprogramm), Olaf Leu (Gestaltung und Design).
Hauptwerke: „13 Photo-Essays" — „Japan Sunrise Island" — „Mexico by Erwin Fieger".
Tges: Mode und Wohnen-Verlags-GmbH, D-4000 Düsseldorf, Jahnstraße Nr. 22—24, 100 %.
Verlagsgebiete: 15 — 24.

Buchverlag Andreas Achenbach

D-6300 Giessen, Chamissoweg 16
D-6200 Wiesbaden, Adelheidstraße 95
D-3500 Kassel, Rengershäuser Straße 40

Tel: (06 41) 5 25 39. **Fs:** 482834 vinac d. **Psch:** Frankfurt (M) 25 36 31-605 **Bank:** Bank für Gemeinwirtschaft Giessen 100 55 004. **Gegr:** 1. 4. 1972 in Giessen.
Rechtsf: Einzelfirma.
Inh/Ges: Andreas F. Achenbach, geb. 17. 10. 1943 in Cottbus; 1964 Abitur; Studium der Philosophie, Politik und Soziologie; ohne Abschluß. Freie Ausbildung zum Betriebs- und EDV-Organisator. Buchhändlerische Erfahrungen in Vertrieb, Sortiment und Verlag seit 1970.
Verlagsleitung: Lektor: Peter Heiligenthal, Wiesbaden, ehemals Geschäftsführer der Focus Verlags-GmbH, Leiter der Abt. Kulturanthropologie und Lektor für Sozialwissenschaften.
Vertriebsleitung und Buchhaltung: Anneliese Schewetzky.
Geschichte: Im Jahre 1971 gründete der Firmeninhaber zusammen mit 5 Partnern den Prolit-Buchvertrieb als Einzelfirma mit Sitz in Giessen und die Focus-Verlags GmbH mit Sitz in Wiesbaden, deren Geschäftsführer er zusammen mit Peter Heiligenthal war. Zum 1. 1. 1972 wurde der Buchvertrieb verkauft und erfolgte der Rücktritt als Geschäftsführer im Focus Verlag. Der neue Verlag wurde zum 1. 4. 1972 im HR eingetragen mit dem Schwerpunktprogramm edition 2000. 1973 erste Beteiligung an der Frankfurter Buchmesse.
Mit Wirkung vom 1. 4. 1974 erfolgte die Übernahme der kompletten Reihe „Kulturanthropologische Studien zur Geschichte" vom Focus Verlag in Wiesbaden, der seinen Sitz gleichzeitig nach Giessen verlegte; mit der Übernahme dieser Reihe wurde im Achenbach Verlag die Abteilung Kulturanthropologie installiert.
Hauptautoren/Hauptwerke: Franz Dick, „wenn p, dann q" — Erhard H. Schütz, „Über die Kunst der Revolution und die Revolution der Kunst"; „Reporter und Reportagen" — Lothar Lorenz, „Arbeiterfamilie und Klassenbewußtsein"; „Dorf der Zusammenarbeit"; „Albanien" — Dietmar Kurzeja, „Jugendkriminalität und Verwahrlosung" — Josef Dehler, „Jugend und Politik im Kapitalismus" — Meier-Menze-Torff, „Das Elend mit der kompensatorischen Erziehung" — Iris Mann, „Interesse, Handeln, Erkennen in der Schule" — Ulrich Sollmann, „Therapie mit Drogenabhängigen" — Willi Thelen, „Numerus Clausus und Ärzteschaft".
Hauptwerke: „Kritik der Sonderpädagogik" (Komp. von 7 Autoren) — „Reform der Sportlehrerausbildung" (9 Autoren) — „Jugend und Freizeitsport" — Adam Smith, „Untersuchung über Natur und Wesen des Volkswohlstandes" (wealth of nations), 2 Bde.
Buchreihen: „theorie + kritik" (arbeiten zur wissenschaftstheorie und wissenschaftspraxis) — „theorie + praktische kritik" (texte zur theorie einer materialistischen wissenschaft + schriften zur politischen praxis) — „x:2000" (berichte zu experimenten aus der gesellschaftlichen praxis: sozialarbeit/kinderladen/experimente mit randgruppen) — „poloek 2000" (texte zur kritik der politischen ökonomie).
Verlagsgebiete: 3 — 5 — 6 — 7 — 1 — 8 — 9 — 10 — 23.

Achterberg, Georg, Verlag für Berufsbildung

D-1000 Berlin 45, Postfach 280, Königsberger Straße 37

Acken van, R.
D-4450 Lingen/Ems, Burgstr. 30, Postfach 1124

GEGR. ACKERMANN 1874

Signet wird geführt seit etwa Jahrhundertwende.
Grafiker: —

Friedrich Adolf Ackermanns Kunstverlag

D-8000 München 22, Kaulbachstraße 34

Tel: (089) 28 51 06. **Psch:** München 19 49-805. **Bank:** Bayerische Vereinsbank München 318 999; Bankhaus Reuschel & Co. München 30/5380. **Gegr:** 1. 1. 1874. **Rechtsf:** Einzelfirma.
Inh: Hubertus Weinert.
Verlagsleitung: Hubertus Weinert, geb. 4. 12. 1929 in Leipzig, Verlagslehre bei C. H. Beck'sche Verlagsbuchhandlung, München, Volontärzeiten im Graphischen Betrieb R. Oldenbourg, München, bei Sansoni, Florenz, Larousse, Paris, Plon, Paris, Impremiere Delmas, Bordeaux, Bumpus, London, Doubleday, New York, Assistent der Geschäftsleitung im S. Fischer Verlag, Frankfurt (M), seit 1. 6. 1957 Verlagsleiter in Ackermanns Kunstverlag, seit 1. 7. 1971 Inhaber.
Geschichte: Gegründet 1. 1. 1874 von Friedrich Adolf Ackermann (geb. 24. 9. 1837 in Bützow, gestorben 5. 9. 1903 in München). Von 1903 bis 1937 im Besitz von Otto Beyer, bis 1971 im Besitz von Walter Classen. Nach Zerstörung durch Bomben am 12. 7. 1944 wurde der Verlag 1944 unter dem Namen Walter Classen Kunstverlag in der Schweiz weitergeführt. Der Aufbau der Firma in Deutschland lag in den Händen von Gerhard Lang. Nach Beendigung des Neuaufbaus in München wurde am 1. 1. 1958 der Walter Classen Verlag Zürich wieder vom F. A. Ackermanns Kunstverlag in München übernommen.
Hauptwerke: In früheren Jahren Mappenwerke: „Gedenke mein", Hrsg. Prof. Heinrich Hofmann — Werke von Beyschlag, Defregger, Piglheim, Lenbach, F. A. Kaulbach, Grützner, Makart, Simm, Hugo Kaufmann.
„Verlorene Werke der Malerei", die in Deutschland in der Zeit von 1933 bis 1945 zerstörten und verschollenen Gemälde.
Ackermanns Sammelbände: „Musikerporträts" — „Deutsche Malerei von 1400 bis 1550", Verf. Dr. Alexander Suder — Ernst Hoferichte/Petra Moll, „München, Bilder einer fröhlichen Stadt" — „Bayern, Bilder eines beglückenden Landes".
Mit jährlich etwa 60 Titeln von „Alte Meister", „Albrecht Dürer", „Blumenkalender", „Carl Spitzweg", „inspiration" bis „Plakate-Plakate" und „Phantastische Kunst" sowie modernen Foto- und verschiedenen Landschaftskalendern zählt der Verlag zu den führenden Kalenderherstellern. Ein weiterer Schwerpunkt liegt bei Postkarten und Kunstblättern.
Verlagsgebiete: 12 — 24 — 13 Musik.

ACUFF-ROSE-Musikverlag

D-2000 Hamburg 13, Heinrich-Barth-Straße 30

ADAC VERLAG

Signet wird geführt seit: 1. 1. 1968.
Grafiker: Franz Neubauer.

✶ ADAC Verlag GmbH

D-8000 München 70, Baumgartnerstr. 53, Postfach 70 00 86

Tel: (089) 7 67 61. **Fs:** 5 29 231. **Psch:** München 736 65-800. **Bank:** Bayer. Vereinsbank 660 731 4; Commerzbank AG München 284 000 7. **Gegr:** 19. 12. 1958 in München. **Rechtsf:** GmbH.
Ges: Allgemeiner Deutscher Automobilclub e. V. (ADAC).
Verlagsleitung: Dr. Siegfried Reitschuler, Geschäftsführer; Fred Dietrich, geb. 11. 10. 1921, Verlagsleiter.
Hauptwerke: „ADAC-Campingführer", Bd. I: Südeuropa, Bd. II: Deutschland, Mittel- und Nordeuropa — „Internationale Campingküche" — „Strand Europa", Bd. I: Die Badeplätze in Spanien und Portugal, Bd. II: Die Badeplätze in Italien, Bd. III. Die französischen Badeplätze am Mittelmeer — „mit auto und ski" — „Alpenpässe und Alpenstraßen" — „Bücher für das Handschuhfach": Wir gehen essen in Italien; Wir gehen essen in Spanien; Wir gehen

essen in Frankreich; Augen auf beim Autokauf Bd. I: Neuwagen, Bd. II: Gebrauchtwagen; Das gepflegte Auto; Im Falle einer Panne; Im Falle eines Unfalles Bd. I: Sofortmaßnahmen, Bd. II: Schadenersatz, Bd. III: Unfallschäden im europäischen Ausland. — Autosachbücher: „ADAC-Handbuch für Autofahrer"; „Was kostet mein Auto?"; „ADAC-Reifenbuch"; „ADAC-Führerscheinbuch"; „Kfz-Betriebsstoffe"; „Schmerzensgeld-Beträge". — „Die Vorschule der Verkehrserziehung" — „Der kleine Tim und die Straße" — „Sicher zur Schule" — „Welt des Verkehrs" (in Zusammenarbeit mit dem H. Vogel Verlag) — „Autoreisespiel: sicher ist sicher" — „Verkehrszeichenspiel: erst denken, dann lenken".

Buchreihen: „Strand Europa" — „Bücher für das Handschuhfach".

Zeitschriften: „ADAC-Motorwelt" (mtl.) — „DAR Deutsches Autorecht" (mtl.).

Verlagsgebiete: 4 — 10 — 15 — 16 — 20 — 21 — 28 — 9 — 11 — 23 — 25 — 26.

Adamas-Verlag GmbH
D-5000 Köln 41, Postfach 410107, Lindenthalgürtel 80

Admira Musikverlag KG, Hermann Schneider
A-1015 Wien I, Gluckgasse 1

Adreßbuch-Gesellschaft Berlin mbH
D-1000 Berlin 61, Friedrichstraße 210

Signet wird geführt seit: 1947.

Grafiker: —

Adyar-Verlagsvereinigung

A-8011 Graz, Kaiserfeldgasse 19, Postfach 655

Tel: (0 31 22) 62 03 95. **Psch:** Wien 1419.425, München 1203 34-808, Basel 40-15295. **Bank:** Steiermärkische Bank Graz 0000-071894. **Gegr.** Juni 1947 in Graz. **Rechtsf:** e. V.

Verlagsleitung: Dr. Norbert Lauppert, geb. 15. 8. 1906 in Graz, Hofrat i. R., Vorsitzender und Geschäftsführer (Verlagsleiter); Margarethe Hönig, geb. 8. 4. 1927 in Wien, Vorstandsmitglied (Buchhaltung und Vertrieb).

Geschichte: Der Adyar-Verlag wurde 1947 vom Landesverband Steiermark der Theosophischen Gesellschaft (gegr. 1875, Hauptsitz Adyar bei Madras, Indien) auf Initiative von Dr. Norbert Lauppert gegründet, um das in der nationalsozialistischen Ära vernichtete theosophische Schrifttum im deutschen Sprachraum wieder aufzubauen. Zufolge von Vereinbarungen mit der Europäischen Föderation der Theosoph. Gesellschaft wurde er 1950 der offizielle theosophische Verlag für das deutsche Sprachgebiet. 1972 ging er an die „Adyar-Verlagsvereinigung" über, eine zu diesem Zweck gegründete Dachorganisation, deren Hauptmitglieder die Zweiggesellschaften der Theosoph. Gesellschaft in Deutschland, Österreich und dem deutschen Teil der Schweiz sind. Seit 1973 besteht eine enge Zusammenarbeit mit dem Theosophical Publishing House in London, mit dem verschiedene Bücher in Koproduktion herausgegeben werden.

Hauptwerke: Herausgabe neuer Übersetzungen und zum Teil gekürzter Bearbeitungen der Hauptwerke der klassischen Theosophie 1880—1930, wie: Helene Petrowa Blavatsky, „Die Stimme der Stille", „Der Schlüssel zur Theosophie", „Die Geheimlehre" — Annie Besant, „Die Uralte Weisheit" — Dr. Gottfried von Purucker, „Der Mensch im Kosmos" — „Briefe tibetanischer Weiser" aus den Jahren 1880—1888, u. a.
Pflege der modernen wissenschaftlichen theosophischen Literatur, insbes. von Veröffentlichungen des Theosoph. Forschungszentrums in London, wie: Dr. Laurence Bendit, „Leben und Tod" — Dr. Corona Trew, „Das wohlgeordnete Universum" — Dr. Norbert Leuppert, „Die Pilgerfahrt des Geistes" — Ernest Wood, „Freude und Schmerz", u. a.
Daneben kleinere erbauliche Schriften wie: Alcyone, „Zu Füßen des Meisters" — Mabel Collins, „Licht auf den Pfad", u. a. sowie Yoga-Lehrbücher von Wallace Slater, „Hatha Yoga" und „Raja Yoga" und Gedichtbände.

Zeitschrift: „Adyar", Theosophische Zeitschrift (vtlj.), seit 1969, zuvor schon von 1947 bis 1956.

Verlagsgebiete: 2c — 3 — 28 — 8 — 11 — 14 — 17 — 18.

Afrika Verlag Wilhelm Ludwig
D-8068 Pfaffenhofen, Postfach 86, Türltorstraße 14

Agenor Druck- und Verlags-GmbH
D-6370 Oberursel, Lindenstraße 16

Agentur des Rauhen Hauses, Verlag G.m.b.H.
2000 Hamburg 76, Papenhuderstraße 2

Signet wird geführt seit: 1953.

Grafiker: Prof. Walter Breker.

Agis Verlag GmbH.
D-7570 Baden-Baden, Lichtentaler Str. Nr. 71, Postfach 7

Tel: (0 72 21) 22 1 98 und (0 72 22) 41 7 34. **Psch:** Karlsruhe 502 88-751; Köln 403 45-502. **Bank:** Stadtsparkasse Baden-Baden 6-028476; Volksbank Baden-Baden 734209. **Gegr:** 1949. **Rechtsf:** GmbH.
Inh/Ges: Karl G. Fischer, Klaus Jürgen Fischer, Karin Sellung, Monika Schlösser.
Verlagsleitung: Karl G. Fischer □, geb. 22. 2. 1901, Geschäftsführer, Dipl.-Kaufm., Redakteur und Schriftsteller.
Geschichte: Der Verlag entstand 1949 durch Gründung der Zeitschrift „Die Familie", heute „Gesundheit in Betrieb und Familie", und gibt neben dieser Zeitschrift philosophische, ästhetische und kybernetische Literatur heraus.
Verlagsgebiete: 3 — 12 — 18.

Signet wird geführt seit: 1958.

Grafiker: Jürgen Schumann, Darmstadt.

Agora-Verlag. Erato-Presse

D-6100 Darmstadt, Lucasweg 17 und D-6000 Frankfurt (M) 60, Günthersburgallee 88
Tel: Darmstadt (0 61 51) 4 53 65, Frankfurt (M) (06 11) 45 17 77. **Psch:** Frankfurt 1871 86; Zürich 80-54 516. **Bank:** Deutsche Bank, Darmstadt 100 511.
Gegr: Agora Schriftenreihe Herbst 1955, Erato Presse Frühjahr 1962. **Rechtsf:** Einzelfirma.
Inh: Manfred Schlösser.
Verlagsleitung: Manfred Schlösser, 1934, studierte Germanistik, Philosophie und Kunstgeschichte in Basel, Bonn und Zürich, Alleinverantwortlicher Leiter.
Geschichte: Gründung aus einer Schulzeitschrift „Agora, Blätter eines humanistischen Gymnasiums" 1955. Als hobby-Unternehmen neben dem Studium betrieben. 1962 Gründung der „Erato-Presse" für bibliophile Drucke in einer Auflage von unter 500 Stück. Früherer Mitherausgeber der Schriftenreihe Agora bis 1962: Dr. Hans Rolf Ropertz. Die meisten Bände werden vom Leiter selbst wissenschaftlich kommentiert und editorisch betreut.
Hauptautoren: C. G. Carus, Eduard Erdmann, Leonhard Fiedler, Manfred Peter Hein, Margarete von Navarra, Max Rychner, Margarete Susman, Hans Schiebelhut, Karl Wolfskehl.
Reihen: „Schriftenreihe Agora" (hrsg. M. Schlösser) — „editio" (hrsg. Leonhard Fiedler + M. Schlösser) — „bibliotheca rariora" (hrsg. J.-U. Fechner). Jüdische Chroniken.
Verlagsgebiete: 3 — 8 — 7 — 12 — 13.

Agricola-Verlag GmbH
D-2894 Stollhamm, Postfach 1110, Schulstraße 114

Ahn und Simrock Bühnen- und Musikverlag
D-1000 Berlin 12, Mommsenstraße 71, und D-6200 Wiesbaden, Postfach 544, Taunusstraße 66

Ahnert, Lilli
D-6361 Bisses, Hauptstraße 68

Akademie-Verlag
DDR-1080 Berlin, Leipziger Straße 3—4

Akademische Buchhandlung Verlagsabteilung
D-8000 München 22, Veterinärstraße 1

Signet wird geführt seit: 1948.

Grafiker: —

Akademische Druck- und Verlagsanstalt Dr. Paul Struzl

A-8011 Graz, Auersperggasse 12, Postfach 598

Tel: (0 31 22) 3 11 65, 3 13 58. **Psch:** Wien 645 44. **Bank:** Steiermärkische Bank Graz 2558. **Gegr:** 1948. **Rechtsf:** Einzelfirma.
Inh/Ges: Elsy Struzl.
Verlagsleitung: Hans Koegeler, geb. 1. 3. 1921, Fürstenfeld.
Direktor und Einzelprokura: Adolf Möller, geb. 3. 6. 1916, Graz, Leiter der Herstellungsabteilung, Spezialgebiet Reprofotografie.
Inge Schwarz-Winklhofer, geb. 8. 6. 1929, Wien, Werbung und kunsthist. Lektorat.
Dr. Hans Biedermann, geb. 22. 8. 1930, Wien, Werbung und völkerkundl. Lektorat.
Dr. Karl Gratzl, geb. 7. 8. 1934, Gmünd/NÖ., Werbung und Lektorat für hist. Waffenkunde und Orientalistik.
Dr. Manfred Kramer, geb. 6. 7. 1945, Bernkastel-Kues/Mosel, Werbung und Lektorat für Faksimile-Ausgaben („Codices Selecti").

Geschichte: Nach der Gründung der Firma 1948 in Graz wurde zunächst die Druckerei aufgebaut und auf den fotomechanischen Neudruck von Büchern spezialisiert. Bereits 1949 wurde die eigene Verlagstätigkeit aufgenommen. Seit 1954 tritt die Produktion für den eigenen Verlag immer mehr in den Vordergrund. Nach dem Tode von Dr. Paul Struzl am 20. 1. 1973, wird die Firma als Witwenbetrieb von den bisherigen Mitarbeitern im Sinne des Gründers weitergeführt.
Neben dem fotomechanischen Neudruck geisteswissenschaftlicher Grundlagenwerke gewinnen vollständige Neuausgaben größeren Raum, ebenso die Faksimile-Ausgaben berühmter Handschriften unter dem Reihentitel „Codices Selecti phototypice impressi".
Als besonders bemerkenswert kann hier die Faksimile-Ausgabe des berühmten „Wiener Dioskurides" genannt werden, eine Handschrift von insgesamt 1000 Seiten aus dem 6. Jhdt. Es dürfte sich um die umfangreichste vollständige farbige Wiedergabe einer Handschrift handeln, die je durchgeführt wurde.
Weitere wichtige Projekte auf diesem Sektor: Faksimilierung des „Falkenbuches" (De Arte Venandi cum Avibus) Kaiser Friedrichs II. nach dem Exemplar der Bibl. Vaticana; das „Gebetbuch Karl des Kühnen" nach dem Exemplar der Österr. Nationalbibl., das „Antiphonar von St. Peter" u. a. — Neben dem Faksimile-Druck von Prunkhandschriften werden vom Inhalt her bedeutsame Texthandschriften als „Studienausgaben" publiziert. Über den Abschnitt „Handschriften fremder Kulturen" s. unter „Völkerkunde".

Hauptautoren: Aitzetmüller, Anders, Du Cange, Eitner, Franz, Frobenius, Fux, Hammer-Purgstall, Hatch, Jaffé Jagič, Luther, Mandelkern, Mansi, Michaud, Mommsen, Pape, Potthast, Rechinger, Schidlof, Spann, Stephanus, Thelen, Zedler.

Hauptwerke: Bibliographie: Die wichtigsten Werke der deutschen Bibliographie von 1700-1940: „Allgemeines Deutsches Bücherverzeichnis" — Kayser, „Vollständiges Bücherlexikon" — Heinsius „Bücher-Lexikon" — „Hinrichs Bücherkatalog", insgesamt 86 Bde. lieferbar. Dazu kommen 30 weitere Bde. verschiedenen bibliographischen Inhaltes und der Neudruck des Universallexikons von Zedler, 68 Bde.
Theologie: Mansi, „Sacrorum Conciliorum", 59 Bde. — „Magnum Bullarium Romanum", 27 Bde. — Walton, „Biblia Sacra Polyglotta", 6 Bde. Alles in Folio. — „Luther-Gesamtausgabe" (Weimarer-Ausgabe). — Dazu weitere 32 Titel verschiedenen theologischen Inhalts; 17 Bde. kirchenrechtlicher Titel.
Philosophie: „Meinong", Gesamtausgabe — Weitere 12 Titel.
Rechts- und Staatswissenschaft: 10 Titel.
Philologie: „Anglia" — Zeitschrift für englische Philologie, 68 Bde. — Du Cange, „Glossarium Mediae et Infimae Latinitatis", 5 Bde. — Stephanus, „Thesaurus Graecae Linguae", 9 Bde. — Dazu weitere 29 verschiedene Titel philologischen Inhaltes. — Reihe „Editiones Monumentorum Slavicorum Veteris Dialecti" mit 10 Titeln.
Musikwissenschaft: „Denkmäler der

Tonkunst in Österreich", 124 Bd. ff. — Ab Bd. 85 Neuerscheinung. „Denkmäler deutscher Tonkunst", 65 Bde. — „Johann Josef Fux — sämtliche Werke", Neuerscheinung. — Dazu weitere 37 Titel musikwissenschaftlichen Inhaltes. Völkerkunde: Faksimile-Ausgaben der wichtigsten mixtekischen und Maya-Handschriften, z. B. „Codex Vindobonensis Mexicanus 1", ferner der „Codices Egerton 2895" — Vaticanus B, Laud, Cospi, Magliabechiano, Tro-Cortesianus, Peresianus, Fejérváry-Mayer, Mendoza u. a. In der Reihe „Frühe Reisen und Seefahrten in Originalberichten" erschienen bisher 9 Bde. — Seler, „Gesammelte Abhandlungen zur amerikanischen Sprach- und Altertumskunde", 6 Bde. — Frobenius, „Afrikanische Felsbilder". — Dazu weitere 15 Bde. völkerkundlichen Inhaltes.

Geschichte: Hammer-Purgstall „Geschichte des Osmanischen Reiches", 10 Bde. — Stählin, „Geschichte Rußlands", 5 Bde. — Dazu weitere 10 Titel verschiedenen geschichtlichen Inhaltes.

Numismatik: Cohen, „Description historique des monnaies frappées sous l'Empire Romain", 8 Bde. — Dazu weitere 25 Bde. mit numismatischen Titeln.

Kunstgeschichte: Reihen: „Instrumentaria Artium" — „Veröffentlichungen der Albertina, Wien" (herausgegeben von Dir. Dr. W. Koschatzky) — „Forschungen und Berichte des Kunsthistorischen Instituts der Universität Graz" — Daremberg-Saglio, „Dictionnaire des Antiquités Grecques et Romaines", 10 Bde. — Schidlof, „La Miniature en Europe", 4 Bde., Neuerscheinung — Klimt, „25 Zeichnungen", Faksimile-Ausgabe, Neuerscheinung — Borromini F., „Die Handzeichnungen" (vorgelegt v. H. Thelen), Neuerscheinung — Kleiner, S., „Wienerisches Welttheater", 7 Bde. — „Jahrbuch der Kunsthistorischen Sammlungen des Allerhöchsten Kaiserhauses", 36 Bde.

Historische Waffenkunde und Kriegsgeschichte: Böheim, „Handbuch der Waffenkunde" — Flemming, „Der Vollkommene Teutsche Soldat" — Hewitt, „Ancient Armour and Weapons in Europe" — Sokol, „Österreich-Ungarns Seekrieg 1914-18" — Thierbach, „Die geschichtliche Entwicklung der Handfeuerwaffen". Kartenwerke: „Atlas der Steiermark", nunmehr komplett mit 94 Kartenblättern, Neuerscheinung.

Zeitschriften: ADEVA-Mitteilungen (vtljl.); Afghanistan-Journal (vtljl.).
Verlagsgebiete: 1 — 2 — 7 — 13 — 14 — 15 — 25 — 12 — 16 — 18.

Akademische Verlagsges. mbH
D-6000 Frankfurt (M), Postfach 180149, Falkensteiner Straße 75—77

Akademische Verlagsges. Athenaion
D-6000 Frankfurt (M), Postfach 180149, Falkensteiner Straße 75—77

Akademische Verlagsges. Geest & Portig KG
DDR-7010 Leipzig, Postfach 106, Sternwartenstraße 8 / Goldschmidtstraße 28

Akazien Verlag siehe Bauhüttenverlag

Akropolis-Verlag
D-2000 Hamburg 13, Nonnenstieg 1

Aktuell Verlag
A-3400 Klosterneuburg bei Wien

Aktuell-Verlag GmbH
D-5050 Porz, Hauptstraße 305

Alb-Verlag Karl Bischoff
D-7903 Laichingen, Postfach 1150, am Marktplatz

Alba Buchverlag GmbH & Co. KG
D-4000 Düsseldorf 30, Römerstraße 9

Verlag Karl Alber GmbH.
D-7800 Freiburg i. Br., Hermann-Herder-Straße 4

Tel: (07 61) 3 40 95. **Fs:** 07-72 603. **Psch:** Karlsruhe 6 08 18. **Bank:** Deutsche Bank Freiburg 558 494. **Gegr:** 1910 als Bodenseeverlag Karl Alber in Ravensburg. Neugründung: 1939 Verlag Karl Alber. **Rechtsf:** GmbH.
Inh/Ges: Verlag Herder KG, Freiburg i. Br.
Verlagsleitung: Geschäftsführer: Dr. Theophil Herder-Dorneich, Dr. Hermann Herder-Dorneich, Dr. Meinolf Wewel.

Geschichte: Dem Namen nach hervorgegangen aus dem Bodenseeverlag Karl Alber in Ravensburg, hat der Verlag 1939 mit einer belletristischen Buchproduktion begonnen. Er wurde 1944 stillgelegt und nahm 1946 seine Arbeit im alten Rahmen wieder auf. Sein heutiges Programm umfaßt fast ausschließlich wissenschaftliche Werke, vor allem zur Logik und Wissenschaftstheorie, Wissenschaftsgeschichte, Philosophie, Psychologie, Geschichte, Rechtswissenschaft, Soziologie und Politischen Wissenschaft.

Buchreihen: „Orbis Academicus", Problemgeschichten der Wissenschaft in Dokumenten und Darstellungen — „Symposion", Philosophische Schriftenreihe — „Kolleg Philosophie", Studienbücher zur Einführung, Repetition und Diskussion — „Alber-Broschur Philosophie" — „Alber-Broschur Psychologie" — „Alber-Broschur Rechts- und Sozialwissenschaft" — „Grenzfragen" (Naturwissenschaft-Philosophie-Theologie) — „Freiburger Beiträge zur Wissenschafts- und Universitätsgeschichte" — „Forschungen zur oberrheinischen Landesgeschichte".

Periodika: „Saeculum", Jahrbuch für Universalgeschichte — „Historisches Jahrbuch" — „Dacoromania", Jahrbuch für östliche Latinität — „Philosophisches Jahrbuch" — „Zeitschrift für Klinische Psychologie und Psychotherapie".

Verlagsgebiete: 3 — 14 — 4 — 5 — 6 — 28 — Außerdem: Wissenschaftstheorie — Wissenschaftsgeschichte — Religionswissenschaft — Ostasien.

Zwst: D-8000 München 2, Promenadeplatz 3.

Albrecht Verlags-KG, E.

D-8032 Gräfelfing bei München, Postfach 40, Freihamer Straße 2

Alert's Eduard Musikverlage

D-5071 Blecher, Bergstraße 204

Alfred-Lau-Verlag

D-5600 Wuppertal 1, Postfach 130 986, Unterstraße 15

Signet wird geführt seit: 1959.

Grafiker: Annelise Keller.

Alkor-Edition Kassel GmbH

D-3500 Kassel-Wilhelmshöhe, Heinrich-Schütz-Allee 29

Tel: (05 61) 3 00 14. **Fs:** baervgl kssl 9/92376. **Psch:** Frankfurt (M) 748 72. **Bank:** Deutsche Bank Kassel 01/02400. **Gegr:** Leipzig 1934 als Musikwissenschaftlicher Verlag GmbH Leipzig. Wiesbaden 1. 1. 1948 als Brucknerverlag Wiesbaden GmbH. Kassel 1. 9. 1955 Sitzverlegung und Namensänderung in ‚Alkor-Edition Kassel GmbH'. **Rechtsf:** GmbH.

Inh/Ges: Hildegard Vötterle.

Verlagsleitung: Geschäftsführer Wolfgang Matthei, geb. 26. 12. 1925 in Lauchstädt.

Lektorat: Dr. Fritz Oeser, geb. 18. 5. 1911 in Gera, Realgymnasium, Studium von Musikwissenschaft und Germanistik an der Universität Leipzig, dort 1938 mit Dissertation „Die Klangstruktur der Bruckner-Symphonie" zum Dr. phil. promoviert, anschließend Lektor, ab 1948 bis Februar 1971 Geschäftsführer beim o. a. Verlag, auch als Herausgeber und Bearbeiter tätig.

Geschichte: Gegründet 1934 als Organgesellschaft der Fa. Oscar Brandstetter, Leipzig, zur Fortführung der von der Internationalen Bruckner-Gesellschaft veranstalteten Kritischen Bruckner-Gesamtausgabe, in Verbindung mit dem gleichzeitig unter wechselseitiger Beteiligung gegründeten Musikwissenschaftlichen Verlag reg. Gen. Wien. 1938 Zusammenlegung beider Gesellschaften. 1944 Umbenennung in Bruckner-Verlag Leipzig, 1948 Sitzverlegung und parallele Neugründung als Brucknerverlag Wiesbaden GmbH mit alleinigem Gesellschafter Dr. Fritz Oeser, gleichzeitig Enteignung und Auflösung des Leipziger Restbetriebes. 1955 Abschluß eines Generalvertrages mit dem 1945 neugegründeten Wiener Musikwissenschaftlichen Verlag über Auslieferung der dort weiter geführten Bruckner-Ausgabe; gleichzeitig Erwerb aller Anteile durch Hildegard Vötterle, Verschmelzung bei-

der Bruckner-Verlage und Sitzverlegung nach Kassel unter Namensänderung in Alkor-Edition Kassel. Alleinauslieferungsvertrag für käufliche Werke mit Bärenreiter-Großauslieferung Kassel. Alleinvertrieb der Orchester- und musikalischen Bühnenwerke von Artia Prag, DILIA Prag und CHF Prag für deutschsprachige u. a. Länder.
Hauptwerke: Vertrieb sämtlicher Werke der wissenschaftlichen Neuausgaben von Bruckner (Originalfassungen), H. Wolf, Dvořák, Smetana sowie Neuausgaben vergessener und Erstausgaben unveröffentlichter Orchesterwerke von Beethoven, Cherubini, Haydn, Mozart, Tschaikowsky, Weber, Ferner deutschsprachige Neufassungen von Opern Haydns, Schuberts, Rimsky-Korssakows, Tschaikowskys („Jungfau von Orleans"), Massenets („Manon"), Bizets („Carmen"), in zweisprachiger quellenkritischer Ausgabe, „Dr. Mirakel" (als Erstausgabe), Prokofieffs („Krieg und Frieden") und von Operetten Millöckers und Suppés. Zeitgenössische Opernwerke.
Verlagsgebiet: 13.

Allegro-Theater-Verlag, Ptach & Schacht
D-2000 Hamburg 76, Adolfstraße 45

Allzeit-Bereit-Verlag
A-1010 Wien I, Herrengasse 17

Alma Mater Verlag
D-7410 Reutlingen, Postfach 778, Karlstraße 9

Signet wird geführt seit: 1947.

Grafiker: Paul Dick, Oberursel.

Altkönig-Verlag, Druckerei und Verlag H. Berlebach o.H.G.
D-6370 Oberursel, Korfstraße 13, Postfach 460
Tel: (0 61 71) 5 35 20. **Psch:** Frankfurt (M) 83446. **Bank:** Nassauische Sparkasse Oberursel 258 000 277, Dresdner Bank Oberursel 6 100 090, Kreissparkasse Oberursel 700 1291, Frankf. Volksbank Oberursel 87 231, Deutsche Bank Oberursel 440/1089, Effectenbank Warburg Oberursel 68 035. **Gegr:** 1863 in Oberursel. **Rechtsf:** o.H.G.
Inh/Ges: Dr. Georg Dietrich und Cläre Dietrich, geb. Berlebach.
Verlagsleitung: Verlagsleiter: Dr. phil. Georg Dietrich ☐, Vorst.-Mitgl. des Verbandes der Graphischen Betriebe in Hessen.
Herstellung, Anzeigen und Vertrieb: Jürgen Dietrich.
Geschichte: 1863 als Zeitungsdruckerei und Verlag gegründet, seit 1866 in Familienbesitz. Buchverlag (als Altkönig-Verlag neu gegründet) angeschlossen 1946. Das Bücherschiff am 1. 1. 1965 übernommen.
Hauptwerke: Auf dem Gebiet der Geschichte, Heimatgeschichte, Literaturgeschichte, Belletristik.
Zeitschriften: „Bücherschiff" vtljl. — „Freude mit Bücher" 1x jl. — „Weihnachtsbücherpost".
Verlagsgebiete: 8 — 14 — 15 — 7.

Alpen-Verlag GmbH
A-5020 Salzburg, Rudolfs-Kai 2

Altberliner Verlag Lucie Groszer
DDR-1020 Berlin, Postfach 44, Neue Schönhauser Straße 8

Aluminium Verlag GmbH
D-4000 Düsseldorf 1, Postfach 1207, Königsallee 30

Amadis Verlag siehe Goverts

Amalthea-Verlag
A-1030 Wien III, Am Heumarkt 19

Amandus-Verlag
A-1011 Wien I, Postfach 656

Aman, Albert Verlag
D- 8762 Amorbach, Postfach 85, Richterstraße 2

Verlag des Amtsblattes der Evang. Kirche in Deutschland
D-3000 Hannover-Herrenhausen, Herrenhäuser Straße 2 A

Anabas

Anabas-Verlag Günter Kämpf KG
D-6301 Wißmar bei Gießen, Forsthausstraße 5

Signet wird geführt seit: 1949.

Grafiker: Kurt Tillessen.

Wilhelm Andermann Verlag oHG.

D-8019 Ebersberg, Wallbergstraße 11

Tel: (0 80 92) 2 26 18. **Psch:** München 281 38. **Bank:** Bankhaus Maffei & Co., München. **Gegr:** 1. 4. 1921 in Königstein (Taunus). **Rechtsf:** oHG.
Verlagsleitung: Albert Gombert.
Geschichte: Der Verlag wurde am 1. 4. 1921 von Wilhelm Andermann in Königstein im Taunus gegründet und 1925 nach Berlin verlegt. 1940 wurde der Verlag nach Wien verlegt und 1949 nach München. Hauptarbeitsgebiet des Verlages ist das Farbbildbuch.
Hauptwerke: Bildbandreihen in deutscher, englischer und französischer Sprache: „Panorama Bücher" — „Splendid Bücher" — Romane von K. A. Schenzinger.
Hz: „Andermann berichtet ..." (unregelmäßig).
Verlagsgebiete: 15 — 8.

André, Johann, Musikverlag
D-6050 Offenbach (M), Postfach 141, Frankfurter Straße 28

Andreas, Jörn
A-5020 Salzburg, Hans-Seebach-Str. 10

Andreas & Andreas, Verlagsbuchhandel

A-5020 Salzburg, Hans-Seebach-Str. 10

Tel: (0 62 22) 2 13 18. **Fs:** 63212 andver a. **Psch:** Wien 1746.002, München 120252-805, Zürich 80-38.606. **Bank:** Raiffeisenkasse Parsch 20-02 7722, Salzburger Hypotheken- und Wechselbank 5100, Hypo-Bank Freilassing 157.520. **Gegr:** 1956 in Salzburg. **Rechtsf:** KG.
Inh/Ges: Wolf Dietrich Andreas, Judith Andreas de Martinez.
Verlagsleitung: Verlagsleiter: Wolf Dietrich Andreas □, Verlagsbuchhändler, geb. 3. 6. 1936 in Salzburg.
Einzelprokurist: Franz Pemwieser.
Gesamtprokuristen: Johanna Breitenstein, Astrid Herzog.
Geschichte: Die Gründung erfolgte 1956 aus den beiden Einzelfirmen Jörn Andreas und Karoline Andreas, die jeweils unabhängig voneinander ein Verlagsunternehmen in Salzburg und Hallein führten. Seit 1956 Vertrieb populärer Fach- und Sachbücher. 1965 wurde die Firma Oskar Andreas Nachfolger, Herzog & Co. Reise- und Versandbuchhandel in Wien gegründet, die sich ausschließlich mit dem vertretermäßigen Verkauf der Verlagswerke befaßt.
Hauptautoren/Hauptwerke: Bernhard, „Besser schreiben, reden, rechnen" — Killinger, „Wissen-Bildung-Erfolg", 2 Bände — Killinger, „Das Sagenbuch" — Killinger, „Heiteres Geschichtenbuch" — Killinger/Doppler, „Das Märchenbuch" — Neuthaler, „Das Kräuterbuch" — Rimpl, „Der österreichische Hausjurist" — Schuppich/Sporn, „Österreichisches Recht" — Pollak/Wallnöfer, „Der neue Hausarzt" — „Unsere Welt gestern und heute" — Scheibenpflug/Wallnöfer, „Köstlich und Gesund" — Schondorff, „50 Seltsame Geschichten" — Trauttmansdorff, „Die Frau und ihre Welt".
Tges: Oskar Andreas Nachfolger Herzog & Co., Reise- und Versandbuchhandel, Parhamerplatz 9, A-1170 Wien.
Andreas & Andreas, Verlagsbuchhandel, 8228 Freilassing, Ludwig Zeller-Str. Nr. 40, Postfach 64.
Andreas & Andreas, Verlagsanstalt, FL-9490 Vaduz (Fürstentum Liechtenstein), Oberfeld 576.
Breitenstein & Co., Reise- und Versandbuchhandel, Parhamerplatz 9, A-1170 Wien (Beteiligung 80 %).
Verlagsgebiete: 9 — 25 — 30.

Annette Verlag Peitsch & Co.
D-4230 Wesel, Luisenstraße 1

Andrich, Neithard Verlag
D-4330 Mülheim/Ruhr-Saarn, Postfach, Lehnerstraße 1 A

Antäus-Verlag KG
D-2400 Lübeck, Postfach 2010, Hansestraße 6

Apollo-Verlag, Albert Kunzelmann
CH-8134 Adliswil (ZH), Grütstraße 28

Apollo-Verlag Paul Lincke
D-1000 Berlin 45, Ostpreußendamm 26

Appel, Ludwig siehe Gerold & Appel

April Musikverlag GmbH
D-6000 Frankfurt 1, Bleichstraße 64—66

Aratos-Verlag Huter & Co. GmbH
D-7000 Stuttgart-N, Königstraße 20

Arbeitsgemeinschaft der christl. Vereine junger Männer Deutschlands
D-3500 Kassel-Wilhelmshöhe, Hirzsteinstraße 16

Arbeo-Gesellschaft e. V.
D-8061 Bachenhausen, Post Kammerberg

Arcadia Verlag GmbH
D-2000 Hamburg 13, Heimhuderstr. 36

Signet wird geführt seit: 1944.
Grafiker: —

Verlags-AG. „Die Arche"
CH-8044 Zürich, Rosenbühlstraße 37, Postfach 18 (Verlagsleitung)
CH-8003 Zürich, Erikastraße 11 (Auslieferung)

Tel: (01) 34 21 54 (Verlagsleitung); (01) 35 84 70 (Auslieferung). **Psch:** 80-342 57. **Bank:** Schweiz. Bankverein Zürich. **Gegr:** 1944. **Rechtsf:** AG.
Inh/Ges: Peter Schifferli.
Verlagsleitung: Peter Schifferli, geb. 27. 7. 1921 in Bern.
Geschichte: Der Verlag der Arche wurde 1944 von Peter Schifferli gegründet. Als Beiboot schloß sich 1953 der Sanssouci-Verlag an, der gleichsam die heitere Abteilung der Arche darstellt.

Hauptautoren und Hauptwerke: Hans Arp, Werner Bergengruen, Piere Daninos, Friedrich Dürrenmatt, Ernst Eggimann, Horst Wolfram Geissler, Pär Lagerkvist, Hugo Loetscher, Katherine Mansfield, Adolf Muschg, Ezra Pound, Gerold Späth, Gertrude Stein, Walter Vogt, Karl Heinrich Waggerl, Silja Walter.
Buchreihen: Wichtigste Buchreihe ist die „Arche-Bücherei" mit nahezu 300 Titeln, ferner die „Sammlung Horizont" besonders für Literatur des Expressionismus u. Dokumente zur modernen Kunst, die Reihe „Arche Nova" u. „Arche Studio", die „Sammlung Cinema", die klassische Texte der Filmliteratur herausbringt (W. I. Pudowkin, S. Eisenstein, Ernst Iros), die Sanssouci „Jazz-Bibliothek" mit den Autobiographien von Milton Mezz Mezzrow, Benny Goodman, Sidney Bechet usw., die Reihe „Sanssouci-Zoo" (Tierbücher).
Verlagsgebiet: 8.

Signet wird geführt seit: 1967.

Grafiker: Erich Hofmann.

Archimedes Verlag Rolf Christiani & Cie.
CH-8280 Kreuzlingen, Marktweg 7, Postfach 180

Tel: (072) 8 28 42. **Psch:** Frauenfeld 85-2836. **Bank:** Schweizerische Volksbank Kreuzlingen. **Gegr:** 1. 11. 1942 in Kreuzlingen. **Rechtsf:** KG.
Inh/Ges: Rolf Christiani, Renate Christiani.
Verlagsleitung: Rolf Christiani □, geb. 13. 2. 1934 in Frankfurt (M).
Geschichte: Der Verlag wurde als „Verlag Paul Christiani & Cie." am 1. November 1942 von Dr.-Ing. habil. Paul Christiani, Kurt Onken und Hans Baumgartner gegründet, am 13. April 1962 erfolgte die Umgründung in die jetzige Firma. Das Verlagsprogramm bestand von Anfang an im wesentlichen aus Werken technischen und naturwissenschaftlichen Inhalts. Den Schwerpunkt bilden heute vor allem praxis-

nahe Fach- und Lehrbücher über Teilbereiche der Gebiete Physik, Maschinenbau, Elektrotechnik, Elektronik und Vermessungswesen.
Hauptautoren/Hauptwerke: Seybold/Natke (Hrsg.), „Das Grundwissen des Technikers" — Paulmann, „Steuern mit Schaltalgebra", „Thyristoren im Elektrohandwerk" — Hemming, „Steuern mit Pneumatik" — Däschler, „Elektronenröhren" — Bachmann, „Vermessungskunde für Ingenieure und Techniker" — Kiessling/Körner, „Wie löse ich eine physikalische Aufgabe?"
Tges: Dr.-Ing. Paul Christiani GmbH. Technisches Lehrinstitut und Verlag Konstanz.
Verlagsgebiete: 19 — 20.

Verlag Architektur u. Baudetail GmbH
D-8000 München 40, Ainmillerstraße 34

Archiv für deutsche Heimatpflege
D-5000 Köln, Ubierring 47

Ardschuna-Verlag
CH-3018 Bern, Gotenstraße 6
Tel: (031) 55 21 51. **Psch:** 30-16790. **Bank:** Schweizerische Bankgesellschaft Bern. **Gegr:** 1962. **Rechtsf:** Einzelfirma.
Inh/Ges: Dr. Gustav Hans Graber.
Verlagsleitung: Dr. Gustav Hans Graber.
Geschichte: Der Ardschuna Verlag gibt in erster Linie tiefenpsychologische Werke heraus.
Hauptautoren und Hauptwerke: Dr. Gustav Hans Graber: „Die Not des Lebens und ihre Überwindung" — „Psycho-analyse und Heilung eines nachtwandelnden Knaben" — „Seelenspiegel des Kindes" — „Seelische Leiden und ihre Behandlung" — „Charaktertypen und Schicksale" — „Der psychotherapeutische Heilungsverlauf und seine Grenzen" — „Probleme moderner Psychotherapie" — „Psychotherapie als Selbstverwirklichung" — „Psychotherapie der Aggression". Mehrere Jahrbücher „Der Psychologe" vor allem psychotherapeutischen Inhaltes.
Zwgst: Günter Olbert, Rainlesstraße 22, D-7100 Heilbronn.
Verlagsgebiete: 3 — 8 — **Spez.Geb:** 3 Tiefenpsychologie und Psychotherapie.

Arena
Signet wird geführt seit: 1964.
Grafiker: Hochschule für Gestaltung, Ulm

Arena-Verlag Georg Popp
D-8700 Würzburg 2, Talavera 7—11, Postfach 1124

Tel: (09 31) 4 30 61. **Fs:** 06/8833. **Psch:** Nürnberg 71362. **Bank:** Städtische Sparkasse Würzburg 293, Dresdner Bank, Filiale Würzburg 3000 308. **Gegr:** 9. 9. 1949 in Würzburg. **Rechtsf:** GmbH & Co. KG.
Inh/Ges: Arena-Verlags-GmbH, Georg Popp, Alfons Popp, Bruno Popp, Winfried Popp, Bernhard Popp.
Verlagsleitung: Georg Popp ⬜, Herausgeber verschiedener Arena-Großbände. Prokurist und Cheflektor: Eugen Böck. Kaufmännische Leitung: Wanda Hamm (Hbv.).
Herstellung: Karl Frosch.
Geschichte: Der Arena-Verlag wurde 1949 von Georg Popp gegründet. Das Programm zeichnete sich bereits in den ersten Jahren dadurch aus, daß neue Wege beschritten (frühe Hinwendung zum Jugendsachbuch) und junge Autoren gefördert wurden, die heute erfolgreich und bekannt sind, 1955 erscheint der erste Arena-Großband „Die Großen der Welt". Er wird zum Schrittmacher eines neuen breiten Sachbuchprogramms für die Jugend. 1958 werden die Arena-Taschenbücher eingeführt, heute die umfangreichste Jugend-Taschenbuchreihe. 1961 wird mit der Reihe „Aus erster Hand" der Durchbruch zum Erwachsenensachbuch geschaffen. Es folgt die Erweiterung des Programms durch Klassikerausgaben (Arena-Bibliothek der Abenteuer) und durch Aufkauf des Westermann-Jugendbuchverlages im Jahre 1969.
Das vielseitige Sachbuch- und Jugendbuch-Programm fand allgemeine Anerkennung durch zahlreiche nationale wie auch internationale Auszeichnungen. Mehr als ein Drittel der Arena-Bücher wurde in 23 Ländern übersetzt.
Hauptautoren: B. Bartos-Höppner, I. Bayer, F. Braumann, L. Bühnau, P. Coll, W. Fährmann, Rudolf Hagelstange, K. Lütgen, H. Pleticha, O. Preußler, I. Rodrian, Carlo Schmid, H. Schreiber, K. R. Seufert, Johannes Stumpe.

Buchreihen: „Arena-Großbände" — „Geschichtsbände aus erster Hand" — „Länderreihe aus erster Hand" — Sachbuchreihe „Wissenschaft und Abenteuer" — „Arena-Bibliothek der Abenteuer" — „Arena-Taschenbücher".
Zeitschriften: „Das neue Guckloch" (mtl.).
Verlagsgebiete: 9 — 14 — 24 — 26.

Arends, Paul C. R., Verlag
D-8211 Rimsting (Chiemsee), Postf. 20, Höhenweg 22

Argon-Verlag GmbH
D-1000 Berlin 30, Potsdamer Straße 87

ARGUMENT Verlag GmbH
D-1000 Berlin 33, Altonsteinstraße 48a

Ariel-Verlag GmbH
D-6000 Frankfurt (M), Postfach 930280, Am Industriehof 7—9

Aries-Verlag Paul J. Müller
D-8016 Heimstetten, Post Feldkirchen, Feldkirchner Straße 2

Arkana-Verlag Friedrich Haug
D-6900 Heidelberg, Postfach 142, Blumenthalstraße 38

Signet wird geführt seit 1963.

Grafiker: —

Verlag Heinz von Arndt
D-8011 Vaterstetten, Arnikastraße 4, Postfach 1107

Tel: (0 81 06) 12 61. **Psch:** München 1753 55-807; Österr. Postsparkasse Wien 7738.409. **Bank:** Kreissparkasse Ebersberg, Zweigstelle Vaterstetten 55 90 39; Sparkasse Kufstein 0004-002481. **Gegr:** 1963 in Vaterstetten. **Rechtsf:** Einzelfirma.
Inh/Ges: Heinz von Arndt.
Verlagsleitung: Heinz von Arndt, geb. 7. 1. 1907.

Geschichte: Beziehungen zu Südafrika führten zum ersten Titel H. G. Schütte, Weiße Ismen — Schwarze Fakten. Von Sinn und Notwendigkeit des gegliederten Völkerorganismus. Weitere Haupttitel: B. v. Richthofen, Kriegsschuld 1939—1941; Der Schuldanteil der anderen.
Hauptautoren/Hauptwerke: Fritz Stüber, „Programm Europa" — Siegfried Gebert, „Kann Verzicht dem Frieden dienen?" — Tatsachen-Schriftenreihe 1—7 — Offenhausener Reihe mit W. Pleyer, K. Springenschmid, E. W. Möller, Bruno Brehm, F. Heller, Gabriel Scott, Konrad Windisch, Brigitte Pobl, H. Theurer-Samek. Gedichtbände von Konrad Windisch.
Buchreihe: Offenhausener Reihe mit literarischen Titeln, Essays, Satire, Novellen, Romane, Lyrik.
Verlagsgebiete: 6 — 8 — 14.

Arnold, Ernst GmbH
D-4600 Dortmund-Mengede, Postfach 42, Siegburgstraße 5—7

Arnold, Rudolf
DDR-7010 Leipzig, Grimmaische Str. 21

„Ars Hungarica" Buch- und Kunstverlag E. Georg Molnar OHG
A-1010 Wien IV, Heumühlgasse 12

Ars Liturgica Kunstverl., Maria Laach
D-5471 Maria Laach über Andernach

Ars Medici Verlag, Lüdin AG
CH-4410 Liestal/Schweiz, Postfach 97, Schützenstraße 2—8

Ars sacra-Verlag Josef Müller
D-8000 München 40, Postfach 360, Friedrichstraße 9

Ars-Viva-Verlag GmbH
D-6500 Mainz, Weihergarten 5

Signet wird geführt seit: 1944.

Grafiker: G. Honegger-Lavater.

Artemis Verlags-Aktiengesellschaft Artemis Verlags GmbH, Verlag für Architektur, Alfred Druckenmüller Verlag

CH-8024 Zürich, Limmatquai 18, Auslieferung: Zeltweg 48

Tel: (01) 34 11 00/01/02. **Psch:** Zürich 80-333 86. **Bank:** Industrie- und Handelsbank Zürich. **Gegr:** 1943. **Rechtsf:** AG.

Inh/Ges: Artemis Verlags-Aktiengesellschaft. Dr. Dieter Bührle, Heinrich Stiefelmeier, Frau Charlotte Bührle.

Verlagsleitung: Dr. Bruno Mariacher ☐, geb. 11. 2. 1922. Präsident der E. G. Bührle-Stiftung für das Schweizerische Schrifttum, Rotary-Club.

Geschichte: Als der Artemis-Verlag 1943 gegründet wurde, fiel dies in eine Zeit der größten politischen und weltanschaulichen Krisen. Es war darum ebenso ein geistiges wie materielles Wagnis, als es Dr. Friedrich Witz damals gelang, einige idealistisch denkende und großherzige Persönlichkeiten für die Gründung dieses Unternehmens zu begeistern. In der verhältnismäßig kurzen Zeit seines Bestehens ist es dem Artemis-Verlag gelungen, über die in unmittelbarer Bedrohung empfundene Verpflichtung und Aufgabe hinaus, eine deutlich erkennbare Linie und Tradition zu begründen. Das Verlagsprogramm wurde 1944 begonnen und umfaßt u. a.: Die Ausgabe der Gesammelten Werke Carl Spittelers, die jetzt auf 100 Bände angewachsene „Bibliothek der Alten Welt", ergänzt durch das „Lexikon der Alten Welt" und die Reihe „Lebendige Antike"; die Goethe-Gedenkausgabe in 24 Bänden mit Ergänzungsbänden, der „Kleine Artemis-Goethe" in 10 Bänden, Goethes Gespräche in vier Bänden (Biedermannsche Ausgabe). Des weiteren wurden herausgegeben die „Erasmus-Bibliothek", die „Bibliothek des Morgenlandes" mit dem Lexikon der Arabischen Welt", die Gesamtausgabe der Reden Gotamo Buddhas, die Bibliotheksreihe „Klassiker der Kritik", die Gesamtausgabe der Romane Maupassants, und schließlich gehören die Bildbände von Emil Schulthess u. a. sowie die Artemis-Kinderbücher zu den besonders erfolgreichen Sparten des Verlages, 1964 wurden vom Verlag für Architektur die bisher im Verlag Dr. Girsberger herausgegebenen Titel (Le Corbusier, Aalto Neutra u. a.) übernommen. Das Programm des VA wurde in den letzten Jahren ergänzt durch die Monographien über Kenzo Tange und Jean Prouvé. Seit 1968 gehört der Alfred Druckenmüller Verlag in Stuttgart zu den Artemis-Unternehmen. Bei Druckenmüller erscheinen die Großen lexikalischen Werke „Pauly - Wissowas Realencyclopädie der classischen Altertumswissenschaft", Der „Kleine Pauly" (Lexikon der Antike in 5 Bänden), Reallexikon zur Deutschen Kunstgeschichte, Die Deutschen Inschriften. Am 1. Juli 1971 erwarb der Artemis Verlag den Winkler Verlag in München (siehe dort). Der Sitz der Artemis Verlags GmbH wurde im März 1972 von Stuttgart nach München verlegt.

Buchreihen: „Bibliothek der Alten Welt" — „Erasmus-Bibliothek" — „Bibliothek des Morgenlandes" — „Klassiker der Kritik" — „Lebendige Antike" — „Goethe-Schriften".

Tges: Artemis-Verlags GmbH, D-8000 München 40, Martiusstraße 8, Postfach 104, Tel: (089) 33 21 50 / 33 21 81. Psch: Stuttgart 1060-703. Bank: Württembergische Bank Stuttgart 23 12. Gegr: 1. 6. 1957. Rechtsf: GmbH. Geschäftsführer: Dr. Dieter Lutz.
Alfred Druckenmüller Verlag, D-8000 München 40, Martiusstraße 8, Postfach 104, Tel: (089) 33 14 32. Psch: Stuttgart 63808-701, Bank: Hypo-Bank München 6/465 208. Rechtsf: Zweigniederlassung der Artemis Verlags GmbH München.
Winkler Verlag, D-8000 München 40, Martiusstraße 8, Postfach 26, Tel: (089) 33 21 50/33 21 81. Psch: München 14723-801. Bank: Hypo-Bank München 6/251 623. Rechtsf: Zweigniederlassung der Artemis Verlags GmbH München.

Btlg: Deutscher Taschenbuch-Verlag GmbH. & Co, KG, D-8000 München.

Verlagsgebiete: 3 — 7 — 8 — 12 — 14 — 15 — 9 — 24 — 25 — Spez.Geb: 12 Architektur.

Signet wird geführt seit: 1955.

Grafiker: —

Aschendorffsche Verlagsbuchhandlung

D-4400 Münster, Gallitzinstraße 13, Postfach 1124

Tel: (02 51) 690-1. **Fs:** 892 830 wn ms d. **Psch:** Hannover 194 02-304, 's-Gravenhage 1 450 52, Basel 40-206 78, Rom 1/23 41, Wien 1 051 704. **Bank:** Deutsche Bank AG Münster 107 011, Landeszentralbank Münster 40 008 006, Stadtsparkasse Münster 82 651. **Gegr:** vor 1720 in Münster. **Rechtsf:** G.m.b.H. u. Co. KG.

Inh/Ges: phG: Dr. Anton Wilhelm Hüffer und Maxfritz Hüffer.
Verlagsleitung: Dr. Anton-Wilhelm Hüffer, geb. 18. 6. 1928 in Münster; Maxfritz Hüffer, geb. 4. 12. 1931 in Freiburg (Br.); Joseph Hüffer, Rechtsanwalt und Notar, geb. 14. 5. 1897 in Münster (Prokurist); Dr. Paul-Eduard Hüffer, geb. 28. 9. 1933 in Münster (Prokurist).
Geschichte: Aschendorff, einer der ältesten deutschen Verlage, konnte 1970 sein 250jähriges Bestehen feiern, ein Jubiläum, das nicht zuletzt auch deshalb denkwürdig genannt werden kann, weil das Unternehmen immer im Familienbesitz geblieben ist.
Dem Verlag wurde bereits 1762 eine eigene Druckerei angeschlossen, 1763 eine Zeitung. Damit begann eine bis heute reichende zeitungsverlegerische Tätigkeit.
Im Zweiten Weltkrieg wurde das große Verlagsgebäude in der Gallitzinstraße fast ganz zerstört. Doch gelang der Wiederaufbau nach 1945 in erstaunlich kurzer Zeit. So konnten in dem letzten Vierteljahrhundert an Neuerscheinungen, Neubearbeitungen und Neuauflagen annähernd 3400 Veröffentlichungen herausgegeben werden, dazu noch von den verschiedenen Zeitschriften insgesamt über 800 Nummern.
Zur Verlagsgeschichte siehe: „Widmann, Die Aschendorffsche Presse 1762—1912" und „Dem Worte verpflichtet. 250 Jahre Verlag Aschendorff 1720—1970". Diese Verlagsgeschichte enthält u. a. auch eine 458 Seiten umfassende Bibliographie der Verlagswerke von 1912—1970.
Hauptwerke, Reihen und Sammlungen:
Theologie: Albertus Magnus, Kritische Gesamtausgabe, Hrsg. Bernhard Geyer (auf etwa 40 Bände berechnet, bisher 11 Bände) — Lortz, „Geschichte der Kirche" (2 Bände) — Schmidt, „Der Ursprung der Gottesidee" (12 Bände).
Buchreihen: „Aevum Christianum", Hrsg. Thomas Michels (bisher 11 Bände) — „Beiträge zur Geschichte der Philosophie und Theologie des Mittelalters", Hrsg. Ludwig Hödl, Wolfgang Kluxen (bisher 230 Bände) — „Beiträge zur Geschichte des alten Mönchtums und des Benediktinerordens", Hrsg. Emmanuel von Severus (bisher 34 Bände) — „Buchreihe der Cusanus-Gesellschaft", Hrsg. Rudolf Haubst, Erich Meuthen, Josef Stallmach (bisher 5 Bände) — „Corpus Catholicorum", Hrsg. Erwin Iserloh (bisher 31 Bände) — „Katholisches Leben und Kirchenreform im Zeitalter der Glaubensspaltung", Hrsg. Erwin Iserloh (bisher 33 Hefte) — „Liturgiewissenschaftliche Quellen und Forschungen", Hrsg. Odilo Heiming (bisher 59 Bände) — „Missionswissenschaftliche Abhandlungen und Texte", Hrsg. Josef Glazik und Bernward H. Willeke (bisher 31 Bände) — „Münsterische Beiträge zur Theologie", Hrsg. Bernhard Kötting, Joseph Ratzinger (bisher 39 Bände) — „Neutestamentliche Abhandlungen", Hrsg. Joachim Gnilka (bisher 69 Bände) — „Reformationsgeschichtliche Studien und Texte", Hrsg. Erwin Iserloh (bisher 109 Bände) — „Veröffentlichungen des Instituts für Missionswissenschaft", Hrsg. Josef Glazik (bisher 13 Hefte) — „Opuscula et textus", Hrsg. Josef Koch, Franz Pelster (bisher 30 Bände) — „Vorreformationsgeschichtliche Forschungen", Hrsg. Joseph Lortz und Erwin Iserloh (bisher 16 Bände) — „Dokumente des Zweiten Vatikanischen Konzils" (15 Hefte).
Recht, Verwaltung, Wirtschafts- und Sozialwissenschaften: „BGB-Handkommentar" (2 Bände), Hrsg. Walter Erman.
Buchreihen: „Aschendorffs Juristische Handbücherei", Hrsg. Heinz Schopp (bisher 81 Bände) — „Essener Gespräche zum Thema Staat und Kirche", Hrsg. Josef Krautscheidt, Heiner Marré (bisher 8 Bände) — „Entscheidungen der OVG Münster und Lüneburg" (bisher 27 Bände) — „Schriften des Instituts

für christliche Sozialwissenschaften", Hrsg. Joseph Höffner, Wilhelm Weber (bisher 19 Bände).
Geschichte, Kunst- und Kulturgeschichte, Landes- und Volkskunde: „Acta Pacis Westphalicae", Hrsg. Max Braubach, Konrad Repgen (auf etwa 50 Bände berechnet, bisher 6 Bände) — Dickmann, „Der Westfälische Frieden" — von Raumer, „Freiherr vom Stein" u. a. — „Der Raum Westfalen", Hrsg. Hermann Aubin, Franz Petri, Herbert Schlenger, Peter Schöller, Alfred Hartlieb von Wallthor (bisher 9 Bände).
Buchreihen: „Bau- und Kunstdenkmäler von Westfalen", Hrsg. Der Landeskonservator (bisher 48 Bände) — „Bodenaltertümer Westfalens", Hrsg. Hans Beck (bisher 13 Bände) — „Die deutschen Landkreise". Die Landkreise in Nordrhein-Westfalen, Reihe B: Westfalen (gemeinschaftlich mit dem Böhlau-Verlag Köln/Wien, bisher 5 Bände) — „Fontes et commentationes", Hrsg. Hans Erich Stier (bisher 6 Bände) — „Neue Münstersche Beiträge zur Geschichtsforschung", Hrsg. Heinz Gollwitzer (bisher 13 Bände) — „Orbis antiquus", Hrsg. Max Wegner, Hermann Tränkle (bisher 28 Bände) — „Portugiesische Forschungen der Görresgesellschaft", Hrsg. Hans Flasche (bisher 17 Bände) — „Quellen und Forschungen zur Geschichte der Stadt Münster", Hrsg. Helmut Lahrkamp (bisher 6 Bände) — „Schriften der Volkskundlichen Kommission", Hrsg. Bruno Schier, Martha Bringemeier (bisher 20 Bände) — „Schriftenreihe der Vereinigung zur Erforschung der Neueren Geschichte" (bisher 5 Bände) — „Spanische Forschungen der Görresgesellschaft", Hrsg. Johannes Vincke (bisher 43 Bände) — „Veröffentlichungen der Altertumskommission", Hrsg. August Stieren, Hans Beck (bisher 4 Bände) — „Veröffentlichungen der Historischen Kommission Westfalens" (26 verschiedene Reihen und Sammlungen, bisher insgesamt 119 Bände) — „Veröffentlichungen des Provinzialinstituts für westfälische Landes- und Volkskunde", Hrsg. Alfred Hartlieb von Wallthor (bisher 17 Bände).
Sprach- und Literaturwissenschaft: „Der Kreis von Münster", Hrsg. Siegfried Sudhof (bisher 2 Bände) — „Goethe und der Kreis von Münster", Hrsg. Erich Trunz — Droste-Hülshoff, „Geistliches Jahr", Hrsg. Karl Schulte Kemminghausen, Winfried Woesler — Schiller-Lübben, „Mittelniederdeutsches Wörterbuch".
Buchreihen: „Forschungen zur romanischen Philologie", Hrsg. Heinrich Lausberg (bisher 21 Bände) — „Märchen der Gesellschaft zur Pflege des Märchengutes der europäischen Völker" (vier Reihen mit bisher insgesamt 23 Bänden) — „Münstersche Beiträge zur deutschen Literaturwissenschaft", Hrsg. Wolfdietrich Rasch (bisher 6 Bände) — „Neue Beiträge zur englischen Philologie", Hrsg. Edgar Mertner (bisher 8 Bände) — „Schriften der Droste-Gesellschaft" (bisher 17 Bände).
Jugendbücher: Reihe „arabu" (bisher 8 Bände).
Schulbücher: Lehr- und Lernbücher für Höhere Schulen, Realschulen, Grund- und Hauptschulen, u. a. „Aschendorffs Sammlung lateinischer und griechischer Klassiker" (bisher über 150 Texte und Kommentare).

Zeitschriften und Jahrbücher: „Catholica", Vierteljahresschrift für ökumenische Theologie — „Jahrbuch für Antike und Christentum" — „Liturgisches Jahrbuch" — „Theologische Revue" — „Zeitschrift für Missions- und Religionswissenschaft" — „Beiträge zur westfälischen Familienforschung" — „Niederdeutsches Wort" — „Westfalen. Hefte für Geschichte, Kunst- und Volkskunde" — „Westfälische Forschungen".

Tges: Aschendorffsche Buchhandlung, Münster/Westf. „Westfälische Nachrichten" (Tageszeitung), Münster/Westf. Borgas-Fotoverlag für christliche Kunst, Münster/Westf.

Verlagsgebiete: 2b — 3 — 4 — 5 — 7 — 9 — 10 — 11 — 14 — 28 — 29 — 1 — 6 — 8 — 12 — 13 — 15 — 18 — 19 — 24.

Signet wird geführt seit: 1969.

Grafiker: Schulz-Haller, Köln.

**Asgard-Verlag
Dr. Werner Hippe KG**

D-5300 Bonn-Bad Godesberg, Wiedemannstraße 28, Postfach 706
Tel: (0 22 21) 35 40 25. **Psch:** Köln 7092-505. **Bank:** Sparkasse Bonn 20 000 261 BLZ. 380 500 00). **Gegr:** 1. Juli 1947 in Lübeck. **Rechtsf:** KG.

Inh/Ges: Komplementär: Dr. rer. pol. Werner Hippe.
Kommanditisten: Annelore Hippe, Dorothee Hippe.
Verlagsleitung: Dr. rer. pol. Werner Hippe, geb. 21. 1. 1925 in Waldenburg/Schlesien.
Herstellungsleitung: Prokurist Gerd Meiser, geb. am 4. 2. 1944.
Buchhaltungsleitung: Damian Rack, geb. am 10. 11. 1947.
Geschichte: Gegründet am 1. Juli 1947 als „Verlag des Mitteilungsblattes für die Sozialversicherung". 1950 Umbenennung in „Asgard-Verlag", 1953 Sitzverlegung nach Bonn-Bad Godesberg. Nach dem Tode des letzten Mitbegründers Dr. Max Richter Übernahme durch den jetzigen Inhaber zunächst als Einzelfirma. Vom 1. 1. 1969 bis 30. 6. 1972 GmbH., seitdem unter Beibehaltung der Besitz- und Beteiligungsverhältnisse KG.
Hauptautoren/Hauptwerke: Vizepräsident Kurt Brackmann, „Handbuch der Sozialversicherung" — Landessozialgerichts-Präsident i. R. Professor Dr. Rohwer-Kahlmann, „Aufbau und Verfahren der Sozialgerichtsbarkeit - Kommentar zum SGG" — Dr. med. Ammermüller, „Handbuch für Krankenkassen und Ärzte" — Liebold/Fehre, „BEMA-Bewertungsmaßstab für kassenzahnärztliche Leistungen" — Wezel/Liebold, „BMÄ - Kommentar zur Gebührenordnung für Ärzte" — Töns, „Grundausbildung für den Krankenkassendienst", „Mutterschaftshilfe und Mutterschutz" — Sabel, „Entscheidungssammlung zur Entgeltfortzahlung bei Krankheit und anderen Arbeitsverhinderungen" — Krauskopf/Ziegler, „Krankenhausfinanzierungsgesetz".
Buchreihen: „Fortbildung und Praxis" (Schriftenreihe für die Ausbildung und Fortbildung von Bediensteten der Sozialversicherungsträger) — „Die RV-Schule" (Schriften zur Ausbildung und Fortbildung von Bediensteten bei den Rentenversicherungsträgern) — „Das BGB in Fällen" — „Schriftenreihe des deutschen Sozialgerichtsverbandes" (Tagungen, Kongreßberichte, Monographien).
Zeitschriften: „Wege zur Sozialversicherung", 28. Jahrgang (mtl.) — „Die Rentenversicherung", 15. Jahrgang (mtl.) — „Medien- u. Sexualpädagogik", 2. Jahrgang (vtljl.)

Verlagsgebiete: 5 — 10 — 28 — Spez.-Geb: Sozialversicherung und Sozialpolitik.

Asmus Verlag, Johannes
D-2000 Hamburg 50, Eimsbüttelerstr. 16

Aspekte Verlag GmbH
D-6000 Frankfurt (M) 1, Am Dornbusch Nr. 9

Signet wird geführt seit: 1970:
Grafiker: —
(= Signet der Unternehmensgruppe der Vereinigten Altenburger und Stralsunder Spielkartenfabriken AG seit etwa 1923)

ASS Verlag GmbH
D-7022 Leinfelden-Unteraichen, Fasanenweg 5, Postfach 1160
Tel: (07 11) 75 00 11. **Fs:** 7 255 874 ass d. **Psch:** Stuttgart 89 86. **Bank:** Deutsche Bank Leinfelden 88/13 800, BLZ 600 700 70. **Gegr:** 1. 1. 1970. **Rechtsf:** GmbH.
Inh/Ges: Vereinigte Altenburger und Stralsunder Spielkartenfabriken Aktiengesellschaft Leinfelden.
Verlagsleitung: Geschäftsführer: Karl Rühlig, Hermann Schneider.
Geschichte: Der 1970 gegründete Verlag knüpft an der berühmten Altenburger und Stralsunder Spielkarten-Tradition an.
Hauptwerke: Spielanleitungen — Spiele.
Buchreihen: „CoPilot" (Straßen auf Karten) — „ASS-Spielebücher".
Verlagsgebiete: 9 — 16 — 23.

Assimil-Verlag KG
D-4000 Düsseldorf 23, Postfach 230147, Grimmstraße 4

Assindia-Verlag
D-4300 Essen, Kettwiger Straße 2

Assmann, Hermann, Musikverlag
D-6000 Frankfurt (M) 50, Franz-Werfel-Straße 36

Astoria Verlag
D-1000 Berlin 31, Brandenburgische Straße 22

Asu Edition, Albert Suppan
D-5650 Solingen, Kasinostraße 3

A-Tempo-Verlag
A-1070 Wien, Lindengasse 10

Athenäum Verlag GmbH
D-6000 Frankfurt (M), Postfach 180125, Falkensteinerstraße 75—77

Athenäum Fischer Taschenbuch Verlag GmbH & Co.
D-6000 Frankfurt (M) 70, Geleitsstraße 25, Postfach 700 480

Tel: (06 11) 6062-1. **Fs:** 04 12410. **Bank:** BHF-Bank Frankfurt (M) 4671-4. **Gegr:** 21. 2. 1972 in Frankfurt (M). **Rechtsf:** GmbH & Co. KG.
Inh/Ges: Fischer Taschenbuch Verlag GmbH, Frankfurt (M).
Verlagsleitung: Dr. Jochen Greven, Wolfgang Mertz, Geschäftsführer.
Geschichte: Der Verlag wurde 1972 gemeinsam mit dem Athenäum Verlag GmbH, Frankfurt (M), mit dem Zweck der Herausgabe von wissenschaftlichen Taschenbuchreihen gegründet. Anfang 1974 übernahm der Fischer Taschenbuch Verlag GmbH auch die bis dahin von der Athenäum Verlag GmbH geführten Anteile.
Buchreihen: „Grundlagenforschung" — „Literatur- und Sprachwissenschaft" — „Erziehungswissenschaft" — „Sozialwissenschaften" (mit Untergruppen Psychologie und Geschichte) — „Rechtswissenschaft" — „Wirtschaftswissenschaft".
Verlagsgebiete: 3 — 4 — 5 — 6 — 7 — 10 — 13 — 14.

Athesia-Verlagsanstalt GmbH
I-39100 Bozen/Italien, Lauben 41

Atlantik Verlag Paul List siehe List

**Atlantis Verlag,
Dr. Martin Hürlimann
Inh. Dr. Mittler KG.**

D-7800 Freiburg (Br), Erwinstraße 58/60, Postfach 127

Tel: (07 61) 7 15 70. **Psch:** Karlsruhe 611 32-755. **Bank:** Deutsche Bank Freiburg (Br) 150 011. **Gegr:** 1. 1. 1930 in Berlin. **Rechtsf:** KG.
Inh/Ges: Dr. Max Mittler, Dr. Martin Hürlimann ⎕, beide Zürich.
Verlagsleitung: Georg Linke, Prokurist.
Geschichte: Der Atlantis Verlag wurde 1930 von Dr. Martin Hürlimann in Berlin durch Kauf und Namensänderung des Verlags für Kunstwissenschaft GmbH. und der Übernahme der Reihe „Orbis Terrarum" aus dem Wasmuth Verlag gegründet.
Das ursprüngliche Verlagsprogramm, die Herausgabe dokumentarischer Bildbände, wird bald durch literarische und geschichtliche Themen erweitert. Später erfolgt eine umfangreiche Musik- und Kinderbuchproduktion. 1936 kam es zur Gründung des Atlantis Verlags Zürich, um unabhängig vom damaligen Deutschland publizieren zu können. Der zerstörte Berliner Verlag wurde 1946 in Freiburg im Br. neu eröffnet. 1967 erfolgte die Umwandlung in eine Kommanditgesellschaft, deren Komplimentär Dr. Max Mittler ist. Dr. Martin Hürlimann schied zu diesem Zeitpunkt aus der Verlagsleitung, blieb jedoch weiterhin am Atlantis Verlag Freiburg beteiligt.
Hauptautoren: Sachgruppe Bild- und Kunstbände, Kulturgeschichte: Georg Gerster, Paul Huber, Lenz Kriss-Rettenbeck, Martin Hürlimann, Andreas Lommel, Fulvio Roiter.
Sachgruppe Musik: Walter Georgii, Walter Kolneder, Bernhard Paumgartner, Walter Riezler, Curt von Westernhagen.
Sachgruppe Bilderbücher: Katrin Brandt, Bettina Hürlimann, Otto von Frisch, Ruth Hürlimann, Paul Nussbaumer, Heidrun Petrides, Brian Wildsmith.
Buchreihen: „Orbis Terrarum" — „Atlantis Städtebände" — „Beiträge zur Kolonial- und Überseegeschichte".
Verlagsgebiete: 9 — 12 — 13 — 14 — 15 — 6 — 7 — 8.

Atlantis Verlag AG

CH-8044 Zürich, Zürichbergstraße 66, Postfach 200

Tel: (01) 32 53 43 und 32 54 97. **Psch:** Zürich 80-25 948. **Bank:** Schweiz. Kreditanstalt, Stadtfiliale Seefeld. **Gegr:** 22. 8. 1936 in Zürich. **Rechtsf:** AG.
Inh/Ges: Teilh. Dr. Max Mittler und Dr. Martin Hürlimann ☐.
Verlagsleitung: Dr. phil. Max Mittler, geb. 25. 5. 1924 in Aarau.
Prokuristen: Frau Bettina Hürlimann, geb. 1909; Dr. Daniel Bodmer, geb. 1928.
Geschichte: Der Verlag wurde 1936 in Zürich gegründet, um zunächst die Verlagswerke des Atlantis Verlages Berlin durch eine selbständige Vertriebsstelle in der Schweiz vertreten zu können, auf längere Sicht aber auch eine eigene, von jeweiligen Umständen in Deutschland unabhängige Produktion aufzubauen. Die literarische Produktion konzentrierte sich zunächst vor allem auf die Zusammenarbeit mit schweizerischen Autoren. Daneben erschienen kulturhistorische Werke, Musikbücher und Kinderbücher. Als während des Krieges der Berliner Atlantis Verlag immer mehr behindert wurde und schließlich seine Produktion ganz einstellen mußte, setzte der Verlag in Zürich jahrelang die Zeitschrift „Atlantis" und die Tradition des in Berlin 1929/30 gegründeten Buchverlages allein fort, bis wieder eine Zusammenarbeit mit dem in Freiburg (Br) seit 1946 neu aufgebauten früheren Berliner Verlag aufgenommen werden konnte.
Beide Verlage stehen seit Januar 1967 unter der Gesamtleitung von Dr. Max Mittler.
Hauptautoren: Vgl. Atlantis Verlag Freiburg (Br).
Buchreihen: Vgl. Atlantis Verlag Freiburg (Br).
Btlg: Mitglied der Verlegergemeinschaft „Bücherpick".
Verlagsgebiete: 9 — 12 — 13 — 14 — 15 — 6 — 7 — 8.

Atlas Musikverlag
D-8031 Gröbenzell, Dr.-Werner-Straße 4

Atrium Verlag AG
CH-8032 Zürich, Postfach 177, Hofackerstraße 36

Aue-Verlag
D-7108 Möckmühl, Postfach 8

Signet wird geführt seit: 1948.

Grafiker: Erich Utsch.

Verlag Ludwig Auer

D-8850 Donauwörth, Heilig-Kreuz-Straße 12-16, Postfach 239

Tel: (09 06) 30 61. **Fs:** 05/1 845. **Psch:** München 232-801. **Bank:** Bayer. Vereinsbank Donauwörth 4 519 000. **Gegr:** 4. 6. 1875 in Neuburg/Donau. **Rechtsf:** Kirchliche Stiftung.
Inh/Ges: Pädagogische Stiftung Cassianeum.
Verlagsleitung: Max Auer ☐, Direktor, geb. 7. 5. 1903; Franz Auer, Verlagsleiter, geb. 16. 6. 1930.
Geschichte: Gegründet 1875 als privates Werk von Volksschullehrer Ludwig Auer; 1910 in eine Stiftung umgewandelt.
Hauptwerke: Pädagogik, Psychologie, Werke für die Unterrichtspraxis, Schulbuchwerke, Religionsbücher, Religiöses Schrifttum, Kinder- und Jugendbücher.
Buchreihen: „Exempla" — „Aktuelle Wirtschaftsthemen" — „Texte zum Ethikunterricht" — „Auers Schriftenreihe zur Frühpädagogik".
Zeitschriften: „Pädagogische Welt", Monatsschrift für Unterricht und Erziehung, Schriftleitung: Professor Ferdinand Kopp — „Praedica Verbum", Zeitschrift für Prediger, Schriftleitung: Dekan Otto Portenlänger — „Monika", Zeitschrift für die Frau, Schriftleitung: Dr. Gerda Röder — „Freund der Kinder", für 7- bis 10jährige, Schriftleitung: Marina Thudichum.
Verlagsgebiete: 2b — 3 — 7 — 9 — 10 — 11 — 14 — 28.
Angeschl. Betr: 2 Sortimentsbuchhandlungen, 1 Versandbuchhandlung, Druckerei (Buch- und Offsetdruck), Buchbinderei.
Btlg: TR-Verlagsunion GmbH, München.

Aufbau-Verlag
DDR-1080 Berlin, Französische Straße 32

**Verlag für Aufbereitung
Schirmer & Zeh**
D-6200 Wiesbaden, Wittelsbacherstr. 10

Signet wird geführt seit: 1956.
Grafiker: Ernst Scholz.

Aufstieg-Verlag

D-8000 München 40, Beichstraße 1,
Postanschrift: München 44, Postfach 284

Tel: (089) 33 50 91. **Psch:** München 1180 00. **Bank:** Bayer. Hypotheken- und Wechsel-Bank München 28 46 45. **Gegr:** 1. 1. 1950. **Rechtsf:** e. V.
Inh/Ges: Preßverein Volksbote e. V., München.
Verlagsleitung: Verlagsleiter: Fritz Hoppe, geb. 21. 8. 1909 (bis 1945 Zeitungsvertriebsleiter in Aussig/Böhmen). Lektorat, Herstellung: Erhard J. Knobloch, geb. 1. 11. 1923 in Tetschen.
Geschichte: Die Gründung des Verlages im Jahre 1950 erfolgte mit dem Ziel, ostdeutsches Schrifttum zu fördern. Dieser Zielsetzung konnte der Verlag bis heute treu bleiben. Neben der Buchproduktion wurde 1962 auch mit einem ostdeutschen Schallplattenprogramm begonnen.
Hauptautoren: Jochen Hoffbauer, Ruth Hoffmann, E. J. Knobloch, Willy Lang, Roderich Menzel, Fritz und Richard Skowronnek, Rudolf Otto Wiemer.
Buchreihen: Romane, Erzählungen, Anthologien („Liebes altes Lesebuch") — Ostdeutsche Stadtlexika „... von A bis Z" — „Heitere Heimat" — Ostdeutsche Jugendbuchreihe. Reprintausgaben zur Heimat- und Landeskunde. Schlesische und sudetendeutsche Buch- und Bildkalender. Schallplatten, Bildwandkarten.
Verlagsgebiete: 8 — 9 — 14 — 24 — 27.

Augener, Eduard
D-2250 Husum, Postfach 1343

Augustin, J. J.
D-2208 Glückstadt/Holst, Postfach 6,
Am Fleth 37

Augustinus-Verlag
D-8700 Würzburg I, Postfach 343,
Grabenberg 2

Signet wird geführt seit: 1969.

Grafiker:
Ekkehard Warminski

Aulis Verlag Deubner & Co KG

D-5000 Köln 1, Antwerpener Straße Nr. 6—12

Tel: (02 21) 51 28 41. **Psch:** Köln 177 082-504. **Bank:** Handels- und Privatbank AG Köln 10 734; Sparkasse der Stadt Köln 93012961. **Gegr:** 1950 in Frankenberg (Eder). **Rechtsf:** KG.
Inh/Ges: Karl-August Deubner, Pers. haft. Gesellschafter; Ursula Deubner, Kommanditist.
Verlagsleitung: Karl-August Deubner, geb. 30. 3. 1912 in Stettin; Eberhard Rost; Wolfgang Deubner.
Geschichte: Der im Jahre 1950 gegründete Aulis Verlag wurde am 1. 7. 1958 in eine KG unter heutigem Namen umgeformt. Er setzt die Tradition der im Jahre 1806 in Riga von Johann Jakob Deubner gegründeten Firma J. Deubner, Buchhandlung und Verlag, fort. Angehörige der Familie Deubner sind in der 6. Generation Buchhändler und Verleger. Der Verlag beschäftigt sich mit der Herausgabe naturwissenschaftlicher, mathematischer und technischer Literatur (Zeitschriften und Bücher). Mit dieser Produktion werden in erster Linie Fachlehrer aller Schulgattungen angesprochen. Der Verlag gibt weiterhin populärwissenschaftliche Werke dieser Gebiete heraus.
Hauptautoren: Dr. Hermann Athen, Dr. Hans Backe, Dr. Franz Bader, Otto Botsch, Dr. Franz Bukatsch, Dr. Hans-Helmut Falkenhan, Dr. Fritz Fraunberger, Dr. Kurt Freytag, Artur Friedrich (†), Dr. Walther Gerlach, Dr. Wolfgang Glöckling, Dr. Herbert Graewe, Dr. Hans Grupe, Dr. Armin Hermann, Dr. Oskar Höfling, Dr. Alfred Jenette (†), Dr. Walter Kinttof (†), L. D. Landau (†), Helmut Lindner, Dr. Hans Mothes, Dr. Max Neunhöffer, Dr. Hermann Raaf,

Martin Radau, Dietrich Schledermann, Günter Simon, Dr. Hans Töpfer, Dr. Hans-Heinrich Vogt, Fritz Voit, Alfred Wagner, Klaus Wigand, Dr. Lothar Wolf (†), Dr. Volkhard Zenker.
Hauptwerke: „Handbuch der experimentellen Schulphysik", Hrsg. A. Friedrich (10 Bde.) — „Lexikon der Schulphysik", Hrsg. O. Höfling (7 Bde.) — „Handbuch der praktischen und experimentellen Schulbiologie", Hrsg. H.-H. Falkenhan (5 Bde.) — „Experimentelle Schulchemie", Hrsg. F. Bukatsch und W. Glöckner (6 Bde.) — „Handbuch der Schulchemie" von Kinttof-Wagner (2 Bde.) — „Lexikon der Schulmathematik", Hrsg. H. Athen und J. Bruhn (2 Bde.) — „Leistungstests für die Schule", Hrsg. O. Höfling (Physik, Chemie, Biologie, Mathematik, Geographie) — „Aulis-Transparente" (Physik, Chemie, Biologie, Mathematik).
Buchreihen: „PRAXIS-Schriftenreihe" (Abt. Physik-Chemie-Biologie), bisher über 80 Bände — „Kleine Experimentierbücherei", bisher 7 Bände — „Aulis Paperbacks für Studium und Unterricht", bisher 10 Bände — „Scripta Mathematica", bisher 4 Bände — „Unterrichtshilfen" (Physik, Chemie, Biologie), bisher 3 Bände — „Informatik", bisher 2 Bände.
Zeitschriften: „Praxis der Naturwissenschaften" (Teil Physik, Teil Chemie, Teil Biologie) (mtl.) — „PM - Praxis der Mathematik" (mtl.) — „Naturwissenschaften im Unterricht" (früher Zeitschrift für Naturlehre und Naturkunde) (mtl.) — „wir experimentieren" (mtl.) — „SMG - Sachunterricht und Mathematik in der Grundschule" (mtl.).
Verlagsgebiete: 18 — 19 — 20 — 28 — 9 — 10 — 11.

Aussaat-Verlag

D-5600 Wuppertal-Barmen, Postf. 433, Wittensteinstraße 112—114

Austria-Verlags-GmbH

A-1010 Wien, Bösendorfer Straße 9

Verlag Detlev Auvermann KG

D-6246 Glashütten im Taunus, Zum Talblick 2

Tel: (0 61 74) 6 15 60. **Psch:** Frankfurt (M) 41 523-608. **Bank:** Bethmann-Bank Frankfurt (M) 27 160-9-00; Berliner Handelsgesellschaft / Frankfurter Bank 26-00197-4; Commerzbank, Filiale Bad Soden 111 2044. **Gegr:** 1. 1. 1970. **Rechtsf:** KG.
Inh/Ges: Detlev Auvermann, geb. 10. 4. 1936.
Verlagsleitung: Detlev Auvermann. Kaufmännische Leitung: Erika Türck. Vertriebsleitung: Frau Fromberg (früher Harrassowitz).
Geschichte: Das erst 1970 gegründete Unternehmen ist auf folgende Verlagsgebiete gerichtet: Rechts- und Verwaltungswissenschaft sowie Wirtschafts- und Sozialwissenschaften.
Buchreihen: Mittelalterliche Gesetzbücher Europäischer Länder in Faksimiledrucken — Paedagogica — Bibliotheca del 36.
Verlagsgebiete: 4 — 5.

Signet wird geführt seit: 2. 1. 1973.
Grafiker: Franz Wöllzenmüller.

AV AGRAR Audiovision Agrarwirtschaft GmbH

D-8000 München 40, Lothstraße 29, Postfach 40 03 20.

Tel: (089) 3 88 51. **Fs:** über 5215 087 blvm d. **Bank:** Bayerische Raiffeisen-Zentralbank AG München 57 14. **Gegr:** 30. 10. 1972 in München. **Rechtsf:** GmbH.
Ges: BLV Verlagsgesellschaft mbH, München; DLG-Verlags-GmbH, Frankfurt; Landwirtschaftsverlag GmbH, Hiltrup; Jahreszeiten-Verlag GmbH, Hamburg.
Verlagsleitung: Dr. Alois Egger, Geschäftsführer.
Geschichte: Die Gründung des Gemeinschaftsunternehmens erfolgte zum Zweck der Nutzbarmachung der audiovisuellen technischen Entwicklung für die Agrarwirtschaft. Einsatz audiovisueller Medien in berufsbildenden Schulen, Beratung und Erwachsenenbildung in der Landwirtschaft unter gleichzeitiger Herstellung eines Verbundes von Bildungsmedien durch die Koordination von Film, Buch und Fachzeitschrift.
Verlagsgebiete: 10 — 11 — 22 — 30.

Signet wird geführt seit: 1973.

Grafiker: —

Verlagsgruppe awi Handwerk Arbeitsgemeinschaft der Hans Holzmann Verlag KG., Verlagsanstalt Handwerk GmbH und Gildeverlag H.-G. Dobler

a) Hans Holzmann Verlag KG
D-8939 Bad Wörishofen, Gewerbestr. 2, Postfach 460 und 480
b) Verlagsanstalt Handwerk GmbH
D-4600 Dortmund, Reinoldistraße 7—9, Postfach 1471
c) Gildeverlag Hans-Georg Dobler
D-3220 Alfeld/Leine, Postfach 1450
Tel; a) (0 82 47) 266, 267, 268; b) (02 31) 527551; c) (0 51 81) 40 61. **Fs:** a) 05-39331 hhv; c) 9-2945.
Verlagsgebiete: 10 — 11 — 20 — 27.

Verlag Horst Axtmann GmbH & Co. Kommanditgesellschaft

D-6200 Wiesbaden, Postfach 1389, Wilhelmstraße 42

J. P. Bachem Verlag GmbH

D-5000 Köln 1, Ursulaplatz 1

Tel: (02 21) 23 34 71. **Fs:** 888 11 28. **Psch:** Köln 53 205. **Bank:** I. D. Herstatt Köln 113 299. **Gegr:** 1818 in Köln. **Rechtsf:** GmbH.
Inh/Ges: Familie J. P. Bachem.
Verlagsleitung: Dr. Peter Bachem ☐, geb. 17. 8. 1929; Dipl.-Kfm. Gerd Horbach, geb. 9. 11. 1924.
Geschichte: Die J. P. Bachem Verlag GmbH ist eines der verschiedenen Bachem-Unternehmen, die aus dem Stammhaus hervorgegangen sind, das Josef Peter Bachem 1818 als Verlags- und Sortiments-Buchhandlung in Köln gründete.
Zeitschriften: „Kirchenzeitung für das Erzbistum Köln" — „Pastoralblatt" — „Mitteilungen der Industrie- und Handelskammer zu Köln" — „Die Handwerkskammer" — „Kölner Leben" — „der arbeitgeber".
Verlagsgebiete: 2b — 3 — 5 — 9 — 11 — 14 — 28.

Bachem + Sohn Verlag

D-4000 Düsseldorf, Friedrich-Ebert Straße 37—39

Signet wird geführt seit: 1965.

Grafiker: Wilhelm Buck.

Richard Bacht Grafische Betriebe und Verlag GmbH.

D-4300 Essen, Heerenstraße 26

Tel: (02 01) 70 91 51/53). **Psch:** Essen 210 90. **Bank:** Stadtsparkasse Essen 8 245 029; Commerzbank Essen 3 501 483. **Gegr:** 1. 3. 1926. **Rechtsf:** GmbH.
Inh/Ges: Richard Bacht.
Verlagsleitung: Geschäftsf. Gesellschafter: Richard Bacht, geb. 27. 8. 1902 in Essen.
Hauptautoren/Hauptwerke: J. W. Hollatz, „Deutscher Städtebau 1968" — A. Simon, „Bauen in Deutschland" — Dr. J. Umlauf, „Wesen und Organisation der Landesplanung" — H. Simon, „Das Herz unserer Städte", Band I-III — Paul Vogt, „Meisterwerke deutscher Graphik" — Edgar Wedepohl, „EUMETRIA - Das Glück der Proportionen" — Wolfram Fischer, „Herz des Reviers", Kunstkalender Graphik.
Buchreihe: „Schriftenreihe der Deutschen Akademie für Städtebau und Landesplanung".
Verlagsgebiete: 12 — 24 — Spez.Geb: 12 Städtebau.

Badenia Verlag u. Druckerei GmbH

D-7500 Karlsruhe, Postfach 210166, An der Rudolf-Freytag-Straße

Badischer Verlag GmbH

D-7800 Freiburg, Postfach 280, Basler Landstraße 3

Baedeker, G. D.
D-4300 Essen, Postfach 128, Kettwigerstraße 35

Baedekers Autoführer-Verlag GmbH
D-7000 Kemnat bei Stuttgart, Marco-Polo-Straße 1, Postfach 1120

Signet wird geführt seit: 1924.

Grafiker: Bruno Goldschmitt (in der heutigen Fassung von Fritz Lometsch, 1929)

**Bärenreiter-Verlag
Karl Vötterle KG**

D-3500 Kassel-Wilhelmshöhe, Heinrich-Schütz-Allee 31—37

Tel: (05 61) 3 00 11—3 00 17. **Fs:** 9-923 76. **Psch:** Frankfurt (M) 109955-609 und 531 12-609. **Bank:** Landeskreditkasse Kassel (BLZ 520 50000) 53 105; Deutsche Bank Kassel (BLZ 520 70012) 011/1609. **Gegr:** April 1923 in Augsburg. **Rechtsf:** KG.
Inh/Ges: Ehrensenator DDr. h. c. Karl Vötterle (persönlich haftender Gesellschafter) und vier Kommanditisten.
Verlagsleitung: Ehrensenator DDr. h. c. Karl Vötterle ▢, geb. 12. 4. 1903 in Augsburg. Präsident der Internationalen Heinrich-Schütz-Gesellschaft und der Brüder-Grimm-Gesellschaft. Prokurist und Verlagsdirektor: Wolfgang Matthei, geb. 26. 12. 1925 in Lauchstädt, seit 1948 im Verlag. Cheflektor: Dr. Wolfgang Rehm, geb. 3. 9. 1929 in München, seit 1954 im Verlag. Barbara Vötterle, geb. 27. 11. 1947 in Kassel.
Geschichte: Gründung 1923 in Augsburg durch den 20jährigen Buchhandlungsgehilfen Karl Vötterle; 1927 Verlegung des Verlagssitzes nach Kassel. Die ersten Jahre sind gekennzeichnet durch die Verbindung mit der Singbewegung. Später Ausweitung auf alle Gebiete des Musiklebens, wobei die Erneuerung der Kirchenmusik (Neuentdeckung der Werke von Heinrich Schütz, enge Verbindung mit der durch die erste Freiburger Orgeltagung 1926 ausgelösten neuen Orgelbewegung) zunächst im Vordergrund stand. 1945 Zerstörung des Verlages; dem nachfolgenden äußeren Wiederaufbau bis 1948 lief systematisch ein Ausbau der schon in den ersten beiden Jahrzehnten bestehenden guten Verbindungen zur Musikwissenschaft parallel. In gemeinsamen Bemühungen konnte 1949 mit dem größten Verlagsunternehmen seit Bestehen, der Enzyklopädie „Die Musik in Geschichte und Gegenwart" (MGG), begonnen werden; 1968 im laufenden Alphabet abgeschlossen (14 Bände), 1973 erschien der erste Supplementband (A—D), der zweite (E—Z) und ein Gesamtregister sind in Vorbereitung. Der MGG folgt die Serie A (alphabetischer Katalog) des umfangreichen „Internationalen Quellenlexikons der Musik" (1971 ff., bis 1974 vier Bände erschienen). Daneben liegt das Schwergewicht der Verlagsarbeit seit Beginn der fünfziger Jahre auf dem Sektor der großen neuen musikalischen Gesamtausgaben, die zugleich den vehementen Vorstoß in das inzwischen zu einem umfangreichen und selbständigen Verlagsteil angewachsene Gebiet der Oper (Bühne) und des Konzerts brachten. Die intensive Pflege der zeitgenössischen Musik gehört ebenso zu den selbstverständlichen Aufgaben des Verlages wie die Weiterführung von guten Ausgaben alter Musik. 1958 erfolgte die Umwandlung der Firma in eine Kommanditgesellschaft. 1959 begann der Verlag als erster der großen deutschen Musikverlage mit einer eigenen Schallplattenproduktion („Bärenreiter Musicaphon"). Dem Verlag ist eine schon in Augsburg 1926 gegründete, leistungsfähige Druckerei (einschließlich Notengraphik) angeschlossen. Zur Verlagsgeschichte im einzelnen vgl. Karl Vötterle, „Haus unterm Stern", Kassel 1969 (4. Auflage), und „Musik und Verlag", Karl Vötterle zum 65. Geburtstag am 12. 4. 1968, hrsg. von Richard Baum und Wolfgang Rehm, Kassel etc. 1968, und „Bärenreiter-Chronik 1923—1973", Redaktion Anna-Martina Gottschick, Kassel etc. 1973.

Hauptkomponisten: Bach, Beethoven, Berlioz, Berwald, Buxtehude, Fux,

Bärenreiter

Gluck, Haydn, Händel, Lasso, Lechner, Monteverdi, Mozart, Schein, Schubert, Schütz, Telemann, Verdi, Vivaldi, Walter; Theodor Antoniou, Frank-Michael Beyer, Günter Bialas, Helmut Bornefeld, Fritz Büchtger, Willy Burkhard, Ján Cikker, Hugo Distler, Johannes Driessler, Peter Eben, Helmut Eder, Harald Genzmer, Klaus Huber, Nicolaus A. Huber, Wolfgang Hufschmidt, Erhard Karkoschka, Rudolf Kelterborn, Giselher Klebe, Ernst Krenek, Bohuslav Martinu, Karl Marx, Hans Friedrich Micheelsen, Dieter de la Motte, Marc Neikrug, Robert Oboussier, Ernst Pepping, Siegfried Reda, Milan Stibilj, Ulrich Stranz, Dimitri Terzakis, Winfried Zillig, Heinz Werner Zimmermann u. v. a.

Hauptwerke: „Die Musik in Geschichte und Gegenwart", hrsg. von Friedrich Blume — „Répertoire Internationale des Sources Musicales" (Serie A: I. Einzeldrucke vor 1800, II. Handschriften vor 1800) — Gesamtausgaben, u. a. der Werke von Bach, Berlioz, Berwald, Gluck, Händel, Mozart, Schubert, Schütz, Telemann.

Reihen: „Hortus Musicus" — „Das 19. Jahrhundert" — „Bärenreiter-Taschenpartituren" — „Chor-Archiv" — „Musica sacra nova" — „Flötenmusik" — „Violoncello" — „Concerto vocale" — „Bärenreiter-Laienspiele "u. a.

Faksimile-Ausgaben: Matthaeus Merian, „Topographia Germaniae" — Caspar Merian, „Topographia Galliae" — Bach, „Weihnachts-Oratorium" und „h-Moll-Messe" — Mozart, „Eine kleine Nachtmusik" — Schubert, „Die Winterreise" — „Documenta musicologica", u. a.

Zeitschriften: „Acta musicologica" — „Fontes artis musicae" — „Die Musikforschung" — „Acta sagittariana" — „Musica" — „Musik und Kirche" — „Der Kirchenchor" — „L'Organo".

Hz: „Bärenreiter-Werk", „Bärenreiter informiert", „Bärenreiter-Hinweise".

PD: „Pressemitteilungen".

Btlg: Bärenreiter-Verlag Basel AG, CH-4000 Basel, Neuweiler Straße 15; Editions Bärenreiter, Allée Jean-de-Ockeghem, F-37 Chambray-lés-Tours; Bärenreiter Limited, 32/4 Great Titchfield Street, London W 1.

Verlagsgebiete: 13 — 2a — 10 — 11 — 14 — 24 — 27 — Schallplatten (Musik).

August Bagel Verlag

D-4000 Düsseldorf 1, Grafenberger Allee 100, Postfach 1520

Tel: (02 11) 6 88 81. **Fs:** 08-586 707. **Psch:** Essen 102 92-437. **Bank:** Dresdner Bank Düsseldorf 2 113 983, Westdeutsche Landesbank Düsseldorf 31 606-11. **Gegr:** 1801 in Wesel. **Rechtsf:** KG.

Inh/Ges: Peter Bagel, als pers. haft. Gesellschafter, und Bagel Verlag GmbH.

Verlagsleitung: Geschäftsführer: Harald Ebner, geb. 28. 9. 1919; Dr. Alfred Dauch, geb. 29. 7. 1926.
Handlungsbevollmächtigte: Ingeborg Böhmer, geb. 18. 4. 1920; Werner Heinrichs, geb. 23. 9. 1921; Dr. Gerhard Knoke, geb. 19. 11. 1930; Harry Künzel, geb. 30. 11. 1930; Jo Volks, geb. 27. 2. 1939; Dr. Josef Wanninger, geb. 7. 8. 1921.

Geschichte: Der 1801 in Wesel gegründete Verlag, der als Schulbuchverlag, Jugendschriftenverlag und Zeitungsverlag wechselnde Bedeutung hatte, gliedert sich seit dem 1946 begonnenen Neuaufbau in drei Abteilungen: Schulbuchverlag (Grund- und Hauptschulen, Realschulen, Gymnasien) mit pädagogischer Literatur; wissenschaftlicher Verlag (Germanistik, Anglistik, Romanistik mit zahlreichen Grundwerken); Zeitschriftenverlag (Amtsblätter).

Hauptwerke: Schulbücher für die Primarstufe und Sekundarstufe I: Fibeln, Lesebücher („Lesarten", „Bagel-Lesebuch"), Sprachbücher; „Bagel-Sachbuch"; Lehr- und Arbeitsbücher der Fächer Geographie, Religion (Arbeitsbuch: „Religion", „Die Gottesbotschaft"), Mathematik. — Für die Sekundarstufe II: Echtermeyer-v. Wiese, „Deutsche Gedichte".
Literaturwissenschaftliche Werke: Germanistik (Hauptautoren: B. v. Wiese, Cl. Heselhaus, H. Jendreiek); Anglistik K. H. Göller, G. Hoffmann, D. Mehl, F. K. Stanzel); Amerikanistik (P. Goetsch, H. J. Lang, K. Lubbers); Romanistik (K. Heitmann, H. Hinterhäuser, J. v. Stackelberg).

Verlagsgebiete: 1 — 3 — 7 — 10 — 11 — 14 — 19.

Baha'i Verlag GmbH

D-6491 Oberkalbach üb. Schlüchtern, Am Forsthaus

Bahn, Friedrich (früher Schwerin)
D-7750 Konstanz, Postfach 186, Zasiusstraße 8

Baier, Arnold
A-1190 Wien XIX, Gymnasiumstraße Nr. 56a/4

Baken-Verlag Walter Schnoor
D-2000 Hamburg 13, Mittelweg 117a

Bange, C.
D-8601 Hollfeld/Obfr., Postfach, Marienplatz 12

Banger, Hans, Verlag der Schillerbuchhandlung
D-7142 Marbach/Neckar, Mainzer Str. 24

Banholzer u. Co.
D-7210 Rottweil/Württ., Postfach 96, Engelgasse 13

Barbara Verlag Karl Marklein
D-4000 Düsseldorf 12, Benderstraße 168a

Bardtenschlager Verlag GmbH
D-8000 München 90, Schönchenstraße 7

Barsch Fachverlag
D-3011 Bemerrode üb. Hann. 1, Angerstraße 48, Postanschrift: D-3000 Hannover 25, POB 250 149

Bartels & Wernitz
D-1000 Berlin 65, Reinickendorfer Str. Nr. 113

Verlag Dr. Albert Bartens
D-1000 Berlin 38, Lückhoffstraße 16

Tel: (03 11) 8 03 56 78. **Psch:** Berlin West 661 90-105. **Bank:** Berliner Bank Berlin 40 96 981 900. **Gegr:** 1876. Die Deutsche Zuckerindustrie, Berlin; 1951 Verlag Dr. Albert Bartens, Berlin. **Rechtsf:** OHG.

Inh/Ges: Guntwin Bruhns, Hildegard Bruhns.

Geschichte: Das Unternehmen wurde 1876 zur Herausgabe der Wochenzeitschrift „Die Deutsche Zuckerindustrie" gegründet, die bis 1943 erschien und dann mit dem „Centralblatt für die Zuckerindustrie" zur Einheitszeitschrift „Zuckerindustrie" zusammengelegt wurde. 1951 erfolgte die Neugründung des Verlages und die Herausgabe der „Zeitschrift für die Zuckerindustrie".

Hauptautoren: Bartens/Mosolff, „Zuckerwirtschaftliches Taschenbuch" — Baxa/Bruhns, „Zucker im Leben der Völker" — Zuckertechniker-Taschenbuch, bearb. von Dr. Werner — Vajna, „Zuckerrüben-Lagerung" — Vavrinecz, „Atlas der Zuckerkristalle" — Wirner, „Betriebswirtschaftliche Verfahren in der Rübenzuckerindustrie".

Zeitschrift: Zeitschrift für die Zuckerindustrie.

Verlagsgebiete: 20 — 22 — 28 — 14 — 27 — SpezGeb: 20 — Zuckerindustrie.

Barth, Johann Ambrosius, Verlagsbuchhandlung
D-6000 Frankfurt (M) 1, Falkensteinerstraße 75—77

Barth, Johann Ambrosius
DDR-7010 Leipzig, Postfach 109, Salomonstraße 18b

Barth, Otto Wilhelm, GmbH
siehe Scherz Verlag

Bartsch-Verlag KG
D-8012 Ottobrunn, Alte Landstr. 8—10

Barz und Beienburg Verlag GmbH
D-5000 Köln 30, Postfach 320 340, Feltenstraße 54

Basileia Verlag GmbH
CH-4003 Basel 3, Missionsstraße 21

Basilius-Presse, AG
CH-4002 Basel, Postfach 75, Güterstr. 86

Bassermann'sche Fr. Verlagsbuchhandlung, Nachf.
D-8000 München 71, Postfach 710 260, Faustnerweg 12

Bastei-Verlag Gustav H. Lübbe

Signet wird geführt seit: 1949.

Grafiker: —

D-5070 Bergisch Gladbach, Scheidtbachstraße 25—31, Postfach 20

Tel: (0 22 02) 12 11. **Fs:** 887922. **Psch:** Köln 97 87. **Bank:** Kreissparkasse Köln, Filiale Berg. Gladbach 311/008500; Deutsche Bank AG, Bergisch Gladbach 630/1659. **Gegr:** 1949 in Köln. **Rechtsf:** KG.

Inh/Ges: Gustav Lübbe, pers. haft. Ges.

Verlagsleitung: Verleger Gustav Lübbe ▢, geb. 12. 4. 1918 in Osnabrück.
Verlagsleiter: Horst Scholz, geb. 7. 5. 1934.
Verlagsleiter Redaktion und Lektorat: Günther Jäkel, geb. 19. 11. 1922.
Vertrieb: Hans-Joachim Karl, geb. 1. 2. 1927.
Werbung/Marktforschung: Lotte Bekker-Voss.
Public Relations: Rolf Schmitz.

Geschichte: Gründung im Jahre 1949 in Köln. 1953 übernimmt Gustav H. Lübbe den Bastei-Verlag, dessen Sitz gleichzeitig von Köln nach Bergisch Gladbach verlegt wird. Der Bastei-Verlag ist seit Jahren führend auf dem Romanheft-Sektor. Bedeutende Marktanteile gewann der Verlag zudem mit seinen Rätsel- und Jugendzeitschriften. 1963 begann Gustav Lübbe mit der Taschenbuch-Produktion. Mit dem umfangreichen Programm gehört das Unternehmen heute auch hier zur Spitzengruppe der deutschen Taschenbuchverlage. 1966 erschien die Serie „Galerie der großen Maler" und 1967 „Die großen Musiker". Mit dem Vertrieb dieser Kunstbände über den Zeitschriftenhandel machte der Bastei-Verlag breite Bevölkerungsschichten mit Werken der Kunst und der Musik vertraut.

Hauptautoren: Edward S. Aarons, Will Berthold, Taylor Caldwell, Victor Canning, Hedwig Courths-Mahler, Marie-Louise Fischer, Catherine Gaskin, Gerd Hafner, Willi Heinrich, Evan Hunter, Hammond Innes, Henry Jaeger, H. G. Konsalik, Larry Niven, Eugen Roth, Margery Sharp, G. F. Unger, Frank Yerby.

Taschenbuchreihen: „Bestseller" — „Palette" — „Corso" — „Unterhaltung" — „Exklusiv" — „Jerry Cotton" — „Razzia" — „Ed Noon" — „Spionage" — „San Antonio" — „Science Fiction" — „G. F. Unger" — „Western" — „Lassiter" — „Dr. Thomas Bruckner" — „Arztroman".

Zeitschriften: „Das Goldene Blatt", ferner 25 Roman-Zeitschriften, 13 Comic-Zeitschriften, 7 Rätsel-Zeitschriften.

Tges: Gustav Lübbe Verlag, Bergisch Gladbach; Druckhaus Lübbe, Bergisch Gladbach.

Verlagsgebiete: 26 — 28.

Signet wird geführt seit: 1956.

Grafiker: Dr. Ernst Battenberg.

Ernst Battenberg Verlag

D-8000 München 71, Faustnerweg 12, Postfach 710 260.

Tel: (089) 79 42 48, 79 64 37. **Psch:** München 2218 62. **Bank:** Bayerische Hypotheken- und Wechselbank München 47/199001; Dresdner Bank München 6708619. **Gegr:** 1. 1. 1956 in Stuttgart. **Rechtsf:** Einzelfirma.

Inh: Dr. Ernst Battenberg.

Verlagsleitung: Dr. Ernst Battenberg, geb. 9. 1. 1927 in Stuttgart-Bad Cannstatt. Stud. der Philosophie, Kunstgeschichte und Psychologie, Dr. phil. Ausbildung bei Rainer Wunderlich sowie Mitarbeit in der Deutschen Verlagsanstalt Stuttgart, seit 1961 selbständig, Mitglied des Börsenvereins, Vorstandsmitglied der Gesellschaft für Internationale Geldgeschichte.
Hans Erpf, geb. 16. 4. 1947 in Bern. Sortimenterlehre bei Hans Huber. Selbständige Verlagstätigkeit bis Ende 1970. 1971 bis 1973 Verlagsleiter im Schweizerischen Ost-Institut. Seit 1974 im Ernst Battenberg Verlag. Aktiv-Mitglied im PEN-Club.
Günter Schön, geb. 11. 7. 1935 in Berlin. Philatelist und Numismatiker, Autor und Katalogredakteur zahlreicher Fachpublikationen.

Geschichte: Verlagsgründung 1956 in Stuttgart mit einer Buchreihe „Dokumente der Naturwissenschaften", einer „Geschichte der Naturwissenschaften", Bildbänden und Kunstbänden; seit 1965 Fachverlag für Numismatik, Randgebiete Heraldik und Ordenskunde; seit 1969 Know How Buchreihe „To produce more ..." für Entwicklungsländer in Vernikularsprachen.

Hauptautoren: Dr. Paul Arnold, Jean Francois Cartier, Dieter Fassbender, Dr. Walter Grasser, Burton Hobson, G. K. Jenkins, Ralph Kankelfitz, Hermann Krause, Dr. Dr. Mihaly Kupa, Dr. Ottfried Neubecker, Albert Pick, Bernard Poindessault, Herbert Rittmann, Günter Schön, Dr. Dirk Steinhilber, Prof. Dr. Arthur Suhle, Prof. C. H. V. Sutherland.

Hauptwerke: Katalog Römischer Münzen, Großer Deutscher Münzkatalog, Weltmünzkatalog 20. Jh., Weltmünzkatalog 19. Jh., Wappen-Bilder-Lexikon, Papiergeldkatalog Europa und Amerika, Wie sammelt man Münzen.

Buchreihen: „Die Welt der Münzen" — „Kleine Numismatische Bibliothek" — „Know How Serie".

Verlagsgebiete: 14 — 25 — Numismatik, Heraldik, Ordenskunde.

Ernst Bauer Aegis-Verlag
D-7900 Ulm, Breite Gasse 2

Bauer, Heinrich, Verlag
D-2000 Hamburg 1, Burchardstraße 11

Bauer, Hermann
D-7800 Freiburg i. Br., Postfach 167, Staudingerstraße 7

Bauer Verlag, H. oHG.
A-1030 Wien, Postfach 57, Gärtnerg. 1

Signet wird geführt seit: 1947.

Grafiker: H. Voelckner-Volk.

Otto Bauer Verlag und Druckerei
D-7000 Stuttgart-Sillenbuch, Mendelssohnstraße 71, Postfach 103

Tel: (07 11) 47 45 07. **Psch:** Stuttgart 631 71-706. **Bank:** Südwestbank Stuttgart 2965; Württembergische Landessparkasse Stuttgart 1001 034821; Volksbank Winnenden 1744 003. **Gegr:** 1. 12. 1945. **Rechtsf:** Einzelfirma.

Inh/Ges: Otto Bauer.

Verlagsleitung: Otto Bauer, geb. 20. 5. 1910 in Bürg bei Stuttgart, Meisterprüfung und Fernstudium.

Geschichte: Otto Bauer gründete am 1. 12. 1945 den Verlag zur Verbreitung guten evangelischen Schrifttums. Im Jahre 1949 wurde eine Druckerei angegliedert.

Hauptwerke: O. S. v. Bibra, „Die Bevollmächtigten des Christus", bisherige Gesamtauflage 36 000 Exemplare — Leo N. Tolstoi, „Volkserzählungen", übersetzt v. Hans Klassen, der den Dichter noch persönlich kannte — Die Romane und Erzählungen von Leontine von Winterfeld-Platten erreichten bisher eine Gesamtauflage von 555 000 Exemplaren, davon 178 000 im Otto Bauer Verlag, der die Rechte früherer Werke vom F. Bahn Verlag erworben hat.

Hz: „Gute Erzählungen, beliebte Geschenkbücher", DIN A 5, 4seitig und mehr, einmal jährl. im September.

Verlagsgebiete: 2a — 8 — 9.

Zwst: Otto Bauer Verlag und Druckerei, D-7000 Stuttgart-Sillenbuch, Mendelssohnstraße 71. Technischer Betrieb: D-7057 Winnenden, Kornbeckstraße 4.

Bauer & Raspe
D-8530 Neustadt, Nürnberger Straße 27

Baufachverlag GmbH Wien
A-1090 Wien IX, Fürstengasse 1

Baufachverlag AG Zürich
CH-8953 Dietikon, Schöneggstraße 102

Signet wird geführt seit: 1969.

Grafiker: —

Bauhütten Verlag GmbH

D-2000 Hamburg 70, Neumann-Reichardt-Straße 29/17, Postfach 700 171

Tel: (040) 68 06 55. **Psch:** Hamburg 238155-201. **Bank:** Deutsche Bank Hamburg 50/10 996 (BLZ 200 700 00). **Gegr:** 1956 in Frankfurt. **Rechtsf:** GmbH.
Inh/Ges: Grossloge A. F. und A. M.
Verlagsleitung: Rolf Appel, Geschäftsführer; Annelies Gerold, Prokuristin.
Geschichte: Aus der Notwendigkeit, die Öffentlichkeit über die Tätigkeit der Freimaurer zu informieren und um die Nachwirkungen der nationalsozialistischen Verleumdung zu beseitigen, wurde der Verlag gegründet. 1970 wurde der Akazien-Verlag Alfred Buss hinzugekauft. Alle Verlagswerke sind über den Buchhandel erhältlich.
Buchreihen: „Baumeister einer brüderlichen Welt", Festschriften der Literaturpreisträger — „Die blaue Reihe" — „Ziegeldecker Reihe" — „Quatuor Coronati".
Zeitschriften: „Die Bruderschaft" (10x jl., nicht im Juli und August).
Verlagsgebiete: 2c — 3 — 4 — 12 — 14 — 24 — 28.

Signet wird geführt seit 1929.

Grafiker: —

Bauverlag GmbH

D-6200 Wiesbaden 1, Wittelsbacherstr. 10, Postfach
(Niederlassung Berlin: Nikolsburger Str. 11)

Tel: (0 61 21) 7 49 51. **Fs:** 4186/792. **Psch:** Frankfurt (M) 694 01; Berlin-West 503 18. **Bank:** Dresdner Bank AG, Wiesbaden 1613. **Gegr:** 1929. **Rechtsf:** GmbH. Registergericht: Amtsgericht Wiesbaden 21 HRB Nr. 2146.
Inh/Ges: Elisabeth, Michael und Andreas Schirmer.
Verlagsleitung: Michael Schirmer, geb. 17. 7. 1929, leitender Gesellschafter; Dr. Günter Huberti, geb. 3. 5. 1909, Geschäftsführer; Werner Lindig, geb. 26. 5. 1917, Geschäftsführer.
Prokuristen: Heinz Schmidt, Katharina Hieke.
Leiter des Buchverlages: Reinhart Knapp, geb. 26. 10. 1920.
Herstellung: Günter Marx, geb. 4. 1. 1923.
Werbeleitung: Eberhard Blottner, geb. 30. 3. 1935.
Auslieferung: Karlheinz Gross, geb. 15. 7. 1926.
Geschichte: Die Firmengründung erfolgte 1929 unter der Firmierung „Bauverlag Rudolf Schirmer Berlin". 1946 wurde die Lizenz für die Wiederaufnahme der Arbeit des durch Kriegseinwirkung zerstörten Berliner Unternehmens erteilt. Der Hauptsitz ist seit dieser Zeit Wiesbaden, während in Berlin eine Zweigstelle unterhalten wird. Der Verlag zählt heute mit rd. 130 Mitarbeitern (ohne Außenredaktionen und technische Betriebe) zu den größten Unternehmen der Branche.
Hauptwerke: Ausführliche Information nach neuestem Stand bietet der regelmäßig im Januar erscheinende, 90 Seiten starke „Bauverlag-Katalog".
Der Bauverlag veröffentlicht Zeitschriften, Standard- und Nachschlagewerke, Lehrbücher und Monographien aus dem Gesamtgebiet des Bauwesens (Architektur, Städtebau, Ingenieurbau, Bauhandwerk, Bauwirtschaft, Baurecht).
Zeitschriften: „Bauwirtschaft" (28. Jg.) — „Berliner Bauwirtschaft" (24. Jg.) — „Baumaschine und Bautechnik" (21. Jg.) — „Bundesbaublatt" (23. Jg.) — „Betonwerk + Fertigteil-Technik" (40. Jg.) — „Zement-Kalk-Gips" (63. Jg.) — „Ziegelindustrie" (27. Jg.) — „Blickpunkt Fußbodentechnik" (23. Jg.) — „Aufbereitungstechnik" (14. Jg.) — „Airport forum" (4. Jg.) — „af REPORT-airport forum News Service" (2. Jg.).
Mitglied der ABV (Arbeitsgemeinschaft Baufachverlage) und von MSB (Arbeitskreis Media-Service Bau).
Verlagsgebiete: 12 — 20 — 28 — 4 — 5 — 11.

Bavariaton-Verlag GmbH

D-8000 München 2, Sonnenstraße 19

Signet wird geführt seit: 1949.

Grafiker: —

Bayerische Verlagsanstalt GmbH

D-8600 Bamberg, Lange Straße 22/24, Abholfach

Tel: (09 51) 2 52 52. **Fs:** 06 62860 bmbg otvl. **Psch:** Nürnberg 465-855. **Bank:** Deutsche Bank Bamberg 80/12 882; Bayer. Vereinsbank Bamberg 371 64 57; Stadtsparkasse Bamberg 3 053. **Gegr:** 1. 5. 1949 in Bamberg. **Rechtsf:** GmbH.
Verlagsleitung: Arno Reißenweber, geb. 25. 11. 1904, Geschäftsführer.
Geschichte: Gegründet durch Prälat Georg Meixner und Direktor Josef Rost, beide Bamberg, als Zeitungs- und Schulbuchverlag.
Hauptautoren: MinR. Dr. Karl Bayer, Dr. Hans Bengl, Dr. Georg Beck, Dr. Leonh. Fiedler, Dr. Wilh. Fiedler, Dr. Erich Hock, Dr. Otto Schönberger, GP Gerald Spach, Dr. Otto Thaler, Dr. Walter Urbanek.
Hauptwerke: Kleinschriften für den Unterricht — „Durch das Jahr", Fibel für den Erstunterricht — Heimatliteratur.
Buchreihe: „Am Born der Weltliteratur" (Lektürereihe).
Verlagsgebiete: 10 — 11 — 30.

Bayerischer Landwirtschaftsverlag

siehe BLV-Verlagsges.

Signet wird geführt seit: 1970.

Grafiker: Rothemund.

Bayerischer Schulbuch-Verlag

D-8000 München 19, Hubertusstraße 4
Auslieferungslager Karlsfeld: D-8047 Karlsfeld, Ohmstraße 10

Tel: (089) 17 40 67/69. **Fs:** 52 66 77. **Psch:** München 93 370. **Bank:** Bayerische Staatsbank München 81 154.
Auslieferung für die Bundesländer Bremen, Hamburg, Niedersachsen, Nordrhein-Westfalen, Schleswig-Holstein: Verlag Styria, Meloun u. Co. KG., D-5000 Köln-Bayenthal, Schillerstraße 6 Tel: (02 21) 37 53 57.
Auslieferung Schweiz: NZN Buchverlag AG, Zeltweg 71, CH-8032 Zürich
Gegr: 1. 5. 1946. **Rechtsf:** Regiebetrieb des Bayerischen Staates.
Inh/Ges: Bayerischer Staat.
Verlagsleitung: Dir. Wilhelm Schindler, geb. 3. 5. 1907. Nach Abschluß des Studiums als Hersteller, Werbeleiter und in der Verlagsleitung — vorwiegend im norddeutschen Raum — tätig. Am 1. 12. 1946 Eintritt in den Bayerischen Schulbuch-Verlag, ab 1948 Geschäftsführer des Verlages. Aufgabenstellung: Das Schulbuch in Inhalt und graphischer Gestaltung den Erfordernissen moderner Lehrtechnologie und didaktischer Innovation im Medienverbund anzupassen.
Geschichte: Der Bayerische Schulbuch-Verlag wurde im Mai 1946 als Regiebetrieb des Freistaates Bayern gegründet. Zweck der Verlagsgründung war es, den damaligen Büchernotstand in allen Schulgattungen möglichst rasch zu beheben. Der Verlag konsolidierte sich im Laufe der Jahre und bietet heute im freien Wettbewerb mit anderen Verlagen ein breites Schulbuch-Programm an.
Hauptautoren/Hauptwerke: Mathematik. Die „bsv mathematik" setzt das seit Jahren bekannte Mathematik-Programm mit folgenden Titeln fort: Sekundarstufe I: Wörle, „Mathematik 5, 6" — Titze, Walter, Feuerlein, „Algebra 1 2" — Kratz, „Geometrie 1, 2". Sekundarstufe II: Keil, Kratz, Wörle, „Infinitesimalrechnung" — Heigl, Feuerpfeil, Volpert, „Stochastik" — Flensberg, Zeising, „Praktische Informatik" — Bauer, Weinhart, „Informatik" — Feilmeier, Wacker, „Numerische Mathematik". Für die reformierte Oberstufe wurde die Reihe „Beiträge zum mathematischen Unterricht" (s. Buchreihen) entwickelt.
Physik/Chemie. Kernstücke des Programms sind die Standardwerke Jenette, Franik, „Chemie I, II" und Ruprecht, „Mechanik" — Christlein, „Elektrizität und Optik" — Schraml, „Atomphysik".
Biologie. Neben den bewährten Titeln

Ewald, Venzl, „Pflanzenkunde" — Dircksen, „Tierkunde" und Wüst, „Tierkunde" erscheint eine neu konzipierte „bsv Biologie". Ein Standardwerk nicht nur für Ornithologen ist Wüst, „Die Brutvögel Mitteleuropas". Als Schul- und Sachbuch findet Anerkennung Engelhardt, „Umweltschutz".
Geschichte. Außer dem Werk für Hauptschulen „Wir erleben die Geschichte" ist weitverbreitet der Atlas „Die Welt im Spiegel der Geschichte" (Neubearbeitung: „bsv Geschichtsatlas"). Wissenschaftliche Anerkennung finden der „Große Historische Weltatlas" (3 Bde.) und der „Bayerische Geschichtsatlas".
Musik. „Wir kleinen Sänger" für die Grundschule, für die Sekundarstufe I „Der junge Musikant" (Liederbuch, Instrumentalspielbuch, Chorbuch, Tanz- und Spielstücke, Schallplatten).
Sachunterricht. „erfahren und begreifen" (Schülerbuch, Lehrmaterialien, Lehrerinformation) für die Primarstufe.
Deutsch. Grundlegend ist das linguistisch orientierte Sprachwerk „Unsere Welt in unserer Sprache" (Primar- und Sekundarstufe I). Das bsv Lesewerk mit Begleitheften für alle Bände ist viergliederig: „Mein Lesebuch 2—6" — „Texte 7—9" — „lesen 5—10" — „fragen" — „konkrete dichtung" (11—13). Als Literaturgeschichten ergänzen sich Van Rinsum: „Dichtung und Deutung" und Grabert, Mulot, „Geschichte der deutschen Literatur".
Wissenschaftstheoretisch orientiert ist das „bsv Studienmaterial" für reformierte Oberstufe und Erstsemester (s. Buchreihen).
Erziehungswissenschaften. Meves „Erziehen lernen aus tiefenpsychologischer Sicht", ein Schul- und Sachbuch.
Philosophie/Religion (s. Buchreihen).
Rechtskunde. Kästner, „Materialien für den Rechtskundeunterricht" — „Lehr- und Arbeitsbuch Recht".
Programmierter Unterricht. Über 50 Lehrprogramme für alle Schularten in den Fächern Mathematik, Physik, Chemie, Biologie, Sozialkunde und Fremdsprachen.

Buchreihen: „Grundfragen der Literaturwissenschaft", Hrsg. S. J. Schmidt, mit Beiträgen von S. J. Schmidt, Gebauer, Ihwe, Wirrer, van Dijk (bisher 6 Bände) — „bsv Studienmaterial", Hrsg. Schiwy, bisher erschienen: Schödel, „Linguistik" — Geißner, „Rhetorik" — Vietta, „Literaturtheorie" — Gumbrecht, „Literaturkritik" — Leibfried, „Interpretation" — Bender, Deninger, „Religionskritik I" — Paschen, „Kommunikation" — Eigenwaldt, „Textanalytik" — Bender, Deninger, „Ethik" — Kocka, „Geschichte" — „bsv Texte und Kommentare", bisher erschienen: Texte der Philosophie, der Existenzphilosophie, der politischen Theorie, der Staatstheorie, der Soziologie. zum naturwissenschaftlichen Weltbild — „ISP-Kollegstufenarbeit" zur Grundlegung der reformierten Oberstufe, bisher erschienen für Alte Sprachen, Mathematik, Geographie, Biologie — „Beiträge zum mathematischen Unterricht" — Popp, „Geschichte der Mathematik im Unterricht" (1, 2) — Zeitler, „Hyperbolische Geometrie" — Zeitler, „Axiomatische Geometrie" — Zeitler, „Inzidenzgeometrie" — Mall, „Projektive Abbildungsgeometrie" — Abromeit, „Informationstheorie und Informationsverarbeitung im Nervensystem" — Mall, „Unendliche Reihen und gewöhnliche Differentialgleichungen 1. und 2. Ordnung" — Geister, „Einführung in das Simplexverfahren" — Lehmann, „Endliche homogene Markoffsche Ketten" — Meier, „Programmieren im Schulunterricht".

Zeitschriften: „Anregung für Gymnasialpädagogik" (zweimtl.) — „Linguistik und Didaktik" für theorieorientierten Sprachunterricht (vtljl.) — „Didaktik der Mathematik" für methodisch-didaktische Forschung und Unterrichtspraxis (vtljl.) — „Physik und Didaktik" für zeitgemäßen Physikunterricht (vtljl.) — „Curriculum", Diskussion-Dokumentation-Unterrichtsmodelle (vtljl.).

Hauptautoren: Wolfgang Abromeit, L. Friedrich Bauer, Hans Bender, Günther Christlein, Gertrude Deninger, Grete Dircksen, Rolf Dircksen, Rolf Eigenwald, Wolfgang Engelhardt, Elisabeth Ewald, Manfred Feilmeier, Rainer Feuerlein, Jürgen Feuerpfeil, Klaus Flensberg, Roland Franik, Gunter Gebauer, Dietrich Geister, Helmut Geißner, Willy Grabert, Hans-Ulrich Gumbrecht, Franz Heigl, Jens Ihwe, Alfred Jenette, Werner Kästner, Karl-August Keil, Kocka, Johannes Kratz, Eberhard Lehmann, Erwin Leibfried, Josef Mall, Hermann Meier, Christa Meves, Arno Mulot, Harm Paschen, Walter Popp, Eberhard Ruprecht, Günther Schiwy, Siegfried J. Schmidt, Siegfried Schödel,

Wilhelm Schraml, Helmut Titze, Teun A. van Dijk, Annemarie van Rinsum, Wolfgang van Rinsum, Ernst Venzl, Silvio Vietta, Susanne Vietta, Helmut Volpert, Hans-Jörg Wacker, Harald Walter, Karl Weinhart, Jan Wirrer, Karl Wörle, Walter Wüst, Ilse Zeising, Herbert Zeitler.
Verlagsgebiete: 10 — 11.

Signet wird geführt seit: 1962.

Grafiker: —

Verlag Bayernkurier

D-8000 München 19, Lazarettstraße 19, Postfach 27

Tel: (089) 18 20 11. **Fs:** 52 15 812 BEKA. **Psch:** München 140 48 und 270 000. **Bank:** Bayerische Vereinsbank München 520 300; Bayerische Hypotheken- und Wechselbank München 404 1151. **Gegr:** Mai 1950 in München. **Rechtsf:** Wirtschaftsbetrieb eines e. V.
Inh/Ges: Christlich-Soziale Union in Bayern e. V.
Verlagsleitung: Richard Mantlik ☐, geb. 4. 9. 1920 in Zwug, Verlagsdirektor seit 1959.
Geschichte: Gegründet im Mai 1950 in München als Zeitungs-, Zeitschriften- und Buchverlag der Christlich-Sozialen Union in Bayern e. V. Ab 1962 Aufnahme der Produktion zeitgeschichtlich aktueller Bücher. 1975 fünfundzwanzigjähriges Jubiläum der Wochenzeitung „Bayernkurier", der zweitgrößten deutschen politischen Wochenzeitung.
Hauptwerke: Dr. Hanns Seidel, „Weltanschauung und Politik" — Prof. Dr. Emil Muhler, „Die roten Patriarchen".
Zeitschrift: „Bayernkurier", Deutsche Wochenzeitung für Politik, Wirtschaft und Kultur, herausg. von Dr. h. c. Franz Josef Strauß (wtl.).
Hz: „Bayernkurier-Dienst", erscheint in loser Folge, kostenlos.
Verlagsgebiete: 29 — 6.

Beacon-Verlag Koerber oHG

D-6702 Bad Dürkheim, Postfach 1420, Birkental 13

Beboton-Verlag GmbH

D-2000 Hamburg 13, Heimhuderstr. 36

Bechauf, Ludwig

D-4800 Bielefeld, Friedrichstraße 48

Bechhold siehe Umschau Verlag

Signet wird geführt seit: 1949.

Grafiker: Prof. Emil Preetorius.

Bechtle Verlag

D-8000 München 19, Hubertusstraße 4 (Kooperation mit der Verlagsgruppe Langen-Müller/Herbig)
Verlagsleitung: D-7300 Esslingen, Zeppelinstraße 116, Postfach 109

Tel: München (089) 17 70 41; Esslingen (07 11) 31 10 31. **Gegr:** 1. 4. 1868 in Esslingen. **Rechtsf:** OHG.
Inh/Ges: Otto Wolfgang Bechtle, Dr. Friedrich Bechtle.
Verlagsleitung: Otto Wolfgang Bechtle, geb. 10. 3. 1918.
Lektorat: Cheflektor Dr. G. Niebling, geb. 12. 5. 1915.
Geschichte: Das Verlagsunternehmen wurde 1868 durch Otto Bechtle (1844—1926) in Esslingen gegründet. Der Betrieb nahm unter seiner Leitung und der seines Sohnes Richard Bechtle (1882—1944) einen steten Aufschwung. In der dritten Generation gründete Otto Wolfgang Bechtle nach seiner Ausbildung zum Verlagsbuchhändler mit seinen beiden jüngeren Brüdern im Jahre 1949 den Buchverlag als Teil des Gesamtunternehmens. Der Verlag publiziert Bücher zum Zeitgeschehen und widmet sich der Pflege schöner Literatur, der Lyrik und des Humors. Durch den Bechtle Verlag wurden die Lyriker Wolfgang Bächler, Peter Härtling, Helmut Heissenbüttel, Heinz Piontek und Johannes Poethen bekannt.

Hauptautoren: Hanns Arens, Wolfgang Bächler, Raymond Cartier, Hellmut Diwald, Walter Dornberger, Peter Härtling, Friedrich Heer, Peter Jokostra, Friedrich Georg Jünger, Hans-Christian Kirsch, Harald von Koenigswald, Kurt Leonhard, Mechthilde Lichnowski, Werner Maser, Henri Michaux, Josef Mühlberger, Wolfgang Paul, Henri Perruchot, Heinz Piontek, Johannes Poethen, Karl Rauch, Jules Roy, Elie Wiesel.
Btlg: Kooperation mit Verlagsgruppe Langen-Müller/Herbig in München.
Verlagsgebiete: 6 — 8 — 12 — 13 — 15.

Signet wird geführt seit den zwanziger Jahren d. Jh.

Grafiker: F. H. Ehmcke.

C. H. Beck'sche Verlagsbuchhandlung Oscar Beck

D-8000 München 40, Wilhelmstraße 9, Postfach 400 340
D-8860 Nördlingen, C. H. Beck'sche Buchdruckerei
D-6000 Frankfurt (M), Palmengartenstraße 14 (Redaktion + Anzeigenverwaltung)

Tel: (089) 34 00 41. **Fs:** 05-215 085 beck d. **Psch:** München 6229-802. **Bank:** Bayer. Hypotheken- und Wechselbank München 4050 851. **Gegr:** 9. 9. 1763 in Nördlingen. **Rechtsf:** OHG.
Inh/Ges: Dr. Hans Dieter Beck; Wolfgang Beck.
Verlagsleitung: Dr. Hans Dieter Beck; Wolfgang Beck.
Prokuristen: Rolf Grillmair; Albert Heinrich; Carl Hoeller; Dr. Ernst-Peter Wieckenberg; Horst Wiemer.
Lektoren: Gertrud Artmaier; Dr. Werner Brede; Hans-Ulrich Büchting; Carl Hoeller; Gerhard Liedtke; Dr. Ursula Pietsch; Christian Schopp; Herbert Thiele-Fredersdorf; Dr. Klaus Tremel; Dr. Hermann Weber; Dr. Ernst-Peter Wieckenberg; Horst Wiemer.
Geschichte: Gründer: Carl Gottlob Beck, geb. 20. 4. 1733 in Johanngeorgenstadt/Sachsen, gest. 20. 12. 1802 in Nördlingen. Nachfolger: Carl Heinrich Beck, geb. 23. 8. 1767 in Nördlingen, gest. 13. 2. 1834 in Nördlingen; Carl Beck, geb. 25. 2. 1817 in Nördlingen, gest. 7. 12. 1852 in Nördlingen; Ernst Rohmer, geb. 29. 12. 1818 in Weißenburg/Franken, gest. 23. 8. 1897 in Nördlingen (Leiter des Verlages bis 1884); Oscar Beck, geb. 8. 11. 1850 in Nördlingen, gest. 22. 1. 1924 in München; Heinrich Beck, geb. 28. 2. 1889 in Nördlingen, gest. 25. 4. 1973 in München; Hans Dieter Beck, geb. 9. 4. 1932 in München; Wolfgang Beck, geb. 29. 9. 1941 in München. Im September 1763 kaufte Carl Gottlob Beck die Mundbachsche Buchdruckerei und Buchhandlung in der freien Reichsstadt Nördlingen. Er überwand die kleinen Verhältnisse der stillen Landstadt, knüpfte mit den fürstlichen Höfen (Wallerstein, Öttingen, Thurn und Taxis), den Klöstern und protestantischen Geistlichen der Umgebung Beziehungen an und baute einen wissenschaftlichen Verlag auf, indem er vielbändige gelehrte Handbücher aus verschiedenen Wissensgebieten ins Leben rief. Auf dieser Grundlage haben seine Nachfolger den Verlag nach verschiedenen Richtungen ausgebaut. 1889 verlegte Oscar Beck den Verlag nach München. Von 1934 bis 1967 hat eine Niederlassung in Berlin bestanden; 1946 ist die Zweigstelle Frankfurt eingerichtet worden. Im Jahre 1946 wurde der Biederstein Verlag gegründet (s. d.) Im Jahre 1970 wurde eine Mehrheitsbeteiligung am Verlag Franz Vahlen erworben.
Hauptgebiete:
Altertumswissenschaft/Klassische Philologie. Autoren: H. G. Beck, H. Bengtson, H. Berve, H. Fränkel, M. Grant, M. Kaser, S. Melchinger, G. Ostrogorsky, H. J. Rose, C. Schneider u. a.
Klassische Archäologie/Vor- und Frühgeschichte. Autoren: L. Deuel, U. Hausmann, B. Hrouda, H. Müller-Karpe, J. Werner u. a.
Kunstwissenschaft. Autoren: R. Bianchi-Bandinelli, A. Grabar, A. Hauser, L. Heydenreich, G. Himmelheber, H. Huth, H. Kreisel, A. Parrot, Prinz zu Sayn-Wittgenstein u. a.
Geschichte und Zeitgeschichte. Autoren: H. Angermeier, K. Bosl, E. Friedell, G. Hallgarten, Fr.-K. Kienitz, J. Kocka, G. Pfeiffer, W. Pöls, L. Reiners, G. A. Ritter, St. Runciman, E. Schremmer, O. Spengler, M. Spindler, E. Weis, W. Zorn u. a.

Politische Wissenschaft/Soziologie/Wirtschaftswissenschaft. Autoren: H. Arndt, W. Bühl, K. P. Hensel, H. Klages, R. König, H. Lipfert, H. Maier, A. von Martin, E. Preiser, J. Robinson, H. Schelsky, J. Schleifstein, W. Siebel, Th. Stammen, J. Tern u. a.
Literaturwissenschaft/Literaturgeschichte. Autoren: K. Bertau, H. de Boor, G. Ehrismann, A. Hauser, W. Killy, P. Rilla, H. Rupprich, A. Schöne, G. Schulz, A. Stender-Petersen, M. Szyrocki, E. Trunz, R. Weimann, R.-R. Wuthenow u. a.
Sprachwissenschaften. Autoren: U. Admoni, H. Fränkel, C. H. Hutterer, J. Lyons, H. Marchand, Fr. Palmer, G. Rohlfs, G. Schiwy, C. Tagliavini u. a.
Theologie. Autoren: A. Alt, R. Otto, A. Schweitzer, P. Teilhard de Chardin u. a.
Philosophie/Wissenschaftstheorie. Autoren: G. Anders, W. Carl, K. G. Faber, H. Richtscheid, W. Röd, H. Seiffert u. a.
Rechtswissenschaften: Zahlreiche Gesetzessammlungen, Handbücher, Kommentare, Grundrisse und Zeitschriften.

Buchreihen und Sammelwerke:
„Beck'sche Sonderausgaben" — „Beck'sche Schwarze Reihe" — „Beck'sche Elementarbücher" (Methodische Einführungen, Lern- und Orientierungshilfen in Paperbackausgaben) — „Edition Beck" (Einzeluntersuchungen zur Sprach- und Literaturwissenschaft, Geschichte und Philosophie) — „Die deutsche Literatur - Texte und Zeugnisse", hrsg. von W. Killy in Verbindung mit H. de Boor, A. Schöne, R. Alewyn, H. E. Hass und B. von Wiese — „Geschichte der deutschen Literatur von den Anfängen bis zur Gegenwart", hrsg. von H. de Boor und R. Newald — Die kommentierte Hamburger Goethe-Ausgabe, „Goethes Werke in 14 Bänden", hrsg. von E. Trunz, unter Mitwirkung von H. von Einem, W. Kayser, H. J. Schrimpf, C. F. von Weizsäcker, B. von Wiese, L. Blumenthal und D. Kuhn — „Goethes Briefe und Briefe an Goethe in 6 Bänden", hrsg. von K. R. Mandelkow — „Universum der Kunst", eine Weltkunstgeschichte, hrsg. von A. Malraux und G. Salles unter Mitarbeit von Kurt Martin für die deutsche Ausgabe — „Handbuch der Altertumswissenschaft", begründet von Iwan von Müller, erweitert von Walter Otto, fortgeführt von Hermann Bengtson — „Handbuch der Archäologie", im Rahmen des Handbuchs der Altertumswissenschaft, begründet von Walter Otto, fortgeführt von Reinhard Herbig, neu herausgegeben von Ulrich Hausmann — „Münchener Beiträge zur Papyrusforschung und antiken Rechtsgeschichte" — „Zetemata", Monographien zur klassischen Altertumswissenschaft — „Vestigia", Beiträge zur Alten Geschichte, hrsg. von der Kommission für Alte Geschichte und Epigraphik des Deutschen Archäologischen Instituts — „Corpus Vasorum Antiquorum", hrsg. v. der Union Académique Internationale — „Münchener Beiträge zur Vor- und Frühgeschichte", hrsg. von Joachim Werner — „Prähistorische Bronzefunde", hrsg. von H. Müller-Karpe — „Münchener Texte und Untersuchungen zur deutschen Literatur des Mittelalters", hrsg. von der Kommission für deutsche Literatur des Mittelalters der Bayerischen Akademie der Wissenschaften — „Münchener Studien zur Politik", hrsg. vom Institut für Politische Wissenschaft der Universität München — „Abhandlungen" und „Sitzungsberichte" der Bayerischen Akademie der Wissenschaften — „Schriftenreihe zur bayerischen Landesgeschichte", hrsg. von der Kommission für bayerische Landesgeschichte bei der Bayerischen Akademie der Wissenschaften — „Veröffentlichungen der Deutschen Geodätischen Kommission", hrsg. von der Deutschen Geodätischen Kommission bei der Bayerischen Akademie der Wissenschaften.

Juristische Abteilung: „Textausgaben" — „Kurzkommentare" — „Kurzlehrbücher" — „Lehrbücher" — „Fälle mit Lösungen" — „Prüfe dein Wissen" — „Fundhefte" — „Schriften des Instituts für Wirtschaftsrecht an der Universität Köln" — „Kommentare zum Arbeitsrecht" — „Urheberrechtliche Abhandlungen des Max-Planck-Instituts für ausländisches und internationales Patent-, Urheber- und Markenrecht der Universität München" — „Münchener öffentlich-rechtliche Abhandlungen" — „Schriftenreihe der Deutschen Studiengesellschaft für Publizistik" — „Schriften des Deutschen wissenschaftlichen Steuerinstituts der Steuerbevollmächtigten e. V." — „Steuerrecht im Rechtsstaat", Wissenschaftliche Hefte zum Deutschen und Internationalen Steuerrecht — „Münchener Universitätsschriften-Reihe der juristischen Fakultät" — „Bankrechtliche Schriften des Instituts für Bankwirtschaft und Bankrecht an der Universität zu Köln" — „Schriftenreihe der Neuen Juristischen Wochenschrift" — „Schriftenreihe der Juristischen Schulung".

Zeitschriften:

„Neue Juristische Wochenschrift" (wöchentl.) — „Juristische Schulung" (mtl.) — „Recht der Arbeit" (2mtl.) — „Deutsches Steuerrecht", zugleich Organ der Bundeskammer der Steuerbevollmächtigten (zweimal mtl.) — „Karlsruher Juristische Bibliographie", systematischer Titelnachweis neuer Bücher und Aufsätze (mtl.) — „Deutsche Notar-Zeitschrift", Verkündungsblatt der Bundesnotarkammer, hrsg. im Auftrag der Bundesnotarkammer (mtl.) — „Europarecht", in Verbindung mit der Wissenschaftlichen Gesellschaft für Europarecht (viertelj.) — „Zeitschrift für Rechtspolitik" — Lindenmaier/Möhring, „Nachschlagewerk des Bundesgerichtshofs" (mtl. eine Dreifachlieferung) — Hueck/Nipperdey/Dietz, „Nachschlagewerk des Bundesarbeitsgerichts", hrsg. in Gemeinschaft mit den Mitgliedern des Bundesarbeitsgerichts, mit den Präsidenten und Vorsitzenden der Landesarbeitsgerichte, dem Deutschen Arbeitsgerichtsverband und dem Forschungsinstitut für Sozial- und Verwaltungswissenschaften an der Universität Köln (mtl. eine Doppellieferung) — „Beck'sches Nachschlagewerk der Entscheidungen des Bundesfinanzhofs" (mtl. eine Einzel- oder Doppellieferung) — „Entscheidungen der Oberlandesgerichte in Zivilsachen" einschl. der freiwilligen Gerichtsbarkeit (ca. 2—3 mtl.) — „Verwaltungsrechtsprechung in Deutschland", hrsg. von Hans Lothar Wehrl (8x jährl.) — „Entscheidungen des Bayer. Obersten Landesgerichts in Zivilsachen - in Strafsachen", hrsg. von Mitgliedern des Gerichts (unregelm.) — „Rechtsprechung zum Wiedergutmachungsrecht" (mtl.) — „Gnomon", Kritische Zeitschrift für die gesamte klassische Altertumswissenschaft — „Byzantinische Zeitschrift" — „Chiron", Mitteilungen der Kommission für Alte Geschichte und Epigraphik des Deutschen Archäologischen Instituts — „Zeitschrift für Bayerische Landesgeschichte", hrsg. von der Kommission für bayerische Landesgeschichte bei der Bayerischen Akademie der Wissenschaften in Verbindung mit der Gesellschaft für fränkische Geschichte (3x jährl.) — „Bayerische Vorgeschichtsblätter", hrsg. von der Kommission für bayerische Landesgeschichte bei der Bayerischen Akademie der Wissenschaften in Verbindung mit dem Bayerischen Landesamt für Denkmalspflege.

Tges: Verlag Franz Vahlen; Deutscher Taschenbuch Verlag; TR-Verlagsunion.

Verlagsgebiete: 3 — 4 — 5 — 6 — 7 — 10 — 11 — 12 — 14 — 25 — 26 — 28 — 1 — 2a — 2b — 2c — 13 — 15 — 18.

BECO Musikverlag GmbH

D-2000 Hamburg 76, Adolfstraße 75

Behörden- u. Industrie-Verlag GmbH

D-6000 Frankfurt (M) 70, Postfach 5128, Darmstädter Landstraße 119—125

Behr's Verlag B. GmbH

D-2000 Hamburg 76, Averhoffstraße 10

M. P. Belaieff Musikverlag

D-6000 Frankfurt (M) 70, Kennedyallee Nr. 101

Tel: (06 11) 61 01 01. **Gegr:** 1885 in Leipzig. **Rechtsf:** Stiftung.

Verlagsleitung: Seit 1. 1. 1971 C. F. Peters Musikverlag (s. d.) Frankfurt (M).

Geschichte: Mitrofan Petrowitsch Belaieff (1836—1904), gründete den Verlag 1885 in Leipzig und bestimmte den Großteil seines Vermögens für die Förderung der nationalen russischen Musik. Seit 1904 Stiftung, von einem Kuratorium geleitet. 1949 Sitzverlegung des Verlages nach Bonn, 1971 nach Frankfurt (M).

Hauptwerke: Sog. Neue russische Schule (Rimskij-Korsakow, Tanejew, Gretschaninoff, Skrjabin, Glasunow, N. N. Tscherepnin), heutige Autoren russischer Abstammung (A. Tcherepnin, Nabokoff, Blacher, Mouravieff, Wyschnegradski u. a.).

Hz: „Belaieff-Nachrichten".

Verlagsgebiet: 13 — Musiknoten.

belser b

Signet wird geführt seit: 1973.
Grafiker: Hermann Kießling.

Chr. Belser, Druck- und Verlagshaus

D-7000 Stuttgart 1, Augustenstr. 3—15, Postfach 28

Tel: (07 11) 6 66 21. **Fs:** 07-22 412. **Psch:** Stuttgart 54 50. **Bank:** Girokasse Stuttgart 2016 504 (BLZ 600 501 01); Bank für Gemeinwirtschaft Stuttgart 10 771 253 (BLZ 600 101 11); Investitions- und Handelsbank Frankfurt (M) 81 894 (BLZ 500 203 00); Commerzbank Stuttgart 5 107 453 (BLZ 600 400 71). **Gegr:** 12. 9. 1835 in Stuttgart. **Rechtsf:** GmbH und Co. KG.
Inh/Ges: Senator Hans Weitpert ☐ und Frau Erika Brugger.
Verlagsleitung: Frau Hilde Weitpert-Vogt.
Geschichte: 1835 von Chr. Belser als Buchdruckerei und Verlagsbuchhandlung gegründet. 1950 übernahm Senator Hans Weitpert das Unternehmen, zunächst als geschäftsführender Gesellschafter, dann als Alleininhaber. Er führte es zu seiner heutigen Bedeutung als Stammhaus der Weitpert-Unternehmensgruppe, dem größten Lohndruckerei-Unternehmen der Bundesrepublik. Von 1960 an widmeten sich Hans Weitpert und seine Frau, Hilde Weitpert-Vogt, in verstärktem Maße dem Ausbau des Verlags.
Die Veröffentlichungen des Verlages konzentrieren sich seitdem auf die Bereiche Natur- und Bildbände, zeitgenössische Kunst und Kunstgeschichte, Graphik-Editionen und Bibliophilie. Es gelang in wenigen Jahren, dem Verlag ein neues Profil und eine internationale Reputation zu verschaffen. Die Ausstattung der Publikationen findet vielfach Anerkennung (z. B. zahlreiche Prädikate „Die schönsten Bücher" und den „International Art Book Price 1972"). Der Verlag befindet sich im Ausbau, das Programm sieht in Zukunft auch Publikationen zu Zeitgeschehen, Wirtschaft und Politik vor. Bedeutung haben auch die internationalen Koproduktionen des Hauses, dank derer Belser-Publikationen über die ganze Welt Verbreitung finden (so beläuft sich die Weltauflage der Belser Bücherei auf 1,2 Millionen Exemplare).
Hauptautoren: Louis Aragon, Peter Beckmann, Maurice Besset, Manfred Bockelmann, Andreas Brylka, Marc Chagall, Hans Erni, Max Ernst, Károly Földes-Papp, Ernst Fuchs, Friedrich Hacker, Rudolf Hausner, Helga von Heintze, Alfred Hentzen, Gustav René Hocke, Werner Höfer, Hans Holländer, Erich Hubala, Eduard Hüttinger, Heribert Hutter, Gotthard Jedlicka, Claus König, Paula Kohlhaupt, André Malraux, R. H. Marijnissen, Joan Miro, Ben Nicholson, Roger Passeron, Adolf Portmann, Fritz J. Raddatz, W.-H. Schuchhardt, Max Seidel, Will Sohl, Anton Stankowski, James J. Sweeney, Thaddäus Troll, Felicitas Vogler, Adolf Max Vogt, Gerd Winkler, Walther Wolf, Paul Wunderlich, Manfred Wundram, George Zarnecki.
Hauptwerke: „Antlitz edler Steine" — „Art Scene Düsseldorf" (Graphik-Edition) — „Max Beckmann" — „Braque" (Monographie) — „Bruegel" (Monographie) — „Chagall-Fenster in Zürich" — „John Cranko" — „Vom Felsbild zum Alphabet" (Karoly Földes-Papp) — „Französische Graphik des 20. Jahrhunderts" (Roger Passeron) — „Internationale Farbige Graphik" (Hans Platte) — „Grünewald" — „Rudolf Hausner: Adam" — „Kafka und Prag" — „Korallenmeer" (Hans-W. Fricke / Irenäus Eibl-Eibesfeldt) — „Kunstwetterlage" (Gerd Winkler) — „Masson" (Graphik-Edition) — „Meßinstrumente" — „Munch" — „Die Muschel" — „Musikinstrumente" — „Paris 1900 - Französische Plakatkunst" — „Soulages" — „Stuttgart" (Thaddäus Troll) — „UdSSR" — „Vogelleben" (Jürgen Nicolai / Konrad Lorenz) — „Lichte Welt" (Felicitas Vogler) — „Wunderlich" (Graphik-Edition).
Buchreihen: „Belser Bücherei" (Naturwissenschaft und Technik, Kunst, Welt der Natur — bis Herbst 1974: 32 Bände) — „Belser Stilgeschichte" (12 Bände) — Belser bibliophile Faksimile-Drucke: Atlas des Großen Kurfürsten; Mainzer Psalter; Der Wiener Dioskurides; Antike Medizin; Kaiser Friedrich II. — De arte venandi cum avibus; Tacuinum Sanitatis in medicina; Das Gebetbuch Karls des Kühnen; Das Stundenbuch der Maria von Burgund — Belser Presse: Max Ernst, Werner

Heisenberg, Carl Friedrich von Weizsäcker, Hans Erni, Heinz Trökes, William Harvey, Arthur Jores, Andreas Brylka, Adolf Portmann, Georg Meistermann, Gotthilf Heinrich Schubert, Ernst Fuchs, Gottfried Wilhelm Leibniz, Römer, Miro.
Zeitschriften: „Belser Kunstquartal" (vtljl.) — „Münchner Leben (mtl.) — „Stuttgarter Leben" (mtl.).
Hz: „Belser Information" (vtljl.).
Tges: Druckhaus Tempelhof GmbH, Berlin; Maul & Co., Nürnberg; Franz W. Wesel, Baden-Baden; Colorprint Seidendruck GmbH, Stuttgart; Chr. Belser GmbH, München; Chr. Belser AG, Zürich.
Btlg: Werbegemeinschaft Kunst Buch Kunst.
Verlagsgebiete: 12 — 13 — 15 — 18 — 16 — 22 — 23 — 27 — 28.

BELTZ

Signet wird geführt seit: 1970.
Grafiker: Günther Stiller.

Julius Beltz KG

D-6940 Weinheim (Bergstraße), Am Hauptbahnhof 10a / Werderstraße, Postfach 1120

Tel: (0 62 01) 6 10 41. **Fs:** 465 500 beltz d. **Psch:** Frankfurt (M) 113776. **Bank:** Deutsche Bank; Bezirkssparkasse; Volksbank (alle in Weinheim). **Gegr:** 1. 10. 1841 in Langensalza (Thür.); Neugr. 28. 3. 1949 in Weinheim (Bergstr.).
Rechtsf: KG.
Inh/Ges: Dr. rer. pol. Manfred Beltz-Rübelmann, Geschäftsführender Gesellschafter; Dipl.-Kfm. Wilhelm Beltz, geb. 26. 2. 1905 in Langensalza (Thür.), Kommanditist.
Verlagsleitung: Dr. rer. pol. Manfred Beltz-Rübelmann ☐, geb. 12. 6. 1931 in Tuttlingen, Geschäftsführer.
Programmleiter Fachbuchverlag: Lothar Schweim, M. A.
Programmleiter Kinder- und Jugendbücher: Hans-Joachim Gelberg.
Herstellung: Rüdiger Herth.
Werbung, Marketing: Günter Holm.
Vertrieb Buchhandel: Heinz-Ferdi Dörfler; Anni Wetzel, Vertretung.
Vertrieb Schule: Eberhard Hosemann; Renate Mehl, Vertretung.
Rechnungswesen: Dr. Jörg Illenberger.
EDV: Georg Wilhelm Ihrig.
Geschichte: Aus der 1841 in Langensalza gegründeten Buchdruckerei, die sich schon von Anfang an in kleinerem Umfang verlegerisch betätigte, entwickelte der 1965 verstorbene Vater von Wilhelm Beltz, Julius Beltz, ab 1909 den Verlag zu einem der führenden Unternehmen auf dem Gebiet der Pädagogik. Das Programm umfaßte 1932 außer 12 pädagogischen Fachzeitschriften mehrere tausend Buch- und Hefttitel; rund 400 Mitarbeiter waren im Verlag und in der angeschlossenen Druckerei tätig. 1948 wurde das Unternehmen enteignet; 1949 wurde es in Weinheim (Bergstr.) von Julius und Wilhelm Beltz neu gegründet. Dr. M. Beltz-Rübelmann gehört dem Verlagshaus seit 1959 an. Es entstand ein umfangreiches neues Verlagsprogramm mit den Schwerpunkten Erziehungswissenschaft, Psychologie, Unterrichtspraxis sowie Kinderbücher. Alle Werke werden in der eigenen Offsetdruckerei hergestellt; das Unternehmen ist in der graphischen Fachwelt insbesondere durch die frühzeitige Einführung des Fotosatzes bekannt geworden.
Buchreihen: „Beltz Monographien" (Erziehungswissenschaft, Sozialpädagogik, Psychologie, Linguistik) — „Beltz Studienbuch" — „Beltz Bibliothek" (pädagogische Taschenbücher) — „Beltz Unterricht" — „Beltz Praxis" — „Beltz & Gelberg" (Kinder- und Jugendbuchprogramm).
Zeitschriften: „betrifft erziehung", Das aktuelle pädagogische Magazin — „Zeitschrift für Pädagogik" — „vorgänge", Zeitschrift für Gesellschaftspolitik — „Unterrichtswissenschaft" — „Psychologie heute", Wissenschaftsmagazin.
Angeschl. Betr: Verlag Beltz Basel, Postfach 494, CH-4002 Basel; Beltz Test Gesellschaft mbH, Weinheim; Beltz Offsetdruck, D-6944 Hemsbach, Tilsiter Straße; Deutscher Studien Verlag GmbH.
Verlagsgebiete: 3 — 9 — 10 — 11 — 28 — 5 — 6.

Belvedere Verlag, Wilhelm Meissel

A-1010 Wien I, Johannesgasse 4

**Benco-Verlag,
Karthographisches Institut**
A-1030 Wien, Beatrixgasse 19

Benedini, Erich
A-1050 Wien V, Spengergasse 2/4/8

Benecke Verlag
D-2000 Hamburg 76, Averhoffstraße 10

Benjamin, Anton J., Musikverlag
D-2000 Hamburg 13, Postfach 2561, Werderstraße 44

Bennefeld, Albert, Musik- und Bühnen-Verlag
D-1000 Berlin 37, Schopenhauerstr. 23

Benteli-Verlag
CH-3018 Bern-Bümpliz

Bentz, Hans W.
D-6380 Bad Homburg v. d. H., Ottilienstraße 9

Benziger Verlag, Zürich-Köln
D-5000 Köln, Martinstraße 16—20

Berbuer, Karl, Musikverlag
D-5000 Köln 1, Am Hof 34/36

Berchmanskolleg Verlag
D-8000 München 22, Kaulbachstraße 33

Tel: (089) 28 60 77. **Psch:** München 64-803. **Bank:** Hypobank München 3857468. **Gegr:** 1954 in Pullach bei München. **Rechtsf:** Zweigstelle Oberdeutsche Provinz S. J., K. Ö. R.
Inh/Ges: Oberdeutsche Provinz S. J., K. Ö. R.
Verlagsleitung: Hermann Köstler (Prokura); Walter Brugger S. J.; Johannes B. Lotz S. J.
Buchreihe: „Pullacher Philosophische Forschungen".
Verlagsgebiet: 3 — Philosophie, Geschichte der Philosophie, philosophische Grenzwissenschaften.

Berchtold-Haller-Verlag
CH-3000 Bern 7, Postfach, Nägeligasse 9

Berg, Josef
D-8000 München 80, Vogelweideplatz 10

Berger Verlag
D-6000 Frankfurt (M) 1, Postfach 5131, Westendstraße 18

Berger, Ferdinand u. Söhne
A-3580 Horn/Österreich, Postfach 11, Wiener Straße 21—23

Berghaus Verlag Wolfgang Bader
D-8265 Bamerding 18

Berglein & Limbach siehe Limbach

Bergland-Verlag GmbH
A-1010 Wien, Kärntnerring 17

Berliner Union siehe Kohlhammer

Bergmann, A.
D-8000 München 90, St.-Martin-Str. 54

Signet wird geführt seit: 1920.

Grafiker: —

J. F. Bergmann
D-8000 München 80, Trogerstraße 56

Tel: (089) 47 27 35 und 4 70 37 22. **Psch:** München 298 02-800. **Bank:** Bayerische Vereinsbank München 462 130. **Gegr:** 1. 1. 1878 in Wiesbaden. **Rechtsf:** KG.
Inh/Ges: Pers. haft. Gesellschafter: Springer Verwaltungs-Ges.m.b.H., Berlin. Kommanditisten: Dr. Heinz Götze, Heidelberg; Dr. Konrad F. Springer, Heidelberg; Prof. Dr. Georg F. Springer, Evanston/Ill./USA; Frau Rösi Joos, Wiesbaden.
Verlagsleitung: Heinz Rupprecht, Prokurist.
Geschichte: Gründer und Alleininhaber Dr. Fritz Bergmann, Wiesbaden 1878 bis 1917. 1913 Eintritt von Dr. Wilhelm Gecks, Wiesbaden, als Gesellschafter in die zu einer OHG umgewandelte Firma. 1918 Eintritt von Dr. Ferdinand Springer, Berlin, und Dr. Julius Springer, Berlin, als Gesellschafter. 1920 Ver-

legung des Verlages von Wiesbaden nach München. 1929 Austritt von Dr. Wilhelm Gecks, München. 1935 Eintritt von Dr. Tönjes Lange, Berlin, als Gesellschafter und 1942 Eintritt von Otto Lange in Wien, der 1950 wieder ausschied. 1957 Eintritt von Dr. Heinz Götze, Heidelberg, als Gesellschafter. 1961 Dr. Julius Springer und Dr. Tönjes Lange (†) ausgeschieden. 1963 Dr. Konrad F. Springer, Heidelberg, als Gesellschafter eingetreten. 1966 Dr. Ferdinand Springer (†) ausgeschieden. 1964 Umwandlung der Firma in eine KG.
Hauptwerke: Auf den Gebieten der Medizin und Chemie.
Verlagsgebiete: 17 — 18.

Signet wird geführt seit: 1952.

Grafiker: Horst Bergmann.

Siegfried Bergmann

D-4700 Hamm, Werler Straße 271a, Postfach 784

Tel: (0 23 81) 5 11 44. **Psch:** Dortmund 15544-466. **Bank:** Sparkasse der Stadt Hamm 42093; Volksbank Hamm 200121800. **Gegr:** 1949 in Hamm. **Rechtsf:** Einzelfirma.
Inh/Ges: Siegfried Bergmann.
Verlagsleitung: Herausgeber, Verleger und Schriftleiter: Siegfried Bergmann.
Geschichte: Zunächst Verlagsgründung 1949 mit der Zeitschrift „Westfälischer Jägerbote", nachdem eigener Zeitungsverlag und Druckerei in Ottmachau/Schlesien verlorengegangen ist durch Siegfried Bergmann sen.
Übernahme 1951 der Generalvertretung Westfalen des Verlages Neue Wirtschafts-Briefe GmbH., D-4690 Herne, Postfach 620.
Übertragung des Verlages und der Generalvertretung auf jetzigen Inhaber 1966.
1969 Übernahme der Zeitschrift „Natur- und Landschaftskunde in Westfalen" in den Verlag.
Buchreihen: „Das Jagdrecht im Lande Nordrhein-Westfalen" — „Wichtige Tiere für Studium und Unterricht", von Prof. Dr. W. Stichmann und Prof. Dr. Ant — „Die Vogelwelt am Nordostrande des Industriegebietes", von Prof. Dr. W. Stichmann.
Zeitschriften: „Westfälischer Jägerbote", Herausgeber, Verleger und Schriftleiter Siegfried Bergmann — „Natur- und Landschaftskunde in Westfalen", Verleger: Siegfried Bergmann, Schriftleiter: Professor Dr. Wilfried Stichmann, Herausgeber: Prof. Dr. A. Beiler, Prof. Dr. W. Dege, Prof. Dr. L. Franzisket und Prof. Dr. W. Stichmann.
Verlagsgebiete: 1 — 28.

Bergstadt-Verlag Wilh. Gottl. Korn
D-8000 München 60, Dachstraße 38

Bergverlag Rudolf Rother
D-8000 München 19, Postfach 67, Landshuter Allee 49

Bergwald-Verlag Walter Paul
D-6100 Darmstadt 2, Hilperstraße 9

Verlag Berichthaus
CH-8022 Zürich 1, Zwingliplatz 3

Heinrich Berlebach
D-6370 Oberursel, Postfach 460, Korfstraße 13

Berliner Union GmbH
D-7000 Stuttgart-O., Postfach 3057, Urbanstraße 12

Berliner Verlag
DDR-1080 Berlin, Otto-Nuschke-Straße Nr. 10/11

Signet wird geführt seit: 1963.

Grafiker: A. Spitz.

Berlin Verlag
D-1000 Berlin 33 (Dahlem), Ehrenbergstraße 29

Tel: (030) 7 69 10 69. **Psch:** Berlin West 1078 89-104. **Bank:** Berliner Bank AG, Dep. Ka. 38, 03808765000. **Gegr:** 1963 in Berlin. **Rechtsf:** Einzelfirma.
Inh: Arno Spitz.

Verlagsleitung: Arno Spitz ☐, geb. 24. 4. 1920 in Berlin.
Geschichte: Ausgangspunkt für das Verlagsprogramm war die Gegenüberstellung völkerrechtlicher und ökonomischer Werke beider politischen Weltsysteme.
Hauptautoren: Prof. Dr. Herwig Roggemann, Prof. Dr. Wilhelm Wengler, Dr. Ernst R. Zivier.
Hauptwerke: „Die Hochschulgesetze der Welt" — „University Legislation" — „Die Gesetzgebung der soz. Staaten" — „Die Gesetzgebung der DDR".
Buchreihen: „Völkerrecht und Friedensforschung" — „Völkerrecht und Politik" — „Politische Dokumente" — „Dynamische Ökonomie".
Zeitschrift: „Friedenswarte", seit 1974 (jl., ab 1975 vtljl.).
Verlagsgebiete: 4 — 5 — 6 — 13 — 15.

Signet wird geführt seit: 1960.

Grafiker: Prof. Erwin Krubeck.

Bernard & Graefe Verlag für Wehrwesen

D-6000 Frankfurt (M) 1, Hebelstraße 17, Postfach 3749

Tel: (06 11) 59 07 01. **Psch:** Frankfurt (M) 277 17. **Bank:** Frankfurter Bank 1868. **Gegr:** 1918 in Berlin. **Rechtsf:** Einzelfirma.
Inh/Ges: Dr. Wolfgang Metzner.
Verlagsleitung: Verleger Dr. Wolfgang Metzner ☐.
Geschichte: 1918 in Berlin gegründet, von 1920 bis 1955 allein geleitet von Bodo Graefe († 1964 in Berlin). Am 21. 11. 1955 nach Frankfurt (M) verlegt; Neuaufbau durch Dr. Wolfgang Metzner.
Buchreihen: „Erläuterungsbücher für Soldaten" — „Bundeswehrverwaltung", Hrsg. Wenzel und Klas — „Jahresbibliographie", Hrsg. Bibliothek für Zeitgeschichte, Stuttgart — „Schriften der Bibliothek für Zeitgeschichte Stuttgart" — „Kriegstagebuch des OKW", Hrsg. Arbeitskreis für Wehrforschung.
Verlagsgebiete: 6 — 14 — Spez.Geb: 6 Bundeswehrverwaltung, Wehrrecht.

Bernecker, A.

D-3508 Melsungen, Postfach 140, Kasseler Straße 26

Signet wird geführt seit: 1945.

Grafiker: —

Verlag Alexander Bernhardt

Vomperberg, A-6134 Vomp/Tirol, Österreich

Tel: (0 52 42) 21 31. **Bank:** Sparkasse Schwaz/Tirol. **Gegr:** 1945 in Vomperberg als Verlag Maria Bernhardt, Firmenänderung am 16. 5. 1959. **Rechtsf:** Einzelfirma.
Inh/Ges: Irmingard Bernhardt.
Verlagsleitung: Irmingard Bernhardt. Geschäftsführer: Herbert Vollmann.
Geschichte: Das Verlags-Hauptwerk „Im Lichte der Wahrheit" — Gralsbotschaft von Abd-ru-shin (Oskar Ernst Bernhardt) wurde zunächst ab 1923 in Einzelvorträgen (im Eigenverlag) herausgegeben und erschien dann im Verlag „Der Ruf" GmbH, München, gegründet am 22. 3. 1929, in der NS-Zeit zwangsweise am 12. 8. 1937 liquidiert. Nach dem Zusammenbruch 1945 errichtete die Witwe des Autors unter ihrem Namen den „Verlag Maria Bernhardt", Vomperberg, als Alleininhaberin. Mit ihrem Tode ging der Verlag auf ihren Sohn Alexander Bernhardt, und mit dessen Tode 1968 auf ihre Tochter Irmingard Bernhardt über; Verlagsname: Verlag Alexander Bernhardt, Vomperberg. Die Inhaberin des Verlages ist Inhaberin der Urheberrechte und des Copyrights an allen Werken Abd-ru-shins (Oskar Ernst Bernhardt) und der Bücher, an welchen diesem das Urheberrecht übertragen war. Der Stiftung Gralsbotschaft in Stuttgart sind die Lizenzen für die Übersetzung, Druck und Verbreitung der Werke in allen Sprachen übertragen (Verlag der Stiftung Gralsbotschaft GmbH, D-7000 Stuttgart 1, Lenzhalde 15, siehe dort). Das Verlagszeichen (A mit Schlange) ist beim Österreichischen Patentamt unter Nr. 42 635 registriert und seit 1960 unter Nr. 227 577 international geschützt.

Der Verlag der Stiftung Gralsbotschaft GmbH, Stuttgart, als Lizenzträger der Verlagswerke, ist ermächtigt, das Verlagszeichen ebenfalls zu führen.
Hauptautor: Abd-ru-shin.
Verlagsgebiete: 2c — 3.

Signet wird geführt seit: 1970.

Grafiker: Signet Bernwards aus einem alten Kodex um 1000

Bernward Verlag GmbH

D-3200 Hildesheim, Almsstraße 32, Postfach 1047; Vertrieb: Bohlweg 4

Tel: (0 51 21) 3 59 68/3 64 64/3 57 34. **Psch:** Hannover 23 1800. **Bank:** Commerzbank Hildesheim, Kreissparkasse Hildesheim.
Gegr: 1961. **Rechtsf:** GmbH.
Inh/Ges: Verlag Butzon und Bercker, Kevelaer; Maria Behnke, Hildesheim; Bischöfl. Stuhl, Hildesheim; Heiko Klinge, Hildesheim.
Verlagsleitung: Heiko Klinge, Geschäftsführer.
Geschichte: Der 1961 als OHG gegründete Bernward Verlag ist aus der seit 1959 bestehenden OHG „Werkende Heimat, Verlag für pädagogische Arbeitsmittel", hervorgegangen. 1966 erfolgte die Umwandlung in eine GmbH.
Hauptwerke: Literatur für praktische Seelsorge und Katechese, Schulbücher und pädagogische Arbeitsmittel, Gebet- und Gesangbücher, Veröffentlichungen des Bistums Hildesheim, Jahreskalender „Der Dom".
Zeitung: „Kirchenzeitung für das Bistum Hildesheim".
Hz: „Bernward Buchdienst".
Verlagsgebiete: 2b — 11 — 24 — 29.
Angeschlossene Betriebe: Bernward Buchhandlung — Steffen, Hildesheim; Bernward Buchhandlung, Braunschweig.

Signet wird geführt seit:

Grafiker: Günter Jürgen Bahr.

Verlagsgruppe Bertelsmann GmbH

D-4830 Gütersloh, Eickhoffstraße 14—16
Tel: (0 52 41) 2 58 11. **Fs:** 09 33 868. **Psch:** Hannover 130-6600. **Gegr:** 1. 7. 1835.
Rechtsf: GmbH.
Ges: Bertelsmann AG.
Geschäftsführung: Rudolf Wendorff □, Geschäftsführer der Verlagsgruppe. Die Verlage sind in drei Bereiche zusammengefaßt, für die jeweils ein Verlagsdirektor verantwortlich ist:
Bereich Literatur, Sachbuch und Kartographie, verantwortlich Olaf Paeschke.
Bereich Ausbildung und Information, verantwortlich Dr. Ulrich Wechsler.
Bereich Wissen und Bildung, verantwortlich Franz Freiberg.
Die Auslieferung erfolgt durch die Vereinigte Verlagsauslieferung VVA. Gütersloh.
Geschichte: Im Jahre 1835 gründete Carl Bertelsmann, Inhaber einer lithographischen Anstalt, Buchbinderei und Buchdruckerei, in Gütersloh den Carl Bertelsmann Verlag. Das Schwergewicht des Verlages lag auf den Gebieten der Theologie, des Schul- und Jugendbuches. Das „Gütersloher Verlagshaus Gerd Mohn", das nicht zur Verlagsgruppe Bertelsmann zählt, führt die evangelisch-theologische Verlagsarbeit noch heute fort (s. ges. Eintrag). Seit 1928 bezog Heinrich Mohn die schöngeistige Verlagsarbeit mit ein. Nach dem 2. Weltkrieg mußte Reinhard Mohn, der jetzige Inhaber, das völlig zerstörte Unternehmen wieder aufbauen. Seit 1949 wurde die Verlagsarbeit kontinuierlich auf Fach- und Sachbücher, Lexika, Kartographie, wissenschaftliche Literatur und Sachbücher ausgedehnt. Zur Verlagsgruppe Bertelsmann gehören folgende Verlage:

Bertelsmann Fachzeitschriftenverlag, Gütersloh-Berlin

Verlagsleiter: Wilhelm Krümpelmann, Prokurist; Rudi Bühn, Prokurist.
Zeitschriften: „Deutsche Bauzeitschrift" — „Tiefbau" — „Technik am Bau" —

„Baumarkt" — „Büroausrüstung" — „Betriebsausrüstung" — „Betriebsverpflegung" — „Bauwelt" — „Adhäsion" — „Oberfläche".
Verlagsgebiete: 10 — 12 — 20.

Bertelsmann Lexikonverlag, Gütersloh
Verlagsleiter: Werner Lenz, Prokurist.
Spezial- und Fachlexika, enzyklopädische Handbücher, Wörterbücher (u. a. Das Große Deutsche Wörterbuch), Handbücher für Bildung und Wissen, Bilderlexika, Bildbände sowie die Lexikothek bestehend aus einem 10bändigen Lexikon von A—Z (ca. 100 000 Stichworte) und einem 15bändigen Themenlexikon.
Verlagsgebiete: 6 — 11 — 14 — 15 — 25.

Bertelsmann Ratgeberverlag, München
Verlagsleiter: Dr. Gerhard Zorn, Prokurist.
Ratgeber verschiedener Thematik, Gestaltung und Ausstattung für Familie, Haushalt, Freizeit und Hobby. Reihe „Praktische Ratgeber" — „Steckenpferdbücherei" — „Feinschmecker-Bibliothek" — „Natur in Farbe" u. a.
Verlagsgebiete: 9 — 10 — 12 — 13 — 17 — 20.

Bertelsmann Universitätsverlag, Düsseldorf
Verlagsleiter: Wilfried Wendt, Prokurist.
Handbücher, Lehrbücher und Monographien in den Gebieten Sozialwissenschaften, Literaturwissenschaft, Naturwissenschaften, Architektur, Technik.
Verlagsgebiete: 1 — 3 — 5 — 6 — 13 — 14.

C. Bertelsmann Verlag, München (Belletristik und Sachbuch)
Verlagsleiter: Dr. Andreas Hopf, Prokurist.
Ausgewählte literarische Veröffentlichungen, Unterhaltungsliteratur, Autoren Edition, Biographien, Zeitgeschichte, erzählende Sachbücher.
Verlagsgebiete: 8.

C. Bertelsmann Verlag, München (Kinder- und Jugendbücher)
Verlagsleiter: Dr. Andreas Hopf, Prokurist.
Bilderbücher von hoher Qualität, anspruchsvolle Kinder- und Jugendbücher, Serien wie Enid Blyton, Gerhard West und Sesamstraße.
Verlagsgebiete: 9.

Kartographisches Institut Bertelsmann, Gütersloh
Institutsleiter: Dr. Werner Bormann, Prokurist.
Rein geographische Atlanten sowie Haus- und Gebrauchsatlanten verschiedener Art.
Verlagsgebiete: 15 — 16 — 24.

Pro Schule Verlag GmbH, Düsseldorf
D-4000 Düsseldorf, Corneliusstr. 11—9
Tel: (02 11) 37 02 66.
Verlagsleiter: Benno Hasselsweiler, Geschäftsführer.
Integrierte Unterrichtswerke für Deutsch, evangelische Religion, Mathematik und Naturwissenschaften, Anfangsunterricht sowie die Reihe „edition erziehung".
Verlagsgebiete: 2a — 3 — 7 — 10 — 11 — 18 — 19 — 2b — 12 — 14 — 20 — 23 — 27.

RV Reise- und Verkehrsverlag, Stuttgart
Verlagsleiter: Peter Gutmann, Geschäftsführer.
Autokarten, Wanderkarten, Städte-Atlanten.
Verlagsgebiete: 15 — 16.

Verlag für Buchmarktforschung
(s. ges. Eintrag)

Friedr. Vieweg u. Sohn Verlagsgesellschaft mbH, Braunschweig
(s. ges. Eintrag)

Westdeutscher Verlag GmbH, Opladen
(s. ges. Eintrag)

Bertelsmann
Reinhard Mohn OHG
Arbeitsbereich: Buch- und Schallplattengemeinschaften
D-4830 Gütersloh, Eickhoffstraße 14—16
Tel: (0 52 41) 2 58 11. **Fs:** 9 33 868. **Bank:** Investitions- und Handelsbank Frankfurt (M) 6600 **Gegr:** 1966 (Stammhaus C. Bertelsmann Verlag, Gründung 1835).
Rechtsf: OHG.
Geschäftsführung: Dr. Hans Zopp.
Stellvertretung: Prokurist Otto Oeltze; Prokurist Dr. Eckehard Butz.
Weitere Prokuristen: Dr. Kurt Hahn; Dipl.-Kfm. Manfred Hennig; Karl Ludwig Leonhardt; Dipl.-Kfm. Norbert Preussner; Helmut Thiemann; Kurt Vössing. Ges.-Prok. Fred Stratmann; Manfred Kohlmeyer; Heinz Fiedler.
Geschichte: Die Reinhard Mohn OHG ist Trägerfirma der Buchgemeinschaft „Bertelsmann Lesering", des „Bertelsmann Schallplattenrings", des „Europarings der Buch- und Schallplattenfreunde" und des „Deutschen Bildungskreises". Der Bertelsmann Lesering wurde 1950 als Buchgemeinschaft mit dem Buchhandel gegründet, der Schallplattenring 1956, der Europaring 1961 und der Deutsche Bildungskreis 1969. Die Mitgliederzahl beträgt über 2 Millionen. Die Belieferung und Betreuung der Mitglieder erfolgt über den Buchhandel im In- und Auslandes. Die Verlagsgemeinschaft, Rheda, bietet in ständig wachsendem Umfang den Firmen des Buchhandels die Möglichkeit, sich von der routinemäßigen Betreuungsarbeit zu lösen und sie durch ein modernes elektronisches Rechenzentrum ausführen zu lassen. Darüber hinaus unterhält die Verlagsgemeinschaft für ihre Mitglieder ein großes Netz moderner Läden (Club-Center).
Das Programm der Clubs umfaßt 600 bis 700 Bücher und ca. 500 Schallplatten. Pro Quartal werden ca. 100 Titel (Bücher/Schallplatten) neu aufgenommen. Die Hauptvorschlagstitel des Quartals werden nur den Mitgliedern übersandt, die von der Möglichkeit der freien Wahl keinen Gebrauch machen.
Mitgliederzeitschriften: „Lesering-Illustrierte" — „Melodie" — „Europaring-Illustrierte" — Illustrierte „Deutsche Bildungskreis".
Verlagsgebiete: 30 Buchgemeinschaft — Schallplattenring.

Berto-Verlag GmbH
D-5300 Bonn, Postfach 120 421, Bundeskanzlerplatz A III-301

Besselich, N. Verlag
D-3000 Hannover 25, Postfach 250 149

Signet wird geführt seit: 1962.

Grafiker: Albert Frick.

Beton-Verlag GmbH.
D-4000 Düsseldorf 11 (Oberkassel), Düsseldorfer Straße 8, Postfach 450
Tel: (02 11) 57 10 68/69. **Psch:** Köln 178066.
Bank: Dresdner Bank Düsseldorf 3-621 844; Stadtsparkasse Düsseldorf 3-10 12 677. **Gegr:** 6. 6. 1958 in Düsseldorf. **Rechtsf:** GmbH.
Inh/Ges: Dresdner Bank AG.
Verlagsleitung: Geschäftsführer: Emil Fuchs, geb. 2. 2. 1927.
Stellv. Verlagsleiter: Prokurist Albrecht Rübner, geb. 30. 8. 1908.
Herstellungsleiter: Albert Frick, geb. 12. 8. 1926.
Anzeigenleiterin: Helga Tegelaar, geb. 15. 9. 1943.
Chefredakteur: Dieter Bausch, geb. 15. 5. 1936.
Geschichte: Der Verlag befaßte sich nach seiner Gründung zunächst ausschließlich mit der Herausgabe von Fachbüchern und Fachzeitschriften auf dem Gebiet des Betons (Herstellung und Verwendung) und seiner Randgebiete.
Seit einigen Jahren wird das Programm systematisch erweitert und umfaßt heute auch die Themen populäre Bautechnik, Umweltgestaltung und Kunst am Bau, ferner sind mehrere Werke zur Geschichte und Technik des Brückenbaus erschienen.
Seit 1972 ist der Verlag auch als Werbeagentur für Firmen der Bauwirtschaft und Institutionen der Zementindustrie im Handelsregister eingetragen.
Hauptautoren: Prof. Dr.-Ing. habil. Dr.-Ing. E. h. Kurt Walz, Prof. Dr.-Ing. Gerd Wischers, Dr.-Ing. Robert Weber, Dr.-Ing. Heinz-Otto Lamprecht, Dr.-Ing. Hans Wittfoht, Börries H. Sinn, Hans F. Erb, Günter Rapp.

Hauptwerke: "Triumph der Spannweiten" — "Handbuch der Betonprüfung" — "Spiel mit Form und Struktur" — "Hochstraßen" — "Brückenbau auf neuen Wegen" — "Und machten Staub zu Stein" — "Guter Beton" — "Herstellung von Beton nach DIN 1045" — "Technik des Sichtbetons".
Buchreihen: "Betontechnische Berichte" — "Schriftenreihe der Zementindustrie" — "Schriftenreihe der Bauberatung Zement".
Zeitschriften: "beton Herstellung - Verwendung" (mtl.) — "Beton-Landbau" (zweimtl.) — "Beton-Prisma" (vtljl.) — "Beton-Informationen" (zwei-mtl.).
Btlg: Mitglied der Arbeitsgemeinschaft Baufachverlage (ABV).
Verlagsgebiete: 20 — 28 — 11 — 12 — 14 — 22.

Signet wird geführt seit: 1928.

Grafiker: —

Betriebswirtschaftlicher Verlag Dr. Th. Gabler KG

D-6200 Wiesbaden, Taunusstraße 54 (Gabler-Haus), Postfach 11

Tel: (06121) 522091. **Fs:** 04-186567. **Psch:** Frankfurt (M) 91721. **Bank:** Commerzbank; Deutsche Bank; Dresdner Bank; Wiesbadener Vereinsbank — alle in Wiesbaden. **Gegr:** 1928. **Rechtsf:** KG.
Inh/Ges: Dr. Dr. h. c. Reinhold Sellien; Dr. Helmut Sellien.
Verlagsleitung: Dr. Reinhold Sellien, geb. 21. 3. 1904 in Treuburg/Ostpreußen, Dr. rer. pol., Dr. h. c., Dipl.-Kfm., Dipl.-Hdl., Geschäftsführer, Verfasser von "Der Kreditstatus", "Betriebswirtschaftslehre - kurzgefaßt", "Wechsel- und Scheckrecht", "Bilanzlehre - kurzgefaßt", Hrsg. des "Wirtschafts-Lexikons" sowie verschiedener Fachzeitschriften.
Dr. Helmut Sellien, geb. 2. 7. 1905 in Treuburg/Ostpreußen, Dr. rer. pol., Dipl.-Kfm., Geschäftsführer, Verfasser von "Das Finanzierungsproblem", "Finanzierung und Finanzplanung" (auch ins Japanische übersetzt), Hrsg. des "Wirtschafts-Lexikons" sowie verschiedener Fachzeitschriften.
Udo Sellien, geb. 16. 5. 1937 in Wiesbaden, Geschäftsführer.
Gunther Flasse, geb. 30. 10. 1929 in Münster/Westf., Dipl.-Kfm., Verlagsdirektor.
Geschichte: Die Gründung des Verlages erfolgte im Jahre 1928 durch Dr. Reinhold Sellien zusammen mit Dr. Th. Gabler, der bald danach aus der Firma ausgeschieden ist. Im Jahre 1946 trat Dr. Helmut Sellien in die Firma ein.
Nachschlage- und Lehrwerke: "Die Wirtschaftswissenschaften" — "Wirtschafts-Lexikon" — "Bank-Lexikon" — "Betriebswirtschaftliches Literatur-Lexikon" — "Finanzierungs-Handbuch" — "Sekretärinnen-Handbuch" — "Brief-Lexikon für Kaufleute" — "Brief-Lexikon für Kreditsachbearbeiter" — "Textilkaufmann-Handbuch" — "Handbuch der Werbung" — "Allgemeine Betriebswirtschaftslehre in programmierter Form" — "Lexikon des Wirtschaftsrechts" — "Industriebetriebslehre - Entscheidungen im Industriebetrieb" — "Betriebswirtschaftliche Logistik" — "Industriebetriebslehre in programmierter Form" — "Programmierte Einführung in die Betriebswirtschaftslehre" — "Praktisches Kaufmannswissen".
Fachzeitschriften: "Zeitschrift für Betriebswirtschaft" — "Zeitschrift für Organisation" — "Management International Review" — "Betriebswirtschafts-Magazin" — "Bilanz- und Buchhaltungs-Praxis" — "Kostenrechnungs-Praxis" — "Der Außenhandelskaufmann" — "Der Bankkaufmann" — "Der Versicherungskaufmann" — "Gabriele, die perfekte Sekretärin" — "Der Aufstieg" — "Technischer Ansporn" — "Der graduierte Betriebswirt".
Fachbücher: Betriebswirtschaftslehre — Volkswirtschaftslehre — Rechnungswesen — Buchhaltung — Bilanz — Finanzierung — Investition — Betriebsplanung — Organisation — Datenverarbeitung — Einkauf — Fertigung — Verkauf — Marktforschung — Werbung — Wirtschaftsrecht — Steuern — Industrie — Groß-, Einzel- und Außenhandel — Bank- und Sparkassenwesen — Versicherungswesen — Verkehrs- und Nachrichtenwesen — Korrespon-

denz — Nachwuchsausbildung — „Erfolgsbücher".
Fernkurse: „Kaufmännische Praxis" — „Buchführung" — „Bilanzbuchhalter" — „Datenverarbeitung/EDV-Betriebswirt" — „Organisation" — „Betriebsabrechnung" — „Modernes Rechnungswesen/Rechnungswesen-Fachwirt" — „Marktforschung im Marketing" — „Geprüfter Betriebswirt (BWA)" — „Der Bankkaufmann/Bankfachwirt" — „Seminar für Kreditsachbearbeiter" — „Versicherungswirtschaftliches Studienwerk/Versicherungsfachwirt" — „Die Chefsekretärin".
Verlagsgebiete: 5 — 25 — 26.
Zwst: Druckerei, Buchbinderei, Wiesbaden, Waldstraße 113.

Signet wird geführt seit: 1.1.1963.

Grafiker: A. Luis Ströbl.

Annette Betz Verlag GmbH

D-8000 München 71, Friedastraße 22, Postfach 71 02 47

Tel: (089) 7 91 28 08. **Psch:** Stuttgart 36 27; München 777 66. **Bank:** Hypobank München, Fil. Kaufingerstraße, 68 683 u. 98 639. **Gegr:** 24. 7. 1962. **Rechtsf:** GmbH.
Inh/Ges: Alpenbuch Establishment, Vaduz/Liechtenstein.
Verlagsleitung: Dr. Otto Mang, geb. 3. 4. 1926 in Wien.
Geschichte: Der Verlag wurde am 24. 7. 1962 in München gegründet. Im Herbst des gleichen Jahres kaufte der Verlag große Teile der ehemaligen Georg Lentz Verlag-Produktion auf. Der Verlag hat es sich zum Ziel gesetzt, Bilder- und Kinderbücher von hohem literarischen und künstlerischen Niveau herauszubringen.
Hauptwerke: Textautoren: James Krüss, „3×3 an einem Tag" (Dt. Jugendbuchpreis 1964) — Marlene Reidel, „Kasimirs Weltreise" (Dt. Jugendbuchpreis 1958) — Jan Balet, „Joanjo" und „Ladismaus" — Juliane Metzger, „Das Liederkarussell", „Das schönste Fest", „Der goldene Schlüssel" — Tilde Michels; Lene Hille-Brandts; Sigrid Heuck; Hans Baumann, — Illustratoren/Grafiker: Eva Johanna Rubin, Jan Balet, Sigrid Heuck, György Lehoczky, Herbert Lentz, Stefan Lemke-Pricken, Eleonore Schmid, Erika Meier-Albert, Annegert Fuchshuber, Stepan Zavrel.
Verlagsgebiet: 9.

Beuroner Kunstverlag GmbH
D-7207 Beuron

Signet wird geführt seit: 1950.

Grafiker: —

Beuth-Vertrieb GmbH.

D-1000 Berlin 30, Burggrafenstr. 4—7

Tel: (030) 26 01-1. **Fs:** 1 83 622 bvb d. **Psch:** Berlin-West 242-106. **Bank:** Bank für Handel und Industrie Berlin 618 639. **Gegr:** 25. 4. 1924. **Rechtsf:** GmbH.
Inh/Ges: Deutscher Normenausschuß (DNA); Verein Deutscher Ingenieure (VDI).
Geschäftsführung und Verlagsleitung: Direktor Hans Hermann Plischke, geb. 27. 4. 1925.
Direktor Dr.-Ing. Helmut Reihlen, geb. 14. 8. 1934.
Finanzen: Christa Lynn, geb. 12. 12. 1920 (Ges.-Prokura).
Vertrieb: Werner Schmitz, geb. 19. 8. 1920 (Ges.-Prokura).
Herstellung Berlin: Rud. Duchow, geb. 12. 11. 1911 (Ges.-Prokura).
Herstellung Köln: Werner Hohmann, geb. 30. 11. 1925 (Ges.-Prokura).
Vertrieb Köln: Reinhold Winter, geb. 3. 12. 1913 (Ges.-Prokura).
Geschichte: Der Beuth-Vertrieb wurde im Jahre 1924 vom Deutschen Normenausschuß (DNA) und dem Verein Deutscher Ingenieure (VDI) unter dem Namen Beuth-Verlag mit der Aufgabenstellung gegründet, ihre technisch-wissenschaftliche Gemeinschaftsarbeit verlegerisch zu betreuen. Die Erträge der Gemeinschaftsgründung wurden zur Finanzierung weiterer Arbeiten auf dem Gebiete der Normung zweckgebunden.

Aus diesem Grunde gab man dem neuen Unternehmen, obwohl es in privatwirtschaftlicher Form geführt wurde, gemeinnützigen Charakter.
Im Laufe der Jahre nahm sich der Beuth-Verlag auch der publizistischen Arbeit zahlreicher anderer namhafter technisch-wissenschaftlicher Organisationen an. So gehören, um nur einige der z. Z. zweiundvierzig zu nennen: REFA, RAL und AWF neben DNA und VDI schon seit den zwanziger Jahren zu den ständigen Auftraggebern. Die Gesetzgebung des Dritten Reiches, nach der juristische Personen Verlagsunternehmen nicht betreiben durften, machte es 1934 notwendig, in Beuth-Vertrieb umzufirmieren. Durch diesen Kunstgriff erhielt man die gemeinnützige Verlagsorganisation, die sich in den 10 Jahren ihres Bestehens bewährt hatte.
Steil geht die Entwicklung nach 1945 nach oben. In schwierigen Verhandlungen kann der gemeinnützige Charakter des Unternehmens gewahrt werden. In systematischer Aufbauarbeit gelingt es, nicht nur die Verbindung zu den Partnern der Vorkriegszeit wiederherzustellen. Neue Kontakte zu einer großen Anzahl weiterer Kreise, die sich die Lösung von Problemen auf den Gebieten der Rationalisierung, der Fachausbildung, des Arbeitsschutzes und der Werkstoffkunde zum Ziel gesetzt haben, werden geschlossen. Durch alliiertes Recht ruht zeitweise die Beteiligung des VDI. Seit dem Jahre 1973 steht dieser größte technisch-wissenschaftliche Verein Deutschlands gemeinsam mit dem Deutschen Normenausschuß, der die Mehrheitsbeteiligung hält, wieder hinter Beuth.
Hauptautoren: Der Beuth-Vertrieb arbeitet ausschließlich für gemeinnützige technisch-wissenschaftliche Organisationen u. a. für: Deutscher Normenausschuß (Zeichen: DIN), Arbeitsgemeinschaften für Wirtschaftliche Fertigung e. V. — AWF, Bundesamt für Wehrtechnik und Beschaffung — BWB, Bundesinstitut für Berufsbildungsforschung — BBF, Deutsche Gesellschaft für Operations Research — DGOR, Deutsche Gesellschaft für Qualität — DGQ, Deutscher Verdingungsausschuß für Bauleistungen — DVA, Deutsches Kupferinstitut — DKI, Gemeinsamer Ausschuß „Elektronik im Bauwesen" — GAEB, Rationalisierungskuratorium der Deutschen Wirtschaft e. V. — RKW, Ausschuß für Lieferbedingungen und Gütesicherung — RAL, Verband für Arbeitsstudien — REFA e. V., Vereinigung der Technischen Überwachungsvereine — VdTÜ, Verein Deutscher Ingenieure — VDI (nur VDI-Richtlinien und Handbücher), Zentralstelle für maschinelle Dokumentation — ZMD.
Hauptwerke: Deutsches Normenwerk — DIN-Taschenbücher — Handbücher zur Dezimalklassifikation — Standardleistungsbücher Elektronik im Bauwesen — Ausbildungsunterlagen für mehrere Berufsbereiche — Komplexes Lehrsystem Elektrotechnik — VDI-Richtlinien — VDI-Handbücher — VDI-Schriftenreihe Materialfluß im Betrieb — RKW-Schriftenreihen: Betriebstechnische Fachberichte — Leitfäden zur Unternehmensplanung — Wege für Wirtschaftlichkeit — Ältere Arbeitnehmer — Arbeitsphysiologie — Arbeitspsychologie — REFA-Schriftenreihen: Arbeitsstudium und Industrial Engineering — Arbeitswissenschaft und Praxis — Einflußgrößen zur technologischen Arbeitsgestaltung — Fortschrittliche Betriebsführung.
Zeitschriften: DIN-Mitteilungen — DK-Mitteilungen — Elektronorm — Fortschrittliche Betriebsführung — REFA-Nachrichten — RKW-Kurznachrichten.
Verlagsgebiete: 1 — 11 — 20 — Spez.-Geb: Normung, Rationalisierung, Fachausbildung.
Zwst: D-5000 Köln 1, Kamekestr. 2—8, Tel: (02 21) 52 70 22-26. Fs: 8 881 332 bvk d.
D-6000 Frankfurt (M) 1, Gutleutstraße 163/167, Tel: (06 11) 25 37 01.

Beyer, Joachim R.
D-8601 Hollfeld, Postfach 1148

Biblio Verlag GmbH & Co. KG
D-4500 Osnabrück, Postfach 1949, Jahnstraße 15

Bibliographisches Institut (VEB)
DDR-7010 Leipzig, Postfach 130, Gerichtsweg 26

Signet wird geführt seit: 1939.

Grafiker: Matthieu.

Bibliographisches Institut AG

D-6800 Mannheim 1, Dudenstraße 6, Postfach 311

Tel: (06 21) 3 90 11. **Fs:** 04-62 107. **Psch:** Ludwigshafen 42 859-679. **Bank:** Dresdner Bank Mannheim 6608504; Deutsche Bank Mannheim 01/44444; Städt. Sparkasse Mannheim 11 7002; ADCA Frankfurt (M) 56 1002. **Gegr:** 1826 in Gotha. **Rechtsf:** AG.
Vorstand: Karl Felder, geb. 23. 10. 1927 in Reutlingen; Claus Greuner, geb. 22. 11. 1930 in Leipzig; Dr. Michael Wegner, geb. 30. 7. 1935 in Hamburg.
Dudenredaktion: Dr. Günther Drosdowski.
Lexikon-Chefredaktion: Gisela Preuß, Prokuristin.
Geographisch-Kartographisches Institut Meyer: Dr. Adolf Hanle, Prokurist.
Buchhaltung: Günther Herzog, Prokurist.
Einkauf: Gerhard Rieger, Prokurist.
Produktion: Herbert Flory, Prokurist.
Presse und Information: Dietmar W. Ansorge.
Satzherstellung: Manfred Altstadt, Prokurist.
Vertrieb: Helmut Lentfer, Prokurist.
Geschichte: Das Bibliographische Institut wurde 1826 von Joseph Meyer in Gotha gegründet. 1828 wurde der Verlag nach Hildburghausen und 1874 nach Leipzig verlegt. Seit 1915 Aktiengesellschaft, deren Anteile überwiegend im Familienbesitz blieben. 1946 in Leipzig widerrechtlich enteignet, 1953 Sitzverlegung nach Mannheim und Wiederbeginn der Produktion im Sinn der alten Tradition. Der Verlag wurde vor allem durch Meyers Lexikon (1. Auflage ab 1839), Meyers Klassiker-Ausgaben, Meyers Reiseführer, Meyers Atlanten, durch Brehms Tierleben, die Duden-Rechtschreibung und durch große illustrierte Standardwerke aus allen Wissensgebieten bekannt.
Hauptwerke: „Meyers Enzyklopädisches Lexikon" in 25 Bänden — „Das Große Duden-Lexikon" in 8 Bänden — „Duden-Lexikon" in 3 Bänden — „Meyers Großes Handlexikon" — „Meyers Kinderlexikon" — „Der Große Duden" in 10 Bänden — „Der Große Rechenduden" — „Kinderduden" — „Duden für den Schüler" — „Wie funktioniert das?" — „Meyers Handbücher der großen Wissensgebiete" — „Schlag nach!" — „Meyers Kontinente und Meere" — „Meyers Lexikon der Technik und der exakten Naturwissenschaften" — „Meyers Kindersachbücher".
Buchreihe: „B.I.-Hochschultaschenbücher".
Alm: „Buchhändler Kalender".
Verlagsgebiete: 7 — 16 — 18 — 19 — 20 — 25 — 26 — 9 — 11 — 12 — 13 — 14 — 15.

Signet wird geführt seit: 1964.

Grafiker: Werner Rebhuhn.

Biederstein Verlag Gustav End & Co.

D-8000 München 40, Wilhelmstraße 9

Tel: (089) 34 00 41. **Fs:** 5-215 085 beck d. **Psch:** München 169 390 800. **Bank:** Bayer. Hypotheken- und Wechselbank München 405 8 658. **Gegr:** 1946 in München. **Rechtsf:** oHG.
Inh/Ges: Dr. Hans Dieter Beck, Wolfgang Beck.
Verlagsleitung: Wolfgang Beck.
Prokuristen: Rolf Grillmair, Albert Heinrich, Horst Wiemer.
Lektorat: Melanie Steinmetz.
Geschichte: Der Verlag wurde in den Nachkriegsjahren von Gustav End und Dr. Heinrich Beck gegründet. In seinem Programm führte er die schöngeistige Abteilung des Verlags C. H. Beck fort, pflegte daneben jedoch auch andere Gebiete. Seit dem Tod von Dr. Heinrich Beck im Jahre 1973 wird der Verlag von den beiden Söhnen Dr. Hans Dieter Beck und Wolfgang Beck fortgeführt.
Hauptautoren: Manfred Bieler, Michel Butor, Rachel Carson, Heimito von Doderer, Johannes von Guenther, Joan Haslip, Walter Kiaulehn, Karl Heinz und Maria Kramberg, Willy Kramp,

Hans Graf von Lehndorff, Nicolai Lesskow, Alexander Puschkin, Kuno Raeber, Alwin Seifert.
Tges: Die Firmengruppe C. H. Beck/ Biederstein Verlag ist Gesellschafterin des Deutschen Taschenbuch Verlags.
Verlagsgebiete: 6 — 8 — 14 — 18.

Bielefelder Verlagsanstalt KG
Richard Kaselowsky

D-4800 Bielefeld, Ulmenstraße 8, Postfach 1140
Tel: (05 21) 59 51. **Fs:** 09-32868 (Gundlach KG). **Psch:** Hannover 184 22. **Bank:** Dresdner Bank Bielefeld. **Gegr:** 1951. **Rechtsf:** KG.
Inh: Richard Kaselowsky.
Verlagsleitung: Redaktion und Herstellung: Hermann Marten.
Anzeigen und Verwaltung: Günter Halfar.
Vertrieb und Versand: Joachim Budwell.
Geschichte: Tochtergesellschaft der Großdruckerei E. Gundlach KG, seit 1951 selbständig.
Zeitschriften: „uhren juwelen schmuck" — „Gummibereifung" — „Radmarkt" — „fono forum" — „DNZ-international" — „Fahrzeug+Karosserie" — „Dental-Dienst" — „Deutscher Kantinen-Anzeiger" — „Unser Auto" — „Leg auf und sieh fern" — „Elektro-Nachrichten".
Verlagsgebiete: 28 — 13 — 20 — Spez.-Geb: 25 Schallplattenkataloge.

Bielefelds L. Verlag Nachf.
Herbert Müller KG

D-7800 Freiburg, Goethestraße 59

Bieler, Edmund Verlag

D-5000 Köln 41, Zülpicherstraße 85

Bielmannen-Verlag

D-8000 München 15, Postfach 200 225, Schillerstraße 28

Bildarchiv Foto Marburg

D-3550 Marburg a. L., Biegenstraße 11

Bild und Heimat

DDR-9800 Reichenbach (Vogtland), Roßplatz 15

Bing, Wilhelm OHG.

D-3540 Korbach, Lengefelderstraße 6

Binnenschiffahrts-Verlag GmbH

D-4100 Duisburg 13, Dammstraße 15—17

Bintz Verlag GmbH und Dohany-Druck KG

D-6050 Offenbach, Große Markt-Straße Nr. 36—44

Bircher-Benner Verlag GmbH

D-6380 Bad Homburg v. d. H., Louisenstraße 63

Birken-Verlag

D-8000 München 2, Altheimer Eck 13

Birken-Verlag

A-1061 Wien VI, Gumpendorferstr. 63B

Signet wird geführt seit: 1943.

Grafiker: Jan Tschichold.

Birkhäuser Verlag

CH-4010 Basel, Elisabethenstraße 19, Postfach 34
Tel: (061) 23 18 10. **Fs:** 63 475. **Psch:** Basel 40-166 73; Postsparkassenamt Wien 103.009. **Bank:** Schweiz. Bankgesellschaft, Basel; Schweiz. Bankverein Basel; Swiss Bank Corp., 15 Nassau St., New York, N. Y. 10005 0452-700754-00; Deutsche Bank AG, D-7850 Lörrach 06/10675. **Gegr:** 20. 10. 1879 in Basel. **Rechtsf:** AG.
Verw.R.: Dr. h. c. Albert Birkhäuser, Dr. Max Birkhäuser, Theodor Birkhäuser, Alfred Birkhäuser, Carl Einsele, Hansjörg Surber.
Verlagsleitung: Dr. h. c. Albert Birkhäuser □, geb. 16. 5. 1892 in Basel, Präsident.
Verlagsleiter: Carl Einsele, geb. 3. 7. 1919 in Zürich.
Vertrieb und Werbung: Hans Jo Pfeiffer, geb. 5. 12. 1938, Prokurist.
Herstellung: Albert Gomm, geb. 25. 3. 1928, Prokurist.
Zeitschriften: Hans G. Gschwind, geb. 5. 9. 1913, Prokurist.
Geschichte: Im Jahre 1879 gründete Emil Birkhäuser in Basel die gleichnamige Buchdruckerei. Von Anfang an

wurden eigene Publikationen herausgegeben, und schon 1883 konnte mit der „Basler Chronik von Christian Wurstisen" erstmals ein Werk großen Umfanges in anspruchsvoller Ausstattung erscheinen. Die lebhafte Verlagstätigkeit bezog sich vor allem auf Lehrmittel, von denen mehrere bis in die neuere Zeit hinein neue Auflagen erlebten. Schon vor dem Ersten Weltkrieg fanden Verlag und Druckerei, seit 1920 unter der Gesamtleitung des Sohnes des Gründers, Dr. h. c. Albert Birkhäuser, stehend, den Kontakt mit führenden schweizerischen Naturwissenschaftlichen Gesellschaften. In Zusammenarbeit mit diesen wurden dann Zeitschriften herausgegeben. Das von der Gesellschaft für Schweizerische Kunstgeschichte herausgebene Werk „Die Kunstdenkmäler der Schweiz", das 1927 zu erscheinen begann, ist ein weiteres Unternehmen, das mit dem Verlag groß geworden ist. Auf Grund von Planungen, die schon in den dreißiger Jahren vorbereitet wurden, begann in den ersten Kriegsjahren die Herausgabe der „Birkhäuser-Klassiker", einer großzügig angelegten Klassikerreihe (insgesamt 94 Bände). Die ersten Ausgaben von Keller, Meyer, Goethe, Schiller, Homer, Pestalozzi und Shakespeare wurden schon mehrmals nachgedruckt, ihnen folgten Bräker, Gotthelf, Heine, Hebel und Stifter. Die typographische Gestaltung betreute der damals im Verlag tätige Buchkünstler Jan Tschichold. Mit den Birkhäuser-Klassikern erschienen auch die Klassikertexte der „Sammlung Birkhäuser" und einige Dünndruckausgaben sowie später die Reihe „Basler Drucke", welche sich vor allem durch die bibliophile Gestaltung der durch bekannte Grafiker und Illustratoren betreuten Ausgaben auszeichnet.

Die heutige internationale Bedeutung des Verlages beruht auf der Herausgabe naturwissenschaftlicher und vor allem auch mathematischer Werke. Hinzu treten neuerdings Publikationen über Theorie und Geschichte der Architektur. Waren die Autoren anfänglich in der Regel schweizerische Gelehrte, so gesellten sich bald berühmte ausländische Namen hinzu. Heute umfaßt das Verlagsprogramm über 800 lieferbare Buchtitel. Neben den seit Jahrzehnten erscheinenden wissenschaftlichen Zeitschriften werden auch immer wieder Neugründungen in das Zeitschriftenprogramm aufgenommen. Die 1945 gegründete Monatsschrift für die Gebiete der Naturwissenschaften „Experientia" gehört heute zu den international führenden Periodica ihrer Art. 1974 beginnt die Zeitschrift „bioelectrochemistry and bioenergetics" als 20. Zeitschrift des Verlages zu erscheinen. Eine Erweiterung erfuhr der Verlag durch die Gründung der Zweigfirma Birkhäuser Verlag GmbH in Stuttgart; am 1. 5. 1950. 1965 wurde der Verlag Interavia S. A. in Genf übernommen und seit der Gründung (1972) ist der Verlag Mitglied des UTB = Uni-Taschenbücher Verlages in Stuttgart.

Hauptwerke: A. Aalto, „Synopsis" — J. Aczél, „Vorlesungen über Funktionalgleichungen" — M. Bath „Introduction to Seismology" — Jak. Bernoulli, „Gesammelte Werke" — Bernoulli Joh., „Der Briefwechsel" — S. Borewicz, I. Safarewic, „Zahlentheorie" — C. Carathéodory, „Funktionentheorie" — G. Doetsch, „Handbuch der Laplace-Transformation" — L. Fejér, „Gesammelte Arbeiten" — J. Gotthelf, „Werke" — R. Hegnauer, „Chemotaxonomie der Pflanzen" — A. Linder, „Statistische Methoden" und „Planen und Auswerten von Versuchen" — R. Nevanlinna, P. Kustaanheimo, „Grundlagen der Geometrie" — A. Ostrowski, „Aufgabensammlung zur Infinitesimalrechnung" und „Vorlesungen über Differential- und Integralrechnung" — G. Polya, „Mathematik und plausibles Schließen" — „Progress in Drug Research", Hrsg. v. E. Jucker — A. Speiser, „Geistige Arbeit" — A. Stifter, „Gesammelte Werke" — M. Waldmeier, „Einführung in die Astrophysik" — B. L. van der Waerden, „Erwachende Wissenschaft" — „Statistisches Jahrbuch der Schweiz" — H. Hess, E. Landolt, „Flora der Schweiz" — L. Euler, „Opera omnia, Series Quarta".

Buchreihen: „Lehrbücher und Monographien aus dem Gebiete der exakten Wissenschaften" — „Lehr- und Handbücher der Ingenieurwissenschaften" — „Wissenschaft und Kultur" — „Die Kunstdenkmäler der Schweiz" — „Birkhäuser Klassiker" — „Basler Drucke" — „Geschichte und Theorie der Architektur" — „Progreß in Drug Research" — „Interdisziplinäre Systemforschung" — „Experientia Supplementa" — „Ele-

mente der Mathematik vom höheren Standpunkt aus" — „ISNM, Internationale Schriftenreihe zur numerischen Mathematik" — „Institut für Baustatistik: Allgemeine und Versuchsberichte" — „Lehrbücher der Elektrotechnik" — „Technica-Reihe" — „Publikationen Vulkaninstitut Immanuel Friedländer" — „Wissenschaftliche Schriftenreihe der ETS Magglingen" — „Beihefte zur Zeitschrift ‚Elemente der Mathematik' ".
Zeitschriften: „Archiv der Mathematik" — „Algebra Universalis" — „Journal of Geometry" — „aequationes matematicae" — „Elemente der Mathematik" — „Zeitschrift für angewandte Mathematik und Physik, ZAMP" — „Experientia" — „Helvetica Physica Acta" — „Eclogae geologicae Helvetiae" — „Schweizerische Zeitschrift für Hydrologie" — „Schweizerische Paläontologische Abhandlungen" — „Verhandlungen der Naturforschenden Gesellschaft in Basel — „Verhandlungen der Schweizerischen Naturforschenden Gesellschaft" — „Scientia Electrica" — „Electroanalytical Abtracts" — „Pure and Applied Geophysics" — „technica" — „Bioelectrochemistry and Bioenergetics" — „Agents and Actions.
Ang. Betr: Der Verlag ist der Buchdruckerei Birkhäuser AG (Buchdruck, Tiefdruckrotation, Offset, Endlosdruck, Binderei), 4010 Basel, Elisabethenstraße Nr. 19 angeschlossen. Beteiligung 100 %. „INTERAVIA" Société Anonyme d'Editions Aéronautiques Internationales, CH-1216 Cointrin, Genf. Beteiligung 100 %.
Birkhäuser Verlag GmbH, D-7000 Stuttgart 1, Postfach 269, Olgastraße 53, Tel: 24 52 74. Psch: Stuttgart 438 00. Bank: Würtemb. Bank Stuttgart 1640. Gegr: 1. 5. 1950. Geschäftsführer: Dr. jur. Heinz Kretzschmar, geb. 18. 10. 1911 in Dresden, Auslieferung: F. A. Brockhaus, Stuttgart. Beteiligung 100 %.
Verlagsgebiete 5 — 12 — 18 — 19 — 20 — 21 — 28 — 3 — 6 — 8 — 14 — 15 — 23.

Birkhäuser Verlag GmbH
D-7000 Stuttgart 1, Postfach 269, Olgastraße 53

Birnbach KG., Richard, Musikverlag
D-1000 Berlin 45, Dürerstraße 28a

Bischöfliches Ordinariat Limburg, Verlag
D-6250 Limburg, Postfach 308

Bischoff, B.
D-7903 Laichingen, Am Marktplatz 2

Bischoff, Friedrich
D-6000 Frankfurt (M) 90, Postfach 900 969, Sophienstraße 75

Bissinger, Horst KG Verlag und Druck
D-7031 Magstadt, Alte Stuttgarter Str. Nr. 39, Postfach 44

Georg Bitter Verlag

Signet wird geführt seit: 1. Juli 1968.

Grafiker: Henning Wendland.

Georg Bitter Verlag KG.
D-4350 Recklinghausen, Herner Str. 62, Postfach 248

Tel: (0 23 61) 2 58 88 u. 2 14 00. **Psch:** Dortmund 309 09-465. **Bank:** Stadtsparkasse Recklinghausen 29 165, Kreissparkasse Recklinghausen 927 228. **Gegr:** 1. 7. 1968 in Recklinghausen. **Rechtsf:** KG.
Inh/Ges: Dr. Georg Bitter, Erika Bitter, geb. Müller.
Verlagsleitung: Dr. Georg Bitter ☐, geb. 25. 3. 1921. Handlungsbevollmächtigte: Hildegard Schäfer und Elisabeth Zacheus, gemeinsam vertretungsberechtigt.
Vertrieb: Annegret Wulf.
Herstellung und Werbung: Norbert Theißen.
Auslandsrechte: Hildegard Schäfer.
Lektorat: Hans-Sigismund von Buck.
Geschichte: Durch Herauslösung der Abteilung Buchverlag aus dem Paulus Verlag K. Bitter KG Übernahme der gesamten Buchproduktion. Damit war eine Änderung des Namens und eine Umstrukturierung des Verlagsprogramms verbunden. Ab 1. 7. 1968 Georg Bitter Verlag. Schwerpunkte der Produktion: Kinder- und Jugendbücher.
Hauptautoren: Wilfried Blecher, Lewis Carroll, Miep Diekmann, Franz Füh-

mann, Hans-Joachim Gelberg, Josef Guggenmos, Frans Haacken, Frederik Hetmann, Ota Hofman, Janosch (Horst Eckert), Hans Leip, Erica Lillegg, Ludek Pesek, Vaclav Ctvrtek, Radek Pilar, Jan Procházka, Eva Rechlin, Josef Reding, Gina Ruck-Pauquèt, Wolfdietrich Schnurre, Liselotte Henrich-Welskopf.
Hauptwerke: „Alice im Wunderland" — „Tu was, wenn du leben willst" — „Kinderland Zauberland" — „Die Stadt der Kinder" — „Ein Elefant marschiert durchs Land" — „Was denkt die Maus am Donnerstag?" — „Warum die Käuze große Augen machen" — „Theater Theater" — „Ein Narr, ein Weiser und viele Tiere" — „Bitte nicht spucken" — „Treiben wie ein Baum im Fluß" — „Die Flucht" — „Pan Tau" — „Hannes Strohkopf" — „Leo Zauberfloh" — „Der Mäusesheriff" — „Lukas Kümmel" — „Kunterbunter Schabernack" — „Kunterbunter Märchen-Schabernack" — „Das Zauberschiff" — „Die Erde ist nah" — „Jitka" — „Lenka" — „Milena" — „In jedem Wald ist eine Maus, die Geige spielt".
Tges: Buch- und Geschenkdienst GmbH. Reise- und Versandbuchhandlung 4350 Recklinghausen, Postfach 248.
Btlg: Deutscher Taschenbuch Verlag München (DTV-junior).
Verlagsgebiete: 9 — 10 — 8.

BK-Verlag siehe Jugenddienst Verlag

Jos. Gotth. Bläschke Verlag

D-6100 Darmstadt, Sandstraße 38, Postfach 225
D-7410 Reutlingen, Schreinerstraße 8 und A-9143 St. Michael, Feistritz 31
Tel: (0 61 51) 2 09 48. **Psch:** Frankfurt (M) 89876-605. **Bank:** Stadt- und Kreissparkasse Darmstadt 551 937. **Gegr:** 1927 in Breslau. **Rechtsf:** Einzelfirma.
Inh/Ges: Josef Gotthard Bläschke.
Verlagsleitung: Jos. Gotthard Bläschke.
Geschichte: Verlag wurde 1927 in Breslau gegründet, mit eigener Druckerei und Buchbinderei. 1937 wurde der Drei-Kronen-Verlag Breslau—Leipzig gegründet, Arbeitsgebiet vorwiegend Beletristik. Durch die Kriegsereignisse wurde der Betrieb in Breslau und Leipzig restlos zerstört. 1946 Übernahme der Universitätsdruckerei und Verlag Robert Noske, Borna bei Leipzig. Enteignung 1949. Übersiedlung nach Berlin. 1953 Verlegung des Verlages nach Darmstadt. 1973 Übernahme der Artia GmbH Kunst und Offsetdruck in Reutlingen als alleiniger Geschäftsführer.
Hauptautoren: W. H. Auden, Kasimir, Edschmid, Paula Grogger, Margarete Hannsmann, Hans-Jürgen Heise, Arnold Krieger, Karl Krolow, Christine Lavant, Dr. Lewandowski, Dieter Leisegang, Max Peter Maass, Prof. Dr. Will Erich Peuckert, Heinz Piontek, Eberhard Schlotter, Arno Schmidt, Prof. Dr. Erich Wiese, über 100 weitere Autoren.
Hauptwerke: Heimatgeschichte, vorwiegend über Schlesien und den deutschen Osten — Kunst und Bildbände — Reprints.
Buchreihe: Lyrikreihe „Das Neueste Gedicht".
Tges: Artia Offsetdruck GmbH Reutlingen, alleiniger Geschäftsführer.
Verlagsgebiete: 1 — 8 — 30 — Reprints.

Blanvalet, Lothar, Verlag

D-1000 Berlin 39, Am Kleinen Wannsee 31

Blaschker-Verlag GmbH

D-1000 Berlin 30, Postfach 3228, Lützowstraße 105/6

Signet wird geführt seit: 1950.

Grafiker: Walter Läuppi.

Blaukreuz-Verlag Bern

CH-3001 Bern, Lindenrain 5a, Postfach 1196
Tel: (031) 23 58 66. **Psch:** Bern 30-437. **Bank:** Schweizerischer Bankverein Bern. **Gegr:** 7. 5. 1884 in Bern. **Rechtsf:** e. V.
Inh/Ges: Verband der deutschschweiz. Blaukreuzvereine.
Verlagsleitung: Dr. Hans Schaffner, Basel, Präsident; Eduard Müller, geb. 1927, Verlagsleiter.
Geschichte: Das im Jahre 1877 als Hilfe für suchtkranke Menschen gegründete Blaue Kreuz begann 1884 mit der Herausgabe von Veröffentlichungen. In den

ersten Jahrzehnten erschienen vor allem Flugblätter, Zeitschriften und Kalender. Seit 1952 ist die Verlagstätigkeit stark ausgebaut worden.

Hauptautoren: Huldrych Blanke, Adolf Heizmann, Elisabeth Lenhardt, Sina Martig, Felix Mattmüller, Hannes E. Müller, Eberhard Rieth, Magdalena Schalcher, Marta Wild.
Buchreihen: „Helfen und Heilen", Literatur zum Problem der Suchtgefährdung — „Spielen und Basteln", Anleitungen in Karteiform für Freizeit und Unterricht, sowie für heilpädagogische Arbeit.
Zeitschriften: „Achtung ... los!", Kinderzeitschrift (mtl.) — „Das Blaue Kreuz" (zweimal mtl.) — „Familienblatt" (mtl.).
Verlagsgebiete: 2a — 8 — 9 — 23 — 24 — 28.

Blaukreuz-Verlag Wuppertal-Barmen

D-5600 Wuppertal 2, Freiligrathstr. 27

Tel: (0 21 21) 62 10 90. **Psch:** Köln 67704-503. **Bank:** Stadtsparkasse Wuppertal 100 859; Darlehensgenossenschaft EKIR Duisburg 786. **Rechtsf:** E. V.
Inh/Ges: Blaues Kreuz in Deutschland E. V.
Verlagsleitung: Verlags- und Schriftleiter: Hans-Jürgen Weidtke, geb. 4. 2. 1936.
Hauptautoren: Dr. Eberhard Rieth, Pfr. Gerhard Döffinger, Prof. Battegay, Maria Grote, Werner Krause.
Hauptwerke: Fachbücher über Alkoholismus und andere Drogen — Christliche allgemeine Literatur — Familien-Kalender — „Kraft und Sieg"-Kalender.
Buchreihen: „Helfen und Heilen" (Alkoholismus) — „TELOS-Bücher" (christliche Literatur) — „Barmer Taschenbücher" (Erzählungen).
Zeitschriften: „Rettung" (wöchentl.) — „Füreinander" (mtl.) — „Blaues Kreuz" (mtl.).
Btlg: TELOS-Kooperation.
Verlagsgebiete: 2a — 3 — 10 — 24 — 26 — 28 — Suchtprobleme.

Signet wird geführt seit: Februar 1968.

Grafiker: Hans Schultz-Severin.

Bleicher Verlags-KG

D-7016 Gerlingen, Bildstraße 14, Postfach 70

Tel: (0 71 56) 2 10 33. **Psch:** Stuttgart 420 00-700; Stuttgarter Volksbank 19 450; Gerlinger Bank 60 400 005. **Gegr:** 1. 1. 1968. **Rechtsf::** KG.
Inh/Ges: Pers. haft. Ges.: Heinz M. Bleicher, geb. 9. 2. 1923, bis 1966 Bez.-Direktor der Deutschen Postreklame GmbH in Stuttgart, 1964—68 Vorstandsmitglied des Werbefachverbandes Südwest, seit 1. 1. 1968 selbständiger Verleger; 1 weiterer Kommanditist.
Verlagsleitung: Geschäftsführer: H. M. Bleicher, Prokurist: Fr. E. Bartolitius, Handlungsbev.: Johannes Steglich, Rainer Abel.
Geschichte: Der Verlag wurde als Vertragspartner der Deutschen Postreklame für örtl. Fernsprechbücher und verschiedener Stadtverwaltungen für Behörden-, Fernsprech- und Stadt-Adreßbücher gegründet.
Hauptwerke: Plakate licher für Kraftfahrer, Notplakate für Kraftfahrer, Intersignal, Autobücher, Bildbücher.
Verlagsgebiete: 30 — 15 — 20 — Spez.-Geb: 30 PR-Schriften.

Blersch, Otto, Verlag

D-7000 Stuttgart 1, Postfach 23, Schottstraße 107

Signet wird geführt seit: 1. 7. 1958.

Grafiker: —

blick + bild Verlag S. Kappe KG

D-5620 Velbert, Grünstraße 10, Postfach 227

Tel: (0 21 24) 5 35 52 und 5 35 95. **Psch:** Essen 609 87. **Bank:** Dresdner Bank Velbert 100 948, Sparkasse Velbert 100 223 958. **Gegr:** 1. 7. 1958 in Kettwig. **Rechtsf:** KG.

Inh/Ges: Siegfried Kappe-Hardenberg und eine Kommanditistin.
Verlagsleitung: Siegfried Kappe ☐, Verleger, geb. 9. 2. 1915. Vor der Verlagsgründung Chefredakteur von Zeitschriften und Zeitungen sowie freier Journalist.
Geschichte: Der Verlag befaßte sich in den ersten Jahren mit der Herausgabe von Städte- und Kreismonographien, heimatgeschichtlichen Werken und Festschriften für die Industrie. 1962 wurde der „Verlag für politische Bildung Dr. Kämmerer" übernommen, das Verlagsprogramm 1964 durch die Paperbackreihe „Im Mittelpunkt der Diskussion" und die Aufnahme von Belletristik und Bildbänden erweitert.
Hauptautoren: Alexander Evertz, Edwin Erich Dwinger, Henry Picker, Gustav Sichelschmidt, Egon G. Schleinitz, Robert P. J. Verbelen, Hans Otto Wesemann.
Verlagsgebiete: 6 — 5 — 8 — 15.

Eduard Bloch
D-6100 Darmstadt, Hilpertstraße 9

Bloch Erben, Felix
D-1000 Berlin 12, Hardenbergstraße 6

Blotzheim siehe Ostasiatischer Kunstverlag

**Blutenburg-Verlag
Zweigniederlassung der Firma
Ferdinand Schöningh**

D-8000 München 70, Engelhardstraße 12
p. A. W. Langenfass

Tel: (089) 76 62 29. **Psch:** München 103176-803. **Bank:** Bayer. Vereinsbank München, Filiale Frankfurter Ring 954907. **Gegr:** 13. 12. 1951 in München. **Rechtsf:** KG.
Inh/Ges: Ferdinand Schöningh, Paderborn.
Geschichte: Zur Geschichte und Verlagsproduktion siehe Eintragungen beim Verlag Ferdinand Schöningh, Paderborn.
Verlagsgebiet: 11.

Signet wird geführt seit: 1966.

**BLV Verlagsgesellschaft mbH
München - Bern - Wien**

D-8000 München 40, Lothstraße 29,
Postfach 40 03 20

Tel: (089) 3 88 51. **Fs:** 0521 5087 blvmn d.
Psch: München 855 70-803; Zürich 80-47166; Wien 1088.784. **Bank:** Bayerische Raiffeisen-Zentralbank AG München 5628; Bankhaus H. Aufhäuser München 111 880. **Gegr:** 4. 1. 1946. **Rechtsf:** GmbH.
Inh/Ges: Bayerischer Bauernverband, München; Bayerischer Raiffeisenverband e. V. München; Dr. Alois Schlögl Erben, München; Kurt Oesterreicher, München.
Verlagsleitung: Geschäftsführer: Dr. Alois Egger; Verlagsdirektoren: Kurt Oesterreicher, Oscar Pauli.
Cheflektorat: Dr. Rudolf Schneider.
Herstellung: Rüdiger Döring.
Verkauf: Heinz Hartmann.
Schulbuchvertrieb: Karl-Heinz Biebl.
Koordination Foreign Rights: Curt Ablaßmayer.
Werbung: Hans-Reinhard Schatter.
Zeitschriftenvertrieb: Rudolf Wittig.
Anzeigenwerbung: Werner Offinger.
Anzeigentechnik: Walter Rampp.
Presse und Information: Günter Metzgen, Viktor Sünnemann.
Marketing: Hubert Reindl.
Neue Medien: Günter Metzgen.
Geschichte: Der Verlag wurde 1946 unter dem Namen „Bayerischer Landwirtschaftsverlag" von Dr. Alois Schlögl gegründet. Die Geschäftsführung lag bis 1952 in den Händen Max Oesterreichers. Nachdem er erkrankte und deshalb ausschied, übernahm Dr. Alois Egger 1955 die (schon seit 1952 kommissarische) Geschäftsführung. Der Verlag entwickelte sich unter seiner Leitung aus einem Landwirtschafts-Fachverlag zu einem — weit über das eigentliche Fachgebiet hinaus — bedeutenden Zeitschriften-, Sach-, Fach- und Schulbuchverlag. Seit 1969 firmiert der Verlag „BLV Verlagsgesellschaft mbH", womit dem erweiterten Programm Rechnung getragen wurde.
Das Verlagsprogramm unterteilt sich

in die Bereiche „Buchproduktion", „Zeitschriften und Kalender" sowie „Neue Medien". Zur Buchproduktion gehören Sach-, Fach- und Schulbücher. Neben 12 Fachzeitschriften erscheinen drei wissenschaftliche Zeitschriften sowie zwei Kalender. „Neue Medien" bietet zunächst Sportlehrfilme an. Thematische Schwerpunkte im Sachbuchbereich: Natur, Sport, Berg- und Skisport, Wanderführer, Haushalt und Garten, Pferde, Jagd, Länderkunde, Wirtschaft, Jugend, Bavarica. Im Bereich der wissenschaftlichen Werke und Fachbücher erscheinen Titel über Land- und Forstwirtschaft, Landschaftspflege, Umweltschutz, Gartenbau, Biologie, Ernährung. Schulbücher erscheinen für Grund-, Haupt-, Sonderschulen und Gymnasien sowie speziell für Berufs- und Landwirtschaftsschulen.

Hauptwerke: H. K. Adam, Kochbuchreihe — R. Denk, „Klar zum A-Schein", „Klar zum Regattasegeln" — K. v. Frisch, „Ausgewählte Vorträge 1911—1969" — K. E. Graebner, blv juniorwissen „Mikroskopieren" — R. Henning, „Das neue Waffenrecht" — E. Horn, „Fisch in der Küche", „Wild in der Küche" — J. Kemmler, „Perfektes Skitraining im Schnee + zu Hause" „Topfit durch Sport, Spiel und Gymnastik" — H. Krebs, „Vor und nach der Jägerprüfung", „Schießen oder schonen" — R. Messner, „Sturm am Manaslu", „Der 7. Grad" — W. Pause, „Die großen Skistationen der Alpen, Österreich/Bayern", „Berg Heil", „Von Hütte zu Hütte", „Wandern bergab", „Ski Heil", „Abseits der Piste" — G. Rébuffat, „In Fels, Firn und Eis" — H.-G. Richardi „München neu entdeckt", „Münchner Radlbuch", „Münchner S-Bahn-Wanderungen" — E. Schiele, „Araber in Europa", „Arabiens Pferde", „Haltung des Reitpferdes", „Pferdekauf" — M. Schubert, „Im Garten zu Hause", „Blumenfreude durch Hydrokultur" — W. Schumann, „Steine und Mineralien" — M. Stangl, „Mein Hobby - der Garten" — H. M. Stuber, „Ich helf dir kochen" — M. u. H. Vorderwülbecke, „Gymnastik + Spiel mit unseren Kleinen", „Tele-Skigymnastik".

Kalender: „Bayrischer Bauernkalender" — „Bayerisches Landwirtschaftliches Taschenbuch".

Neue Medien: Audiovisuelle Lehrfilme (Super-8-mm, 16 mm, VCR-Kassetten). Bisher liegen sechs Filme vor: Skikurs 1, Skikurs 2, Skigymnastik 1, Skigymnastik 2, Skirendezvous in Gröden", „Kinder laufen spielend Ski". Alle Filme erscheinen im Medienverbund Buch + TV Film.

Buchreihen: „BLV Bestimmungsbücher" — „Bücher für die Frau von heute" — „blv-juniorwissen" — „BLV Blumen- und Gartenbücher" — „BLV Pferdebücher" — „blv sport" — „blv topsport" — „blv leistungssport" — „Klettern und Bergsteigen" — „Bücher von Walter Pause" — „Münchner Wanderbücher" — „BLV Jagdsachbücher" — „BLV Jagdfachbücher" — „BLV Jagdbiologie" — „Moderne Biologie" — K+F Bildbände im BLV.

Zeitschriften: „Bayerisches Landwirtschaftliches Wochenblatt" — „dlz - Die Landtechnische Zeitschrift" — „Land aktuell" — „Ausbildung und Beratung in Land- und Hauswirtschaft" — „VDL-Nachrichten" — „Der Almbauer" — „Die Pirsch - Der Deutsche Jäger" — „Der Jagdgebrauchshund" — „Allgemeine Forstzeitschrift - AFZ" — „Gemüse" — „Der Fachberater für das Deutsche Kleingartenwesen" — „Sänger- und Musikantenzeitung"; Wissenschaftliche Zeitschriften: „Die Gartenbauwissenschaft" — „Säugetierkundliche Mitteilungen" — „Bayerisches Landwirtschaftliches Jahrbuch".

Kooperationen: Seit 1970 präsentiert die BLV Verlagsgesellschaft in der „Verlagsunion Agrar" ein landwirtschaftliches Fachbuchprogramm in Kooperation mit dem DLG-Verlag Frankfurt. dem Landwirtschaftsverlag Hiltrup/Westfalen, dem Österreichischen Agrarverlag, Wien, und dem Verlag Wirz, Aarau/Schweiz. Weitere Kooperationen im Agrarbereich: „AV AGRAR" (Audiovision Agrarwirtschaft); ihr Ziel ist die Nutzbarmachung der audiovisuellen, technischen Entwicklung für die Agrarwirtschaft.
Im Schulbuchbereich arbeiten die BLV Verlagsgesellschaft und der Pädagogische Verlag Schwann, Düsseldorf, auf dem Programmsektor für Grundschulen, Hauptschulen, Gymnasien und Sonderschulen sehr eng zusammen. Die Zusammenarbeit mit dem Verlag Kümmerly & Frey in Bern umfaßt die gegenseitige Auslieferung der Buchprogramme in der Schweiz bzw. in der Bundesrepublik Deutschland sowie die

gemeinsame Produktion landschaftsgeographischer Bildbände. Die Kooperation mit dem Verlag Albert Müller (Rüschlikon/Zürich) und dem Verlag „Das Bergland-Buch" (Salzburg) betrifft die gemeinsame Herausgabe der Reihe „blv juniorwissen" und den Vertrieb samt Koproduktion des jeweiligen Jagdbuchprogrammes in den drei Ländern.
Seit 1970 ist die BLV Verlagsgesellschaft Mitgesellschafter der „TR-Verlagsunion", die auf verlegerischer Tätigkeit im Medienverbund und in enger Zusammenarbeit mit Hörfunk und Fernsehen ausgerichtet ist.
Mit „Eurofarm" bietet die BLV Verlagsgesellschaft einen Gesamt-Media-Service in der Bundesrepublik an.
In der „Arbeitsgemeinschaft Organisationsgebundene Landpresse" (AOL) arbeiten im Bereich der Anzeigenwerbung unter Führung des BLV 15 große landwirtschaftliche Wochenblätter zusammen.
Verlagsgebiete: 5 — 9 — 11 — 15 — 16 — 18 — 22 — 23 — 24 — 27 — 28.

Boas und Heine siehe Thieme, Georg

Bochinsky, Erwin
D-6000 Frankfurt (M) 1, Klüberstraße 9

Bochmann siehe Edition Canzonetta

Signet wird geführt seit: 28. 11. 1953.

Grafiker:
Walter Kalot,
Berlin und
Oberstdorf.

Curt Bock, Musikverlag
D-1000 Berlin 12, Sybelstraße 29

Tel: (030) 8 85 85 22. **Psch:** 1 Berlin-West 97369-109. **Bank:** Hardy-Bank Berlin 889006-00; Berliner Commerzbank Berlin 503 7254/90; Commerzbank Hannover-Südstadt 42/22774.90. **Gegr:** 14. 11. 1951 in Berlin.
Rechtsf: Einzelfirma.
Inh/Ges: Curt Bock □.
Verlagsleitung: Curt Bock, Pianist, Texter, Bearbeiter, Verleger, Komponist. Ausbildung im Musikverlag Adolf Hampe, Hannover, vom 1. 1. 1921 bis 31. 1. 1924 als Volontär. Vom 1. 2. 1924 bis 30. 11. 1924 als Gehilfe, 7 Jahre Musikstudium bei Friedrich Jürgens, Walter Schilling und Willy Craney.
Bei Firma Franz Suppan, Musikverlag, Düsseldorf, als Gehilfe vom 1. 12. 1924 bis 10. 1. 1925.
Anschließend als Ensemble-Pianist bis 1973 gereist.
Hauptautoren und Hauptwerke: Konzert- und Unterhaltungsmusik; Ell Dux, Hans Fridl, Werner Kleine, Edmund Kötscher, Hartwig von Platen, Robert Stolz, Carlo Torresani, Gustav Trost, Grete von Zieritz, Alois Zimmermann.
Verlagsgebiet: 13.

Signet wird geführt seit: 1950.

Grafiker: —

Böhlau-Verlag
D-5000 Köln 60, Schwerinstraße 40, Postfach 600 180

Tel: (02 21) 76 53 68, 76 93 40. **Psch:** Köln 4655-505. **Bank:** Deutsche Bank Köln 1010222. **Gegr:** 19. 6. 1951 in Münster (1624 Weimar, Verlag Hermann Böhlaus Nachf.). **Rechtsf:** Einzelfirma.
Inh/Ges: Dr. Dietrich Rauch □.
Verlagsleitung: Dr. Heinrich Gottwald, geb. 28. 3. 1918 (Prokura).
Geschichte: Der Verlag wurde von dem inzwischen verstorbenen Geheimrat Prof. Dr. Karl Rauch gegründet, dem Inhaber des seit 1624 bis heute fortbestehenden Verlages Hermann Böhlaus Nachf., Weimar.
Hauptautoren: Karl Siegfried Bader, Lottlisa Behling, Ludwig Beutin, Ernst Birke, Karl Bischoff, Ingomar Bog, Hans Erich Feine, William Foerste, Dietrich Geyer, Herbert Grundmann, Siegried Grundmann, Karl Hampe, Hans Haussherr, Johannes Heckel, Ferdinand Holthausen, Heinrich Hubmann, Max Kaser, Friedrich Kaulbach, Hermann Kellenbenz, Erich Keyser, Walter Kuhn, Wolfgang Kunkel, Ulrich Leo, Ernst Levy, Werner Markert, Walter Müller-Seidel, Reinhold Olesch, Hans

Patze, Hans Pyritz, Peter Rassow, Ulrich Scheuner, Theodor Schieffer, Walter Schlesinger, Ludwig Erich Schmitt, Georg Schreiber, Hermann Schwabedissen, Herbert Singer, Bernhard Stasiewski, Edmund E. Stengel, Heinz Stoob, Jost Trier, Irmgard Weithase.
Zeitschriften: „Archiv für Diplomatik, Schriftgeschichte, Siegel- und Wappenkunde" (1x jährlich) — „Archiv für Kulturgeschichte" (2x jährlich) — „Archivalische Zeitschrift" (1x jährlich) — „Deutsches Archiv für Erforschung des Mittelalters" (2x jährlich) — „Hansische Geschichtsblätter" (1x jährlich) — „Jahrbuch für Geschichte von Staat, Wirtschaft und Gesellschaft Lateinamerikas" (1x jährlich) — „Welt der Slaven" (2x jährlich) — „Internationale Zeitschrift für Kommunikationsforschung" (3x jährlich).
Verlagsgebiete: 4 — 5 — 6 — 7 — 12 — 13 — 14 — 25 — 3.

Hermann Böhlaus Nachf.

DDR-5300 Weimar, Meyerstraße 50a, Postfach 48

Tel: 20 71. **Psch:** Erfurt 7185. **Bank** IHB Weimar 4181-10-172. **Gegr:** 1624 in Weimar. **Rechtsf:** KG.
Inh/Ges: Dr. Leiva Petersen, Komplementär; Dr. Dietrich Rauch, Wien, Kommanditist.
Verlagsleitung: Dr. Leiva Petersen, geb. 28. 11. 1912 in Berlin, Verlagsleiterin. Stellvertreter und Cheflektor: Dr. Günter Herold.
Geschichte: Seit 1624 domiziliert die Hofbuchdruckerei unter verschiedenen Druckereileitern in Weimar und ist auch verlegerisch tätig auf den Gebieten der religiösen, kirchlichen, später auch der pädagogischen und schulischen Literatur. Ende 18. Jh. Ablösung vom Hof. Zunächst privilegiert, Beibehaltung des Namens, 1853 von Herm. Böhlau aufgekauft und zum wissenschaftl. Verlag historischer Disziplinen ausgebaut. Seit den neunziger Jahren von versch. Nachfolgern weitergeführt, seit 1924 im Besitz von Geh.-Rat Prof. Dr. Rauch und Familie.
Hauptwerke: Goethes Werke, Weimarer Ausgabe — Luther, hist.-krit. Ausgabe (Weimarana) — Schiller-Nationalausgabe — Goethe, Naturwiss. Schriften u. Amtl. Schriften.
Buchreihen: „Goethe-Jahrbuch" — „Shakespeare-Jahrbuch" — Schriftenreihen versch. Staatsarchive — Abh. zur Handels- und Sozialgeschichte.
Zeitschrift: „Zeitschrift der Savigny-Stiftung für Rechtsgeschichte" (jl.)
Verlagsgebiete: 4 — 7 — 14 — 12.

Signet wird geführt seit: 1954.

Grafiker: Eberhard Cyran.

Hermann Böhlaus Nachf., Gesellschaft m. b. H.

A-1061 Wien, Schmalzhofgasse 4, Postfach 167

A-8043 Graz-Kroisbach, Oberer Plattenweg 37 (Rosenhof)

Tel: (02 22) 57 47 83 und 57 63 29. **Psch:** Wien 1327.964, München 120667-804. **Bank:** Bankhaus Rössler & Co. KG Wien 3873, Creditanstalt-Bankverein Wien 20-712 80, Creditanstalt Bankverein Graz 87-19098/00, Deutsche Bank AG, Filiale Köln 185/4025. **Gegr:** 31. 1. 1947 in Graz. **Rechtsf:** G.m.b.H.
Inh/Ges: Geschäftsführender Gesellschafter Dr. Dietrich Rauch □, geb. am 18. 12. 1916 in Jena.
Nach dem Abitur Ausbildung in der deutschen Marine, hoher Marineoffizier im 2. Weltkrieg, nach 1945 Studium beider Rechte in Graz, 1948 Promotion zum Doktor iuris, Verwaltungsbeamter der Steiermärkischen Landesregierung, Industriekaufmann in Wien, seit 1962 geschäftsführender Gesellschafter des Verlages.
Verlagsleitung: Verlagsleiter: Helmut Steiner (Einzelprokurist), geb. 31. 8. 1933 in Wien.
Leiterin der Buchhaltung: Ingrid Steiner, geb. 26. 1. 1938 in Wien.
Vertriebsleiter: Otto Sprung, geb. 10. 5. 1946 in Pusterwald.
Werbeleiter: Dr. Wolfgang Klesl, geb. 26. 6. 1943 in Salzburg.
Lektoren: Dr. Robert Paula, geb. 18. 1. 1926 in Wien; Dr. Traudlinde Banndorff, geb. 24. 8. 1944 in Wien.

Geschichte: Der Verlag wurde 1947 vom damaligen Rektor der Grazer Universität, Geheimrat Prof. Dr. Karl Rauch, und seinen Familienangehörigen in Graz gegründet. Die Gründer waren Eigentümer des bekannten Weimarer Verlages Hermann Böhlaus Nachfolger, der 1853 aus der seit 1624 bestehenden Hofbuchdruckerei hervorging. Enge Beziehungen bestehen zum Böhlau Verlag in Köln.

Hauptwerke: Heinrich Appelt, „Schlesisches Urkundenbuch und Privilegium minus" — Karl Siegfried Bader, „Studien zur Rechtsgeschichte des mittelalterlichen Dorfes" — Peter F. Barton, „Ignatius Aurelius Feßler" — Heinrich Benedikt, „Graf Bonneval und Friedensaktion der Meinl-Gruppe" — Benedikt Bilgeri, „Geschichte Vorarlbergs" — Fred Blum, „Der industrialisierte Mensch" — Percy S. Cohen, „Soziologische Theorie" — Karl August Eckhardt, „Neubearbeitung der Deutschen Rechtsgeschichte" — Paul Ekman / Wallace V. Friesen / Phoebe Ellsworth, „Gesichtssprache" — Fritz Fellner, „Schicksalsjahre Österreichs I/II" — Heinrich Fichtenau, „Arenga und Urkundenwesen" — Otto Folberth, „Der Prozeß Stephan Ludwig Roth" — Eva Frodl-Kraft, „Mittelalterliche Glasgemälde Wien und Niederösterreich" — Gerhard Frotz, „Wechsel-, Scheckrecht" — Franz Gall, „Insignien der Universität Wien und Österreichisches Wappenbuch" — Ernst Guldan, „Eva und Maria" — Franz Hadamovsky, „Hugo Thimig erzählt" — Friedrich Hartl, „Das Wiener Kriminalgericht" — Friedrich Hausmann, „Urkunden Konrad III" — Otto Höfler, „Homunculus" — Ludwig Jedlicka, „Heer im Schatten der Parteien" — Robert A. Kann, „Nationalitätenproblem der Habsburgermonarchie" — Fritz und Helene Karmasin, „Umfrageforschung" — Göte Klingberg, „Kinder- und Jugendliteraturforschung" — Reinhold Knoll, „Zur Tradition der christlich-sozialen Partei" — Hans Koepf, „Die gotischen Planrisse" — Heinrich Koller, „Das Wiener Konkordat" — Hans Kronhuber, „Public Relations" — Dorothea Kuhn, „Empirische und ideelle Wirklichkeit" — Harry Kühnel, „Mittelalterliche Heilkunde in Wien" — Wolfgang Kunkel, „Römische Juristen" — Ingeborg Leister, „Erneuerung britischer Industriegroßstädte" — Erna Lesky, „Wiener medizinische Schule" — Alphons Lhotsky, „Quellenkunde zur mittelalterlichen Geschichte" — Kurt Marko, „Evolution wider Willen" — Theo Mayer-Maly, „Putativtitelproblem" — Wolf-Rüdiger Minsel, „Gesprächspsychotherapie" — Alfred Neumann, „Vindobona" — Hans Planitz, „Die deutsche Stadt im Mittelalter" — Günther Probszt, „Österreichische Münz- und Geldgeschichte" — Fritz Rörig, „Wirtschaftskräfte im Mittelalter" — Leo Santifaller, „Beschreibstoffe im Mittelalter" — Oswald Redlich, „Urkundenforschung" — Walter Selb, „Intentio iuris" — Dávid Silverman, „Theorie und Organisationen" — Evelyne Sullerot, „Die emanzipierte Sklavin" — Berthold Sutter, „Badenische Sprachenverordnungen I/II" — Erich Swoboda, „Carnuntum" — Heinrich Schmidinger, „Patriarch und Landesherr" — Gerhard Schmidt, „Armenbibeln" — Leopold Schmidt, „Perchtenmasken in Österreich" — Winfried Schulze, „Landesdefension und Staatsbildung" — Walter Sturminger, „Türkenbelagerung Wiens" — Hans Uebersberger, „Österreich zwischen Rußland und Serbien" — Karl und Mathilde Uhlirz, „Geschichte Österreichs" — Paul Uiblein, „Acta Facultatis" — Hans Waas, „Mensch im deutschen Mittelalter" — Walter Wagner, „Geschichte des k. k. Kriegsministeriums I/II" — Friedrich Walter, „Österreichische Verfassungs- und Verwaltungsgeschichte" — Adam Wandruszka, „Reichspatroitismus" — Herwig Wolfram, „Intitulatio I/II" — Jakobus Wössner, „Soziologie".

Buchreihen: „Annales Instituti Slavica" — „Atlas der historischen Schutzzonen in Österreich" — „Böhlau Quellenbücher" (Geschichte des Mittelalters u. d. Neuzeit) — „Böhlaus Wissenschaftliche Bibliothek" (sozialphilosophische, psychologische, pädagogische, soziologische Themen) — „Corpus Vitrearum Medii Aevi; Österreich/ČSSR" — „Documenta Bohemica Bellum Tricennale Illustrantia" — „Fontes Rerum Austriacarum", III. Abteilung, Fontes iuris — „Grundrisse des kaufmännischen Rechts" — „Die Matrikel der Universität Wien" — „Österreichischer Volkskundeatlas" — „Österreichisches biologisches Lexikon 1815—1950" — „Publikationen" und „Veröffentlichungen" des Instituts für österreichische Geschichtsforschung (Mittelalterliche Geschichte) — „Regesta Imperii und Beihefte" (Mittelalterliche Geschichte) — „Römische Forschungen in N.-Ö." — „Schlesisches Urkundenbuch" — „Schriften der Kommission für Raumforschung der Österreichischen Akademie der Wissenschaften" — „Studien zur Geschichte der Universität Wien" — „Studien zur österreichischen Kunstgeschichte" — „Studien zu Denkmalschutz und Denkmalpflege" — „Studien zur Musikwissenschaft" — „Urkundenbuch des Burgenlandes" — „Veröffentlichungen der Kommission für neuere Geschichte Österreichs" — „Wiener Archiv für Geschichte des Slawentums und Osteuropas" — „Wiener Rechtsgeschichtliche Arbeiten" — „Wiener Musikwissenschaftliche Beiträge".

Zeitschriften/Jahrbücher: „Jahrbuch des Stiftes Klosterneuburg", Neue Folge (1× jährlich) — „Maske und Kothurn und Beihefte" (Theaterwissenschaft, 4 Hefte jährlich) — „Mitteilungen des Instituts für österreichische Geschichtsforschung und Ergänzungsbände" (Mittelalterliche Geschichte, 2× jährlich) — „Wiener humanistische Blätter" (Klassische Philologie, 1× jährlich) — „Wiener Jahrbuch für Kunstgeschichte" (1× jährlich) „Wiener Slavistisches Jahrbuch und Ergänzungsbände" (1× jährlich) — „Wiener Studien und Beihefte" (Klassische Philologie, 1× jährlich).

Btlg: Böhlau Verlag, Köln.
Verlagsgebiete: 1 — 2a — 2b — 2c — 3 — 4 — 5 — 6 — 7 — 12 — 14 — 28 — 10 — 11 — 13 — 15 — 25.

Anton Böhm u. Sohn, Musikverlag
D-8900 Augsburg 11, Langegasse 26

C. Bösendahl, Druckerei und Verlag
D-3260 Rinteln, Postfach 1240, Klosterstraße 32/33

Bogen-Verlag, Inh. Walter Richter
D-8000 München 2, Herzog-Wilhelm-Straße 9/I
Tel: (089) 2 60 30 80. **Psch:** München 516-801. **Bank:** Bayer. Vereinsbank München 6964680, Kreissparkasse München 51730. **Gegr:** 1953 in Stuttgart als GmbH. **Rechtsf:** Einzelfirma.

Inh/Ges: Walter Richter.
Verlagsleitung: Walter Richter, geb. 6. 9. 1920 in Rudelsdorf/Böhmen. Volksschule, Bürgerschule, kfm. Ausbildung, Verlagsgeschäftsführer, ab 1. 1. 1969 Verleger.
Hersteller: Hans Meschendörfer, geb. 23. 9. 1911 in Kronstadt, Siebenbürgen/Rumänien, Ausbildung: Deutsche Buchhändler-Lehranstalt, Leipzig, Verlag Firmin-Didot Paris, Buchhandlg. Gräfe u. Unzer, Königsberg/Ostpr., Mitglied d. Ges. d. Bibliophilen.
Geschichte: Verlagstätigkeit zunächst im Rahmen der Heimatvertriebenen, 1958 von Stuttgart nach München übersiedelt. 1969 als Einzelfirma neu eingetragen.
Jetziges Verlagsprogramm: Romane, Erzählungen, Sachbücher.
Hauptautoren/Hauptwerke: Josef Mühlberger, „Zwei Völker in Böhmen", Beitrag zu einer nationalen, historischen und geisteswissenschaftlichen Strukturanalyse — Fridolin Aichner, „Auf verwehter Spur", Roman, „Kornblumen und roter Mohn", Roman — Günter Baranowski, „Ich bin der Fürst von Thoren", Erzählungen aus Masuren — Fritz Felzmann, „Zwischen March und Donau", Erzählungen — Hugo Scholz, „Zuflucht bei Johann Schroth", Roman — Heribert Losert, „Spiegel und Spiegelung", Kunstmonographie.
Zeitschriften: Vierteljahresschrift „Sudetenland" Böhmen, Mähren, Schlesien — Kunst, Literatur, Volkstum, Wissenschaft.
Verlagsgebiete: 6 — 8 — 12 — 15 — 27 — 28.

Bohmann Verlag K.G.
A-1010 Wien I, Canovagasse 5

Bohne Musikverlag
D-7750 Konstanz, Bodanstraße 34

Bohnen, Rudolf, Musikverlag
D-8000 München 5, Klenzestraße 65

Boje-Verlag H.-J. Fischer
D-7000 Stuttgart 1, Postfach 1278, Reinsburgstraße 96 A

Signet wird geführt seit: 1959.

Grafiker: Verlagsentwurf.

Harald Boldt Verlag KG

D-5407 Boppard, Alter Sportplatz, Postfach 110

Tel: (0 67 42) 25 11. **Psch:** Köln 152 51-500. **Bank:** Volksbank Boppard 1050. **Gegr:** 1950 in Göppingen. **Rechtsf:** KG.
Inh/Ges: Harald Boldt (Komplementär), Kommanditanteile im Familienbesitz.
Verlagsleitung: Harald Boldt □, geb. 1912 in Kiel; Peter Boldt, geb. 1940 in Kiel.
Geschichte: Gegründet 1950 in Göppingen, seit 1957 in Boppard, Hauptgebiet: Politik, Zeitgeschichte, Wehrwesen. Der Verlag ist alleiniger Kommissionsverlag des Bundesarchivs und der Deutschen Forschungsgemeinschaft; neben anderen auch der Historischen Kommission bei der bayerischen Akademie der Wissenschaften und des Militärgeschichtlichen Forschungsamtes.
Hauptwerke: „Akten der Reichskanzlei Weimarer Republik" — „Akten des Parlamentarischen Rats".
Buchreihen: „Schriften des Bundesarchivs", — „Schriften des Bundesarchivs, Abt. Militärgeschichte" — „Deutsche Geschichtsquellen des 19. und 20. Jahrhunderts" — „Forschungen zur deutschen Sozialgeschichte" — „Wehrwissenschaftliche Forschungen, Abt. Militärgeschichtliche Studien" — „Wehrwissenschaftliche Forschungen, Abt. Militär, Staat und Gesellschaft" — „Forschungsberichte der Deutschen Forschungsgemeinschaft" — „Denkschriften der DFG" — „Kommissionsmitteilungen der DFG".
Tges: boldt druck boppard gmbh (100 %).
Verlagsgebiete: 5 — 6 — 14 — 3 — 4 — 7 — 15 — 18 — 20 — 22 — 25.

Bollen, H. u. C., Verlag

D-5488 Adenau, Postfach 89

Signet wird geführt seit: 1948.

Grafiker: Peter Stock †.

Verlag Aurel Bongers

D-4350 Recklinghausen, Hubertusstr. 13, Postfach 220

Tel: (0 23 61) 2 60 01/3. **Psch:** Dortmund 680 58. **Bank:** Städt. Sparkasse Recklinghausen; Kreissparkasse Recklinghausen. **Gegr:** 28. 12. 1948. **Rechtsf:** Einzelfirma.
Inh/Ges: Aurel Bongers.
Verlagsleitung: Aurel Bongers □, geb. 10. 8. 1908 in Wiesbaden.
Geschichte: Kunstverlag seit 1956. Angeschlossen ist ein technischer Betrieb mit Klischeeanstalt, Buchdruckerei, Buchbinderei.
Die Verlagsarbeit konzentriert sich auf Veröffentlichungen zur frühchristlichen, byzantinischen und osteuropäischen Kunst, auf allgemeine Kunstwissenschaft, Monographien von Künstlern des 20. Jahrhunderts und auf die Entwicklung und verlegerische Betreuung von Museums- und Ausstellungskatalogen.
Buchreihen: „Münstersche Studien zur Kunstgeschichte" — „Monographien zur rheinisch-westfälischen Kunst der Gegenwart" — „Bildende Künstler im Land Nordrhein-Westfalen" — „Beiträge zur Kunst des christlichen Ostens" — „Iconographia, Ecclesiae Orientalis" — „Kleine Ikonenbücherei".
Verlagsgebiete: 12 — 24.

Bonifacius-Druckerei, Verlag

D-4790 Paderborn, Postfach 280, Liboristraße 1—3

Signet wird geführt seit: ca. 1910.

Grafiker: Prof. J. V. Cissarz.

Adolf Bonz Verlag GmbH

D-7013 Oeffingen b. Stuttgart, Krähenstraße 9

Tel: (07 11) 51 36 68. **Psch:** Stuttgart 1291-706. **Bank:** Oeffinger Bank 81 354 002; Württ. Bank Stuttgart 642.

Gegr: 16. 5. 1876 in Stuttgart. **Rechtsf:** GmbH.
Inh/Ges: Berthold Gaupp, Wolfgang Reinecker, Wolfgang Scheel.
Verlagsleitung: Berthold Gaupp, Buchhändler, geb. 18. 2. 1942 in Freiburg. Buchhandelslehre und Verlagstätigkeit in Stuttgart, dann Ausbildung zum Fachbuchhändler für Psychologie und Psychotherapie. Seit 1. 7. 1973 Geschäftsführer des Verlages.
Geschichte: Der 1876 gegründete Verlag, zuletzt geführt von Heinz Berkhan, Urenkel des Gründers, wurde 1973 von diesem an die neu gegründete Adolf Bonz Verlag GmbH (früher: Adolf Bonz & Co. Verlagsbuchhandlung Stuttgart) verkauft. Seit der Übernahme konzentriert sich das Verlagsprogramm auf Erziehungs- und Lebenshilfen auf psychologisch-wissenschaftlicher Grundlage. Eines der wichtigsten Verlagsobjekte ist die Schriftenreihe „psychologisch gesehen" mit psychologischer, pädagogischer und soziologischer Thematik.
Hauptautoren: Tobias Brocher, Hans Dieckmann, H. Fischle-Carl, Hilde Kaufmann, Edeltraud Knehr, Ursula Neumann, S. Nilges-Reifenrath, S. Simson-Wolff, O. G. Wittgenstein, Christian Dettweiler (Hrsg.).
Hauptwerke: Tobias Brocher, „Das Ich und die Anderen in Familie und Gesellschaft" — Hans Dieckmann, „Träume als Sprache der Seele", „Individuation in Märchen aus 1001 Nacht".
Buchreihe: „psychologisch gesehen", Erziehungshilfen auf psychologisch-wissenschaftlicher Grundlage.
Verlagsgebiete: 3 — 10.

Geändertes Signet wird geführt seit: 1969.

Grafiker: Gert Bühl.

Richard Boorberg Verlag
Stuttgart / München / Hannover

D-7000 Stuttgart 80, Scharrstraße 2, Postfach 80 02 60
D-8000 München 80, Levelingstraße 8, Postfach 80 03 40
Tel: (07 11) 73 40 11. **Psch:** Stuttgart 309 97-702. **Bank:** Städt. Girokasse Stuttgart 2 173 753. **Gegr:** 1927 in Stuttgart. **Rechtsf:** GmbH & Co KG.
Inh/Ges: Richard Boorberg.
Verlagsleitung: Prokuristen: Einzelprokura: Dr. Berndt Oesterhelt, Gesamtprokura: Heinz Götz, Eberhard Ott, Artur Schlecht, Gerhard Schneider.
Geschichte: Gegründet durch den heutigen Inhaber Richard Boorberg im Jahre 1927. Erstes Verlagswerk „Wegweiser durch die württembergische Gesetzgebung". Bis 1947 Fachliteratur für die Verwaltung (ab 1939 auch einschlägige Vordrucke), dann auch steuer- und wirtschaftsrechtliches Schrifttum. Auch auf diesem Gebiet kam später die Herausgabe einschlägiger Vordrucke hinzu. Durch die teilweise Übernahme des Pausch-Verlags, Isny im Jahre 1956 wurde das Verlagsprogramm um die Sparte Polizeiliteratur erweitert, die sich seitdem zu einem weiteren Schwerpunkt des Verlags entwickelte.
Hauptautoren/Hauptwerke: „Rechtsarchiv der Wirtschaft" — Lademann/Lenski/Brockhoff, „Kommentar zum Einkommensteuergesetz" — Hoeres/Horowski, „Steuerhandbuch für die Bauwirtschaft" — „Die Fundstelle" — „Die Gemeindekasse" — „Die Gemeindeverwaltung in Rheinland-Pfalz" — „Bayerische Verwaltungsblätter" — „Vorschriftensammlung für die Verwaltung" — Gesetzessammlung für die Polizei in Baden-Württemberg — Vorschriftensammlung für die Polizeiausbildung in Bayern — Baurechts-Kommentare für Baden-Württemberg, Bayern, Hessen und Niedersachsen.
Buchreihen: „Boorberg Taschenkommentare" — „polizei aktuell".
Zeitschriften: „Rechtsarchiv der Wirtschaft" — „Die Fundstelle" (Ausg. Baden-Württemberg, Bayern, Hessen, Niedersachsen) — „Die Gemeindekasse" (Ausg. Baden-Württemberg, Bayern, Norddeutschland) — „Die Gemeindeverwaltung in Rheinland-Pfalz" — „Bayerische Verwaltungsblätter".
Verlagsgebiete: 4 — 5.

Boosey & Hawkes GmbH
D-5300 Bonn 1, Kronprinzenstraße 26

Borek, Richard
D-3300 Braunschweig, Breite Str. 25/26, Postfach 3202

Borgardt, Bernhard, KG
D-2140 Bremervörde, Postfach 191, Neue Straße 34

Born-Verlag
D-3500 Kassel, Postfach 420 220, Frankfurter Straße 180

J. H. Born Verlag
D-5600 Wuppertal 1, Postfach 131 687, Am Walde 23

Gebrüder Borntraeger
D-7000 Stuttgart 1, Johannesstraße 3 A
Tel: (07 11) 62 35 41-43. **Psch:** Berlin West 8249. **Bank:** Deutsche Bank Stuttgart 11/112 28. **Gegr:** 1790 in Königsberg (Pr.). **Rechtsf:** OHG.
Inh/Ges: Klaus Obermiller, Dr. Erhard Nägele.
Verlagsleitung: Klaus Obermiller, geb. 4. 10. 1921 in Stuttgart; Dr. Erhard Nägele, geb 5. 11. 1933 in Stuttgart.
Geschichte: Der Verlag wurde 1790 von Friedrich Nicolovius in Königsberg (Pr.) gegründet, 1818 verkauft an die Gebrüder Borntraeger, 1867 an Eduard Eggers mit Firmensitz in Berlin, 1895 an Dr. Robert Thost, Berlin, der das Geschäft bis 1945 führte. Weiterführung ab 1948 durch Frau Ingeburg Schneider-Thost und Frau Elisabeth Thost, Verlagsleitung Dr. U. Hellmann. Ab 1968 Übernahme durch die Gesellschafter der E. Schweizerbart'schen Verlagsbuchhandlung (Nägele u. Obermiller), die die Verlagsbuchhandlung Gebr. Borntraeger fortführen.
Buchreihen: „Beiträge zur regionalen Geologie der Erde" — „Geoexploration Monographs" — „Handbuch der Pflanzenanatomie" — „Materialkundlich-Technische Reihe" — „Monograph Series on Mineral Deposits" — „Sammlung geographischer Führer" — „Sammlung geologischer Führer" — „Studienhefte zur angewandten Geophysik" — „Studienhefte zur Physik des Erdkörpers" — „Winters naturwissenschaftliche Taschenbücher".
Zeitschriften: „Zeitschrift für Geomorphologie" (vtljl.), dazu Supplementbände — „Meteor-Forschungsergebnisse" — „Meteorologische Rundschau" — „Phytocoenologia".

Schwesterfirma: E. Schweizerbart'sche Verlagsbuchhandlung (Nägele u. Obermiller), D-7000 Stuttgart 1, Johannesstraße 3 A.
Verlagsgebiet: 18.

Verlag Dr. Gerda Borotha
A-1190 Wien, Glatzgasse 4
Tel: (02 22) 3 49 43 82, 3 49 03 65. **Psch:** Wien 7 155.910. **Bank:** Österreichische Länderbank Wien 241-102-034. **Gegr:** 1948 in Wien. **Rechtsf:** Einzelfirma.
Inh: Dr. Gerda Borotha.
Verlagsleitung: Dr. Gerda Borotha.
Hauptautoren/Hauptwerke: Konrad Lorenz, „Er redet mit dem Vieh, den Vögeln und den Fischen" — „So kam der Mensch auf den Hund" — „Das sogenannte Böse".
Zeitschrift: „Der österreichische Tapezierer", Fachblatt für den Raumausstatter und Bodenleger.
Verlagsgebiet: 18.

Signet wird geführt seit: 1956.

Grafiker: Stodieck.

Borromäusverein
D-5300 Bonn, Wittelsbacherring 9, Postfach 290
Tel: (0 22 21) 63 40 00. **Psch:** Köln 152 05-502. **Bank:** Sparkasse Bonn 414; Dresdner Bank Bonn 2 092 244. **Gegr:** 1844. **Rechtsf:** e. V.
Inh/Ges: Vorstand: Vorsitzender des Vorstandes: Prälat Dr. Hans Daniels; Stellvertretender Vorsitzender und Geschäftsführender Direktor: Prälat Dr. Franz Hermann.
Verlagsleitung: Direktor: Prälat Dr. Franz Hermann, geb. 25. 1. 1904.

Kaufmännischer Geschäftsführer: Otto Jäger, geb. 19. 8. 1927.
Generalsekretäre: Dr. Hans Bemmann, geb. 27. 4. 1922; Erich Hodick, geb. 21. 7. 1931.

Geschichte: Der „Verein vom Hl. Karl Borromäus" (abgekürzt: Borromäusverein) wurde 1844 von katholischen Priestern und Laien in Bonn gegründet, um „zur Volksbildung auf kath. Grundlage gute Literatur religiösen, belehrenden und unterhaltenden Inhalts zum Eigenbesitz zu verbreiten" und die ihm angeschlossenen katholischen Büchereien und Aufgaben katholischer Büchereiarbeit zu fördern. Um diese volksbildnerische Aufgabe leisten zu können, bestehen in den Pfarrgemeinden Borromäusvereine, die Mitglieder werben und ihnen Bücher als „Vereinsgaben" vermitteln. Diese Borromäusvereine waren bis nach dem Zweiten Weltkrieg Träger der örtlichen katholischen Büchereien. Inzwischen sind diese Büchereien als kirchliche Einrichtungen im Besitz und in der Verwaltung der Kirchengemeinden.
Für die Buchauswahl und die Beratung der Mitglieder stehen Angebots-Kataloge zur Verfügung. Im Verlag des Borromäusvereins erscheint für die Mitglieder und die katholischen Büchereien jährlich ein Werk, das religiös-weltanschauliche Fragen behandelt. Darüber hinaus werden Lizenz-Ausgaben herausgegeben.

Hauptwerke: Gemeinsam mit dem St. Michaelsbund, München, wird für die katholischen öffentlichen Büchereien der Besprechungsdienst „das neue buch/buchprofile" herausgegeben (Auflage 10 000, jährl. 6x, rund 2500 Rezensionen von Büchern, Tonträgern und Spielen pro Jahrgang). In Abständen von fünf Jahren werden die Besprechungen im „Generalregister" nachgewiesen (zuletzt 1965—1970. „Mitteilungen aus der Zentrale des Borromäusvereins" (Verbandsorgan, unregelmäßig).

Hz: Jährlich 2 Angebotsverzeichnisse für die Mitglieder des Borromäusvereins und die angeschlossenen Büchereien.

Verlagsgebiete: 2b — 6.

Zwst: Borromäusverein e. V., Zweigstelle Saarbrücken, D-6600 Saarbrücken, Bismarckstraße 2 (Eingang Bleichstr.)

Signet wird geführt seit: 1918.

Grafiker: Prof. Hans Wildermann.

Gustav Bosse Verlag

D-8400 Regensburg 2, von der Tann Straße 38, Postfach 417

Tel: (09 41) 5 54 55. Psch: München 334 29. Bank: Kreissparkasse Regensburg 20 909. Gegr: 1. 5. 1912. Rechtsf: KG.

Inh/Ges: pers. haft. Gesellsch.: D. Dr. Karl Vötterle □, Kassel; ein Kommanditist.

Verlagsleitung: Bernhard Bosse, geb. 8. 12. 1921. Verlagsleiter und Chefredakteur von „Neue Musikzeitung".

Geschichte: Gründung am 1. Mai 1912 von Gustav Bosse in Regensburg. Spezialisiert auf Musikbücher und Musikwissenschaft einer damals noch jungen wissenschaftlichen Disziplin. 1929 Übernahme der 1834 von Robert Schumann gegründeten „Neue Zeitschrift für Musik", 1943 nach dem Tod von Gustav Bosse übernimmt sein Bruder Walther Bosse den Verlag. 1948 erhält dessen Sohn Bernhard Bosse die Verlagslizenz der amerik. Militärregierung und übernimmt die Verlagsleitung. 1952 begründet BB eine Musikzeitschrift „Musikalische Jugend", seit 1969 „Neue Musikzeitung". 1955 Verkauf der „Zeitschrift für Musik" an den Verlag Schott's Söhne, Mainz. 1957 Fusion des Verlages mit der Verlagsgruppe des Bärenreiter-Werkes, Kassel, aber unter Beibehaltung einer absoluten Selbständigkeit in der Gestaltung des Verlagsprogramms.

Hauptwerke: Musikalische Früherziehung: „Meine Musikfibel" 1-4 und „Unterrichtsprogramme für den Lehrer" 1-4. Für die Bereiche: Musikschule, Kindergarten, Sonderschule und Vorschule der Grundschule. Herausgeber: Diethard Wucher. Unterrichtsliteratur für den Bereich Schulen.

Neue geistliche Lieder — Neue Kirchenmusik. Schwerpunkt Gemeindelied für breitesten Anwendungsbereich (Noten und Schallplatten) und gleichermaßen für ev. und kath. Kirche.

Reihen: Neue Musikzeitung (22. Jahrg.) mit 23 400 Abonennten größte allgem. Musikzeitschrift in der BRD. Chefredakteur: Bernhard Bosse.

Handbuch-Reihe für Musiktheorie (Unterrichtswerke für Hochschule und Konservatorium). Hauptautoren: Erich Valentin, Hans-Joachim Vetter. Bisher 12 Titel. Reihe bosse-musik-paperback bisher 3 Titel.

Reihe Studien zur Musikgeschichte des 19. Jahrhunderts (im Rahmen des Forschungsunternehmens „19. Jahrhundert" der Fritz Thyssen-Stiftung). Herausgeber: Karl Gustav Fellerer. Bisher 37 Titel.

Reihe Forschungsbeiträge zur Musikwissenschaft (Spezialgebiete: Musik seit Schönberg und Oper). Herausgegeben in Verantwortung des Bosse Verlages. Bisher 24 Titel.

Reihe Kölner Beiträge zur Musikforschung. Herausgeber Karl Gustav Fellerer. Bisher 74 Titel.

Reihen - zur musikalischen Volks- und Völkerkunde: a) Mittlerer Orient und Balkan: Herausgeber Felix Hörburger; b) Mittelmeerraum: Herausgeber Marius Schneider; c) Bayern: Team unter Schriftführung des Bay. Ministeriums für Unterricht und Kultus. Bisher 5 Titel.

Reihe „Jugend musiziert" - zeitgenössische Kompositionen für den Amateurbereich: a) solistische und kammermusikalische Besetzung; b) Orchesterbesetzung und Chor.

Verlagsgebiete: 13 — 10 — 11 — 28.

Bosworth u. Co. Ltd GmbH
A-1010 Wien, Dr.-Karl-Lueger-Platz 2

Bote & Bock KG Musik- und Bühnenverlag
D-1000 Berlin 12 (Charlottenburg), Hardenbergstraße 9a
Tel: (030) 3 12 30 81. **Psch:** Berlin West 32 98-104; Frankfurt (M) 772 44-608. **Bank:** Bank für Handel und Industrie, Berlin 9 210 040; Berliner Bank 9980 410 700; Hardy & Co., Berlin 861 325-00. **Gegr:** Mai 1838. **Rechtsf:** KG.
Inh/Ges: Dieter Langheld (pers. haft. Gesellsch.), 10 Kommanditisten.
Verlagsleitung: Geschäftsführender Gesellschafter: Dieter Langheld (Komplementär), geb. 2. 5. 1911 Darmstadt. Humanistische Schulausbildung Berlin, Jura-Studium, Referendar- und Assessor-Examen 1937 Berlin, Rechtsanwalt und Notar.
Hans-Jürgen Radecke (Geschäftsführer und Kommanditist), geb. 25. 8. 1932 Berlin. Abitur, Fachausbildung als Musikalienhändler in Berlin, Stuttgart, New York, Prüfung vor IHK Bonn.
Dr. Harald Kunz (Prokurist), geb. 4. 7. 1929 Plauen. Abitur, Musikwissenschaftliches Studium, Dr. phil. Anschließend Fachausbildung im Musikverlagswesen, Verlagsleiter.
Wolfgang Langheld (Prokurist), geb. 18. 8. 1941 Köln. Fachausbildung als Bankkaufmann. Allgemeine Verwaltung, Finanz- und Personal-Abteilung.
Geschichte: Gegründet im Mai 1838 in Berlin durch Eduard Bote und Gustav Bock nach Erwerb des 1831 in Berlin gegründeten Musikverlages C. W. Fröhlich & Co., dem Gustav Bock als Mitarbeiter angehört hatte. Nach Ausscheiden von Ed. Bote 1847 Alleininhaber Gustav Bock (gest. 1863) bzw. seine Angehörigen. Bis heute im Familienbesitz.
Hauptautoren der Gegenwart: F. M. Beyer, Blacher, Dessau, Einem, Erbse, Grosskopf, Hartig, Humel, Kelterborn, Klebe, Kounadis, M. Redel, Wolfg. Steffen, Walter Steffens, Thärichen, Yun, Zender. — Der Musikbuchverlag nur Nebengebiet, Schwergewicht der Produktion sind Bühnenwerke, Orchesterwerke und Kammermusik moderner Autoren.
Hz: „Aus unserem Tagebuch", bisher 31 Hefte (jährl.).
Tges: Bote & Bock Schallplattenverkaufsgesellschaft m. b. H., Berlin.
Verlagsgebiet: 13.

Signet wird geführt seit: 1960.

Grafiker: HAP Grieshaber

Bouvier Verlag Herbert Grundmann GmbH.

D-5300 Bonn, Am Hof 32, Postfach 346
Tel: (0 22 21) 65 44 45. **Psch:** Köln 156 508-504. **Bank:** Sparkasse Bonn 83089. **Gegr:** 24. 11. 1828 in Bonn. **Rechtsf:** GmbH.
Inh/Ges: geschäftsführender Gesellschafter Herbert Grundmann ☐, geb. 10. 9. 1913 in Bremerhaven.
Geschichte: Der Verlag wurde 1828 als Lithographisches Institut der Universität von Henry und Cohen gegründet. Bald schied Henry aus und die Firma lautete Friedrich Cohen. Aus gegebenem Anlaß wurde 1966 in H. Bouvier u. Co. umfirmiert.
In der zweiten Hälfte des vorigen und zu Beginn dieses Jahrhunderts wurden besonders die Natur- und Geisteswissenschaften gepflegt.
Nach der Unterbrechung durch politische Verfolgung und Besitzerwechsel widmet der Verlag sich jetzt Spezialaufgaben hauptsächlich auf dem Gebiet der Philosophie, Rechtsphilosophie und Literaturwissenschaft.
Hauptautoren: Ernst Bertram, Hans Blumenberg, Gerhard Funke, Hermann Glockner, Heinz Heimsoeth, Erich Heintel, Kurt Hildebrandt, Ernst von Hippel, Richard Hönigswald, Ludwig Klages, Heinrich Lützeler, Gottfried Martin, Helmut Plessner, Erich Rothacker, Hermann Schmitz, Johannes Thyssen, Benno von Wiese, Hans Norbert Fügen, Wolfgang Langenbucher, Heinz-P. Pütz, Wilhelm Salber.
Hauptwerke: Ludwig Klages, „Sämtliche Werke" (Zehn Bände) — F. W. J. Schelling, „Briefe und Dokumente" (drei Bände) — Hermann Glockner, „Gesammelte Schriften" (fünf Bände) — Hermann Schmitz, „System der Philosophie" (fünf Bände).
Zeitschriften: „Archiv für Begriffsgeschichte", begründet von Erich Rothacker, herausgegeben in Verbindung mit Hans-Jörg Gadamer und Joachim Ritter von Karlfried Gründer (zwei Hefte im Jahr) — „Hegel-Studien", herausgeben von Friedhelm Nicolin und Otto Pöggeler (einmal jährlich) mit Beiheften — „Zeitschrift für Ästhetik und allgemeine Kunstwissenschaft", herausgegeben von Heinrich Lützeler (zwei Hefte im Jahr).
Tges: Universitätsbuchhandlung Bouvier GmbH; Akademische Buchhandlung Herbert Grundmann GmbH., Bonn.
Verlagsgebiete: 3 — 7 — 4 — 10 — 13 — 28.

Signet wird geführt seit 1889 in gewandelter Form.
Grafiker der letzten Fassung: H. J. Barbrack, Hamburg.

Boysen & Maasch

D-2000 Hamburg, Gerhofstraße 25
Tel: (040) 35 18 36. **Psch:** Hamburg 20 31-207. **Bank:** Hamburger Bank, Hamburg 21 078 (BLZ 201 900 00); Deutsche Bank, Hamburg 48/03003 (BLZ 200 700 00); Hamburger Sparkasse, Hamburg 1280/181 593 (BLZ 200 505 50). **Gegr:** 1889 in Hamburg. **Rechtsf:** Einzelfirma.
Inh: Klaus Göppert, geb. 12. 10. 1940 in Quedlinburg.
Verlagsleitung: Rolf Krall, geb. 26. 4. 1918, seit 1939 bei Boysen & Maasch. Prokurist.
Geschichte: Gegründet als Fachverlag für Architektur, speziell für alte und neue Bauten in Hamburg, Bauvorschriften, später dann noch Bücher über Mathematik und Mechanik von Dr. Heinrich Blasius.
Jetzt Auslieferung aller Druckschriften, Bücher und Broschüren der Firma Valvo. Hauptthemen: Elektrotechnik, Elektronik, Funktechnik und Fernsehen. Die Bücher sind für Fachleute und Laien gleich gut verständlich.
Ein weiterer Zweig des Verlages war die Herstellung von Werbemitteln für das eigene Haus und andere Buchhändler. Wichtigste Titel: „NTB - Neue Technische Bücher" (jetzt im 51. Jahrgang); „TB - Technische Bücherschau" (behandeln jeweils ein Spezialgebiet, bis jetzt 102 Ausgaben).
Hauptwerke: Dr. Heinrich Blasius, „Mechanik" (Band 1-3) — „Mathematik".
Buchreihen: „Valvo-Broschüren" — „Valvo-Handbücher".
Verlagsgebiet: 20.

Brandeis siehe Möbelspediteur

Signet wird geführt seit: —

Grafiker: —

Oscar Brandstetter Verlag KG

D-6200 Wiesbaden, Stiftsstraße 30,
Postfach 1484

Tel: (0 61 21) 52 10 02, 52 10 03. **Psch:** Frankfurt (M) 929 52. **Bank:** Deutsche Bank Wiesbaden 106 500; Bayerische Vereinsbank Aschaffenburg 15 53 720. **Gegr:** 1. 5. 1862 in Leipzig, Wiedergründung 1950 in Wiesbaden. **Rechtsf:** KG.
Inh/Ges: Brandstetter Verlag GmbH, Kommanditistin: Frau Marion Brandstetter, geb. Alsen, zwei weitere Kommanditisten.
Verlagsleitung: Geschäftsführer und Verlagsleiter: Martin Arndt ☐, geb. 2. 10. 1917.
Cheflektor: Dr. Antonin Kučera, geb. 31. 12. 1926.
Geschichte: 1862 durch Friedrich Wilhelm Garbrecht in Leipzig gegründet; 1880 von Oscar Brandstetter erworben; ununterbrochener Aufbau bis in den Zweiten Weltkrieg; schwere Bombenschäden, Demontage, Enteignung; Neugründung 1950 in Wiesbaden durch Wolfgang Brandstetter (gest. 7. 12. 1963).
Hauptautoren: Bertaux, De Vries, Ernst, Goedecke, Kučera, Macchi, Meyer/Orlando, Potonnier, Slaby/Grossmann, Wildhagen/Héraucourt, Závada.
Hauptwerke: Großlexika der englischen, französischen, italienischen und spanischen Gemeinsprache.
Fachwörterbücher für Technik, Naturwissenschaften, Handels- und Wirtschaftssprache. Englisch, Französisch, Italienisch, Portugiesisch, Russisch, Spanisch und Tschechisch.
Tges: Oscar Brandstetter Druckerei KG (Druckerei und Buchbinderei).
Verlagsgebiete: 7 — 11.

Signet wird geführt seit: 1918.

Grafiker: —

Wilhelm Braumüller, Universitäts-Verlagsbuchhandlung Ges.m.b.H.

A-1090 Wien, Servitengasse 5,
Postfach 76

Tel: (02 22) 34 81 24 und 31 11 59. **Psch:** Österr. Postsparkassenamt 1039166. **Bank:** Österr. Credit-Institut Wien 100-45959. **Gegr:** 1783. **Rechtsf:** G.m.b.H.
Inh/Ges: Buchdruckerei Friedrich Jasper, Wien; Erich Leithe-Jasper, Wien, geb. 10. 3. 1906.
Verlagsleitung: Dr. Gertrude Hlavka, Einzelprokura, geb 17. 9. 1920.
Geschichte: Gründung des rechts- und staatswissenschaftlichen Verlages R. v. Moesles Wwe. & Braumüller; 4 Jahre später Übernahme und Umbenennung in Braumüller & Seidel; 1848 Teilung in zwei Verlage und zwar: W. Braumüller und L. W. Seidel. Von da an gewaltiger Aufschwung des Verlages W. Braumüller. Im Jahre 1915 wurde der Verlag von der Sortimentsbuchhandlung getrennt und von einer GmbH übernommen.
Hauptautoren: Prof. Dr. Theodor Veiter, Univ.-Prof. Dr. Felix Ermacora, Univ.-Prof. Dr. R. Mühlher, Univ.-Prof. Dr. H. Koziol, Dr. Heinz Kloss.
Hauptwerke: „Das Recht der Volksgruppen und Sprachminderheiten in Österreich" — „Geschichte und Kulturleben Österreichs von den ältesten Zeiten bis zum Staatsvertrag 1955" — „Zwettler codex 420. Jesuitenmission in Paraguay 1748-1769".
Buchreihen: „Abhandlungen zu Flüchtlingsfragen" — „Beiträge zur Amerikakunde" — „Ethnos", Schriftenreihe der Forschungsstelle f. Nationalitäten- und Sprachenfragen Marburg/L. — „Schriftenreihe der österreichischen Gesellschaft für Außenpolitik und internationale Beziehungen" — „Studienreihe zum öffentlichen Recht und zu den politischen Wissenschaften" — „Untersuchungen zur österreichischen Literatur des 20. Jahrhunderts" — „Wiener Beiträge zur englischen Philologie" — „Wiener Arbeiten zur deutschen Litera-

tur" — „Wiener Romanistische Arbeiten".
Zeitschriften: „Europa Ethnica", Vierteljahresschrift für Nationalitätenfragen — „AWR-Bulletin", Vierteljahresschrift für Flüchtlingsfragen — „Zeitschrift für Menschenkunde", vtljl. — „Der Donauraum", vtljl. — „Österreichische Zeitschrift für Außenpolitik", sechsmal jährlich — „Österreichische Zeitschrift für Wirtschaftsrecht", vtljl. — „Das grüne Manifest", sechmal jährlich; Die Zeitschrift für alle, die überleben wollen.
Verlagsgebiete: 3 — 4 — 5 — 6 — 7 — 11 — 14 — 28.

Signet wird geführt seit: 1820.

Grafiker: —

G. Braun (vormals G. Braunsche Hofbuchdruckerei und Verlag) GmbH.
D-7500 Karlsruhe 1, Karl-Friedrich-Straße 14—18, Postfach 1709
Tel: (07 21) 2 69 51-56. **Fs:** 07826904 vgb d. **Psch:** Karlsruhe 992-757. **Bank:** Badische Bank Karlsruhe 18 767; Dresdner Bank Karlsruhe 5 621 793; Stadtsparkasse Karlsruhe 9008681; Volksbank Karlsruhe 3707; Deutsche Bank Karlsruhe 01/23745; Commerzbank Karlsruhe 22 81723 00. **Gegr:** 13. 11. 1813 in Karlsruhe. **Rechtsf:** GmbH.
Inh/Ges: Dr. Eberhard Knittel, Inhaber und Hauptgesellschafter.
Geschäftsführung: Dr. Eberhard Knittel ◻, geb. 24. 11. 1899; Heyno Wehrle, geb. 26. 8. 1907.
Stellv. Geschäftsführer: Hello Graf von Rittberg, geb. 3. 8. 1928; Hans Lück, geb. 21. 2. 1929.
Einzelprokura: Thea Rittler.
Verlagsleitung: Dr. Hans Fehrle, geb. 14. 4. 1914 (Prokurist).
Zeitschriften und Anzeigen: Rolf Feez, geb. 12. 7. 1924 (Prokurist).
Chefredaktion High-Fidelity-Sektor: Karl Breh, geb. 16. 1. 1932.
Herstellungsleiter: Horst Grab, geb. 10. 7. 1936.

Geschichte: Gegründet durch Gottlieb Braun. Seit 1835 im Besitz der Familie Knittel. Von Anbeginn wissenschaftliche und kulturgeschichtliche Veröffentlichungen, bald darauf erste pädagogische Schriften. Ab 1880 zielbewußter Ausbau von Verlag und Druckerei, vor dem Ersten Weltkrieg bereits 17 Zeitschriften. 1945 Wiederaufbau des bombenzerstörten Betriebes, systematische Reorganisation des Verlages mit den Hauptrichtungen: Technisch-wissenschaftliche Bücherei — Kunst und Kultur am Oberrhein — kulturelle Zeitschriften.
Ausbau der Zeitschriftenabteilung auf heute 20 Zeitschriften mit besonderem Schwerpunkt auf medizinisch-wissenschaftliche Zeitschriften. Neuaufbau und Ausbau einer Abteilung „High Fidelity" mit Zeitschriften, Jahrbüchern, Testschallplatten (deutsch, französisch, dänisch) Testjahrbüchern, Schallplattenjahrbüchern.
Hauptautoren: Wissenschaftliche Bücherei: Eduard Emblik, Hans Kiefer, Otto Kraemer, Günther Kurtze, Heinz Marcinowski, Rupprecht Maushart, Hugo Neuert, Karl Nickel, Friedrich Reutter, Hermann Schlichting, Paul Schulz, Dieter Smidt, W. Traupel, Alfred Walz, Jürgen Zierep.
High Fidelity: Alfred Beaujean, Kurt Blaukopf, Karl Breh, Jacques Delalande, Ulrich Dibelius, Hans Klaus Jungheinrich, Gerhard R. Koch, Herbert Lindenberger, Wolf Rosenberg, Ulrich Schreiber.
Hauptwerke: Wissenschaftliche Bücher: Standardwerke auf den Gebieten „Strömungstechnik und Strömungsmaschinen" — „Kernphysik" — „Kältetechnik" — „Weltraumforschung und Raumfahrt" — „Astrophysik und Astronomie" — „Meßtechnik und Hochspannungstechnik".
Lizenzausgaben in englischer, französischer, spanischer, japanischer, polnischer, rumänischer, tschechischer, ungarischer und (nicht lizensiert) russischer Sprache.
Buchreihen: Seit 1967 Taschenausgaben „wissenschaft + technik" auf verschiedenen Fachgebieten der Physik. Unterreihe: „Nukleare Elektronik und Meßtechnik".
Zeitschriften: „Die Therapiewoche" (wtl.) — „Der Krankenhausarzt" (mtl.) — „Lebensversicherungsmedizin" (viertel-

jl.) — „Kosmetologie" (2mtl.) — „Hi-Fi-Stereophonie" (mtl.) — „Badisches Landw. Wochenblatt" (wtl.) — „Lion" (mtl.) — „Baden-Württemberg" (2mtl.). In Betreuung: „Der Kassenarzt" (mtl.) — „Der Freie Zahnarzt" (mtl.) — „Der Hessische Zahnarzt" (mtl.) — „Badische Heimat" (vierteljl.).
Tges: Eigene Druckerei (Offset-, Buchdruck, Zeitungsrotation).
Verlagsgebiete 12 — 13 — 15 — 17 — 18 — 19 — 20 — 24 — 27 — 28.

Braun, Walter, Verlag
D-4100 Duisburg, Postfach 152, Mercatorstraße 2

Braun-Peretti, St. A., Musikverlag
D-5300 Bonn 1, Postfach 347, Dreieck 16

Braunschweiger Musikvlg, Er-Em-Be
D-3300 Braunschweig, Postfach 748, Georg-Westermann-Allee 23a

Braun & Co. KG
D-4000 Düsseldorf-Oberkassel, Postfach 790, Hansa-Allee 44

Braun & Schneider
D-8000 München 2, Maximilianplatz 9

Breitkopf & Härtel, Buch- und Musikverlag
D-6200 Wiesbaden, Postfach 74, Walkmühlstraße 52

Breitkopf & Härtel, Musikverlag
DDR-7010 Leipzig, Postfach 147, Karlstraße 10

Breitschopf, Julius
A-1170 Wien XVII, Bergsteigg. 5

Breklumer Verlag
D-2257 Breklum, Kirchenstraße 1

Briefmarkenalben Verlag
DDR-4320 Aschersleben, Johannisplatz 2

Brill, E. J., GmbH
D-5000 Köln 1, Antwerpener Str. 6—12

Brockhaus, F. A.
D-6200 Wiesbaden, Postfach 261, Leberberg 25

Brockhaus, F. A. (VEB)
DDR-7010 Leipzig, Salomonstraße 17

Brockhaus, Max
D-7850 Lörrach/Baden, Oskar-Grether-Straße 13

R. Brockhaus
D-5600 Wuppertal 11, Postfach 110 231

Broecker, Heinrich
D-2000 Hamburg 1, Schauenburgerstr. 15

Brönner, Philipp & Martin Daentler'sche Buchdruckerei und Buchhandlung
D-8833 Eichstätt/Bay., Postfach 62, Marktplatz 5

Signet wird geführt seit: 1958, abgeändert 1963.

Grafiker: Herbert Stelzer.

F. Bruckmann KG, Verlag und Graphische Kunstanstalten
D-8000 München 19, Nymphenburger-Straße 86, Postfach 20

Tel: (089) 1 25 71. **Fs:** 05-23 739. **Psch:** München 158. **Bank:** Bankhaus Reuschel & Co. München 1655; Dresdner Bank AG München 3013 029; Deutsche Bank AG München 29/11022. **Gegr:** 1858 in Frankfurt (M). **Rechtsf:** KG.
Inh/Ges: Erhardt D. Stiebner als pers. haft. Gesellschafter.
Verlagsleitung: Erhardt D. Stiebner □.
Cheflektor: Dr. Jakob Reisner.
Vertriebsleiter: Klaus Stolte.
Werbeleiter: Hartmut Köppelmann.
Chefbuchhalter: Edgar Eisenhammer.
Redakteur der Zeitschrift „novum gebrauchsgraphik": Hans Baumeister.
Chefredakteur der Zeitschrift „Pantheon": Prof. Dr. Erich Steingräber.
Redakteur der Zeitschrift „Der Bergsteiger": Dr. Christof Stiebler.
Redakteur der Zeitschriften „Humboldt", „Fikrun Wa Fann": Prof. Albert Theile.

Geschichte: Am 15. 1. 1858 von Friedrich Bruckmann in Frankfurt (M) als „Verlag für Kunst und Wissenschaft" gegründet und — nach einem kurzen Zwischenspiel in Stuttgart — seit 1863 ständig in München ansässig, hat sich das Haus Bruckmann im Verlauf von mehr als hundert Jahren zu einem Unternehmen von Weltruf entwickelt. Dem Firmengründer folgten in der Leitung des Verlages Hugo Bruckmann, in der Leitung der angegliederten Druckerei Alfons Bruckmann. Die dritte Generation wurde bis zu seinem Todestag am 13. Juli 1964 durch deren Neffen Alfred Bruckmann vertreten, der seit 1922 im Verlag wirkte und sich nach dem Zweiten Weltkrieg mit dem Münchner Zeitungsverleger Dr. Wolfgang Huck verband. Nach dem Tod von Dr. Wolfgang Huck lag die Verlagsleitung in den Händen der beiden persönlich haftenden Gesellschafter Andreas M. Huck und Erhardt D. Stiebner, der seit Anfang 1971 die Geschäftsleitung allein übernommen hat. Das Verlagsprogramm umfaßt die Gebiete Kunst, Geschichte, Biographie, Alpinismus, Landschaft, Bavarica, Monacensia, Kunstblätter, Kunstpostkarten, Originalgraphik, Kalender, Zeitschriften.

Hauptautoren: Prinz Adalbert von Bayern, Walther Bernt, Günter Böhmer, Klaus Brandtl, Egon Caesar Conte Corti, Otto Eidenschink, Karl Eller, Hans Grohmann, Otto Hahn, Rudolf Hagelstange, Eberhard Hanfstaengl, Friedrich Haselmayr, Hanns Hubmann, Oskar Kokoschka, Hans-Otto Meissner, Wilhelm Mommsen, Henry Moore, Gert von der Osten, Walter Pause, Juliane Roh, Eberhard Ruhmer, Karl Spengler, Heinrich Ritter von Srbik, Wilhelm Treue, Victor Vasarely, Heinrich Wölfflin.

Hauptwerke: Valerio Adami/Helmut Heißenbüttel, „Das Reich" — „Adami", Hrsg. H. Damisch und H. Martin — Walther Bernt, „Die Niederländischen Maler des 17. Jahrhunderts", „Die Niederländischen Zeichner des 17. Jahrhunderts" — Günter Böhmer, „Puppentheater", „Sei glücklich und vergiß mein nicht" — Klaus Brantl, „Berchtesgadener Land, Salzburg", „Herrliches Oberbayern", „München leuchtet", „Werdenfelser Land, Innsbruck" — „Bruckmann's Handbuch der modernen Druckgraphik", Hrsg. Karl Bachler u. Hanns Dünnebier — „Bruckmann's Teppichlexikon", Hrsg. Effi Biedrzynski — Götz Fehr, „Freiheit, die ich meine" — Götz Fehr/Werner Rehfeld, „Deutschland" — Günter Grass, „Mariazuehren" — Hanns Hubmann, „Garten der Träume" — F. Hundertwasser, „Regentag" — Oskar Kokoschka, „Londoner Ansichten, Englische Landschaften", „Mein Leben" — Robert Melville, „Henry Moore" — „Miró Plastik", Hrsg. A. Jouffroy/J. Teixidor — Henry Moore, „Energie im Raum" — Ludwig Mory, „Schönes Zinn" — Sigrid Müller-Christensen, „Alte Möbel" — Juliane Roh, „Deutsche Kunst der 60er Jahre" — Alfred Stange, „Malerei der Donauschule" — Victor Vasarely, „Farbwelt" — Victor Vasarely/Michel Butor, „Octal" — „Antworten an Vasarely", Hrsg. V. Vasarely.

Buchreihen: „Italienische Forschungen" — „Beiträge zur Kunstwissenschaft" — „Für Sammler und Liebhaber" — Bruckmann's Lexika und Handbücher — „Die goldenen Bücher".

Zeitschriften: „novum gebrauchsgraphik" (Internationale Zeitschrift für visuelle Kommunikation + Grafik-Design, mtl.) — „Pantheon" (Internationale Zeitschrift für Kunst, vtljl.) — „Der Bergsteiger" (Zeitschrift für Bergsteigen, Klettern, Wandern, Skilaufen, mtl.) — „Humboldt" spanisch (Zeitschrift für die iberische Welt, jl. 3 Hefte) — „Humboldt" portugiesisch (Zeitschrift für die lusobrasilianische Welt, hjl.) — „Fikrun Wa Fann" (Zeitschrift für die islamische Welt, hjl.).

Hz: „Die Brücke" (vtlj.).

Btlg: Mitglied in der Werbegemeinschaft „Kunst Buch Kunst" und Beteiligung an dem jährlich im Herbst erscheinenden gleichnamigen Gemeinschaftskatalog.

Verlagsgebiete: 6 — 12 — 13 — 14 — 15 — 24 — 28 — 30.

Bruckner Verlag siehe Alkor Edition

Bruderverlag
D-7500 Karlsruhe 1, Bismarckstraße 21

Brücke-Verlag Kurt Schmersow
D-3000 Hannover, Geibelstraße 21

Brücken-Verlag GmbH
D-4000 Düsseldorf, Postfach 1928, Ackerstraße 3

Brügel u. Sohn
D-8800 Ansbach/Mfr., Postfach 204, Pfarrstraße 29

Brunnen-Verlag
CH-4001 Basel, Postfach 842, Spalenberg 20

Brunnen Verlag GmbH
D-6300 Gießen, Postfach 5205, Lonystraße 19

Brunnquell-Verlag
D-7418 Metzingen/W., Postfach 99, Karlstraße 4

Bruns, August, Verlag
D-3105 Faßberg, Postfach 9, Drosselweg 1

Signet wird geführt seit: —

Grafiker: Imre Reiner.

C. J. Bucher AG,
Graphische Anstalt und Verlag
CH-6000 Luzern, Zürichstraße 3—9

Tel: (041) 24 11 44. **Fs:** 7 81 22. **Psch:** Luzern 60-316. **Bank:** Schweizerischer Bankverein Luzern 251 100; Schweizerische Kreditanstalt Luzern 227 900.
Gegr: 1861. **Rechtsf:** AG.
Inh/Ges: Ringier & Co. AG, Zofingen.
Verlagsleitung: Rudolf Vogel, geb. 30. 7. 1926 in Trier.
Leiter des Lektorats: Dr. phil. Xaver Schnieper, geb. 6. 1. 1910 in Luzern.
Vertrieb, Werbung, Presse: Heinz Jansen, geb. 1. 3. 1941 in Düsseldorf.
Produktions- u. Künstlerischer Leiter: Hans Peter Renner, geb. 28. 7. 1928 in Davos.
Geschichte: Der Verlag C. J. Bucher AG geht hervor aus dem Druckerei-Unternehmen C. J. Bucher, das im Jahre 1861 durch J. L. Bucher gegründet wurde. Unter dessen Sohn C. J. Bucher erlebte die Druckerei ihren ersten großen Aufschwung. Seiner Initiative ist die Gründung der Tageszeitung „Luzerner Neueste Nachrichten" sowie der internationalen Photozeitschrift „Camera" zu verdanken.
Nach dem Tod von C. J. Bucher übernahm seine Gattin, Frau Alice Bucher, im Jahre 1941 die Leitung der Druckerei und des Verlages. Neben der Führung der Geschäftsleitung begann Frau A. Bucher mit dem planmäßigen Aufbau eines Buchverlages, der hauptsächlich Bildbände über Gegenstände der Photographie und Architektur, über Kulturgeschichte, Politik und Religion veröffentlicht. Das Verlagsprogramm wurde in jüngster Zeit auf Belletristik ausgedehnt.
Im Jahre 1973 wurde das Gesamtunternehmen an die Firma Ringier & Co. AG, Zofingen, verkauft.
Hauptautoren: Lily Abegg, Richard Avedon, Henri Cartier-Bresson, Douglas Faulkner, Mario von Galli, Klaus Gallwitz, Eva und Zeev Goldmann, Hans-H. Isenbart, Ludwig Kaufmann, Karl Kerényi, Ivan Klima, Alexander Kliment, Pavel Kohout, Oskar Kokoschka, Halldór Laxness, Bernhard Moosbrugger, Laszlo Nagy, John Ney, Irving Penn, Guido Piovene, Mario Soldati, Jiří Sotola, Ludvík Vaculík, Witold Wirpsza, Max Albert Wyss.
Buchreihen: „Unvergängliche Architektur" — „Die Zeitgeschichte im Bild" — „Länder und Völker" (Bildnis einer Nation) — „Buchers Führer zu den Zentren der Kultur" — „Buchers Miniaturen".
Zeitschrift: „Camera", internationale Monatszeitschrift für Photographie und Film (deutsch, englisch, französisch).
Tges: C. J. Bucher Verlag GmbH, D-6000 Frankfurt (M) 18, Vogtstraße 52, Postfach 180 164, Tel: (06 11) 55 70 14 — Löwen-Buchhandlung AG, Luzern.
Verlagsgebiete: 2 — 3 — 6 — 7 — 8 — 12 — 14 — 15 — 18 — 24 — 25 — 28 — 29.

Signet wird geführt seit: 1970.

Grafiker: TWS Werbeagentur.

Buchgemeinschaft Donauland Kremayr & Scheriau

A-1121 Wien, Niederhofstraße 37, Postfach 324

Tel: (0222) 83 45 01. **Fs:** 1/1405. **Psch:** Österr. Postsparkasse Wien 1117.064. **Bank:** Creditanstalt Bankverein Wien, Filiale Meidling 60-32320. **Gegr:** 1. 1. 1953 in Wien. **Rechtsf:** KG.
Inh/Ges: Wilhelm Scheriau, Buchhändler, Wien; Bertelsmann AG; C. Bertelsmann, Generalvertretung für Österreich Gesellschaft m. b. H., Wien; Rudolf Kremayr, Kaufmann, Perchtoldsdorf, als Kommanditist.
Geschäftsführung: Wilhelm Scheriau □, geb. 16. 11. 1916 in Wien.
Vertrieb und Verwaltung: Dipl.-Kfm. Rudolf Helwig, geb. 2. 9. 1937, Prokurist, stellvertretender Geschäftsführer.
Betreuung: Dipl.-Kfm. Willibald Slavik, geb. 2. 5. 1937.
Werbung: Dipl.-Kfm. Karl Wiedermann, geb. 10. 3. 1935, Prokurist.
Programmleitung: Dr. Robert Polt, geb. 2. 9. 1915, Prokurist.
Technische Betriebe: Franz Schillhammer, geb. 8. 2. 1933, Prokurist.
Geschichte: Die 1950 gegründete Buchgemeinschaft ging aus einem Zeitschriften-Großbetrieb hervor, den Rudolf Kremayr seit 1938 innehatte. „Donauland" beschränkte die Tätigkeit bewußt auf den österreichischen Raum. Dieser wurde aber so intensiv erfaßt, daß 1953 bereits rund 400 000 Mitglieder gezählt wurden. 1956 wurden auch Schallplatten und Geräte ins Programm genommen, 1970 kamen Spiele für Kinder und Erwachsene hinzu. Damit bietet „Donauland" ein abgerundetes Freizeitprogramm.
Das Buchprogramm umfaßt ca. 500 Titel. Jährlich werden ca. 200 Neuerscheinungen aufgenommen, die aus der Produktion aller deutschsprachigen Verlage, jedoch unter besonderer Berücksichtigung der österreichischen Verlagsproduktion, ausgewählt werden. Eigene Buchpläne (meist in Zusammenarbeit mit dem hauseigenen Verlag Kremayr & Scheriau) ergänzen das Programm. Die Auswahl umfaßt alle Sparten: Unterhaltung und Literatur, Sachbücher aller Art, Kunst- und Bildbände sowie Kinder- und Jugendbücher. Der Anteil österreichischer Autoren und Themen beträgt ca. 30 %.
Das Schallplattenprogramm bringt jährlich ca. 120 Neuerscheinungen und insgesamt rund 300 Titel. Dazu kommen seit 1970 Musikcassetten, jährlich ca. 70 Neuerscheinungen und insgesamt rund 100 Titel. Angeboten werden Erzeugnisse aller Markenfirmen: Amadeo, Ariola, CBS, Columbia, Decca, Deutsche Grammophon Gesellschaft, Philips, Preiser, Telefunken u. a. Dazu ausgewählte Geräte (Plattenspieler, Stereoanlagen, Radiogeräte und ähnliches).
Das Spieleprogramm umfaßt rund 30 Artikel.
1957 erwarb „Donauland" die Druckerei „Wiener Verlag", 1968 kam die Großbuchbinderei Guido Beer hinzu. Damit verfügt „Donauland" über einen modernen technischen Betrieb.
1966 erwarb der Chef des Bertelsmann-Konzerns, Reinhard Mohn, eine Beteiligung bei „Donauland". 1968 kam es zur Fusion zwischen „Donauland" und dem „Europaring-Salzburg" (Bertelsmann), dessen Mitglieder von „Donauland" übernommen wurden. Seitdem konnte der Mitgliederstamm kontinuierlich erhöht werden, Anfang 1974 zählte „Donauland" über 600 000 Mitglieder. Etwa 70 % dieser Mitglieder werden durch ein Netz von ca. 1400 Mitarbeitern persönlich betreut. In Wien und in den größeren österreichischen Städten stehen darüber hinaus den Mitgliedern 14 Filialen zur Verfügung.
Hz: „Donauland", kostenlose Programmzeitschrift für Mitglieder (vtljl).
Tgs: Druck- und Verlagsanstalt „Wiener-Verlag" GmbH. Nfg. KG., A-1230 Wien-Atzgersdorf, Industriegasse 1—5.
Verlagsgebiet: 30 Buchgemeinschaft.

Buchhändler-Vereinigung GmbH

D-6000 Frankfurt (M) 1, Postfach 3914, Großer Hirschgraben 17—21

Buchhandlung der Diakonissenanstalt
D-8806 Neuendettelsau, Postfach 89, Wilhelm-Löhe-Straße 5

Buchheim Verlag
Inh. Lothar-Günther Buchheim
D-8133 Feldafing, Biersackstraße 23

Signet wird geführt seit: 1948.

Grafiker: P. Simon Wellnhofer.

Buch-Kunstverlag Ettal
D-8101 Ettal, Benedictinerabtei
Tel: (0 88 22) 831. **Psch:** München 5814-804. **Bank:** Bayerische Hypotheken- und Wechsel-Bank 35/2794; Kreissparkasse Oberammergau BLZ 70350000/238303. **Gegr:** Oktober 1928 in Ettal. **Rechtsf:** Abteilung der Klosterverwaltung Ettal.
Inh/Ges: Benedictinerabtei Ettal.
Verlagsleitung: Die Verlagsleitung liegt seit Gründung (1928) in den Händen des Gründers P. Simon Rudolf Wellnhofer (geb. 16. 7. 1904 zu Regensburg).
Geschichte: Anlaß zur Verlagsgründung gab der Bedarf an künstlerisch wertvollen Andenkenbildchen. Der herrschende, religiöse Kitsch wurde als christlicher Substanzverlust empfunden; deshalb wurde versucht, ihn durch Reproduktionen echter Kunstwerke zu verdrängen. Der ursprüngliche „Kunstverlag Abtei Ettal" erweiterte sich anläßlich der Lizenzerteilung 1948 auf „Buch-Kunstverlag Ettal".
Hauptautoren: Victor Beyer, Hermann Bünemann, Richard Egenter, Alfred Eggenspieler, Franz Dölger, Kurt Huber, Manfred Kage, Andreas Koebel, Josef Kunstmann, Peter Lahnstein, Brigitte Regler, Michael Schmaus, Fritz Schwäble, Bernhard Stoeckle.
Hauptwerke: Hermann Bünemann, „Renoir" — Peter Lahnstein, „Gabriele Münter" — Alfred Eggenspieler, „Kunst?! - Dekadenz oder Offenbarung" — Josef Kunstmann, „Christi Machtbild - Bildmacht Christi" — Ingeborg Uhl, „Buchmalerei".
Dem Verlagsprogramm gemäß erschien als erster Buchtitel „Kitsch und Christenleben" von Prof. Richard Egenter, München. Neben Kunst und Byzantinistik werden Reproduktionen als Andenkenbildchen, Kunstkarten, Kunstblätter und Bildtafeln gepflegt.
Buchreihen: „Das große Erbe": Hol über — Marienikonen — Dreifaltigkeitsikone — Ewige Kinder — Offenbarung der Farbe. „ettaler imago reihe": Putten, Ikonen, van Gogh, Email, Hinterglasbilder, Reuther, Engel, Madonnen, Liebfrauen, Gottes Torheit, Uns geboren, Kind, Minnesänger. „Studia Patristica et Byzantina".
Verlagsgebiete: 12 — 14.

Buchner, Dr. Heinrich, Verlag
D-8000 München 19, Postfach 43, Romanstraße 46

Signet wird geführt seit: 1960.

Grafiker: Walter Urbanek.

C. C. Buchners Verlag
D-8600 Bamberg, Weide 18, Postfach 3100
Tel: (09 51) 6 22 37. **Psch:** Nürnberg 2 95-859. **Bank:** Dresdner Bank 3 600 543; Bayer. Hypotheken- und Wechselbank 196 150; Städt. Sparkasse 24 760, sämtlich in Bamberg. **Gegr:** 12. 5. 1832 in Bayreuth. **Rechtsf:** KG.
Inh/Ges: Dr. Günter Grünke, persönlich haftender Gesellschafter; 3 Kommanditisten.
Verlagsleitung: Dr. Günter Grünke, geb. 1. 10. 1913 in Beuthen.
Geschichte: Der Sitz des 1832 in Bayreuth gegründeten Verlages wurde von Christian Carl Buchner, dem Sohn des Verlagsgründers, 1850 nach Bamberg verlegt. Dort entwickelte der Verlag sich rasch zu einem der Hauptverlage für die Gymnasien Bayerns. Auch heute noch pflegt der Verlag, nach wie vor im Besitz der Familie des Gründers, vor allem das Schulbuch.
Hauptwerke: Schulbücher.
Btlg: Verlagsgesellschaft Schulfernsehen, Köln; Arbeitsgemeinschaft für schulpädagogische Information, Braunschweig.
Verlagsgebiete: 10 — 11.

BuB

Signet wird geführt seit: 1971.

Grafiker: —

Verlag Buch und Bibliothek

D-7410 Reutlingen, Gartenstraße 18, Postfach 327

Tel: (0 71 21) 3 74 86. **Psch:** Stuttgart 190 33-709. **Bank:** Kreissparkasse Reutlingen 64 33-8. **Gegr:** 1956 in Reutlingen. **Rechtsf:** e. V.

Inh/Ges: Verein der Bibliothekare an Öffentlichen Büchereien e. V.

Verlagsleitung: Dietrich Segebrecht, geb. 16. 12. 1934. Ausbildung als Bibliothekar (Examen Hamburg 1960).

Geschichte: Der Verlag wurde 1956 vom damaligen Verein deutscher Volksbibliothekare für die Herausgabe seiner seit 1948 erscheinenden Fachzeitschrift „Bücherei und Bildung" gegründet. Seit 1971 tragen Verlag und Zeitschrift den abgeänderten Namen „Buch und Bibliothek".

Hauptwerke: Bibliotheks-Systematiken: „Allgemeine Systematik für Büchereien" (ASB) — „Systematik Stadtbücherei Duisburg" (SSD) — „Systematik der Stadtbibliothek Hannover" (SSH).

Zeitschrift: „Buch und Bibliothek" (mtl.).

Verlagsgebiete: 1 — 28.

Buch & Kunst Lometsch KG.

D-3500 Kassel 2, Kölnische Straße 5

Budde, Rolf, Musikverlage

D-1000 Berlin 33, Hohenzollerndamm Nr. 54 A

Buchverlag Der Morgen

DDR-1080 Berlin, Johannes-Dieckmann-Straße 47

Bücherbord siehe Holtzbrinck

Signet wird geführt seit: 1924.

Grafiker: Karl Franke.

Büchergilde Gutenberg Verlagsgesellschaft mbH.

D-6000 Frankfurt (M), Untermainkai 66, Postfach 16 220

Tel: (06 11) 23 01 31. **Fs:** 4 12 063. **Psch:** Frankfurt (M) 458 82. **Bank:** Bank für Gemeinwirtschaft Frankfurt (M) 1000 2154. **Gegr:** 29. 8. 1924 in Leipzig; Neugründung 17. 3. 1947 in Frankfurt (M). **Rechtsf:** GmbH.

Inh/Ges: Deutscher Gewerkschaftsbund/ Industriegewerkschaft Druck und Papier.

Verlagsleitung: Dr. Helmut Dreßler (Geschäftsführer), geb. 5. 12. 1910.
Lektorat: Günter Geisler.
Herstellung: Juergen Seuss.
Vertrieb: Ernst Grell.
Werbung: Rolf Backhaus.

Geschichte: 1924 vom Bildungsverband der deutschen Buchdrucker auf Initiative von Bruno Dreßler gegründet. Bis 1933 117 Titel, darunter Bücher von Traven, Jack London, Andersen-Nexö, Oskar-Maria Graf, Mark Twain. 1933 von der DAF gleichgeschaltet, Weiterarbeit des Initiators in der Schweiz. Wiederbeginn der freien Büchergilde in Deutschland 1947 unter dem Sohn des Gründers Dr. Helmut Dreßler. Bis zum 50. Geburtstag 1974 2000 Titel von Autoren aus aller Herren Ländern. 64 prämiierte „Bücher des Jahres".

Hz: „Büchergilde" (vtljl.).

Verlagsgebiet: 30 Buchgemeinschaft.

Büchler-Verlag

CH-8001 Zürich, Rämistraße 50
Postfach: CH-8028 Zürich
CH-3084 Wabern-Bern, Seftigenstr. 310
(Verlagsauslieferung, Druckerei)

Tel: (Zürich) (01) 34 20 34, (Wabern-Bern) (031) 54 11 11. **Fs:** 32 697 Bueco ch. **Psch:** Bern 30-35000. **Bank:** Schweiz. Volksbank, Bern. **Gegr:** 1966 Gründung des Buch-Verlages. **Rechtsf:** AG.

Inh/Ges: Prof. Hans Merz, Verwaltungsratspräsident.
Verlagsleitung: Marc F. Büchler, geb. 1929, kaufm. Direktor, seit 1957 in der Firma.
Technischer Direktor: Rico Büchler, geb. 1932, seit 1958 in der Firma.
Verlagsleiter: Urs Gresly, geb. 1926, Prokurist.
Geschichte: 1866 Gründung der Drukkerei, des Zeitschriften- und Kalenderverlags. 1966 Gründung des Buchverlags. 1970 Angliederung des Fachlexikonverlags.
Hauptwerke: „Souvenir Schweiz" (Bildband-Reihe) — „Kunstführer durch die Schweiz" — „Schweizer Schülerduden" und weitere Rechtschreibbücher — „Dossier Schweiz" (Reihe) — „Yachting Calendar" (jl.) — „Gastro, Nachschlagewerk für das Gastgewerbe".
Zeitschriften: „Schweiz - Suisse - Svizzera - Switzerland" (mtl.) — „Yachting" (mtl.) — „Auto" (mtl.) — „Schweiz. Technische Zeitung" (mtl.) — „Schweiz. Schülerzeitung" (mtl.).
Hz: „Büchler-Team".
Verlagsgebiete: 6 — 10 — 11 — 12 — 14 — 15 — 24.

Büchner, Dr. Felix
D-2000 Hamburg 76, Hans-Henny-Jahnn-Weg 27

Helmuth Bücking Verlag
D-8210 Prien/Chiemsee, Forellenweg 20
Tel: (0 80 51) 6 88. **Psch:** München 879 45-804. **Bank:** Bayerische Hypotheken- und Wechselbank, Filiale Prien 150 312. **Gegr.** 1. 10. 1957. **Rechtsf:** Einzelfirma.
Inh/Ges: Dr. Helmuth Bücking.
Verlagsleitung: Dr. Helmuth Bücking, geb. 11. 5. 1899 in Heilbronn/Neckar. Von 1933 bis 1935 Vorstandsmitglied des Bibliographischen Instituts AG, Leipzig. Nach Sitzverlegung nach Mannheim Juli 1953 Mitglied des Aufsichtsrates, bis 30. 9. 1970 stellv. Aufsichtsratsvorsitzender. Ab 1. 10. 1970 Vorsitzender des Beirats.
Lektorat und Werbung: Laura Johanna Bücking.
Geschichte: Gründung des Verlages am 1. 10. 1957 in Prien/Chiemsee. Die anfangs verlegten Fachbücher für Holztechnik und Holzwirtschaft sind inzwischen an die DRW-Verlags-GmbH in Stuttgart übergegangen.
Hauptwerke: Buchreihe „Märchen und Sagen der Heimat", hrsg. von Laura Johanna Bücking.
Verlagsgebiet: 8.

Bühnenverlag „Die Szene"
A-5010 Salzburg/Österreich, Sigm.-Haffner-Gasse 18

Bulletin Jugend & Literatur Verlag GmbH
D-2000 Hamburg 66, Dunenstedter Damm 50

Signet wird geführt seit: ca. 1954.

Grafiker: —

Bund-Verlag GmbH
D-5000 Köln 21, Deutz-Kalker-Str. 46, Postfach 21 01 40
Tel: (02 21) 8 28 21. **Fs:** 08 873 362. **Psch:** Köln 37973-501. **Bank:** Bank für Gemeinwirtschaft Köln 11 10 02 87. **Gegr:** 21. 6. 1947 in Köln. **Rechtsf:** GmbH.
Inh/Ges: Vermögens- und Treuhandgesellschaft des Deutschen Gewerkschaftsbundes (DGB).
Geschäftsführung: Tomas Kosta ☐, geb. 19. 4. 1925 in Prag.
Dr. Heinz Weinert, Leiter des Buchverlages.
Geschichte: Der Bund-Verlag wurde am 21. Juni 1947 gegründet. Eins der ersten Objekte des Verlags war die Zeitung des DGB der britischen Zone „Der Bund". Ihre Aufgaben übernahm als Wochenzeitung des DGB von Anfang 1950 an die „Welt der Arbeit". Heute erscheinen neben der „Welt der Arbeit" weitere zehn Zeitschriften. Der Buchverlag pflegt die Gebiete Arbeitsrecht, Arbeitswissenschaft, Gewerkschaftspraxis und -politik, Sozialpolitik, Sozialrecht und Wirtschaftswissenschaft.
Buchreihen: „Arbeits- und betriebskundliche Reihe" — „Aus Recht und Praxis der Mitbestimmung" — „SWI-

Studien zur Wirtschafts- und Sozialforschung" — „Europäische Gespräche".
Zeitschriften: „afa-Informationen" (zweimtl.) — „Arbeit und Recht" (mtl.) — „Der Deutsche Beamte" (mtl.) — „Gewerkschaftliche Monatshefte" (mtl.) — „Laboratoriums-Praxis" (mtl.) — „Die Quelle" (mtl.) — „ran" (mtl. — „Soziale Sicherheit" (mtl.) — „Wirtschaft und Wissen" (mtl.) „WSI-Mitteilungen" (mtl.) — „Welt der Arbeit" (wöchentl.).
Tges: Eropäische Verlagsanstalt GmbH, Köln (Anteilshöhe: 25 %).
Verlagsgebiete 4 — 5 — 6 — 28 — 29.

Bundes-Verlag

D-5810 Witten, Bodenborn 43, Postfach 1240
Tel: (0 23 02) 34 57. **Psch:** Dortmund 517-460. **Bank:** Stadtsparkasse Witten, Zweigstelle Bommern 373951; Volksbank Witten 249. **Gegr:** 1887 in Witten. **Rechtsf:** e. Gen. m. b. H.
Inh/Ges: Genossenschaft.
Verlagsleitung: Hermann Schäfer, geb. 4. 12. 1911.
Geschichte: Die Firma wurde 1887 von Friedrich Fries als Offene Handelsgesellschaft unter dem Namen Fries & Co. in Witten gegründet. 1894 wurde der Firmenname in „Buchhandlung der Stadtmission in Witten" geändert. Seit 1922 hat die Firma den Namen „Bundes-Verlag", weil sie hauptsächlich die Zeitschriften und die Literatur des Bundes Freier evangelischer Gemeinden in Deutschland herausgibt.
Buchreihen: „Kelle und Schwert" (Beiträge zum Aufbau der Gemeinde Jesu Christi nach den biblischen Richtlinien und zur Abwehr von Irrtümern und Gefahren für Lehre und Leben) — „Evangeliumsgedichte" (Zusammenstellungen von ausführlichen Programmen für Feierstunden innerhalb der Gemeinde) — „Neue Ährenlesehefte" (Eine Reihe volkstümlicher, christlicher Erzählungen).
Zeitschriften: „Der Gärntner" (wtl.) — „Der Pflüger" (mtl.) — „Der Säemann" (mtl. zwei Nr.) — „Die junge Schar" (mtl.) — „Kinderzeitung" (mtl.).
Verlagsgebiete: 2a — 8 — 9 — 24.

Signet wird geführt seit: 1972.
Grafiker: Reinhard Schubert.

Burckhardthaus-Verlag GmbH

D-6460 Gelnhausen, Herzbachweg 2, Postfach 1440
D-1000 Berlin 33, Rudeloffweg 27
Tel: (0 60 51) 891 (Berlin: 030-8 32 65 33).
Psch: Frankfurt (M) 54239-609. **Bank:** Evangelische Kreditgenossenschaft Kurhessen Kassel 800015. **Gegr:** April 1918 in Berlin. **Rechtsf:** GmbH.
Inh/Ges: Ev.-Weibliche Jugend Deutschland, Burckhardthaus e. V., Gelnhausen/Berlin (als Hauptgesellschafter); Ev. Landeskirche in Baden; Ev. Landeskirche der Pfalz; Ev. Kirche Berlin-Brandenburg; Ev. Kirche von Kurhessen-Waldeck.
Besonderer Schwerpunkt der gegenwärtigen Arbeit des Hauptgesellschafters Burckhardthaus: Fort- und Weiterbildung, Jugendarbeit.
Verlagsleitung: Verlagsleiter: Jürgen Schwarz, geb. 1940 in Königsberg/Pr., Buchhändlerausbildung (Sortiment/Verlag), Studium der Theologie, Lektorat Chr. Kaiser, München, seit Ende 1969 im Verlag.
Kaufm. Geschäftsführer: Aloys Rübel, geb. 1926 in Ehweiler, Studium der Rechtswissenschaft, seit April 1960 im Verlag.
Vertriebsleitung: Brigitte Koch, geb. 1941 in Erlangen.
Lektorat: Elisabeth Achtnich, geb. 1927 in Senefeld (Cheflektorin, Jugendarbeit).
Herstellung: Joachim Emrich, geb. 1930 in Breslau.
Geschichte: Die Verlags-GmbH wurde im April 1918 aus der bereits bestehenden Produktionsstelle des damaligen „Ev. Verbandes für die weibliche Jugend Deutschlands" in Berlin gegründet. Besondere Aufgabe war die Herausgabe und Verbreitung von Zeitschriften aus der Arbeit des Verbandes. Erwähnt seien: „Der Vorstände-Ver-

band" (seit 1892, später „Junge Gemeinde", Auflage 7000); „Deutsche Mädchenzeitung" (ab 1868, Auflage 120 000); „Horizont" (seit 1958, Auflage 32 000). Vereinzelt erscheinen auch Bücher, insbesondere Schriften zur Jugendarbeit sowie Hilfen zum Bibelstudium. — 1949 zieht der Verlag zusammen mit der Leitung des Verbandes nach Gelnhausen um (weiterhin bleibt bestehen ein Burckhardthaus-Verlag Ost, Berlin). In verstärktem Maße erscheinen nun Bücher zur Jugendarbeit, Gemeindearbeit und Ev. Religionsunterricht. In den fünfziger bzw. sechziger Jahren werden ein Musik- und ein Medienlektorat angegliedert. Gegenwärtige Hauptgebiete des Verlages: Jugendarbeit, Beratung, Gemeinwesenarbeit, Gemeindeaufbau, Religionsunterricht, Dokumentationen aus dem Bereich Kirche und Gesellschaft, Medien (Lichtbild, Tonbild, Foto, Overhead), Musik.

Hauptautoren: Zu nennen sind von den Mitarbeitern, die das Gesicht des Verlages geprägt haben: H. Zarnack, J. Zink, E. Lange, G. Vaeth, B. Graffam, E. Achtnich, U. Hermann, W. Dietrich.

Hauptwerke: „Ein neues Lied" (seit 1932) — E. Achtnich/E. Haug, „Unterrichtsblätter für den Konfirmandenunterricht" (2 Ringbücher, Loseblatt, 1972) — D. Trautwein, „Lernprozeß Gottesdienst" (Ein Arbeitsbuch zum Gottesdienst in neuer Gestalt) — H. Beuerle (Hrsg.), „Sing mit" I—V — „Jugendarbeit als Spiegel des Zeitgeschehens. Dargestellt am Beispiel der Arbeit des Burckhardthauses 1893—1968", Hrsg. B. Thiele.

Reihen: „Verteilhefte für Konfirmanden" (7 Hefte) — „Der Anstoß", Blätter für den Religionsunterricht (180 Folgen) — „Elemente für den Religionsunterricht und Seminare" (3 Hefte) — „Burckhardthaus-Arbeitshilfen" (12 Ringbücher) — „BCS-Sachbuchreihe" (bisher 5 Bände) — „BCD-Dias" (Meditationen, Sachfotos, bisher 10 Bände) — „Bildwerk zur Bibel" (94 Dia-Serien) — „Fotosprache/Exemplarische Bilder" (Fotomappen, bisher 4 Mappen).

Hz: „Bücherzeitung der Vier" (zusammen mit Don Bosco, Pfeiffer, Jugenddienst).

Angeschlossene Betriebe: Burckhardthaus-Verlag, D-1000 Berlin 33, Rudeloffweg 27.

Burckhardthaus-Buchhandlungen,
D-6460 Gelnhausen, Langase 2.
D-1000 Berlin 33, Rudeloffweg 27.
D-1000 Berlin-Zehlendorf, Teltower Damm.

Verlagsgebiete: 2a — 2b — 3 — 6 — 10 — 11 — 12 — 13 — 27.

Burda, Aenne, Verlag
D-7600 Offenburg/Baden, Am Kestendamm 2

Burda GmbH
D-7600 Offenburg/Baden, Postfach 360, Hauptstraße 130

Burgbücherei, Wilh. Schneider
D-7300 Eßlingen a. N., Postfach 208, Mühlstraße 16

Burgenland-Verlag Ges. mbH
A-7001 Eisenstadt, Burgenland, Postfach 14, St.-Rochus-Straße 25

Burges, Albert siehe Uni-Dia-Verlag

Burghagen, Hans, Verlag
D-2000 Hamburg 76, Schröderstraße 35

Burkhard-Verlag Ernst Heyer
D-4300 Essen, Postfach 250, Haus der Technik, Hollestraße 1

Signet wird geführt seit: 1962.

Grafiker: Günter Drunsel.

Helmut Buske Verlag

D-2000 Hamburg 13, Schlüterstraße 14, Postfach 13 22 55

Tel: (040) 45 25 22. **Psch:** Hamburg 290288-201. **Bank:** Hamburger Sparkasse von 1827 38/120 099. **Gegr:** 11. 5. 1959 in Tübingen. **Rechtsf:** Einzelfirma.

Inh/Ges: Helmut Buske.

Verlagsleitung: Helmut Buske, geb. 24. 1. 1924 in Rethwisch. Buchhändlerische Ausbildung in Hamburg, Stuttgart und Tübingen.

Geschichte: Gegründet 1959 in Tübingen. Ende 1961 Verkauf der Tübingen-Stadt- und -Umgebungsführer an den Verlag Gebr. Metz in Tübingen. Umzug nach Hamburg. Erscheinen der Karikaturen-Bände des Punch-Zeichners Norman Thelwell und Übernahme der deutschen Rechte. Herausgabe sprach- und literaturwissenschaftlicher Bücher.
Buchreihen: „Bibliotheca Russica" — „Fenno-Ugrica" — „Forschungsberichte d. Inst. f. Kommunikationsforschung u. Phonetik der Universität Bonn (IPK FB)" — „Forum Phoneticum" (FPh) — „Hamburger Beiträge für Russischlehrer" — „Hamburger Beiträge zur Archäologie" — „Hamburger Historische Studien" (HHS) — „Hamburger Philologische Studien" (HPS) — „Hamburger Phonetische Beiträge" (HPB) — „Hamburger Studien zur Philosophie" (HSP) — „Papiere zur Textlinguistik" (pt) — „Romanistik in Geschichte und Gegenwart" (RomGG) — „Schriften der Vereinigung von Afrikanisten in Deutschland" (VAD) — „Studien zur Altägyptischen Kultur" (SAK).
Verlagsgebiete: 3 — 7 — 14.

Bussesche Verlagshandlung GmbH
D-4900 Herford, Postfach 341, Brüderstraße 30

Signet wird geführt seit: 1898.
Grafiker: —

Butzon & Bercker GmbH.
D-4178 Kevelaer/Rheinland, Neustraße Nr. 7—13, Postfach 215
Tel: (0 28 32) 21 83, 21 84, 30 06. **Fs:** 812 207. **Psch:** Köln 138 89. **Bank:** Städtische Sparkasse Kevelaer 1010 30; Deutsche Bank Kevelaer 220 2950; Landeszentralbank Goch 8002. **Gegr:** November 1870 in Kevelaer. **Rechtsf:** GmbH.
Inh/Ges: Hauptgesellschafter: Edmund Bercker.
Verlagsleitung: Geschäftsführer: Edmund Bercker, geb. 3. 5. 1905.

Verlagsleiter: Josef Heckens, geb. 19. 3. 1923.
Prokuristen: Klaus Bercker, Dr. Edmund Bercker jr., Josef Nolden, Dr. Hans Schickling.
Bevollmächtigte: Josef Heckens, Heinz Kalenberg.
Geschichte: Gründung der Firma 1870 durch Franz-Hermann Bercker als handwerkliche Buchbinderei, fast gleichzeitig als religiöser Verlag, der im Laufe der Jahrzehnte sein Programm erweitern konnte. Mitinhaber Hermann Butzon von 1874—1891. Danach wieder Familienunternehmen. Der Buchbinderei wurde 1918 eine Buchdruckerei angegliedert. Heute verfügt der technische Betrieb über eine moderne computer-gesteuerte Lichtsatzanlage, Buch- und Offset-Druckerei, sowie eine Großbuchbinderei.
Hauptwerke: Liturgie — Pastoraltheologie — Jugendbücher — Kalender.
Buchreihen: „Theolog. Grundrisse" — „Alter Orient und Altes Testament" (AOAT) — „Jahrbücher der Rheinischen Denkmalpflege", hrsg. im Auftrag des Landschaftsverbandes Rheinland durch den Landeskonservator Rheinland — „Bonner Jahrbücher", Hrsg. Rheinisches Landesmuseum.
Zeitschrift: „Dienender Glaube", Monatsschrift für Frauenklöster.
Verlagsgebiete: 2b — 3 — 9 — 10 — 24 — 27 — 28 — 4 — 5 — 7.

Caann Verlag GmbH
D-8000 München 71, Diefenbachstr. 1a

Signet wird geführt seit: 1966.
Grafiker: Lorenz.

Calig Verlag GmbH
D-8000 München 19, Renatastraße 71, Postfach 146
Tel: (089) 16 34 76. **Psch:** München 184334-800. **Bank:** Deutsche Bank, München 30/44773. **Gegr:** 1924 in Freiburg (Br). **Rechtsf:** GmbH.
Ges: Verlag B. Haugg KG.
Verlagsleitung: Wolfgang Walter, Dipl.-Kfm., Geschäftsführer, Mitglied des Steuerausschusses des Bayer. Lehrmittelverbandes; Peter F. Bock, Lektor,

Studium der Philosophie, Geschichte und Theologie, Autor verschiedener audiovisueller Produktionen auf dem Gebiet der Religionspädagogik.

Geschichte: Gründung 1924 in Freiburg (Br) als „Caritas-Lichtbild-Gesellschaft mbH." 1964 Übernahme durch Verlag B. Haugg KG und Erweiterung des Tätigkeitsgebietes (Produktion und Vertrieb von audiovisuellen Lehrmitteln, Diareihen, Tonbildern, Medienpaketen, Schallplatten). 1967 Übersiedlung nach München.

Hauptautoren: Ulrich Beer, Heribert Diestler, Dr. Gottfried Hierzenberger, Prof. Dr. Alfred Läpple, Fritz Leist, Prof. Dr. Franz Nikolasch.

Hauptwerke: Religions- und Allgemeinpädagogik, wie: „Der Herr lebt" (5bändiges Handbuch audiovisueller Arbeitsmittel zum Kirchenjahr) — „Der Sieg heißt Friede" — „Die Weltbilder der Bibel" (Tageslichtfolien im Medienverbund) — „Maximilian Kolbe" — „Firmung" — „Unterwegs nicht allein" — „Jesus People" — Lehrmittelpaket „Messe".
Musikproduktionen: Klassik, Folklore, Jazz.

Zeitschrift: „Audiovisuelle Zeitschrift", Quartalspublikation für die pastorale Praxis (Hrsg. Peter F. Bock).

Verlagsgebiete: 2a — 2c — 10 — 13 — 27 — 11 — 14.

Signet wird geführt seit: 1926.

Grafiker: Paul Renner.

Verlag Georg D. W. Callwey KG

D-8000 München 80, Streitfeldstraße 35, Postfach 80 04 09

Tel: (089) 44 93 61. **Psch:** München 3531.
Bank: Bayer. Vereinsbank München 227.
Gegr: 1884 in München. **Rechtsf:** KG.

Inh/Ges: Pers. haft. Gesellschafter: Karl Baur. Kommanditisten: Dr. Margarete Baur, Helmuth Baur, Veronika Baur, Ingeborg Ulmer-Baur, Constanze Beretta di Cologna.

Verlagsleitung: Karl Baur □, geb. 27. 11. 1898 in München.
Prokuristen: Dr. Margarete Baur-Heinhold, Helmuth Baur, Werner Enßlin (Vertrieb und Werbung).
Lektorat: Günther Mehling (Lektorat allgemein), Karl Baur (Geschichte), Dr. Margarete Baur-Heinhold (Kunst- und Kulturgeschichte), Dr. Paulhans Peters (Architektur), Konrad Gatz (Malerhandwerk), Eike Schmidt (Garten und Landschaft).
Herstellung: Christian Pfeiffer-Belli.
Anzeigen: Hubert Beger-Hintzen.

Geschichte: Der Verlag wurde am 1. 1. 1884 durch den Westfalen Georg D. W. Callwey in München gegründet. 1888 wurde der von Ferdinand Avenarius herausgegebene „Kunstwart" übernommen, aus dem sich die Fülle der Kunstwart-Unternehmungen entwickelte. Im Fachzeitschriften-Verlag waren und blieben bis in die Gegenwart die Zeitschriften „Baumeister" und die deutsche Malerzeitschrift „Die Mappe" Mittelpunkt des Architekturverlages und des Fachverlages für Malerhandwerk.
1926 trat der Architekt Karl Baur als Schwiegersohn in den Verlag ein, um 1930 nach dem Tode Callweys die Nachfolge anzutreten. Dr. Hermann Rinn übernahm die Herausgabe des „Kunstwart", der als „Deutsche Zeitschrift" mit dem 50. Jahrgang das Erscheinen einstellte. Aus der Redaktionsarbeit entwickelte sich der mit Carl J. Burckhardts „Richelieu" neu begonnene Zweig der Biographien.
Mit dem Wiederbeginn der Verlagsarbeit 1950 verlagerte sich das Schwergewicht der Veröffentlichungen fürs erste auf den Architektur- und Fachverlag. Die Herausgabe des „Baumeister" übernahm nach Dr. Rudolf Pfister seit 1955 Dr. Paulhans Peters. Seit der Neugründung der „Mappe" zeichnet Konrad Gatz als Herausgeber. Die Zeitschrift „Maltechnik" übernahm als Herausgeber Prof. Dr. Kurt Wehlte.

Sie wird seit 1972 von Dr. Claus Grimm und Dr. Thomas Brachert mit dem ergänzten Titel „Maltechnik - Restauro" weitergeführt. Als neue Zeitschriften wurden „Garten und Landschaft" (Redaktion Eike Schmidt) und „Steinmetz + Bildhauer" (Herausgeber und Chefredakteur Karl Baur) übernommen. Die Fachbuchproduktion erfuhr auf allen Gebieten starke Ausweitung.

Der historische Verlag wurde über die Biographie hinaus im Bereich der Kulturgeschichte und Volkskunst weiter ausgebaut.

Ausführungen zur Geschichte des Verlages und zur Biographie seines Gründers finden sich im Almanach zum 75. Jahr des Verlages für das Jahr 1959.

Hauptautoren: Carl J. Burckhardt, Ludwig Pfandl, Norbert Lieb, Gislind Ritz, Lenz Kriss-Rettenbeck, Liselotte Hansmann, Gerhard Kaufmann, Gerhart Egger, Hanno Beck, Walter Henn, Paulhans Peters, Konrad Gatz, Dietrich Fabian.

Buchreihen: „Kulturgeschichte in Einzeldarstellungen" — „Populäre Druckgraphik" — „e+p (Entwurf und Planung)" — „Baumeister-Querschnitte" — „Stadt und Umwelt" — „Schriftenreihe der deutschen Gesellschaft für Gartenkunst und Landschaftspflege" — „Schriftenreihe des Bundes deutscher Landschaftsarchitekten".

Zeitschriften: „Baumeister", Zeitschrift für Architektur, Planung, Umwelt — „Garten und Landschaft", Zeitschrift der Deutschen Gesellschaft für Gartenkunst und Landschaftspflege e. V. — „Die Mappe", Deutsche Maler- und Lackiererzeitschrift — „Maltechnik - Restauro", Internationale Zeitschrift für Farb- und Maltechniken, Restaurierung und Museumsfragen — „Steinmetz + Bildhauer", Handwerk - Technik - Industrie — „Granit International", Gewinnung, Bearbeitung, Verwendung.

Tges: TR-Verlagsunion; Kastner & Callwey, Buchdruckerei-Offsetdruck, 50 %.

Btlg: ABV (Arbeitsgemeinschaft Bau-Fachverlage).

Verlagsgebiete: 12 — 14 — 20 — 22 — 28 — 6 — 15.

Signet wird geführt seit: 1930.

Grafiker: nicht mehr bekannt.
Neu-Zeichnung: A. Krugmann.

Calwer Verlag

D-7000 Stuttgart 1, Hohe Straße 4

Tel: (07 11) 22 13 90. **Psch:** Stuttgart 21490-706. **Bank:** Girokasse Stuttgart 2042987; Deutsche Bank Stuttgart 11/131 66. **Gegr:** 14. 10. 1836 in Calw/Wttbg. **Rechtsf:** Juristische Person durch königl. Verleihung.

Inh/Ges: „Calwer Verlagsverein".

Verlagsleitung: Verlagsbuchhändler Christof Munz, Prokurst, geb. 27. 1. 1922 in Stuttgart; Verlagsbuchhändlerin Sibylle Fritz, Prokuristin.

Geschichte: Gegründet in Calw von Pfarrer Dr. Christian Gottlieb Barth (1799 bis 1862), erwuchs der Verlag aus dem schwäbischen Pietismus. Sein Ziel ist heute wie damals, der biblischen Verkündigung zu dienen und Pfarren und Gemeinden dazu das nötige Rüstzeug zu bieten.

Das weitverbreiteste Werk waren die „Zweimal zweiundfünfzig Biblische Geschichten" in 2½ Millionen deutschen Exemplaren und 72 Übersetzungen. Der Verlag befindet sich seit 1878 in Stuttgart.

Hauptwerke: Das „Calwer Bibellexikon" (60 000 Aufl.) — Die auf 35 Bände angelegte „Botschaft des AT" — Die Werke des Tübinger Theologen A. Schlatter — die „Calwer Predigthilfen" und die Sammlungen „Arbeiten zur Theologie" — „Arbeiten zur Pädagogik" — „Religionspädagogische Praxis (RPP)" — „Calwer Theologische Monographien" — „Biblisches Seminar". Besonderer Schwerpunkt: Religionspädagogik, z. B. „Lesebücher für den Religionsunterricht" — „Religion - Studienstufe" u. a.

Zeitschrift: „ru", Zeitschrift für die Praxis des Religionsunterrichts, in Zusammenarbeit mit dem Kösel-Verlag, München (vtljl.).

Verlagsgebiete: 2a — 10 — 11 — 25 — 28.

Signet wird geführt seit: 1960

Grafiker: Rudi K. Wagner.

Von Canstein'sche Bibelanstalt

D-5810 Witten/Ruhr, Röhrchenstraße 10, Postfach 1840
Tel: (0 23 02) 16 31. **Psch:** Dortmund 807 40. **Bank:** Deutsche Bank, Filiale Witten; Darlehensgen. d. Westf. Inneren Mission Münster; Stadt-Sparkasse Witten. **Gegr:** Erstgründung 1710 in Halle, Neugründung 21. 1. 1952 in Berlin-Charlottenburg. **Rechtsf:** e. V.
Inh/Ges: Präsident: Prof. D. Dr. Söhngen, Berlin.
Geschäftsführender Direktor: Werner Dodeshöner, Witten.
Verlagsleitung: Hauptgeschäftsführer Werner Dodesköner.
Geschichte: Die von Cansteinsche Bibelanstalt ist die älteste Bibelanstalt der Welt. Sie wurde im Jahre 1710 gegründet, im Jahre 1938 in die „Preußische Hauptbibelgesellschaft zu Berlin" übergeführt, weil die Franckeschen Stiftungen in Halle, denen die Bibelanstalt eingegliedert war, vom nationalsozialistischen Staat ihrem ursprünglichen Zweck entfremdet wurden. 1945 mußte infolge der politischen Trennung von West- und Ostdeutschland die von Cansteinsche Bibelanstalt ihren geschäftlichen Sitz erneut verlegen, und zwar nach Witten. Sie betreut heute insbesondere die zur Evangelischen Kirche der Union gehörenden Landeskirchen.
Besondere Verdienste erwarb die von Cansteinsche Bibelanstalt durch die kritische Bearbeitung des Luther-Textes v. 1545, die bahnbrechend gewesen ist für alle nachfolgenden Textrevisionen.
Hauptwerke: Bibeln - von der Taschenbibel zur Altarbibel - in den von der Ev. Kirche als offiziell bezeichneten Texten, Testamente, Bibelteile, Ausgaben moderner Bilder zur Bibel, Reproduktionen bibliophiler Ausgaben wie „Zerbster Prunkbibel" — „Septembertestament 1522".
Buchreihen: „Bibelinitiative Berlin" (Stellungnahmen bekannter Autoren zu aktuellen Fragen der Bibel) — „Jahrbuch des Verbandes Ev. Bibelgesellschaften".
Verlagsgebiet: 2a.

Caritas-Lichtbild-Gesellschaft siehe Calig.

Signet wird geführt seit: 1946.

Grafiker: —

Verlag Hans Carl KG

D-8500 Nürnberg 11, Breite Gasse 58/60, Postfach 9110
Tel: (09 11) 20 38 31. **Fs:** 6 23081. **Psch:** Nürnberg 4100-857. **Bank:** Deutsche Bank Nürnberg 356 782; Commerzbank Nürnberg 5 176 375. **Gegr:** 8. 8. 1861 in Roth bei Nürnberg. **Rechtsf:** KG.
Inh/Ges: Dr. Gerda Carl, Dr. Helma Schmitt, Dr. Tilman Schmitt, Raimund Schmitt.
Verlagsleitung: Dr. Tilman Schmitt.
Schriftleitung: Dr. Tilman Schmitt.
Herstellungsleiter: Raimund Schmitt.
Werbeleiter: Raimund Schmitt.
Geschichte: Der Verlag in seiner heutigen Gestalt ist aus der Zusammenlegung zweier, ursprünglich getrennt geführter, Firmen entstanden. Die eine technisch-wissenschaftlicher Art, mit Zeitschriften und Werken auf den Gebieten des Brauwesens und verwandter Zweige. Die andere, geistesgeschichtlicher Art, mit Veröffentlichungen zur Kunst, Literatur, Philosophie, Volks- und Länderkunde. Der Verlag blieb die ganze Zeit über im Familienbesitz.
Hauptautoren: Geistesgeschichtliche Abteilung: Alexander von Bernus, Eugen Kusch, Rudolf Pannwitz, Ursula Pfistermeister, Fritz von Unruh.
Buchreihen: „Erlanger Beiträge zur Sprach- und Kunstwissenschaft, Sprache und Literatur" — „Regensburger Arbeiten zur Anglistik und Amerikanistik".
Zeitschriften: „Brauwelt" (2x wtl.) — „Brauwissenschaft" (mtl.) — „Brautechnik aktuell" (mtl.) — „Brauerei-Adreßbuch" — „Brauer-Kalender" (jl.) — „Chemie Mikrobiologie Technologie der Lebensmittel" (6—12x jl.) — „Kunstchronik" (mtl.).
Tges: Fachbuchhandlung Hans Carl, Nürnberg.
Verlagsgebiete: 20 Brauereiwesen — 7 — 8 — 11 — 12 — 14 — 15 — 18 — 20 — 24.

Carl, Robert, Musikverlag, Saarbrücken
D-6601 Ormesheim, Mozartstraße 5

Carlsen Verlag
D-2057 Reinbeck, Dieselstraße 6

Carlton Musikverlag Hans Gerig KG
D-5000 Köln 1, Drususgasse 7—11

CB-Verlag Carl Boldt
D-1000 Berlin 45, Baseler Straße 80

CCC Ton Schacht & Co.
D-2000 Hamburg 76, Adolfstraße 45

Centersong Musikverlag GmbH
D-2000 Hamburg 13, Mittelweg 149

Centfox Musikverlag GmbH
D-2000 Hamburg 13, Mittelweg 149

Centrale für GmbH siehe Schmidt, Dr. Otto

Ceres-Verlag Rudolf-August Oetker KG
D-4812 Brackwede, Bielefelder Str. 125;
D-4800 Bielefeld, Postfach 1811

Chappell und Co. GmbH
D-2000 Hamburg 13, Heinrich-Barth-Straße 30

Chemie siehe Verlag Chemie

Christen & Co., Verlag KG
D-2000 Hamburg 76, Richardstraße 45

Christian, Paul KG
D-7240 Horb a. N. 1, Postfach 20, Schillerstraße 35

Christian-Verlag Dr. Knud C. Knudsen
D-6350 Bad Nauheim, Höhenweg 35

Christiana-Verlag
CH-8260 Stein am Rhein

Christiani, Dr. Paul Verlag
D-7750 Konstanz, Hermann-Hesse-Weg 2

Christians, Hans, Druckerei und Verlag
D-2000 Hamburg 36, Kl. Theaterstr. 9-11

Christkönig Verlag siehe Kyrios Verlag

Christliche Verlagsanstalt GmbH
D-7750 Konstanz, Postfach 186, Zasiusstraße 8

Christlicher Bildungskreis siehe Europäische Bildungsgemeinschaft

Christlicher Sängerbund e. V., Verlag Singende Gemeinde
D-5600 Wuppertal 1, Westfalenweg 207

Christlicher Zeitschriftenverein
D-1000 Berlin 41 (Friedenau), Fregestraße 71

Christliches Verlagshaus
CH-3000 Bern 7, Nägeligasse 4

Signet wird geführt seit: —

Grafiker: —

Christliches Verlagshaus GmbH
D-7000 Stuttgart 1, Senefelderstraße 109
Tel: (07 11) 22 13 01. **Psch:** Stuttgart 7106-700. **Bank:** Commerzbank AG Stuttgart 8800 500. **Gegr:** 1872 in Nürtingen. **Rechtsf:** GmbH.
Inh/Ges: Evangelisch-methodistische Kirche, Frankfurt (M).
Verlagsleitung: Heinz Schäfer, geb. 23. 11. 1925 in Lahr (Schwarzwald), Geschäftsführer.
Geschichte: Der Verlag wurde von der Evangelisch-methodistischen Kirche (evangelische Freikirche) gegründet, deren Publikationsanstalt er bis heute ist.
Hauptautoren: Elisabeth Dreisbach, Elli Kobbert, Christel Looks-Theile, Helene Müller, Willi Reschke, Berta Schmidt-Eller, Dorothee Siebenbrodt, Max Wedemeyer.
Zeitschriften: „Wort und Weg" (wtl.) — „für heute" (wtl.) — „Kinderzeitung" (wtl.).
Tges: Druckhaus West GmbH, D-7000 Stuttgart 1, Senefelderstraße 109.
Verlagsgebiete: 2a — 8 — 9 — 24.

Christophorus

Signet wird geführt seit: 1969.

Grafiker: Paul Wohlrab.

Christophorus-Verlag Herder GmbH

D-7800 Freiburg i. Breisgau, Hermann-Herder-Straße 4

Tel: (07 61) 20 81. **Fs:** 07-72 603. **Psch:** Karlsruhe 136 35. **Bank:** Deutsche Bank Freiburg 02/04404; Öffentliche Sparkasse Freiburg 2026271. **Gegr:** 19. 3. 1935 in Freiburg. **Rechtsf:** GmbH.
Inh/Ges: Verlag Herder KG, Freiburg. Geschäftsführer: Dr. Theophil Herder-Dorneich, Dr. Hermann Herder-Dorneich, Friedrich Knoch.
Verlagsleitung: Heribert Mohr, geb. 9. 1. 1939.
Geschichte: Der Verlag wurde 1935 als Tochtergesellschaft des Verlags Herder gegründet. Nachdem in den ersten Jahren hauptsächlich religiöse und kulturelle Veröffentlichungen für Jugend und Familie herausgebracht wurden, änderte sich nach dem Krieg das Gesicht des Verlags. Heute hat er in seiner Arbeit mehrere Schwerpunkte aufzuweisen. Für die Freizeitgestaltung bietet die Brunnen-Reihe mit über 100 Titeln vielfache Anregungen zum Basteln und Werken. Hierher gehört auch die Produktion und der Vertrieb von Spielen. Schallplatten haben seit langem einen großen Anteil am Verlagsschaffen. Waren es zunächst mehr Wort-Platten (Reihen „Stimmen der Dichter", „Stimmen der Denker"), so steht jetzt Musikaufnahmen im Vordergrund, wobei besonderes Gewicht auf Orgelmusik, Geistlicher Chormusik und Musik alter Meister liegt. Die klingende Anthologie „Deutsche Dichtung" gibt für Schulen und Freunde der Literatur einen Überblick über die deutsche Dichtung von den Anfängen bis in die Neuzeit. Auch zur Zeitgeschichte sind verschiedene politische Dokumentationen erschienen. 1960 wurde der Schallplattenclub „fonoring" gegründet. Einen weiteren Schwerpunkt bildet die Religionspädagogik. Ein wichtiges Anliegen ist es in diesem Bereich, den Einsatz von modernen AV-Medien zu fördern und dafür Material bereitzustellen. Liturgische Veröffentlichungen für die Gestaltung von Gottesdiensten, Liederbücher und Kalender runden das Verlags-Programm ab.
Buchreihe: „Brunnen-Reihe" (Bücher zum Basteln und Werken).
Verlagsgebiete: 2b — 9 — 24 — 23 — 27.

Chronos-Verlag Martin Mörike

D-2000 Hamburg 66, Poppenbütteler Chaussee 55

Chur, Gisela und Ernst

D-5372 Schleiden, Postfach 14

Cineton-Verlag GmbH

D-2000 Hamburg 13, Heimhuder Str. 36

Cisterzienserinnen-Abtei Lichtenthal Buch- und Kunstverlag

D-7570 Baden-Baden, Postfach 1337, Hauptstraße 40

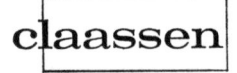

Signet wird geführt seit: 1969.

Grafiker: Eigenentwicklung.

Claassen Verlag GmbH

D-4000 Düsseldorf, Grupellostraße 28, Postfach 9229

Tel: (02 11) 36 05 16 bis 36 05 19. **Fs:** 858 7327. **Psch:** Essen 247 47-433. **Bank:** Deutsche Bank AG, Düsseldorf; C. G. Trinkaus & Burkhardt, Düsseldorf. **Gegr:** 1934 in Hamburg. **Rechtsf:** GmbH.
Inh/Ges: Econ Verlag GmbH (100 %).
Geschäftsführung: Verleger Erwin Barth von Wehrenalp □, geb. 25. 9. 1911 in Dresden; Dr. phil. Hildegard Claassen □, geb. 21. 4. 1897 in Linnich; Dr. Friedrich Vogel.
Verlagsleitung: Gerhard Beckmann, geb. 30. 11. 1938.
Prokuristen: Uwe Barth von Wehrenalp, geb. 14. 8. 1943; Guido Dubert, geb. 4. 5. 1941, Betriebswirt grad.; Heinz Eberhard Dursthoff, geb. 24. 11. 1923.
Lektoren: Dr. Ursula Schröder, Dr. Mechthild Wodsak.
Werbung: Michael Tochtermann.
Herstellung: Hans-Georg Reuthner.

Geschichte: Der Verlag wurde 1934 als Henry Goverts Verlag in Hamburg von Dr. Henry Goverts und Dr. Eugen Claassen gegründet, 1946 umbenannt in Claassen & Goverts. Herr Dr. Goverts schied aus. Seit 1950 als Claassen Verlag von Dr. Eugen Claassen bis zu seinem Tode 1955 geführt, anschließend von seiner Witwe, Frau Dr. Hildegard Claassen, seit 1967 von Erwin Barth von Wehrenalp, Frau Dr. Hildegard Claassen. Im Jahre 1972 wurde Herr Gerhard Beckmann für die Verlagsleitung gewonnen. Alle Abteilungen des Verlages arbeiten in Düsseldorf in Personalunion mit dem Econ-Verlag (s. d.).
Hauptautoren: Beat Brechbühl, Canetti, Vincent Cronin, Drach, E. W. Eschmann, Richard Gerlach, HAP Grieshaber, Margarete Hannsmann, Geno Hartlaub, Hans-Jürgen Heise, Eyrind Johnson, M. L. Kaschnitz, Langgässer, Heinrich Mann, M. Mitchell, Pavese, Margery Sharp, Howard Spring, Ernst Weiss, Patrick White, Thomas Valentin, Vargas Llosa, Wolfskehl, Richard Wright.
Verlagsgebiete: 8 — 3 — 7 — 14 — 15 — 18.

Signet wird geführt seit: 1945.

Grafiker: Willi Schnabel.

Werner Classen Verlag

CH-8027 Zürich, Splügenstraße 10, Postfach
Tel: (01) 36 56 06. **Psch:** Zürich 80-35730. **Bank:** Schweizerische Kreditanstalt Zürich. **Gegr:** 1945 in Zürich. **Rechtsf:** Einzelfirma.
Inh: Werner Classen.
Verlagsleitung: Werner Classen, geb. 1912.
Geschichte: Mit der Reihe „Vom Dauernden in der Zeit" — Kostbarkeiten alter und neuer Dichtung — wurde 1945 der Verlag gegründet. Heute umfaßt das Verlagsprogramm neben der schöngeistigen Literatur, bei der mit besonderer Liebe auch die heitere Seite mit Feuilletons und Anekdoten gepflegt wird, vor allem noch die Gebiete „Literarische Reisebücher", Psychologie und die Sachbuchreihe „Auto, Schiffe, Flugzeuge, Eisenbahnen der Welt".
Hauptautoren: Walter Abegg, Piero Bianconi, Richard Gerlach, Hermann Hesse, Hermann Hiltbrunner, R. J. Humm, Ossip Kalenter, Ernst Kappeler, Plinio Martini, Raymond Peynet, Josef Rattner, N. O. Scarpi, Bonaventura Tecchi, Gabrielle Wittkop, Hans Zulliger.
Buchreihen: „Vom Dauernden in der Zeit" — „Angewandte Psychologie".
Verlagsgebiete: 3 — 8 — 9 — 13 — 14 — 15 — 20.

Claudius Verlag

D-8000 München 19, Birkerstraße 22

Signet wird geführt seit: 1965.
Grafiker: K. H. Löding.

Charles Coleman Buch- und Zeitschriften-Verlag KG

D-2400 Lübeck 1, Königstraße 1—3, Postfach 2134
Tel: (04 51) 7 77 55. **Psch:** Hamburg 8636-209. **Bank:** Dresdner Bank Lübeck 3043940; Commerzbank Lübeck 01-38560. **Gegr:** 1897 in Lübeck. **Rechtsf:** KG.
Inh/Ges: Charles Coleman, geb. 12. 6. 1927, Persönlich haftender Gesellschafter, zugleich Gesellschafter der Lübekker Nachrichten GmbH.
Verlagsleitung: Hans Meyer, geb. 24. 5. 1931.
Geschichte: Seit seiner Gründung ist der Verlag eng mit dem Schlosser- und Schmiedehandwerk verbunden. Die vom Verlagsbeginn an erscheinende Fachzeitschrift „Allgemeine Schlosser- und Maschinenbauer-Zeitung" wurde dem Trend der Zeit entsprechend umbenannt in „metallhandwerk + technik", sie ist seit fast 50 Jahren offizielles Organ der Spitzenverbände des metallverarbeitenden Handwerks.
Buchreihe: „Colemans Entwurfsmappen Metall".
Zeitschrift: „metallhandwerk+technik".
Verlagsgebiet: 20 — Spez.Geb: Metallgestaltung, Kunstschmieden, Metallbau, Bauschlosserei.

116 Colloquium

Signet wird geführt seit: 1948.

Grafiker: Günter Keil.

↙ **Colloquium Verlag Otto H. Hess**
D-1000 Berlin 45, Unter den Eichen 93
Tel: (030) 8 32 80 85. **Psch:** Berlin West 117 23-106. **Bank:** Berliner Bank 25 23010 700. **Gegr:** November 1948 in Berlin. **Rechtsf:** OHG.
Inh/Ges: Otto H. und Anna Hess.
Verlagsleitung: Otto H. Hess □, geb. 7. 12. 1911 in Berlin.
Prokurist: Manfred Köppen.
Lektorat: Marianne Müller.
Geschichte: Als Verlag der Zeitschrift „colloquium" gegründet, nahm er 1952 die Buchproduktion auf.
Zeitgeschichte und Politik sowie wissenschaftliche Publikationen aus Geschichte, Pädagogik, Lateinamerikanistik und Publizistik, daneben populäre Wissenschaft und Biographien, sind die Hauptgebiete des Verlagsprogramms.
Hauptautoren: Y. Allon, A. Arnold, F. Ansprenger, F. Baumer, O. Büsch, E. Crankshaw, H. Gumtau, W. Haas, H. Heiber, W. J. Helbich, H. P. Kniepkamp, H. Koszyk, K. H. Lange, P. Lundgren, J. Meyerowitz, C. Petersen, G. Reitlinger, E. Richert, G. A. Ritter, J. Theisen, H. Uhlig, H.-J. Winkler.
Buchreihen: „Köpfe des 20. Jahrhunderts" — „Zur Politik und Zeitgeschichte" — „Einzelveröffentlichungen der Historischen Kommission zu Berlin" — „Historische und pädagogische Studien" — „Abhandlungen und Materialien zur Publizistik" — „Bibliotheca Ibero-Americana" — „Forschung und Information" — „Didaktische Modelle".
Tges: Zeitgeschichtlicher Buchversand G.m.b.H., D-1000 Berlin 45, Unter den Eichen 93.
Verlagsgebiete: 6 — 10 — 13 — 14 — 20.

Colmorgen & Co. Verlag
D-2300 Kiel-Ellerbeck, Marienstr. 1—3

Colorprint Seidendruck GmbH
D-7000 Stuttgart 1, Postfach 28, Augustenstraße 3—15

Signet wird geführt seit: —

Grafiker: —

Columbus Verlag Paul Oestergaard
D-7056 Beutelsbach bei Stuttgart, Columbus Haus, Postfach 1180
D-1000 Berlin 33, Fabeckstraße 59
Tel: Waiblingen (0 71 51) 60 11, Berlin (03 11) 76 17 67. **Fs:** 724 382. **Psch:** Stuttgart 43 53, Berlin-West 18 57. **Bank:** Dresdner Bank Stuttgart 11 566; Berliner Bank Berlin, Depka 24, 13 970.
Gegr: 13. 1. 1909 in Berlin. **Rechtsf:** OHG.
Inh/Ges: Paul Oestergaard sen., Peter Oestergaard jr., Jörgen Oestergaard jr.
Verlagsleitung: Paul Oestergaard □, geb. 8. 5. 1904; Peter Oestergaard jr.; Jörgen Oestergaard jr.
Prokuristin: Anita Hoeft.
Prokurist: Rudi Heubach.
Geschichte: Der Verlag wurde 1909 von Paul Oestergaard (gest. 16. 12. 1956), in Berlin-Lichterfelde gegründet.
Nach 1945 übernahm der jetzige Senior Paul Oestergaard die Leitung des Unternehmens, das durch neue Produktionsstätten in Berlin und Beutelsbach/Stuttgart die Basis verbreiterte. Das bis dahin übliche Kartenbild wurde in entscheidender Weise verfeinert und die äußere Erscheinung der Globen modernisiert, wobei der Verlag für die ganze Industrie richtungsweisend wurde. Das Programm umfaßt Erd- und Mondgloben, Leucht-, Duo-, Himmels-Globen und Duplex-Kunststoffgloben vom Schülerglobus bis zum Großglobus mit 51 cm ⌀.
Hauptwerke: „Columbus-Globen" und die Kartenwerke „Großer Columbus Weltatlas" — E. Debes, „Handatlas" — „Columbus Schulwandkarten".
Verlagsgebiet: 16.

Concept Verlagsgesellschaft mbH
D-4000 Düsseldorf 1, Bürgerstraße 6

Connelly Musikverlag
D-2000 Hamburg 13, Heimhuderstr. 36

Conradi & Co. Verlag
D-7012 Fellbach üb. Stuttgart, Postfach 1429, Vordere Straße 2

Continental-Gummiwerk AG, Kartogr. Verlag
D-3000 Hannover, Postfach 169, Continentalh., Königswortherplatz 1

Conzett u. Huber
CH-8021 Zürich, Morgartenstraße 29

Coop Verlag GmbH
D-2000 Hamburg 1, Besenbinderhof 43

Coppenrath, Alfred
D-8262 Altötting, Postfach 60, Neuöttinger Straße 32

Coppenrath, F. Verlag
D-4400 Münster, Postfach 1946, Prinzipalmarkt 28

Copress-Verlag
Münchener Buchgewerbehaus GmbH
D-8000 München 40, Schellingstr. 39—43

Cornelsen & Oxford University Press GmbH
D-1000 Berlin 30, Lützowstr. 105—106, Postfach 3144

Tel: (030) 2 62 10 60. **Bank:** Berliner Discontobank AG. **Gegr:** 28. 5. 1971 in Berlin. **Rechtsf:** GmbH.
Inh/Ges: Cornelsen-Velhagen & Klasing GmbH & Co. Verlag für Lehrmedien KG, Berlin; Oxford University Press, London.
Verlagsleitung: Franz Cornelsen ⬜ und Philip Chester, Geschäftsführer. Peter Collier und Götz Manth, stellvertr. Geschäftsführer.
Dr. Rolf Schneider, Gesamtprokurist.

Geschichte: Der Verlag wurde 1971 gegründet. Er entwickelt gemeinsam mit der Oxford University Press, London, Sprachkurse mit Tonbändern und Cassetten, Lehrbücher und andere Arbeitsmittel für den Englischunterricht an Bildungseinrichtungen verschiedenster Art in der Bundesrepublik und Berlin.
Hauptwerke: „English for Business" — „Spoken English for Schools" — „Realistic English" und andere Sprachkurse.
Verlagsgebiete: 10 — 11 — 27.

Verlagsgesellschaft Cornelsen--Velhagen & Klasing GmbH & Co. KG

D-4800 Bielefeld, Hauptstraße 203, Postfach 8729

Tel: (05 21) 2 40 71. **Fs:** 932 909. **Bank:** Deutsche Bank AG, Bielefeld. **Gegr:** 1966 in Bielefeld. **Rechtsf:** KG.
Inh: Velhagen & Klasing Verwaltungs GmbH.
Kommanditisten: Hildegard Cornelsen und Hildegard Cornelsen-Stiftung.
Geschäftsführer: Klaus Gerdts, Manfred Lösing, Hans-Joachim Olms.
Geschichte: Der Verlag wurde gegründet mit dem Ziel, in Kooperation mit anderen Verlagen Lehrwerke und Lehrmedien für allgemeinbildende Schulen und Erwachsenenbildung zu entwickeln und zu vertreiben.
Eine besonders enge Zusammenarbeit besteht mit dem Franz Cornelsen Verlag KG, Berlin, dem Verlag Velhagen & Klasing, Berlin, dem Verlag Cornelsen-Velhagen & Klasing GmbH & Co. Verlag für Lehrmedien KG, Berlin, der Geographischen Verlagsgesellschaft Velhagen & Klasing und Hermann Schroedel GmbH & Co KG, Berlin, der Cornelsen & Oxford University Press GmbH, Berlin, und Collier Macmillan, London-New York.
Verlagsgebiete: 10 — 11 — 18 — 19 — 27 — 28.

Cornelsen-Velhagen & Klasing GmbH & Co.,
Verlag für Lehrmedien KG

D-1000 Berlin 30, Lützowstr. 105—106, Postfach 3144

Tel: (030) 2 62 10 71. **Bank:** Berliner Discontobank AG. **Gegr:** 1968 in Berlin. **Rechtsf:** KG.
Inh/Ges: Cornelsen-Velhagen & Klasing GmbH, persönlich haftender Gesellschafter; Franz Cornelsen Stiftung, Kommanditistin.
Geschäftsführer: Franz Cornelsen □, Götz Manth, Hans-Herbert Kannegießer, Manfred Lösing.
Gesamtprokuristen: Klaus-Dietrich Buchhierl (Werbung), Gerhard Fietz (Herstellung), Jochen Meyer-Quade (Lehrmittelbereich).
Geschichte: Der Verlag wurde gegründet mit dem Ziel, in Zusammenarbeit mit dem Franz Cornelsen Verlag und dem Verlag Velhagen & Klasing das Verlagsprogramm für das Schul- und Bildungswesen auszubauen, insbesondere im Hinblick auf die Entwicklung und Integrierung neuer Lehrmedien.
Hauptwerke: „English H", „English G" und „Englisch Frühbeginn" (Lehrwerke für den Englischunterricht) — „Natur und Technik", Lehrwerke für Hauptschule und Sekundarstufe I, Medienverbund für die Grundschule — CVK-Biologie — Pädagogische Fachbücher — „Putzger" Historischer Weltatlas — CVK-Atlas zur Geschichte und Politik.
Zeitschriften: „Englisch", Zeitschrift für den Englischlehrer (vtljl.) — „NM", Neusprachliche Mitteilungen aus Wissenschaft und Praxis (vtljl.).
Tges: CVK-Lehrmittel KG Gerhard Gambke GmbH & Co., Berlin; Cornelsen & Oxford University Press GmbH, Berlin (siehe dort).
Verlagsgebiete: 10 — 11 — 18 — 19 — 27 — 28.

Coron Verlagsges. siehe Holtzbrinck

Cotta'sche (J. G.) Buchhandlung Nachf., GmbH

D-7000 Stuttgart-O, Adolf-Körner-Straße 24

Signet wird geführt seit: 1958.

Grafiker: —

J. Cramer

D-3301 Lehre (über Braunschweig), Im Kampstüh, Postfach 48

Tel: (0 53 08) 65 75. **Psch:** Stuttgart 1264 12. **Bank:** Bezirks-Sparkasse Weinheim 0 0030 007. **Gegr:** 1811 in Leipzig (W. Engelmann). **Rechtsf:** Einzelfirma.
Inh/Ges: Jörg Cramer.
Verlagsleitung: Jörg Cramer, geb. 1. 12. 1931 in Langensalza/Thür. Ausbildung in Deutschland und den Niederlanden.
Geschichte: Am 20. 12. 1811 übernahm W. Engelmann, geb. 28. 10. 1785 in Leipzig, Teile des Verlags und die Buchhandlung von Mitzky & Co. Nach seinem Tode 1823 folgte ihm seine Witwe und von 1833—1878 sein Sohn, Dr. h. c. Wilhelm Engelmann. 1878—1888 Dr. Rudolf Engelmann; 1888—1912 Dr. h. c. E. Reinicke; 1901—1955 Wilhelm Engelmann jr. und 1901—1917 Dr. Hans Robert Engelmann, der sich 1917 durch Übernahme einiger Titel des Verlages in Berlin selbständig machte, 1956 übernahm J. Cramer den Verlag von Dr. H. R. Engelmann und wichtige Teile des Verlags von Wilhelm Engelmann. 1957 wurde der Verlag nach Weinheim verlegt und unter dem gegenwärtigen Namen weitergeführt. Am 15. 6. 1965 wurde der Verlag in firmeneigene Räume nach Lehre verlegt.
Hauptwerke: Werke und Zeitschriften in den Kongreßsprachen aus dem Gebiete der Botanik sowie photomechanische Nachdrucke botanischer, zoologischer und geologischer Werke und Zeitschriften.
Buchreihen: „Historiae naturalis classica", 1974 100 Bände — „Beihefte zur Nova Hedwigia", 1974 50 Bände — „Das Pflanzenreich", 1965 107 Bände — „Das Tierreich", Band 1—44 (Fs. de Gruyter)

— „Die Rohstoffe des Pflanzenreichs", bis 1956 6 Bände.
Zeitschriften: „Nova Hedwigia" — „Zeitschrift für Kryptogamenkunde" — „Zeitschrift für Pilzkunde" — „Herzogia" — „Zeitschrift der bryologisch-lichenologischen Arbeitsgemeinschaft für Mitteleuropa".
Verlagsgebiete: 18 — 19 — Spez.Geb: 18 Botanik, Zoologie, Geologie.
Btlg: Strauss & Cramer, Graphischer Betrieb GmbH, D-6901 Leutershausen, 98 %.

Cranz, August, GmbH
D-6200 Wiesbaden, Postfach 1026, Adelheidstraße 68

Credo Verlag GmbH
D-6200 Wiesbaden, Postfach 807, Schiersteiner Straße 36

Crüwell, W., Verlag
D-4600 Dortmund 1, Postfach 1283, Deggingstraße 93

Cullen, Michael
D-1000 Berlin 12, Carmerstraße 1

Signet wird geführt seit: 1963.
Grafiker: nach Verlagsangaben.

Cura Verlag Gesellschaft m.b.H.
A-1030 Wien, Beatrixgasse 32
Tel: (02 22) 73 64 80. **Psch:** Wien 7527 971; Stuttgart 19 243-706. **Bank:** Schoeller Wien I, 130904; Girozentrale 9483. **Gegr:** 1946 als Eduard Wancura Verlag Wien. **Rechtsf:** GmbH.
Inh/Ges: Dr. Anton Plattner.
Verlagsleitung: Dr. Anton Plattner, geb. 1. 2. 1910 in Wien, Dr. phil., Geschäftsführer. Eva Maria Kittelmann, geb. 15. 10. 1932 in Wien, Verlagsbuchhändlerin.
Geschichte: 1946 Gründung des E. Wancura Verlages als Einzelfirma (österr. Belletristik, Jugendliteratur). 1957 Umwandlung in Gesellschaft m.b.H. (Erweiterung des Programms um Kochliteratur, Reisebücher, Sachbücher, Kunstkritik). 1965 Übernahme der Titel der Hippolyt Verlag Gesellschaft m.b.H. St. Pölten unter gleichzeitiger Programmerweiterung um Juridica, Lehr- und Lernbücher sowie Schulwandbilder. Änderung des Firmennamens am 5. 11. 1965 in Cura Verlag Gesellschaft m.b.H.
Verlagsgebiete: 2 — 4 — 8 — 10 — 11 — 13.

Cusanus-Verlag GmbH
D-5500 Trier, Postfach 65, Deworastr. 6

CVK-Lehrmittel KG
Gerhard Gambke GmbH & Co.
D-1000 Berlin 30, Lützowstr. 105—106

Cyrus Verlag
Inh. Mohamed Seyed Ghaleh
D-3100 Celle, Postfach 51

Signet wird geführt seit: 1972.
Grafiker: Ingrid Czwalina.

Ingrid Czwalina
D-2070 Ahrensburg, Reesenbüttler Redder 75
Psch: Hamburg 60257-209. **Gegr:** 23. 10. 1968 in Ahrensburg. **Rechtsf:** Einzelfirma.
Inh/Ges: Ingrid Czwalina.
Verlagsleitung: Ingrid Czwalina, Dr. Clemens Czwalina.
Geschichte: Das am 23. 10. 1968 in Ahrensburg gegründete Unternehmen ist seit 1973 Mitglied im Börsenverein des deutschen Buchhandels.
Hauptautoren: Allmer, Altenberger, Baumann, Bührle, Czwalina, Dietrich, Geißler, Hahmann, Jost, Klindt, Kohl, Lemke, Lenk, Lutter, Minsel, Moosburger, Niedlich, Paschen, Schabert, Schaller, Timmermann, Wurdel.
Hauptwerk: Hans Lenk, „Materialien zur Soziologie des Sportvereins".
Buchreihen: „Schriftenreihe für Sportwissenschaft und Sportpraxis" — „Materialien zur Sportpädagogik" — „Probleme der Sportsoziologie".
Verlagsgebiete: 23 — 10.

Daco-Verlag
D-7000 Stuttgart 1, Richard-Wagner-Straße 10

Dähmlow, Helmut, Verlag
D-4040 Neuß/Rhein, Postfach 485, Vossenackerstraße 9

Dahl, Heinz, Buchdienst der Jugend
D-3500 Kassel 2, Postfach 844

Jürgen Dahl, Verlag
D-4150 Krefeld-Traar, Am Eichenkamp 1

Dahmann & Co., Otto
D-5600 Wuppertal-Barmen, Postf. 9480, Tilsiter Straße 8

Dalp Verlag siehe Francke

Signet wird geführt seit: 1963.

Grafiker: Ernst Osberghaus.

damokles verlag — heinz riedel
D-2070 Ahrensburg (Holst.), Parkallee 37
Tel: (0 41 02) 23 83. **Psch:** Hamburg 1033 14. **Bank:** Kreissparkasse Stormarn Ahrensburg 192 031; Deutsche Bank Ahrensburg 30/05220. **Gegr.:** 1. 4. 1963. **Rechtsf:** Einzelfirma.
Inh/Ges: Gerda Riedel.
Verlagsleitung: Gerda Riedel, geb. 23. 11. 1925.
Geschichte: Am 1. April 1963 gründete Heinz Riedel zunächst eine Verlagsauslieferung, die seither als selbständige Firma unter dem Namen „damokles verlagsauslieferungen" von Gerda Riedel geführt wird. Die Eigenproduktion des Verlages begann im Sommer 1963. Im Frühjahr 1965 Eröffnung eines Pariser Büros. Nach dem Tod von Heinz Riedel 1972, wird der Verlag von Gerda Riedel weitergeführt.
Hauptautoren: Georges Brassens, Aristide Bruant, Pierre Seghers, Hanns Dieter Hüsch, Jacques Brel, Nino Erné.
Buchreihen: „damokles sammlung" (Chansons aus aller Welt, unter besonderer Berücksichtigung des französischen Chansons) — „damokles songbücher" (Pol. Lieder) — „damokles bilderbücher".
Verlagsgebiete: 8 — 13.

Dankert, Karl
D-2000 Hamburg 13, Postfach 1885, Bogenstraße 52

Datterer & Cie siehe Sellier

Dausien, Werner, Verlag und Verlagsauslieferung
D-6450 Hanau (M) I, Nürnberger Str. 22

DBV Verlag GmbH — Verlag des Deutschen Bundes für Vogelschutz
D-3508 Melsungen, Postfach 267, Mühlenstraße 9

DCC-Wirtschaftsdienst u. Verlag GmbH
D-8000 München 40, Postfach 400 428, Mandlstraße 28

Dechat, Josef
A- 2500 Baden, Germergasse 35

Decker, Franz, Nachf. GmbH
D-7012 Fellbach, Friedrichstraße 15

Signet wird geführt seit: 1932.

Grafiker: Günther Karwiese.

R. v. Decker's Verlag G. Schenck G.m.b.H.
D-2000 Hamburg 13, Heimhuderstr. 53
Tel: (04 11) 45 58 74. **Psch:** Hamburg 350 38. **Bank:** Marcard & Co Hamburg 2938 100. **Gegr:** 1537 in Bern (Mathias Apiarius), 1635 in Basel (Rats- und Universitäts-Buchdruckerei), 1713 in Berlin (Kgl. Geh.-Ober-Hofbuchdruckerei), 1951 in Hamburg. **Rechtsf:** GmbH.
Inh/Ges: Dr. Alfred Hüthig Verlag, Helmuth Schenck, Dr. jur. Lothar Spindler.
Verlagsleitung: Dr. Alfred Hüthig, geb. 12. 9. 1900 in Pössneck; Helmuth Schenck, geb. 18. 2. 1904 in Berlin; Peter-Horst Schenck, geb. 28. 5. 1933 in Berlin.

Geschichte: Friedrich der Große ernannte im Jahre 1763 Georg Jacob Decker zu seinem Hofbuchdrucker. Unter Friedrich Wilhelm II. wurde im Jahre 1787 nicht nur das früher gegebene Privilegium erneuert, sondern dem Inhaber auch der Titel eines „Geh.-Ober-Hofbuchdruckers" verliehen. Die Kgl. Geh.-Ober-Hofbuchdruckerei (R. v. Decker) wurde 1877 vom Reich angekauft und mit der damals bestehenden Preuss. Staatsdruckerei vereinigt und zur Reichsdruckerei erhoben. Die Verlagsabteilung der Geh.-Ober-Hofbuchdruckerei übernahm nach 25jähriger Tätigkeit bei Decker der Chefredakteur des „Berliner Fremdenblatts" und Kgl. Hofbuchhändler Gustav Schenck, der den Verlag bis 1901 führte. Sein Sohn, Hofbuchhändler Bruno Schenck, erwarb den Verlag 1901 als Alleininhaber. Seit 1916 OHG, seit 1951 GmbH, in die 1968 der Dr. Alfred Hüthig Verlag (s. d.) eingetreten ist.

Buchreihen: „Bundeswehrverwaltung" — „Post- und Fernmeldewesen" — „Der Dienst bei der Deutschen Bundespost" — „Zoll aktuell" — „I-auf", Schriftenreihe des Instituts für Automation und Unternehmensforschung.

Zeitschriften: „Goltdammer's Archiv für Strafrecht" (mtl.) — „Unterrichtsblätter für die Bundeswehrverwaltung" (mtl.).

Verlagsgebiete: 4 — 5 — 11 — 20 — 21 — 28.

Degener & Co.

D-8530 Neustadt/Aisch, Postfach 1340, Nürnberger Straße 27

Degener, Werner

D-3000 Hannover 1, Postfach 1320, Hindenburgstraße 40

Verlag Horst Deike KG

D-7750 Konstanz, Wollmatingerstraße 6

Delius, Klasing & Co.

D-4800 Bielefeld, Postfach 4809, Siekerwall 21

Signet wird geführt seit: 1962.

Grafiker:
Otto Ziegler, Schwabach.

Delp'sche Verlagsbuchhandlung KG

D-8000 München 40, St.-Blasien-Str. 5
D-8532 Bad Windsheim, Kegetstraße 11, Postfach 140

Tel: München (089) 35 84 98, Bad Windsheim (0 98 41) 141. **Fs:** 06 15 24. **Psch:** München 1865 21-808. **Bank:** Bayer. Hypoth. und Wechsel-Bank Bad Windsheim 125806. **Gegr:** 1. 9. 1961 in München. **Rechtsf:** KG.

Inh/Ges: Dipl.-Kfm. Heinrich Delp als pers. haft. Gesellschafter und 2 Kommanditisten.

Verlagsleitung: Dipl.-Kfm. Heinrich Delp ☐, geb. 14. 6. 1926, Studium der Wirtschaftswissenschaften und Publizistik an der Univ. München, Absolvent der „Meisterschule für Deutschlands Buchdrucker" in München.

Geschichte: Die Delp'sche Verlagsbuchhandlung ist eine Tochtergründung der Fa. Heinrich Delp KG, Verlag und Druckerei in Bad Windsheim (gegr. 1900 vom Großvater des Verlagsinhabers).

Hauptautoren: Netti Boleslav, Bernhard Doerdelmann, Karlhans Frank, Wolfgang Hammer, Rolf Italiaander, Günter Radtke, Arno Reinfrank, Manfred Schlapp, Hellmut Walters.

Buchreihen: „Disput", Beiträge zur Politik und Soziologie der Gegenwart — „gedichte" — „bildende kunst".

Btlg: „Intelligenzblatt" — Ein gemeinsamer Prospekt von fünf Verlagen, die nicht mit Plakat-Feldzügen, Fernseh-Spots oder Cocktail-Parties für ihre Bücher werben.

Verlagsgebiete: 3 — 6 — 8 — 12 — 7 — 14 — 15.

Delphin Verlag GmbH

D-7000 Stuttgart 1, Wiederholdstr. 10-12

Delphin Verlag

CH-8031 Zürich, Limmatstraße 111

Demmig Verlag KG

D-6100 Darmstadt, Postfach 324, Mainzer Straße 80—82

Denzel, Eduard
A-6020 Innsbruck, Maximilianstraße 9

Signet wird geführt seit: 1945.

Grafiker: Prof. Trump.

Verlag Kurt Desch GmbH München

D-8000 München 19, Romanstraße 7—9, Deschinsel, Postfach 7

Tel: (089) 13 20 51-53. **Fs:** 52 15 959. **Psch:** München 111201-804. **Bank:** Volksbank München 31 164. **Gegr:** 17. 11. 1945 in München. **Rechtsf:** GmbH.

Inh/Ges: Bernd Cremer.

Verlagsleitung: Dr. Hans Josef Mundt, geb. 13. 3. 1914 in Siegburg; Bernd Cremer, geb. 13. 5. 1943 in Düsseldorf; Hans M. Jürgensmeyer, geb. 14. 1. 1924 in Münster/Westf.
Lektorat: Dr. Gunter Groll, geb. 5. 8. 1914 in Liegnitz; Christa Müller, geb. 9. 4. 1940 in Hamburg.
Theaterverlag: Walter Jensen, geb. 2. 11. 1913 in Hamburg.

Geschichte: Gründung 1945 als erster deutscher Verlag in der amerikanischen Zone unter der Maxime „restitutio homines". Ende 1973 erwarb Bernd Cremer die Anteile des Verlages, Dr. Hans Josef Mundt übernahm die verlegerische Leitung.

Hauptautoren: (Buchverlag) Lily Abegg, Isaak Babel, Walter Bauer, Eugene K. Bird, Leo Brawand, Hermann Bößenecker, Pearl S. Buck, Rosy Chabbert, Jean Cocteau, Robert Crichton, Joseph Dunner, Kasimir Edschmid, Egon Eis, Rainer Fabian, Edna Ferber, Oskar Maria Graf, Ernst Glaeser, Manfred Gregor, Ulrich Greiwe, Willy Haas, Helmut Hammerschmidt, Jan de Hartog, Robert Haerdter, Michael Heim, Wolfgang Hildesheimer, Henry Jaeger, Robert Jungk, Hans Kades, Nikos Kazantzakis, Hermann Kesten, Joseph Kessel, Hans Hellmut Kirst, Dieter O. Klama, Fritz Köhle, Gerhard Konzelmann, Robert Lattès, Joe Lederer, Felix Lützkendorf, Joachim Maass, François Mauriac, Kate Millett, Alberto Moravia, Clemens Münster, Robert Neumann, Harold Nicolson, Joachim Pahl, Volker Elis Pilgrim, Theodor Plievier, Francis Pollini, Pandelis Prevelakis, Romain Rolland, Erich Maria Remarque, Hans Werner Richter, Martha Saalfeld, Leonard St. Clair, Albertin Sarrazin, Carlo Schmid, Georg Schreiber, E. F. Schumacher, Ronald Searle, György Sebestyén, Walter Slotosch, Siegfried Sommer, Diether Stolze, José-Luis de Vilallonga, Evelyn Waugh, Annemarie Weber, Günther Weisenborn, Morris L. West, Ernst Wiechert, Justus Franz Wittkop — (Theaterverlag Arthur Adamov, Axel von Ambesser, Stefan Andres, Jean Anouilh, Fernando Arabal, Pierre Barillet, Bertolt Brecht, Arnold Bronnen, Dino Buzzati, Alejandro Casona, Jean Cocteau, Franz Theodor Csokor, Heinz Coubier, Werner Egk, Walter Firner, Richard Flatter, Friedrich Forster, Leonhard Frank, Jean Giraudoux, Jean-Pierre Grédy, Knut Hamsun, Wolfgang Hildesheimer, Eugène Ionesco, Walter Jens, Dieter Kühn, Salvador de Madariaga, Norman Mailer, François Mauriac, Alberto Moravia, Terence Rattigan, Hans Rehfisch, Emmanuel Roblès, Romain Rolland, André Roussin, Marc-Gilbert Sauvajon, Karl Schönherr, Erwin Sylvanus, Ludwig Thoma, Vercors, Günther Weisenborn, Morris L. West u. a.

Buchreihen: „Modelle für eine neue Welt", eine Sammlung über Themen der Zukunftsforschung (Futurologie), hrsg. von R. Jungk und H. J. Mundt — „Dokumente zur deutschen Geschichte" (historische Werke in Wort und Bild) — „Mächte und Kräfte unseres Jahrhunderts in Texten, Bildern und Dokumenten" — „Die großen Kulturepochen" — „Die Weltmächte im 20. Jahrhundert", Dokumentarwerke in Wort und Bild — „Dokumente zur Zeit".

Hz: „Die Desch-Insel", Blätter für Literatur, Theater, bildende Kunst, Funk und Film (Erscheinungsweise unregelmäßig).

Alm: „25 Jahre Verlag Kurt Desch".

Verlagsgebiete: 6 — 8 — 12 — 14 — 15 — 18 — 24 — 26.

Dessart, Engelbert, Verlag
D-6500 Mainz, Josefstraße 6

**Franz Deuticke Verlag,
Sortiments- und Antiquariatsbuchhandel**

A-1011 Wien, Helferstorferstraße 4, Postfach 761
Tel: (02 22) 63 64 29, 63 15 35. **Psch:** Wien 7183.690; München 1207 23-807; Zürich 80-9951. **Bank:** Creditanstalt-Bankverein Wien 21-33 155. **Gegr:** 1878 in Wien. **Rechtsf:** Einzelfirma.
Inh: Karoline (Lilly) Deuticke.
Verlagsleitung: Werner Riehl, geb. 28. 3. 1919 in Wien, seit 1953 Prokurist, seit 1961 Geschäftsführer und Direktor (Verlag, Sortiment, Antiquariat).
Geschichte: Franz Deuticke, 1850—1919, Sohn eines Lehrers aus Sachsen, erwarb 1878 gemeinsam mit St. Toeplitz die „Medicinische Buchhandlung" des Carl Czermak in Wien, der auch ein kleiner Verlag angeschlossen war. Sie wurde bis 1886 unter „Toeplitz & Deuticke" geführt, ab 1887 war Franz Deuticke Alleininhaber. Von Anfang an bestimmten die aufstrebenden Naturwissenschaften und die berühmte Wiener Medizinische Schule das Verlagsschaffen, dem sich um 1900 als dritte Sparte das Schulbuch zugesellte. Nach Franz Deutickes Tod übernahm sein ältester Sohn Hans die Firma. Unter seiner Führung wurden die nun schon bewährten Arbeitsgebiete weiter ausgebaut. Bahnbrechende Autoren auf den Gebieten der Medizin, Technik, Natur- und Gesellschaftswissenschaften verliehen dem Verlag weltweite Geltung. Als Hans Deuticke 1953 starb, fiel die Firma an seine Witwe Karoline. Heute leitet diese Firma ihr Neffe und ältester Enkel des Gründers, Werner Riehl.
Zeitschriften: „Archaeologia Austriaca", Hrsg. R. Pittioni (hjl.) — „Beiträge zur Gerichtlichen Medizin", Hrsg. W. Holczabek (jl.).
Verlagsgebiete: 4 — 11 — 18 — 3 — 5 — 14 — 16 — 20 — 28.

**Verlag Harri Deutsch
Zürich und Frankfurt (M)**

D-6000 Frankfurt (M) 90, Gräfstraße 47
Tel: (06 11) 77 73 38 und 70 24 67. **Psch:** Frankfurt (M) 247489-604. **Bank:** Frankfurter Sparkasse von 1822, Frankfurt (M) 50/285 188. **Gegr:** 17. 1. 1961 in Frankfurt (M). **Rechtsf:** Einzelfirma.
Inh: Harri Deutsch.
Verlagsleitung: Harri Deutsch ☐, geb. 24. 4. 1922 in Leipzig, Studium der Naturwissenschaften an der Universität Leipzig und Frankfurt (M); Dipl.-Kaufm. Reinhard Deutsch ☐, geb. 8. 1. 1936 in Quedlinburg, Buchhändlerprüfung Frühjahr 1959, Frankfurt (M), Studium der Wirtschaftswissenschaften an der Univ. Frankfurt (M); Hans-Alfred Herchen ☐, geb 17. 5. 1941 in Braunschweig, Buchhändlerprüfung 1961, Tätigkeit als Journalist sowie im Sortiments-, Zwischen- und Verlagsbuchhandel.
Geschichte: Am 4. April 1949 Gründung einer Naturwissenschaftlichen Fachbuchhandlung in Frankfurt (M). Aus den Erfahrungen des naturwissenschaftlichen Fachstudiums, verbunden mit denen aus dem Fachsortiment, Entwicklung des Verlages seit 1960. Zunächst Beschränkung auf die Naturwissenschaften, mit der Mathematik als Kernstück. Es erscheinen eine Reihe von Lehrbüchern und Nachschlagewerken, die vorwiegend an Fachhochschulen eine weite Verbreitung finden. 1968 Erweiterung des Programms auf Fachlexika und populärwissenschaftliche Literatur und 1970 auch auf wirtschaftswissenschaftliche Titel. Seit Verlagsgründung enge Zusammenarbeit mit DDR-Verlagen. Zahlreiche Titel erschienen in Koproduktion oder, nach entsprechender Bearbeitung für den westlichen Markt, als Lizenzausgaben. Der Verlag ist weiterhin bemüht, wichtige wissenschaftliche Titel und didaktisch ausgereifte Lehrbücher als Übersetzungen aus dem Russischen, Tschechischen, Polnischen und Englischen in deutscher Sprache vorzulegen.
Hauptwerke: I. N. Bronstein / K. A. Semendjajew, „Taschenbuch der Mathematik" — W. Gellert u. a. (Hrsg.), „Kleine Enzyklopädie Mathematik" — O. u. M. Heinroth, „Die Vögel Mitteleuropas" — „Reihe Mathematik für Ingenieure" — Fachlexika: „ABC Chemie", „ABC Physik", „ABC Biologie" — „Programmierte Volkswirtschaftslehre".
Tges: Naturwissenschaftliche Fachbuchhandlung und Antiquarität Harri Deutsch, Frankfurt (M).
Verlagsgebiete: 5 — 18 — 19 — 20 — 25 — 26.

Signet wird geführt seit: 1928.

Grafiker:
Prof. E. R. Vogenauer.

Deutsche Buch-Gemeinschaft C. A. Koch's Verlag Nachf.

D-6100 Darmstadt, Berliner Allee 6

Tel: (0 61 51) 86 61. **Fs:** 04 19 261. **Psch:** Ffm. 396 und 4163. **Bank:** Dresdner Bank Darmstadt 14 012; Stadt- und Kreissparkasse Darmstadt 1000 1900; Bank für Gemeinwirtschaft, Darmstadt 70 000; Berliner Handels-Gesellschaft, Frankfurt (M) 4610/2; Deutsche Bank Darmstadt 25/100 63; Commerzbank Darmstadt 130 88 16. **Gegr:** 1924 in Berlin. **Rechtsf:** KG.
Inh/Ges: Pers. haft. Gesellschafter: Ernst Leonhard.
Verlagsleitung: Prokuristen: Altenberger, Dr. Felten, Kubitz, Oppenheim, Schäfer, Trageiser, Dr. Waldmüller. Zusätzlich für die Zweigniederlassung Wien: Dr. Edith Nessler, Anton Bernhard.
Geschichte: Die Deutsche Buch-Gemeinschaft wurde im Jahre 1924 in Berlin gegründet. Sie führte als erste Buchorganisation die Möglichkeit der freien Buchauswahl ein und wurde damit richtunggebend für die Entwicklung aller auf diesem Gebiet arbeitenden Firmen. Das kommt besonders auch darin zum Ausdruck, daß der von ihr geprägte Name „Buchgemeinschaft" zum Gattungsbegriff für diese Art des direkten Buchvertriebes erhoben wurde.
Hz: „Die Lesestunde", literarische Illustrierte für die Mitglieder.
Verlagsgebiet: 30 — Buchgemeinschaft.

Deutsche Grammophon Ges. mbH

D-2000 Hamburg 13, Postfach 879, Harvestehuder Weg 1—4

Deutsche Hausbücherei siehe Holtzbrinck

Deutsche Kreiskarten Verlagsanstalt, Rudolf Ernst

D-8000 München 90, Postfach 900 325, Hans-Bartel-Straße 2

Deutsche Landwirtschafts-Gesellschaft Verlags-GmbH, DLG-Verlag

D-6000 Frankfurt (M), Rüsterstraße 13

Deutsche Philips Verlag GmbH

D-2000 Hamburg 1, Postfach 1093, Mönckebergstraße 7

Deutsche Rechtsprechung Verlags-GmbH & Co.

D-3000 Hannover 1, Fundstraße 1 B

„Der Deutsche Schreiner" Verlags-Gesellschaft mbH

D-7000 Stuttgart 1, Neckarstraße 121

Deutsche Sportbibliothek Verlagsgesellschaft mbH

D-7000 Stuttgart 1, Lehenstraße 31

Signet wird geführt seit: 1958.

Grafiker: Fehrle.

Deutsche Verlags-Anstalt GmbH

D-7000 Stuttgart O, Neckarstraße 121 bis 125, Postfach 209

Tel: (07 11) 2 15 11. **Fs:** 07-22 503. **Psch:** Stuttgart 7. **Bank:** Dresdner Bank AG Stuttgart 9 009 814; Handels- und Gewerbebank Heilbronn AG 0702776; Girokasse Stuttgart 2 620 000. **Gegr:** 1. 9. 1848 in Stuttgart. **Rechtsf:** GmbH.
Geschäftsführung: Helmut Weygandt. Kaufmännische Leitung: Prokurist Hartmut Ammon.
Unternehmensplanung und -organisation: Prokurist Klaus Baldus.
Allgemeiner Buchverlag: Prokurist Felix Berner.
Neue Medien: Prokurist Heinz Bühler. Zeitschriftenverlag: Prokurist Hans F. Erb.
International Division: Prokurist Bernd H. D. Kirchner.
Fach- und Sachbuchverlag: Prokurist Dr. Reinhard Lebe.
Verkauf: Prokurist Lothar Nalbach.
Rechtsabteilung: Prokurist Lothar K. Timpe.
Grafischer Großbetrieb: Prokurist Helmut Weber.

Geschichte: Der Verlag wurde 1848 durch Eduard Hallberger in Stuttgart gegründet. Er entfaltete sich um zwei Zeitschriften „Illustrierte Welt" und „Über Land und Meer", beide überaus erfolgreich und ein Sammelbecken vieler Autoren, die dann auch ihre Bücher hier verlegten; unter ihnen F. W. Hackländer, Georg Ebers, Wilhelm Busch, Wilhelm Raabe, Tolstoi, Turgenjew, Mark Twain, Zola.

Als Hallberger 1880 starb, hinterließ er einen blühenden, zu großem Ansehen gelangten Verlag, der dann ein Jahr später in eine AG umgewandelt wurde und seinen heutigen Namen erhielt. Das 20. Jahrhundert brachte für den Verlag neue kräftige Impulse. Unter der Leitung von Gustav Kilpper, der bis zum Zweiten Weltkrieg den Kurs bestimmte, wurden die „Klassiker der Kunst" begründet und vor allem die Verlagsgebiete „Schöne Literatur" und „Geschichte und Politik" ausgebaut. Die DVA wurde der Verlag der deutschen Dichter Ina Seidel, Josef Winckler, Börries Freiherr von Münchhausen, Henry Benrath, Waldemar Bonsels, Otto Rombach und Jochen Klepper, der großen Ausländer André Gide, Charles Morgan, Lin Yutang, Tania Blixen, Ortega y Gasset, der Historiker Willy Andreas, I. G. Droysen, Albert von Hofmann, Erich Marcks, K. A. von Müller, Hermann Oncken, Gerhard Ritter, der Verlag der Jacob-Burckhardt-Gesamtausgabe, des dreibändigen Sammelwerkes „Meister der Politik" und grundlegender Ländermonographien.

Nach der Zäsur des Zweiten Weltkrieges wurde an die bewährte Linie des Verlages angeknüpft und sowohl die Sparte „Schöne Literatur" wie „Geschichte und Politik", die nach wie vor Schwergewichte des Verlages bilden, um zahlreiche neue Werke und Namen bereichert. Auch bei den wissenschaftlichen und technischen Sach- und Fachbuch-Publikationen ordneten sich frühe Ansätze während der letzten Jahrzehnte zu neuen Verlagssparten. Waren auf der einen Seite seinerzeit die „Klassiker der Kunst" ein Markstein ordnender Bestandsaufnahmen, so im technischen Bereich das „Lueger" Lexikon der gesamten Technik, ein Zeitdokument und Standardwerk, dessen gegenwärtige Neuauflage mit 17 Bänden das größte Fachlexikon der Ingenieurtechnik in der ganzen Welt darstellt.

Bereits seit der Jahrhundertwende befaßt sich der Verlag zunehmend auch mit der Fachliteratur, mit besonderem Gewicht auf Zeitschriften und Büchern für das Bauwesen. Um „Das Deutsche Malerblatt", „der deutsche schreiner" und „-db- Deutsche Bauzeitung" gruppieren sich Fachbücher, illustrierte Bände und informative Sachbücher. Die zeitdiagnostische Tendenz im Verlagsschaffen weitet sich seit langem über die reine Geistesbildung zur Sachinformation hin aus.

Mit dem großen Verlagsobjekt „Bild der Wissenschaft" ist eine Plattform der Korrespondenz zwischen dem Wissenschaftler und der Öffentlichkeit geschaffen. Aus dem Themenkreis dieser Zeitschrift entstanden Sachbücher und Sachlexika.

Mit dem Verlagszweig „Lehrtechnologie" entstand eine völlig neue verlegerische Aufgabe. Innerhalb dieses Zweiges befaßt sich der „DVA-Lehrmittelring" mit der Entwicklung eines systematischen Lehrmittelangebots für die innerbetriebliche Ausbildung und Mitarbeiterschulung. Dem laufend an Bedeutung gewinnenden Gebiet der non-books widmet sich das vor kurzem geschaffene Verlagsressort „Neue Medien". Seine Bestrebungen und Planungen richten sich auf den Einsatz neuer Informationsträger im Bereich der Bildung und der Unterhaltung.

Hauptautoren: Konrad Adenauer, Peter Bamm, Johannes Bobrowski, Franz Boerner, Waldemar Bonsels, Heinrich Brüning, Paul Celan, Ludwig Curtius, Ulrich Diekmeyer, Josef Eberle, Theodor Eschenburg, Max Eyth, Hans Freyer, Wilhelm Fuchs, Carlos Fuentes, Gertrud Fussenegger, Jean Gebser, André Gide, Curt Goetz, Heinz Haber, Heinz Hanisch, Herbert von Hoerner, Sigrid Hunke, Werner Kirst, Jochen Klepper, Kurt Kluge, Alexander Lenard, Salvador de Madariaga, Iván Mándy, Valérie von Martens, Ana Maria Matute, Klaus Mehnert, José Ortega y Gasset, Ernst Ott, Gudrun Pausewang, Klaus Paysan, Ramiro Pinilla, Michael Prawdin, Alfred Rapp, Gerhard Ritter, Otto Rombach, Ina Seidel, Friedrich Sieburg, C. P. Snow, Karl Steinbuch, Margarete Susman, Juliana von Stockhausen, W. E. Süskind, Peter Ustinov, Josef Winckler, Marguerite Yourcenar, Eva Zeller.

Buchreihen: „Veröffentlichungen des Leo Baeck Instituts" — „Schriftenreihe des Militärgeschichtlichen Forschungsamtes" — Veröffentlichungen des Instituts für Zeitgeschichte: „Quellen und Darstellungen zur Zeitgeschichte" und „Schriftenreihe der Vierteljahrshefte für Zeitgeschichte" — „Bücher der Öffentlichen Wissenschaft" — „Anthologien aus Bild der Wissenschaft" — „dva-Training" — „Lehrtechnologie" — „dva-informativ" — „DVA-Seminar" — „Reporter-Bücher" — „Elternbücher" — „dva-Spiele".

Zeitschriften: „Osteuropa", mit Tochterzeitschriften „-Recht" und „-Wirtschaft" — „db - Deutsche Bauzeitung" — „Der Deutsche Baumeister BDB" — „der deutsche schreiner" — „Das Deutsche Malerblatt" — „Bild der Wissenschaft" — „Ideen des exakten Wissens" (a l l e mtl.) — „Vierteljahreshefte für Zeitgeschichte".

Hz: Almanach: „Im 110. Jahr" — „125 Jahre Deutsche Verlags-Anstalt".

Tges: Engelhornverlag GmbH; Hippokrates Verlag; Verlag für Malerfachliteratur GmbH; Deutscher Fachzeitschriften- und Fachbuchverlag GmbH; Stichnote-Verlag.

Verlagsgebiete: 6 — 8 — 14 — 18 — 20 — 3 — 9 — 12 — 15 — 23 — 25.

Signet wird geführt seit: 1950.

Deutscher Adreßbuch-Verlag für Wirtschaft und Verkehr GmbH

D-6100 Darmstadt, Holzhofallee 38, DAV-Verlagshaus, Postfach 320

Tel: (0 61 51) 8 40 11. **Fs:** 4 19548 dav d. **Psch:** Frankfurt (M) 8323-606. **Bank:** Hessische Landesbank, Girozentrale Darmstadt 571 01338-00 (BLZ 508 500 49); Bank für Gemeinwirtschaft, Darmstadt 10 70 90 30 (BLZ 508 101 11). **Gegr:** 1923. **Rechtsf:** GmbH.

Inh/Ges: Horst E. Jaeger, Alleingesellschafter.

Verlagsleitung: Geschäftsführer: Günter M. Hulwa, Horst E. Jaeger □.

Prokuristen: Klaus Boller, Ludwig Müller, Gerhard Poneß.

Geschichte: Im Januar 1932 wurde in Berlin die Firma „Deutscher-Adreßbuch-Verlag für Wirtschaft und Verkehr GmbH" als Dachgesellschaft für drei bereits bestehende Verlage gegründet, in denen folgende Werke jährlich erschienen: „Reichs-Telegramm-Adreßbuch", „Reichs-Branchen-Verzeichnis" und „Reichs-Bäder-Adreßbuch". 1937: 130 Mitarbeiter, 1945: Totalschaden. 1949: Ansiedlung in Darmstadt. 1974: 280 Mitarbeiter im Innendienst einschl. Tochtergesellschaften. Tochtergesellschaften: Jaeger-Verlag GmbH; Jaeger International Publications GmbH; Teladress Satz und Druck Gesellschaft mbH; 1952 Ausgründung: Telex-Verlag Jaeger und Waldmann.

Hauptwerke: „Deutsches Bundes-Adreßbuch der Firmen aus Industrie, Handel und Verkehr" — „Einkaufs-1×1 der Deutschen Industrie" — „Das Deutsche Branchen-Fernsprechbuch der Firmen in der Bundesrepublik Deutschland und Berlin" — „Das Deutsche Firmen-Alphabet" — „Das Deutsche Telegramm-Adreßbuch für die Bundesrepublik Deutschland und Berlin (West)" — „Jaeger's Europa Register-Teleurope" — „Mittler für Industrieansiedlung".

Verlagsgebiete: 25 — Sepz.Geb: 25 Wirtschaftsadreßbücher.

Zwst: Deutscher Adreßbuch-Verlag für Wirtschaft und Verkehr GmbH, Zweigniederlassung D-1000 Berlin 15, Lietzenburger Straße 91.

Deutscher Ärzte-Verlag GmbH

D-5023 Lövenich Krs. Köln, Postf. 1440, Dieselstraße 2

Signet wird geführt seit: 1960.

Grafiker: Prof. Walter Brudi, Stuttgart.

Deutscher Apotheker-Verlag Dr. Roland Schmiedel KG

D-7000 Stuttgart 1, Birkenwaldstr. 44, Postfach 40

Tel: (07 11) 29 25 59, außerhalb der üblichen Dienstzeiten (07 11) 29 61 22. **Psch:** Stuttgart 174 63-709; Berlin (West) 15 64-105; Wien 1086 951; Zürich 80-470 81.

Bank: Ellwanger & Geiger Stuttgart 22 450; Girokonto: Girokasse Stuttgart 2149 079; Deutsche Apotheker- und Ärztebank eGmbH., Stuttgart 00 958 500. Gegr: 1861 in Göppingen. Rechtsf: KG. Inh/Ges: Dr. Irmgard Ebert-Schmiedel, Lenore Rotta.
Verlagsleitung: Ernst Vaeth, Hans Rotta.
Prokuristen: Reinhold Hack, Karl Hübler, Herbert Hügel, Dr. Hans R. Petri, Barbara Schreck.
Geschichte: Die im Deutschen Apotheker-Verlag erscheinende „Deutsche Apotheker-Zeitung" besteht seit über 100 Jahren. Sie gehört damit zu den drei ältesten deutschen pharmazeutisch-wissenschaftlichen Fachzeitschriften und ist als unabhängiges Organ in ihrem Fachbereich führend.
Neben dem Zeitschriftenverlag entwikkelte sich im Laufe der Jahrzehnte ein Buchverlag, in dem Lehr- und Fachbücher für Apotheker, Geschäftsbücher, Vordrucke, Tabellen und sonstige Hilfsmittel, vor allem auch für die Ausbildung des pharmazeutischen Nachwuchses, erscheinen.
Zeitschriften: „Deutsche Apotheker-Zeitung, vereinigt mit Süddeutsche Apotheker-Zeitung; Unabhängige pharmazeutische Zeitschrift für Wissenschaft und Praxis". Hrsg.: Prof. Dr. Harry Auterhoff, Tübingen. Chefredaktion: Herbert Hügel, Stuttgart, Dr. Hans R. Petri, Stuttgart (wtl.) — „Informationsdienst A.P.V." Hrsg.: Arbeitsgemeinschaft für pharmazeutische Verfahrenstechnik (A.P.V.) e. V., Mainz (vtljl.).
Tges: S. Hirzel Verlag, Stuttgart; Wissenschaftliche Verlagsgesellschaft mbH, Stuttgart; Franz Steiner Verlag, Wiesbaden.
Verlagsgebiete: 18 — 28.

Deutscher Betriebswirte-Verlag GmbH
D-7562 Gernsbach, Bleichstraße 20

Deutscher Buchklub siehe Holtzbrinck

Deutscher Bücherbund siehe Holtzbrinck

Deutscher Drucker Verlagsgesellschaft mbH & Co. KG
D-7000 Stuttgart 1, Postfach 2650, Forststraße 60

Deutscher Eichverlag GmbH
D-3300 Braunschweig, Postfach 3367, Burgplatz 1

Deutscher Fachschriftenverlag Braun & Co. KG
D-6200 Wiesbaden-Dotzheim, Postfach 13 007

Deutscher Fachverlag GmbH
D-6000 Frankfurt (M), Schumannstr. 27, Postfach 2625

Tel: (06 11) 7 43 31. Fs: 04 11 862. Psch: Frankfurt (M) 18 6844. Bank: Stadtsparkasse Frankfurt (M). Gegr: 1946. Rechtsf: GmbH.
Inh/Ges: Eva, Peter und Andreas Lorch.
Verlagsleitung: Peter Lorch.
Gesamtprokura: Dr. Dietrich Markert, Günter Harff, Alfred Weber, Peter Russ, Frank Sellien.
Geschichte: Wilhelm Lorch, geb 1911, gest. 1966, zunächst in Berlin Journalist bei verschiedenen Tageszeitungen, ab 1933 bei der Textilfachpresse und später Hauptschriftleiter der damaligen „Textil-Zeitung", verlegte 1946 die „Textil-Wirtschaft". 1948 Gründung der „Lebensmittel-Zeitung"; dann weitere bedeutende Fachzeitschriften, Kundenzeitschriften und Nachrichtendienste. 1950/51 Gründung der Verlage „Verlag für Wirtschaftspraxis" und „Lorch-Verlag GmbH", letzterer als Buchverlag der Verlagsgruppe. Zum 1. 1. 1974 Übernahme der Verlage Dr. Ing. O. Spohr-Verlag Nachf. und Franz Eder Verlag.
Bücher: Fachbücher über Textil-Wirtschaft, Lebensmittelhandel, Handel allgemein, Management, Zeitschriftenwesen, Juristische Fachkommentare für Praktiker (Lebensmittel, Textilkennzeichnung, Verkaufsveranstaltungen, Zugaben, Einheitskonditionen der Textilwirtschaft u. a.), Arbeitsergebnisse der Rationalisierungs-Gemeinschaft des Handels (RGH), Tendenz-Farbenkarten, Formulare.
Zeitschriften: „Textil-Wirtschaft" — „textil-report" — „textil-heimkultur" — „Herrenjournal" — „chemiefasern - Zeitschrift für die gesamte Textilindustrie" — „Lebensmittel-Zeitung" — „Lebensmittel-Handel" — „moderner

markt" — „GV-Praxis International" — „Wettbewerb in Recht und Praxis" — „Zeitschrift für Lebensmittelrecht" — „European Industrial Report", u. a.
Verlagsgebiete 11 — 20 — 21 — 25 — 28.
Angeschl. Betr: Deutscher Fachverlag GmbH, Zweigniederlassung D-1000 Berlin, Schlütergasse 41/42; Verlag für Wirtschaftspraxis GmbH, Fft; Lorch-Verlag GmbH, Fft; Dr. Ing. O. Spohr Verlag, Fft; Franz Eder Verlag, Fft; Politik und Wirtschaft, Bonn; Management Travel, Internationale Fach- und Studienreisen GmbH, Ffm; Druckerei Schwenk & Co., Ffm; Transcontinental Press Ltd. London; Editeurope Paris.

Deutscher Fachzeitschriften und Fachbuchverlag siehe Deutsche Verlagsanstalt

Deutscher Gemeindeverlag siehe Kohlhammer

Deutscher Genossenschafts-Verlag, eGmbH
D-6200 Wiesbaden-Bierstadt, Postf. 106, Nauroderstraße 43

Deutscher Heimat-Verlag siehe Gieseking

Deutscher Ingenieurverlag siehe VDI-Verlag

Deutscher Kartei-Verlag Dr. Erich Mertinat & Co.
D-7971 Aitrach (Württ.), Neue Welt 20

Tel: (0 75 65) 480. **Psch:** Stuttgart 78 01. **Bank:** Deutsche Bank Memmingen. **Gegr:** 1928 in Berlin. **Rechtsf:** Einzelfirma.
Inh: Dr. Fritz Weiß.
Verlagsleitung: Dr. Fritz Weiß.
Geschäftsführerin: Frau Martha Fritz.
Geschichte: Gründung des Verlages 1928 in Berlin-Lichterfelde durch den Buchdruckereibesitzer Otto Mertinat. Nach dessen Tode ging der Verlag an seinen Sohn Dr. Erich Mertinat über. Neugründung nach dem Kriege am 27. 2. 1953 durch Dr. Mertinat und Dr. Weiß in Bad Salzuflen. Nach dem Tode von Dr. Mertinat wurde Dr. Weiß alleiniger Inhaber und verlegte den Verlag 1964 nach Marstetten-Aitrach i. Allgäu in ein verlagseigenes Haus.
Zeitschrift: „Kartei der praktischen Medizin", seit 1928 (halbmtl.).
Verlagsgebiete: 17 — 28.

Signet wird geführt seit: 1924.

Grafiker: Ernst Böhm.

Deutscher Kunstverlag GmbH
D-8000 München 21, Vohburgerstraße 1, Postfach 210 423
Filiale: D-1000 Berlin 12, Schillerstr. 10

Tel: München (089) 56 47 22, Berlin (030) 32 73 95. **Psch:** München 5988-809. **Bank:** Deutsche Bank München 85/25917. **Gegr:** 4. 7. 1921 in Berlin. **Rechtsf:** GmbH.
Inh/Ges: Ellen Burkhard-Meier, Düsseldorf; Ernst Hermann, München; Dr. Michael Burkhard-Meier, Gauting.
Verlagsleitung: Walter Paraquin, geb. 7. 4. 1909 in Nürnberg, Mitarbeiter seit 1949; Dr. phil. Michael Burkhard-Meier, geb. 20. 12. 1925 in München, Mitarbeiter seit 1960; Helmut Kaufmann, geb. 30. 7. 1929 in München, Mitarbeiter seit 1971.
Geschichte: Begründet Juli 1921 von den Verlagen Insel-Verlag und E. A. Seemann (beide in Leipzig), Deutsche Verlagsanstalt und Julius Hoffmann (beide in Stuttgart), Julius Bard, G. Grote und Walter de Gruyter & Co. (alle Berlin), zur Auswertung der Bestände der aus der ehem. Königl. Meßbildanstalt Berlin hervorgegangenen Staatlichen Bildstelle. 1924 von Walter de Gruyter & Co. erworben. 1939 ging der Verlag als Einzelfirma an den damaligen Geschäftsführer, Dr. phil. Burkhard Meier über. Nach dessen Tod — 1946 — Umwandlung in eine GmbH mit Hauptsitz in München und Filiale in Berlin.
Hauptwerke: Kunstinventare der Länder Schleswig-Holstein, Hessen, Rheinland-Pfalz, Baden. — Kurzinventare Bayern, Kunstwissenschaftliche Einzelpublikationen.

Buchreihen: "Deutsche Lande Deutsche Kunst" — Dehio, "Handbuch der Deutschen Kunstdenkmäler" — "Bildhandbuch der Kunstdenkmäler" (Deutschland, Österreich, Schweiz, Italien u. a.) — "Kunstwissenschaftliche Studien" — "Große Baudenkmäler".
Zeitschriften: "Architectura", hjl. — "Deutsche Kunst und Denkmalpflege", hjl. — "Waffen- und Kostümkunde", hjl. — "Zeitschrift für Kunstgeschichte", Jg. zu 5 Heften.
Btlg: Werbegemeinschaft "Kunst Buch Kunst".
Verlagsgebiete: 12 — 28.

Deutscher Landwirtschaftsverlag VEB
DDR-1040 Berlin, Reinhardtstraße 14

Deutscher Literatur-Verlag, O. Melchert
D-2000 Hamburg 70, Postf. 10868, Mühlenstieg 16—22

Deutscher Reform-Verlag GmbH
D-6380 Bad Homburg v. d. H., Postfach 291, Frankfurter Landstraße 23

Deutscher Sparkassenverlag GmbH
D-7000 Stuttgart 1, Postfach 733, Kernerstraße 52

Deutscher Sportverlag, Kurt Stoof
D-5000 Köln, Eintrachtstraße 110—118

Deutscher Supplement Verlag KG
D-8500 Nürnberg-Langwasser, Lübener Straße 6

Signet wird geführt seit: 1960.
Grafiker: Celestino Piatti.

Deutscher Taschenbuch Verlag GmbH & Co. KG
D-8000 München 40, Friedrichstraße 1, Postfach 400 422
Tel: (089) 39 40 33. Fs: 05-215 396. Psch: München 116 300-806. Bank: Deutsche Bank München 16/23 743; Bayer. Hypotheken- und Wechselbank München, Zweigstelle Leopoldstraße 6/337 005.
Gegr: 2. 9. 1960 in München. **Rechtsf:** GmbH & Co. KG.
Inh/Ges: Artemis Verlag Stuttgart; C. H. Beck/Biederstein, München; Deutsche Verlagsanstalt, Stuttgart; Deutscher Taschenbuch Verlag GmbH, München; Heinz Friedrich, München; Hanser Verlag, München; Hegner, Köln; Kiepenheuer & Witsch, Köln; Kösel, München; Nymphenburger, München; Piper, München; Walter-Verlag, Freiburg; Jugend-Taschenbuch-Union Erika Klopp Verlag & Partner OHG, München.
Verlagsleitung: Heinz Friedrich □, geb. 14. 2. 1922, Geschäftsführer.
Werbung und Vertrieb: Prokurist Wolfgang Josephi.
Herstellung und Verwaltung: Prokurist Konrad Jost.
Geschichte: Am 2. September 1960 gründeten führende deutschsprachige Verlage den Deutschen Taschenbuch Verlag. Die erste Produktion legte dtv im September 1961 vor.
Zu der allgemeinen Reihe dtv, in der Romane, Erzählungen, Lyrik und Sachbücher erschienen, kamen innerhalb eines Jahres die "sonderreihe dtv" mit Werken moderner Autoren und die "dtv-Gesamtausgaben" (Goethe, Schiller, Kleist und Büchner) hinzu.
Neben Lizenzausgaben publiziert dtv auch Originalausgaben, die eigens für dtv geschrieben werden. Erfolgreichste Originalausgabe: der zweibändige "dtv-Atlas zur Weltgeschichte", von dem Lizenzausgaben in Frankreich, Großbritannien, Holland, Italien, Spanien und den USA erschienen. Fortgesetzt wurde die Reihe der dtv-Atlanten mit dem "dtv-Atlas zur Biologie", "dtv-Atlas zur Mathematik", "dtv-Atlas zur Anatomie", "dtv-Atlas zur Baukunst" und dem "dtv-Perthes Weltatlas". Mit diesen Werken, den Lexika ("dtv-Lexikon der Physik", "dtv-Lexikon der Antike", "dtv-Lexikon zur Geschichte und Politik" im 20. Jahrhundert"), dem zwanzigbändigen "dtv-Lexikon" (erarbeitet nach den lexikalischen Unterlagen des Verlages F. A. Brockhaus) und den dtv-Wörterbüchern bildete sich ein neuer Programmschwerpunkt heraus: die dtv-Nachschlagewerke.
1969 erweiterte dtv sein Programm um

Deutscher Taschenbuch Verlag

eine wissenschaftliche Reihe, die eine Zäsur bedeutete. Seither gliedert der Deutsche Taschenbuch Verlag einerseits seine Produktion in das Allgemeine Programm (Allgemeine Reihe dtv, sonderreihe dtv) und andererseits in das Wissenschaftliche Programm (Wissenschaftliche Reihe dtv, dtv-Nachschlagewerke, dtv-Gesamtausgaben, dtv-textbibliothek, dtv-Weltgeschichte des 20. Jahrhunderts).

Zum Wissenschaftlichen Programm zählen auch die vier juristischen Reihen, die dtv gemeinsam mit dem Gesellschafterverlag C. H. Beck herausbringt (Beck-Texte im dtv, Beck-Rechtsinformation, Beck-Rechtslexika, Beck-Studienbücher). Auf dem naturwissenschaftlich-medizinischen Gebiet arbeitet dtv mit den Verlagen Georg Thieme und Ferdinand Enke, Stuttgart, zusammen. Partner im Sachgebiet Musik ist der Bärenreiter Verlag, Kassel.

Seit April 1973 ist die Zweisprachenreihe Edition Langewiesche-Brandt mit allen bisher erschienenen Titeln vom Deutschen Taschenbuch Verlag übernommen und wird unter der Bezeichnung „dtv zweisprachig" weitergeführt. 1971 verwirklichte dtv zusammen mit zehn deutschen Jugendbuchverlagen (Bitter, Boje, Dressler, Franckh, Hoch, Klopp, Oetinger, Schaffstein, Thienemann, Union) den Plan, gemeinsam eine Jugendtaschenbuchreihe herauszugeben. Die zehn Jugendbuchverlage gründeten die Jugend-Taschenbuch-Union Erika Klopp Verlag & Partner OHG. Diese Firma trat als zwölfter Gesellschafter in den dtv ein. Die Jugendtaschenbuchreihe — dtv junior — wurde im April 1971 gestartet. Gesamtauflage der dtv-Titel (Anfang 1974): 71 Millionen Exemplare.

Für die Umschlaggestaltung zeichnet Celestino Piatti, Basel, verantwortlich.

Taschenbuchproduktion: monatlich erscheinen 15—20 Bände.

Buchreihen: dtv-Taschenbücher.

Verlagsgebiet: 26.

Deutscher Theaterverlag GmbH

D-6940 Weinheim, Postfach 1227, Königsberger Straße 18—22

Signet wird geführt seit: 1970.

Grafiker: Ursula Gilnik, Wiesbaden

Verlag Deutscher Tierschutz-Werbedienst GmbH

D-6500 Mainz 1, Rheinallee 1 a—d, Postfach 28 80
Hilchenbach, Berlin

Tel: (0 61 31) 2 92 41. **Fs:** 4187 412 os d. **Psch:** Frankfurt (M) 16366-607. **Bank:** BHF-Bank Mainz 30-01087-0; Landesbank und Girozentrale Rheinl.-Pfalz, Mainz 44 404 (BLZ 550 500 00). **Gegr:** 28. Mai 1941 in Berlin. **Rechtsf:** GmbH.

Inh/Ges: Dr. Alfred von Seefeld, RA + Notar, Berlin; Erna Strünckmann, Bad Harzburg.

Verlagsleitung: Klaus Raabe □, Geschäftsführer.

Chefredakteur: Rudolf Kumans, Prokurist.

Geschichte: 1941 in Berlin gegründet — 1949 nach Hilchenbach verlegt als Deutscher Tierschutz-Werbedienst Berlin u. Hilchenbach (vormals Berliner Tierschutz-Verein E. V. für alle Länder deutscher Sprache) — 1970 nach Mainz/Rhein verlegt. Herausgabe, Verlag und Vertrieb von Druckschriften, Jugendschriften zur Förderung der Tier- und Naturliebe unter pädagogischen Aspekten und zur Erziehung zum besseren Verständnis für Natur-, Tier- und Umweltschutzprobleme, auch Merkblätter über tiergerechte Haltung.

Zeitschriften: „Der Kleine Tierfreund", Farbige Schuljugendschrift für Tier-, Natur- und Umweltschutz (Lehrhilfe in den Bereichen Biologie, Geographie, Geschichte. Jugendgemäß gehaltene Fachschrift mit aktuellen Beiträgen von Biologen und Pädagogen) (mtl.) — „Der Deutsche Natur- und Tierschutzkalender", Lehrhilfe der Fachrichtungen Natur-, Tier- und Umweltschutz, Landschaftspflege, Biologie (jl.) — „Natur- und Tier-Bildkalender", Wandbildkalender mit großformatigen Natur- und Tier-Abbildungen in Farbe u. Schwarzweiß (jl.).

Verlagsgebiete: 9 — 10 — 15 — 24 — 28.

Deutscher Verkehrs Verlag GmbH

D-2000 Hamburg 1, Postfach 1128, Nordkanalstraße 36

Deutscher Verlag Berlin siehe Ullstein

Deutscher Verlag für Grundstoffindustrie VEB

DDR-7031 Leipzig, Postfach 16, Karl-Heine-Straße 27

Deutscher Verlag für Jugend und Volk

siehe Jugend und Volk

Signet wird geführt seit: 1964.

Grafiker: F. R. Flämig, Berlin.

Deutscher Verlag für Kunstwissenschaft GmbH

D-1000 Berlin 42 (Tempelhof), Bessemerstraße 91, Postfach 420 340
Lektorat: D-1000 Berlin 12 (Charlottenburg), Jebensstraße 2

Tel: (030) 7 53 70 51. **Fs:** 0 183 262. **Psch:** Berlin West 182981-105. **Bank:** Bank für Handel und Industrie AG Berlin 1 109 911; Berliner Disconto Bank, Berlin 529/5746. **Gegr.** 1. Februar 1964 in Berlin. **Rechtsf:** GmbH.
Inh/Ges: Deutscher Verein für Kunstwissenschaft e. V. Berlin; Gebr. Mann Verlag, Berlin.
Geschäftsführung: Prof. Dr. Stephan Waetzoldt, geb. 1920 in Halle/Saale, Kunsthistoriker, Generaldirektor der Staatlichen Museen, Berlin, Vorsitzender des Deutschen Vereins für Kunstwissenschaft e. V.; Dr. Heinz Peters, geb. 1920 in Stolberg/Rhl., Kunsthistoriker, Gesch.-führ. Ges. des Gebr. Mann Verlages; Museumsdirektor Prof. Dr. Matthias Winner, geb. 1931 in Stettin, Kunsthistoriker; Dr.-Ing. Hans W. Fock, geb. 1930 in Tremsbüttel, Mitinhaber des Gebr. Mann Verlages.
Geschichte: Die Firma wurde als Verlagsgemeinschaft des Deutschen Vereins für Kunstwissenschaft e. V. und des Gebr. Mann Verlages 1964 gegründet mit dem Ziel, die Publikationstätigkeit des 1908 durch Wilhelm von Bode ins Leben gerufenen Vereins auf einer neuen Basis fortzuführen. Der Verlag verlegt und vertreibt alle Publikationen des Deutschen Vereins für Kunstwissenschaft e. V. Das Verlagsprogramm umfaßt alle Gebiete der bildenden Kunst: Baukunst, Skulptur, Malerei, Graphik und Kunsthandwerk.
Buchreihen: „Denkmäler deutscher Kunst" — „Forschungen zur deutschen Kunstgeschichte" — Gesamtausgaben der karolingischen Miniaturen (begonnen von Wilhelm Koehler), Corpus der Elfenbeinskulpturen (begonnen von Adolph Goldschmidt), der Handzeichnungen großer deutscher Meister, und in Zusammenarbeit mit der Unesco, des Corpus vitrearum medii aevi für Deutschland — „Schrifttum zur deutschen Kunst".
Zeitschriften: „Zeitschrift des Deutschen Vereins für Kunstwissenschaft" (von 1947—1962 „Zeitschrift für Kunstwissenschaft") 2 Doppelhefte jl.
Btlg: Werbegemeinschaft Kunst-Buch-Kunst.
Verlagsgebiete: 12 — 14 — 1 — 25.

Deutscher Verlag für Musik VEB

DDR-7010 Leipzig, Postfach 147, Karlstraße 10

Deutscher Verlag für Schweißtechnik (DSV), GmbH

D-4000 Düsseldorf 1, Postfach 2725, Schadowstraße 42

Deutscher Verlag d. Wissenschaften VEB

DDR-1080 Berlin, Postfach 1216, Johannes-Dieckmann-Straße 10

Deutscher Weinwirtschaftsverlag Diemer & Meininger KG

D-6500 Mainz, Postfach 1680, Uferstr. 23

Deutscher Wirtschaftsdienst GmbH

D-5000 Köln 1, Eisenmarkt 4

Deutsches Bucharchiv München Institut für Buchwissenschaften — Gemeinnützige Stiftung privaten Rechts

D-8000 München 5, Erhardtstraße 8
(**Tel:** (089) 26 74 17. **Psch:** München 828 88.
Bank: Commerzbank München 2 113 603.
Gegr: 1. 1. 1948 in München. **Rechtsf:** Fiduziarische Stiftung.
Inh/Ges: Dipl.-Volkswirt Dr. jur. Ludwig Delp, geb. 25. 11. 1921, Institutsleiter.
Geschichte: Gegründet am 1. 1. 1948 als wissenschaftliche Forschungsstelle für das gesamte Buch- und Zeitschriftenwesen. Grundlage ist die umfangreiche Sammlung des vollständigen deutschsprachigen Fachschrifttums über Buchwesen und Publizistik seit 1945. Der speziell entwickelte bibliographische Apparat vermittelt für alle Fragen aus Forschung und Praxis die einschlägigen Unterlagen, die auch für Sonderuntersuchungen und Expertisen zur Verfügung stehen.
Veröffentlichungen: „Buchwissenschaftliche Beiträge" — „Hilfsmittel für das Buchwesen" — „Buchinformation" (zwanglos).
Verlagsgebiete: 1 — 4 — 5.

Deutsches Volksblatt siehe Schwabenverlag

Deutsches Buch-Kontor Fr. A. Wilhelm Jurke
D-6350 Bad Nauheim, Postfach 1729, Stresemannstraße 5

Deutsches Volksheimstättenwerk e. V.
D-5000 Köln 1, Postfach 190105, Friesenplatz 16/III

Diaita Verlag GmbH
D-6380 Bad Homburg, Postfach 1460, Frankfurter Landstraße 23

Diana Musikverlag GmbH
D-1000 Berlin 31, Wittelsbacherstraße 18

Diana-Verlag AG
CH-8006 Zürich, Krattenturmstraße 7

DIE Verlag H. Schäfer GmbH u. Co. KG
D-6380 Bad Homburg, Postfach 2207, Promenade 87

E. R. Weiss (1904/05)   Hans Hupp (1905)   F. H. Ehmke (1908)

Eugen Diederichs Verlag KG

D-4000 Düsseldorf 14, Brehmstraße 1, Postfach 140 162
D-5000 Köln 1, Bremer Straße 5, Postfach 100 526

Tel: Düsseldorf (02 11) 62 20 35, Köln (02 21) 52 49 67. **Psch:** Köln 125 778-501.
Bank: Bankhaus C. G. Trinkaus Düsseldorf 013/0087/639. **Gegr:** 14. 9. 1896 in Florenz. **Rechtsf:** KG.
Ges: Dr. Peter Diederichs und Ulf Diederichs, pers. haft. Gesellschafter; Inge Diederichs, Kommanditistin.
Verlagsleitung: Dr. Peter Diederichs □, geb. 16. 11. 1904, Abitur, Abschluß des Studiums Heidelberg 1931, seit 1. 4. 1931 im Verlag, Geschäftsführer.
Ulf Diederichs □, geb. 12. 5. 1937, Abitur, Sortimentslehre, Universitätsstudium 1960—1965, seit 1966 im Verlag, Geschäftsführer.
Märchenlektorat: Inge Diederichs.
Abt. Lizenzen: Christa Hinze.
Herstellung: Antje Ketteler.
Werbung: Eberhart May.
Presse: Ursula Albrecht.
Vertrieb: Horst Biedermann.
Geschichte: Der Verlag wurde von Eugen Diederichs, geb. 22. 6. 1867, am 14. 9. 1896 in Florenz gegründet. Er siedelte 1897 nach Leipzig und 1904 nach Jena über. Eugen Diederichs war Inhaber und Leiter bis zu seinem Tode am 10. 9. 1930. Die Söhne Niels und Dr. Peter Diederichs führten seitdem als Leiter und persönlich haftende Geschäftsführer den Verlag fort, zunächst in Jena, seit 1948 in Düsseldorf und Köln. Die ab 1. 1. 1952 bestehende OHG wurde nach dem Ableben von Niels Diederichs am 1. 1. 1974 in eine KG umgewandelt.
Hauptautoren: George R. Bach, Wolfgang Bauer, Dieter Claessens, Wolfgang Cordan, Ingeborg Drewitz, Janheinz

Jahn (†), Felix Karlinger, Sören Kierkegaard, Albert Lamorisse, Gerhard Mauz, Agnes Miegel, Wolf von Niebelschütz, Helmut Schelsky, Kurt Schier, Albert Vigoleis Thelen, Richard Wilhelm, Heinrich Zimmer.
Buchreihen: „Märchen der Weltliteratur" — „Diederichs Löwenbücher" — „Diederichs Gelbe Reihe" — „Sammlung Thule" — „Sammlung saga" — Kierkegaard-Gesamtausgabe.
Verlagsgebiete: 2 — 3 — 5 — 6 — 8 — 9 — 14 — 15.

J. Diemer-Verlag
D-6500 Mainz, Postfach 1680, Uferstr. 23

Diesterweg

Signet wird geführt seit: —
Grafiker: —

Verlag Moritz Diesterweg

D-6000 Frankfurt (M) 1, Hochstraße 31
Geschäftsstelle Berlin:
D-1000 Berlin 31, Wilhelmsaue 23
Geschäftsstelle München:
D-8000 München 2, Kaufingerstraße 29
Geschäftsstelle Nordrhein-Westfalen:
D-4300 Essen, Limbeckerstraße 48, Gänsemarkt 27
Tel: (06 11) 28 79 47 (—49). **Fs:** 7 255 684 knov d stgt. **Psch:** Frankfurt (M) 79 82. **Bank:** Deutsche Bank Frankfurt 92/3003. **Gegr:** 1. 7. 1860 in Frankfurt (M). **Rechtsf:** OHG.
Inh/Ges: Dietrich Herbst und Helmut Herbst.
Verlagsleitung: Dietrich Herbst, geb. 18. 1. 1928; Helmut Herbst, geb. 5. 7. 1914; Werner Bautsch, geb. 25. 1. 1923; Ernst Joachim Neubert, geb. 7. 12. 1926.
Geschichte: Verlagsgründung 1860 durch Moritz Diesterweg, den jüngsten Sohn des Pädagogen und Schulpolitikers Friedrich Adolph Wilhelm Diesterweg. Nach seinem Tod 1906 Übernahme und Ausbau zu einem der führenden deutschen Schulbuchverlage durch Erich Herbst. 1930 Angliederung des Otto Salle Verlages. 1970 Mitbegründer der Schroedel Diesterweg Schöningh Verlagsunion für neue Lehrmedien.

Hauptwerke: Schulbücher und Lehrmaterialien für alle Schularten — Pädagogische Fachliteratur — Zeitschriften.
Zeitschriften: „Blätter für den Deutschlehrer", vtljl. — „Diskussion Deutsch", zweimtl. — „Der Evangelische Erzieher", zweimtl. — „Französisch heute", vtljl. — „Mitteilungen des Deutschen Germanisten-Verbandes", vtljl. — „Die Neueren Sprachen", zweimtl.
Tges: Schroedel Diesterweg Schöningh, Verlagsunion für neue Lehrmedien, Hannover — Frankfurt (M) — Paderborn.
GA: Verlagsring Religionsunterricht (vru) Gesellschaft für Lehrprogramme und Datenverarbeitung e. V.
Verlagsgebiete 10 — 11 — 28 — 27.

Dietrich'sche Verlagsbuchhandlung
DDR-7010 Leipzig, Goldschmidtstr. 31

Dietrich, Felix Verlag
D-4500 Osnabrück, Postfach 1949, Jahnstraße 15

Signet wird geführt seit: 1948.

Grafiker: H. Nater.

Maximilian Dietrich Verlag

D-8940 Memmingen/Allgäu, Weberstraße 36, Postfach 2049
Tel: (0 83 31) 28 53. **Psch:** München 70121-808. **Bank:** Stadtsparkasse Memmingen 115 089; Bayerische Vereinsbank Memmingen 23083 63. **Gegr:** 1. 10. 1946 in Ziemetshausen (Schwaben). **Rechtsf:** Einzelfirma.
Inh/Ges: Dr. Maximilian Dietrich.
Verlagsleitung: Dr. Maximilian Dietrich □, geb. 10. 10. 1903 in Ziemetshausen (Schwaben). Zugleich Gesellschafter bei Memminger Zeitung, Verlagsdruckerei GmbH.
Stellvertretender Verlagsleiter: Curt Visel, geb. 5. 1. 1928 in Memmingen. 1948 Eintritt in den Verlag. Seit 1963 zugleich Inhaber der Edition Curt Visel.
Geschichte: Dr. M. Dietrich gründete seinen Verlag am 1. 10. 1946 in Ziemetshausen und verlegte ihn am 1. 1. 1949

nach Memmingen, nachdem er in den Jahren 1931—1945 Mitarbeiter der Verlage Kösel in München, Anton Pustet und Otto Müller in Salzburg sowie der Druckerei von Baensch-Stiftung Dresden gewesen war. Hauptaufgabe des Verlages ist die Betreuung des deutschen Gesamtwerkes der deutschschreibenden lettischen Autorin Zenta Maurina.
Hauptautoren/Hauptwerke: Isolde von Conta, Zenta Maurina, Arthur Maximilian Miller, Konstantin Raudive.
Bibliophile Ausgaben mit Illustrationen von Helmut Ackermann, Gunther Böhmer, Fritz Fischer, Hans Fronius, Gerhart Kraaz, Richard Seewald.
Alte deutsche Schwank- und Volksbücher mit Illustrationen von Helmut Ackermann, HAP Grieshaber, Ludwig Richter, Max Unold u. a.
Verlagsgebiete 8 — 14 — 12.

Dietz Verlag Berlin
DDR-1025 Berlin, Wallstraße 76—79

Signet wird geführt seit: 1923.

Grafiker: —

Verlag J. H. W. Dietz Nachf. GmbH
D-5300 Bonn-Bad Godesberg, Kölner Straße 149
Tel: (0 22 21) 88 31. **Psch:** Köln 25320-508. **Bank:** Bank für Gemeinwirtschaft Bonn 10161760. **Gegr:** 31. 12. 1881 in Stuttgart. **Rechtsf:** GmbH.
Verlagsleitung: Dr. Günter Grunwald, Geschäftsführer.
Geschichte: Gründung des Verlages J. H. W. Dietz am 31. 12. 1881. Ab 1887 erschienen die Bände der „Internationalen Bibliothek" (bis 1923 67 Bände). Periodikas: „Der wahre Jacob", „Die Gleichheit", „Die Neue Zeit". Im Herbst 1923 Übernahme des Verlages der Buchhandlung Vorwärts, Berlin, zugleich Firmierung unter Verlag J. H. W. Dietz Nachf. GmbH, Berlin. 1933 Enteignung. 1953 nimmt der Verlag seine Arbeit wieder auf. 1957 werden dem Verlag alle Rechte und Titel zugesprochen. Im Juni 1973 Verlegung des Verlages von Hannover nach Bonn-Bad Godesberg. Über das gesamte Verlagsschaffen gibt Auskunft: Max Schwarz, „Seit 1881. Bibliographie des Verlages J. H. W. Dietz Nachf.", 1973.
Hauptwerk: Julius Braunthal, „Geschichte der Internationale", 3 Bände.
Buchreihe: „Internationale Bibliothek".
Verlagsgebiete: 6 — 14.

C. W. Dingwort-Verlag
D-2000 Hamburg 50, Postfach 500480, Klopstockplatz 9

Signet wird geführt seit: 1972.

Grafiker: Otto Dörries.

Diogenes Verlag AG
CH-8032 Zürich, Sprecherstraße 8
Tel: (01) 47 89 47. **Fs:** 52 810. **Psch:** Zürich 80-32 969. **Bank:** Schweizerische Bankgesellschaft 8044 Zürich-Fluntern. **Gegr:** Oktober 1953 in Zürich. **Rechtsf:** AG seit 1966.
Inh/Ges: Verwaltungsrat und Hauptaktionär: Daniel Keel.
Aktionär und Verlagsdirektor: Rudolf C. Bettschart.
Verlagsleitung: Daniel Keel □, geb. 10. 10. 1930 in Einsiedeln, Kanton Schwyz.
Verlagsdirektor: Rudolf C. Bettschart, geb. 10. 10. 1930 in Einsiedeln, Kanton Schwyz.
Lektorat: Gerd Haffmans.
Herstellung: Otto Dörries.
Presse und Nebenrechte: Lili Ann Bork.
Lizenzen: Ursula Fuchs.
Werbung und Vertrieb: Hartmut Radel.
Lektoratssekretariat: Annebeth Suter.
Direktionssekretariat: Alice Werder.
Geschichte: Daniel Keel gründete 1953, nach buchhändlerischen Lehr- und Wanderjahren in Zürich, München, Paris, Frankfurt und London, den Diogenes Verlag zunächst als Einmannbetrieb. 1966 wurde die Firma in eine Aktiengesellschaft umgewandelt.

Das Verlagsprogramm bringt seit 1953: satirische und phantastische Grafik; seit 1956: Anthologien (mit Kriminal-, Gespenster-, Grusel-, Science Fiction-, Abenteuergeschichten etc.); seit 1958: moderne angelsächsische Literatur; seit 1964: moderne deutsche Literatur; seit 1965: moderne Kinderbilderbücher. Der Diogenes Verlag ist ein rein belletristischer Verlag.

Hauptautoren: Eric Ambler, Alfred Andersch, Ambrose Bierce, Ray Bradbury, Rainer Brambach, Beat Brechbühl, Harold Brodkey, Fredric Brown, John Buchan, Anton Čechov, Raymond Chandler, Agatha Christie, Wilkie Collins, Manfred von Conta, Walter de la Mare, Dolly Dolittle, Lord Dunsany, William Faulkner, Federico Fellini, Lawrence Ferlinghetti, Franz Fühmann, Rider Haggard, Dashiell Hammett, Patricia Higshmith, Mary Hottinger, Otto Jägersberg, Jewgenij Jewtuschenko, Ring Lardner, D. H. Lawrence, Maurice Leblanc, Joseph Sheridan Le Fanu, Carson McCullers, Ross Macdonald, Ludwig Marcuse, W. Somerset Maugham, Margaret Millar, Molière, Fanny Morweiser, Nans Neff, Edna O'Brien, Sean O'Casey, Frank O'Connor, Sean O'Faolain, Liam O'Flaherty, Luigi Pirandello, William Plomer, E. A. Poe, K. A. Porter, V. S. Pritchett, Patrick Quentin, W. E. Richartz, Herbert Rosendorfer, Saki, Olive Schreiner, Alan Sillitoe, Henry Slesar, Muriel Spark, Bram Stoker, Julian Symons, B. Traven, Lydia Tschukowskaja, Mark Twain, Jules Verne, Walter Vogt, Hans Weigel, H. G. Wells, Nathanael West, Urs Widmer, Heinrich Wiesner, Oscar Wilde, Hans Wollschläger.

Zeichner: Chas Addams, Bosc, Roman Burech, Wilhelm Busch, Chaval, Philippe Fix, Paul Flora, Edward Gorey, Francisco Goya, Loriot, Luis Murschetz, Peter Neugebauer, Virgil Partch, Pablo Picasso, Beatrix Potter, Hans P. Schaad, Sempé, Maurice Sendak, Siné, H. U. Steger, Roland Topor, Tomi Ungerer, Reiner Zimnik.

Buchreihen: „detebe" (Diogenes Taschenbücher) — „Diogenes Sonderbände" — Sammlung „Klassische Abenteuer" — „Club der Bibliomanen" — „Diogenes Kinder Klassiker" — „Bibliothek für Lebenskünstler".

Verlagsgebiete: 8 — 9 — 12 — 26 — 6 — 13.

dipa 135

Signet wird geführt seit: 1951.

Grafiker: Kurt-Werner Hesse.

dipa-Verlag + Druck GmbH Deutsche Jugend-Presse-Agentur KG

D-6000 Frankfurt (M), Weberstr. 69/71 Verlagsleitung: D-6238 Hofheim am Taunus, Postfach 1430
Tel: (06 11) 55 61 88 und (0 61 92) 82 10.
Psch: Frankfurt (M) 102 067-608. **Bank:** Frankfurter Sparkasse von 1822 50-37 88 60. **Gegr:** 1. 1. 1973 in Frankfurt (M). **Rechtsf:** GmbH & Co. KG.
Ges: Kurt-Werner Hesse, Gerd-Achim Bochmann, Juergen Kemper.
Verlagsleitung: Kurt-Werner Hesse, geb. 21. 10. 1910 in Rödemis bei Husum. Druckereileiter: Gerd-Achim Bochmann, geb. 20. 5. 1942 in Gablenz/Erzgeb.
Geschichte: Die Firma entstand durch Umwandlung der früheren Einzelfirma dipa-Verlag Kurt-Werner Hesse in eine Gesellschaft. Die Anfänge der dipa (Deutsche Jugend-Presse-Agentur) reichen zurück bis 1948, als der Jugend-Pressedienst „Die Information" in Hannover begründet wurde. Der Dienst erschien ab 1950 in Frankfurt und erhielt den Titel „dipa-Informationen für Jugendarbeit und Erziehungswesen". Aus der Arbeit des Pressedienstes entwickelte sich ab 1955 das Buchprogramm, das seit 1961, als die „dipa-Informationen" ihr Erscheinen einstellten, konsequent fortgeführt wird.
Buchreihen: „Jugend- und pädagogische Probleme" (begonnen als: Schriftenreihe zur Jugendnot) — „Untersuchungen zur Jugendlektüre" (Hrsg. Prof. Dr. Anneliese Bodensohn) — „Quellen und Beiträge zur Geschichte der Jugendbewegung" — „Graphologische Schriftenreihe" (Hrsg. Beatrice von Cossel) — „Städtebau-Alternativen" (Hrsg. Hellmut Maurer).
Hauptwerke: Fanai, „Systematische Einführung in die moderne Psychoanalyse" — Schwendtke-Krapp, „Drogen-Gesellschaft-Pädagogik" — Friedl, „Demokratisierung der Schule - eine Utopie?" — Brunotte, „Rebellion im Wort" — Bodensohn, „Die Provokation des Narren" — Kneip, „Jugend der Wei-

marer Zeit" — Jantzen, „Namen und Werke", Biographien und Beiträge zur Soziologie der deutschen Jugendbewegung.
Alm: „Behufs Mitarbeitung" — dipa 1948—1973.
Verlagsgebiete: 7 — 10 — 14 — 3 — 6 — 12.

Distribution-Verlag GmbH siehe Krausskopf-Verlagsgruppe.

Signet wird geführt seit: —
Grafiker: Eckard Kaiser.

DM-Verlag für Verbraucher-Publizistik GmbH

D-6000 Frankfurt (M), Hebelstraße 11, Postfach 2589
Tel. (06 11) 1 56 81. **Fs:** 04 14418. **Psch:** Frankfurt (M) 294 819-606. **Bank:** Dresdner Bank Frankfurt 905 161; Bank für Gemeinwirtschaft Frankfurt 1070646500. **Gegr:** 31. 5. 1967 in Frankfurt (M). **Rechtsf:** GmbH.
Inh/Ges: Erich Bärmeier.
Verlagsleitung: Erich Bärmeier, geb. 9. 7. 1928 in Frankfurt (M).
Buchreihe: „DM-Jahrbuch".
Zeitschrift: „DM — Deutsche Mark" (mtl.).

Doblinger, Ludwig, Musikverlag

A-1011 Wien, Postfach 882, A-1010 Wien, Dorotheergasse 10

Döll u. Co., Heinrich, Verlag

D-2800 Bremen, Postfach 1610, Bgm.-Smidt-Straße 49—51

Dokumentation siehe Verlag Dokumentation

Galerie und Edition Domberger KG

D-7410 Reutlingen, Gartenstraße 41
Tel: (0 71 21) 3 80 55. **Psch:** Stuttgart 9141 708. **Bank:** Volksbank Reutlingen 142985007; Möhringer Bank Stuttgart-Möhringen 51307 006. **Gegr:** 1967 in Stuttgart. **Rechtsf:** KG.
Inh/Ges: Luitpold Domberger, pers. haft. Gesellschafter; Karin Domberger, Kommanditistin.
Verlagsleitung: Luitpold Domberger.
Geschichte: Die Edition Domberger KG ist Rechtsnachfolgerin der 1967 von Frau Karin Domberger als Alleininhaberin gegründeten Einzelfirma Edition Domberger. Der jetzige Mitinhaber und verantwortliche Leiter der Edition, Luitpold Domberger, gilt als einer der Pioniere des künstlerischen Siebdrucks in Deutschland und ist vor allem durch seine Zusammenarbeit mit Willi Baumeister bekannt geworden. Seit 1. 1. 1974 ist der Sitz der Firma nach Reutlingen und Pliezhausen, Kr. Reutlingen, verlegt. Außerdem wird seit 1. 1. 1974 in Reutlingen eine Galerie zeitgenöss. Kunst geführt, die Künstler der Edition zeigt.
Hauptwerke: Mappenwerke und Serigraphien zeitgenössischer Künstler, u. a. Anuskiewicz, d'Arcangelo, Bayer, Bill, Crutchfield, Denny, Fleischmann, Hinman, Indiana, Inukai, Krushenick, Laing, Les Levine, Pfahler, Ruoff, Scheffler, Stroud, Vasarely, Wurmfeld.
Hz: Plakate zeitgen. Künstler zu unseren Ausstellungen und Kataloge.
Tges: Domberger KG. Siebdruck+Werbung+Verlag, D-7026 Bonlanden, Hölderlinstraße 4—6; Kommanditist mit 40 % Beteiligung.
Verlagsgebiete: 12 — 24.

Domowina-Verlag, VEB

DDR-8600 Bautzen, Postfach 312, Tuchmacherstraße 27

Signet wird geführt seit: 1967.
Grafiker: Karl-Heinz Zimmermann.

Domus-Verlag GmbH

D-5300 Bonn 5, Dottendorfer Straße 82, Postfach 37
Tel: (0 22 21) 23 10 89. **Fs:** über 886 834. **Psch:** Köln 111 25-504. **Bank:** Volksbank Bonn 1237; Dresdner Bank Bonn 2 070 868; Deutsche Bank Bonn 025/5166.

Gegr: 1950 in Frankfurt (M). **Rechtsf:** GmbH.
Inh/Ges: Private Bausparkassen und Dr. jur. Werner Lehmann.
Verlagsleitung: Geschäftsführer: Dr. jur. Werner Lehmann, geb. 23. 7. 1909 in Kiel, gleichzeitig Hauptgeschäftsführer des Verbandes der Privaten Bausparkassen e. V., Bonn; Direktor des Instituts für Städtebau, Wohnungswirtschaft und Bausparwesen (Arnold-Knoblauch-Institut) e. V., Bonn; Vizepräsident der Europäischen Bausparkassenvereinigung, Brüssel.
Prokurist: Dipl.-Volksw. Dieter Culp.
Hersteller: Handlungsbevollmächtigter Klaus Thalmann.
Hauptautoren: Dr. Werner Lehmann, Dr. Herbert Ehrenberg, Dr. Otto Schäfer, Werner Pohl, Günter Schwerz, Arnim Sobotschinski, Helmut W. Jenkis, Dr. Walter Fey, Dr. Rolf Kornemann, Prof. Konrad Sage, Prof. Dr. Dieter Duwendag, Dr. Alfred Simon.
Hauptwerke: „Privates Bausparwesen" (Hrsg. Dr. Werner Lehmann), Jahrbuch des Verbandes der Privaten Bausparkassen e. V. — „Kommentar zum Bausparkassengesetz" (Dr. Werner Lehmann und Dr. Otto Schäfer) — „Wem gehört der Boden in der Bundesrepublik Deutschland?" (Prof. Dr. Dieter Duwendag und Dr. Günter Epping).
Buchreihen: „Schriftenreihe des Instituts für Städtebau, Wohnungswirtschaft und Bausparwesen e. V. (Arnold-Knoblauch-Institut)" — „Schriften des Instituts für Wohnungsrecht und Wohnungswirtschaft an der Universität Köln".
Zeitschrift: „Zeitschrift für Eigenheimfreunde", Hauszeitschrift mehrer privater Bausparkassen (4x jl.).
Verlagsgebiete: 5 — 24 — 28 — 4 — 12 — Spez.Geb: 5 Wohnungswirtschaft, Wohnungsbaufinanzierung, Bausparwesen.

DBV Don Bosco Verlag
D-8000 München 80, Sieboldstraße 11
Tel: (089) 41 38 349. **Psch: München** 80680-808. **Bank:** Bayer. Vereinsbank München 680015 (BLZ 700 202 70); Stadtsparkasse München 67-104000 (BLZ 701 500 00). **Gegr:** 15. 8. 1948 in München. **Rechtsf:** Körperschaft des öffentl. Rechts.
Inh/Ges: Vorstand: Richard Feuerlein.
Verlagsleitung: Edmund Johannes Lutz, geb. 16. 11. 1913 in München.
Geschäftsführer: Hans Ernstberger, geb. 2. 7. 1928 in München.
Schriftleiter: Dr. Lothar Krauth, geb. 20. 12. 1937 in Eberbach.
Lektor: Reinhold Storkenmaier, geb. 5. 1. 1938 in Mengen.
Vertriebsleiter: Hans Windmayer, geb. 9. 1. 1924 in Eggenfelden.
Geschichte: Gründung 1948. 1966: Der „Verlag Kleine Kinder", Lindau, wird vom Don Bosco Verlag erworben und in diesen eingegliedert.
Hauptwerke: Die thematischen Schwerpunkte des Verlages liegen auf den Gebieten der Theologie und Pädagogik. Zu den verlegten theologischen Werken gehören modern orientierte Arbeitshilfen für den Religionsunterricht und die außerschulische Jugendpastoral ebenso wie solche der religiösen Erwachsenenbildung und liturgischen Unterweisung und homiletische Handbücher. Die Veröffentlichungen auf dem Sektor Pädagogik umfassen Werke des vorschulischen Erziehungsbereiches (Familie, Kindergarten, Vorschulgruppen) sowie des sozialpädagogischen Gebietes (Hort, Heim, Jugendarbeit und -pflege), didaktisch-methodische Handbücher für Lehrer und Unterrichtsmodelle für Einzelfächer.
Buchreihen: „Wort und Erfahrung" (Meditation) — „Hilfen für den Gottesdienst" (Liturgie und Predigt) — „Quadrat-Reihe" (Werken und Basteln).
Hz: „Salesianische Nachrichten".
Btlg: „Verlagsgruppe engagement"; „Verband der Schulbuchverlage"; „Eurodidac-Verband Europäischer Lehrmittelfirmen".
Verlagsgebiete: 2b — 9 — 10.

Donau-Kurier, Verlagsgesellschaft, und A. Ganghofer'sche Bh. KG
D-8070 Ingolstadt, Postfach 340, Donaustraße 11

Donauland siehe Buchgemeinschaft

Donau-Verlag
D-8870 Günzburg/Donau, Postfach 207, Gutenbergstraße 13

Donnelley u. Gerardi GmbH & Co. KG
D-7505 Ettlingen, Pforzheimerstraße 83

Dorn, Walter, Verlag
D-2800 Bremen 1, Heinrich-Heine-Straße 117

Drei-Eichen-Verlag AG
CH-6390 Engelberg, Mühlematt 11

**Dreiklang-Dreimasken
Bühnen- und Musikverlag GmbH**
D-8000 München 2, Sonnenstraße 19

Drei-Kronen-Verlag siehe Bläschke

Drei Masken Verlag GmbH
D-8000 München 2, Heiliggeiststraße 1

Drei-Säulen-Verlag
D-8032 Gräfelfing, Hans-Cornelius-Straße 4

Dreitannen Verlag siehe Walter Verlag Olten

Dressler, Cecilie
D-1000 Berlin 15, Meinekestraße 13

Dressler, Julius
A-1041 Wien IV, Schwindgasse 5/3/10

Dreyer, Ernst Adolf
D-2000 Hamburg 70, Schmüser-Str. 12

Signet wird geführt seit:
1. 3. 1962.

Grafiker: Norbert Kampmann.

Verlag Hans Driewer
D-4300 Essen 1, III, Hagen 29, Postfach 1965
Tel: (02 01) 22 47 57/58. **Psch:** Essen 67 74-430. **Bank:** Commerzbank AG Essen 150 1279; Stadtsparkasse Essen 217 463; Darlehenskasse im Bistum Essen 4185. **Gegr:** 1. 12. 1938 in Essen.
Rechtsf: Einzelfirma.
Inh/Ges: Luise Driewer, geb. Dreesen.
Verlagsleitung: Hans Driewer, geb. 25. 11. 1937 in Essen, Dipl.-Kfm., Prokurist.
Geschichte: Der Verlag Hans Driewer hat seine Wurzeln in den 1910 gegründeten Essener Pfarrkirchenblättern. Nach dem 1. Weltkrieg erhielt das Unternehmen die Form einer gemeinnützigen GmbH, in die Hans Driewer sen. zunächst als Verlagskaufmann eintrat, später deren Geschäftsführer und ab 1938 Mitinhaber wurde. Nach dem 2. Weltkrieg wurde für die Erzdiözese Köln eine einheitliche Kirchenzeitung herausgegeben. Die 1938 gegründete Verlagsgesellschaft, die 1951 die Firmierung „Verlag Hans Driewer" erhielt, fungierte als Unterverleger für die „Kirchenzeitung für das Erzbistum Köln" im Ruhrgebiet und Bergischen Land. Bei Gründung des Bistums Essen übernahm der Verlag Hans Driewer 1959 die Vertriebsverwaltung der Bistumszeitung „Ruhrwort". Dem Zeitschriftenverlag wurde gleichzeitig ein Buchverlag angegliedert, der seit dem Tode des Firmengründers 1965 von seinem Sohn geführt wird. Schwerpunkte des heutigen Verlagsschaffens sind: Katholische Theologie, Liturgie, Philosophie, Soziologie und Religionssoziologie, ökumenische Bücher, Schrifttum zu christlichen Zeitfragen.
Hauptautoren: Alfred Beckmann, Winfried Czapiewski, Franz Franzen, Norbert Keller, Alfred Müller-Felsenburg, Heinrich Plock, Manfred Probst, Uta Ranke-Heinemann, Klemens Richter, Klaus Schäfer, Georg Scherer, Alfred Schilling, Uwe Seidel, Gregor Siefer, Karlheinz Sorger, Franz Voith, H. J. Wagener, Norbert Weber, Diethard Zils.
Verlagsgebiete: 2b — 3.

Signet wird geführt seit: 1963.

Grafiker:
Hermann Rastorfer.

**Droemersche Verlagsanstalt
Th. Knaur Nachf.**
D-8000 München 80, Rauchstraße 9—11, Postfach 800 480
Tel: (089) 98 25 01. **Fs:** 05-22707. **Psch:** München 191 56-802. **Bank:** H. Aufhäuser München 143 200; Commerzbank München 441/2222 644. **Gegr:** 1901 in Berlin (bis 1945 Verlag Th. Knaur Nachf., ab 1946 heutige Bezeichnung).
Rechtsf: KG.
Inh/Ges: Droemersche Beteiligungs- u. Verwaltungsgesellschaft mbH. Alleiniger Geschäftsführer Willy Droemer.

Verlagsleitung: Verleger Willy Droemer ▢, geb. 18. 7. 1911 in Berlin, Sohn von Adalbert Droemer und Frau Marie, geb. Ernst. Erziehung in Berlin, München und in der Schweiz, Buchhandel Hamburg und Berlin. Seit 1939 Verleger und Inhaber des Verlages Th. Knaur Nachf., Berlin, seit 1946 der Droemerschen Verlagsanstalt Th. Knaur Nachf., München/Zürich.
Geschäftsführer: Maria Hönigschmied, geb. 1. 12. 1924.
Herstellungsleiter: Werner Grabinger.
Lektorat: Dr. Dieter Harnack, Franz Mehling.
Geschichte: Die Droemersche Verlagsanstalt Th. Knaur Nachf. entwickelte sich aus dem 1901 in Berlin gegründeten Stammhaus Th. Knaur. Den Grundstein für den großen Namen des Verlages legte der 1939 verstorbene Adalbert Droemer. Noch heute zählen Bücher wie sein „Knaurs Konversationslexikon" zu den populärsten Werken des Hauses. Im Sinne dieser Tradition begann sein Sohn Willy Droemer nach dem Kriege mit dem Wiederaufbau des Verlages. Dieser Arbeit verdankt der Verlag den Rang und das Ansehen, die er heute in aller Welt genießt. Willy Droemer entwickelte seine 1949 in München etablierte Droemersche Verlagsanstalt Th. Knaur Nachf. anhand völlig neuer Vorstellungen zum deutschen Großverlag von internationaler Bedeutung. Maßgeblich war er selbst an der Entwicklung und Einführung der ersten Bild-Sachbücher beteiligt, die einen neuen Typus in der Buchproduktion darstellten. Er förderte die internationale Zusammenarbeit. Er schuf Nachschlagewerke, die heute Allgemeingut geworden sind. Und Willy Droemer verlegte Sachbuchreihen, die deutsche Welterfolge wurden und heute zu den Standardwerken des Verlages zählen. Dem neuen Jugendsachbuch widmet er seine besondere Aufmerksamkeit. Seit 1970 sind Georg von Holtzbrinck bei Droemer und Willy Droemer beim Deutschen Bücherbund im Rahmen einer Partnerschaft beteiligt.
Mit gleicher Sorgfalt wie dem Sachbuchprogramm widmet sich Droemer aber auch dem Gebiet der Belletristik: Ein Blick in das heutige Verlagsverzeichnis zeigt eindeutig den ansehnlichen Umfang und das hohe Niveau der belletristischen Verlagsproduktion, die Willy Droemer — allen zeitbedingten Schwierigkeiten zum Trotz — systematisch und mit Erfolg auf- und ausgebaut hat. 1963 wurde die Produktion der Knaur Taschenbücher aufgenommen. Zur Zeit umfaßt diese Reihe mehr als 350 Bände und hat eine Auflagenhöhe von 14 Millionen Exemplaren überschritten.

Hauptautoren: Peter Bamm, Vicki Baum, Hans Joachim Bogen, Charlotte Bühler, Jacques-Yves Cousteau, Michael Crichton, Abba Eban, Paul Frischauer, Walter R. Fuchs, John Kenneth Galbraith, Ludwig Ganghofer, Hans Bernd Gisevius, Erich Kästner, Elia Kazan, Werner Keller, Jerzy Kosinski, Norman Mailer, Mary McCarthy, James Michener, Desmond Morris, Paul Noack, John O'Hara, Gottfried Reinhardt, Erich Maria Remarque, Imogen Seger, W. L. Shirer, Johannes Mario Simmel, Alexander Solschenizyn, Irving Stone, Jürgen Thorwald, Robert Towsend, Irving Wallace, Joseph Wechsberg, Morris L. West, Angus Wilson.

Hauptwerke: „Knaurs Lexikon a-z" — „Knaurs Rechtschreibung" — „Knaurs Jugendlexikon" (in Farben) — „Der Neue Knaur" (zehnbändiges Lexikon in Farben) — „Knaurs Großer Weltatlas".

Buchreihen: „Knaurs Exakte Geheimnisse" — „Knaurs Große Kulturen in Farben" — „Knaurs Große Kulturgeschichte" — „Knaurs Tierreich in Farben" — „Knaurs Kontinente in Farben" — „Knaurs Geheimnisse und Rätsel des Meeres".

Tges: TR-Verlagsunion GmbH; Deutscher Bücherbund KG.

Verlagsgebiete: 8 — 14 — 15 — 16 — 18 — 25 — 26.

Signet wird geführt seit: 1949.

Grafiker: Prof. Walter Breker.

Droste Verlag GmbH

D-4000 Düsseldorf, Pressehaus am Martin-Luther-Platz, Postfach 1122
Tel: (02 11) 8 30 11. **Fs:** 08-582 495. **Psch:** Essen 191 660-433. **Bank:** Commerzbank 20 19 800; Deutsche Bank 16 28 981; F. Simon 4 59 596; C. G. Trinkaus 49 585

(alle in Düsseldorf). **Gegr:** 1711 in Düsseldorf als Hofdruckerei Tilman Liborius Stahl, 1904 als Düsseldorfer Zeitung Aktiengesellschaft, 1921 als Industrie-Verlag und Druckerei AG, 1936 als Droste Verlag und Druckerei KG, 1970 als Droste Verlag GmbH. **Rechtsf:** GmbH.
Inh/Ges: Rheinisch-Bergische Druckerei- und Verlagsgesellschaft mbH.
Verlagsleitung: Geschäftsführer: Dr. phil. Manfred Droste ▢, geb. 27. 5. 1927; Dr. phil. Karl Bringmann, geb. 26. 12. 1912; Dr. phil. Max Nitzsche, geb. 30. 6. 1915; Dr. phil. Joseph Schaffrath, geb. 25. 8. 1927.
Verlagsdirektor: Dr. phil. Manfred Lotsch, geb. 9. 5. 1932.
Verlagsleiter Buchverlag: Hansjürgen Koch, geb. 18. 2. 1923.
Lektorat Buchverlag: Kitty Rehmer, geb. 22. 11. 1919; Dr. Jutta Siegmund-Schultze, geb. 4. 10. 1927.
Vertrieb/Werbung: Jens-Jürgen Ventzki, geb. 13. 3. 1944.
Herstellung: Helmut Schwanen, geb. 10. 8. 1936.
Verlagsleiter Technischer Zeitschriftenverlag („Technic International" und „Braunkohle"): Josef Schick, geb. 14. 2. 1927 (Prok.).
Chefredakteur „Deutsche Gaststätte/ Deutsche Hotel-Zeitung": Bernd Servos, geb. 8. 6. 1926.
Geschichte: Das Unternehmen wurde am 1. Januar 1970 neu gegründet, nachdem zuvor die Droste Verlag und Druckerei GmbH mit der Rheinisch-Bergischen Druckerei- und Verlagsgesellschaft mbH verschmolzen wurde.
Die Droste Verlag und Druckerei GmbH war eine Gründung von Heinrich Droste (1880 bis 1958). Er hatte nach dem Ersten Weltkrieg die alte liberale „Düsseldorfer Zeitung" erworben, die auf eine Gründung von Tilman Liborius Stahl, der seit 1712 in Düsseldorf die „Stadt-Düsseldorff Post-Zeitung" verlegte, zurückgeht. Heinrich Droste baute die Mittag-Ausgabe der „Düsseldorfer Zeitung" 1920 zu einer selbständigen Tageszeitung neuen Typs aus, „Der Mittag", und entwickelte die „Deutsche Bergwerkszeitung" zu einem bedeutenden Wirtschaftsblatt. Daneben gab er als Lokalzeitung den „Düsseldorfer Stadtanzeiger" und eine Reihe angesehener Fachzeitschriften heraus. 1926 baute Heinrich Droste mit Beteiligung einiger Freunde das Düsseldorfer Pressehaus als eines der größten Druck- und Verlagshäuser Westdeutschlands. 1933 begann die Produktion des Buchverlags mit dem Welterfolg „Die Feuerzangenbowle" von Heinrich Spoerl. Neben Belletristik, bei der vor allem die heitere Note gepflegt wird, ist der Droste Buchverlag mit politisch-historischen Werken hervorgetreten. Eine Reihe von Anthologien mit Meistererzählungen der Weltliteratur, wirtschafts- und gesellschaftskritische Werke zu Gegenwartsfragen rundeten den Themenkreis des Verlages ab. Nach Kriegsende stand der Buchverlag viele Jahre unter der Leitung von Dr. Hans Korte. Frau Trude Droste wirkte am Programm wesentlich mit.

Seit dem Tode Heinrich Drostes leitete sein Sohn, Dr. Manfred Droste, das Unternehmen. Er erweiterte das Buchverlagsprogramm um Bildbände sowie um die Sachgebiete Wirtschaft und Zukunftsforschung. 1963 wurde die Fachzeitschrift „Das Gastgewerbe" gegründet. 1965 wurde eine maßgebende Beteiligung am Becker und Wrietzner Verlag (Wirtschaftszeitung „Industriekurier") erworben. Im Januar 1967 wurden die Neuborn Verlag GmbH und deren Zeitschrift „das babybuch" übernommen.

Die Verschmelzung mit der Rheinisch-Bergischen Druckerei- und Verlagsgesellschaft mbH Anfang 1970 führte bei der neuen Droste Verlag GmbH zu einer Erweiterung des Zeitschriften- und Buchverlags. 1970 wurde der „Industriekurier" mit dem Düsseldorfer „Handelsblatt" verschmolzen. 1972 Angliederung des Wilhelm Knapp Verlages, Düsseldorf, und der Zeitschrift „Braunkohle". 1974 Übernahme der Fachzeitung „Deutsche Gaststätte/ Deutsche Hotel-Zeitung" (Vereinigung mit „Das Gastgewerbe").

Hauptautoren: Zeitgeschichte: Lothar Albertin, Werner T. Angress, Volker R. Berghahn, Winfried Böttcher, Karl Dietrich Bracher, Alan Bullock, Robert Conquest, Fritz Fischer, Helmut Heiber, Andreas Hillgruber, Hans-Adolf Jacobsen, Hans Kehrl, Werner Link, Prinz Löwenstein, Günter Moltmann, Rudolf Morsey, Michael Stürmer, Horst Ueberhorst, Johannes Zielinski.
Wirtschaft: Edwin A. Biedermann, Robert C. Bingham, Dimitris Chorafas,

Hermann Marcus, Ernst Schmacke, Walter Wannenmacher, Uwe Zündorf.
Belletristik: Werner Forssmann, Hugo Hartung, Erwin Laaths, Alexander und Heinrich Spoerl, Jean Webster, Ehm Welk.
Bildbände/Kunst: Hans Habe, Egon Jameson, Ferdinand Kriwet, Fritz Löffler, Heinrich Lützeler, Heinz Ohff, Lothar Romain, Eugen Roth, Wolf Vostell, Rolf Wedewer.
Buchreihen: „Meistererzählungen der Weltliteratur" — „Beiträge, Quellen und Bibliographien zur Geschichte des Parlamentarismus und der politischen Parteien" — „Bonner Schriften zur Politik und Zeitgeschichte" — „Tübinger Schriften zur Sozial- und Zeitgeschichte" — „Mannheimer Schriften zur Politik und Zeitgeschichte" — „Geschichtliche Studien zu Politik und Gesellschaft" — „Droste Kolleg programmiert" — „Schriftenreihe der Stifterverenigung der Presse" — „Ämter und Organisationen der Bundesrepublik Deutschland" — „Städte - so wie sie waren".
Zeitschriften: „Deutsche Gaststätte/ Deutsche Hotel-Zeitung" (wtl.) — „artist" (2x mtl.) — „Technic International" (Progressus, German Exporter und Echo) dt., engl., frz., span., portug., russ., poln., chines. (28—30 Ausg. jl.).
Tges: Niederlassungen: Wilhelm Knapp Verlag, Verlag Die Braunkohle, Reisebüro Droste/Rheinische Post-Reisen, Verlag Deutsche Gaststätte.
Verlagsgebiete: 5 — 6 — 11 — 15 — 28 — 8 — 12 — 14 — 18 — 20 — 23 — 29.

Druckenmüller siehe Artemis

Druckerei und Verlagsanstalt Konstanz Universitätsverlag GmbH

D-7750 Konstanz, Bahnhofstraße 8, Postfach 632

Tel: (0 75 31) 282 311. **Fs:** 733 231 a suek d. **Psch:** Stuttgart 4902. **Bank:** Deutsche Bank Konstanz. **Gegr:** 1963 in Konstanz. **Rechtsf:** GmbH.
Ges: „Südkurier GmbH".

Verlagsleitung: Friedrich Breinlinger, Dr. Brigitte Weyl.
Geschichte: Der Verlag wurde 1963 im Zusammenhang mit der Enstehung der Universität Konstanz gegründet.
Hauptwerke: Wissenschaftliche Literatur, u. a. „Personal- und Veranstaltungsverzeichnis der Universität Konstanz" und „Fachhochschule Konstanz".
Buchreihe: „Konstanzer Universitätsreden".
Zeitschriften: „Konstanzer Blätter für Hochschulfragen" — „Konstanzer Universitätszeitung und Hochschulnachrichten" — „Publizistik", Vierteljahreshefte für Kommunikationsforschung.
Verlagsgebiete: 1 — 28.

Signet wird geführt seit: 1952.

Grafiker: Prof. Schmidt-Ehmen.

Druffel-Verlag, Sibylle von Druffel

D-8131 Leoni am Starnbergersee, Assenbuchstraße 19

Tel: (0 81 51) 53 26. **Psch:** München 33628-808. **Bank:** Kreissparkasse Starnberg 903 401. **Gegr:** 1. 8. 1952. **Rechtsf:** Einzelfirma.
Inh/Ges: Ursula Sündermann, geb. von Druffel — Freiin von und zu Egloffstein □.
Verlagsleitung: Ursula Sündermann, geb. von Druffel — Freiin von und zu Egloffstein.
Geschichte: Der Verlag wurde 1952 gegründet; es erschienen zunächst die Gefängnisbriefe von Rudolf Heß und die Memoiren des früheren Reichsaußenministers von Ribbentrop, später die deutsche Erstveröffentlichung der Potsdam-Dokumente und des Morgenthau-Tagebuchs, neuerdings biopolitische, dokumentarische und zeitkritische Werke.
Hauptwerke: „Druffel-Jugendbücher", u. a. Bücher über Friedrich den Großen, Ernst Moritz Arndt, Bismarck und Hindenburg — „Druffel-Geschenkbücher" mit Bildbänden wie „Unvergeßliche Bil-

der" und „Ruf der Heimat " — „Zeitenspiegel", illustr. Anekdotenband — seit 1972 das Jahrbuch „Deutsche Annalen". **Buchreihe:** „Deutsche Argumente", zeitgeschichtliche Reihe seit 1973.
Verlagsgebiete: 6 — 9 — 24 — 8 — 14 — 15.

Signet wird geführt seit: —

Grafiker: —

DRW-Verlag Weinbrenner-KG
D-7000 Stuttgart 1, Kolbstraße 4 C, Postfach 104

Tel: (07 11) 64 23 41. **Fs:** 07-23 012. **Psch:** Stuttgart 3204-706. **Bank:** Commerzbank Stuttgart 5173 521. **Gegr:** 1874 (Wiedergründung 1948). **Rechtsf:** KG.
Inh/Ges: Dr. Rudolf Weinbrenner, Marta Weinbrenner, Liselotte Murko, Karl-Heinz Weinbrenner.
Verlagsleitung: Dr. Rudolf Weinbrenner, Geschäftsführer, Herausgeber, Chefredakteur; Dipl.-Kfm. Liselotte Murko, Geschäftsführer, Herausgeber; Dipl.-Kfm. Karl-Heinz Weinbrenner, Geschäftsführer, Herausgeber; Dr. Erwin Schmid, Dipl.-Kfm., stellvertretender Geschäftsführer, Verlagsleiter, Prokurist; Heinz Hugel, stellvertretender Geschäftsführer, Prokurist.
Geschichte: Im Mittelpunkt der Verlagstätigkeit steht die Herausgabe einer Holzfachzeitschrift: gegründet 1874 als „Centralblatt für den deutschen Holzhandel" im Verlag A. Lindheimer — 1914 geht der Verlag in den Besitz der Familie Weinbrenner über — 1922 Gründung der Firma Karl Weinbrenner & Söhne — 1944 „Im Zuge kriegswirtschaftlicher Maßnahmen" Erscheinen zum 1. 10. eingestellt — 1946 erscheint das „Holz-Zentralblatt" wieder — 1948 Gründung einer eigenen Verlagsgesellschaft, die auch Fachbücher, Tabellen und Formulare herausgibt — seit 1950 erscheint das „Holz-Zentralblatt" mit regelmäßiger Berlin-Beilage — 1952 erstmalige Herausgabe des jährlich erscheinenden „Holzwirtschaftlichen Jahrbuchs" — 1955 Übernahme der Zeitschrift „Deutsche Holzwirtschaft" — 1963 Übernahme der Zeitschriftentitel „Deutscher Holzanzeiger", „Deutscher Holzverkaufsanzeiger", „Deutsche Holzzeitung", „Der Holzkäufer" — ab 1966 erscheint die Monatszeitschrift „Holz- und Kunststoffverarbeitung".
Hauptwerke: „Holz-Lexikon" — „Holzwirtschaftliches Jahrbuch" — Fachbücher, Tabellen und Formulare für die Holz- und Forstwirtschaft, Bildbände und Bildkalender.
Zeitschriften: „Holz-Zentralblatt" (3x wtl.) — „Holz- und Kunststoffverarbeitung" (mtl.).
Tges: Karl Weinbrenner & Söhne, Druckerei, D-7000 Stuttgart 1, Kolbstraße 4 C.
Verlagsanstalt Alexander Koch GmbH, D-7000 Stuttgart 1, Kolbstraße 4 C.
Verlagsgebiete: 15 — 20 — 21 — 22 — 24 — 25 — 28.

Dülk, Monika
D-1000 Berlin 301, Postfach 182

Dümmlers, Ferd., Verlag
D-5300 Bonn 1, Postfach 297, Kaiserstraße 31—37

Dürrsche Buchhandlung — Verlag
D-5300 Bonn-Bad Godesberg, Postf. 207, Plittersdorferstraße 91

DuMont Schauberg, M.
D-5000 Köln 1, Postfach 100410, Pressehaus, Breitestraße 70

Signet wird geführt seit: 1867.

Grafiker: —

Duncker & Humblot Verlagsbuchhandlung
D-1000 Berlin 41, Dietrich-Schäfer-Weg Nr. 9, Postfach 41 03 29

Tel: (030) 7 91 20 26. **Psch:** Berlin West 528-101. **Bank:** Berliner Bank 2408376300 und Effectenbank - Warburg A. G. Frankfurt (M) 000/30238.4. **Gegr:** 1798 in Berlin. **Rechtsf:** Einzelfirma.

Inh/Ges: Dr. Johannes Broermann.
Verlagsleitung: Dr. Johannes Broermann, geb. 17. 10. 1897 in Uelde/W.
Geschichte: Der Verlag ist hervorgegangen aus der 1798 von Heinrich Fröhlich in Berlin gegründeten Verlagsbuchhandlung. Diese wurde nach dem Tode Fröhlichs 1809 von Carl Duncker und Peter Humblot übernommen und unter der Firma Duncker & Humblot weitergeführt. 1866 übernahmen Carl Geibel und Sohn den Verlag und verlegten ihn nach Leipzig. Seit 1922 war München Sitz des Verlages. 1938 erwarb der jetzige Inhaber, Ministerialrat a. D. Dr. Johannes Broermann, den Verlag und führte ihn nach Berlin zurück, wo er seither ununterbrochen seinen Hauptsitz hat.
Hauptarbeitsgebiete: Wirtschafts- und Sozialwissenschaften sowie Rechts- und Staatswissenschaften. Daneben erscheinen historische, philosophische und naturwissenschaftliche Werke. Nach dem 2. Weltkrieg wurden ca. 2800 Titel veröffentlicht. Mehr als 80 Schriftenreihen und 30 wissenschaftliche Zeitschriften dokumentieren das weite Arbeitsfeld des Verlages.
Verlagsgebiete: 4 — 5 — 3 — 6 — 14 — 18 — 28.

Duncker, Alexander, Verlag Otfried Kellermann
D-8000 München 50, Hollerstraße 4

Dustri-Verlag Dr. Karl Feistle
D-8024 Deisenhofen b. München, Postfach 27, Bahnhofstraße 5

Ebertin-Verlag, Reinhold Ebertin
D-7080 Aalen, Dieselstraße 17, Postfach 1223
Tel: (0 73 61) 4 11 19. **Psch:** Stuttgart 37068/709. **Bank:** Aalener Volksbank 104523000; Kreissparkasse Aalen 31103; Handelsbank Wiedmann & Co. Aalen 96 90699 5. **Gegr:** 1. 10. 1928 in Erfurt.
Rechtsf: Einzelfirma.
Inh/Ges: Reinhold Ebertin.
Verlagsleitung: Dr. phil. Baldur R. Ebertin, Dipl.-Psych., seit 1. 1. 1973, Prokura.
Geschichte: Der Verlag wurde 1928 von Reinhold Ebertin gegründet. Sein Anliegen war die Erforschung kosmobiologischer Zusammenhänge; er schrieb eine Reihe von kosmobiologischen Lehrbüchern und nahm zunehmend auch andere gleichgesinnte Autoren unter Vertrag.
Seit 1949 werden jährlich „Arbeitstagungen für kosmobiologische Forschung" veranstaltet. 1973 fand die 25. Arbeitstagung unter dem Thema „Der Mensch im kosmischen Kräftefeld" statt. Seit 1960 werden Reinhold Ebertins Bücher auch ins Englische übersetzt. Der Verlag hat heute Vertretungen in England, den Vereinigten Staaten von Amerika, Kanada und Australien.
Hauptautoren: Reinhold Ebertin, Dr. Baldur R. Ebertin, Dr. Theodor Landscheidt, Pater Dr. Agoston Terres, S. J., Heinrich Christian Meier-Parm, Dr. Hans-Jörg Walter, Thomas Ring.
Hauptwerke: Reinhold Ebertin, „Kombination der Gestirneinflüsse", „Die kosmische Ehe", „Kontakt-Kosmogramm", „Das Jahresdiagramm", „Lebensdiagramm", „Angewandte Kosmobiologie", „Transite - Welcher Tag ist günstig für mich?", „Kosmobiologisches Jahrbuch" (jährliche Ausgabe).
Zeitschriften „Kosmobiologie - Mensch im All" (vtljl.) — „Kosmischer Beobachter" (mtl.) — „Cosmobiology International" (vtljl.) (zweisprachig, Deutsch und Englisch).
Tges: Ebertin-Offsetdruck, Offsetdruckerei und Buchbinderei, die größtenteils durch die eigene Produktion, zum kleineren Teil für Fremdaufträge, genutzt wird.
Verlagsgebiete: 3 — 18 — 28 — Spez.-Geb: Kosmobiologie.

J. Ebner Graphische Betriebe
D-7900 Ulm, Frauenstraße 77

Ebner, Max und Carl, Verlag
D-7900 Ulm, Postfach 215, Frauenstr. 77

Echo aus Deutschland, Verlag
D-7000 Stuttgart 1, Königstraße 2

Echter-Verlag
D-8700 Würzburg 2, Postfach 1066, Juliuspromenade 64

Eckardt und Messtorff
D-2000 Hamburg 11, Rödingsmarkt 16

Signet wird geführt seit: 1931.

Grafiker: Fritz Lometsch.

Eckart-Verlag GmbH
D-5810 Witten, Röhrchenstraße 10, Postfach 1840

Tel: (0 23 02) 16 31—16 33. **Psch:** Dortmund 65 084. **Bank:** Deutsche Bank Witten 809/4062. **Gegr:** 2. 6. 1922 in Berlin. **Rechtsf:** GmbH.
Inh/Ges: Werner Dodeshöner.
Verlagsleitung: Werner Dodeshöner, geb. 8. 8. 1908 in Essen, Abitur, Studium der Philologie; seit 1947 Direktor des Luther-Verlages, seit 1948 Direktor der von Cansteinschen Bibelanstalt; 1951 Übernahme des Eckart-Verlages; Mitgliedschaften: Rotary-Club, Rudolf-Alexander-Schröder-Gesellschaft, Gesellschaft der Freunde der Ruhr-Universität Bochum; 1956—1958 Vorsitzender des Rhein-westf. Verleger- und Buchh.-Verb.; 1958—1960 Schatzmeister, 1960—1962 Vorsteher des Börsenvereins; Ehrenmitglied des Berliner Verleger- und Buchh.-Verbandes; Sekretär des Stiftungsrates f. d. Friedenspreis des deutschen Buchhandels.
Geschichte: Gegründet wurde der Verlag am 2. 6. 1922 in Berlin mit dem Ziel, eine innere Verbindung zwischen Dichtung und Glauben zu schaffen. Diesem Ziel diente zunächst auch die Zeitschrift „Eckart", die sich im Laufe der Jahre zu einer Kulturzeitschrift entwickelte. Herausgeber und Lektor des Verlages war der verstorbene Filmregisseur Harald Braun, sein Nachfolger Dr. Kurt Ihlenfeld, dessen Roman „Wintergewitter" 1951 mit dem Berliner Literaturpreis ausgezeichnet wurde. 1943 wurde der Verlag verboten, weil er sich vornehmlich derjenigen Autoren angenommen hatte, die man zum Kreis der „Inneren Emigration" zählte. Verlagsgebäude und alle Bestände wurden im Krieg total zerstört. 1951 Wiederaufnahme der Verlagsarbeit als schöngeistiger Verlag.

Hauptautoren: Kurt Ihlenfeld, Hans-Wolfgang Heßler, Kurt Aland, Max Brod, Jenny Aloni, Gustav Faber, Jochen Klepper, R. A. Schröder, Siegbert Stehmann.
Buchreihen: „epd-Dokumentation" — „Eckart-Kreis-Reihe".
Zeitschrift: „WACC-Journal", Public Relation of the World Association for Christian Communication.
Verlagsgebiete: 2a — 6 — 8 — 28.

Signet wird geführt seit: 1971.
Grafiker: Eigenentwicklung.

Econ Verlag GmbH
D-4000 Düsseldorf, Grupellostraße 28, Postfach 9229

Tel: (02 11) 36 05 16 bis 36 05 19. **Fs:** 858 7327. **Psch:** Essen 247 47-433. **Bank:** Deutsche Bank AG Düsseldorf; C. G. Trinkaus & Burkhardt Düsseldorf. **Gegr:** 25. 11. 1950 in Düsseldorf. **Rechtsf:** GmbH.
Inh/Ges: Erwin Barth von Wehrenalp, Uwe Barth von Wehrenalp.
Verlagsleitung: Erwin Barth von Wehrenalp, Verleger □, geb. 25. 9. 1911 in Dresden.
Programm/Lizenzen: Uwe Barth von Wehrenalp, Geschäftsführer, geb. 14. 8. 1943 in Düsseldorf.
Finanzen/Organis./Personal: Guido Dubert, geb. 4. 5. 1941 in Breslau, Betriebswirt grad., Geschäftsführer.
Projekte: Heinz Eberhard Durstoff, geb. 24. 11. 1923 in Huntlosen, Geschäftsführer.
Marketing/Vertrieb: Herbert Borgartz, geb. 4. 6. 1939 in Wuppertal-Elberfeld, Prokurist.
Werbung: Michael Tochtermann, geb. 20. 2. 1943 in Stuttgart.
Lektorat: Brigitta Keil, Herbert Grote, Dirk Meynecke, Arne Pahl.
Herstellung: Hans-Georg Reuthner.
Geschichte: Der Verlag wurde 1950 von E. Barth v. Wehrenalp und der Handelsblatt GmbH gegründet. 1971 übernahm E. Barth v. Wehrenalp alle Anteile des Econ-Verlags, die sich noch im Besitz der Handelsblatt GmbH befanden. Er beteiligte 1973 seinen Sohn Uwe Barth v. Wehrenalp bei einer Kapitalerhöhung mit 30 %. Die Zielsetzung lautete: Sachbücher herauszu-

bringen, die dem Fachmann eine neue Sicht und neue Erkenntnisse seines Fachgebietes vermitteln, ihm eine Orientierung über benachbarte Fach- und Wissensgebiete ermöglichen und überdies das Bildungsbestreben breitester Leserkreise befriedigen.
Im Rahmen seiner Produktion schuf der Verlag eine ganze Reihe von Produktionsgruppen. Zu Beginn — entsprechend dem Namen Econ (= Abkürzung von Economia) — veröffentlichte er Werke aus dem Bereich der Wirtschaft. Daneben wurden Bücher aus den Bereichen der Naturwissenschaft und Technik herausgebracht, wobei das Gebiet der Weltraumliteratur systematisch gepflegt und entwickelt wurde. Ferner entstanden kulturgeschichtliche Werke, die zum Teil Auflagen von über 100 000 Exemplaren erreichten, wie z. B. „Und die Bibel hat doch recht", „Mit dem Fahrstuhl in die Römerzeit", „Überall ist Babylon", „Die Phönizier", „Erinnerungen an die Zukunft", „Zurück zu den Sternen", „Aussaat und Kosmos", „Meine Welt in Bildern" usw. Zu ihnen gehört gleichsam als Überleitung zum vierten Verlagsgebiet Arnau, „Kunst der Fälscher - Fälscher der Kunst". Hierhin gehören auch die Werke der Kunst- und Fotoliteratur. Eine fünfte ständig an Bedeutung gewinnende Buchgruppe bilden zeitgeschichtliche und zeitkritische Werke. Rund 65 % der Produktion des Verlages stützt sich auf deutschsprachige Autoren und etwa 35 % auf Übersetzungen aus dem englischen, amerikanischen, französischen und holländischen Schrifttum. Dabei bemüht sich der Verlag besonders, neue deutschsprachige Autoren zu fördern und jedes Jahr eine bemerkenswerte Anzahl von Erstlingswerken zu veröffentlichen. Die Bücher seiner deutschsprachigen Autoren sind — soweit sie thematisch das Ausland interessieren — zu einem hohen Prozentsatz in fast allen Weltsprachen als Übersetzungen erschienen.
Hauptautoren: Ernst Bäumler, Rolf Breitenstein, Gisela Bonn, F. L. Boschke, Werner Büdeler, Erich von Däniken, Friedrich Deich, Reinhold Dey, Ruth Dirx, Gisela Eberlein, Ludwig Erhard, Walter Greiling, Herbert Gross, Harry Hamm, Walter Henkels, Kurt Herberts, Gerhard Herm, Rolf Italiaander, Walter Keller, Ludwig Kroeber-Keneth, Leo Krutoff, Rudolf Pörtner, Gerhard Prause, Wolf Schneider, Hermann Schreiber, Alphons Silbermann, Maximilian Weller.
USA - England - Frankreich - Holland - Italien: J. Duke of Bedford, Eduard L. Bernays, Ritchie Calder, Robert Charroux, Arthur C. Clarke, Ernest Dichter, Peter F. Drucker, David D. Duncan, Oriana Fallaci, Andreas Feininger, John F. Kennedy, Martin Luther King, Henry A. Kissinger, Elmer G. Leterman, Sir Basil Liddell Hart, André Maurois, George Mikes, Marshall McLuhan, Vance Packard, Northcote C. Parkinson, Joseph H. Peck, William C. Vergara, Norbert Wiener.
Buchreihen: „Länder heute" — „Econ Basic" — „Econ Reader".
Verlagsgebiete: 5 — 6 — 14 — 20 — 21.

Edeka Verlag GmbH
D-2000 Hamburg 1, Postfach 1148, An der Alster 52

Eder, Franz, Verlag
D-7000 Stuttgart 1, Seyffertstraße 27

Editio Cantor Verlag für Medizin und Naturwissenschaften KG
D-7960 Aulendorf, Zollenreuterstr. 11

Edition Canconetta Francisca Bochmann
D-1000 Berlin 39, Petzowerstraße 13

Edition Coda
CH-8049 Zürich, Brunnwiesenstraße 26, Postfach 260
Verlagsleitung: Anton und Jane Peterer □.
Hauptwerke: Unterhaltungsmusik.
Verlagsgebiet: 13.

Edition Constantin Kuhl & Co.
D-5000 Köln 1, Am Hof 34—36

Edition Corso GmbH
D-1000 Berlin 31, Günzelstraße 54

Edition Cron
CH-6003 Luzern, Seidenhofstraße 14, Postfach 530
Tel: (041) 23 43 25 und 22 22 88. **Psch:** Luzern 60-788. **Bank:** Luzerner Kantonalbank. **Gegr:** 1. 4. 1914 als Verlag Robert Jans in Ballwil. 1. 9. 1953 umgewandelt in „Edition Cron" mit Sitzverlegung nach Luzern. **Rechtsf:** Einzelfirma.
Inh/Ges: Dr. Paul Cron.
Verlagsleitung: Dr. Paul Cron ☐, geb. 10. 9. 1917 in Basel. Mitglied des Vorstandes der Suisa-Mechanlizenz. Begründer u. Geschäftsführer der Schallplattenfirma Fono-Gesellschaft mbH Luzern.
Mitarbeiter/Sortimenter: Dr. Eugen Leipold, aus Regensburg, in Kriens, Musikwissenschafter.
Geschichte: Am 1. 4. 1914 von Lehrer Robert Jans in Ballwil-Luzern gegründet. Nach dessen Tod am 19. 2. 1944 wurde der Verlag von seinem Sohn Musikdirektor Franz Xaver Jans-Cron in Altdorf-Uri weitergeführt. Am 7. 2. 1951 nach Luzern übersiedelt, steht der Verlag seit 1. 9. 1953 unter Inhaberschaft und Leitung von Dr. Paul Cron; gleichzeitig wurde auch der Verlag Meinrad Ochsner, Einsiedeln, mit allen Rechten übernommen; Namensumwandlung in „Edition Cron" am 1. 9. 1953.
Hauptautoren: Guido Fässler, J. B. Hilber, Paul Huber, S. Hildenbrand, Oswald Jaeggi, Albert Jenny, Ernst Pfiffner.
Musikreihen: „Nova musica sacra", Reihe zeitgenössischer Musik — „Orgel im Kirchenjahr", Jahrkreismäßige Orgelstücke in Sammlungen.
Hz: Hausnachrichten „Mitteilungen" (2—3malig jährliche Orientierungen).
Verlagsgebiete: 12 — 13 — 27.

Edition E Dr. Lothar Lohrisch
D-5000 Köln 1, Postfach 190 302, Spichernstraße 34a und 55

Edition Gabriel Musikverlag W. Gabriel
D-4975 Bad Oeynhausen 2, Hahnenkampstraße 88

Edition Helbling OHG
A-6021 Innsbruck, Bozener Platz 1

Edition Intro Gebr. Meisel OHG
D-1000 Berlin 31, Wittelsbacherstr. 18

Edition Leipzig
DDR-7010 Leipzig, Karl-Liebknecht-Str. Nr. 77

Edition Melodie Anton Peterer
CH-8049 Zürich, Brunnwiesenstraße 26, Postfach 260
Tel: (01) 56 44 40/41, 56 70 60. **Fs:** 56 636. **Psch:** Zürich 50 233. **Bank:** Schweiz. Kreditanstalt, Fil. Dietikon; Zürcher Kantonalbank, Agentur Höngg; Schweiz. Bankverein Zürich. **Gegr:** 1956 in Zürich. **Rechtsf:** Einzelfirma.
Inh/Ges: Anton Peterer.
In Österreich: Melodie-Musik Ges. mbH, A-6020 Innsbruck, Maria-Theresien-Str. Nr. 17—19. Gesellsch: Anton und Jane Peterer-Stucki.
Verlagsleitung: Anton Peterer (Druck und Herstellung); Jane Peterer ☐ (Kaufm. Leiterin und Internat. Management).
In Österreich: Herwig Peychaer.
Geschichte: Anton und Jane Peterer gründeten diesen Verlag 1956 buchstäblich aus dem nichts. Nebst dem Verlag wurde ein Groß-Sortiment hinzugegliedert und 1958 übernahmen Jane und Anton Peterer die Geschäftsführung der Edition Coda, Zürich. Erst später begann man mit der Schulmusik und heute darf auf eine stolze Reihe eingeführter Schulmusikhefte zurückgeblickt werden.
1964 gründete man noch die Schallplattenfirma Pick-Records, die auch selbst ausliefert und in der man eigene und fremde Autoren veröffentlicht. Sparten: Volksmusik/U-Musik/Sprechplatten und neu, eine Reihe der Klassik.
Das „Musikcenter Zürich" hat heute internationale Bedeutung und die Werke werden in aller Welt vertrieben.
Hauptautoren: Hans Bodenmann, Heinrich Leemann, Helmuth Herold, Herwig Peychaer, Hansjörg Hummel, Prof. Dr. Kurt Pahlen, Willy Hess, Jacques Cerf, Frank Seimer, Cedric Dumont, Werner Niehues, Kurt Gelück, Guido Minicus.
Hauptwerke: Schulmusik: „Blockflöten ABC", Hans Bodenmann — „Das Farbtonspiel auf der elektr. Orgel" — „Das

Colorspiel am Klavier" — „Kleine Finger am Klavier" — „Übung macht den Meister" — „Lustige Tierlieder f. Klavier" — „Boogies for Fans" — „Tanz und Spiel f. Blockflöte" — „Einmal zum Monde fliegen", von Max Bolliger — „Treffpunkt Melodica" — „Treffpunkt Mundharmonika" — „For all organs".
Hz: „Treffpunkt Musik".
Tges: Melodie-Musik Ges. mbH, A-6020 Innsbruck, Maria-Theresien-Str. Nr. 17—19, Tel: (0 52 22) 21 8 31. Produktion- und Vertriebsges.
Verlagsgebiete: 13 Schulmusik — 27 Volksmusik, U-Musik.

Edition Jane und Anton Peterer
Anschrift wie Edition Melodie.
Inh/Ges: Jane Peterer ☐, geb. 22. 4. 1937; Anton Peterer, geb. 6. 1. 1927.
Hauptwerke: Die Edition pflegt Kantaten und Kinderbücher.
Verlagsgebiet: 13.

Edition Tusch
A-1160 Wien XVI, Heigerleinstr. 36—40

Signet wird geführt seit: 1973.

Grafiker: Klaus Eberlein.

Edition Curt Visel
D-8940 Memmingen/Allgäu, Seyfriedstraße 15

Tel: (0 83 31) 57 67. **Psch:** München 76 116-808. **Bank:** Stadtsparkasse Memmingen 116 459. **Gegr:** 1. 11. 1963 in Memmingen. **Rechtsf:** Einzelfirma.
Inh/Ges: Curt Visel.
Verlagsleitung: Curt Visel ☐, geb. 5. 1. 1928 in Memmingen. 1948 Eintritt als Lehrling in den Maximilian Dietrich Verlag, Memmingen. Dort jetzt stellvertretender Verlagsleiter. Schriftführer der Gesellschaft der Bibliophilen; Helmut Ackermann, geb. 9. 7. 1936, als freischaffender Künstler mit der Herstellungsüberwachung betraut.
Geschichte: Gegründet am 1. 11. 1963 als „Illustration 63", später Verlag Curt Visel, seit 1. 1. 1973 Edition Curt Visel. Der Verlag widmet sich in seinen Zeitschriften, Büchern, Kalendern und Mappen mit Originalgraphik vor allem der Förderung junger Künstler auf dem Gebiet der Buchillustration und der Graphik.
Hauptwerke: Pressendrucke mit Originalgraphik in Auflagen von jeweils 63 Exemplaren. Bisher drei Drucke: Robert Kirchner, „Das Hohelied Salomons" — Helmut Ackermann, „Simson" — Klaus Eberlein, „Fabeln des Aesop" — „10 Jahre Illustration 63", Festschrift zum zehnjährigen Bestehen der Zeitschrift „Illustration 63" mit Beiträgen von Prof. Gunter Böhmer, Prof. Fritz Eichenberg, Prof. Richard Seewald und Prof. Hans Widmann sowie einer Verlagsgeschichte und Bibliographie (Oktober 1973).
Zeitschriften: „Illustration 63", Zeitschrift für die Buchillustration, 3mal jährl. mit je 6 Originalgraphiken (1974, 11. Jg.) — „Graphische Kunst", Zeitschrift für Graphikfreunde, jährl. ein bis zwei Hefte (Heft 1, Mai 1973), Ausgaben A—C mit, Ausgabe D ohne Originalgraphiken.
Verlagsgebiete: 1 — 12 — 24 — 28.

Signet wird geführt seit: 1929.

Grafiker: —

Editions Pro Schola
CH-1000 Lausanne, 29 rue des Terreaux, Case postale 298, CH-1000 Lausanne 9

Tel: (021) 23 66 55. **Psch:** 10-40 01. **Bank:** Société de Banque Suisse Lausanne 247 713; Banque Cantonale Vaudoise Lausanne 228 636. **Gegr:** 1928 in Lausanne. **Rechtsf:** Einzelfirma.
Inh/Ges: Dr. Jean J. Bénédict.
Verlagsleitung: Dr. rer. pol. Jean J. Bénédict ☐, geb. 24. 9. 1928.
Geschichte: Gründung durch Prof. Dr. Gaston Bénédict. Veröffentlichung von Schulbüchern und Schulheften für den Gebrauch in den internationalen Béné-

dict-Schulen sowie in anderen privaten und staatlichen Schulen in der ganzen Welt. Alleinauslieferungen in Deutschland, Belgien, USA und England. Sprachen: Deutsch, Englisch, Französisch, Spanisch, Italienisch und Dänisch. Forschungsarbeit auf dem Gebiet der Sprachlehrwissenschaft und -praxis.
Hauptautoren: Gaston Bénédict, Jean Humbert u. v. a.
Buchreihen: Bénédict Sprachlehrmethode: „Direkte progressive Methode" (20 Bände) — „Matériel didactique Pro Schola (Arbeitshefte für den Sprachunterricht), 33 Schülerhefte, 29 Lehrerhefte.
Verlagsgebiete: 11 — 7.
Zwst: Pro Schola Verlag, Auslieferung Georg Kober, D-6800 Mannheim 1, Postfach 1301.

Editio-Simile GmbH & Co. KG
D-4500 Osnabrück, Postfach 1949, Jahnstraße 15

Eggebrecht-Presse
D-6500 Mainz, Postfach 1868, Parcusstraße 4

Egger Verlag
A-6470 Imst, Palmersbachweg

Egger, Adalbert, Kunstverlag
D-8102 Mittenwald, Albert-Schott-Str. Nr. 22

Ehapa-Verlag GmbH
D-7021 Stetten, Postanschrift: D-7000 Stuttgart 1, Postfach 1215

Verlagssignet allgemein
Verlagssignet Pädagogik/Schulbuch
Werden geführt seit: 1945.
Grafiker: Ludwig M. Beck.

Franz Ehrenwirth Verlag GmbH & Co. KG
Ehrenwirth Verlag GmbH
D-8000 München 80, Vilshofener Str. 8, München 86, Postfach 86 03 48

Tel: (089) 98 90 25, Auslieferung (089) 85 23 40. **Fs:** 5-29 767. **Psch:** München 140-806. **Bank:** Bayerische Vereinsbank München 32 13. **Gegr:** 1. 9. 1945 in München. **Rechtsf:** GmbH & Co. KG und GmbH.
Inh/Ges: Franz Ehrenwirth, Ellen Ehrenwirth, Martin Ehrenwirth, Ulrich Staudinger, Irmengard Staudinger geb. Ehrenwirth.
Verlagsleitung: Franz Ehrenwirth ☐, geb. 12. 3. 1904 in München. Seit 1924 im Buchhandel tätig. Inhaber des Bayerischen Verdienstordens, Träger der Friedrich-Perthes-Medaille des Börsenvereins des Deutschen Buchhandels (1969).
Ulrich Staudinger, Geschäftsführer, geb. 30. 5. 1935, Ausbildung in Verlag, Sortiment Großbuchhandel. Mitglied des Verlegerausschusses des Börsenvereins des Deutschen Buchhandels e. V., Vorsitzender d. Aufsichtsrats d. Ausstell. u. Messe GmbH d. Börsenvereins d. Deutschen Buchhandels e. V. Frankfurt. Vorstandsmitglied Verwertungsgesellschaft Wort.
Martin Ehrenwirth, Geschäftsführer, geb. 21. 12. 1945.
Einzelprokura: Irmengard Staudinger.
Lektorat Belletristik: Anneliese Starke.
Lektorat Schulbuch: Olga Krammer.
Lektorat Pädagogik: Dr. Detlev Rossek.
Herstellung: Walter Rupprecht.
Hauptabteilung Werbung und Vertrieb: Gebhard von Doering.
Vertrieb: Johanna Diehl.
Buchhaltung: Charlotte Staude.
Geschichte: Der Verlag wurde am 1. 9. 1945 von Franz Ehrenwirth als Einzelfirma gegründet und am 1. 1. 1953 in Familiengesellschaften umgewandelt. Gesellschafter der TR-Verlagsunion, München.
Hauptautoren: Schöne Literatur/Sachbuch: Josef Martin Bauer, R. F. Delderfield, Gertrud von le Fort, Lise Gast, Horst Wolfram Geissler, Amos Kollek, Georg Lohmeier, Bernhard Ücker, Walter Wittmann.
Pädagogik: Georg Dietrich, Otto Engelmayer, Werner Faber, Heinz-Jürgen Ipfling, Diether Krywalski, Otto Meissner, Anton Neuhäusler, Kurt Singer, Hans Schiefele, Hartwig Schröder, Karl Stöcker, Klaus Weltner, Helmut Zöpfl.
Fortsetzungswerke: „Die Praxis", Der Unterricht in Anregung und Beispiel —

„Die Praxis", Materialien und Modelle für den Gymnasialunterricht, Herausgeber: Diether Krywalski.
Buchreihen: „Ehrenwirth-Bibliothek" — Paperback-Reihen: „Pädagogische Kontroversen"; „Ausgangspunkte wissenschaftlichen Denkens"; „Zur Sache Bildung" — Taschenbuchreihe: „Unterricht, Erziehung, Wissenschaft und Praxis".
Zeitschriften: „Welt der Schule", Zeitschrift für Lehrer, Ausgabe Grundschule. Schriftleiter: Hans Dumann (mtl.) — „Blätter für Lehrerfortbildung - Das Seminar", Zeitschrift für theoretische und unterrichtspraktische Weiterbildung der Lehrerschaft. Schriftleiter: Hans Gröschel (mtl.) — „Der Imkerfreund", Bienenzeitung (mtl.).
Hz: „Ehrenwirth-Informationen für Buchhandel und Presse" (2mal jährl.).
Btlg: TR-Verlagsunion GmbH; IZB: Informationszentrum Buch.
Verlagsgebiete: 3 — 8 — 9 — 10 — 11 14 — 20 — Spez.Geb: Schöne Literatur, Sachbücher — 11 Schulbücher, Pädagogik, Lernprogramme.

Signet wird geführt seit: —

Grafiker: Walter Berghoff, BN, Bad Godesberg.

Eichholz-Verlags-Gesellschaft m.b.H.

D-5300 Bonn, Argelanderstraße 173, Postfach 458

Tel: (0 22 21) 22 00 40/22 00 49. **Psch:** Köln 113547-503. **Bank:** Commerzbank AG Bonn 104 77 11. **Gegr:** 17. 5. 1963 in Bonn. **Rechtsf:** GmbH.
Ges: Peter Müllenbach, Gerhard Braun MdB, Dr. Leo Baumanns, Heinz Wienke.
Verlagsleitung: Geschäftsführer: Peter Müllenbach, Heinz Wienke.
Verlagsleiter, Prokurist: Bernd Profittlich.
Chefredakteur, Leitung, Lektorat: Dr. Willy Beer.
Geschichte: Gründungszweck war die Herausgabe von zeitgeschichtlicher Literatur. — Für die einzelnen Institute der Konrad-Adenauer-Stiftung erscheinen folgende Schriftenreihen: Politische Akademie Eichholz „Untersuchungen und Beiträge zu Politik und Zeitgeschehen".
Sozialwissenschaftliches Forschungsinstitut: „Sozialwissenschaftliche Studien zur Politik".
Institut für Begabtenförderung: „Beiträge zu Wissenschaft und Politik".
Institut für internationale Solidarität: „Studien zur Entwicklungspolitik".
Im Jahre 1969 wurde die Zeitschrift „Die politische Meinung" (vorher Verlag Staat und Gesellschaft) von uns übernommen, die jetzt im 19. Jahrgang erscheint.
Hauptwerke: Peter Molt, „Lateinamerika" — Blüm, Rohbeck, Baumhauser, Budde, „Christliche Demokraten der ersten Stunde" — Gertrud Bayerer, Dr. H. Reinecke, Dr. L. Kappstein, „Agrarreformen in den Entwicklungsländern" — Theo M. Loch, „Walter Hallstein - Europa 1980" — Schmelzer/Tebert, „Alter und Gesellschaft" — Heinrich Gewandt, „Mittelstandspolitik ohne Dogma" — Dr. Horst Osterheld, „Konrad Adenauer - ein Charakterbild" — E. Nawroth, F. Erpenbeck u. a., „Städtebau als gesellschaftspolitische Aufgabe" — Bennemann, Göb, Hättich u. a., „Verbände und Herrschaft" — Bachem, Erb, Müller-Steineck u. a., „Berufsausbildung zwischen Revolution und Reform" — Dr. Kentner, Dr. Müller-Steineck, „Grundlagen einer Umweltschutzpolitik" — Dr. Rüdiger Zülch, „Von der FDP zur F.D.P." — Dipl.-Ing. M. Hildenbrand, Prof. Dr. Schubert u. a., „Anpassung oder Integration" — Lutz Wicke, „Einfluß der schleichenden Inflation auf die Vermögensbildung und -verteilung".
Zeitschriften: „Die politische Meinung" (Zweimonatshefte für Fragen der Zeit — „Die Frau in der offenen Gesellschaft", vierteljährlich erscheinende ‚Materialien zur freiheitlich sozialen Politik'.
Hz: „Eichholzbrief", vierteljährlich erscheinende Beiträge zur politischen Bildung und Information für die Mitarbeiter, Teilnehmer und Förderer der ‚Politischen Akademie Eichholz'.
Verlagsgebiete: 5 — 6.

Eilers u. Schünemann Verlagsges.mbH

D-2800 Bremen 1, Postfach 919, Schünemannhaus, Zweite Schlachtstraße 7

Eisenschmidt, R. GmbH
D-6000 Frankfurt (M) 70, Postf. 700 306, Schwanthaler Straße 59; Geschäftsstelle: D-1000 Berlin 31, Kurfürstendamm 105

Elektron Verlag Ing. H. Kirnbauer
A-4020 Linz/Österr., Postfach 156, Graben 9

Allgemeines Firmensignet, geführt seit: 1927.

Grafiker: —

Elektrowirtschaft, Schweizerische Gesellschaft für Elektrizitätsverwertung, Abteilung Verlag
CH-8023 Zürich (1), Bahnhofplatz 9, Postfach 2272

Tel: (01) 27 03 55. **Psch:** 80-137 79. **Bank:** Schweiz. Kreditanstalt, Stadtfiliale Enge, 8027 Zürich. **Gegr:** 1927. **Rechtsf:** Genossenschaft.
Inh/Ges: 76 Unternehmungen der schweizerischen Elektrizitätswirtschaft (Elektrizitätswerke, Industrieunternehmungen, Elektrische Unternehmungen, Verbände und Vereinigungen).
Verlagsleitung: Dr. G. Beltz, Direktor der Elektrowirtschaft; J. Sidler, Prokurist.
Verlagsgebiet: Der Verlag veröffentlicht neben den nachstehend genannten Zeitschriften zahlreiche Broschüren und kleine Druckschriften beratenden Inhalts über die Verwendung der elektrischen Energie in Haushalt, Gewerbe, Landwirtschaft und Industrie.
Zeitschriften: „Elektrizitätsverwertung" („L'Electrique", „Electrical Service"), internationale Zeitschrift für Elektrizitätsverwertung mit technisch-wirtschaftlichem Charakter (mtl.) — „Die Elektrizität"/„L'Electricité pour tous"/ „L'Elettricità, Kundenzeitschrift, die von den Elektrizitätswerken ihren Strombezügern abgegeben wird (vtljl.).
Verlagsgebiete: 20 — 11 — 18 — Spez.-Geb: 20 Elektrizitätswirtschaft.

Elitera
Signet wird geführt seit: 1971.
Grafiker: Wolfram Geister, Berlin.

Elitera-Verlag, Gesellschaft mit beschränkter Haftung
D-1000 Berlin 33, Fritz-Wildung-Str. 22
Tel: Verlagsleitung (030) 8 28 25 33, Auslieferung (030) 8 28 25 73. **Fs:** 1 83 581. **Psch:** Berlin-West 650-105. **Bank:** Berliner Disconto Bank 138/6200. **Gegr:** 1971 in Berlin. **Rechtsf:** GmbH.
Inh/Ges: AEG-TELEFUNKEN.
Verlagsleitung: Geschäftsführer: Dr.-Ing. Klaus Johannsen ▫, geb. 1910 in Berlin, Dipl.-Ing., Promotion 1942 TH Danzig, bis 1943 Laborchef, seit 1949 Leiter der Verlagsabteilung von AEG-TELEFUNKEN.
Zeitschriftenredaktion: Georg Garske, geb. 1916.
Buchredaktion: Dipl.-Ing. Heinz Ketterer, geb. 1931.
Vertrieb und Werbung: Detlef Lorenz, geb. 1938.
Herstellung: Uwe Pechtold, geb. 1939.
Geschichte: Schon vor dem 2. Weltkrieg gab es bei der AEG eine Verlagsabteilung, die die Aufgabe hatte, Forschungs- und Entwicklungsarbeiten an die Öffentlichkeit zu bringen, vor allem solche, für die in anderen Verlagen keine Möglichkeit zur Veröffentlichung bestand. Insbesondere in den 60er Jahren wurden Auflagenzahl und Programm immer mehr erweitert, so daß man sich bei AEG-TELEFUNKEN entschloß, den Elitera-Verlag zu gründen, der Programm und Personal der Verlagsabteilung von AEG-TELEFUNKEN übernahm.
Hauptautoren/Hauptwerke: Autoren sind überwiegend Mitarbeiter der AEG-TELEFUNKEN-Gruppe. Hauptwerk ist das „AEG-Hilfsbuch", das, in sechs Sprachen übersetzt, eine Gesamtauflage von über 600 000 Exemplaren erreicht hat. Wichtigste Buchreihe sind die „AEG-TELEFUNKEN-Handbücher", von denen bisher 20 Bände erschienen sind. Der Elitera-Verlag gibt sechs AEG-TELEFUNKEN-Fachzeitschriften in deutscher, englischer, spanischer und italienischer Sprache heraus.
Verlagsgebiete: 20 — 28 — 11 — 21 — — 26 — 27.

Verlag Heinrich Ellermann KG.

D-8000 München 19, Romanstraße 16

Tel: München (089) 16 20 51. **Psch:** München 553 34-808. **Bank:** Deutsche Bank 75/44 877. **Gegr:** 1934 in Hamburg. **Rechtsf:** GmbH & Co. KG.
Inh/Ges: Spangenberg Verlag GmbH.
Verlagsleitung: Christa Spangenberg, geb. 30. 5. 1928 in München.
Hersteller und Prokurist: Manfred Lüer.
Geschichte: Im Vordergrund der Produktion stand zunächst moderne Lyrik („Blätter für die Dichtung") und Literaturwissenschaft. Nach dem 2. Weltkrieg Produktion von Schulbüchern. Weiterhin u. a. Kinder- und Jugendbücher (heute das Hauptgebiet), Kinderposter.
Hauptwerke: Georg Heym, „Dichtungen und Schriften" (Gesamtausgabe) — Ernst Stadler, „Dichtungen I/II". Beide Ausgaben herausgegeben von K. L. Schneider — „Grimms Märchen" (Gesamtausgabe, Band I—III) — Hans Christian Andersen, „Märchen und Historien" (Gesamtausgabe, Band I—IV), beide illustriert von Gerhard Oberländer — Weitere illustrierte Bücher von Maria E. Agostinelli, Dietlind Blech, Elisabeth Borchers, Lilo Fromm, Erich Fuchs, Ursula Kirchberg, Hildegard Krahé, Irmgard Lucht, Iela Mari, Christoph Meckel, Gerhard Oberländer, Lieselotte Schwarz, Hans Stempel + Martin Ripkens.
Buchreihen: „Ellermann Lese-Bücher" „Ellermann Mini-Bücher".
Verlagsgebiete: 8 — 9 — 12.

K. Elser, Inh. E. Händle
Verlag — Druckerei

D-7130 Mühlacker, Bahnhofstraße 62, Postfach 320

Tel: (0 70 41) 20 66. **Psch:** Stuttgart 68 36-700. **Bank:** Volksbank Mühlacker 77 560-0; Kreissparkasse Mühlacker 100 285. **Gegr:** 1890. **Rechtsf:** Einzelfirma.
Inh/Ges: Dipl.-Ing. Eugen Händle.
Verlagsleitung: Dipl.-Kfm. Eugen Händle, Verleger.
Geschichte: Im Jahre 1890 als Druckerei und Zeitungsverlag zur Herausgabe der Tageszeitung „Mühlacker Tagblatt" gegründet. 1951 Angliederung eines Buchverlages unter der Bezeichnung Stieglitz-Verlag (s. d.).
Hauptautoren: Eva-Maria Arnold, S. Fischer-Fabian, Fritz Gordian, Karl Götz, Elisabeth Gürt, Otto Heuschele, August Lämmle, Hedwig Lohß, Hildegard von Podewils, Jo Hanns Rösler, Georg Schwarz, Fred C. Siebeck.
Angeschl. Betr: Stieglitz-Verlag, E. Händle, Mühlacker.
Verlagsgebiet: 29.

Elsner, Otto, Verlagsges.

D-6100 Darmstadt, Postfach 4014, Schöfferstraße 15

Signet wird geführt seit: 1950.

Grafiker: E. T. Korflür.

N. G. Elwert'sche Universitäts- und Verlagsbuchhandlung, Inhaber Dr. Wilhelm Braun-Elwert

D-3550 Marburg/Lahn, Reitgasse 7/9 u. Pilgrimstein 30, Postfach 1228

Tel: (0 64 21) 2 50 24. **Psch:** Frankfurt (M) 38 99. **Bank:** Sparkasse der Stadt Marburg; Kreissparkasse Marburg; Marburger Volksbank. **Gegr:** 1726. **Rechtsf:** Einzelfirma.
Inh/Ges: Dr. Wilhelm Braun-Elwert.
Verlagsleitung: Dr. rer. pol. Wilhelm Braun-Elwert, geb. 3. 9. 1915 in Marburg, seit 1941 Teilhaber, seit 1953 Alleininhaber der Firma.
Geschichte: 1726 Marburger Filialgründung des Gießener Univ.-Buchhändlers J. Ch. Krieger d. Ä.; 1783, am 18. Juli, Privilegierung seines Sohnes, J. Ch. Krieger d. J., in Marburg; 1786 Kauf der 1586 von Paul Egenolph in Marburg gegründeten Buchdruckerei; 1831 Kauf der Firma durch Noa Gottfried Elwert; seither in Familienbesitz.
Hauptwerke: (Erscheinungsjahre der Erstauflage in Klammern) Jung-Stilling, „Das Heimweh" (1794/96) — Justi, „Die Vorzeit" (1820/38) — v. Vangerow, „Lehrbuch der Pandekten" (1839) — Vilmar, „Geschichte der deutschen Nationalliteratur" (1845) — Könnecke, „Bilderatlas zur Geschichte der deut-

schen Nationalliteratur" (1887) — „Die Neueren Sprachen" (1894 bis 1933) — Enneccerus, „Lehrbuch des Bürgerlichen Rechts" (1900) — „Veröffentlichungen der Hist. Komm. für Hessen und Waldeck" (1901 ff.) — Ziegler/Seiz, „Englisches Wörterbuch" (1912) — Brüder Grimm, „Kinder- und Hausmärchen" mit den Illustrationen von Otto Ubbelohde (1920) — „Deutscher Sprachatlas" (1926/56) — Berthold, „Hessen-Nassauisches Volkswörterbuch" (1927 ff.) — „Atlas der deutschen Volkskunde" (1958 ff.) — „Deutscher Sprachatlas" — „Regionale Sprachatlanten" (1962 ff.).
Verlagsgebiete: 2a — 4 — 7 — 14.

Energie Verlag GmbH
D-6900 Heidelberg, Postfach 508, Blumenstraße 13

Signet wird geführt seit: 1. 1. 1967.

Grafiker: —

Energiewirtschaft und Technik Verlagsgesellschaft mbH

D-8032 Gräfelfing, Wendelsteinstraße 8, Postfach 29 und 94

Tel: (089) 85 23 57/58. **Fs:** 05-24582. **Psch:** München 76600-800. **Bank:** Bayer. Hypoth.- u. Wechselbank, Zweigstelle Gräfelfing 106208; Kreissparkasse München, Zweigstelle Gräfelfing 050294750. **Gegr:** 1955 in Gräfelfing. **Rechtsf:** GmbH.
Inh/Ges: Dipl.-Volkswirt Edmund Gräfen (100 %).
Verlagsleitung: Dipl.-Volkswirt Edmund Gräfen, geb. 8. 9. 1921 in Meiserich.
Geschichte: Der Verlag wurde im Jahre 1955 als Einzelfirma gegründet; seine Umwandlung in eine GmbH erfolgte am 20. 10. 1962.
Hauptautoren/Hauptwerke: Scheuten/Tegethoff, „Das Recht der öffentlichen Energieversorgung" (Kommentar) — Der Verlag ist auf dem Gebiet der Energiewirtschaft, der Energiepolitik und des Energierechts spezialisiert.
Buchreihe: „Musteranlagen der Energiewirtschaft".
Zeitschriften: „Energiewirtschaftliche Tagesfragen (mtl.) — Kundenzeitschrift „strom" (vtljl.).
Verlagsgebiete: 4 — 5 — 20 — 28.

Engel Verlag Dr. jur. Kurt Engel Nachf.
D-6200 Wiesbaden, Wilhelmstraße 42

Signet wird geführt seit: 1972.
Grafiker: Werner Ahrens.

Engelbert-Verlag
Gebr. Zimmermann GmbH

D-5983 Balve, Widukindplatz 2, Postfach 120

Tel: (0 23 75) 631. **Fs:** 827 755. **Psch:** Dortmund 270 58-465. **Bank:** Sparkasse Balve-Neuenrade 1046.2; Dresdner Bank Menden 7 534 620. **Gegr:** 1930. **Rechtsf:** GmbH.
Inh/Ges: Hans Zimmermann, Heinz Zimmermann.
Verlagsleitung: Prokura: Erhard Tamm.
Geschichte: Kinder- und Jugendbuchverlag, 1930 als Gebr. Zimmermann OHG gegründet, in jetziger Rechtsform und Firmenbezeichnung am 1. 1. 1965.
Hauptautoren: Katherine Allfrey, Peter Berger, Pearl S. Buck, Miep Diekmann, Lisa Heiss, Franz Kurowski, Herbert Plate, Josef Reding, Hans Peter Richter.
Hauptwerke: Kinder- und Jugendbücher, Sachbücher, pEb-Bücherei.
Buchreihen: „Große Gestalten", z. B. „Mohammed", „Marco Polo", „Attila".
Tges: Buch- und Offsetdruckerei, Großbuchbinderei, Klischeeanstalt.
Verlagsgebiet: 9.

Engelhornverlag GmbH
D-7000 Stuttgart-O, Postfach 209, Nekkarstraße 121—125

Signet wird geführt seit: 1969 (in abgeänderter Form seit: 1973).
Grafiker: Norbert Waning, Stuttgart; überarb. durch Prof. Kurt Weidemann, Stuttgart.

Ferdinand Enke Verlag

D-7000 Stuttgart 1, Hasenbergsteige 3, Postfach 1304

Tel: (07 11) 61 06 21. **Psch:** Stuttgart 15202-702. **Bank:** Deutsche Bank Stuttgart 11/78 359; Girokasse Stuttgart 2 190 200; Trinkaus & Co. Stuttgart 47 803. **Gegr:** 1. 1. 1837 in Erlangen (seit 1874 in Stuttgart). **Rechtsf:** KG.

Inh/Ges: Dr. Alfred Enke, Dietrich Enke und der Georg Thieme Verlag, Stuttgart.

Verlagsleitung: Dietrich Enke, geb. 15. 3. 1914 in Stuttgart, gemeinsam mit den persönlich haftenden Gesellschaftern des Georg Thieme Verlages; Dr. med. h. c. Günther Hauff, geb. 17. 4. 1927 in Leipzig und Dr. jur. Albrecht Greuner, geb. 9. 6. 1925 in Leipzig.
Planung: Dr. rer. pol. Marlis Kuhlmann, Prokuristin.
Herstellung: Klaus Schneider, Prokurist.
Vertrieb und Lizenzen: Joachim Niendorf, Prokurist.

Geschichte: Gründung 1837 durch Ferdinand Enke (1810—1869), dem Sohn des Erlanger Buchhändlers Johann Ernst August Enke, der die durch Heirat erworbene Verlags- und Sortimentsbuchhandlung Johann Jacob Palm unter dem Namen Palm und Enke fortführte. 1. 1. 1837 Übernahme des Sortiments durch Ferdinand Enke, gleichzeitig Gründung des Verlages mit dem Schwerpunkt Medizin, bald ausgedehnt auf Natur-, Rechts- und Staatswissenschaften. 1868 Verkauf der Sortimentsbuchhandlung. 1874 Übernahme durch Alfred Enke (1852—1937, Ehrendoktor und Ehrensenator der Universität Tübingen) und Verlegung nach Stuttgart. Unter ihm und seinen Söhnen Ferdinand Enke (1877—1963) und Dr. Alfred Enke (geb. 1887) großzügiger Ausbau, Ausdehnung auf die Veterinärmedizin. 1956 wurde Dietrich Enke (geb. 1914) weiterer Teilhaber. 1. 1. 1971 Erwerb einer Beteiligung durch den Georg Thieme Verlag.

Hauptwerke: Zahlreiche Handbücher, Lehrbücher, Nachschlagewerke und Monographien auf den Gebieten der Medizin, Veterinärmedizin, Chemie, Geologie, Psychologie, Rechtswissenschaften und Soziologie, wie z. B.: „Handbuch der Unfallheilkunde" — „Handbuch der Unfallbegutachtung" — „Handbuch der Praktischen Geriatrie" — „Handwörterbuch der Rechtsmedizin" — Lange, „Lehrbuch der Orthopädie" — Lüders, „Lehrbuch für Kinderkrankenschwestern" — „Handbuch der präparativen anorganischen Chemie" — „Klockmanns Lehrbuch der Mineralogie" — Dörner, „Malmaterial" — „Handbuch der Soziologie" — „Handbuch der empirischen Sozialforschung" — „Handwörterbuch der Soziologie" — „Wörterbuch der Soziologie" — „Internationales Soziologenlexikon".

Buchreihen: „Beiträge zur Sexualforschung" — „Bücherei des Augenarztes" — „Bücherei des Frauenarztes" — „Bücherei des Orthopäden" — „Bücherei des Pädiaters" — „Forum der Psychiatrie" — „Praktische Chirurgie" — „Studien zur Medizingeschichte des 19. Jahrhunderts" (Fritz Thyssen Stiftung). „Die chemische Analyse" — „Die metallischen Rohstoffe" — „Sammlung chemischer und chemisch-technischer Beiträge" — „Bonner Beiträge zur Soziologie" — „Göttinger Abhandlungen zur Soziologie" — „Kunst und Gesellschaft" — „Sozialforschung und Gesellschaftspolitik" — „Soziologische Gegenwartsfragen".
„Abhandlungen aus dem Gesamten Bürgerlichen Recht" — „Handelsrecht und Wirtschaftsrecht" — „Münchener Universitätsschriften" — „Abhandlungen des Instituts für europäisches und internationales Wirtschaftsrecht".
„Beiträge zur Strafvollzugswissenschaft" — „Kriminalität und ihre Verwalter" — „Kriminologie".

Zeitschriften: „Klinische Monatsblätter für Augenheilkunde" — „Klinische Pädiatrie" — „Zeitschrift für Geburtshilfe und Perinatologie" — „Zeitschrift für Orthopädie und ihre Grenzgebiete". „Zeitschrift für das gesamte Handelsrecht und Wirtschaftsrecht (ZHR)" — „Zeitschrift für vergleichende Rechtswissenschaft, einschließlich der ethnologischen Rechtsforschung" — „Zeitschrift für Soziologie".
„Geologische Rundschau", herausgege-

ben von der Geologischen Vereinigung — „Zeitschrift der Deutschen Geologischen Gesellschaft".
Verlagsgebiete: 3 — 4 — 5 — 15 — 17 — 18 — 22 — 26 — 28.

Ensslin & Laiblin Verlag GmbH & Co. KG
D-7412 Eningen, Harretstraße 6

Signet wird geführt seit: —

Grafiker: —

EOS Verlag, Erzabtei St. Ottilien
D-8917 St. Ottilien

Tel: (0 81 93) 304. **Psch:** München 3240. **Bank:** Hypobank Landsberg/Lech 206 059; Sparkasse Landsberg/Lech 5397. **Gegr:** 1904 in St. Ottilien. **Rechtsf:** Einzelfirma.
Inh/Ges: Erzabtei St. Ottilien, Körperschaft des öffentlichen Rechtes.
Verlagsleitung: Dr. Pater Bernhard Sirch OSB □, geb. 26. 4. 1943. 1964 Abitur am humanistischen Gymnasium in St. Ottilien. 1965 bis 1971 Studium von Philosophie und Theologie. 1970 Priesterweihe. 1973 Promotion zum Dr. theol. an der Universität München mit dem Thema: „Über den Ursprung der bischöflichen Mitra und päpstlichen Tiara". Seit Januar 1972 Leitung der EOS-Druckerei und des EOS Verlages.
Geschichte: Die Geschichte des Verlages steht in engstem Zusammenhang mit der Geschichte der Missionsbenediktiner von St. Ottilien. Der im Dezember 1973 fertiggestellte Neubau des EOS Verlages und der EOS-Druckerei mit Spezial-Monotypeanlage für griechischen und hebräischen Satz umfaßt 1700 qm Fläche.
Hauptautoren: Prof. Dr. Richard Egenter, Benediktinerabt Dr. Odilo Lechner, Dr. Franz Xaver Gerstner, Sr. Gertrudis Schinle, Romuald Bauerreiß, P. Frumentius Renner, P. Ambrosius Hafner, Mirok Li, Margarete Martens.
Zeitschriften: „Licht der Welt" (zweimtl.) — „Missionsblätter" (zweimtl.).
Verlagsgebiete: 2b — 9 — 28.

Eppinger Verlag
D-7170 Schwäbisch Hall, Scheffelsteige Nr. 28

Signet wird geführt seit: 1961.

Grafiker: Christoph Albrecht.

Horst Erdmann Verlag für Internationalen Kulturaustausch G.m.b.H.

D-7400 Tübingen 1, Hartmeyerstr. 117, Postfach 1380

Tel: (0 71 22) 6 20 61, 6 20 62. **Psch:** Stuttgart 709 00-704. **Bank:** Dresdner Bank Tübingen 3456870. **Gegr:** 5. 12. 1956 in Berlin. **Rechtsf:** GmbH.
Inh/Ges: Horst J. Erdmann.
Verlagsleitung: Horst J. Erdmann □, geb. 31. 1. 1919 in Breslau, Studium der Rechtswissenschaften, zunächst Rechtsanwalt.
Cheflektor: Frank Auerbach (Prokurist). Werbe- und Vertriebsleiter: Heinz Mayer.
Geschichte: Der Verlag wurde auf Initiative des jetzigen Inhabers und Geschäftsführers Horst J. Erdmann am 5. 12. 1956 in Berlin gegründet. Der ursprüngliche Name, der das Verlagsprogramm umreißen sollte und der jetzt noch als Untertitel geführt wird, „Verlag für Internationalen Kulturaustausch", wurde 1961 in „Horst Erdmann Verlag" geändert. Seit Frühjahr 1959 hatte der Verlag seinen Sitz in Herrenalb/Schwarzwald; im Herbst 1967 bezog er das neue Verlagsgebäude in Tübingen.
Der besonderen Aufgabe, den internationalen Kulturaustausch zu fördern, wurde der Verlag zunächst durch Publikationen mit Reiseschilderungen aus dem Nahen, Mittleren und Fernen Osten, aus Südamerika und auch aus Europa gerecht, mit dem Ziel, ein interessantes und objektives Bild der Probleme ferner Länder zu vermitteln. Auf andere und besonders unmittelbare Weise erfolgt dies nun seit 1962 durch die Buchreihe „Geistige Begegnung", hrsg. vom „Institut für Auslandsbeziehungen" in Stuttgart. Sie soll erstmalig systematisch in literarischen

Selbstporträts fernerliegende Länder vorstellen, und zwar durch die besten Erzählungen und Romane führender zeitgenössischer Autoren dieser Länder. Veröffentlicht sind bereits über vierzig Bände dieser Reihe, die jetzt vor allem unter dem populäreren Reihentitel „Moderne Erzähler der Welt" läuft. Etwa die gleiche Zahl weiterer Länder-Erzählungsbände ist in Vorbereitung. Vertieft wird die geistige Begegnung mit fremden Kulturen durch historische und kulturgeschichtliche Werke, unter denen Neuausgaben alter abenteuerlicher Reise- und Entdeckungsberichte besonderes Gewicht haben. Neben einem vielseitigen Programm an Belletristik und Sachbüchern (Bücher aus 70 Ländern!) gibt der Verlag auch die Publikationen des „Instituts für Ostrecht" in München, des „Instituts für Entwicklungsforschung und Entwicklungspolitik" der Ruhr-Universität Bochum und alle Publikationen des „Instituts für Auslandsbeziehungen" heraus. Weiterhin hat der Verlag im Rahmen der internationalen Zielsetzung seiner Arbeit ein mehrteiliges audiovisuelles Lehrmittelprogramm für den Deutschunterricht und den heimatsprachlichen Unterricht (zunächst in türkischer und spanischer Sprache) für Kinder ausländischer Arbeitnehmer entwickelt und veröffentlicht.

Buchreihen: „Geistige Begegnung" mit Erzählungsbänden aus Ägypten, Argentinien, Australien, Bolivien, Brasilien, Bulgarien, Chile, Finnland, Indien, Indonesien, Israel, Japan, Jugoslawien, Kolumbien, Korea, Mexiko, Mittelamerika, Neuseeland, Nigeria, Norwegen, Pakistan, Peru, Philippinen, Portugal, Rumänien, Rußland, Schweden, Spanien, Syrien/Libanon, Tschechoslowakei/Slowakei, Türkei, Ukraine, Uruguay, Westafrika, Westindien. — „Alte abenteuerliche Reiseberichte", bibliophil ausgestattete Liebhaberausgaben (jährlich zwei neue Bände). — „Ländermonographien", Band 1: Kuwait, Band 2: Brasilien, Band 3: Afghanistan, Band 4: Türkei, Band 5: Iran (weitere Bände in Vorbereitung). — „Bochumer Schriften zur Entwicklungsforschung und Entwicklungspolitik" (ab Band 15) — u. a.

Zeitschriften: „Indo-Asia" — „Zeitschrift für Kulturaustausch".

Verlagsgebiete: 8 — 15 — 4 — 5 — 6 — 11 — 14 — 25.

Signet wird geführt seit: 1967.

Grafiker: Friedolin Reske.

Eremiten-Presse und Verlag Eremiten-Presse Dieter Hülsmanns und Friedolin Reske oHG

D-4000 Düsseldorf 1, Fortunastraße 11, Postfach 170029

Tel: (02 11) 66 05 90. **Psch:** Frankfurt (M) 185 201. **Bank:** C. G. Trinkaus & Burkhardt Düsseldorf 1002/04502. **Gegr.:** 1949. **Rechtsf:** OHG.

Inh/Ges: Dieter Hülsmanns, geb. 1940 in Düsseldorf, Schriftsteller, mehrere Bücher (Lyrik und Prosa), u. a. den Roman „Vakher".
Friedolin Reske, geb. 1936 in Düsseldorf, Studium an der TH in Aachen, Dipl.-Ing.

Verlagsleitung: Dieter Hülsmanns □ u. Friedolin Reske □.

Geschichte: Der Verlag Eremiten-Presse wurde 1949 gegründet (Mitbegründer: V. O. Stomps). Der Verlag stellt sich in den Dienst des Experiments in Dichtung und Kunst. Er dient keiner literarischen Garde oder zeitlichen Tendenzen. Bisher wurden rund 450 Titel veröffentlicht (u. a. von P. Hamm, K. Hoff, Chr. Meckel, Prof. H. Giese, G. Wohmann, Chr. Reinig, G. B. Fuchs, H. Bender, H. Bingel, O. Jägersberg, P. O. Chotjewitz), mit Graphiken u. a. von W. Scheib, HAP Grieshaber, H. Antes, B. Jäger, K. Klapheck, W. Vostell, P. Wolfram, P. Brüning, B. Schultze.

Hauptwerke: „Broschur", eine Reihe, die unsere Reihe tanzt, sie bringt zeitgenössische Literatur und Originalgraphik in bibliophil ausgestatteter preiswerter Ausgabe. — Ferner alljährlich der Eremiten-Kalender im schmalen langen Format mit Originalgraphik. Wesentliche Autoren: Christa Reinig, Gabriele Wohmann, P. O. Chotjewitz, Felix Rexhausen, Gerhard Rühm, Martin Walser, Christoph Meckel u. a. Ferner zahlreiche Buchausgaben mit Originalgraphiken.

Verlagsgebiete: 8 — 12 — 24 — Spez.-Geb: Bibliophile Bücher.

Signet wird geführt seit: 1954.

Grafiker: —

Wilhelm Ernst & Sohn KG, Verlag für Architektur und technische Wissenschaften

D-1000 Berlin 31, Hohenzollerndamm 170

Zweigstellen:
D-8000 München 19, Flüggenstraße 13
Tel: (089) 17 24 44. Fs: 05-215 416.
D-4000 Düsseldorf 13, Am Haferkamp 37
Tel: (02 11) 76 39 95.

Tel: (030) 86 03 76. **Fs:** 01-84143. **Psch:** Berlin West 1688-106; Frankfurt (M) 493 38-607. **Bank:** Berliner Bank AG Berlin 3507124900; Vereinsbank Hamburg 1/12 326. **Gegr:** 1. 1. 1851 in Berlin. **Rechtsf:** KG.
Inh: Frau Käthe Gundersen, verw. Ernst.
Verlagsleitung: Frau Käthe Gundersen. Prokuristen: Hans-Martin Ernst, Karl-Heinz Graßmann, Wolfgang Junge, Manfred Köster, Wilhelm Schreiber.
Geschichte: 1827 Gründungsjahr der Gebrüder Gropius, Kunsthandlung in Berlin. Januar 1851 Firmierung des Verlages: Ernst & Korn, Verlag für Architektur und technische Wissenschaften. Seit 1894 die Firmen benannt: Wilhelm Ernst & Sohn, Verlag für Arch. u. techn. Wissenschaft. — Gropius'sche Buch- und Kunsthandlung.
Hauptautoren: Dr. Georg Anger †, Prof. Dipl.-Ing. Robert von Halász, Prof. Dr.-Ing. Alfred Hummel †, Prof. Dr.-Ing. Fritz Leonhardt, Prof. Dr.-Ing. Heinrich Press †, Ernst Zellerer.
Hauptwerke: „Beton-Kalender — Taschenbuch für Beton-, Stahlbeton und Spannbetonbau sowie die verwandten Fächer".
Buchreihe: „Bauingenieur-Praxis".
Zeitschriften: „Die Bautechnik", Ausgabe A und B — „Beton- und Stahlbetonbau" — „Stahlbau" — „Straße Brücke Tunnel" — „Schrifttumkarteien Bauwesen und Beton".
Btgl: Mitglied der Arbeitsgemeinschaft Baufachverlage (ABV).
Verlagsgebiet: 20.

Eulenspiegel Verlag für Satire und Humor
DDR-1080 Berlin, Kronenstraße 73/74

Eurobuch-Verlag August Lutzeyer
D-8867 Oettingen, Bahnhofstraße 1

Euroliber Verlags- u. Vertriebs GmbH
D-5000 Köln 1, Gereonstraße 18—32

Europ Export Edition GmbH
D-6100 Darmstadt, Postfach 4034, Berliner Allee 8

Europa-Contact-GmbH
D-7000 Stuttgart-S, Postfach 643, Lehenstraße 31

Europa-Fachpresse-Verlag
D-8000 München 23, Leopoldstraße 175

Signet wird geführt seit: 1969.

Grafiker: Günter Schmoll.

Europa Union Verlag GmbH

D-5300 Bonn 1, Stockenstraße 1—5, Postfach 643

Tel: (0 22 21) 63 12 93. **Fs:** 8-86 822. **Psch:** Köln 241 07-503. **Bank:** Bankhaus Sal. Oppenheim jr. & Cie., Köln 5670 (BLZ 370 302 00). **Gegr:** 11. 12. 1959 in Bonn. **Rechtsf:** GmbH.
Inh/Ges: Treuhandgesellschafter: Dr. h. c. Friedrich Carl Freiherr von Oppenheim, Köln; Otto Wolff von Amerongen, Köln.
Verlagsleitung: Gerhard Eickhorn □, geb. 31. 12. 1936, Geschäftsführer und Verlagsleiter, im Verlag tätig seit 1964. Anzeigen, Vertrieb u. Finanzen: Gerda Fischer, geb. 7. 7. 1934, Prokuristin, im Verlag tätig seit 1961.
Herstellung und Buchvertrieb: Günter Schmoll, geb. 30. 9. 1933, Prokurist, im Verlag tätig seit 1968.

Geschichte: Der Verlag wurde gegründet, um im Rahmen der Europäischen Bewegung unter Anerkennung des Programms der Europa-Union Deutschland das europäische Gedankengut und das Ziel des europäischen Zusammenschlusses in der Öffentlichkeit zu fördern und durch geeignete Publikationen zu verbreiten.

In seiner 25jährigen Tätigkeit konnte er sowohl sein Verlagsprogramm ausdehnen als auch die Zusammenarbeit mit anderen europäischen Verlagen verstärken. Im Jahre 1972 gründete er für das Objekt „Europa-Archiv" die Tochtergesellschaft Verlag für Internationale Politik GmbH. Im Jahre 1973 übernahm der Europa Union Verlag die Kinder-Europa-Reihe „Peter und Anne" des Erika Klopp Verlages.

Hauptwerke: M. A. Baudouy, „Wir leben in Europa" — Rolf Breitenstein, „Lehr- und Informationsmappe für politische Bildung - Deutschland in Europa" — Arnulf Clauder, „Einführung in die Rechtsfragen der europäischen Integration", hrsg. vom Gustav-Stresemann-Institut — Carl J. Friedrich, „Europa - Nation im Werden?" — Rudolf Hrbek, „Die SPD - Deutschland und Europa", hrsg. vom Bildungswerk Europäische Politik — Christopher Layton, „Technologischer Fortschritt in Europa" — Klaus Otto Nass, „Gefährdete Freundschaft" — Hanns Ott, „Handbuch der internationalen Jugendarbeit" — Claus Schöndube, „Das neue Europa-Handbuch", „Europa Taschenbuch", „Lehr- und Informationsmappe für politische Bildung - Die europäische Integration", „Europa - Verträge und Gesetze" — Jürgen Weber, „Der Europarat und Osteuropa".

Buchreihen: „Kinder-Europa-Reihe - Peter und Anne", hrsg. von Orgel-Köhne — „Europäische Schriften", hrsg. vom Institut für Europäische Politik (vormals Bildungswerk Europäische Politik).

Zeitschriften: „ec - Erziehung und Kultur", hrsg. vom Europarat, Straßburg 3x jl.) — „transnational", Informationen für junge Leute (vtljl.) — „EUROPA UNION - Europäische Zeitung" (mtl.).

Tges: Verlag für Internationale Politik GmbH Bonn (100 %).

Verlagsgebiete: 6 — 9 — 10 — 28.

Signet wird geführt seit: 1972.
Grafiker: Georg Schmid.

Europa Verlags-A.G.

A-1232 Wien, Altmannsdorfer Straße Nr. 154—156, Postfach

Tel: (02 22) 67 26 22. **Fs:** Wien 1-1326. **Psch:** Wien 1797.305. **Bank:** Bank für Arbeit und Wirtschaft Wien 00-25.585-1. **Gegr:** 27. Mai 1947 in Wien. **Rechtsf:** Aktiengesellschaft.

Inh/Ges: Verlag des Österreichischen Gewerkschaftsbundes Ges.m.b.H., Wien; Dr. Oprecht, Zürich.

Verlagsleitung: Gendir. Erich Pogats, geb. 8. 4. 1919.
Cheflektor: Prok. Prof. Hugo Pepper, geb. 4. 2. 1920.
Hersteller: Prok. Georg Max Prechtl, geb. 22. 6. 1927.
Buchhaltung: Oberprok. Karl Kraus, geb. 22. 7. 1927.
Werbung und Vertrieb: Heinz Kommenda, geb. 10. 11. 1941.

Geschichte: Der Europaverlag Wien München Zürich setzt die Tradition des von Dr. Emil Oprecht nach Hitlers Machtantritt in Deutschland zur Pflege der freiheitlichen deutschen Emigrationsliteratur in der Schweiz gegründeten gleichnamigen Verlages fort. Nach dem Ende des Zweiten Weltkrieges verlagerte sich der Schwerpunkt des Verlagsgeschehens nach Österreich, von wo aus die Buchproduktion für den gesamten deutschsprachigen Raum in Angriff genommen wurde, deren Hauptanliegen vor allem in den sechziger Jahren die Diskussion der Europa bestimmenden unterschiedlichen politischen, sozialen und wirtschaftlichen Konzeptionen wurde. Seither ist neben die Pflege des gesellschaftskritischen Sachbuches auch der Versuch getreten, zeitgenössische Belletristik zu verlegen.

Hauptautoren: W. H. Auden, François Bondy, Nicola Chiaromonte, E. M. Cioran, Vladimir Dedijer, Mircea Eliade, Martin Esslin, Ossip K. Flechtheim, Claus Gatterer, Joseph P. Hodin, Edvard Kardelj, Fritz Klenner, Leo Kofler, Günther Nenning, Bertrand Russell, Adam Schaff, Manès Sperber, Herbert Zand, Eduard Winter.

Buchreihen: „Soziale Brennpunkte" — „EV-Workshop" — „Schriftenreihe des Ludwig-Boltzmann-Instituts für Geschichte der Arbeiterbewegung".
Zeitschriften: „Europäische Rundschau", Vierteljahresschrift — „Österreichische Zeitschrift für Politikwissenschaft", Vierteljahresschrift — „Wissenschaft und Weltbild", Vierteljahresschrift.
Verlagsgebiete: 3 — 5 — 6 — 7 — 8 — 14.

Europa-Verlagsgesellschaft mbH
Wien-Zürich-München

D-8000 München 90, Humboldtstraße 8

Signet wird geführt seit: 1971.

Grafiker: Werner Krüger.

Europäische Bildungsgemeinschaft Verlags-GmbH

D-7000 Stuttgart, Lindenspürstraße 32, Postfach 1069

Tel: (07 11) 66 83-1. **Fs:** ebpe-d 0722820. **Psch:** Stuttgart 2004-701. **Bank:** Württ. Bank Stuttgart 2585; Dresdner Bank 9063973. **Gegr:** 4. 3. 1950 in Stuttgart. **Rechtsf:** GmbH.
Inh/Ges: Bertelsmann AG.
Verlagsleitung: Geschäftsführer: Gerhard Kuhn.
Leiter der Stäbe und des ESK: Joachim Ploch.
Programm: Dr. phil. Jörg Bauer (Dr. phil. Dietrich Schaefer, Buchpr.; Josef Zapatka, Musikpr.; Jörg Ebert, Sonderpr.; Andreas Zebrowski, Herstellung).
Absatz/Marketing: Rolf Dittrich.
Betreuung/Vertrieb: Dr. Jörg Bausch.
Verwaltung: Dr. Gerhard Barth.
Geschichte: Ursprung der heute bestehenden Firma ist die von Wilhelm Schlösser am 4. 3. 1950 in Stuttgart gegründete Europäische Buchklub Verlags-GmbH. Bereits 1955 erfolgte die Angliederung der Europäische Phonoklub Verlags-GmbH. Seit dem 1. 4. 1963 ist die Bertelsmann AG Alleininhaber. Trotzdem weiterhin eigenständige Firmenpolitik. — Als erste Tochtergesellschaft wurde am 18. 3. 1965 die Christliche Bildungskreis Verlags-GmbH gegründet. Nachdem das Angebot immer breiter wurde (neben Büchern und Schallplatten auch MC, Geräte, Spiele und Geschenke, Reisen, Sprachkurse etc.), firmiert die Firma seit dem 1. 4. 1971 unter dem Namen Europäische Bildungsgemeinschaft Verlags-GmbH. Als weitere Tochtergesellschaft wurde im Dezember 1973 der Europa-Sprachclub, München und Düsseldorf, übernommen. Zum selben Zeitpunkt Begrüßung des millionsten Mitglieds.
Hauptwerke: Das Buchangebot setzt sich aus deutsch-sprachigen Lizenzausgaben zusammen (ca. 400—500 verschiedene Titel).
Zeitschriften: Die Mitglieder erhalten viermal im Jahr Kataloge und werden auf diese Weise über das umfassende Programm unterrichtet (ca. 800—1000 Angebote mit mehr als 100 Neuerscheinungen pro Quartal).
Tges: Europa-Sprachclub, München und Düsseldorf.

europäische Buch, Das

D-1000 Berlin 12, Knesebeckstraße 3

Signet wird geführt seit: Oktober 1973.

Grafiker: Sign-Studio.

Europäische Verlagsanstalt GmbH

D-5000 Köln 21, Deutz-Kalker-Str. 46, Postfach 21 01 40

Tel: (02 21) 82 82 1. **Fs:** 08 873 362. **Psch:** Frankfurt (M) 519 38-600. **Bank:** Bank für Gemeinwirtschaft Frankfurt (M) 16 003 800. **Gegr:** 14. 11. 1946 in Frankfurt (M). **Rechtsf:** GmbH.
Inh/Ges: Bund-Verlag, Köln; Treuhandverwaltung Igemet GmbH, Frankfurt (M); Union Treuhand GmbH, Frankfurt (M); Treuhandverwaltung der Nachfolge des Verbandes der Fabrikarbeiter Deutschlands, Hannover; Europa Verlags-AG, Wien; Gewerkschaft Erziehung und Wissenschaft, Frankfurt (M); Vermögensverwaltung der Gewerkschaft Leder GmbH, Stuttgart; Vermögensverwaltung IG Druck und Papier GmbH, Stuttgart.

Verlagsleitung: Tomas Kosta ☐, geb. 19. 4. 1925 in Prag, Geschäftsführer.
Geschichte: 1946 von Angehörigen des „Internationalen Sozialistischen Kampfbundes" (ISK) gegründet. Frühere Intentionen des Verlages (Herausgabe von Judaica sowie Belletristik) wurden aufgegeben zugunsten des Ausbaus des Programms von politisch-ökonomischen Texten, soziologischen Schriften, Modellen für den politischen und sozialwissenschaftlichen Unterricht, Texten zur Geschichte der Arbeiterbewegung.
Buchreihen: „Frankfurter Beiträge zur Soziologie" — „dritte Welt" — „Politische Ökonomie, Geschichte und Kritik" — „Politische Psychologie" — „Politische Texte" — „Infas-Veröffentlichungen des Instituts für angewandte Sozialwissenschaften" — „Kritische Studien zur Philosophie" — „Theorie und Praxis der Gewerkschaften" — „basis" — „Arbeiterbewegung - Theorie und Geschichte" — „Kritische Studien zur Politikwissenschaft" — „Modelle für den politischen und sozialwissenschaftlichen Unterricht" — „Studien zur Gesellschaftstheorie" — „Studienreihe des Soziologischen Forschungsinstituts Göttingen (SOFI) — „Theorie und Geschichte der Politischen Bildung" — „Veröffentlichungen des Psychologischen Seminars der TU Hannover" — „Wege zur neuen Stadt".
Zeitschrift: „Kritische Justiz" (vtljl.).
Tges: Bockenheimer Bücherwarte, Frankfurt (M) (Anteilshöhe 100 %).
Verlagsgebiete: 4 — 5 — 6 — 10 — 14 — 28.

Evangelische Buchgemeinde siehe Holtzbrinck

Evangelische Gemeindepresse GmbH
D-7000 Stuttgart, Postfach 841, Furtbachstraße 12 A/14

Evangelische Haupt-Bibelgesellschaft zu Berlin
DDR-1017 Berlin, Krautstraße 52

Evangelische Marienschwesternschaft e. V. Abt. Verlag
D-6100 Darmstadt-Eberstadt, Postfach 29, Heidelberger Landstraße 107

Evangelische Verlagsanstalt GmbH
DDR-1017 Berlin, Krautstraße 52

Signet wird geführt seit: 1920.

Grafiker: Peter Schneidler.

Evang. Missionsverlag GmbH
D-7015 Korntal, Postfach 1380
Tel: (07 11) 83 10 83. **Psch:** Stuttgart 238 02. **Bank:** Städt. Girokasse Stuttgart 2 411 202. **Gegr:** 20. 2. 1921. **Rechtsf:** GmbH.
Inh/Ges: Basler Mission Deutscher Zweig, Stuttgart, sowie sechs weitere Personen.
Verlagsleitung: Dr. Horst Quiring ☐, geb. 1912. Nach dem theol. Doktorexamen 1937 Mitarbeit im Hause de Gruyter, Berlin. Seit 1948 Geschäftsführer des Evang. Missionsverlags Stuttgart.
Geschichte: Der Verlag wurde nach dem Ausgang des Ersten Weltkrieges gegründet, um auf literarischem Gebiet die unterbrochene Verbindung mit den Ländern der Äußeren Mission aufrechtzuerhalten. Neben Erzählungen wurden die Dokumentarberichte über die großen missionarischen und dann auch ökumenischen Weltkonferenzen veröffentlicht. Diesem Thema dienen auch die Zeitschriften.
Hauptwerke: „Weltmission in ökumenischer Zeit" — „Ökumenische Profile" — „Karte der Religionen und Missionen" — „Die Mission in der Evangelischen Unterweisung".
Buchreihen: „Weltweite Reihe" und „Weltmission heute".
Zeitschriften: „Ökumenische Rundschau" — „Evang. Missionszeitschrift".
Verlagsgebiete: 2a — 9 — 16 — 24.

Evangelischer Presseverband f. Baden
D-7500 Karlsruhe 1, Postfach 2280, Blumenstraße 7

Evangelischer Presseverband f. Bayern
D-8000 München 19, Birkerstraße 22

Evangelischer Presseverband Kurhessen-Waldeck
D-3500 Kassel, Postfach 66, Brüder-Grimm-Platz 4

Evangelischer Presseverband Nord e. V.
D-2300 Kiel, Postfach 667, Dänische Straße 17

Evangelischer Presseverband in Österreich
A-1030 Wien III, Ungargasse 9

Evangelischer Presseverband f. Westfalen und Lippe
D-5810 Witten, Röhrchenstraße 10

Buchhandlung und Verlag des Evangelischen Vereins für innere Mission A. B.
D-7500 Karlsruhe 1, Postfach 2429, Amalienstraße 77

Evangelisches Verlagswerk GmbH
D-7000 Stuttgart 1, Postfach 927, Staffelnbergstraße 44

Faber Josef, Heimatland Verlag
A-3500 Krems, Obere Landstraße 12

Fachbuchverlag VEB
DDR-7031 Leipzig, Karl-Heine-Str. 16

Fachverlag siehe auch Personennamen

Fachverlag für Bäderwerbung GmbH
D-7000 Stuttgart-W, Postfach 1234, Reinsburgstraße 20

Fachverlag für das graphische Gewerbe GmbH
D-8000 München 40, Postfach 40 19 29, Friedrichstraße 22

Fachverlag für das Österreichische Bekleidungsgewerbe, O. G. Königer
A-1010 Wien I, Judenplatz 5

Fachverlag für Wirtschafts- u. Steuerrecht Schäffer & Co. GmbH
D-7000 Stuttgart 1, Hackländerstraße 33

Fachverlag für Wirtschaft und Technik GmbH & Co. KG
A-1070 Wien VII, Neubaugasse 1 und
A-3390 Melk, Linzer Straße 11—13

Fackelträger-Verlag Schmidt-Küster GmbH.

D-3000 Hannover 1, Georgstraße 50b, Postfach 1925
Tel: (05 11) 1 58 36, 1 48 36. **Fs:** 09-22 792 über NHP Hannover. **Psch:** Hannover 71 08-305. **Bank:** Bank für Gemeinwirtschaft Hannover 10 09 52 57; Commerzbank Hannover 3/139 383. **Gegr:** 25. 10. 1949. **Rechtsf:** GmbH.
Inh/Ges: Hannoversche Druck- und Verlagsgesellschaft mbH.
Verlagsleitung: Geschäftsführer: Werner Friedrich, geb. 2. 9. 1919. Verlagsleiter: Hans Rauschnigg, geb. 23. 4. 1926.
Hauptautoren: Heinz Erhardt, Heinrich Zille, S. A. Milhofer, Wieland Schmied (allg. Produktion) — Peter O. Chotjewitz, Hans Err, Rainer Hachfeld, Wolfgang Körner, Helga M. Novak, Robert Wolfgang Schnell (Kinderbücher) — Günter Bartsch, Hermann Weber (Zeitgeschichte) — Peter Ackermann, Bruno Bruni, Rolf Escher, Diether Kressel, Jens Lausen, Wolfgang Petrick, Albert Schindehütte, Peter Sorge, Klaus Stümpel, Alf Welski (Künstler der Edition Fackelträger-print).
Buchreihe: Edition Zeitgeschehen.
Verlagsgebiete: 6 — 8 — 9 — 12 — Originalgraphik.

Fackelverlag G. Bowitz KG
D-7000 Stuttgart-N, Postfach 432, Herdweg 29—31

Facultas Verlag
A-1090 Wien IX, Berggasse 4

Fährmann Verlag
A-1015 Wien I, Postfach 144, Mahlerstraße 7

Falk-Verlag für Landkarten und Stadtpläne
D-2000 Hamburg 1, Postfach 6081, Burchardstraße 8

Signet wird geführt seit: 1972.

Grafiker:
Büro für Kommunikation Schultze/Zimmermann, München.

Falken-Verlag Erich Sicker KG.

D-6200 Wiesbaden, Sooderstraße 39, Postfach 1348

Tel: (0 61 21) 5 45 15. **Fs:** 4 186585 fves d. **Psch:** Frankfurt (M) 16 3598-605. **Bank:** Wiesbadener Volksbank 11106501. **Gegr:** 1. 5. 1923 in Dresden. **Rechtsf:** KG. **Inh/Ges:** Marianne Sicker, geb. 7. 9. 1909, seit 1934 im Verlag tätig. Dipl.-Kfm. Frank Sicker.
Verlagsleitung: Frank Sicker, geschäftsführender Gesellschafter, geb. 3. 5. 1937. Nach Buchhändlerlehre einjähr. Englandaufenthalt und Studium der Betriebswirtschaft. Eintritt am 1. 7. 1963. Innenorganisation und Spezialvertrieb: Dietrich John (Prokurist), geb. 3. 8. 1931, seit 1. 1. 1959 im Verlag. Werbung/Vertrieb: Rüdiger Fuhr, geb. 5. 9. 1942, seit 1. 4. 1969 im Verlag mit zweijähriger Unterbrechung (Studium zum grad. Betriebswirt). Herstellung: Horst Gemmerich, geb. 5. 6. 1935, seit 1. 3. 1973 im Verlag tätig. Nach 2 Lehren als Setzer und Verlagskaufmann und verschiedenen weiteren Ausbildungsstufen.
Geschichte: Erst 1933, nach dem Erwerb des Firmenmantels durch Erich Sicker, Ausrichtung auf Gebrauchsbücher und Ratgeberproduktion. Seitdem konsequenter Aufbau mit dreijähriger Unterbrechung während des Weltkrieges. Ab 1. 7. 1963 Übernahme durch Ehefrau des Firmengründers und zweitältesten Sohn. Inzwischen einer der führenden deutschen Sachbuchverlage.
Buchreihen: „Die Falken-Bücherei", Gebrauchsbuchreihe besonders der Sachgebiete Wissen, Bildung, Haushalt, Garten, Geselligkeit, Gesundheit, Hobby, Freizeit — „Falken-Sachbuch", umfangreiche Ratgeber gleicher Wissensgebiete — „Die Welt entdecken", preiswerte Jugendsachbücher in farbiger Ausstattung — „Falken Farbig", durchgehend 4farbig bebilderte Sachbuch- und Ratgeberthemen.
Tges: Friedr. Bassermann'sche Verlagsbuchhandlung Nachf., Wiesbaden; Wilhelm-Möller-Verlag, Wiesbaden.

Btlg: Arbeitsgemeinschaft der Jugendbuchverlage.
Verlagsgebiete: 9 — 23.

Berend H. Feddersen

D-6079 Buchschlag, Buchweg 12

Familien-Verlag

D-6400 Fulda, Postfach 349, Königstr. 7a

Fatima-Verlag

A-8011 Graz, Münzgrabenstraße 60

Favorit-Verlag Huntemann & Co.

D-7550 Rastatt, Postfach 585, Stettiner Straße 16

Feesche, Heinrich

D-3000 Hannover 1, Georgplatz 1

Fehr'sche Buchhandlung

CH-9001 St. Gallen, Postf. 251, Schmiedgasse 16

Willy F. P. Fehling GmbH

D-3000 Hannover, Spichernstraße 22—26, Postfach 1960

Tel: (05 11) 31 50 51. **Fs:** 09-22 758. **Psch:** Hannover 7934-304. **Bank:** Landeszentralbank für Niedersachsen 25008862; Dresdner Bank Hannover 1031 235; Deutsche Bank Hannover 1/91 635; Sparkasse der Hauptstadt Hannover 531 669. **Gegr:** 1. 10. 1912 in Hannover. **Rechtsf:** GmbH.
Inh/Ges: Elisabeth Fehling, Ursula von Holtzendorff-Fehling, Werner von Holtzendorf-Fehling sen., geb. 5. 10. 1919.
Verlagsleitung: Günther Ostermeier, Verlagsleiter; Heiko Heine, Werbeleiter.
Geschichte: Die im Jahre 1912 gegründete graph. Anstalt entwickelte sich trotz totaler Ausbombung im 2. Weltkrieg zu einer bedeutenden Offset-Großdruckerei mit mehr als 400 Mitarbeitern.
Seit 1936 werden verlagsmäßig Werbe- und Verpackungsmaterialien für den Gartenbau, Samenhandlungen u. Baumschulen hergestellt.
In neuester Zeit ist in bisher bescheidenem Maße die Produktion von Kalendern und Büchern hinzugenommen worden.

Hauptwerke: „Olympia Aktuell I" — „Olympia Aktuell II" — „Olympia Report" — „Ich pflanze und pflege" — Wilhelm Busch, „Max und Moritz" (Faksimile-Ausgabe).
Buchreihen: Es ist eine Buchreihe über Gartenpflanzen geplant. Das erste Werk „Koniferen" ist erschienen. Weitere Titel werden Rosen, Ziersträucher, Zimmerpflanzen, Stauden usw. sein.
Zeitschrift: „Pflanzenwelt" (mtl.).
Verlagsgebiete: 22 — 24.

Feltron'Elektronik GmbH & Co. Vertriebs-KG
D-5210 Troisdorf-Spich, Auf dem Schellenrod 22

Festland Verlag GmbH
D-5300 Bonn, Postfach 649, Meckenheimer Allee 126

Festungsverlag
A-5020 Salzburg, Mirabellplatz 7

Signet wird geführt seit: 1963.

Grafiker: Johannes Holzmeister.

Fidula-Verlag
D-5407 Boppard-Buchenau, Ahornweg Nr. 19/21, Postfach 250
Tel: (0 67 42) 24 88. **Psch:** Köln 11 11.
Bank: Kreissparkasse Boppard 10 444.
Gegr: 1. 10. 1948. **Rechtsf:** KG.
Inh/Ges: Johannes Holzmeister.
Verlagsleitung: Johannes Holzmeister ☐, geb. 2. 10. 1923.
Lektorat: Lieselotte Holzmeister.
Geschichte: Johannes Holzmeister begann 1946 seine Tätigkeit im Verlagswesen als Graphiker und gründete am 1. 10. 1948 den Fidula-Verlag in Stuttgart mit der Herausgabe einer Liedblattfolge, von der 50 Nummern unter dem Titel „Fidel" erschienen und inzwischen mehr als 160 Nummern mit dem Namen „Mosaik" vorliegen. Ausgaben für das erste Zusammenspiel, darunter das Schulwerk von Richard Rudolf Klein „Kinder musizieren" mit exemplarischen Schallplatten für Lehrer und Eltern vermittelten den Weg zu Stabspielen, Flöten und Schlagwerk. Schulen, Jugendgruppen und -heime finden eine Fülle von Liedern und Kanons, Tanz- und Singspielen aus Deutschland und allen Teilen der Welt. Messen, Kantaten, Instrumentalmusik und Chorwerke werden durch dazugehörige Beispiel-Schallplatten ergänzt.
Eine große Anzahl von Liedpostkarten, hervorgegangen aus dem jährlich erscheinenden Liedpostkarten-Kalender, erweitert das Verlagsprogramm wie auch eine Sammlung von Liedern, die aus geschichtlichen Anlässen entstanden sind, unter dem Titel „Carmina historica". Eine Besonderheit des Fidula-Verlages ist die vom Verleger selbst ausgeführte graphische Durchgestaltung sämtlicher Ausgaben. Die Ehefrau des Verlegers, Lieselotte Holzmeister, hat Gesamtprokura und ist als Texterin und Lektorin tätig.
1958 verlegte der Fidula-Verlag seinen Sitz nach Boppard am Rhein.
Hauptwerke: Heinz Lemmermann, „Die Zugabe", Band 1 (Grundschule, Band 2 (5. bis 13. Schuljahr), Band 3 — Wilhelm Keller, „Ludi Musici", Band 1, 2, 3 Spielliederbuch für Kindergarten, Vor- und Grundschule — Richard Rudolf Klein, Schulwerk „Kinder musizieren", Geistliche und weltliche Chormusik — Wilhelm Keller, „Sonnenkäfer" — Heinz Lemmermann, „Tiritomba", Kinderlieder — Hans Günther Lenders, „Kinderspielmusiken und -chöre" — Karl Marx, Volksliedsätze, Kantaten — Hans Poser, „Märchenlieder", „Augsburger Tafelkonfekt" — Luis Steiner, Arrangements für Schallplatten — Horst Weber, Kanons, Kantaten, Kinderlieder.
Hz: „Fidula berichtet" (unregelmäßig).
Verlagsgebiete: 10 — 13.

Fietkau, Wolfgang
D-1000 Berlin 46, Gabainstraße 5

Fingerle u. Co., Kunstverlag
D-7300 Eßlingen/Neckar, Postfach 804, Urbanstraße 19a

Signet wird geführt seit: 1945.

Grafiker: Karl Sigrist.

Emil Fink Verlag
D-7000 Stuttgart 1, Heidehofstraße 15
Tel: 46 53 30. **Psch:** Stuttgart 15241-704.
Bank: Dresdner Bank Stuttg. 90 11 754.
Gegr: 1. 1. 1919. **Rechtsf** Einzelfirma.
Inh/Ges: Richard Scheibel.
Verlagsleitung: Richard Scheibel □.
Geschichte: Der Verlag wurde 1919 von Verlagsbuchhändler Emil Fink (1882—1950) gegründet. Er widmete sich von Anfang an der Herausgabe von schöngeistiger Literatur, Kunstbüchern, Kunstblättern, Kunstkalendern und Kunstkarten. In diesem Sinne wurde auch nach dem Tode des Gründers der Verlag von seiner Tochter Erna-Scheibel-Fink (1922—1969) u. Richard Scheibel weitergeführt. Es erschien die Reihe Fink-Künstlermonographien. In den letzten Jahren fördert der Verlag den Maler Helmut Vetter, geb. 1923, durch Herausgabe von Büchern, Kalendern und Kunstkarten. Seit 1. 1. 1967 ist Richard Scheibel Inhaber.
Hauptwerke: Kalender, „Werke alter Meister" (seit 1926); „Werke neuer Meister"; „Hummelkalender" — Fink-Künstlermonographien, „Maler, ihre Werke und ihre Zeit" — „Kleine Kunstreise" von Dr. Ulrich Lübbert — M. I. Hummel, „Das Hummelbuch" — Kunstkarten alter und neuer Meister — Kunstblätter.
Verlagsgebiete: 8 — 12 — 24 — 26.

Signet wird geführt seit: 1930.

Grafiker: Imre Rainer.

J. Fink Verlag
D-7000 Stuttgart S, Gebelsbergstraße 41
Tel: (07 11) 64 22 91-92. **Psch:** Stuttgart 95 11. **Bank:** Hypobank Stuttgart 144 045.
Gegr: 1975. **Rechtsf:** KG.

Inh/Ges: p. h. Ges.: Rolf Helmut Fausel.
Verlagsleitung: Prokurist und Verlagsdirektor Rudolf K. Fr. Schnabel □, geb. 20. 7. 1931 in Mannheim, Hrsg. der „Politikum-Reihe" und „Skripta-Reihe" sowie Verfasser von Hörfolgen für Funk, Mitarbeiter kultureller Zeitschriften.
Geschichte: 1875 gegründet als Hofbuchdruckerei J. Fink, Stuttgart.
Hauptautoren: Werner Bollmann, Hans Christ, Helmut Dumler, Georg Fahrbach, Gerhard Gollwitzer, Rolf Italiaander, Hans-Walter Leiste, Alex Möller, Kurt Pritzkoleit, Paul Schall, Werner Schmidt, Heinrich Wallnöfer u. a.
Reihen: Loseblattwerk „Auslandsreisen" (IHK Stuttgart, seit 1925) — „Politikum-Reihe" (seit 1962) — „Schöne Städte Deutschlands" (seit 1963) — „Wanderbücher für jede Jahreszeit" (seit 1966) — „Skripta-Reihe" (seit 1971).
Verlagsgebiete: 6 — 16 — 17 — 21.

Wilhelm Fink KG, Verlag
D-8000 München 23, Nikolaistraße 2

Signet wird geführt seit: 1950.

Grafiker: Prof. Lammeyer.

Finken-Verlag
D-6370 Oberursel/Ts., Eppsteiner Str. 2, ab Mai 1974: Oberursel, Zimmersmühlenweg 40, Postfach 420

Tel: (0 61 71) 5 50 57 (5 30 73 ab Mai 1974).
Psch: Frankfurt (M) 9472. **Bank:** Nassauische Sparkasse Oberursel 258060555.
Gegr: 1949 in Finkenhain/Fulda.
Rechtsf: OHG.
Inh/Ges: Wiltrud Drüeke, geb. Krick; Dipl.-Kfm. Manfred Krick.
Verlagsleitung: Wiltrud Drüeke, Manfred Krick.
Geschichte: Der Verlag wurde 1949 von Lehrer Wilhelm Krick als pädagogischer Verlag gegründet und widmet sich besonders Unterrichtshilfen zur Differenzierung und Individualisierung. Als Gesellschafter traten 1959 Wiltrud Drüeke,

geb. Krick und 1966 Manfred Krick ein.
Seit 1968 bilden Veröffentlichungen zur Vorschulerziehung einen zweiten Schwerpunkt des Verlages.
Hauptwerke: „Finken-Vorschulmappen" („Arbeitsmappen zum Sprachtraining und zur Intelligenzförderung" und „Begabung Sprache Emanzipation") —„Finken-Lernspiele" — „Kinderbücher" — „Arbeitsmittel" — „Pädagogische Schriften" — „Schulbücher".
Buchreihen: „Erziehungswissenschaft und pädagogische Wirklichkeit - Forschungen und Darstellungen" — „schule aktuell".
Tges: Ernst Wunderlich Verlag (Pädagogischer Verlag), D-6370 Oberursel/Ts., Eppsteinerstraße 2. Ab Mai 1974: Zimmersmühlenweg 40.
Verlagsgebiete: 9 — 10 — 11.

Fischer Gustav, Verlag, VEB
DDR-6900 Jena, Postfach 176, Villengang 2

Signet wird geführt seit: 1900.

Grafiker: Frau Burger, Leipzig (modernisiert 1955).

Gustav Fischer Verlag
D-7000 Stuttgart 72 (Hohenheim), Wollgrasweg 49, Postfach 720 143
Tel: (07 11) 45 50 38. **Psch:** Stuttgart 135 56-709. **Bank:** Stuttgarter Bank 45 290. **Gegr:** 1. 1. 1878 in Jena. **Rechtsf:** GmbH & Co. KG.
Inh/Ges: pers. haft. Ges: eine GmbH. Kommanditisten: August v. Breitenbuch, Annelise v. Lucius, geb. Fischer, Bernd v. Breitenbuch, Dr. Wulf D. v. Lucius.
Verlagsleitung: Annelise v. Lucius, geb. Fischer, geb. 20. 11. 1912; August v. Breitenbuch, geb. 19. 7. 1900; Bernd v. Breitenbuch, geb. 19. 11. 1936; Dr. Wulf D. v. Lucius, geb. 29. 11. 1938. Herstellung: B. Gaebler, geb. 13. 4. 1925. Werbung/Vertrieb: G. Weber, geb. 13. 12. 1934.
Geschichte: 1878 von Gustav Fischer sen. in Jena gegründet, unter Übernahme der Bestände der Firma F. Maucke (H. Dufft). Er spezialisierte sich auf die Gebiete Medizin, Naturwissenschaften und Nationalökonomie. Noch heute ist der Verlag auf diesen drei Gebieten mit Lehrbüchern, Handbüchern, Monographien und Zeitschriften tätig, die alle den charakteristischen orangen Umschlag haben. Von 1910 bis 1946 lag die Leitung in den Händen von Dr. Gustav Fischer jun. Im Jahre 1943 trat die Enkelin des Gründers, Annelise von Lucius geb. Fischer, in den väterlichen Verlag ein, nachdem sie eine Buchhandelslehre in Jena, Stuttgart und New York absolviert hatte. 1946 übernahm sie, nach dem Tode ihres Vaters Dr. Gustav Fischer, die Leitung. August von Breitenbuch baute seit 1948 in Stuttgart eine Zweigstelle des Verlages auf, deren eigene verlegerische Tätigkeit bis 1953 unter dem Namen Piscator Verlag lief. Seit 1953 gemeinsame Leitung des Gustav Fischer Verlages mit Annelise von Lucius. Der Sitz des Verlages Gustav Fischer ist seit dem 1. 1. 1953 Stuttgart. Das ehem. Stammhaus in Jena wurde enteignet und wird heute unter der Bezeichnung VEB Gustav Fischer dort weitergeführt.
Seit mehreren Jahren sind als 4. Generation die beiden Söhne in der Geschäftsleitung tätig. 1969 moderner eigener Verlagsbau mit geräumigem Lagerhaus in Stuttgart-Hohenheim, 1970 gemeinsam mit 11 weiteren wissenschaftlichen Verlagen Gründung der UNI-Taschenbücher GmbH.
Hauptwerke: Lehrbücher für Studenten der Medizin, Naturwissenschaften und Wirtschaftswissenschaften, Monographien, Handbücher, Schriftenreihen und Sammelwerke aus den Gebieten der Medizin und Naturwissenschaften (insbesondere Botanik, Zoologie, Biologie, Anthropologie, Genetik und Evolutionsforschung) sowie den Wirtschafts- und Sozialwissenschaften.
Buchreihen: „Grundbegriffe der modernen Biologie" — „Grundlagen der modernen Genetik" — „Studienhilfen" — „Fortschritte der Evolutionsforschung" — „Fortschritte der Zoologie" — „Veröffentlichungen aus der Pathologie" — „Medizin in Geschichte und Kultur" — „OFP" (Orientierung, Fortbildung, Praxis) — „Progress in Histochemistry and Cytoche-

mistry" — „Vegetationsmonographien der einzelnen Großräume" — „Geobotanica selecta" — „Forschungen zur Sozial- und Wirtschaftsgeschichte" — „Beiträge zur Erforschung der wirtschaftlichen Entwicklung" — „Ökonomische Studien" — „Arbeits- und sozialrechtliche Studien" — „Quellen und Forschungen zur Agrargeschichte" — „Schriften zum Vergleich von Wirtschaftsordnungen" — „Grundwissen der Ökonomik".
Seit 1968 „gft - gustav fischer taschenbücher" — seit 1971 „UTB (Uni-Taschenbücher)".

Zeitschriften: „Beiträge zur Pathologie" — „Zeitschrift für Immunitätsforschung, Allergie und klinische Immunologie" — „EDV in Medizin und Biologie" (gemeinsam mit E. Ulmer, Stgt) — „Zentralblatt für Bakteriologie, Parasitenkunde, Infektionskrankheiten und Hygiene", 1. Abteilung: Originale und Referate — „Excerpta Botanica", Sectio A: Taxonomica et Chorologica — „Excerpta Botanica", Sectio B: Sociologica — „Zeitschrift für Pflanzenphysiologie" Entomologica Germanica — „Jahrbücher für Nationalökonomie und Statistik".

Hz: „Fischer-Nachrichten" mit Ankündigungen der Neuerscheinungen und Neuauflagen (6x im Jahr).

Btlg: Medselect (selected medical books), Arbeitsgemeinschaft wissenschaftlicher Literatur e. V., Natselect (book selection), UTB (Uni-Taschenbücher GmbH).

Verlagsgebiete: 3 — 5 — 6 — 17 — 18 — 26 — 28.

Jos. Fischer, Verlag
D-5170 Jülich, Postfach 107

S.FISCHER

Signet wird geführt seit: 1961.
Grafiker: Wolf D. Zimmermann.

S. Fischer Verlag GmbH

D-6000 Frankfurt (M) 70, Geleitsstr. 25, Postfach 700 480

Tel: (06 11) 6 06 21. **Fs:** 04 12410. **Psch:** Frankfurt (M) 1103 98-606. **Bank:** Berliner Handelsgesellschaft Frankfurter Bank, Frankfurt (M) 4 666-4. **Gegr:** 15. 10. 1886 in Berlin. **Rechtsf:** GmbH.

Inh/Ges: Verlagsgruppe Georg von Holtzbrinck GmbH.

Verlagsleitung: Wolfgang Mertz (Geschäftsführer; Dr. Jochen Greven (Geschäftsführer); Hans Becker (Geschäftsführer); Edgar Willhöft (Prokurist); Rudolf Klein (Prokurist).

Theaterabteilung: Stefani Cremer-Hunzinger (Prokurist).

Geschichte: Der Verlag wurde von S. Fischer am 15. 10. 1886 gegründet. Zu seinen ersten Autoren gehörten Leo Tolstoi, Emile Zola, F. M. Dostojewski und Henrik Ibsen. Das Jahr 1889 brachte im Zusammenhang mit der Gründung der „Freien Bühne" Gerhart Hauptmann in den Verlag. 1890 wurde die Zeitschrift „Freie Bühne für modernes Leben" gegründet, 1894 wurde sie in „Neue Deutsche Rundschau" umbenannt. Hermann Bahr führte einen großen Teil der Wiener Autoren dem Verlag zu: Peter Altenberg, Leopold von Andrian, Hugo von Hofmannsthal und Arthur Schnitzler. Seit seinem ersten Buch, 1898, ist Thomas Mann S. Fischer-Autor. Um die Jahrhundertwende begann S. Fischer bereits mit der Herausgabe von Büchern im Taschenbuchformat. Auch den Typ der Gesammelten Werke als Volksausgaben hat er geschaffen: im Jahre 1907 erschien die erfolgreiche fünfbändige Volksausgabe von Ibsens Werken und 1912 eine sechsbändige Hauptmanns. In den Jahren vor dem Ersten Weltkrieg fanden bekannte Autoren des Expressionismus in S. Fischer ihren Verleger, so Georg Kaiser, Reinhard Sorge, Alfred Döblin und Reinhard Goering.

Im Jahre 1934, nach dem Tode S. Fischers, übernahm Dr. Gottfried Bermann Fischer das Erbe seines Schwiegervaters. Zwei Jahre darauf mußte er außer Landes gehen. Die Stationen des außerdeutschen S. Fischer Verlages sind Wien, Stockholm (1938), New York (1940); schließlich seit 1948 Amsterdam. Von dort aus brachte dann auch Dr. Bermann Fischer das Erbe — und mehr als das — nach Deutschland zurück. Auf diese Weise wurde das Lebenswerk von Thomas Mann und Hugo von Hofmannsthal, von Carl Zuckmayer und Arthur Schnitzler, von Richard Beer-

Hofmann und Annette Kolb, von Stefan Zweig und Franz Werfel gerettet. 1936 entstand in Berlin die von Dr. Peter Suhrkamp geleitete Firma S. Fischer Verlag KG. Nach der Rückgabe der Suhrkamp Verlag KG, Berlin, und des Suhrkamp Verlags, vorm. S. Fischer, Frankfurt (M), an die Familie Fischer (26. 4. 1950) erhielt der Verlag den Namen S. Fischer Verlag, Berlin u. Frankfurt (M). Eine ausführliche Darstellung der Verlagsgeschichte gibt das 1970 erschienene Werk von Peter de Mendelssohn, „S. Fischer und sein Verlag", an das sich die Autobiographie „Bedroht — Bewahrt" (1967) von Gottfried Bermann Fischer anschließt.

Hauptautoren (inkl. Bühnenrechte): Karl Abraham, S. J. Agnon, Ilse Aichinger, Edward Albee, Jean Louis Barrault, Richard Beer-Hofmann, David Ben Gurion, Peter L. Berger, Robert Bolt, Joseph Breitbach, Max Brod, René Char, Joseph Conrad, Tibor Déry, Ota Filip, Otto Flake, Anna Freud, Sigmund Freud, Christopher Fry, Albrecht Goes, Witold Gombrowicz, Germaine Greer, Felix Hartlaub, Manfred Hausmann, Joseph Hayes, Alice Herdan-Zuckmayer, Walter Hofer, Hugo von Hofmannsthal, John Hopkins, Max Horkheimer, James Jones, Franz Kafka, Annette Kolb, Reiner Kunze, Jakov Lind, Oskar Loerke, Alma Mahler-Werfel, Nadeschda Mandelstam, André Malraux, Erika Mann, Golo Mann, Thomas Mann, Arthur Miller, René de Obaldia, Eugene O'Neil, John Osborne, Boris Pasternak, Robert Pinget, Luise Rinser, Harrison E. Salisbury, Georges Schehadé, Rolf Schneider, Arthur Schnitzler, Neil Simon, Alexander Solschenizyn, Hilde Spiel, David Storey, G. R. Taylor, Franz Werfel, Arnold Wesker, Thornton Wilder, Tennessee Williams, Lanford Wilson, Virginia Woolf, Carl Zuckmayer, Stefan Zweig, Gerhard Zwerenz.

Buchreihen: „Conditio humana" — „Im Fischernetz".

Zeitschrift: „Neue Rundschau", gegr. 1890 (vtljl.).

Tges: Fischer Taschenbuch Verlag GmbH (vormals „Fischer Bücherei", gegr. 20. 12. 1951; Goverts Krüger Stahlberg Verlag GmbH.

Verlagsgebiete: 3 — 6 — 8 — 13 — 14 — 18 — 20 — 24 — 28.

Signet wird geführt seit: 1961.

Grafiker: Wolf D. Zimmermann.

Fischer Taschenbuch Verlag GmbH

D-6000 Frankfurt (M) 70, Geleitsstr. 25, Postfach 700 480

Tel: (06 11) 6 06 21. **Fs:** 04 12410. **Psch:** Frankfurt 66200-603. **Bank:** BHF-Bank Frankfurt (M) 5203-5. **Gegr.** 20. 12. 1951 in Frankfurt (M). **Rechtsf:** GmbH.

Inh/Ges: S. Fischer Verlag GmbH, Frankfurt (M).

Verlagsleitung: Dr. Jochen Greven (Geschäftsführer); Wolfgang Mertz (Geschäftsführer); Hans Becker (Geschäftsführer); Dr. Wolfram Schäfer (Prokurist); Rudolf Klein (Prokurist); Edgar Willhöft (Prokurist).

Taschenbuchreihen: „Fischer Lexikon" (Originalausgaben) — „Fischer Weltgeschichte" (Originalausgaben) — „Bücher des Wissens" (Original- und Lizenzausgaben) — „Texte zur politischen Theorie und Praxis" (Original- und Lizenzausgaben) — „Arbeiterbewegung - Theorie und Geschichte" (Original- und Lizenzausgaben) — „Fischer Weltalmanach" (Originalausgabe, jährlich neu) — „Fischer Länderkunde" (Originalausgaben) — „Fischer Handbücher" (Original- und Lizenzausgaben) — „Werkkreis Literatur der Arbeitswelt" (Originalausgaben) — „Schmöker Kabinett" (Neuausgaben) — „Fischer Orbit" (deusche Erst- und Lizenzausgaben) — „Theatertexte" (Original- und Lizenzausgaben) — „Jules Verne-Taschenbücher" — „Märchen der Welt" (Original- und Lizenzausgaben) — „Fischer Flick Flack" (Jugend-Beschäftigungsbücher, deutsche Erstausgaben) — Lizenzausgaben maßgebender deutscher und ausländischer Verlage aus der zeitgenössischen Literatur. Monatlich erscheinen etwa 14 Taschenbücher. Gesamtauflage bis 1. 1. 1974: Mehr als 95 Mio Bände.

Verlagsgebiet: 26.

Fischer, Theodor siehe Thieme

Fischer, W.
D-3400 Göttingen, Postfach 621, Stresemannstraße 30

Signet wird geführt seit: 1958.

Grafiker: Peter Roost, Zürich.

Flamberg Verlag AG

CH-8004 Zürich, Brauerstraße 60, Postfach 8021 Zürich

Tel: (01) 23 39 38 und 23 28 63. Bürogemeinschaft mit Theologischer Verlag Zürich. **Gegr:** 1958. **Rechtsf:** AG.
Inh: Aktiengesellschaft.
Verlagsleitung: Lektor: Adolf Hägeli, geb. 17. 5. 1926.
Geschäftsführer: Marcel Pfändler, geb. 5. 3. 1927.
Geschichte: Der Flamberg Verlag wurde 1958 als besondere Abteilung des Zwingli Verlages gegründet und auf den 1. Januar 1971 in eine eigene Aktiengesellschaft umgewandelt, an welcher der Theologische Verlag Zürich und die Art. Inst. Orell Füssli AG beteiligt sind.
Hauptwerke: Zeitgenössische Belletristik — Jugendliteratur — Sachbücher über kulturelle, politische und zeitgeschichtliche Fragen — Kirchenbücher — Illustrierte Werke — Künstlerische und bibliophile Publikationen.
Verlagsgebiete: 8 — 9 — 12 — 15.

Signet wird geführt seit: 1967.

Grafiker: Fritz Meyer-Roland.

Erich Fleischer Verlag

D-2807 Achim b. Bremen, Clüverstr. 20, Postfach 129

Tel: (0 42 02) 8 49. **Psch:** Hamburg 1776 67-206. **Fs:** 249 421. **Bank:** Volksbank Achim 71980; Deutsche Bank Achim, Raiffeisenkasse Salzburg. **Gegr:** 1. 12. 1954 in Bremen. **Rechtsf:** KG.
Inh/Ges: Erich Fleischer.
Verlagsleitung: Erich Fleischer ☐, geb. 1. 4. 1923 in Saalhausen bei Dresden, Hrsg. mehrerer eigener Verlagswerke.
Hauptschriftleiter und Prokurist: Werner Rüger, geb. 26. 10. 1923 in Dresden.
Verkaufs- und Buchhaltungsleiter: Hermann Pohl, Handlungsbevollmächtigter, geb. 31. 10. 1921 in Heinzendorf.
Geschichte: 1954 in Bremen gegründet. Zunächst Herausgabe der Fachzeitschrift „Steuer-Lexikon" und 1956 der monatlichen Fallsammlung „Steuer-Seminar". Ab 1960 Aufnahme der Buchproduktion. 1962 Übersiedlung nach Achim bei Bremen (nach Errichtung eines eigenen Verlagsgebäudes; 1967 nochmals erweiterter Neubau, 1972 Errichtung einer zusätzlichen Lagerhalle). Für den Verlag sind gegenwärtig rund 100 freiberufliche und 20 hauptberufliche Mitarbeiter tätig.
Hauptwerke: Loseblattwerke „Steuer-Lexikon", Fachzeitschrift und Handbuch des Steuerrechts; „BFH-Rechtsprechung in §§"; „FG-Rechtsprechung in §§"; Buchreihe „Finanzkolleg-Ausbildungswerk" (z. Zt. 16 Bände) und weitere Ausbildungswerke sowie Ausgewählte Steuerfragen. Fallsammlung „Steuer-Seminar"; steuerliche Informationsbriefe, Mehrwertsteuerbrief u. a.
Verlagsgebiete: 4 — Spez.Geb: 4 Steuerrecht.

Fleischhauer & Spohn

D-7000 Stuttgart 30, Maybachstraße 18

Fleischmann, Heinz KG, Geograph. Verlag

D-8130 Starnberg, Prinz-Karl-Straße 47

Focus-Verlag GmbH

Verlag für Sozialwissenschaften
D-6300 Giessen/Lahn, Wilhelmstraße 12

Förderkreis für evangelische Vertriebene aus Schlesien

D-2400 Lübeck 1, Meesenring 15

Fono Schallplattenges. mbH

D-4400 Münster/Westf., Hafenweg 2—4

Forberg, Rob., Musikverlag

D-5300 Bonn-Bad Godesberg, Mirbachstraße 9

Signet wird geführt seit: 1962.

Grafiker: Alfred Krugmann.

Forkel-Verlag GmbH

D-7000 Stuttgart 70 (Degerloch), Königsträßle 2, Postfach 104
D-6200 Wiesbaden (Dotzheim), Felenstraße 23, Postfach 13007

Tel: Stuttgart (07 11) 76 40 32; Wiesbaden (06 1 21) 42785-87. **Psch:** Stuttgart 5867-709. **Bank:** Sparkasse Mainz 30 163 (BLZ 55050110); Girokasse Stuttgart 2008615 (BLZ 60050101). **Gegr:** 2. 1. 1919 in Stuttgart. **Rechtsf:** GmbH.
Inh/Ges: Dr. Herbert Braun, geb. 27. 1. 1915, Berlin, Volkswirt und Jurist, seit 1954 Verleger, außerdem Inhaber der Firmen Bären-Druck GmbH und Jentscher Fachschriften-Verlag, Braun u. Co. KG; Erika Braun, geb. 11. 11. 1917, Dammendorf/Spreewald.
Verlagsleitung: Verlagsdirektor Friedrich Vohl, geb. 2. 7. 1932, Volljurist, gleichzeitig Direktor des Deutschen Fachschriften-Verlages, Mainz-Wiesbaden, seit 1966.
Geschichte: Der Gründer Julius Hans Forkel entwickelte ein weitgespanntes Programm von Fachbüchern und Loseblattwerken. Neben den laufenden aktuellen Veröffentlichungen über Steuerrecht, Wirtschaftsrecht, Arbeits- und Sozialrecht, Datenverarbeitung, Betriebsorganisation und Rechnungswesen erscheinen Bücher über Vertrieb, Verkauf, Werbung und Rationalisierung.
Hauptwerke: „Großkommentar zur Einkommensteuer" — „Kommentar zum Lohnsteuerrecht" — „Kommentar zur Umsatzsteuer" — „Gesetz-Weiser (Fundstellen-ABC)" — „Die Vorschriften über Arbeitsvermittlung und Arbeitsmarktpolitik" — „Handwörterbuch des Arbeitsrechts" — „Preisbildung bei öffentlichen Aufträgen".
Buchreihen: „Integrierte Datenverarbeitung in der Praxis" — „Forkel-Reihe Recht und Steuern" — „Schriftenreihe Arbeitsrecht-Blattei" — RKW-, AWV- und dib-Schriften.
Zeitschriften: „Handbuch der modernen Datenverarbeitung - HMD" (6x jl.) — „M.U.T. - Moderne Unterrichts-Technik" (4x jl.) — „RWP - Gesamtwerk Steuer- und Wirtschaftsrecht" (2x mtl.) — „Forkel-Blattei RWP Steuerrecht" (1x mtl.) — Arbeitsrecht-Blattei (AR) (1x mtl.).
Tges: Bären-Druck GmbH, 6200 Wiesbaden-Dotzheim, Felsenstr. 23 (Druckerei); Deutscher Fachschriften-Verlag, Braun & Co. KG, Mainz-Wiesbaden, 6200 Wiesbaden-Dotzheim, Felsenstr. 23 (Verlag).
Verlagsgebiete: 4 — 5 — 10.

Forum Bildkunstverlag GmbH
D-6452 Steinheim (M), Illerstraße 2

Forum-Verlag GmbH
D-7000 Stuttgart 70, Schrempfstraße 10

Tel: (07 11) 76 40 25. **Fs:** 07 255 849 foru d. **Psch:** Stuttgart 944 11-703. **Bank:** Stuttgarter Bank 91 053; Südwestbank Stuttgart 13 116. **Gegr:** 1. 1. 1966 in Stuttgart. **Rechtsf:** GmbH.
Inh/Ges: Gerhard Schöberl, Renate Schöberl.
Verlagsleitung: Gerhard Schöberl, Chefredakteur; Dr. Herbert Kalckhoff, Verlagsleiter.
Geschichte: Im Zusammenhang mit dem seit 1969 im Verlag erscheinenden „Deutschen Architektenblatt" bringt der Verlag einschlägige Fachliteratur.
Hauptwerk: „Bauschäden-Sammlung", hrsg. von Prof. Dipl.-Ing. Günter Zimmermann, Stuttgart.
Zeitschrift: „Deutsches Architektenblatt" (2x mtl.).
Verlagsgebiete: 12 — 28.

Fotokinoverlag, VEB
DDR-7031 Leipzig, Postfach 67, Karl-Heine-Straße 16

Fotokunst-Verlag Groh, KG
D-8000 München 70, Würmtalstraße 11

Signet wird geführt seit: 1958.

Grafiker: Oertle-Bretscher.

Foto+Schmalfilm-Verlag
Gemsberg-Verlag

CH-8401 Winterthur, Garnmarkt 1—10, Postfach 778
D-8000 München 1, Postfach 9

Tel: Schweiz: (052) 85 71 71. **Fs:** 76 441. **Psch:** Schweiz: 84-6416, Deutschland: München 120466-800. **Bank:** Schweiz alle Banken; Dresdner Bank AG München 3 559 774. **Gegr:** 1938.
Inh/Ges: Ziegler Druck- und Verlags-AG, CH-8401 Winterthur.
Verlagsleitung: Verlagsleiter: Hans Ziegler, Prok., geb. 2. 4. 1921. Geschäftsführer: Peter Bachem, Prok., geb. 7. 8. 1927. Verlagsadministrator: Hans Egli, Prok., geb. 18. 3. 1930.
Geschichte: In der Ziegler Druck- und Verlags-AG — einem führenden Mittelbetrieb für Buch-, Offset- und Rotationsdruck in der Schweiz — erscheint im Jahr 1836 gegründete Tageszeitung „Der Landbote, Tagblatt von Winterthur und Umgebung".
Hauptwerke: Gemsberg-Verlag: Naturwissenschaften, Belletristik, Biographien b. a. m. Foto+Schmalfilm-Verlag: Foto- und Schmalfilm-Literatur.
Verlagsgebiete: 13 Foto- und Schmalfilm-Literatur.

Fränkisch-Schwäbischer Heimatverlag
D-8850 Donauwörth, Reichsstraße 40

Frago-Verlag
D-8134 Pöcking/Starnberger See, Parkstraße 12

A. Francke AG
CH-3000 Bern 26, Hochfeldstraße 113

Tel: (031) 23 74 68. **Psch:** Bern 30-1633. **Bank:** Schweiz. Bankgesellschaft, Bern; Schweiz. Volksbank, Bern. **Gegr:** 1831 in Bern als Dalp'sche Buchhandlung. **Rechtsf:** AG.
Verlagsleitung: Dr. Carl Ludwig Lang ☐, geb. 30. 1. 1916.
Herstellung: Kurt Gschwend, Prokurist.
Buchhaltung: Margrit Fuhrer, Prokurist.

Geschichte: 1831 gründete J. F. J. Dalp in Bern eine Verlags- und Sortimentsbuchhandlung, die nach seinem Tode (1851) von Karl Schmid weitergeführt wurde. 1885 trat Schmids Schwiegersohn Alexander Francke (1853—1925) in die Firma ein, die von 1902 an dessen Namen trug. Mit der Umwandlung in eine Aktiengesellschaft (1920) übernahm Carl Emil Lang (1876—1963) die Leitung, die er bis 1959 innehatte, wo ihm sein Sohn, Dr. C. L. Lang, folgte.
Hatten bis in die dreißiger Jahre, ohne daß eine eigentliche Spezialisierung bestanden hätte, Schulbücher, Mundartliteratur und Jugendbücher im Vordergrund gestanden, trat nun eine deutlichere Akzentuierung ein, und in der heutigen Produktion nehmen die wissenschaftlichen Veröffentlichungen den Vorrang ein, daneben werden Schulbuch (Sprachenunterricht) und bernische Mundartliteratur gepflegt.

Buchreihen: „Sammlung Dalp" — „Altdeutsche Übungstexte" — „Basler Studien zur deutschen Sprache und Literatur" — „Bibliotheca Anglicana" — „Bibliotheca Romanica" — „Bibliotheca Germanica" — „The Cooper Monographs in English and American Literature" — „Deutsche Barock-Literatur" — „Handbuch der deutschen Literaturgeschichte" — „Handbuch der Schweiz zur Römer- und Merowingerzeit" — „Helvetia Politica" — „Helvetia Sacra" — „Monographien zur Schweizergeschichte" — „Neue Heidelberger Studien zur Musikwissenschaft" — „Romanica Helvetica" — „Schweizer Anglistische Arbeiten" — „Studiorum Romanicorum Collectio Turicensis" — „Collection of English Texts" — „Collection de textes français" — „Collezione di testi italiani".

Zeitschriften: „Antike Kunst" (hjl.) — „Asiatische Studien" (hjl.) — „Colloquia Germanica" (vtljl.) — „Vox Romanica" (hjl.).

Verlagsgebiete: 3 — 6 — 7 — 11 — 14 — 25 — 8 — 13.

A. Francke GmbH

D-8000 München 2, Dachauer Straße 42, Postfach 200 909

Tel: (089) 59 47 13. **Psch:** München 222 56-803. **Bank:** Bayerische Hypotheken- und Wechselbank 4 044 908. **Gegr.** 1959 in München. **Rechtsf:** GmbH.
Verlagsleitung: Dr. Carl Ludwig Lang ☐; Rudolf Günthner Prokurist; Dr. Helmut Bender, Hauptlektor.
Geschichte: Die Firma wurde 1959 durch Übernahme des seit 1949 bestehenden Leo Lehnen Verlags gegründet. Sie ist eine selbständig arbeitende Zweigstelle des Francke Verlags, Bern.
Buchreihen: „Deutsche Barock-Literatur" — „Sammlung Dalp" — „Uni-Taschenbücher".
Verlagsgebiete: 3 — 7 — 14 — 25 — 26.

Signet wird geführt seit: 1954.

Grafiker: —

Franckh'sche Verlagshandlung W. Keller & Co.

D-7000 Stuttgart 1, Pfizerstraße 5—7, Postfach 640

Tel. (07 11) 2 03 51. **Fs:** 7-21 669 kosm d. **Psch:** Stuttgart 100-707; Wien 1080.713; Stockholm 4113; Zürich 80-47057. **Bank:** Schwäbische Bank Stuttgart 1261 (BLZ 600 201 00); Landeszentralbank Stuttgart 600 073 76. **Gegr.** 16. 6. 1822 in Stuttgart. **Rechtsf:** KG.
Inh/Ges: Rolf Keller und Euchar R. Nehmann (pers. haft. Gesellschafter).
Verlagsleitung: Rolf Keller und Euchar R. Nehmann.
Prokuristen: Gerhard Ballenberger, Adolf Mäckle.
Geschichte: Der Verlag wurde 1822 von den Brüdern Franckh als schöngeistiger Verlag gegründet, 1904 unter Leitung von Hofrat Walther Keller und Euchar Nehmann sen. Gründung der „Kosmos-Gesellschaft der Naturfreunde", des naturwissenschaftlichen Verlags, des wissenschaftlich-technischen Verlags mit großer Lehrmittelabteilung.
Buchreihen: „Kosmos-Naturführer" — „Bunte Kosmos-Taschenführer" u. a. Bestimmungsbücher — „Kosmos-Bibliothek" — „Kosmos Studienbücher" — Naturwissenschaftliche Sachbücher — „Erlebte Biologie" — „Das Vivarium" — „Chemie-Monographien" — Radiotechnische Sachbücher — Technische Taschenbücher — Fachlexika — Jahrbuch „Durch die weite Welt" — „Bunter Kinder-Kosmos".
Zeitschriften: „Kosmos" — „Mikrokosmos" — „Aquarien-Magazin" — „ATZ-Automobiltechnische Zeitschrift" — „MTZ-Motortechnische Zeitschrift" — „Die Wasserwirtschaft" (alle mtl.) — „Lok-Magazin" (zweimtl.) —„Straßenbahn-Magazin" (vtljl.).
Hz: „Kosmos-Kurier" (1x jährl.) — „Kosmos-Pressedienst" (mtl.).
Tges: W. Spemann Verlag, Stuttgart — Verlag Der Neue Schulmann Holzwarth & Co., Stuttgart — Franz Mittelbach Verlag KG, Stuttgart.
Btlg: Mitglied der Werbegemeinschaft „Informations-Zentrum Buch".
Verlagsgebiete: 9 — 18 — 20 — 14 — 15 — 23 — 24 — 25 — 28.

Frankfurter Fachverl. Michael Kohl KG

D-6000 Frankfurt (M) 97, Postf. 970 115, Emil-Sulzbach-Straße 12

Frankfurter Societätsdruckerei GmbH

D-6000 Frankfurt (M) 1, Frankenallee 71—81

Frankonius-Verlag Frank Aschmoneit

D-6255 Dornburg, Ortsteil Frickhofen

Signet wird geführt seit: 1960.

Grafiker: —

Verlag Ernst Franz

D-7418 Metzingen, Heerstraße 10, Postfach 48

Tel: (0 71 23) 40 20. **Fs:** 07 245 334. **Psch:** Stuttgart 19 174 708. **Bank:** Volksbank Metzingen 20 5770; Kreissparkasse Metzingen 940 940. **Gegr.** 12. 6. 1908 in Metzingen. **Rechtsf:** GmbH.
Inh/Ges: Heinzelmann Papier- und Druck-Service GmbH.

Verlagsleitung: Gerhard Heinzelmann.
Geschichte: Der Verlag ist aus einer Druckerei hervorgegangen. Im Jahre 1950 erschienen die ersten Veröffentlichungen: Biographien, allgemein verständliche Textauslegungen, Schrifterläuterungen und sonstige Hilfen zum Verständnis der Bibel wie auch zu Lebens- und Glaubensfragen. Spezialgebiet: Schwäbischer Pietismus.
Unter „Sternberg-Verlag" werden Bücher in literarischer Form über aktuelle Probleme aus christlicher Sicht veröffentlicht.
Hauptautoren: Johann Albrecht Bengel, Hermann Bezzel, Erwin Bosler, Michael Krupp, Dr. Helmut Lamparter, Friedrich Mayer, Dr. Paul Müller, Friedrich Christoph Oetinder, Dr. Julius Roessle.
Buchreihen: „Goldregen-Hefte" — „Zeugnisse der Schwabenväter".
Tges: Heinzelmann Papier- und Druck-Service, D-7418 Metzingen, Heerstr. 10.
Verlagsgebiete 2a — 6 — 24 — Spez.-Geb: 2a Schwäbischer Pietismus.

Signet wird geführt seit: 1969.

Grafiker: —

Franzis-Verlag GmbH.

D-8000 München 2, Karlstraße 37
Postanschrift: D-8000 München 37, Postfach 37 01 20
Tel: (089) 51 17-1. **Fs:** 05-22 301. **Psch:** München 5758-807. **Bank:** Hypo-Bank 54/779 (BLZ 700 200 35); Bayer. Vereinsbans München 740/4000 (BLZ 700 202 70); Bank of America München 50 555 (BLZ 700 109 00); Bankhaus Schneider & Münzing (S & M) München 72 15 00 6 (BLZ 701 309 00). **Gegr:** 1923 in München.
Rechtsf: GmbH.
Inh/Ges: G. Franz'sche Buchdruckerei, G. Emil Mayer KG.
Verlagsleitung: Peter G. E. Meyer.
Prokurist: Emilie Schmid.
Lektorat, Nachdruck- und Auslandsrechte: Siegfried Pruskil.

Werbung und Buchvertrieb: Georg Geschke.
Marketing und Zeitschriftenvertrieb: Peter Habersetzer.
Anzeigen-Abteilung: Gerhard Walde.
Hauptautoren: Ing. Heinrich Bernhard, Werner W. Diefenbach, Ing. Günther Fellbaum, Ing. Fritz Kühne, Ing. Otto Limann, Ing. Heinz Lummer, Ing. Herbert G. Mende, Dipl.-Ing. Georg Rose, Lothar Sabrowski, Dipl.-Ing. H. J. Siegfried, Karl Tetzner, Ing. Johannes Webers, Siegfried Wirsum.
Buchreihen: „RPB electronic-taschenbücher" — „RPB electronic-baubücher heute und morgen" — „Franzis-Service-Werkstattbücher" — „Elektronik-Arbeitsblätter".
Zeitschriften: „Funkschau", Fachzeitschrift für Radio- und Fernsehtechnik, Elektroakustik und Elektronik. Redaktion: Chefredakteur Karl Tetzner, Stellvertretender Chefredakteur Joachim Conrad, Ressort Redakteure: Henning Kriebel, Ing. Fritz Kühne, Ing. Günter Knauft, Ing. Hans J. Wilhelmy.
„Elektronik", Fachzeitschrift für angewandte Elektronik und Datentechnik. Redaktion: Chefredakteur Ing. Hans J. Wilhelmy, Stellvertretender Chefredakteur Ing. (grad.) Günther Klasche, Redakteure: Ing. (grad.) Bernd Machule, Brigitte Kriebel. Technisch-wissenschaftlicher Berater: Dr.-Ing. Paul E. Klein. EDV-Berater: Dipl.-Ing. Rolf Köhler.
Verlagsgebiete: 20 — 9 — 11 — 13 — 25.

M. Frech

D-7000 Stuttgart 1, Vaihinger Landstr. 4

Fredebeul & Koenen KG

D-4300 Essen-Werden, Postfach 1602, Ruhrtalstraße 52—60

Freimund-Verlag

D-8806 Neuendettelsau (Mfr.), Postf. 48, Ringstraße 15

Freies Geistesleben siehe Verlag Freies Geistesleben

Freireligiöse Verlagsbuchhandlung

D-6800 Mannheim 1, L 10, 4—6

Freistühler, Hubert
D-5840 Schwerte 1, Postfach 1226, Josef-v.-Eichendorff-Straße 1

Fretz AG, Gebrüder, Verlag
CH-8032 Zürich, Mühlebachstraße 54

Fretz u. Wasmuth Verlag
CH-8008 Zürich, Bellerivastraße 5

Freytag-Berndt und Artaria KG Kartographische Anstalt

A-1071 Wien, Schottenfeldgasse 62, Postfach 179
Tel: (0222) 93 95 01-05. **Fs:** 13526 Fbawn
A. **Psch: Österr.** Postsparkasse 7 100.161.
Bank: BRD: Frankfurt (M) 11 609; Schweiz: Zürich 80-10411; Österr. Creditanstalt-Bankverein 74-13560; Länderbank 102-166-179; Bank für Tirol und Vorarlberg, Innsbruck 100.162369; Raiffeisen-Zentralkasse Tirol 637 900.
Gegr: 1770 Artaria, 1879 Freytag-Berndt in Wien. **Rechtsf:** KG.
Inh/Ges: Pers. haft. Gesellsch. Dr. Walter Petrowitz, Harald Hochenegg.
Kommanditisten: Akademie der Wissenschaft und weitere zwölf Kommanditisten.
Verlagsleitung: Geschäftsführer: Dr. Walter Petrowitz, geb. 7. 1. 1925 in Wien; Harald Hochenegg, geb. 23. 10. 1924 in Wien.
Kaufmännischer Betrieb (Rechnungswesen): Direktor Dkfm. Karl Kohlbauer, geb. 1923 in Leonstein. Bei Freytag-Berndt seit 1953.
Technischer Betrieb: Dir. Rudolf Platzer, geb. 1921 in Wien. Seit 1962 wieder bei Freytag-Berndt.
Geschichte: Hauptzweig von Gustav Freytag im Jahre 1879 gegründet. 1885 OHG. Nach Beitritt von W. Berndt, Firmenwortlaut Freytag-Berndt. 1888 erschienen die ersten Blätter der FB Touristen-Wanderkarten, 1893 der erste FB Schulatlas. 1894 die ersten FB Schulwandkarten, 1897 die erste FB Autokarte, 1911 GesmbH, 1923 AG. Seit 1924 stark beteiligt am geographischen Verlag und Landkartenhandlung Artaria GesmbH (1770 von Karl Artaria gegründet). 1940 Umwandlung in Freytag-Berndt und Artaria, Kommanditgesellschaft. Die ersten Komplementäre: Franz Artaria (Obstlt. a. D.), Karl Klammer und Julius Hochenegg.
Hauptwerke: Entwicklung der Touristenwanderkarten d. Ostalpen 1:100 000. Bisher erschienen 52 Blätter. Umgebungskarten 1:50 000. Besonders durch die plastische Reliefentwicklung bekannt. Auto- und Straßenkarten 1:200 000. Generalkarte Österreich. Auto-Länderkarten: Österreich und Südosteuropa, 1:2 000 000: Europa, Nordafrika und Naher Osten. Reise und Übersichtskarten in vierschiedenen Maßstäben. Hauptschulatlas, Schulwand- u. Schulhandkarten in verschiedenen Maßstäben. Besonders durch die im Haus entwickelte Peukert'sche Farbenskala bekannt. Lizenzausgaben i. d. USA, Rand McNally & Co., Chicago. Regional- und wissenschaftliche Atlanten. Besonders Atlas der Republik Österreich (6 Lieferungen), Stadtpläne und Führer von Wien und Umgebung. Pläne der österreichischen Landeshauptstädte, „Korsika", die Landschaften einer Mittelmeerinsel, mit Kartogrammen, graphischen Darstellungen und Landschaftszeichnungen, von Dr. E. Arnberger. Herstellung von Landkarten jeder Art in vierschiedenen Sprachen. Verwertung verlagseigener Grundlagen für Dritte.
Tges: Landkartensortiment Wien 1., Kohlmarkt 9; Landkartensortiment Wien 7., Schottenfeldgasse 62; Buchhandlung und Landkartensortiment Innsbruck, Wilhelm-Greil-Straße 15. — Platz & Co., Kartographisches Atelier Ges. m. b. H., Wien 7., Schottenfeldgasse Nr. 62. — Geografa Verlags u. Vertriebs Ges. m. b. H. u. Co. KG Wien, Innsbruck, München, Bozen. Hauptsitz in Innsbruck, Defreggerstraße 36, 6020 Innsbruck.

Verlagsgebiete: 11 — 16.

Frick, Helmut Theodor, Verlag
D-7530 Pforzheim, Postfach 447, Rudolfstraße 35

Friedrich Verlag
D-3001 Velber, Im Brande 15

Fries & Co. siehe Bundesverlag

Signet wird geführt seit: 1965.

Grafiker: Hannes Rischert, nach Entwurf von W. Fritsch.

Werner Fritsch, Verlag für Geschichte der Wissenschaften

D-8000 München 40, Guddenstr. 32, Postfach 751
Tel: (089) 22 65 60. **Psch:** Stuttgart 80689.
Bank: Merck, Finck & Co. 22425A.
Gegr: 1. 4. 1965 in München. **Rechtsf:** Einzelfirma.
Inh/Ges: Werner Fritsch.
Verlagsleitung: Werner Fritsch, geb. 13. 3. 1940 in Leipzig, Antiquar. Nach Lehr- und Gehilfenjahren in Deutschland, Holland, Frankreich und England 1970 Übernahme des Antiquariates Th. Ackermann, München. Verlag ist Hobby seines Inhabers. — Gertraud Fritsch.
Geschichte: Seit 1970 werden die Rechte des ehem. Verlages Theodor Ackermann, München, gegr. 1865, betreut, dessen Wiederaufleben für die Zukunft beabsichtigt ist.
Ansonsten hat der Verlag nur wenig Geschichte, die sich nach klassischen Regeln abspielt: das erste Lager unter dem Bett des Inhabers, immer zu wenig Geld etc. Das erste Verlagswerk wurde vom Inhaber schon 4 Jahre vor Gründung eigenhändig auf einer Rotaprint-Maschine gedruckt (Maclure, „Observations on the Geology of the USA"). Es ist das bestverkaufte Buch des Verlages und hat bisher 3 Auflagen gebracht.
Buchreihen: „Neue Münchner Beiträge zur Geschichte der Medizin und Naturwissenschaften", hrsg. von Prof. Dr. Heinz Goerke und Prof. Dr. Friedrich Klemm (bisher 8 Bände) — „Historiae Scientiarum Elementa", hrsg. von Werner Fritsch (bisher 5 Bände).
Tges: Theodor Ackermann Antiquariat (Werner Fritsch KG), D-8000 München 2, Promenadeplatz 11.
Verlagsgebiete: 17 — 18 — 19 — 2 — 3 — 14.

Fritsche, Helmut, Fachbuchverlag

D-3220 Alfeld/Leine, Postfach 93, Rob.-Linnarz-Straße 16

Frobenius AG

CH-4000 Basel 12, Postfach, Spalenring 31

Fröhlich & Co. siehe Bote & Bock

Signet wird geführt seit: 1922.

Grafikerin: Waltraudt Ahrens.

Verlag A. Fromm GmbH. & Co.

D-4500 Osnabrück, Breiter Gang 11-14, Postfach 19 48
Tel: (05 41) 310-1. **Fs:** 09-4916. **Psch:** Hannover 52112-308. **Bank:** Deutsche Bank AG 38/79 699; Commerzbank AG 53/16781; Kreissparkasse 224 600; Stadtsparkasse 67975, alle Osnabrück. **Gegr:** 1. 10. 1868 in Osnabrück. **Rechtsf:** GmbH & Co.
Inh/Ges: Leo Victor Fromm.
Verlagsleitung: Leo Victor Fromm, geb. 16. 7. 1924, Studium der Germanistik, Kunstgeschichte, Philosophie, Publizistik an der Universität Münster/Westf. Ausbildung im Buch- und Zeitungsverlag und im graphischen Gewerbe.
Lektorat: Annette Harms-Hunold, geb. 15. 3. 1939, Prokuristin.
Geschichte: Der Verlag wurde 1868 durch Antonius Fromm gegründet. 1903 bis 1958 leitete das Unternehmen Dr. Leopold Fromm und ab 1959 Leo Victor Fromm, der auch den Buchverlag in seiner letzten Gestalt begründete. Seit 1870 brachte der Verlag die „Osnabrücker Volkszeitung" heraus, die in den Jahren 1936 bis 1939 stufenweise von den Machthabern des NS-Regimes enteignet wurde. 1950 übernahm der Verlag den Druck der „Neuen Tagespost", die von der Britischen Besatzungsmacht die Lizenz für das bisherige Verbreitungsgebiet der „Osnabrücker Volkszeitung" erhalten hatte. 1959 erwarb der Verlag 50 % der Anteile an der „Neuen Tagespost" und 1963 die restlichen 50 %. 1967 gründete der Verlag, der als solcher mit seinen Druckereien nach wie vor selbständig besteht, zusammen mit dem Kollegen-Verlag Meinders & Elstermann die „Neue Osnabrücker Zeitung" auf paritätischer Ebene.

Hauptautoren: Prof. Dr. Lothar Bossle, Prof. Dr. Heinz Heckhausen, Prof. Dr. Horst J. Helle, Prof. Dr. Josef Hitpass, Prof. Dr. Pascual Jordan, Prof. Dr. Hans Maier, Prof. Dr. Golo Mann, Prof. Dr. Thomas Nipperdey, Prof. Dr. Heinz-Dietrich Ortlieb, Prof. Dr. Otto B. Roegele, Prof. Dr. Erich K. Scheuch, Prof. Dr. Helmut Schoeck, Prof. Horst Wetterling u. a.
Buchreihen: „Texte+Thesen", Die sachkundige Reihe — „Dialogos", Zeitung und Leben — „Osnabrücker Schriften zum Bildungswesen" — „Beiträge zur Erwachsenenbildung" — „Die Kette", bunte mehrsprachige Bildbandreihe.
Zeitschriften: „Erwachsenenbildung" (vtljl). — „Zeitschrift für Geschichte und Altertumskunde des Ermlands", hrsg. vom Historischen Verein für Ermland e. V., Essen (jl.).
Verlagsgebiete: 3 — 5 — 6 — 10 — 12 — 15 — 24 — 26 — 28 — 29.

Friedrich Frommann Verlag Günther Holzboog KG

D-7000 Stuttgart-Bad Cannstadt, König-Karl-Straße 27, Postfach 50 04 60
Tel: (07 11) 56 90 39. **Psch:** Stuttgart 99 99-705. **Bank:** Bankhaus Ellwanger & Geiger Stuttgart 20 999. **Gegr:** Ende März 1727 in Züllichau. **Rechtsf:** KG.
Inh/Ges: Günther Holzboog.
Verlagsleitung: Günther Holzboog, geb. 31. 3. 1927.
Geschichte: Gegründet Ende März 1727 als „Waisenhausbuchhandlung" in Züllichau. Von Carl Friedrich Ernst Frommann 1798 nach Jena verlegt. Dort „Vereinigungspunkt vieler Gelehrter und Künstler und sonst angesehener Personen' (Goethe zu Eckermann). Seit 1886 in Stuttgart.
Hauptautoren: Anselm von Canterbury, Thomas v. Aquin, J. Böhme, M. Mendelssohn, J. G. Fichte, F. W. J. Schelling, G. W. F. Hegel, L. Feuerbach, B. Bolzano, F. Tönnies.
Hauptwerke: Kritische Gesamtausgaben, Reprints, Monographien, Nachschlagewerke.
Buchreihen: „reihe problemata" (aktuelle wissenschaftliche Reihe) — „Grammatica Speculativa" — „Grammatica Universalis" — „Frommanns Klassiker der Philosophie".
Verlagsgebiete: 3 — 2 — 7 — 14 — 5 — 18 — 6 — 25.

Fromme, Georg u. Co.
A-1051 Wien V, Spengergasse 39

Froschauer, Christoph siehe Orell Füssli

Frowa-Organisation
D-7920 Heidenheim (Brenz), Postf. 264, Olgastraße 15—17

Fünf Sterne Musikverlag Hans Sikorski KG
D-2000 Hamburg 13, Johnsallee 23

Fuldaer Actiendruckerei siehe Parzeller

Fundament-Verlag Dr. Sasse & Co.
D-2000 Hamburg 52, Lobsienweg 3

Signet wird geführt seit: 1925.

Grafiker: Rudolf Koch.

Furche-Verlag H. Rennebach KG

D-2000 Hamburg 76, Papenhuder Str. 2
Tel: (040) 2 20 12 91. **Psch:** Hamburg 433 95-205. **Bank:** Dresdner Bank AG 6012 553. **Gegr:** 1916 in Berlin. **Rechtsf:** KG.
Inh/Ges: Komplementär: Theologischer Verlag Zürich.
Verlagsleitung: Dr. Heinrich Leippe, geb. 15. 3. 1917 in Darmstadt.
Geschichte: Aus dem Mitarbeiterkreis des Monatsblattes der Altfreundschaft

der Deutschen Christlichen Studentenvereinigung, das unter dem Titel „Furche" seit 1910 erschien, kam es 1916 in Berlin zur Gründung eines Buchverlages, der den Namen der Zeitschrift für seine Arbeit übernahm. Dank des großen Mitarbeiterkreises breitete sich die Verlagsproduktion sehr rasch aus: Werke aus dem geisteswissenschaftlichen Schaffen der Zeit, aus Dichtung und Kunst, aus Geschichte und Pädagogik, aber auch zu Fragen der Technik und der Wirtschaft, der Soziologie und Sozialethik, der Familien- und Frauenfragen sowie der evangelischen Theologie, des kirchlichen Lebens und der Seelsorge. Als eines der literarischen Arbeitszentren der Bekennenden Kirche wurde der Verlag nach 1933 von den staatlichen Organen mehr und mehr in der Arbeit behindert, bis 1942 die Verlagstätigkeit völlig eingestellt werden mußte. Sofort nach Kriegsende 1945 nahm der Verlag seine Arbeit in Tübingen wieder auf, die ersten Jahre wegen Lizenzvorschriften unter dem Namen „Furche-Verlag Dr. Katzmann". 1950 siedelte der Verlag nach Hamburg über, zunächst in Arbeitsgemeinschaft mit dem Friedrich Wittig Verlag, ab 1954 dann wieder als Furche-Verlag H. Rennebach KG unter seinem Mitbegründer Heinrich Rennebach, der die Geschicke des Verlages von Anbeginn geleitet hat. Im Frühjahr 1961 übernahm das Hansische Druck- und Verlagshaus GmbH, Hamburg, als Komplementärin und Dr. Heinrich Leippe als Kommanditist den Verlag. Zum 1. 1. 1970 erwarb der Theologische Verlag Zürich die Anteile der Komplementärin, die an die Stelle des bisherigen Kommanditisten trat.

Hauptautoren: Hans-Eckehard Bahr, Wolfgang Deresch, Hans Joachim Dörger, Werner Foerster, Karl Heim, Adolf Köberle, Jürgen Lott, Manfred Mezger, Christa Meves, Eberhard Müller, Gert Otto, Johannes Schreiber, Paul Schütz, Siegfried Schulz, Otto Weber, Ulrich Wilckens.

Buchreihen: „Furche-Bücherei" — „Stundenbücher" — „Konkretionen".

Zeitschrift: „Theologia Practica — Zeitschrift für Praktische Theologie und Religionspädagogik".

Verlagsgebiete: 2a — 3 — 10 — 26 — 28. — SpezGeb: Religionspädagogik.

Signet wird geführt seit: 1934.

Grafiker: Karl Paessler.

Gärtner Pötschke oHG., Samenzucht, Samenhandlung, Pflanzenzuchtbetrieb — Verlag und Vertrieb von gärtnerischer Fachliteratur

D-4046 Büttgen, Stettiner Straße 4, Postfach 1220

Tel: (0 21 01) 6 70 85. **Psch:** Köln 1506 15-502. **Bank:** Gemeinde-Sparkasse Büttgen 200 600. **Gegr:** 1. 4. 1912 in Mörsdorf über Stadtroda (Thüringen); Neugründung am 1. 7. 1952 in Holzbüttgen über Neuß. **Rechtsf:** OHG.

Inh/Ges: Gesellschafter: Werner Pötschke, Hildegard Staudt, Dieter Wiegand.

Verlagsleitung: Werner Pötschke, geb. am 19. 8. 1910 in Bernburg a. d. Saale, Kaufmann und Werbespezialist für die Gartenbau-Branche.

Geschichte: Gründung des Verlages am 1. 4. 1912 in Mörsdorf über Stadtroda (Thüringen) durch den Gärtner Harry Pötschke; 1934 als Eigenverlag von „Gärtner Pötschkes Gartenbuch", das eine Auflage von über 3 Mill. erreichte. Im Jahre 1938 Herausgabe von „Gärtner Pötschkes Siedlerbuch", das jetzt, nach der Neugründung des Verlages am 1. 7. 1952 in Holzbüttgen über Neuß, in der 8. Auflage (363. bis 392. Tausend) unter dem Namen „Gärtner Pötschkes Großes Gartenbuch" erscheint. Weitere Verlagserscheinungen: „Pflanzen sprechen Dich an" (Das kleine Gartenbuch — Auflage: 250 000, inzwischen ausgelaufen) und der alljährlich in einer Auflage von 100 000 als Tagesabreißkalender erscheinende „Gärtner Pötschkes Gartenkalender".

Hauptautoren: Werner Pötschke als Verfasser von: „Gärtner Pötschkes Großes Gartenbuch"; „Gärtner Pötschkes Gartenkalender" (Auflage 110 000); „Pflanzen sprechen Dich an" (Auflage 250 000).

Hz: „Der Pötschke-Bote". Erscheinungsweise: periodisch.
Verlagsgebiete: 22 — 24.
Angeschl. Betr: Zweigstelle: D-3550 Marburg/Lahn, Gisselberger Straße 61.

Gaia Verlag H. Albert Schulz
D-5000 Köln-Dellbrück, Im Eichenforst 16

Gala Verlag GmbH
D-2000 Hamburg 50, Eimsbütteler Straße 16

Galerie Brockstedt
D-2000 Hamburg 13, Magdalenenstr. 11

Galerie Oetler Rosenbach
D-3000 Hannover 1, Walderseestraße 24

Galerie Schmücking
D-3300 Braunschweig, Lessingplatz 12
Tel: (05 31) 4 49 60. **Psch:** Hannover 359 55-302 (Rolf Schmücking). **Bank:** Deutsche Bank Braunschweig. **Gegr:** 1959. **Rechtsf:** Einzelfirma.
Inh: Rolf Schmücking, geb. 9. 5. 1925.
Verlagsleitung: Rolf Schmücking, seit 20 Jahren Sammler moderner Kunst, ab 1959 Galeriebesitzer.
Geschichte: Begonnen hat die Galerie ihre verlegerische Tätigkeit 1960 mit Werkverzeichnissen bekannter Künstler wie z. B. Johnny Friedlaender, Hans Hartung, Zoran Music. Später kamen Bücher und Mappen mit Originalgraphik und in großem Maße graphische Blätter hinzu. Zweiggalerien in Dortmund seit 1972 und in Basel seit März 1974.
Hauptautoren/Hauptwerke: Johnny Friedlaender, „Das graphische Werk von 1949—1960"; „Verzeichnis der Radierungen von 1930—1972", Monographie 1973 — Hans Hartung, Werkverzeichnis der Graphik von 1921—1965 — Antonio Zoran Music, Das graphische Werk von 1947—1962 — Friedrich Meckseper, „Werkverzeichnis der Radierungen von 1956—1969"; „Taschenausstellung", Blechkassette in Taschenformat in 6 Radierungen signiert, 1973,

Interview, Biographie etc. — Johannes Vennekamp: „Verzeichnis der Radierungen von 1968—1973".
Verlagsgebiet: 12.

Ganymed, Graphische Anstalt f. Kunst und Wissenschaft GmbH Berlin-Hannover-München
D-3001 Kaltenweide/Han., Hainhaus 8

Gebrüder Zimmermann GmbH
D-5983 Balve, Postfach 120, Widukindplatz 2

Dr. Max Gehlen
D-6380 Bad Homburg 1, Postfach 2247, Daimlerstraße 12

Geiselberger, Gebr.
D-8262 Altötting, Postf. 69, Neuöttinger Straße 32

Geisteswissenschaftliche Verlags GmbH
siehe Frommann

Gemeinschaft der Buch- und Schallplattenfreunde Dr. Hans Zopp KG
D-4840 Rheda, Ringstraße 16

Gamsberg-Verlag siehe Foto+Schmalfilm

Gentner, A. W., Verlag
D-7000 Stuttgart 1, Postfach 688, Forststraße 131

Signet wird geführt seit: —

Grafiker: —

Geographische Verlagsgesellschaft Velhagen & Klasing und Hermann Schroedel GmbH & Co. KG

D-1000 Berlin 30, Lützowstraße 105-106, Postfach 3144

Tel: (030) 2 61 60 19. **Bank:** Berliner Discontobank. **Gegr:** 1963 in Berlin. **Rechtsf:** KG.
Inh/Ges: Velhagen & Klasing und Hermann Schroedel GmbH, Berlin.

Kommanditisten: Velhagen & Klasing KG, Berlin; Hermann Schroedel Verlag KG, Hannover.
Verlagsleitung: Geschäftsführer: Dr. Ludwig Arentz, Götz Manth.
Gesamtprokuristen: Manfred Lösing, Rudolf Schrepfer.
Hauptwerke: „Unsere Welt", Atlas für die Schule mit mehreren Länderausgaben — Atlas „Unsere Welt", Große Ausgabe — „Unsere Welt", Grundschulatlas Nordrhein-Westfalen — Erdkundewerk „Dreimal um die Erde" — Sachkundehefte „Unsere Welt ringsum" für die Grundschule.
Verlagsgebiete: 11 — 16.

Dr. Rudolf Georgi
D-5100 Aachen, Postfach 407, Aureliusstraße 42

Gerardi KG
D-7500 Karlsruhe 51, Heinrich-Heine-Ring 9

Signet wird geführt seit 1964.

Grafiker: Huber-Peik.

Carl Gerber Verlag KG
D-8000 München 45, Muthmannstraße 4
Tel: (089) 3 81 93-1. **Fs:** 5215 342 gerb d.
Psch: München 185. **Bank:** Städtische Sparkasse München 100 701; Bayer. Vereinsbank München 955 110. **Gegr:** 1. 7. 1877 in München. **Rechtsf:** KG.
Inh/Ges: Pers. haftende Gesellschafter: Dr. Adolf Gerber, Hans Hohenester. Kommanditisten: Dr. Hermann Hohenester, Walther Hohenester, Elisabeth Kreeb.
Verlagsleitung: Hans Hohenester ☐, Geschäftsführer, geb. 11. 7. 1931 in München.
Geschichte: Am 1. Juli 1877 erwarb der Kaufmann Carl Gerber die „Offizin Carl Vogt am Frauenplatz" und gründete damit die Buchdruckerei und Verlagsanstalt Carl Gerber. Nach dem 2. Weltkrieg war es angebracht, Verlag und Druckerei zu trennen: Carl Gerber Grafische Betriebe und Carl Gerber Verlag. Auch heute ist der Carl Gerber Verlag mit seinen Formularen und seinen gezielten Buchausgaben eine wertvolle Stütze der Gerber-Unternehmen.
Hauptautoren/Hauptwerke: Dr. Johanna Haarer, „Kindererziehung und -beratung" — Werner A. Widmann, „Bildbände" — Irmgart Sixt-Heyn, „Die Deutsche Küche" — Johannes Pries, „Servierkunde" — Richard Geissler, „Kellnerbücher" — E. Neiger, „Kellnerbücher" — Erwin Gutwinski, Fritz Windischbauer, „Der Hotelier schreibt dem Gast".
Buchreihen: „Haarer-Erziehungs- und Beratungsbücher" — „Farbige Bildbände" — „Gastronomische Fachbücher".
Tges: Carl Gerber Grafische Betriebe KG.
Verlagsgebiete: 10 — 24 — 11 — 30 Formulare — 15.

Gerdes, Ernst
D-2308 Preetz/Holstein, Postf. 140, Wakendorfer Straße 61

Gerhards & Co., Verlag und Vertriebsgesellschaft
D-6000 Frankfurt (M) 1, Schichaustraße 3—5

signet wird geführt seit: gründung 1962.

grafiker: alfred jarry.

gerhardt verlag
inhaberin renate gerhardt
D-1000 berlin 31, jenaer straße 7
Tel: (03 11) 8 54 30 09. **Psch:** berlin-west 15 6886. **Gegr:** 1. 4. 1962 in berlin-west.
Rechtsf: einzelfirma.
Inh/Ges: renate gerhardt.
Verlagsleitung: renate gerhardt ☐.
Geschichte: der verlag hat keine geschichte, außer der seiner publikationsfolge.

Hauptautoren/Hautpwerke: max ernst, „callagen-trilogie" — beardsley, „zeichnungen aus dem gesamtwerk" — hans bellmer, „die puppe" — lissitzkij, „suprematistische geschichte von 2 quadraten" (konstruktivistisches kinderbuch) — jarry, „werke in einzelausgaben" — serner, „werke in einzelausgaben" — garruba/garratano, „40 plakate der russ. revolution (1917-29) (faksimile) — leo trotzkij, „literatur und revolution" — marceau, „acht pantomimen in bewegungsabläufen" — E. g. craig, „über die kunst des theaters" — henry miller, „ganz wild auf harry" (ein melo-melo) — paolo freire, „die methode p. freire".
Buchreihe: „frauen sind menschen" (texte der intern. frauenbewegung).
Verlagsgebiete: 8 — 10 — 12 — 13.

Gerig, Hans, Musik-Verlag
D-5000 Köln 1, Drususgasse 7—11

Gerken, Rolf, Verlag
D-2900 Oldenburg (Oldb.) 1, Postf. 372, Wilhelmshavener Heerstraße

Gerlach & Wiedling siehe Jugend und Volk

Gerland, Eberhard, Dr.
D-6000 Frankfurt (M) 70, Letzter Hasenpfad 31

Gerold's Sohn, Carl
A-1080 Wien VIII, Hamerlingplatz 10

Signet wird geführt seit: 1965.

Grafiker: —

Gerold & Appel Verlagsgesellschaft
D-2000 Hamburg 70, Neumann-Reichardt-Straße 29/17
Tel: (040) 68 06 55. **Psch:** Hamburg 41875-203. **Bank:** Vereinsbank in Hamburg 1/305 59; Hamburger Handelsbank GmbH & Co 3864 (BLZ 200 205 00). **Gegr:** 1. 1. 1973 in Hamburg. **Rechtsf:** OHG.
Inh/Ges: Annelies Gerold, Rolf Appel.
Verlagsleitung: Annelies Gerold, geb. 29. 11. 1924 in Innsbruck; Rolf Appel, geb. 16. 6. 1920 in Süderbrarup.
Geschichte: Der Verlag entstand aus der 1920 gegründeten Firma Ludwig Appel & Sohn. Sein Hauptarbeitsgebiet erstreckt sich auf Jura. Daneben erscheinen auch Hamburg-Bücher und Lyrik.
Buchreihe: „Hamburger Abhandlungen aus dem Seminar für Öffentl. Recht und Staatslehre der Universität Hamburg".
Verlagsgebiet: 4.

Signet wird geführt seit: 1959.

Grafiker: —

Gersbach & Sohn Verlag
D-8000 München 2, Barer Straße 32, Postfach München 34
Tel: (089) 28 20 71. **Fs:** 05-24 703. **Psch:** 1539 60. **Bank:** Bayer. Vereinsbank München 202 567. **Gegr:** 1896 in Berlin.
Rechtsf: Einzelfirma.
Inh/Ges: Süddeutscher Verlag GmbH.
Verlagsleitung: Dipl.-Volkswirt Franz Greiser.
Geschichte: Gegründet 1896 in Berlin. Der Gründer, der ehemalige preußische Kommissionsrat Robert Gersbach, pflegte die Tierliteratur besonders. Er schrieb selbst einige Bücher über die Abrichtung von Hunden. Übernahme des Verlages im Jahre 1959 nach dem Tode des Gründers durch Frau Irma Pingoud-Jehle, die Inhaberin des Kommunalschriften-Verlages J. Jehle in München. Am 1. 1. 1974 an den Süddeutschen Verlag, München, übergegangen. Der Verlag ist Kommissionsverlag des Bundesministeriums für Bildung und Wissenschaft.
Hauptwerke: Thum, „Mein Freund der Pudel" — Most, „Die Abrichtung des Hundes" — Weinzierl, „Natur in Not", „Das große Sterben" — Busdorf, „Wilddieberei und Förstermorde" — Gehrer, „Die 5. Patrone" — Rehkopp, „Der Verwaltungsfachmann" — Nischk-Rattay, „BGB in Frage und Antwort" — Dahmann, „Verwaltungsrechnen" — „Staats-

recht in Frage und Antwort" — Ebel/ Schäfer, „Grundbegriffe der Rechtskunde".

Schriftenreihen: Gersbach-Bücher für den Natur-, Tier- und Jagdfreund — Gersbach-Bücher für den Umweltschutz — Gersbach-Krimis — Gersbach-Kurzlehrbücher für den Verwaltungsdienst — Gersbach-Schriftenreihe: Rechtskunde in Frage und Antwort — Schriftenreihe des Bundesministers für Bildung und Wissenschaft über Forschungspolitik, Strahlenschutz, Kernenergierecht, Radionuklide, Nuklidarten, Umweltradioaktivität und Strahlenbelastung.
Verlagsgebiete: 22 — 4 — Spez.Geb: 22 Tier- und Jagdbücher.

Gerstenberg, Gebr., Buchverlag
D-3200 Hildesheim, Postfach 390, Rathausstraße 18—20

Verlag Gesellschaft für Arbeitstechnik Lönne KG
D-4300 Essen Stadtwald, Postfach 75

Gesellschaft für Buchdruckerei AG
D-4040 Neuß, Moselstraße 14

Gesellschaft für Publizistik GmbH
D-6000 Frankfurt (M) 70, Postfach 70427, Brückenstraße 3

Gesellschaft für Selbstbedienung —GSB— mbH
D-5000 Köln 1, Burgmauer 53
Tel: (02 21) 23 44 31/32. **Fs:** 08881248. **Psch:** Köln 5774-502. **Bank:** Dresdner Bank Köln 4132615; Commerzbank Köln Zweigstelle Hohenzollernring 1 200 476. **Gegr:** 25. 7. 1958 in Köln. **Rechtsf:** GmbH.
Ges: Institut für Selbstbedienung, D-5000 Köln 1, Burgmauer 53; Dr. rer. pol. Karl Heinrich Henksmeier, D-5000 Köln 41, Bachemer Straße 86.
Verlagsleitung: Dr. rer. pol. Karl Heinrich Henksmeier, geb. 23. 4. 1922, Geschäftsführer.
Prokuristin: Frau Maria Lacour, D-5000 Köln 1, Elisenstraße 21—23.
Zeitschriften: „Selbstbedienung und Supermarkt" (mtl.) — „Dynamik im Handel" (mtl.).

Verlagsgebiete: 5 — 28 — Betriebswirtschaftliche Analysen, Reportagen.

Gesellschaft für übernationale Zusammenarbeit e. V.
Abtlg. Verlag der Dokumente
D-5000 Köln 1, Hohenstaufenring 11
Bureau International de Liaison et de Documentation (B.I.L.D) 50, rue de Laborde, F 75008 Paris
Tel: (02 21) 21 02 61. **Psch:** Köln 14107-502. **Bank:** Sparkasse der Stadt Köln 12952032. **Gegr:** Juni 1945 in Offenburg. **Rechtsf:** e. V.
Inh/Ges: Gesellschaft für übernationale Zusammenarbeit e. V., vertreten durch ihre Präsidenten: Staatsminister a. D. Joseph P. Franken, Bonn-Bad Godesberg und Francois Bourel, Paris.
Verlagsleitung: Josef Winkelheide, geb. 22. 8. 1929 in Recklinghausen, gleichzeitig Generalsekretär der Gesellschaft für übernationale Zusammenarbeit.
Chefredakteur: Paul Schallück, geb. 17. 6. 1922 in Warendorf.
Geschichte: Gegründet 1945 in Offenburg als Studienstelle für kulturelle, soziale und wirtschaftliche Fragen. Am 8. 4. 1949 Gründung der Gesellschaft für übernationale Zusammenarbeit.
Zeitschriften: „Dokumente", Zeitschrift für übernationale Zusammenarbeit (erscheint 4x jährlich) — „Documents", revue des questions allemandes (erscheint 6x jährlich).
Verlagsgebiete: 6 — 2 — 8 — 13 — 28.

Gesellschaft für Wirtschaftsinformation mbH
D-8000 München 2, Neuhauser Straße 14

Gesellschaft für wissenschaftliches Lichtbild siehe Hirmer

G.f.B. Gesellschaft für bildendes Schrifttum mbH
D-6600 Saarbrücken, Postfach 444, Parallelstraße 38

Giebel u. Oehlschlägel KG
D-3360 Osterode/H., Postfach 1580, Langer Krummer Bruch 32—36

Gieck, Kurt
D-7100 Heilbronn, Pfühlstraße 79

Gierig, Timm, Verlag
D-6000 Frankfurt (M) 1, Große Friedbergerstraße 37—39

GIESEKING

Verlag Ernst und Werner Gieseking

D-4800 Bielefeld-Bethel, Deckertstr. 2/10, Postfach 42
Tel: (05 21) 76 20 64. **Fs:** Gidrud 0932240.
Psch: Hannover 52 221-305. **Bank:** Dresdner Bank Bielefeld 2075 714. **Gegr:** 17. 5. 1937. **Rechtsf:** OHG.
Inh/Ges: Ernst Gieseking, Werner Gieseking.
Verlagsleitung: Werner Gieseking □, geb. 3. 12. 1915.
Geschichte: Die Verlagsgründung erfolgte 1937 in enger Anlehnung an eine bereits seit 1907 bestehende Druckerei. Zunächst wurden neben Heimatliteratur vor allem Schriften und Kalender des Deutschen Jugendherbergswerkes verlegt, die schon seit mehr als 50 Jahren in der Druckerei hergestellt werden. Es folgten Bücher zur Zeitgeschichte.
Nach dem Zweiten Weltkrieg wurden 1948 und 1954 zwei juristische Fachzeitschriften begründet. Gleichlaufend mit dem Aufbau dieser Zeitschriften entwickelte der Verlag ein Programm rechtswissenschaftlicher Bücher. Auf diesem Verlagsgebiet sind z. Z. etwa 150 Titel lieferbar. Handbücher, Kommentare und Lehrbücher erschienen in zahlreichen Auflagen. Der Verlag sieht seine Zukunft vor allem in der kontinuierlichen Weiterentwicklung des juristischen Schrifttums.
Hauptautoren/Hauptwerke: Arnold/Meyer-Stolte, „Rechtspflegergesetz" — Baumann, „Strafrecht Allgemeiner Teil" — Beutel, „Experimental Jurisprudence and the Scienstate" — Bosch, „Grundsatzfragen des Beweisrechts" — Brühl/Göppinger/Mutschler, „Unterhaltsrecht" — Engler, „Auf dem Weg zu einem neuen Adoptionsrecht" — Grunsky, „Grundlagen des Verfahrensrechts" — Odersky, „Nichtehelichengesetz" — Pohlmann, „Strafvollstreckungsordnung" — Schachtschneider, „Das Sozialprinzip im Kräftefeld der Bundesrepublik Deutschland" — Schütz, „Disziplinarrecht des Bundes und der Länder" — Stöber, „Forderungspfändung" — H. P. Westermann, „Die Verbandsstrafgewalt und das Allgemeine Recht".
Buchreihen: Schriften zum Deutschen und Europäischen Zivil-, Handels- und Prozeßrecht — „Industriegesellschaft und Recht" — „Der Junge Rechtspfleger" — „Rechtspflegerjahrbuch".
Dokumentation: „Zur Geschichte der Deutschen Kriegsgefangenen des Zweiten Weltkrieges" — „Nachbarn in Ostmitteleuropa".
Zeitschriften: „Der Deutsche Rechtspfleger" (Rpfleger), 82. Jahrgang, vom Verlag betreut seit 1948; „Zeitschrift für das gesamte Familienrecht" (FamRZ), auf Anregung des Schriftleiters, Prof. Dr. F. W. Bosch, mit diesem gemeinsam begründet 1954.
Verlagsgebiete: 4 — 24 — 28.

Giesserei-Verlag GmbH

D-4000 Düsseldorf 1, Postfach 3503, Breite Straße 27

Gildeverlag u. Verlag Auto und Kraftrad, Hans-G. Dobler

D-3221 Röllinghausen, Bruckhausstr. 57, Briefanschrift: D-3220 Alfeld, Postf. 1450

Gilles & Francke KG.
Verlag, Buch- und Zeitschriftenhandlung

D-4100 Duisburg 1, Blumenstr. 67—69, Postfach 307
Tel: (0 21 31) 35 50 97. **Psch:** Essen 444 74-435. **Bank:** Stadtsparkasse Duisburg 200-405025. **Gegr:** 1900 in Duisburg. **Rechtsf:** KG.
Inh/Ges: Werner Francke, pers. haft. Gesellschafter; außerdem 2 Kommanditisten.
Verlagsleitung: Werner Francke, geb. 13. 2. 1923 in Duisburg.
Prokura: Barbara Francke.
Geschichte: Der Verlag wurde im Jahre 1900 gegründet (Franz Gilles Verlag, Duisburg). Bis 1942 Herausgabe von Wochenzeitschriften. Ab 1969 Wiederaufnahme der Verlagstätigkeit mit dem Schwergewicht: schöngeistige Literatur, Lyrik, moderne Musik, Universitätsreihe.

Hauptautoren: Siglinde Ahrens, Rose Ausländer, Stuart Friebert, Anja Hegemann, Guido Hildebrandt, Gyula Illyés, Gábor Kocsis, Hans D. Möller, Kurt Morawitz, Daisy Rittershaus, Almut Rößler, Margot Scharpenberg, Günter Theobald, Ludwig Verbeek, Sándor Weöres.
Hauptwerk: Ahrens/Möller, „Orgelwerk Messiaens", Anthologie ungarischer Dichter.
Buchreihen: „Reihe Neue Lyrik" — „Reihe Neue Musik" — „Universitätsreihe" (geplant).
Verlagsgebiete: 8 — 13 — 3 — 5.

Gilt-Verlag

D-8000 München 60, Postfach 372, Heinrich-Schütz-Weg 28

Signet wird geführt seit: 1934.

Grafiker: —

W. Girardet, Graphische Betriebe und Verlag Essen

D-4300 Essen, Girardetstraße 2—36, Postfach 9
Tel: (02 01) 7 99 61. **Fs:** 08 57 888. **Psch:** Essen 5500-432. **Bank:** Commerzbank Aktiengesellschaft 120 01 87; Landeszentralbank von Nordrhein-Westfalen 360 08105; Deutsche Bank AG 148/3353; Stadtsparkasse 2 18 800, alle in Essen.
Gegr: 1865 in Essen. **Rechtsf:** KG.
Inh/Ges: Pers. haft. geschäftsführende Gesellschafter: Dr. jur. Wilhelm Girardet, geb. 29. 10. 1902; Dr. rer. pol. Wilhelm Girardet jun., geb. 17. 12. 1935; Dr. rer. soc. oec. Paul Girardet, geb. 31. 10. 1938.
Verlagsleitung: Wilhelm Peter Herzog, geb. 18. 1. 1908, Leiter des Buchverlages; Jobst von Treuenfeld, Prokurist, geb. 25. 7. 1918, Leiter des Fachzeitschriftenverlages.
Geschichte: Das Unternehmen wurde 1865 von Kommerzienrat Wilhelm Girardet (1838—1918) gegründet. Von seinem Sohne Wilhelm Girardet (1874 bis 1953) und dessen Söhnen, Dr. Wilhelm Girardet (geb. 29. 10. 1902) und Dr. Herbert Girardet (geb. 12. 7. 1910, gest. 6. 10. 1972) fortgeführt und ausgebaut, entwickelte sich die Firma, zu deren Leitung nun auch die nächste Generation gehört, im Laufe der Jahrzehnte zu einem Unternehmen mit z. Zt. rund 2700 Beschäftigten. Die Verlagsproduktion umfaßt Fachzeitschriften und Fachbücher.
Fachbuchprogramm: Sieben Verlagsgruppen mit rd. 400 Titeln. 1. Technik (Fertigungstechnik, Verfahrenstechnik, Technologie, Werkstoffe, Elektrotechnik); 2. Bücher für Ingenieurstudium und -praxis, Repetitorien des Ingenieurwissens; 3. Fachschulbücher und Lernprogramme; 4. Fachwörterbücher Technik; 5. Fachbücher Wirtschaft, Werbung, Marketing; 6. Fachbücher Landwirtschaft; 7. Audiovisuelle Unterrichtsmittel.
Fachreihen: Girardet-Taschenbücher (Technik und Wirtschaft), Veröffentlichungen des Laboratoriums für Werkzeugmaschinen und Betriebslehre der Rhein.-Westf. TH Aachen, Berichte aus dem Institut für Umformtechnik der Universität Stuttgart, Schriftenreihe der Landesanstalt für Immissions- und Bodennutzungsschutz des Landes Nordrhein-Westfalen, Essen, Buchreihe „Schwerpunkt Marketing".
Zeitschriften: „Industrie-Anzeiger" (2x wtl.) — „Elektronik-Anzeiger" (mtl.) — „Elektro-Anzeiger" (2x mtl.) — „Haustechnischer Anzeiger" (mtl.) — „Cooperation Ost-West" (4x jl.) — Supplement „Orgadata" (zweimtl.) — „Feld und Wald" (wtl.).
Aus Tochterfirma Neuer Handelsverlag GmbH: „Cash and Carry" (mtl.) — „vm - verbrauchermarkt information" (mtl.) — „Service Manager" (2x mtl.).
Hz: „Streiflichter" (PR-Zeitschrift, vtljl.).
Tges: Tochterfirma: Neuer Handels-Verlag GmbH & Co. KG, D-8939 Bad Wörishofen.
Verlagsgebiete: 5 — 11 — 18 — 19 — 20 — 21 — 22 — 25 — 26 — 28.

Gleumes & Co., Landkartenverlag

D-5000 Köln, Hohenstaufenring 47—51

Globus-Verlagsanst. Ewald W. Elfental

D-4000 Düsseldorf 1, Ellerstraße 157

Signet wird geführt seit: 1945.

Grafiker: Prof. Hans Thomas.

Globus Zeitungs-, Druck- und Verlagsanstalt, Gesellschaft m.b.H.
A-1201 Wien, Höchstädtplatz 3
Tel: (02 22) 33 45 01. **Fs:** 4082. **Psch:** 1949 263. **Gegr:** August 1945 in Wien. **Rechtsf:** GmbH.
Inh/Ges: Mag. Dr. Heinz Zaslawski, Geschäftsführer.
Verlagsleitung: Mag. Dr. Heinz Zaslawski.
Geschichte: 1945 von der KPÖ gegründet, hat der Globus-Verlag im wiedererstandenen Österreich dazu beigetragen, Autoren aus aller Welt und österreichische Klassiker der Bevölkerung nahe zubringen.
Hauptautoren: Walter Hollitscher, Eva Priester, Hugo Huppert, Otto Horn, Bela Balasz, Maurice Cornforth u. a.
Hauptwerke: Marxistische Büch r.
Verlagsgebiete: 6 — 8.

Glock und Lutz Verlag
Inh. Karl Borromäus Glock
D-8500 Nürnberg, Feldgasse 38

Glocken-Verlag
D-6000 Frankfurt (M), Oeder Weg 26

Glocken-Verlag
A-1043 Wien, Postfach 111; A-1060 Wien VI, Theobaldgasse 16

Glöss, R. & Co.
D-2000 Hamburg 50, Postfach 500 344, Mörkenstraße 7

Gloria Musikverlag KG, Hermann Schneider
A-1010 Wien I, Gluckgasse 1

Gnadauer Verlag
D-7306 Denkendorf üb. Eßlingen, Postfach 1163, Löcherhaldenstraße 20

Gnauck, R. G.
D-1000 Berlin 15, Bregenzerstraße 13A

Goecke & Evers
D-4150 Krefeld, Dürerstraße 13

Göschen'sche Verlagshandlung siehe de Gruyter

Alois Göschl & Co.
A-1190 Wien XIX, Trummelhofgasse 12

Göttinger Verlagsanstalt für Wissensch. und Politik Leonhard Schlüter
D-3400 Göttingen, Postfach 106, Am Goldgraben 11

Globi-Verlag AG
CH-8045 Zürich, Eichstraße 27

GOF-Verlag
A-1011 Wien I, Postfach 223, Stoß im Himmel 3

Verlag Goldene Worte Plakatmiss. Schmid-Nachf.
D-7000 Stuttgart 75, Postfach 59, Gorch-Fock-Straße 15

Wilhelm Goldmann Verlag
D-8000 München 80, Neumarkter Str. 22, Postfach 80 07 09
Tel: (089) 44 89 25. **Psch:** München 41051-808. **Bank:** Bayerische Staatsbank, Zweigst. Ramersdorf, München. **Gegr:** 21. 6. 1922 in Leipzig. **Rechtsf:** GmbH (seit 22. 7. 1966).
Verlagsleitung: Geschäftsführer: Siegfried Eberlein, geb. 15. 11. 1911. Vorsitzer des Aufsichtsrates: Verleger Wilhelm Goldmann □, geb. 25. 2. 1897, gest. 24. 4. 1974.
Geschichte: Gegründet in Leipzig im Frühjahr 1922. Am 4. 12. 1943 wurde das Verlagshaus bei einem Bombenangriff total zerstört. Neubeginn des Verlages in München 1950 vor allem mit „Goldmann Taschenbücher", inzwischen über 4000 Titel.
Markenzeichen der Goldmannbücher ist ein G, daneben wird bei repräsentativen Werken als Verlagssignet das Wappen der Familie Goldmann vom Jahre 1546 geführt.
Hauptwerke: „Goldmann Atlanten" — „Goldmann Pinakothek" — „Die Großen Goldmann Ausgaben" — „Goldmann Liebhaberausgaben" — „Gold-

mann Bücher der Lebensweisheit" — „Goldmann heitere Bücher" — „Goldmann Kriminalromane der Chef-Auswahl" — „Goldmann Science Fiction der Chef-Auswahl".
Buchreihen: „Goldmann Medizin" — „Goldmann Jura" — „Goldmann Wirtschaft" — „Goldmann Psychologie + Pädagogik" — „Goldmann Geschichte" — „Goldmann Politik + Zeitgeschehen" — „Goldmann Klassiker" — „Goldmann Religion" — „Goldmann Ratgeber" — „Goldmann Kochbücher" — „Goldmann Gartenbücher" — „Goldmann Gelbe" — „Goldmann Science Fiction" — „Goldmann Abenteuer" — „Goldmann Jugendtaschenbücher" — „Goldmann Rote Krimi" — „Das wissenschaftliche Taschenbuch" — „Studienreihen".
Verlagsgebiete: 4 — 5 — 8 — 9 — 12 — 15 — 16 — 17 — 18 — 20 — 26.

Goldschmidt, Viktor, Verlagsbuchhdlg.
CH-4053 Basel 3, Mostackerstraße 17

Gong Verlag GmbH
D-8500 Nürnberg, Luitpoldstraße 5
Tel: (09 11) 2 01 91. **Fs:** 62 33 74. **Psch:** Nürnberg 31 999-856. **Bank:** Stadtsparkasse Nürnberg 1009 196; Deutsche Bank Nürnberg 18 67 67. **Gegr:** 1. 1. 1970 in Nürnberg. **Rechtsf:** GmbH.
Ges: Gruner + Jahr AG & Co., Hamburg; Sebaldus Druck und Verlag GmbH, Nürnberg (je 50 %).
Verlagsleitung: Raimund Brehm (Prokurist).
Vertriebsleitung: Hartmut Grimm. Anzeigenleitung: Walter Asmus. Kaufmännische Leitung: Adolf Silbermann (Prokurist). Werbeleitung: Eduard Helldörfer. Chefredaktion: Helmut Markwort.
Buchreihe: Programm-Illustrierte „Gong" (wtl.).
Btlg: Arbeitsgemeinschaft Leseranalyse e. V. (AGMA); IVW (Informationsgemeinschaft zur Feststellung der Verbreitung von Werbeträgern e. V.)

Gordian — Max Rieck GmbH
D-2000 Hamburg 65, Postfach 650 330, Farmsenerweg 8

Gotthelf Verlag
CH-8026 Zürich, Postfach 463, Badenerstraße 69

| GOVERTS KRÜGER STAHLBERG VERLAG GMBH | Signet wird geführt seit: 1969. Grafiker: Klaus Dempel. |

Goverts Krüger Stahlberg Verlag GmbH
D-6000 Frankfurt (M) 70, Geleitsstr. 25, Postfach 700 480
Tel: (06 11) 6 06 21. **Fs:** 0412 410. **Psch:** Frankfurt 5141 05-604. **Bank:** Berliner Handels-Gesellschaft Frankfurt 4579-9; Deutsche Bank AG Frankfurt 092/9448. **Gegr:** 1. 7. 1969 in Stuttgart. **Rechtsf:** GmbH.
Inh/Ges: S. Fischer Verlag GmbH.
Verlagsleitung: Wolfgang Mertz, Hans Becker, Geschäftsführer; Ulrich K. Dreikandt, Prokurist.
Geschichte: In der Goverts Krüger Stahlberg GmbH sind drei traditionsreiche Verlage zusammengefaßt worden. Der 1934 von Dr. Henry Goverts und Dr. Eugen Claassen in Hamburg und 1945 neugegründete Henry Goverts Verlag, der 1934 von Wolfgang Krüger in Berlin und 1946 in Hamburg neugegründete Wolfgang Krüger Verlag und der 1946 in Karlsruhe von Dr. Ingeborg Stahlberg gegründete Stahlberg Verlag. Nach Übernahme der GmbH-Anteile durch den S. Fischer Verlag im Jahre 1970 wurde Frankfurt (M) Sitz des Verlages.
Hauptautoren: Ivo Andrić, Gabriel Chevallier, Wilkie Collins, Dorothy Dunnett, Maurice Druon, William Faulkner, C. S. Forester, Catherine Gaskin, Peter Härtling, Cameron Hawley, Victoria Holt, George F. Kennan, John Knittel, Wolfgang Koeppen, Curzio Malaparte, Herrmann Mostar, Roger Peyrefitte, Terence Prittie, Raimond Queneau, Arno Schmidt, Sloan Wilson.
Buchreihe: „Goverts Praktische Ratgeber".
Verlagsgebiete: 6 — 8 — 14 — 15 — 16 — 17 — 23.

Gräfe, Hugo
D-6370 Oberstedten/Oberursel, Postf. 101

GU
Signet wird geführt seit: 1968.
Grafiker: Professor Karl Keidel.

Gräfe und Unzer Verlag

D-8000 München 40, Isabellastraße 32, Postfach 40 07 09

Tel: (089) 37 37 91—95. **Psch:** München 744 05-800. **Bank:** Hypobank München 316/46000. **Gegr:** 1722 in Königsberg/Pr.
Rechtsf: Einzelfirma.
Inh/Ges: Kurt Prelinger.
Verlagsleitung: Kurt Prelinger □, geb. 10. 8. 1931.
Vertriebsleitung: Dieter Banzhaf.
Werbeleitung: Klaus Britting.
Herstellungsleitung: Wolf-Dieter Föringer.
Lektoratsleitung: Hans Scherz.
Chefredaktion „Küche und Keller": Annette Wolter.
Geschichte: 1722 begann der junge Buchhändler Christoph Gottfried Eckart in Königsberg, nachdem ihm König Friedrich Wilhelm II. von Preußen das Buchhandels-Privileg erteilt hatte, mit dem Aufbau eines Sortiments und eines Verlages. Er ist nicht nur der Gründer des Unternehmens — das 1832 seinen heutigen Namen erhielt — sondern er führte es auch selbst schon zu bedeutenden Erfolgen. Das Sortiment wurde sogleich 1722 tätig. Im Laufe von 200 Jahren hat es sich dann zum 5stöckigen „Haus der Bücher" am Paradeplatz in Königsberg entwickelt. Die ersten Verlagswerke erschienen 1723. Eckart verkaufte das Unternehmen 1745 an Johann Heinrich Hartung. 1756 ging es an Johann Jakob Kanter über, kam später an Gottlieb Lebrecht Hartung und wurde 1798, nach dessen Tod, von Göbbels und August Wilhelm Unzer erworben. Ihnen folgten als weitere Inhaber oder Mitinhaber: 1832 Heinrich Eduard Gräfe und Johann Otto Unzer, 1852 Heinrich Wilhelm Gräfe, 1878 Richard Dreher und Botho Stürtz, 1893 Hugo Pollakowsky und Franz Lipp und 1902 Otto Paetsch, unter dessen Leitung sich die Entwicklung zur größten Sortimentsbuchhandlung des Kontinents an-

bahnte. 1928 übernahm Bernhard Koch das Unternehmen. Unter seiner Führung und Erweiterung wurde es zum mustergültigen, modernen buchhändlerischen Großbetrieb. Dem Verlag gab er wesentliche Impulse.
1944 wurde Gräfe und Unzer total zerstört. Nach dem Krieg baute Bernhard Koch das Unternehmen in Süddeutschland neu auf: 1946 bis 1949 in Marburg, ab 1950 in München und Garmisch-Partenkirchen. 1961 wurde Kurt Prelinger Gesellschafter und 1970, nach dem Tode von Bernhard Koch, Inhaber der Firma. Gräfe und Unzer produziert heute moderne Ratgeber und Sachbücher im Rahmen der Programme „Familie und Umwelt", „Küche und Keller" und „Städte und Länder".
Hauptautoren: Hans Ambrosi, Theodor Böttiger, Ursula Grüninger, Hugh Johnson, Ulrich Klever, Arne Krüger, Wilhelm Matull, Henri-Paul Pellaprat, Hans Eckart Rübesamen, Sybille Schall, Sybil Gräfin Schönfeldt, Annette Wolter.
Hauptwerke: Kochbuch-Reihen, Kochkarten und Wein-Literatur im Programm „Küche und Keller", dem größten kulinarischen Programm in deutscher Sprache; praktische Berater, Lebenshilfen und medizinische Ratgeber im Programm „Familie und Umwelt"; dokumentarische Werke über Bayern, Ostpreußen und Schlesien im Programm „Städte und Länder".
Verlagsgebiete: 14 — 15 — 16 — 17 — 24 — 30 — Spez.Geb: Kochbücher — 8 — 27.

Graff, Buchhandlung u. Antiquariat Abt. Verlag
D-3300 Braunschweig, Postfach 2529
Neue Straße 23

Graphik International siehe Holtzbrinck

Gralswelt siehe Verlag der Stiftung Gralsbotschaft

Graphis Verlag siehe Herdeg

Greifenverlag
DDR-6820 Rudolstadt/Thüringen, Postfach 142 Heidecksburg

Grenz-Verlag
A-1025 Wien II, Floßgasse 6

Greß, Siegfried
D-8713 Marktbreit, Fleischmannstraße 6

Das Signet entwickelte sich aus Greven's Familienwappen seit dem 10. Jahrhundert.

Grafiker: —

Greven Verlag Köln
D-5000 Köln 1, Neue Weyerstraße 1—3
Tel: (02 21) 23 33 33. **Fs:** 8 882 249 grev d. **Psch:** Köln 1669-509. **Bank:** Commerzbank Köln 1 100 148; Sparkasse der Stadt Köln 8044 2965. **Gegr:** 1827 in Köln. **Rechtsf:** KG.
Inh: Sigurd Greven.
Verlagsleitung: Manfred vom Stein.
Geschichte: Der Verlag ist seit 1827 im Familienbesitz, heute in der fünften Generation. Im Verlag erschienen neben dem Kölner Adreßbuch und einer Tageszeitung vorwiegend zeitgeschichtliche Werke. Seit 1948 wird verstärkt der Verlag von Literatur über Köln und das Rheinland fortgeführt unter den Aspekten: Kunst - Landschaft - Städte - Coloniensia - Mundart - Sagen; Text- und Bildbände.
Hauptautoren/Hauptwerke: Bogler/Schippers, „Das Laacher Münster". — Doppelfeld, „Der Rhein und die Römer" (Fotos: Heinz Held) — „Römisches und fränkisches Glas in Köln" — „Das Dionysos-Mosaik am Dom zu Köln". — Fuchs, „Köln - Wesen Werden Wirken" — „Köln damals gestern heute" — „Das Rathaus zu Köln" (Bild- und Textband, Herausgeber) — Rathaus-Taschenbuch - „Köln" (Bildband). — Verbeek, „Kölner Kirchen". — Bildbände von Weisweiler, „Aachen" — „Düsseldorf" — „Eifel" — „Mosel - Saar - Ruwer" — „Die Saar" — „Trier" — Texte zu „Mosel - Saar - Ruwer" und „Die Saar" von Ludwig Harig. — Weitershagen, div. Sagen- und Märchenbücher. — Wrede, „Neuer Kölnischer Sprachschatz" (drei Bände). — Doyle/Troll, „Wie drei Herren angelsächsischer Herkunft anno 1854 durch Europa reisten". — „Wegweiser durch den Kölner Dom". — „Kölner Karneval" Band I (Fuchs/Schwering, Geschichte).
Buchreihen: „Arbeiten aus dem Bibliothekar-Lehrinstitut des Landes Nordrhein-Westfalen" — „Bibliographische Hefte", herausgegeben vom Bibliothekar-Lehrinstitut des Landes Nordrhein-Westfalen — „Veröffentlichung des Bibliothekar-Lehrinstituts des Landes Nordrhein-Westfalen".
Tges: Unter gleichem Inhaber außer dem Greven Verlag Köln noch: Greven & Bechtold, graph. Betrieb; Greven's Adreßbuch-Verlag Köln; Rudolf Heber Verlag (Zeitschrift „Die Linie"), Köln.
Verlagsgebiete: 1 — 12 — 14 — 15 — 16 — 24 — Kölner Mundart-Literatur.

Grieben Verlag GmbH
D-8000 München 90, Pilgersheimer Straße 38

Grimmesche Hofbuchdruckerei
D-4967 Bückeburg, Lange Straße 20

Größchen, Willy, Kartogr. Verlag
D-4600 Dortmund 1, Postfach 170, Saarbrücker Straße 39

Groos, Julius, Verlag
D-6900 Heidelberg 1, Postfach 629, Hertzstraße 6

Gros, Helmut, Fachverlag
D-1000 Berlin 21, Helgoländer Ufer 5

Grosch, Philipp, Verlag
D-8000 München 8, Lisztstraße 18

grosse
Signet wird geführt seit: —

Grafiker: —

Grosse Verlag
D-1000 Berlin 31, Kurfürstendamm 152
Tel: (030) 8 86 40 64. **Psch:** Berlin (West) 4891-109. **Bank:** Berliner Bank AG (BLZ 100 200 00) 2708853700; Bank für Handel und Industrie (BLZ 100 800 00) 398643. **Gegr:** 1946 in Berlin. **Rechtsf:** Einzelfirma.
Inh: Dr. Eduard Grosse.

Verlagsleitung: Lutz Diesbach, geb. 15. 12. 1945, Einzelprokurist, zuständig für Verlagsleitung, Koordination und Objektplanung; kam vom R. v. Decker's Verlag, Hamburg; zuvor bei den Fachverlagen Dr. Alfred Hüthig in Heidelberg und Springer tätig gewesen.
Geschichte: Mit Wiederbeginn der medizinischen Forschung nach Kriegsende war ein Bedürfnis nach aktueller wissenschaftlicher Literatur geradezu zwangsläufig. Aus der Verbindung zwischen dem Verleger Eduard Grosse sen. und dem Chefarzt des Städt. Krankenhauses Neukölln, Prof. Dr. med. E. Langer, entstand das Konzept für eine neue dermatologische Zeitschrift, die „Zeitschrift für Haut- und Geschlechtskrankheiten". Mit Erteilung der „License B 225" durch das „Military Government-Germany" am 24. Juni 1946 konnte der Verlag, der damals „Berliner Medizinische Verlagsanstalt" firmierte, seine publizistische Tätigkeit aufnehmen.
Hauptautoren: Prof. Dr. med. Heinz Grimmer, Prof. Dr. med. Carl Schirren, Prof. Dr. med. Hans Rieth.
Hauptwerk: H. Grimmer, „Gut- und bösartige Erkrankungen der Vulva".
Zeitschriften: „Zeitschrift für Hautkrankheiten H+G" (2x mtl.) — „mykosen" (mtl.) — „andrologia" (vtljl.) — „Dermatologen-Mitteilungsblatt" (vtljl.).
Verlagsgebiete: 17 — 18 — 28.

Signet wird geführt seit: 1955.
Grafiker: Heinrich Berann.

Verlag Das Große Gedeihen

D-8000 München 13, Georgenstraße 2

Tel: (089) 33 13 57. **Psch:** München 10 90 44. **Bank:** Bayer. Hypo. München 85/50806. **Gegr:** 1931. **Rechtsf:** Einzelfirma.
Inh/Ges: Zur Zeit Erbengemeinschaft (Frieda Großmann, Treu Großmann, Frithjof Großmann, Dr. Alexander Großmann).
Verlagsleitung: Treu Großmann ▭, Inhaberin des Ratio-Verlages (siehe dort).
Geschichte: Der Verlag wurde von Dr. Gustav Großmann (2. 1. 1893 bis 29. 5. 1973) gegründet, der seit 1920 die „Großmann-Methode" vermittelte und im Verlag eine entsprechende Verwertung dieser Methode, die eine Steigerung des persönlichen Könnens ermöglicht, durchführte. Der Verlag wurde 1931 unter der Bezeichnung „Ratio-Verlag" gegründet und 1953 unter der jetzigen Bezeichnung wieder gegründet.
Verlagsgebiet: 30 — **Spez.Geb:** 30 Arbeitsmethoden, Steigerung des persönlichen Könnens.

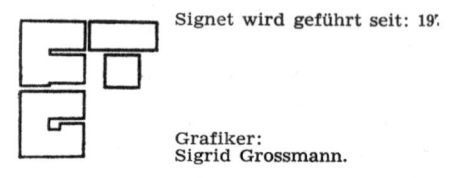

Signet wird geführt seit: 19?.

Grafiker:
Sigrid Grossmann.

Fachverlag Th. Grossmann

D-7000 Stuttgart-Bad Cannstatt, Ebitzweg 18

Tel: (07 11) 52 34 58. **Psch:** Stuttgart 50798-700. **Bank:** Deutsche Bank Stuttgart-Bad Cannstatt 02/52064. **Gegr:** 1952 in Stuttgart-Bad Cannstatt. **Rechtsf:** Einzelfirma.
Inh: Theobald Grossmann.
Verlagsleitung: Theobald Grossmann, geb. 22. 9. 1908 in Röblitz (Thür.). Abitur, Exportkaufmann, seit 1945 Fachlehrer und Verleger kaufm. fremdspr. Lehr- und Wörterbücher.
Geschichte: Bei Gründung zunächst Auswertung der unterrichtlichen und praktischen Erfahrungen in Lehrbüchern der englischen, französischen und spanischen Stenografie in der Anpassung der deutschen Einheitsstenografie. Sodann Lehrbücher wirtschaftlicher Art in Englisch, dem solche in Französisch und Spanisch folgen sollen. Zuletzt Herausgabe der amtlichen Prüfungstexte für die staatliche fremdsprachliche Wirtschaftskorrespondentenprüfung mit Genehmigung des Kultusministeriums Baden-Württemberg.

Hauptwerke: Freyd-Wadham, „Englisches Wirtschaftsalphabet" (5. Aufl.) — Grossmann/Freyd-Wadham, „Englisches Handelsvokabularium" (3. Aufl.) — Grossmann, „Fachbücher für englische, französische und spanische Stenografie" (viele Auflagen).
Buchreihen: „Der Weg zum Guten Handels- und Wirtschaftsenglisch" — „Prüfungstexte zur fremdsprachlichen Wirtschaftskorrespondentenprüfung" — „Fremdsprachenstenografie".
Verlagsgebiete: 11 — 25.

Grote'sche Verlagsbuchhandlung siehe Kohlhammer

Groth, Winfried
D-6085 Nauheim, Rüsselsheimerstr. 5—7

Grothus, Gisela
D-4270 Dorsten 3, Wettring 4

Grothus-Verlag
D-3500 Kassel, Querallee 38

Grünsfeld Verlag
A-1080 Wien VIII, Schönborngasse 13

Grundmann, Herbert KG
D-5300 Bonn 1, Am Hof 32

Signet wird geführt seit: 1970.

Grafiker: Jan Tschichold.

Walter de Gruyter & Co.
vorm. G. J. Göschen'sche Verlagshandlung — J. Guttentag Verlagsbuchhandlung — Georg Reimer — Karl J. Trübner — Veit & Comp.
D-1000 Berlin 30, Genthiner Straße 13, Postfach 110 240
Walter de Gruyter Inc., 175 Fifth Ave., Suite 1109, New York, N. Y. 10 010, Tel: (212) 255-0808

Tel: (030) 2 61 13 41. **Fs:** 0184027. **Psch:** Berlin-West 10307-108. **Bank:** Berliner Bank 32 07 523 500. **Gegr:** 1. 1. 1919 in Berlin. **Rechtsf:** KG.
Inh/Ges: Pers. haft. Ges.: Dr. Kurt-Georg Cram, Dr. Kurt Lubasch.
Verlagsleitung: Dr. Kurt-Georg Cram, Dr. Kurt Lubasch.
Prokuristen: Dr. Helwig Hassenpflug, Rudolf Heldt, Ilse Hilland, Herbert Knospe, Dipl.-Kfm. Karl-Michael Mehnert, Dietrich Rackow, Werner Schuder, Dr. Rudolf Weber, Prof. Dr. Heinz Wenzel.
Geschichte: Seit dem 1. 1. 1923 wurde der Verlag Walter de Gruyter & Co. genannt nach dem Gründer Dr. Walter de Gruyter (1862—1923). Er schuf zuvor die Vereinigung Wissenschaftlicher Verleger Walter de Gruyter & Co., vorm. G. J. Göschen'sche Verlagshandlung, J. Guttentag Verlagsbuchhandlung, Georg Reimer, Karl J. Trübner, Veit & Comp., entstanden am 1. 1. 1919 durch den Zusammenschluß der fünf bis dahin selbständigen alten Verlagsfirmen.
Der Verlag hat in den letzten Jahren eine jährliche Durchschnittsproduktion von etwa 300 Publikationen aus allen Gebieten der Wissenschaft und Technik.
Buchreihen: „Sammlung Göschen" — „Aktuelle Dokumente".
Zeitschriften: 35 Zeitschriften und Jahrbücher.
Tges: Technischer Verlag Herbert Cram, Gebiet: Technik. Anschrift: D-1000 Berlin 30, Genthiner Straße 13.
Verlagsgebiete: 1 — 2a — 2b — 2c — 3 — 4 — 5 — 6 — 7 — 10 — 11 — 12 — 13 — 14 — 15 — 16 — 17 — 18 — 19 — 20 — 21 — 22 — 24 — 25 — 26 — 27 — 28 — 30 — Datenverarbeitung, Wiss. Lehrfilme.

Guardaval Verlag GmbH
A-1160 Wien XVI, Koppstraße 59/22

Günther, Hans E. & Co. KG
D-7000 Stuttgart-O, Werastraße 93

Güntter-Staib Verlag
D-7950 Biberach/Riß, Postschließf. 180, Bismarckring 49

Signet wird geführt seit: 1959.

Grafiker: Peter Steiner.

Gütersloher Verlagshaus Gerd Mohn

D-4830 Gütersloh, Königstraße 23

Tel: (0 52 41) 18 31. **Fs:** 09-33 868. **Bank:** Investitions- und Handelsbank Frankfurt (M) 6600. **Gegr:** Juli 1835 (C. Bertelsmann Verlag), Umgründung: 13. 5. 1959, Gütersloh. **Rechtsf:** Einzelfirma.
Inh/Ges: Gerd Mohn.
Verlagsleitung: Gerd Mohn ☐, geb. 13. 5. 1926 in Gütersloh.
Vertreter und Cheflektor: Dr. Heinz Kühne.
Herstellung: Hansjürgen Meurer.
Vertrieb und Werbung: Otfrid Seippel.
Geschichte: Das am 13. 5. 1959 gegründete Gütersloher Verlagshaus Gerd Mohn führt in ununterbrochener Folge die seit der Gründung des C. Bertelsmann Verlages bestehende evangelisch-theologische Verlagsarbeit fort, erweitert um Veröffentlichungen, die das Gespräch zwischen Theologie und anderen wissenschaftlichen Disziplinen fördern wollen. Darüber hinaus gilt die Verlagsarbeit der Pflege des Schrifttums für die evangelische Gemeinde und des ökumenischen Gespräches.
Hauptautoren: Alfred Adam, Paul Althaus, Joachim Beckmann, Christoph Bizer, Heinrich Bornkamm, Egon Brandenburger, Fritz Buri, Wilhelm Dantine, Erich Feifel, Weert Flemmig, Georg Fohrer, Christofer Frey, Erich Gräßer, Emanuel Hirsch, Werner Jentsch, Joachim Jeremias, Otto Kaiser, Günter Klein, Klaus Koch, Johannes Lähnemann, Milič Lechman, Wenzel Lohff, Wolfgang Longardt, Willi Marxsen, Ulrich Neuenschwander, Heinrich Ott, Wolfhart Pannenberg, Horst Georg Pöhlmann, Carl Heinz Ratschow, Trutz Rendtorff, Gerhard Ruhbach, Wolfgang Schrage, Wolfgang Schweitzer, Hans Stock, Gerd Theißen, Helmut Thielicke, Heinz-Eduard Tödt, Reinmar Tschirch, Klaus Wegenast, Karl Horst Wrage.
Reihen: „Bücherei für Erwachsenenbildung" — „Gütersloher Taschenbücher" — „Großdruckhefte" — „Handbücherei für den Religionsunterricht" — „Kommentar zum Alten Testament" — „Missionswissenschaftliche Forschungen" — „Quellen und Forschungen zur Reformationsgeschichte" — „Quellen zur Geschichte der Täufer" — „Schriften des Instituts für Kirchenbau und kirchliche Kunst der Gegenwart" — „Schriften des Vereins für Reformationsgeschichte" — „Studien zur evangelischen Ethik" — „Studien zum Neuen Testament" — „Texte zur Kirchen- und Theologiegeschichte" — „Veröffentlichungen des Sozialwissenschaftlichen Instituts der EKD".
Zeitschriften: „Archiv für Reformationsgeschichte"— „Der Kindergottesdienst" — „Kunst und Kirche" — „KU-Praxis" — „Sozialpädagogik" — „was+wie?" — „Zeitschrift für Evangelische Ethik" — „Zeitwende" — Verteilzeitschriften: „Zur stillen Stunde" — „Meine Welt" — „Acht Seiten Freude".
Verlagsgebiete: 2a — 3 — 6 — 10 — 11 — 12 — 14 — 24 — 26 — 28.

Gundert, D.
D-3000 Hannover 25, Postfach 140, Ostfeldstraße 46

Gute Schriften Verlag
CH-4051 Basel 3, Postfach 55, Petersgraben 29

Guttentag siehe de Gruyter

GWV — Fachakademie für Wirtschaft und Verwaltung GmbH & Co. Auxilium Verlags-KG
D-8500 Nürnberg, Hasstraße 7

Haack, Hermann, VEB
DDR-5800 Gotha, Justus-Perthes-Str. 3/9

Haarfeld, C. W.
D-4300 Essen, Postfach 741, Annastraße Nr. 32—36

Haas, Rosemarie, Stolpe Verlag
D-1000 Berlin 39, Bergstraße 7a

Haase, Helmut, Verlag u. Fachbuchhdlg.
D-6900 Heidelberg 1, Postfach 102 663, Turnerstraße 20

Haase, Otto
D-2400 Lübeck, Postfach 2006, Blankenseer Straße 6—8

Haasenstein'scher Verlag KG
D-1000 Berlin 12, Steinplatz 1

Josef Habbel, Buch- und Kunstverlag
D-8400 Regensburg 9, Gutenbergstr. 17, Postfach 27
Tel: (09 41) 9 02 41. **Psch:** München 2937. **Bank:** Bayerische Hypotheken u. Wechselbank Regensburg; Bayerische Vereinsbank Regensburg. **Gegr:** 1. 1. 1970 in Amberg. **Rechtsf:** Einzelfirma.
Inh: Dipl.-Kfm. Konrad Habbel.
Verlagsleitung: Dipl.-Kfm. Konrad Habbel, geb. 12. 4. 1945.
Lektorat: Dr. Josef Habbel, geb. 18. 10. 1903.
Geschichte: 1870 von Josef Habbel (I) in Amberg/Opf. gegründet. 1886 nach Regensburg verlegt, bis 1910 mit dem „Regensburger Anzeiger" verbunden. Josef Habbel (II) bezog das neue Verlagsgebäude. Seit dessen Tod (1936) wurde das Unternehmen bis 31. 12. 1972 in Erbengemeinschaft fortgeführt. In der Amberger Zeit überwogen politische, lokalgeschichtliche und Schulwerke, in Regensburg kamen mehr Romane, Erzählungen, Jugendschriften dazu, seit etwa 1900 auch zahlreiche wissenschaftliche, vor allem historische, seit 1910 literaturwissenschaftliche Werke. Im Zusammenhang mit der Zeitschrift „Seele" erschienen zahlreiche religiöse Werke, seit 1927 auch Philosophica.
Hauptautoren: Karl Adam, Dietrich von Hildebrand, Peter Lippert, Josef Nadler, Franz Weiser, Alois Wurm, ferner als Herausgeber der hist.-krit. Eichendorff-Ausgabe: Wilhelm Kosch, Hermann Kunisch und August Sauer.
Zeitschriften: „Der Bayerische Krippenfreund" (ab 1923) — „Der katholische Gedanke" (seit 1954).
Verlagsgebiete: 2b — 3 — 7 — 8 — 9.

Habel, Carl, Verlagsbuchhandlung
D-6100 Darmstadt 2, Havelstraße 16

Signet wird geführt seit: 1952.

Grafiker:
Jochen Niederschabehardt.

Rudolf Habelt Verlag GmbH
D-5300 Bonn 5, Am Buchenhang 1, Postfach 5004
Tel: (0 22 21) 23 20 15. **Psch:** Köln 114 33-503. **Bank:** Sparkasse Bonn 225 0025, BLZ 380 500 00. **Gegr:** 1. 1. 1954 in Bonn. **Rechtsf:** GmbH.
Ges: Dr. phil. Rudolf Habelt.
Verlagsleitung: Dr. phil. Rudolf Habelt, geb. 30. 9. 1916 in Braunau/Schlesien, Studium der Vorgeschichte, Archäologie und Alten Geschichte in Breslau und Bonn.
Herstellung: Renate Schreiber, geb. 23. 7. 1929 in Marienberg/Sachsen, Abitur, Buchhandelslehre.
Geschichte: Der Verlag ist als Spezialverlag für die Gebiete Vor- und Frühgeschichte, Klassische Archäologie, Alte Geschichte, Klassische Philologie und Volkskunde aus dem wissenschaftlichen Fachantiquariat Dr. Rudolf Habelt im Jahre 1954 entstanden. Neben Werken von bedeutenden Autoren des In- und Auslandes, die er selbst verlegt, führt er auch von größeren Instituten des In- und Auslandes, sowie der Rheinland-Verlag GmbH, Köln (siehe dort), Schriftenreihen und Einzeltitel in Kommission. Hierzu gehören: Deutsches Archäologisches Institut, Berlin; Römisch-Germanische Kommission, Frankfurt; Römisch-Germanisches Zentralmuseum, Mainz; Bayerisches Landesamt f. Denkmalpflege, München; Bremer Gesellschaft f. Vorgeschichte, Bremen; Institut für Vor- und Frühgeschichte, Saarbrücken; Koldewey-Gesellschaft, Stuttgart; Landesarchäologe von Hessen, Wiesbaden; Geschichtsverein für Kärnten, Klagenfurt; Instituto de Arqueologia y Prehistoria, Barcelona; Seminario de Arqueologia, Santiago de Compostela; Schweizerische Gesellschaft für Volkskunde, Basel.
Hauptautoren: Fachwissenschaftler des In- und Auslandes. Zu den Herausgebern gehören: A. Alföldi, Princeton; L. Koenen, Köln; R. Hachmann, Saarbrücken; R. Merkelbach, Köln; V. von Mi-

lojcic, Heidelberg; H. Schmitt, Bonn; J. Straub, Bonn; K. Tackenberg, Münster; R. Wildhaber, Basel.

Buchreihen: „Acta Archaeologica Lundensia" — „Acta Rei Cretariae Romanae Fautorum, Supplementa" — „Anthropos" (Brno) — „Antiquitas", Reihe 1: Abhandlungen zur Alten Geschichte, Reihe 2: Abhandlungen aus dem Gebiete der Vor- und Frühgeschichte, Reihe 3: Abhandlungen zur Vor- und Frühgeschichte, zur klassischen und provinzial-römischen Archäologie und zur Geschichte des Altertums, Reihe 4: Beiträge zur Historia-Augusta-Forschung — „Archiv für vaterländische Geschichte und Topographie" — „Aus Forschung und Kunst" — „Beiträge zur ur- und frühgeschichtlichen Archäologie des Mittelmeer-Kulturraumes" — „Buchreihe des Landesmuseums für Kärnten" — „Habelts Dissertationsdrucke", Reihe Alte Geschichte, Reihe Germanistik, Reihe Klassische Archäologie, Reihe Klassische Philologie, Reihe Kunstgeschichte — „Inschriften griechischer Städte aus Kleinasien" — „Inventar der Bodendenkmäler" (Darmstadt) — „Inventaria Archaeologica" — „Kärntner Heimatleben" — „Kärntner Museumsschriften" — „Kataloge vor- und frühgeschichtlicher Altertümer des RGZM" (Mainz) — „Koldewey-Gesellschaft, Tagungsberichte" — „Materialien zur römisch-germanischen Keramik" — „Monumenta historica ducatus Carinthiae" — „Papyrologische Texte und Abhandlungen" — „Publicacions eventuales" (Barcelona) — „Quellenschriften zur westdeutschen Vor- und Frühgeschichte" — „Saarbrücker Beiträge zur Altertumskunde" — „Schriften der Schweizerischen Gesellschaft für Volkskunde" — „Sterbendes Handwerk" — „Studia archaeologica" (Santiago de Compostela) — „Technische Beiträge zur Archäologie" — „Tübinger ägyptologische Beiträge" — „Veröffentlichungen des Amtes für Bodendenkmalpflege" (Darmstadt) — „Veröffentlichungen der Forschungsstelle für Orientalische Kunstgeschichte an der Universität Bonn" — „Vetus Testamentum Coptice" — „Volkstum der Schweiz" — „Wege vor- und frühgeschichtlicher Forschung".

Zeitschriften: „Anthropologie" — „Archäologische Informationen" — „Bremer archäologische Blätter" — „Fundberichte aus Hessen" — „Informationsblätter zu Nachbarwissenschaften der Ur- und Frühgeschichte" — „Internationale volkskundliche Bibliographie" — „Jahrbuch des Römisch-Germanischen Zentralmuseums, Mainz" — „Jahresbericht der Bayerischen Bodendenkmalpflege" — „Journal international d'archéologie numismatique" — „Pyrenae" — „Thessalika" — „Zeitschrift für Papyrologie und Epigraphik".

Verlagsgebiete: 7 — 12 — 14 — Vor- und Frühgeschichte, Klassische Archäologie, Alte Geschichte, Klassische Philologie, Volkskunde.

Signet wird geführt seit: Gründung.
Grafiker: Altes Familienwappen a. d. 15. Jht.

Verlag Siegfried Hacker

D-8031 Gröbenzell, Postfach 128

Tel: (0 81 42) 93 68. **Psch:** München 8875-804. **Bank:** Sparkasse Gröbenzell. **Gegr:** 29. 11. 1945. **Rechtsf:** Einzelfirma.
Inh/Ges: Siegfried Hacker.
Verlagsleitung: Siegfried Hacker.
Geschichte: Gründung in München-Laim durch Siegfried und Anneliese Hacker. Zugleich Übernahme der deutschen Auslieferung der bekannten kath. Laienzeitschriften „Benediktusbote" und „Sendbote des Herzens Jesu". 1950 Umzug in den Münchner Vorort Gröbenzell. Neben der eigenen Verlagstätigkeit auch Arbeit als Verlagsauslieferung ausländischer Verlage gleicher Produktionsrichtung.
Hauptwerk: Hacker-Taschenbücher.
Hauptautoren: Annette di Rocca, P. Giuseppe Pasquali S. S. P., P. Josef Fiedler S. J., Anton B. Kraus, P. Dr. Hubert Neufeld S. M., Bruno Grabinski.
Verlagsgebiet: 2b.
Angeschl. Betr: Buchhandlung (Sortiment) Siegfried Hacker, D-8000 München 21, Fürstenrieder Straße 44.

Hädecke, Walter, Verlag

D-7252 Weil der Stadt/Württ., Postf. 6, Lukas-Moser-Weg 2

Haefner-Verlag, Dr. Curt
D-6900 Heidelberg, Postfach 1860, Bachstraße 14

Hänsel, Frieda, Verlag
D-5000 Köln 80, Postfach 428, Genovevastraße 34

Hänssler-Verlag, Friedrich, KG
D-7303 Neuhausen bei Stuttgart, Postfach 1220, Bismarckstraße 4

Häring, Otto siehe Springer Verlag

Signet wird geführt seit: 1929.

Grafiker: Verlagslektorat.

Lehrmittelverlag Wilhelm Hagemann
D-4000 Düsseldorf 1, Karlstraße 20, Postfach 5129
Tel: (02 11) 35 38 11. **Psch:** Köln 724 67-508. **Bank:** Dresdner Bank AG Düsseldorf 3 222 147; Stadt-Sparkasse Düsseldorf 36 001 212; Westdeutsche Landesbank, Girozentrale Düsseldorf 3 184 017.
Gegr: 18. 11. 1929 in Düsseldorf. **Rechtsf:** Einzelfirma.
Inh: Maria Schütte-Hagemann.
Verlagsleitung: Maria Schütte-Hagemann □, geb. Kils, geb. 12. 12. 1906, D-4033 Hösel b. Düsseldorf, Haus Heimsang.
Hans Peisker, Verlagsdirektor, geb. 27. 1. 1922, D-4000 Düsseldorf, Karlstraße 16 (Prokurist).
Walter Kils-Hütten, Dipl.-Volkswirt, geb. 27. 7. 1935, D-4000 Düsseldorf-Golzheim, Am Bonneshof 16, Geschäftsbereiche: Vertrieb In- und Ausland, Verwaltung, Finanzen (Prokurist).
Heinz Schmidt, Philologe, geb. 18. 3. 1932, D-4620 Castrop-Rauxel, Engelsburgstraße 37, Verlagsbereiche: Lektorat und Herstellung (Prokurist).
Geschichte: Die Verlagsgründung erfolgte durch Wilhelm Hagemann im Jahre 1929 mit der Eröffnung einer Lehrmittelhandlung in Düsseldorf, Königsallee 66. Bereits kurze Zeit nach der Verlagsgründung brachte Wilhelm Hagemann eigene Verlagsobjekte heraus: Besonders Arbeitshefte, naturwissenschaftliche Lehr- und Lernmittel u. die Hadü-Kartenordnung, ein heute weltweit verbreitetes Aufbewahrungs- und Ordnungssystem für Lehrtafeln, Wandkarten und Rollbilder. Wegen der Einberufung Wilhelm Hagemanns wurde die Verlagsarbeit von Frau Maria Hagemann allein weitergeführt. Durch Kriegseinwirkungen wurden Verlag und Druckerei zerstört. Im Jahre 1945 erhielt Wilhelm Hagemann von den Britischen Militärbehörden als einer der ersten westdeutschen Verlage eine Verlagslizenz. Nach dem Wiederaufbau konzentrierte sich das Verlagsschaffen vor allem auf die Entwicklung und Herausgabe neuer Arbeitshefte, technischer Lehrbücher, Lehrtafelserien für die politische Bildung, Menschenkunde und der Serien Botanik und Zoologie von Jung-Koch-Quentell, die eine weltweite Anerkennung gefunden haben. Es folgten eine erweiterte und verbesserte Ausführung der Hadü-Kartenordnung und moderne spezielle Schuleinrichtungen. 1952, nach dem frühen Tod von Wilhelm Hagemann, übernahm seine Frau und langjährige Mitarbeiterin die Leitung und den weiteren Ausbau des Verlages. 1954 bezog der Verlag ein eigenes neues Verlagsgebäude in der Karlstraße.
1966 gründete der Verlag in Voraussicht künftiger Lehr- und Lernmittelentwicklungen eine Tochtergesellschaft, die Hadü-Lehrmittel GmbH, Düsseldorf, um Forschungs-, Entwicklungs-, Produktions- und Vertriebsaufgaben für multimediale naturwissenschaftlich-technische Unterrichtswerke zu übernehmen. Schwerpunkte bilden die im Medienverbund entwickelten Unterrichtswerke „Physik/Chemie" für die Sekundarstufe I und II von Professor Dr. W. Bleichroth und E. Sanders und das „Grundschulpaket für den modernen Sachunterricht" von Professor Dr. Jakob Muth u. a. Die Hauptwerke des Verlages in der jüngeren Zeit sind neue Arbeitsheftreihen für den Sachunterricht in der Grundschule und für verschiedene Fächer anderer Schulstufen sowie Transparente für Overhead-Projektoren. Bei der Entwicklung von Transparenten für diese neuen, auch Arbeitsprojektoren genannten Geräte hat der Hagemann-Verlag in Deutschland Pionierarbeit geleistet. Die ersten Entwicklungsarbeiten wurden bereits

in den frühen sechziger Jahren begonnen. Das Transparent-Programm umfaßt heute ca. 700 Titel, besonders für die Fachbereiche Biologie, Physik/Chemie, Geographie, Mathematik und für den Sachunterricht in der Grundschule.
Der Lehrmittelverlag Wilhelm Hagemann exportiert seine Erzeugnisse heute in rund 40 europäische und außereuropäische Staaten; besonders auf dem Gebiet der Transparente und Arbeitsheftreihen hat Hagemann an ausländische Verlage Lizenzen vergeben. Innerhalb der Bundesrepublik unterhält der Verlag zusammen mit seiner Tochterfirma, der Hadü-Lehrmittel GmbH, die folgenden Zweigstellen als Informations-, Verkaufs- und Beratungsbüros: Hadü-Büro Nord, D-2900 Oldenburg, Westerstraße 7, Tel: (04 41) 1 39 93 — Hadü-Büro Ruhr, D-4600 Dortmund, Gabelsberger Straße 3, Tel: (02 31) 59 56 66 — Hadü-Büro Rhein, D-4000 Düsseldorf, Karlstraße 20, Tel: (02 11) 35 38 11 — Hadü-Büro Süd-West, D-6750 Kaiserslautern, Pirmasenser Straße 59, Tel: (06 31) 6 57 44.

Hauptwerke: Schülerarbeitshefte für verschiedene Unterrichtsfächer: Prof. Herta Borghaus, Leverkusen; Gustav Els, Hermeskeil; Dr. Joachim Fiévet, Heiligenhaus; Prof. Dr. Arnold Fricke, Braunschweig; Prof. Dr. Friedrich von Hagen, Heiligenhaus; Dr. Hans Heumann, Bad Godesberg; Alfred König, Bonn; Willy Maday, Waldmichelbach; Alfred Mallitzky, Kamen; Bernhard Schreiber, Kohlscheid; Rudolf Töpfer, Brühl; Wilhelm Vonolfen, Düsseldorf; Claire Wallrafen, Düsseldorf. — Arbeitsheftreihen aus dem Grundschulpaket für den modernen Sachunterricht: Prof. Dr. Jakob Muth, Heiligenhaus (Hrsg.); Willi Gouasé, Roschbach; Prof. Dieter Neubert, Berlin; Prof. Dr. Ferdinand Rüther, St. Augustin; Hartmut Schneider, Düsseldorf; Prof. Dr. Winfried Sibbing, Alfter-Oedekoven; Prof. Siegfried Thiel, Wittental; Wilhelm Topsch, Hösel; Prof. Dr. Gerhard Velthaus, Mainz. Für Teilbereiche: Gregor Scheich, Essen (Umweltschutz); Dietrich Herbst, Ennepetal, u. Gerhard Klopsch, Kall (Technisches Werken). — Erdkundliche Lehr- und Lernmittel: a) Schulbuchreihe „Neue Erdkunde", dazu die Länderausgaben für das 4. Schuljahr „Das Land Nordrhein-Westfalen" und „Das Land Niedersachsen - Hansestädte Hamburg und Bremen" mit ergänzenden Schülerarbeitsblättern und Transparenten für die Overhead-Projektion: Prof. Dr. Paul Schäfer (Hrsg.), Barienrode; Artur Dumke, Celle; Erhard Kneller, Wendthagen; Heinz Ludwig, Bad Gandersheim; Reinhard Lutze, Oberhausen; Magdalene Ostmeyer, Hildesheim; Ursula Plewnia, Sarstedt; Lieselore Schäfer, Barienrode; Hans-Rainer Stawski, Bad Münder. — b) Sonstige erdkundliche Lernmittel: Luftbild-Transparent-Serien, Arbeitshefte: Prof. Dr. Gerold Richter, Trier (wissenschaftliche Gesamtbearbeitung). Sammlung stereoskopischer Luftbilder: Dr. Gerhard Cordes, Bochum, und Dr. Jürgen Dodt, Bochum. — Sonstige Schulbuchwerke: Hans Biberger, Schloßberg; Karl Bischoff, Dorsten; Artur Dumke, Celle; Hans Degen, Höchst; Dr. Hans-Ludwig Frey, Düsseldorf; Karl Heintges, Mülheim/Ruhr. — Unterrichtswerke im Medienverbund Physik/Chemie für die Sekundarstufen I und II mit Physikcurriculum: Prof. Dr. Wolfgang Bleichroth und Erich Sanders (Forschungsgruppe der Päd. Hochschule Niedersachsen, Abteilung Göttingen). — Lehrtafelreihen: H. Biberger, Schloßberg; Dr. K. Böhmer, Bonn; Prof. Dr. A. Döpp-Woesler, Marburg; Dr. H.-H. Falkenhan, Würzburg; Dr. S. Farwick, Köln; H. Fischer, Ratingen; Prof. Dr. med. W. Gahlen, Düsseldorf; Prof. Dr. med. J. Gerke, Düsseldorf; Prof. Dr. F. von Hagen, Heiligenhaus; H. Hülser, Köln; Prof. Dr. med. F. Kazmeier, Wilhelmshaven; Prof. Dr. med. J. Linnen, Düsseldorf; Dr. med. M. Mang, Essen; Dr. med. R. Neveling, Düsseldorf; Prof. Dr. K. A. Rosenbauer, Düsseldorf; E. Rucker, Essen; Dr. K. Rühle, Bad Soden; G. Scheich, Essen. — Transparente für Overhead-Projektoren (verschiedene Fachbereiche, s. auch unter „Erdkundliche Lehr- und Lernmittel): Ch. Altmann, Berlin; H. Becker, Wallenstadt; H. Bergmann, Wolfenbüttel; Prof. Dr. M. Braun, Neuß; Dr. I. Danneel, Duisburg; H. Fischer, Ratingen; R. Horstmeyer, Hildesheim; M. Jütten, Birkesdorf; K. Makow, Dortmund; Dr. Ch. Mayer, Tübingen; B. Niespodziany, Düsseldorf; Prof. Dr. A. K. Rosenbauer, Düsseldorf; G. Scheich, Essen; Ekkert Schmitt, Wildbad; H. Schneider, Düsseldorf; Prof. Dr. H.-W. Schürmann, Hildesheim; Prof. Dr. J. Szijj, Essen.

Tges: Hadü-Lehrmittel GmbH, D-4000 Düsseldorf, Karlstraße. Gesellschafter: Maria Schütte-Hagemann, Hans Peisker, Walter Kils-Hütten. — Beteiligung: Verlagsgesellschaft Schulfernsehen mbH & Co. KG, Köln.
Btlg: Mitglied der Arbeitsgemeinschaft für schulpädagogische Information (ASI), Braunschweig; Mitglied der Gesellschaft für Didaktik der Chemie und Physik, Göttingen.
Verlagsgebiete: 5 — 6 — 10 — 11 — — 15 — 17 — 19 — 20 — 21 — 22 — 27 — 30.

Hahnsche Buchhandlung, Abt. Verlag
D-3000 Hannover 1, Postfach 2460, Leinstraße 32

Hahns, Alfred, Vlg., Walter Dietrich KG
D-2000 Hamburg 76, Adolfstraße 78

Hahns, Mary, Kochbuchverlag
D-1000 Berlin 30, Postfach 1443, Welserstraße 10 u. 12

Verlag Anton Hain KG
D-6554 Meisenheim am Glan, Mühlgasse 3, Postfach 180
Tel: (0 67 53) 24 88 und 24 89. **Psch:** Köln 338 95. **Bank:** Sparkasse Bad Kreuznach, Filiale Meisenheim 70 30901. **Gegr:** 1946 in Meisenheim am Glan. **Rechtsf:** KG.
Inh/Ges: Persönlich haftender Gesellschafter: Dieter Hain, geb. 4. 9. 1927 in Krefeld; Lotte Wirsching (Kommanditistin), geb. 24. 1. 1920 in Friedland/Ostpr.
Verlagsleitung: Dieter Hain, Lotte Wirsching.
Geschichte: Gegründet 1946 von Anton Hain (Vater des jetzigen Firmeninhabers) als „Westkulturverlag". Seit 1955 „Verlag Anton Hain KG". Hauptakzent zuerst auf Philosophie, Herausgabe mehrerer philosophischer Zeitschriften und der „Monographien zur philosophischen Forschung" mit bis heute über 120 Bänden.
1967 wurde Herrn Anton Hain wegen seiner Verdienste um die Philosophie die Würde eines Doktors honoris causa der Universität Düsseldorf verliehen.
Ausweitung der Verlagsgebiete auf Wirtschaftswissenschaften, Psychologie, Politik, Soziologie, Sprachwissenschaften.
Seit 1952 ist dem Verlag eine eigene Druckerei angegliedert.
Buchreihen: „Monographien zur philos. Forschung" — „Monographien zur Naturphilosophie" — „Deutsche Studien" (Lit., Germanistik) — „Beiträge zur klassischen Philologie" — „Textbücher zur europäischen Ethnologie" — „Archiv für vergleichende Kulturwissenschaft" — „Psychologia Universalis" — „Afghanische Studien" — „Studia Ethnologica" — „Kölner Beiträge z. Sozialforschung und angew. Soziologie" — „Mannheimer sozialwiss. Studien" — „Heidelberger Politische Schriften" — „Marburger Abhandlungen zur polit. Wissenschaft" — „Politik und Wähler" — „Studien zum politischen System der Bundesrepublik Deutschland" — „Schriften zur wirtschaftswiss. Forschung" — „Beiträge zur Datenverarbeitung und Unternehmensforschung" — „Die internationale Unternehmung" — „Mathematical Systems in Economics" — „Operations Research-Verfahren" — „Werkstattpapiere" (Zur Analyse und Planung gesellschaftlicher Veränderungen) — „Internationes".
Zeitschriften: „Zeitschrift für philosophische Forschung" (seit 1949) — „Philosophia Naturalis" (seit 1950) — „Philosophischer Literaturanzeiger" (seit 1962) — „Psychologische Beiträge" (seit 1953) — „Die Dritte Welt" (seit 1972).
Verlagsgebiete: 3 — 5 — 6 — 7 — 10 — 14 — 18 — 19 — 28.

Hallberger, Eduard siehe Deutsche Verlags-Anstalt

Hallmark Verlag
D-8000 München 25, Postfach 609, Hansastraße 13

Hallwag AG
CH-3001 Bern, Nordring 4, Postfach 2665
Tel: (031) 42 31 31. **Fs:** 32 460. **Psch:** Bern 30-414. **Bank:** Schweiz. Bankgesellschaft Bern; Schweiz. Bankverein Bern; Schweiz. Kreditanstalt Bern. **Gegr:** 1912 in Bern. **Rechtsf:** AG.

Hallwag

Inh/Ges: Präsident und Delegierter des Verwaltungsrates: Otto Erich Wagner.
Verlagsleitung: Buchverlag: Dr. Peter Meyer, Verlagsleiter und Vizedirektor. Kartenverlag: Dr. U. Pierre Thoenen, Direktor. Cheflektor: Jürgen Blum.
Geschichte: Die Hallwag AG wurde im Jahre 1912 gegründet, als die Wagnersche Verlagsanstalt und die alteingesessene Berner Hallersche Buchdruckerei fusionierten. Das Hallersche Haus beginnt mit Niklaus Emanuel Haller, Vater des berühmten Gelehrten und Dichters Albrecht von Haller, dessen Betrachtung „Die Alpen" 1732 im Verlag seiner Familie erschien.
Otto Richard Wagner (geb. 1876), Gründer der Hallwag AG, war mit 25 Jahren selbständiger Verleger. Allen technischen Errungenschaften gegenüber aufgeschlossen, galt sein besonderes Interesse dem Automobil und der Reiseliteratur. Zu den ersten Verlagserzeugnissen gehörten denn auch Straßenkarten und Autoführer, noch heute Schwerpunkte im Hallwag Verlagsprogramm. Bereits 1928 wurde in der Erkenntnis, daß für die Entfaltung des Buchverlages das deutsche Absatzgebiet unerläßlich sei, die Hallwag Verlags GmbH Stuttgart gegründet. 1973 Umzug nach Kemnat bei Stuttgart.
Hauptautoren: Nigel Calder, Max Rieple, Walter Schmid, Othmar und Edeltraud Danesch, Hermann Schreiber, Hugh Johnson.
Hauptwerke: Aktuelles Sachbuch — Atlanten und Nachschlagewerke — Kultur- und Kunstgeschichte — Reiseliteratur und Reisebücher — Bergbücher — Tierbücher — Naturkundliche Sachbücher — Autobücher — Populärmedizin und Erziehung — Jugendbücher (z. B. HELVETICUS/COLUMBUS) — Autokarten und Autoführer von allen Ländern.
Buchreihen: „Hallwag-Taschenbücher" — „Orbis Pictus" — „Unsere Musikinstrumente" — „Die Reihe mit dem Fenster" (Jugendsachbücher) — „Hallwag Reisebibliothek" — „Hallwag Landschaftsmonographien" — „Die kombinierten Hallwag-Reiseführer" — „Hallwag Kurortführer" — „Die blaue TR Reihe" (Technische Rundschau).
Zeitschriften: „Automobil Revue" — „Revue Automobile" — „Das Tier" — „Technische Rundschau" — „Unesco Kurier" — „Praxis" — „Der neue Landfreund" — „Bouquet".
Hz: Hallwag Magazin (Buchverlag).
Tges: Hallwag Verlags GmbH, D-7301 Kemnat bei Stuttgart, Marco-Polo-Str. Nr. 1.
Verlagsgebiete: 13 — 14 — 15 — 16 — 18 — 20 — 26 — 28 — 9 — 12 — 17.

Signet wird geführt seit: —

Grafiker: —

Hamburger Lesehefte Verlag Iselt & Co. Nfl.

D-2250 Husum/Nordsee, Nordbahnhofstraße 2, Postfach 1480

Tel: (0 48 41) 60 81. **Psch:** Hamburg 596-200. **Bank:** Vereinsbank in Hamburg 32/02025. **Rechtsf:** Einzelfirma.
Inh/Ges: Husum Druck- und Verlagsgesellschaft mbH u. Co. KG.
Verlagsleitung: Dipl.-Volkswirt Ingwert Paulsen.
Geschichte: Nach dem Tode des Verlegers und Inhabers des Hamburger Lesehefte Verlages, Carl Iselt, im April 1973 wurde im Januar 1974 der Hamburger Lesehefte Verlag von der Nachfolgegesellschaft seines Stammhauses, der Husum Druck- und Verlagsgesellschaft mbH u. Co. KG, übernommen.
Buchreihe: „Hamburger Lesehefte", Klassenlesestoff für Gymnasien und Oberschulen, Haupt-, Real- und Grundschulen, klassisch erzählende und dramatische Literatur, ungekürzte Texte in Schulausgaben mit ausführlichen Anmerkungen u. Nachwort, für den Schulgebrauch genehmigt und empfohlen.
Verlagsgebiete: 10 — 14.

Hamecher, Horst

D-3500 Kassel, Goethestraße 74

```
PETER
HAMMER
VERLAG
```

Signet wird geführt seit: 1971.

Grafiker: Winkelschmidt.

Peter Hammer Verlag GmbH

D-5600 Wuppertal 2, Föhrenstr. 33—35, Postfach 20 04 15

Tel: (02121) 55 18 88. **Psch:** Köln 2302 89-500. **Bank:** Stadtsparkasse Wuppertal-Unterbarmen 50 30 78. **Gegr:** 18. 7. 1966 in Wuppertal. **Rechtsf:** GmbH.
Inh/Ges: Dieter Rosenkranz, Johannes Schlingensiepen, Jürgen Schroer, Werner Brölsch u. a.
Verlagsleitung: Hermann Schulz □, Verlagsleiter, geb. 21. 7. 1938 in Nkalinzi/O.-Afrika.
Geschichte: Der Verlag wurde 1966 als e. V. gegründet und im Januar 1968 in eine GmbH umgewandelt. Der Peter Hammer Verlag wird in Personalunion mit dem Jugenddienst-Verlag geführt. Ein Teil des Programms widmet sich dem Spannungsfeld Literatur und Theologie; der Hauptteil widmet sich Literatur über und aus der Dritten Welt, insbesondere aus Lateinamerika.
Hauptwerke: Ernesto Cardenal, „Buch von der Liebe", „Gebet für Marylin Monroe", „In Kuba", „Orakel über Managua", „Für die Indianer Amerikas" — Eduardo Galeano, „Die offenen Adern Lateinamerikas" — William Agudelo, „Unser Lager bei den Blumen auf dem Felde" — Armin Volkmar Bauer, „Beide von gestern", „Gewaltverzicht Gottes" — Armin T. Wegner, „Fällst du, umarme auch die Erde" — Lesebuch „Dritte Welt".
Buchreihen: „Almanach für Literatur und Theologie" (ab Band 5 thematisch: Tod in der Gesellschaft [5], Gewalt [6], Liebe und Revolution [7]) — „Wuppertaler Studien zur Straffälligenpädagogik und Delinquenzprophylaxe" (ab 1974) — „Friedenspolitische Konsequenzen", hrsg. von Klaus Lefringhausen, Johannes Rau und Heinz G. Schmidt (ab 1974).
Verlagsgebiete: 2a — 2b — 7 — 8 — 3 — 6 — 10.

Hammonia-Verlag GmbH

Fachverlag d. Wohnungswirtschaft
D-2000 Hamburg 54, Basselweg 2

Handwerker Verlagshaus Hans Holzmann KG

D-8939 Bad Wörishofen, Postfach 460 und 480, Gewerbestraße 2

Hanfstengl, Franz

D-8000 München 22, Postfach 440, Widenmayerstraße 18

Hannesschläger, Josef

D-8900 Augsburg 32, Postfach 27, Holzweg 61

Hannoversche Druck- u. Verlagsgesellschaft

D-3000 Hannover, Postfach 149, Goseriede 10

Hans-Bredow-Institut für Rundfunk und Fernsehen

D-2000 Hamburg 13, Heimhuder Str. 21

Hans Thoma Verlag GmbH

D-7500 Karlsruhe 1, Postfach 6345, Blumenstraße 7

Hansa-Verlag Heinz W. Haß

D-2000 Hamburg 63, Postfach 630225, Erdkampsweg 33

Hanseatische Verlagsanstalt GmbH

D-2000 Hamburg 70, Holzmühlenstraße Nr. 84/88

Hanseatisches Werbekontor Heuser & Co.

D-2000 Hamburg 11, Stubbenhuk 10

Signet wird geführt seit: ca. 1955.

Grafiker: Hermann Zapf.

Carl Hanser Verlag

D-8000 München 80, Kolbergerstraße 22, Postfach 86 04 20

Tel: (089) 98 58 61, 98 81 01, 98 58 63. **Fs:** 05-22 837. **Psch:** München 7715-805. **Bank:** Deutsche Bank München 40/30987; Bayerische Vereinsbank München 862 700. **Gegr:** 1. 10. 1928 in München. **Rechtsf:** GmbH & Co. KG.
Inh/Ges: Geschäftsführende Gesell-

Hanser

schafter: Dr. Carl Hanser, F. J. Klock, Christoph Schlotterer, Joachim Spencker.

Verlagsleitung: Dr. Carl Hanser ☐, geb. 30. 12. 1901.
Fachwissenschaftlicher Verlag: Joachim Spencker, geb. 30. 5. 1931.
Schöngeistiger Verlag: Christoph Schlotterer, geb. 29. 11. 1937.
Kaufm. Leiter: Franz-Joachim Klock, geb. 11. 3. 1937.
Prokuristen: Lektorat: Fritz Arnold, geb. 9. 9. 1916; Anzeigen: Hans-Heinrich Fockele, geb. 1. 7. 1910; Zeitschriftenvertrieb: Franz Hartmann, geb. 5. 2. 1913; Herstellung: Klaus Meyer-Rosorius, geb. 3. 8. 1914.
Lektoren: Prof. Dr. Herbert G. Göpfert, Dr. Jürgen Kolbe, Michael Krüger, Friedrich Pfäfflin, Karl Heinz Seidl.

Geschichte: Der Verlag wurde von Dr. Carl Hanser im Oktober 1928 nach Abschluß seines Studiums der Philosophie in Freiburg und München und einer zweijährigen Lehrzeit im Verlag gegründet. Eine etwa 1½jährige Lehrzeit im Sortiment war vorhergegangen. Neben dem Ausbau einer kleinen technischen Zeitschrift galt das Interesse von Anfang an auch dem schöngeistigen Buch. Das erste Verlagswerk (1928) war der philosophische Roman von Fedor Stepun, „Die Liebe des Nikolai Pereslegin". 1933 wurde die schöngeistige Produktion eingestellt und der technische Buch- und Zeitschriftenverlag um so intensiver entwickelt. Die Wiederaufnahme der schöngeistigen Verlagstätigkeit wurde ab 1944 vorbereitet. Besonders gepflegt werden Klassiker des In- und Auslandes. Nach dem Kriegsende wurde auch der fachwissenschaftliche Verlag weiter ausgebaut. Zu den Fachgebieten Maschinenbau und Metallbearbeitung kamen die Fachgebiete Kunststoffe, Chemotechnik, Betriebswirtschaft, Arbeits- und Zeitstudien, Zahnheilkunde und Botanik. Der 1951 gegründete Zeitschriftenverlag wurde zum 1. 1. 1968 eingegliedert.

Hauptautoren: Ivon Andric, Arnfrid Astel, Heiner Bastian, Hans Bender, Horst Bienek, Karl Heinz Bohrer, François Bondy, Louis Paul Boon, Jorge Luis Borges, Uwe Brandner, Richard Brautigan, Miodrag Bulatovic, Elias Canetti, Eldridge Cleaver, Christian Enzensberger, Erich Fried, Günter Bruno Fuchs, Gerd Gaiser, Allen Ginsberg, Alfred Grosser, Lars Gustafsson, Michael Hatry, Aidan Higgins, Walter Höllerer, Eugène Ionesco, Friedrich Georg Jünger, Jasunari Kawabata, Walter Kempowski, Barbara König, Günter Kunert, Gabriel Laub, Stanislaw Jerzy Lec, Leonid Leonow, Wolf Lepenies, Reinhard Lettau, Veijo Meri, Miklós Mészölny, Irmtraud Morgner, Vladimir Paral, Vasco Popa, Jara Ribnikar, Alain Robbe-Grillet, Eugen Roth, Tadeusz Rózewicz, Alfred Schmidt, Hermann Schürrer, Bruno Schulz, Leopold Sédar Senghor, Denis Ronald Sherman, Fedor Stepun, Svetozar Stojanovic, Emil Strauß, Dylan Thomas, Guntram Vesper, Carl Friedrich von Weizsäcker, William Carlos Williams, Witold Wirpsza, Wladimir Woinowitsch, Wolf Wondratschek, Paul Wühr.

Buchreihen: „Hanser Klassiker Deutsche Literatur" — „Hanserbibliothek" — „Literatur als Kunst" — „Bibliotheca Dracula" — „Hanser Anthropologie" — „Reihe Hanser" — „Einzelarbeiten aus dem Max-Planck-Institut zur Erforschung der Lebensbedingungen der wissenschaftlich-technischen Welt" — „Studienbücher der Technischen Wissenschaften" — „Das Fachwissen der Technik" — „Kunststoffverarbeitung".

Zeitschriften: „Akzente", Zeitschrift für Literatur — „Deutsche Zahnärztliche Zeitschrift", Organ der Deutschen Gesellschaft für Zahn-, Mund- und Kieferheilkunde — „Feinwerktechnik + micronic", Zeitschrift für Entwicklung, Konstruktion und Fertigung in Feinwerktechnik und Elektronik — „Kunststoffe", Organ deutscher Kunststoff-Fachverbände; „Kunststoffe - German Plastics" (mit englischem Teil) — „Plasticos universales", Servicio tecnologico de la revista alemana „Kunststoffe" (in spanischer Sprache) — „Metalloberfläche - Angewandte Elektrochemie", Oberflächenbearbeitung metallischer und nichtmetallischer Werkstoffe — „Plasticonstruction", Bauen mit Kunststoffen - Plastics in Building - Plastiques et Construction — „Rationalisierung", Monatsschrift des Rationalisierungskuratoriums der Deutschen Wirtschaft (RKW) — „Tenside-Detergents", Zeitschrift für Physik, Chemie und Anwendung grenzflächenaktiver Stoffe — „Werkstatt und Betrieb", Zeitschrift für Maschinenbau, Konstruktion und Fertigung.

Btlg: dtv, München; "Verlegerdienst München", Gilching; IZB Stuttgart.
Verlagsgebiete: 5 — 6 — 7 — 8 — 17 — 18 — 19 — 20 — 28 — **Spez.Geb:** 5 Unternehmensführung, Datenverarbeitung, Betriebstechnik, Arbeitswissenschaften, REFA-Schrifttum, Rationalisierung — 17 Zahnmedizin — 18 Botanik — 20 Maschinenbau, Fertigungstechnik, Metallbearbeitung, Konstruktion, Fachbücher für Ingenieur- und Technikerschulen, Kunststoff-Chemie, Kunststoff-Verarbeitung, Galvanotechnik, Oberflächenbehandlung, Feinwerktechnik, Detergentien-Chemie und -Anwendung.

Hansischer Gildenverlag, Joachim Heitmann & Co.

D-2000 Hamburg 50, Theodorstraße 41c

Signet wird geführt seit: 1950.

Grafiker: Peter Schlichte.

Hansisches Verlagskontor Heinz Scheffler

D-2400 Lübeck, Friedrich-Wilhelm-Platz 3, Postfach 3045
Tel: (04 51) 59 97 77 und 59 97 78. **Fs:** 262 96. **Psch:** Hamburg 64 43-204. **Bank:** Handelsbank in Lübeck 43 036; Sparkasse zu Lübeck 1-025014; Volksbank Lübeck 325. **Gegr:** 1. 1. 1950 in Lübeck. **Rechtsf:** Einzelfirma.
Inh/Ges: Heinz Scheffler.
Verlagsleitung: Heinz Scheffler, geb. 20. 2. 1909 in Kostebrau (N.-L.), Realgymnasium Eilenburg, buchhändlerische Lehrzeit, 1931 Wechsel zum Verlag (Gera, Berlin, Kampen, Lübeck), 1950 Gründung des eigenen Verlages.
Hauptautoren: Prof. Dr. med. G. Budelmann, Hamburg; Prof. Dr. med. A. Dönhardt, Hamburg; Prof. Dr. med. J. Oehme, Braunschweig; Prof. Dr. med. U. Ritter, Lübeck; Priv.-Doz. Dr. med. von Windheim, Großhansdorf; A. B. Enns, Lübeck.
Buchreihen: „Kongreßberichte der Nordwestdeutschen Gesellschaft für Innere Medizin" — „Kongreßberichte der Norddeutschen Gesellschaft für Tuberkulose und Lungenkrankheiten e. V." — „Vorlesungsverzeichnis der Med. Hochschule Lübeck" — „Bulletins der Weltorganisation für Gastroenterologie" — „Driburger Hefte" — „Jahresberichte der Deutschen Gesellschaft für Kinderheilkunde".
Zeitschrift: „Der Kinderarzt", Hrsg. Berufsverband der Kinderärzte Deutschlands e. V. Schriftleiter: Prof. Dr. med. Th. Fr. Hellbrügge, München (mtl.).
Verlagsgebiet: 17.

Signet wird geführt seit: 1972.

Grafiker: Amela Hilgenberg.

Peter Hanstein Verlag GmbH

D-5000 Köln 41, Speestraße 12, Postfach 420 624
Zwgst: 5300 Bonn 1, Fürstenstraße 1, Tel: (0 22 21) 63 29 73
Tel. (02 21) 44 85 18 und 44 51 78. **Psch:** Köln 34 351-503. **Bank:** Sparkasse der Stadt Köln 30 72 170; Bankhaus Herstatt 24 22 14; Dresdner Bank 94 87 621, alle in Köln. **Gegr:** 1878 in Bonn. **Rechtsf:** GmbH.
Inh/Ges: Heinrich A. Hilgenberg, Christa de Meleghy.
Verlagsleitung: Heinrich A. Hilgenberg, geb. 22. 8. 1932.
Geschichte: Der im Jahre 1878 von Peter Hanstein gegründete Verlag ist aus dem Antiquariat Mathias Lempertz hervorgegangen. Neben Veröffentlichungen aus den Gebieten Geschichte, Philologie und Medizin trat um die Jahrhundertwende die Theologie und Philosophie in den Vordergrund (Florilegium Patristicum, Bonner Bibelwerk). Nach 1945 mußte der Verlag weitgehend neu aufgebaut werden. Das „Bonner Bibelwerk" wurde 1950 vollendet. Die Verlagsarbeit ist nunmehr gekennzeichnet durch verschiedene theologische Buchreihen. In neuester Zeit wird außerhalb wirtschafts- und sozialwissenschaftliche Literatur verlegt.
Hauptautoren: J. Botterweck, Joseph Dölger Institut, Gesellschaft für Rheinische Geschichtskunde, Internationale Stiftung Humanum; M. E. Kamp, Th. Klauser, Wilhelm Weber, H. Zimmermann.

Buchreihen: „Bonner biblische Beiträge" — „Theophaneia" (Beiträge zur Religions- und Kirchengeschichte des Altertums) — „Schriften der Universität Bonn" — „Neue Kölner Rechtswissenschaftliche Abhandlungen" — „Gesellschaft-Kirche-Wirtschaft" — „Führungskräfte fördern" — „Grenzfragen zwischen Theologie und Philosophie" — „Schriften der AGP" — „Vorlesungen über Finanzwissenschaft".
Zeitschriften: „Der Betriebswirt", Zeitschrift für angewandte Wirtschaftswissenschaften (zweimtl.) — „Informationen der Deutschen Gesellschaft für Warenkunde und Technologie" (vtljl.).
Verlagsgebiete: 2 — 3 — 4 — 5 — 8 — 14 — 20 — 28.

Harbeke, C. H., Verlag KG
D-8000 München 40, Postfach 400 804

Signet wird geführt seit: 1949.

Grafiker: —

Druck- und Verlagshaus Harrach GmbH
D-6550 Bad Kreuznach, Wöllsteiner Straße 8, Postfach 745
Tel: (06 71) 6 70 71. **Fs:** 042 815. **Psch:** Köln 20 67. **Bank:** Dresdner Bank, Volksbank, Commerzbank, Sparkasse, Bad Kreuznach. **Gegr:** Mai 1887. **Rechtsf:** GmbH.
Inh/Ges: Gesellsch. u. Geschäftsführer: Carl Ferdinand Harrach.
Verlagsleitung: Carl Ferdinand Harrach, geb. 20. 5. 1923 in Bad Kreuznach.
Werbung: Gisela Thiele.
Geschichte: Der Verlag wurde 1887 von dem Buchhändler Ferdinand Harrach gegründet.
Die in dem gleichen Verlag erscheinende Tageszeitung „Oeffentlicher Anzeiger" feierte am 1. 7. 1973 sein 125-jähriges Bestehen. Neben zahlreichem Heimatschrifttum werden seit 1966 in der Hauptsache Bildkalender für Mineralienfreunde und Kunstkalender, in denen bisher unbekannte Künstler veröffentlicht werden, herausgegeben.
Zeitschrift: „Mineral Digest" (4mal im Jahr).
Verlagsgebiete: 24 — 28 — 14.

Otto Harrassowitz
D-6200 Wiesbaden, Taunusstraße 5, Postfach 349
Tel: (0 61 21) 52 10 46. **Fs:** 04 186 135. **Psch:** Frankfurt (M) 654 27-601. **Bank:** Deutsche Bank Wiesbaden 206 904. **Gegr:** 1. 7. 1872 in Leipzig. **Rechtsf:** OHG.
Inh/Ges: Frau Gertrud Harrassowitz, Wilfred Becker, Richard W. Dorn, Felix O. Weigel, Wilfred C. Becker, Dr. Knut Dorn.
Verlagsleitung: Dr. phil. Ludwig Reichert (Prokurist).
Stellvertreter, Werbung und Vertrieb: Dr. phil. Helmut Petzolt (Prokurist).
Geschichte: Gegründet im Jahre 1872 in Leipzig von Otto Harrassowitz, dem 1921 sein Sohn Hans Harrassowitz folgte (verst. 21. 4. 1964). 1943 Zerstörung des Stammhauses in Leipzig. Nach der Enteignung 1949 Übersiedlung der Firma nach Wiesbaden. Seit 1953 Wiederaufbau des Verlages.
Buchreihen: „Abhandlungen des Deutschen Palästina-Vereins" — „Ägyptologische Abhandlungen" — „Beiträge zum Buch- und Bibliothekswesen" — „Beiträge zur Iranistik" — „Facsimilia Heidelbergensia" — „Bibliographien" — „Beiträge zum Büchereiwesen" — „Freiburger Beiträge zur Indologie" — „Inkunabelkatalog bayerischer Bibliotheken" — „Kleine ägyptische Texte" — „Neuindische Studien" — „Schriften zur Geistesgeschichte des östlichen Europa" — „Schriften des Österreichischen Kulturinstituts Kairo, Archäologisch-Historische Abteilung" — „Studien zu den Bogazköy-Texten" — „Veröffentlichungen des Ostasien-Instituts der Ruhr-Universität Bochum" — „Veröffentlichungen des Ostasiatischen Seminars der Johann-Wolfgang-Goethe-Universität Frankfurt (M)" — „Veröffentlichungen der Societas Uralo-Altaica" — „Asiatische Forschungen" — „Porta Linguarum Orientalium", Neue Serie — „Studien zur Japanologie" — „Biblio-

theca Slavica" — „Bibliographische Mitteilungen des Osteuropa-Instituts an der Freien Universität Berlin" — „Slavistische Studienbücher" — „Veröffentlichungen des Osteuropa-Institutes München" — „Historische Veröffentlichungen" — „Philosophische und soziologische Veröffentlichungen des Osteuropa-Instituts an der Freien Universität Berlin" — „Iranische Texte" — „Schriften der Max Freiherr von Oppenheim-Stiftung" — „Albanische Forschungen" — „Schriften des Instituts für Asienkunde, Hamburg" — „Münchener indologische Studien" — „Klassisch-Philologische Studien" — „Veröffentlichungen der Abteilung für slavische Sprachen und Literatur des Osteuropa-Instituts (Slavisches Seminar) an der Freien Universität Berlin" — „Codices arabici antiqui" — „Records of the Ancient Near East" — „Beschreibendes Verzeichnis der altdeutschen Handschriften in ungarischen Bibliotheken" — „Beschreibendes Verzeichnis der Handschriften der Stadtbibliothek zu Trier" — „Bibliothek und Wissenschaft" — „Die Handschriften der Badischen Landesbibliothek in Karlsruhe" — „Die Handschriften der Hessischen Landes- und Hochschulbibliothek Darmstadt" — „Die Handschriften der Murhardschen Bibliothek der Stadt Kassel und Landesbibliothek" — „Die Handschriften der Niedersächsischen Staats- und Universitätsbibliothek Göttingen"—„Handschriften der Ratsbücherei Lüneburg" — „Die Handschriften der Stadtbibliothek Nürnberg" — „Die Handschriften der Universitätsbibliothek München" — „Die Handschriften der Universitätsbibliothek Würzburg" — „Die Handschriften der Württembergischen Landesbibliothek Stuttgart" — „Die Handschriften des Germanischen Nationalmuseums Nürnberg" — „Kataloge der Landesbibliothek Coburg" — „Katalog der Handschriften der Königlichen Bibliothek zu Bamberg" — „Katalog der Handschriften der Universitätsbibliothek Erlangen" — „Jahrbuch der Deutschen Bibliotheken" — „Catalogus codicum manu scriptorum Bibliothecae Regiae Monacensis" — „Göttinger Orientforschungen" — „Tübinger Atlas des Vorderen Orients" — „Ural-Altaische Bibliothek" — „Zentralasiatische Studien des Seminars für Sprach- und Kulturwissenschaft Zentralasiens der Universität Bonn" — „Giorgio Levi Della Vida Conferences" — „Heidelberger slavische Texte" — „Monumenta Linguae Slavicae Dialecti Veteris".

Zeitschriften: „Ural-Altaische Jahrbücher" (hjl.) — „Central Asiatic Journal" (vtljl.) — „Journal of Asian History" (hjl.) — „Kratylos" (hjl.) — „Oriens Christianus" (hjl.) — „Oriens Extremus" (hjl.) — „Die Sprache" (hjl.) — „Zeitschrift des Deutschen Palästina-Vereins" (hjl.) — „Enchoria" (jl.).

Verlagsgebiete 1 — 7 — 11 — 14 — 15 — 25 — 3 — 6 — 12 — SpezGeb: 1 Buch- und Bibliothekswesen, Bibliographien — 7 Ägyptologie, Afrikanistik, Arabistik, Assyriologie, Indologie, Japanologie, Indogermanistik, Iranistik, klass. Philologie, Koptologie, Mongolistik, Osteuropäische Geschichte, Sinologie, Turkologie, Ural-Altaistik.

Harth-Musik-Verlag
DDR-7010 Leipzig, Postfach 467, Karl-Liebknecht-Straße 12

Hartmann, Hugo, Verlag
D-7500 Karlsruhe 41, Kastellstraße 8

Hartmann, Richard P., Edition u. Verlag
D-8000 München 40, Franz-Joseph-Straße 20

von Hase und Koehler Verlag GmbH
D-6500 Mainz, Postfach 2269, Bahnhofstraße 3

Verlag Gerd Hatje GmbH.
D-7000 Stuttgart 50, Wildunger Str. 83, Postfach 468
Tel: (07 11) 56 11 09. **Psch:** Stuttgart 536 37. **Bank:** Girokasse Stuttg. 2702 148; Commerzbank Stuttgart-Bad Cannstatt 7223 852; Württemberg. Bank Stuttgart 1645. **Gegr:** 5. 11. 1945 in Stuttgart. **Rechtsf:** GmbH.
Inh/Ges: Gerd Hatje.
Verlagsleitung: Gerd Hatje, geb. 14. 4. 1915 in Hamburg.
Lektor: Axel Menges; Dipl.-Ing. Architekt, geb. 17. 7. 1937 in Wellmach.
Herstellerin: Ruth Wurster, geb. 9. 9. 1928 in Fellbach/Württ.
Geschichte: Gerd Hatje gründete den Verlag unmittelbar nach dem Zweiten

Weltkrieg. Dem großen Nachholbedarf der Vorwährungszeit entsprach das Programm: Weltliteratur, Sachbücher, außerdem bereits Kunstbücher. Seit 1950 ist die Verlagsproduktion, die durchweg in internationaler Zusammenarbeit entsteht, den gestalterischen Kräften unserer Zeit gewidmet und gruppiert sich um drei Schwerpunkte: 1. Moderne Kunst, vor allem Graphik, Plastik und Darstellungen bedeutender Kunstrichtungen; 2. Architektur (Fachbücher und Geschichte der modernen Architektur); Formgebung (Jahrbücher „Neue Möbel"). Besonderen Wert legt der Verlag auf vorbildliche typographische Gestaltung.
Hauptautoren: Michael Brawne, Marcel Breuer, Marc Chagall, Tobias Faber, Carola Giedion-Welcker, HAP Grieshaber, Werner Hofmann, Reinhold Hohl, Jürgen Joedicke, Pier Luigi Nervi, Wolfgang Pehnt, Franco Russoli, Uwe M. Schneede, Werner Spies, Eduard Trier, Herbert Weisskamp.
Buchreihe: „Kunst heute".
Zeitschrift: „Zodiac", internationale Zeitschrift für moderne Architektur (hjl.).
Btlg: Arbeitsgemeinschaft Baufachverlage — ABV; Werbegemeinschaft Kunst-Buch-Kunst.
Verlagsgebiete: 12 — 23 — 24 — 28.

Hauchler Verlagsgesellschaft mbH
D-7950 Biberach/Riß, Karl-Müller-Str. 6

Signet wird geführt seit: 1957.

Grafiker: C. H. Wasserburger.

Haueisen Verlag KG
D-1000 Berlin 33, Wangenheimstraße 46
Tel: (030) 8 23 40 05. **Psch:** Berlin-West 4741-103 und 72922-108; München 16279-807. **Bank:** Berliner Bank AG, Depka 2, Bln 15, 0282099400. **Gegr:** 24. 7. 1945 in Berlin. **Rechtsf:** KG.
Inh/Ges: Eugen Haueisen, pers. haft. Gesellschafter; Elisabeth-Maria Haueisen, Kommanditistin.
Verlagsleitung: Eugen Haueisen; Albert Wolkenhauer, Prokurist; Luise Jerabek, Anzeigenleitung; Birgit Majunke, Vertriebsleiterin.

Geschichte: Der Verlag wurde im Jahre 1945 unter der Firma „Ulenspiegel Verlag GmbH" gegründet und verlegte eine satirische Zeitschrift unter dem Titel „Ulenspiegel". 1948 wurde der Verlag umgegründet und firmierte von da ab als „Haueisen Verlag GmbH". Im April 1956 wurde der Verlag in eine Kommandit-Gesellschaft umgewandelt und firmiert seitdem „Haueisen Verlag KG".
Zeitschriften: „Der Deutsche Tischlermeister", Fachblatt für das holz- und kunststoffverarbeitende Handwerk — „Malerzeitung Drei Schilde" + raumausstattung report, Berufsfeld Farbe — Oberflächentechnologie — Bau- und Raumgestaltung — Fachbetriebswirtschaft.
Verlagsgebiet: 20.

Signet wird geführt seit: 1957.

Grafiker: Studio Hoffmann, Freiburg i. Br.

Rudolf Haufe Verlag
D-7800 Freiburg (Breisgau), Hindenburgstraße 64, Postfach 740
Tel: (0761) 3 15 60. **Psch:** Karlsruhe 688 55-754. **Bank:** Dresdner Bank Freiburg 403 3000; Öffentliche Sparkasse Freiburg 200 3074; Bank für Handel und Industrie Berlin 923 0397; Schweizerische Bankgesellschaft Zürich 381.562.01 Y. **Gegr:** 28. 6. 1933 in Berlin. **Rechtsf:** KG.
Inh/Ges: Rudolf Haufe Erben.
Verlagsleitung: Günter Gaedeke, Geschäftsführer.
Schriftleitung: Wirtschaftsredaktion Dr. Egon Moeren.
Lektorat: Dr. Günter Friedrich.
Herstellung: Artur Pludra.
Werbung und Vertrieb: Franz Josef Rübsam.
Geschichte: Am 28. Juni 1933 von Rudolf Haufe in Berlin gegründet, zunächst als GmbH, später als KG. Seit 1946 Einzelfirma. Nach dem Tode von Rudolf Haufe am 15. 6. 1971 sind seine 4 Kinder Erben des Verlages, Testamentsvollstrecker und Verlagsleiter ist Günter Gaedeke. Der Schwerpunkt des

Verlages lag zunächst auf dem Gebiet der Finanzwirtschaft. Zeitschriften: „Zwei-Uhr-Börsenberichte", „Berliner Finanzblatt"; ferner ein Lose-Blatt-Werk „Aktienkritik". Später die Zeitschrift „Artistenwelt". Seit 1951 ist Freiburg i. Br. Sitz des Verlages, wo der Verlag 1967 ein eigenes modernes Verlagsgebäude bezog.
Hauptautoren: Dipl.-Kfm. Dr. Dr. H. Brönner, Ministerialdirigent Dr. A. Gnam, Staatsminister a. D. Prof. Dr. B. Gleitze, Prof. Dr. Dr. B. Hartmann, Dipl.-Kfm. Dr. M. Jahrmarkt, Prof. Dr. K. Mellerowicz, Oberfinanzpräsident i. R. Dr. R. Rössler, Oberstlandesgerichtsrat B. Romanovsky, Prof. Dr.-Ing. Schallbroch, Prof. Dr. H. Schwarz, Prof. Dr.-Ing. G. Spur, Rechtsanwalt Sturm, Regierungsdirektor Dr. jur. Dr. rer. pol. A. Vogel, Prof. Dr. R. Wagenführ.
Hauptwerke: Auf den Fachgebieten: Betriebswirtschaft, Steuerrecht, Wirtschaftsrecht, allgemeines Recht und Statistik (mit den „Statistischen Arbeitsblättern"), Technik. — Loseblatt-Kommentare: Umsatzsteuer, Bilanzsteuerrecht, Arbeitssicherheitsrecht.
Zeitschriften: „Steuer- und Wirtschafts-Kurzpost" — „Berliner Besonderheiten zur Steuer- und Wirtschafts-Kurzpost" — „Das Personal-Büro in Recht und Praxis" — „Praxis des Rechnungswesens" — „Zeitschrift für wirtschaftliche Fertigung" — „Härterei-Technische Mitteilungen" — „Qualität und Zuverlässigkeit" — „Die Arbeitsvorbereitung".
Verlagsgebiete: 4 — 5 — 20 — 21 — 24 — 28.

Haug, Karl F., Verlag

D-6900 Heidelberg, Postfach 843, Blumenthalstraße 38

Verlag B. Haugg KG

D-8000 München 19, Renatastraße 71, Postfach 207
Tel: (089) 16 41 39. **Psch:** München 6704-800. **Bank:** Deutsche Bank München 31/38898. **Gegr:** 1902 in München. **Rechtsf:** GmbH & Co. KG.
Ges: Komplementär: Albert Magnus Verlag GmbH; Kommanditisten: Dr. Caspar Arquint, Albert Mößmer, Annemarie Mößmer, Dr. Ernst Mößmer, Irmengard Mößmer, Johanna Mößmer, Irmgard Walter.
Verlagsleitung: Dipl.-Kfm. Wolfgang Walter, Verlagsleiter; Vorstandsmitglied der Arbeitsgemeinschaft Katholische Presse (AKP) und der Konpress Anzeigen GmbH.
Chefredakteur: Bruno Moser, Buchautor des Verlags Eugen Diederichs; Ständiger Mitarbeiter des Bayer. Rundfunks, Abt. Kultur.
Werbeleiter: Reinhard Robitsch, München.
Geschichte: Früher „Münchener Volksschriften-Verlag, GmbH", gab billige Volksausgaben und eine katholische Wochenzeitung heraus: „Sonntag ist's", später: „Sonntagsblatt für die katholische Familie", heute: „Bayerisches Sonntagsblatt". 1934 Umwandlung in Verlag B. Haugg KG. 1962 Übernahme des Film- und Bildverlages Nüttgen, Düsseldorf (Produktion von Diareihen). 1964 Übernahme der Calig Verlag GmbH (Produktion von Diareihen, Tonbildern, Medienpaketen, Schallplatten).
Zeitschrift: „Bayerisches Sonntagsblatt" (wtl.).
Verlagsgebiete: 2b — 29.

Signet wird geführt seit: 1964.
Grafiker: P. Gfeller.

Paul Haupt AG

CH-3001 Bern, Falkenplatz 14, Postfach 2660
Tel: (031) 23 24 25. **Psch:** Bern 30-3980. **Bank:** Schweiz. Volksbank Bern 4090. **Gegr:** 1. 10. 1906 in Bern. **Rechtsf:** AG.
Inh/Ges: Paul Haupt, Dr. Max Haupt, Paul Rub-Haupt.
Verlagsleitung: Seniorchef des Hauses: Paul Haupt, geb. 13. 11. 1889, Verwaltungsratspräsident.
Leiter des Verlages: Dr. Max Haupt, geb. 22. 4. 1918.
Werbung und Vertrieb: Ulrich Dodel, geb. 23. 4. 1922, Prokurist.
Herstellung: Kurt Thönnes, geb. 12. 11. 1940.
Administration: Wilhelm Jost, geb. 7. 11. 1917.
Sekretariat: Annemarie Streit, geb. 29. 11. 1950.

Geschichte: 1906 als Akademische Buchhandlung von Max Drechsel gegründet. Verlagstätigkeit seit 1907. 1918 Übernahme der Firma (nach dem Tod des Gründers) durch Paul Haupt, dem 1. Mitarbeiter Max Drechsels seit der Gründung. 1946 Angliederung einer Buchdruckerei. 1963 Umwandlung in eine AG.

Hauptautoren/Hauptwerke: Wirtschaftswissenschaften (mit Soziologie, Politologie, Rechtswissenschaft) in vielen Schriftenreihen. O. Angehrn, W. Hill, E. Höhn, E. Kilgus, Ch. Lattmann, R. Likert, E. Rühli, L. Schuster, H. Sieber, H. Siegwart, F. Trechsel, E. Tuchtfeldt, H. Ulrich, A. Zünd.
Pädagogik (einschließlich Schulbücher; Reihe „Erziehung und Unterricht"). Th. Bovet, E. Egger, E. Egli, E. Kobi, A. Jaggi, R. Mäder, F. Mattmüller, J. R. Schmid, G. Tritten.
Kunst und Kunstgewerbe. H. Haupt-Battaglia, W. Läuppi, M. Stettler, R. L. Wyss.
Heimat- und Volkskunde, darunter Schweizer Heimatbücher (gegen 300 Bände). G. Grosjean, M. Pfister, W. Zeller.

Zeitschriften: „Die Körpererziehung", (mtl.) — „Die Unternehmung" (vtljl.) — „Schweiz. Zeitschrift für Sportmedizin", (vtljl.) — „Schweizer Hundesport" (2x mtl.).

Hz: „Mitteilungen aus dem Verlag Paul Haupt" (jährl. etwa sechsmal) — „Vademecum für den Schweizer Lehrer" (13. Ausgabe 1974/75).

Tges: Buchdruckerei (mit Offset); Buchhandlungen in Bern (Akademische Buchhandlung und Filiale „Triangel") u. Interlaken (Buchhandlg. Bartlomé).

Btlg: Fachbuchgemeinschaft „Bücher für den Betrieb"; Gesellschafter der UNI-Taschenbücher GmbH; Interessengemeinschaft „4 Schweizer Verleger".

Verlagsgebiete: 5 — 6 — 10 — 11 — 12 — 14 — 15 — 28 — 2a — 3 — 4 — 7 — 13 — 21 — 23 — 26.

Haus Schwalbach Arbeitsstätte für Gruppenpädagogik
D-6202 Wiesbaden-Dotzheim, Bethelstraße 35

Hauschild H. M., Verlag GmbH
D-2800 Bremen 1, Rigaer Straße 3

Signet wird geführt seit: 1942.

Grafiker: Emil Rudolf Weiß.

Dr. Ernst Hauswedell & Co Verlag
D-2000 Hamburg 13, Pöseldorfer Weg 1
Tel: (040) 44 83 66. **Psch:** Hamburg 39905-203. **Bank:** Dresdner Bank Hamburg 9 162 215. **Gegr:** 8. 10. 1927. **Rechtsf:** KG.
Ges: Ernst Nolte, pers. haft. Gesellschafter; Dr. Ernst Hauswedell, Kommanditist.
Verlagsleitung: Dr. Ernst L. Hauswedell □, geb. 3. 9. 1901.
Geschichte: Enge Zusammenarbeit mit dem am selben Tage gegründeten Antiquariat und Auktionshaus. Herausgabe von Fachbüchern für Sammler, Bibliotheken, Museen und Händler. Zusammenarbeit mit der Maximilian-Gesellschaft und ausländischen Verlagen mit ähnlichen Arbeitsgebieten.
Zeitschrift: „Philobiblon" (viertelj. seit 1957).
Verlagsgebiete: 1 — 7 — 12.

Hebel-Verlag R. Greiser
D-7550 Rastatt, Postfach 146, Karlsruher Straße 22

Hecht, Raimund, Kinderbuchverlag
D-8042 Oberschleißheim b. München, Sonnenstraße 7

Signet wird geführt seit: 1928.

Grafiker: —

Heckners Verlag
D-3340 Wolfenbüttel, Harzstraße 22-23, Postfach 260
Tel: (0 53 31) 2 29 27 — 2 29 29. **Psch:** Hannover 75 49. **Bank:** Deutsche Bank Wolfenbüttel; Volksbank Wolfenbüttel.
Gegr: 1645 Druckerei / 1786 Zeitungsverlag / 1895 Buch- und Zeitschriftenverlag. **Rechtsf:** KG.
Inh/Ges: Dipl.-Volkswirt Heinz Wessel, pers. haft. Ges.; Verleger Ernst Mull;

Dipl.-Kfm. Dr. Werner Mull; Buchdruckfachkaufmann Horst Mull, Kommanditisten.
Verlagsleitung: Verleger Dipl.-Volkswirt Heinz Wessel, Wolfenbüttel, geb. 14. 9. 1904 in Wolfenbüttel. Verleger Dipl.-Kfm. Dr. Werner Mull, Wolfenbüttel, geb. 22. 8. 1926 in Braunschweig.
Verlagsdirektor Dipl.-Hdl. Dr. Werner Schötz, Wolfenbüttel, geb. 19. 6. 1907 in Berlin (Verlagsleiter).
Geschichte: 1645 Gründung der Druckerei durch Johann Caspar Bismark. 25. 11. 1786 erstes Erscheinen der „Zeitung für Städte, Flecken und Dörfer, in Sonderheit für die lieben Landleute alt und jung", gegründet von Pastor Hermann Braeß, fortgesetzt 1873 als „Wolfenbütteler Kreisblatt" und 1928 als „Wolfenbütteler Zeitung". 1888 Erwerb der Druckerei und des Zeitungsverlages durch Fritz Heckner. 1894 Eintritt des Verlegers Heinrich Wessel in die Firma. 1895 Gründung des Buch- und Zeitschriftenverlages. 1900 Firmierung als „Heckners Verlag". 1935 Eintritt des Verlegers Ernst Mull in Heckners Verlag, Umbildung in eine Kommanditgesellschaft.
Hauptwerke: Schulfachbücher und Zeitschriften für die kaufmännische und gewerbliche Berufsausbildung sowie für Stenografie und Maschinenschreiben — Deutsche Sprachlehrbücher für den Deutschunterricht an Ausländer — „Wolfenbütteler Zeitung" und „Wolfenbütteler Adreßbuch".
Verlagsgebiete: 11 — 10.
Zwst: „Anzeigenring Süd-Niedersachsen."
Btlg: „Zeitungsring Süd-Niedersachsen", Ges. bürg. Rechts, Goslar; Verlagsgesellschaft Schulfernsehen mbH & Co. KG, Köln.

H. Heenemann GmbH

vorm. Westliche Berliner Verlagsgesellschaft Heenemann KG
D-1000 Berlin 42, Bessemerstraße 83, Postfach 420 320
Tel: (030) 753 60 31. **Psch:** Berlin/West 2068 07-102. **Bank:** Berliner Commerzbank, Depka 102, 520/2080. **Gegr.** 1965.
Rechtsf: GmbH.
Ges: Dr. Horst Heenemann, Hanna Heenemann, Angela Krüger, Hans-Rüdiger Heenemann, Jens Peter Heenemann, Johannes Angermann.
Verlagsleitung: Dr. phil. Horst Heenemann, geb. 13. 7. 1906; gelernter Schriftsetzer; Studium der Volkswirtschaft, Philosophie und Zeitungswissenschaft.
Geschichte: Die Westliche Berliner Verlagsgesellschaft Heenemann KG, hervorgegangen aus dem im Jahre 1907 von Hans Heenemann gegründeten Verlag der „Wilmersdorfer Zeitung", wurde 1919 in das Handelsregister eingetragen. In Fortsetzung wurde die Tageszeitung „Der Westen" herausgegeben, die im Jahre 1944 ihr Erscheinen durch Kriegseinwirkung einstellen mußte. 1949 wurde der Wilhelm Pansegrau Verlag übernommen (s. d.). Im Jahre 1969 übernahm die Westliche Berliner Verlagsgesellschaft andere Aufgaben; die Buchverlage wurden der H. Heenemann GmbH, der persönlich haftenden Gesellschafterin der Westlichen Berliner Verlagsgesellschaft, eingegliedert. Seit 1969 besteht eine Kooperation mit dem Verlag W. A. Colomb, Oberschwandorf. Unter der Leitung des jetzigen Inhabers werden vor allem Veröffentlichungen auf den populärgeisteswissenschaftlichen Gebieten, auf dem Fachgebiet Lacke und Beschichtungen sowie fachwissenschaftliche Literatur über das Fischereiwesen herausgeben.
Hauptwerk: „Lehrbuch der Lacke und Beschichtungen".
Buchreihe: „Schriften der Bundesforschungsanstalt für Fischerei".
Zeitschrift: „Archiv für Fischereiwissenschaft", Hrsg. Prof. Dr. P. F. Meyer-Waarden.
Tges: Wilhelm Pansegrau Verlag, D-1000 Berlin 42 (siehe dort).
Verlagsgebiete: 20 — 22 — 3 — 5.

Signet wird geführt seit: 1965.

Grafiker: Mederow.

Heering-Verlag GmbH

D-8000 München 70, Ortlerstraße 8, Postfach 70 08 40
D-8221 Seebruck am Chiemsee
Tel: (089) 7 60 20 24. **Fs:** 05/22 720. **Psch:**

München 26701/809. **Bank:** Hypo München 317/22 756; Hypo Traunstein 31/177 202. **Gegr:** Dezember 1932 in Halle/Saale. **Rechtsf:** GmbH.
Inh/Ges: Dr. phil. Walther Heering und Ehefrau Melina Heering (zus. 100 %).
Verlagsleitung: Geschäftsführer Dr. Walther Heering, geb. 10. 6. 1902, nach vielseitigem Studium in Berlin, Wien, Jena, Greifswald fotografische Ausbildung im Fotohandel. Herausgeber, Redakteur, Autor zahlreicher Publikationen, u. a. „Meine Foto-Praxis", „Rolleiflex-Buch", „Philatelie".
Anzeigen- und Verlagsleiter: Dr. Helmut Kümpfel.
Hersteller: Werner Richter.
Vertriebsleiter: Manfred Weinig.
Techn. Leiter der Druckerei: Hugo Lederer.
Geschichte: 1932 in Halle a. d. Saale gegründet, 1934—1940 in Bad Harzburg, seit 1940 in Seebruck am Chiemsee, seit 1949 in Seebruck und München, seit 1950 Gliederung in Produktionsfirma Heering-Verlag GmbH und Vertriebsfirma Heering-Verlag Dr. Walther Heering Vertrieb. Der Aufbau der technischen Betriebe erfolgte 1957. 1960 Bezug des jetzigen Verlagsgebäudes. Von Anfang an Hauptgebiet Fotografie: Bücher und Zeitschriften. Damit Impulse für die Amateurfotografie.
Hauptautoren: Hans Windisch, Prof. Dr. Croy, Dr. Heering, H. C. Opfermann, Alexander Spoerl, F.-W. Voigt, Dr. Woltereck, Walter Pause, F. Hugo Mösslang, Theo Kisselbach.
Hauptwerke: „Neue Foto-Schule" — „Dunkelkammer-Handbuch" — „Filmen - aber richtig" — „Kleine Minox - Große Bilder" — „Vergrößern mit allen Finessen" — „Neue Schmalfilm-Schule" — „Farbfoto-Handbuch" — „Das Leica-Buch" — „Porträtfotografie" — „Das Minolta-Buch" — „Pirsch ohne Büchse" — „Philatelie" — „Alles über Nahaufnahmen" — „Tricks und Titel für den Schmalfilmer" usw.
Zeitschriften: „Foto-Magazin" (mtl.) — „Film+Ton-Magazin" (mtl.) — „Der Fotohändler" (2x mtl.) — „Alpinismus" (mtl.) — „submarin" (mtl.).
Tges: Heering-Verlag Dr. Walther Heering, Vertrieb.
Verlagsgebiete: 13 — 23 — 24 Fotokalender — Spez.Geb: 13 Foto-, Film- und Ton-Bücher und -Zeitschriften.

Signet wird geführt seit: 1950.

Grafiker: —

Hegereiter-Verlag (Zweig der J. P. Peter, Gebr. Holstein OHG)

D-8803 Rothenburg ob der Tauber, Herrngasse 1, Postfach 19
Tel: (0 98 61) 22 94 u. 22 66. **Psch:** Nürnberg 12 31. **Bank:** Sparkasse Rothenburg o. d. T. 101 600. **Gegr:** 1950. **Rechtsf:** OHG.
Inh/Ges: Alfred Holstein, Rainer Holstein, Peter Holstein.
Verlagsleitung: Rainer Holstein, geb. 10. 5. 1922 in Rothenburg o. d. T.
Geschichte: Der Hegereiter-Verlag gehört zur J. P. Peter, gebr. Holstein OHG in Rothenburg ob der Tauber (siehe diese).
Verlagsgebiet: 8 Touristik.

Signet wird geführt seit: 1969.

Grafiker: Wolfgang Reich.

Buchdruckerei Franz Heggen & Co. Heggen-Verlag

D-5670 Opladen, Düsseldorfer Straße 45, Postfach 1546
Tel: (0 21 71) 4 47 55. **Psch:** Köln 140756-502. **Bank:** Commerzbank Opladen 4115564; Sparkasse Opladen 326 504. **Gegr:** 1. 3. 1967 in Opladen. **Rechtsf:** KG.
Inh/Ges: Helmut Küll, geb. 2. 7. 1917 in Opladen.
Verlagsleitung: Siegfried Hergt □, geb. 1. 8. 1946 in Hannover.
Geschichte: Nach der Gründung des Verlags im März 1967 wurde begonnen mit einem juristischen Fachbuchprogramm. Zielstrebig und in breit gefächerter Themenwahl wurde die Reihe „Heggen-Gesetzes-Texte" ausgebaut, die sich sehr bald durchsetzte und kontinuierlich fortgeführt wird. Neben verschiedenen Einzeltiteln wird seit Anfang 1973 intensiv der Aufbau einer zweiten

Reihe, „Heggen-Dokumentation", betrieben. Hier werden gesellschaftspolitisch relevante Themen aus allen Bereichen in dokumentarischer Form behandelt. Auch diese Reihe hat in kürzester Zeit größtes Interesse gefunden.
Hauptautoren: Klaus-Dieter Deumeland, Friedhelm Froemer, Manfred Harrer, Dr. Gerhard Haß, Irene Maier, Dr. Lorenz Mainczyk, Dr. Klaus Müller, Fritz Schneider, Dr. Ralf M. Senf, Dr. Rüdiger Zuck.
Buchreihen: „Heggen-Gesetzes-Texte" — „Heggen-Dokumentation".
Verlagsgebiete: 1 — 4 — 5 — 6 — 30.

Jakob Hegner Verlag GmbH

D-5000 Köln 1, Ursulaplatz 1

Tel: (02 21) 23 34 71. **Fs:** 888 11 28. **Psch:** Köln 83 200. **Bank:** I. D. Herstatt Köln 251 000. **Gegr:** 1912 in Hellerau b. Dresden. **Rechtsf:** GmbH.
Inh/Ges: Verlag J. P. Bachem GmbH, Druckerei J. P. Bachem KG.
Verlagsleitung: Dr. Peter Bachem □, geb. 17. 8. 1929; Dipl.-Kfm. G. Horbach, geb. 9. 11. 1924.
Geschichte: Der Verlag wurde 1912 von Jakob Hegner in der Künstlersiedlung Hellerau bei Dresden gegründet. Als Jude mußte Hegner 1936 emigrieren. So weit wie möglich führten Kollegen die Verlagstradition fort. 1947 entstand beim Otto Walter Verlag in Olten als Vorläufer des Jakob Hegner Verlages Olten der Summa-Verlag. 1949 gründete Jakob Hegner mit Unternehmen des Hauses Bachem die Jakob Hegner Verlag GmbH Köln. In dieses Unternehmen wurden 1956 die Verlagsrechte des Jakob Hegner Verlages Olten eingebracht. Der Jakob Hegner Verlag Olten wurde gelöscht. Jakob Hegner starb 1962. Seit dieser Zeit wird der Verlag vom Hause Bachem allein geführt.
Hauptautoren: Georg Bernanos, Martin Buber, Paul Claudel, Julien Green, Francis Jammes, Bruce Marshall, Edzard Schaper, Reinhold Schneider, Richard Seewald.
Btlg: Deutscher Taschenbuch Verlag und Interverlag für Jugendschrifttum GmbH, Köln.
Verlagsgebiet: 8.

Heidelberger Humanitas Literatur Vertriebs Ges. mbH

D-6900 Heidelberg 1, Postfach 727, Wilckensstraße 3

Heidelberger Verlagsanstalt GmbH

D-6900 Heidelberg 1, Postfach 806, Hauptstraße 23

Joh. Heider Druckerei und Verlag GmbH

D-5070 Bergisch Gladbach, Paffrather Straße 102—116, Postfach 190

Tel: (0 22 02) 5 30 47—49. **Psch:** Köln 36733-509. **Bank:** Kreissparkasse Köln, Hauptzweigstelle Bergisch Gladbach 311/000061. **Gegr:** 1889 in Bergisch Gladbach. **Rechtsf:** GmbH.
Inh: Hans Heider, geb. 10. 6. 1925 in Bergisch Gladbach. Abitur. 1945 Eintritt in das Unternehmen, seit 1951 in der Geschäftsleitung.
Geschichte: 1889 wurde eine Druckerei gegründet, 1896 mit der Herausgabe einer Tageszeitung die Verlagstätigkeit begonnen. Trotz großer Schwierigkeiten in der Nazizeit konnte die Zeitung bis zum Ende des 2. Weltkrieges durchgehalten werden. Sie ging dann in den Verlag der „Kölnischen Rundschau" über, wo sie seither als „Bergische Landeszeitung" erscheint.
Bis zum 2. Weltkrieg erschienen zahlreiche heimatkundliche Veröffentlichungen, darunter ein jetzt noch als „Rheinisch-Bergischer Kalender" vom Rheinisch-Bergischen Kreis herausgegebener Heimatkalender.
Heute liegt das Schwergewicht der Verlagstätigkeit in Veröffentlichungen zur Wirtschafts- und Sozialpolitik.
Hauptautoren/Hauptwerke: Dr. Werner Doetsch, RA Karl-Wilhelm Herbst, Dr. Hans O. Messedat, Dipl.-Kfm. Fritz Schnabel, Assessor Rolf Weber.
Dr. Werner Benisch, „Kooperationsfibel". Bundesrepublik und EWG, mit Erläuterungen und Vertragsbeispielen — Betriebswirtschaftlicher Ausschuß im Bundesverband der Deutschen Industrie, „Industrie-Kontenrahmen".
Buchreihen: „Heider-Texte" (preiswerte Gesetzestexte) — „Taschenkommentare für die Wirtschaft" (knappe, praxisnahe Kommentierung mit vollständigem Ge-

setzestext) — "Praktische Personalfragen im Betrieb".
Zeitschriften: "Soziale Selbstverwaltung" (mtl.) — "Aktuelle Steuerrundschau" (nach Bedarf) — "US-Trends" (mtl.) — "Informationen zur Ausländerbeschäftigung" (etwa zweimal mtl.) — "Arbeitsberichte des Ausschusses für Soziale Betriebsgestaltung bei der Bundesvereinigung der Deutschen Arbeitgeberverbände" (unregelmäßig) — "Leistung und Lohn" (nach Bedarf).
Verlagsgebiete 4 — 5 — 14.

Heiligenkreuzer Verlag
A-2532 Heiligenkreuz/N.Ö.

Heiling & de Pardieu GmbH
D-8111 Seehausen, Burgweg 54

Heilmaier, Dr. Hermann
D-8000 München 2, Postfach 444, Altheimer Eck 13

Heimatwerk Verlags- und Vertriebs-GmbH.
D-8000 München 2, Herzog-Wilhelm-Straße 9/I

Tel: (089) 2 60 30 80. **Psch:** München 1413 65. **Bank:** Dresdner Bank, München 2, Karlsplatz. **Gegr:** 22. 4. 1963 in München. **Rechtsf:** GmbH.
Inh/Ges: Walter Richter, Kapitalmehrheitsinhaber seit 1968; Deutsche Jugend des Ostens, Bundesverband.
Verlagsleitung: Geschäftsführer: Walter Richter, geb. 6. 9. 1920 in Rudelsdorf/Böhmen.
Geschichte: Die Heimatwerk Verlags- und Vertriebsges. mbH wurde 1963 gegründet und hatte zur Aufgabe, junge ostdeutsche Autoren zu fördern und ihnen als Sprungbrett zu dienen. Deshalb wurde auch eine Erzählbandreihe junger ostdeutscher Autoren und die Reihe "Europas junge Generation" eröffnet. Darüberhinaus wurde eine Reihe zur kulturellen Arbeit der Deutschen Jugend des Ostens herausgebracht.

Durch die Veränderung der Mehrheitsverhältnisse der Gesellschaft und die Zusammenlegung mehrerer Verlage, unter Wahrung deren Eigenständigkeit, ist das Schwergewicht auf den Vertrieb übergegangen.
Hauptautoren/Hauptwerke: Fridolin Aichner (Dr. Benesch), "Auf verwehter Spur" — Margarete Kubelka, "Umhegte Welt" — Bernhard Ohsam, "Europatransit" und "Eine seltsame Reise" — Ilse Tielsch-Felzmann, "Südmährische Sagen" — L. H. Rutkowski, "Nordniederschlesien - Geschichte, Sage und Anekdote" — Alfred Grosz, "Sagen aus der Hohen Tatra".
Reihe: "Europas junge Generation", Band 1, Peter Nasarski, "Polens Jugend heute" — Band 2, Gabor Kocsis, "Ungarns Jugend heute" — Band 3, Peter Nasarski, "Tauwetter und vereiste Spuren" — Band 4, Leigh Bottrell, "Queen und Contra - Englands Jugend heute".
Dokumentation von András/Morel, "Bilanz des ungarischen Katholizismus - Kirche und Gesellschaft in Dokumenten, Zahlen und Analysen".
Verlagsgebiete: 8 — 9.

Signet wird geführt seit: 1946.

Grafiker: Ludwig Maria Beck.

Heimeran Verlag
D-8000 München 40, Dietlindenstraße 14, Postfach 400 824.

Tel: (089) 39 94 17. **Psch:** München 414 21-806. **Bank:** Bayerische Vereinsbank München 440 162. **Gegr:** 25. 10. 1922 in München. **Rechtsf:** KG.
Inh/Ges: Till Heimeran, pers. haft. Gesellschafter; Margit Heimeran, Kommanditistin, geb. 1906.
Verlagsleitung: Till Heimeran, geb. 1938. Vertrieb und Werbung: Thomas Kniffler, geb. 1946.
Lektorat: Else Sommer, geb. 1908.
Geschichte: Ernst Heimeran, geb. am 19. Juni 1902 in Helmbrechts, Ofr., gründete den Verlag noch als Student

am 25. 10. 1922. Ursprünglich war nur die Edition zweisprachiger Ausgaben antiker Texte geplant (Tusculum-Bücherei). Da dies wirtschaftlich schwer tragbar war, eröffnete Ernst Heimeran zunächst als sein eigener Autor die Verlagsgebiete „Haus und Familie", es folgten „Humor in allen Spielarten", Musik, Kulturgeschichte, Kuriosa und Kochbücher.

Till Heimeran, der den Verlag seit 1967 leitet, gab dem Verlag mit der Eröffnung der literaturwissenschaftlichen Reihe „Dichter über ihre Dichtungen" einen neuen Schwerpunkt. Eine Erweiterung der zweisprachigen Ausgaben stellt die ab 1974 erscheinende Ausgabe „Baudelaire, Sämtliche Werke / Briefe" dar. Für die kulinarische Abteilung wurde 1969 ein selbständiges Unternehmen, der Kochbuchverlag Heimeran (siehe dort), gegründet.

Buchreihen: „Tusculum-Bücherei" (2-sprachige Ausgaben antiker Texte) — „Dichter über ihre Dichtungen" (Zusammenstellung aller Äußerungen eines Dichters über seine Werke in Einzelbänden).
Tges: Kochbuchverlag Heimeran KG.
Verlagsgebiete: 7 — 8 — 12 — 13 — 14 — Spez.Geb: 7 Sammlungen aller Äußerungen eines Dichters über sein Werk — 8 Texte der Antike — Humor, Kuriosa, bibliophile Editionen.

Hein, Eva
A-1060 Wien, Neulerchenfelderstr. 3—7

Heindl, Josef
A-4870 Schärding, Postfach 61, Linzer Tor 2

Heinold Verlagsbüro siehe Lesen Verlag

Heinrich, Dr. Adolf
A-1011 Wien I, Postfach 347, Akademiestraße 3

Signet wird geführt seit: 1922.

Grafiker: —

Heinrichshofen's Verlag

D-2940 Wilhelmshaven, Liebigstraße 16, Postfach 620

Tel: (0 44 21) 2 65 55. **Psch:** Hamburg 173 91. **Bank:** Oldenburgische Landesbank Wilhelmshaven. **Gegr:** 27. 11. 1797 in Magdeburg. **Rechtsf:** KG.
Inh/Ges: Pers. haft. Gesellschafter Otto Heinrich Noetzel, 4 Kommanditisten.
Verlagsleitung: Otto Heinrich Noetzel, geb. 6. 10. 1909.
Lektorat Musik: Prokurist Dr. Viktor Kreiner, geb. 10. 2. 1933.
Lektorat Buch: Florian Noetzel, geb. 18. 5. 1943.
Geschichte: Am 27. 11. 1797 trat Wilhelm von Heinrichshofen in die von Th. Keil in Magdeburg gegründete Handlung ein. Der Musikverlag nahm unter dem Sohn des Gründers seinen Aufschwung. Der Enkel des Gründers, Adalbert Heinrichshofen (1859 bis 1932) setzte sein Werk erfolgreich fort. Ihm folgte sein Enkel Otto Heinrich Noetzel, der seit 1932 an der Spitze der Firma steht, die 1947 nach Wilhelmshaven übersiedelte.
Neben der umfangreichen Produktion von Musikalien veröffentlicht der Verlag seit einigen Jahren in steigendem Maße auch vor allem musikwissenschaftliche Bücher.
Musikreihen: „Pegasus-Ausgabe" — „Consortium" — „L'arte" — „Bunte Blockflötenhefte" — Sirius Edition — Unterrichtsliteratur, Orchesterwerke, Opern.
Buchreihen: „Schumann Musikhandbücher" — „Quellenkataloge zur Musikgeschichte" — „Taschenbücher zur Musikwissenschaft" — „Musikpädagogische Bibliothek" — Musikbibliographien, Musik-Lexika, Liederbücher.
Tges: Otto Heinrich Noetzel Verlag, D-2940 Wilhelmshaven, Liebigstraße 16 — Heinrichshofen's Druckerei (Buchdruck, Offsetdruck, Buchbinderei), D-2940 Wilhelmshaven, Liebigstraße 16 — Musik-

Groß-Sortiment Arthur Türk KG, D-2000 Hamburg 28, Hardenstraße 4—6.
Verlagsgebiet: 13.

Heinrichs Verlag KG
D-3200 Hildesheim, Postfach 271, Stephanstraße 12

Helbling & Co.
Inhaber: A. & C. Brunner
CH-8604 Volketswil-Zürich, Haus Melodie
Tel: (051) 86 43 93. **Psch:** Zürich 80-6022. **Bank:** Schweizerische Kredit-Anstalt Schwerzenbach. **Gegr:** 1. 7. 1916. **Rechtsf:** KG.
Inh: Albert Brunner, Cilly Brunner.
Verlagsleitung: Albert Brunner, Hans Bühler, Prokurist.
Geschichte: Die Umänderung der Einzelfirma Gottfried Helbling in die Kollektiv-Gesellschaft Helbling & Co. (G. Helbling & Albert Brunner, gegr. 1. 9. 1945) erfolgte am 1. 3. 1954. Der Verlag vertritt folgende Verlage für die Schweiz: Campbell & Connelly Publ. & Co., London; Michael Jary-Produktion, Frankfurt am Main; Peter Schaeffers Musikverlage, Berlin; Ralph Maria Siegel, Musikverlage, München; Hans Sikorski, Musikverlage, Hamburg; World Music Co., Brüssel.
Der Kollektiv-Gesellschafter Albert Brunner leitet als Geschäftsführer oder Direktor folgende eigenständige Firmen: Editions Chappell; Edition AME-Kassner GmbH; Edition Nova GmbH; Hush-a-Bye Music Co.; Southern Music AG.
Hauptwerke: Die Verlagsproduktion umfaßt über 3000 Potpourris und Einzelausgaben für Akkordeon, Blasmusik, Blockflöte, Gitarre, Klavier, Melodica, Schulmusik, Schlager, Volksmusik, u. a. folgende Titel: Hugo Beerli und Anton Dawidowicz, „Komm sing mit", Schweiz. Liederbuch sowie Instrumental-Spielbuch zu „Komm sing mit" — Hugo Beerli, Egon Kraus und Leo Rinderer, „Von der Musik und ihren großen Meistern", Musikkunde für Unterricht und Selbststudium — Hans Bodenmann, „Neue Blockflöten-Schule", „Méthode de Flute douce", „Frohes Musizieren", 7 Ergänzungshefte zur „Neuen Blockflötenschule", „Im grünen Wald", für 2 C-Blockfl., „I der Schwyz da simmer dehei", für 2 C-Blockflöten — Curt Mahr, „Czerny für Akkordeon", Band 1—3 — Schmitz-Draeger, „Schule für das chromatische Akkordeon" — Jacques Huber, „Piano-Akkordeon-Schule", deutsch/ital., „Piano-Akkordeon-Schule", deutsch/franz. — Hugo Beerli und Arthur Dietrich, „Pajass, Liederheft" — Camilleri, „Zehn kleine Finger", 7 Hefte (Zeitgemäße Klavierstücke).
Verlagsgebiete: 13 — 11.

Helfer-Verlag E. Schwabe
D-6380 Bad Homburg v. d. H., Kisselaffstraße 10

Heliand-Verlagsbuchhandlung
D-3140 Lüneburg, Postfach 104, Schröderstraße 16

Heliopolis-Verlag
D-7400 Tübingen, Postf. 1827, Doblerstraße 33

Helios-Verlag GmbH
D-1000 Berlin 52, Eichborndamm 141-167

Hempel, Günter
D-3300 Braunschweig, Postfach 5325, Adolfstraße 28

Hengstler, J. KG
D-7209 Aldingen, Uhlandstraße 49

Signet wird geführt seit: 1948.

Grafiker: Joseph Lehnacker.

Günter Henle Musikverlag
D- 8000 München 70, Schongauer Str. 24
Tel: (089) 74 25 55. **Psch:** München 2509-807. **Bank:** Bayer. Vereinsbank München 321417. **Gegr:** 20. 10. 1948 in München. **Rechtsf:** Einzelfirma.
Inh/Ges: Günter Henle Stiftung.
Verlagsleitung: Dr. Martin Bente, Prokurist.

Geschichte: Der Günter Henle Musikverlag wurde 1948 mit der Absicht gegründet, zunächst die klassische und romantische Klaviermusik von Bach bis Brahms, später die Kammermusik derselben Zeit in textlich einwandfreier originaler Form, gereinigt von willkürlichen Herausgeberzutaten, darzubieten. Diese Tendenz bringt der Verlag durch den Zusatz „Urtextausgabe" bei jedem veröffentlichten Werk zum Ausdruck. Nachdem die Klaviermusik dieses Zeitraums weitgehend vorliegt, ist der Verlag in neuerer Zeit bestrebt, Urtextausgaben der Kammermusik zu veröffentlichen.

Hauptwerke: Urtextausgaben klassischer und romantischer Klavier- und Kammermusik für den praktischen Gebrauch — Gesamtausgabe der Werke von Beethoven und Haydn — Musikwissenschaftliche Nachschlagewerke wie das „Internationale Quellenlexikon der Musik" — Werkverzeichnisse von Beethoven und Chopin — Kataloge bayer. Musiksammlungen — Wertvolle Faksimile-Ausgaben — Buchreihen über Leben und Wirken Beethovens u. Haydns. Kritische Ausgabe der Operngeschichte — Denkmälerausgaben: Das Erbe deutscher Musik.

Verlagsgebiete: 13 — 25.

Signet wird geführt seit: 1954.

Grafiker: Prof. Dr. Emil Preetorius.

Aloys Henn Verlag KG

D-4030 Ratingen, Minoritenstraße 17, Postfach 1309 — Tel. (0 21 02) 2 80 12
D-5448 Kastellaun, Bahnhofstraße 17, Postfach 1180 — Tel. (0 67 62) 10 34/35
D-4000 Düsseldorf-Benrath, Benrather Schloßallee 67 — Tel. (02 11) 71 55 53
Psch: Köln 3996-502; Essen 69 351.
Bank: Bank für Gemeinwirtschaft Düsseldorf; Kreissparkasse Düsseldorf; Volksbank Kastellaun, Kreissparkasse Simmern. **Gegr.:** 29. 7. 1939 in Ratingen.
Rechtsf: KG.
Inh/Ges: Dr. Gregor Henn, Dr. Aloys Henn, Renate Henn.

Verlagsleitung: Dr. Aloys Henn, geb. 18. 11. 1902 in Gammelshausen (Zeitschriften und Periodika); Dr. Gregor Henn, geb. 29. 4. 1932 in Düsseldorf (Bücher und Buchreihen).

Vertrieb: Otto Gräf (Kastellaun). Buch- und Offsetdruckerei: Theo Koch, (Düsseldorf).

Geschichte: Der Verlag widmete sich in den ersten Jahren (zeitbedingt) dem Rheinischen Schrifttum („Rheinische Bücherei"), dem Jugendbuch und der Kunsterziehung. Nach dem Wiederaufbau wurden die heutigen Hauptverlagsgebiete aufgebaut: Erziehungswissenschaft, Schulpädagogik, Schulbücher, Philosophie, Psychologie, Vergleichende Religionswissenschaften, Kunsterziehung, Naturwissenschaften, Technik. Seit 1973 wird als neues Verlagsgebiet das moderne Sachbuch ins Verlagsprogramm aufgenommen. Hierfür wurde der Verlag Modernes Sachbuch gegründet.

Der Universitäts- und Schulbuchverlag Saarbrücken GmbH wurde 1971 zum Teil übernommen.

Hauptautoren: J. Dolch, E. Lichtenstein, H. Döpp-Vorwald, C. Menze, R. Lassahn, P. Oswald, H. H. Becker, W. Hammel, R. Reinig, W. Ritzel, D. Benner, D. Schmied-Kowarzik, J. L. Blass, J. Drechsler, H. M. Elzer, P. H. Kronen, W. Jaitner, F. J. Wehnes, N. Vorsmann, P. Menck, J. Derbolav, G. Lutte, A. Schalk, K. W. Stratmann, H. Jörg, W. Salber, F. Hartke, H. Moritz, A. Schmidt, K. Schön, K. Sczyrba, H. Heuer, E. Schmack, H. Winter, H. Brinkmann, H. Messelken, H. K. Platte, Hüttner, W. Höffe, G. Schmitz, P. Tresselt, Th. Rutt, D. Venus, Ch. Winkler, O. von Essen, H. Moog, F. Hindrichs, G. Britsch, H. Herrmann, W. Ebert, E. Kornmann, H. Nattkämper, G. Hecker, O. Grupe, A. Geißler, H. Schrey, H. E. Schallenberger, A. Wenzel, W. Schöler, A. Beiler, K. H. Beeck, F. Fernau.

Buchreihen: „Henns Pädagogische Taschenbücher", Hrsg. Prof. Dr. Schmack — „Kölner Arbeiten zur Pädagogik", Hrsg. Prof. Dr. Drechsler, H. H. Groothoff, Ch. Menzen — „Beiträge zur Fachdidaktik", Hrsg. Prof. H. S. Schallenberger, J. Heinrich, G. Schmitz — „Schriftenreihe zur Geschichte und politischen Bildung", Hrsg. K. Ottenheym, H. E. Schallenberger — „Schriftenreihe

zu Theorie und Praxis der Kunstpädagogik", Hrsg. Prof. W. Ebert.
Zeitschriften und Periodika: „Bildnerische Erziehung" — „Pädagogische Rundschau" — „Lexikon der Kunstpädagogik", Hrsg. Prof. W. Ebert — „Lexikon der Musikpädagogik", Hrsg. Prof. H. Hopf — „Lexikon zur Deutschdidaktik", Hrsg. Prof. E. Nündel — „Die Gestalt", Hrsg. Prof. H. Hermann.
Verlagsgebiete: 3 — 10 — 12 — 18 — 20 — 28.

Henrich, Joachim
D-6237 Liederbach, Altkönigstraße 1

Henschelverlag Kunst und Gesellschaft
DDR-1040 Berlin, Postfach 220, Oranienburger Straße 67

Henssel, Karl-Heinz
D-1000 Berlin 39, Glienicker Straße 12

Signet wird geführt seit: 1948.

Grafiker: Richard Neuz.

Herba-Verlag Emil Driess
D-7310 Plochingen, Hindenburgstr. 79, Postfach 1168
Tel: (0 71 53) 2 71 54. **Psch:** Stuttgart 187 17. **Bank:** Volksbank Plochingen 58; Kreissparkasse Plochingen 20 60 75 31.
Gegr: 1948. **Rechtsf:** Einzelfirma.
Verlagsleitung: Emil Driess, geb. 10. 8. 1908.
Prokurist: Siegfried Driess, geb. 24. 3. 1937.
Druckerei: Hans Winter, geb. 13. 8. 1939.
Geschichte: Der Verlag ist aus dem 1948 von Emil Driess gegründeten Herba-Buchvertrieb hervorgegangen.
Nach Veröffentlichung von vorwiegend naturwissenschaftlichen Hand- und Bilderbüchern und Kalendern hat sich der Verlag seit 1951 spezialisiert auf die Herausgabe der „Herba-Sammelbildwerke", das sind Sammelalben mit bunten Bildern zum Einkleben, als Hilfsmittel für den Schulunterricht.

Hauptautoren: Peter Kuhlemann, Dr. Albert Thümmel, Josef Gabriel, Dr. Franz Pfützenreiter.
Hauptwerke: „Herba-Sammelbildwerke": Die Vögel der Heimat, Deutsche Geschichte, Blumen am Wege, Tierwelt der Heimat, Deutsche Heimat, Olymp. Sport, Wilde Tiere fremder Länder.
Verlagsgebiete: 9 — 11 — 14 — 15 — 18.

Signet wird geführt seit: 1935.

Grafiker: Walter Kahnert.

F. A. Herbig Verlagsbuchhandlung
D-8000 München 19, Hubertusstraße 4
Tel: (089) 17 70 41. **Fs:** 5 215 P45. **Psch:** München 843-801. **Bank:** Hypobank München 396-8060. **Gegr:** 4. 12. 1821 in Berlin. **Rechtsf:** Einzelfirma.
Inh: Dr. Herbert Fleissner.
Verlagsleitung: Dr. Herbert Fleissner □, geb. 2. 6. 1928 in Eger.
Vertrieb und Auslieferung: Gisela Weichert, Prokuristin, geb. 1. 2. 1929 in Berlin.
Lizenzen und Verwaltung: Renate Werner, Prokuristin, geb. 28. 2. 1934 in Hannover.
Geschichte: Friedrich August Herbig gründete 1821 in Berlin die Verlagsbuchhandlung gleichen Namens. Die ersten Autoren waren: Ewald v. Kleist, Friedrich Schlegel, Friedrich de la Motte-Fouqué, Germaine de Stael, Walter Scott und Willibald Alexis. Auch Friedrich v. Schiller mit seinem Schauspiel „Die Jungfrau von Orleans" ist vertreten; später kam auch Felix Dahn hinzu. Eine wissenschaftliche Abteilung enthielt Ammons „Chirurgische Krankheiten", Girtanners „Historische Nachrichten und politische Betrachtungen über die Französische Revolution" (17 Bände), die „Götterlehre" von Moritz und die „Vierteljahreszeitschrift für Volkswirtschaft" sowie zahlreiche Wörterbücher. Am Ende des 19. Jahrhunderts beherrschten Ploetz und Hausknecht mit ihren Unterrichtswerken das Verlagsprogramm. 1893 erschien die Zeitschrift „Die Frau". Die Autorin Gertrud Bäumer trat hervor. 1934 verkaufte die Familie Herbig, die bis da-

hin in drei Generationen das Unternehmen geführt hatte, den Verlag an Walter Kahnert. Nach seinem Tode übernahm 1966 Dr. Herbert Fleissner die Verlegerschaft und übersiedelte den Verlag von Berlin nach München, wo er seit 1967 gemeinsam mit dem Langen-Müller-Verlag in Verlagsgemeinschaft geführt wird.
Hauptautoren: Tilla Durieux, Joachim Fernau, Werner Finck, Alexander Granach, Nikos Kazantzakis, Hans Lipinsky-Gottersdorf, Erhard Klepper, Erich Zehren.
Hauptwerke: Elsa M. Felsko, „Blumen-Atlas" und „Blumenfibel" — Werner Stein, „Kulturfahrplan".
Verlagsgebiete 8 — 12 — 14 — 17 — 22 — 24.

Walter Herdeg, Graphis-Verlag

CH-8001 Zürich, Nüschelerstraße 45

Tel: (01) 37 12 15. **Psch:** 80 23071. **Bank:** Schweizerischer Bankverein Zürich; Schweizerische Kreditanstalt Zürich; Schweizerische Bankgesellschaft Zürich. **Gegr:** 1938 als Amstutz & Herdeg Zürich in Zürich. **Rechtsf:** Einzelfirma.
Inh: Walter Herdeg.
Verlagsleitung: Walter Herdeg, VSG, AGI, SWB, geb. 1908 in Zürich, Bürger dieser Stadt, Ausbildung als Grafiker an der Kunstgewerbeschule Zürich, der Staatlichen Akademie für freie und angewandte Kunst Berlin (Prof. O. H. W. Hadank), Studienaufenthalte in Paris, London und New York. Zuletzt freiberuflich als Graphiker tätig. Seit 1940 Verleger, Mitglied der Lehrlingsprüfungskommission der Kunstgewerbeschule Zürich.
Prokurist: Gerhard Ruoss, geb. 1927, Admin., Produktion, Vertrieb.
Assistant Editors: Stanly A. Mason, geb. 1917, Hans Kuh, geb. 1918.
Assistant to the Publisher: Jack J. Kunz, geb. 1919.
Werbe- und Verkaufsleiter: Harry Anderegg, geb. 1929.
Geschichte: 1938 Gründung eines graphischen Studios und Werbeagentur zusammen mit Dr. Walter Amstutz. 1944 Gründung des „Graphis-Verlages". Herausgabe der internationalen Zeitschrift „Graphis" und des Jahrbuches „Graphis Annual" sowie weiterer Werke der angewandten Kunst. 1964 Übernahme der Graphis-Verlagsrechte durch Walter Herdeg. Der Verlag heißt seitdem: Walter Herdeg, Graphis-Verlag.
Hauptautoren/Hauptwerke: Walter Herdeg, „Graphis", Internationale Zweimonatsschrift für Graphik und angewandte Kunst — „Graphis Annual", Internationales Jahrbuch der Werbe- und redaktionellen Graphik, — „Photographis", Internationales Jahrbuch der Werbe- und redaktionellen Photographie — „Graphis Posters", Internationales Jahrbuch der Plakatkunst — „Film+TV Graphics", eine internationale Übersicht über Film- und Fernsehgraphik — „Packungen", Internationales Handbuch der Packungs-Gestaltung (Band 2) — „Die Sonne in der Kunst", Sonnensymbole aus Vergangenheit und Gegenwart in der freien und angewandten Kunst — „Die Schriftentwicklung", H. E. Meyer — „Die Kunst des Comic Strip", eine internationale Zusammenfassung von den Anfängen bis zur Gegenwart — „Der Künstler im Dienst der Wissenschaft", wissenschaftliche und populär-wissenschaftliche Illustrationen — „Annual Reports", Konzeption und Realisation von Jahresberichten.
Verlagsgebiete: 12 — 24 — 28.

Signet wird geführt seit: 1948.

Grafiker: Alfred Riedel.

Verlag Herder KG

D-7800 Freiburg (Breisgau), Hermann-Herder-Straße 4

Tel: (07 61) 208-1 (Sammelnummer). **Fs:** 07/72603. **Psch:** Karlsruhe 389 04; Basel 40-21 890. Wien 1303.373; 's Gravenhage 14 55 23. **Bank:** Öffentl. Sparkasse Freiburg i. Br. 210 1000; Landeszentralbank in Baden-Württemberg 680 07451; Dresdner Bank AG 400 8005. **Gegr:** 27. 11. 1801 in Meersburg/Bodensee. **Rechtsf:** KG.
Inh/Ges: Familienunternehmen.
Verlagsleitung Dr. Theophil Herder-Dorneich, geb. 31. 12. 1898; Dr. Hermann Herder-Dorneich, geb. 19. 1. 1926.

Stellvertreter des Verlegers: Fritz Knoch.
Personal: Georg Böß.
Vertrieb: Karl Hauck.
Marketing: Dr. Ludwig Muth.
Verlagsbereich Religion und Theologie: Hubert Schlageter.
Verlagsbereich Lexikon und Sachbuch: Harald Gläser.
Verlagsbereich Pädagogik: Theo Rombach.
Finanzwesen: Alarich Bossert.

Geschichte: Der Verlag Herder ist eine Gründung aus dem Geist katholischer Aufklärung. 1801 gründete der Rottweiler Buchhändler Bartholomä Herder (1774—1839) in Meersburg am Bodensee die „Herdersche Verlagsbuchhandlung" und verlegte 1808 ihren Sitz nach Freiburg i. Br. Sein Verlagsprogramm umfaßte neben religiösem und theologischem Schrifttum Pädagogik, Geschichtswerke, Atlanten und illustrierte Werke. Sein Sohn, Benjamin Herder (1818—1888), veranlaßt durch die Verschärfung der konfessionellen Gegensätze um die Jahrhundertmitte und nicht zuletzt durch den in Baden besonders heftig geführten Kulturkampf, konzentrierte sich stärker auf den katholischen Leserkreis und baute sein Unternehmen zu einem Universalverlag katholischer Prägung aus. Werke, die für die Bildung des Selbstbewußtseins des deutschen Katholizismus entscheidend wurden, erschienen bei Herder. Unter ihm begann auch die Herausgabe großer Lexika und Handbücher, die neben der Theologie bis heute einen Schwerpunkt der Verlagsarbeit bilden. In der dritten Generation unter Hermann Herder (1864—1937) gewann das Unternehmen Weite und Weltgeltung. Das Netz der Herderschen Firmen wurde zielbewußt im In- und Ausland ausgebaut. Das internationale Ansehen des Verlags konnten selbst die Nationalsozialisten nicht außer acht lassen, als sie planten, den Betrieb zu schließen. 1937 übernahm Dr. Theophil Herder-Dorneich (geb. 1898) die Leitung des Verlags. Die Situation nach dem Zweiten Weltkrieg erforderte nicht nur den Wiederaufbau der Produktionsstätten und eine Fortführung überkommener Aufgaben, sondern eröffnete auch Möglichkeiten, das Gründungskonzept eines Universalverlags neu zu verwirklichen. Jugendbücher, Taschenbücher und ein umfangreiches Sachbuchprogramm wurden in das Angebot des Verlags eingegliedert, mehrere Zeitschriften gegründet, neue Leserschichten erschlossen. Diese neue Verlagslinie ist geprägt durch eine ökumenische Haltung und den Willen zum Dialog mit den verschiedenen Weltanschauungen. Seit 1964 ist mit Dr. Hermann Herder-Dorneich (geb. 1926) die fünfte Generation leitend in der Führung des Unternehmens tätig. Das pädagogische Programm, vor allem im Bereich der modernen Mathematik, wurde ausgebaut, ebenso die Gruppe Sachbücher, Kunst- und Bildbände, die Naturwissenschaft konsequent in die Verlagsarbeit integriert.
Literaturhinweis: Weiß/Krebs: „Im Dienst am Buch", Freiburg 1951, und „Der Katholizismus in Deutschland und der Verlag Herder", Freiburg 1951. (Die Bände erschienen zum 150jährigen Verlagsjubiläum.)

Hauptwerke: „Der Neue Herder" (6 Bde.) — „Wissen im Überblick" (8 Bde.) — „Brehms Neue Tierenzyklopädie" (12 Bde.) — „Lexikon der Psychologie" (3 Bde.) — „Sowjetsystem und demokratische Gesellschaft" (6 Bde.) — „Das Neue Lexikon d. Pädagogik" (4 Bde.) — „Lexikon der sprichwörtlichen Redensarten" (2 Bde.) — „Staatslexikon" (8 Bde. u. 3 Erg.-Bde.) — „Saeculum Weltgeschichte" (7 Bde.) — „ARS ANTIQUA" (5 Bde.) — „Lexikon für Theologie und Kirche" (10 Bde. u. 3 Erg.-Bde.) — „Lexikon der christlichen Ikonographie" (8 Bde.) — „Handbuch der Kirchengeschichte" (6 Bde. mit Teilbänden).

Buchreihen: „Herderbücherei" (Taschenbücher) — „studio visuell" (naturwissenschaftl. Studienbücher) — „Studienbücher Mathematik" — „Quaestiones disputate" (aktuelle theologische Probleme) — „Freiburger theologische Studien".

Große wissenschaftliche Fortsetzungswerke: „VETUS LATINA" — „Herders theologischer Kommentar zum Neuen Testament" — „Handbuch der Dogmengeschichte" — „Bibliotheca Missionum".

Zeitschriften: „Herder Korrespondenz" (mtl.) — „Stimmen der Zeit" (mtl.) — „Christ in der Gegenwart" (Wochenschrift) — „Gottesdienst" (Information und Handreichung für die Liturgie, 14-tgl.) — „kontraste" (vtljl.) — „Die kath. Missionen" (zweimtl.) — „Internationale DIALOG Zeitschrift" (vtljl.) — „Allge-

meiner Schulanzeiger für die BRD" (vtljl.) — „Kindergarten heute" (vtljl.) — „Römische Quartalsschrift für christliche Altertumskunde und Kirchengeschichte" (jl. 2 Doppelhefte) — „Theologie und Philosophie" (früher „Scholastik", vtljl.) — „Welt der Bücher" (zweimal jl., Ostern und Weihnachten) — „Anzeiger für die kath. Geistlichkeit" (mtl.).
Tges: Christophorus Verlag Herder GmbH, Freiburg; Herder & Herder, Verlag für Wirtschaft und Gesellschaft, Frankfurt; Verlag Karl Alber, Freiburg-München; A. G. Ploetz Verlag KG, Würzburg.
Verlagsgebiete 2b — 3 — 8 — 9 — 10 — 11 — 12 — 14 — 18 — 19 — 25 — 26 — 28 — 5 — 7 — 15 — 16 — 17 — 23.

Herder-Verlag
A-1011 Wien I, Postf. 248, Wollzeile 33

Signet wird geführt seit: 1972.

Grafiker: Alfred Riedel/ Hermann Bausch.

Herder & Herder GmbH
Verlag für Wirtschaft und Gesellschaft
D-6000 Frankfurt (M), Keplerstraße 43
Tel: (06 11) 55 61 82 und 59 05 28. **Bank:** Bankhaus Hardy & Co. Frankfurt (M) 17147/00. **Gegr:** 1972 in Frankfurt (M). **Rechtsf:** GmbH.
Inh/Ges: Verlag Herder KG, Freiburg (Br); Herder & Herder, Inc., New York; Frank Schwoerer, Bad Soden/Taunus.
Verlagsleitung: Dr. Hermann Herder-Dorneich, geb. 19. 1. 1926; Frank Schwoerer, geb. 7. 9. 1925.
Marketing und Lektor: Werner Schroeder.
Buchreihen: „H & H Paperbacks", Reihe: Soziale Probleme; Reihe: Politische Ökonomie; Reihe: Politik und Gesellschaft; Reihe: Betriebswirtschaft — „H & H Campus", Reihe für Gesellschafts- und Wirtschaftswissenschaften — „H & H Campus: Studien" (Sonderreihe) — Reihe „Führungswissen" — Serie „Marxismus im Systemvergleich", hrsg. von C. D. Kernig.
Verlagsgebiete: 5 — 6 — 20 — 21 — 25.

Herkommer, Dr. Julius
D-6747 Annweiler, Postfach 1135, Hauptstraße 10

Hermes, Richard, Verlag
D-2000 Hamburg 64, Classenweg 26

Herold Druck- und Verlagsgesellschaft mbH
A-1081 Wien VIII, Strozzigasse 8

Signet wird geführt seit: 1965.

Grafiker: F. Köhler.

Herold Neue Verlags GmbH
D-8000 München 70, Waldgartenstr. 66, Postfach 700 849
Tel: (089) 74 75 50. **Psch:** München 173 700. **Bank:** Bayer. Vereinsbank München 586602. **Gegr:** Erstgründung im Jahre 1883 in Nordhausen/Harz. Gründung der jetzigen Firma am 28. 8. 1962. **Rechtsf:** GmbH.
Inh/Ges: Dr. Joseph S. Herold und Frau Inge Angeletti.
Verlagsleitung: Dr. Joseph Simon Herold □, Verleger und Dolmetscher. Universitätsstudium der Slavistik, Anglistik und Spanisch (Lehrtätigkeit an Höheren Lehranstalten, Konferenzdolmetscher). Diplomkaufmann. Studium der Welthandelslehre und Soziologie in den USA. Promotion 1964. Herausgeber der Herold-Deutschland-Bibliothek und Fachautor.
Geschichte: Der Herold-Verlag wurde 1883 von Theologieprofessor Jodokus Maria Herold in Nordhausen/Harz gegründet. Publikationen zur sozialen Frage. Mit dem Tode des Verlagsgründers wurde der Verlag stillgelegt. 1954 Übernahme durch den Großneffen Joseph S. Herold. 1962 Fortführung des Verlages unter der neuen Firma „Herold Neue Verlags-GmbH" in München, nachdem nach 1945 das gesamte Familienunternehmen in der SBZ aufgegeben werden mußte.
Seit Beginn 1971 wird die Firma nur noch als Holdinggesellschaft geführt mit Beteiligungen an anderen Unternehmen. Hauptgegenstand ist die Verwaltung und Verwertung von Verlagsrechten und -lizenzen.

Hauptautoren: Pius Fischer, Georg Beck, Josef Oswald, Michael Petzet, Norbert Lieb, Willy Baur, Sigfrid Hofmann, Isolde Rieger, Frhr. von Ingersleben, Elisabeth Hartenstein, Heinz Goldberg, Kurt Seeberger, Hans Hoffmann, Karl Conrath, Michael Schattenhofer, Otto Beck, Heinz Bischoff.
Verlagsgebiete: 5 — 14 — 15 — 16 — 2b — Spez.Geb: 5 pharmazeutisch-betriebswirtschaftliche Fachliteratur.

Signet wird geführt seit: ca. 1925.

Grafiker: —

Herold Verlag Brück KG

D-7000 Stuttgart-S, Alexanderstraße 51, Postfach 507
Tel: (07 11) 24 09 96. **Psch:** Stuttgart 62 83. **Bank:** Commerzbank 4628 400; Deutsche Bank 25 363; Girokasse 20 79 503, alle in Stuttgart. **Gegr:** 1. 3. 1871 als Verlag Levy und Müller. **Rechtsf:** KG.
Inh/Ges: Pers. haft. Gesellschafter: Frau Elisabeth Häring; Kommanditisten: Frau Christel Laufs und Klaus Häring.
Verlagsleitung: Seit 1965 Emmerich Müller, geb. 17. 10. 1940, Verlagsleiter.
Geschichte: Gründung am 1. 3. 1871 als Verlag Levy und Müller in Stuttgart. Inhaber: Maximilian Levy und Müller. Übergang auf die Söhne Dr. Richard Levy und Erich Levy. Ca. 1934 Namensänderung der Herren Levy in: Lenk. Umbenennung des Verlags in: Jugendschriften-Verlag R. und E. Lenk, Stuttgart. 1936 Verkauf an die „Christliche Verlagshaus GmbH", Stuttgart, unter Änderung des Namens in: Herold Verlag GmbH, Stuttgart. 1946/47 Rückerstattung an die Herren Lenk und Weiterführung als Herold Verlag GmbH. Am 29. 1. 1951 Übergang an die jetzigen Inhaber. Umbenennung in Herold Verlag Brück KG Stuttgart, per 1. 9. 1952.
Hauptautoren: Marie-Luise Bernhard von Luttitz, Wolfgang Ecke, István Fakete, Lise Gast, Hugo Hartung, Ilse van Heyst, Adolf Himmel, Runer Jonsson, Ellis Kaut, Irina Korschunow, Dick Laan, Inge Ott, Ela Peroci, Dieter Pflanz, Roswitha Remy, Maia Rodman, Käte von Roeder-Gnadenberg, Josephine Siebe, Barbara Specht, Hans von Gottberg, Jaap ter Haar, Henry R. Fea, Günther Spang, Lisa Heiss.
Verlagsgebiet: 9.

Herold-Verlag Dr. Franz Wetzel & Co.

D-8000 München 71, Postfach 710460, Kirchbachweg 16

Herpich, Martin & Sohn

D-8000 München 50, Pelkovenstr. 54

Hertel, Johannes, Verlag

D-7570 Baden-Baden, Gernsbacher Straße 7

Hess Verlag KG

D-8000 München 40, Herzogstraße 60

Hess, Gerhard, Verlag

D-7900 Ulm/Donau, Kiechelweg 3

Signet wird geführt seit: 1960.

Grafiker: H. C. Traue.

Hestia-Verlag GmbH.

D-8580 Bayreuth, Eduard-Bayerlein-Straße 1, Postfach 2567
Tel: (09 21) 2 21 17. **Psch:** Nürnberg 61240-858. **Bank:** Bayerische Vereinsbank Bayreuth 3128970. **Gegr:** 1. 8. 1949 in Bindlach. **Rechtsf:** GmbH.
Ges: Anton Schupp.
Verlagsleitung: Anton Schupp, geb. 19. 9. 1919.
Geschichte: 1. 8. 1949 Gründung in Bindlach b. Bayreuth; 1. 9. 1949 Umzug nach Bayreuth; 15. 2. 1960 Umfirmierung (Hestia-Verlag) und Neuorientierung des gesamten Programmes.
Hauptautoren: Hans Borgelt, Thomas Jeier, Heinz G. Konsalik, Henry Pahlen, Bernd Ruland, Michael Solomon, Brigitte Sydow, Henric L. Wuermeling.
Verlagsgebiete: 6 — 8 — 14.

Hestra-Verlag
D-6100 Darmstadt, Holzhofallee 33a

Heyer, Ernst
D-4300 Essen, Hollestraße 1

Signet wird geführt seit: 1896.

Grafiker: Professor Döpler.

Carl Heymanns Verlag KG

D-5000 Köln 1, Gereonstraße 18—32
D-1000 Berlin 10, Gutenbergstraße 3—4
D-5300 Bonn, Justus von Liebig-Str. 6
D-8000 München 22, Steinsdorfstr. 10
Tel: Köln (02 21) 23 45 55; München (089) 22 48 11; Berlin (030) 3 91 31 11, 3 91 36 35, 3 91 70 90; Bonn (0 22 21) 66 35 85. **Fs:** Köln 8 881 888; Berlin 01 81 811; München 05 24 058. **Psch:** Köln 820 20-501, 228 03-501; München 122 266; Berlin/West 48 63; Zürich VIII 505 49. **Bank:** Deutsche Bank AG Köln; Commerzbank AG Köln; Landeszentralbank Köln; Berliner Bank AG; Berliner Disconto-Bank AG; Schweizerischer Bankverein Zürich; Barclay Bank Ltd. London. **Gegr:** 1815 in Glogau. **Rechtsf:** KG.
Inh/Ges: Hans-Jörg Gallus als pers. haft. Gesellschafter.
Verlagsleitung: Lektorat: Rechtsanwalt Hans-Eberhard Wohlfarth, Rechtsanwalt Klaus Frohn, Christel Sadtler, Gerhard Wertmüller.
Herstellung: Carsten Free.
Werbung: Hans-Wilhelm Theobald.
Anzeigen: Paul Ritzkat.
Verwaltung: Hans-Joachim von Leesen.
Geschichte: Die Firma wurde 1815 in Glogau gegründet und siedelte Mitte des vorigen Jahrhunderts nach Berlin über. 1951 wurden Niederlassungen in Köln, Bonn, München errichtet.
Hauptwerke: Brauchitsch/Ule, „Verwaltungsgesetze des Bundes und der Länder" — Kersten/Bühling, „Formularbuch und Praxis der freiwilligen Gerichtsbarkeit" — Müller-Henneberg/Schwartz, „Gesetz gegen Wettbewerbsbeschränkungen" — Plückebaum/Malitzky, „Umsatzsteuergesetz (Mehrwertsteuer)" — Reimer, „Patentgesetz und Gebrauchsmustergesetz" — Reimer, „Wettbewerbs- und Warenzeichenrecht" — Zöllner, „Kölner Kommentar zum Aktiengesetz" — „Die Bundesrepublik Deutschland" — „Fontes Iuris Gentium" — Entscheidungssammlungen.
Schriftenreihen: „Abhandlungen zum deutschen und europäischen Handels- und Wirtschaftsrecht" — „Academia Iuris" — „Annales Universitatis Saraviensis" — „Arbeit und Sozialordnung - Beiträge zum ausländischen öffentlichen Recht und Völkerrecht" — „Erlanger Juristische Abhandlungen" — „FIW-Schriftenreihe / Kartellrundschau" — „Kölner Schriften zum Europarecht" — „Prozeßrechtliche Abhandlungen" — „Schriften zum Wirtschafts-, Handels-, Industrierecht" — „Schriften zur Verwaltungslehre" — „Schriftenreihe zum Gewerblichen Rechtsschutz" — „Verwaltungswissenschaftliche Abhandlungen".
Verlagsgebiete: 4 — 11 — 5 — 6 — 7 — 10 — 20.
Tges: Albert Nauck & Co., Berlin/Köln, Gallus Druckerei KG Berlin; Gallus Verlag Hans O. Gallus München; Euroliber Verlags- und Vertriebsgesellschaft mbH Köln; Gallus Verlag KG Wien; Scientia Verlag AG Zug.

Heyn, Johannes, Verlag
A-9010 Klagenfurt/Österreich, Postf. 30, Kramergasse 2—4

Signet wird geführt seit: 1958.

Grafiker: —

Wilhelm Heyne Verlag

D-8000 München 2, Türkenstraße 5—7, Postfach 20 12 04
Tel: (089) 28 82 11—14. **Fs:** 05-24 218. **Psch:** München 47 803-800. **Bank:** Bayerische Vereinsbank München 880 471. **Gegr:** 15. 2. 1934. **Rechtsf:** Einzelfirma.
Inh/Ges: Rolf Heyne.
Verlagsleitung: Rolf Heyne, geb. 2. 5. 1928 in Berlin.
Geschichte: Der Verlag bestand seit Gründung bis Kriegsende in verlags-

eigenem Gebäude in Dresden, Reichsstraße 17. 1948 Übersiedlung nach München. Von der Gründung bis zum Kriegsende hatte der Verlag ein umfangreiches schöngeistiges Verlagsprogramm. In München wurde die belletristische Verlagsproduktion wieder aufgenommen. 1958 erfolgte der Start der Taschenbuchreihe „Heyne-Bücher", die sich innerhalb weniger Jahre stark entwickelt hat. Heute steht die umfangreiche Taschenbuchproduktion im Mittelpunkt der Verlagsarbeit.

Taschenbuchreihen: „Heyne-Bücher / Allgemeine Reihe" — „Heyne Praktische Reihe" — „Heyne Crime" — „Heyne Western" — „Heyne Science Fiction" — „Heyne Romantic Thriller" — „Simenon Romane" — „kompaktwissen" — „Heyne Jugend-Taschenbücher" — „Exquisit Bücher". Außerdem: „Heyne Taschen-Spiele" — „Heyne-Broschur" — „Heyne-Bildpaperbacks" — „Heyne action" — „Heyne Biographien" — „Heyne Anthologien".
Verlagsgebiet: 26.

Hieber, Max, Musikverlag
D-8000 München 2, Postfach Mü. 33/429, Kaufinger Straße 23

Signet wird geführt seit: 1970.

Grafiker: Prof. Alfred Finsterer, Stuttgart.

Anton Hiersemann KG., Verlag
D-7000 Stuttgart 1, Rosenbergstraße 113, Postfach 723

Tel: (07 11) 63 82 64, 63 82 65. **Psch:** Stuttgart 2355-702. **Bank:** Deutsche Bank Stuttgart 12/59 860. **Gegr:** 3. 9. 1884 in Leipzig (Karl W. Hiersemann). **Rechtsf:** KG.
Inh/Ges: Frau Erica Hiersemann, Karl Gerd Hiersemann, eine weitere Kommanditistin.
Verlagsleitung: Karl Gerd Hiersemann, geb. 23. Juni 1938; Dr. Reimar W. Fuchs, Verlagsleiter, geb. 26. August 1925.
Geschichte: Die 1884 als Antiquariat und Exportsortiment von Karl Wilhelm Hiersemann (3. 9. 1854 — 9. 12. 1928) in Leipzig gegründete Firma entwickelte sich rasch zu einer der international bedeutendsten ihrer Art. Sie wurde seit 1928 von Anton Hiersemann (9. 11. 1891 — 23. 9. 1969), dem Sohn des Gründers, weitergeführt. Ihre Spezialität war das Gebiet des alten, wertvollen Buches (Handschriften, Inkunabeln, Alte Einbände, Holzschnitt- und Kupferstichwerke, Reisewerke, Atlanten), aber auch der Kunstgeschichte und des Kunstgewerbes, der Geographie und Ethnographie sowie der Handel mit Zeitschriftenfolgen und Serienpublikationen. Bis 1945 erschienen etwa 700 Kataloge. — Der Verlag entwickelte sich aus den Arbeitsgebieten des Antiquariats. Als erstes Verlagswerk erschien 1892 Bickell, „Bucheinbände des 15. bis 18. Jahrhunderts". In den folgenden Jahrzehnten waren Buchgeschichte und Bibliographie, Kunstgeschichte und Kunstgewerbe, Literaturwissenschaft, Americana und Orientalia die bevorzugten Verlagsgebiete. Aus der engen Verbindung zu den großen Bibliotheken ergaben sich Publikationen wie die „Mitteilungen aus der Preussischen Staatsbibliothek", der „Gesamtkatalog der Wiegendrucke", Schramms „Bilderschmuck der Frühdrucke", der „Standortskatalog wichtiger Zeitungsbestände in deutschen Bibliotheken" und das „Beschreibende Verzeichnis der illuminierten Handschriften in Österreich". Bedeutende Buchreihen waren weiterhin die „Kunstgeschichtlichen Monographien" und „Hiersemanns Handbücher". Charakteristisch für den Verlag war die Komplettierung teilweise vergriffener großer Serienwerke durch die damals in Entwicklung befindlichen Nachdruckverfahren, so der „Bibliothek des Literarischen Vereins in Stuttgart", der Folioserien der „Monumenta Germaniae Historica", der „Historischen Zeitschrift" und der „Flora Brasiliensis" (Martius). Nach der Enteignung der Firma und des unzerstörten Geschäftshauses in Leipzig, wurde der seit 1949 in Stuttgart ansässige wissenschaftliche Verlag von Anton Hiersemann neu aufgebaut. Er setzt Tradition und Programm des Leipziger Hauses fort und wird nunmehr in der dritten Generation von Karl Gerd Hiersemann geführt. Bibliographien und Monographien auf den Gebieten Buch- und Bibliothekswesen, Mittelalterliche Geschichte, Religions-

wissenschaft, Literaturwissenschaft und Kunstgeschichte bilden den Schwerpunkt der verlegerischen Arbeit. (Literatur: „Werden und Wirken", Festgruß Karl W. Hiersemann zugesandt, Leipzig 1924; weitere Lit. s. Lex. d. Buchwesens 1, 322 ff.; Bibliographie z. Gesch. d. Stadt Leipzig, Sonderbd. 4, Weimar 1967, 109 f.)

Hauptautoren/Hauptwerke: Arnim, „Internationale Personalbibliographie" — Dahlmann-Waitz, „Quellenkunde der deutschen Geschichte" (10. Aufl.) — Geldner, „Die deutschen Inkunabeldrucker" — „Gesamtkatalog der Wiegendrucke" — Gregor, „Der Schauspielführer" — Kirchner, „Bibliographie der Zeitschriften des deutschen Sprachgebietes" — „Lexikon des Buchwesens" — Monumenta Germaniae Historica: „Scriptores, Leges und Diplomata in Folio" — Nachod, „Bibliographie von Japan" — Nissen, „Botanische und Zoologische Buchillustration" — „Reallexikon für Antike und Christentum" — „Reallexikon zur byzantinischen Kunst" — Olbrich-Beer, „Der Romanführer" — Schneider, „Handbuch der Bibliographie" — Schottenloher, „Bibliographie zur deutschen Geschichte im Zeitalter der Glaubensspaltung" — Schreiber, „Handbuch der Holz- und Metallschnitte des 15. Jahrhunderts" — Seider, „Paläographie der griechischen und der lateinischen Papyri" — Singer, „Allgemeiner und Neuer Bildniskatalog" — Swarzenski, „Denkmäler der süddeutschen Malerei des frühen Mittelalters" — Tillmann, „Lexikon der deutschen Burgen und Schlösser" — Aufsatzsammlungen von Friedrich Baethgen, Bernhard Bischoff, Joachim Kirchner, Paul Lehmann und Percy Ernst Schramm.

Buchreihen: „Bibliothek der griechischen Literatur" (seit 1971) — „Bibliothek des Buchwesens" (seit 1972) — „Bibliothek des Literarischen Vereins in Stuttgart" (seit 1842) — „Indices naturwissenschaftlich-medizinischer Periodica" (seit 1971) — „Monographien zur Geschichte des Mittelalters" (seit 1970) — „Schriften der Monumenta Germaniae Historica" (seit 1938) — „Päpste und Papsttum" (seit 1971) — „Symbolik der Religionen" (seit 1958).

Verlagsgebiete: 1 — 2 — 7 — 12 — 13 — 14 — 17 — 18 — 25 — Spez.Geb: 1 Bibliographie und Buchgeschichte — 14 Mediävistik — 17/18 Geschichte der Naturwissenschaften u. der Medizin — 25 Geisteswissenschaftliche Nachschlagewerke.

Signet wird geführt seit: —

Grafiker: —

Joh. Philipp Hinnenthal-Verlag

D-3500 Kassel-Wilhelmshöhe, Heinrich-Schütz-Allee 35

Tel: (05 61) 3 00 11. **Bank:** Landeskreditkasse Kassel 53 105. **Gegr:** 1946 in Bielefeld. **Rechtsf:** Einzelfirma.

Inh/Ges: Ehrensenator DDr. h. c. Karl Vötterle ☐.

Verlagsleitung: Ehrensenator DDr. h. c. Karl Vötterle, geb. 12. 4. 1903 in Augsburg.

Geschichte: Der Verlag begann mit Ausgaben alter und neuer Musik, übersiedelte 1950 nach Kassel und bringt jetzt Bücher zur europäischen Musikkultur und zur europäischen Volkskunde mit besonderer Beachtung des osteuropäischen Raumes.

Buchreihe: „Die Musik im alten und neuen Europa", Hrsg. Walter Wiora.

Verlagsgebiete: 13 — 14.

Hinstorff Verlag, VEB

DDR-2500 Rostock, Postfach 11, Kröpelinerstraße 25

Hintze und Sachse Verlag

D-2000 Hamburg 19, Emilienstraße 14a

Hippokrates Verlag GmbH

D-7000 Stuttgart 1, Postf. 593, Neckarstraße 121

Hirmer Verlag München

Signet wird geführt seit: 20. 3. 1952.

Grafiker: Eugen O. Sporer, München-Gräfelfing.

Gesellschaft für wissenschaftliches Lichtbild mbH
D-8000 München 19, Marées-Straße 15
Tel: (089) 1 78 10 11. **Psch:** München 115 07. **Bank:** Deutsche Bank München 80/22 949; Fürst Thurn und Taxis Bank München 10/0101001. **Gegr:** 5. 7. 1948 als „Gesellschaft für Wissenschaftliches Lichtbild mbH"; am 20. 3. 1952 umbenannt. **Rechtsf:** GmbH.
Inh/Ges: Prof. Dr. Max Hirmer, Aenne Hirmer, Albert Hirmer.
Verlagsleitung: Prof. Dr. Max Hirmer ☐, geb. 14. 3. 1893; Aenne Hirmer, geb. Hoppstaedter, geb. 16. 3. 1912; Albert Hirmer, geb. 17. 10. 1939.
Vertrieb und Werbung: Holger Ihlo.
Geschichte: Gegründet am 1. 7. 1948 durch Univ.-Prof. i. R. Dr. Max Hirmer. Das Hauptziel des Verlages ist die Erschließung der Kunst der Welt auf wissenschaftlicher Basis, aber in allgemein verständlicher Form für einen weiteren Leserkreis.
Hauptbildautor: Prof. Dr. Max Hirmer.
Buchreihen: „Große Kunstmonographien" (alte Kulturen des Mittelmeerraumes und Vorderasiens, klassische Antike, abendländische Kunst) — „Reise und Studium" — „Weltkulturen und Baukunst" — „Fotografisch bedeutsame naturwissenschaftliche Werke" — Bände zur Graphik der Französischen Impressionisten und der Moderne — Kunstkarten.
Fotoarchiv.
Verlagsgebiete: 12 — 14 — 18.

Hiro-Produktion International
A-1090 Wien, Sobieskigasse 21

Hirschgrabenverlag GmbH
D-6000 Frankfurt 1, Postfach 180 245, Fürstenberger Straße 223

Harro v. Hirschheydt
D-3000 Hannover 26, Postfach 260 769, Wiehmannstraße 20

Ferdinand Hirt

Signet wird geführt seit: —

Grafiker: —

D-2300 Kiel 1, Schauenburgerstraße 36, Postfach 2580
Tel: (04 31) 4 42 61. **Fs:** 02 99 873. **Psch:** Hamburg 62 26. **Bank:** Bankhaus Wilhelm Ahlmann Kiel 19/39115. **Gegr:** 1832 in Breslau. **Rechtsf:** KG.
Inh/Ges: Götz Hirt-Reger, als pers. haft. Gesellschafter. Kommanditisten: Dr. Hella Ostermeyer, geb. Hirt-Reger.
Verlagsleitung: Götz Hirt-Reger, geb. 29. 6. 1920 in Leipzig.
Geschichte: Gegründet 1832 in Breslau von Ferdinand Hirt aus Lübeck; zuerst Sortiment und Verlag, seit etwa 100 Jahren ausschließlich Verlag für Wissenschaft und Schule. 1873 gründete der Sohn Ferdinand Hirts, Dr. h. c. Arnold Hirt, den Verlag Ferdinand Hirt & Sohn in Leipzig. Nach dem Tode von Ferdinand Hirt 1877 übernahm Arnold Hirt den Breslauer Verlag. 1910 trat der Enkel von Ferdinand Hirt, Georg Hirt-Reger, in beide Firmen ein, die er 1918 übernahm. Das Breslauer Haus wurde 1945, die Leipziger Filiale 1943 zerstört. Wiedereröffnung in Kiel 1950. 1960 schied Dr. h. c. Georg Hirt-Reger aus dem Verlag aus, und der Urenkel von Ferdinand Hirt, Götz Hirt-Reger, trat an seiner Stelle als persönlich haftender Gesellschafter ein. Gepflegt werden noch heute die Gebiete Schulbücher sowie wissenschaftliche und pädagogische Literatur.
Hauptwerke: Schulbücher für Höhere Schulen, Realschulen und Volksschulen.
Buchreihen: „Hirts Stichwortbücher" — „Wegweiser für die Lehrerfortbildung" — „Veröffentlichungen der Schleswig-Holsteinischen Universitätsgesellschaft" — „Schriften aus dem Institut für Österreichkunde" — „Wiener Geographische Schriften" — „Hamburger Geographische Studien".
Niederlassung in Österreich: Ferdinand Hirt Ges.m.b.H., A-1090 Wien, Widerhofergasse 8, Tel: (02 22) 34 35 58.
Verlagsgebiete: 7 — 10 — 11 — 14 — 15 — 18 — 19.

Signet wird geführt seit: 20er Jahren.

Grafiker: Max Klinger.

S. Hirzel Verlag KG.

D-7000 Stuttgart 1, Birkenwaldstr. 44, Postfach 347
Tel: (07 11) 29 44 82, außerhalb der üblichen Dienstzeiten (07 11) 29 61 22. **Psch:** Stuttgart 64 383-708. **Bank:** Ellwanger & Geiger Stuttgart 22 566; Girokasse Stuttgart 27 32 486. **Gegr:** 1853 in Leipzig. **Rechtsf:** KG.
Inh/Ges: Dr. Irmgard Ebert-Schmiedel, Lenore Rotta.
Verlagsleitung: Ernst Vaeth, Hans Rotta.
Prokuristen: Reinhold Hack, Karl Hübler, Herbert Hügel, Dr. Hans R. Petri, Barbara Schreck.
Geschichte: Der S. Hirzel Verlag, aus der seit 1680 bestehenden Weidmannschen Buchhandlung erwachsen, wurde von Salomon Hirzel, einem Schwager von Karl Reimer, am 1. 1. 1853 in Leipzig gegründet. S. Hirzel entstammte einem alten Schweizer Patriziergeschlecht, er war der Sohn eines Züricher Professors. Die Firma entwickelte sich schnell zu einem bedeutenden Verlag, der Ansehen in der Kulturwelt hatte. S. Hirzel war auch ein großer Sammler. Seine berühmte Goethe-Bibliothek fiel nach seinem Tode (1877) als Vermächtnis und Geschenk der Leipziger Universitätsbibliothek zu, wo sie noch heute unter seinem Namen besteht.
S. Hirzel folgten Heinrich Hirzel, dann Dr. Georg Hirzel, der u. a. mit befreundeten namhaften Künstlern wie Max Klinger und Lovis Corinth zusammen die Villa Romana in Florenz zur Förderung junger deutscher Künstler erwarb. Dr. Georg Hirzels Nachfolger war wieder ein Heinrich Hirzel, der am 27. 1. 1963 verstorbene letzte männliche Verlagserbe.
Nach 1945 wurden in Zürich und Stuttgart zwei neue Zweige des Verlages gegründet, 1962 beide Häuser in Stuttgart zusammengefaßt und gingen 1969 in die Hände neuer Besitzer über. Mit der Verlagsgeschichte verbunden ist eine große Zahl bedeutender Autorennamen, darunter 11 Nobelpreisträger, alle Verfasser weit verbreiteter wissenschaftlicher Hand- und Lehrbücher sowie Monographien der verschiedensten Wissenschaftsgebiete. Im Verlag sind u. a. „Grimms Deutsches Wörterbuch" und „Lexers Mittelhochdeutsches Handwörterbuch" erschienen.
Zeitschriften: „AEÜ, Archiv für Elektronik und Übertragungstechnik, Electronics and Communication" — „Acustica, Internationale akustische Zeitschrift, International journal on acoustics, Journal international d'Acoustiques" — „Das medizinische Laboratorium, Le Laboratoire Médical" „Röntgenpraxis, Zeitschrift für radiologische Technik" — „Microscopica Acta, Zeitschrift für wissenschaftliche Mikroskopie und mikroskopische Technik".
Tges: Wissenschaftliche Verlagsgesellschaft mbH, Stuttgart; Deutscher Apotheker-Verlag, Stuttgart; Franz Steiner Verlag, Wiesbaden.
Verlagsgebiete: 3 — 7 — 17 — 18 — 19 — 20 — 25 — 28.

Hirundo Verlagsgesellschaft siehe Jugend und Volk

Hobbing, Reimar, Verlag
D-4300 Essen, Postfach 1517, Brunnenstraße 61—65

Hoch, Martin, Druckerei und Verlagsgesellschaft
D-7140 Ludwigsburg, Postfach 503, Hahnenstraße 15—17

Signet wird geführt seit: 1949.

Grafiker: —

Hoch-Verlag GmbH
D-4000 Düsseldorf, Kronprinzenstr. 27
Tel: (02 11) 30 70 01. **Psch:** Köln 900 47 - BLZ 370 100 50. **Bank:** Kreissparkasse Düsseldorf 104 30 48 - BLZ 301 502 00; Bankhaus C. G. Trinkaus Düsseldorf 14/0113j/018 - BLZ 300 308 80. **Gegr:** 1. 1. 1949 **Rechtsf:** GmbH.

Inh/Ges: Otto Hoch, geschäftsführender Gesellschafter.
Verlagsleitung: Otto Hoch ☐, geb. 10. 12. 1912 in Düsseldorf, Geschäftsführer des Verlages und Inhaber des grafischen Großbetriebes Hub. Hoch, Düsseldorf, Besuch der Meisterschule für Deutschlands Buchdrucker, München.
Joachim Hoch, geb. 5. 2. 1939 in Düsseldorf, Studium an der Universität Köln, Diplom-Kaufmann und Lektor des Verlages seit 1967.
Hanns Kulmann, geb. 30. 12. 1914 in Düsseldorf, Verlagsleiter, buchhändlerische Ausbildung in Köln, Mitglied im Arbeitskreis für Jugendschrifttum, der Internationalen Jugendbibliothek München, des Forschungsinstituts für Jugendbuchfragen an der Johann-Wolfgang-Goethe-Universität, Frankfurt.
Geschichte: Die Hoch-Verlag GmbH ist aus der 1887 in Düsseldorf gegründeten Firma Druckerei und Verlag Hub. Hoch hervorgegangen. Sie pflegt die Herausgabe guter Kinder-, Jugend- und Sachbücher und ist Gründungsmitglied im „dtv-junior".
Hauptautoren: Robert Bolt (Österreichischer Staatspreis 1968), Peter-Wolfgang Engelmeier, Karl A. Frank, Alfred Hageni, Marguerite Henry (Newbery Medal 1949), Max Kruse, Felix Lützkendorf, Roderich Menzel, Tilde Michels, Herbert Plate (Friedrich-Gerstäcker-Preis), Klaus Reuter, Helmut Sohre, Wolf-Dieter von Tippelskirch, Ursula Wölfel (Deutscher Jugendbuchpreis 1962, Ehrenliste zum Hans-Christian-Andersen-Preis).
Verlagsgebiet: 9.

Hochstein Musikverlag
D-6900 Heidelberg, Postfach 1260, Friedrich-Ebert-Anlage 28

Hocke van Horn siehe Harrach

Höfling Verlag Dr. Valentin Mayer KG
D-6940 Weinheim, Postfach 1421, Königsberger Straße 18—22

Hölder-Pichler-Tempsky
A-1015 Wien, Singerstraße 12

Hölzel Edition
A-1031 Wien III, Rüdengasse 11

Höpfel, Gebr., Lehrmittelanstalt
D-1000 Berlin 61, Bernburger Straße 30

Signet wird geführt seit: 1955.

Grafiker: Horst Lippki.

Hans Hoeppner
Galerien — Graphische Edition — Kunstverlag

D-2412 Ritzerau-Nusse
D-2000 Hamburg 13, Rothenbaumchaussee 103
D-8000 München 2, Löwengrube 18 (Aufhäuser-Herder-Passage)

Tel: Hamburg (040) 45 33 62, München (089) 22 12 70. **Psch:** Hamburg 131104. **Bank:** Spar- und Darlehenskasse Trittau 60818; Deutsche Bank Hamburg 5071378; Aufhäuser-Bank München 196290. **Gegr:** 1954 in Hamburg. **Rechtsf:** Einzelfirma.
Inh: Hans Hoeppner.
Verlagsleitung: Hans Hoeppner, geb. 9. 5. 1926 in Göda bei Bautzen, 1943 Notabitur, Kriegsteilnahme, Gefangenschaft, Internierung bis 1950, Studium der Philosophie, 1954 Verlagsgründung.
Prokuristin: Jutta Hoeppner, geb. Corleus, geb. 30. 1. 1943 in Hamburg, Mittlere Reife, Handelslehre, Tätigkeit in London, seit 1964 im Verlag.
Galerien: Hamburg, Ingrid Brinkmann, geb. 24. 9. 1937 in Bromberg (Polen), nach Abitur Jura-Studium, seit 1970 in Galerien tätig; München, Pieter Boele, geb. 18. 11. 1938 in Scheidam (Holland), Gymnasium, Buchhändlerlehre, Galeriearbeit in Amsterdam, London, New York, Südamerika.
Hauptwerke: Kunst und Grafik.
Verlagsgebiet: 12.

Hörnemann Verlag
D-5300 Bonn-Röttgen 1, In der Wehrhecke 17, Postfach 9

Tel: (0 22 21) 25 13 76. **Psch:** Köln 233476-500. **Bank:** Sparkasse Bonn 87494. **Gegr:** 18. 9. 1969. **Rechtsf:** Einzelfirma.
Inh/Ges: Werner Hörnemann.
Verlagsleitung: Werner Hörnemann, geb. 15. 9. 1920, Abitur, 7 Jahre Soldat,

anschließend Studium. Von 1954 bis 1968 im Hause Bertelsmann, die letzten 10 Jahre in leitender Position.

Hauptautoren/Hauptwerke: Sybil Gräfin Schönfeldt, „Tiefkühlkochbuch" — Rotraud Degner, „So kocht Italien" — Bernard Leach, „Töpferbuch" — Edda Meyer-Berkhout, Roland Gööck, „100 berühmteste Rezepte" — Kurt Lavall, Elisabeth Malcolm.

Verlagsgebiete: 9 — 12 — 15 — 20 — 22 — 23 — 25.

Hofbauer-Verlag GmbH

D-5300 Bonn, Kölnstraße 417

Tel: (0 22 21) 67 08 68. **Psch:** Essen 395 13-438. **Bank:** Deutsche Bank 032-5720; Städt. Sparkasse 15 926 876. **Gegr:** 5. 2. 1926. **Rechtsf:** GmbH.

Inh/Ges: Dr. Hans Weyer, P. B. Kremer.

Verlagsleitung: P. B. Kremer. Geschäftsführer: Dr. Hans Weyer.

Geschichte: Am 5. 2. 1926 wurde der Hofbauer-Verlag in Bonn gegründet. Sein Ziel war die Betreuung der Werke des großen Moraltheologen Alfons von Liguori. Daneben sollte durch die Zeitschrift „VM - Zur Zeit" eine Verbindung zu den Gemeinden geschaffen werden, die durch die Volksmissionen der PP. Redemptoristen religiös erneuert wurden. Ostern 1941 wurde der H. V. B. durch die Gestapo aufgelöst. Die Druckerei mußte verkauft werden. Die verlegten Werke wurden verschleudert. Am 1. 1. 1950 wurde der Verlag wieder zugelassen und P. H. Stemmer übernahm die Verlagsleitung. Sitz des Verlages war bis zum 15. 8. 1953 Kirchhellen, Westf.

Zeitschrift: „VM - Zur Zeit" (zweimtl.).

Verlagsgebiete: 2b — 3 — 24 — 28.

Hofer, Andreas

A-5020 Salzburg, General-Keyes-Str. 13

Hofer, H. W., Verlag

D-8000 München 90, Agilolfingerstr. 29

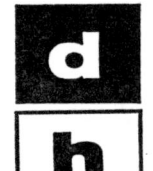

Signet wird geführt seit:
1. Mai 1963.
(Firmengründung)

Grafiker: Selbst.

Verlag Dieter Hoffmann

D-6500 Mainz-Ebersheim, Senefelderstraße 25

Tel: (0 61 36) 416. **Fs:** 04 187213. **Psch:** Frankfurt (M) 29800-601. **Bank:** Stadtsparkasse Mainz 1553. **Gegr:** 1. 5. 1963. **Rechtsf:** Einzelfirma.

Inh/Ges: Dieter Hoffmann, geb. 1929. Buchdruck-Kaufmann.

Verlagsleitung: Dieter Hoffmann; Margit Goldack, Sekretärin.

Geschichte: Seit Gründung des Verlages befaßt sich dieser ausschließlich mit dem Sachgebiet Luftfahrthistorik und hat außerdem eine Verbands-Jagd-Zeitschrift mit angegliederten kleineren Jagdtiteln.

Hauptautoren und Hauptwerke: Bruno Lange, „Das Buch der deutschen Luftfahrttechnik" — Karl Ries, „Dora Kurfürst und rote 13", Band 1—4 — Karl Ries, „Markierungen und Tarnanstriche der Luftwaffe im 2. Weltkrieg", Band 1—4 (Markings and Camouflage of the Aircraft in World War II, Vol. 1—3) — Karl Ries, „Luftwaffe", Band 1 „Die Maulwürfe" („Luftwaffe", Volume 1 „The Moles") — Karl Ries, „luftwaffen-story 1935—1939" — Karl Ries, Ernst Obermaier, „Bilanz am Seitenleitwerk" (Luftwaffe Rudder Markings) — Ernst Obermaier, „Die Ritterkreuzträger der Luftwaffe 1939—1945", Bd. 1 Jagdflieger — Heinz J. Nowarra, „Eisernes Kreuz und Balkenkreuz" (Iron Cross and Black Cross) — Heinz J. Nowarra, „60 Jahre Deutsche Verkehrsflughäfen" — G. Tiedtke, G. Claussen, „Aus der Praxis für die Praxis".

Verlagsgebiete: 6 — 14 — 23.

Signet wird geführt seit: 1951.

Grafiker:
Horst Braun, Heidenheim.

Erich Hoffmann Verlag

D-7920 Heidenheim/Brenz, Schnaitheimerstraße 11, Postfach 1429

Tel: (0 73 21) 4 20 25. **Psch:** Stuttgart 53890-704. **Bank:** Heidenheimer Volksbank 1160. **Gegr:** 1. 10. 1949 in Heidenheim. **Rechtsf:** GmbH.
Inh: Frau Paula Hoffmann, geb. Wutz.
Verlagsleitung: Frau Paula Hoffmann, Geschäftsführerin; Herbert Schult ☐, geb. 15. 3. 1915 in Leipzig, Verlagsleiter.
Hauptautoren: Rolf Becher, Wilhelm Blendinger, Vladimir Carin, Lise Gast, Daphne Machin Goodall, Ingeborg v. Groll-Dillenburger, Otto-Albrecht Isbert, Michael Molander, Christa Luzie Schütt, Waldemar Seunig, Vian Smith, John Tickner, Erika Ziegler-Siege.
Hauptwerke: Reiter- und Pferdeliteratur, Fachbücher, Jugendbücher, Bildbände.
Verlagsgebiete: 9 — 23.

Hoffmann, Hans

D-8462 Neunburg vorm Wald, Hauptstraße 55

Hoffmann, Hildegard, Verlag

D-1000 Berlin 38, Bergengruenstr. 26b

Hoffmann's Wwe., Joh., Musikverlag

D-8000 München 70, Pelargonienweg 41

Hoffmann, Julius

D-7000 Stuttgart 1, Postfach 788, Pfizerstraße 5—7

Otto Hoffmanns Verlag

D-6100 Darmstadt 2, Havelstraße 16, Postfach 4159

Tel: (0 61 51) 8 55 88 und 8 23 61. **Fs:** 04 19 312 ddf. **Psch:** Frankfurt 65180. **Bank:** Deutsche Bank Darmstadt 2510154. **Gegr:** 1894 in Bunzlau/Schlesien. **Rechtsf:** KG.
Inh/Ges: Ernst Leonhard, Darmstadt.
Verlagsleitung: Günther W. Berg, Frankfurt (M), Verlagsleiter ppa; Ernst Ludwig Kopp, Wolfskehlen, Chefredakteur ppa; Gerhard Seils, Darmstadt, Werbeleiter ppa; Gudrun Jerofsky, Darmstadt, Vertriebsleiterin.
Geschichte: 1894 in Bunzlau, Schlesien, gegründet, 1928 Übergang an die Verleger-Familie Leonhard, Berlin. — Bis Kriegsende herausgegebene Fachzeitschriften: „Der Eisenhändler", „Wochenschrift für Papier", „Burghagens Zeitschrift für Bürobedarf", „Das Drogisten Fachblatt". Nach Ausbombung in Berlin erscheint nach dem Krieg „ddf - das drogisten fachblatt" in neuer Form. Heute in der Branche führend mit über 10 000 Abonnenten. Zahlreiche drogistische Fachbücher und Fortbildungskassetten sowie ein Fortbildungs-Institut ergänzen Verlagsprogramm.
Hauptautoren/Hauptwerke: Helen Pietrulla, 5 Bände „Blaue Reihe der Heidelberger Kosmetik-Skripten" — Arnold Frey, „Drogenkunde nach Wirkstoffgruppen" und „Drogisten und Paragraphen" — Friedrich Wiedemann / Ernst Ludwig Kopp, Fortbildungskassetten mit Arbeitsheften „Kosmetik", „Diabetes", „Diabetes-Diät", „Baby-Ernährung", „Babypflege" — Verschiedene Autoren, „Sammelmappe für die Betriebliche Ausbildung, 1.—3. Ausbildungsjahr" — Karl Schoene, „100 Jahre im Zeichen des Mörsers".
Buchreihe: „Blaue Reihe der Heidelberger Kosmetik-Skripten" von Helen Pietrulla — 5 Bände.
Zeitschrift: „ddf - das drogisten fachblatt" (2x mtl.).
Btlg: Zusammenarbeit mit dem Ausschuß für Berufsausbildung im Verband Deutscher Drogisten e. V. und der Wirtschaftsförderungsgesellschaft des Verbandes Deutscher Drogisten mbH.
Verlagsgebiete: 6 — 10 — 21 — 28 — 27.

Signet wird geführt seit: 1948.

Grafiker: Prof. Mahlau.

Hoffmann und Campe Verlag

D-2000 Hamburg 13, Harvestehuder Weg 45, Postfach 13 20 92

Tel: (040) 4 41 88 (1). **Fs:** 02/214 259. **Psch:** Hamburg 696 39. **Bank:** Commerzbank AG; Deutsche Bank AG; Vereinsbank in Hamburg. **Gegr:** 1781 in Hamburg. **Rechtsf:** KG.
Ges: Kurt Ganske, Komplementär; Dr. Albrecht Knaus und Thomas Ganske, Kommanditisten.
Verlags- und Programmleitung: Dr. Albrecht Knaus.
Kaufmännische Verlagsleitung: Rüdiger Hildebrandt.
Chefredakteur „MERIAN": Dr. Will Keller.
Wissenschaftliches Lektorat: Hans-Helmut Röhring.
Vertriebsleiter: Bruno Laudien.
Herstellungsleiter: Udo Scheller.
Werbeleiter: Rudolf Sommer.
Leitung der Presseabteilung: Bärbel Naporowski.
Geschichte: Gegründet 1781 von Benjamin Gottlob Hoffmann, auf dessen Schwiegersohn August Campe im Jahre 1823 Julius Campe folgte. Unter ihm wurde der Verlag Mittelpunkt des „Jungen Deutschland". Neben Heine verlegte Julius Campe Hebbel, Gutzkow, Börne, Hoffmann von Fallersleben und andere.
Hauptautoren: Hans Albrecht, Günter Ammon, Willy Brandt, Dee Brown, Utta Danella, Hoimar v. Ditfurth, Alice M. Ekert-Rotholz, Jacques Ellul, Ossip K. Flechtheim, Elisabeth Flickenschildt, Ernst Fraenkel, Walter Helmut Fritz, Imanuel Geiss, Rudolf Hagelstange, Klaus Harpprecht, Horst Holzer, Hans Henny Jahnn, Walter Kaufmann, Hans Hellmuth Kirst, Horst Krüger, Siegfried Lenz, Jens Litten, Bruce Marshall, Karl R. Popper, Heinz Piontek, Curt Riess, J. J. Servan-Schreiber, Erich Segal, Ota Sik, Kurt Sontheimer, Mario Szenessy, Wolfgang Schmidbauer, Max Tau, Michel Tournier, Thaddäus Troll, Kurt Vonnegut, Wolfgang Wickler.
Zeitschrift: „MERIAN". Das Monatsheft der Städte und Landschaften.
Verlagsgebiete: 3 — 5 — 6 — 8 — 10 — 28 — 12 — 24.

Signet wird geführt seit: 1967.

Grafiker: Friedrich Heid.

Harry v. Hofmann Verlag

D-2000 Hamburg 52, Postfach 52 05 66

Tel: (040) 89 12 22. **Psch:** Hamburg 74775-209. **Bank:** Vereinsbank in Hamburg 24/00810, BLZ 200 300 00. **Gegr:** 1. 1. 1961 in Hamburg. **Rechtsf:** Einzelfirma.
Inh: Harry v. Hofmann.
Verlagsleitung: Harry v. Hofmann ☐, geb. 2. 3. 1931 in Riga, Verlagskaufmann, Werbekaufmann.
Hauptautoren: Horst Cornelsen, Karl Knauer, A. S. Puschkin, J. Schmidt-Andersen, Schmidt-Luchs.
Hauptwerke: Bildbände — Facsimiledrucke — Kunstkalender: „Mittelalterliche deutsche Städte im graphischen Bild des 15.—18. Jahrhunderts" — „Holzschnitte aus Drucken des 15. und 16. Jahrhunderts" — „Brueghel und seine Zeit" — Philatelistische Fachliteratur.
Zeitschrift: „Philatelia Baltica".
Verlagsgebiete: 15 — 24 — Spez.Geb: Philatelie.

Hofmann, Karl
D-7060 Schorndorf/Württ., Postfach 1360, Steinwasenstraße 6—8

Hofmeister, Friedrich, Musikverlag
D-6238 Hofheim, Ubierstraße 20

Hofmeister, Friedrich, Musikverlag (VEB)
DDR-7010 Leipzig, Postfach 147, Karlstraße 10

Hoheneck-Verlag GmbH
D-4700 Hamm/Westf., Postfach 291, Jägerallee 25

Hohenlohe'sche Buchhandlung Ferdinand Rau Öhringen

D-7110 Öhringen, Bahnhofstraße 16, Postfach 1320
Tel: (0 79 41) 24 23. **Psch:** Stuttgart 1776-704. **Bank:** Volksbank Öhringen 1334. **Gegr:** 1. 3. 1876 in Öhringen.
Rechtsf: Einzelfirma.
Inh/Ges: Helmut Rau.
Verlagsleitung: Helmut Rau, geb. 30. 10. 1914.
Geschichte: Gegr. 1876 von Hans Holthoff, der Stürmersche Buchhandlg. Hans Holthoff firmierte. Weiterverkauf an Ulrich Junge, Junge'sche Buchhandlung, ab 1. 7. 1907 übernommen von Herrn Ferdinand Rau der firmiert: Hohenlohe'sche Buchhandlung Ferdinand Rau.
Hauptautoren/Hauptwerke: Prof. Dr. Georg Wagner, „Eiszeitalter und Gegenwart" (Jahrbuch) — G. Wagner, „Einführung in die Erd- und Landschaftsgeschichte" — Martin Schmidt, „Die Lebewelt unserer Trias".
Verlagsgebiet: 18.

Signet wird geführt seit: 1963.

Grafiker: Gotthilf Kurz.

Hohenstaufen Verlag, Schumann KG.

D-7765 Bodman (Bodensee), Haus Schumann, Postfach 29

Tel: (0 77 73) 56 16. **Psch:** Stuttgart 7132-704. **Bank:** Württembergische Bank Stuttgart 2517; Spar- und Kreditbank Bodman (Bodensee) 3276. **Gegr:** 1. 11. 1962 in Eßlingen (Neckar). **Rechtsf:** KG.
Inh/Ges: Persönlich haftender Gesellschafter: Gerhard Schumann, 1 Kommanditist.
Verlagsleitung: Gerhard Schumann □, Verleger und Schriftsteller, geb. 14. 2. 1911 in Eßlingen (Neckar). Germ. Studium in Tübingen. Dann freier Schriftsteller. 1936—1945 Vorsitz. des Vorstandes der Württ. Landesbühne. 1942—1945 Chefdramaturg der Württ. Staatstheater Stuttgart. 1943—1945 Präsident der Hölderlin-Gesellschaft. 1950—1962 Prokurist und Geschäftsführer des Europäischen Buchklubs in Stuttgart. Autor lyrischer und dramatischer Werke. 1935 Träger des Schwäb. Dichterpreises, 1936 des Staatspreises für Literatur. Kriegsteilnehmer (EK I. und II. Kl. und andere Auszeichnungen). Mitglied des akademischen Rates der Humboldtgesellschaft, des Freien Deutschen Autorenverbandes und der Deutschen Akademie für Bildung und Kultur, Ehrenmitglied des Europäischen Buchklubs, Stuttgart und des Deutschen Kulturwerkes.
Sekretariat und Buchhaltung: Frau Erika Schumann, geb. Stiba, Prokuristin.
Geschichte: Der Verlag wurde im November 1962 in Eßlingen am Neckar gegründet und siedelte im Sommer 1964 nach Bodman (Bodensee) über.
Das Verlagsprogramm: Pflege der deutschen schöngeistigen Literatur mit bewußter Anknüpfung an die deutsche und abendländische literarische Tradition, Zeitgeschichte und zeitkritische Werke.
Hauptautoren: Ernst Bacmeister, Ernst Behrends, Paul Bertololy, Leo Dembicki, Herbert Cysarz, Friedrich Grimm, Karl Götz, Lola Landau, E. W. Möller, Hermann Noelle, Albert Rapp, Karl Anton Prinz Rohau, Wilhelm von Scholz, Gerhard Schumann, Ralf Sevlaar, Siegtraut Tesdorff, Friedri chFranz von Unruh.
Verlagsgebiete: 6 — 7 — 14 — 3 — 9.

Hohner, Matth., AG, Musikverlag

D-7218 Trossingen, Postfach 160, Hohnerstraße

Hohwacht-Verlag KG

D-5300 Bonn-Bad Godesberg, Vennerstraße 6

Holbein Verlag siehe Prestel

Signet wird geführt seit der Jahrhundertwende.

Grafiker: —

Holland & Josenhans

D-7000 Stuttgart 1, Feuerseeplatz 2, Postfach 518

Tel: (07 11) 61 70 14. **Psch:** Stuttgart 13-703. **Bank:** Girokasse Stuttgart 2 020 909 (BLZ 600 501 01); Stuttgarter Bank Stuttgart 46164 (BLZ 600 901 00). **Gegr:** 1861 in Stuttgart. **Rechtsf:** KG.

Inh/Ges: Helmut Holland (phG), Christian Bürger (phG), 3 Kommanditisten.

Verlagsleitung: Helmut Holland. Prokurist: Oscar E. Puschacher.

Geschichte: Die Firma Holland & Josenhans wurde 1861 als Buch-, Kunst- und Landkartenhandlung Rudolph Roth gegründet, 1890 von ihrem ehemaligen Lehrling Max Holland gekauft, der 1899 seinen Gehilfen Eugen Josenhans als Gesellschafter aufnahm. 1892 wurde der Formularverlag K. Göpel und 1910 die Buchhandlung A. Liesching & Cie. aufgekauft. — Der Verlag hat sich im Laufe der Jahre auf Lehrmittel für Berufs- und Fachschulen spezialisiert. Er zählt zu den führenden Schulfachbuchverlagen der BRD.

Hauptwerke: Schul- und Fachbücher für gewerbliche, kaufmännische und hauswirtschaftliche Berufs-, Berufsfach- und Fachschulen sowie zum Selbststudium.

Buchreihe: „Beiträge zur Pädagogik für Schule und Betrieb (bzp)".

Verlagsgebiete: 10 — 11 — 20 — 21.

Holle-Verlag

D-7570 Baden-Baden, Postfach 320, Markgrafenstraße 4

Holler, Carl

D-2000 Hamburg 36, Valentinskamp 34

Signet wird geführt seit: 1945.

Grafiker: Hauseigener Entwurf.

Gesellschaftsbuchdruckerei und Verlagsbuchhandlung Brüder Hollinek

A-1030 Wien, Landstr. Hauptstr. 163 Druckereibetrieb: A-2351, Wr. Neudorf, IZ-NÖ-Süd, Straße 3, Obj. 26

Tel: (02 22) 73 16 36. **Psch:** Wien 7168.086. **Bank:** Länderbank Wien 227-103-836; Landeshypothekenanst. für NÖ, Wien 01555-025190. **Gegr:** 1872 in Wien. **Rechtsf:** KG.

Inh/Ges: Dr. Richard Hollinek, Komplementär und 4 Kommanditisten.

Verlagsleitung: Dr. Richard Hollinek, Prok. Elisabeth Hollinek, Ing. Mag. Richard Hollinek.

Hauptwerke: „Handbuch der Kirchen Roms" — „Österr. Städtebuch" — „Lexikon d. griech. u. röm. Mythologie" — „Lexikon d. Geschichte d. Naturwissenschaften" — „Österr. Lebensmittelbuch" — „Handbuch d. österr. Arbeitsrechtes".

Buchreihe: „Museion", Veröffentlichungen der Österr. Nationalbibliothek.

Zeitschriften: „Wiener medizinische Wochenschrift" — „Acta chirurgica Austriaca" (6x jl.) — „Acta medica Austriaca" (5x jl.) — „Paracelsus" (11x jl.) — „Subsidia medica" (4x jl.) — „Wiener tierärztliche Monatsschrift".

Verlagsgebiete: 4 — 17 — 25.

Holsten-Verlag

D-2000 Hamburg 20, Geschwister-Scholl-Straße 142

Verlagsgruppe Georg von Holtzbrinck GmbH

D-7000 Stuttgart 1, Gerokstraße 3

Tel: (07 11) 24 28 02—5. **Fs:** 07-23829. **Bank:** Deutsche Bank AG Stuttgart; Bankhaus C. G. Trinkaus & Co vorm. Paul Kapff Stuttgart. **Gegr:** 1949 in Düsseldorf. **Rechtsf:** GmbH.

Inh/Ges: Georg von Holtzbrinck, Georg-Dieter von Holtzbrinck.

Geschäftsführung: Georg von Holtzbrinck □, geb. 11. 5. 1909, Vorsitzender.

Holtzbrinck

Werner Schoenicke, Peter Block, Georg-Dieter von Holtzbrinck, stellvertretende Vorsitzende.
Hans Glökler, Dr. Johannes Kunsemüller, Prokuristen.
Angeschlossene Betriebe: 1. Deutsche Hausbücherei Georg von Holtzbrinck, Stuttgart — 2. Deutscher Buchklub Georg von Holtzbrinck, Stuttgart — 3. Deutscher Bücherbund KG, Stuttgart — 4. Evangelische Buchgemeinde GmbH, Stuttgart — 5. Bücherbund Verlagsgesellschaft mbH, Wien — 6. Nederlandse Lezerskring Boek en Plaat B. V., Amsterdam — 7. Discolibro S. A., Barcelona — 8. Service Culturel de France/Discolibro International & Cie., Straßburg/Paris — 9. S. Fischer Verlag GmbH, Frankfurt — 10. Droemersche Verlagsanstalt Th. Knaur Nachf., München — 11. Rowohlt Verlag GmbH, Reinbek bei Hamburg — 12. Coron Verlagsgesellschaft mbH, Stuttgart — 13. Handelsblatt GmbH, Düsseldorf — 14. Deutsche Zeitung Christ und Welt Verlag GmbH, Stuttgart — 15. Saarbrücker Zeitung Verlag und Druckerei GmbH, Saarbrücken — 16. Euromedia GmbH, Stuttgart — 17. Intercord Tongesellschaft mbH, Stuttgart — 18. Graphik International GmbH, Stuttgart — 19. Manus Presse GmbH, Stuttgart — 20. Hanseatische Druckanstalt GmbH, Hamburg.

Holz, Alfred
DDR-1040 Berlin, Oranienburger Straße Nr. 28

Gebrüder Holzapfel KG
D-1000 Berlin 52, Kienhorststraße 61-63

Signet wird geführt seit: 1. 12. 1962.

Grafiker:
Georg Schmidt-Westerstede.

Heinz Holzberg Verlag KG
D-2900 Oldenburg, Haarenstraße 20
Tel: (04 41) 2 65 33. **Psch:** Hannover 303 74. **Bank:** Bremer Landesbank, Oldenburg 5155. **Gegr:** 1. 8. 1961 in Oldenburg. **Rechtsf:** KG.
Inh/Ges: Heinz Holzberg, Komplementär; Dr. Hermann Lübbing, Dieter Isensee, Kommanditisten.

Verlagsleitung: Heinz Holzberg, Dr. Hermann Lübbing, Dieter Isensee, Prokuristen.
Geschichte: Der Verlag wurde anläßlich der Gründungs-Veranstaltung der „Oldenburg-Stiftung e. V.", einer umfassenden Förderorganisation für oldenburgische Kultur- und Heimatpflege im Jahre 1961 als Heimatverlag gegründet. Er verlegt seitdem erzählende heimatliche Literatur, Bildbände, Kunstbände, Heimatlese-Hefte, Broschüren zur Hochschulpolitik (Universität Oldenburg) und eine wissenschaftliche Reihe für Forschungen und Studien zu oldenburgischen Themen.
Hauptautoren: Dr. Hermann Lübbing, Dr. Leo Trepp, Alma Rogge, Georg Ruseler, Georg Potempa, Karl Fissen, Heinrich Kunst.
Hauptwerke: Hermann Lübbing, „Graf Anton Günther von Oldenburg", „Oldenburgische Sagen", „Oldenburg. Hist. Konturen", „Oldenburg. Eine feine Stadt am Wasser Hunte" — Leo Trepp, „Die Oldenburger Judenschaft" — Alma Rogge, „Hinnerk mit'n Hot" — Georg Ruseler, „De dröge Jan".
Buchreihen: „Oldenburgische Monographien" — „Oldenburger Studien" — „Leuchtfeuer" (Heimatlesehefte).
Verlagsgebiete: 14 — 1 — 2a — 7 — 8 — 12.

Holzmann, Fredinand
D-2000 Hamburg 36, Neue Rabenstr. 28

Signet wird geführt seit: 1936.

Grafiker: —

Hans Holzmann Verlag KG.
D-8939 Bad Wörishofen, Gewerbestr. 2, Postfach 460 und 480
Tel: (0 82 47) 266, 267, 268. **Fs:** 05 39 331. **Psch:** München 179 30-807; Österr. Postsparkassenamt Wien 1337 19; Postscheckamt Zürich 2 Nr. 80-54743. **Bank:** Kreis- und Stadtsparkasse Bad Wörishofen (BLZ 731 517 51); Volksbank Bad Wörishofen (BLZ 731 917 00); Bayerische

Hypobank Bad Wörishofen (BLZ 731 213 47); Commerzbank Augsburg (BLZ 720 400 46). **Gegr:** 1936 in Berlin. **Rechtsf:** GmbH & Co. KG.
Inh/Ges: 5 Kommanditisten der Familie Hans Holzmann.
Verlagsleitung: Peter Holzmann, Verleger, Geschäftsführender Gesellschafter; Dr. Oskar Bee, Verlagsdirektor (ppa.); Arthur Forstmaier (ppa.); Technische Leitung: Walter Hauff (ppa.), Technischer Direktor.
Leiter des Buchverlages: Verlagsleiter Alfred M. Stempfle.
Geschichte: Der Verlag wurde 1936 in Berlin durch den Verleger Hans Holzmann † gegründet. Nach 1945 Wiederaufbau des Verlages in Bad Wörishofen. Am 1. 10. 1961 Umwandlung des Verlages in eine GmbH & Co. KG.
Hauptautoren: Carl Borrmann, Dr.-Ing. Ernst Brödner, Dr. Alfred Degelmann, Reg.-Ob.-Insp. Emil Dönges †, Dipl.-Kfm. Werner Gress, Konrad Jahnke, Ludwig Scheid, RA Günther Schneidewind, Wolfgang Manekeller, Wilhelm Oesterling, Werner Möhl, Gerhard Klein, Wilhelm Kahlich, Gerriet K. Janßen, Ulrich C. Hallmann.
Hauptwerke: Fachliteratur für Schlosser und Kunstschmiede — Erfinder — Literatur-Schriften des Handwerks — Fleischer-Fachliteratur — „Mein Fleischer-Kalender" (jährlich neu für Fleischer-Fachgeschäfte).
Buchreihen: „Die Erfolg-Bücher" (Management-Literatur) — RKW-Taschenbuchreihe „Unternehmensführung in der Praxis" — „Holzmann-Steuerrecht".
Zeitschriften: „Der Erfolg" (mtl.) — „Geldinstitute" (2mtl.) — „Der Versicherungsbetrieb" (2mtl.) — „Die Korrespondenz" (mtl.) — „Steuerbriefe" (2x mtl.) — „Der Steuerzahler" (mtl.) — „Deutsche Handwerks Zeitung" (2x mtl.) — „Beruf+Bildung" (mtl.) — „Der Metallbetrieb" (mtl.) — „Rationelles Handwerk" (mtl.) — „Die Fleischerei" (mtl.) — „Der Einkaufsberater für Fleischgewerbe" (4x jl.) — Messen + Prüfen (mtl.) — „Code".
Verlagsgebiete: 10 — 20 — 21 — 24 — 28.

Holzner-Verlag
D-8700 Würzburg 1, Postfach 130, Neubaustraße 22

Holzschuh, Alfons, Musikverlag
D-7980 Ravensburg-Weingartshof, Postfach 1560

Hoppe, Bernhard, Musikverlag
D-4700 Hamm, Postfach 244, Friedrichstraße 33

Hoppenstedt & Co.
D-6100 Darmstadt, Postfach 4006, Havelstraße 9

Signet wird geführt seit: 1949.

Grafiker: —

Hoppenstedts Wirtschafts-Archiv GmbH
D-6100 Darmstadt, Kleyerstraße 14, Postfach 720
Tel: (0 61 51) 8 18 36/37. **Fs:** 419 258. **Psch:** Frankfurt (M) 11 84 78. **Bank:** Deutsche Bank Darmstadt 170 548; Darmstädter Volksbank 71 51 306; Stadt- und Kreissparkasse Darmstadt 57 07 45. **Gegr:** 1. 12. 1949 in Darmstadt. **Rechtsf:** GmbH.
Inh/Ges: Dr. Theodor Merten, Franz-Gerhard Merten.
Verlagsleitung: Franz-Gerhard Merten, geb. 5. 3. 1933; Eckhard Schmidt, geb. 4. 2. 1933.
Geschichte: Beginn der Verlagsarbeit 1934 im damals gegründeten Verlag Hoppenstedt & Co. in Berlin. Ausgründung der damaligen Abteilung durch Verselbständigung als GmbH 1949.
Hauptwerke: Wirtschaftshistorische Literatur — Firmendokumentationen — Jubiläumsschriften — PR-Schriften — Literatur über Technische Industrie und Gewerbe.
Verlagsgebiete: 5 — 20 — 21 — 14 — 27.

Horen-Verlag siehe List

Hornung-Verlag Viktor Lang
D-8000 München 81, Postfach 810 405, Stolzingstraße 25

Hosa, Ernst, Dipl.-Vw.
A-1140 Wien XIV, Hütteldorfer Str. 349

Huber, Hans, Verlag
CH-3000 Bern 9, Postfach, Längaßstr. 76

Verlag Huber & Co. AG
CH-8500 Frauenfeld, Promenadenstr. 16, Postfach 83

Tel: (0 41 54) 7 37 37. **Fs:** 7 63 83. **Psch:** 85-10. **Bank:** Schweizerische Kreditanstalt. **Gegr:** 1809 in Frauenfeld. **Rechtsf:** AG.
Verlagsleitung: Manfred Vischer.
Werbung, Vertrieb: Hansrudolf Frey.
Herstellung: Rolf A. Stähli.
Geschichte: Der vorwiegend geisteswissenschaftlich orientierte Verlag erlangte im letzten Jahrhundert Ansehen durch die Herausgabe von Standardwerken der Literatur-, Sprach- und Kunstwissenschaft, die zum Teil bis auf den heutigen Tag weitergeführt werden (z. B. das Wörterbuch der schweizerdeutschen Sprache). In den sechziger Jahren des 20. Jahrhunderts wuchs der Verlag zu internationaler Bedeutung, vor allem durch seine Monographienreihe „Wirkung und Gestalt" und seine germanistisch-linguistischen Reihen. Neben diesen Buchreihen bilden Werke zur Kulturgeschichte, Kunstgeschichte, Politik und Zeitgeschichte, zu Gesellschafts- und Umweltproblemen sowie Lehrmittel für den Sprach- und Geschichtsunterricht an Gymnasien Zweige des heutigen Verlagsprogramms.
Hauptautoren: Johannes Hemleben, Stefan Sonderegger, Rudolf Hotzenköcherle, Paul Zinsli, Adolf Reinle, Max Huggler, Stanislaus von Moos, Ernst Basler, Hans Leibundgut, Hermann Villinger, Sergius Golowin, C. F. Ramuz („Werke in 6 Bänden").
Buchreihen: „Wirkung und Gestalt" (Monographien) — „Studia Linguistica Alemannica" — „Beiträge zur schweizerdeutschen Mundartforschung" — „Schweizerisches Idiotikon" (Wörterbuch der schweizerdeutschen Sprache) — „Soziologie in der Schweiz" — „Sozialbericht".
Verlagsgebiete: 6 — 7 — 11 — 14 — 1 — 5 — 12 — 15 — 22.

Signet wird geführt seit: 1947.

Grafiker: A. Stursa.

Hubertus-Verlag
Richter & Springer
A-1150 Wien XV, Hütteldorfer Str. 26

Tel: (02 22) 92 11 66, 92 11 67. **Psch:** Wien 765 3065; München 120035-808; Zürich 80-47 071. **Bank:** Zentralsparkasse der Gemeinde Wien. **Gegr:** 1911. **Rechtsf:** OHG.
Inh/Ges: Elsa Müller, Ing. Ernst Müller.
Verlagsleitung: Elsa Müller.
Chefredakteur: Ing. Ernst Müller, verantw. Redakteur: Dr. Otto Koller.
Geschichte: Karl Springer (1876—1957) gründete 1911 den Hubertusverlag und die Wiener Jagdzeitung „St. Hubertus" (ursprüngl. Monatsblatt, dann jahrelang Wochenblatt, heute wieder Monatsblatt). Nach dem Tode des Firmengründers übernahm dessen Tochter Elsa Müller-Springer mit ihrem Sohn Ernst den Verlag, in dessen Leitung von 1934 bis zu seinem Tod 1955 auch ihr Gatte Ernst M. tätig gewesen war. Der Verlag befaßt sich ausschließlich mit Jagdliteratur.
Hauptautoren: Bettmann, Bubenik, Dr. Brunner Lothar v., Drasenovich, Dr. Fink, Dr. Ghon, Hartlieb, Hegendorf, Heintschel-Heinegg, Hennig, Herzig, Hierhammer, Wilh. Hochgreve, Dr. Kerschagl, Prof. Dr. Kislinger, Knaus, Dr. Koller, Lampel, Ludwig Margl, Prof. Dr. Müller-Using, Nadherny-Borutin, Partisch, Renker, Fritz Rulf, Dr. Seitschek, Günther Schwab, Franz Staritzbichler, Tarnoczy, Gerd Tönnies, Uiberacker, Dr. Velthuysen, Prof. Dr. Wettstein-Westerheimb, Eugen Wyler, H. Zelle, Ernst A. Zwilling.
Hauptwerke: Jagdliteratur, z. B. „Lexikon der Waidmannsprache" — „Jagdgast in Österreichs Bundesländern" — „Jungjägerprüfung in Frage und Antwort" — moderne jagdliche Fachliteratur und Jagderzählungen aus Wien und österr. Bergwelt. Ferner Werke über Jagdkynologie und Fischerei in Österreich — „Hubertus-Jagdtaschenkalender" — Kunstdrucke „Hubertusbilder" — „Jagd und Wild in Österreich".

Buchreihe: „Hubertusbücherei", Bd. 1—30 Jagderzählungen.

Zeitschrift: „St. Hubertus" mit Beilagen „Der Jagdhund", „Fürs Jägerheim" und „Mitteilungen für die österr. Jägerschaft" (mtl.). Jede Nr. ca. 64 Seiten.

Hz: 1x jährl. Büchersondernummer mit 1800 Titeln deutschsprachiger Jagdliteratur, Fischerei, Hunde- und Schießwesen.

Verlagsgebiet: 22.

Angeschl. Betr: Versandbuchhandlung des Hubertus-Verlages, A-1150 Wien, Hütteldorfer Str. 26.

Signet wird geführt seit: Oktober 1949.

Grafiker: —

Hermann Hübener Verlag KG

D-3380 Goslar 1, Clausbruchstraße 14, Postfach 2080

Tel: (0 53 21) 2 30 35. **Psch:** Hannover 2351 41-302. **Bank:** Stadtsparkasse Goslar 41 921 (BLZ 26 850 001); Volksbank eGmbH Goslar 8800 (BLZ 26 890 000). **Rechtsf:** KG.

Inh/Ges: Prof. Dr.-Ing. Hans Lehmann; 2 Kommanditisten.

Verlagsleitung: Prof. Dr.-Ing. Hans Lehmann.

Geschichte: Hervorgegangen aus Hermann Hübener Verlag, Abt. Technischer Verlag, Goslar, seit Oktober 1949, seit 1. 1. 1961 Hermann Hübener Verlag KG.

Zeitschriften: Herausgabe der monatlich 1mal erscheinenden Zeitschrift „Tonindustrie-Zeitung und Keramische Rundschau", Zentralblatt für das Gesamtgebiet der Steine und Erden sowie „Afrika-Post", unabhängige Zeitschrift für Politik, Wirtschaft und Kultur im südlichen Afrika (mtl.).

Verlagsgebiete: 18 — 20 — 28.

Signet wird geführt seit: 1965.
Grafiker: Dr. Roland Schäpers.

Max Hueber Verlag

D-8045 Ismaning bei München, Krausstraße 30

Tel: (089) 96 86 31, Auslieferung (089) 96 86 61. **Fs:** 523613 hueb d. **Psch:** München 362 38-803. **Bank:** Reuschelbank München 316858; Hypobank München 34 30 200; Bayer. Vereinsbank München 836 600. **Gegr:** 11. 9. 1921. **Rechtsf:** GmbH & Co KG.

Inh/Ges: Ernst Hueber, Ilse Hueber, Anna Hueber.

Verlagsleitung: Dr. Roland Schäpers.

Geschichte: Schon frühzeitig erschienen unter der Firma Max Hueber, der bald vom Hohen Senat der Ludwig-Maximilians-Universität der Titel „Universitätsbuchhandlung" verliehen wurde, auch selbstverlegte Bücher. Die für den Ursprung vieler deutscher Verlage typische Verlagsbuchhandlung war entstanden. Im Jahre 1921, zehn Jahre nach der Gründung der Buchhandlung, ließ Max Hueber deshalb den Max Hueber Verlag ins Handelsregister eintragen.
Als erstes Verlagswerk der neuen Firma erschien eine Interpretation französischer Texte von Helmut Hatzfeld, die noch heute, in umgearbeiteter Fassung, zu den Standardwerken des Romanisten zählt. Aus dem Bereich der Romanistik kamen auch die nächsten Autoren des Verlages, Karl Vossler mit seinen gesammelten Aufsätzen zur Sprachphilosophie und Hans Rheinfelder mit seiner „Altfranzösischen Grammatik".
Ende der zwanziger Jahre wurden Theologie und Philosophie als weitere Verlagsgebiete hinzugenommen. Martin Grabmanns „Mittelalterliches Geistesleben" erlangte grundlegende Bedeutung, ebenso aber auch die Dogmatik von Michael Schmaus.
Zu Beginn des Zweiten Weltkrieges hatte der Verlag mehrere hundert Titel herausgebracht, deren in Leipzig lagernde Bestände allerdings im Dezember 1943 völlig vernichtet wurden. Wenig später wurde auch das kleinere Lager in München zerstört und die Arbeit des Verlages bis zum Jahr 1949 unterbrochen.

Der Buchhändler Max Hueber jr., der älteste Sohn des Firmengründers, kehrte nicht mehr aus dem Krieg zurück. Während Ilse Hueber die Universitätsbuchhandlung weiterführte, widmete sich Ernst Hueber dem Wiederaufbau des Verlages, wobei sich Verschiebungen innerhalb der einzelnen Verlagssparten ergaben. Seit 1949 erfolgte eine Verlagerung des Schwerpunktes auf den fremdsprachlichen Bereich. Lehr- und Übungsbücher für die Ausbildung in mehr als fünfzig Fremdsprachen, Methodik und angewandte Linguistik stehen seither im Vordergrund des Verlagsschaffens. Die Zeile „Sprachen der Welt", die der Verlag im Signet führt, ist Ausdruck des Bestrebens, für alle wichtigen Sprachen wissenschaftlich zuverlässiges Lehrmaterial bereitzustellen. Das Interesse des Verlages konzentriert sich dabei in erster Linie auf Forschung und Lehre der Gegenwartssprache und ihre verschiedenen Anwendungsbereiche in Literatur, Landeskunde, Wirtschaft und Technik. Aus diesem Grund liegt der Schwerpunkt des Verlagsschaffens nicht im schulischen Bereich, sondern in der Erwachsenenbildung in ihren verschiedenen Ausprägungen von der Volkshochschule bis zum Dolmetscherinstitut und zur Universität. Der Erwachsenenbildung gilt auch ein großangelegtes Fremdsprachenprogramm, das die sprachlichen Belange der in Wirtschaft und Industrie Tätigen in besonderem Maße berücksichtigt. Die Beschäftigung mit Fremdsprachen als Kommunikationsmittel brachte es mit sich, daß auch Überlegungen über spezialisierte Sprachkurse angestellt wurden. Die im Jahre 1970 erfolgte Gründung des Language Programmes Development Centre, einem Institut des Verlages, das mit verschiedenen Forschungs- und Lehrinstituten des In- und Auslandes zusammenarbeitet, ist Ausdruck des Bestrebens, die von den Autoren und Lektoren des Verlages gewonnenen Erkenntnisse direkt weiterzugeben.

Während der Max Hueber Verlag im Inland auf Grund seines weitgefächerten Fremdsprachenprogramms zu den führenden Fachverlagen gehört, ist er im Ausland hauptsächlich durch seine Produktion auf dem Gebiet „Deutsch für Ausländer" bekannt. Korrespondierende Verlage und Auslieferungsfirmen von Tokio bis Buenos Aires vertreiben Lehr- und Übungsmaterial mit dem Hueber-Signet an Universitäten, Fachschulen und Kulturinstituten in aller Welt. Der Aufbau der Sparte „Deutsch für Ausländer" führte im Laufe der Jahre zu einer Produktion, die als die größte der Welt auf diesem Fachgebiet gilt. Die Erforschung, Förderung und Vermittlung der deutschen Gegenwartssprache zählt zu den vornehmsten Aufgaben des Verlages. Ihr dienen vielfältige, internationale Kontakte mit allen führenden Universitäten der Welt, im Westen wie im Osten. Die Autoren und Lektoren des Verlages sind Mitglieder vieler wissenschaftlicher Vereinigungen und besuchen alle größeren Fachtagungen und Kongresse im In- und Ausland.

Der ständige Ausbau des Verlagsprogramms erforderte immer wieder personelle und räumliche Erweiterungen, bis die Möglichkeiten im Stammsitz in der Amalienstraße endgültig erschöpft waren. Im Dezember 1970, kurz vor dem Beginn des Jubiläumsjahres, wurde deshalb ein neues Verlagsgebäude in Ismaning, am nordöstlichen Stadtrand von München bezogen, das sämtliche Abteilungen des Hauses, einschließlich der Auslieferung, unter einem Dach beherbergt.

Hauptautoren: Hans G. Bauer, Wolf Friedrich, Heinz Griesbach, Günther Haensch, Wolfgang Halm, Hans G. Hoffmann, Gerhard Lepiorz, Morten Lund, Dora Schulz, Hans Wolfgang Wolff.

Hauptwerke: Mehrbändiges Lehrwerk „Deutsche Sprachlehre für Ausländer" — „Grammatik" von Schulz-Griesbach — Mehrbändiges Lehrwerk „Auf deutsch, bitte!" von Schulz-Griesbach-Lund — Mehrbändiges Lehrwerk „Deutsch 2000" von Schäpers-Luscher-Glück — „Englisch für Sie" — „Französisch für Sie" — „Russisch für Sie" — und mehrere andere Sprachen „... für Sie".

Buchreihen: „Linguistische Reihe", Hrsg. Klaus Baumgärtner, Peter von Polenz und Hugo Steger — „Heutiges Deutsch", Hrsg. Institut für deutsche Sprache, Mannheim und Arbeitsstelle für wissenschaftliche Didaktik des Goethe-Instituts München — „Hueber Hochschulreihe" umfaßt theoretische Linguistik, angewandte Linguistik, Sprachgeschichte, Methodik des Sprach-

unterrichts, Übungsmaterial zum praktischen Sprachstudium, Landeskunde — „Huebers fremdsprachliche Lektüren" in englischer, französischer, spanischer, italienischer und russischer Sprache.
Zeitschriften: „Zielsprache Englisch" (vtljl.) — „Zielsprache Französisch" (vtljl.) — „Zielsprache Spanisch" (vtljl.) — „Zielsprache Deutsch" (vtljl.) — „Der deutsche Lehrer im Ausland", Schriftleiter: Gerhard Lepiorz und Rudolf Schröter (mtl.) — „Russisch", Zeitschrift für eine Weltsprache (vtljl.), Hrsg. Wolf Friederich.
Verlagsgebiete: 7 — 11 — 25 — 27.

Signet wird geführt seit: 1968.

Grafiker: Wolfgang Link.

Hueber-Holzmann Pädagogischer Verlag

D-8045 Ismaning bei München, Krausstraße 30

Tel: (089) 96 86 31. **Fs:** 523613 hueb d. **Psch:** München 996 90-807. **Bank:** Volksbank Ismaning 22608; Bayerische Vereinsbank München 836620. **Gegr:** 3. 10. 1968. **Rechtsf:** GmbH & Co. KG.
Inh/Ges: Max Hueber Verlag, D-8045 Ismaning, Krausstraße 30 und Dr. Roland Schäpers.
Verlagsleitung: Dr. Roland Schäpers.
Geschichte: Der Hueber-Holzmann Verlag wurde am 3. Oktober 1968 als Tochtergesellschaft der Verlage Max Hueber, München und Hans Holzmann, Bad Wörishofen gegründet. Innerhalb der Hueber Verlagsgruppe ist der Hueber-Holzmann Verlag auf Fachliteratur für das berufsbildende Schulwesen und die Erwachsenen- und Weiterbildung (Mathematik, Naturwissenschaften und Technik) spezialisiert.
Hauptautoren: Karl H. Birke, Manfred Hoffmann, Heinz-Christian Schaper.
Zeitschrift: „Lernzielorientierter Unterricht".
Verlagsgebiete: 10 — 11 — 27.

Signet wird geführt seit Gründung.
Grafiker: Dieter Rauschmayer.

Hueber & Didier Pädagogischer Verlag

D-6200 Wiesbaden 1, Martinstraße 1, Postfach 103 (ab Mitte 1975: 3349)
Tel: (0 61 21) 37 00 59. **Psch:** Frankfurt (M) 738 72-606. **Bank:** Commerzbank Wiesbaden 53 44 700; Bayerische Vereinsbank München 837111. **Gegr:** 30. 7. 1969 in Wiesbaden. **Rechtsf:** GmbH & Co KG.
Inh/Ges: Pers. haft. Ges.: Hueber & Didier Verlagsgesellschaft mbH, Wiesbaden.
Kommanditisten: Max Hueber Verlag, Ismaning; Librairie Marcel Didier, Paris.
Verlagsleitung: Bertold Rech.
Hauptautoren/Hauptwerke: Prof. Dr. G. Zimmermann (Hrsg.), „Passport to English", audio-visuelles Unterrichtswerk für Sekundarschulen — Prof. I. Heuser (Hrsg.), „Come and Play", audio-visuelles Unterrichtswerk für die Grundschule - Auslieferung des Verlages Marcel Didier, Paris: audio-visuelle Unterrichtswerke und Sprachlaborprogramme für die Sprachen: Chinesisch, Deutsch, Englisch, Französisch, Italienisch, Hebräisch, Russisch, Spanisch — Lektürereihen.
Verlagsgebiete: 11 — 27 — 7.

Signet wird geführt seit: 1950.

Grafiker: Dr. August Hahn, Heidelberg.

Dr. Alfred Hüthig Verlag GmbH.

D-6900 Heidelberg, Wilckensstraße 3/5, Postfach 727
D-6500 Mainz, Am Linsenberg 16
Tel: (0 62 21) 4 90 74 und 4 90 32. **Fs:** 04 61727. **Psch:** Karlsruhe 166 21 und 485 45; Ludwigshafen 47 99 und 196 73; Basel V 244 17; Wien 555 88; Den Haag 1457 28. **Bank:** Deutsche Bank; Dresdner Bank; Bezirkssparkasse; Landeszentralbank, sämtliche in Heidelberg. **Gegr:** 1925 in Heidelberg. **Rechtsf:** GmbH.

Hüthig

Inh/Ges: Dr. Alfred Hüthig; Marlene Hüthig, geb. Wiegand; Regine Rotzler, geb. Hüthig; Sibylle Seel, geb. Hüthig; Dipl.-Kfm. Holger Hüthig.
Verlagsleitung: Verleger Dr. Alfred Hüthig, Geschäftsführer; Marlene Hüthig, geb. Wiegand, Geschäftsführerin; Dipl.-Kfm. Holger Hüthig, Geschäftsführer; Direktor Heinrich Schneider, Einzelprokura; Direktor Ing. Heinrich Gefers, Gesamtprokura; Gerhart Böttcher; Hans Koschwitz; Heinz Melcher; Joachim Rackwitz.
Geschichte: 1925 gründete Dr. Hüthig den Verlag als Fachzeitschriften- und wissenschaftlichen Verlag, der bereits bis zum Beginn des Zweiten Weltkrieges sechs führende Zeitschriften herausgab und ein umfangreiches Buchprogramm entwickelte. 1940 Gründung der schöngeistigen Verlagsanstalt Hüthig & Co. Nach dem Kriege Wiederaufbau des durch Kriegsmaßnahmen eingestellten Verlages. Erweiterung der Zeitschriftenherausgabe auf 27 führende Fach- und wissenschaftliche Zeitschriften innerhalb der Verlagsgruppe Dr. Hüthig. Seit 1955 im eigenen Verlagshaus, 1960 und 1961 Fertigstellung zweier Erweiterungsbauten, 1970 Angliederung eines weiteren Verlagsgebäudes. Tochtergründungen und Beteiligungen: 1951 Graphische Kunstanstalt und Druckerei GmbH, Bad Dürkheim; 1960 Hüthig & Wepf Verlag, Basel; 1962 C. F. Müller Großdruckerei und Verlag, Karlsruhe; 1964 Zechner & Hüthig Verlag, Speyer; 1968 R. v. Decker's Verlag G. Schenck GmbH, Hamburg; 1968 Heidelberger Humanitas Literatur-Vertriebs GmbH, Heidelberg; 1970 Deutsches Elektrohandwerk Verlagsges. mbH & Co. KG, München/Heidelberg; 1972 Verlag für Fachliteratur GmbH, Berlin/Heidelberg; 1973 Eisenbahn-Fachverlag KG, Mainz/Heidelberg. 1965 wird Dr. Hüthig die Würde eines Ehrenbürgers der Johannes-Gutenberg-Universität in Mainz verliehen.
Zeitschriften: „Chemiker-Zeitung" — „CZ Chemie-Technik" — „Parfümerie und Kosmetik" — „aerosol-report" — „ZWR Zahnärztliche Welt / Zahnärztliche Rundschau / Zahnärztliche Reform" — „Elektro-Handel" — „Industrie-Elektrik und Elektronik" — „Elektronik-Industrie" — „Schuh-Technik" — „Der Kunsthandel".
Bei Hüthig & Wepf Verlag, Basel: „Die Makromolekulare Chemie" (gegr. von Prof. Dr. Hermann Staudinger (Freiburg), herausg. von Prof. Dr. Werner Kern, Mainz — „Die Angewandte Makromolekulare Chemie", herausg. von Prof. Dr. Dietrich Braun, Darmstadt.
Bei Deutsche Elektrohandwerk Verlagsges. mbH & Co. KG, München/Heidelberg: „Der Elektromeister + Deutsches Elektrohandwerk · de" — „EMA Elektrische Maschinen" — „Der Elektro-Fachmann".
Bei Verlag für Fachliteratur: „Neue Verpackung · NV".
Bei Eisenbahn-Fachverlag: „DB Deine Bahn".
Tges: Graphische Kunstanstalt und Druckerei GmbH., Bad Dürkheim (Druckerei) — Hüthig & Wepf Verlag, Basel (Verlag) — C. F. Müller Großdruckerei und Verlag GmbH., Karlsruhe — Zechner & Hüthig Verlag, Speyer — R. v. Decker's Verlag G. Schenck GmbH., Hamburg — Heidelberger Literatur-Vertriebs GmbH., Heidelberg — Deutsches Elektrohandwerk Verlagsges. mbH & Co. KG, München/Heidelberg — Verlag für Fachliteratur GmbH., Berlin/Heidelberg — Eisenbahn-Fachverlag KG, Mainz/Heidelberg.
GA: Herausgabe der Taschenbuchreihe UTB gemeinsam mit 16 anderen wissenschaftlichen Verlagen.
Verlagsgebiete: 17 — 18 — 20 — 12 — 21 — 25 — 28.

Signet wird geführt seit: 1947.

Grafiker: Horst Stage.

Hüthig & Wepf Verlag
CH-4001 Basel, Eisengasse 5

Tel: (061) 25 63 79. **Fs:** 0045-620 27. **Psch:** Basel 40-1465; Stuttgart 68 22-704. **Bank:** Schweizerischer Bankverein Basel, Freie Straße 1. **Gegr:** 1. 8. 1947 in Freiburg (Br) und Basel. **Rechtsf:** Kollektivgesellschaft.
Inh/Ges: Dr. Alfred Hüthig, Heidelberg; Heinrich Wepf, Basel.

Verlagsleitung: Dr. Alfred Hüthig, Heidelberg; Heinrich Wepf, Basel.
Hauptwerke: Prof. Dr. H. G. Elias, „Makromoleküle" — „Das wissenschaftliche Werk von Hermann Staudinger", hrsg. von Frau Dr. Magda Staudinger, Freiburg, Prof. Dr. Heinrich Hopff, Zürich, und Prof. Dr. Werner Kern, Mainz.
Zeitschriften: „Die Makromolekulare Chemie", gegr. 1947 von Nobelpreisträger Prof. Dr. Hermann Staudinger, hrsg. von Prof. Dr. Werner Kern, Mainz (mtl.) — „Die Angewandte Makromolekulare Chemie", gegr. 1967, hrsg. von Prof. Dr. Dietrich Braun, Darmstadt (unregelmäßig).
Verlagsgebiete: 18 — 20 — 28.

Hug, Paul & Co.
D-2940 Wilhelmshaven, Rathausplatz Nr. 4—6

Hugendubel, Paul
D-8000 München 2, Salvatorstraße 2

Humata Verlag Harold S. Blume
CH-3006 Bern 6, Dufourstraße 7

Signet wird geführt seit: 1970.

Grafiker: Arthur Wehner.

Humboldt-Taschenbuchverlag Jacobi KG

D-8000 München 40, Neusser Straße 3, Postfach 40 11 20
Tel: (089) 36 40 41/46. **Fs:** 05-215379 LKGM-d. **Gegr:** 1970 in München.
Rechtsf: KG.
Ges: Karl-Ernst Tielebier-Langenscheidt und 4 Kommanditisten.
Verlagsleitung: Karl-Ernst Tielebier-Langenscheidt ☐.
Verantwortliche Planung/Rechte: Manfred Überall.
Redaktion: Gerda Weiss.
Herstellung: Helmut Wahl.
Werbung: Hartwig Berthold BDW.
Vertriebsleitung: Alfred Müller.
Kaufm. Leitung: Prok. Dir. Ulrich Langanke.

Geschichte: Die ersten „Humboldt-Taschenbücher" sind 1950 im früheren Verlag Lebendiges Wissen erschienen. Seither hat die Reihe die Bandnummer 235 erreicht, wovon zur Zeit etwa 150 Bände lieferbar sind. Monatlich erscheinen in der Regel zwei neue Titel aus den Themenbereichen: Freizeit, Hobby, Quiz, Praktische Ratgeber, Moderne Informationen, Sprachen.
Buchreihe: „Humboldt-Taschenbücher".
Verlagsgebiete: 7 — 23 — 26.

Hundt Verlag
D-4320 Hattingen/Ruhr, Postfach 250/260, Waldstraße 28

Husadel, Hans, Musikverlag
D-7981 Vogt/Allgäu

Signet wird geführt seit: Januar 1974.

Grafiker: M. P. Günther Knortz, Schobüll.

Husum Druck- und Verlagsgesellschaft mbH u. Co. KG.

D-2250 Husum/Nordsee, Nordbahnhofstraße 2, Postfach 1480
Tel: (0 48 41) 60 81. **Psch:** Hamburg 382568-209. **Bank:** Sparkasse Nordfriesland, Husum 28308; Westbank Husum 40/958207. **Gegr:** 25. 6. 1973 in Husum.
Rechtsf: GmbH & Co. KG.
Ges: I. Paulsen Verwaltungs-GmbH.
Verlagsleitung: Dipl.-Volkswirt Ingwert Paulsen.
Geschichte: Nach dem Tode des Verlegers und Inhabers der Firma Friedr. Petersen, Buchdruckerei und Verlag, Husum, im April 1973 wurde im Juni desselben Jahres als Nachfolgegesellschaft die Husum Druck- und Verlagsgesellschaft mbH u. Co. KG unter Übernahme des gesamten Mitarbeiterstammes gegründet.
Zeitschrift: „Husumer Monatsheft" (mtl.).
Tges: Hamburger Lesehefte Verlag Iselt & Co. Nfl., Husum.
Verlagsgebiete: 8 — 14 — 28.

**Huter, Annelies, Verlag,
„Das Neue Zeitalter"**
D-8000 München 70, Postfach 409, Lipowskystraße 10

Huter, Heinrich, Verlag
D-7000 Stuttgart 1, Königstraße 20

Verlag Elly Huth
Das wissenschaftliche Arbeitsbuch

D-7406 Tübingen-Mössingen, Holderweg 14
Tel: (0 74 73) 55 63. **Psch:** Stuttgart 45421-700. **Gegr:** 1967 in Tübingen. **Rechtsf:** Einzelfirma.
Inh/Ges: Frau Elly Huth.
Verlagsleitung: Frau Elly Huth, geb. Jaesche ☐, geb. 10. 9. 1908 in Berlin.
Geschichte: Geboren aus den Erfahrungen der Nachkriegsnot — (1946 geschiedene) Ehefrau eines Univ.-Prof. und Inhaberin einer Offset-Druckerei — der Wunsch, den Jungakademikern dadurch zu helfen, daß ihre Erst-Werke den Weg in die Öffentlichkeit erhalten — innerhalb weniger Monate, ohne merkantile Gesichtspunkte.
Hauptautoren: Erhard R. Wiehn, Joh. Schilling, W. Rudolph, K. Bahners, A. M. Stöber, O. Bayer.
Hauptwerke: Soziologische, soziophilosophische und ethnologische Werke junger Autoren.
Verlagsgebiete: 4 — 5.

Signet wird geführt seit: 1906.

Grafiker: Walter Tiemann.

Hyperion Verlag Hermann Luft KG

D-7800 Freiburg (Breisgau), Hebelstr. 23, Postfach 729
Tel: (07 61) 3 67 89. **Psch:** Karlsruhe (B) 665 32. **Bank:** Öffentl. Sparkasse Freiburg 2023 102. **Gegr:** 23. 9. 1906. **Rechtsf:** KG.
Inh/Ges: Hermann Luft, pers. haft. Gesellschafter; zwei Kommanditisten.
Verlagsleitung: Hermann Luft, geb. 4. 4. 1900 in Frankenthal (Pfalz); Jorinde Luft, geb 19. 6. 1929 in Berlin.
Geschichte: Der Verlag wurde 1906 durch Hans von Weber als „Hyperion-Verlag (H. v. Weber)" gegründet, ging 1913 an Ernst Rowohlt und Julius Schröder, 1921 an Kurt Wolf und 1936 an Hermann Luft, immer unter dem Namen „Hyperion-Verlag", über.
Hauptautoren: Rabindranath Tagore, Otto Buchinger, Dr. Coca, Hans Würthner, Max Gerson, Johanna Budwig, Glenn Doman, Carl H. Delacato, Joan Beck.
Buchreihen: „Hyperion-Bücherei" — „Der Neue Kindergarten".
Lern-Spiel-Bücher: „Wie kleine Kinder denken lernen" — „Wie kleine Kinder die Neue Mathematik lernen" — „Wie Kinder sprechen lernen".
Verlagsgebiete: 8 — 10 — 17 — 26.

Ichthys Verlag GmbH

D-7000 Stuttgart 1, Postfach 834, Frauenkopfstraße 34

Signet wird geführt seit: 1953.

Grafiker: Peter Schneidler.

Verlag Fritz Ifland

D-7000 Stuttgart 1, Gänsheidestraße 43
Tel: (07 11) 24 07 80. **Psch:** Stuttgart 692 97-703. **Bank:** Deutsche Bank 11/27 067; Städt. Girokasse 2 460 806, beide in Stuttgart. **Gegr:** 2. 5. 1953. **Rechtsf:** Einzelfirma.
Inh/Ges: Fritz Ifland.
Verlagsleitung: Fritz Ifland, geb. 2. 5. 1915 in Köln, da Hobbyverlag, werden alle Aufgaben vom Inhaber selbst wahrgenommen; Lektorat gemeinsam mit Dr. Arnold Bacmeister, geb. 13. 11. 1907.
Hauptautoren/Hauptwerke: Der Verlag hat sich in den letzten Jahren hauptsächlich auf Sportfischerliteratur spezialisiert. Es erschienen u. a. „Das große Lexikon der Fischwaid" — „Der perfekte Sportfischer" — und im 14. Jahrgang das „Sportfischer-Jahrbuch" unter

Schriftleitung von Dr. Arnold Bacmeister, Stuttgart. Wichtige Autoren sind außerdem: Professor Dr. Hermann Aldinger, Detlev Balkenkohl, Hans-Heinrich Welchert, Hans Lidman.
Schriftenreihe: „Sportfischer-Bücherei".
Verlagsgebiete: 23 — 13 — Spez.Geb: 23 Sportfischerei.
Btlg: Sortimentsbuchhandlung „Buchhandlung am Bubenbad", D-7000 Stuttgart 1, Gänsheidestraße 43 (100 %).

Ihl, Kurt u. Co.
D-8630 Coburg-Dörfles, Postfach 683, Karl-Ihl-Straße 1

Ihlefeld, Dr. Kurt
D-3000 Hannover 1, Vier Grenzen 3 und D-8000 München 3, Postfach 241, Paul-Heyse-Straße 29—31

Ihloff, G. u. Co.
D-2350 Neumünster, Postfach 28, Johannisstraße 1

Ilmgau Verlag W. Ludwig KG
D-8068 Pfaffenhofen, Postfach 86, Türltorstraße 14

Illustration 63 siehe Edition Visel

Imago-Verlag
A-8044 Graz-Mariatrost, Teichhof 13, Postanschrift: A-8011 Graz, Postfach 154

Imhausen Verlag GmbH
D-7630 Lahr i. B., Kaiserstraße 95

Impressum Verlag AG
CH-8953 Dietikon, Schöneggstraße 102

Impuls Verlag siehe Moos

Industria-Verlagsbuchhandlg. GmbH
D-4690 Herne/Westf., Postfach 408, Friedrichstraße 22

Industrie-Druck GmbH, Verlag
D-3400 Göttingen, Postfach 959, Levinstraße 1

Signet wird geführt seit: 1974 für Zeitschrift.

Grafiker: —

Industrielle Organisation
Verlag des Betriebswissenschaftlichen Instituts der Eidgenössischen Technischen Hochschule
CH-8028 Zürich, Zürichbergstraße 18
Tel: (01) 47 08 02. **Psch:** Zürich 80-10 868.
Bank: Schweizerische Bankgesellschaft; Union Bank of Switzerland, Zürich.
Gegr: 1932 in Zürich. **Rechtsf:** e. V.
Inh/Ges: Gesellschaft zur Förderung des BWI.
Verlagsleitung: Dr. rer. pol. Roland H. H. Scheuchzer: Ausbildung als Maschinenschlosser, Studium an der Eidg. Technischen Hochschule in Zürich, Abt. Maschinenbau, Studium an der Universität Bern, Abt. Wirtschaftswissenschaften, praktische Tätigkeit in Industrie und Verwaltung, lange Jahre als Unternehmensberater, Prüfungsexperte in eidg. Fachprüfungen, seit 1967 verantwortlicher Schriftleiter der Zeitschrift „Industrielle Organisation" und zugleich Verlagsleiter.
Geschichte: Die erste Nummer der Zeitschrift „Industrielle Organisation" erschien 1932. Erster Schriftleiter war Dipl.-Ing. Walter Vogel. Er wurde altershalber 1961 abgelöst von Dipl.-Ing. Kurt Müller. Aufnahme der Buchproduktion 1954. Jährlich erscheinen 4 bis 10 neue Titel. Heute einer der führenden Verlage für wissenschaftliche Untersuchungen auf allen Gebieten des Managements und der Betriebsorganisation.
Hauptautoren und Hauptwerke: Daenzer, Brandenberger, Konrad, „Netzplantechnik" — Künzi, Krelle, „Mathematische Optimierung" — Bloch, „Arbeitsbewertung" — Vajda, „Lineare Programmierung" — Dresher, „Strategische Spiele" — Howard, Künzi, „Dynamische Programmierung" — Berg, „Bauplanung" — Frey, „Struktur und Dynamik des Management" — Epprecht, „Junge Mitarbeitergeneration".
Reihen: „WAS-WIE-WO" — Praktische Betriebswissenschaften — „SIO" - Sonderdrucke Industrielle Organisation — „Forschungsberichte für die Unternehmungspraxis".

Industrielle Organisation

Zeitschrift: „Management" - Zeitschrift io (ehemals „Industrielle Organisation").
Verlagsgebiete: 5 — 20 — 28 — Spez.-Geb: Betriebswissenschaften, incl. Operations Research.

Industrie- und Handelsverlag GmbH & Co. KG
D-3000 Hannover, Loccumerstraße 58

Industrie-Verlag, Dr. Edgar Jörg
D-6200 Wiesbaden, Nerobergstraße 14

Industrie-Verlag Peter Linde GmbH
A-1011 Wien I, Postfach 876, Dominikanerbastei 10

Industrieschau Verlagsges. mbH
D-6100 Darmstadt, Postfach 4034, Berliner Allee 8

informedia verlags-gesellschaft mbh
D-5000 Köln 41, Eupener Straße 165, Postfach 45 05 69
informedia verlags-gmbH Verlagsbüro Süd, D-6900 Heidelberg, Blumenthalstraße 40
Tel: (02 21) 49 39 71-73. **Fs:** 888 2071. **Psch:** Köln 247 600-505. **Bank:** Deutsche Bank Köln 359/3100; Sparkasse der Stadt Köln 10102192. **Gegr:** 23. 11. 1970 in Köln. **Rechtsf:** GmbH.
Inh/Ges: Klaus Kunkel, geschäftsführender Gesellschafter.
Verlagsleitung: Verlagsleiter und Chefredakteur der Zeitung „aktiv": Klaus Kunkel, geb. 6. 7. 1931 in Elbing/Ostpr. Mitglieder der Verlagsleitung: Franz-Wilhelm Gladbach, Maria Saare, Wolfgang Sierski.
Verlagsbüro Süd, Heidelberg: Verlagsdirektor Tankred Büttner.
Hauptwerke: „Mini-Lex der Marktwirtschaft" — „Gesellschaftskritik von A—Z" — „Sündenbock Unternehmer" — „Wirtschaftskunde" — Abenteuer Fernsehen: „Vom großen Bruder" — „Liebe Eltern, liebe Kinder" — „Caramba - südlich von Amerika".
Zeitschrift: Zeitung „aktiv", 14tägig.
Verlagsgebiete 5 — 6 — 26 — 28 — 11 — 25 — 27.

Inn-Verlag, Drießlein & Co. OHG
A-6021 Innsbruck, Postfach 516, Zollerstraße 3

Signet wird geführt seit: 1907.

Grafiker: Eric Gill.

Insel-Verlag Anton Kippenberg KG
D-6000 Frankfurt (M), Lindenstr. 29—35, Postfach 3325
Tel: (06 11) 74 02 31. **Fs:** 413972. **Psch:** Frankfurt 104700-600. **Bank:** Deutsche Bank AG, Frankfurt (M) 93/4448. **Gegr:** 1902 in Leipzig. **Rechtsf:** KG.
Inh/Ges: Pers. haft.: Dr. Siegfried Unseld.
Verlagsleitung: Dr. Siegfried Unseld □, geb. 28. 9. 1924.
Geschäftsführer: Dr. Heribert Marré.
Geschichte: Der Insel-Verlag ging aus der seit 1899 erscheinenden Zeitschrift „Die Insel" hervor. 1905 trat Anton Kippenberg (1874—1950) in den Verlag ein. 1945 Verlegung eines Verlagsteils von Leipzig nach Wiesbaden. Heute ist der Verlagssitz Frankfurt (M).
Hauptautoren: Klassikerausgaben von Büchner, Cervantes, Goethe, Hebel, Heine, Hölderlin, E. T. A. Hoffmann, Kant, Lessing, Molière, Alexander Puschkin, Schiller, Stifter, Jonathan Swift, Tausendundeine Nacht, J. G. Hamann, Schopenhauer.
Neuere Autoren: Hans Carossa, Garcia Lorca, Wladimir Majakowski, Christian Morgenstern, R. M. Rilke, Felix Timmermans, Tolstoi, Paul Valéry, Oscar Wilde, Maxim Gorkij.
Zeitgenöss. Autoren: Erhart Kästner, Marie Luise Kaschnitz, Alexander Kawerin, Jeannette Lander, Stanislaw Lem, Magda Szabó.
Autoren/Illustratoren der Insel-Bilderbücher: Anita Albus, Brecht, Marguerite Duras, Barbara Frischmuth, Arturo Heras, Alfred von Meysenbug, Guillermo Mordillo, Puschkin, Wilhelm Schlote, Walter Schmögner, Erna de Vries, Oscar Wilde.
Hauptwerke: Faksimile-Ausgaben von Brecht „Hauspostille" — Kaiser Fried-

rich der Zweite — Goethe, „Annette", „Faust I und II", „Die Leiden des jungen Werther" — von Kleist, „Penthesilea" — Sachsenspiegel — Schiller, „Die Räuber" — (geplant: Codex Manesse). **Buchreihen:** „insel taschenbücher" — „Insel-Bücherei" — „Bibliothek des Hauses Usher" — „Science Fiction". **Alm:** „Insel Almanach" (1x jl.). **Verlagsgebiete:** 6 — 7 — 8 — 9 — 12 — 24 — 26.

Insel-Verlag Anton Kippenberg
DDR-7022 Leipzig, Mottelerstraße 8

Internationale Werbegesellschaft mbH
A-1011 Wien I, Postfach 202, Hoher Markt 12

ip informationspresse GmbH & Co. KG
D-5000 Köln 1, Hansaring 82—86

Signet wird geführt seit: 1969.

Grafiker: B. E. Ergert.

IRO-Verlag München Carl Kremling

D-8000 München 21, Landsberger Straße Nr. 191
Postanschrift: D-8000 München 12, Postfach 120 729

Tel: (089) 57 10 61. **Psch:** München 1920-801. **Bank:** Bayerische Vereinsbank München 203733; Volksbank München eGmbH 3426; Dresdner Bank AG München 211031. **Gegr:** 1. 2. 1922 in München. **Rechtsf:** OHG.
Inh/Ges: Dr. Ernst Kremling, Dr. Helmut Kremling.
Verlagsleitung: Dr. Ernst Kremling; Dr. Helmut Kremling; Betty Seibert, Prokurist.
Geschichte: Verlagsgründung 1922 (JRO-Verlag München Carl Kremling). Verlagsobjekte Straßenkartenserie 1:250 000 von Deutschland in mehrfarbigem Steindruck und ein Stadtplan von München; Straßenkarten europäischer Länder; Führer und Karten für den Deutschen Touring Club; Straßenführer des Alpenraumes; Länderkarten.

1949 erste Ausgabe des „Großen JRO-Weltatlas". Seit 1953 erscheint regelmäßig die „Aktuelle JRO-Landkarte", eine Landkartenzeitschrift. Im gleichen Jahr wurde auch die Herstellung von Globen aufgenommen; 1954 folgte mit 128 cm Kugeldurchmesser der größte in Serie hergestellte Globus der Welt. Für die Globusproduktion steht ein eigenes Werk im Landkreis Altötting zur Verfügung.
Hauptwerke: JRO-Straßen- / Länder- / Weltkarten — JRO-Organisations- und Verwaltungskarten — JRO-Wander- / Ausflugs- / Panoramakarten — JRO-Wanderführer — JRO-Atlanten — JRO-Globen — Schulwandkarten — Kartographische Werbeartikel.
Zeitschrift: „Aktuelle JRO-Landkarte (AJL)" (zehn mal im Jahr).
Verlagsgebiete: 16 — 5 — 6 — 11 — 28.

Isar Verlag siehe Olzog

Isensee Verlag
D-2900 Oldenburg i. O., Haarenstr. 20

Jacobi Verlag GmbH
D-2820 Bremen 70, Borchshöher Feld 27

Friedrich Jacobi's Verlag
D-6230 Frankfurt 80, Postfach 800 346, Alt-Griesheim 41

Signet wird geführt seit: 1968.

Grafiker: —

Jaeger International Publications GmbH

D-6100 Darmstadt, Am Hopfengarten 2, Postfach 320

Tel: (0 61 51) 8 40 11. **Fs:** 4 19548 dav d. **Psch:** Frankfurt (M) 21 957-607. **Bank:** Hessische Landesbank, Girozentrale Darmstadt 571 02222,00 (BLZ 508 500 49). **Gegr:** 1968 in Darmstadt, **Rechtsf:** GmbH.
Inh/Ges: Deutscher Adreßbuch-Verlag

für Wirtschaft und Verkehr GmbH, Darmstadt.
Verlagsleitung: Geschäftsführer: Günter M. Hulwa, Horst E. Jaeger ☐, Ludwig Müller.
Prokuristen: Klaus Boller, Marco Graf von Schlippenbach.
Verlagsgebiete: 16 — 20 — 21.

Signet wird geführt seit: 1968.

Grafiker: —

Jaeger-Verlag GmbH

D-6100 Darmstadt, Holzhofallee 38 A, Postfach 320

Tel: (0 61 51) 8 40 11. **Fs:** 4 19 548 dav d. **Psch:** Frankfurt (M) 599 29-606. **Bank:** Hessische Landesbank, Girozentrale Darmstadt 571 00963,00 (BLZ 508 500 49); Bank für Gemeinwirtschaft, Darmstadt 10 70 54 00 (BLZ 508 101 11). **Gegr:** 1925 in Berlin als „Reichs-Bäder-Adreßbuch nach amtlichen Quellen bearbeitet GmbH". **Rechtsf:** GmbH.
Inh/Ges: Deutscher Adreßbuch-Verlag für Wirtschaft und Verkehr GmbH, Darmstadt.
Verlagsleitung: Geschäftsführer: Günter M. Hulwa, Horst E. Jaeger ☐, Marco Graf von Schlippenbach.
Prokuristen: Klaus Boller, Ludwig Müller.
Geschichte: Das Deutsche Handbuch für Fremdenverkehr „Reisen in Deutschland" wird von Anfang an in enger Verbindung mit den Spitzenorganisationen des Deutschen Fremdenverkehrs herausgegeben, jetzt „im Auftrag des Deutschen Fremdenverkehrsverbandes e. V. und in Zusammenarbeit mit dem Deutschen Bäderverband e. V.".
1953 übernahm der Verlag auch die Fachzeitschrift „Der Fremdenverkehr". Seit 1969 wird die deutsche Fremdenverkehrszeitung „Touristik Aktuell" herausgegeben. Seit 1970 Umfirmierung von Verlag Erwin Jaeger in „Jaeger-Verlag GmbH".
Hauptwerke: „Reisen in Deutschland", Deutsches Handbuch für Fremdenverkehr — „Zimmer-Katalog für Reisen in Deutschland" — „Jaeger's Intertravel" — World Guide to Travel Agencies and selected Hotels — Fachzeitschrift „Der Fremdenverkehr - Tourismus + Kongress" mit der ständigen Fachbeilage „Das Reisebüro" — „Touristik Aktuell, Die Deutsche Fremdenverkehrszeitung" — „Touristik und Verkehr", Internationales Handbuch für Fachleute der Reisebüros, des Beherbergungs- und Gaststättengewerbes, des Fremdenverkehrs und der Verkehrsunternehmen. Von Dr. jur. Heinz Klatt.
Verlagsgebiete: 16 — 21 — 28.
Zwst: Jaeger-Verlag GmbH, D-1000 Berlin 15, Lietzenburger Straße 91.

Jänecke, Gebrüder, Verlag
D-3000 Hannover 1, Postfach 3103, Podbielskistraße 295

Jaffé, Max
A-1170 Wien XVII, Leopold-Ernst-Gasse 36

Jahreszeiten-Verlag
D-2000 Hamburg 39, Postfach, Poßmoorweg 1

Jans, Robert siehe Edition Cron

Jary Produktion, Michael, Musikvlg.
D-6000 Frankfurt (M), Große Friedberger Straße 23—27

Jedermann-Verlag, Dr. Otto Pfeffer
D-6900 Heidelberg 1, Postfach 940, Waldhoferstraße 3

Johannes-Verlag
CH-8840 Einsiedeln, Sekretariat: CH-4000 Basel, Schaffhauserrheinweg 93

Johannes-Verlag
D-5451 Leutesdorf/Rh., Postfach 40, Hauptstraße 108

Jüngling, Wilhelm, Verlag
D-8000 München 34, Postfach 3; D-8000 München 13, Türkenstraße 52—54

Signet wird geführt seit: 1969.

Grafiker:
Peter-Torsten Schulz.

Jugenddienst-Verlag e. V.

D-5600 Wuppertal 2, Föhrenstr. 33—35, Postfach 20 04 15

Tel: (0 21 21) 55 18 88/89. **Psch:** Essen 14 34-439. **Bank:** Stadtsparkasse Wuppertal-Unterbarmen 531 103. **Gegr:** 26. 9. 1951 in Oldenburg/Old. **Rechtsf:** e. V.
Verlagsleitung: D. Johannes Schlingensiepen, geb. 17. 1. 1898, Oberkirchenrat und Verlagsvorsitzender. Hermann Schulz ☐, geb. 21. 7. 1938 in Nkalinzi/O.-Afrika, Verlagsleiter.
Geschichte: Der Jugenddienst-Verlag ist Rechtsnachfolger des BK-Verlages Emil Müller und des Jungenwacht-Verlages Curt Otto & Co. in Wuppertal-Barmen. Verlagsleiter war bis zu seinem Tode 1954 Bundestagspräsident D. Dr. Hermann Ehlers. Die Aufgabe des Verlages besteht in der Herausgabe von Schrifttum für evangelische höhere Schüler in Zusammenarbeit mit der Evangelischen Jugend Deutschlands. Bis zum 30. 6. 1967 erschien die evangelische Schülerzeitschrift „Motive" (bis zum 30. 6. 1964 „jugendwacht"), die Bibellese „Suchet in der Schrift" erschien 1968 zum letzten Mal. Weiterhin erschien die Schriftenreihe „das gespräch". Ab 1960 wurde das Verlagsprogramm wesentlich erweitert, neue Schwerpunkte wurden gesetzt: es erscheinen literaturkritische Texte, Aufklärungsbücher, Werkbücher, Sachbücher zu sozialpolitischen Themen, Bücher zur Entwicklungshilfe.
Hauptautoren: Ernesto Cardenal, Wolfgang Fietkau, Martin Goldstein, Ulrich Kattmann, Klaus Lefringhausen, Will McBride, Gerhard Schnath.
Hauptwerke: Aufklärungsbücher, wie „Zeig Mal" — Bildmappe „Sexualität des Menschen" (mit Kommentar) — „Lexikon der Sexualität" — „Rassen-Bilder vom Menschen" — „Sogenannte Gastarbeiter" — „Die abgeschobene Generation" — „Zerschneide den Stacheldraht", lateinamerikan. Psalmen.
Buchreihen: „das gespräch" — „Aktion Entwicklungshilfe".
Verlagsgebiete: 2a — 7 — 8 — 10 — 26.

Jugend und Volk 239

Jugendschriftenverlag R. und E. Lenk
siehe Herold Verlag Brück

Jugend und Volk Verlag GmbH München

D-8000 München 40, Isabellastraße 13

Tel: (089) 37 45 60. **Psch:** München 167 154 und München 222 627. **Bank:** Deutsche Bank München 80/29027; Bank für Gemeinwirtschaft München 707 231. **Gegr:** 7. 7. 1966 als Hirundo Verlagsgesellschaft mbH. Namensänderung am 3. 6. 1969. **Rechtsf:** GmbH.
Inh/Ges: Jugend & Volk Verlag GmbH Wien; Katharina Baudach, München.
Geschäftsführer: Katharina Baudach, München; Dipl.-Kfm. Kurt Biak, Wien.
Verlagsleitung: Katharina Baudach, München.
Geschichte: Die am 7. 7. 1966 in München gegründete Verlagsgesellschaft kaufte den Kinder- und Jugendschriftenverlag der Firma Kleins Druck- und Verlagsanstalt in Lengerich/Westfalen. Um das Verlagsprogramm auf eine breitere Basis zu stellen, nahm der Verlag einen Teil der Pädagogik- und Kunstbände seines Wiener Gesellschafters in sein Programm auf. Am 3. 6. 1969 wurde der Firmenname geändert in „Jugend und Volk Verlag GmbH München". Darüber hinaus vertritt der Münchener Verlag den „Jugend & Volk Verlag GmbH Wien" und den „Jungbrunnen Verlag Wien" in allen Belangen in der BRD.
Buchreihen: „Lesen ist leicht", Künstlerisch illustrierte Schreib- und Druckschriftenausgaben für Leseanfänger — Zweisprachige Kinderbücher für Gastarbeiterkinder (griechisch-deutsch, italienisch-deutsch, serbokroatisch-deutsch, spanisch-deutsch, türkisch-deutsch).
Verlagsgebiete: 9 — 10 — 11 — 12.

Jugend und Volk

J&V Signet wird geführt seit: 1968.

Grafiker: Haimo Lauth.

Jugend und Volk Verlagsgesellschaft m. b. H.

A-1014 Wien, Tiefer Graben 7—9, Postfach 123
Jugend und Volk Verlag GmbH, D-8000 München 40, Isabellastraße 13, Postfach 400 968
Tel: Wien (02 22) 63 17 04 und 63 77 77 Serie, München (089) 37 45 60. **Psch:** Österr. Postsparkasse 7319.945. **Bank:** Zentralsparkasse der Gemeinde Wien 660 544 602; Bank für Arbeit und Wirtschaft A. G. 07-41267-9; Österr. Länderbank 109-110-666/00; Creditanstalt-Bankverein 43-19331; Erste Österr. Spar-Casse 000-18848 (alle Wien); Bank für Oberösterreich und Salzburg, Linz 401-3876/00; Deutsche Bank München 80/29027. **Gegr:** 1921 in Wien. **Rechtsf:** GmbH.
Ges: Gemeinde Wien.
Verlagsleitung: Dipl.-Kfm. Kurt Biak, geb. 15. 10. 1927 in Wien, Geschäftsführer seit 1. 1. 1967.
Geschäftsführung München: Katharina Baudach.
Prokurist und Leiter der Vertriebsabteilung: Friedrich Herda, geb. 23. 10. 1933 in Korneuburg, NÖ.
Prokurist und Leiter der Abteilung für Rechnungswesen: Alfred Jelinek, geb. 23. 10. 1935 in Wien.
Prokurist und Cheflektor: Dr. Helmut Leiter, geb. 17. 6. 1926 in Wien.
Leiter des päd. Lektorats: Hofrat Dr. Viktor Fadrus, geb. 20. 4. 1912 in Wien.
Leiter der Herstellungsabteilung: Karl Jilch, geb. 16. 5. 1910 in Wien.

Geschichte: 1921 wurde der „Deutsche Verlag für Jugend und Volk" von der Stadt Wien gemeinsam mit dem Verlag Gerlach & Wiedling gegründet. Der Verlag befaßte sich mit der Herausgabe von Schulbüchern und pädagogisch-methodischen Schriften sowie Kinder- und Jugendbüchern. Diese Produktionsgruppen bestehen heute noch, sie wurden jedoch um eine Reihe anderer Sparten vermehrt. Schon bald wandte sich der Verlag der Pflege wienerischen Schrifttums zu, und in den letzten Jahren erschienen in rascher Folge eine Reihe wesentlicher Werke auf dem Kunstbuchsektor, auf dem Gebiet der avantgardistischen Literatur, der Musikwissenschaft, der Zeitgeschichte, der Kommunalpolitik und der Erwachsenenbildung. Dennoch werden die ursprünglichen Verlagsgebiete nicht vernachläßigt. Dies beweisen vor allem bei den Kinder- und Jugendbüchern 132 österreichische, deutsche und internationale Auszeichnungen und Preise (seit 1954) sowie die Vergabe von 177 Lizenzen in viele Länder der Welt (1952—1973). Gemeinsam mit acht anderen österreichischen Verlagen wurde im Jahr 1970 die „TR-Verlagsunion in Österreich" gegründet. Dies geschah im Einverständnis und im Zusammenwirken mit der „TR-Verlagsunion" in München. Wie diese widmet sich die „TR-Verlagsunion in Österreich" der Produktion und dem Vertrieb verschiedener Bildungsprogramme im Medienverbund. Im Jahr 1971 schuf der Verlag gemeinsam mit dem „Arbeitskreis österr. Literaturproduzenten" das völlig neue Modell eines Autorenverlages, dessen Programm durch den Arbeitskreis bestimmt wird; es handelt sich um theoretische Schriften, kritische Dokumentation, Kurzprosa, Lyrik und Texte für Theater in der Publikationsreihe „Edition Literaturproduzenten". Im Jahr 1971 stiftete der Verlag aus Anlaß seines 50jährigen Bestehens Förderungspreise für Studierende der Pädagogik an allen deutschsprachigen Hochschulen und pädagogischen Akademien. Der Preis wird jährlich vergeben. 1973 eröffnete der Verlag mit dem Band „Österreich und Italien" von Furlani und Wandruszka die Reihe „Bilaterale Geschichtsbücher", deren Bände mit gleichem Text jeweils in den zwei Nachbarländern erscheinen.

Bilder-, Kinder- und Jugendbuch: Richard Bamberger, Kurt Benesch, Karl Bruckner, Winfried Bruckner, Franz Buchrieser, Christine Chagnoux, Janusz Domagalik, Hans Domenego, Milo Dor, Ernst A. Ekker, Reinhard Federmann, Barbara Frischmuth, Peter Giesel, Fritz Habeck, Marlen Haushofer, Friedl Hofbauer, Angelika Kaufmann, Hilde Leiter, Mira Lobe, Heinz Markstein, Friederike Mayröcker, Wilhelm Meissel, Renée Nebehay, Christine Nöstlinger, Brigitte Peter, Rudolf Pritz, Irena Racek, An Rutgers, Georg und Hermann

Schreiber, György Sebestyen, Oskar Jan Tauschinski, Walter Schmögner, Susi Weigel, Walter Weiss, Renate Welsh, Ursula Wölfel.

Literatur und bildende Kunst: Otto Breicha, Gerhard Fritsch, Peter Gorsen, Otto Antonia Graf, Alfred Hrdlicka, Kurt Kahl, Walter Koschatzky, Johann Muschik, Waltraud Neuwirth, Fritz Novotny, Peter Rosei, Wieland Schmied, Hilde Spiel, Reinhard Urbach, Robert Waissenberger.

Zeitgeschichte, Pädagogik und Erwachsenenbildung: Charlotte Bühler, Elfriede Caffou, Wilfried Daim, Karl Irsigler, Marieluise Kaltenegger Kornelius Kryspin-Exner, Andreas Liess, Andreas Rett, Hans Strotzky, Helen Vlachos, Adam Wandruszka, Erika Weinzierl.

Kunstmonographien: Erich Brauer, Georg Eisler, Adolf Frohner (in Vorb.), Richard Gerstl (in Vorb.), Gustav Hessing (in Vorb.), Giselbert Hoke, Alfred Hrdlicka, Wolfgang Hutter, Robert Janschka (in Vorb.), Helmut Kies (in Vorb.), Max Kurzweil, Arnulf Neuwirth, Peter Pongratz (in Vorb.), Rudolf Schwaiger (in Vorb.), Andreas Urteil.

Graphik, Zyklen und Mappen: Hans Escher, Adolf Frohner, Hans Fronius, Alfred Hrdlicka, Helmut Kies, Kurt Moldovan, Walter Schmögner, Heinrich Sussmann.

Sonstiges: Koschatzky, „Albrecht Dürer - Die Landschaftsaquarelle" — Waissenberger, „Die Wiener Secession" — Pollak (Hrsg.), „Tausend Jahre Österreich - Eine biologische Chronik" — Czeike, „Wien und seine Bürgermeister" — „Dokumentation zur österr. Zeitgeschichte 1938—1955" — „Naturgeschichte Wiens" (4 Bände).

Buchreihen: „Ver Sacrum", Neue Hefte für Kunst und Literatur (1969, 1970, 1971, 1972, 1974) — „Edition Literaturproduzenten" — „J & V-antworten" (Schriftenreihe zur Erwachsenenbildung) — „J & V-musik" — „Bilaterale Geschichtsbücher" (bisher erschienen: Furlani-Wandruszka, „Österreich und Italien") — „Wiener Themen" (zur Wiener Kultur- und Geistesgeschichte) — „Pädagogik der Gegenwart".

Zeitschriften: „protokolle" (Wiener Jahresschrift für Literatur, Musik und Bildende Kunst, gegr. von Gerhard Fritsch und Otto Breicha) — „Aufbau" (Fachschrift für Planen, Bauen, Wohnen und Umweltschutz) — „Elternblatt" (Monatsschrift für Elternhaus und Schule) — „Gemeinwirtschaft" (Zeitschrift für Führungkräfte in der Wirtschaft) — „Österreichische Gemeindezeitung" (Offizielle Zeitschrift des österr. Städtebundes).

Tges: Schulwissenschaftlicher Verlag Haase, A-1010 Wien I, Tiefer Graben Nr. 7—9.

Verlagsgebiete: 6 — 9 — 10 — 11 — 12 — 14 — 15 — 25 — 28 — 3 — 4 — 5 — 7 — 8 — 13 — 17 — 18 — 22 — 23 — 24.

Signet wird geführt seit: 1958.

Grafiker: Herbert Stengel.

Axel Juncker Verlag Nachfolger Jacobi KG

D-8000 München 40, Neusser Straße 3, Postfach 40 11 20

Tel: (089) 36 40 41/46. **Fs:** über 05-215379 LKGM-d. **Gegr.:** 1902. **Rechtsf:** KG.
Ges: Karl-Ernst Tielebier-Langenscheidt und 4 Kommanditisten.
Verlagsleitung: Karl-Ernst Tielebier-Langenscheidt □.
Redaktion: Gerda Weiss.
Herstellung: Helmut Wahl.
Werbung: Hartwig Berthold.
Vertriebsleitung: Alfred Müller.
Kaufm. Leitung: Prok. Dir. Ulrich Langanke.

Geschichte: 1902 durch den Dänen Axel Juncker als literarischer Verlag gegründet. Mehrmaliger Besitzwechsel, ehe Gustav Paeschke 1937 den Verlag übernahm. Er erwarb die Rechte an der Wörterbuchreihe von Neufeld & Henius und führte den Axel Juncker Verlag nun als Fremdsprachenverlag weiter. Nach seinem Tod 1963 wurde Olaf Paeschke Verlagsinhaber. Mitte 1969 erwarb Frederick A. Praeger den Verlag. Mitte 1971 gingen die Rechte an den Wörterbüchern, Sprachführern, Grammatiken und anderen Büchern zur Erlernung fremder Sprachen an den jetzigen Inhaber über.

Buchreihen: „Junckers Wörterbücher" — „Stern-Wörterbücher und -Sprachführer" — „Junckers Sprachenbibliothek System Ostfalk" — „Junckers Grammatiken".
Verlagsgebiete: 7 — 11 — 25.

Junfermannsche Verlagsbuchhdlg.
D-4790 Paderborn, Postfach 610, Westernstraße 6—8

Signet wird geführt seit: 1972.

Grafiker: Geri Zotter.

Jungbrunnen Verlag
A-1011 Wien, Rauhensteingasse 5, Postfach 586

Tel: (02 22) 52 12 99. **Bank:** Bank für Arbeit und Wirtschaft Wien 07 42261 1. **Gegr:** 1923 in Wien. **Rechtsf:** OHG.
Inh/Ges: SPÖ Freie Schule-Kinderfreunde Bundesorganisation.
Verlagsleitung: Hans Matzenauer, geb. 20. 10. 1933, leitet seit 1967 den Verlag Jungbrunnen.
Geschichte: Der Verlag Jungbrunnen ist der Verlag der Österreichischen Kinderfreunde. Er wurde im Jahre 1923 von dem Pädagogen Prof. Alois Jalkotzy in Wien gegründet. Als Aufgabe hat sich der Verlag die Herausgabe wertvoller Kinder- und Jugendbücher und pädagogischer Literatur für Eltern und Erzieher gestellt. Der Verlag kann bereits auf zahlreiche Anerkennungen für seine Arbeit von offiziellen Stellen hinweisen wie z. B.: 13 Jugendbuchpreise der Stadt Wien, 16 Österreichische Staatspreise für Kinder- und Jugendliteratur sowie viele andere ehrenvolle Auszeichnungen. Seit 1963 führt der Verlag ein Fachgeschäft für Kinder- und Jugendliteratur und pädagogisch wertvolles Spielzeug, die „Wiener Spielzeugschachtel".
Hauptautoren/Hauptwerke: Vera Ferra-Mikura, „Stanislaus-Bände", „Lustig singt die Regentonne", „Herr Plusterpflaum erlebt etwas", „Valentin pfeift auf dem Grashalm", „Das Luftschloß des Herrn Wuschelkopf" (Illustrator Romulus Candea) — Georg Schreiber, „Segelschiffe aus Phokaia", „Die Tyrannen von Athen", „Lösegeld für Löwenherz" — Friedrich Feld, „Nona und die 33 Drillinge", „Der Papagei von Isfahan" — Mira Lobe, „Titi im Urwald", „Die Omama im Apfelbaum", „Bimbulli", „Das Städtchen Drumherum", „Das kleine ich bin ich", „Willi Millimandl und der Riese Bumbum" (Illustrator Susi Weigel) — Wolf Harranth, „Da ist eine wunderschöne Wiese", „Leo ist der allerletzte Räuber" — Ingrid Lissow, „Kasimir mit der bunten Laterne", „Kunterbunter Benjamin" — Brigitte Peter, „Zeig mir das Buch und die Bilder", „Lollobien" — Karl Bruckner, „Giovanna und der Sumpf", „Die Strolche von Neapel" — Winfried Bruckner, „Pfoten des Feuers", „Aschenschmetterlinge", „Sieben Tage lang".
Zeitschriften: „der helfer", Arbeitsblätter für die Erzieherpraxis — „Elternblatt", Monatszeitschrift der Österreichischen Kinderfreunde.
Tges: „Wiener Spielzeugschachtel".
Verlagsgebiete: 9 — 10.

Signet wird geführt seit: 1966.

Grafiker: Eberhard Dickert.

Junge Edition K. Werner GmbH
D-4000 Düsseldorf 32, Rochusstraße 34, Postfach 320 545

Tel: (02 11) 48 28 58. **Fs:** 8 587828. **Psch:** Essen 146889. **Bank:** Simonbank Düsseldorf 465402. **Gegr:** 10. 5. 1966 in Düsseldorf. **Rechtsf:** GmbH.
Inh/Ges: Gesellschafter: Eberhard Dikkert, Hella Werner, Klaus Werner □, Christian von Zittwitz.
Verlagsleitung: Christian v. Zittwitz.
Geschichte: Die Idee, mit BUCHMARKT eine unabhängige, praxisnahe Zeitschrift für Buchhandel und Verlage herauszugeben, führte im Frühjahr 1966 zur Gründung der Jungen Edition K. Werner GmbH. Inzwischen zählt BUCHMARKT zu den international bekannten und anerkannten Fachmagazinen für die Buchbranche.

Hauptautoren: Ständige Mitarbeiter von BUCHMARKT: Franz Hinze, Hamburg; Dipl.-Kfm. F. J. Klock, München; Wolfgang Körner, Dortmund; Joachim Mansch, Köln; Michael Meller, Timothy Gee, London; Wolfgang Müller, Wien; Joseph Nyssen, Essen; RA Sieghart Ott, München; Dr. Karl Ruf, München; Dipl.-Kfm. Dieter Schlender, München; Dr. Dr. Horst Schumacher, Paris; Heidi Dürr, Mainz; Wolfgang Schachermeier, Stuttgart; Hartmut Panskus, Dr. Georg Ramseger, beide München.
Zeitschrift: BUCHMARKT, Das unabhängige Fachmagazin für den Buchhandel (mtl.).
Verlagsgebiete: 1 — 30.

Junghans, Karl KG, Kunstverlag
D-1000 Berlin 41 (Steglitz), Heesestr. 10

junior press GmbH & Co KG
Verlagsgesellschaft für internationale Jugendliteratur

D-8900 Augsburg, Imhofstraße 7
D-8000 München 70, Weilheimer Straße Nr. 19
Tel: Augsburg (08 21) 3 71 26 u. 57 71 26; München (089) 74 15 58. **Fs:** 05 37 16 über Ernst Kieser KG. **Psch:** München 2 029 00-800. **Bank:** Deutsche Bank München 18/01 083 (BLZ 700 700 10); Stadtsparkasse Augsburg 0 19 46 05. **Gegr:** 17. Mai 1972 in Augsburg. **Rechtsf:** GmbH & Co. KG.
Inh/Ges: Ernst Kieser, Kaufmann; Dr. Horst Schwarzer, Journalist.
Verlagsleitung: Herstellung, Werbung, Vertrieb: Peter Karg, Kaufmann.
Buchhalter: Erich Trometer.
Geschichte: junior press wurde mit dem Ziel gegründet, anspruchsvolle Kinder- und Jugendliteratur zu veröffentlichen. Der jungen Generation soll in einer Lizenzproduktion ausländischer Autoren Einblick in die Erlebniswelt, in den Alltag, in die Freuden, Sorgen und Probleme von Kindern und Jugendlichen — auch der Erwachsenen — in anderen Ländern gegeben werden.
Hauptautoren/Hauptwerke: Heinz und Elisabeth Nowotny, „Kunterbunt durchs Jahr", „Umwelt aktuell" — Else Liselotte Browers, „Umgang mit Farben"

— Joy Whitby, „Grashüpfer-Insel" — Yehoasch Biber, „Der Schatz" — Philippe Ebly, „Mein Name ist Thibaut" — Nicholas Fisk, „Trillionen", „Der Ballon" — Inge Krog, „... und was wird aus mir?" — Rosa Guy, „Kinder der Sehnsucht" — Silvano Pezzetta, „Maipiki".
Jugendbücher: Altersgruppe 8—16 Jahre Lern-Spiel-Poster und Funktionskalender: Altersgruppe 5—16 Jahre.
Verlagsgebiete: 9 — 10.

Signet wird geführt seit: —
Grafiker: —

Juris Druck + Verlag AG

CH-8001 Zürich, Basteiplatz 5
Tel: (01) 27 77 27 und 27 77 47. **Psch:** Zürich 80-22101. **Bank:** Schweizerische Kreditanstalt Zürich 328137-91; Handelsbank in Zürich 522901.4/01. **Gegr:** 1945 in Zürich. **Rechtsf:** AG.
Inh/Ges: Dr. Hardy Christen.
Verlagsleitung: Dr. H. Christen, Verwaltungsrat, geb. 1920, von Zürich und Affoltern (Kt. Bern). 1944 Doktorexamen. 1946 Anwaltsexamen. Josef Gasser, Direktor; Hedwig Ganter, Prokuristin.
Geschichte: 1945 als Dissertationsverlag und Einmannbetrieb im Nebenamt gegründet. 1948 im Rahmen eines Advokaturbüros hauptamtlich geführt. 1951 Einführung des Offsetdrucks für Dissertationen. 1956 Erweiterung Richtung Buchdruck. In den 60er Jahren Modernisierung der Herstellungsabteilung mit Verilithverfahren und Composersystem. 1970 Übergang zum Schriftveredlungsverfahren mittels Lesemaschine und Fotosatzanlage. Druck und Verlag von wissenschaftlichen Werken.
Hauptautoren: Schweizerische Hochschullehrer, Dozenten und Doktoranden.
Hauptwerk: „Schweizer Rechtsbibliographie" (seit 1965).
Buchreihen: „Rechtshistorische Arbeiten der Universität Zürich", herausgegeben von Prof. Dr. Karl Siegfried Bader — „Zürcher Beiträge zur Pädagogik", herausgegeben von Prof. Dr. Leo Weber — „Zürcher medizingeschichtliche Abhandlungen", herausgegeben von Prof. Dr.

Huldrych M. Koelbing — „Mitteilungen aus dem Institut für thermische Turbomaschinen an der ETH Zürich", herausgegeben von Prof. Dr. Walter Traupel — „Mitteilungen aus dem Institut für Textilmaschinenbau an der ETH Zürich", herausgegeben von Prof. Dr. Hans Krause.
Zeitschrift: „Propyläa", Zeitschrift für Griechenland.
Hz: Monatsbulletin.
Verlagsgebiete: 3 — 4 — 5 — 7 — 14 — 17 — 18 — 19 — 20.

Juristischer Verlag W. Ellinghaus und Co. GmbH

D-4300 Essen, Bocholter Straße 259

Justus von Liebig Verlag
Inh. Karl Heinz Reinheimer

D-6100 Darmstadt 2, Gagernstraße 7—9

Juventa Verlag
Dr. Martin Faltermaier

D-8000 München 19, Tizianstraße 115

Tel: (089) 15 54 20. **Psch:** München 21 37 41-803. **Bank:** Deutsche Bank München 75/20 992. **Gegr:** 21. 2. 1953 in München. **Rechtsf:** Einzelfirma.
Inh: Dr. Martin Faltermaier.
Verlagsleitung: Dr. Martin Faltermaier, geb. 12. 11. 1919.
Geschichte: Der Verlag wurde 1953 als GmbH gegründet zur Herausgabe der Zeitschrift „deutsche jugend" und für Veröffentlichungen zur Jugendforschung und Jugendbildung. 1966 wurde der Verlag von Dr. Faltermaier als Einzelfirma übernommen. Seitdem erfolgte ein wesentlicher Ausbau des Programms mit den Schwerpunkten Pädagogik, Soziologie, Psychologie und Politikwissenschaft.
Buchreihen: „Grundfragen der Soziologie" (Hrsg. Prof. Claessens) — „Grundfragen der Erziehungswissenschaft" (Hrsg. Prof. Mollenhauer) — „Politisches Verhalten" (Hrsg. Prof. Ellwein und R. Zoll) — „Deutsches Jugendinstitut" — „Juventa Paperback" (mit dem Schwerpunkt Politische Pädagogik) — „Juventa Materialien" (Schwerpunkt Sozialpädagogik).
Zeitschrift: „Kriminologisches Journal" (vtljl.).
Verlagsgebiete: 10 — 3 — 5 — 6.

KA-BE Briefmarkenalben-Verlag
Volkhardt u. Co.

D-7320 Göppingen-Ursenwang, Postfach 1340, Daimlerstraße 15

Kairos-Verlag GmbH

D-7570 Baden-Baden, Postfach 910, Yburgstraße 25

Signet wird geführt seit: 1923.

Grafiker: Friedrich Lometsch.

Chr. Kaiser Verlag

D-8000 München 40, Isabellastr. 20
D-8000 München 43, Postfach 509

Tel: (089) 37 20 97 und 37 87 86. **Psch:** München 4352-803; Wien 2303 671. **Bank:** Bayer. Hypobank München 47/27 243. **Gegr:** 1845 in München. **Rechtsf:** Einzelfirma.
Inh/Ges: Frau Maria Lempp, geb. 11. 9. 1892 in Schramberg/Schwarzwald.
Verlagsleitung: Fritz Bissinger, geb. 5. 5. 1913 in München, 1932—1935 Lehrzeit im Chr. Kaiser Verlag München, Arbeit in Berliner und Stuttgarter Verlagen, seit 1946 Leiter des Chr. Kaiser Verlages.
Lektoren: Ulrich Kabitz, geb. 22. 3. 1920 in Witten/Ruhr, seit 1960 im Chr. Kaiser Verlag; Susanne Risch, geb. 17. 1. 1943 in München, seit 1970 im Chr. Kaiser Verlag.
Geschichte: Der Verlag wurde 1845 von Christian Kaiser als geistiger Sammelpunkt der protestantischen Wissenschaftler und der kleinen evangelischen Gemeinde Münchens gegründet. Er ging 1911 in den Besitz von Albert Lempp über. Die heutige Bedeutung nahm ih-

ren Anfang mit der Veröffentlichung von Karl Barths Römerbrief nach dem Ersten Weltkrieg und der damit beginnenden theologischen Neubesinnung. In diesem Zusammenhang entstand auch die Zeitschrift „Zwischen den Zeiten", die später abgelöst wurde durch „Evangelische Theologie", 1934—1971 verantwortlich herausgegeben von Ernst Wolf. Seit 1972 geschäftsführender Herausgeber Jürgen Moltmann, Redaktion Hans-Georg Link. Nach 1933 wurde Kaiser zum Verlag der Bekennenden Kirche und darum 1943 seine Schließung erzwungen. Nach dem Zusammenbruch konnte der Verlag 1946 die frühere Arbeit unter der Leitung des Verlagsbuchhändlers Fritz Bissinger wieder aufnehmen. Unter den theologischen Veröffentlichungen nimmt die seit 1935 in dritter Auflage erscheinende Münchener Lutherausgabe (Hrsg. H. H. Borcherdt und Georg Merz) eine zentrale Stellung ein. In fünf Bänden erschien eine kritische Bearbeitung „Joannis Calvini Opera Selecta" (Hrsg. Peter Barth und Wilhelm Niesel). Sämtliche Werke von Karl Barth sind bis zu dessen Ausweisung aus Deutschland (1935) hier erschienen. Seit der Wiederaufnahme der Arbeit im Jahre 1946 wurde u. a. das Werk des im KZ hingerichteten Dietrich Bonhoeffer besonders gefördert. Mit Helmut Gollwitzers Bericht einer Gefangenschaft „... und führen, wohin du nicht willst" und später mit den Schriften des englischen Bischofs J. A. T. Robinson („Gott ist anders" u. a.) konnte der Verlag in die Breite wirken, wie zuvor nur in den Jahren des Kirchenkampfes. Alle theologischen Disziplinen sind mit bedeutenden Werken vertreten, die Gegenwartstheologie mit ihren bedrängenden Fragen, der Dialog sowohl mit Marxisten wie auch mit jüdischen Theologen. Die Interkonfessionelle Zusammenarbeit wird z. T. in Koproduktion mit dem Matthias-Grünewald-Verlag praktiziert, vor allem in der großangelegten Reihe „Gesellschaft und Theologie". — Die in den zwanziger Jahren entstandene und berühmt gewordene Sammlung „Münchener Laienspiele" erschien bis 1970 im Chr. Kaiser Verlag. An ihre Stelle trat inzwischen die Reihe „Spiele der Zeit". Namen und Rang des Verlages auch im außereuropäischen Raum bezeugen die Übersetzungen in und aus den wichtigsten Sprachen.

Hauptautoren: Eberhard Bethge, „Dietrich Bonhoeffer". Eine Biographie — Rudolf Bohren, „Predigtlehre" — Dietrich Bonhoeffer — Günther Bornkamm, „Gesammelte Aufsätze zum NT", 4 Bände — Hans Conzelmann, „Grundriß der Theologie des NT — Hans und Kurt Frör — Vítezslav Gardavský, „Gott ist nicht ganz tot" — Helmut Gollwitzer, „Krummes Holz - aufrechter Gang" — Siegfried Herrmann, „Geschichte Israels in alttestamentlicher Zeit" — Hans Joachim Iwand, Eberhard Jüngel — Kornelis Heiko Miskotte, „Wenn die Götter schweigen" — Jürgen Moltmann, „Die Theologie der Hoffnung", „Der gekreuzigte Gott" — Martin Noth, Gerhard von Rad, „Theologie des Alten Testaments" — Gerhard Sauter, Yorick Spiegel, Dietrich Stollberg, Claus Westermann, Ernst Wolf — Hans Walter Wolff, „Anthropologie des AT".

Buchreihen: „Abhandlungen zum christlich-jüdischen Dialog" — „Beiträge zur evangelischen Theologie" — „Einführung in die evangelische Theologie" — „Entwicklung und Frieden" — „Gesellschaft und Theologie" (Systematische Beiträge - Sozialwissenschaftliche Analysen - Praxis der Kirche), in Gemeinschaft mit dem Matthias-Grünewald-Verlag, Mainz — „Kaiser Traktate" — „Theologische Bücherei" — „Theologische Existenz heute" — „die lesepredigt".

Zeitschriften: „Evangelische Theologie" (zweimtl.) — „Verkündigung und Forschung", Beihefte zu „Evangelische Theologie" (hjl.).

Verlagsgebiete: 2a — 3 — 6 — 10 — 11 — 13 — 28.

Kaiser, Eduard, Verlag OHG

A-9020 Klagenfurt, Postfach 30, Brunnengasse 3

Kalenderverlag des Erziehungsvereins

D-4133 Neukirchen-Vluyn 2, Postfach 216, Andreas-Bräm-Straße 22

246 Kallmeyer

Signet wird geführt seit:
1. 1. 1971.

Grafiker: Kurt Butzlaff.

Georg Kallmeyer Verlag GmbH

D-3400 Göttingen, Merkelstraße 13
Tel: (05 51) 4 14 71. **Psch:** Hannover 3955 47-304. **Bank:** Städt. Sparkasse Göttingen.
Verlagsleitung: Georg Kallmeyer, geb. 29. 6. 1924 in Braunschweig (seit 1. 9. 1951).

Georg Kallmeyer

Verlag und Vertrieb D-3340 Wolfenbüttel, Gr. Zimmerhof 20, Postfach 347
Tel: (0 53 31) 2 26 81. **Psch:** Hannover 45556-304. **Bank:** Norddeutsche Landesbank Wolfenbüttel. **Gegr:** 15. 3. 1872 in Braunschweig. **Rechtsf:** Einzelfirma.
Inh: Georg Kallmeyer.
Geschichte: Julius Zwisler Verlag gegr. 15. 3. 1872 in Braunschweig. 1874 Übernahme des Verlages Ludwig Holle, Wolfenbüttel und Umzug nach Wolfenbüttel. 1913 wird Georg Kallmeyer Teilhaber und bringt seinen Verlag der Ramdohrschen Buchhandlung, Braunschweig, in die Firma ein. Am 1. 1. 1916 wird Georg Kallmeyer Alleininhaber des Julius Zwisler Verlages, Wolfenbüttel, der am 1. 7. 1925 in Georg Kallmeyer Verlag umbenannt wird. Am 1. 4. 1947, nach dem Tod von Georg Kallmeyer, Verkauf und Umbenennung in Karl-Heinrich Möseler Verlag. Am 1. 9. 1951 Neugründung des Georg Kallmeyer Verlages durch Georg Kallmeyer (Sohn des Vorinhabers) und Rückerwerb der Rechte an dem Buch- und Kunstverlag seines Vaters vom Möseler Verlag. Am 1. 1. 1959 Umwandlung in eine KG. Ab 1. 1. 1971 Alleininhaber Georg Kallmeyer. 1. 4. 1973 Gründung einer Filiale in Göttingen. 1. 4. 1974 Umwandlung der Filiale Göttingen in eine GmbH.
Hauptautoren: Studienleiter Hans Bergmann (Mathematik-Programme), Rektor Paul Bischoff (Rechtschreibung), Prof. Dr. D. Eschenhagen (Biologie), Dipl.-Psych. Christa Nitz (Vorschulerziehung), Brita Glathe (Rhythm. Erziehung), Prof. Dr. Walter Häusler (Leibesübungen), Prof. Otto Mehrgardt (Werkblätter), Prof. Ernst Straßner (Kunsterziehung), Rektor Heinold Wachtendorf (Schreiberziehung), Prof. Fritz Walter (Werkbücher und -blätter).
Btlg: ASI (Arbeitsgemeinschaft für schulpädagogische Informationen).
Verlagsgebiete: 9 — 10 — 11 — 12 — 13 — 19 — 23.

Kammer Verlag

D-2250 Husum, Postfach 1343, Ludwig Nissenstraße 26

Signet wird geführt seit: 1953.

Grafiker: C. Preiser.

Verlag Ferdinand Kamp Bochum

D-4630 Bochum, Widumestraße 2—8, Postfach 1309
Tel: (0 23 21) 1 50 71. **Psch:** Essen 282 08-435. **Bank:** Landeszentralbank; Westfalenbank; Städtische Sparkasse. **Gegr:** 1909 in Bochum. **Rechtsf:** KG.
Inh/Ges: Dr. Ferdinand Kamp (Komplementär); 1 Kommanditist.
Verlagsleitung: Dr. Ferdinand Kamp, geb. 2. 1. 1939.
Leitender Lektor: Dr. Hans Lauer.
Technischer Betriebsleiter: Prokurist Günter Thiel.
Leiter Abt. Lehrmittel: Karl-Heinz Reus.
Geschichte: Die Gründung des Verlages erfolgte im Jahre 1909 unter dem Namen „Westfälische Verlags- und Lehrmittelanstalt GmbH Bochum"; Inhaber und Geschäftsführer war Ferdinand Kamp. 1919 änderte sich der Firmenname in „Verlags- und Lehrmittelanstalt GmbH Bochum". Schwerpunkt des Unternehmens war die Herausgabe von Lehrer- und Schülerbüchern, der Vertrieb von Lehr- und Lernmitteln und die Produktion von Schulmöbeln in eigener Fabrik. 1952 starb Ferdinand Kamp; der Firmenname änderte sich in „Ferdinand Kamp KG". Franz Floren übernahm die Geschäftsleitung und trat in die Gesellschaft ein. Er starb 1971.

Dem Unternehmen, das seit 1970 Gründungsgesellschafter der vgs (Verlagsgesellschaft Schulfernsehen) und seit 1973 Gründungsmitglied der ASJ (Arbeitsgemeinschaft für schulpädagogische Information) ist, gehören neben dem pädagogischen Verlag ein vollstufiger grafischer Betrieb und eine Lehrmittelabteilung an.

Hauptwerke: Schulbücher, begleitende Arbeitsmaterialien, Lernprogramme und Kommentare für die Unterrichtsfächer der Primar- und Sekundarstufe: „Meine liebe Fibel" — „Lustige Leseschule" — „Kamps Lesebuch" — „Auswahl" (Lesebuch) — „Unsere Sprache" — „Mengen-Zahlen-Figuren" — „Das Grundschulbuch" (Sachunterricht) — „Technik" — „Faden-Stoff-Gewebe" — „Koche und lebe gesund" (in Gemeinschaft mit dem R. Oldenbourg Verlag, München) — „Wie-Warum" (Physik/Chemie) — „Kamps Neues Realienbuch" (Geschichte, Erdkunde, Biologie, Physik, Chemie) — „Lesetexte" (Titel klassischer und moderner Autoren).
Bücher für Lehrer und Studenten der Pädagogik: „Kamps Pädagogische Taschenbücher", bisher ca. 70 Bände (Werbemerkmal: PT-stabil [Signet], die Taschenbücher mit dem festen Einband) — „Standardwerk des Lehrers", Handbuch einer wissenschaftlich begründeten Unterrichtspraxis — Schriften der Universitäten bzw. Hochschulen Bochum, Dortmund, Essen, Wuppertal.
Bildbände: Všetečka/Schaller, „Comenius, Labyrinth der Welt und Paradies des Herzens" — Peine, „So war Bochum".

Zeitschriften: „Neue Wege im Unterricht" (vtljl.) — „forum E" (mtl.) — „Schule heute - Information + Meinung" (mtl.) — „Vierteljahresschrift für wissenschaftliche Pädagogik" (vtljl.), (Schriftenreihe des Deutschen Instituts für wissenschaftliche Pädagogik) — „hellenika" (jl.).

Tges: vgs - Verlagsgesellschaft Schulfernsehen.

Btlg: ASJ - Arbeitsgemeinschaft schulpädagogischer Information.

Verlagsgebiete: 1 — 2 — 3 — 7 — 10 — 11 — 19 — 25 — 26 — 28 — 12 — 14.

Kanisius Verlag
CH-1701 Freiburg/Schweiz, Postfach 448, Avenue Beauregard 4

Kanisiuswerk GmbH
D-7750 Konstanz, Blarer Straße 18

Karawane-Verlag
D-7140 Ludwigsburg, Marbacher Str. 96

Signet wird geführt seit: vor 1900.

Grafiker: —

S. Karger Verlag für Medizin und Naturwissenschaften GmbH

D-8034 Germering, Angerhofstraße 9, Postfach 2
Tel: (089) 84 40 21. **Fs:** 5-24865. **Psch:** München 40080-807. **Bank:** Kreissparkasse Fürstenfeldbruck, Hauptzweigstelle Unterpfaffenhofen 2946002 (BLZ 700 530 70). **Gegr:** 1. 4. 1890 in Berlin; 13. 8. 1969 in München. **Rechtsf:** GmbH.
Inh/Ges: S. Karger AG, Verlag für Medizin und Naturwissenschaften, CH-4000 Basel, Arnold-Böcklin-Straße 25.
Verlagsleitung: Walter Kunz, Geschäftsführer, D-8031 Seefeld, Höhenstraße 33.
Geschichte: Am 1. April 1890 wurde der Verlag von S. Karger in Berlin gegründet. Als 1915 der erste Katalog vorgelegt wurde, konnte man bereits auf 50 Veröffentlichungen jährlich zurückblicken, die schon damals weit über die Grenzen Deutschlands hinaus Leser gefunden hatten. Dieser Erfolg hielt bis 1933 an. Die dann beginnenden politischen Schwierigkeiten führten dazu, daß 1937 das Unternehmen nach Basel verlagert werden mußte. Der Wiederbeginn dort war mit viel Mühe verbunden. Erst nach dem 2. Weltkrieg nahm das Unternehmen, dank der dann geknüpften überseeischen Beziehungen, einen Aufschwung, der dem Hause seine internationale Bedeutung gegeben hat. Die Firma Karger ist heute in der ganzen Welt vertreten. 1969 kehrte der Verlag wieder mit einem eigenen Haus nach Deutschland zurück. Dieses hat die Aufgabe, die Kontakte und Interessen des Verlages — die vor dem 2. Weltkrieg so jäh gestört wurden — wieder zu pflegen und sich verstärkt der deutschsprachigen medizinischen Fachliteratur zu widmen.

Hauptwerke: Ca. 50 Lehrbücher und Monographien jährlich.
Buchreihen: Über 80 Serien aus allen Gebieten der Medizin, Zoologie, Veterinärmedizin, Zahnheilkunde, Sprachwissenschaften.
Zeitschriften: 57 Zeitschriften aus allen oben genannten Gebieten.
Hz: „Karger-Gazette" (unregelmäßig).
Tges: S. Karger AG, Verlag für Medizin und Naturwissenschaften, CH-4000 Basel, Arnold-Böcklin-Straße 25; S. Karger S. A., 42, bd. La Tour-Maubourg, F-75 Paris 7e; Karger-Buchhandlung, Versand- und Ausstellungsbuchhandlung, D-8034 Germering, Angerhofstr. 9; Karger-Libri, Wissenschaftliche Buchhandlung, CH-4000 Basel, Petersgraben Nr. 31.
Verlagsgebiete: 3 — 17 — 18 — 7 — 10 — 26.

Karinger, Oskar
A-8020 Graz, Baumkircherstraße 1

Signet wird geführt seit: 1960.

Grafiker: Carl Lindeberg.

Karl-May-Verlag
Joachim Schmid & Co
D-8600 Bamberg

Tel: (09 51) 2 25 52. **Psch:** PSA Nürnberg 392 00. **Bank:** Deutsche Bank Bamberg 80/66 664. **Gegr:** 1. 7. 1913 in Radebeul bei Dresden: Karl-May-Verlag, Fehsenfeld & Co. Sitz seit 1. 7. 1960 Bamberg.
Rechtsf: OHG.
Inh/Ges: Joachim Schmid, Lothar Schmid, Roland Schmid, alle Verleger in Bamberg.
Verlagsleitung: Joachim Schmid, geb. 29. 6. 1922, allgemeine kaufmännische Aufgaben, wirtschaftliche Belange; Lothar Schmid, geb. 10. 5. 1928, Versand und Vertrieb, Rechts- und Vertragsfragen; Roland Schmid, geb. 15. 5. 1930, Literatur, Herstellung, Karl-May-Forschung.
Geschichte: Der Karl-May-Verlag wurde 1913 von Klara May, Dr. E. A. Schmid und F. E. Fehsenfeld gegründet. Er beschäftigt sich ausschließlich mit dem Werk des Volksschriftstellers Karl May.
Hauptwerke: Karl Mays Gesammelte Werke, Karl-May-Forschung, Schrifttum über Karl May.
Verlagsgebiete: 8 — 9.

Signet wird geführt seit:
(KD) seit ca. 5 Jahren,
(ZMS) seit 3 Jahren.

Grafiker:
Hans Detlef Bracker.

Karteidienst Verlag Willi Schmitt
D-8000 München 81, Insterburger Str. 2, Postfach 810 509

Tel: (089) 93 12 08 und 93 19 57. **Psch:** München 103 180-808. **Bank:** Deutsche Apotheker- und Ärztebank München 060 610 000. **Gegr:** 28. 1. 1952. **Rechtsf:** Einzelfirma.
Inh: Willi Martin Schmitt, Zahnarzt in München 81, Insterburger Straße 7.
Verlagsleitung: Zahnarzt Willi Martin Schmitt, geb. 28. 4. 1905.
Geschäftsführer: Gernot Schmitt (Sohn des Inhabers), geb. 1. 2. 1938, gelernter Verlagsbuchhändler.
Geschichte: Der Verlag wurde am 28. 1. 1952 als GmbH gegründet, mit dem Ziel, für die zahnärztliche Praxis Rationalisierungssysteme, Karteien und Formulare herauszubringen. Schon bald nach der Gründung erschien im Jahre 1953 die zahnärztliche Zeitschrift „Colloquium med. dent.", deren Titel später in „Der Kassenzahnarzt — Colloquium med. dent." geändert und seit 1970 erweitert wurde auf: „Der Zahnarzt — Colloquium med. dent. / ab 1973 mit zpf - zahnärztliche praxisführung — Unabhängige Informations- und Aussprachezeitschrift für den praktischen Zahnarzt". Seit Januar 1962 erscheint im Verlag auch das „BZB-Bayerisches

Zahnärzteblatt", das Organ der Bayerischen Landeszahnärztekammer und der Kassenzahnärztlichen Vereinigung Bayerns. Am 28. 10. 1966 erfolgte die Umwandlung der GmbH in eine Einzelfirma. 1969 errichtete der Verlag für seine beginnende Buchproduktion eine Sonderabteilung unter der Bezeichnung „Verlag Zahnärztlich-Medizinisches Schrifttum", in der jetzt auch die Zeitschriften erscheinen.
1971 wurde dem Verlag als weitere Abteilung für die beginnende Produktion von Lehr- und Ausbildungsfilmen auf med. und zahnmed. Sektor wie wissenschaftlichen Lehrfilmen vorwiegend auf dem vorgenannten Sektor „videoprogramm münchen" angegliedert. Diese Abteilung, die schon eine stattliche Anzahl von Produktionen verwirklichen konnte, steht kurz vor der Umwandlung in eine selbständige, in das HR eingetragene Firma.
Hauptwerke: „Zahnärztlicher Kommentar I", Die wirtschaftliche Arzneiverordnung in der Krankenkassen- und Vertragspraxis des Zahnarztes. Ein Loseblattwerk im Ordner, hrsg. von Dr. H. Reisinger und W. M. Schmitt — „Zahnärztlicher Kommentar II", Zahnärztliches Vertrags- und Gebührenrecht, hrsg. von Dr. H. Reisinger und W. M. Schmitt (In Vorbereitung) — Alvin F. Gardner, „Pathologie in der Zahnheilkunde", aus dem Amerikanischen übersetzt von W. M. Schmitt und Margit Schilling, deutsche Bearbeitung durch Prof. Dr. Dr. Dieter Schlegel, München — Dr. Kurt Redtenbacher, „Wurzelbehandlung vitaler und gangränöser Zähne in einer Sitzung", 2. Auflage 1973 erschienen.
Zeitschriften: „Der Zahnarzt - Colloquium med. dent. / mit zpf - zusätzliche praxisführung - Unabhängige Informations- und Aussprachezeitschrift für den praktischen Zahnarzt" (zweimtl.) — „Informationen aus Orthodontie und Kieferorthopädie" (vtljl.) — „BZB-Bayerisches Zahnärzteblatt" (mtl.).
Hz: „Praxisinformationen" (2x jährl.) — „Buchinformationen" (1x jährl.).
Verlagsgebiete: 17 — 28 — Spez.Geb: 17 Zahnheilkunde.

Kartographischer Verlag Busche GmbH
D-4600 Dortmund 1, Kaiserstraße 129

Katholische Bibelanstalt GmbH
D-7000 Stuttgart 1, Silberburgstraße 121

Katholischer Preßverein für Bayern siehe St. Michaelsbund

Katholischer Preßverein Brixen siehe Tyrolia

Katholisches Bibelwerk GmbH, Verlag
D-7000 Stuttgart 1, Silberburgstr. 121 A

Katzmann-Verlag KG
D-7400 Tübingen, Postfach 1827, Doblerstraße 33

Signet wird geführt seit: 1947, geändert 1964 durch Jan Buchholz.

Grafiker: Hans Hug.

Verlag Ernst Kaufmann
D-7630 Lahr/Schwarzwald, Alleestr. 2, Postfach 1780
Tel: (0 78 21) 2 60 83. **Fs:** 07 54 973. **Psch:** Karlsruhe 270. **Bank:** Bezirks-Sparkasse Lahr 00-001 529. **Gegr:** 23. 11. 1816 in Lahr. **Rechtsf:** GmbH & Co. KG.
Inh/Ges: Geschäftsführende Gesellschafter: Heinz Kaufmann (Verlag); Rolf Kaufmann (Druckerei).
Verlagsleitung: Heinz Kaufmann □, geb. 5. 8. 1923, Wirtschaftsabitur, Lehre bei Rainer Wunderlich Verlag, Tübingen, Volontärzeit in verschiedenen Druckereien.
Lektoratsleiterin: Rosemarie Deßecker, geb. Kaufmann, geb. 14. 5. 1925, Buchh. Lehranstalt Leipzig, Ausbildung als Sortimentsbuchhändlerin.
Geschichte: Die Firma wurde als lithographische Kunstanstalt im Herbst 1816 von Ernst Kaufmann gegründet. Schon in den ersten Jahren entstand der Verlag für kirchliche Scheine und biblische Bilderbücher. Die beiden Söhne Gustav und Theodor Kaufmann übernahmen das Geschäft und führten es zu beachtlicher Größe. Im Verlag wurden neben Scheinen, Bild- und Schriftpostkarten auch zahlreiche Schriften und Kinder-

hefte herausgegeben. Bis zum Beginn des Ersten Weltkriegs besaß die Firma Filialen in London, New York und Chicago. Den Verlag leitete bis 1939 Theodor Kaufmann (II.). Der Erste Weltkrieg brachte den Verlust der ausländischen Filialen und damit einen entscheidenden Exportrückgang. Die Inflation verursachte weitere große Verluste, die sich bis zum Beginn des Zweiten Weltkriegs bemerkbar machten. Besonders der Verlag wurde von dieser Entwicklung hart betroffen. 1943 wurde er, nachdem ein Teil der Bestände von der Gestapo beschlagnahmt wurde, stillgelegt. So war im Jahre 1945 ein völliger Neuanfang nötig. Zu den bisherigen Verlagsgebieten kam neu die eigentliche Buchproduktion hinzu; sie umfaßt folgende Gebiete: Bücher — Arbeitsmaterialien für den Religionsunterricht — Bild- und Arbeitsmaterial für die religiöse Erziehung des Kleinkinds — Evang. Schrifttum — Religiöse Kunst — Bilderbücher und Zickzack-Büchlein — Adventskalender.

Hauptwerke: „Unterrichtsmodelle Religion" (Hrsg. v. Religionspäd. Institut Karlsruhe), bisher ersch. je 7 Lehrer- und Schülerhefte — „Biblisches Arbeitsbuch" (Hrsg. v. Klaus Deßecker), bisher ersch. 5 Hefte — „Katechetische Spielmappen" (Hrsg. v. Wolfgang Longardt), bisher ersch. 4 Mappen — „Malmappen Religion") Hrsg. v. Klaus Deßecker und Hilde Heyduck-Huth), bisher ersch. 3 Mappen — „Unterrichtsmappen Religion" (Hrsg. v. Religionspäd. Institut Karlsruhe und dem Theol. Pädag. Institut Bonn-Bad Godesberg), bisher ersch. 3 Mappen — „Vorlesebuch Religion" 1 und 2 (Hrsg. v. Dietrich Steinwende und Sabine Ruprecht), — „Sachbilderbücher zur Bibel" (Hrsg. v. Dietrich Steinwede), bis Herbst 1974 erscheinen 4 Titel — „Bilderbibel" (Text v. Friedrich Hoffmann) — „Neue Schulbibel" mit Dia-Serie und Lehrerkommentar (Lizenzausgabe der „Schweizer Schulbibel") — „Elementarbibel" (Text v. Anneliese Pokrandt, Grafik v. Reinhard Herrmann) erscheint in insges. 8 Teilbänden — „111 Kinderlieder zur Bibel" — „Musikantenspiele zur Bibel" — „9×11 Neue Kinderlieder zur Bibel" (Hrsg. v. Gerd Watkinson) — „Familien im Gottesdienst" — „Kinder- und Familiengottesdienst Advent/Weihnachten" — „Kinder- und Familiengottesdienst Passion/Ostern/Pfingsten" (Hrsg. v. Kurt Rommel) — „Flanellbilder zur Bibel" (Grafik v. Reinhard Herrmann), bisher ersch. 41 Mappen — „Biblische Wandfriese für Kinder", bisher ersch. 14 Titel — „Leporello-Bilderbücher", bisher ersch. 30 Titel — „Zickzack-Büchlein" (Geburtstagsbüchlein; Zickzack-Lernspiele), bisher ersch. über 100 Titel — „Der Kindergottesdienstkalender" (Hrsg. v. Walter Wiese), erscheint jährlich — Kalender „Graphik zur Bibel" (Hrsg. v. H.-M. Rotermund), erscheint jährlich.

Tges: Buch- und Offsetdruckerei, Buchbinderei.

Btlg: VRU (Verlagsring Religionsunterricht), Siebenstern Taschenbuch-Verlag.

Verlagsgebiete: 2a — 9 — 10 — 11 — 12 — 24 — 27 — 30.

Kauka Verlag GmbH.

D-8022 Grünwald bei München, Gabriel-von-Seidl-Straße 41, Postfach 27

Tel: (089) 6 49 21 61-63. **Fs:** 52 38 54. **Psch:** München 164 62-808. **Bank:** Merck, Finck & Co. München 24 322 A. **Gegr:** 1951 in München. **Rechtsf:** GmbH.

Inh/Ges: International Juvenile Publications, Azieweg 1, Haarlem/Holland.
Verlagsleitung: P. M. Tuijnman, Managing Director.
Werner Pleißner, Geschäftsführer.
Peter Wiechmann, Geschäftsführer.

Geschichte: 1951 erscheint „Till Eulenspiegel". Die beiden Nebenfiguren „Fix und Foxi" erhalten 1953 ein eigenes Heft. 1966 erscheint die erste deutsche Vorschulzeitschrift „Bussi Bär". Zu den „Fix und Foxi"-Heften bringt der Verlag in den sechziger Jahren die ersten Comic-Taschenbücher „FF Extra" und „FF Super" heraus. In der gleichen Zeit erscheint das erste Comic-Album „FF-Album". 1971 eine weitere Neuerscheinung: „Primo Comic" und 1972 eine Zeitschrift: „Pepito". 1973 bezeichnet der „Stern" Rolf Kauka als „Europas Comics-König". Zur Zeit erscheinen monatlich 6 Millionen Zeitschriften und Taschenbücher im Kauka Verlag. Ab 1. 8. 1973 Übernahme durch IJP.

Hauptwerke: „Fix und Foxi" — „Primo" — „Pepito" — „Fix und Foxi Sonderhefte" — „Bussi-Bär".

Buchreihen: "FF Super Spaß" — "FF Super Action" — "Fix und Foxi Extra" — "Fix und Foxi Album" — "Comic Action Album".
Zeitschriften: "Fix und Foxi" (wtl.) — "Primo" (2x mtl.) — "Pepito" (2x mtl.) — "FF-Sonderhefte" (vtljl.) — "Bussi Bär" (mtl.).
Hz: PR-Buch "Von Max und Moritz bis Fix und Foxi".
Verlagsgebiet: 9.

E. Keimer Verlag und Buchvertrieb

D-8014 München-Neubiberg, Pappelstr. Nr. 8
Tel: (089) 6 01 48 11. **Psch:** München 23 61 00. **Bank:** Volksbank München 65 478. **Gegr:** 14. 9. 1945. **Rechtsf:** Einzelfirma.
Inh/Ges: Dr. Wolfgang Reuter.
Verlagsleitung: Dr. phil. Wolfgang Reuter, geb. 24. 3. 1931 in Wernigerode (Harz). Humanistisches Gymnasium, Verlagskaufmann, Studium der Wirtschaftswissenschaften, der Geschichte, Germanistik und Zeitungswissenschaften.
Geschichte: Das Unternehmen wurde 1945 zunächst unter der Bezeichnung "Buchvertrieb Keimer GmbH" als Groß- und Einzelhandel von Zeitschriften und Büchern geführt. Erst später wurde ein Verlag angegliedert. Er veröffentlichte Sprachlehrbücher, von denen zahlreiche Titel in vielen Auflagen verbreitet wurden. Besonders Unterrichtswerke für die englische und französische Handelskorrespondenz zeichneten die verlegerische Tätigkeit aus. Nach Umfirmierung und Umgründung in eine Einzelfirma wurde das Unternehmen Anfang 1970 von Dr. Wolfgang Reuter übernommen.
Das Programm des Verlages wurde ausgeweitet auf Themen der Erziehungswissenschaft, der Unterrichtstechnologie und der Unterrichts- sowie der Examensvorbereitung.
Hauptautoren: Werner Correll, K. J. Keimer, Ernst Meyer, Ewald Fr. Rother, B. F. Skinner, Klaus Weinschenk.
Hauptwerke: "Die moderne Handelskorrespondenz" — "Audio-visuelle Mittler in der Unterrichtspraxis" — "Sonderpädagogische Technologie".
Verlagsgebiete: 7 — 10 — 11.

Keller, A. Eugen von, Verlag

D-5300 Bonn-Bad Godesberg 1, Koblenzer Straße 23

Signet wird geführt seit: 1950.

Grafiker: W. Schmidt, Düsseldorf-Lohausen.

Josef Keller Verlag

D-8136 Berg-Kempfenhausen, Seebreite Nr. 9
Postanschrift: D-8130 Starnberg, Postfach 1440
Tel: (0 81 51) * 1 30 51. **Fs:** 5-26 438. **Psch:** München 235 30-800. **Bank:** Bayerische Hypotheken- und Wechselbank Starnberg 153 338. **Gegr:** 29. 4. 1948 in Düsseldorf. **Rechtsf:** Einzelfirma.
Inh/Ges: Josef Keller.
Verlagsleitung: Josef Keller □, geb. 21. 11. 1905; Dipl.-Kfm. Peter Keller.
Prokurist: Ernst Keller.
Geschichte: Gegründet 1948 in Düsseldorf durch Josef Keller. Ab 1952 in Starnberg, seit 1962 im eigenen Verlagsgebäude in Berg-Kempfenhausen am Starnberger See.
Seit 1956 Spezialabteilung "Fernsprechbuchverlag" und seit 1971 Rechenzentrum "alphadat".
Hauptwerke: Schöngeistige Literatur — Faksimile-Editionen — edition keller: signierte Mappenwerke moderner Kunst — Fachzeitschriften — Fachbücher — Fachkalender — Nachschlagewerke.
Buchreihe: "Kunst und Umwelt" (Wechselwirkungen zwischen künstlerischer Kreativität und lebendiger Umwelt; dargestellt sowohl in Künstler-Monographien wie sachbezogenen Veröffentlichungen).
Fernsprechbücher: 28 Örtliche Fernsprechbücher; Branchen-Fernsprechbücher Nr. 25 München, Nr. 37 Oberbayern.
Zeitschriften: "Zeitschrift für das Post- und Fernmeldewesen" (2x mtl.) — "VDPI - Der Ingenieur der Deutschen Bundespost" (zweimtl.) — "Die Postpraxis" (mtl.) — "Post und Sport" (mtl.) — "Der Musikmarkt" (2x mtl.) — "ra-

dio-fernseh-händler" (mtl.) — „Position" (vtljl.).
Tges: Zweigstelle: D-8000 München 2, Jungfernturmstraße 2.
Btlg: Gemeinschaftswerbung „Branchen-Fernsprechbücher zu den amtlichen Fernsprechbüchern — Gelbe Seiten".
Verlagsgebiete: 8 — 12 — 15 — 25 — 28.

Signet wird geführt seit: 1964.
Grafiker: EDELTA, Genf.

Ramòn F. Keller Verlag AG (Edition Ramòn F. Keller SA)

CH-1225 Chene-Bourg/Genève, Rue Peillonnex 39, Postfach 56

Tel: (0 22) 48 12 62/63. **Psch:** Nürnberg 1390 20 858; Genf 12-803; Linz (Österr.) 2,302.029. **Bank:** Dresdner Bank Nürnberg 1488 582; Schweizerische Bankgesellschaft Genf 276.236.00 X. **Gegr:** 1964 in Genf. **Rechtsf:** AG.
Inh/Ges: Dr. Heinz Bundschuh, geb. 15. 3. 1930 in Baden; Aurelia Bundschuh, geb. 3. 5. 1933 in Bregenz.
Verlagsleitung: Dr. Heinz Bundschuh □, alleinvertretungsbefugter Vorsitzer des Verwaltungsrates.
Stellvertretende Verlagsleitung: Frau Aurelia Bundschuh, alleinvertretungsbefugte Prokuristin.
Geschichte: Der Ramòn F. Keller Verlag wurde als Einzelfirma des Herrn Keller am 12. 8. 1964 gegründet und von Anfang an von Dr. H. Bundschuh als Verlagsleiter aufgebaut und geleitet. Aurelia Bundschuh arbeitete in der Werbung, betreute den Buchhandel und übersetzte ein Dutzend Bücher des Verlags — zunächst als freie Mitarbeiterin, seit 1972 als Verlagsangestellte.
Mit Wirkung vom 1. 7. 1973 wurde die Einzelfirma unter Beibehaltung des Firmennamens in eine AG umgewandelt, Dr. Heinz Bundschuh und Aurelia Bundschuh erwarben mehr als drei Viertel der Aktien und haben die alleinige Verlagsleitung inne.

Hauptautoren / Hauptwerke: Hanns Kurth, „Menschenkenntnis auf den ersten Blick" und „Die Zukunft Ihres Kindes" (Prognosen aus der Hand und aus den Sternen) — Leslie LeCron, „Selbsthypnose" und „Fremdhypnose, Selbsthypnose" — Dr. Joseph Murphy, „Die Macht Ihres Unterbewußtseins", „Die Gesetze des Denkens und Glaubens" und „Das Wunder Ihres Geistes" — Dr. Milan Ryzl, „Parapsychologie", „ASW - Phänomene außersinnlicher Wahrnehmung", „Hellsehen in Hypnose" — „ASW-Training" und „Jesus, größtes Medium aller Zeiten - die biblischen Wunder als parapsychische Phänomene" — Jess Stearn, „Der schlafende Prophet" und „Die Geheimnisse aus der Welt der Psyche".
Buchreihen: Praktische Lebenshilfe (allgemein verständliche Sach- und Selbsthilfebücher psychologischen oder medizinischen Inhalts); Parapsychologie; Hypnotismus; Kulturwissenschaft.
Verlagsgebiete: 3 — 10 — 14 — 17 — Spez.Geb: Praktische Lebenshilfe, Parapsychologie und verwandte Grenzgebiete, Hypnotismus, Kulturwissenschaft.

Kemper, Juergen
D-6238 Hofheim, Sachsenring 10

Kemper-Verlag, Inh. Peter Ruh
D-7813 Staufen, Kornhaus

Keppler, P., Verlag KG
D-6056 Heusenstamm, Postfach, Industriestraße 2

Kerle, F. H.
D-6900 Heidelberg 1, Theaterstraße 18

Kernen, Alfred
D-7000 Stuttgart 1, Schloßstraße 80 A

Signet wird geführt seit: 1954.

Grafiker: Gedo Dotterweich.

Kesselringsche Verlagsbuchhandlung Wiesbaden, Zweigniederl. der Bayer. Verlagsanstalt GmbH

D-8600 Bamberg, Lange Straße 22/24, Abholfach
Tel: (09 51) 2 52 52. **Fs:** 06 62 860 bmbg otvl. **Psch:** Frankfurt (M) 1927-604. **Bank:** Deutsche Bank Wiesbaden 380/3491; Commerzbank Wiesbaden 5143037. **Gegr:** 1818 in Hildburghausen. **Rechtsf:** GmbH.
Verlagsleitung: Arno Reißenweber, geb. 25. 11. 1904, Geschäftsführer.
Geschichte: Gründung 1818 in Hildburghausen, Sitz später nach Frankfurt (M) und nach dem Kriege nach Wiesbaden verlegt. 1954 erwarb die Bayerische Verlagsanstalt GmbH. Bamberg den Verlag von den Erben Mayer. Ursprüngliche Produktion bildeten Jugendbücher und allgemeinbildende Werke, später in erster Linie Schulbücher für Berufs- und Höhere Schulen sowie Hochschulen.
Hauptautoren: Prof. Dr. Freyer, Josef Gelhard, Dr. Theo Herrle, Willi A. Mandel, W. Steinbeck.
Hauptwerke: Schulbücher für Hochschule, Höhere Schulen und Berufsschulen.
Verlagsgebiete: 7 — 10 — 11 — 30.

Kettelerhaus der kath. Arbeitnehmerbewegung GmbH
D-5000 Köln, Bernhard-Letterhaus-Str. Nr. 26

Ketterl, Eugen
A-1180 Wien XVIII, Anastasius-Grün-Gasse 43

Keyser'sche Verlagsbuchhandlung
D-8000 München 22, Widenmayerstr. 41

Kiefel, Johannes, Verlag
D-5600 Wuppertal-Barmen, Postfach 2550, Linderhauserstraße 60

Kiehl, Friedrich, Verlag GmbH
D-6700 Ludwigshafen/Rh., Postfach 210 747, Pfaustraße 13

Signet wird geführt seit: 1970.

Grafiker: —

Verlag Kiepenheuer & Witsch GmbH & Co. KG.

D-5000 Köln 51 (Marienburg), Rondorfer Straße 5
Theaterabteilung Verlag Kiepenheuer & Witsch, D-5000 Köln, Karolingerring 29
Tel: (02 21) 38 70 38. **Fs:** 8 881142 kiwi. **Psch:** Köln 21819. **Bank:** Sparkasse der Stadt Köln 3702610; I. D. Herstatt Köln 507680. **Gegr:** 5. 3. 1949 in Hagen als Gustav Kiepenheuer Verlag GmbH. **Rechtsf:** GmbH & Co. KG.
Inh/Ges: Dr. Reinhold Neven Du Mont, Annette Neven Du Mont.
Verlagsleitung: Geschäftsführer: Dr. Reinhold Neven Du Mont.
Lektoren: Alexandra von Miquel, Dr. Renate Matthaei, Dr. Dieter Wellershoff, Erika Stegmann, Dr. Ute Nyssen (Leiterin der Theaterabteilung).
Hersteller: Theo L. Helwig, Prokurist.
Vertriebsleiter: Heinz Biehn, Prokurist.
Geschichte: Der Verlag Kiepenheuer & Witsch wurde 1947 von Gustav Kiepenheuer und Dr. Josef Caspar Witsch in Jena gegründet. Nach dem Tode von Gustav Kiepenheuer wurde die Trennung von dem Weimarer Kiepenheuer-Verlag vollzogen. Die Anteile an der Neugründung gingen an Dr. J. C. Witsch. Der Bühnenvertrieb Gustav Kiepenheuer, Berlin, wurde im Jahre 1950 an den jetzigen Inhaber verkauft. 1956 gliederte sich der Kölner Verlag wieder einen eigenen Theaterverlag an. Nach den Notunterkünften bis Ende 1953 erwarb der Verlag ein eigenes Verlagshaus in Köln-Marienburg. Dr. Joseph Caspar Witsch ist am 28. 4. 1967 verstorben. Nach dem Tode von Dr.

Kiepenheuer & Witsch

J. C. Witsch übernahm Dr. Reinhold Neven Du Mont die verlegerische Leitung von Kiepenheuer & Witsch und ist seit dem 19. 4. 1969 mit Annette Neven Du Mont Inhaber des Verlages.
Hauptautoren: M. Arguedas, Raymond Aron, Marcel Aymé, Wolfgang Bauer, Vicki Baum, Brendan Behan, Saul Bellow, Max Bense, Thomas Berger, Heinrich Böll, Elizabeth Bowen, Karl Dietrich Bracher, Rolf Dieter Brinkmann, William S. Burroughs, Jacques-Ives Cousteau, Louis Fischer, Jean Giono, Rudolf Hagelstange, John Hawkes, Franz Herre, Marek Hlasko, Ricarda Huch, Henry James, Erich Kästner, Hermann Kesten (Hrsg.), René König, Ronald D. Laing, Wolfgang Leonhard, Claude Lévi-Strauss, Bernard Malamud, Gabriel Garcia Marquez, Maxence van der Meersch, Czeslaw Milosz, Jules Monnerot, Henry de Montherlant, H. A. Murena, Paul Pörtner, Renate Rasp, Wilhelm Reich, Erich Maria Remarque, Joa Guimares Rosa, Joseph Roth, Jürgen Rühle, Jerome D. Salinger, Annemarie Selinko, Günter Seuren, Ignazio Silone, Georges Simenon, Manès Sperber, Carola Stern, Miguel de Unamuno, Gore Vidal, Günter Wallraff, Andy Warhol, Hans-Ulrich Wehler, Dieter Wellershoff, Patrick White.
Bühnenautoren: John Arden/Margaretta D'Arcy, Fernando Arrabal, Wolfgang Bauer, Brendan Behan, Heinrich Böll, Aimé Césaire, Tankred Dorst, Ann Jellicoe, Tuli Kupferberg, Else Lasker-Schüler, Siegfried Lenz, Henry Livings, John McGrath, Henry de Montherlant, Juri Olescha, Paul Pörtner, Reginald Rose, David Rudkin, Jewgenij Schwarz, Ronald Tavel, Peter Terson, Roger Vitrac, Herwarth Walden, Günter Wallraff, Heathcote Williams, William Carlos Williams, Nicholas Wood.
Buchreihen: „Pocket" Reihe bei k & w - Romane, aktuelle Essays, Film- und Theaterskripte, politische Reports — „Neue Wissenschaftliche Bibliothek" - Wissenschaftliche Arbeitsbücher als Paperbacks: Psychologie, Soziologie, Literaturwissenschaft, Wirtschaftswissenschaften, Geschichte, Philosophie, Pädagogik, Biologie — „Studien-Bibliothek" - Wissenschaftliche Standardliteratur.
Hz: „Informationen" für Buchhandel, Presse und Funk, (2x jl.) (seit 1953) — „k & w theaternachrichten", Informationsdienst, seit 1959.

Tges: Deutscher Taschenbuch Verlag GmbH & Co. KG, München.
Btlg: Informationszentrum Buch.
Verlagsgebiete: 1 — 3 — 4 — 5 — 6 — 7 — 8 — 9 — 13 — 14 — 16 — 18 — 19 — 25 — 26.

Kiepenheuer, Gustav, Bühnenvertriebs-GmbH
D-1000 Berlin 33, Schweinfurthstraße 60

Kiepenheuer, Gustav, Verlag
DDR-5300 Weimar, Lenbachstraße 2

Kiepert KG
D-1000 Berlin 12 (Charlottenburg), Hardenbergstraße 4—5

Kinderbuchverlag
DDR-1080 Berlin, Postfach 1225, Behrenstraße 40—41

Signet wird geführt seit: 1956.

Grafiker: Rudolf Trikl.

Kindler Verlag GmbH
D-8000 München 40, Leopoldstraße 54, Postfach 401 043
Tel: (089) 39 40 41. **Fs:** 5-215678. **Psch:** München 9381-805. **Bank:** Deutsche Bank München 18/26288; Reuschel & Co. München 314999. **Gegr:** 16. 4. 1951 in Bad Wörishofen. **Rechtsf:** GmbH.
Inh/Ges: Kindler Verlag AG.
Verleger: Helmut □ und Nina Kindler. Geschäftsführer: Peter Nikel, geb. 3. 7. 1944; Georgette Skalecki-Kindler, geb. 2. 2. 1944; Wolfgang Leupelt, geb. 2. 4. 1944.
Geschichte: Die Sauerbruch-Memoiren, im Frühjahr 1951, waren der Beginn des Kindler Verlages und gleichzeitig seiner charakteristischen Verlagsrichtung: Biographien und Autobiographien. Ein weiterer Schwerpunkt des Verlages ist das psychologische Sachbuchprogramm, das bereits 1954 mit

der Taschenbuchreihe „Geist und Psyche" begann, einer Reihe, die sich ausschließlich mit psychologischen und pädagogischen Titeln an eine breite Öffentlichkeit wendet. Daneben erscheint eine Vielzahl wichtiger psychologischer Werke, unter anderem in der Reihe „Kindlers Studienausgaben" oder als Handbuch. Nach wie vor bilden die Reihenwerke einen Schwerpunkt in der Verlagstätigkeit. Nach „Kindlers Malerei Lexikon", „Kindlers Literatur Lexikon", „Grzimeks Tierleben" erscheint die Enzyklopädie „Die Großen der Weltgeschichte" in zwölf Bänden. Unter dem Titel „Die Psychologie des 20. Jahrhunderts" ist eine weitere große Enzyklopädie im Entstehen.

Hauptautoren: Manfred von Ardenne, Isabella Bielicki, Willy Brandt, Günter de Bruyn, Ilja Ehrenburg, Kurt Fassmann, Bernhard Grzimek, Friedrich Heer, Stefan Heym, Karen Horney, Hans Killian, Manfred Köhnlechner, Eugen Kogon, Fritz Kortner, Dieter Lattmann, Laurie Lee, Abraham H. Maslow, Ladislav Mnačko, Gerald H. J. Pearson, Hans G. Preuß, Josef Rattner, Carl R. Rogers, Konstantin Simonow, B. F. Skinner, Ulrich Sonnemann, Horst Stern, Leon Uris, Frederic Vester, D. W. Winnicott.

Buchreihen: „Kindlers Malerei Lexikon" — „Kindlers Literatur Lexikon" — „Grzimeks Tierleben" — „Kindlers Kulturgeschichte des Abendlandes" — „Kindlers Universitätsbibliothek" — „Die Großen der Weltgeschichte" — „Kindlers Studienausgaben" — „Kindlers Sonderausgaben" — Taschenbuchreihe „Geist und Psyche".
Tges: Lichtenberg Verlag GmbH, München.
Btlg: Mitglied der Werbegemeinschaft Informationszentrum Buch, förderndes Mitglied der Arbeitsgemeinschaft der Buchhandlungen.
Verlagsgebiete: 3 — 8 — 12 — 14 — 25 — 6 — 7 — 17 — 26.

Kindler u. Schiermeyer Verlag GmbH
D-8000 München 80, Postfach 801003, Lucile-Grahn-Straße 37

Kircher u. Langkopf
D-2000 Hamburg 61, Borsteler Chaussee 161

Kirchheim & Co. GmbH, Verlag
D-6500 Mainz, Postfach 2524, Kaiserstraße 41

Kirschbaum Verlag, Fachverlag für Verkehr und Technik
D-5300 Bonn-Bad Godesberg 10, Postfach 9109, Rüdigerstraße 34

Kirschner, Th., Verlag
A-1010 Wien, Kramergasse 9

Kitzinger, J.
D-8000 München 40, Schellingstraße 25

Klages Verlag, August W. Klages
D-3000 Hannover-Kleefeld, Eckermanstraße 8

Klambt, W. W. Ed. KG
D-6720 Speyer, Postfach 52, Wormser Landstraße, Pressehaus

Klasing u. Co. GmbH
D-4800 Bielefeld, Postfach 4809, Siekerwall 21

Kleine Kinder, Verlag, siehe Don Bosco

Klens Verlag GmbH
D-4000 Düsseldorf 32, Prinz-Georg-Straße 44

Signet wird geführt seit: 1882.

Grafiker: —

L. A. Klepzig Verlag
D-4000 Düsseldorf, Friedrichstraße 112
Tel: (02 11) 34 10 51. **Fs:** 0858 2194. **Psch:** Essen 574 23-434. **Bank:** C. G. Trinkaus & Burkhardt; Bank für Gemeinwirtschaft, beide in Düsseldorf. **Gegr.:** 1882.
Rechtsf: Einzelfirma.
Inh/Ges: Dr. Karl-Heinz Möller-Klepzig □, geb. 29. 10. 1907 in Leipzig, Enkel des Verlagsgründers. Seit 1935 hat er die Zentralredaktion des Verlages inne.
Verlagsleitung: Dr. Karl-Heinz Möller-Klepzig.
Prokurist und Verlagsleiter: Hans-Joachim Hausberg.

Vertriebsleitung: E. Schade.
Geschichte: Der Verlag wurde 1882 zu Leipzig als Verlag für technische Fachliteratur von Ludwig-Alfred Klepzig, dem Großvater des heutigen Alleininhabers, gegründet. Er besaß dort eigenes Fabrikgelände und eigenen Buchdruckbetrieb. 1943 wurde das Unternehmen in Leipzig ausgebombt und 1949 nach Düsseldorf verlegt. Im wesentlichen werden technische Fachzeitschriften und dazugehörige technische Fachliteratur herausgegeben. Der Klepzig Verlag gehört zu den ältesten Fachverlagen für Technik, die sich noch heute im Besitz der Gründerfamilie befinden. In Düsseldorf ist er der zweitälteste Verlag.
Fachzeitschriften: „Klepzig Fachberichte" für die Führungskräfte aus Maschinenbau und Hüttenwesen (vormals: Klepzigs Anzeiger für die Berg-, Hütten-, Metall- und Maschinenindustrie), Mitteilungsblatt des Verbandes oberer Angestellter der Eisen- und Stahlindustrie e. V. (VOE), Essen, und der Internationale des Cadres des Industries Metallurgiques (ICIM), Paris — „Fachberichte für Oberflächentechnik", Hrsg. Dr.-Ing. Hans Finkelnburg — „Energie und Technik", Zeitschrift für Energie-Erzeugung und angewandte Energie — „wkt", Fachzeitschrift für Wärme-, Klima- und Sanitärtechnik (offizielles Organ des Bundesverbandes der Heizungs- und Klima-Industrie e. V.).
Tges: Dr. Möller-Klepzig-Druck, Buchdruckerei, D-4000 Düsseldorf, Friedrich-Straße 112.
Verlagsgebiete: 18 — 20 — 28 — 1 — 5 — Spez.Geb: 28, 20, 18.

Signet wird geführt seit: 1953.

Grafiker: S. u. H. Lämmle.

Ernst Klett

D-7000 Stuttgart 1, Rotebühlstraße Nr. 75—77, Postfach 809
D-7054 Korb, Fritz-Klett-Straße 61—63
Tel: (07 11) 6 67 21. **Fs:** 7-21 715. **Psch:** Stuttgart 2417. **Bank:** Dresdner Bank Stuttgart 485 047; Girokasse Stuttgart 2 904 290; Bankhaus Anselm & Co. Stuttgart 98 813272; C. G. Trinkaus Stuttgart 063 206. **Gegr:** 1844. **Rechtsf:** OHG.
Inh/Ges: Dr. Ernst Klett, Roland Klett, Michael Klett.
Geschäftsleitung: Dr. Ernst Klett, geb. 7. 7. 1911; Roland Klett, geb. 5. 3. 1929; Michael Klett, geb. 19. 2. 1938; Dr. Thomas Klett, geb. 19. 9. 1944.
Prokuristen: Dr. Jürgen Ehlers, Walter Kretzschmar, Gerhard Pohle, Dr. Werner Reichel, Herbert Schnitzer, Anton Treiber, Martin Veit, Peter Vollpracht.
Geschichte: Verlag und Druckerei Ernst Klett sind aus der 1844 gegründeten Buchdruckerei zu Gutenberg entstanden. Beides übernahm 1867 der Drukker und Verleger Carl Grüninger (zu dessen Autoren u. a. Mörike, Fr. Th. Vischer gehörten), er legte den Akzent auf Musikwissenschaft. Ernst Klett sen. übernahm die Firma Grüninger 1897 und baute zunächst die Druckerei aus. 1944 Schließung des Verlages. 1945 erhielt er als einer der ersten deutschen Verlage die Lizenz zur Wiederaufnahme seiner Tätigkeit. Ab 1945 erfolgte der Auf- und Ausbau des pädagogischen Verlages.
Hauptautoren/Hauptwerke: Der Ernst Klett Verlag besteht aus dem Allgemeinen Verlag (Psychologie, Psychoanalyse, Psychotherapie, Soziologie, Humanwissenschaften, Philosophie, Literaturwissenschaft, Geschichte, Einzelwerke und Gesamtausgaben im belletristischen Bereich) und dem pädagogischen Verlag, der sich aus den Fachredaktionen Vor- und Grundschule, Hauptschule, Berufsschule, Deutsch, Alte Sprachen, Neue Sprachen, Mathematik, Physik, Biologie, Chemie, Geschichte, Erdkunde, Politische Bildung, Kartographie, Programmierter Unterricht, Tests, Erziehungswissenschaft zusammensetzt. Sie entwickeln Unterrichtswerke für alle Schularten: Schulbücher und zusätzliche Elemente, u. a. für den Unterricht im Medienverbund. Die Programme der Fachredaktionen des pädagogischen Verlages werden begleitet von einschlägigen Schriftenreihen und Zeitschriften.
Hz: „Das Haus am Feuersee ... und das am Schaltenberg" (vtljl.) — Almanach „Aufrisse", einmalige Ausgabe.
Btlg: Informationszentrum Buch — TR-Verlagsunion.

Verlagsgebiete: 3 — 5 — 6 — 7 — 8 — 10 — 11 — 12 — 13 — 14 — 15 — 16 — 18 — 19 — 25 — 27 — 28.

Klieber, M. A., Verlag
D-1000 Berlin 39, Am Sandwerder 1

Klinger-Verlag
D-8000 München 2, Herzog-Wilhelm-Straße 9

Signet wird geführt seit: etwa 1930.

Grafiker: Oskar Weise.

Julius Klinkhardt
D-8173 Bad Heilbrunn, Ramsauer Weg Nr. 5, Postfach 29

Tel: (0 80 46) 12 82. **Psch:** München 746 65-802. **Bank:** Sparkasse Bad Heilbrunn 20 800 9; Hypo-Bank Bad Heilbrunn 44. **Gegr:** 1. 5. 1834 in Leipzig. **Rechtsf:** KG.
Inh/Ges: Pers. haft. Gesellschafter: Peter Klinkhardt, Michael Klinkhardt. Kommanditisten: Annemarie Klinkhardt, Stefan Reclam-Klinkhardt, Renate Siegert.
Verlagsleitung: Peter Klinkhardt, geb. 1926; Michael Klinkhardt, geb. 1931.
Geschichte: Gegründet 1834 von Julius Klinkhardt. Seine Arbeit wurde fortgeführt von seinem Sohn Robert Julius Klinkhardt und seinem Enkel Wilhelm Julius Klinkhardt. In der vierten Generation übernahm 1929 Dr. Walther Klinkhardt den Verlag. 1946 übersiedelte der Verlag nach Bayern. In fünfter Generation traten 1964 Peter und Michael Klinkhardt als Teilhaber ein. Von Anfang an galt die Arbeit des Verlages vor allem dem Schulbuch sowie der Herausgabe von Lehrerhandbüchern, erziehungswissenschaftlicher und fachdidaktischer Literatur.
Hauptautoren: Theo Dietrich, Erich E. Geißler, Franz-Josef Kaiser, Job-Günter Klink, Friedrich W. Kron, Karl Ernst Maier, Hans Netzer, Werner S. Nicklis, Rainer Rabenstein, Albert Reble, Rudolf Renard, Albert Schlagbauer, Rudolf Seiß.

Hauptwerke: „Didaktische Grundrisse" — „Klinkhardts Pädagogische Abrisse" — „Klinkhardts Pädagogische Quellentexte" — „Handwörterbuch der Schulpädagogik" — „Texte zur Fachdidaktik" — „Würzburger Arbeiten zur Erziehungswissenschaft".
Zeitschrift: „Lebendige Schule", Monatsschrift zur Schulpädagogik.
Verlagsgebiete: 3 — 10 — 11.

Klinkhardt & Biermann
Richard Carl Schmidt & Co.
D-3300 Braunschweig, Helmstedter Straße 151

Signet wird geführt seit: 1935.

Grafiker: Eigenentwurf.

Oskar Klokow Sportverlag und Versandbuchhandlung
D-2400 Lübeck, Kalandstraße 19

Tel: (04 51) 7 73 50. **Psch:** Hamburg 54859-206. **Bank:** Commerzbank Lübeck 228 080; Handelsbank Lübeck 70 02 017. **Gegr:** 1949. **Rechtsf:** Einzelfirma.
Inh: Oskar Klokow.
Verlagsleitung: Oskar Klokow □, geb. 1. 1. 1908 in Berlin, 1932—1939 Prokurist und Verlagsleiter des Hermann Klokow Verlages Berlin.
Verlagssekretariat: Charlotte Klokow, geb. 18. 9. 1923 in Greifenhagen.
Geschichte: Der Verlag Oskar Klokow ist aus dem vormals in Berlin bestehenden, im Krieg ausgebombten und 1950 liquidierten Verlag und Druckerei Hermann Klokow (gegr. 1891) hervorgegangen.
Hauptwerke: Der Verlag ist auf die Herausgabe von Sport-Fachbüchern, -Kalendern, -Taschenbüchern, -Formularen sowie Sport-Urkunden, -Plakaten, -Diplomen und Vereinsabzeichen spezialisiert.
Verlagsgebiete: 23 — 24.

Signet wird geführt seit: 1947.

Grafiker: Prof. Kurt Schettling.

Erika Klopp Verlag

D-1000 Berlin 31, Wittelsbacherstr. 26, Postfach 129

Tel: (030) 87 14 38. **Psch:** Berlin-West 28948-107. **Bank:** Berliner Bank 3600858 300. **Gegr:** 1. 3. 1925 in Bonn. **Rechtsf:** Einzelfirma.
Inh/Ges: Erika Klopp.
Verlagsleitung: Erika Klopp ☐, geb. 29. 9. 1902 in Maldeuten/Ostpreußen. War 15 Jahre lang Schauspielerin, Ehe mit dem Verleger Fritz Klopp, Übernahme des Verlags 1940.
Prokurist: Horst Meyer, geb. 27. 3. 1930 in Stettin. Berufliche Stationen: Journalist, Werbebüro, Barsortiment, Druckerei, Verlag.
Lektorat: Karla Höcker, Maren Majewski.
Geschichte: Der 1925 in Bonn durch Fritz Klopp als „Literarischer Verlag Fritz Klopp" gegründete Verlag brachte in den Jahren 1925—1940 Werke der Belletristik, Sprachwissenschaft und Populärwissenschaft sowie Kunstbücher heraus. Nach dem Tode des Verlegers im Dezember 1939 Änderung des Firmennamens in Erika Klopp Verlag mit Sitz in Berlin. 1942 Vernichtung der vorrätigen Bestände in Leipzig. 1944 Schließung des Verlages durch die Reichsschrifttumskammer. April 1945 Vernichtung des Lagers in Berlin und der Büroräume durch Bombenangriffe. November 1945 Lizenz durch britische Besatzungsmacht, bis 1948 Verlagsproduktion englischsprachiger Lehr- und Lernbücher. Danach Unterbrechung der Produktion durch Berliner Blockade. Ab 1950 neues Verlagsprogramm: Kinder- und Jugendbücher. 1972 Übernahme des Jugendbuchprogramms aus dem Erich Schmidt Verlag, Bielefeld.
Hauptautoren, Enid Blyton, Helen Dore Boylston, Berte Bratt, Lise Gast, Karla Höcker, Ilse Kleberger, Tim Maran, Nikolai v. Michalewsky, Mary Patchett.
Hauptwerke: Enid Blyton, „Abenteuer-Serie", „Geheimnis-Serie" — Helen Dore Boylston, „Susanne Barden" — Sprachwissenschaft: „Rheinisches Wörterbuch", 9 Bände, Lexikonformat, begonnen 1925, beendet 1972, Herausgeber: Dr. Josef Müller, Dr. Karl Meisen, Dr. Heinrich Dittmaier, Dr. Rudolf Schützeichel, Prof. Dr. Matthias Zender.
Buchreihen: „Romane für junge Menschen" — „Für kleine Hände" — „Eine bunte Kette".
Verlagsgebiete: 9 — 7.

Klosterhaus Verlagsbuchhandlung Dr. Grimm KG

D-3417 Lippoldsberg, Postfach 34

Signet wird geführt seit: 1950.

Grafiker: Peter Baum.

Vittorio Klostermann

D-6000 Frankfurt (M) 90, Frauenlobstr. Nr. 22, Postfach 90 06 01

Tel: (06 11) 77 40 11. **Psch:** Frankfurt (M) 585 84-600. **Bank:** BHF-Bank Frankfurt (M) 15 24-8; Frankfurter Sparkasse von 1822 50-721 050. **Gegr:** 1. 9. 1930 in Frankfurt (M). **Rechtsf:** KG.
Inh/Ges: Persönlich haftender Gesellschafter: Dr. h. c. Dr. h. c. Vittorio Klostermann.
Verlagsleitung: Dr. h. c. Dr. h. c. Vittorio Klostermann ☐, geb. 29. 12. 1901 in Jena. Ehrenbürger der Universität Frankfurt (M); Großes Verdienstkreuz der Bundesrepublik Deutschland; Goethe-Plakette der Stadt Frankfurt (M) u. a. Auszeichnungen. Michael Klostermann, geb. 8. 2. 1939.
Geschichte: Ein Gesamtkatalog 1930—1973 gibt ein vollständiges Verzeichnis der seit Gründung erschienenen Publikationen des Verlages. Seine Arbeitsgebiete sind Philosophie, Literaturwissenschaft, Geistesgeschichte, Bibliographie und Bibliothekswesen sowie Rechts- und Staatswissenschaften.
Seit 1. 1. 1973 Kommanditgesellschaft.

Hauptautoren: Franz Altheim, Walter Bröcker, Hanns W. Eppelsheimer, Eugen Fink, Hugo Friedrich, Martin Heidegger, Theodor Hetzer, Friedrich G. Jünger, Otto Klapp, Clemens Köttelwesch, Max Kommerell, Gerhard Krüger, Wilhelm zur Linden, Hans Lipps, Werner Marx, Fritz Schalk, Hermann Schöffler, Wilhelm Totok, Karl-Heinz Volkmann-Schluck, sowie auf dem Arbeitsgebiet Rechts- und Staatswissenschaften: Helmut Coing, Wilhelm Gerloff, Fritz von Hippel, Gerhart Husserl, Werner Maihofer, Otto Veit, Erik Wolf.
Buchreihen: „Das Abendland. Neue Folge" — „Analecta Romanica" — „Deutsches Rechtsdenken" — „Juristische Abhandlungen" — „Kataloge der Herzog August Bibliothek Wolfenbüttel" — „Kataloge der Stadt- und Universitätbibliothek Frankfurt am Main" — „Philosophische Abhandlungen" — „Quellen der Philosophie" — „Sozialökonomische Texte" — „Wissenschaft und Gegenwart" — „Wolfenbütteler Beiträge".
Zeitschriften: „Bibliographische Berichte" (hjl.) — „Bibliographie der deutschen Sprach- und Literaturwissenschaft" (jl.) — „Bibliographie der deutschsprachigen psychologischen Literatur" (jl.) — „Bibliographie der französischen Literaturwissenschaft" (jl.) — „Jus Commune" (jl.) — „Romanische Forschungen" (vtljl.) — „Scheidewege" (vtljl.) — „Zeitschrift für Bibliothekswesen und Bibliographie" (zweimtl.).
Verlagsgebiete: 1 — 3 — 4 — 7 — 14 — 25.

Signet wird geführt seit: 1. 10. 1949.

Grafiker: Frau Jutta Klotz-Krumhaar.

Ehrenfried Klotz Verlag Stuttgart und Göttingen

D-3400 Göttingen, Theaterstraße 13, Postfach 77

Tel: (05 51) 5 95 15-7. **Psch:** Stuttgart 654 18. **Bank:** Commerzbank Göttingen. **Gegr:** 1. 7. 1925 als Leopold Klotz Verlag in Gotha — 1. 10. 1949 als Ehrenfried Klotz Verlag in Stuttgart. **Rechtsf:** OHG.

Inh/Ges: Dr. Arndt Ruprecht, Dr. Dietrich Ruprecht, Günther Ruprecht, Hellmut Ruprecht.
Verlagsleitung: Günther Ruprecht ☐, geb. 17. 2. 1898 in Göttingen; Dr. Arndt Ruprecht, geb. 9. 12. 1928 in Göttingen.
Geschichte: Leopold Klotz, geb. 5. 12. 1878 in Stuttgart, gest. 25. 1. 1956 in Gotha, seit 1914 Direktor der F. A. Perthes AG, übernahm 1925 die theologische und religiöse Verlagsgruppe des 1797 von Friedrich Perthes gegründeten „Perthes-Verlages" und gründete damit den eigenen Verlag, der geprägt war durch die liberale Theologie (Martin Rades „Christliche Welt") und den ökumenischen Gedanken. Ehrenfried Klotz gründete den Verlag 1949 neu in Stuttgart. Dieser arbeitet vorwiegend auf dem Gebiet der praktischen Theologie. 1971 ging der Verlag an die neuen Inhaber (s. o.) über. Er wird selbständig in der bisherigen Linie weitergeführt — lediglich wirtschaftlich in Kooperation mit dem Verlag Vandenhoeck & Ruprecht in Göttingen.
Hauptwerke: Homiletik: Buchreihen: „Dienst am Wort" (früher „Kasualien") und „Schriftauslegung" — Zeitschrift „Homiletische Monatshefte".
Buchreihen: Gemeindearbeit: „Gemeindeveranstaltungen" — „Dienst am Nächsten".
Luther-Ausgabe „Luther Deutsch" hrsg. von Prof. D. Dr. Kurt Aland, Münster, gemeinsam mit dem Verlag Vandenhoeck & Ruprecht, Göttingen.
Verlagsgebiet: 2a.

Knabe, Gebr.

DDR-5300 Weimar, Luthergasse 1

Signet wird geführt seit: 1956.

Grafiker: —

Fritz Knapp GmbH

D-6000 Frankfurt (M), Neue Mainzer Straße 60

Tel: (06 11) 28 01 51. **Fs:** 411397. **Psch:** Frankfurt 604 82-609. **Bank:** Hess. Landesbank; BHF-Bank; Deutsche Bank; Dresdner Bank; Commerzbank; Südwestdeutsche Genossenschafts-Zentralbank, alle in Frankfurt (M). **Gegr:** 1. 1. 1935 in Frankfurt (M); Neugründung am 1. 1. 1949 in Frankfurt (M). **Rechtsf:** GmbH.

Ges: Dr. Volkmar Muthesius, Alfons Binz.

Verlagsleitung: Dr. jur. Volkmar Muthesius, geb. 19. 3. 1900 in Weimar, Gesellschafter seit 1957, Geschäftsführer für literarische und redaktionelle Angelegenheiten, Chefredakteur der „Zeitschrift für das gesamte Kreditwesen", Hrsg. der „Monatsblätter für freiheitliche Wirtschaftspolitik", Ehrenpräsident des Bundes der Steuerzahler, seit Wiedergründung im Fritz Knapp Verlag. — Alfons Binz, geb. 1. 10. 1921 in Baden-Baden, Gesellschafter seit 1957, Geschäftsführer für verlegerische und kaufmännische Angelegenheiten; nach abgeschlossener Banklehre verlegerische Ausbildung im Drei Kreise Verlag Baden-Baden (1947), seit 1949 im Fritz Knapp Verlag. — Dipl.-Kfm. Dipl.-Volksw. Peter Muthesius, geb. 26. 4. 1930 in Düsseldorf, Prokurist, Redaktion der „Zeitschrift für das gesamte Kreditwesen" und „Monatsblätter für freiheitliche Wirtschaftspolitik", im Verlag seit 1962.
Alexander Märker, geb. 30. 4. 1926 in Idar-Oberstein/Nahe, Prokurist, Werbeleiter, im Verlag seit 1952.
Werner Brandt, geb. 15. 6. 1916 in Marienburg/Wpr., Anzeigenleiter der „Zeitschrift für das gesamte Kreditwesen" und der „Monatsblätter für freiheitliche Wirtschaftspolitik", im Verlag seit 1958.
Axel Menn, geb. 9. 8. 1940, Vertriebsleiter sämtlicher Zeitschriften und Anzeigenleiter der Zeitschrift „bank und markt", im Verlag seit 1972.

Geschichte: Der Verlag wurde im Jahre 1935 von Fritz Knapp in Frankfurt (M) unter der Firma „Naturkunde und Technik" gegründet. Er befaßte sich mit der Herausgabe von Handbüchern und Nachschlagewerken. 1943 wurde der Verlag wegen Papiermangel stillgelegt und am 1. 1. 1949 wieder neu eröffnet. Nach der Wiedergründung firmierte das Unternehmen Verlag Fritz Knapp GmbH und spezialisierte sich auf das Geld-, Bank- und Börsenwesen sowie auf internationale Wirtschaftspolitik. Zusammen mit den jetzigen Inhabern des Verlages gründete Fritz Knapp (†) die „Zeitschrift für das gesamte Kreditwesen" und die „Monatsblätter für freiheitliche Wirtschaftspolitik", die 1974 im 27. bzw. 20. Jahrgang erscheinen. Seit 1972 erscheint eine weitere Fachzeitschrift „bank und markt" - Zeitschrift für Unternehmensführung und Marketing im Bank- und Versicherungswesen. Neben wichtigen Standardwerken der deutschen und internationalen Kreditwirtschaft brachte der Verlag im Jahre 1962 die erste Taschenbuchreihe heraus, die sich dem Spezialgebiet des Geld-, Bank- und Börsenwesens widmet. In dieser Reihe erschienen bis Januar 1974 über 60 Bände.

Hauptautoren: Herman J. Abs, Erich Achterberg, Franz E. Aschinger, Karl Blessing (†), Georg Bruns, Hermann Delorme, Helmut Faust, Friedrich K. Feldbausch, K. F. Hagenmüller, L. Albert Hahn (Paris) (†), Oswald Hahn, Karl Häuser, Helmut Lipfert, Ludwig von Mises (New York), Philipp Möhring, Volkmar Muthesius, Kurt Richebächer, Heinrich Rittershausen, Günter Schmölders, Siegfried Sichtermann, Franz Steffan, Wolfgang Stützel, Otto Veit, Wilhelm Vocke (†), Johannes Zahn, Carl Zimmerer.

Hauptwerke: „Enzyklopädisches Lexikon für das Geld-, Bank- und Börsenwesen" (2 Bde.) — „Handbuch des gesamten Kreditwesens" — „Handbuch des Realkredits" — „Handbuch der Vermögensanlage" — „Handbuch der Bankpraxis" — „Handbuch der Bankenwerbung" — Franz E. Aschinger, „Das Währungssystem des Westens" — „Leasing-Handbuch" — Volkmar Muthesius, „Augenzeuge von drei Inflationen" — Otto Veit, „Grundriß der Währungspolitik" — Heinrich Rittershausen, „Die Zentralnotenbank" — Helmut Lipfert, „Internationale Finanzmärkte", „Internationaler Devisen- und Geldhandel" — Siegfried Sichtermann, „Bankgeheimnis und Bankauskunft" — Wolfgang Stützel, „Währung in weltoffener Wirtschaft". „Glossarien finanzieller und wirtschaftlicher Fachausdrücke".

Buchreihen: „Veröffentlichungen des Instituts für Bankwirtschaft und Bankrecht an der Universität Köln" (Prof. Büschgen) — „Schriftenreihe des Instituts für Kreditwesen an der Universität Frankfurt (M)" (Prof. Veit) — „Schriftenreihe zur Geld- und Finanzpolitik" (hrsg. von Dr. h. c. Hermann J. Abs, Staatssekretär a. D. Hartmann und

Prof. Schmölders) — „Schriftenreihe des Instituts für Banken und Industrie, Geld und Kredit der Freien Universität Berlin" (hrsg. von Prof. Hein) — „Schriftenreihe des Instituts für Kapitalmarktforschung" (Hrsg. Prof. Bruns und Prof. Häuser) — „Deutsche Banken in Einzeldarstellungen", eine Sammlung bankgeschichtlicher Monographien — „Taschenbücher für Geld, Bank und Börse" (hrsg. von Prof. Möhring und Prof. Rittershausen) — „Schriften der Baden-Badener Unternehmergespräche" (hrsg. vom Deutschen Institut zur Förderung des industriellen Führungsnachwuchses) — „Veröffentlichungen der Deutschen Genossenschaftskasse".
Zeitschriften: „Zeitschrift für das gesamte Kreditwesen" (2x mtl.) — „bank und markt" (6x jl.)— „Monatsblätter für freiheitliche Wirtschaftspolitik" (mtl.) — „EDV-Report" (vtljl.).
Verlagsgebiete: 5 — 7 — 25 — 26 — Spez.Geb: 5 Geld-, Bank- und Börsenwesen.

Karl Knapp, Verlag
D-4000 Düsseldorf Nord, Feldstraße 30

Wilhelm Knapp Verlag
Niederlassung der Droste Verlag GmbH

D-4000 Düsseldorf, Pressehaus am Martin-Luther-Platz, Postfach 1122

Tel: (02 11) 8 30 11. **Fs:** 08-582495. **Psch:** Essen 191660-433. **Bank:** Commerzbank; Deutsche Bank; F. Simon; C. G. Trinkaus & Burkhardt (alle Düsseldorf). **Gegr:** 1838 in Halle a. d. Saale. **Rechtsf:** GmbH.
Inh/Ges: Rheinisch-Bergische Druckerei und Verlagsgesellschaft mbH.
Geschäftsführung: Dr. phil. Manfred Droste ☐, geb. 27. 5. 1927; Dr. phil. Karl Bringmann, geb. 26. 12. 1912; Dr. phil. Max Nitzsche, geb. 30. 6. 1915; Dr. phil. Joseph Schaffrath, geb. 25. 8. 1927.
Verlagsdirektion: Dr. phil. Manfred Lotsch, geb. 9. 5. 1932.
Verlagssekretariat: Lieselotte Gottwald, geb. 14. 1. 1943.

Herstellung: Helmut Schwanen, geb. 10. 8. 1936.
Geschichte: Der Wilhelm Knapp Verlag, 1838 in Halle a. d. Saale aus einer 1772 gegründeten Sortimentsbuchhandlung hervorgegangen, brachte in seinen Anfängen Zeitschriften und Bücher heraus, die sich mit dem Bauwesen, verschiedenen anderen Gewerbezweigen und der damals erfundenen Photographie befaßten. Mit dem Aufkommen neuer Zweige der Technik wurden jeweils neue Verlagsgebiete erschlossen; beispielsweise die Elektrotechnik in ihren ersten Anfängen sowie Chemie und chemische Technologie. Seit der Jahrhundertwende wandte sich der Verlag vornehmlich dem Bergbau und dessen verwandten Zweigen zu. Parallel mit der Ausweitung und Spezialisierung der Industrie kamen weitere Aufgaben hinzu wie Hüttenkunde, Metallurgie und Gießereiwesen, Verwertung und Veredelung der Brennstoffe, Feuertechnik und Wärmewirtschaft, ferner Straßenbau und Wasserwirtschaft. Vor dem Zweiten Weltkrieg umfaßte das Programm 23 Fachzeitschriften und eine bedeutende Buchproduktion von Handbüchern, Lehrbüchern und Monographien. Nach Kriegsende mußte der Sitz des Verlages nach Düsseldorf verlegt werden. Die Titelliste umfaßt heute die Schwerpunkte: Geologie und Bergbau, Kohleveredlung, Wärme und Energie, Hüttenkunde, Metallurgie, Gießerei, chemische Technologie, Keramik, Glas, Elektrotechnik und Elektronik, Uhrentechnik und Optik, moderne Technik, Foto + Film-Technik, Kunststoffe. Der Verlag wurde am 1. Juli 1972 von der Rheinisch-Bergischen Druckerei- und Verlagsgesellschaft mbH, Düsseldorf, übernommen. Die Verlagsgeschäfte werden in der Wilhelm Knapp Verlag, Niederlassung der Droste Verlag GmbH, Düsseldorf, geführt.

Hauptautoren: Willi Beutler, Otto Croy, Hans Werner Dußler, Frank Frese, Gerhard Graeb, Heinrich Freytag, Helmut Käufer, Fritz Kempe, Gerhard Kerff, Werner Lehnhäuser, Dietrich Lipinski, Dieter Müller, Herbert Rittlinger, Josef Scheibel, Hermann Schoepf, Ralph Weizsäcker, Kurt Wortig, Oswald Graf zu Münster.

Verlagsgebiete: 11 — 18 — 20 — 15.

Knecht, Josef, Carolusdruckerei GmbH
D-6000 Frankfurt (M) I, Liebfrauenberg 37

Karl Knödler, Verlag
D-7410 Reutlingen, Postfach 175, Katharinenstraße 8—10

Signet wird geführt seit: 1954.

Grafiker: Otto Hagenmaier.

Knorr & Hirth Verlag GmbH

D-3167 Burgdorf-Ahrbeck (Hannover)

Tel: Burgdorf/Han. (0 51 36) 55 01. **Psch:** Stuttgart 8522-700. **Bank:** Deutsche Bank Burgdorf 38/00216; Commerzbank Burgdorf 53/00850 00; Sparkasse der Stadt Burgdorf 000-019 000; Kreissparkasse Burgdorf 040421604. **Gegr:** 1. 1. 1894, Neugründung 1952 in München. **Rechtsf:** GmbH.
Inh/Ges: Alleiniger Gesellschafter: Berthold Fricke.
Geschäftsführer: Berthold Fricke; Ilse Fricke, geb. Rose.
Verlagsleitung: Berthold Fricke □, geb. 17. 7. 1916 in Walsrode/Han. Studium Geschichte, Literatur- und Kunstgeschichte, Staatsexamen. Buchhändlerische Ausbildung im Knorr & Hirth Verlag. Dessen alleiniger Gesellschafter und Geschäftsführer seit 1955. Herausgeber der Reihe: „Das kleine Kunstbuch" mit ihren verschiedenen Abteilungen in sieben Sprachen.
Geschichte: Der Verlag Knorr & Hirth wurde am 1. 1. 1894 von dem Publizisten und Kunsthistoriker Georg Hirth und seinem Schwager Thomas Knorr gegründet. Vorangegangen war die Begründung der Buchdruckerei Knorr & Hirth im Jahre 1875 und des Verlages Georg Hirth 1859. Der Verlag „trug durch die Herausgabe preiswerter Abbildungswerke viel zur Förderung kunstgeschichtlicher Anschauungen beim großen Publikum bei" (Der Gr. Brockhaus). Die Buchdruckerei Knorr & Hirth war nach kurzer Zeit eine der bedeutendsten in ganz Deutschland; hier wurden die „Münchner Neuesten Nachrichten" gedruckt, die unter Hirths Leitung eine der führenden deutschen Tageszeitungen wurden. Ende 1895 erfolgte die Gründung der „Jugend", die einer ganzen Stilepoche den Namen geben sollte. Später traten noch viele andere Zeitungen und Zeitschriften hinzu, so die „Rundfunk-Illustrierte", die „Münchner Illustrierte" und eine Zeitlang der „Simplizissimus". Der Verlag weitete im Laufe der Jahre seine Produktion immer mehr aus. Als einer der ersten brachte er vor dem Zweiten Weltkrieg reine Farbbildbände heraus. Der Krieg unterbrach diese vielseitige Entwicklung. Die Neugründung erfolgte 1952. Seit 1955 ist Berthold Fricke der alleinige Gesellschafter der Firma. Er hat die alten Verlagsbestrebungen wieder aufgenommen und bringt vor allem Kunstbände heraus, so die Serie „Das kleine Kunstbuch" mit ihren verschiedenen Abteilungen, besonders denen über „Museen und Sammlungen", „Kunststädte und Kulturlandschaften" und „Meister der Malerei", deren Titel vom Verlag selbst in 7 Sprachen verlegt und in der ganzen Welt verkauft werden. Auch Kunstpostkarten im Großformat und Kunstdrucke werden in mehreren Sprachen vertrieben.
Verlagsgebiete: 12 — 15.

Kober'sche Verlagsbuchhandlung AG
CH-3013 Bern, Pappelweg 29

Verlagsanstalt Alexander Koch GmbH

D-7000 Stuttgart 1, Kolbstraße 4c

Tel: (07 11) 64 23 41. **Fs:** 07-23 012. **Psch:** Stuttgart 454. **Bank:** Commerzbank Stuttgart 5 103 080; Städt. Girokasse Stuttgart 2160 508. **Gegr:** 1. 1. 1888 in Darmstadt. **Rechtsf:** GmbH.
Inh/Ges: Dr. Rudolf Weinbrenner, Marta Weinbrenner, Lieselotte Murko, Karl-Heinz Weinbrenner.
Verlagsleitung: Geschäftsführer: Dipl.-Kfm. Lieselotte Murko, Herausgeber; Dipl.-Kfm. Karl-Heinz Weinbrenner, Herausgeber; Dr. Erwin Schmid, stellvertretender Geschäftsführer, Verlagsleiter, Prokurist; Heinz Hugel, stellvertretender Geschäftsführer, Prokurist.

Geschichte: Die Gründung des Verlags durch den späteren Hofrat Alexander Koch erfolgte mit Herausgabe der „Tapeten-Zeitung" 1888. Ihr folgten „Innendekoration" 1890, „Deutsche Kunst und Dekoration" 1896, „Stickereien u. Spitzen" 1900, „Kind und Kunst" 1904. Sie alle erschlossen völlig neue Gebiete im Zeitschriftenwesen und verfolgten wie die große Zahl von Monographien und Bildbände das Ziel, dem Wohn- und Lebensstil unter Einbeziehung der Kunst neue Wege zu weisen.
Das 1921 in eine Familien-Gesellschaft mit beschränkter Haftung umgewandelte Unternehmen verlegte 1932 seinen Sitz nach Stuttgart.
1946: Wiedererscheinen der „Innendekoration" unter dem neuen Titel „Architektur und Wohnform/Innendekoration". 1949: „Tapeten-Zeitung"; Fachbücher über Spezialgebiete der Architektur: Hotelbauten, Restaurants, Cafes, Bars, Ausstellungsstände, Ladengestaltung, Einfamilienhäuser, Schulbauten, Skelettbauten mit Fassadenelementen, Welt und Wohnen, Mensch und Wohnen. 1971 geht der Verlag in den Besitz der der Familie Weinbrenner gehörenden DRW-Verlags-GmbH, Stuttgart über.
Buchreihen: „Elemente des Bauens" — „Grundrißreihe".
Zeitschriften „Architektur und Wohnwelt" gegründet 1890 unter dem Titel „Innendekoration" (8x jl.) — „Tapeten-Zeitung / tapete+bodenbelag", gegründet 1888 (24x jl., 5. und 20. jeden Monats).
Tges: DRW-Verlag Weinbrenner-KG, D-7000 Stuttgart 1, Kolbstraße 4c; Karl Weinbrenner & Söhne, Druckerei, D-7000 Stuttgart 1, Kolbstraße 4c.
Verlagsgebiete: 12 — 20 — 21 — 28.

Signet wird geführt seit: 1969.

Grafiker: Ludwig Maria Beck.

Kochbuchverlag Heimeran KG

D-8000 München 40, Dietlindenstraße 14, Postfach 400 824

Tel: (089) 39 94 47. **Psch:** München 214 390-808. **Bank:** Bayerische Vereinsbank München 447 847. **Gegr:** 1. 8. 1969 in München. **Rechtsf:** KG.

Inh/Ges: Till Heimeran, pers. haft. Gesellschafter; Margrit Heimeran, Kommanditistin.
Verlagsleitung: Till Heimeran, geb. 1938. Vertrieb und Werbung: Thomas Kniffler, geb. 1946.
Lektorat: Else Sommer, geb. 1908.
Geschichte: 1969 gegründet, ging die Firma aus der kulinarischen Abteilung des Heimeran Verlages hervor. Mitgift des Stammhauses war „Heimerans Kochbuchreihe für Genießer", die systematisch ausgebaut wird. Gesamtauflage bisher 2 Millionen Exemplare. Außerhalb des bewährten Querformates dieser Serie erscheinen seit 1970 auch repräsentative, reichbebilderte Kochbücher zu reizvollen kulinarischen Themen. Seit 1974 Erweiterung des Programms um Spezialkochbücher für die Gastronomie.
Buchreihen: „Heimerans Kochbuchreihe für Genießer" — „Heimerans Diätbücher".
Verlagsgebiet: 30 — Spez.Geb: 30 Kochbücher, Kulinarische Karten.

Signet wird geführt seit: 1954.

Grafiker:
Prof. Finsterer, Stuttgart.

K. F. Koehler Verlag

D-7000 Stuttgart S, Eberhardstraße 10, Postfach 210

Tel: (07 11) 29 90 31. **Fs:** Stuttgart-Buchkoch 07-23 308. **Psch:** Stuttgart 24732. **Bank:** Deutsche Bank Stuttgart. **Gegr:** 7. 4. 1789 in Leipzig. **Rechtsf:** KG.
Inh/Ges: Pers. haft. Gesellschafter: Andreas Thieme, Werner Thurmann, Johannes Vogel.
Verlagsleitung: Till Grupp, geb. 16. 2. 1931, seit 15. 8. 1960 im Verlag.
Geschichte: Der Leipziger Buchhändler Karl Franz Koehler hat den Verlag am 7. 4. 1789 gegründet. Er verlegte zunächst Werke der Jurisprudenz und klassischen Philologie. Seit der Jahrhundertwende trat der Verlag auf geschichtswissenschaftlichem Gebiet stär-

ker hervor und gewann nach dem Ersten Weltkrieg durch wichtige Memoirenwerke des In- und Auslandes Bedeutung als politisch-historischer Verlag — darunter Bücher von Churchill und Foch. Besonderes Interesse erweckte das große Memoirenwerk des Atatürk, des Begründers der modernen Türkei. Die geschichtswissenschaftliche Linie betonten die Neuausgabe der berühmten Quellenkunde zur deutschen Geschichte. Wichtige Werke wie der Briefwechsel Friedrichs des Großen mit seiner Schwester Wilhelmine und Kaiser Friedrichs Tagebücher wurden aus dem Hohenzollernschen Hausarchiv erschlossen. Nach seiner Sitzverlegung von Leipzig nach Stuttgart im Jahre 1948 veröffentlichte der Verlag verschiedene Werke Friedrich Meineckes (Gesamtausgabe gemeinsam mit R. Oldenbourg Verlag, München, und Siegfried Toeche-Mittler-Verlag, Darmstadt), sammelte das verstreute Werk Otto Hintzes und verlegte dessen Nachfolger Fritz Hartung. In andere Bereiche des Geistes führte die Zusammenarbeit mit Viktor von Weizsäcker und Gustav Radbruch. Die von Friedrich Ratzel und Albrecht Penk begründeten „Geographischen Handbücher" kamen hinzu. Eine geisteswissenschaftliche Reihe wurde seit einigen Jahren geschaffen unter dem Titel „Bücherei der Bildung und Belehrung". Sie weist u. a. Werke auf von Leopold von Ranke, Jacob Burckhardt, Alexis de Tocqueville, Georg Simmel, Heinrich Boehmer, James Frazer, Arnold Bergstraesser, Hans Barth, Michael Freund, Alfred Kruse, Friedrich Glum, Gerhard Funke, Hans Naumann, Wolfram Fischer, Wilmont Haacke, Thilo Ramm.

Hauptautoren: Ludwig Beck, Frans G. Bengtsson, Heinrich Boehmer, Helmuth v. Glasenapp, Bernhard Guttmann, G. Hartlaub, Fritz Hartung, Heinrich Heffter, Karl Hillebrand, Eberhard Kessel, Norbert Krebs, Joachim Kühn, Eduard Marcks, Francois Mauriac, Friedrich Meinecke, Gustav Radbruch, Leopold von Ranke, Otto Riese, Friedrich Ruge, Eduard Schwartz, Karl Straube, Otto Freiherr von Taube, Viktor von Weizsäcker, Franz Wieacker, Paul Woldstedt.

Buchreihe: „Bücherei der Bildung und Belehrung" (allgemeinwissenschaftliche Reihe).

Verlagsgebiete: 4 — 5 — 6 — 14 — 15.

Köhler, Wilhelm
D-4950 Minden 2, Postf. 1530, Brückenkopf 2a

Signet wird geführt seit: 1965.

Grafiker: Ernst A. Eberhard, Bad Salzuflen.

Koehlers Verlagsgesellschaft mbH
D-4900 Herford, Steintorwall 17, Postfach 371

Tel: (0 52 21) *31 47. **Fs:** 934 801 maxvg d. **Psch:** Stuttgart 11309/700. **Bank:** Dresdner Bank AG Herford; Stadtsparkasse Herford. **Gegr:** 7. 4. 1789 v. K. F. Koehler / 12. 10. 1938 v. Hase & Koehler. **Rechtsf:** GmbH.

Inh/Ges: Dr. Kurt Schober, Gerhard Bollmann, Heinrich Brüggemann, Hans-Focko Koehler.

Verlagsleitung: Geschäftsführer: Dr. Kurt Schober □ (vgl. Maximilian-Verlag), Gerhard Bollmann □ (vgl. Maximilian-Verlag), Hans-Focko Koehler.

Geschichte: Koehlers Verlagsgesellschaft kann auf eine ununterbrochene, über 185jährige buchhändlerische Tradition zurückblicken, seit am 7. 4. 1789 der Leipziger Buchhändler Karl Franz Koehler die Firma K. F. Koehler gründete. Während die dritte Generation in der zweiten Hälfte des 19. Jahrhunderts das buchhändlerische Kommissionsgeschäft, das Sortiment und das Lehrmittelgeschäft ausgebaut hatte, kam es in der 4. Generation zu einer Fusion mit der Firma Volckmar. Im Einvernehmen mit der Firma Volckmar wurden 1938 Teile der Verlagsproduktion ausgegliedert und Dr. v. Hase und seine Frau sowie die 4 Geschwister Koehler gründeten die KG v. Hase & Koehler in Leipzig und Berlin. Dr. v. Hase und sein Sohn Rüdiger wurden Opfer des Krieges. Als Rechtsnachfolger begannen die Geschwister Koehler zunächst in Biberach an der Riß, später in Jugenheim an der Bergstraße mit dem Wiederaufbau des Verlages unter der Firma Koehlers Verlagsgesellschaft. Sie schieden später aus. Seit dem 1. 1. 1965 ist Herford der Sitz der Gesellschaft. Der Verlag widmet sich vor allem den

Gebieten der Schiffahrts- und Marinegeschichte. 1968 wurde das seit 1901 erscheinende Jahrbuch „Köhlers Flottenkalender" übernommen, danach wurden die beiden Schiffahrtszeitschriften „Seekiste" und „Schiffahrt international" gekauft, die zur großen deutschen Schiffahrtszeitschrift „Schiffahrt international" zusammengelegt wurden. Die umfangreiche Sachbuchproduktion behandelt schwerpunktmäßig die Marine, die Handelsschiffahrt und die angrenzenden Gebiete, wie Meerestechnik etc. So erschienen umfassende Werke über die Geschichte der Seefahrt („Die See — Schicksal der Völker"), über die Entwicklung in der Tankschiffahrt („Tanker"), über die Geschichte der Seeräuberei („Unter der Flagge mit dem Totenkopf"), über die Binnenschiffahrt („Zu Schiff durch Europa"), ferner das Lexikon „See und Seefahrt", die Buchreihe „Koehlers kleine Seebücherei", die Schriftenreihe „Schiff und Zeit" sowie viele Einzelveröffentlichungen.

Hauptautoren: Brennecke, Brustat-Naval, Dominik, Fock, Luckner, Meurer, Prager, Reinemuth, Schmalenbach, Sokol, Witthöft, Wolter.

Zeitschrift: „Schiffahrt international".

Verlagsgebiete: 6 — 8 — 9 — 13 — 14 — 15 — 16 — 20 — 21 — 24 — 25 — 28.

Koehler & Amelang VOB

DDR-7010 Leipzig, Hainstraße 2

Kölner Universitäts-Verlag GmbH

D-5000 Köln 60, Postfach 600108, Neußer Straße 171—173

Koerner, Valentin GmbH

D-7570 Baden-Baden, Postfach 304, Yburgstraße 36

Kösel-Verlag GmbH & Co

D-8000 München 19, Flüggenstraße 2
Zweigstelle: Kösel-Verlag GmbH & Co, D-8031 Gilching, Flugplatzstraße 1, Tel: (0 81 05) 90 14 (Auslieferung, Buchhaltung, Zeitschriftenabteilung)
Tel: (089) 17 50 77. **Fs:** 5215492 KVMUD. **Psch:** München 3368-801. **Bank:** Deutsche Bank München 69/31000; Kreissparkasse Starnberg 200220. **Gegr:** 1593 in Kempten. **Rechtsf:** GmbH & Co.

Inh/Ges: Gesellschafter: Paul Huber, Kempten; Dr. Heinrich Wild, München. Kommanditisten: Paul Huber, Kempten; Dr. Heinrich Wild, München; Pia Huber, Rhöndorf; Maria-Veronika Schaetz, Weilheim; Prof. Dr. Stefan Wild, Amsterdam; Dr. Christoph Wild, Gräfelfing bei München.

Verlagsleitung: Dr. Heinrich Wild, geb. 20. 9. 1909 in Regensburg; Studium der Theologie, Philosophie und Ethnologie in Berlin und Bonn; 1934 Eintritt in den Hegner Verlag; Leiter des Hegner-Verlags 1936—1945; seit 1946 bei Kösel. Dieter Munz, geb. 1. 4. 1930 in Stuttgart (Prokurist).
Lektoren: Dr. Ernst-Josef Krzywon; Dr. Emil Martin (Prok.); Dr. Hildegard Milberg.
Herstellung: Friedhelm Jochems.
Werbung u. Vertrieb: Dieter Amman.
Auslieferung u. Buchhaltung: Gerhard Hänsel (Prokurist); zugleich Leiter der Zweigstelle Gilching.

Geschichte: Der Kösel-Verlag, das zweitälteste Verlagsunternehmen Deutschlands, ist aus der 1593 gegründeten Druckerei des fürstäbtlichen Stiftes Kempten hervorgegangen. Der Name geht auf deren letzten „Faktor" Josef Kösel zurück, der die Firma im Jahre 1805 erwarb. 1838 ging sie an Johann Huber über, in dessen Familie sie sich noch heute befindet. Dr. Heinrich Wild trat 1945 in die Firma ein.

Hauptautoren: Eleonore Beck, Horst-Klaus Berg, Sigrid Berg, Eugen Biser, Hans Buchheim, Karl Buchheim, Hedwig Conrad-Martius, Ferdinand Ebner, Curt Emmrich, Heinrich Fries, Romano Guardini, Theodor Haecker, Friedhelm Kemp (Hrsg.), Gertrud Kolmar, Karl Kraus, Hermann Krings, Helmut Kuhn, Else Lasker-Schüler, Reinhart Lempp, Hans Maier, Johannes B. Metz, Gabriele Miller, Josef Pieper, Karl Rahner, Joseph Ratzinger, Heinz Robert Schlette, Rudolf Schnackenburg, Heinrich Spaemann, Otto F. Walter, Gerhard Wehle.

Hauptwerke: Handbücher: „Handbuch pädagogischer Grundbegriffe" — „Handbuch philosophischer Grundbegriffe" — „Handbuch theologischer Grundbegriffe" sowie „Pädagogik aktuell" — „Lexikon pädagogischer Schlagworte und Begriffe".
Werkausgaben: Karl Kraus, Theodor

Haecker, Else Lasker-Schüler, Ferdinand Ebner, Alfred Mombert.
Zeitschriften-Reprints: „Die Aktion" (1911—1918), hrsg. von Franz Pfemfert — „Die Fackel" (1899—1936), hrsg. von Karl Kraus — „Zeitschrift für Sozialforschung (1932—1941), hrsg. von Max Horkheimer.

Buchreihen: Serie „Bildung · Erziehung · Gesellschaft" — „Biblische Handbibliothek" — „Geschichte im Unterricht" — „Entwürfe und Materialien" — „Kataloge des Schiller-Nationalmuseums, Marbach" — „Religionspädagogische Praxis" (zusammen mit dem Calwer Verlag, Stuttgart) — „Studien zum Alten und Neuen Testament" — „Studien zur Friedensforschung" (zusammen mit dem Ernst Klett Verlag, Stuttgart) — „Unterrichtsmodelle zur Friedenserziehung" — „Unterrichtsmodelle - Fach Religion" — „rp-modelle" (= Religionspädagogische Modelle, zusammen mit dem Verlag Moritz Diesterweg, Frankfurt).

Zeitschriften: „AV-praxis", Zeitschrift für audiovisuelle Kommunikation in der Pädagogik, hrsg. v. Institut für Film und Bild in Wissenschaft und Unterricht (FWU) Grünwald bei München (mtl.) — „Katechetische Blätter / Kirchliche Jugendarbeit", Zeitschrift für Religionspädagogik und Jugendarbeit. H.-Schriftl. Alois Zenner (mtl.) — „neues hochland", hrsg. Helmut Lindemann (2mtl.) — „Religionspädagogik an berufsbildenden Schulen", H.-Schriftl. Alois Zenner (vtljl.) — „ru", Zeitschrift für die Praxis des Religionsunterrichts (zusammen mit dem Calwer Verlag, Stuttgart). Redak. Horst-Klaus Berg (verantw.) und Franz Kaspar (vtljl.) — „Welt des Kindes", Zeitschrift für Kleinkindpädagogik und außerschulische Erziehung. Schriftl. Hermine König (2mtl.).

Tges: Graphische Werkstätten Kösel, D-8960 Kempten, Wartenseestraße 6-9. Tel: (08 31) 2 65 36. Fs: 54758 — Köselsche Buchhandlung, D-5000 Köln, Roncalliplatz 2 — Köselsche Buchhandlung, D-8960 Kempten, Salzstraße 26 — Köselsche Buchhandlung, D-5090 Leverkusen-Wiesdorf, Breidenbachstraße 13.

Btlg: Deutscher Taschenbuch-Verlag; TR-Verlagsunion; IZB = Informationszentrum Buch; VRU = Verlagsring Religionsunterricht.

Verlagsgebiete: 2b — 3 — 8 — 10 — 11 — 25 — 27 — 28 — 2a — 7 — 14 — 23.

Köster, Adolf, Musikverlag
D-1000 Berlin 45, Lankwitzer Straße 9

Kohl's Techn. Verlag Erwin Kohl KG
D-6000 Frankfurt (M) 97, Emil-Sulzbach-Straße 12

Signet wird geführt seit: 1970.

Grafiker: hace.

W. Kohlhammer GmbH
D-7000 Stuttgart 1, Urbanstraße 12—16, Postfach 747

Tel: (07 11) 24 54 46. **Fs:** 07 23820. **Psch:** Stuttgart 163 30. **Bank:** Deutsche Bank AG Stuttgart 12/68 085; Württ. Bank Stuttgart 2583; Girokasse Stuttgart 2 022 309. **Gegr:** 1866 in Stuttgart.

Rechtsf: GmbH.

Inh/Ges: Kohlhammer-Erben.

Verlagsleitung: Dr. Jürgen Gutbrod, Geschäftsführer; Günter Haberland, Dr. Alexander Schweickert, Prokuristen. **Prokuristen:** Dr. Hermann Nägele (Kommunalrecht, Fachzeitschriften); Helmut Burger (Formulare); Willibald Plitzko (Anzeigen); Gerd W. Ludwig (Zentral-Vertrieb und Werbung); Alfred Joos (Produktion und Zentraleinkauf); Friedrich Plagge (Niederlassung Köln).
Heinz Lehmann (Rechnungswesen).
Gerhard Weiß (EDV).

Geschichte: Der 1866 in Stuttgart gegründete Buch-, Zeitschriften- und Formularverlag Kohlhammer ist Keimzelle der heutigen Unternehmensgruppe Kohlhammer, zu der 4 Verlage, 4 Druckereien und 3 Dienstleistungsbetriebe gehören und in der ca. 1000 Mitarbeiter beschäftigt sind.

Lieferbar sind zur Zeit über 10 000 Formularsorten, über 4000 Buchtitel und mehr als 40 periodisch erscheinende Fachzeitschriften. Jährlich werden etwa 400 Neuerscheinungen bzw. Neuauflagen verlegt.
Schwerpunkt des Buchprogrammes bilden u. a. Titel zu sämtlichen Geistes- und Sozialwissenschaften und zu Rechts-, Wirtschafts- und Verwaltungswissenschaften.

Hauptwerke u. a.: „Historisch-kritische Hölderlin-Ausgabe", hrsg. von Beissner — „Wörterbuch zum Neuen Testament", hrsg. von Kittel — „Wörterbuch zum Alten Testament", hrsg. von Botterweck/Ringgren — „Kommentar zum BGB", hrsg. von Soergel/Siebert.

Buchreihen u. a.: „Urban Taschenbücher", Das Kohlhammer Studienbuchprogramm in 14 Fachbereichen — „Theologische Wissenschaft" — „Religionen der Menschheit" — „Verwaltung und Wirtschaft" — „Grundbegriffe des Rechts".

Zeitschriften u. a.: „Sprache im technischen Zeitalter" — „das kunstwerk" — „Archiv für Kommunalwissenschaften" — „DKSZ" — „Das Krankenhaus" — „Die Öffentliche Verwaltung" — „der städtetag".

Hz: „kohlhammer intern" (vtljl.).

Tges: Zur Unternehmensgruppe Kohlhammer gehören a) die **Verlage:** W. Kohlhammer GmbH, Stuttgart-Berlin-Köln-Mainz; Berliner Union GmbH, Buch- und Zeitschriftenverlag, Stuttgart-Berlin-Köln-Mainz; Deutscher Gemeindeverlag GmbH, Köln-Stuttgart-Berlin-Mainz; G. Grote'sche Verlagsbuchhandlung KG, Troisdorf.
b) die **Grafischen Betriebe:** Druckerei W. Kohlhammer GmbH, Stuttgart; Kohlhammer Endlosdruck GmbH, Schmiden; Kohlhammer & Wallishauser GmbH, Hechingen; Merkur Druckerei GmbH, Troisdorf.
c) die **Dienstleistungsbetriebe:** AVI - Automatisierter Vertrieb von Informationsmaterial, Stuttgart; Insert-Werbung GmbH, Stuttgart; Merkur Werbung KG, Troisdorf.

Verlagsgebiete: 2 — 3 — 4 — 5 — 6 — 7 — 8 — 10 — 11 (Wörterbücher) — 12 — 14 — 16 (Reiseführer) — 17 — 18 — 20 — 24 (Kalender) — 25 — 26 — 28.

Kolibri-Verlag
D-5600 Wuppertal-Elberfeld, Else-Lasker-Schüler-Straße 47—49

Signet wird geführt seit: 1966.

Grafiker: Komar-Werbeagentur.

Monika Komar Verlag
D-8200 Rosenheim, Oberaustraße 1, Postfach 1132

Tel: (0 80 31) 12 80, 2 34 77, 3 34 99. **Fs:** 05 25793. **Psch:** München 88886. **Bank:** Kreis- und Stadtsparkasse Rosenheim 131 151. **Gegr:** 1966 in Rosenheim. **Rechtsf:** Einzelfirma.
Inh: Monika Komar.
Geschäftsführer: Gerhard Komar.
Verlagsleitung: Gerhard Komar □, Alleingeschäftsführer; Wolfgang Leonhardt, Werbeleiter; Alois Strohal, Ltr. des Rechnungswesens.
Geschichte: 1966 gründete Gerhard Komar als 23jähriger den Komar-Verlag in Rosenheim. Er war somit der jüngste Buchverleger Deutschlands. 1969 verkaufte Gerhard Komar seiner Ehefrau den Verlag und wurde Alleingeschäftsführer. Anfang April 1973 wurde das neue Verlagsgebäude in Rosenheim, Oberaustraße 1 bezugsfertig.
Hauptautoren/Hauptwerke: Franz Beckenbauer, „Gentleman am Ball" — Gerd Müller, „Goldene Beine" — Sepp Maier, „Mensch-Maier", Mexiko aus 1. Quelle — Berti Vogts, „Klein aber oho", Aus meiner Sicht — Ruth Gassmann, „Helga für Eltern" — Dr. v. Rosenstiel, „Psychologie der Werbung", „Warum brauchen wir Gastarbeiter" — Dr. v. Rosenstiel, „Psychologie der Werbung" — Hans Heyn, „Wir baden durch den Sommer", Band I und Band II.
Hz: Sportbildkalender — FC Bayern München und Schalke 04.
Tges: 1. Werbeagentur Gerhard Komar (100 %). — 2. Unilith, Lithografieservice & Produktionsberatung GmbH & Co. (100 %), beide in Rosenheim.
Verlagsgebiete: 23 — 3 — 24 — 30.

Signet wird geführt seit: 1947.

Grafiker: Eigener Entwurf.

Verlag Kommentator GmbH

D-6000 Frankfurt (M), Zeppellinallee 43, Postfach 97 0148

Tel: (06 11) 77 40 55 und 77 95 39. **Psch:** Frankfurt (M) 692 50. **Bank:** Volksbank Frankfurt (M) 140 67. **Gegr:** Herbst 1947. **Rechtsf:** GmbH.
Inh/Ges: Kluwer Verlagsgruppe.
Verlagsleitung: Dr. Adolf M. W. Resius, Gunter Herz und Dr. Arnold D. H. Fockema Andreae.
Geschichte: Der im Herbst 1947 gegründete Verlag erhielt im Februar 1949 die Rechtsform einer GmbH; er hat im Jahre 1966 ein eigenes Verlagsgebäude im Frankfurter Westend in der Nähe der Universität bezogen und beschäftigt etwa 30 Mitarbeiter. Aus dem Hauptwerk des Verlages, dem Loseblatt-Werk „Der Wirtschafts-Kommentar" (WK), Kommentarsammlung zum Steuer-, Arbeits-, Sozial- und Wirtschaftsrecht, entwickelte sich seit 24 Jahren die „WK-Reihe". Sie bietet heute rund 80 Kommentare namhafter Fachkenner aus den oben genannten Rechtsgebieten. Daneben hat der Verlag weitere Werke, teils gebunden, teils in Loseblatt-Form, herausgebracht. Der Verlag wurde 1973 von der Kluwer Verlagsgruppe übernommen.
Werke: Loseblatt-Werke: „Der Wirtschaftskommentator" (WK), Kommentarsammlung zum Steuer-, Arbeits-, Sozial-, Wirtschaftsrecht; „Die WK-Reihe", ca. 80 Einzelkommentare zum obengenannten Recht — „Sammlung Müller-Gröninger, Praktisches Arbeitsrecht", Texte, Schrifttum, Entscheidungen zum Arbeitsrecht — „Lütkes-Meier-Wagner, Straßenverkehr", Großkommentar zum gesamten Verkehrsrecht — „Giese-Schunck-Winkler, Verfassungsrechtsprechung in der Bundesrepublik", Entscheidungssammlung zur Verfassungsrechtsprechung des Bundes und der Länder — „Rohr-Cordts, EWG, Abschöpfungen und Ausfuhrerstattungen", Kommentar zur EWG-Agrarmarktordnung — „Weis, Personalvertretungsgesetz", Entscheidungen und Schrifttum zum Personalvertretungsrecht des Bundes und der Länder — „Winkler, Abzahlungsgesetz", Entscheidungssammlung (RHW-Reihe - Recht des Handels und der Wirtschaft) — „Winkler, Rabattgesetz und Zugabeverordnung", Entscheidungssammlung (RHW-Reihe - Recht des Handels und der Wirtschaft). — Ferner gebundene Kommentare: „Giese-Schunck, Kommentar zum Grundgesetz"; „Lochbrunner, Handbuch des Bundesdisziplinarrechts", Kommentar; „Geßler, Aktiengesetz; „Gröninger, Mutterschutzgesetz" — Monographien: „Bartholomeyczik, Die Kunst der Gesetzesauslegung"; „Schunck, Notstandsrecht"; „Wilke, Die Haftung des Staates — Verkehrstaschenbücher: „Die neue Führerscheinprüfung"; „Stegmann, Verkehrsunfall - wie komme ich zu meinem Recht?"; „Grün, Autofahren - Steuern sparen" — Ferner Wandtafeln zu aushangpflichtigen Arbeitsschutzgesetzen sowie arbeits- und verkehrsrechtliche Formulare.
Verlagsgebiete: 4 — 5 — 21 — 22.

Signet wird geführt seit: 1962.

Grafiker: Heinrich Kosch.

Kommunal-Verlag GmbH

D-4350 Recklinghausen, Hagemannstr. 3, Postfach 820

Tel: (0 23 61) 2 43 76 und 2 71 11. **Fs:** 8 29 764 kpvnw d. **Psch:** Essen 285 77-438. **Bank:** Stadtsparkasse Recklinghausen 146 80; Kreissparkasse Recklinghausen 987 339; Commerzbank AG Recklinghausen 121 38. **Gegr:** 13. 6. 1949 in Recklinghausen. **Rechtsf:** GmbH.
Inh/Ges: Kommunalpolitische Vereinigung der CDU Nordrhein-Westfalen Reckl.; KPV Rheinland-Pfalz, Mainz; KPV Hessen, Wiesbaden; Dr. H. H. Sieling, Bremen; CSU München; Union Betriebs-GmbH, Bonn; KPV Niedersachsen, Hannover.
Verlagsleitung: Geschäftsführer Dr. Georg Bitter □, geb. 25. 3. 1921.
Prokurist: Heinz Appelhoff.

Geschichte: Der Verlag wurde gegründet mit dem Zweck, die Zeitschrift „Kommunalpolitische Blätter" und sonstiges Schrifttum zur kommunalen Selbstverwaltung herauszubringen.
Zeitschrift: „Kommunalpolitische Blätter", Organ der Kommunalpolitischen Vereinigung der CDU u. CSU Deutschlands (erscheint einmal monatlich).
Verlagsgebiet: 6 — Spez.Geb: Kommunalpolitik.

Signet wird geführt seit: —

Grafiker: —

Kommunalschriften-Verlag J. Jehle

D-8000 München 2, Barer Straße 32, Postfach München 34
Tel: (089)) 28 20 71. **Fs:** 05/24703. **Psch:** München 5063. **Bank:** Bayer. Landesbank München 36 010. **Gegr:** 12. 7. 1912. **Rechtsf:** Einzelfirma.
Inh/Ges: Süddeutscher Verlag GmbH.
Verlagsleitung: Dipl.-Volkswirt Franz Greiser.
Geschichte: Gegründet am 12. 7. 1912 von Oberamtmann Josef Jehle, Mitglied des Rates der Stadt München und des Bayer. Landtags. Unter ihm Entwicklung zu einem der angesehensten Verlage für Verwaltungspraxis. Erfolgreiche Weiterführung des Verlages nach seinem frühen Tod im Jahre 1921 durch seine Tochter Irma, später verh. Pingoud. Fast völlige Zerstörung des Verlages im Zweiten Weltkrieg. Wiederaufbau und Ausbau des reichhaltigen Sortiments an Vordrucken, Büchern, Zeitschriften und Amtsblättern für die Verwaltung zur heutigen Bedeutung durch die Inhaberin und ihren Gatten, Dipl.-Ing. Bodo Pingoud. Am 1. 1. 1974 vom Süddeutschen Verlag, München, übernommen.
Hauptwerke: Jehle, „Sozialhilferecht" — Bohley-Foohs, „Handbuch des gemeindlichen Steuerrechts" — Hölzl, „Gemeindeordnung für den Freistaat Bayern" — Stoll, „Straßenverkehrsrecht" — Eicher-Haase, „Rentenversicherungsgesetze" — Feneberg, „Wahlgesetze" — Zimniok, „Bayerisches Wasserrecht, Bayerisches Straßen- und Wegegesetz" — Schreml, „Kommunales Haushalts- und Wirtschaftsrecht".
Buch- und Schriftenreihen: „Kommunalrecht" — „Gemeindefinanzrecht" — „Beamtenrecht" — „Polizei- und Sicherheitsrecht" — „Planungs-, Bau-, Straßen- und Wasserrecht" — „Arbeits- und Sozialrecht" — „Wahlrecht" — „Landwirtschaftsrecht" — „Landesplanung und Umweltschutz" — „Innerer Dienstbetrieb der Verwaltung" — „Kovasammlung für den praktischen Verwaltungsdienst" — „Schriftenreihe des Bayer. Prüfungsverbandes öffentlicher Kassen" — „Schriftenreihe des Bayer. Gemeindetages".
Zeitschriften: „Der Bayerische Bürgermeister" (mtl.) — „Geschäftsmappe für Gemeinden und Standesämter" (2x mtl.) — „Süddeutscher Fleischbeschauer" (mtl.).
Verlagsgebiet: 4.
Tges: Kova-Fachbuchhandlung; Bayerische Kommunalschriftendruckerei; Gersbach & Sohn Verlag.

Kompaß Buch- und Zeitschriften GmbH

D-1000 Berlin 65, Müllerstraße 163
Tel: (030) 4 65 60 31. **Fs:** 1/81 659. **Psch:** Berlin-W 88241-101, 21970-101. **Bank:** Bank für Gemeinwirtschaft Berlin 1000413 und 10004424; Berliner Bank 3304308600. **Gegr:** 1951 in Berlin. **Rechtsf:** GmbH.
Inh/Ges: Erwin Müller, MdA.
Verlagsleitung: Verlagsleiter Hans-Jörg Kaiser.
Chefredakteur: Brigitte Seebacher.
Redakteur: Fritjof Mietsch.
Hauptwerk: Wochenzeitung „Berliner Stimme"
Zeitschrift: Vierteljahreshefte „Recht und Politik".
Tges: Kompaß Buchhandlung.
Verlagsgebiete: 28 — 29.

Konkordia AG für Druck und Verlag

D-7580 Bühl/Baden, Postf. 1240, Eisenbahnstraße 31—33

Konrad, Anton H., Verlag
D-7912 Weißenhorn, Postfach 3, Erlenweg 7

Konradin-Verlag Robert Kohlhammer GmbH
D-7022 Leinfelden, Ernst-Mey-Straße

Signet wird geführt seit: —

Grafiker: Prof. H. E. Köhler.

A. Korsch-Verlag
D-8000 München 66, Bodenseestr. 226, Postfach 66 23 20
Tel: (089) 87 00 21. **Fs:** 5212901. **Psch:** München 348 40. **Bank:** Deutsche Bank AG München 40/36745; Dresdner Bank München 5015595; Sparkasse München 14-118079; Volksbank München 4400. **Gegr:** 1951 in München. **Rechtsf:** GmbH & Co. KG.
Inh/Ges: Dr. Jens Meyne, geb. 19. 2. 1923; Frauke Meyne; Werner Korsch, geb. 2. 8. 1938.
Verlagsleitung: Dr. Jens Meyne, Geschäftsführer; Werner Korsch, Einzelprokurist; Karl-Hans Dang, Prokurist.
Geschichte: Der Verlag wurde 1951 von Adolf Korsch als Einzelfirma gegründet. Am 1. Juli 1968 trat Dr. Jens Meyne als persönlich haftender Gesellschafter und Geschäftsführer in den in eine KG umgewandelten Verlag ein. Werner Korsch, der Sohn des Gründers, wurde Gesellschafter und Prokurist.
1970 wurde der Michel-Kunstverlag in Nürnberg übernommen.
Im Korsch-Verlag erscheinen jährlich etwa 100 Bildkalender, etwa die gleiche Anzahl von Adventskalendern sowie Kollektionen hochwertiger Glückwunschkarten.
Außerdem hat der Verlag den Alleinvertrieb der Gottschalk- und Accidentia (ac)-Kalender.
Hauptwerke: Korsch-Kalender- Michel-Kalender — Adventskalender — Glückwunschkarten.
Tges: Michel Kunstverlag GmbH, Nürnberg (100 %).
Verlagsgebiete: 9 — 24.

Korsche, Eduard
A-9020 Klagenfurt, Johann-Schaschl-Weg 9

Koska, A. F.
A-1090 Wien IX, Zimmermanngasse 1, und D-1000 Berlin 15, Schaperstraße 18

Signet wird geführt seit: 1962.

Grafiker: Prof. Hermann Volz.

Dr. Hanns Krach, Druckerei und Verlag
Inhaber Hermann Schmidt

D-6500 Mainz, Lotharstraße 2—12, Postfach 2730

Tel: (0 61 31) 2 42 00 und 2 46 35. **Psch:** Frankfurt (M) 3047-604. **Bank:** Landesbank Rheinland-Pfalz, Girozentrale Mainz 44 408 (BLZ 550 500 00); Deutsche Bank Mainz 127 118 (BLZ 550 700 40); Mainzer Volksbank 13491 014 (BLZ 551 900 00). **Gegr:** 1945 in Mainz. **Rechtsf:** Einzelfirma.
Inh: Hermann Schmidt.
Verlagsleitung: Hermann Schmidt ☐, geb. 7. 4. 1919 in Garching a. d. Alz, Oberbayern, Schriftsetzerlehre von 1933 bis 1937, Meisterschule für Buchdrucker München (Grafische Akademie) 1950 bis 1952. Übernahme des Verlages 1959.
Lektorat: Gisela Schmidt.
Geschichte: Das Hauptaufgabengebiet des Verlages liegt auf dem Sektor heimatkundlicher Literatur. Für den bis 1972 angegliederten Telefonbuchverlag wurde die Firma Fernsprechbuchverlag G. M. Schmidt KG, Mainz, Lotharstraße 2—12, gegründet.
Hauptwerke: Dr. Roland, „Museen in Rheinland-Pfalz" — Dr. A. M. Keim, „Lebendiges Rheinland-Pfalz" — Dr. Karl Schramm, „Mainzer Wörterbuch" — Dr. A. M. Reitzel, „Mainz - Stadt des deutschen Weines" — Dr. Schramm, „Der Mainzer Fastnachtsbrunnen" — Dr. H. J. Koch, „Bacchus vor Gericht" — Dr. Schramm/Hannes Gaab, „Dialekt

in Rheinhessen" — Dr. Jung, „Mainz zwischen Dom, St. Stephan und Holzturm" — Prof. Peter Schneider, „Mainz-Peking '73", Zeichnungen, Aufzeichnungen, Überlegungen.
Buchreihe: „Kleine Mainzer Bücherei". Band I: Carl Zuckmayer in Mainz; Band II: Ludwig Berger - Die goldenen Jahre und die anderen; Band III: Jakob Hohmann - Dämonie der Enge; Band IV: Wissenschaft und Turbulenz - Der Lebensweg des W. F. Volbach aus Mainz; Band V: Anna Seghers aus Mainz; Band VI: Adam Gottron - Ein Leben im Schatten des Domes; Band VII: Der Bildhauer Philipp Harth; Band VIII: Leben und Werk von Peter Cornelius; Band IX: Zum 100. Todestag von Peter Cornelius (Auszüge aus den unveröffentlichten Tagebüchern des Komponisten).
Zeitschriften: „Areopag", Mainzer Hefte für internationale Kultur (vtljl.) — „Mainzer Theaterzeitung", Informationen der Städtischen Bühnen Mainz (mtl.) — Programmheft der Städtischen Bühnen Mainz (dem Spielplan entsprechend).
Tges: Mainzer Werbe-Werkstatt KG (100 %).
Verlagsgebiete: 12 — 14 — 15 — 16 — 24.

Signet wird geführt seit: 1957.
Grafiker: Gottfried Prölss, Stuttgart.

Karl Krämer Verlag

D-7000 Stuttgart 1, Herzogbau Rotebühlstraße 40 und D-7000 Stuttgart-Vaihingen, Schulze-Delitzsch-Straße 15

Tel: (07 11) 73 63 16 und Auslieferung (07 11) 62 08 93. **Psch:** Stuttgart 8 72; Zürich VIII 38 644; Wien 1086 45. **Bank:** Württembergische Bank Stuttgart 26 011; Städt. Girokasse Stuttgart 7252; Banque Nationale pour le Commerce et l'industrie Paris 955 85; Deutsche Überseeische Bank Stuttgart 149 14. **Gegr:** 1. 10. 1930. **Rechtsf:** KG.
Inh/Ges: Senator E. h. Karl Krämer ☐ und Karl Horst Krämer ☐.

Verlagsleitung: Karl Horst Krämer, geb. 12. 4. 1936 in Stuttgart.
Lektorat/Herstellung: Dipl.-Ing. Wolf Nagel, geb. 3. 8. 1909 in Berlin, und Joachim W. Schmidt, geb. 24. 5. 1936 in Wolfsburg.
Hauptwerke: Fachliteratur zu Architektur, Städtebau, Stadtsoziologie, Bautechnik.
Buchreihen: „Dokumente der Modernen Architektur" — „Beiträge zur Umweltplanung" — die neuartige Serie „PROJEKT - Ideen für die Umwelt von morgen" — „neues bauen - neues wohnen" — „Schriftenreihe der Institute für Städtebau der Technischen Hochschulen und Universitäten" „Arbeitsberichte zur Planungsmethodik".
Zeitschrift: „architektur wettbewerbe", Internationale Vierteljahresschrift, Hrsg. Karl H. Krämer, Redaktion: Joachim W. Schmidt. Jede behandelt ein bestimmtes Thema, wie z. B. Schulen, Städtebau, Wohnungsbau, Verwaltung usw.
Verlagsgebiete: 12 — 20 — Spez.Geb: 20 Städtebau, Bautechnik.
Tges: Fachbuchhandlung Karl Krämer, D-7000 Stuttgart 1, Herzogbau Rotebühlstraße 40 — Heinrich Fink KG, Offset, Buchdruck, D-7000 Stuttgart-Vaihingen, Schulze-Delitzsch-Straße 15.

Kraft, Adam
D-8000 München 71, Steinkirchnerstr. 16

Krafthand Verlag Walter Schulz
D-8939 Bad Wörishofen, Postfach 160, St.-Anna-Straße 26

Kral, Josef
D-8423 Abensberg, Postfach 76, Osterriederstraße 10

Kramer, Dr. Waldemar
D-6000 Frankfurt (M) 60, Bornheimer Landwehr 57a

Kranich Verlag GmbH
D-1000 Berlin 36, Postf. 106, Moskauer Straße 43

Kratschmer, Theofried, Verlag
D-6380 Bad Homburg, Postfach 1747, Landgrafenstraße 10

Krausskopf-Verlagsgruppe:
Krausskopf-Verlag
für Wirtschaft GmbH
Distribution-Verlag GmbH
Otto Krausskopf-Verlag GmbH

D-6500 Mainz, Lessingstraße 12—14 (Krausskopf-Haus), Postfach 2760

Tel: (0 61 31) 6 40 41. **Fs:** 04 187 752. **Gegr:** 1. 5. 1937 in Berlin. **Rechtsf:** Stammfirma Krausskopf-Verlag für Wirtschaft und Tochterfirmen jeweils GmbH.
Inh/Ges: Verleger Otto K. Krausskopf □, Studium Volkswirtschaft und Jura in Leipzig, schon frühzeitig publizistische und verlegerische Tätigkeit auf technisch-industriellem Gebiet, 1962 Bundesverdienstkreuz, 1965 Karmarsch-Denkmünze der TH Hannover „für hervorragende Verdienste um Technik und Wirtschaft", 1967 erstmals verliehene Goldmedaille für verdienstvolle Publizistik über Weltraumforschung und Raumfahrt — Frau Sigrid Krausskopf, geb. Hansen — Inga Maria Freifrau von Maltzahn-Krausskopf — Karin Wunderlich-Krausskopf.
Aufsichtsrat: Otto K. Krausskopf (Vors.); Dipl.-Volksw. Hans Arnold (Stellv.-Vors); Sigrid Krausskopf.
Geschäftsführung: Friedrich-Wilhelm Bremer, geb. 22. 3. 1926 in Sprottau; Hans Hauck, geb. 28. 8. 1931 in Karlsruhe; Karin Wunderlich-Krausskopf.
Geschichte: Gründung 1. 5. 1937 in Berlin. Total-Verlust im Zweiten Weltkrieg. 1. 1. 1949 Neugründung in Wiesbaden. Dezember 1961 Verlegung von Wiesbaden nach Mainz.
Zeitschriften: Technische Fachzeitschriften „fördern und heben" — „verfahrenstechnik" — „steuerungstechnik" — „ölhydraulik und pneumatik" — „antriebstechnik" — „kunststofftechnik" — „wasser luft und betrieb" (Krausskopf-Verlag für Wirtschaft GmbH). „Distribution", „druckluftpraxis", „und-oder-nor" (Distribution-Verlag GmbH).
Bücher: Fachbücher in der Thematik der Fachzeitschriften (Otto Krausskopf-Verlag GmbH).
Verlagsgebiete: 20 — 5 — 18 — 20 — 21 —24 — 28.

Krebs, G., Verlagsbuchhandlung AG
CH-4006 Basel, St. Alban-Vorstadt 56

Signet wird geführt seit: 1962.

Grafiker: Werner E. Maier.

Kreißelmeier Verlag KG

D-8021 Icking/Obb., Ludwig-Dürr-Straße 33
D-8000 München 19, Laimer Straße 14 (Stadtbüro)

Tel: (089) 17 48 53. **Psch:** München 800 16-805. **Bank:** Bayerische Vereinsbank 3398 56. **Gegr:** 1. 1. 1958. **Rechtsf:** KG.
Inh/Ges: Pers. haft. Gesellschafter: Dr. Hermann Kreißelmeier und eine Kommanditistin.
Verlagsleitung: Dr. Hermann Kreißelmeier, geb. 3. 2. 1926 in Wiesbaden, germanistisches Studium, Dr. phil. München 1957.
Geschichte: Der Verlag wurde 1958 von Dr. Hermann Kreißelmeier gegründet.
Hauptautoren: Wolfgang Anderweydt, Wolfgang Christlieb, Dinah Haller, Iven George Heilbut, Norbert Herholz, Ernst Hoferichter, Matthew Josephson, Nina Keller, Alf Leegaard, Rolf Linnenkamp, Walter Mehring, Walter Rufer, Herbert Schmidt-Kaspar, Franz Schoenberner, Ulrich Sonnemann, Ernst Weiß, Klaus Wolff, Mona Wollheim.
Verlagsgebiete: 8 — 12 — 13 — 14 — 15.

Verlag Kremayr & Scheriau
A-1121 Wien, Niederhofstraße 37

Tel: (02 22) 83 45 01 Serie. **Fs:** 1/1405. **Psch:** Österr. Postsparkasse Wien 7827.138. **Bank:** Creditanstalt Bankverein Wien, Filiale Meidling 60-32650. **Gegr:** 1. 1. 1951 in Wien. **Rechtsf:** KG.

Inh/Ges: Wilhelm Scheriau, Kaufmann, Wien; Bertelsmann AG; C. Bertelsmann, Generalvertretung für Österreich GmbH, Wien; Rudolf Kremayr, Kaufmann, Perchtoldsdorf, als Kommanditist.
Verlagsleitung: Wilhelm Scheriau □, geb. 16. 11. 1916 in Wien, Verleger und Geschäftsführender Gesellschafter: Gerald Nowotny, Verlagsleiter.
Lektorat: Dr. Franz Maier-Bruck.
Herstellung: Franz Schillhammer.
Vertrieb: Erwin Rubner.
Geschichte: Der Verlag wurde 1951 von Rudolf Kremayr gegründet. Im Jahre 1968 wurde die Produktion des F. Speidel-Verlags (gegr. 1926) als „Speidel-Reihe" in das Programm des Verlags Kremayr & Scheriau übernommen.
Hauptautoren: Kurt Benesch, Gerhart Ellert, Heinz Fidelsberger, Humbert Fink, Dr. Heinz Hillmann, Fritz Sitte.
Hauptwerke: Aktuelle Sachbücher, Austriaca, historische Romane, Jugendliteratur.
Buchreihen: „Bücher aus der Schatztruhe" — „Die großen Sagen der Welt".
Velagsgebiete: 6 — 8 — 9 — 12 — 14 — 15 — 17 — 18.

Signet wird geführt seit: 1945.

Grafiker: Hans Hug.

Kreuz Verlag
Erich Breitsohl & Co. KG

D-7000 Stuttgart 80 (Vaihingen), Breitwiesenstraße 30, Postfach 800 0669

Tel: (07 11) 73 42 81 und 73 31 35. **Psch:** Stuttgart 350 06-705. **Bank:** Feuerbacher Volksbank Stuttgart 6 453 830. **Gegr:** 18. 12. 1945 in Stuttgart. **Rechtsf:** GmbH u. Co. KG.
Inh/Ges: Erich Breitsohl.
Verlagsleitung: Erich Breitsohl, geb. 22. 5. 1905, seit 1945 Geschäftsführer des Kreuz Verlags.
Prokurist (Vertrieb, Planung): Heinz Fohlmeister, seit 1948 im Kreuz Verlag.
Prokurist (Finanzen): Carl Klepser, geb. 26. 3. 1916, seit 1946 im Kreuz Verlag.

Grafiker: Hans Hug, BdG, geb. 24. 9. 1916, Buchausstattung des Kreuz Verlags seit 1950.
Geschichte: Unter den namhaften evangelischen Verlagen ist der Kreuz Verlag der jüngste. Seine besondere Aufgabe sieht der Verlag darin, Informationen über Vorgänge in Theologie, Kirche und Gesellschaft vermitteln und Orientierungen für das Christsein in heutiger Zeit zu geben, die sich im Lebensvollzug des heutigen Menschen praktisch und helfend bewähren. Neben theologischen Sachbüchern bringt der Verlag Werke mit psychologischer, pädagogischer und zeitgeschichtlicher Thematik heraus. Besonders weite Leserkreise erreichten die Bücher von Jörg Zink, die inzwischen eine Gesamtauflage von über 4 Millionen erreicht haben.
Hauptautoren: Tobias Brocher, Harvey Cox, Paulo Freire, Walter Jens, Elisabeth Kübler-Ross, Ernst Lange, Dietrich von Oppen, Hans Jürgen Schultz, Dorothee Sölle, Jörg Zink.
Hauptwerke: „Lexikon der Sexualerziehung" — „Lexikon für Eltern und Erzieher" — „Lexikon für junge Erwachsene", „Evangelisches Staats-Lexikon" — „Neues Pädagogisches Lexikon" u. a.
Buchreihen: „Bibliothek Themen der Theologie" — „Maßstäbe des Menschlichen" — „Predigtstudien".
Zeitschriften: „Evangelische Kommentare" — „Lutherische Rundschau" — „Pastoralblätter", Schriftleitung Adolf Sommerauer — „Für alle" — „Zum Thema".
Verlagsgebiete: 2a — 3 — 6 — 9 — 10 — 28.

Krickl, Rudolf

A-1010 Wien I, Getreidemarkt 16/III

Krieg, Walter, Verlag

A-1010 Wien I, Kärntner Straße 4 und D-8733 Bad Bocklet b. Bad Kissingen, Windsheimer Weg 114

274 Kröner

Signet wird geführt seit: 1908.

Grafiker: —

Alfred Kröner Verlag

D-7000 Stuttgart 1, Reuchlinstraße 4, Postfach 1109

Tel: (07 11) 62 02 21. **Psch:** Stuttgart 308-701. **Bank:** Deutsche Bank Stuttgart 96/19750. **Gegr:** 1. 1. 1898. **Rechtsf:** KG.
Inh/Ges: Arno Klemm, Walter Kohrs.
Verlagsleitung: Arno Klemm, geb. 12. 3. 1914; Walter Kohrs, geb. 28. 2. 1919.
Lektorat: Kurt Neff.
Herstellung: Eduard Smetana.
Geschichte: Alfred Kröner (1861—1921), der Sohn von Adolf Kröner (Cotta), verlegte seinen am 1. Januar 1898 in Stuttgart gegründeten Verlag im Jahre 1907 nach Leipzig. 1908 erschien der erste Band von Kröners Taschenausgaben. Nach Alfred Kröners Tod übernahm 1922 sein Schwiegersohn Dr. W. Klemm die Geschäftsleitung. 1937 Rückführung des Verlages nach Stuttgart, daselbst Eintritt von Herbert Hoffmann als Geschäftsführer. Seit 1951 liegt die Verlagsleitung in den Händen der Enkel des Gründers.
Hauptwerke: Gesamtdarstellungen und Übersichten ganzer Wissensgebiete, Epochen und Problemkreise aus der Feder führender Fachgelehrter. — Wörterbücher über die einzelnen Wissenschaften allgemeinen Interesses. Vollständige Quellenausgaben berühmter Einzelwerke der Weltliteratur. — „Lexikon der Weltliteratur" — „Jahrbuch der Deutschen Schillergesellschaft".
Buchreihen: „Kröners Taschenbuchausgabe" — „Handbuch der historischen Stätten".
Verlagsgebiete 7 — 14 — 25 — 3 — 5 — 10 — 12.

Signet wird geführt seit: 1950.

Grafiker: Erich Schulz-Anker.

Kronen-Verlag Erich Cramer

D-2000 Hamburg 50, Donnerstraße 5, Postfach 50 09 03

Tel: (040) 39 12 07. **Psch:** Hamburg 20 23-207. **Bank:** Commerzbank AG Hamburg 40 80230. **Gegr:** 3. 10. 1950 in Frankfurt (M). **Rechtsf:** Einzelfirma.
Inh: Erich Cramer.
Verlagsleitung: Erich Cramer □, geb. 24. 1. 1904; Joachim Streese, geb. 12. 11. 1921; Gerhard Bumann, geb. 23. 7. 1932.
Geschichte: Der 1950 in Frankfurt (M) gegründete Verlag befindet sich seit 1954 in Hamburg. Er befaßt sich speziell mit naturwissenschaftlichen und naturkundlichen Veröffentlichungen auf der Grundlage 6- bis 8farbiger Offset-Reproduktionen nach Handzeichnungen zeitgenössischer Künstler.
Hauptwerke: „Sammlung Naturkundlicher Tafeln", lose Tafeln im Format 19×27 cm in Kassetten. Bisher erschienen: 1. Kräuter und Stauden (168 Tafeln), 2. Sträucher und Bäume (144 Tafeln), 3. Säugetiere (192 Tafeln), 4. Mitteleuropäische Insekten (192 Tafeln), 5. Mitteleuropäische Vögel (208 Tafeln), 6. Mitteleuropäische Pilze (180 Tafeln), 7, 1. Mineralien (162 Tafeln), 7, 2. Mineralien - Textband zum Tafelwerk (320 Seiten) — „Cramers Naturkundliche Anschauungstafeln", bisher 14 Serien zu je 10 Tafeln im Format 50×70 cm in Mappen — Kronen-Kalender „Schöne Vogelwelt" und „Schöne Pflanzenwelt".
Verlagsgebiete: 11 — 18 — 24 — 25.

Kroll, Frieda, Deutscher Buchdienst
D-6500 Mainz-Lerchenberg, Regerstr. 6

B. Kühlen
D-4050 Mönchengladbach, Postfach 385, Neuhofstraße 48

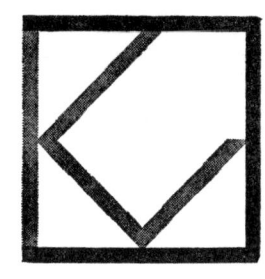

Signet wird geführt seit: 1969.

Grafiker: Claus Huy, Everloh.

Rolf Kühne Verlag GmbH

D-3500 Kassel 1, Langenbeckstr. 28—30, Postfach 515

Tel: (05 61) 2 10 81/82. **Fs:** 99 24 71 onck d. **Bank:** Deutsche Bank, Filiale Kassel 31/43138. **Gegr:** 1966 in Hannover. **Rechtsf:** GmbH.
Inh/Ges: J. G. Oncken Nachf. GmbH, Kassel.
Verlagsleitung: Siegfried Großmann, geb. 15. 2. 1938 in Landeshut/Schlesien.
Geschichte: Der Verlag ist aus der „Rufer"-Bewegung hervorgegangen, einer evangelistisch-seelsorgerlichen Bewegung, die unter Leitung von Wilhard Becker nach dem 2. Weltkrieg vor allem im Raum der evangelischen Freikirchen entstand. Daher ist der Rolf Kühne Verlag heute eine Tochtergesellschaft der J. G. Oncken Nachf. GmbH in Kassel, deren Gesellschafter der Bund Evangelisch-Freikirchlicher Gemeinden (Baptisten) ist.
Hauptautoren: Wilhard Becker, Roland Brown, Siegfried Großmann, W. A. Visser 't Hooft, Hans-Ruedi Weber.
Hauptwerke: Der Verlag begann mit den auf die Alltagsprobleme von Christen ausgerichteten Büchern von Wilhard Becker, die inzwischen eine Gesamtauflage von fast 200 000 Exemplaren erreicht haben.
Dazu kommen Sachbücher über aktuelle Fragen des Christen und der heutigen Zeit.
1970 begann der Verlag mit einer gezielten Information über junge Bewegungen und Kommunitäten, die in den letzten Jahrzehnten entstanden sind.
Verlagsgebiete: 2a — 2b.

Kümmerly + Frey Geographischer Verlag

CH-3001 Bern, Hallerstraße 6—12

Kuhn, Hermann, KG

D-7220 Schwenningen, Postfach 103

Kulturbuch-Verlag GmbH

D-1000 Berlin 30, Passauer Straße 4

Kumm, Wilhelm, Verlag

D-6050 Offenbach, Tulpenhofstraße 45

Kunst und Bild GmbH

D-1000 Berlin 12, Schillerstraße 10

Kunst und Wissen Erich Bieber

D-7000 Stuttgart-S, Postf. 46, Wilhelmstraße 4

Kunstdruckerei Künstlerbund Karlsruhe GmbH

D-7500 Karlsruhe, Postfach 3709, Erbprinzenstraße 4—12

Kunstkreis Freudenstadt Schlott & Co.

D-7290 Freudenstadt, Postf. 540, Wittlensweiler Straße 12

Kupferberg, Florian

D-6500 Mainz, Postfach 2680, Kupferberg-Terrasse 19

KUWE Verlag Wolfgang Arnim Nagel

D-6450 Hanau, Postfach 685, Salisweg 56

KVDB Verlag und Wirtschaftsdienst GmbH

D-8532 Bad Windsheim, Postfach 440, Oberntiefer Straße 20

Signet wird geführt seit: 1966.

Grafiker: Hans Deininger.

Kyrios-Verlag GmbH

D-8050 Freising, Luckengasse 8, Postfach 1740

Tel: (0 81 61) 55 27. **Psch:** München 221 25-805. **Bank:** Stadt- und Kreissparkasse Freising 10 751; Bayerische Vereinsbank Freising 400 55 11; Bayerische Hypotheken- und Wechselbank Freising 94/1300 87. **Gegr:** 1916 als Paulus-Verlag in Graz (Österreich). **Rechtsf:** GmbH.
Ges: Herta Figelius, geb. 15. 12. 1915 in Dresden; Martha Reimann.
Verlagsleitung: Ursula Blum, geb. 10. 6. 1931 in Berlin, Geschäftsführerin und Verlagsleiterin; Paulina Scheckenbach, geb. am 2. 1. 1936 in Rottendorf, Geschäftsführerin.
Geschichte: Gegründet 1916 als Paulus-Verlag in Graz. 1927 Übersiedlung nach Meitingen bei Augsburg mit Rechtssitz Augsburg. 1934 Neue Firmierung als Christkönigs-Verlag. 1940 Unter dem Druck nazistischer Gewaltmaßnahmen (neben teilweisen Beschlagnahmungen, Stillegungen usw.) Umwandlung des Firmennamens in: Kyrios-Verlag für christliches Geistesgut. 1965 Übersiedlung nach Freising (unter Beibehaltung des Rechtssitzes in Augsburg). 1970 Umwandlung des Firmennamens in: Kyrios-Verlag GmbH, mit dem Rechtssitz in Meitingen.
Hauptautoren: Barbara Albrecht, Hans Urs von Balthasar, Jean Beyer, Ladislaus Boros, Hermann Gilhaus, Emmanuel M. Heufelder, Theoderich Kampmann, Annie Kraus, Joseph Ratzinger, Heinrich Spaemann, Friedrich Wulf.
Buchreihen: „Meitinger Kleinschriften" — „Theologie und Leben".
Zeitschrift: „Una Sancta", Zeitschrift für ökumenische Begegnung.
Tges: Kyrios-Buchhandlung, Meitingen bei Augsburg; Kyrios-Buch- und Kunsthandlung, Freising; Kyrios-Versandbuchhandlung, Freising.
Verlagsgebiete 2b — 24 — 30 Kunstkarten.

Länderdienst-Verlag

D-1000 Berlin 33, Breitenbachplatz 12

Signet wird geführt seit: Herbst 1970.
Grafikerin: Monika Plenk.

Laetare Verlag GmbH.

D-8504 Stein bei Nürnberg, Deutenbacher Straße 1

Tel: (09 11) 67 65 88. **Psch:** Nürnberg 7206. **Bank:** Stadtsparkasse Nürnberg 1920 608. **Gegr:** 15. 2. 1946. **Rechtsf:** GmbH.
Inh/Ges: Dr. Antonie Nopitsch, Liselotte Nold, Brigitte Pflug, Gudrun Diestel.
Verlagsleitung: Günther Simon, Geschäftsführer.
Brigitte Pflug, Schriftleitung von „Schriftenreihe für die evang. Frau".
Brigitte Pflug, Lektorat der Taschenbuchreihe „Stichwörter".
Geschichte: Das Programm des zunächst als OHG gegründeten und ab 1. 1. 1971 in eine GmbH umgewandelten Laetare-Verlages erhält sein besonderes Gesicht durch die enge Verbindung zu einer praktischen Bildungsarbeit, in der immer aufs neue der Versuch unternommen wird, Informationen und Orientierungshilfen für das Leben in unserer komplizierten Welt anzubieten. Schriften, Kalender und Bücher haben dabei nicht nur, aber vor allem Frauen im Blick. Der Verlag versucht, die Probleme anzusprechen, die im Bereich der Familie, der Gesellschaft, der Kirche und der Ökumene zur Lösung anstehen, und die eigene Auseinandersetzung sowie die konkrete Einübung in neue Verhaltensweisen in Gang zu setzen. Seine Mitarbeiter und Autoren sind überzeugt, daß nicht wenig davon abhängt, ob es den Frauen gelingt, in zunehmendem Maße als Christen ihre spezifischen Rollen im privaten und öffentlichen Bereich zu entdecken und wahrzunehmen.
Hauptwerke: Veröffentlichungen zu Fragen der Ehe, Familie und Erziehung — Fernsehbegleitmaterial — Mutterkalender.
Buchreihen: „Stichwörter" zu aktuellen Themen der Zeit — „Schriftenreihe für

die evangelische Frau" — "Getroster Tag", eine Andachtenfolge.
Verlagsgebiete: 2a — 6 — 9 — 10 — 24 — 28.

Lafite, Elisabeth
A-1010 Wien I, Hegelgasse 13/22

Lahn-Verlag siehe Pallotiner

Lama-Verlag Karl Widmann
D-8000 München 2, Schützenstraße 1

Lambertus-Verlag GmbH
D-7800 Freiburg/Br., Postf. 1026, Sternwaldstraße 4

Landbuch Verlagsges. mbH
D-3000 Hannover 1, Postfach 160, Kabelkamp 6

Landkartenverlag, VEB
DDR-1020 Berlin, Neue Grünstraße 17

Landsberger Verlagsanstalt Martin Neumeyer
D-8910 Landsberg, Museumstraße 14

Landschriften Verlag GmbH
D-5300 Bonn 1, Kurfürstenstraße 53

Landvolk-Verlag GmbH
D-5400 Koblenz, Postfach 204, Mainzer Straße 60a

Landwirtschaftsverlag GmbH
D-4403 Hiltrup/Westf., Postfach 210, Bahnhofstraße 89

Lange, Hubertus, Philatelistischer Verlag
D-6200 Wiesbaden, Steubenstraße 19

Signet wird geführt seit: 1953.

Grafiker: Gerhard M. Hotop.

Albert Langen-Georg Müller Verlag GmbH.
D-8000 München 19, Hubertusstraße 4

Tel: (089) 17 70 41. **Fs:** 5 215 045. **Psch:** München 843-801. **Bank:** Hypobank München 396-8060. **Gegr:** Langen-Verlag: 1893 in Paris; Müller-Verlag: 1903 in Mainz. **Rechtsf:** GmbH.
Inh: Dr. Herbert Fleissner, Geschäftsführer.
Verlagsleitung: Dr. Herbert Fleissner □, geb. 2. 6. 1928 in Eger.
Vertrieb und Auslieferung: Gisela Weichert, geb 1. 2. 1929 in Berlin, Prokuristin.
Lizenzen und Verwaltung: Renate Werner, geb. 28. 2. 1934, Prokuristin.
Geschichte: Albert Langen (geb. 8. 7. 1869 in Köln, gest. 30. 4. 1909 in München) gründete 1893 in Paris den Verlag Albert Langen, den er 1894 zunächst nach Leipzig und dann nach München verlegte. Langen gründet 1896 die satirische Wochenzeitschrift "Simplicissimus". Er pflegte schöne Literatur, besonders deutsche und nordische Schriftsteller (Hamsun, Lagerlöf, Strindberg). 1931 ging der Verlag eine Interessengemeinschaft mit der Verlagsbuchhandlung "Georg Müller Verlag A.G." ein, die 1903 von Georg Müller (geb. 29. 12. 1877 in Mainz, gest. 29. 12. 1917 in München) gegründet und nach dessen Tod zunächst in eine GmbH, sodann in eine AG umgewandelt worden war. 1927 erwarb der Deutschnationale Handlungsgehilfenverband die Aktienmehrheit. Die 1931 begründete Interessengemeinschaft führte am 1. 4. 1932 zu einem völligen Zusammenschluß unter der Firma "Albert Langen-Georg Müller Verlag GmbH". Über die Geschichte des Verlages in den ersten Jahrzehnten unterrichten ausführlich die Bücher von Hannsludwig Geiger „Es war um die Jahrhundertwende" und von Korfiz Holm „Ich, kleingeschrieben".
Nachdem die Verlagstätigkeit von 1945 bis 1952 ruhen mußte, übernahm bei Wiederbeginn der Verlagsarbeit am 1. 4.

1952 Dr. Joachim Schondorff die Leitung des Verlags. Am 1. 2. 1967 erwarb Dr. Herbert Fleissner sämtliche Geschäftsanteile der Firma und setzt die Verlagsarbeit in der Tradition des Hauses fort.
Hauptautoren: Jerzy Andrzejewski, Jean Anouilh, Otto Julius Bierbaum, Max Dauthendey, Reinhard Goering, Max Herrmann-Neiße, Fritz von Herzmanovsky-Orlando, Fritz Hochwälder, Karl Kerényi, Ephraim Kishon, Gottfried Kölwel, Karl Kraus, Ernst Krenek, Carl Merz, Carlo Manzoni, Helmut Qualtinger, Franziska von Reventlow, Gustav Sack, Oskar Schlemmer, Friedrich Torberg, Johannes Urzidil, Siegfried v. Vegesack, Jacob Wassermann, Frank Wedekind, Wolfram von Eschenbach.
Buchreihen: „Langen-Müller Bibliothek" — „Stichworte" — „Motivreihe" — Sonderreihe „6-Mark-Bücher".
Verlagsgebiete: 6 — 7 — 8 — 12 — 13 — 14 — 15.

Signet wird geführt seit: 1956.

Grafiker: Prof. Richard Blank.

Langenscheidt KG, Verlagsbuchhandlung Berlin - München

D-1000 Berlin 62, Crellestraße 29/30
D-8000 München 40, Neusser Straße 3, Postfach 40 11 20

Tel: Berlin (030) 7 84 50 21; München (089) 36 40 41/46. **Fs:** Berlin 01-83175; München 05-215379 LKGM-d. **Psch:** Berlin-West 4707-108; München 95590-806. **Bank:** Berliner Disconto Bank 021/0740; Deutsche Bank München 19/21162. **Gegr:** 1. 10. 1856 in Berlin. **Rechtsf:** KG.
Ges: Karl-Ernst Tielebier-Langenscheidt, pers. haft. Gesellschafter und 4 Kommanditisten.
Verlagsleitung: Karl-Ernst Tielebier-Langenscheidt □.
Redaktion Anglistik: Prok. Dr. Walter Voigt (München).
Redaktion Romanistik: Dr. Hermann Willers (Berlin).
Redaktion Slawistik und sonst. Sprachen: Dr. Heinz F. Wendt (Berlin).
Herstellung: Helmut Wahl (München).
Werbung: Hartwig Berthold BDW (München).
Schulabteilung: Dr. Olaf Reetz (München).
Vertriebsleitung: Alfred Müller (München).
Export/Import: Uwe Cordts (München).
Rechte/Sonderprojekte: Manfred Überall (München).
Kaufm. Leitung: Prok. Dir. Ulrich Langanke (München) und Prok. Hans Friedrich Münzer (Berlin).
Geschichte: 1856 gründete Gustav Langenscheidt den Verlag in Berlin. Erste Verlagswerke: Selbstunterrichtsbriefe nach der Methode Toussaint-Langenscheidt. 1895 übernimmt der Sohn des Gründers, Carl G. F. Langenscheidt, die Verlagsleitung. 1948 tritt Karl Ernst Tielebier-Langenscheidt als vierte Generation in die Leitung des Verlages ein. Die Niederlassung in München wird 1961 errichtet. 1964 wird die Langenscheidt AG als schweizerische Vertriebsgesellschaft in Zürich gegründet, 1972 folgt die Gründung der Langenscheidt-Verlag Gesellschaft m.b.H. in Wien.
Buchreihen: Der neue Muret-Sanders, Langenscheidts Enzyklopädisches Wörterbuch Englisch — Langenscheidts Großwörterbücher: Englisch-Deutsch, Französisch (Sachs-Vilatte), Griechisch (Menge-Güthling), Griechisch (Menge-Güthling) — Langenscheidts Handwörterbücher, Taschenwörterbücher, Schulwörterbücher, Universal-Wörterbücher, Lilliput-Wörterbücher, Fachwörterbücher — Langenscheidts Kurzlehrbücher, Praktische Lehrbücher — Langenscheidts Sprachführer, Universal-Sprachführer, Konversationsbücher — Langenscheidts Handbücher der Handelskorrespondenz — Langenscheidts Sprachplatten — Sprachplatten der BBC London.
Zeitschriften: „Lebende Sprachen" — „English Monthly" — „Sprachillustrierte".
Alm: Langenscheidts Mentor-Kalender (jl.).
Tges: Langenscheidt AG, CH-8008 Zürich (100 %). Vertrieb: H. J. Schupp, CH-8032 Wollerau 57, Bächerstraße 17, Tel: (01) 76 17 22. Verwaltung: CH-8021 Zürich, Hardturmstraße 76, Tel: (01) 44 66 42.
Langenscheidt-Verlag Gesellschaft m.b.

H. Wien (100 %). Vertrieb: A-1010 Wien, Singerstraße 12, Tel: (02 22) 52 57 11. Fs: über 11859 (ZGMOHR). Geschäftsführer: Dr. Berger.
Langenscheidt-Longman GmbH, München (50 %). D-8000 München 40, Neusser Straße 3, Tel: (089) 36 40 41/46. Fs: 05-215379 LKGM-d. Geschäftsführer: K.-E. Tielebier-Langenscheidt und T. J. Rix.
Btlg: TR-Verlagsunion, München.
Verlagsgebiete: 7 — 11 — 21 — 25 — 27 — 28 — Spez.Geb: 7 Wiss. Fremdsprachige Werke, 11 2sprachige und einsprachige Wörterbücher, fremdsprachige Lehrbücher, 27 Sprachplatten.

Langenscheidt-Longman GmbH

D-8000 München 40, Neusser Straße 3, Postfach 40 11 20

Tel: (089) 36 40 41/46. **Fs:** über 05-215379 LKGM-d. **Psch:** München 666 69. **Bank:** Bayerische Hypobank München 335/60704. **Gegr:** 1971 in München. **Rechtsf:** GmbH.
Ges: Langenscheidt KG Berlin/München; Longman Group Ltd., London/Harlow.
Geschäftsleitung: Karl-Ernst Tielebier-Langenscheidt □, Tim J. Rix.
Verlagsleiter: Dr. Knut Mohr.
Herstellung: Helmut Wahl.
Werbung: Hartwig Berthold BDW.
Schulabteilung: Dr. Olaf Reetz.
Vertriebsleitung: Alfred Müller.
Kaufm. Leitung: Ulrich Langanke.
Geschichte: Der englische Verlag Longman Group Ltd., 1974 250 Jahre alt geworden, beschäftigt sich schon seit über 50 Jahren mit dem Gebiet des „English Language Teaching" (ELT). Das ELT-Programm umfaßt über 1000 Titel.
Der Langenscheidt-Verlag wurde 1856 gegründet. Vor allem seine Wörterbücher (in 27 Sprachen) werden in aller Welt verwendet.
Beide Verlage gründeten 1971 den gemeinsam verwalteten Verlag Langenscheidt-Longman GmbH. Er vertreibt das ELT-Programm Longmans und entwickelt neue Lehrwerke für den Lernenden mit deutscher Muttersprache.

Hauptwerke: „New Concept English" (L. G. Alexander) — „Look, Listen and Learn!" (L. G. Alexander) — „Kernel Lessons Intermediate" (R. O'Neill) — „Living English Structure" (W. S. Allen) — „A Grammar of Contemporary English" (R. Quirk, S. Greenbaum, G. Leech, J. Svartvik) — „Essential English for Foreign Students" (C. E. Eckersley) — „Life in Modern Britain" (P. Bromhead).
Buchreihen: „English Language Units" (Übungsmaterialien für das Sprachlabor) — „Longman Structural Readers" (Lektürereihe) — „New Method Supplementary Readers" (Lektürereihe) — „Longman Simplified English Series" (Lektürereihe) — „Bridge Series" (Lektürereihe) — „New Swan Shakespeare" (Lektürereihe) — „Pleasant Books in Easy English" (Lektürereihe).
Verlagsgebiete: 7 — 10 — 11 — 21 — 25 — 27.

Karl Robert Langewiesche Nachfolger Hans Köster KG.

D-6240 Königstein (Taunus), Am grünen Weg 6

Tel: (0 61 74) 73 33. **Psch:** Frankfurt (M) 712 35-607. **Bank:** Nassauische Sparkasse Königstein (Taunus) 270000096; Königsteiner Volksbank 4825. **Gegr:** 5. 5. 1902 in Düsseldorf. **Rechtsf:** KG.
Inh/Ges: Hans-Curt Köster, Eleonore Köster.
Verlagsleitung: Hans-Curt Köster, geb. 21. 12. 1939.
Geschichte: Gegründet 1902 in Düsseldorf von Karl Robert Langewiesche. Übersiedlung nach Königstein 1913/14. Nach dem Tode von Karl Robert Langewiesche, 1931, Weiterführung durch Frau Stefanie Langewiesche, nach deren Tode, 1956, Übernahme durch Hans Köster, seit 1973 durch dessen Sohn.
Hauptautoren: Margarete Baur-Heinold, Walter Haacke, Theodor Müller, Josef Müller-Blattau, Wilhelm Pinder, Vagn Poulsen, Georg-Schmidt-Basel, Alfred Stange, Erich Steingräber.
Hauptwerke: „Deutsche Malerei von der Frühzeit bis zur Gegenwart" (13

Bde.) — „Deutsche Plastik v. d. Frühzeit bis zur Gegenwart" (7 Bde.) — „Antike Kunst" (7 Bde.) — Monographien über Künstler, Kunstdenkmäler, Bauwerke, Musikinstrumente, Komponisten — „Deutsche Dome" — „Der Rhein" — „Burgund" — „Geschmiedetes Eisen" — „Uffizien-Gesamtkatalog" — „Alpenblumen" — „Deutsche Geschichte und Kultur" — „Bilder aus 2000 Jahren" — Carl Larsson, „Das Haus in der Sonne".
Buchreihen: „Die Blauen Bücher" — „Langewiesche Bücherei".
Btlg: Kunst-Buch-Kunst, Intelligenzblatt.
Verlagsgebiete: 1 — 2 — 3 — 12 — 13 — 14 — 15 — 24.

Signet wird geführt seit: 1962.

Grafiker: Frieda Wiegand.

Langewiesche-Brandt KG.

D-8026 Ebenhausen (Isartal), Lerchenstraße 27, Postfach 16

Tel: (0 81 78) 48 57. **Psch:** München 613-803. **Bank:** Volksbank München 6073. **Gegr:** 1906 in Düsseldorf. **Rechtsf:** KG.
Ges: Kristof Wachinger-Langewiesche, pers. haft. Gesellschafter.
Verlagsleitung: Kristof Wachinger, geb. 13. 5. 1930 in München.
Prokurist: Ulrich Friedrich Müller, geb. 27. 5. 1932 in Hamburg.
Geschichte: Firmengründer war Wilhelm Langewiesche (1866—1934). Berühmt waren zu seiner Zeit die „Bücher der Rose". Nach seinem Tode haben Hartfrid Voss und Lisel Keil den Verlag geführt. 1954 hat der jetzige Leiter des Verlages, ein Enkel Wilhelm Langewiesches, die Geschäftsführung übernommen. Eine wichtige Produktion der neuen Ära, die zweisprachige Reihe „Edition Langewiesche-Brandt", ist 1973 in den Deutschen Taschenbuch Verlag übergegangen, für den Kristof Wachinger sie weiterhin herausgibt und redigiert.

Autoren: Carl Amery, E. E. Cummings, Jürgen Dahl, Robert Frost, Jean Giraudoux, Iwan Goll, Willy Hochkeppel, Franz Högner, Sarah Kirsch, Kurt Kusenberg, Hans Leip, Paula Ludwig, Melina, Ulrich Friedrich Müller, Eugen Oker, Marlene Reidel, Horst Schlötelburg, Jürgen Peter Stössel, Siegfried von Vegesack, Gabriele Wohmann, Birgitta Wolf.
Verlagsgebiete: 6 — 8 — 9 — Spez.Geb: Gesellschaftsspiele, Kunstdrucke („Posters").

Langer, Dr. Oskar
A-1010 Wien I, Rathausplatz 4

Laßleben, Michael
D-8411 Kallmünz bei Regensburg, Postfach 20, Lange Gasse 19

Verlag Laterna magica
Joachim F. Richter
D-8000 München 71, Stridbeckstraße 48

Karl-Maria Laufen
D-4200 Oberhausen, Postfach 10 10 60, Schwartzstraße 54

Laumann'sche, A., Verlagsbuchhandlung
D-4408 Dülmen, Postfach 1360, Viktorstraße 16—20

Laupp'sche Buchhandlung siehe Mohr

Lax, August
D-3200 Hildesheim, Postfach 8847, Weinberg 56

Lebendiges Wissen siehe Humboldt-Taschenbuchverlag

Verlag Lebendiges Wort GmbH

Signet wird geführt seit: 1. 8. 1966.
Grafiker: Manfred Gschwend.

**Verlag Lebendiges Wort GmbH
Augsburg-Berlin**

D-1000 Berlin 31, Johann-Georg-Str. 9
Verlegung der Firma nach Westdeutschland im Laufe 1974. Anschrift noch nicht fest.

Tel: (030) 8 85 20 48. **Psch:** München 68508-805. **Bank:** Dresdner Bank AG Augsburg 1358 418. **Gegr:** 1964 in Augsburg. **Rechtsf:** GmbH.
Inh/Ges: Mitinhaber & Geschäftsführer Heinz Müller.
Verlagsleitung: Heinz Müller.
Geschichte: Der Verlag wurde 1964 als Verein gegründet und am 1. Juli 1966 in eine GmbH umgewandelt. Die Gründer und Gesellschafter des Verlages glauben an die Inspiration der Bibel als Gottes Wort. Ziel der Verlagsarbeit ist die Herausgabe von Arbeitsmaterial für Gemeinde- und Jugendbibelarbeit. Daneben erscheinen Schriften über aktuelle theologische Probleme.
Hauptautoren/Hauptwerke: Carnegie, Dale, „Rede" — Carnegie, Dorethy, „Lerne zu leben".
Buchreihen: „Bibel in der Zeit", 6 Bde. erschienen — „Bibel aktuell", Taschenbücher bibl. orientierte Lebensfragen.
Verlagsgebiet: 2a

Annelore Leber
D-8000 München 22, Paradiesstraße 10

Lechte Verlag Heinr. u. J.
D-4407 Emsdetten/Westf., Postfach 1409, Schulstraße 16

Lehmanns, J. F.
D-8000 München 21, Abholfach, Agnes-Bernauer-Platz 8

Lehnen, Leo siehe Francke München

Lehrmittelverlag siehe Personennamen

Signet wird geführt seit: 1962.

Grafiker: Kurt August, Wien.

**Leibniz-Verlag
Hansisches Druck- und Verlagshaus GmbH & Co.**

D-2000 Hamburg 76, Papenhuder Str. 2
Tel: (040) 2 20 12 91. **Psch:** Hamburg 1099 61. **Bank:** Dresdner Bank AG Hamburg 6016 388. **Gegr:** 25. 4. 1962 in Hamburg. **Rechtsf:** GmbH & Co. KG.
Inh/Ges: Theologischer Verlag Zürich.
Verlagsleitung: Dr. Heinrich Leippe, geb. 15. 3. 1917 in Darmstadt.
Geschichte: Der Leibniz-Verlag wurde 1962 als Schwesterverlag des Furche-Verlages gegründet mit dem Ziel, hier im Geiste des Namenspatrons Bücher zur europäischen Geistesgeschichte, kritischen Zeitgeschichte und zur politischen Bildung zu versammeln.
Buchreihen: „Hamburger Beiträge zur Zeitgeschichte" — „Veröffentlichungen der Forschungsstelle für die Geschichte des Nationalsozialismus in Hamburg".
Verlagsgebiete: 6 — Spez.Geb: Politische Bildung, Zeitgeschichte.

Leiner, Oskar, Verlag
D-4000 Düsseldorf 1, Postfach 5104, Erkratherstraße 206

Leinmüller & Co.
A-1071 Wien, Postfach 31, Neubaugasse 29

Leisching, Dr. Gottfried
A-5020 Salzburg, Schwarzstraße 39

Leitfadenverlag Dieter Sudholt

D-8131 Assenhausen, Postfach.
Sitz: D-8131 Berg, Kreuzanger 5
Tel: (0 81 51) 53 42. **Psch:** München 145 666-800. **Bank:** Kreissparkasse Starnberg 903 179 (BLZ 700 540 80). **Gegr:** 1. 2. 1957. **Rechtsf:** Einzelfirma.
Inh/Ges: Volker Sudholt.
Verlagsleitung: Volker Sudholt, Dipl.-Kfm.
Geschichte: Der Gründung des Verlages liegt der Erwerb des Verlagsrechtes an den seit 1950 erscheinenden „Wolfs-Steuerleitfäden" von der Verlagsanstalt Leonhard Wolf in Regensburg zugrunde.
Buchreihen: „Wolfs Steuerleitfäden" — „Solidus-Büroleitfäden".
Verlagsgebiete: 4 — 5 — 21 — 25.

Leitner & Co.
A-1081 Wien VIII, Strozzigasse 8

Signet wird geführt seit: 1970.

Grafiker: Paul Schuster, Frankfurt (M).

Druckerei und Verlag Otto Lembeck KG.

D-6000 Frankfurt (M) 1, Leerbachstr. 42
D-6308 Butzbach, Küchengartenweg 8
Tel: (06 11) 72 75 56, 72 75 57. **Psch:** Frankfurt 614 54-602. **Bank:** Deutsche Bank Frankfurt 92/3367; Frankfurter Sparkasse von 1822 50-357936. **Gegr:** 1. 10. 1945 in Frankfurt und Butzbach.
Rechtsf: KG.
Inh/Ges: Dr. med. Hans-Hartwig Lembeck.
Verlagsleitung: Dr. phil. Walter Müller-Römheld, geb. 30. 9. 1927 in Frankfurt (M), Buchhändler und Germanist, längere Auslandsaufenthalte.
Geschichte: Der theologische und ökumenische Verlag besteht seit Gründung der Firma, wird aber erst seit 1970 besonders gepflegt.
Hauptautoren: Markus Braun, Hans Jochen Margull, Harding Meyer, Stanley Samartha, Rainer Schmidt u. a.

Buchreihe: „Ökumenische Perspektiven", in Zusammenarbeit mit Verlag Josef Knecht, Frankfurt (M).
Verlagsgebiet: 2a.

Lemmer, Konrad siehe Rembrandt

Lempp Verlag GmbH

D-7070 Schwäbisch Gmünd, Obere Zeiselbergstraße 14

Signet wird geführt seit: 1956.

Grafiker: —

Verlag Lambert Lensing GmbH

D-4600 Dortmund, Westenhellweg 67, Postfach 875
Tel: (02 31) 14 57 25. **Fs:** 08-22106. **Psch:** Dortmund 693 00-461. **Bank:** Commerzbank AG Dortmund 3589 892. **Gegr:** 1870 in Dortmund — Gebr. Lensing; 1949 in Dortmund — Verlag Lambert Lensing GmbH. **Rechtsf:** GmbH.
Ges: Gebrüder Lensing Verlagsanstalt KG. Persönlich haftender Gesellschafter und Geschäftsführer: Florian Lensing-Wolff □.
Verlagsleitung: F. C. Lorson, geb. 12. 3. 1921.
Lektorat: Dr. Werner Jäger.
Werbung und Vertrieb: Hans J. Ulack.
Geschichte: Aus Emmerich kommend, eröffnete Heinrich Lensing im Jahre 1870 Buchhandlung und Verlag in Dortmund. Wenige Jahre darauf gründete er mit seinem Bruder Lambert eine Tageszeitung, die „Tremonia". Später kam eine Druckerei hinzu. Die alleinige Leitung aller Betriebe übernahm Lambert Lensing, dem wegen seiner publizistischen Verdienste der Dr. h. c. verliehen wurde. Im Jahre 1928 übernahm der einzige Sohn Lambert die Geschäftsleitung. In den ersten Jahrzehnten bestimmten Werke und Biographien westfälischer Heimatdichter das Gesicht des Verlages. Erst allmählich erfolgte eine Umstellung auf Schulbücher für alle Schulsysteme, insbesondere für die

Volksschule. Nach 1945 spezialisierte sich der Verlag auf das Gebiet der neueren Sprachen.
Hauptwerke: Lehrwerke (Englisch, Französisch, Russisch) — Lektüren und Ganzschriften für alle Schulsysteme (Englisch, Französisch, Spanisch) — Spezialwörterbücher — Lehrerhandbücher — Bücher zur Fachdidaktik — Arbeits- und Hilfsmittel für den technologischen Fremdsprachenunterricht.
Zeitschrift: „Praxis des neusprachlichen Unterrichts", Herausgeber: Dr. Werner Jäger und Professor Dr. R. Freudenstein (vtljl.).
Tges: Sortimentsbuchhandlung Lensing, Dortmund; Sortimentsbuchhandlung Lensing, Arnsberg.
Verlagsgebiete: 7 — 10 — 11 — Spez.-Geb: 11 Englisch-, Französisch-, Russischlehrbücher.

Leo-Buchhandlung, Verlag
CH-9001 St. Gallen, Gallusstraße 20

Leopold, Ludwig KG
D-5300 Bonn, Friedrichstraße 1

Verlag Robert Lerche
(vorm. J. G. Calve'sche Universitätsbuchhandlung Robert Lerche, Prag I.)
D-8000 München 15, Postfach oder München 2, Waltherstraße 27
Tel: (089) 53 41 10, 53 47 52. **Psch:** München 95510-808. **Bank:** Kreissparkasse München 70367; Bayerische Hypotheken- und Wechselbank München 53/142573. **Gegr:** 1786 in Prag. **Rechtsf:** Einzelfirma.
Inh/Ges: Robert Lerche.
Verlagsleitung: Robert Lerche.
Geschichte: Der Verlag J. G. Calve, Prag, wie er seit seiner Gründung im Jahre 1786 bis 1945 hieß und sehr bekannte und jetzt noch gesuchte wissenschaftliche Werke herausgab, setzt seine Tätigkeit seit 1948 unter dem Verlagsnamen Robert Lerche (vorm. J. G. Calve, Prag) in München fort.
Hauptwerke: „Bohemia", Jahrbuch des Collegium Carolinum Band 1—11 — „Veröffentlichungen des Collegium Carolinum", Band 1—22 — „Handbuch der sudetendeutschen Kulturgeschichte", Band 1—4 und Band 6 — „Wissenschaftliche Materialien und Beiträge zur Geschichte und Landeskunde der Böhmischen Länder", Band 1—17 — Heinrich Kuhn, „Handbuch der Tschechoslowakei", „Biographisches Handbuch der Tschechoslowakei", Loseblattausgabe in 5 Lieferungen.
Verlagsgebiet: 14 — Pragensia, Bohemica, Sudetica.

LESEN Verlag GmbH
D-2000 Hamburg 1, An der Alster 22

Tel: (040) 24 90 06. **Psch:** Hamburg 24 33 66. **Bank:** Deutsche Bank Hamburg 34/51 200. **Gegr:** 1. 1. 1971. **Rechtsf:** GmbH.
Inh/Ges: Ehrhardt Heinold, geschäftsführender Gesellschafter.
Verlagsleitung: Ehrhardt Heinold, gelernter Sortimentsbuchhändler, seit 1949 im Buchhandel, Grosso und Verlag tätig.
Geschichte: Ehrhardt Heinold machte sich am 1. 1. 1968 selbständig und war zunächst unter der Firma Heinold Verlagsbüro beratend und verlegerisch zugleich tätig. Die Verlagstätigkeit wurde mit Beginn 1971 in die LESEN Verlag GmbH ausgegliedert. In dieser Firma erscheint der früher von Hartfrid Voss herausgegebene Literaturkalender „Spektrum des Geistes", sowie sechsmal jährlich das Buchmagazin „Die Neue Barke", das früher als „Die Barke" in der Buchhändlervereinigung herauskam.
Hauptwerk: Literaturkalender „Spektrum des Geistes".
Zeitschrift: Buchmagazin „Die Neue Barke".
Tges: Heinold Verlagsbüro, Publishers' Consultant; Hamburger Elternblatt Verlag Heinold KG; alle: 2000 Hamburg 1, An der Alster 22.
Verlagsgebiet: 1.

284 Leske

Signet wird geführt seit: 1.1.1965.
Grafiker:
Hans-Werner Klein, Opladen.

Leske Verlag

D-5670 Opladen, Ophovener Straße 3, Postfach 1406

Tel: (0 21 71) 50 31. **Fs:** 08 515 859. **Psch:** Köln 1959 89. **Bank:** Deutsche Bank Opladen 672/0353. **Gegr:** 1821 in Darmstadt. **Rechtsf:** Einzelfirma.

Inh/Ges: Dr. Friedrich Middelhauve, Mechthild Ruf, geb. Middelhauve.

Verlagsleitung: Edmund Budrich, geb. 14. 3. 1932 in Berlin. Studium der Musikwissenschaft und Philosophie.

Geschichte: Entstanden 1821 aus der Buchhandlung Heyer & Leske in Darmstadt. Carl Friedrich Julius Leske, Sohn des Gründers, machte sich als Hessischer Vormärzverleger" einen Namen. Veröffentlichte u. a. die „Rheinischen Jahrbücher". Autoren: Marx, Büchner, Hoffmann von Fallersleben, Freiligrath, Herwegh, Weerth.
Erworben von Dr. Dr. h. c. Friedrich Middelhauve 1961 und nach Opladen übernommen.

Hauptautoren/Hauptwerke: „Beiträge zur Sozialkunde", hrsg. von Prof. Dr. Karl Martin Bolte, Prof. Dr. Heinz-Dietrich Ortlieb, Prof. Friedrich-Wilhelm Dörge, Dr. Hans-Joachim Winkler.

Buchreihen: „Analysen", Kritische Darstellungen von Problemen aus Gesellschaft, Wirtschaft und Politik — Veröffentlichungen der Hochschule für Wirtschaft und Politik, Hamburg, hrsg. von Helmut Bilstein, Friedrich-Wilhelm Dörge, Ralf Mairose, Hans-Joachim Winkler. — „Aktuelle Außenpolitik", Schriftenreihe des Forschungsinstituts der Deutschen Gesellschaft für Auswärtige Politik, Bonn — Schriften des Deutschen Orient-Instituts Hamburg — „Sternfahrten-Reiseführer" von Hans Eberhard Friedrich.

Zeitschriften: „Gegenwartskunde" — Gesellschaft - Staat - Erziehung - Politik (vtljl.). — „Orient".

Verlagsgebiete: 5 — 6 — 11 — 15 — 16 — 21.

Leuchter-Verlag eG

D-6106 Erzhausen, Industriestraße 6—8, Postfach 60

Tel: (0 71 50) 75 65. **Psch:** Frankfurt (M) 94 6 2. **Bank:** Sparkasse Darmstadt 30 001 540; Spar- und Kreditbank Erzhausen 1115. **Gegr:** 1946 in Frankfurt (M). **Rechtsf:** Genossenschaft.

Inh/Ges: Genossenschaftsmitglieder.

Verlagsleitung und Lektor: Karl-Heinz Neumann. Buchhaltung und Verwaltungsaufgaben: Hermann Beer.

Geschichte: Gegründet 1946 von Pastor Erwin Lorenz in Frankfurt (M). Bis 1955 in Frankfurt, dann Umzug an die jetzige Adresse hier in Erzhausen. Der Verlag ist eng mit der Arbeitsgemeinschaft der Christengemeinden in Deutschland verbunden.

Hauptautoren: David Wilkerson, Dennis Bennett, Reinhold Ulonska.

Hauptwerke: „Das Kreuz und die Messerhelden" — „Die unbequeme Generation" — „Eltern vor Gericht" — „In der Dritten Stunde" — „Der Heilige Geist und Du" — „Gott ins Angesicht geschaut" — „Der Agent des Satans" — „Der Anfang vom Ende". — Außerdem umfangreiches Programm in christlichen Schallplatten und Tonbandkassetten, sowie Material für den Kindergottesdienst und christliche Spiele.

Zeitschriften: „wort+geist" (mtl.) — „Die Antwort" (vtljl.). — „Die Schatzkiste" (Kinderzeitschrift, wtl.) — „Der Kleine Freund" (Kinderzeitschrift, wtl.).

Hz: Abreißkalender „wort+geist".

Verlagsgebiete: 2a — 2c — 9 — 10 (nur auf religiösem Gebiet).

Signet wird geführt seit: 1948.

Grafiker: —

Leuchtturm Albenverlag Paul Koch KG Papierverarbeitungswerk

D-2054 Geesthacht, Am Spakenberg 45, Postfach 340

Tel: (0 41 52) 141. **Fs:** 02-18 722. **Psch:**

Hamburg 114 36-207. **Bank:** Deutsche Bank Geesthacht 58/00768 (BLZ 200 700 00); Vereinsbank Hamburg, Zweigst. Bergedorf 27/00 698 (BLZ 200 300 00). **Gegr:** 19. 2. 1948 in Hamburg. **Rechtsf:** KG.
Inh/Ges: Pers. haft. Ges.: Wolfgang Schön, Kurt Stürken.
Verlagsleitung: Wolfgang Schön, geb. 21. 4. 1914; Kurt Stürken, geb. 17. 3. 1935.
Prokuristen: Rechnungs- und Personalwesen: Kurt Friedrich.
Redaktion und Organisation: Dieter Himmel.
Geschichte: Am 19. 2. 1948 in Hamburg von Paul Koch als Briefmarkenalbenverlag in GmbH-Form gegründet. Nach dem Tode des Firmengründers 1954 nach Geesthacht, Kreis Herzogtum Lauenburg, verlagert.
1972 in die jetzige Kommanditgesellschaft umgegründet, deren geschäftsführende Komplementäre Wolfgang Schön und Kurt Stürken dem Unternehmen seit 1959 bzw. 1962 angehören.
Leuchtturm-Briefmarkenalben haben sich in allen Kulturländern der Welt einen Namen gemacht. In den USA und Kanada werden unter der Firmenbezeichnung „Lighthouse Publications" eigene Tochtergesellschaften unterhalten.
Hauptwerke: „Leuchtturm" (Lighthouse-Phare-, Faro-)Briefmarken-Vordruckalben, „Secura-Falzlos-Alben", Einsteckbücher und philatelistische Bedarfsartikel.
Neben Briefmarken- und Münzalben sowie Briefmarkeneinsteckbüchern stellt der Verlag in einer besonderen „PEKA" Abteilung außerdem Klemmbinder und Klapphefter für Büro- und Industriebedarf her.
Tges: Willi Grund GmbH, D-1000 Berlin 65, Müllerstraße 151. 100 %ige Tochtergesellschaft, Hersteller der „Elefant" Briefmarken-Einsteckb.
Verlagsgebiet: 30 — Briefmarkenalben.

Leuckart, F. E. C.
D-8000 München 19, Nibelungenstr. 48

Leuschner, Kurt
D-2350 Neumünster 8, Amselweg 10

Leuze, Eugen G.
D-7968 Saulgau/Württ., Postfach 8, Straubenhalde 15

Levi und Müller siehe Herold Verlag Brück

Lex Fachbuchhandlung und Verlag
D-5000 Köln-Merheim, Lüdenscheider Straße 22

Lexika

Signet wird geführt seit: 1965.
Grafiker:
Helmut Keppler, Gerlingen,
Hace Frey, Stuttgart.

Lexika-Verlag Chris Hablitzel KG
D-7031 Grafenau-Döffingen, Dätzinger Straße 1, Postfach 2
Tel: (0 70 33) 73 44. **Fs:** 7-265 883 fhw d. **Psch:** Stuttgart 19761-707. **Bank:** Döffinder Bank Grafenau Döffingen 40099008; Deutsche Bank Böblingen 05/347 19; Commerzbank Sindelfingen 8012247. **Gegr:** 1. 1. 1965 in Döffingen. **Rechtsf:** KG.
Inh/Ges: Frau Chris Hablitzel, Komplementär; Elmar Wippler, Komplementär; Fridolin Hablitzel, Kommanditist.
Verlagsleitung: Frau Chris Hablitzel ☐, geb. 22. 2. 1921 in Berlin. Studium an der Hochschule für bildende Künste in Berlin von 1945 — 1949 (Gebrauchsgrafik und Freie Grafik) sowie Ergänzungsstudium (Psychologie) an der FU Berlin. Im Verlag zuständig für Sachgebiete Werbung, PR und Finanzen und für die Verlagsgebiete Schule, Beruf, Ausbildung, Studium. — Elmar Wippler ☐, geb. 23. 2. 1939 in Berlin. Studium und staatlicher Abschluß als Ing. grd. an der Fachhochschule für Druck in Stuttgart. Im Verlag zuständig für Sachgebiete Geschäftsführung, Vertrieb und die Verlagsgebiete Erwachsenenbildung, Führungswissen und Technik.
Herstellung und Anzeigenakquisition: Jürgen Fries.
Geschichte: 1960 Gründung der Einzelfirma durch die Fridolin Hablitzel Werbeagentur zur Betreuung firmenorien-

tierter Sachbücher und Lexika. 1970 Übernahme der Verlagsleitung durch Frau Chris Hablitzel und Herausgabe der Nachschlagewerke „Berufswahl". 1. 3. 1973 Gründung der Kommanditgesellschaft und Übernahme der Geschäftsführung durch Herrn Elmar Wippler (vorher Verlagsleiter im W. Kohlhammer Verlag) Festlegung der Verlagsbereiche: Schule-Ausbildung-Studium-Beruf, Erwachsenenbildung, Führungswissen, Technik und Auf- und Ausbau der Paperback-Reihen. 1973 Einteilung des Gesamtvertriebsgebietes in Verlagsvertreter-Bezirke. Übergabe der Gesamtauslieferung an Koch Neff Oettinger, Stuttgart. 1974 Gründung der Technik/Management-Reihe „Kontakt+Studium" in Verbindung mit der Technischen Akademie Esslingen.

Hauptwerke: Chris Hablitzel (Hrsg.), „Berufswahl für Haupt- und Realschüler", „Berufswahl für Abiturienten" — Dr. Gundolf Seidenspinner (Hrsg.), „Reihe Fachstudienführer" — Deutscher Volkshochschul-Verband (Hrsg.), „Reihe Arbeitshilfen zur Erwachsenenbildung" — Prof. W. Kruppke, Elmar Wippler (Hrsg.), „Reihe Kontakt+Studium".

Hauptautoren: Obering. Heinz Sarkowski, Elektronik — Ing. grad. Herbert Neumann, Schweißtechnik — Dr. Christof Zangemeister, Nutzwertanalyse — MR. Dipl.-Ing. Hans Bodensteiner, Technische Berufe — Oskar v. Stritzky, Neue Produkte — Dipl.-Hdl. Hans J. Grigo, Produktplanung — Prof. Dr. Dr. Behrendt, Rechtswissenschaft — Dr. Frank Grätz, Einkommen, Löhne und Gehälter — Dr. Klaus F. Withauer, Menschenführung — Dr. Hasso Reschke und Prof. Ernst Unsin, Mathematik i. Unternehmen — Reg.-Dir. Ortwin Frömsdorf, Taschenbücher für Auszubildende und Ausbilder — Joachim Klaus, Berufswahl — Franz S. Wagner, Ausbilder-Informations-Dienst — Dr. Gundolf Seidenspinner, Pädagogik — Roland W. Gutsch, Führungshandbuch.

Zeitschrift: AID - Ausbilder-Informations-Dienst. Herausgeber Ing. grad. Elmar Wippler.

Btlg: Gemeinschaftsausgaben in der Paperback-Reihe „Führungswissen" mit dem Taylorix-Fachverlag Stuttgart unter Federführung des Lexika-Verlags.

Verlagsgebiete: 3 — 4 — 5 — 10 — 11 — 18 — 19 — 20 — 25 — 26 — 28.

Leykam AG
A-8011 Graz, Postfach 424, Stempfergasse 3—7

„liberal"-Verlag GmbH
D-5300 Bonn, Bonner Talweg 57

Tel: (0 22 21) 22 76 07. **Psch:** Köln 225769-503. **Bank:** Volksbank Bonn 2300. **Gegr:** 30. 1. 1964 in Bonn. **Rechtsf:** GmbH. **Ges:** Hans Wolfgang Rubin, D-4300 Essen-Rellinghausen, Alte Eichen 1.

Verlagsleitung: Wolfram Dorn, geb. 18. 7. 1924, D-5300 Bonn, Am Zinnbruch 6 (Einzelprokura), Stellvertretender Vorsitzender des Verbandes deutscher Schriftsteller in Nordrhein-Westfalen. Von 1962—1969 Chefredakteur der Deutschen Architekten- und Ingenieur-Zeitschrift.

Redakteur der Monatszeitschrift „liberal": Rolf Schroers, D-5270 Gummersbach 31, Direktor der Theodor-Heuss-Akademie.

Geschichte: Die Monatszeitschrift „liberal" (Beiträge zur Entwicklung einer freiheitlichen Ordnung) erscheint seit 1959. In den Jahren 1968—1972 erschien im „liberal"-Verlag eine Broschürenserie unter dem Titel „Aktuelle Beiträge zur politischen Bildung". Ferner veröffentlichte der Verlag folgende Bücher: „Hochschulreform und Hochschulselbstverwaltung im demokratischen Rechtsstaat" — „Föderalismus und gesamtstaatliche Verantwortung des Bundes" — „Neugestaltung der Altersicherung" — „Perspektiven der Schulreform".

Buchreihe: „Aktuelle Beiträge zur politischen Bildung" mit Beiträgen von Dr. Reinhold Maier, Dr. Hildegard Hamm-Brücher, Prof. Ralf Dahrendorf, Walter Scheel, Liselotte Funcke, Hans Wolfgang Rubin, Wolfgang Mischnick, Josef Ertl, Hans-Dietrich Genscher, Prof. Dr. Klaus Scholder, Rolf Schroers u. a.

Zeitschrift: „liberal" (mtl.).

Verlagsgebiete: 1 — 3 — 4 — 5 — 6 — 28.

„Lichtenberg" Verlag GmbH
D-8000 München 40, Postfach 401 043, Leopoldstraße 54

Lied der Zeit, Musikverlag, VEB

DDR-1020 Berlin, Postfach 10, Rosa-Luxemburg-Straße 41

Lienau, Robert, Musikverlag

D-1000 Berlin 45, Lankwitzer Straße 9

Signet wird geführt seit: —

Grafiker: —

Albert Limbach KG

D-3300 Braunschweig, Hutfiltern 8, Postfach 3363

Tel: (05 31) 4 40 91. **Fs:** über 09-52722 bz. **Psch:** Hannover 444 50-309. **Bank:** Norddeutsche Landesbank Braunschweig 369 249; Commerzbank Braunschweig 5 125 984; Deutsche Bank Braunschweig 04/10 597. **Gegr:** 15. 10. 1865 in Braunschweig als Berglein & Limbach. **Rechtsf:** GmbH & Co. KG.
Inh: Komplementär: Druckerei Verwaltungs-GmbH. Kommanditist: Verlag Eckensberger & Co.
Verlagsleitung: Generalbevollmächtigter: Henning L. Voigt.
Geschichte: 1865 Druckerei — 1867 Zeitungsverlag — 1890 Zeitschriftenverlag — 1897 erste Buchveröffentlichung. — 1925 Kommanditgesellschaft unter heutigem Namen — 1936—1945 Zweigniederlassung in Berlin und ab 1939 Wien — 1948 Beiträge zum Geschichtsunterricht — 1950 Kulturgeschichtl. Forschungen und Zeitschrift für Ethnologie.
Buchreihen: „Kulturgeschichtliche Forschungen" — „Beiträge zum Geschichtsunterricht" — „Handelsvertreterliteratur".
Zeitschrift: „Zeitschrift für Ethnologie".
Verlagsgebiete: 10 — 15 — 21 — 28.

Limberg, Hans, Verlag

D-5100 Aachen, Postfach 907, Mariabrunnstraße 31

Signet wird geführt seit: 1945.

Grafiker: —

Limes Verlag Max Niedermayer

D-6200 Wiesbaden, Spiegelgasse 9, Postfach 110

Tel: (0 61 21) 30 20 49. **Psch:** Frankfurt (M) 19 18 39-601. **Bank:** Deutsche Bank Wiesbaden 301432. **Gegr:** 5. 10. 1945 in Wiesbaden. **Rechtsf:** KG (phGes: Limes Verlag Niedermayer und Schlüter GmbH).
Inh/Ges: Lilo Niedermayer und Marguerite Schlüter.
Verlagsleitung: Geschäftsführerin Marguerite Schlüter, geb. 23. 4. 1928 in Wiesbaden. Diplombibliothekarin, seit 1949 im Limes Verlag.
Geschichte: Der Verleger bemerkt dazu: „Wir haben keine dramatische Geschichte. Das Drama liegt in den Titeln, die von der Lyrik bis zur Zeitgeschichte reichen."
Hauptautoren: Das Gesamtwerk von Arp, Benn, Einstein, Stramm. — Ferner die Ausländer Burroughs, Capote, Ginsberg, de Obaldia, Kolosimo, Sábato.
Buchreihe: „Limes Nova".
Btlg: Seit 1973 Vertrieb und Werbung gemeinsam mit der Gruppe Langen-Müller/Herbig.
Verlagsgebiete: 3 — 5 — 6 — 7 — 8 — 12 — 14 — 15 — 27 — 5 — 13.

Wilhelm Limpert-Verlag Gesellschaft mit beschränkter Haftung

D-6000 Frankfurt (M), Rheinstr. 23—25

Tel: (06 11) 74 70 60. **Psch:** Frankfurt (M) 565 45 603. **Bank:** Effectenbank Warburg Frankfurt (M) 65 9720. **Gegr:** 1. 1. 1921 in Dresden. **Rechtsf:** GmbH.
Inh/Ges: Kurt Meister.
Verlagsleitung: Hermann W. Farnung, Geschäftsführer, geb. 1929, Studium der Philosophie, Sozialpädagogisches Fachstudium mit staatl. Abschlußexamen. Volontariat im Verlagsbuchhandel, zu-

Limpert

nächst Leiter eines theologischen Fachverlages, seit 1. 1. 1968 Geschäftsführer des Limpert-Verlages.
Geschichte: Gegründet 1921 in Dresden und Berlin; Sitzverlegung nach Frankfurt (M) im Jahre 1952. Neugründung als Gesellschaft mit beschränkter Haftung 1962.
Hauptwerke: Literatur zur Leibeserziehung und Sportfachbücher namhafter Autoren des In- und Auslandes, Publikationen zu Ereignissen und über Persönlichkeiten des Sports, Jahrbücher und Dokumentationen, Sportfachzeitschriften.
Verlagsgebiete: 23 — 24 — 28 — 10 — Spez.Geb: 23 Sport-Fachliteratur von bekannten Sportpädagogen des In- und Auslandes.

Lindauersche Universitäts-Buchhandlung (Schöpping), Abt. Verlag
D-8000 München 2, Kaufingerstraße 29, Postfach 626 München 33

Lingenhöle, H. & Co., Verlagsbuchhandlung
A-6901 Bregenz a. Bodensee, Postfach 245, Kaiserstraße 1

Signet wird geführt seit: 1958.

Grafiker: Westner.

Carl Link Verlag GmbH
D-8640 Kronach, Kolpingstraße 10, Postfach 160
D-8000 München 80, Schumannstraße 8
Tel: Kronach (0 92 61) 30 61, München (089) 47 49 91. **Psch:** Nürnberg 265-853. **Bank:** Vereinigte Sparkassen in Kronach 141 BLZ 51640. **Gegr:** 19. 11. 1884 in Kronach. **Rechtsf:** GmbH. **Ges:** Familie Link/Wiesend.
Verlagsleitung: Folker O. Link-Wiesend ☐, geb. 18. 12. 1937 (Geschäftsführer).
Lektorat: Günther Raabe, geb. 14. 8. 1947 (Gesamtbevollmächtigter); Manfred Steinberg, geb. 13. 7. 1938 (Bevollmächtigter); Günther Böhnlein, geb. 19. 7. 1953 (Abteilungsbevollmächtigter).
Herstellung: Dietfried Wielsch, geb. 27. 6. 1942 (Gesamtbevollmächtigter).
Verkaufsleitung und Werbung: Peter Schlaus, geb. 5. 11. 1937 (Gesamtbevollmächtigter).
Auslieferung: Joachim Neumann, geb. 24. 8. 1929 (Gesamtbevollmächtigter).
Finanzabteilung und Personal: Erich Küstermann, geb. 3. 3. 1920 (Gesamtprokurist).
Geschichte: Am 19. 11. 1884 gegründet. Neben dem Verkauf von Büchern, Musikalien und Schreibwaren war von besonderer Bedeutung der Verlag von Verwaltungsvordrucken und dazugehöriger Fachliteratur. 1916 Angliederung einer eigenen Druckerei. Nach dem Tod des Gründers 1917 übernahm der Sohn Oskar Link die Leitung. Seit 1958 liegt die Leitung der Betriebe bei Folker O. Link-Wiesend, einem Urenkel des Firmengründers.
Hauptwerke: Verwaltungsvordrucke — Textausgaben, Kommentarwerke, Loseblatt-Sammlungen für Behörden, Volks-, Sonder-, Realschulen und Gymnasien, Behörden und Schulen — Prandl/Zimmermann, „Gemeinderecht" — Söllner/Schwab, „Finanzrecht" — Proebstle, „Aktenplan" — Ludwig Müller, „Volksschulrecht" — Wilhelm Vocke, „Recht der beruflichen Schulen" — Assmann/Oberhauser, „Realschul-Recht" — Büttner/Reuter, „Recht der Gymnasien".
Reihen: „Carl-Link-Vorschriftensammlung" — „Carl-Link-Fachschriftensammlung" — „Carl-Link-Ortsrechtsammlung" — „Carl-Link-Vertragssammlung".
Zeitschrift: „Bayerische Gemeindezeitung", Die Zeitschrift für Kommunalpolitik und kommunale Wirtschaft - GZ (14tägig).
Hz: „Carl-Link-Dienst" (hjl.).
Tges: Schwesterfirmen: Carl Link Druck GmbH und Carl Link Buchhandlung GmbH, beide in Kronach — Beteiligungsgesellschaft 50 % Carl Link Presse GmbH Kronach und München.
Verlagsgebiete: 4 — 10 — 28.

Linnepe v. d., Verlagsgesellschaft
D-5800 Hagen/Westf., Postfach 2260, Bahnhofstraße 28

Lipp, Karl M.

D-8000 München 21, Lautensackstraße 2

Lippa, Paul

D-1000 Berlin 30, Postfach 3645

Lipsius & Tischer Verlag

D-2300 Kiel, Postfach 476, Holstenstr. 80

Signete werden geführt seit: 1973.
Grafiker:
Schott Werbeagentur, Stuttgart.

Paul List Verlag KG

D-8000 München 15, Goethestraße 43 (Produktion)
D-8000 München 2, Oberanger 43 (Vertrieb, Auslieferung, Rechnungswesen)

Tel: (089) 53 05 61, 53 49 15, 2 60 40 55.
Fs: 05/22 789 list d. **Psch:** München 150 15-805. **Bank:** Reuschel & Co. München 315 050. **Gegr:** 1. 4. 1894 in Berlin.
Rechtsf: KG.
Ges: Komplementärin: Südwest Verlag GmbH, Ulm (1 %); Kommanditistin: Süddeutscher Verlag GmbH, München (74 %); Kommanditist: Dr. Paul W. List ▢. (25 %).
Verlagsleitung: Robert F. Schäfer ▢, alleiniger Geschäftsführer.
Abt. Literatur und Wissenschaft: Lektoren: Dr. Horst Ferle (Prok.), Adelbert Reif. — Herstellung: Rudolf Miggisch. — Finanzen: Josef Wagner (Prok.). — Werbung und Verkauf: Martin Greil (Prok.). — Presse- und Öffentlichkeitsarbeit: Dr. Rolf Cyriax.
Abt. LIST Schulbuch- und Lehrmittelverlag: Verlagsleitung: Dr. Heino Laschitz (Prok.). — Herstellung: Paul Bitter (Prok.). — Werbung und Vertrieb: Joachim Burckas (Prok.). — Finanzen: Josef Wagner (Prok.).

Geschichte: 1. April 1894 Gründung des Paul List Verlages in Berlin. 1896 Übersiedlung nach Leipzig. Am 4. 7. 1907 erfolgte die Gründung und Angliederung der Schulverlagsanstalt List & von Bressensdorf. Nach dem Zweiten Weltkrieg Wiederaufbau des schöngeistigen Verlages, seit 1961 in München. 1964 Umwandlung der Firma in eine Kommanditgesellschaft. Übernahme von 74 % der Kommanditanteile durch die Süddeutsche Verlag GmbH München und 1 % der Kommanditteile durch die Komplementärin Südwest Verlag GmbH.

Hauptautoren: Winston S. Churchill, Henry Ford, Ludwig Marcuse, André Maurois, Axel Munthe, Arno Plack, Arnold Toynbee, Günther Weisenborn, Ernst von Weizsäcker, Wolfdietrich Schnurre, Ladislav Mnacko, Stefan Andres, Knut Hamsun, Thomas Hardy, Stefan Heym, Rudyard Kipling, Thyde Monnier, Michail Scholochow.

Hauptwerke (Schulbuch- und Lehrmittelverlag, Kartographische Anstalt): Harms Unterrichtswerk — Wandkarten, Weltatlanten, Heimat- und Stadtatlanten, Geschichtsatlanten, Arbeitsmittel, Lehrerhandbücher, ferner Arbeitsmappen für den Rechtschreibunterricht („Uli, der Fehlerteufel"), für den Sachunterricht, Biologie und Geschichte. Schüler-Arbeitsbücher für Erdkunde, Sprachlehre, Biologie sowie Physik und Chemie.

Buchreihen: Aus Literatur und Wissenschaft: „neue edition list" — „Epikon", Europäische Meisterromane — „List Taschenbücher der Wissenschaft".
Aus Schulbuch- und Lehrmittelverlag: „Harms Pädagogische Reihe" — „Harms Handbuch der Erdkunde".

Tges: TR-Verlagsunion.

Btlg: Mitglied der Werbegemeinschaft Informationszentrum Buch (IZB).

Verlagsgebiete: 3 — 6 — 7 — 8 — 10 — 11 — 14 — 15 — 16 — 26.

List, Paul, Verlag Leipzig

DDR-7010 Leipzig, Paul-List-Straße 22

Henry Litolff's Verlag

D-6000 Frankfurt (M) 70, Kennedyallee 101
Tel: (06 11) 61 01 01. **Gegr:** 1. 6. 1828 in Braunschweig. **Rechtsf:** KG.
Inh/Ges: Edition Peters GmbH, Frankfurt (M), als pers. haft. Gesellsch.; 3 Kommanditisten.
Verlagsleitung: Seit 1940 Dr. Johannes Petschull ☐, geb. 8. 5. 1901 in Diez, geschäftsführender Gesellschafter.
Geschichte: Gründung 1. 6. 1828 in Braunschweig. 1864 „Collection Litolff" begonnen. 1940 Übergang an C. F. Peters (s. d.) mit Sitzverlegung nach Leipzig. 1949 Enteignung, 1950 Sitzverlegung nach Frankfurt (M).
Hauptwerke: Alle Gebiete der ernsten Musik, besonders zeitgenössischer Autoren; Studienwerke; gehobene Unterhaltungsmusik. „Collection Litolff" (Leipziger Ausgaben davon dürfen nur vertrieben werden, wenn sie auf dem Innentitel Frankfurt als Ortsangabe tragen).
Hz: „Peters-Nachrichten".
Verlagsgebiet: 13 — Musiknoten.

Löpfe-Benz, E. AG

CH-9400 Rorschach, Signalstraße 7

Loepthien, Walter AG, Verlag

D-7000 Stuttgart 1, Werfmershalde 17

Signet wird geführt seit: 1965 (in dieser Wiedergabe).

Grafiker: —

Loewes Verlag Ferdinand Carl KG

D-8580 Bayreuth, Bahnhofstraße 15, Postfach 2606
Tel: (09 21) 2 27 91. **Fs:** 0642771. **Psch:** Stuttgart 1293. **Bank:** Städt. Sparkasse Bayreuth 2922. **Gegr:** 8. 6. 1863 in Leipzig (Friedrich Loewe). **Rechtsf:** KG.
Inh/Ges: Volker Gondrom (pers. haft. Gesellschafter), Reinhold Gondrom (Komm.).
Verlagsleitung: Volker Gondrom, geb. 5. 5. 1942.
Verantwortlich für Herstellung, Werbung, Vertrieb: Werner Skambraks, geb. 7. 7. 1937 (Prokurist).
Lektorat: René Pilz.
Geschichte: Gegründet 1863 von Friedrich Loewe in Leipzig. 1965 wurde der Verlag von Adolf Gondrom übernommen und nach Bayreuth verlegt. Der Verlag widmet sich allen Aufgaben der modernen Kinder- und Jugendliteratur, angefangen von der Vorschulerziehung („Combi"-Vorschulspiele) und dem ersten Lesealter (Großdruck- und Schreibschrift-Bücher) bis zu Jugendsachbüchern („Faszinierende Berichte"). Daneben werden die bekannten klassischen Jugendbücher in moderner Bearbeitung und Ausstattung neu herausgegeben.
Hauptautoren: Ludwig Barring, Hans Baumann, Wolfgang Ecke, Hans W. Gaebert, Lise Gast, Josef Carl Grund, Josef Guggenmos, Frederik Hetmann, Doris Jannausch, Kurt Lütgen, Rudolf Metzler, Walter Scherf, Alfred Weidenmann.
Hauptwerke: Weidenmann, „Gepäckschein 666" — Weidenmann, „Der blinde Passagier" — „Ecke-Jugenddetektiv-Geschichten" — Metzler, „Hallo Erde" — Streit, „SOS zwischen Himmel und Erde" — Lütgen, „Kapitäne, Schiffe, Abenteurer".
Buchreihen: „Combi-Vorschulspiele" — Großdruck- und Schreibschriftbücher für das erste Lesealter — „Loewes-Jugendklassiker" — „Faszinierende Berichte" — Sachbuchreihe „Der große Augenblick".
Verlagsgebiet: 9.

R. Löwit GmbH, Großantiquariat und Verlag

D-6200 Wiesbaden, Sonnenberger Str. Nr. 44, Postfach 43
Tel: (0 61 21) 3 95 71. **Fs:** 4 186 164. **Psch:** Frankfurt (M) 112391-603. **Bank:** Dresdner Bank AG Wiesbaden 243 267 (BLZ 510 800 60). **Gegr:** 1. 8. 1883 in Wien. **Rechtsf:** GmbH.
Inh/Ges: Gesellschafter: Emil Vollmer.
Geschäftsleitung: Emil Vollmer ☐, geb. 24. 12. 1903 in Reutlingen, Geschäftsführender Gesellschafter; Sylvia Vollmer.

Geschichte: Die Firma wurde am 1. 8. 1883 in Wien gegründet und am 1. 7. 1949 nach Wiesbaden verlegt.
Tges: Emil Vollmer Verlag; Buch Bild und Ton; beide D-6200 Wiesbaden, Sonnenberger Straße 44.
Verlagsgebiete: 3 — 9 — 12 — 14 — 30 — Spez.Geb: Großantiquariat.

Logos Verlag
CH-8053 Zürich, Witikonerstraße 368

Logos-Verlagsbuchhandlung
D-7501 Langensteinbach üb. Karlsruhe, Langensteinbacherhöhe

Lohse-Eissing Verlag
D-2940 Wilhelmshaven, Postfach 846, Marktstraße 38

Lometsch KG Buch+Kunst
D-3500 Kassel 2, Postfach 765, Kölnische Straße 5

Longman siehe Langenscheidt-Longman

Lorber Verlag & Turm Verlag Otto Zluhan
D-7120 Bietigheim, Postfach 229

Lorch-Verlag GmbH
D-6000 Frankfurt (M), Schumannstr. 27, Postfach 2625
Tel: (06 11) 7 43 31. **Fs:** 04 11 862. **Psch:** Frankfurt (M) 553 26. **Bank:** Frankfurter Bank 337; SMH-Bank Frankfurt (M) 01-504547-00. **Gegr:** 1951. **Rechtsf:** GmbH.
Inh/Ges: Deutscher Fachverlag GmbH.
Verlagsleitung: Eva und Peter Lorch, geschäftsführende Gesellschafter; Dr. Dietrich Markert, Peter Henselder, Verlagsleiter.
Geschichte: Der Verlag wurde als Buchverlag der Verlagsgruppe Deutscher Fachverlag GmbH (gegr. 1946) 1951 von Wilhelm Lorch (gest. 1966) gegründet mit der Zielsetzung, Fach- und Sachbücher auf den Gebieten des Handels, der Wirtschaft und der Wirtschaftspolitik zu publizieren.

Hauptwerke: Dichter, „Warum eigentlich nicht? Das why-not-managementprinzip" — Gartmayr/Mundorf, „Nicht für den Gewinn allein" — Müller/Giessler, „Kommentar zum Gesetz gegen Wettbewerbsbeschränkungen" (Kartellgesetz) — Tietz, „Konsument und Einzelhandel".
Reihen: „Schriftenreihe der Textil-Wirtschaft" — „Fachratgeber der Lebensmittel-Zeitung" — „Handbuchreihe für Textilingenieure und Textilpraktiker" — „Schriftenreihe der GV-Praxis".
Verlagsgebiete: 4 — 5 — 11 — 20 — 21.
Angeschl. Betr: Produktion, Alleinvertrieb und Werbung der Bücher der Verlagsgruppe „Deutscher Fachverlag". Dr. Ing. O. Spohr Verlag Nachf., Franz Eder Verlag.

Dr. Lucas Lichtbild-Gesellschaft mbH & Co., Media
D-1000 Berlin 45, Adolf-Martens-Str. 9a

Hermann Luchterhand Verlag
D-5450 Neuwied 1, Hedesdorfer Str. 31, Postfach 1780
Zweigniederlassung Darmstadt, Ahastraße 5
Tel: Neuwied (0 26 31) 80 11, Darmstadt, Ahastr. 5 (Zweigniederlassung) (0 61 51) 6 50 21. **Fs:** 08 678 53. **Psch:** Köln 27 885. **Bank:** Deutsche Bank AG Neuwied 202/8850. **Gegr:** 1924 in Berlin. **Rechtsf:** KG.
Inh/Ges: Eduard Reifferscheid, Heinz Luchterhand.
Verlagsleitung: Fritz Berger, Geschäftsführer, geb. 25. 10. 1925; Karl-Heinz Westphal, Einzelprok., geb. 6. 9. 1919; Dr. Hans Altenhein, Geschäftsführer, geb. 10. 9. 1927 (Zweigniederlassung Darmstadt).
Lektoren und Redakteure: Katharina Behrens, Horst Daniel, Wieland Eschenhagen, Karsten Fuchs, Albert Geiping, Rainer Haarmann, Holger Knudsen, Dr. Christian Kühr, Klaus Langner, Gerhard Löser, Dr. Stephan Reinhardt, Klaus Roehler, Dr. Thomas Scheuffelen, Dr. Paul Seipp, Peter Stechele, Prof. Dr. Wolfgang Ullrich.
Werbung: Arne Opitz, Prokurist; Karl-Heinz Giese (Zweigniederlassung Darmstadt).

Luchterhand

Vertrieb: Neuwied: Prok. Arne Opitz; Darmstadt: Karl-Heinz Giese.
Herstellung: Christian Honig, Martin Faust (Zweigniederlassung Darmstadt).
Auslieferung: Björn Janson.

Geschichte: Das 1924 in Berlin von Hermann Luchterhand als OHG begründete Unternehmen befaßte sich bis zu dem Eintritt des Verlagsleiters Eduard Reifferscheid mit dem Vertrieb von Vordrucken und Steuerpraktika und begann als einer der ersten deutschen Verlage, Rechtshandbücher und Vorschriftensammlungen in Loseblattform zu verlegen. Der juristische Fachverlag wurde in der Nachkriegszeit beträchtlich erweitert und als neue Verlagsdisziplin schöne Literatur, Literaturwissenschaft, Philosophie, Politik und Soziologie hinzugenommen.

Hauptautoren: Peter Bichsel, Günter Grass, Helmut Heissenbüttel, Günter Herburger, Ernst Jandl, Franz Mon, Anna Seghers, Gabriele Wohmann, Christa Wolf, Miguel Angel Asturias, Michail Bulgakow, Eugéne Ionesco, Claude Simon, Alexander Solschenizyn. — Theodor Geiger, Lucien Goldmann, Jürgen Habermas, Hans G. Helms, Hans Kilian, Wolfgang Kaupen, Leo Kofler, Georg Lukács, Leo Löwenthal, Karl Mannheim, H. C. F. Mansilla, Herbert Marcuse, Lotar Schmid, Volkmar Sigusch, K. H. Tjaden. — Delbert Barley, Gustav A. Brandt, Georg Bretschneider, Ludwig Delp, Gerhard Erdmann, Fritz Fabricius, Eberhard Fuhr, Hugo Glaser, Andreas Hamann, Hans Heckel, Hans Jirasek, Franz Klein, Mat Kohlhaas, Eugen Langen, Helmut Lenz, Peter Lindemann, Werner Mühlbradt, Wolfgang Nahrstedt, Kurt Nagel, Hans-Uwe Otto, Saul B. Robinson, Walter Schellhorn, Bruno Schmidt-Bleibtreu, Manfred Schnitzerling, Eugen Stahlhacke, Günther Wiese, Jochen Wistinghausen.

Hauptwerke: Lose-Blatt-Werke zum Allgemeinen Recht, Steuerrecht, Arbeits- und Sozialrecht, Wirtschafts- und Handelsrecht, Öffentliches Recht, Schulrecht, Fürsorgerecht, Jugendrecht, Betriebswirtschaft, Boden- und Bau-, Miet- und Wohnungsrecht — Werkausgaben: Arno Holz-Werke, Georg Lukács-Gesamtausgabe, Carl Sternheim-Gesamtausgabe, William Butler Yeats-Werke.

Buchreihen: „Sammlung Luchterhand" — „Soziologische Texte" — „Politica" — „Schriftenreihe zum Betriebs- und Unternehmerrecht" — „Wirtschaftsführung-Kybernetik-Datenverarbeitung" — „Jugend im Blickpunkt" — „Kritische Texte zur Sozialarbeit und Sozialpädagogik" — „Luchterhand Arbeitsmittel für Erziehungswissenschaft und -praxis" — „DGfP" (Deutsche Gesellschaft für Personalführung) — „Innovation".

Zeitschriften: „Das Recht im Amt" (mtl.) — „Blätter für Grundstück-, Bau- und Wohnungsrecht" (mtl.) — „Blätter für Steuerrecht, Sozialversicherung und Arbeitsrecht" (14tägig) — „Recht der Jugend und des Bildungswesens" (mtl.) — „Neue Praxis", Kritische Zeitschrift für Sozialarbeit und Sozialpädagogik (vtljl.) — „Materialien zur Politischen Bildung", Analysen, Berichte, Dokumente (vtljl.).

Verlagsgebiete: 1 — 3 — 4 — 5 — 6 — 7 — 8 — 9 — 10 — 11 — 25 — 26 — 27 — 28.

Ludgerus-Verlag Hubert Wingen

D-4300 Essen 1, Postfach 1015, Alfredistraße 32

Signet wird geführt seit: 1. 10. 1963.

Grafiker: Hans-Henning van Dorp.

Gustav Lübbe Verlag GmbH

D-5070 Bergisch Gladbach, Scheidtbachstraße 23—31, Postfach 20

Tel: (0 22 02) 12 11. **Fs:** 8 879 22. **Psch:** Köln 292 88-505. **Bank:** Kreissparkasse Bergisch Gladbach 311/00 76 79. **Gegr:** 1. 10. 1963 in Bergisch Gladbach. **Rechtsf:** GmbH.
Ges: Gustav Lübbe.
Verlagsleitung: Gustav Lübbe □.
Lektorat: Bernd Jost (Sachbuch), Christa Puschel (Lizenzen), Sabine Reinhardt (Romane).
Vertrieb: Karl Glimm.
Herstellung: Arno Häring.

Geschichte: Der Verlag wurde am 1. 10. 1963 gegründet und veröffentlicht Sachbücher auf den Gebieten Archäologie, Zeitgeschichte, Kulturgeschichte, Psychologie und Soziologie. Weiterer Programm-Schwerpunkt ist ab 1974 der belletristische Roman mit bekannten deutschen und internationalen Autoren. Bereits 1971 wurde ein belletristisches Taschenbuchprogramm angegliedert, das inzwischen auf 6 Reihen erweitert wurde.
Hauptautoren: Will Berthold, René Dubos, S. Fischer-Fabian, Ernst Goyke, Victoria Holt, Sigrid Hunke, Henry Kane, Richard Llewellyn, Josef Rattner, Ruth Seering, Maximilian Weller, Fritz Wolf. — Archäologie: Cyril Aldred, J. Botterweck, Barry Cunliffe, Brian Doe, Vassos Karageorghis, Kathleen M. Kenyon, Jerry M. Landay, John V. Luce, James Mellaart, Aubrey Menen, Kurt Mendelssohn, Joachim Rehork, Beno Rothenberg, Dragoslav Srejovic, Frank Willett.
Buchreihe: „Neue Entdeckungen der Archäologie", hrsg. von Sir Mortimer Wheeler.
Tges: Bastei Verlag Gustav H. Lübbe, Bergisch Gladbach; Druckhaus Lübbe, Bergisch Gladbach.
Verlagsgebiete: 3 — 5 — 6 — 8 — 14 — 15 — 26.

Lüdin AG, Verlag

CH-4410 Liestal, Schützenstraße 2—6

Lueger, Leopold

A-4020 Linz, Sonnenuhrstraße 23

Luftfahrt-Verlag Walter Zuerl

D-8031 Wörthsee, Ortsteil Steinebach, Günteringer Straße 10

Lurz, Martin, Verlag GmbH

D-8000 München 40, Adalbertstraße 110

Luther, Wolfhart Verlag

D-7595 Sasbachwalden, Sandweg 11

Signet wird geführt seit: 1950.

Grafiker: Wolff, Düsseldorf.

Luther-Verlag GmbH

D-5810 Witten, Röhrchenstraße 10, Postfach 1840

Tel: (0 23 02) 16 31—16 33. **Psch:** Dortmund 660 65. **Bank:** Deutsche Bank 824/8676. **Gegr:** 20. 7. 1911 in Witten. **Rechtsf:** GmbH.
Inh/Ges: Werner Dodeshöner, Witten; Dr. Gerhard E. Stoll, Bielefeld.
Verlagsleitung: Werner Dodeshöner (vgl. Eckart-Verlag).
Geschichte: Der Luther-Verlag entstand im Jahre 1911 aus einer Zusammenfassung von Schriftenniederlagen und Buchverkaufsstellen. Bis zum Kriegsende beschränkte er sich wesentlich auf die Herausgabe von Kleinschrifttum. Erst nach 1945 wurden Bücher in größerer Zahl veröffentlicht, insbesondere fand der Versuch, wissenschaftliche Bücher in preiswerten Ausgaben herauszubringen, starke Beachtung. Neben mehreren Buchreihen stellt die wissenschaftliche Literatur, die der Verbindung zwischen den Fakultäten dient, Hauptbestandteil der Verlagsarbeit dar.
Hauptautoren: Walther von Loewenich, „Geschichte der Kirche", „Der moderne Katholizismus vor und nach dem Konzil", „Luther und der Neuprotestantismus" — Karl Heinrich Rengstorf, „Die Auferstehung Jesu" — H. Dombois, „Das Recht der Gnade", „Mensch und Strafe", „Die weltliche Strafe in der evang. Theologie" — Erwin Metzke, „Coicidentia oppositorum" — Günter Brakelmann, „Die soziale Frage des 19. Jahrhunderts" — Helmut Rünger, „Heimerziehungslehre", „Einführung in die Sozialpädagogik" — Erich Psczolla, „Biblische Geschichten in der religiösen Erziehung" — Kurt Aland, „Hilfsbuch zum Lutherstudium" — Hans Hübner, „Das Gesetz in der synoptischen Tradition".
Buchreihen: „Arbeiten zur Geschichte des Pietismus" — „Evangelische Presseforschung" — „Untersuchungen zur Kirchengeschichte" — „Studienhefte des Außenamtes der EKD" — „Unio und Confessio" — „Glaube und Lehre" —

„Dokumente der othod. Kirche zu ökum. Fragen" — „Schriftenreihe für Fragen der Orthodoxen Kirche" — „Das Seminar" — „Handbücherei für die Kinderpflege".
Zeitschrift: „Theorie und Praxis der Sozialpädagogik".
Verlagsgebiete: 2a — 10 — 28 — Spez.-Geb: 2a.

Lutherhaus-Verlag GmbH
D-3000 Hannover, Archivstraße 3

Lutherische Verlagsges. Ev. Bücherstube GmbH
D-2300 Kiel, Postfach 662, Dänische Straße 17

Lutherisches Bibelhaus
D-1000 Berlin 44, Böhmische Straße 49

Lutherisches Verlagshaus GmbH
D-2000 Hamburg 76, Papenhuder Str. 2

Lutzeyer, August siehe Nomos

Maćek, Hermann
A-1060 Wien VI, Stumpergasse 35/20

McGraw Hill, Book Co. GmbH
D-4000 Düsseldorf, Graf-Adolf-Str. 43

Made in Europe Marketing Organisation GmbH & Co. KG
D-6000 Frankfurt (M) 1, Unterlindau Nr. 21—29

Madsack & Co., Verlagsgesellschaft
D-3000 Hannover 1, Postfach 3720, Goseriede 9

Mahnke, Karl, Theater-Verlag
D-3090 Verden/Aller, Postfach 107, Gr. Straße 108

Mai, Richard Dr., Verlag Volk und Heimat
D-8021 Buchenhain vor München, Lärchenstraße 1

Maier, Hermann Dr.
D-7000 Stuttgart 1, Grüneisenstraße 11

Signet wird geführt seit 1974.

Grafiker: —

Signet wird geführt seit: 1958.

Grafiker: Hans Burkardt.

Otto Maier Verlag KG
D-7980 Ravensburg, Marktstraße 22—26/ Robert-Bosch-Straße 1, Postfach 1860
Tel: (07 51) 861. **Fs:** 732921/732926. **Psch:** Stuttgart 1233-701. **Bank:** Deutsche Bank Ravensburg 02/27009; Landeszentralbank Ravensburg 07303; Württ. Landeskommunalbank Ravensburg 25243; Sparkasse der Stadt Berlin-West 073000666. **Gegr:** 1883 in Ravensburg.
Rechtsf: KG.
Ges: Karl Maier, Otto Julius Maier und Dorothee Hess-Maier als pers. haft. Gesellschafter und 4 Koumanditisten.
Verlagsleitung: Karl Maier, geb. 29. 5. 1894 in Ravensburg; Otto Julius Maier, geb. 6. 10. 1930 in Bad Waldsee.
Leitung Buchverlag: Dorothee Hess-Maier.
Redaktion Jugendbuch: Leitung Christian Stottele, 1970 Prokura.
Redaktion Fachverlag: Leitung Hero Schiefer.
Leitung Spieleverlag: Erwin Glonnegger, 1963 Prokura, 1972 Verlagsdirektor.
Redaktion Spiele: Leitung Werner Schlegel.
Redaktion Beschäftigungen: Leitung Alois Ströbl.
Rechts-, Lizenz- und Vertragsangelegenheiten: Andreas Pollitz, 1953 Prokura, 1972 Verlagsdirektor.
Vertrieb Inland: Leitung Wilhelm Baumann, 1963 Prokura, 1972 Vertriebsdirektor.
Vertrieb Ausland: Leitung Dieter Breede, 1971 Prokura.
Kaufm. Leitung: Dr. Anton Dressendörfer, 1970 Prokura.
Unternehmensplanung: Dr. Armin Boeckeler, 1972 Prokura.

Geschichte: Hervorgegangen aus der Dorn'schen Buchhandlung Ravensburg als „Verlag von Otto Maier" 1883 durch Otto Maier (1852—1925). Anfangs Schul- und Jugendbücher, Vorlagenwerke für Kunsthandwerk und Architektur; 1892 Entwicklung des Spieleverlags; Bastel-, Spielbücher. — Ab 1950 Einrichtung einer Offsetdruckerei (heute Ravensburger Graphische Betriebe Otto Maier GmbH). Neu: moderne Bilderbücher, „Ravensburger Hobbys". — Ab 1960 Neue Reihe „Ravensburger Taschenbücher" für Kinder und Jugendliche. Breites Angebot an Spielen und Puzzles. Ausbau des Buchverlags (insgesamt 780 Titel) um Bücher für Basteln, Werken, Handarbeiten, Elternpädagogik, Werkunterricht sowie des Spieleverlags (insgesamt über 440 Titel).
Hauptautoren: Dick Bruna, John Burningham, Wolfgang Ecke, Ali Mitgutsch, Hans Jürgen Press, Walter Diem, Jutta Lämmer, Manfred Bönsch, Jerome S. Bruner, Hermann Burkhardt, Alfred Hickethier, Johannes Itten, Lothar Kampmann, Ernst Röttger, Kurt Wehlte, Charles Eames.
Hauptwerke: Bilderbücher, Kinder- und Jugendbücher, Bücher für Basteln, Werken, Handarbeiten, Ravensburger Hobbybücher, Elternpädagogik, Erziehungswissenschaften, Kunstpädagogik und -theorie, Arbeitslehre, Technisches Werken, Ravensburger Spiele, -Puzzles, -Beschäftigungen und Hobbys.
Buchreihe: „Ravensburger Taschenbücher" und andere.
Zeitschriften: „BDK-Mitteilungen des Bundes Deutscher Kunsterzieher" (vtljl.) — „twu Technik und Wirtschaft im Unterricht" (vtljl.) und ein Sonderheft (jl.).
Hz: „Ravensburger Mobile" (vtljl.).
Tges: Ravensburger Graphische Betriebe Otto Maier GmbH, Ravensburg (100 %); Fritz Löhmann GmbH, Wildberg/Schwarzwald (Holzspielwaren über 75 %); Otto Maier Benelux BV, Amersfoort/Niederlande (Vertriebsgesellschaft 100 %); Carlit + Ravensburger Spiele-Vertriebs-AG, Zürich (50 %); Italotrade S. A., Mailand (Vertriebsgesellschaft 49 %); Editions Carlit SA, Attenschwiller/Frankreich (Vertriebsgesellschaft 50 %).
Verlagsgebiete: 1 — 5 — 9 — 10 — 12 — 20 — 23 — 26.

Maindruck Dr. Walter Oppenheimer
D-6000 Frankfurt (M)-Fechenheim, Orber Straße 4

Mainzer Verlagsanstalt und Druckerei Will und Rothe KG
D-6500 Mainz, Postfach 3120, Pressehaus, Gr. Bleiche 44—50

Mairs Geographischer Verlag Kurt Mair
D-7301 Kemnat, Marco-Polo-Straße 1

Maiss, J., Verlag
D-8000 München 26, Postfach 2, Herrnstraße 26

makol Verlag Reinhart Böhme
D-6000 Frankfurt (M) 70, Postf. 700 734, Schwanthaler Straße 49

Mandruck Theodor Dietz KG
D-8000 München 2, Theresienstr. 71—75

Signet wird geführt seit: 1940.

Grafiker: E. R. Weiß.

Gebr. Mann Verlag GmbH & Co. KG
D-1000 Berlin 42 (Tempelhof), Bessemerstraße 91, Postfach 420 340
Tel: (030) 7 53 70 51. **Fs:** 0183262. **Psch:** Berlin West 12234-108; München 14928-806. **Bank:** Bank für Handel und Industrie AG Berlin 1 111 103; Berliner Bank AG Berlin 1 771 696 900. **Gegr:** 1. 12. 1917 in Berlin. **Rechtsf:** GmbH & Co. KG.
Ges: Erbengemeinschaft Dr. h. c. Kurt Hartmann und Dr. Otto Hartmann; Dr. Heinz Peters.
Verlagsleitung: Dr. Heinz Peters, geb. 1920 in Stolberg/Rhl., geschäftsführender Gesellschafter, Kunsthistoriker, seit 1963 in der Verlagsleitung.
Prokuristen: Dr.-Ing. Hans Werner Fock, geb. 1930 in Tremsbüttel, Gesellschafter der Buch- und Offsetdruckerei Brüder Hartmann, Berlin; Gerhard von Reutern, geb. 1905 in Witebsk, bis 1960 Verlagsbuchhändler, dann Referent bei der Deutschen Forschungsgemeinschaft.

Geschichte: Die Firma Gebr. Mann wurde am 1. 12. 1917 gegründet. Seit 1930 eigene Produktion wissenschaftlicher Bücher zur Archäologie und Kunstwissenschaft. 1940 begründete C. G. Heise die Reihe „Der Kunstbrief", Monographien über einzelne Kunstwerke, die in hohen Auflagen verbreitet wurden. Nach Prof. Dr. Carl Georg Heise war Prof. Dr. Paul Ortwin Rave dem Verlag lange Jahre als wissenschaftlicher Berater verbunden. Derzeitige Produktion jährlich etwa 50 Bände, vornehmlich wissenschaftliche Literatur, viel Export. 1964 zusammen mit dem „Deutschen Verein für Kunstwissenschaft e. V." Zusatzgründung des „Deutschen Verlages für Kunstwissenschaft GmbH".
Buchreihen: Vor- und Frühgeschichte. Römisch-germanische Archäologie: „Die Fundmünzen der römischen Zeit in Deutschland" — „Germanische Denkmäler der Völkerwanderungszeit" — „Studien zu den Anfängen der Metallurgie" — „Kölner Jahrbuch für Vor- und Frühgeschichte" — „Limesforschungen" — Vorderasiatische Archäologie: „Wissenschaftliche Veröffentlichungen der Deutschen Orient-Gesellschaft", darunter „Keilschrifttexte aus Boghazköy" und „Mitteilungen des Deutschen Archäologischen Instituts, Abteilung Baghdad (Baghdader Mitteilungen)" — „Istanbuler Forschungen" — „Teheraner Forschungen" — „Ausgrabungen in Uruk-Warka" — Ägyptologie: „Kalabsha" — Klassische Archäologie: „Archäologische Forschungen" des Dt. Arch. I. — Das Lieferungswerk „Antike Plastik" — „Corpus der minoischen und myken. Siegel" — „Mitteilungen des Deutschen Archäologischen Instituts, Athenische Abteilung" — „Das römische Herrscherbild" — „Die antiken Sarkophagreliefs" — „Sylloge Nummorum Graecorum Deutschland" — „Monumenta Artis Romanae" — Ibero Amerika: „Monumenta Americana" — „Quellenwerke zur Alten Geschichte Amerikas" — „Stimmen indianischer Völker" — „Indiana" — Kunstwissenschaft: „Die Bauwerke und Kunstdenkmäler von Berlin" — „Frankfurter Forschungen zur Architekturgeschichte" — „Forschungen zur Geschichte der Kunst am Oberrhein" — „Corpus der italienischen Handzeichnungen vom Mittelalter bis zur Mitte des 15. Jahrhunderts" — „Jahrbuch der Berliner Museen" (Jahrbuch der Preuß. Kunstsammlungen.

Neue Folge) — „Literaturbericht zur Kunstgeschichte" — „Bilderhefte der Staatlichen Museen Berlin" — „Schriftenreihe der Akademie der Künste Berlin" — „Anmerkungen zur Zeit" (Hrsg. Akademie der Künste Berlin) — Ausstellungskataloge der Akademie der Künste Berlin — Faksimile-Ausgaben u. a.
Tges: Deutscher Verlag für Kunstwissenschaft GmbH Berlin.
Btlg: Werbegemeinschaft Kunst-Buch-Kunst.
Verlagsgebiet: 12 — 14 — 1 — 25.

Mann, Th., Verlag
D-3200 Hildesheim, Postfach 190, Hagentorwall 6—7

Manus-Presse GmbH
D-7000 Stuttgart 80, Postfach 810 208, Lieschingstraße 6

Signet wird geführt seit: 1948.

Zierbuchstabe aus dem „Psalterium" des Aldus Manutius, Venedig 1497.

„Manutiuspresse" Wulf Stratowa Verlag
A-1220 Wien, Meisenweg 51a
A-1011 Wien, Postfach 587
Tel: (02 22) 22 39 033 und 62 79 512. **Psch:** München 1205 97-809; Wien 7355.734; Zürich 80-54 582. **Bank:** Breisach Pinschof Schoeller Wien I 30668402. **Gegr:** 1948 in Wien als Kommissionsverlag bei Robert Mohr, 17. 11. 1949 in der heutigen Form. **Rechtsf:** Einzelfirma.
Inh: Wulf Stratowa.
Verlagsleitung: Wulf (v.) Stratowa □, geb. 19. 2. 1910, Nachkomme des Wiener Universitätsbuchhändlers Georg Matthäus v. Lackner (geb. 1649); 1938/39 Studium an der „Meisterschule für das graphische Gewerbe" in Leipzig, von dort als Hersteller an das „Bibliographische Institut". 1940—45 Militärdienst, Rückkehr nach Wien, Hersteller bei Paul Neff, Rudolf M. Rohrer, 1948 selbständig als „Einmannverleger".

Geschichte: Die „Manutiuspresse" — so benannt in Verehrung des Venetianer Druckers Aldus Manutius — wurde ohne jedes Kapital gegründet. Das erste Buch „Heitere Hunde-Kunde" war ein Erfolg, das zweite des gleichen Autors ein Mißerfolg. Es sollte bewußt keine Buch„fabrik" aufgebaut werden, sondern ein individuell geführter Einmannverlag, der bestrebt ist, wertvolles Schrifttum in sorgfältiger Herausgabe zu bieten. Mehrere Titel sind zu Standardwerken ihres Gebietes geworden.
Hauptwerke: Pearl S. Buck, „Ein glücklicher Tag" (5. Aufl.) — E. Castle, „Sealsfield-Biographie" — A. Bauer, „Theater in der Josefstadt" — N. Fuerst, „Erste Bühnengeschichte Grillparzers" — H. Haselböck, „Barocker Orgelschatz in Niederösterreich" — H. Lederer, „Theater für ‚einen' Schauspieler" — W. Stratowa (Hrsg.), „Spektrum Amerika" — H. D. Thoreau, „Walden"-Ausgabe — H. Grünn, „Die Pecher", „Faßbinder/Faßboden" — K. M. Klier, J. Mayerhofer, „Volksleben im Land um Wien" — Th. J. Waldeck, Tier- und Erlebnisbücher — E. Ledebur und W. P. du Bois.
Buchreihe: „Delphin-Bücher".
Tges: „Paperback-Shop im Amerika-Haus" (seit 1970), A-1010 Wien, Friedrich Schmidt-Platz 2, Tel: (02 22) 34 66 11, Klappe 34 30.
Verlagsgebiete: 3 — 9 — 13 — 14.

Manz Verlag
D-8000 München 80, Anzinger Straße 1

Manz'sche Verlagsbuchhandlung
A-1014 Wien I, Postfach 163, Kohlmarkt 16

Marhold, Carl
D-1000 Berlin 19, Hessenallee 12

Marienstimmenverlag und Druckerei
D-8301 Furth üb. Landshut, Hs.-Nr. 64

Marketing Service, Verlag GmbH
D-8000 München 71, Stridbeckstraße 48

Marklein, Karl, Verlag KG.
D-4000 Düsseldorf 12, Benderstr. 168a

Signet wird geführt seit: 1956.

Grafiker: —

Markus-Verlag München
D-8910 Landsberg, Katharinenstraße 3
Tel: (0 81 91) 35 51. **Bank:** Deutsche Bank Landsberg 74/18544. **Gegr:** 16. 2. 1956 in Eupen/Belgien. **Rechtsf:** Einzelfirma.
Inh: Markus Schröder i. Fa. Buchdruckerei Markus Schröder, Eupen/Belgien, Schilsweg 23.
Verlagsleitung: Hans Einsle, D-8901 Königsbrunn, Schwabenstraße 1a, geb. 2. 12. 1914.
Geschichte: Der Verlag wird kooperativ von der Landsberger Verlagsanstalt, Landsberg am Lech, Katharinenstr. 3, bearbeitet. Diese Rationalisierungsgemeinschaft umfaßt das Lektorat, die Werbung und Herstellung, den Vertrieb bzw. Auslieferung, Vertreter und Buchmesse.
Hauptwerke: „Das aktuelle Sachbuch" — „Die moderne Biographie" — Hans Koenigswaldt, „Es werde Licht", „Lebendige Vergangenheit" — Werner Stoya, „Chemie in der Nahrung - ein Skandal?" — H. W. Gaebert, „Der Kampf um das Wasser" — P. C. Ettighoffer, „Adam greift nach den Sternen" — W. Waldberg, „Pioniere der Medizin" — W. Lochner, „Fliegen" — E. H. Bunte, „Die atomare Herausforderung" — „Der Mensch zwischen Atomen und Sternen" — E. Dietl, „Clowns" — Georg Hermanowski, „Nicolaus Coppernicus, Johannes Gutenberg" — Rolf Wünnenberg, „Alfred Nobel" — „Das heitere Kakadu-Buch": Walter Zitzenbacher, Annelies Dietl, Josef Fendl, Eduard Dietl — sowie Kinder- und Kommunionbücher: Otto Goldmann, Annelies Dietl u. a.
Verlagsgebiete: 8 — 9 — 14 — 30.

Markus-Verlagsgesellschaft mbH
D-5000 Köln 1, Hohenzollernring 85—87

Marseille, Hans, Verlag
D-8000 München 22, Bürkleinstraße 12

Matthaes, Hugo, Verlag
D-7000 Stuttgart 1, Postfach 622, Olgastraße 87

Signet wird geführt seit: 1959.

Grafiker:
Roland Peter Litzenburger.

Matthias-Grünewald Verlag KG

D-6500 Mainz, Bischofsplatz 6, Postfach 3080

Tel: (0 61 31) 2 63 41/42. **Psch:** Frankfurt (M) 2033-606. **Bank:** BHF-Bank Mainz 30-04400-2. **Gegr:** 1918 in Mainz. **Rechtsf:** KG.
Ges: Dr. Jakob Laubach, Dipl.-Ing. Heinz Laubach.
Verlagsleitung: Dr. Jakob Laubach □, geb. 1917, Dr. phil. 1949, Volontariat bei Kösel, 1950 bis 1958 Redakteur „Dokumente", Köln.
Geschichte: Ende 1918 gründete in Mainz ein von der Bibelbewegung und der Liturgischen Bewegung erfaßter Freundeskreis um Romano Guardini den Verlag. Das Signet zeigt die stilisierte Hand des Johannes, Isenheimer Altar. Zu den wichtigsten Veröffentlichungen der zwanziger Jahre gehörten zahlreiche Werke Romano Guardinis, die erste deutsche Newman-Ausgabe, die Reihe „Klassiker der katholischen Theologie" und die Übersetzung des Alten und Neuen Testaments durch Riessler/Storr. Nach 1933 wurde die Arbeit sehr eingeschränkt. Der Zweite Weltkrieg vernichtete Verlagshaus und Archiv vollständig, die NS-Reichsschrifttumskammer verfügte 1944 die Schließung. Schwerpunkte des Verlagsprogramms sind heute: Glaubenslehre, Praktische Theologie, Grenzfragen, Ökumenische Literatur, Spiritualität, Lebenshilfe, Geschenkbücher. Zur Zeit etwa 350 lieferbare Titel.
Hauptautoren: Franz Böckle, Ladislaus Boros, Odo Casel, Yves Congar, Friedrich Wilhelm Foerster, Romano Guardini, Walter Kasper, Jacques Maritain, Johann Baptist Metz, John Henry Newman, Karl Rahner, Erward Schillebeeckx, Max Thurian, Hermann Volk.

Buchreihen: „Entwicklung und Frieden" — „Erlöstes Dasein" — „Gesellschaft und Theologie" — Veröffentlichungen der Kommission für Zeitgeschichte — Walberberger Studien — Geschichte der Ökumenischen Konzilien.
Zeitschriften: „Concilium" — „Diakonia" — „Wort und Antwort".
Verlagsgebiete: 2b — 3 — 6 — 11 — 14 — 26 — 28.

Matthiesen Verlag Marius Matthiesen
D-2401 Wulfsfelde, Dorfstraße 12

Signet wird geführt seit: 1950.

Grafiker: A. Widra.

Wilhelm Maudrich KG., Verlag für medizinische Wissenschaften

A-10011 Wien, Franz-Josefs-Kai 23, Postfach 500

Tel: (00 43-02 22) 63 29 31. **Psch:** Frankfurt (M) 300038-602; Wien 1346.426. **Bank:** Creditanstalt Bankverein Wien 61-14474; Erste Österr. Sparkasse Wien 8., 031-03285; Zentralsparkasse Wien 656 059 607. **Gegr:** 1. 3. 1929 in Wien. **Rechtsf:** KG.
Inh./Ges: Irmgard Maudrich, pers. haft. Ges. und 2 Kommanditisten.
Verlagsleitung: Gerhard Grois, geb. 31. 3. 1937 in Wien. Seit 1952 in der Firma tätig, von 1963 an in leitender Stellung im Sortiment und ab 1968 als verantwortlicher Geschäftsführer mit Einzelprokura für beide Betriebe.
Geschichte: Wilhelm Maudrich jun. gründete 1929 zu dem bereits bestehenden medizinischen Fachsortiment den Verlag für medizinische Wissenschaften. Als erstes Verlagswerk erschien Prof. Dr. Lorenz Böhlers grundlegendes Lehrbuch der Unfallchirurgie „Technik der Knochenbruchbehandlung". Später folgten von Dr. Hermann Knaus „Die fruchtbaren und unfruchtbaren Tage der Frau" und „Die Physiologie der Zeugung". In der Folge wurden

hauptsächlich Ärzte der Wiener Medizinischen Schule als Autoren gewonnen.
Hauptwerke: Berger, „Handbuch der Drogenkunde", Bd. I—VII — Böhler, „Technik der Knochenbruchbehandlung" Bunnell-Böhler, „Chirurgie der Hand", Bd. I/II — Fellinger, „Klinik und Therapie des Gelenkrheumatismus" — Dobretsberger, „Röntgendiagnostik der Brustdrüse" — Artner-Holzner, „Die Wertheimische Radikaloperation" — Hoff, „Neurologie" — Knaus, „Physiologie der Zeugung" — Jantsch, „Niederfrequente Ströme zur Diagnostik und Therapie" — Schrümpf, „Lehrbuch der Kosmetik".
Buchreihe: „Sammlung neuzeitlicher Diätvorschriften", Heft 1—29.
Tges: Wilhelm Maudrich, Buchhandlung für medizinische Wissenschaften, A-1081 Wien, Alserstraße 19.
Verlagsgebiete: 17 — 3 — 18.

Maurersche, Carl, Buchdruckerei — Verlag

D-7340 Geislingen, Postfach 34

Signet wird geführt seit: 1955.

Grafiker: Ernst A. Eberhard, Bad Salzuflen.

**Maximilian-Verlag
Dr. Kurt Schober KG**

D-4900 Herford, Steintorwall 17, Postfach 371

Tel: (0 52 21) *31 47. **Fs:** 934801 maxvg d. **Psch:** Dortmund 93888/460. **Bank:** Dresdner Bank AG, Herford; Stadtsparkasse Herford. **Gegr.:** 1. 4. 1949. **Rechtsf:** KG.
Inh/Ges: Komplementär: Dr. Kurt Schober; Kommanditisten: Heinrich Brüggemann; Gerhard Bollmann.
Verlagsleitung: Dr. Kurt Schober ☐, geb. 6. 9. 1917 in Nukualofa, Tonga-Inseln (Südsee), Studium der Wirtschafts- und Sozialwissenschaften in Hamburg, Berlin und München, Dipl.-Volkswirt. 1949 Mitarbeiter, seit 1955 Mitinhaber des Maximilian-Verlages, Herford. Oberbürgermeister der Stadt Herford, Mitglied des Rotary-Clubs, Mitglied des Börsenvereins des Deutschen Buchhandels, Mitinhaber der Buchdruckerei H. Brüggemann KG, Herford. Veröffentl.: „Grundfragen der Volkswirtschaftslehre".
Gerhard Bollmann ☐, geb. 13. 3. 1933 in Kirchlengern/Krs. Herford. Ausbildung als Verlagskaufmann, 1960 Prokurist, seit 1965 Mitinhaber des Maximilian-Verlages, Herford. Mitglied des Börsenvereins des Deutschen Buchhandels. Mitglied des Vorstandes der Deutschen Gesellschaft für Schiffahrts- und Marinegeschichte e. V.
Heinrich Brüggemann, geb. 7. 8. 1916 in Obernbeck/Krs. Herford. Ausbildung im Graphischen Gewerbe, Mitinhaber der Buchdruckereien H. Brackmann, Löhne, und H. Brüggemann KG, Herford. Mitglied des Verbandes der Graphischen Betriebe in Westfalen-Lippe e. V., Dortmund. Seit 1956 Mitinhaber des Maximilian-Verlages.
Geschichte: Der Maximilian-Verlag Herford ging hervor aus dem Maximilian-Verlag Detmold, dessen Begründer Hofrat Max Staercke war. Der Maximilian-Verlag Herford wurde 1949 von Dipl.-Kfm. Wilhelm Hachmeister übernommen, der 1955 aus der Geschäftsleitung ausschied.
Buchreihen: „Leitfaden für den öffentlichen Dienst" — „Bochumer Schriften zur Arbeitswissenschaft" — „Kommunal- und Landesrecht".
Zeitschriften: „Deutsche Verwaltungspraxis", Zeitschrift für die öffentliche Verwaltung (mtl.) in der BRD mit Länderausgaben für NRW, NS, Schlesw.-Holst., Rh.-Pf., Hessen u. Saarland — „CHEF-Wirtschaftskurzinformation für Unternehmer und Management" (1x wtl.) — „Kampftruppen", Hrsg. „Arbeitskreis der Kampftruppen", Vorsitzender Generalmajor dBW a. D. Pappe (zweimtl.) — „Niedersächsische Rundschau", Monatsschrift der Gewerkschaft der Kommunalbeamten und -angestellten im Lande Niedersachsen (Komba) (mtl.).
Verlagsgebiete: 4 — 5 — 6 — 10 — 14 — 20 — 21 — 24 — 28.
Btlg: Buchdruckerei H. Brüggemann KG, Herford (100 %); Verlag Offene Worte (Bonn) (100 %); Steintor-Verlagsbuchhandlung GmbH, Herford (100 %).

Maximilian Verlag Max Staercke KG
D-4930 Detmold, Postfach 10, Paulinenstraße 39

Mayer, Hugo, Verlag
A-6850 Dornbirn/Vorarlberg, Schulgasse Nr. 6

Mayer'sche Buchhandlung, J. A., Verlag
D-5100 Aachen, Postfach 467, Ursulinenstraße 17

Mayr, W. F., Verlag
D-8160 Miesbach, Postfach 120, Stadtplatz 10

MBK-Verlag, Verlag für Missions- und Bibelkunde GmbH
D-4902 Bad Salzuflen 1, Postfach 560

Mecke, Aloys, Verlag
D-3428 Duderstadt, Postfach 67, Jüdenstraße 25

Medizinisch-Literarische Verlags-GmbH
D-3110 Uelzen 1, Postf. 120/140, Ringstraße 9

Meili & Co., Peter
CH-8200 Schaffhausen, Fronwagplatz 13

Signet wird geführt seit: ca. 1940.

Grafiker: —

Felix Meiner
D-2000 Hamburg 36, Poststraße 33

Tel: (040) 34 41 82. **Psch:** Hamburg 1070 53-204. **Bank:** Hamburgische Landesbank Girozentrale 194 498 (BLZ 200 500 00). **Gegr:** 1. 4. 1911 in Leipzig; 20. 10. 1951 in Hamburg. **Rechtsf:** GmbH & Co. KG.
Inh/Ges: Richard Meiner GmbH, pers. haft. Gesellschafter; 3 Kommanditisten.
Verlagsleitung: Richard Meiner, geb. 8. 4. 1918 in Dresden.
Prokurist: Richard Richter, geb. 18. 10. 1898 in Leipzig.
Geschichte: Gegründet 1. 4. 1911 in Leipzig von Dr. Felix Meiner unter Übernahme der 1868 gegründeten und bis dahin in 5 Verlagen herausgegebenen „Philosophischen Bibliothek". Totalverlust durch Ausbombung 4. 12. 1943. Sowjetische Verlagslizenz 8. 2. 1947. Da keine freie Verlagsarbeit möglich, 1951 Neugründung in Hamburg. 1. 1. 1964 Zusammenlegung mit dem dort 1948 gegründeten Verlag des Sohnes Richard Meiner.

Hauptautoren/Hauptwerke: Im Mittelpunkt der Verlagsarbeit steht auch weiterhin die im In- und Ausland anerkannte und vor allem für Lehre und Forschung viel benutzte „Philosophische Bibliothek" (PhB). Sie enthält Textausgaben „klassischer" Philosophen, wie D'Alembert, Aristoteles, Berkeley, Bolzano, Brentano, Cicero, Comte, Descartes, Diogenes Laertius, Frege, Fichte, Hegel, Herder, Hobbes, Hume, Husserl, Kant, Leibniz, Locke, Malebranche, Mose ben Maimon, Nikolaus v. Kues, Peirce, Platon, Plotin, Schelling, Schleiermacher, Schopenhauer, Spinoza, Tetens, bei deutschen Autoren in gediegenen Editionen, sonst in hervorragenden Übersetzungen, teilweise sogar zweisprachig. Innerhalb der PhB kam 1971 mit einem Indexband die kommentierte zweisprachige Ausgabe von „Plotins Schriften" (R. Harder, R. Beutler, W. Theiler) zum Abschluß, während die Reihe „Nikolaus von Kues, Schriften in deutscher Übersetzung" mit mehreren Bänden — zweisprachig — fortgesetzt werden konnte.
Der Verlag betreut ferner die von der Rhein.-Westf. Akademie der Wissenschaften in Düsseldorf herausgegebene große kritische Ausgabe von Hegel, Gesammelte Werke, die Ausgabe der Heidelberger Akademie der Wissenschaften von Nicolai de Cusa, Opera omnia, die Nachlaßausgabe von Gottlieb Frege einschließlich des Briefwechsels sowie Leonard Nelson, Gesammelte Schriften in neun Bänden.
Für 1974 ist die Wiederaufnahme der Reihe „Selbstdarstellungen" mit Bänden „Philosophie" und „Pädagogik" geplant.

Buchreihen: „Philosophische Bibliothek" — Nikolaus von Kues, „Schriften in deutscher Übersetzung" — „Philosophie in Selbstdarstellungen" — „Pädagogik in Selbstdarstellungen".
Zeitschrift: „Ratio" (hjl).
Verlagsgebiet: 3.

Meisenbach KG
D-8600 Bamberg 2, Postfach, Hainstr. 18

Meißners, Otto, Verlag
D-3142 Bleckede, Postfach 106, Schlosstraße 10

Melliand Textilberichte KG.
D-6900 Heidelberg 1, Rohrbacher Str. 76

Mellin, Robert, Musikverlage KG
D-8000 München 70, Pelargonienweg 41

Melodie der Welt J. Michel KG
D-6000 Frankfurt (M) 1, Große Friedberger Straße 23—27

Menck, Hans F., KG
D-2000 Hamburg 61, Kriegerdankweg 4

Mensing & Co., Verlag
D-2000 Hamburg-Norderstedt, Postfach 240, Schützenwall 7—11

Signet wird geführt seit: 1973.
Grafiker: —

Mentor Verlag Dr. Ramdohr KG
D-8000 München 40, Neusser Straße 3, Postfach 40 11 20
Tel: (089) 36 40 41/46. **Fs:** 05-215379 LKGM-d. **Gegr:** 1904 in Berlin. **Rechtsf:** KG.
Ges: Karl-Ernst Tielebier-Langenscheidt und 4 Kommanditisten.
Verlagsleitung: Karl-Ernst Tielebier-Langenscheidt □.
Herstellung: Helmut Wahl.
Werbung: Hartwig Berthold BDW.
Vertriebsleitung: Alfred Müller.
Kaufm. Leitung: Prok. Dir. Ulrich Langanke.

Geschichte: Der Verlag wurde im Jahre 1904 in Berlin gegründet. Er brachte zunächst die „Bibliothek Schülerversetzung" heraus, die später in „Mentor-Repetitorien" umbenannt wurde. Nach dem 2. Weltkrieg erschienen die Repetitorien, die inzwischen zu einer Standardreihe des deutschen Buchhandels geworden waren, wieder in Neubearbeitungen. Die Reihe wird ständig erweitert.
Buchreihe: „Mentor-Repetitorien".
Verlagsgebiete: 11 — 18 — 19.

Signet wird geführt seit: 1973.
Grafiker: Walter Kretschmer.

Merkur-Lehrmittel-Verlag KG
D-3260 Rinteln, Ritterstraße 22, Postfach 1420
Tel: (0 57 51) 28 40 und 27 87. **Psch:** Hannover 11 93 52-304. **Bank:** Stadtsparkasse Rinteln (25451030) 114 603; Volksbank Rinteln (25491000) 47 14. **Gegr:** 1948 in Rinteln. **Rechtsf:** GmbH & Co. KG.
Ges: Hildegard Hutkap, Dipl.-Hdl. Friedrich Hutkap, Ilse-Brigitte Hutkap, Friedrich-Albert Hutkap.
Verlagsleitung: Hildegard Hutkap, geb. 19. 9. 1906.
Wissenschaftliche Beratung: Dipl.-Hdl. Friedrich Hutkap, geb. 21. 4. 1901, Handelsschuldirektor i. R.
Werbung, Personalwesen: Ilse-Brigitte Hutkap, geb. 20. 5. 1940, Prokuristin.
Technik: Friedrich-Albert Hutkap, geb. 2. 11. 1942.
Lektorat: Manfred Lustig, geb. 27. 2. 1935.
Geschichte: Am 15. 8. 1948 eröffnete der Verlag seinen Geschäftsbetrieb. Er befaßte sich zunächst mit dem Vertrieb von Vordrucken und der Lieferung vollständiger Vordruckmappen für kaufmännische Schulen. Schon bald konnte das Programm auf die Herausgabe von Fachbüchern für diese Schulart ausgedehnt werden. Heute umfaßt das Programm mehr als 200 Fachbücher für Berufsschulen, Handels- und Höhere Handelsschulen, Wirtschaftsoberschulen,

Wirtschaftsgymnasien und Fachhochschulen. Außerdem erscheint seit 22 Jahren die Vierteljahresschrift für Berufspädagogik „Erziehungswissenschaft und Beruf", ab 1974 vereinigt mit der Zweimonatsschrift für Theorie und Technik der Bürowirtschaft „Kürzel + tasten + automaten". Das gesamte Verlagsprogramm wird in der eigenen Offsetdruckerei von A bis Z hergestellt.
Hauptwerke: W. Frank (Mannheim), „Mensch und Gemeinschaft", „Volkswirtschaft - Lehre und Wirklichkeit", „Volkswirtschaft: Tests - Tests - Tests", „Politik in der Industriegesellschaft", „Politik heute", „Politisches Grundwissen", „Volks- und Betriebswirtschaftslehre" — U. Metzner (Bielefeld), „Wir üben für die Prüfung" (9 Bände), „Betriebslehre des Einzelhandels mit Verkaufskunde", „Einzelhandelsbetriebslehre mit Schriftverkehr und Verkaufskunde", „Eine Woche in einer Wäschefabrik", „Arbeitshefte für den Deutschunterricht" — G. Hartmann (Emmendingen), „Grundlagen der allgemeinen Volkswirtschaft", „Die Grundbildung des Kaufmanns" (3 Bände), „Grundlage des betrieblichen Rechnungswesens" (3 Bände) — H. Stehle (Stuttgart), „Grundriß der industriellen Kosten- und Leistungsrechnung", „Die Unternehmensformen im Handels- und Steuerrecht", „Allgemeine Bilanzkunde nach Handels- und Steuerrecht".
Buchreihe: „Wirtschaftswissenschaftliche Bücherei für Studium und Praxis".
Zeitschriften: „Erziehungswissenschaft und Beruf", Vierteljahresschrift für Berufspädagogik — „Die Wirtschaftsschule" — „Mitteilungen des Bayer. Diplomhandelslehrer-Verbandes".
Verlagsgebiete: 5 — 11 — 27 — 28.

Merlin-Verlag Andreas J. Meyer, Bühnenvertrieb
D-2000 Hamburg 39, Sierichstraße 54

Merseburger Verlag GmbH
D-1000 Berlin 38 (Nikolasee), Postf. 130, Alemannenstraße 20

Merve Verlag GmbH
D-1000 Berlin 31, Holsteinische Str. 52

Verlagsbuchhandlung Hans Meschendörfer Inh. Walter Richter
D-8000 München 2, Herzog-Wilhelm-Straße 9/I Mü. 33, Postfach 644
Tel: (089) 2 60 30 80. **Psch:** München 79895; Wien 108855. **Bank:** Bayer. Vereinsbank München; Dresdner Bank München. **Erstgr:** 1. 6. 1935 in Kronstadt, Siebenbürgen/Rumänien; Wiedergründung 1. 4. 1954 in München. **Rechtsf:** Einzelfirma.
Inh/Ges: Walter Richter, Verleger.
Verlagsleitung: Hans Meschendörfer, geb. 23. 9. 1911 in Kronstadt, Siebenbürgen. Ausbildung: Deutsche Buchhändler-Lehranstalt Leipzig, Verlag Firmin-Didot, Paris, Buchhandlg. Gräfe und Unzer, Königsberg/Ostpr. Von 1935 bis 1944 als Buchhändler und Verleger in Kronstadt tätig, seit 1947 in Bayern ansässig. Mitglied d. Ges. d. Bibliophilen.
Geschichte: Verlagstätigkeit zunächst nur in bescheidenem Umfang seit 1935 als Nebenzweig der Buchhandlg. Unterbrechung durch Kriegsereignisse von 1944 bis zur Wiedergründung 1954. Seither Ausbau des Verlages und Erweiterung durch Übernahme der Verlagsauslieferung des „Süddeutschen Kulturwerkes", München, seit 1962.
Hauptautoren/Hauptwerke: Volkskunde und Geschichte des Südostdeutschtums, u. a.: „Alma Mater Francisco-Josephina in Czernowitz" — „Alte Reisebilder aus Siebenbürgen" — Bergel, „Würfelspiele des Lebens" — „Eigenlandrecht der Siebenbürger Sachsen" — Letz, „Siebenbürgisch-sächsische Kirchenburgen" — Letz, „Siebenbürgische Städte" — Sigerus, „Leinenstickereien" — Tafferner, „Quellenbuch zur donauschwäbischen Geschichte".
Zeitschrift: „Südostdeutsche Vierteljahresblätter".
Verlagsgebiete: 14 — 28.

Metall Verlag GmbH
D-1000 Berlin 33, Hubertusallee 18

Meteor-Musik
D-8000 München 70, Pelargonienweg 41

Metta-Kienau-Verlag Inh. Friedrich W. Wolf

D-3140 Lüneburg, Ernst Braune Str. 10

Signet wird geführt seit: 1948.
Grafiker: Prof. Walter Brudi.

M. S. Metz Verlag A.G.

CH-8022 Zürich, Limmatquai 36

Tel: (01) 32 53 57. **Psch:** PC 80-256 39.
Bank: Schweiz. Bankverein Zürich; Solothurner Handelsbank Solothurn. **Gegr:** 1946. **Rechtsf:** AG.

Inh/Ges: Max S. Metz, Frau Pia Metz-Krobisch.

Verlagsleitung: Max S. Metz, geb. 24. 2. 1910 in Bern.

Geschichte: Der Verlag wurde im Jahre 1946 als Aktiengesellschaft im Schweizerischen Handelsregister eingetragen. Seine Arbeitsräume befinden sich seit Beginn der Verlagstätigkeit im historischen Wettingerhaus am Limmatquai 36, in der Nachbarschaft des Großmünsters. Leiter des Verlags ist Max S. Metz, der, 1910 in Bern geboren, seine Jugendjahre in der französischen Schweiz und in Heidelberg und Freiburg i. Br. verbrachte. Dort schloß er die Schuljahre mit dem Abitur an der Oberrealschule ab.
Seine Ausbildung zum Buchhändler erhielt er im Verlag Herder & Co., Freiburg i. Br., sowie in Kursen in Leipzig. Die berufliche Arbeit führte ihn später nach Münster/Westfalen, nach Rom und schließlich nach Zürich.
Zusammen mit seiner Frau, Pia Metz-Krobisch, gründete Max S. Metz dann im Jahre 1946 die heutige Verlags-Aktiengesellschaft, die es sich zur verlegerischen Aufgabe macht, große mehrbändige Sammelwerke mit aktueller internationaler Thematik herauszubringen.
Der Verlag verkehrt mit dem gesamten Sortiment; er hat sich außerdem zwei eigene Vertriebsbuchhandlungen angegliedert, die Documenta GmbH. und die Litteraria GmbH., beide am gleichen Domizil wie der Verlag.

Verlagsgebiete: 5 — 6 — 14 — 15.

J. B. Metzlersche Verlagsbuchhandlung und Carl Ernst Poeschel Verlag G.m.b.H.

D-7000 Stuttgart O, Kernerstraße 43, Stuttgart 1, Postfach 529

Tel: (07 11) 22 50 74-76. **Psch:** Stuttgart 69 30. **Bank:** Deutsche Bank AG, Filiale Stuttgart 13/29 002; Württ. Bank, Tübingen 14 19. **Gegr:** 1670 (Zubrodt), 1682 (Metzler), 1902 (Poeschel), zu einer Firma zusammengeschlossen 1. 1. 1948. **Rechtsf:** GmbH.

Inh/Ges: Prof. Dr. h. c. Hermann Leins □, seit 30. 6. 1965 Alleininhaber/Ges.

Verlagsleitung: Prof. Dr. h. c. Hermann Leins, geb. 25. 5. 1899 in Stuttgart, ist seit 1926 Teilhaber und später Alleininhaber des Verlages Rainer Wunderlich in Tübingen. 1947 begann er mit Dr. Alfred Druckenmüller den Neuaufbau des Doppelverlages Metzler-Poeschel, deren geschäftsführender Gesellschafter er seit 1963 ist; Alleininh./Ges. seit 30. 6. 1965. Lit.: Börsenblatt v. 29. 5. 1959.

Stellvertr. Geschäftsführer: Dipl.-Kfm. Günther Schweizer, geb. 12. 2. 1937.

Geschichte der J. B. Metzlerschen Verlagsbuchhandlung: In Stuttgart gegründet 1682 von Augustus Metzler († 1713), durch Übernahme des 1670 gegr. Verlages Zubrodt, firmiert seit 1716 nach Johann Benedict Metzler d.Ä. († 1754), Verleger Lessings, Bengels und Mosers; sein gleichnamiger Sohn († 1796) war Verleger Schubarts und Schillers. Des letzteren Enkel war Heinrich Erhard († 1873), seit 1813 Inhaber der Firma, 1843—1846 Erster Vorsteher des Börsenvereins; er führte den Verlag in den 60 Jahren seiner Inhaberschaft zu einer hohen wirtschaftlichen Blüte (Verleger von Görres, Hauff, C. F. Meyer, Scheffel, G. Schwab, J. H. Voss, K. J. Weber u.v.a.). Heinrich Erhard war aber nicht nur Verleger, er gründete auch eine Buchdruckerei (1818) und war Inhaber zahlreicher kommunaler Ehrenämter. In der Leitung der Firma folgten ihm seine Schwiegersöhne Leopold Werlitz und Adolf Bonz, die sich allerdings schon 1876 trennten (Adolf Bonz gründete 1876 mit Teilen der J. B. Metzlerschen Buchhandlung den Verlag Ad. Bonz & Co). 1908 erwarben die Brüder Eugen und Dr. Alfred Druckenmüller die Firma; der erstere führte die Druckerei, der zweite den Verlag; 1940 trennten sich die Brüder. Die Verlage J. B. Metzler und C. E. Poeschel (s. u.), der 1919 erworben war, wurden am 1. Januar 1948 handelsgerichtlich zu einer Firma verschmolzen, gleichzeitig trat Hermann Leins als Gesellschafter in die Firma ein.

Lit.: „Schwäbische Lebensbilder" I (1940), S. 138—147: Heinrich Erhard. — Verlagsgeschichten zum 200jährigen und 250jährigen Bestehen (1882 und 1932). — Ernst Metelmann: „Die Geschichte der J. B. Metzlerschen Verlagsbuchhandlung, 1682 bis 1957" (1957), 44 S. mit Taf. u. Abb. (Kurzfassung in: Börsenblatt v. 12. 11. 1957).

Geschichte des C. E. Poeschel Verlags: Am 1. 9. 1902 in Leipzig von Carl Ernst Poeschel gegründet durch Übernahme der Bücher von Georg Obst aus dem Verlag Strecker & Schröder in Stuttgart. Poeschel wollte für das bisher in der Ausstattung vernachlässigte fachwissenschaftliche Buch eine ästhetisch befriedigende Form finden. Mit dem Wachsen des Verlages aber erkannte er, daß er sich für das eine oder andere, für Druckerei oder Verlag entscheiden mußte, wenn er nicht Gefahr laufen wollte, sich zu zersplittern. Aus diesem Grunde trat er am 1. 5. 1919 den Verlag an Dr. Alfred Druckenmüller, Inhaber der J. B. Metzlerschen Verlagsbuchhandlung (s. o.), in Stuttgart ab. Seit Gründung des Verlages war die Betriebswirtschaft mit allen ihren Zweigen das Hauptarbeitsgebiet des Verlages, im besonderen Bankwesen, Werbewesen, Berufsschulbücher, buchhändlerische Fachkunde sowie REFA-Schrifttum. Seit dem 1. Januar 1948 ist Hermann Leins als Teilhaber in die Firma eingetreten, die am gleichen Tage mit der J. B. Metzlerschen Verlagsbuchhandlung handelsgerichtlich zu einer Firma verschmolzen wurde (weiteres s. o.).

Lit.: „50 Jahre C. E. Poeschel Verlag" (1952).

Hauptwerke: Metzler: Literaturwissenschaft, Geschichte, Soziologie, Philosophie, Amerikanistik: „Annalen der deutschen Literatur", hrsg. v. Heinz Otto Burger — „Deutsche Geschichte im Überblick", hrsg. v. Peter Rassow — „Epochen der deutschen Literatur" (Wolfg. Stammler, Paul Hankamer, Fritz Martini, Erich Ruprecht, Friedrich Sengle u. a.) — „Emblemata, Handbuch der Sinnbildkunst des 16. und 17. Jhs.", hrsg. v. Arthur Henkel u. Albrecht Schöne — „Goethe-Handbuch", völlig neue Fassung — „Germanistische Abhandlungen" — „Deutsche Vierteljahrsschrift für Literaturwissenschaft und Geistesgeschichte", hrsg. v. Rich. Brinkmann u. Hugo Kuhn — „Deutsche Neudrucke, Reihe: Texte des 18. Jhs.", hrsg. von Paul Böckmann und Friedrich Sengle — „Sammlung Metzler. Realienbücher für Germanisten" — „Texte Metzler" — „Amerikastudien / American Studies", Halbjahresschrift/Schriftenreihe, hrsg. im Auftrag der Deutschen Gesellschaft für Amerikastudien e. V. — Wichtigere Einzelwerke: Friedr. Sengle, „Wieland" — Benno von Wiese, „Schiller" — Eb. Lämmert, „Bauformen des Erzählens" — Herm. Meyer, „Zarte Empirie" — Erich Ruprecht, „Literar. Manifeste des Naturalismus / der Jahrhundertwende" — C. M. Bowra, „Heldendichtung" — Paul Raabe, „Zeitschriften des Expressionismus".

Pädagogik: Theodor Wilhelm, „Theorie der Schule".

Schulbücher: Spies / Reinhard, „Wege zur Musik" — Aichele / Binkowski, „Unser Liederbuch" — Herm. Linder, „Biologie", „Biologie des Menschen" — K. G. Fischer, „Politische Bildung" — „Projekt Deutschunterricht", hrsg. v. Heinz Ide / Bodo Lecke in Verbindung mit dem Bremer Kollektiv.

Geodäsie: Jordan / Eggert / Kneissl, „Handbuch der Vermessungskunde", hrsg. von Max Kneissl (6 Haupt- und 6 Erg.-Bde.).

Hauptwerke: Poeschel: „Handwörterbuch der Betriebswirtschaft", hrsg. v. Hans Seischab u. Karl Schwantag — „Handwörterbuch der Organisation", hrsg. v. Erwin Grochla „Handwörterbuch des Rechnungswesens", hrsg. v. Erich Kosiol — Adler / Düring / Schmaltz, „Rechnungslegung u. Prüfung der AG" — Obst/Hintner, „Geld-, Bank- und Börsenwesen" — Karl Rößle, „Allgem. Betriebswirtschaftslehre" — Fritz

Nordsieck, „Betriebsorganisation" — Rudolf Seyffert, „Werbelehre" — H. F. J. Kropff, „Angewandte Psychologie in Werbung und Vertrieb" — „Sammlung Poeschel. Betriebswirtschaftliche Studienbücher" — „Betriebswirtschaftliche Abhandlungen" — „Refa-Schrifttum" — „Werbewissenschaftliches Referatenblatt" — „Abhandlungen zur Werbewissenschaft und Werbepraxis" — Philip Kotler, „Marketing-Management".
Verlagsgebiete: Metzler: 7 — 10 — 11 — 14 — 18 — Spez.Geb: 20 Vermessungskunde.
Poeschel: 1 — 5 — 11 — 20 — 21.
Btlg: TR-Verlagsunion.

Signet wird geführt seit: 1934.

Grafiker:
Prof. E. Krubek, Hamburg.

Alfred Metzner Verlag GmbH

D-6000 Frankfurt (M) 1, Zeppelinallee 43

Tel: (06 11) 77 40 55. **Bank:** BHF-Bank Frankfurt (M) 464-8. **Gegr:** 15. 10. 1909 in Berlin. **Rechtsf:** GmbH.
Geschäftsleitung: Dr. Adolf M. W. Resius, Prokuristen: Dr. Arnold D. H. Andreae und
Cheflektor: Dr. Günther Köpcke.
Geschichte: Gegründet 1909 von Alfred Metzner (gest. 1930), ab 1928 Kommanditgesellschaft, ab 1930 pers. haft. Gesellschafter Wolfgang Metzner, ab 1931 ferner Dr. Rolf Voigt (ausgeschieden 1959, † 1964), Sitz der Geschäftsleitung ab 1946 Frankfurt (M), seit 1974 GmbH.
Schriftenreihen: „Abhandlungen der Forschungsstelle für Völkerrecht und ausländisches öffentliches Recht der Universität Hamburg", Hrsg. Forschungsstelle f. Völkerrecht und ausl. öffentl. Recht d. Universität Hamburg — „Darstellungen zur Auswärtigen Politik", Hrsg. Forschungsstelle f. Völkerrecht u. ausl. öffentl. Recht d. Universität Hamburg — „Dokumente", Hrsg. Forschungsstelle f. Völkerrecht u. ausl. öffentl. Recht d. Universität Hamburg — „Hamburger Öffentlich-rechtliche Nebenstunden" — „Sammlung geltender Staatsangehörigkeitsgesetze", Hrsg. Forschungsstelle f. Völkerrecht und ausl. öffentl. Recht der Universität Hamburg — „Die Staatsverfassungen der Welt in Einzelausgaben", Hrsg. Forschungsstelle f. Völkerrecht und ausl. öffentl. Recht der Universität Hamburg — „Schriftenreihe der Wissenschaftlichen Gesellschaft für Personenstandswesen und verwandte Gebiete mbH", Hrsg. Prof. Dr. H. Dölle, Prof. Dr. H. H. Ficker † und Reg. Präs. Dr. F. A. Knost (Neue Folge) — „Arbeiten zur Rechtsvergleichung", Schriftenreihe der Gesellschaft für Rechtsvergleichung, Hrsg. Ernst v. Caemmerer — „Ausländische Aktiengesetze", Hrsg. Gesellschaft für Rechtsvergleichung — „Dokumente zur Deutschlandpolitik", Hrsg. Bundesministerium für gesamtdeutsche Fragen — „Rüstungsbeschränkung und Sicherheit", Schriften des Forschungsinstituts der Deutschen Gesellschaft für auswärtige Politik e. V. Bonn — „Ostdeutschland unter fremder Verwaltung 1945 bis 1955", Hrsg. Johann Gottfried Herder Forschungsrat in Marburg — „Das geltende Seekriegsrecht in Einzeldarstellungen", Hrsg. Forschungsstelle f. Völkerrecht u. ausl. öffentl. Recht d. Universität Hamburg — „Untersuchungen zur auswärtigen Politik", hrsg. v. Herbert Krüger.
Loseblatt-Werke: „Quellen des Urheberrechts", Hrsg. Prof. Dr. Möhring, Dr. E. Schulze, Prof. Dr. E. Ulmer, Prof. Dr. K. Zweigert — „Urheberrechts-Kommentar", Hrsg. Dr. E. Schulze.
Verlagsgebiete: 4 — 6.

Meurer, Detlef K. W. und Jobst
D-6100 Darmstadt, Arheilger Straße 54a

Meyer, Paul, Verlag
D-2000 Hamburg 13, Grindelhof 48

Meyersche Hofbuchhandl. Verlag Max Staercke
D-4930 Detmold, Postfach 10, Paulinenstraße 39

Michael & Michael
D-7900 Ulm, Hafengasse 28

Michel, Johann, Musikverlag
D-6000 Frankfurt (M) 1, Gr. Friedberger Straße 23—27

Michel Kunstverlag siehe Korsch

Gertraud Middelhauve Verlag

D-5000 Köln 80 (Mülheim), Wiener Platz 2 (Hochhaus), Postfach 80 07 23

Tel: (02 21) 61 49 82. **Psch:** Köln 9057-501. **Bank:** Stadtsparkasse Köln 3802147 BLZ 37050198. **Gegr:** 14. 6. 1947 in Opladen. **Rechtsf:** Einzelfirma.
Inh/Ges: Gertraud Middelhauve.
Verlagsleitung: Gertraud Middelhauve ⬜, geb. 23. 7. 1929.
Geschichte: 1947 als literarischer Verlag von Dr. Dr. h. c. Friedrich Middelhauve (gest. 1966) gegründet. Erste Entdeckungen waren Heinrich Böll und Paul Schallück, ein erster Höhepunkt der „Preis der Gruppe 47" für „Die schwarzen Schafe" von Heinrich Böll (1951). Die Wirtschaftskrise des folgenden Jahres unterbrach die Entwicklung des Verlages.
1961 übernahm Gertraud Middelhauve, die Tochter des Verlagsgründers, das Unternehmen und begann, neben dem literarischen Programm ein neues Verlagsgebiet aufzubauen: das literarisch und künstlerisch wertvolle und zeitgemäße Bilderbuch. Nicht nur internationale Illustratoren von Rang arbeiten mit dem Verlag zusammen; Gertraud Middelhauve gewinnt immer wieder „Erwachsenen-Autoren" für die Kinderliteratur: Bichsel, Biermann, Hacks, Heckmann, Herburger, Ionesco, Jägersberg, Lange, Schnell u. a. schrieben ihre ersten Geschichten für Kinder. Middelhauve-Bilderbücher wurden mit nationalen und internationalen Preisen ausgezeichnet und erscheinen als Lizenzausgaben in vielen Ländern.

Hauptautoren/Hauptwerke: Heinrich Böll, „Wo warst du, Adam?", „Der Zug war pünktlich", Erzählungen — Warlam Schalanow, „Artikel 58" (Welterstveröffentlichung), — Leo Lionni, „Swimmy", „Frederick" — Heinz Edelmann, „Andromedar SR 1", „Maicki Astromaus", „Kathrinchen ging spazieren", „Wind in den Weiden" — Etienne Delessert, „Dann fiel die Maus ein Stein auf den Kopf . . ." — Eugène Ionesco, „Geschichte Nummer 1", „Geschichte Nummer 2" — Jozef Wilkon, „Herr Minkepatt und seine Freunde", „Die Löwenkinder", „Bonko", „Der kleine Herr Timm".

Verlagsgebiete: 9 — 8.

Militärverlag der Deutschen Demokratischen Republik
DDR-1055 Berlin, Storkower Straße 158

Minerva Verlag Thinnes & Nolte oHG
D-6600 Saarbrücken 3, Futterstraße 25

Mirabell-Verlag, Arthur Kabas
A-5020 Salzburg, Brötznerstraße 5

Mirow u. Sohn KG Dr., Verlag
D-4630 Bochum, Drosselweg 16

Mirtl, Hans
A-1180 Wien XVIII, Theresiengasse 33

Missionshandlung Hermannsburg Abt. Verlag
D-3102 Hermannsburg, Harmsstraße 2

Mittelbach, Franz, Verlag
D-7000 Stuttgart 1, Postfach 640, Pfizerstraße 5—7

Mitteldeutscher Verlag
DDR-4010 Halle/Saale, Thälmannplatz 2

Mittler & Sohn E. S. GmbH
D-6000 Frankfurt (M) 18, Postf. 180 340, Holzhausenstraße 25

MM Signet wird geführt seit: 1971.
Grafiker: Gerhard Bruntsch.

MM-Verlag, Dipl.-Ing. Friedrich Meyr-Melnhof
A- 5020 Salzburg, Aignerstraße 10

Tel: (0 62 22) 21 7 51. **Bank:** Salzburger Kredit- und Wechsel-Bank 88 68. **Gegr:** 13. 7. 1964 in Salzburg. **Rechtsf:** Einzelfirma.
Inh/Ges: Dipl.-Ing. Friedrich Mayr-Melnhof.
Verlagsleitung: Agilo Dangl, geb. 29. 12. 1935 in Leoben, Steiermark. Kommerzielle Gesamtleitung, Herstellung, Kalkulation.
Geschichte: Der Verlag hat sich in den letzten Jahren zum Spezialverlag für

Fremdenverkehrspublikationen entwickelt.
Hergestellt werden in erster Linie Farb-Bildführer von Salzburg, von den Anlagen der Festung Hohensalzburg, Park und Wasserspiele Hellbrunn, den Mozart-Gedenkstätten in Salzburg usw. Darüber hinaus betreibt der Verlag eine umfangreiche Kalender-Produktion (Kunstkalender mit Reproduktionen von Aquarellen, alten Stichen usw.).
Hauptautoren/Hauptwerke: Prof. Dr. Géza Rech, „Besuch bei Mozart" — Hjalmar E. Lex, „Salzburg-Bildführer", erschienen in 8 Sprachen: Deutsch, Englisch, Französisch, Spanisch, Schwedisch, Japanisch, Holländisch, Italienisch — Erwin Slavetinsky, „Aquarelle von Salzburg", „Aquarelle von Österreich" — „MM-Bildkalender".
Buchreihe: „MM-Bildführer in Farbe".
Verlagsgebiete: 16 — 24 — 12 — 15.

moderne industrie ag, verlag
CH-8050 Zürich, Dörflistraße 73

Moderne Industrie Publikationsgesellschaft Wolfgang Dummer & Co. KG
D-8000 München 50, Postfach 500 461, Ehrenbreitsteiner Straße 36

**Werner Brandeis,
Verlag „Der Möbelspediteur"**
D-6000 Frankfurt (M)-Niederrad 1, Frauenhofstraße 28, Postfach 305
Tel: (06 11) 67 50 71/72. **Fs:** 0411 614. **Psch:** Frankfurt (M) 153035. **Bank:** Deutsche Transportbank Frankfurt (M) 62 960; Frankfurter Sparkasse von 1822 50/679798. **Gegr:** 2. 1. 1946 in Lübeck. **Rechtsf:** Einzelfirma.
Verlagsleitung: Werner Brandeis, geb. 4. 12. 1902 in Prag.
Prokura: Annelise Thee, geb. Brandeis, geb. 14. 2. 1928 in Berlin.
Anzeigenleitung und Werbeleitung: Heribert Schluppeck.
Geschichte: Der 1946 in Lübeck gegründete Verlag wurde im Dezember 1954 nach Frankfurt verlegt. Die Fachzeitschrift „Der Möbelspediteur" erscheint seit 1947 im Verlag.

Hauptwerke: „Handbuch für den Möbeltransport" (im Loseblattsystem) — „Tarifhandbuch für den Möbeltransport" — „Möbeltransport-Adreßbuch". Die beiden ersten Werke sind verfaßt von Walter Beier, Dr. Erich Hebel und Dr. Diether H. Kraus.
Verlagsauslieferung: Verkehrs-Verlag J. Fischer, Düsseldorf.
Zeitschrift: „Der Möbelspediteur", offizielles Organ der Arbeitsgemeinschaft Möbeltransport Bundesverband e. V. u. der Gruppe Internationaler Möbelspediteure e. V., D-6234 Hattersheim.
Verlagsgebiet: 21.

Möbius, Gerhard, Verlag
D-5000 Köln 41, Bachemer-Straße 112

**Möhring, Willi, KG
Verlagsbuchhandlung**
D-4006 Erkrath, Feldstraße 62, Postfach 5709 Postamt Düsseldorf 1

Möller, Heinrich, Söhne
D-2370 Rendsburg, Postfach 280, Bahnhofstraße 12—16

Möller, Heinz, Verlag
D-5300 Bonn-Lengsdorf, Provinzialstr. Nr. 89—95

Mönch-Verlag, Jupp
D-5401 Waldesch über Koblenz, Hübingerweg 33, Postanschrift: D-5400 Koblenz, Postfach 156

Mörike, Friedrich, Musikverlag
D-6336 Solms, Stettiner Straße 3

Karl Heinrich Möseler Verlag
D-3340 Wolfenbüttel, Postfach 460, Hoffmann-von-Fallersleben-Straße 8/10

Moeslers Wwe., R. von siehe Braumüller

Mohler, Alfred, Verlag
CH-8800 Thalwil, Seestraße 1

Mohn, Sigbert siehe Bertelsmann

Signet wird geführt seit: 1927.

Grafiker: Rudolf Koch.

J. C. B. Mohr (Paul Siebeck)

D-7400 Tübingen, Wilhelmstraße 18, Postfach 2040

Tel: (0 71 22) 2 60 64. **Fs:** 07/262872 mohr d. **Psch:** Stuttgart 839/705. **Bank:** Deutsche Bank AG Tübingen 01/19321; Landeszentralbank Tübingen 64 107 312; Kreissparkasse Tübingen 32 281. **Gegr:** 1. 8. 1801 in Frankfurt (M). **Rechtsf:** Einzelfirma.
Inh/Ges: Dr. jur. h. c. Hans-Georg Siebeck.
Verlagsleitung: Dr. jur. h. c. Hans-Georg Siebeck ☐, geb. 4. 10. 1911.
Prokura: Georg Siebeck ☐, geb. 25. 7. 1946.
Vertrieb: Johannes Krämer, geb. 8. 4. 1933.
Werbung: Dr. Horst Witte, geb. 6. 5. 1913.
Herstellung: Friedrich Wienhold, geb. 13. 1. 1914.
Rechnungswesen: Josef Wetterau, geb. 9. 9. 1927.
Geschichte: J. C. B. Mohr (Paul Siebeck) Verlagsbuchhandlung Tübingen, gegr. 1. 8. 1801 in Frankfurt (M) von August Hermann, von dem sie 1804 Jakob Christian Benjamin Mohr übernahm. 1805 gründete Mohr mit Heinrich Zimmer in Heidelberg eine Filiale. 1810 siedelte der Verlag ganz nach Heidelberg über. An Stelle Zimmers wurde später C. F. Winter Teilhaber, der 1822 ausschied und einen eigenen Verlag gründete. Mohr wurde hauptsächlich als Verleger der Romantik bekannt. 1878 verkauften die Söhne Mohrs den Verlag an die Lauppsche Buchhandlung in Tübingen, wodurch er an die Familie Siebeck gelangte. Der Verlag pflegt heute vornehmlich die Gebiete Jurisprudenz, Nationalökonomie, Protestantische Theologie, Soziologie, Philosophie, Geschichte und Württembergica in zahlreichen Einzelwerken, Buch- und Zeitschriftenreihen.
Buchreihen: „Beiträge zur historischen Theologie" — „Die Einheit der Gesellschaftswissenschaften", Studien in den Grenzbereichen der Wirtschafts- und Sozialwissenschaften — „Entscheidungen des Bundesverfassungsgerichts" — „Handbuch zum Alten Testament" — „Handbuch zum Neuen Testament" — „Hand- und Lehrbücher aus dem Gebiet der Sozialwissenschaften" — „Hermeneutische Untersuchungen zur Theologie" — „Kieler Studien" — „Recht und Staat" — „Sammlung gemeinverständlicher Vorträge" — „Schriften zur Angewandten Wirtschaftsforschung" — „Schriften zur Kooperationsforschung" — „Schriftenreihe wissenschaftlicher Abhandlungen des Leo-Baeck-Instituts" — „Soziale Forschung und Praxis" — „Tübinger Rechtswissenschaftliche Abhandlungen" — „Tübinger Studien zur Geschichte und Politik" — „Tübinger Wirtschaftswissenschaftliche Abhandlungen" — „Wissenschaftliche Untersuchungen zum Neuen Testament".
Zeitschriften: „Archiv des öffentlichen Rechts" (vtljl.) — „Archiv des Völkerrechts" (vtljl.) — „Archiv für die civilistische Praxis" (6x jl.) — „Finanzarchiv" (3x jl.) — „Hamburger Jahrbuch für Wirtschafts- und Gesellschaftspolitik" — „Jahrbuch des öffentlichen Rechts der Gegenwart" — „Juristenzeitung" (2x mtl.) — „Philosophische Rundschau" (vtljl.) — „Rabels Zeitschrift für ausländisches und internationales Privatrecht" (vtljl.) — „Theologische Rundschau" (vtljl.) — „Die Weltwirtschaft" (hjl.) — „Weltwirtschaftliches Archiv" (vtljl.) — „Das Wirtschaftsstudium - wisu" (mtl., mit Werner-Verlag) — „Wissenschaftsrecht/ Wissenschaftsverwaltung/Wissenschaftsförderung" (3x jl.) — „Zeitschrift für evangelisches Kirchenrecht" (vtljl.) — „Zeitschrift für die gesamte Staatswissenschaft" (vtljl.) — „Zeitschrift für Theologie und Kirche" (vtljl.).
Hz: Rundschreiben (ca. 6x jl.) — Jahresquerschnitt (jl.).
Tges: Verlag der H. Laupp'schen Buchhandlung, Tübingen (100 %) — Siebenstern Taschenbuchverlag GmbH, München und Hamburg — Uni-Taschenbücher GmbH, Stuttgart.
Verlagsgebiete: 2a — 3 — 4 — 5 — 28.

Moldavia-Verlag Buchdruckerei Bruno Bartelt

A-1181 Wien XVIII, Theresiengasse 3

Signet wird geführt seit: 1964.

Grafiker:
Hans Schaumberger.

Verlag Fritz Molden
A-1191 Wien XIX., Sandgasse 33, Postfach 195

Tel: (02 22) 32 31 51. **Fs:** 07/4306. **Psch:** Wien 93 863. **Bank:** Creditanstalt-Bankverein Wien 29-21 427. **Gegr:** 15. 1. 1946 in Wien. **Rechtsf:** Einzelfirma.
Inh: Fritz P. Molden.
Verlagsleitung: Fritz Molden ◻, geb. 8. 4. 1924 in Wien, Sohn des Historikers und Publizisten Dr. Ernst Molden und der Dichterin der österr. Bundeshymne Paula v. Preradovic. Zuerst im diplomatischen Dienst, dann Journalist, ab 1949 Verlagsleiter, seit 1953 Herausgeber, später auch Chefredakteur der „Presse", Wien. 1958 auch Gründer und Herausgeber des „Express", Wien, erbaute 1962 das Wiener Pressehaus und 1971 das neue Molden-Verlagshaus in Wien-Grinzing.
Geschäftsleitung: Dr. Christian Brandstätter, Johannes Eidlitz, Gert Frederking, Josef Lukes, Karl Nowacek.
Abteilungsleiter und Sachbearbeiter: Uta Attwood (Zentrale Presseabteilung), Dr. Christian Brandstätter (Produktion, Kunst-Edition, Sonderprojekte), Joachim Baumann (Werbung), Johannes Eidlitz (Cheflektor), Inge Faseth (Nebenrechte), Dr. Angela Feldmann (Organisation), Peter Carl Fluger (Lektor), Gert Frederking (Geschäftsführer Molden München und Vertrieb BRD), Josef Lukes (Zentralverkauf und Vertrieb Österreich u. Schweiz), Leo Mazakarini (Cheflektor ABC), Birgit Meyer (Presseabteilung München), Karl Nowacek (Rechnungswesen), Dr. Winfried Plattner (Rechtsangelegenheiten, kaufm. Angelegenheiten), Hans Schaumberger (Graphische Gestaltung), Franz Schrapfeneder (leitender Lektor Belletristik), Dr. Günter Treffer (Lektor), Ing. Herbert Wagner (Herstellung), Dr. Helga Zoglmann (Lektorin).

Geschichte: Der Verlag wurde im Januar 1946 als „Neue Wiener Presse Druck- und Verlagsgesellschaft mbH" von Dr. Ernst Molden, damals Herausgeber und Chefredakteur der „Presse", ins Leben gerufen. Der Verlag beschäftigte sich im wesentlichen mit der Herausgabe von Zeitungen und Zeitschriften. Ende 1961 gab Fritz Molden, der seit 1953 Geschäftsführer, Herausgeber und Chefredakteur der „Presse" war, die Herausgaberechte an „Presse" und „Wochenpresse" ab, behielt jedoch die Druckerei des Pressehauses, in der vier Tageszeitungen und zwölf Wochenzeitungen gedruckt wurden, unter dem Firmentitel „Fritz Molden Großdruckerei und Verlagsgesellschaft mbH", ebenso wie den Verlag einiger eigener Wochenzeitungen. Neben dem Zeitungsverlag wurden 1964 der „Verlag Fritz Molden" ins Leben gerufen. Von 1965 bis einschließlich 1973 erschienen insgesamt 343 Titel, wobei die Schwerpunkte auf dem Gebiet des Sachbuches und der Belletristik liegen.

Hauptautoren: Elie Abel, John M. Allegro, Swetlana Allilujewa, Hellmut Andics, Robert Ardrey, Louis Barcata, Peter Baumann, Luigi Barzini, Karl Bednarik, Bruno Bettelheim, William Blatty, Kurt Blaukopf, Dennis Bloodworth, Gordon Brook-Shepherd, R. V. Cassill, Henri Charrière, Morton Cooper, Alfred Coppel, Salvadore Dali, Yael Dayan, Milovan Djilas, Petru Dumitriu, Irenäus Eibl-Eibesfeldt, Gerd Eisenkolb, Amos Elon, Franz Endler, Ernst Fischer, Sarah Gainham, Roger Garaudy, Charles de Gaulle, Paul Getty, Paula Grogger, Victor Gruen, Jean Guitton, Louis Gould, John Gunther, Fritz Habeck, Friedrich Hacker, Friedrich Heer, Hans Hass, Mohammed Heikal, Alistair Horne, A. E. Hotchner, Susan Howatch, Franz Hubmann, Herman Kahn, Hildegard Knef, Otto Koenig, Arthur Koestler, Wolfgang Kraus, Milan Kundera, Dorothy McGuigan, Robert McNamara, François Mauriac, André Maurois, Ruth v. Mayenburg, Maurice Mességué, James Michener, Robin Moore, Peter Motram, Herbert Pichler, Marcel Prawy, Paula von Preradovic, Mario Puzo, Charles A. Reich, Victor Reimann, Pierre Rey, Arthur Schnitzler, Otto Schulmeister, Kurt Schuschnigg, Ota Sik, Gerhard Schwarz, Mary Stewart, Cyrus Sulzberger, Henri Sutton, Guy Talese, Friedrich Torberg, Ernst Trost, Leo Trotzki, Christopher Tugendhat, Helmut Uhlig, Ludvik Vaculik, Kurt Waldheim, Joseph Wechsberg, Hans Weigel.

Hz: „Molden News" (10x jl.).
Verlagsniederlassung für die BRD: Verlag Fritz Molden GmbH, D-8000 München 19, Stievestraße 9, Tel: 17 35 91; Verlagsniederlassung für die Schweiz: Molden Press AG, Glarus, Spielhof 3; Auslieferung für die BRD: Koch, Neff Oetinger, Stuttgart; Auslieferung für die Schweiz: Schweizer Buch Zentrum, CH-4600 Olten, Amtshausquai 23.
Auslandsvertretungen: USA: Gisa Botbol, 37 Riverside Drive, New York 10 023. Frankreich: Melsene Timsit, 32 Rue de l'Assomption, Paris 16. England: Sonia Courtenay, Flat 8, 35 Rutland Gate, London SW 7. Skandinavien: Monica Nagler, Vallvägen 18, Lidingö, Schweden. Ferner Osten: Ilse Pordes, POB 596, 210 Gloucester Building, Hong Kong.
Verlagsgebiete: 1 — 2 — 3 — 5 — 6 — 8 — 10 — 12 — 13 — 14 — 15 — 17 — 29.

Moll-Verlag GmbH
D-7000 Stuttgart 1, Erzbergerstraße 18

Mondial-Verlag Hans Gerig KG
D-5000 Köln, Drususgasse 7—11

Monopol-Verlag GmbH
D-1000 Berlin 31, Wittelsbacher Str. 18

Mouse-Jung Ges. m. b. H.
A-1070 Wien VII, Lindengasse 55

Mont-Blanc-Verlagsbuchhandlung GmbH
A-1050 Wien V, Arbeitergasse 13/13

Signet wird geführt seit: 1962.

Grafiker: Dr. A. Hahn, Heidelberg.

Heinz Moos Verlag München
D-8032 Gräfelfing vor München, Hartnagelstraße 11
Tel: (089) 85 13 11. **Psch:** München 130870-801 und 260029-805. **Bank:** Hypobank München, Filiale Gräfelfing 114189 und 134007. **Gegr.** Jan. 1964 in München, Okt. 1958 in Heidelberg unter Impuls-Verlag Heinz Moos. **Rechtsf:** GmbH & Co KG.

Inh/Ges: Heinz Moos GmbH, pers. haft. Gesellschafter; Heinz Moos, Kommandistist.
Verlagsleitung: Heinz Moos, geb. 4. 1. 1920 in Baumholder, zunächst Buchdrucker, später Lehre als Verlagsbuchhändler, mehrjährige Tätigkeit im wissenschaftlichen Verlag und grafischen Gewerbe.
Geschichte: Der Verlag bemüht sich um die Probleme der Kunst- und Kulturgeschichte und ist zunehmend auf den Grenzgebieten zwischen Naturwissenschaft und Kunst tätig.
Hauptautoren/Hauptwerke: M. C. Escher, „Grafik und Zeichnungen", 8. Aufl. 1974 — J. L. Locher u. a., „Die Welten des M. C. Escher", 2. Aufl. 1974 — Sigrid Braunfels u. a., „Der ‚vermessene' Mensch", 1973 — Edwin Clarke/Kenneth Dewhurst, „Die Funktionen des Gehirns", 1973 — Robert Herrlinger/Marielene Putscher, „Geschichte der medizinischen Abbildung", 2 Bände, 1967, 1974 — Paul Ulrich Unschuld, „Pen-ts'ao 2000 Jahre traditionelle pharmazeutische Literatur Chinas" 1973 — Alois Senefelder, „Lehrbuch der Steindruckerey", 1972.
Buchreihe: „Welt der Bilder" (mit Titeln wie: „Das Bild auf der menschlichen Haut" — „Das Bild als Schein der Wirklichkeit" — „Das Bild als Symbol im Tantrismus" — „Das Bild in der Weissageliteratur Chinas" — „Das Bild der Exakten - Objekt: Der Mensch" — „Das Bild und die Welt des Kindes").
Verlagsgebiete: 12 — 14 — 18.

Morsak OHG, Buchdruckerei und Verlag
D-8352 Grafenau/NDB., Postfach 5, Kröllstraße 5

Signet wird geführt seit: 1957.

Grafiker: Paul Corazolla.

Morus-Verlag GmbH
D-1000 Berlin 41, Grunewaldstraße 24
Tel: (030) 8 21 01 01, 8 21 34 43. **Psch:** Berlin-West 5 50-104; München 81 15-805. **Bank:** Berliner Bank 25 222 074 00; Bank für Handel und Industrie AG 5714321 (BLZ 100 800 00). **Gegr:** 10. 11. 1945. **Rechtsf:** GmbH.

Inh/Ges: Bischöflicher Stuhl zu Berlin.
Verlagsleitung: Prälat Raymund Greve, geb. 30. 1. 1916 in Berlin, und Prälat Erich Klausener, geb. 18. 1. 1917 in Berlin, Geschäftsführer.
Lektorat, Herstellung, Werbung: Elisabeth Jagdt, geb. 29. 1. 1924 in Berlin, Prokuristin.
Geschichte: Der Morus-Verlag wurde von Konrad Kardinal von Preysing gegründet, um die in der Zeit des Nationalsozialismus verbotene kath. Kirchenzeitung wieder herauszugeben. Sie erschien am 2. 12. 1945 unter dem Namen „Petrusblatt". Seit 1. 1. 1946 gibt der Verlag außerdem das Amtsblatt des Bischöflichen Ordinariates heraus. Ferner liefert der Verlag Schulbücher für den Religionsunterricht und Gebetbücher sowie religiöses Schrifttum, insbesondere fundierte Beiträge zur geistigen Auseinandersetzung mit der materialistischen Weltanschauung östlicher und westlicher Prägung.
Hauptautoren und Hauptwerke: Walter Adolph, „Kardinal Preysing und zwei Diktaturen" — „Die katholische Kirche im Deutschland Adolf Hitlers" — Alfred Bengsch, „Berufung und Bewährung" — „Der Glaube an die Auferstehung" — „... weder Gegenwärtiges noch Zukünftiges ..." — „Würde des Dienstes" — Dr. med. Josef Böger, „Älterwerden mit Bedacht" — „Pflegen mit Verstand und Herz" — Erich Klausener, „Terminkalender" — Henri de Lubac, „Krise zum Heil" — Hubert Muschalek, „Der Christ und die Schöpfung" — „Gottbekenntnisse moderner Naturforscher" — „Urmensch Adam" — Leo Scheffczyk, „Dogma der Kirche - heute noch verstehbar?" — „Das Unwandelbare im Petrusamt" — Michael Schmaus, „Exempel Holland" — Karlheinz Schuh, „Amt im Widerstreit" — Wigand Siebel, „Freiheit und Herrschaftsstruktur in der Kirche" — Informationen zu aktuellen Fragen der Kirche in den Broschürenreihen „morus aktuell" und „morus meditation".
Reihe: „Ehe in Geschichte und Gegenwart".
Verlagsgebiete: 2b — 3 — 6 — 10 — 11 — 14 — 17 — 18.

Mosaik Verlag siehe Bertelsmann

Mosella-Verlag siehe Patmos

Moser, Manfred, Verlag
D-8100 Garmisch-Partenkirchen, Postfach 208, Marienplatz 8

Signet wird geführt seit: —

Grafiker: —

Motorbuch-Verlag

Eine Abteilung des Buch- und Verlagshauses Paul Pietsch GmbH & Co KG
D-7000 Stuttgart 1, Böblinger Straße 18, Postfach 1370
Tel: (07 11) 64 20 31. **Fs:** 7-22 662. **Psch:** Stuttgart 73 14. **Bank:** Hypobank Stuttgart; Städtische Girokasse Stuttgart. **Gegr:** 16. 8. 1962. **Rechtsf:** GmbH & Co KG.
Verlagsleitung: Geschäftsführer: Paul Pietsch.
Verlagsleiter: Wolfgang Schilling.
Hauptwerke: Toliver, „Holt Hartmann vom Himmel" — v. Frankenberg, „Die großen Fahrer unserer Zeit" — Fritz B. Busch, „Einer hupt immer" — Stammel, „Mit gebremster Gewalt" — Kühn, „Torpedo-Boote und Zerstörer".
Buchreihen: Dieter Korp, „Jetzt helfe ich mir selbst" — „Soforthelfer".
Verlagsgebiete: 6 — 9 — 20 — 21 — 23 — Spez.Geb: 20 Autotechnik.

Signet wird geführt seit: 1947.

Grafiker: Hans Bellani.

Walter G. Mühlau

D-2300 Kiel 1, Holtenauer Straße 116
Tel: (04 31) 85 085. **Psch:** Hamburg 260 39-202. **Bank:** Kieler Spar- und Leihkasse 279018; Commerzbank AG, Kiel. **Gegr:** 15. 10. 1902 in Kiel. **Rechtsf:** Einzelfirma.
Inh: Dr. Waltraud Hunke.
Verlagsleitung: Dr. Waltraud Hunke, geb. 28. 4. 1915 in Kiel, 1934—1940 Studium der Germanistik, Nordistik, Vorgeschichte, 1940 Dr. phil., 1941—1944 wiss. Assistentin Univ. Straßburg, seit

1945 im Buchhandel, seit 1953 selbständig.
Geschichte: Gründer Georg Walter Mühlau, geb. 1878 in Dorpat (Vater ord. Professor der Theologie), gest. 1908. 1908—1953 Inhaber Heinrich Hunke, geb. 1879 in Detmold (Vater Fabrikbesitzer), gest. 1953. Seit 1953 Inhaberin Dr. Waltraud Hunke. Der Verlag pflegt schleswig-holsteinische Geschichte und Landeskunde und Kieliensa.
Hauptautoren: Otto Brandt, Paul von Hedemann-Heespen, Alfred Kamphausen, Wilhelm Klüver, Max Leisner, Hedwig Sievert.
Buchreihe: „Kieler Beiträge zur Wirtschafts- und Sozialgeschichte".
Zeitschriften: „Amazoniana" — „Kieler Blätter zur Volkskunde" — „Kieler Meeresforschungen".
Verlagsgebiete: 14 — 15.

Motor-Reise-Verlag GmbH
D-6000 Frankfurt (M) 71, Lyonerstr. 16

Mozart-Edition GmbH
D-8230 Bad Reichenhall, Postfach 107, Wittelsbacherstraße 18

Mozart-Edition Dr. Gustav Zagler
A-5010 Salzburg, Sigm.-Haffner-Gasse Nr. 18

Mühlau, Walter G.
D-2300 Kiel 1, Holtenauer Straße 116

Mühlberger, Hieronymus
D-8900 Augsburg 1, Postfach 102 102, Äußeres Pfaffengäßchen 11

Signet wird geführt seit: 1936.

Grafiker: —

Albert Müller Verlag AG
CH-8803 Rüschlikon bei Zürich, Bahnhofstraße 69
Tel: (01) 7 24 17 60. **Fs:** 56320 AMV CH. **Psch:** 80-16728. **Bank:** Schweiz. Kreditanstalt, Filiale Rathausplatz, Zürich.
Gegr: 9. 12. 1936. **Rechtsf:** AG.

Inh/Ges: Adolf Recher-Vogel, Dorly Recher-Vogel, Bernhard Recher, Birkhäuser AG, Basel, Keller & Co. AG, Luzern, Cécile Déhaas, Maur.
Verlagsleitung: Direktor: Adolf Recher-Vogel.
Prokuristen: Anton Hegglin, kaufm. Verlagsleiter; Ursula Merkle; Bernhard Recher.
Geschichte: Der Verlag wurde 1936 als Einzelfirma gegründet. 1944 wurde das Geschäftsdomizil nach Rüschlikon verlegt, wo der Verlag mitten im Grünen seine Tätigkeit ausübt. Von Anfang an hat der Albert Müller Verlag sich den bejahenden Seiten des Lebens gewidmet. Das Programm reicht von der heiteren Literatur bis zum praktischen Sachbuch. Vor allem das Leben in der Natur und die Beziehung des Menschen zum Tier sind Gegenstand der weitherum populären Verlagsproduktion. Auch das Jugendbuch wird sehr sorgfältig gepflegt und auch hier wird für eine positive Lebenseinstellung eingetreten. Ein weiteres wichtiges Gebiet, das dem Verlag am Herzen liegt, ist die Herausgabe von praktischen Ratgeberbüchern. Die Gesundheit des Menschen und die Beziehungen der Menschen untereinander stehen im Vordergrund. In den letzten Jahren wurde auch ein breites Angebot von Büchern für die Freizeitgestaltung aufgebaut. Reiten, Fischen, Segeln, Tauchen, Bergsteigen sind regelmäßig im Programm vertreten. Der Verlag pflegt das wertvolle Kochbuch. Ein besonderes Anliegen ist für ihn Wohlergehen und Pflege des Tiers . . . besonders des Pferdes, des Hundes und der Katze. Belange des Umweltschutzes, Lebenshilfen aller Art pflegt der Albert Müller Verlag gleichfalls.
Hauptautoren: Heinz von der Achen, Carlo Andersen, Isaak Asimov, Henri Aubanel, Juliette de Bairacli, Jacques Bergier, Dr. F. K. Bohn, Kurt Bohn, Walter Bonatti, Peter Briggs, David Broome, Ursula Bruns, Dr. Herman Bundesen, Dr. Eustace Chesser, Hanns U. Christen (sten), Donald G. Cooley, Beth Day, Werner DeHaas, René Desmaison, Leo Deuel, Indra Devi, John Dos Passos, René Dubos, Ben East, Tomi Egami, Dr. O. F. Ehm, Dr. Helmut Ende, Franz Farga, Walter Farley, Leni Fiedelmeier, K. O. von Fuchs, Dr. Michael W. Fox, Elisabeth Fülscher,

Michel Gauquelin, Mary Cooper-Gay, H. Gebetsroither, Franz B. Gilbreth jr., Richard Glyn, Heinrich Gohl, Ralph Graeub, Hildegard Grzimek, Giovannino Guareschi, Ursula Guttmann, Franz Hackstock, Prof. Dr. H. Hediger, Richard Henderson, Toni Hiebeler, Claire Hofmann, Angelika Hübscher, James Huntington, Dr. Robert G. Jackson, Dr. Fritz Kahn, Richard Katz, Dr. Edith Kent, Ley Kenyon, Dr. med. Karl M. Kirch, Käte Knaur, Mariane Kohler, Prof. Dr. R. von Krafft-Ebing, Hanns Kurth, Dr. Ernst Lang, Martin Lederman, Robert E. Lembke, Margaret Liley, G. Marcolungo, Wesley Marx, Christian Mathis, Marcel Meier, Knud Meister, Yehudi Menuhin, Michel Mermod, Colette Modiano, Alberto Moravia, Farley Mowat, T. Namikoshi, William A. Nolen, Raymond Oliver, Jean Palaiseul, Kathrene Pinkerton, Eleonore von Planta, Hans Räber, Carl R. Raswan, Gaston Rébuffat, Frederick Reiter, Jules Rindlisbacher, Charles C. Ritz, Gregor von Romaszkan, Marga Ruperti, Felix Salten, Dr. Erich Schneider-Leyer, Dr. Günther Schwab, Prof. Dr. Eugen Seiferle, Nevil Shute, Sadko G. Solinski, Ron Spillman, Dr. Peter Steincrohn, William Steinkraus, Torbjörn Stockfeldt, Dr. Hans Stöhr, Erich Stoll, Friedel Strauss, Joseph Szigeti, Fred J. Taylor, Hans-Jochen Ullmann, Dr. Th. H. van de Velde, Paul Vetterli, Prof. Dr. H. H. Vogt, Stuart H. Walker, Dr. Eric Weiser, Leonard Wibberley, Erika Ziegler-Stege.

Verlagsgebiete: 3 — 6 — 8 — 9 — 13 — 15 — 17 — 18 — 22 — 23.

Signet wird geführt seit: 1973, vorher im Jugendstil seit den 20er Jahren dieses Jahrhunderts.

CFM   Grafiker: Gautel.

C. F. Müller, Großdruckerei und Verlag G.m.b.H.

D-7500 Karlsruhe 21, Rheinstraße 122, Postfach 210 729

Tel: (07 21) 55 59 55. **Fs:** 7 825 909. **Psch:** Karlsruhe 8191. **Bank:** Commerzbank Karlsruhe 2281 145; Städt. Sparkasse Karlsruhe 9393. **Gegr:** 1797 in Karlsruhe. **Rechtsf:** GmbH.

Ges: Dr. Robert Müller-Wirth ▫, Dr. Alfred Hüthig Verlag GmbH Heidelberg, Dr. Helmuth Heilmann.

Verlagsleitung: Dr. Christof Müller-Wirth ▫, Geschäftsführer; Dr. Hans Windsheimer (Juristischer Verlag).

Geschichte: 1797 wurde die Firma von Christian Friedrich Müller gegründet. Seither im Besitz derselben Familie. Die Söhne und Enkel des Gründers bauten die Firma aus und wußten sie dem industriellen Aufschwung des 19. Jahrhunderts anzupassen. Dr. Robert Müller-Wirth ist der Urenkel des Gründers der Firma. Der Verlag hat ein durch Tradition reiches Schaffen aufzuweisen: vom Heimatschrifttum mit Johann Peter Hebel und ersten juristischen Veröffentlichungen ab 1804 über viel bekannt gewordene Kunstbücher bis zum heutigen Verlagsprogramm. Wissenschaftlicher Buch- und Zeitschriftenverlag auf dem Gebiet der Rechtswissenschaft und der Kälte- und Klimatechnik. 1962 wurde die Herbert Wichmann Verlag GmbH (Sondergebiete: Bücher und Zeitschriften über Geodäsie und Photogrammetrie) übernommen. Im Jahr 1967 wurde gemeinsam mit Herrn Ing. Günther M. Keller die Promotor Verlags- und Förderungsges. mbH gegründet.

Hauptwerke: Rechtswissenschaftl. Lehrbuchreihe, Monographien, Festschriften, Lose-Blatt-Sammlungen. — Herausgabe von Büchern und Abhandlungsreihen der Kälteforschung und der angewandten Kälte- und Klimatechnik, „Firmenhandbuch der Kälte- und Klimawirtschaft" — Hebel-Schrifttum.

Zeitschriften: „KI-Klima+Kälte Ingenieur" — „Clima Commerce International" — „Industrie und Handel" — „Oberrheinische geologische Abhandlungen" — „International Journal of Law Libraries".

Tges: Herbert Wichmann Verlag GmbH, D-7500 Karlsruhe.

Verlagsgebiete: 4 — 8 — 20 — Spez.-Geb: 20 Kältetechnik.

Müller, Emil, KG Verlag

D-5600 Wuppertal 2, Postfach 20 11 15, Winklerstraße 36

Müller, Georg siehe Langen-Müller

Müller, Gotthold
D-8000 München 19, Sustrisstraße 15

Müller, H., Verlag
D-7730 Villingen, Gerberstraße 25

Müller, Heinz, Verlag KG
D-7209 Aldingen, Aixheimer Straße 54

Müller, Josef, Verlag
D-8000 München 43, Postfach 360, Friedrichstraße 9

Signet wird geführt seit: 1955.

Grafiker: Fritz Schubotz.

Lambert Müller Verlag der Obpacher GmbH

D-8000 München 70, Hofmannstraße 7, Postfach 70 1967

Tel: (089) 78 31 63. **Psch:** München 85 56. **Bank:** Bayer. Hypotheken- und Wechsel-Bank München 253/18 350. **Gegr:** 1. 7. 1926. **Rechtsf:** GmbH.
Inh: Obpacher GmbH, München.
Verlagsleitung: Geschäftsführende Direktoren: Dipl.-Kfm. Lambert Müller jr. und Dipl.-Kfm. Gerhard Müller.
Verlagsleiter und Prokurist: Verw.-Dipl.-Inh. Fritz Wagner, geb. 1. 5. 1911.
Geschichte: Seit der Gründung im Jahre 1926 immer in gleichen Händen. Bis 1945 als „Verlag Karl Zeleny & Co" mit Verleger Karl Zeleny, nach seinem Tod Frau Lore Zeleny und Druckereibesitzer Lambert Müller sen. als Inhaber, 1950 vorübergehend die Bezeichnung „Verlag für Handel und Wirtschaft Müller & Co." mit den Inhabern: Frau Lore Zeleny und Dipl.-Kfm. Lambert Müller jr. (Sohn des bish. Mitinhabers). Seit 1. 1. 1961 Änderung der Gesellschaftsform in eine GmbH, deren Gesellschafter die Obpacher GmbH war; seit 1. 1. 1972 als GmbH aufgelöst und als selbständige Abteilung in die Obpacher GmbH integriert.
Zeitschriften: „gehört — gelesen", Hsrg. Bayer. Rundfunk, Schriftltg. Dr. Kurt Seeberger (mtl.) — „Jugend in Arbeit",

Berufsschülerzeitschrift, Hrsg. Verband Bayer Berufsschullehrer, Schriftltg. Oberstudienrat Heinz Lörsch.
Buchreihen: „Kunstwerke der Welt", Hrsg. Remigius Netzer, Leiter der Abteilung Kulturkritik beim Bayer. Rundfunk — Bildbandreihe „30 schöne Reiseziele".
Kalender: „Schönheit der Natur" — „Kunstkalender des Roten Kreuzes" — „Bildkalender für den Kundendienst des Baugewerbes".
Verlagsgebiete: 10 — 11 — 12 — 15 — 24 — 30.

Müller, Norbert
D-8000 München 81, Englschalkinger Straße 150

Signet wird geführt seit: 1937.

Grafiker: Karl Weiser, Salzburg.

Otto Müller Verlag

A-5021 Salzburg, Ernest-Thun-Str. 11, Postfach 167

Tel: (0 62 22) 7 21 52. **Psch:** Wien 189 862. **Bank:** Bankhaus Berger & Comp. Salzburg 2398; Kredit- und Wechselbank Salzburg 3726. **Gegr:** 1. 7. 1937 in Innsbruck. **Rechtsf:** KG.
Inh/Ges: Erentraud Müller, pers. haft. Gesellschafterin; Elisabeth Kleibel, geb. Müller, Kommanditistin.
Verlagsleitung: Dr. Richard Moissl, Einzelprokurist, geb. am 14. 7. 1914 in Fischern.
Geschichte: 1. 7. 1937 Gründung. 1941 Verbot weiterer Tätigkeit durch Reichsschrifttumskammer. Weiterführung durch Lambert Schneider, Berlin. 1945 Wiederaufnahme der Tätigkeit. 1950 Gründung der Fa. Austria-Buchversand, Otto Müller Verlags-Auslieferung für Deutschland in Freilassing. 1956 Tod des Gründers Otto Müller, Übernahme der Verlagsleitung durch dessen Tochter Erentraud Müller. 1962 Almanach „Werke und Jahre" zum 25jährigen Bestehen (siehe dort weitere Verlagsgeschichte). 1963 Übernahme der Verlagsleitung durch Dr. Richard Moissl (seit 1947 Lektor des Verlags). 1972

Übernahme des Landkartenverlages Adolf Zinner.
Hauptautoren/Hauptwerke: Das Gesamtwerk von Trakl, Weinheber, Leifhelm, Leitgeb und Waggerl. Lyrik von Busta und Lavant — Übersetzungen: Claudel, Guareschi — Werke von Kindermann, Nadler, Sedlmayr, Srbik, Mucchielli, Minkowski, Revers, Krukkenhauser — Gesamtausgabe Hildegard von Bingen — Religiöse Schriften von Dillersberger, Häring, Höfer, Hugo Rahner und Karl Rahner, Suenens.
Buchreihen: „Das Bild des Menschen in der Wissenschaft" — „Trakl-Studien" — „Studia Alfonsiana" — „Kairos, Religionswissenschaftliche Studien" — „Arbeitsbücher zur psychologischen Schulung" — „Max-Reinhardt-Studien" — „Brenner-Studien".
Zeitschriften: „Literatur und Kritik" — „Kairos" — „Arzt und Christ".
Tges: Austria Buchversand, Freilassing.
Verlagsgebiete: 2b — 3 — 7 — 8 — 13 — 14 — 16 — 10 — 11 — 15 — 27 — 28.

Müller, Reinhild, Verlag
D-8032 Lochham, Gstallerweg 28

Müller, Reinhold A., Verlag
D-7000 Stuttgart 1, Gaußstraße 12

Signet wird geführt seit: 1. 1. 1965.
Grafiker: Hanswalter Herrbold.

Verlagsgesellschaft Rudolf Müller
D-5000 Köln 41 (Braunsfeld), Stolberger Straße 84, Postfach 410 949
Tel: (02 21) 54 20 61. **Fs:** 08-881 256. **Psch:** Köln 49 91. **Bank:** Commerzbank AG Köln 120 733; Sparkasse der Stadt Köln 6002190. **Gegr:** 29. 6. 1840 in Eberswalde bei Berlin. **Rechtsf:** GmbH & Co. KG.
Inh/Ges: Dr. rer. pol. Walther Müller.
Verlagsleitung: Dr. rer. pol. Walther Müller, geb. 31. 1. 1927 in Berlin, Geschäftsführender Gesellschafter.
Kaufm. Leitung: Prokurist Heinz-P. Kursch, geb. 6. 1. 1931 in Köln.
Lektorat Buchverlag: Prokurist und Cheflektor Helmut Evers, geb. 25. 6. 1922 in Oldenburg.
Leiter des Bau-Fachzeitschriftenverlages: Prokurist Dipl.-Kfm. Helmut Sachse, geb. 7. 12. 1914 in Berlin.
Leitung Werbung und Verkauf: Prokurist Gerhard Müller, geb. 11. 9. 1931 in Berlin.
Marketing und Verkauf Buchverlag: Ernst Wolfgang Bücken, geb. 25. 11. 1937 in Leipzig.

Geschichte: Carl Müller gründete am 29. Juni 1840 in Eberswalde C. Müllers Buchdruckerei und wurde in den folgenden Jahren auch verlegerisch tätig. Bücher und Fachzeitschriften, Kundenzeitschriften, eine Tageszeitung und Formulare umfaßte im Laufe der Jahrzehnte das umfangreiche Verlagsprogramm.
1866 übernahmen seine beiden Söhne Emil und Clemens die Geschäftsleitung. In ihrer Zeit lag das Schwergewicht auf dem Gebiet des Zeitschriftenverlages. Im Zusammenhang damit entstanden aber auch zahlreiche Fachbücher. Rudolf Müller, der 1919 in der dritten Generation die Geschäftsleitung übernahm, entschloß sich infolge des starken Anwachsens der Buchproduktion 1926 zur Gründung der Verlagsgesellschaft Rudolf Müller. Beim hundertjährigen Jubiläum im Jahre 1940 zählten Verlag und Buchdruckerei bereits 500 Mitarbeiter. Der Betrieb gehörte damit zu den wenigen Großfirmen dieser Art, die es damals in Deutschland gab.
Am Ende des Zweiten Weltkrieges ging der Großbetrieb durch Besatzung, Brand und Demontage verloren. Rudolf Müller wagte 1945 zunächst in Oldenburg i. O. und Hamburg den Neubeginn und verlegte 1951 den Sitz des schnell wachsenden Verlages nach Köln. Hier begann ab 1954 auch der Wiederaufbau des graphischen Betriebes. Seit 1962 liegt die Geschäftsleitung, nunmehr in vierter Generation, bei Dr. Walther Müller.
Hauptwerke: Fachbücher für das Baugewerbe, Bücher über Datenverarbeitung, Netzplantechnik, Sachbücher, Fachwissen für Heimwerker, Vorschulerziehung bzw. Fernsehbegleitbücher, Programmierte Unterrichtung, Pädagogik, Loseblattwerke, Formulare.
Buchreihen: „Fachwissen für Heimwerker" — „Die elektronische Datenverarbeitung von A bis Z" — „Pädagogische Schriftenreihe".

Zeitschriften: „Das Baugewerbe" (2x mtl.) — „Straßenbau-Technik" (2x mtl.) — „bbr" - Brunnenbau, Bau von Wasserwerken und Rohrleitungsbau (mtl.) — „Das Dachdecker-Handwerk" (2x mtl.) — „Fliesen und Platten (2x mtl.) — „Betonfertigteile + Betonwerkstein" 6x jl.) — „ONLINE" - ZFD Zeitschrift für Datenverarbeitung (10x jl.) — „H+E" - Zeitschrift für Hausrat, Eisenwaren, Elektrogeräte (2x mtl.) — „Die Heimwerkstatt" (10x jl.) — „magazin für heim+ausbau" (6x jl.) — „Bau+Ausbau" (6x jl.).
Zwst: Verlagsgesellschaft Rudolf Müller, Büro Hamburg, D-2000 Hamburg 13, Hohnsallee 53, Tel: 44 44 52.
Btlg: Mitglied der Arbeitsgemeinschaft Baufachverlage — Mitglied des Arbeitskreises Media Service Bau.
Verlagsgebiete: 10 — 11 — 20 — 28 — 4 — 24.

Müller, Rudolph & Steinicke, Verlag
D-8000 München 2, Lindwurmstraße 21

Müller, Willy, Süddeutscher Musikverlag KG
D-6900 Heidelberg, Märzgasse 5

Müller-Albrechts Verlag KG
D-4000 Düsseldorf-Kaiserswerth, Bokkumer Straße 49

Münchener Kurzschriftverlag Th. Gnadl
D-8000 München 90, Bruggsperger Str. Nr. 90

Münchner Volksschriften-Verlag siehe Haugg

v. Münchow'sche Universitätsdruckerei Wilhelm Schmitz
D-6300 Gießen, Postfach 21 108, Pestalozzistraße 1—3

Müssener, Dr. E. W.
D-5000 Köln 71, Alpenrosenweg 14

M+K Hansa Verlag GmbH
D-2000 Hamburg 73, Ellerneck 73, Postfach 730 160
Tel: (040) 66 09 92. **Fs:** 213 027. **Psch:** Hamburg 160 153-207. **Bank:** Commerzbank Hamburg 4828 141. **Gegr:** 28. 2. 1962 in Hamburg. **Rechtsf:** GmbH.
Verlagsleitung: Siegfried Söth u. Hartwig Schröder, Geschäftsführer. Cheflektor: W. O. Paul Kettel.
Hauptautoren: W. O. Paul Kettel, Alf Schreyer, Henry Makowski.
Hauptwerke: „Das Kirchspiel Bergstedt" — „Landschaft für morgen" — „Walddorf / Ohlstedt" — „Geliebtes Volksdorf" — „Erlebte Alsterlandschaft" — „Die Walddörfer u. d. benachbarte Stormarn" u. a. Heimatbücher.
Zeitschrift: „Unsere Heimat - die Walddörfer" (zweimtl.).
Verlagsgebiete: 14 — 15 — 22 — 24 — 28.

Mundorgel Verlag GmbH
D-5220 Waldbröl, Postfach 1328, Gartenstraße 3

Mundus Österr. Verlagsgesellschaft
A-1041 Wien IV, Postfach 142, Prinz-Eugen-Straße 30

Mundus Verlag Jupp Gerhards GmbH
D-7000 Stuttgart 1, Adolf-Kröner-Str. 24

Signet wird geführt seit: 1970.
Grafiker: M. Hepperle, Ravensburg.

Munzinger-Archiv / Archiv für publizistische Arbeit
D-7980 Ravensburg, Hans-Züricher-Weg 7
Tel: (07 51) 2 34 76. **Psch:** Stuttgart 64970-708. **Bank:** Württ. Landeskommunalbank Ravensburg 25889. **Gegr.** 1913 in Berlin. **Rechtsf:** Ges. bürgl. Rechts.
Inh/Ges: Dr. Ludwig Munzinger, Cora Munzinger.
Verlagsleitung: Dr. jur. Ludwig Munzinger □, geb. 24. 2. 1921 in Weingarten; nach Kriegsteilnahme und Gefan-

genschaft Studium der Rechtswissenschaft.
Biographien: Wolfgang Koschnick.
Internat. Handbuch: W. v. Loeben, U. Fabritzik, E. Sommer.
Zeitarchiv: H. Röhring, E. Urlau, A. Widmann.
Kulturarchiv: K. Meysel.
Gedenktage: G. Lebek.
Geschichte: Das „Archiv für publizistische Arbeit" wurde im März 1913 durch Dr. phil. Ludwig Munzinger, bis dahin Chefredakteur bzw. Korrespondent großer deutscher Blätter (Allgemeine Zeitung, München, Badische Landeszeitung, Karlsruhe, Dresdner Anzeiger) ins Leben gerufen. Zweck des Archivs war und ist es, Redaktionen wesentliches Grundlagenmaterial in die Hand zu geben. Der Sitz des Archivs wurde nach einem kriegsbedingten Zwischenspiel 1930 nach Dresden verlegt. Trotz kurzfristiger Verhaftung des Herausgebers konnte die Arbeit im wesentlichen ungestört auch in der Zeit des „Dritten Reiches" weitergehen. Seit Herbst 1946 erscheint es in Ravensburg/Württ.
Dr. jur. Ludwig Munzinger, der Sohn des Gründers, übernahm Ende 1957 die Leitung.
Erscheinende Dienste: „Internationales Biographisches Archiv - Personen aktuell" (seit 1913), wöch. ca. 25 Kurzbiographien, Loseblattsystem — „Internationales Handbuch - Länder aktuell" — „Zeitarchiv", eine Kartei des Zeitgeschehens in Politik und Wirtschaft (seit 1913). In gleicher Weise „Kulturarchiv" — „Sportarchiv" (seit 1928), sämtliche Loseblattwerke mit wöchentl. Ergänzungslieferungen — „Gedenktage" (mtl.).
Verlagsgebiete: 5 — 6 — 15 — 23 — 25.

Musikhandel Verlagsgesellschaft mbH
D-5300 Bonn, Friedrich-Wilhelm-Str. 31

Musik-Verlag Alte und Neue Kunst
D-1000 Berlin 41, Rheingaustraße 3

Musikwissenschaftliche Verlags-Gesellschaft-mbH
D-7140 Ludwigsburg, Postfach 1148, Untere Kasernenstraße 14

Musikwissenschaftlicher Verlag
A-1010 Wien I, Dorotheergasse 10

Signet wird geführt seit: 1947.

Grafiker: Entwurf Christian Hansen-Schmidt.

Musterschmidt-Verlag („Muster-Schmidt" KG Christian Hansen-Schmidt, Abt. Verlag)
D-3400 Göttingen, Turmstraße 7, Postfach 421
D-6000 Frankfurt (M), Roßmarkt 23
CH-8024 Zürich, Waldmannstraße 10a

Tel: (05 51) 4 10 41. **Fs:** 096-860. **Psch:** Hannover 119777. **Bank:** Bank für Gemeinwirtschaft Göttingen 1007148004; Flensburger Privatbank 074751. **Gegr:** 1947. **Rechtsf:** KG.
Inh/Ges: Komplementär: Hans Hansen-Schmidt und 6 Kommanditisten.
Verlagsleitung: Frau Eva-Maria Gerhardy.
Herstellung und Grafik: Otto Sturmberg.
Geschichte: Auf Anregung des Göttinger Physikers Professor Dr. Pohl und des damaligen Rektors der Universität, Professor Dr. Rein, entstand 1947 in Anlehnung an die graphischen Betriebe der „Muster-Schmidt" KG (1905 in Berlin gegründet) der Musterschmidt-Verlag. Seit 1947 ist eine zähe, zielbewußte Aufbauarbeit geleistet worden. Vorherrschende Verlagsgebiete: die Geschichtswissenschaft sowie die Gebiete Farbe, Farbenlehre und Farbanwendung, Recht- und Rechtsgeschichte, Zeichnen und Gestalten.
Buchreihen: „Göttinger Bausteine zur Geschichtswissenschaft", Hrsg. Hist. Seminar der Univ. Göttingen in Zusammenarbeit mit den Professoren Goetling, Grebing, Heimpel, Hering, Hoffmann, Nürnberger, Patze, v. Thadden, Wenskus — „Germanenrechte", neue Folge, Abt. Westgermanisches Recht, Hrsg. Prof. Eckhardt — „Persönlichkeit und Geschichte", Biographische Reihe, Hrsg. Prof. Franz — „Quellensammlung zur Kulturgeschichte", Hrsg. Prof. Treue — „Studien zum Geschichtsbild", Hrsg. Ranke-Gesellschaft — „Studien und Dokumente zur Geschichte des Zweiten Weltkrieges", Hrsg. Arbeitskreis für Wehrforschung — „Niedersächsische Künstler der Gegenwart", Hrsg. Kul-

tusministerium Hannover — „Sternstunden der Archäologie" — „Musterschmidt Studio- und Zeichenbücher".
Zeitschriften: „Das historisch-politische Buch", Ein Wegweiser durch das Schrifttum, Hrsg. Prof. Franz i. A. der Ranke-Gesellschaft (jährlich 12 Hefte) — „Die Farbe", Zeitschrift für alle Zweige der Farbenlehre und ihre Anwendung, Organ des Fachnormenausschusses Farbe im Dtsch. Normenausschuß e. V., Hrsg. Prof.. Richter (jährlich 6 Hefte) — „Homo", Zeitschrift für die vergleichende Forschung am Menschen, Organ der Dtsch. Gesellschaft für Anthropologie, Hrsg. Schidetzky, Gerhardt, Mühlmann (jährlich 4 Hefte).
Tges: Bestandteil der Musterschmidt KG.
Verlagsgebiete: 6 — 12 — 14 — 18 — 4 — 15 — 17.

Muth Verlag Dr. Frid. Muth Buch- und Zeitschriftenverlag
D-4000 Düsseldorf 11, Kaiser-Friedrich-Ring 9

Mykenae Verlag J. Baum KG
D-6100 Darmstadt, Ahastraße 9

Signet wird geführt seit: 1945.

Grafiker: —

Nagel Verlag GmbH.
Les Editions Nagel S. A., CH-1211 Genf 7,
5 Rue de l'Orangerie (Mutterhaus)
Deutsche Anschrift:
D-8000 München 21, Lechfeldstraße 3
Les Editions Nagel S. A., Paris 6e, 7, rue de Savoie
Tel: (089) 56 47 25. **Psch:** München 91576. **Bank:** Feuchtwanger Bank KG München 402255006; Dresdner Bank München 5 465 552. **Gegr:** 1945 in Paris. **Rechtsf:** GmbH.
Inh/Ges: Les Editions Nagel S. A. Genf.
Verlagsleitung: Dr. Louis Nagel; 2. Geschäftsführer: Jürgen Hoffmann-Heyden.

Geschichte: Der deutsche Verlag wurde 1960 als Tochtergesellschaft der Edition Nagel S. A., Genf, in Hamburg gegründet. 1964 wurde der Sitz nach München verlegt. Alle Verlagserzeugnisse werden in den eigenen Produktionsstätten in Genf hergestellt.
Hauptwerke: „Nagels Enzyklopädie-Reiseführer" China, UdSSR, USA, Japan, Indien sowie alle europäischen und viele außereuropäische Länder — „Archaeologia Mundi". Neben der europäischen, asiatischen und amerikanischen Kulturen Bände über Südsibirien, Zentralasien und den südlichen Kaukasus — „Kunst in Kappadozien".
Zeitschrift: „Archives Diplomatiques" (vtljl.).
Tges: Eigene Offset- und Buchdruckerei sowie Buchbinderei in Genf.
Verlagsgebiete: 14 — 15 — 16 — 6 — 12 — 21.

Signet wird geführt seit: —

Grafiker: —

Nagels Verlag
D-3500 Kassel-Wilhelmshöhe, Heinrich-Schütz-Allee 35
Tel: (05 61) 3 00 11. **Bank:** Landeskreditkasse Kassel 53 105. **Gegr:** 1820 in Hannover. **Rechtsf:** Einzelfirma.
Inh/Ges: Ehrensenator DDr. h. c. Karl Vötterle.
Verlagsleitung: Ehrensenator DDr. h. c. Karl Vötterle □, geb. 12. 4. 1903 in Augsburg.
Geschichte: Die durch Adolph Nagel gegründete Firma wurde 1913 von Alfred Grensser erworben, der 1927 „Nagels Musik-Archiv" gründete. Nach vorübergehender Auslagerung nach Celle wurde der Verlag 1952 von DDr. h. c. Karl Vötterle (Bärenreiter-Verlag) übernommen und nach Kassel verlegt. Der Verlag hat sich auf alte Musik spezialisiert.
Hauptwerke: „Nagels Musik-Archiv" — „Musica practica" — „Nagels Lauten- und Gitarre-Archiv" — „Nagels Männerchorbuch" — „Edition Nagel" — „Elektronische Orgel".
Verlagsgebiet: 13.

Signet wird geführt seit: 1970.

Grafiker: Gunter Narr.

Verlag Gunter Narr — Tübinger Beiträge zur Linguistik

D-7407 Rottenburg 3, Weingartenstr. 28
D-7400 Tübingen 1, Postfach 2567
Tel: (0 74 57) 16 76. **Psch:** Stuttgart 1687 70-706. **Bank:** Deutsche Bank Tübingen 01/91 668. **Gegr:** Okt. 1969 in Tübingen. **Rechtsf:** Einzelfirma.
Inh: Gunter Narr.
Verlagsleitung: Gunter Narr, geb. 27. 9. 1939 in Stuttgart. Studium der Anglistik, Romanistik u. Allgemeinen Sprachwissenschaft, anschließend mehrjährige wissenschaftliche Tätigkeit an der Universität Tübingen.
Geschichte: Gründung des Verlags Ende 1969, um eigene Bücher und solche von Universitätskollegen schnell und preiswert zu veröffentlichen. Durch großen Zuspruch seitens der Gelehrten weiterer Ausbau des Verlagsprogramms. 1970 Übernahme der „Forschungsberichte des Instituts für deutsche Sprache", Mannheim, als zusätzliche Reihe.
Hauptautoren/Hauptwerke: Eugenio Coseriu, Dieter Kastovsky, Gabriele Stein, R. R. K, Hartmann, Hans-Martin Gauger, Friedrich Schürr. — Allgemeine Sprachwissenschaft, Romanische bzw. Englische Sprachwissenschaft, Germanistik.
Buchreihen: „Tübinger Beiträge zur Linguistik" — „Forschungsberichte des Instituts für deutsche Sprache".
Verlagsgebiete: 7 — 11 — 25.

Signet wird geführt seit: 1951.

Grafiker: Karpfanger.

Nation Europa-Verlag GmbH

D-8630 Coburg, Bahnhofstraße 25, Postfach 670

Tel: (0 95 61) 9 45 96. **Psch:** Nürnberg 494 00. **Bank:** Bayerische Vereinsbank Coburg 137 58. **Gegr:** 1954. **Rechtsf:** GmbH.
Inh/Ges: Verteilung der Anteile (in Prozent): Dr. med. habil. Gunnar Berg, Borstel (4,5 %); Prof. Dr. med. Felix von Bormann, Bad Nauheim (4,5 %); Liselotte Dold, Freiburg (7,47 %); Hans Epprecht, Zürich (1,55 %); Robert Gadewoltz, Eutin (1,55 %); Hans Kisker, Mocamedes/Angola (1,55 %); Arthur Koegel †, Chicago (3,1 %); Klaus-Christoph Marloh, Hamburg (15,34 %); NATION EUROPA-Freunde e. V., Coburg (3,1 %); Felicitas Schneider, Hannover (1,55 %); Almut Späth, Ebersdorf (1,55 %); Helmut Sündermann, Leoni (1,55 %); Peter Dehoust, Coburg (3,1 %); Waldemar Schütz, Rosenheim (39,0 %); GmbH-eigene Anteile (10,59 %).
Verlagsleitung: Peter Dehoust.
Redaktion: Peter Dehoust (verantw.).
Werbung: Peter Dehoust.
Geschichte: Die Nation Europa GmbH ging 1954 aus der Einzelfirma hervor, die bereits seit 1951 die von Arthur Ehrhardt gegründete Zeitschrift „Nation Europa" verlegte. Die Herausgabe dieser Zeitschrift — 1956 ergänzt durch die Beilage „Suchlicht" — liegt seit 1971 in Händen von Peter Dehoust.
Zeitschrift: „Nation Europa" (Monatsschrift) mit Beilage „Suchlicht" (Pressespiegel).
Verlagsgebiete: 6 — 28.

National-Verlag GmbH Deutsche Wochenzeitung

D-8200 Rosenheim, Brückenstraße 1

Maria Natter (Internationaler Fachverlag Handarbeit)

A-6800 Feldkirch-Tisis, Postfach 192, Wolf-Huber-Straße 11

Nauck u. Co., Albert

D-5000 Köln, Gereonstraße 18—32 und
D-1000 Berlin 10, Gutenbergstraße 3—4

Signet wird geführt seit: 1945.

Grafiker: —

Verlag Johann Wilhelm Naumann

D-8700 Würzburg, Juliuspromenade 64, Postfach

Tel: (09 31) 5 00 21/22. **Fs:** über 068862. **Psch:** München 109-803. **Bank:** Bayerische Vereinsbank Würzburg 1131214. **Gegr:** 1945. **Rechtsf:** GmbH & Co. KG.
Inh/Ges: Frau Dr. med. Doris Bauer, Ärztin, Köln; Frau Resi Naumann, Kinderschwester, München; Frau Ruth Naumann, Lehrerin, Kissing; Prof. Dr. Heinrich-Wilhelm Naumann, Arzt, München.
Verlagsleitung: Erwin Stindl, geb. 28. 11. 1925, Dipl.-Vw., Geschäftsführer.
Geschichte: Gegründet 1945 von Johann Wilhelm Naumann zur Herausgabe der Monatszeitschrift „Neues Abendland". 1948 erhält Naumann als erster Lizenz zur Herausgabe einer katholischen Tageszeitung, der „Deutschen Tagespost". 1961 Erwerb der „Allgemeinen Sonntagszeitung". 1. Mai 1956 Tod Naumanns. Das Eigentum der Einzelfirma geht auf seine Witwe Gertrud Naumann über. Seit 1. 1. 1969 GmbH & Co. KG.
Zeitungen: „Deutsche Tagespost" und „Die Allgemeine Sonntagszeitung". Chefred. Ferdinand Römer, Stv.: Erwin Stindl, CvD: Dr. Winfried Jestaedt; ferner Dr. Manfred Lange (Kultur), Carl-Heinz Pierk (Jugend), Anna Altenhöfer Mons (Frau, Reise). Ständige Mitarbeiter: Dr. Emil Franzel, Ludwig Altenhöfer, Peter Hornung, Dr. Wilhelm Blank (Bonn). Korrespondenten in den meisten Hauptstädten.
Buchverlag: Autoren aus dem Mitarbeiterkreis der Zeitungen, ferner Dr. Eberhard Sievers, Georg Siegmund, Bernhard Scherer, Hans Ullrich Willms, B. J. J. Visser, Hugo Staudinger, Alois Stiefvater.
Verlagsgebiete: 29 — 2b — 5 — 6 — 17.

Neckar-Verlag Herbert Holtzhauer GmbH

D-7730 Villingen, Klosterring 1, Postfach 1820

Tel: (0 77 21) 5 10 21, 5 10 22, 5 10 23 und 5 10 24. **Psch:** Stuttgart 9389-701. **Bank:** Volksbank Villingen 8915; Spar- und Kreditbank Villingen 13-411. **Gegr:** 2. 9. 1945 in Schwenningen/N. **Rechtsf:** GmbH.
Inh/Ges: Herbert Holtzhauer, Geschäftsführer; Hertha Holtzhauer.
Verlagsleitung: Herbert Holtzhauer, Geschäftsführer; Klaus Holtzhauer, Lektor; Reinhold Kocheise, Prokurist.
Geschichte: Der Verlag wurde im September 1945 gegründet. Im Mai 1945 wurde ihm die Lizenz der französischen Militärregierung als Buchverlag verliehen. Seit 1952 steht der Verlag in einem engen Verhältnis zum Land Baden-Württemberg. Die Amtsblätter des Arbeits- und Sozialministeriums, des Justiz- und Kultusministeriums werden seit dieser Zeit betreut. Seit Anfang der sechziger Jahre liegt das Schwergewicht des Verlages auf pädagogischer und bildungspolitischer Literatur. Seit 1970 Verlag der Zeitschriften des Instituts für Bildungsplanung und Studieninformation in Stuttgart. Seit 1958 Herausgeber der Zeitschrift „m o d e l l — die führende deutsche Fachzeitschrift für funkgesteuerte Modelle", die in 37 Ländern verbreitet ist.
Buchreihen: „Bildung in neuer Sicht", hrsg. vom Kultusministerium Baden-Württemberg — „Bildung für die Welt von morgen", hrsg. vom Kultusministerium Baden-Württemberg — Heilpädagogische Schriftenreihe — Wissenschaftliche Beiträge aus Forschung, Lehre und Praxis zur Rehabilitation behinderter Kinder und Jugendlicher — Schriftenreihe „Modell" — Schriftenreihe für die Feuerwehr — Meisterwerke der Kunst.
Zeitschriften: „Arbeits- und Sozialrecht" — „Die Justiz" — „Kultus und Unterricht" — „Brandhilfe" — „modell - die führende deutsche Fachzeitschrift für funkgesteuerte Modelle" — „Die Schulwarte" — „Zeitnahe Schularbeit" — „Schule im Blickpunkt" — „Politik und Soziologie - Zeitschrift zur Gestaltung des politischen Unterrichts" — „inform", Weiterbildung in Baden-Württemberg.

Tges: Ring-Druck, Buchdruckerei und Binderei, Inhaber Herbert Holtzhauer, D-7730 Villingen, Klosterring 1
Verlagsgebiete: 4 — 6 — 9 — 10 — 11 — 12 — 14 — 20 — 28 — 3 — 15 — 24.

Signet wird geführt seit: —

Grafiker: Ernst Paar.

Paul Neff Verlag

D-1000 Berlin 45, Herwarthstraße 3

Tel: (030) 73 52 46. **Psch:** Berlin-West 492 07. **Bank:** Berliner Bank. **Gegr:** 8. 10. 1829 in Stuttgart. **Rechtsf:** KG.
Inh/Ges: Wolfgang Pfenningstorff.
Verlagsleitung: Karl Andreas Eallinger.
Geschichte: Der Paul Neff Verlag wurde 1829 vom Buchhändler Paul Neff in Stuttgart gegründet. Im Jahre 1929 übernahm Ludwig Pfenningstorff den Verlag und ging 1930 mit ihm nach Berlin. Ludwig Pfenningstorff starb am 13. 1. 1960.
Hauptautoren: Elisabeth Barbier, Taylor Caldwell, André Castelot, Zsolt Harsanyi, Robert Högfeldt, Vintila Horia, Mirko Jelusich, Daria Olivier, Lazslo Passuth, Hermann Schreiber, Rudolf Thiel, Mika Waltari.
Verlagsgebiete: 6 — 8 — 12.

Paul Neff Verlag KG.

A-1060 Wien VI, Gumpendorfer Str. 5

Neidl, Margarethe

A-1140 Wien XIV, Goldschlagstraße 129

Nemayer, Arthur, Verlag

D-8102 Mittenwald, Postfach 29, Bahnhofstraße 24

Neptun Verlag Ing. H. Frei

CH-8280 Kreuzlingen 1, Postfach 307

Nero Musikverlag Gerhard Hämmerling oHG

D-1000 Berlin 31, Wittelsbacher Str. 18

Signet wird geführt seit: 1951.

Grafiker: nicht bekannt (etwa 250 Jahre alt).

Verlag Günther Neske Pfullingen

D-7417 Pfullingen, Kloster, Postfach 44

Tel: (0 71 21) 7 13 39. **Psch:** Stuttgart 4434. **Bank:** Württembergische Bank Reutlingen 1253; Dresdner Bank Reutlingen 3606; Bank für Gemeinwirtschaft Reutlingen 1 006 1721. **Gegr:** 21. 4. 1951 in Pfullingen. **Rechtsf:** Einzelfirma.
Inh/Ges: Günther Neske.
Verlagsleitung: Günther Neske □, geb. 14. 9. 1913 in Schwetz an der Weichsel, Besuch des Gymnasiums in Belgard (Pommern), danach Studium der Theologie, Philosophie und Geschichte in Berlin, Tübingen, Göttingen, Basel und Rom.
Geschichte: Von 1948 bis 1951 Mitinhaber des Otto Reichl Verlags Tübingen, am 21. 4. 1951 Gründung der Einzelfirma Verlag Günther Neske Pfullingen, Kloster (handelsrechtliche Eintragung in Reutlingen).
Hauptautoren: Beda Allemann, Ludwig Binswanger, Witold Gombrowicz, Martin Heidegger, Walter Jens, Rudolf Kassner, Hans Mayer, Arnold Metzger, Walter Schulz, Traugott v. Stackelberg, Paul Swiridoff, Eugen Gottlob Winkler.
Buchreihen: „Swiridoff-Bildbände" — „Politik in unserer Zeit" — „Opuscula aus Wissenschaft und Dichtung".
Alm: „Zehn Jahre Neske Verlag" (1961).
Tges: Neske Produktion für Film und Fernsehen (handelsrechtliche Eintragung in Reutlingen). Firmensitz: Geschäftsleitung Pfullingen, Produktion Stuttgart.
Verlagsgebiete: 3 — 6 — 7 — 8 — 27 — 12 — 13 — 15.

Neue Betriebswirtschaft Gesellschaft für industrielle Schulung und Beratung mbH

D-6800 Mannheim, 07, 12

Neue Bildpost GmbH

D-5784 Bödefeld, Postfach 27, Hunaustraße 27

Neue Darmstädter Verlagsanstalt

Signet wird geführt seit: 1949.

Grafiker: —

Neue Darmstädter Verlagsanstalt GmbH & Co. KG

D-5340 Bad Honnef, Birmarckstraße 6
und
D-6100 Darmstadt, Erbacher Straße 3, Postfach 4111 (Auslieferung)

Tel: (0 22 24) 32 32; (0 61 51) 2 14 43. **Psch:** Frankfurt 114232-609. **Bank:** Stadtsparkasse Bad Honnef 115 295; Stadt- und Kreissparkasse Darmstadt 546 402. **Gegr:** 1. 4. 1971 in Bad Honnef. **Rechtsf:** GmbH & Co. KG.

Ges: Klaus-J. Holzapfel, Michael Holzapfel.

Verlagsleitung: Klaus-J. Holzapfel, geb. 18. 5. 1930 in Berlin, seit 1951 im Verlagsbuchhandel tätig, wohnhaft in Linz/Rhein; Michael Holzapfel, Winningen.

Geschichte: Die NDV wurde am 27. 7. 1949 als GmbH in Darmstadt gegründet. Diese Firma ist heute der persönlich haftende Gesellschafter der NDV KG. Gründer war Adolf Holzapfel, bis 1945 Teilhaber des Verlages Hermann Hillger KG, Berlin. Die NDV ist seit 1950 Verlag der „Darmstädter Gespräche", seit 1953 erscheint u. a. das Amtliche Handbuch des Deutschen Bundestages. Die Verlagsleitung zog 1971 nach Bad Honnef um; seitdem KG. Auslieferung weiter in Darmstadt. 1973 haben die Inhaber den Verlag Gebr. Holzapfel in Berlin gegründet.

Hauptwerke: „Amtliches Handbuch des Deutschen Bundestages" — „Handbuch des Bundesrates" — „Handbuch der Bundesregierung" — „Kürschners Volkshandbuch Deutscher Bundestag".

Buchreihen: „Darmstädter Gespräche" (Protokollbände der Darmstädter Gespräche).

Tges: Verlag Gebr. Holzapfel, D-1000 Berlin 52, Kienhorststraße 61/63.

Btlg: Zusammen mit Verlag Karl Heinrich Bock, Bad Honnef, Begleitmaterial für Schulfernsehsendungen.

Verlagsgebiete: 4 — 6 — 1 — 11.

Die neue Lese Verlagsgesellschaft mbH
D-1000 Berlin 30, Genthiner Straße 30g

„Das neue Lied" Musikverlag Yvonne L. Stolz
D-8000 München 40, Am Jagdweg 2

Der Neue Schulmann Holzwarth & Co.
D-7000 Stuttgart 1, Pfizerstraße 5—7

Neue Verlagsgesellschaft der Frankfurter Hefte
D-5450 Neuwied, Heddersdorferstr. 31, Redaktion: D-6000 Frankfurt (M), Leipziger Straße 17

Neue Welt Musikverlag Rolf Budde
D-1000 Berlin 33, Hohenzollerndamm Nr. 54 A

Neue Westdeutsche Verlagsges.mbH
D-4300 Essen/Ruhr, Postfach 1228, Kennedyplatz 6

Neuer Bäcker-Verlag GmbH
D-1000 Berlin 62, Kärntener Straße 8

Neuer Handels-Verlag GmbH & Co. KG
D-8939 Bad Wörishofen, Postfach 407, Zugspitzstraße 17

Neuer Jugendschriften-Verlag Krummnow & Co.
D-3000 Hannover 1, Drostestraße 14—16

Neuer Münchner Musikverlag Franz Pollak oHG
D-8000 München 40, Adalbertstraße 49

Neuer Tessloff-Verlag Ragnar Tessloff
D-2000 Hamburg 52, Postfach 340, Bernadottestraße 209

Neuer Theater Verlag GmbH
D-2000 Hamburg 13, Heimhuder Str. 36

te Neues KG Druck und Verlag
D-4152 Kempen 1, Postfach 106

Neufeld Verlag+Galerie
A-6890 Lustenau, Schillerstraße 7

Neugebauer, Gerhard
A-5020 Salzburg, Schwarzstraße 18

Neugebauer press
A-4822 Bad Goisern 8

Signet wird geführt seit: 1974.

Grafiker:
Kurt Wolff, Düsseldorf.

Neukirchener Verlag des Erziehungsvereins GmbH

D-4133 Neukirchen-Vluyn 2, Andreas-Bräm-Straße 22, Postfach 216
Tel: (0 28 45) 42 95. **Psch:** Köln 1061 48.
Bank: Deutsche Bank AG Moers 51/4380; Sparkasse Neukirchen-Vluyn 202 564. **Gegr:** 28. 5. 1888 in Neukirchen (Krs. Moers). **Rechtsf:** GmbH.
Inh/Ges: Erziehungsverein Neukirchen-Vluyn.
Verlagsleitung: Geschäftsführer: Pastor Dr. Rudolf Weth und Werner Braselmann.
Lektorat: Dr. Hanns-Martin Lutz.
Herstellung: Hans-Martin Dahlmann (Handlungsvollm.).
Werbung: Reinhard Lieber.
Vertrieb: Hugo Hartstang.
Buchhaltung: Alfred Döring (Handlungsvollm.).
Geschichte: 1886 Gründung des „Verlags der Buchhandlung des Erziehungsvereins" unter Leitung von Ernst Valentin. Herausgabe des bekannten Abreißkalenders sowie volksmissionarischer und theologischer Schriften. 1900 Beginn der Veröffentlichung der „Auslegung der Heiligen Schrift" von Johannes Calvin, 1909 Erscheinen der „Institutio christianae religionis" des gleichen Verfassers in deutscher Übersetzung von Otto Weber. 1923 übernimmt Johannes Meyer-Stoll die Leitung. Weitere Veröffentlichungen mit volksmissionarischem Charakter und über Werk und Person Calvins. Beginn der Reihe „Beiträge zur Geschichte und Lehre der Reformierten Kirche". 1938 liegen die ersten Lieferungen der Calvin-Predigten „Supplementa Calviniana" vor. Nach dem Krieg Weiterführung des Verlages. 1950 Beginn der Vorarbeiten am „Biblischen Kommentar - Altes Testament", von dem heute 10 abgeschlossene Bände vorliegen. 1963 übernimmt C. Otto die Leitung des Verlages. Sein Nachfolger ist seit 1968 Werner Braselmann. Der „Neukirchener Verlag" gehört heute zu den führenden theologischen Fachverlagen im deutschsprachigen Raum. Sein Programm umfaßt z. Zt. innerhalb von 12 Buchreihen und als Einzelveröffentlichungen mehr als 250 lieferbare Titel.
Hauptautoren: Johannes Calvin, Georg Eichholz, Manfred Hausmann, Hans-Joachim Kraus, Martin Noth, Gerhard von Rad, Werner H. Schmidt, Odil Hannes Steck, Otto Weber, Hans Walter Wolff, Hans Wulf, Rudolf Bohren.
Buchreihen: „Biblischer Kommentar - Altes Testament" — „Evang.-kath. Kommentar zum Neuen Testament" — „Alter Orient und Altes Testament" — „Wissenschaftl. Monographien zum Alten und Neuen Testament" — „Beiträge zu Geschichte und Lehre der Ref. Kirche" — „Biblische Studien" — „Neukirchener Studienbücher" — „grenzgespräche".
Zeitschrift: „Reformierte Kirchenzeitung" (2x mtl.).
Btlg: Siebenstern-Taschenbuchverlag, Theologische Werbegemeinschaft (ohne Namensgebung) der Verlage Gütersloher Verlagshaus Gerd Mohn, Neukirchener Verlag, Paulinus-Verlag, Verlag Vandenhoeck & Ruprecht) — Werbegemeinschaft „FACH: RELIGION", hrsg. von Gütersloher Verlaghaus Gerd Mohn, Neukirchener Verlag, Patmos-Verlag, Spee-Verlag.
Verlagsgebiete: 2a — 8 — 10 — 15 — 28.

Neuland-Bund und Verlag Böse KG
D-8000 München 60, Postfach 165, Seinsheimstraße 12

Neuland Verlagsgesellschaft mbH
D-2000 Hamburg 1, Adenauerallee 48

Neumaerker, Ing. J. Herbert
A-3400 Klosterneuburg, Leopoldstr. 19

Neumann Verlag
DDR-8122 Radebeul bei Dresden, Dr.-Schmincke-Allee 19

Neumann-Neudamm, J. KG
D-3508 Melsungen, Postfach 267, Mühlenstraße 9

Neumann u. Wolff
D-2300 Kiel 1, Virchowstraße 27

Neuzeit-Verlag Dr. Alfons Kellermeier
D-8380 Landau (Isar), Hauptstraße 89

Signet wird geführt seit: —

Grafiker: —

Nicolaische Verlagsbuchhandlung KG Stricker, Panzig und Söhne

D-4900 Herford, Schrewestraße 7, Postfach 355
D-1000 Berlin 12, Fasanenstraße 15, Tel: (030) 8 83 84 87

Tel: (0 52 21) 32 53. **Psch:** Berlin West 13 61 60. **Bank:** Volksbank Herford 4541; Dresdner Bank Herford 3.803.910. **Gegr:** 1713 in Berlin. **Rechtsf:** KG.
Inh/Ges: Wendt Groll GmbH., Friedrich Ribbert, Dieter Beuermann, Heinz Prass.
Verlagsleitung: Dieter Beuermann □, geb. 24. 8. 1938.
Geschichte: Der Verlag wurde von dem Buchhändler Christoph Gottlieb Nicolai 1713 in Berlin gegründet. Sein Sohn Friedrich Nicolai (1733—1811) baute den Verlag zu einem der führenden Häuser Deutschlands aus. Er gehörte zu den bekanntesten literarischen Köpfen seiner Zeit, war mit Lessing und Moses Mendelssohn befreundet und war der bedeutendste Verleger der deutschen Aufklärung und auch ein erfolgreicher Autor. Seine Hauptarbeit war die Herausgabe der „Allgemeinen Deutschen Bibliothek", eine noch heute imponierende „Rezensieranstalt", deren 268 Bände von 1765—1805 erschienen und dem deutschen Lesepublikum ca. 80 000 Titel vorstellte. Nach dem Tode Friedrich Nicolais führten seine Erben Verlag und Sortiment weiter. Sein Enkel, der Archäologe Dr. Gustav Parthey verkaufte 1858 zuerst die Buchhandlung und 1866 auch den Verlag, die trotz verschiedener Inhaber noch lange unter einem Dach im heute noch erhaltenen Berliner Haus Brüderstraße 13 blieben. Am 8. Mai 1945 brannten in Berlin Geschäftsräume und Lager des Verlages völlig aus. Ab 1965 wurde der Verlag mit neuen Inhabern in Herford angesiedelt und gründete 1973 bereits wieder eine Filiale in Berlin.
Hauptautoren: Hans Glatzel, Dietfried Müller-Hegemann, Ernst-Günther Schenck, Gustav Sichelschmidt, Rüdiger Teßmann, Bernhard Vogel, Hans Wielens.
Buchreihe: „Manualia Nicolai", medizinisch-naturwissenschaftliche Reihe.
Verlagsgebiete: 5 — 6 — 8 — 17 — 18 — 25 — 12.

Niederösterreichische Pressehaus Druck- und Verlagsgesellschaft mbH
A-3100 St. Pölten, Linzer Straße 3—7

Signet wird geführt seit: 1960.

Grafiker: Carl Sorns, Hameln.

C. W. Niemeyer, Hameln
D-3250 Hameln, Osterstraße 19, Postfach 447

Tel: (0 51 51) 20 03 26. **Fs:** 9-2859. **Psch:** Hannover 14607-300. **Bank:** Volksbank Hameln 21642; Dresdner Bank Hameln 140053. **Gegr:** 1797 in Königslutter. **Rechtsf:** KG.
Inh: Günther Niemeyer, geb. 3. 4. 1911, Studium der Germanistik, Geschichte, Volkskunde an den Universitäten Heidelberg, Frankfurt (M) und Berlin.
Verlagsleitung: Erich Schoeneberg, geb. 20. 2. 1920.
Geschichte: Seit 1797 ist das Druck- und Verlagshaus C. W. Niemeyer Hameln im Familienbesitz. Es wurden von Beginn an neben Heimatzeitungen und allgemeinbildenden Zeitschriften Bücher gedruckt und verlegt. Der Buchverlag beschränkte sich lange Zeit auf die Herausgabe heimatlicher Literatur. Seit 1956 trat der Verlag C. W. Niemeyer mit einer schöngeistigen Produktion an die Öffentlichkeit und sieht sei-

ne Aufgabe in der Pflege des Wertvollen und Beständigen, insbesondere in der Dokumentation von Landschaft, Kultur und Geschichte des Weserraumes. Seit 1963 ist der Verlag C W. Niemeyer Inhaber des alten, renommierten hannoverschen Verlages Adolf Sponholtz.
Hauptautoren: Helmut Domke, Herbert Kreft, Karl Löbe, Hansgeorg Loebel, Josef Müller-Marein, Fritz Seifert, Jürgen Soenke, Hans Thümmler.
Hauptwerke: Herbert Kreft/Jürgen Soenke, „Die Weserrenaissance" — Hans Thümmler/Herbert Kreft, „Weserbaukunst im Mittelalter" — Kreft/Müller-Marein/Domke, „Schlösser an der Loire" — Karl Löbe, „Das Weserbuch" — Hansgeorg Loebel, „Niedersachsen" — Fritz Seifert, „Das Weserberglandbuch", „Schönes Weserbergland" — Joh. W. v. Goethe, „Die Flöhe".
Tges: Adolf Sponholtz Verlag, Inh. C. W. Niemeyer Hameln; Verlag der Deister- und Weserzeitung; Festlandverlag GmbH, Bonn; Formularverlag C. W. Niemeyer Hameln; Adreßbuchverlag C. W. Niemeyer, Hameln; Buchdruckerei und Klischeeanstalt C. W. Niemeyer, Hameln.
Verlagsgebiete: 8 — 12 — 15 — 21 — 26 — 28 — 29 — 30.

Signet wird geführt seit: 1950.

Grafiker: Prof. Herbert Post.

Max Niemeyer Verlag

D-7400 Tübingen, Pfrondorfer Straße 4, Postfach 2140
Tel: (0 71 22) 46 56. **Psch:** Stuttgart 71314. **Bank:** Deutsche Bank Tübingen 01/03887. **Gegr:** 1870 in Halle/Saale. **Rechtsf:** Einzelfirma.
Inh/Ges: Robert Harsch-Niemeyer.
Verlagsleitung: Robert Harsch-Niemeyer ☐, geb. 9. 6. 1932 in Halle/Saale. Herstellung: Wolfgang Reiner ppa. Werbung und Vertrieb: Marlene Kühlechner.
Geschichte: Gegründet 1870 in Halle an der Saale von Max Niemeyer (geb. 2. 6. 1841, gest. 11. 6. 1911). Nach dem Tod des Gründers fortgeführt von seinem Sohn Hermann Niemeyer (geb. 16. 4. 1883). Im März 1949 Verlegung des Firmensitzes nach Tübingen, Neubeginn dort zunächst unter dem Namen Neomarius Verlag, von 1950 an als Max Niemeyer Verlag Tübingen. 1953 Enteignung des Stammhauses in Halle/Saale und Umwandlung in einen VEB. Nachfolger von Hermann Niemeyer (gest. 12. 10. 1964) ist sein Enkel Robert Harsch-Niemeyer.
Seit seiner Gründung widmet sich der Verlag vor allem den Gebieten der Sprach- und Literaturwissenschaft und der Philosophie. Die von Anfang an betreuten Werke der Junggrammatiker Paul, Braune und Sievers haben heute noch grundlegende Bedeutung; ihre Lehrbücher — inzwischen von der dritten und vierten Forschergeneration auf den neuesten Stand gebracht — gehören zum Rüstzeug des Studierenden der neueren Sprachen. Kritische Editionen von Werken der Dichtkunst (bisher vor allem der alt- und mittelhochdeutschen Epoche und der Barockzeit) sind ein Charakteristikum der Verlagsarbeit. Die Literaturwissenschaft empfing von der besonders gepflegten Forschungsrichtung der Geistes- und Problemgeschichte entscheidende Impulse (Kluckhohn, Unger u.a., „Deutsche Vierteljahrsschrift für Literaturwissenschaft und Geistesgeschichte"). Die Philosophie Edmund Husserls nimmt einen bedeutenden Platz in der neueren Philosophie ein, seine Werke und sein „Jahrbuch für Philosophie und phänomenologische Forschung" erschienen zuerst im Max Niemeyer Verlag, sowie die seiner Schüler Heidegger, Ingarden, Pfänder, Scheler und anderer.
Die Zeitschrift „Beiträge zur Geschichte der deutschen Sprache und Literatur" erscheint seit 1874, die „Zeitschrift für romanische Philologie" seit 1877, die „Anglia. Zeitschrift für englische Philologie" seit 1878 und die „Zeitschrift für celtische Philologie" seit 1904. 1960 wurde die „Germanistik. Internationales Referatorgan mit bibliographischen Hinweisen" begründet. Seit 1962 bringt der Verlag die „Neue Folge des Jahrbuchs des Freien Deutschen Hochstifts" heraus.
Von seiner Gründung bis zum Jahre 1973 sind rund 3600 Buchveröffent-

lichungen unter dem Zeichen des Verlages erschienen. Der Verlagskatalog des Max Niemeyer Verlages Tübingen verzeichnet 904 Titel als lieferbar (Stand Ende 1973).

Hauptautoren u. -herausgeber: Richard Alewyn, Hans Peter Althaus, Werner Betz, Helmut de Boor, Wilhelm Braune, Richard Brinkmann, Hans Eggers, Karl Helm, Helmut Henne, Walter Henzen, Franz Hundsnurscher, Paul Kluckhohn, Hugo Kuhn, Hermann Kunisch, Friedrich Maurer, Hugo Moser, Hermann Paul, Ingeborg Schröbler, Friedrich Sengle, Eduard Sievers, Hugo Steger, Erich Trunz, Otmar Werner, Herbert Ernst Wiegand, Gotthart Wunberg, Klaus Ziegler; Rudolf Baehr, Kurt Baldinger, Ernst Gamillscheg, Klaus Heger, Gustav Ineichen, Gerhard Rohlfs, Christian Rohrer, Leo Spitzer, Karl Voretzsch, Kurt Wais, Walther von Wartburg; Herbert E. Brekle, Karl Brunner, Arno Esch, Helmut Gneuss, Hans Käsmann, Wolfgang Kühlwein, Gerhard Müller-Schwefe, Walter F. Schirmer, Friedrich Schubel, Theo Stemmler, Erwin Wolff, Theodor Wolpers; Otto Friedrich Bollnow, Andreas Flitner, Wilhelm Flitner, Martin Heidegger, Edmund Husserl, Roman Ingarden, Eduard Spranger.

Buchreihen: „Sammlung kurzer Grammatiken germanischer Dialekte" — „Altdeutsche Textbibliothek" — „Neudrucke deutscher Literaturwerke. Neue Folge" — „Hermaea. Germanistische Forschungen. Neue Folge" — „Studien zur deutschen Literatur" — „Untersuchungen zur deutschen Literaturgeschichte" — „Deutsche Texte" — „Deutsche Neudrucke. Reihe Barock" — „Konzepte der Sprach- und Literaturwissenschaft" — „Germanistische Arbeitshefte" — „Linguistische Arbeiten" — „Idiomatica" — „Phonai" — „Sprachstrukturen" — „Sammlung kurzer Lehrbücher der romanischen Sprachen und Literaturen" — „Sammlung romanischer Übungstexte" — „Beihefte zur Zeitschrift für romanische Philologie" — „Romanistische Arbeitshefte" — „Buchreihe der Anglia" — „Studien zur Englischen Philologie. Neue Folge" — „English Texts" — „Anglistische Arbeitshefte".

Hz: „Neuerscheinungen und Neuauflagen" (hjl.).

Verlagsgebiete: 3 — 7 — 14.

Niemeyer Max VEB
DDR-7010 Leipzig, Postfach 130, Gerichtsweg 26

Arthur Niggli AG
CH-9052 Niederteufen

Nobis, Günter
D-6200 Wiesbaden, Forststraße 12

Noetzel, Otto Heinrich
D-2940 Wilhelmshaven, Postfach 620, Liebigstraße 16

Nomos Verlagsgesellschaft mbH & Co. KG
D-7570 Baden-Baden, Waldseestr. 3—5, Postftch 610

Tel: (0 72 21) 2 36 07, 2 36 71. **Fs:** 07 84 301. **Psch:** Karlsruhe 736 36-751. **Bank:** Stadtsparkasse Baden-Baden 5-00 22 66; Commerzbank AG Baden-Baden 1 108 596. **Gegr:** 1936 in Berlin. **Rechtsf:** GmbH & Co KG.

Inh/Ges: Komplementärin: Nomos Verlagsleitungs-Gesellschaft mbH, Baden-Baden. Wesentlich beteiligter Kommandistist: Dr. Siegfried Unseld ◻, Frankfurt (M).

Verlagsleitung: Volker Schwarz; Hans-Joachim Kissler, Prokurist; Dr. Heribert Marré, Prokurist.

Geschichte: Der Verlag wurde 1936 in Berlin unter dem Namen Verlag August Lutzeyer gegründet. Seit dem 1. 7. 1963 führt er seinen heutigen Namen.

Hauptwerke: „Das Deutsche Bundesrecht" — „Handbuch für Europäische Wirtschaft" — „Handbuch der Entwicklungshilfe" — „Steuern und Zölle im Gemeinsamen Markt" — „Handbuch des Arbeitsrechts" — „Atlas sozialökonomischer Regionen Europas".

Buchreihen: „Planen" — „Planung" — „Schriftenreihe Europäische Wirtschaft" — „Schriftenreihe vom Handbuch der Entwicklungshilfe" — „Internationale Kooperation" — „Verfassungsrecht in Fällen" — „Studien und Materialien zur Verfassungsgerichtsbarkeit" — „Politik und Verwaltung" — „Arbeits- und

Sozialrecht" — „Rechtsstellung des Ausländers in den sozialistischen Staaten" — „Schriftenreihe zum Stiftungswesen" — „Osteuropa-Institut - Rechtswissenschaftliche Veröffentlichungen" — „Schriften zur öffentlichen Verwaltung und öffentlichen Wirtschaft" — „Schriftenreihe Wirtschaftsrecht und Wirtschaftspolitik".
Zeitschrift: „Arbeit und Sozialpolitik" (mtl.).
Verlagsgebiete: 4 — 6.

Non Stop-Bücherei GmbH
D-8000 München 19, Hubertusstraße 4

Signet wird geführt seit: 1962.

Grafiker: —

Norddeutsche Verlagsanstalt O. Goedel
D-6230 Frankfurt (Main) 80, Postfach 800 346
Tel: (0 61 96) 2 31 29. **Psch:** Hannover 155 90. **Bank:** Frankfurter Volksbank 12 149. **Gegr:** 20. 11. 1883 in Hannover.
Rechtsf: Einzelfirma.
Inh/Ges: Dr. Hermann Schmitt-Vockenhausen.
Verlagsleitung: Dr. Hermann Schmitt-Vockenhausen, geb. 31. 1. 1923 in Vokkenhausen/Taunus; 1941 Abitur, Studium der Rechte a. d. Univ. Frankfurt (M) und Berlin, 1950 Verlagsleiter bei Dr. Max Gehlen.
Geschichte: Der 1943 durch Kriegseinwirkung völlig zerstörte Verlag wurde 1956 vom jetzigen Inhaber erworben. Neben altsprachlichen Präparationen sind als neue Verlagsgebiete hinzugekommen: Politik und Zeitgeschichte.
Hauptautoren/Hauptwerke: Krafft und Rankes „Präparationen und Textausgaben" (Latein und Griechisch), neu hrsg. von Dr. Werner Jäkel sowie entspr. Literaturverzeichnisse — Werke von Prof. Dr. Ferdinand Friedensburg, Prof. Dr. Georg Eckert, Prof. Dr. O. E. Schüddekopf, Dr. Hans-Gerd Schumann, Dr. F. A. Krummacher.
Verlagsgebiete: 6 — 11 — 20.

Norddeutscher Feuerschutz-Verlag
D-2350 Neumünster 6, Gänsemarkt 1/3

Nordland-Druck GmbH
D-3140 Lüneburg, Postfach 43, Am Sande 18

Nord-Süd-Verlag Musikverlag GmbH
D-5000 Köln, Am Hof 34

Nordwestdeutscher Verlag Ditzen & Co.
D-2850 Bremerhaven, Postfach 1163, Hafenstraße 140

Nordwestverlag Stephanie Schräpel
D-3000 Hannover-Waldhausen, Güntherstraße 21

Normalverlag
D-6000 Frankfurt (M) 1, Lersnerstr. 22

Notgemeinschaft der Gustav Adolf Stiftung e. V. Verlag des Gustav Adolf Werkes
D-3500 Kassel, Postfach 351, Olgastr. 8

Novaria Verlag GmbH & Co. KG
D-8000 München 15, Schwanthalerstr. 16

Numismatischer Fachverlag siehe Speidel-Nübling

Signet wird geführt seit: 1957.

Grafiker:
Heinz Christoph Albrecht.

Nymphenburger Verlagshandlung GmbH
D-8000 München 19, Romanstraße 16, Postfach
Tel: (089) 16 20 51. **Psch:** München 53 45-804. **Bank:** Bayer. Vereinsbank München 6710 646. **Gegr:** 26. 7. 1946.
Rechtsf: GmbH.
Inh/Ges: Dr. Herbert Fleißner.
Verlagsleitung: Hans A. Neunzig und Gerhard Weiß, geb. 12. 6. 1904. **Lektorat:** Dr. Karin von Hofer.
Geschichte: Frühere Veröffentlichungen: die Zeitschriften „Deutsche Beiträge",

„Münchner Tagebuch" und „Der Ruf". Mitverleger der „Bücher der Neunzehn". **Hauptautoren:** H. P. Bahrdt, Leonhard Frank, Heinrich Gerlach, Helga Grebing, Martin Gregor-Dellin, Alfred Kubin, Klaus Mann, M. Niehaus, Konstantin Paustowskij, K. Sontheimer, Peter v. Tramin, W. Weischedel. — Gesamtausgaben: G. Britting, Theodor Fontane, Selma Lagerlöf, Bertrand Russell.
Buchreihen: Wissenschaftliche Buchreihen „sammlung dialog" — „nymphenburger texte zur wissenschaft".
Tges: Vertriebsgemeinschaft mit Verlag Heinrich Ellermann.
Btlg: Deutscher Taschenbuch Verlag GmbH & Co., KG., München.
Verlagsgebiete: 3 — 5 — 6 — 7 — 8 — 9 — 12 — 13 — 14 — 15 — 18 — 22 — 23 — 24 — 25.

NZN Buchverlag
CH-8032 Zürich, Zeltweg 71

Obelisk-Verlag Helga Buchroithner
A-6020 Innsbruck, Falkstraße 1

Oberbaum-Verlag G. Petermann
D-1000 Berlin 21, Bundesratufer 1

Signet wird geführt seit: 1950.

Grafiker: —

Oberösterreichischer Landesverlag
A-4020 Linz, Landstraße 41, Postfach 50

Tel: (0 72 22) 78 1 21. **Fs:** 02/1014. **Psch:** Wien 7 422 430. **Bank:** Oberbank Linz 401-6044; Hypo-Bank Linz 63.720; Postsparkasse Wien 742.2430; Raiffeisenkredit für OÖ. 20.392. **Gegr:** 1. 1. 1870 in Linz. **Rechtsf:** Einzelfirma.
Inh/Ges: Katholischer Preßverein der Diözese Linz.
Verlagsleitung: Dipl.-Ing. Hubert Lehner, Direktor des Zeitungs- und Buchverlages, geb. 30. 9. 1928.
Geschichte: Der Verlag gab in den ersten sieben Jahrzehnten seines Bestehens hauptsächlich religiöse Bücher und Zeitschriften, Reisebeschreibungen sowie heimatkundliche und historische Werke heraus. Nach der Wiedergründung im Jahre 1945 unter dem Namen „Oberösterreichischer Landesverlag" umfaßte seine Tätigkeit in den ersten zehn Jahren Romane, Jugendbücher, Lyrik, broschierte Klassiker-Ausgaben und kleine Kunstführer.
In den letzten Jahren bilden Themen der oberösterreichischen Landschaft, Kultur und Geschichte sowie Biographien oberösterreichischer Persönlichkeiten und Werke oberösterreichischer Schriftsteller die Schwerpunkte der Verlagstätigkeit. Ein spezieller Zweig ist die Adalbert Stifter-Forschung.
Über Oberösterreich hinaus geht die Thematik der großen Bildbände über die Kirchenkunst und über jugoslawische Landschaften.
Hauptautoren: Franz Braumann, Max Kislinger, Rudolf Walter Litschel, Wolfgang Sperner, Erich Widder, Kristian Sotriffer.
Hauptwerke: „Oberösterreich in alten Ansichten" — „Glanz des Ewigen - Christliche Kunst in Österreich" — „Kirchenkunst im Osten" — „Bauernherrlichkeit" — „Adalbert Stifter Bibliographie" — „Linz - Porträt einer Stadt" — „Istrien und der Karst" — „Slowenien".
Buchreihen: „Oberösterreichische Landschaftsbücher" — „Kleine Oberösterreich-Reihe" (Führer über Wanderungen, Stifte, Kunststätten, Burgen und Schlösser, Ausflugsziele etc.) — „Jugoslawische Landschaften" — „Oberösterreichische Künstlermonographien" — „Linzer Theologische Reihe" — „Veröffentlichungen des Pädagogischen Instituts für Oberösterreich" — „Zeitgeschichtliche Reihe".
Zeitschriften: „Oberösterreich", Kulturzeitschrift (Denkmalpflege, Landes- und Volkskunde, historische Kunst, Kunst der Gegenwart, Landschaft-Raumordnung-Naturschutz, Wirtschaft u. Fremdenverkehr) (vtljl.) — „Mühlviertler Heimatblätter", Vierteljahresschrift der Mühlviertler Künstlergilde (vtljl.) — „Theologisch-praktische Quartalschrift", herausgegeben von den Professoren der Philosophisch-Theologischen Hochschule der Diözese Linz (vtljl.) — „Kunst und Kirche - Ökumenische Zeitschrift für Architektur und Kunst" (in Zusammen-

arbeit mit dem Gütersloher Verlagshaus Gerd Mohn) (vtljl.).
Hz: „Informationen aus dem OÖ. Landesverlag" (mtl.).
Betriebszweige: Der OÖ. Landesverlag umfaßt neben dem Buchverlag einen Zeitungsverlag (5 Wochenzeitungen), drei große und drei kleine Druckereien, sechs Sortimentsbuchhandlungen, eine Papiergroßhandlung und sechs Papier-Detailhandlungen.
Verlagsgebiete: 6 — 10 — 12 — 14 — 15 — 28 — 29 — 2b — 7 (Adalbert Stifter-Forschung) — 9 — 11 — 16.

Oberschlesischer Heimatverlag GmbH
D-8900 Augsburg 17, Sanderstraße 4

Verlag der Oblaten
D-6500 Mainz 1, Drosselweg 3

Obpacher GmbH
D-8000 München 70, Hofmannstraße 7

Obst- und Gartenbauverlag
D-8000 München 15, Postfach 105, Herzog-Heinrich-Straße 21/II

Odelga, Dr. Peter
A-1011 Wien I, Postfach 129, Kurrentgasse 3

Oeding, Hans, Verlag
D-3300 Braunschweig, Postfach 4223, Wilhelmstraße 1

Johannes Oertel
Musikverlag und Bühnenvertrieb
D-8000 München 80, Prinzregentenstr. 64
Tel: (089) 47 34 04. **Psch:** München 18 54 45. **Bank:** Deutsche Bank München 65/31198. **Gegr:** 1935. **Rechtsf:** Einzelfirma.
Inh: Ruprecht Bauriedl.
Verlagsleitung: Ruprecht Bauriedl.
Geschichte: 1935 in Berlin gegründet. 1952 Übernahme des Musikverlages Julius Weiss. Nach dem Tod von Johannes Oertel — 1961 — Übersiedlung nach München.
Hauptwerke: Die Werke von Hans Pfitzner ab op. 46 — ohne op. 56 — und seine Schrift „Über musikalische Inspiration". Einige Werke von Richard Strauss, darunter die „Japanische Festmusik" op. 84 und das „Divertimento" op. 86. Während der schwierigen Kriegs- und Nachkriegsjahre betreute Oertel auch die Herausgabe und Verbreitung der späten Strauss-Opern. — Richard Mohaupt, der kurz nach seiner Rückkehr aus der Emigration Verstorbene, ist mit zahlreichen Konzert-, Opern- und Ballettwerken vertreten. Besonders hervorzuheben sind eine reiche Auswahl aus Mark Lothars feinnervigem Schaffen sowie die Namen Walter Gieseking und Otmar Nussio.
Verlagsgebiet: 13.

Oertel Louis, Musikverlag
D-3006 Großburgwedel, Postfach 100, Eichenweg 1

Signet wird geführt seit: —

Grafiker: —

Emil Oesch Verlag AG
CH-8800 Thalwil-Zürich, Seestraße 3
Tel: (01) 7 20 13 33. **Psch:** Zürich 80-9695; Stuttgart 4663; Wien 160-663. **Bank:** Zürcher Kantonalbank. **Gegr:** 1935. **Rechtsf:** AG.
Inh: Emil Oesch.
Verlagsleitung: Emil Oesch □, geb. 22. 10. 1894, hat nach kaufmännischer Lehrzeit in einer graphischen Anstalt, die ihn schon sehr früh mit den technischen und psychologischen Problemen der Werbung und Gebrauchsgrafik in Verbindung brachte, Volkswirtschaft und Psychologie studiert. Er gilt als Pionier der persönlichen und beruflichen Förderung von Chefs und Mitarbeitern durch Schriften und Kurse.
Marianna K. Möbis, stellvertr. Geschäftsleitung.
Geschichte: Der Verlag ist aus einem Institut für Berufsförderung, Persönlichkeitsentwicklung und Lebensgestaltung hervorgegangen. Die Basis bilden drei Zeitschriften mit Auflagen von 3000—30 000 Exemplaren.

Hauptautoren: W. Bergien, F. Bettger, D. Dunn, F. Laubach, E. Oesch, N. V. Peale, R. Schuller.
Zeitschriften: „Briefe an den Chef" — „Briefe an die Mitarbeiter" — „Briefe an den Mitmenschen".
Verlagsgebiete: 3 — 10 — 21 — 28.
Angeschl. Betr: Versandbuchhandlung, CH-8800 Thalwil-Zürich, Seestraße 3; Emil Oesch Institut, CH-8800 Zürich, Eleonorenstraße 2.

Oesterreichische Apotheker-Verlagsgesellschaft mbH
A-1094 Wien IX, Postfach 75, Spitalgasse 31

Oesterreichische Staatsdruckerei
A-1037 Wien III, Postfach 6, Rennweg Nr. 12a

Oesterreichische Verlagsanstalt
A-1010 Wien I, Kärntnerring 17

Österreichische Verlagsgesellschaft C. u. E. Dworak
A-1071 Wien VII, Postfach 130, Gutenberggasse 1

Oesterreichischer Agrarverlag
A-1014 Wien I, Postfach 136, Bankgasse 1—3

Österreichischer Bühnenverlag Kaiser & Co. OHG
A-1061 Wien VI, Postfach 105, Windmühlgasse 14

Signet wird geführt seit: 1961.

Österreichischer Bundesverlag für Unterricht, Wissenschaft und Kunst
A-1015 Wien, Schwarzenbergstraße 5, Postfach 79

Tel: (02 22) 52 25 61-63. **Psch:** Wien 70 2 9998. **Bank:** Creditanstalt-Bankverein 66-23847. **Gegr:** 13. 6. 1772. **Rechtsf:** Fonds mit eigener Rechtspersönlichkeit. **Inh/Ges:** Fonds mit eigener Rechtspersönlichkeit.

Verlagsleitung: Direktor Ministerialrat Dr. Peter Lalics ▢, geb. 4. 9. 1914 in Wien, Universitätsstudium der Philosophie in Wien, Lehramtsprüfung für Naturgeschichte und Physik, Doktorat-Dissertationsthema: Geschichte der Wissenschaft, Mittelschulprofessor im Bundes-Realgymnasium Wien VIII, ab 1947 Beamter im Bundesministerium für Unterricht, Abteilung Jugend und Schulwissenschaftliche Abteilung, Vorsitzender der Österreichischen Jugendschriftenkommission sowie der Österreichischen Sektion des Internationalen Kuratoriums für das Jugendbuch, Mitbegründer des Österreichischen Buchklubs der Jugend, seit 1. 1. 1961 Direktor des Verlages.

Geschichte: Am 13. 6. 1772 erteilte Kaiserin Maria Theresia der zwei Jahre vorher gegründeten Schulkommission ein Privileg zur Herausgabe und zum Vertrieb von Schulbüchern. Die Firma hieß „Verlag der deutschen Schulanstalt". Seit 1807 trug der Verlag den Namen „K.k. Schulbücherverschleißadministration", seit 1855 „K.k. Schulbücherverlag". Nach dem Ende der Ersten Weltkrieges und in Zusammenhang mit der Neuregelung der staatlichen Verhältnisse Österreichs kam es nach 1918 zum zweiten Aufbau des Verlages. Er führte ab 1. Jänner 1920 die Bezeichnung „Österreichischer Schulbücherverlag". Seit 1925 trägt der Verlag seine heutige Bezeichnung. Die politischen Verhältnisse führten im Jahre 1942 zu einer vorübergehenden Einstellung seiner Tätigkeit, die am 7. Mai 1945 wieder aufgenommen wurde.

Hauptwerke: Pädagogische Fachliteratur — Programmierter Unterricht — Austriaca — Sportpädagogik — Kinderbücher — Bilderbücher — Jugendbücher — Bücher zur Bildenden Kunst — Monographien österreichischer Briefmarkenschöpfer — Dichtung aus Österreich (Anthologie in drei Bänden) — Handbuch der österr. Hochschulreform (Fortsetzungswerk) — Lehrpläne und Lehrplankommentare — Schulbücher aller Sparten.
Buchreihen: „Veröffentlichungen des Institutes für Vergleichende Erziehungswissenschaft Salzburg" — „Sprecherziehung" — „Theorie und Praxis der Leibesübungen" — „Wiener Studien zur pädagogischen Psychologie" — „Wiener Neudrucke" — Veröffentlichungen des

Österreichischen Instituts für Jugendkunde — Offizielle Publikationen des Bundesministeriums für Unterricht und Kunst - Reihe „Österr. Komponisten des XX. Jahrhunderts" — „International Library" (Co-Produktion für Österreich).
Zeitschriften: „Verordnungsblatt der Dienstbereiche der Bundesministerien für Unterricht und Kunst und Wissenschaft und Forschung" — „Erziehung und Unterricht" — „Musikerziehung" — „Litterae Latinae" — „Leibesübungen" — „Die Jugend" — „Erwachsenenbildung in Österreich" — „Bildnerische Erziehung".
Hz: ÖBV-Kurier (fallweise).
Verlagsgebiete: 6 — 7 — 8 — 9 — 10 — 11 — 13 — 14 — 2b — 12 — 15 — 16 — 22 — 23 — 24 — 25 — 27 — 28.

Österreichischer Gewerbeverlag GmbH
A-1014 Wien I, Regierungsgasse 1

Österreichischer Jagd- und Fischerei-Verlag
A-1080 Wien VIII, Wickenburggasse 3

Österreichischer Wirtschaftsverlag
A-1051 Wien V, Postfach 265, Nikolsdorfer Gasse 7—11

Österreichisches Institut für Bauforschung
A-1010 Wien I, Dr.-Karl-Lueger-Ring Nr. 10

Österr. Katholisches Bibelwerk
A-3400 Klosterneuburg, Stiftsplatz 8

Österreichisches Propagandabüro Funder & Co.
A-5020 Salzburg, Sigm. Haffner-Gasse 3

Oetinger Friedrich
D-2000 Hamburg 66, Postfach 660 220, Poppenbütteler Chaussee 55

Verlag Offene Worte Zimmermann oHG
D-5300 Bonn, Bonngasse 3

Signet wird geführt seit: 1924.

Grafiker:
Prof. Hans Döllgast.

R. Oldenbourg Verlag GmbH
D-8000 München 80, Rosenheimerstraße Nr. 145, Postfach 801 360
Tel: (089) 4 11 21. **Fs:** 05/23789. **Psch:** München 64950-809. **Bank:** Bayer. Hypoth.- u. Wechselbank München 170/40606 (BLZ 700 200 14); Bayer. Landesbank München 35768 (BLZ 700 500 00); Bayer. Vereinsbank München 6405215 (BLZ 700 202 70); Deutsche Bank AG München 19/39917 (BLZ 700 700 10); Dresdner Bank AG München 3312513 (BLZ 700 800 00); Landeszentralbank in Bayern, München 700/07342 (BLZ 700 000 00); Zentralkasse Bayer. Volksbanken e.GmbH München 7319 (BLZ 700 100 80). **Gegr:** 8. 7. 1858 in München.
Rechtsf: GmbH.
Inh/Ges: R. Oldenbourg (KG), deren persönlich haftende Gesellschafter Dr. Rudolf Oldenbourg und Eberhard Oldenbourg sind.
Verlagsleitung: Geschäftsführer: Dr. Rudolf Oldenbourg, Leiter des technischen Verlages; Walter Oldenbourg, Leiter des Schulbuchverlages; Dr. Thomas Cornides (stellv.), Leiter des wissenschaftlichen Verlages; Götz Ohmeyer (stellv.), Leiter des Zeitschriftenverlages.
Werbung und Information: Heinrich Möser, Johannes Oldenbourg.
Anzeigenabteilung: Konrad Haslbeck (Prokurist).
Distribution: Heinz Sanzenbacher.
Herstellung: Thomas Rein, Hans Limmer.
Buchhaltung: Rudolf Stark (Prokurist).
Geschichte: Gegründet 1858 von Rudolf Oldenbourg (1811—1903). Seither ununterbrochen im Besitz der Familie Oldenbourg. Literatur:
1. „Werden und Wesen des Hauses R. Oldenbourg", München 1958.
2. Manfred Schröter, „Die Geistesgebiete des Verlages R. Oldenbourg", München 1958.
3. Hohlfeld, „Das Geschlecht Oldenburg zur Oldenburg und die Münchner Verlegerfamilie Oldenbourg", München 1940.

Wissenschaftlicher Verlag: Schwerpunkte: Geschichte („Historische Zeitschrift" seit 1859, Ranke, Meinecke, Ritter, Braubach, Schieder, Bosl, Holborn), Politik (Jahrbücher „Die Internationale Politik" Schriftenreihe der Deutschen Gesellschaft für Auswärtige Politik, Kissinger), Wirtschafts- und Sozialwissenschaften (Morgenstern, Lehrbuch „Techniken der empirischen Sozialforschung"), Philosophie und Wissenschaftstheorie (Reihen „Überlieferung und Aufgabe", Enzyklopädie der geisteswissenschaftlichen Arbeitsmethoden", „scientia nova", v. Neumann, Jeffrey, Raiffa, de Finetti), Anthropologie („Rassengeschichte der Menschheit") Kulturwissenschaft (Reihe „Die Kunstdenkmäler von Bayern").

Technischer Verlag: Schwerpunkte: Mathematik, Statistik (Doetsch, Strubekker, Freudenthal), Physik (Riezler, Malkin, Kittel, Feynman), Elektrotechnik, Elektronik, Nachrichtentechnik (Prinz, B. Gruber, Bergtold, Dosse, Hettwig, W. W. Peterson, Reihen „Elektronik in der Praxis", „Einführung in die Nachrichtentechnik"), Maß- und Regelungstechnik, Automatisierungstechnik (Merz, Gille, Samal, Zypkin, Föllinger, Sartorius, Reihe „Methoden der Regelungstechnik"), Kybernetik (v. Neumann, Wooldridge, „Schriftenreihe Kybernetik"), Datenverarbeitung, Informationswissenschaften (Zemanek, Chapin, Herschel, Kunz, Rittel, Reihe „Verfahren der Datenverarbeitung"), Umwelt-, Wasser-, Abwassertechnik (Imhoff, Liebmann, Recknagel-Sprenger), Energieversorgung, Gastechnik (F. Schuster, Wessels), Wirtschaftswissenschaften, Operations Research (Churchman, Morgenstern, Lesourne, Vajda, Wille, Gewald).

Schulbuchverlag: A. Schulbücher und ergänzende Lehrmittel für alle Fächer der Grund- und Hauptschule und für die Orientierungsstufe, alle Fächer der vierklassigen Realschule, Gymnasium (mit den Schwerpunkten: Deutsch, Englisch, Physik, Erdkunde und Biologie), Kollegstufe (mit den Schwerpunkten Deutsch, Physik und Mathematik), Fachoberschule (mit den Schwerpunkten Deutsch, Mathematik und Physik), Fachhochschule.
B. Pädagogische Werke: Reihe „Pädagogische Grund- und Zeitfragen" (PGZ), Reihe „Pädagogisch-psychologische Forschungen" (PPF), hrsg. v. Prof. Schiefele und Prof. Oerter, Einzelwerke zum Thema „programmierter Unterricht".

Zeitschriftenverlag: „Historische Zeitschrift" seit 1859 — „Das Gas- und Wasserfach" seit 1858 („Journal für Gasbeleuchtung") — „Gesundheitsingenieur" seit 1181 — „Elektrische Bahnen" seit 1903 — „Archiv für Technisches Messen" seit 1931 — „Regelungstechnik" seit 1953 — „Der Sanitärinstallateur und Heizungsbauer" seit 1958 — „Regelungstechnische Praxis" seit 1959 — „Elektronische Rechenanlagen" seit 1959 — „Computerpraxis" seit 1968.

Hz: „Neues von Oldenbourg".
Btlg: Verlegerdienst München GmbH & Co. KG, Gilching, TR-Verlagsunion München.
Verlagsgebiete: 2a — 3 — 5 — 6 — 7 — 10 — 11 — 14 — 15 — 18 — 19 — 20 — 25 — 28.

Signet wird geführt seit: 1957.

Grafiker: Prof. Hans Döllgast.

R. Oldenbourg KG

A-1030 Wien, Neulinggasse 26/12

Tel: (02 22) 72 62 58 und 75 31 06. **Psch:** Wien 7927 416. **Bank:** Bankhaus Schoeller & Co. Wien 00482409; Österreichische Länderbank Wien 227-105-580. **Gegr:** 6. 2. 1957 in Wien. **Rechtsf:** KG.

Inh/Ges: Dr. Karl Cornides, Komplementär.

Verlagsleitung: Dr. Karl Cornides, geb. 17. 2. 1911 in München.
Lektorat und Herstellung: Dr. Erika Rüdegger.

Geschichte: Die österreichische Schwesterfirma von R. Oldenbourg München wurde 1957 von Dr. Karl Cornides und Dr. Rudolf Oldenbourg als GmbH. gegründet und 1964 in eine KG umgewandelt. Begonnen wurde mit wissenschaftlichen Werken über Datenverarbeitung (Zemanek, Chapin) und Operations Research (Churchman). Bald verlagerte sich das Schwergewicht auf

die Herstellung von Lehrbüchern für die Ingenieurausbildung. Die Arbeit auf dem Gebiet der Philosophie, die mit Norman Malcolms Erinnerungen an Ludwig Wittgenstein begonnen hatte, wurde seit 1965 in Verbindung mit Erich Heintel und dem I. Philosophischen Institut der Universität Wien intensiviert.
Hauptautoren: Hans Bertele, C. West Churchman, Erich Heintel, Hans-Dieter Klein, Erhard Oeser, Julius Schärf, Hans Thirring, Heinz Zemanek.
Buchreihen: „Überlieferung und Aufgabe" (Philosophie) — „Fortbildung durch Selbststudium" (EDV).
Verlagsgebiete: 3 — 11 — 18 — 19 — 20.

Oldenburger Sonntagsblatt
D-2900 Oldenburg, Postfach 906, Cloppenburgerstraße 14

Oliva-Druck- und Verlagsgesellschaft
D-2190 Cuxhaven, Postfach 560, Kämmererplatz 2

Signet wird geführt seit: 1950.

Grafiker: F. Sievers.

Georg Olms Verlag GmbH
Hildesheim / New York
D-3200 Hildesheim, Am Dammtor, Dammstraße 50
Tel: (0 51 21) 4 20 22. **Psch:** Hannover 997 73-309. **Bank:** Deutsche Bank Hildesheim 03/04261; Dresdner Bank Hildesheim 604052; Stadtsparkasse Hildesheim 2000132; Allied Bank International New York; Bankhaus Hallbaum, Maier & Co., Hannover 15018. **Gegr:** 1945 in Hildesheim. **Rechtsf:** GmbH.
Inh: Walter-Georg Olms.
Verlagsleitung: Walter-Georg Olms □, geb. 4. 5. 1927. Gymnasium, Wehrdienst, Sortimentsbuchhandel, wissenschaftliches Antiquariat, wissenschaftlicher Verlag, 1950—1960 Leitung der Buchhändlerfachklasse in Hildesheim.

Verlagsdirektor: Dr. Eberhard Mertens, geb. 28. 7. 1933.
Lektorat: Martin Oesch, Christiane Harlis.
Werbung: Johannes Koeltzsch.
Herstellung: Jens-Peter Pracht.

Geschichte: Hermann Olms, der Großvater des heutigen Inhabers, gründete 1886 in Hildesheim eine Buchhandlung und erweiterte bald darauf diese Firma zu einem Verlagsunternehmen. Schulbücher, landwirtschaftliche Fachliteratur und heimatgeschichtliche Werke bildeten das Verlagsprogramm. 1924 trat sein Sohn Georg in das Unternehmen ein; er leitete ab 1927 eine Filiale des Sortiments. Unter dem Nationalsozialismus wurde Georg Olms aus politischen Gründen die buchhändlerische und verlegerische Tätigkeit verboten. Seine Schwester, Magdalene Fach, geb. Olms, führte nach dem Tode von Hermann Olms die Firma weiter. Sogleich nach Kriegsschluß gründete Georg Olms unter seinem Namen eine weitere Buchhandlung. 1953 — zwei Jahre vor seinem Tode — übertrug er seinem Sohn Walter-Georg die Firma. Von 1950 bis 1960 leitete W.-Georg Olms die Buchhändlerfachklasse in Hildesheim. Er gründete 1954 ein wissenschaftliches Antiquariat und 1957 den wissenschaftlichen Verlag, speziell mit reprographischen Nachdrucken berühmter Standardwerke. 1969 wurde ein neues zusätzliches Reprintprogramm unter dem Namen OLMS PRESSE entwickelt.

Hauptwerke: Benecke-Müller-Zarncke, „Mittelhochdeutsches Wörterbuch" — Bolte-Polivka, „Anmerkungen zu den Kinder- und Hausmärchen der Brüder Grimm" — Dittenberger, Sylloge inscriptionum Graecarum" — Erasmus, „Opera Omnia" — Erk-Böhme, „Dt. Liederhort" — Gauss, „Werke" — Jöcher, „Allgemein. Gelehrtenlexikon" — A. v. Humboldt, „Voyage" — Lambert, „Philosophische Werke" — Leibniz, „Mathematische Schriften" — Leibniz, „Die philosophischen Schriften" — Lessing, „Werke" — Lyon/Inglis, „Benn-Konkordanz" — Meier, „Deutsche Sprachstatistik" — Roscher, „Lexikon der griechischen und römischen Mythologie" — Hans Sachs, „Werke" — Spevack, „Concordance to Shakespeare" — Spevack, „Harvard Concordance to Shakespeare" — Chr. Wolff, „Werke", Hrsg. Ecole/Hofmann/Thomann/Arndt —

Zeller, „Die Philosophie der Griechen" — v. Zinzendorf, „Hauptschriften, Ergänzungsbände, Materialien und Dokumente".

Buchreihen (Erstveröffentlichungen): „Alpha Omega" — „Altertumswissenschaftliche Texte und Studien" — „Collectanea" — „Germanistische Texte und Studien" — „Judaistische Texte und Studien" — „Spudasmata" — „Studien und Materialien zur Geschichte der Philosophie" — „Studia Semiotica" — „Studien zur Kunstgeschichte".
Nachdruckreihen: „Anglistica & Americana" — „Barockromane" — „Bibliotheca graeca et latina suppletoria" — „Deutsche Volksbücher in Faksimiledrucken" — „Documenta Hippologica" — „Dokumentation zur Geschichte des Deutschen Liedes" — „Documenta Linguistica" — „Documenta Semiotica" — „Documenta Technica" — „Emblematisches Cabinet" — „Editiones Principes" — „Fichteana" — „Nachdrucke zur Keramikgeschichte" — „Olms Paperbacks" — „Olms Studien" — „Quellen zur Trivialliteratur" (Karl May u. a.) — „Textos estudios clásicos de las literaturas hispánicas" — „Volkskundliche Quellen".
Zeitschriften: „Germanistische Linguistik" — „Medizinhistorisches Journal".
Tges: OLMS PRESSE, D-3200 Hildesheim.
Zwst: Georg Olms, Publisher, 52 Vanderbilt Avenue, New York, N. Y. 10 017 USA.
Verlagsgebiete: 1 — 3 — 11 — 13 — 14 — 15 — 17 — 20.

Olympia Press GmbH & Co. KG
D-6000 Frankfurt (M) 1, Lersnerstr. 22

Olympia-Turm-Verlag Alfred Wurm
D-8000 München 12, Postfach 29, Theresienhöhe 15, Messegelände

Olympia-Verlag GmbH
D-8500 Nürnberg, Abholfach, Badstraße Nr. 4/6

Signet wird geführt seit: 1972.

Grafiker: Hugo Ballon

Günter Olzog Verlag GmbH

D-8000 München 22, Thierschstraße 11

Tel: (089) 29 32 72. **Psch:** München 423 09-808. **Bank:** Bayerische Vereinsbank München 860 893. **Gegr:** 10. 12. 1949 in München. **Rechtsf:** GmbH.
Inh/Ges: Dr. Günter Olzog, Ruth Olzog, Dr. Kurt Wedl.
Verlagsleitung: Geschäftsführer: Dr. jur. Günter Olzog □, geb. 15. 2. 1919 in Dortmund, Prorektor der Hochschule für Politik München, 1962—1970 Mitglied des Vorstands (1966—1970 als Vorsitzender) des Bayer. Verleger- und Buchhändlerverbandes, seit 1968 Geschäftsführer der TR-Verlagsunion, Inh. d. Bayer. Verdienstordens.
Prokurist: Johann Hacker, geb. 30. 4. 1938 in München.
Lektorat: Ruth Olzog, Dr. Ernst Flatow, Prof. Dr. Gerhard Grimm.
Geschichte: Der Verlag wurde unter dem Namen „Isar Verlag Dr. Günter Olzog" gegründet und nach zeitweiliger Führung als Kommanditgesellschaft 1960 als Einzelfirma unter dem heutigen Firmennamen weitergeführt. Das Verlagsprogramm umfaßt Zeitgeschichte und Politik im Schwerpunkt, dies sowohl in bezug auf wissenschaftliche Vorarbeiten wie auf die Bedürfnisse der Praxis in Politik und Schule. 1963 wurde die Taschenbuchproduktion aufgenommen. Am 1. 1. 1972 Umwandlung in eine GmbH.
Hauptautoren/Hauptwerke: Hans-Ulrich Behn, „Die Regierungserklärungen der Bundesrepublik Deutschland" u. a. — Ludwig Bergsträsser, „Geschichte der politischen Parteien" — Helga Grebing, „Der Nationalsozialismus" — Arthur Horn, „Meine Einkommensteuer" u. a. — Cordula Koepcke, „Die Frau in der Gesellschaft" u. a. — Heinz Lampert, „Die Wirtschafts- und Sozialordnung" — Hans Limmer, „Die deutsche Gewerkschaftsbewegung" — Klaus Luserke, „Unser aller Rente" u. a. — Hans Raupach (Hrsg.), „Jahrbuch der Wirtschaft Osteuropas" u. a. — Rudolf Wildenmann (Hrsg.), „Sozialwissenschaft-

liches Jahrbuch der Politik" — „Dokumentation deutschsprachiger Verlage" — „A-L-S-Praxis".
Buchreihen: „Deutsches Handbuch der Politik" — „Gegenwartsfragen der Ostwirtschaft" — „Geschichte und Staat" (Taschenbuchreihe) — „Olzog-Ratgeber" (Taschenbuchreihe) — „Berichte und Studien der Hanns-Seidel-Stiftung" — „Schriftenreihe der Akademie für Politik und Zeitgeschehen" — „Olzog-Studienbücher".
Zeitschrift: „Politische Studien" — Zweimonatsschrift für Zeitgeschehen und Politik, herausgegeben von der Hanns-Seidel-Stiftung München.
Btlg: TR-Verlagsunion München.
Verlagsgebiete: 5 — 6 — 26 — 1 — 10 — 14 — 28.

Oncken Verlag KG
D-5600 Wuppertal 11, Postfach 110 231

Oppermann, Theodor
D-3000 Hannover 25, Postfach 140, Ostfeldstraße 46

Signet wird geführt seit: 1. 1. 1971.

Grafiker: Hausatelier nach einer Idee des Verlegers.

Optimal-Verlag Peter H. Martens
D-6240 Königstein im Taunus, Wiesbadener Straße 223, Postfach 53
Tel: (0 61 74) 50 06. **Fs:** 04-10611. **Psch:** Frankfurt (M) 2811 70-605. **Bank:** Deutsche Bank Königstein 472/5735; Bankhaus Gebr. Bethmann, Frankfurt 45084-9-00. **Gegr:** 24. 4. 1968. **Rechtsf:** Einzelfirma.
Inh: Peter H. Martens.
Verlagsleitung: Peter H. Martens ☐, Journalist und Werbeberater BDW, geb. 8. 9. 1938 in Berlin.
Ausbildung: Hörer (Text und Layout) an der Staatl. Akademie für Grafik, Druck und Werbung (Berlin), Collegium Generale, Werbeassistent SGD, Werbe- und Verkaufsleiter HFL, Kamprath- und Mewes-Schüler, Industriekaufmannsprüfung (Druckerei- und Verlagskaufmann) vor der IHK Berlin.

Optimal-Verlag 335

Werdegang: Langjährige Tätigkeit als Werbeassistent und Texter von Versand- und Verlagsunternehmen, 5 Jahre Werbeleiter eines Freizeitmarkt-Vertriebsunternehmens, Werbe- und Verkaufsleiter eines großen Verlages, mehrere Jahre Geschäftsführer einer Werbeagentur. Seit 1963 daneben freiberuflicher Werbeberater. Gastdozent beim dib (Frankfurt), dem RKW und der JU (ASU), Chefredakteur des Informationsdienstes „Correspondencia" (Berlin), ständiger Mitarbeiter der Fachzeitschrift „Direkt-Marketing" (Pforzheim). In den letzten Jahren über 300 Beiträge in Fachzeitschriften zu Fragen der Werbung, Verkaufsförderung, Menschenführung und Arbeitstechnik des Unternehmers. Herausgeber und Chefredakteur des Informationsdienstes „Der Direktwerbeberater".

Geschichte: Der Optimal-Verlag wurde im April 1968 in Frankfurt (M) gegründet und am 18. Dezember 1970 unter Ziffer 8 HRA 1484 in das Handelsregister des Amtsgerichts Königstein/Ts. eingetragen. Der Verlag befaßt sich primär mit der Herausgabe, der Herstellung und dem Vertrieb von Fachbüchern, Formularen, Arbeitsmitteln und Pressediensten für die Wirtschaft und dabei insbesondere für die Sektoren Werbung und Verkauf. Angeschlossen ist eine Versandbuchhandlung für Wirtschaftsliteratur.
Den ersten Anstoß zur Gründung des Optimal-Verlags gab neben der journalistischen Tätigkeit des Inhabers die seit Anfang 1968 existierende Werbeagentur, die heute über 250 Klienten vornehmlich aus direktwerbeintensiven Bereichen, darunter auch zahlreiche Verlage, betreut. Die hier an Klienten einzeln vermittelten Spezialerfahrungen werden nun durch den Optimal-Verlag auf breiterer Basis interessierten Unternehmen und Gremien zugänglich gemacht.

Hauptwerke: „Rationelle Schreibtischarbeit" — „Optimale Textprogrammierung" — „Checklist zur Planung einer Direktwerbekampagne" — „Honorar-Handbuch Gestaltung/Beratung" — „Handbuch der Etatsätze" — „Hundert Tricks für bessere Briefe" — „Handbuch der Werbeplanung (4 Bände) — „Handbuch der Lebensplanung" (2 Bände), dazu zahlreiche Arbeitsmittel.
Angeschl. Betr: Druckerei Peter H. Mar-

tens, Offset-Druck und Buchbinderei, Reprografie, D-6240 Königstein, Wiesbadener Straße 223, Postfach 53 — 100 %; Werbeagentur Peter H. Martens GmbH, Spezialservice für Direktwerbung und Verkaufsförderung, Lettershop, D-6240 Königstein, Wiesbadener Straße 223, Postfach 53 — 100 %.
Verlagsgebiete: 5 — 21 — 30 — Spez.-Geb: Direktwerbung und Verkaufsförderung.

Optimum Verlag für Wirtschaftsschrifttum und Werbung GmbH
D-6200 Wiesbaden, Hasengartenstr. 42

Orangerie Galerie und Verlag Gerhard F. Reinz
D-5000 Köln 1, Helenenstraße 2

Oranien-Verlag
D-6348 Herborn, Postfach 1440, Bahnhofstraße 2

Orbis-Musikverlag
D-5000 Köln-Höhenberg, Postfach 49, Frankfurter Straße 420

Orbis Wort und Bild GmbH
D-4400 Münster/Westf., Postfach 6329, Hafenweg 2—4

Signet wird geführt seit: 1950.

Grafiker: —

Die Ordens-Sammlung Historia-Antiquariat Gebrüder Godet u. Co.

D-1000 Berlin 12, Wielandstraße 16

Tel: (030) 3 12 11 23. **Psch:** Berlin West 3797/102; Karlsruhe 108217-757. **Bank:** Bank für Handel und Industrie Berlin 3 709 760. **Gegr.** 1. 4. 1950 in Berlin-West. **Rechtsf:** Einzelfirma.
Inh: Frau Anneliese Klietmann-Paetzold.

Verlagsleitung: Anneliese Klietmann-Paetzold.
Geschichte: Am 1. 4. 1950 gegründet als Spezialgeschäft für Orden und Ehrenzeichen. Ab 1952 Spezial-Verlag für wissenschaftliche Literatur auf den Gebieten Ordens- und Uniformkunde. 1962 Übernahme der Firma Hofjuweliere Gebr. Godet und Co, Berlin. Das Unternehmen widmet sich in drei Abteilungen dem An- und Verkauf von Orden und Ehrenzeichen, einschlägigen Auktionen sowie dem Verlag und Antiquariatshandel entsprechender Fachliteratur.
Hauptwerke: Dr. K.-G. Klietmann, „Deutsche Auszeichnungen" (bisher 3 Bde.) — Klietmann/Neubecker, „Ordenslexikon" (bisher 3 Lfgn.) — Dr. Klietmann, „Pour le Mérite und Tapferkeitsmedaille" — Louis Schneider, „Das Buch vom Eisernen Kreuz".
Buchreihen: „Ordenskunde", hrsg. von Dr. Klietmann (bisher 42 Nrn.) — „Feldgrau", hrsg. von Dr. Klietmann (1967—1971) — „Heer und Tradition", hrsg. von Dr. Klietmann.
Verlagsgebiete: 6 — 14.

Signet wird geführt seit: 1927.

Grafiker: Walter Roshardt.

Orell Füssli Verlag (Art. Institut Orell Füssli AG)

CH-8022 Zürich, Nüschelerstraße 22

Tel: (01) 25 36 36. **Psch:** 80-281. **Bank:** Schweiz. Kreditanstalt, Schweiz. Bankgesellschaft, Schweiz. Bankverein. **Gegr:** 1519. **Rechtsf:** AG.
Inh/Ges: Art. Institut Orell Füssli AG, Zürich.
Verlagsleitung: Direktor Max Hofmann, geb. 18. 9. 1914.
Geschichte: Stammvater dieses Verlages ist der große Buchdrucker Christoph Froschauer, der 1519 in Zürich seine berühmte Offizin gründete. Er verlegte

fast alle Schriften des Reformators und Staatsmannes Huldrych Zwingli sowie Bibeln, Klassiker, wissensch. Schul- und Wörterbücher. Höchstleistungen der Buchdruckerkunst wie Conrad Gessners Tierbuch und Joh. Stumpfs Schweizer Chronik tragen sein Signet. Von Froschauer ging der Verlag in ununterbrochener Rechtsnachfolge 1591 an Joh. Wolf, 1626 an H. J. Bodmer, 1719 an H. Heidegger und 1766 an H. R. Füssli über. Daneben bestand seit 1735 ein Verlag „Conrad Orell & Co.", in dem Joh. Jakob Bodmer, der weltbekannte Gelehrte und Förderer junger Genies, Übersetzer Miltons und Homers und Erwecker der mittelalterlichen Literatur seine Werke veröffentlichte. 1770 schlossen sich Füssli, Orell und der Malerdichter Salomon Gessner zur Firma „Orell, Gessner, Füssli & Co." zusammen und führten den Verlag zu hohem Ansehen. Gessners Idyllen, Ulrich Bräkers, Bodmers und Breitingers Schriften, die ersten deutschen Übersetzungen Shakespeares durch Eschenburg und Wieland, das erste deutsche Künstlerlexikon erschienen in diesem Verlag, der 1780 auch die „Neue Zürcher Zeitung" gründete. Von 1798 an hieß die Firma „Orell Füssli & Co." 1890 wurde sie in die Aktiengesellschaft Art. Institut Orell Füssli umgewandelt, die eine große, sehr vielseitige Druckerei und einen Zeitschriftenverlag betreibt. Ihre Abteilung Buchverlag nennt sich seit 1925 „Orell Füssli Verlag".
Hauptwerke: Kunst, Geschichte, Kultur- und Literaturgeschichte, Belletristik, Eisenbahnwesen, Flugwesen, Raumfahrt, Automobilismus, Alpinismus, Jugendbücher, Bilderbücher, Gesetzbücher, Schulbücher, Kartographische Werke, Bildbände.
Buchreihen: „Das Bürgerhaus in der Schweiz" — Pestalozzi, Sämtliche Werke und Briefe — Taschenausgaben der Bundesgesetze — Mathematisches Unterrichtswerk für höhere Mittelschulen.
Verlagsgebiete 4 — 9 — 11 — 12 — 14 — 15 — 21 — 3 — 5 — 6 — 7 — 8 — 10 — 16 — 17 — 19 — Spez.Geb: Eisenbahnliteratur.
Angeschl. Betr: Druckerei, Sortimentsbuchhandlung.

Organisator AG, Verlag
CH-8152 Glattbrugg, Sägereistraße 25

Orion-Heimreiter Verlag GmbH
D-6056 Heusenstamm üb. Offenbach (M), Postfach 1324, Paulstraße 13

Orlando-Musikverlag Richard Gartenmaier
D-8000 München 21, Kapruner Str. 11

Osang Verlag
D-5340 Bad Honnef 1, Postfach 189, Hauptstraße 25 A

Osiris-Verlag Erich Sopp KG
D-5401 Kettig über Koblenz, Breitestraße 21

OSIW Wirtschafts- und Sozialwissenschaftl. Verlag GmbH
D-5000 Köln 91, Mannheimer Straße 89

Ostasiatischer Kunstverlag P. Stephan Blotzheim
D-5461 Ockenfels, Hauptstraße 6
Tel: (0 26 44) 40 00. **Psch:** Köln 264 131-504 und 231 744-507. **Bank:** Stadtsparkasse Linz 723 30 und 680 07. **Gegr:** 1959 in Köln. **Rechtsf:** Einzelfirma.
Inh/Ges: P. Stephan Blotzheim.
Verlagsleitung: P. Stephan Blotzheim. □.
Geschichte: Der Ostasiatische Kunstverlag, von Frau Editha Leppich 1959 gegründet, wurde am 1. 1. 1972 von P. Stephan Blotzheim übernommen, der bereits 1967 seinen eigenen Verlag mit einer umfangreichen Kalenderproduktion führte.
Hauptautoren: Editha Leppich, Dietmar Dünhöft.
Hauptwerke: Editha Leppich, „ikebana Lehrbuch", „ikebana Meisterwerke", „ikebana Kunstkalender", „ikebana Kunstkartenkalender", „ikebana Briefkartenserie" — Dünhöft, „Ballett-Kalender" — Kunst-Kalender — eingesteckte Kunstkartenserie.
Tges: Verlag P. Stephan Blotzheim, D-5461 Ockenfels, Hauptstraße 6.
Btlg: Centralverband Deutscher ikebana Schulen e. V., Linz.
Verlagsgebiete: 12 — 13 — 24 — 26.

Ostermann, Willi, Musikverlag
D-5000 Köln 1, Drususgasse 7—11

Osterwald, H. GmbH
D-3011 Laatzen, Postfach 1268, Gutenbergstraße 1

Signet wird geführt seit: 1945.
Grafiker: Sepp Lanz.

Ott-Verlag Thun, Inh. S. Lerch & Co.
CH-3600 Thun 7, Länggasse 57, Postfach 22
Tel: (033) 22 16 22. **Fs:** 33 654 ch-txkab. **Psch:** 30-6746. **Bank:** Schweizerische Volksbank Bern. **Gegr:** 1923. **Rechtsf:** KG.
Inh/Ges: Sylvia Lerch-Ott, Kommanditäre: Bruno Lerch-Ott, Hans Ott.
Verlagsleitung: Walter Knecht, Verlags- und kaufm. Direktor.
Werbeleiter: Marc de Roche.
Geschichte: 1923 zunächst als Druckerei und Kalenderverlag gegründet, woraus sich nach 1928 der Buchverlag entwickelte.
Hauptautoren/Hauptwerke: Populärwissenschaftliche Sachbücher erdkundlicher Richtung: Geologie, Geographie, Mineralogie und Petrographie. „Der Mineraliensammler", Standardwerk von Werner Lieber. — Nachschlagewerke von Dr. Karl Peltzer: „Das treffende Wort", „Das treffende Zitat", „Der treffende Reim", „Treffend verdeutscht" und „Der treffende Brief" — Unfallverhütung, Arbeitshygiene, Arbeitsphysiologie — Bank-, Geld- und Börsenwesen — Militärgeschichte — Sport.
Buchreihe: Schriftenreihe des Instituts für Leibeserziehung und Sport der Universität Bern.
Zeitschrift: „IZA - Illustrierte Zeitschrift für Arbeitschutz" (zweimtl.).
Tges: Verlags- und Versandbuchhandlung Thun AG (100 %).
Verlagsgebiete: 6 — 7 — 11 — 15 — 18 — 20 — 23 — 24 — 25 — 17 — 21 — 28.

Otter-Verlag A. E. Wolff
D-2000 Hamburg 76, Schließfach 3228, Graumannsweg 39

Otto KG, Buchdruck
D-6148 Heppenheim, Postfach 440, Graben 17

Pädagogischer Verlag Schwann GmbH
D-4000 Düsseldorf, Charlottenstr. 80-86, Postfach 7640
Tel: (02 11) 3 55 81. **Fs:** 08 5982 463. **Psch:** Köln 123783-503. **Bank:** Trinkaus & Burkhardt, Deutsche Bank. **Gegr:** 4. 11. 1821 in Neuß. **Rechtsf:** GmbH.
Gesch.F.: Dr. Paul Böhringer, Wilhelm Biswanger.
Verlagsleitung: Dr. Paul Böhringer.
Geschichte: Der Pädagogische Verlag Schwann setzt zum größten Teil die Verlagstradition des L. Schwann Verlages fort (vgl. dort). Er legt heute ein weit ausgebautes Programm von Schulbüchern für Gymnasien, Realschulen, Grund-, Haupt- und Sonderschulen vor. Unter seiner wissenschaftlichen Literatur sind vor allem grundlegende Werke zur Sprachwissenschaft und zur Pädagogik zu nennen. Weiterhin werden kunsthistorische Reihen, Schallplatten, Musikwerke und Kinderbücher veröffentlicht.
Buchreihen: „Sprache und Lernen" — „Schule in der Gesellschaft" — „Studien zur Lehrforschung" — „Didaktik" — „Geschichte und Gesellschaft" — „Tutorial: Reihe Mathematik" — „Sprache der Gegenwart" — „Heutiges Deutsch" — „Fach: Deutsch" — „Kunstdenkmäler des Rheinlands".
Schallplatten: Reihe ams (Archiv für geistliche Musik) — Reihe vms (Unbekannte Kostbarkeiten) — Reihe studio.
Zeitschriften: „Wirkendes Wort" (zweimtl.) — „Bildung aktuell" (mtl.) — „Die Höhere Schule" (mtl.).
Verlagsgebiete: 3 — 7 — 10 — 11.

Paetz, Alfred, Verlag
D-1000 Berlin 21, Elberfelder Straße 3

Pahl-Rugenstein Verlag
D-5000 Köln 51, Vorgebirgsstraße 115

Palitzsch, Martha
D-7000 Stuttgart 50, Waiblingerstr. 127

Palladium-Verlag GmbH
D-6900 Heidelberg, Kußmaulstraße 2

Pallas Verlag Dr. Gustav Zagler
A-5010 Salzburg, Sigm.-Haffner-Gasse Nr. 18

Pallotti-Verlag
D-8904 Friedberg bei Augsburg, Postfach 42, Rederzhauser Straße 6

Signet wird geführt seit: Herbst 1962.

Grafiker: Hermann Kilian.

Pallottinerdruck und Lahn-Verlag GmbH

D-6250 Limburg/Lahn, Wiesbadener Straße 1, Postfach 140
Tel: (0 64 31) 401-211. **Psch:** Frankfurt (M) 399 09. **Bank:** Nassauische Sparkasse Limburg 535 003 971; Deutsche Bank Limburg 494/5606; Kreissparkasse Limburg 1055367. **Gegr:** 21. 12. 1900 in Limburg. **Rechtsf:** GmbH.
Ges: Die Gesellschaft wird vertreten durch die Geschäftsführer Engelbert Tauscher, Norbert Spiegel und Walter Dräger.
Verlagsleitung: P. Engelbert Tauscher □, geb. am 22. 3. 1930, Studium der Philosophie und Theologie bis 1961. Anschließend Verlagsvoluntariat bis 1962. 1962 Verlagsdirektor und Cheflektor. Ab November 1963 auch Direktor der angegliederten Druckerei (Pallottinerdruck, Limburg), Vorstandsmitglied der Arbeitsgemeinschaft Katholische Presse. Vertriebs- und Werbeleiter: Raimund B. Zoellner, geb. am 2. 3. 1921. Buchhandelslehre beim Herder-Verlag in Freiburg. Nach langjähriger Tätigkeit in verschiedenen Verlagen, seit 1. April 1964 Werbe- und Vertriebsleiter. Lektorat: Ursula Mock, geb. am 27. 6. 1936.
Geschichte: 1900 gründeten die deutschen Pallottiner (Gesellschaft vom Katholischen Apostolat) den „Pallottiner-Verlag". 1922 übernahm P. Josef Lucas die Leitung des Verlages und gab ihm durch seine volkstümlich gehaltenen religiösen Bücher bedeutenden Aufschwung. Die Pressegesetze des Dritten Reiches hinderten die weitere Entfaltung. Selbst die Fusion mit einem anderen Verlag im Jahr 1939, wobei erstmals der Name „Lahn-Verlag" gewählt wurde, konnte das endgültige Verbot (1942) nicht aufhalten. 1946 nahm der Lahn-Verlag seine Tätigkeit wieder auf. Seit 1961 pflegt er unter der Leitung von P. Engelbert Tauscher vorwiegend religiöse Sachliteratur in den aufgeführten Reihen zur Information und Bildung des Christen unserer Tage. Dazu gehört — in Ausweitung des Verlagsprogramms im Medien-Verbund — seit einigen Jahren die Produktion von Schallplatten und Cassetten als Arbeitshilfen für: Kinder- und Jugendgottesdienste, Glaubensunterweisung, Erziehung in Elternhaus, Vorschule/Schule, Jugend- und Erwachsenenbildung.

Hauptwerke: Otto Baumhauer, „Kirche zwischen Auftrag und Vollendung" (u. a.); Daniel Berrigan; Bernard Besret, „Wenn die Nacht wie der Tag leuchtet"; Ernst Ell, „Grundlagen der Erziehung zu Partnerschaft und Ehe" (u. a.); Gérard Gäfgen, „Leistungsgesellschaft und Mitmenschlichkeit"; José González, „Dom Helder Camara"; Camilla Härlin; Viktor Hahn; Theresia Hauser; Jan R. Hermanns, „Revolution zur Befreiung des Menschen"; Klemens Jockwig; P. P. Kaspar, „Was uns leben läßt"; Reinhard Kellerhoff; Ludwig Klein; Heinrich Klomps, „Jugend vor der Ehe"; Michael Kratz; Ferdinand Krenzer, „Morgen wird man wieder glauben", eine Glaubensinformation (u. a.); Peter Lippert; Joseph Machalke; Hans Meier; O. v. Nell-Breuning; Ferdinand Oertel; Harald Pawlowski; Joseph Ratzinger, „Demokratie in der Kirche"; Dietmar Rost; Ursel Scheffler; Felix Schlösser, „Christen haben Zukunft" (u. a.); Helga und Barthold Strätling, Irene Taitl-Münzert, „Der Kinder Kunst davonzukommen"; Gustav L. Vogel; Hans Wallhoff; Liederik de Witte, „Kirche - Arbeit - Kapital".

Buchreihen: „Taschenbücher für wache Christen" — „Offene Gemeinde" — „Werdende Welt" (Paperback-Reihe) — „Glaube - Wissen - Wirken" (Paperback-Reihe) — „Gestalten und Programme" (Große Gestalten in Kirche und Gesellschaft) — „FÜR UNS-Bücher" (Bücher für die Familie) — „Der liebe Gott".

Zeitschriften: „Das Zeichen", Monatszeitschrift für marianisch-apostolische Lebensgestaltung, Schriftleiter: P. Hans Wallhof — „signum", Zeitschrift für missionarische Seelsorge in Zusammenarbeit von Priestern und Laien. Hpt.-Schriftleiter: P. Dr. Felix Schlösser CssR.

Btlg: Der „Lahn-Verlag" ist Mitglied der „Verlagsgruppe Engagement", Geschäftsstelle: Butzon & Bercker GmbH, D-4178 Kevelaer, Postfach 215.

Verlagsgebiete: 2b — 3 — 6 — 10 — 11 — 26 — 27 — 28 — 8 — 9 — 24.

Pallotiner, Gesellschaft des Kath. Apostolates
A-5010 Salzburg, Mönchsberg 24

Palm u. Enke Verlag
D-8520 Erlangen, Postfach 41, Universitätsstraße 16

Pannonia-Verlag
D-8228 Freilassing (Obb.), Postfach 10, Wolf-Dietrich-Straße 2

Wilhelm Pansegrau Verlag
in der H. Heenemann GmbH

D-1000 Berlin 42, Bessemerstraße 83, Postfach 420 320

Tel: (030) 7 53 60 31. **Psch:** Berlin/West 2068 07-102. **Bank:** Berliner Commerzbank, Depka 102, 520/2080. **Gegr:** 1930. **Rechtsf:** GmbH.
Ges: Dr. Horst Heenemann, Hanna Heenemann, Angela Krüger, Hans-Rüdiger Heenemann, Jens Peter Heenemann, Johannes Angermann.
Verlagsleitung: Dr. phil. Horst Heenemann, geb. 13. 7. 1906.
Geschichte: Der Verlag wurde von Wilhelm Pansegrau gegründet und im Jahre 1949 von der Westlichen Berliner Verlagsgesellschaft Heenemann KG als Unterabteilung eingegliedert und 1969 von deren persönlich haftenden Gesellschafterin der H. Heenemann GmbH übernommen. Es werden technische Bücher über Kunststoffe, Lacke und Farben verlegt.

Hauptautoren: Hans Kittel, Alfred Kraus.
Hauptwerke: „Handbuch der Nitrocelluloselacke" — „Kunststoff-Jahrbuch".
Tges: Siehe unter H. Heenemann GmbH, D-1000 Berlin 42.
Verlagsgebiet: 20 — Kunststoffe, Lacke und Farben.

Papageno-Verlag Dr. Hans Sikorski
D-2000 Hamburg 13, Johnsallee 23

„papageno"-Buch- und Musikalienverlag und Bühnenvertriebsges. mbH
A-1160 Wien XVI, Neulerchenfelder Straße 3—7

Pape, Dr. Uwe
D-1000 Berlin 37, Prinz-Handjery-Str. Nr. 26a

Parabel-Verlag GmbH
D-8000 München 22, Postfach 228, Liebigstraße 39/I

Paracelsus Verlag GmbH
D-7000 Stuttgart 1, Postfach 593, Neckarstraße 121

Signet wird geführt seit: 1926.

Grafiker: Walther Thiemann.

Verlag Paul Parey
D-2000 Hamburg 1, Spitalerstraße 12
D-1000 Berlin 61, Lindenstraße 44—47
Hamburg: **Tel:** (040) 32 15 11. **Psch:** Hamburg 47552-209. **Bank:** Deutsche Bank AG Hamburg 46/25539; Commerzbank AG Hamburg 6/13 73 01.
Berlin: **Tel:** (030) 2 51 60 11. **Psch:** Berlin-West 1139. **Bank:** Berliner Disconto Bank AG Berlin 016/9979. **Gegr:** 1. 1. 1948. **Rechtsf:** KG.
Inh/Ges: Senator e. h. Dr. h. c. Friedrich Georgi, Dipl.-Landw. Christian Georgi.
Verlagsleitung: Senator e. h. Dr. h. c. Friedrich Georgi □, geb. 2. 7. 1917, seit

1952 Mitglied und Vorsitzender verschiedener Ausschüsse, 1961—1962 stellvertr. Vorsitzender der Abgeordnetenversammlung des Börsenvereins des Deutschen Buchhandels, von 1962 bis 1968 Mitglied des Vorstandes, von 1965 bis 1968 Vorsteher des Börsenvereins des Deutschen Buchhandels, 1958 bis 1961 Vorsitzender der Berliner Verleger- und Buchhändlervereinigung, seit 1964 Mitglied des Aufsichtsrats der Ausstellungs- und Messe-GmbH in Frankfurt (M). Friedrich-Perthes-Medaille (1969).
Dipl.-Landw. Christian Georgi, geb. 25. 9. 1904, 1965—1969 Vorsitzender des Berliner Buchhändler-Clubs.

Geschichte: Als landwirtschaftl. Spezialverlag 1. 1. 1848 in Berlin von C. F. Wiegandt gegründet, 1877 von Paul Parey erworben. Damit Beginn des systematischen wissenschaftlichen und fachlichen Ausbaus. Firmenname seit 1880 Paul Parey. 1900 auf Wunsch Paul Pareys nach dessen Tod Erwerb durch Arthur Georgi. Unter ihm, seinem Bruder Rudolf Georgi (seit 1911 Teilhaber) und seinem Sohn, Dr. phil. Arthur Georgi (seit 1930 Teilhaber) systematisch erweiterter Ausbau. 1945 vollständige Vernichtung. Wiederaufbau in Berlin und Hamburg. Verlagsgebiete: Landwirtschaft, Wasserwirtschaft, Veterinärmedizin, Gartenbau, Forstwirtschaft, Jagd- und Fischereiwesen, ang. Biologie, Zoologie, Botanik, Reitsport.
Hauptwerke: Auf allen genannten Verlagsgebieten erscheinen wissenschaftliche und fachliche Handbücher, Monographien, Lehrbücher und Zeitschriften (33 Fachzeitschriften und wissenschaftliche Zeitschriften der genannten Gebiete).
Verlagsgebiete: 5 — 18 — 22.

Parton, Dr. Herwig
A-1020 Wien II, Heinestraße 13/12

Parzeller & Co., vormals Fuldaer Actiendruckerei
D-6400 Fulda, Peterstor 18/20
Tel: (06 61) 81 31. **Fs:** 04 9 838. **Psch:** Frankfurt (M) 40 51-602. **Bank:** Deutsche Bank Fulda 76/4308; Dresdner Bank Fulda 7 899 853. **Gegr:** 5. 12. 1873. **Rechtsf:** KG.

Inh/Ges: Dipl.-Kfm. Michael Schmitt, pers. haft. Gesellschafter.
Verlagsleitung: Dipl.-Kfm. Michael Schmitt, geb. 10. 1. 1913.
Geschichte: Gegründet 1873 als Fuldaer Actiendruckerei, ab 1937 Änderung in der Gesellschaftsform mit der Firmierung: Parzeller & Co., vormals Fuldaer Actiendruckerei. Der Verlag pflegt neben dem religiösen Schrifttum wie Glaubensbücher, katholische Schulbibel, Diözesangesangbuch und theologischen Werken die Heimatliteratur durch die Herausgabe von Führern (Stadt Fulda, Dom, Dom-Museum, Michaelskirche, Frauenberg, Petersberg, Schlitz, Lauterbach, Herbstein, Steinau, Gersfeld etc.). Die „Fuldaer Geschichtsblätter" und die laufenden Veröffentlichungen des Fuldaer Geschichtsvereins sowie kunstgeschichtliche Werke aus dem Fuldaer Land werden herausgegeben.
Buchreihen: Stadtführer.
Verlagsgebiete: 2b — 11 — 16 — 8 — 23.

Signet wird geführt seit: 1950.

Grafiker: Prof. Virl.

Passavia Druckerei AG, Abteilung Verlag

D-8390 Passau 2 (Passau-Auerbach), Vornholzstraße 40, Postfach
Tel: (08 51) 5 10 81-82. **Fs:** 05 7 837. **Psch:** Nürnberg 30 20-850. **Bank:** Sparkasse Passau 30 46. **Gegr:** 2. 6. 1888 in Passau. **Rechtsf:** AG.
Inh/Ges: Hauptaktionäre: Verschiedene Stiftungen, Banken.
Verlagsleitung: Vorstand: Wilhelm Brandstetter, geb. 9. 8. 1930.
Verlagsleiter: Martin Teschendorff, geb. 29. 6. 1925 (Lehre im Sortiment, Buchhändlerschule, Arbeit in Verlagen), seit 1960 Verlagsleiter der Passavia.
Geschichte: 2. Juni 1888 Gründung der AG Passavia, im gleichen Jahre Erwerb der Hofbuchdruckerei, in der bereits 1480 erste Passauer Frühdrucker

arbeiteten. 1889 Übernahme der Donau-Zeitung. Erste Bücher im Verlag von Passauer Autoren. Heute wird der schöne Bildband gepflegt, traditionsgemäß Bavarica.
Zeitschrift: „Das Schaufenster" (mtl.), seit 1950 im Verlag Passavia.
Alm: Passau und die Passavia.
Tges: Passavia Druckerei (Buchdruck, Offset) und Großbuchbinderei.
Verlagsgebiete: 8 — 21 — 2b — 14 — 25.

tation" — „Dokumente und Manifeste" — „Kommentare und Beiträge zum AT und NT" — „Topos-Taschenbücher".
Zeitschriften: „Wissenschaft und Weisheit" (3x jl.) — „Internationale Zeitschriftenschau für Bibelwirtschaft und Grenzgebiete" (jl.) — „Bibel und Leben" (vtljl.) — „Religionsunterricht an höheren Schulen" (zweimtl.).
Verlagsgebiete: 2b — 9 — 10 — 11 — 24 — 27.

Patmos-Verlag GmbH

D-4000 Düsseldorf, Charlottenstr. 80/86, Postfach 6213

Tel: (02 11) 3 55 81. **Fs:** 08 582 463. **Psch:** Köln 83 91-501. **Bank:** Deutsche Bank Düsseldorf 3566 049. **Gegr:** 3. 5. 1910 in Trier. **Rechtsf:** GmbH.
Gesch.F: Dr. P. Böhringer.
Verlagsleitung: Norbert Heinrichs.
Geschichte: Der Patmos-Verlag ging aus dem 1910 in Trier gegründeten und seit 1933 zu Schwann gehörenden Mosella-Verlag, einem Spezialverlag für Bibelveröffentlichungen, hervor. 1946 wurden unter dem Namen Patmos-Verlag das Programm des Mosella-Verlages sowie die theologische Abteilung des damaligen L. Schwann-Verlages zusammengefaßt. Seither zählt Patmos zu seinen Autoren eine ganze Reihe bedeutender Theologen, die die Theologie der letzten Jahrzehnte entscheidend beeinflußt haben. Schwerpunkte des umfangreichen Verlagsschaffens sind heute praktische und wissenschaftliche Theologie, Religionspädagogik, Schulbücher, das religiöse Kinderbuch sowie (gemeinsam mit dem Matthias-Grünewald-Verlag) eine Taschenbuchreihe.
Hauptautoren: Hubertus Halbfas, Werner Trutwin, Wolfgang G. Esser, Roman Mensing, Johanna Klink, Karl Hermann Schelkle, Anton Vögtle, Karl Rahner, Paul Sporken, Willi Oelmüller, Hans Kessler, K. H. Ohlig, Johannes Gründel, Bruno Schüller, Heinz Schürmann, Wolfgang Trilling.
Buchreihen: „Patmos Paperbacks" — „Neue Patmos Reihe" — „Themen und Thesen der Theologie" — „Moraltheologische Studien" — „Geistliche Schriftlesung AT und NT" — „Patmos Medi-

Patris Verlag GmbH

D-5414 Vallendar, Höhrerstraße 109, Postfach 120

Tel: (02 61) 6 04 09. **Psch:** Köln 125800-507. **Bank:** Kreissparkasse Koblenz 14200 1123. **Gegr:** 11. 4. 1970 in Vallendar. **Rechtsf:** GmbH.
Ges: Schönstätter Säkularpriester e. V. Vallendar, P. Carlos Sehr, P. Franz M. Roth.
Verlagsleitung: P. Rudolf Stein, Verlagsleiter; P. G. M. Boll, lic. theol., Lektor; P. Dr. E. Monnerjahn, Redakteur; P. K. Lukaschek, Redakteur.
Geschichte: Der Patris Verlag GmbH entwickelte sich aus dem 1967 gegründeten Zeitschriftenverlag „Patris Verlag der Schönstätter Säkularpriester". Ziel des Verlages ist vor allem die Herausgabe und Verbreitung des geistigen Erbes Pater Joseph Kentenichs, des Gründers der Schönstattbewegung; darüber hinaus auch jenes Schrifttums, das der religiös-pädagogischen Zielsetzung der Schönstattbewegung entspricht.
Hauptwerke: P. Joseph Kentenich, „Aus dem Glauben leben", „Lebensgeheimnis Schönstätts", „Marianische Erziehung" — Engelbert Monnerjahn, „Häftling 29392 - Der Gründer des Schönstattwerkes in Dachau".
Buchreihen: „Kleine Schönstattreihe" — „Schönstatt-Studien".
Zeitschriften: „basis", Monatszeitschrift für aktuelle Fragen der menschlichen Gesellschaft und des religiösen Lebens (Auflage 26 000) — „Regnum", internationale Vierteljahresschrift der Schönstattbewegung (Auflage 2500).
Verlagsgebiete: 2b — 10.

Patria Verlag für Kultur, Wirtschaft und Leben
A-4820 Bad Ischl, Postfach 120

Pattloch Paul, Verlag
D-8750 Aschaffenburg, Postfach 549, Steingasse 2

Patzer, Bernhard, Verlag
D-1000 Berlin 33, Königsallee 65

Signet wird geführt seit: 1965.

Grafiker: Staatliche Werkkunstschule, Trier.

Paulinus-Druckerei GmbH (Paulinus-Verlag)
D-5500 Trier, Fleischstraße 61—65, Postfach 3040

Tel: (06 51) 4 80 71. **Fs:** 04-72 735. **Psch:** Köln 352 08-500. **Bank:** Deutsche Bank 440008/585 70048; Commerzbank 3067287/585 400 35; Dresdner Bank 5165702/585 800 74; Westdeutsche Genossenschafts-Zentralbank 30907/585 600 00; Stadtsparkasse 5226/585 500 80; Kreissparkasse 027789/585 501 30; Gebr. Röchling Bank 23092900/585 300 00 (sämtlich in Trier); Landesbank und Girozentrale Saar/Saarbrücken 7551-005/590 500 00.
Gegr: 1875 in Trier. **Rechtsf:** GmbH.
Verlagsleitung: Dipl.-Kfm. Dipl.-Volkswirt Ferdinand Wackers, Geschäftsführer.
Prokuristin: Frau Elisabeth Floren.
Verlagsleiter: Werner Adrian.
Lektor: Herbert Pfeiffer.
Geschichte: Gegründet von Georg Friedrich Dasbach als Presseunternehmen. Angegliederter Buchverlag gab zunächst apologetische Schriften heraus und pflegte später Theologie, Religion, Belletristik und Volksbildung. Gewann Bedeutung als Schulbuchverlag. 1942 Verlagsverbot, 1944 Vernichtung durch Luftangriff. Wiederaufbau seit 1946. Verlagsproduktion erstreckt sich heute auf folgende Gebiete: Theologie, Religion, Kirchliche Dokumentation, Schulbücher, Kirchenmusik, Formulare, Periodica.

Hauptwerke: Schalom Ben-Chorin, „Der dreidimensionale Mensch" — Balthasar Fischer, „Volk Gottes um den Altar" — Ferdinand Grütters, „Grundlegende Texte der Bibel" — Ernst Haag, „Der Mensch am Anfang" — Wilhelm Nyssen, „Das Zeugnis des Bildes im frühen Byzanz" — Wilfried Kurzschenkel, „Die theologische Bestimmung der Musik" — Hans Sabel, „Singendes Gottesvolk" — Julius Tyciak, „Theologie in Hymnen" — Emil Zenz, „Stimmen über Trier" — Rolf Zerfaß, „Lektorendienst" — Josef Seuffert, „Lektorendienst".
Buchreihen: „Dokumente des Zweiten Vatikanischen Konzils", lat.-deutsch — „Konzilstexte", deutsch — „Nachkonziliare Dokumentation", lat.-deutsch — „Schreiben der deutschen Bischöfe" — „Kleine Schriften der Cusanus-Gesellschaft" — „Studia Anglicana" — „Trierer Theologische Studien" — „Sophia. Quellen östlicher Theologie".
Zeitschriften: „Trierer Theologische Zeitschrift" (zweimtl.) — „Paulinus-Kalender" (jl.).
Tges: Spee-Buchverlag GmbH, Trier — Akademische Buchhandlung Interbook, Trier — Michaels-Buchhandlung, Saarbrücken — Buchhandlung N. Wagner Nachf., Saarlouis — Saarbrücker Druckerei und Verlag GmbH, Saarbrücken — Neunkirchener Buchdruckerei und Verlag GmbH, Neunkirchen/Saar — St. Wendeler Buchdruckerei und Verlag, St. Wendel/Saar.
Btlg: Werbegemeinschaft „Theologie" m. Gütersloher Verlagshaus, Gütersloh, Neukirchener Verlag, Neukirchen-Vluyn, Vandenhoeck u. Ruprecht, Göttingen.
Verlagsgebiete: 2b — 11 — 14 — 28 — 29 — 3 — 14.

Paulus-Verlag Karl Geyer
D-7100 Heilbronn, Goethestraße 38

Paulus Verlag K. Bitter KG
D-4350 Recklinghausen, Postfach 229 u. 249, Löhrhofstraße 10

Paustian & Co.
D-2000 Hamburg 56, Postfach 560127, Flerentwiete 68.

Pechan's Perlen-Reihe, Verlag
A-1082 Wien VIII, Laudongasse 10

Peer Musikverlag GmbH
D-2000 Hamburg 39, Postfach, Mühlenkamp 43

Pegasus-Verlag, Hermann Burgmann
D-6330 Wetzlar/L., Postfach 2225, Krämerstraße 19

Pegler, Gerhard & Co. KG
D-8000 München 90, Athener-Platz 8

Pergamos-Druck- und Verlagsanstalt Heidrich und Bender
D-2000 Hamburg 1, Hammerbrookstraße 93

Signet wird geführt seit: 1970.

Grafiker: P. Schimmel, München.

peri'med Verlag Dr. Dietmar Straube

D-8520 Erlangen, Böhmlach 77, Postfach 2820, 3720, 3740

Tel: (0 91 31) 61 26. **Fs:** 629852 pemed d. **Psch:** Nürnberg 14664-850. **Bank:** Stadt- und Kreissparkasse Erlangen 36249. **Gegr:** 1. 3. 1969 in Erlangen. **Rechtsf:** Einzelfirma.
Inh: Dr. med. Dietmar Straube.
Verlagsleitung: Dr. med. Dietmar Straube, geb. 29. 7. 1941 in Klaffenbach bei Chemnitz.
Verkauf und Marketing: K. H. Kritzler.
Herstellung: F. Zeiffer.
Vertrieb: H.-J. Sperling.
Geschichte: Bis 31. März 1971 Firmierung peri'med A. Straube KG, ab 1. April 1971 peri'med Verlag Dr. Dietmar Straube. Bei Gründung Zeitschrift „med ass" (40 000 mtl.), seit 1971: „Zeitschrift für präklinische Geriatrie" (35 000 mtl.). Seit Juli 1972: „der medizinstudent" (20 000 mtl.), „der klinikarzt" (42 000 mtl.). Seit Januar 1973: „Medizin" (70 000 vierzehntägig). Seit Januar 1974: „Anästhesiologische Informationen" (2500 8x jl.).

Zeitschriften: „Medizin", Zeitschrift für Diagnose und Therapie. Schriftleitung: V. Becker, H. Bünte, B. Leiber, K. G. Ober (2x mtl.) — „der klinikarzt", Schriftleitung: G. Becker, H. U. Feldmann, E. Ranke, D. Straube (mtl.) — „Zeitschrift für präklinische Geriatrie", Schriftleitung: E. Lang (mtl.) — „der medizinstudent" (mtl.) — „Anästhesiologische Informationen", Schriftleitung: H. W. Opderbecke (8x jl.).
Verlagsgebiete: 17 — 28 — 24 — 26.

Perlen siehe Pechan's Perlen-Reihe

Pero, Hans
A-1010 Wien I, Bäckerstraße 6

Perthes, Justus, Geographische Verlagsanstalt
D-6100 Darmstadt, Postfach 849, Holzhofallee 36 B

Pesch-Haus Verlag Stefan Gillich
D-6700 Ludwigshafen, Frankenthalerstraße 265

Peschek, Dr. Alfred
A-4050 St. Martin

Pestalozzi-Verlag, Graphische Gesellschaft mbH
D-8520 Erlangen, Am Pestalozziring

Signet wird geführt seit: 1961.

Grafiker: Bruno und Christel Neidhart, Konstanz.

Verlag J. P. Peter, Gebrüder Holstein
D-8803 Rothenburg ob der Tauber, Herrngasse 1, Postfach 19

Tel: (0 98 61) 22 94, 22 66. **Psch:** Nürnberg 12 31-858. **Bank:** Sparkasse Rothenburg ob der Tauber 101 600. **Gegr:** 1825 in Leutkirch/Allgäu. **Rechtsf:** OHG.
Inh/Ges: Alfred Holstein, Rainer Holstein, Peter Holstein.
Verlagsleitung: Rainer Holstein, geb. 10. 5. 1922 in Rothenburg o. d. T., Dipl.-Volkswirt.
Cheflektor Bernhard Doerdelmann, geb. 18. 1. 1930 in Recklinghausen. Mitglied des PEN-Zentrums der BRD;

Schriftsteller und Herausgeber; übersetzt in 36 Sprachen.
Geschichte: Gründung 1825 in Leutkirch/Allg. durch Joseph Rauch mit dem „Leutkircher Intelligenz- und Wochenblatt" als erstem Verlagsobjekt. Rauchs Nachfolger, Meinrad Holstein, entwickelte daraus den „Allgäuer Boten". 1890 Verkauf der Zeitung und Übersiedlung der Verleger nach Rothenburg o. d. Tauber, wo das 1884 von J. P. Peter gegründete „Evangelische Sonntagsblatt aus Bayern" übernommen und fortgeführt wurde.
Hauptautoren: Walter A. Bauer, M. Y. Ben-gavriêl, Netti Boleslav, Max Brod, Bernhard Doerdelmann, Willem Enzinck, Martin Gregor-Dellin, Albert Janetschek, Ludwig Marcuse, Steven Membrecht, Wilhelm Staudacher.
Buchreihen: Mundartliterarische Reihe — Satirik-Reihe — Zweisprachige Lyrik-Reihe.
Zeitschriften: „Evangelisches Sonntagsblatt aus Bayern" (wöchentl.) — „Auf Wiedersehen", Kundenzeitschrift (14-tägl.) — „Israel-Forum", Zeitschrift für Kontakte mit Israel (zweimonatlich).
Kalender: „Evangelischer Volkskalender" (jährl.).
Verlagsgebiete: 8 — 12 — 14 — 15 — 27.
Zwst: Maschinen- und Handsetzerei/Buchdruckerei (incl. Rotationsoffset/Buchbinderei/Sortimentsbuchhandlung.
Tges: Hegereiter-Verlag Rothenburg o. d. Tauber.

Signet wird geführt seit: 1867. Grafiker: —

C. F. Peters
D-6000 Frankfurt (M) 70, Kennedyallee 101
Tel: (06 11) 61 01 01. **Psch:** Frankfurt 10 99. **Bank:** Deutsche Bank Frankfurt. **Gegr:** 1. 12. 1800 in Leipzig. **Rechtsf:** KG.
Inh/Ges: Edition Peters GmbH, Frankfurt (M) und 3 Kommanditisten.
Verlagsleitung: Seit 1939 Dr. Johannes Petschull □, geschäftsführender Gesellschafter, geb. 8. 5. 1901 in Diez/Lahn.
Geschichte: Gründung am 1. 12. 1800 in Leipzig; 1867 „Edition Peters" begonnen; 1940 Henry Litolffs Verlag erworben; 1949 Enteignung und 1950 Sitzverlegung nach Frankfurt (M). 1971 Übernahme der Geschäftsführung von M. P. Belaieff Musikverlag (s. d.) Frankfurt. Ausführliche Darstellung: Lindlar, C. F. Peters, Frankfurt (M) 1967.
Hauptwerke: Alle Gebiete der ernsten Musik; Klassikerausgaben: EDITION PETERS; zeitgenössischer Musik; Unterrichtswerke; Musikbücher. Ausgaben der „Edition Peters" (Leipzig) dürfen nur vertrieben werden, wenn sie auf dem Innentitel Frankfurt als Ortsangabe tragen.
Hz: „Peters-Nachrichten".
Verlagsgebiet: 13 — Musiknoten.
Schwesterfirmen: Hinrichsen Edition Ltd., London, gegründet 1937; C. F. Peters Corp., New York, gegründet 1948.

Dr. Hans Peters Verlag
D-6450 Hanau, Postfach 685, Salisweg 56

Pfad Verlag Salzburg
A-5020 Salzburg, Gneiserstraße 4

Pfälzische Verlagsanstalt GmbH
D-6730 Neustadt/Weinstraße, Postfach 235 und D-6740 Landau/Pfalz, Postfach 247

Signet wird geführt seit: 15. 8. 1949.
Grafiker: Prof. Rudolf Schoen, Fritz Gundermann.

Fachbuchverlag Dr. Pfanneberg & Co.
D-6300 Giessen 2, Schanzenstraße 18, Postfach 2910
Tel: (06 41) 7 40 34. **Psch:** Frankfurt (M) 482 29-604 (BLZ 500 100 60). **Bank:** Handels- und Gewerbebank eGmbH Giessen 2790 05 (BLZ 513 900 00). **Gegr:** 15. 8. 1949. **Rechtsf:** KG.
Inh/Ges: Pers. haft. Ges.: Dipl.-Ing. Dr. rer. pol. Günther Pfanneberg, Dipl.-Kaufm. Gero Pfanneberg.
Verlagsleitung: Dipl.-Ing. Dr. rer. pol. Günther Pfanneberg, geb. 1. 3. 1907; Dipl.-Kaufm. Gero Pfanneberg, geb. 8. 3. 1937.

Verwaltung: Prok. Kurt Schulz.
Herstellung: Gerhard Duske.
Vertrieb: Christel Horn.
Hauptwerke: Fachbücher für Technik, Handwerk, Handel und Gewerbe, Bau- und Elektrotechnik, Hotel, Gaststätten, Bäckereien und Konditoreien. Schulbücher für das Nahrungsgewerbe.
Verlagsgebiete: 20 — 21.

Pfaundler, Wolfgang, Prof.
A-6433 Ötz, Piburg

Pfeffer, Carl, Verlag und Heidelberger Gutenberg-Druckerei GmbH
D-6900 Heidelberg, Postfach 1370, Waldhoferstraße 3

Pfeifer, Otto, Verlag
D-6230 Frankfurt (M) 80, Postf. 800640, Königsteinerstraße 3

pfeiffer
Signet wird geführt seit: 1965.
Grafiker: Wolfgang Taube.

Verlag J. Pfeiffer
D-8000 München 2, Herzogspitalstr. 5

Tel: (089) 2 60 30 36. **Psch:** München 528-808. **Bank:** Bayerische Vereinsbank München (BLZ 700 202 70) 206 191. **Gegr:** 1. 2. 1882 in München. **Rechtsf:** KG. **Inh/Ges:** Hafner GmbH.
Verlagsleitung: Christoph Miksch, Geschäftsführer; Adalbert Rost, Verlagsleiter; Dr. Lorenz Wachinger, Lektor.
Geschichte: Seit den Anfangsjahren (mit Werken aus den Bereichen der Aszetik, Biographie u. a.) erweiterte sich das Verlagsprogramm ab 1950 wesentlich zu den jetzigen Schwerpunkten der Verlagsarbeit: Gruppenpsychotherapie und Gruppenstudien, Psychologie, Pädagogik, Jugendführung, Religionspädagogik, praktische und aktuelle Theologie, geistliches Leben heute, Schulbuch, Berichte, Heiteres.
Hauptautoren: Felicitas Betz, Otto Betz, Wolfgang G. Esser, Georg Fabian, Hephzibah Hauser, Richard Hauser, Gisela Hommel, Don D. Jackson, Walter F. Kugemann, Hans Küng, William J. Lederer, Anita Mandel, Karl Herbert Mandel, Heinrich A. Mertens, Marc Oraison, Alfons Rosenberg, Gertrude Sartory, Thomas Sartory, Pio Sbandi, Wolfgang Schulz, Ernst Stadter, Lothar Zenetti.
Hauptwerke: „Einübung in Partnerschaft" — „Ehe als Lernprozeß" — „Gruppenpsychologie" — „Die Gruppe als Weg" — „Zum Religionsunterricht morgen" (5 Bände) — „Peitsche und Psalm" — „Kopfarbeit mit Köpfchen" — „Diskutieren - debattieren" — „Das Experiment Christentum" — „Utopie Freiheit" — „Lernprozeß Gottesdienst" — „Kirche kontra Demokratie?" — „Texte der Zuversicht" — „Die kommende Gesellschaft".
Buchreihen: „Leben lernen" (Die Reihe soll - auf wissenschaftlicher Basis - Lernprozesse anregen, damit der einzelne voller, richtiger, glücklicher leben und seine mitmenschlichen Beziehungen sinnvoller gestalten kann), 9 Titel, hrsg. von Lorenz Wachinger — „Pfeiffer-Werkbücher" (Themen: Lehren und Lernen, Erziehung, Unterricht, Jugendarbeit, Gemeindearbeit, Meditation, Liturgie), 123 Titel, hrsg. von Otto Betz — „Experiment Christentum" (Gedankliche und praktische Entwürfe christlichen Glaubens auf Zukunft hin), 17 Titel, hrsg. von Thomas Sartory und Otto Betz.
Zeitschrift: „Jetzt", Ordensfrauen - Ordensleben - Kirche - Information - Konfrontation, 1974 im 7. Jahrg. (vtljl.).
Btlg: Mitglied der „Verlagsgruppe ENGAGEMENT"; Beteiligung an Werbegemeinschaften: „Fach: Religion" und „igp (Information Gemeindepraxis)".
Verlagsgebiete: 2a — 2b — 3 — 10 — 28 — 5 — 6 — 9 — 23 — 24 — 30.

Pfenningstorff Fritz
D-1000 Berlin 45, Herwarthstraße 3

Richard Pflaum Verlag KG
D-8000 München 19, Lazarettstraße 4, Postfach München 2, 201 920

Tel: (089) 18 60 51. **Fs:** 529 408. **Psch:** München 28255-802. **Bank:** Dresdner Bank München 4 970 470; Bayer. Landesbank München 360 50. **Gegr:** 1919 in München; 1946 nach dem Krieg in München. **Rechtsf:** KG.

Geschichte: 1919 Gründung durch Richard Pflaum in München. 1946 nach dem Krieg neu gegründet durch Richard Pflaum. Nach seinem Tode 1951 weitergeführt von seiner Tochter Frau Elfriede Meckel-Pflaum. Am 1. Juni 1969 Übernahme des Jakob Schneider Verlages, Berlin. Am 1. Januar 1971 zusammen mit dem Dr. A. Hüthig Verlag Gründung eines Gemeinschaftsverlages „de - Deutsche Elektrohandwerkverlagsgesellschaft m.b.H." Sitz München und Niederlassung Heidelberg. Ab 1. Juli 1971 Anzeigenkombination „Gastwirt + Hotelier" u. „Die Deutsche Gaststätte". Am 27. April 1972 zusammen mit dem Carl Link Verlag Gründung eines Gemeinschaftsverlages „Carl Link Verlag Presse Gesellschaft m.b.H." Sitz Kronach und München. Juli 1972 Verkauf des Bavarica-Programms. Ab 1. Januar 1974 Anzeigenkombination „Gastwirt + Hotelier" und „Deutsche Gaststätte" Das Gastgewerbe — Deutsche Hotelzeitung und „Niedersächsische Hotel- und Gaststättenzeitung". Das Verlagsprogramm umfaßt Fachbücher, Fachzeitschriften, Fachzeitungen und Formulare aus den Gebieten der Elektronik, des Hotel- und Gaststättengewerbes, des Bäcker- und Metzgerhandwerks, sowie der Naturheilpraxis, der Krankengymnastik. Der Buchverlag ist ein reiner Fachbuchverlag mit deutlichem Schwerpunkt Elektrotechnik/Elektronik.

Hauptautoren: Dr. Ing. F. Bergtold, Werner W. Diefenbach, Ing. Benedikt Gruber, Heinz-Piest-Institut für Handwerkstechnik an der TU Hannover, Dr.-Ing. Alfred Hösl, Winfried Knobloch, Hans Schmitter, Dr. Ing. Rudolf Wessel.

Buchreihen: „Wissen + Können - Elektrik + Elektronik", Taschenbuchreihe — Schriftenreihe aus Theorie und Praxis der Krankengymnastik.

Zeitschriften: „Gastwirt und Hotelier" (wtl.) — „Der Bäckermeister" (wtl.) — „Der Metzgermeister" (wtl.) — „Krankengymnastik" (mtl.) — „Naturheilpraxis" (mtl.) — „Fleischerjugend" (mtl.) — „Bäckerjugend" (mtl.), Druckauftrag — „Die neue Polizei" (mtl.), Druckauftrag — „Das Sichere Haus" (zweimtl.), Druck und Anzeigen — „Lochhamer Brief" (3x jl.).

Angeschl. Betr: „de", Deutsche Elektrohandwerk Verlagsgesellschaft m. b. H. München und Heidelberg (Zeitschriften: „de, der Elektromeister und deutsches Elektrohandwerk"; „EMA", Elektrische Maschinen; „Der Elektrofachmann"; Jahrbuch für Elektrohandwerk, Elektromaschinenbau- und Elektronik-Kalender); Carl Link Verlag Presse Gesellschaft m.b.H. Kronach und München („Bayerische Gemeindezeitung").

Verlagsgebiete: 20 — 26 — 28 — 29 — 11 — 17.

Signet wird geführt seit: 1963.

Grafiker: Ingeborg Pfriemer.

Udo Pfriemer Verlag GmbH

D-8000 München 2, Landwehrstraße 68

Tel: (089) 53 16 04 oder 53 31 84. **Fs:** 05-23398. **Psch:** München 992 60-803. **Bank:** Deutsche Bank München 51/23575. **Gegr:** 1948. **Rechtsf:** GmbH.

Inh/Ges: Dipl.-Volkswirt Udo Pfriemer.

Verlagsleitung: Dipl.-Volkswirt Udo Pfriemer □ als Geschäftsführer, geb. 2. 9. 1909 in Riga.

Geschichte: Der im September 1948 gegründete Verlag hat sich aus der Herstellung von Schrifttum für Handel und Industrie entwickelt.

Hauptwerke: Nachschlagewerke für Industrie, Handel und Handwerk; Schrifttum auf dem Gebiet der Versorgungs-, Sanitär- und Haustechnik.

Reihen: „Buchreihe zur Technikgeschichte" — „Montage-ABC-Bücher" — „Fachbuch im Taschenbuchformat" — „Humor in Beruf und Alltag" — „Fachbuchreihe Versorgungstechnik - Haustechnik - Sanitärtechnik".

Zeitschriften: „bad+küche" — „Elektroverkauf - Elektroneuheiten" — „heizungsbau" — „abwassertechnik".

Verlagsgebiete: 20 — 14 — 28.

Pfützner, Robert, GmbH

D-8000 München 80, Vogelweideplatz 10

Pharos-Verlag, Hansrudolf Schwabe AG

Signet wird geführt seit: 1961.

Grafiker: Peter Megert.

CH-4002 Basel, Birsigstraße 107, Postfach 917
Ausl. Missionsstraße 36, Basel

Tel: (061) 39 56 71 und 25 01 45. **Psch:** Basel 40-13 591. **Bank:** Schweizerische Bankgesellschaft. **Gegr:** 24. 6. 1948 in Basel. **Rechtsf:** AG.
Ges: Verwaltungsrat der AG: Dr. Rudolf Schwabe-Winter, Präsident; Dr. Hansrudolf Schwabe-Burckhardt, Delegierter.
Verlagsleitung: Dr. rer. pol. Hansrudolf Schwabe-Burckhardt, geb. 2. 2. 1924.
Geschichte: Der Verlag befaßt sich seit seiner Gründung mit Basiliensia, Helvetica, Bilderbüchern und Ethnologie. Ein weiteres Schwergewicht bilden Titel über Kunstgewerbe und Graphik. Mehrere Ausgaben des Verlages sind unter den „Schönsten Schweizer Büchern" prämiiert worden.
Hauptautoren: Maria Aebersold, Pierre Bouffard, Robert B. Christ, Eugen Dietschi, Véronique Filozof.
Hauptwerke: Bruno Weber, „Städte und Berge der alten Schweiz" — Emanuel Büchel, „Die Landschaft Basel" — Du Bois/Schwabe/Bouffard, „Schweiz 1830" — Prof. Dr. Dr. Alfred Bühler, „Ikat Batik Plangi" — A. Seiler-Baldinger, „Systematik der Textiltechnik".
Buchreihen: „Basler Schriften" — „Basler Beiträge zur Ethnologie".
Tges: Buchhandlung Münsterberg Hansrudolf Schwabe AG, CH-4002 Basel, Münsterberg 13.
Verlagsgebiete: 6 — 8 — 9 — 14 — 15.

Philler, Albrecht
D-4950 Minden/Westf., Postfach 960, Stiftsallee 40

Philosophisch-Anthroposophischer Verlag
CH-4143 Dornach

Phoebus-Verlag GmbH
CH-4052 Basel, Malzgasse 7

Physica Verlag Rudolf Liebing KG
D-8700 Würzburg 2, Postfach 1136, Werner-von-Siemens-Straße 5
und A-1010 Wien I, Seilerstätte 18

Signet wird geführt seit: 1974.

Grafiker: Gestaltungsgruppe Bergstraße Weißbrod Werbung Weinheim

Physik Verlag GmbH
D-6940 Weinheim/Bergstr., Pappelallee Nr. 3, Postfach 1260/1280
Boschstraße 12

Tel: (0 62 01) 40 31-40 37. **Fs:** 465 516 vchwh d. **Psch:** Karlsruhe 40749-751. **Bank:** Commerzbank Weinheim 373 4001. **Gegr:** November 1947 in Mosbach/Baden. **Rechtsf:** GmbH.
Ges: Verlag Chemie GmbH, Weinheim; Prof. Dr. E. Brüche, Mosbach; Deutsche Physikalische Gesellschaft e. V.
Verlagsleitung: Jürgen Kreuzhage, geb. 19. 8. 1936; Hans Schermer, geb. 26. 3. 1916.
Prokuristen: Dr. Hans-Friedrich Ebel, geb. 10. 3. 1933 (Lektorat); Maximilian Montkowski, geb. 20. 8. 1933 (Herstellung); Harry Both, geb. 29. 1. 1920 (Anzeigenabteilung); Otto Dautermann, geb. 28. 9. 1931 (Rechnungswesen).
Geschichte: 1947 gründete Professor Ernst Brüche zusammen mit seiner Frau Dorothee den Physik Verlag in Mosbach/Baden, um den seit 1944 von ihm herausgegebenen „Physikalischen Blättern" einen Verlag zu geben. Bis dahin hatte die Zeitschrift, die gerade in diesen düsteren Jahren für manchen Physiker die Hoffnung auf eine bessere Zukunft verkörperte, verschiedene Verleger gehabt. 1972 wurde die Verbindung, die Professor Brüche über alle Jahre hinweg zur Deutschen Physikalischen Gesellschaft gehalten hatte, zu einem festen Band, als die Gesellschaft gemeinsam mit dem Verlag Chemie

GmbH, Weinheim/Bergstr., die Majorität der Anteile an dem Physik Verlag übernahm, um das Lebenswerk Brüches fortzusetzen. Seitdem domiziliert der Verlag ebenfalls in Weinheim.
Buchreihen: Gemeinsam mit dem Verlag Chemie wird die naturwissenschaftliche Taschenbuchreihe „taschentext" herausgegeben — „reprotext".
Zeitschrift: „Physikalische Blätter" (mtl.).
Verlagsgebiet: 18.

Pick, Wilhelm, Verlag
D-5800 Hagen/Westf., Postfach 2723, Pettenkoferstraße 17a

Marianne Piepenstock — Rose-Verlag
D-8000 München 19, Postfach 224, Joh. v. Werthstraße 2

Pigge, Karl R.
D-6380 Bad Homburg v. d. Höhe, Kisseleffstraße 10

Pilger Druckerei
D-6720 Speyer, Postfach 162, Kl. Pfaffengasse 18

Verlag Ellen Pilger
D-3392 Clausthal-Zellerfeld, Berliner Straße 125

Tel: (0 53 23) 33 98. **Psch:** Frankfurt 458 70 fl **Bank:** Volksbank Clausthal-Zellerfeld 13 256. **Gegr:** 1964 **Rechtsf:** Einzelfirma.
Inh: Frau Ellen Pilger.
Verlagsleitung: Frau Ellen Pilger, geb. Hansen, mit Geologen verheiratet, war früher journalistisch in der Frauenarbeit und an Hochschulinstituten tätig.
Geschichte: Die Verlagsgründung im Jahre 1964 erfolgte aufgrund der speziellen naturwissenschaftlichen und prähistorischen Interessen der Verlegerin. Der Verlag veröffentlicht in erster Linie Werke der Geologie bzw. Geowissenschaften.
Hauptwerke: „Clausthaler Tektonische Hefte" (bisher 14 Hefte) — „Clausthaler Geologische Abhandlungen" (bisher 16 Hefte).

Verlagsgebiete: 18 — **Spez.Geb:** 18 Geologie, Statistik, Bergbau.

Pinguin-Verlag Parlowski KG
A-6021 Innsbruck, Schneeburgg. 101h

Signet wird geführt seit: 1972.
Grafiker: Erhard Brucker.

J. Pinsker & Sohn KG.
D-8302 Mainburg, Marzellerstraße 2, Postfach 65

Tel: (0 87 51) 14 66 u. 14 67. **Psch:** München 17 472-801. **Bank:** Sparkasse Mainburg 1701. **Gegr:** 1879 in Mainburg. **Rechtsf:** KG.
Inh/Ges: Persönl. haft. Gesellschafter: Josef Pinsker jun.
Kommanditist: Joseph Pinsker sen., geb. 7. Mai 1898.
Verlagsleitung: Josef Pinsker jun. ▫, geb. 27. 9. 1926.
Betriebsleiter: Erhard Brucker.
Geschichte: Der 1879 gegründeten Druckkerei wurde 1927 ein Verlag mit der Herausgabe der Tageszeitung „Der Hopfenbauer" angegliedert. Seit 1949 erscheint diese Zeitung wieder — zunächst mit dem Titel „Mainburger Zeitung" — als „Hallertauer Zeitung". 1960 wurde mit der Herausgabe von Bavarica-Büchern begonnen und unter der Firmierung „Pinsker-Verlag" erschienen 1973 drei beachtenswerte Bücher „München in Erz und Stein", „Die Hallertau" sowie „Sagen und Legenden aus Ingolstadt". Das letztgenannte Buch ist der erste Band einer geplanten Buchreihe bayerischer Sagen und Legenden von Emmi Böck, die über die größte Sagensammlung des mittelbayerischen Raumes verfügt.
Hauptautoren/Hauptwerke: August Alckens, „München in Erz und Stein" — Emmi Böck/Helmut Münch, „Die Hallertau" — Emmi Böck, „Sagen aus Ingolstadt" — Gustl Laxganger, „Das Lausdirndl" — Josef Koellnbach, „Altbairische Geschichten" — Sepp Kiefer, „Gschichtln aus der Münchner Gschicht" — Johannes Alfes, „Lock're Vögel aus

Bad Wasserhofen" — Otto Fries, „So san d' Buam und d' Leut — Josef Eberwein, „Lieder und Zwiefache aus der Hallertau".
Zeitschrift: Tageszeitung „Hallertauer Zeitung".
Verlagsgebiete: 14 — 29 — 15 — 30.

Signet wird geführt seit: —

Grafiker: —

R. Piper & Co. KG Verlag

D-8000 München 40, Georgenstraße 4, Postfach 43 120
R. Piper & Co. Verlag GmbH, Zürich, Bleicherweg 58

Tel: (089) 39 70 71, 34 48 72; Presse: 34 60 99. **Fs:** 525385. **Psch:** München 5710. **Bank:** Deutsche Bank München 20/23018; Hypo-Bank München 6/229008. **Gegr:** 19. 5. 1904 in München. **Rechtsf:** KG.
Inh/Ges: Klaus Piper, Martin Piper.
Verlagsleitung: Klaus Piper □, geb. 27. 3. 1911 in München, Mitglied PEN-Zentrum BRD; Max-Beckmann-Ges.; Barlach-Ges.; Rotary-Club; Max-Planck-Ges.
Verlagsleiter: Dr. Hans Rössner (Prok.).
Lektorat Wissenschaft: Dr. Hans Rössner.
Lektorat Belletristik: Walter Fritzsche.
Lektorat Sachbuch: Heinz F. Bläsing.
Lizenzen: Dorothee Grisebach.
Herstellung: Klaus Koop (G. Prok.).
Vertrieb: Olf Lenzing (G. Prok.).
Werbung u. Presse: Marianne Menzel.
Buchhaltung: Renate Fäßler.

Geschichte: Eine Geschichte des Verlages hat (in diesem Umfang ein einzigartiger Fall) Reinhard Piper in den beiden Bänden „Vormittag" u. Nachmittag" (zusammengefaßt in dem Band „Mein Leben als Verleger", 1964) hinterlassen. — Der Verlag wurde durch Reinhard Piper, dem Sohn des Burgenforschers Dr. h. c. Otto Piper, 1904 in München gegründet. Zu Beginn war für kurze Zeit Georg Müller Teilhaber, doch erkannten die beiden ausgeprägten Verleger-Individualisten rasch, daß es besser sei, die Leitung des Verlages nicht zu teilen. Als Teilhaber traten später Adolf Hammelmann und Alfred Eisenlohr in den Verlag ein. Adolf Hammelmann schied 1926 aus. Alfred Eisenlohr 1931; gleichzeitig wurden die „Piper-Drucke" in die selbständige Firma „Piperdrucke" übergeführt. Von 1926—1937 war Dr. Robert Freund Teilhaber der Firma. Reinhard Piper, geb. 31. 10. 1879 in Penzlin, vermochte es, sich mit den jungen künstlerischen und geistigen Kräften seiner Zeit verbindend, seinem Verlag in kurzer Zeit einen Platz unter den Verlagshäusern zu sichern, die durch ihre Aktivität und durch ihr persönliches Profil zu wesentlichen Faktoren im kulturellen Leben Deutschlands nach der Jahrhundertwende wurden. Literatur, Kunst und Philosophie waren die drei Hauptgebiete, denen sich Reinhard Piper zuwandte und die bis heute die inneren Grundfiguren des Verlags geblieben sind.
Als erstes Buch des Verlags erschien „Die Lieder des Schäfers Dafnis" von Arno Holz; im Gründungsjahr folgten „Die modernen Illustratoren", die die große, vielfältige Reihe der Kunstpublikationen in den nächsten Jahrzehnten einleiteten. Werke der Kunsthistoriker wie Julius Meier-Graefe, Wilhelm Hausenstein, Ernst Buschor, Wilhelm Worringer und Gebiete der Kunst von Ägypten, vom mittelalterlichen deutschen Blockbuch bis zu den Impressionisten und den Meistern der Gegenwart. Epochemachend war, in den Folgen wirksam bis heute, die Herausgabe des Almanaches der Künstlergruppe „Der Blaue Reiter" (1912). Die Drucke der Marées-Gesellschaft (Hrsg. Julius Meier-Graefe), beginnend 1917, brachten in deutschsprachigen und internationalen Ausgaben Faksimile-Reproduktionen einer bis dahin kaum bekannten Vollendung. Diese Drucke regten Reinhard Piper zur Begründung der Piper-Drucke an, die als Qualitätsbegriff Weltgeltung erlangten. — Auf den Gebieten Literatur und Philosophie haben folgende Unternehmungen und Werke das Gesicht des Verlags in dessen ersten Jahrzehnten geprägt: Dostojewskis sämtliche Werke (nach dem Zweiten Weltkrieg in einer Dünndruck-Neuausgabe); die Reihe „Die Fruchtschale", die historisch-kritische Ausgabe von Arthur Schopenhauer, zu-

erst von Paul Deussen herausgegeben, blieb unvollendet. Reinhard Piper verlegte auch die ersten Schriften über die zeitgenössischen Komponisten Max Reger, Gustav Mahler, Arnold Schönberg. — Christian Morgenstern erschien mit seinen ersten Gedichten und Aphorismen. — Künstlerautoren, denen Reinhard Piper persönlich in lebenslangen Beziehungen verbunden blieb, wurden Ernst Barlach, Max Beckmann, Alfred Kubin. — Klaus Piper trat nach Erlernung des Buchhandels bei Christian Kaiser in München 1932 in den väterlichen Verlag ein. Er wurde 1937 Prokurist und 1941 Mitinhaber des Verlags. Seit dieser Zeit war er maßgeblich an der Leitung des Verlags beteiligt, die er nach dem Tode von Reinhard Piper allein übernahm.

Seit 1945 wurde das Verlagsprogramm wesentlich erweitert — in der konsequenten Fortentwicklung der Grundlinien: Philosophie (Geistes- bis Naturwissenschaft), Belletristik (zeitgenössische deutsche und ausländische Autoren), Sachbuch (Biografien, Kunst, Kultur, Zeitgeschichte, Lebenspraxis) und als neuer Zweig im Verlagsprogramm: Pipers Kinderlexika „Erklär mir die Welt", mit den Themen „Meer", „Erde", „Tiere" usw. Romane von Frederick Forsyth oder „Das Boot" von L. G. Buchheim (als deutsches Kriegsbuch einer Generation) wurden durchschlagende Erfolge im deutschen Buchhandel und erscheinen in vielen anderen Ländern. Ebenso erreichten Werke der aktuellen Wissenschaft (u. a. Konrad Lorenz, Irenäus Eibl-Eibesfeldt, Werner Heisenberg, A. und M. Mitscherlich, Jacques Monod, Heinz Zahrnt) Verkaufszahlen, die bisher für Bücher dieses thematischen Anspruchs kaum bekannt waren.

Der Ausbau des Verlagsprogramms wurde gefördert und gleichzeitig stabilisiert durch die systematische Entwicklung der Verlags-Buchreihen: „Serie Piper" (Text, Dokument, Literatur, Wissenschaft, Kritik und Gegenkritik in Taschenausgaben: eine Reihe, die die Verlagsthematik in ihrem ganzen geistigen Umfang aufnimmt); „Piper-Präsent" (kleine Geschenkausgaben); „Panoramen der modernen Welt"; „Piper Galerie" (bestimmte Komplexe aus der Weltkunst in zumeist farbiger Wiedergabe); „piper paperback" und schließlich die beiden vornehmlich dem Studium und der Fortbildung dienenden Reihen „Erziehung in Wissenschaft und Praxis" (EWP, hrsg. von Andreas Flitner) und „Piper Sozialwissenschaft" (PSW) — Gruppe Politik: Herausgeber Sontheimer, von Beyme; Gruppe Soziologie: Herausgeber Lautmann, Neidhardt, Sack; Gruppe Internationale Politik: Herausgeber K. Kaiser, H. G. Schwarz.

Hauptautoren: Fritz René Allemann, Jorge Amado, Stefan Andres, Ernest Ansermet, Hannah Arendt, Ingeborg Bachmann, Ernst Barlach, Giorgio Bassani, Klaus von Beyme, Margret Boveri, Lothar-Günther Buchheim, Raymond Cartier, Ralf Dahrendorf, Hilde Domin, F. M. Dostojewski, Irenäus Eibl-Eibesfeldt, Paul Eipper, Paul Erdman, Theodor Eschenburg, Jürg Federspiel, Joachim C. Fest, Iring Fetscher, Andreas Flitner, Frederick Forsyth, Jan Foudraine, Richard Friedenthal, C. Fruttero/ F. Lucentini, Carlo E. Gadda, Romain Gary, Martin Greiffenhagen, Albert Paris Gütersloh, Olaf Gulbransson, Hildegard Hamm-Brücher, Bernhard Hassenstein, Robert Havemann, Werner Heisenberg, Peter Hoffmann, Hans E. Holthusen, Werner Holzer, Peter Huchel, Aldous Huxley, Joachim Illies, Karl Jaspers, Walter Jens, Joachim Kaiser, Karl Kaiser, Alexander Kluge, Leszek Kolakowski, Christian Graf von Krockow, Eckart Kroneberg, Horst Krüger, J.-M. G. Le Clézio, Rudolf Walter Leonhardt, Anne Morrow Lindbergh, Konrad Lorenz, Jürgen von Manger, Ulf Miehe, Alexander Mitscherlich, Margarete Mitscherlich, Jacques Monod, Jacqueline Monsigny, Christian Morgenstern, Ernst Nolte, Leonie Ossowski, Hermann Pörzgen, Adolf Portmann, Salvatore Quasimodo, Georg Queri, Reinhard Raffalt, Ferdinand Ranft, Marcel Reich-Ranicki, Hans Saner, Oda Schaefer, Wolfgang Schmidbauer, Rolf Schneider, Michael Schulte, Leo Slezak, Walter Slezak, Kurt Sontheimer, Alexander Spoerl, Heinrich Spoerl, Hans Peter Thiel, Ludwig Thoma, Giuseppe Tomasi di Lampedusa, Eberhard Trumler, Franz Tumler, Karl Valentin, Willem A. Visser't Hooft, Hans Walter, Wolfgang Wickler, Heinz Zahrnt.

Buchreihen: „Serie Piper" - Text / Dokument / Literatur / Wissenschaftskritik-Gegenkritik — „Piper-Präsent" —

"Panoramen der modernen Welt" — "piper paperback" — "Piper Sozialwissenschaft (PSW)" — "Erziehung in Wissenschaft und Praxis (EWP)" — "pipers kinderlexikon erklär mir...".
Hz/Alm: "Nach 50 Jahren", 1954 — "Stationen", Piper Almanach 1904-1964 — "Piper Almanach 1974" — R. Piper, "Mein Leben als Verleger".
Tges: Deutscher Taschenbuchverlag GmbH & Co. KG, München. — R. Piper & Co. Verlag GmbH, Zürich.
Verlagsgebiete: 2 — 3 — 5 — 6 — 7 — 8 — 9 — 10 — 12 — 13 — 14 — 15 — 18 — 25 — 26.

Signet wird geführt seit: 1923.

Grafiker: F. H. Ehmcke.

Die Piperdrucke Verlags-GmbH

D-8000 München 90, Pilgersheimer Straße 38, Postfach 90 07 40

Tel: (089) 66 30 31. **Fs:** über 05-23 981. **Psch:** München 38 82-809. **Bank:** Bayerische Vereinsbank München 306 253 (BLZ 700 202 70). **Gegr:** 7. 5. 1932 in München. **Rechtsf:** GmbH.
Inh/Ges: Günter Thiemig.
Verlagsleitung: Peter Keskari.
Geschichte: Die Piperdrucke wurden erstmalig 1923 im Verlag R. Piper & Co. herausgebracht. 1932 begründete Alfred Eisenlohr, bis dahin Teilhaber Reinhard Pipers, „Die Piperdrucke Verlags-GmbH" als selbständiges Unternehmen. Nach seinem Tod 1952 übernahm die Leitung des Verlages Frau Marie-Luise Eisenlohr. Am 1. 1. 1973 wurde Günter Thiemig geschäftsführender Gesellschafter.
Hauptwerke: Gemälde-Reproduktionen nach Meisterwerken alter und neuer Zeit. Kunstpostkarten nach den Drucken.
Verlagsgebiet: 12.

Pitsch, Dieter
A-1150 Wien XV, Sechshauserstraße 8

Platzer & Co., Kartogr. Atelier
A-1071 Wien VII, Schottenfeldgasse 62

Plötner & Co., Verlagsbuchhandlung
D-7000 Stuttgart 1, Postfach 3167, Strohberg 38

A. G. Ploetz KG

D-8700 Würzburg, Herrnstraße 10, Postfach 179
D-7800 Freiburg, Hermann-Herder-Straße 4

Tel: (07 61) 20 83 87. **Fs:** 0772603. **Psch:** Karlsruhe 38903. **Bank:** Öffentl. Sparkasse Freiburg 2101000. **Gegr:** Sept. 1880 in Berlin. **Rechtsf:** KG.
Inh/Ges: p. h. Ges.: Druck- und Verlags-Verwaltungs-GmbH.
Verlagsleitung: Dr. Theophil Herder-Dorneich, Dr. Hermann Herder-Dorneich, Friedrich Knoch.
Geschichte: Gründer: Alfred Georg Ploetz, Sohn des bekannten Prof. Dr. Karl Ploetz, dessen Geschichts- und Sprachwerke seit Jahrzehnten im In- und Ausland bekannt sind. Seit dem Tode des Gründers übernahm die Witwe, Frau Amelia von Harbou, in 2. Ehe mit Generalleutnant von Harbou verheiratet, die Leitung des Verlags, von 1935—1971 unter Leitung von Edgar von Harbou, ihrem 3. Sohn. 1972 Umwandlung in eine Kommanditgesellschaft.
Hauptwerke: „Auszug aus der Geschichte" (27. Aufl. 1968) — „Hauptdaten der Weltgeschichte" (31. Aufl. 1972) — „Der farbige Ploetz" (1973).
Buchreihen: „Konferenzen und Verträge", 5 Bde. — „Regenten und Regierungen der Welt", 5 Bde. — „Geschichte der deutschen Länder", 3 Bde. — „Raum und Bevölkerung in der Weltgeschichte", 5 Bde. — „Geschichte des Zweiten Weltkrieges", 2 Bde. — „Weltgeschehnisse der Nachkriegszeit", 4 Bde. — „Arbeitsmaterialien Schule".
Verlagsgebiete: 6 — 14 — 25 — 11.

Ploetz, Ernst
A-9400 Wolfsberg

Podzun-Verlag
D-6364 Dorheim-Wetterau, Markt 9

Poeschel C. E., siehe Metzler

Poetschke, siehe Gärtner-Poetschke

Pohl & Co.
A-8042 Graz-St. Peter, Hauptstraße 88

Polyglott Verlag Dr. Bolte KG

D-8000 München 40, Neusser Straße 3, Postfach 40 11 20

Tel: (089) 36 40 41/46. **Fs:** 05-215379 LKGM-d. **Gegr:** 1902 in Bonn. **Rechtsf:** KG.
Ges: Karl-Ernst Tielebier-Langenscheidt und 4 Kommanditisten.
Verlagsleitung: Karl Ernst Tielebier-Langenscheidt ☐.
Chefredakteur: Dr. Anton Schmuck.
Sonderprojekte/Rechte: Manfred Überall.
Herstellung: Helmut Wahl.
Werbung: Hartwig Berthold BDW.
Vertriebsleitung: Alfred Müller.
Kaufm. Leitung: Prok. Dir. Ulrich Langanke.
Geschichte: Seit 1896 erstmals Polyglott-Kuntze-Sprachführer (in Leipzig). Gründung des Polyglott-Verlags 1902 in Bonn/Rh. Ausbau der Veröffentlichung von preiswerten Sprachführern für deutsche und ausländische Touristen. In der ersten Hälfte dieses Jahrhunderts erfolgreichste Sprachführer-Serie in Deutschland. 1959 erschienen die ersten, inzwischen weitverbreiteten „Polyglott-Reiseführer" im Kölner Verlagshaus (zur Zeit über 160 Bände, u. a. Lizenzausgaben in 9 verschiedenen Sprachen). Seit 1961 Zweigniederlassung in München. 1970 folgte die neue Reihe der „Großen Polyglott-Reiseführer" (zur Zeit über 20 Bände). Seit 1972 Sitzverlegung des Verlags nach München.

Post- und Ortsbuchverlag 353

Buchreihen: „Polyglott-Reiseführer" für deutsche, europäische u. außereuropäische Länder, Gebiete und Städte, auch Schiffs- und Flugreiseführer (zur Zeit über 160 Titel) — „Die Großen Polyglott-Reiseführer" (zur Zeit über 20 Bände) — „Polyglott-Weltreiseführer" — „Polyglott-Reisekarten und -Stadtpläne" — „Polyglott-Sprachführer" für 40 Sprachen.

Verlagsgebiete: 7 — 15 — 16 — 25.

Polyglotte Franz Wilhelm Kraft, Buch- und Schallplattenvertrieb

D-4000 Düsseldorf 23, Postfach 230147, Grimmstraße 4

Polygraph Verlag GmbH

D-6000 Frankfurt 70, Postfach 700940, Schaumainkai 85

Popp-Verlag

D-6900 Heidelberg, Postfach 1367, Oberer Gaisbergweg 2

Port, Dr. Kurt, Verlag GmbH

D-7300 Eßlingen-Liebersbronn, Dulkweg 9

Possev-Verlag, V. Goraschek KG

D-6230 Frankfurt (M) 80, Flurscheideweg 15

Postkarten-Verlag, VEB

DDR-1020 Berlin Molkenmarkt 1/3

Postreiter-Verlag Gustav Koepper KG

DDR-4020 Halle, Ernst-Toller-Straße 18

Post- und Ortsbuchverlag

Postmeister a. D. Friedrich Müller
D-5600 Wuppertal 26, Postfach 26 01 14, Wittener Straße 109

Signet wird geführt seit: 1959.

Grafiker: Herbert Lange.

Praesentverlag Heinz Peter

D-4830 Gütersloh, Kleiststraße 15, Postfach 2720

Tel: (0 52 41) 31 88-89. **Fs:** 0933831. **Psch:** Hannover 3431-308. **Bank:** Deutsche Bank Gütersloh 336/6846. **Gegr:** 1. 1. 1959. **Rechtsf:** Einzelfirma.
Inh/Ges: Heinz Peter.
Verlagsleitung: Heinz Peter, geb. 5. 5. 1926, Verlagsbuchhändler seit 1949.
Geschichte: Herstellung und Vertrieb von Büchern als Werbeträger für Industrie und Handel, zunächst als Spezialabteilung im C. Bertelsmann-Verlag seit 1955. Gründung des Praesentverlages Heinz Peter am 1. 1. 1959 als Interessengemeinschaft mit dem Bertelsmann-Verlag. Völlige Lösung des Inhabers vom Bertelsmann-Verlag am 1. 1. 1964. Seither kontinuierlicher Ausbau der gesamten Buchhandelsarbeit mit bedürfnisgerechten Büchern.
Hauptwerke: Optische Sachbücher — Bildbände — lexikalische Wissensbücher, Ratgeber.
Verlagsgebiete: 15 — 16 — 8 — 25.

Verlag Praktisches Wissen Franz Wilhelm Peters

D-1000 Berlin 33, Egerstraße 6

Tel: (030) 8 26 37 34. **Psch:** Berlin-West 691 84-108. **Bank:** Berliner Bank AG, Depka 2, 02 52990400. **Gegr:** 15. 2. 1935 in Berlin. **Rechtsf:** Einzelfirma.
Inh/Ges: Alleininhaber Franz Wilhelm Peters.
Verlagsleitung: Inhaber ist zugleich Verlagsleiter.
Geschichte: Von Anbeginn an war das Ziel der Verlagsgründung die Produktion von zeitlosen, populären Büchern von bleibendem Wert. Auf diesem Verlagsgebiet wurden im Laufe der Jahrzehnte hohe Auflagen erzielt, die durch ständige Verbindung und Zusammenarbeit mit dem Reise- und Versandbuchhandel ermöglicht wurden. Die gleiche Tendenz gilt auch heute noch.
Hauptautoren/Hauptwerke: „Ich koche für Dich" — „Benimm Dich richtig" — „Lebe gesund - bleibe gesund" — „Rede, schreibe, rechne richtig" — „Das goldene Buch der Zitate" — „Zoozmann, Zitatenschatz der Weltliteratur" — „Anekdotenschatz" — „Büchmann, Geflügelte Worte" — „Quicklebendiges Quiz" — „Sensationen in der Natur" — „Menschliches-Allzumenschliches" — Ein Bildband von Honoré Daumier.
Verlagsgebiete: 10 — 25 — 30.

Pressler Guido

D-6200 Wiesbaden, Postfach 850, Königstuhlstraße 16

Prestel-Verlag

D-8000 München 2, Jungfernturmstr. 2
D-8184 Gmund am Tegernsee (Auslieferung)

Tel: (089) 22 20 81. **Psch:** München 30 54. **Bank:** Bayer. Vereinsbank München 314 774. **Gegr:** 1924 in Frankfurt (M). **Rechtsf:** KG.
Inh/Ges: Gustav Stresow, pers. haft. Gesellschafter; Georgette Capellmann, Kommanditist.
Verlagsleitung: Georgette Capellmann, Mitglied der Max Beckmann Gesellschaft, Gesellschaft der Freunde junger Kunst, Freunde der Glyptothek — Gustav Stresow, geb. 22. 8. 1910 in Frankfurt (M), Mitglied im Deutschen Werkbund Bayern, Bund dt. Buchkünstler, Gesellschaft der Bibliophilen, Maximilian-Gesellschaft, The Typophiles.
Lektoren: Dr. Walter Romstoeck, geb. 25. 7. 1921, Theaterwissenschaftler; Josef Biller, geb. 1. 3. 1934; Dr. Birgit-Verena Karnapp, Kunsthistorikerin; Dr. Lillian Schacherl, Germanistin.
Prokurist: Franz Lang, geb. 22. 8. 1932, Dipl.-Kaufmann.
Künstlerischer Leiter: Eugen Sporer, geb. 16. 1. 1920, Buchkünstler.
Geschichte: Der Prestel-Verlag, ge-

gründet am 18. 7. 1924 in Frankfurt (M) durch den Kunsthistoriker Dr. Hermann Loeb, begann seine Tätigkeit mit der Fortführung der Verlagsabteilung der seit 1774 bestehenden Frankfurter Kunsthandlung F. A. C. Prestel, insbesondere mit der Herausgabe hochwertiger Handzeichnungs-Reproduktionen in Mappenwerken, die seit 1911 erschienen. In die Jahre des Ausbaues des Verlags durch Dr. Loeb fällt die Herausgabe wissenschaftlicher Handzeichnungskataloge, kunsthistorischer Jahrbücher und Einzelwerke. Ab 1934 „Prestel-Bücher", wohlfeile Handzeichnungs-Publikationen, die große Verbreitung finden. Dr. Loeb übersiedelt in den 30er Jahren nach Basel, wo er den Holbein-Verlag gründet, mit welchem Prestel eng zusammenarbeitet, bis die Kriegsverhältnisse ein Ende setzen. 1940 geht der Verlag in den Besitz von Dr. jur. Paul Capellmann aus Aachen über und wird nach München verlegt. 1944/45 Totalverlust der durch Dr. Capellmann großzügig angelegten Neuproduktion und aller Fertigbestände. Nach Dr. Capellmanns Tod im Dezember 1947 wird Frau Georgette Capellmann Inhaberin, Gustav Stresow Verlagsleiter, seit 1952 Mitinhaber. Die Nachkriegsarbeit, an der Dr. Hans Melchers (gest. 1969) großen Anteil hat, beschreitet neue Wege durch Hinwendung zur modernen Kunst, durch Entwicklung der „Landschaftsbücher" (100 Bde.) und der „Bilder aus deutscher Vergangenheit" (33 Bde.), setzt aber gleichzeitig die Publikation von Faksimileausgaben und kunstwissenschaftlichen Standardwerken fort. — Der Verlag hat immer auf eine dem Inhalt seiner Publikationen gemäße Buchform Wert gelegt.

Hauptautoren: Bernhard Bischoff, Helmut Börsch-Supan, Bernard Champigneulle, Helmut Domke, Ludwig Grote, Werner Haftmann, J. J. Häßlin, Wilhelm Hausenstein, Johanna Baronin Herzogenberg, Werner Hofmann, Peter de Mendelssohn, Eckart Peterich, Michael Petzet, Nikolaus Pevsner, Reinhard Raffalt, Alexander Frhr. von Reitzenstein, Alfons Rosenberg, Franz Prinz zu Sayn-Wittgenstein, Herbert Schindler.

Buchreihen: „Landschaftsbücher" — „Liebhaber-Bücherei" — „Bilder aus deutscher Vergangenheit - Bibliothek des Germanischen National-Museums Nürnberg zur deutschen Kunst- und Kulturgeschichte" — „Antike Gemmen in dt. Slgn." — „Veröffentlichungen des Zentralinstituts für Kunstgeschichte München" — „Münchner Jahrbuch der bildenden Kunst" — „Münchner Forschungen zur Kunstgeschichte" — „Studien zur Kunst des 19. Jahrhunderts" der Fritz Thyssen Stiftung, Arbeitskreis Kunstgeschichte — „Veröffentlichungen des Städelschen Kunstinstituts Frankfurt am Main" — „Veröffentlichungen des Schweizerischen Instituts für Kunstwissenschaft Zürich".

Verlagsgebiete: 8 — 12 — 13 — 14 — Spez.Geb: 14 Landschaftsbücher.

Prisma-Verlag Zenner u. Gürchott
DDR-7010 Leipzig, Postfach 1461, Leibnizstraße 10

Signet wird geführt seit: 1922.

Grafiker: O. Ottler, München.

Michael Prögel
Verlags- und Versandbuchhandlung

D-8802 Sachsen über Ansbach, Am Vorderberg 56, Postfach 326

Tel: (0 98 27) 275. **Psch:** Nürnberg 12200-851. **Bank:** Stadt- und Kreissparkasse Ansbach 20 339. **Gegr:** 1897 in Ansbach. **Rechtsf:** OHG.
Inh/Ges: Wilhelm Prögel, geb. 7. 12. 1897; Hans K. Prögel.
Verlagsleitung: Hans K. Prögel, geb. 1. 12. 1926.
Vertrieb: Edeltraut Prögel, Prokuristin. Buchhaltung: Paul Münsberg.
Lektorat: Ludwig W. Müller, Georg Weigand.
Versand: Horst Zapke.
Geschichte: Gründung des Verlages durch Herrn Michael Prögel am 1. Mai 1897 mit der selbst verfaßten Reihe „Prögels Praxis der Gemeindeschreiberei". Anschließend mehrere Werke juristischer Natur. Im Jahre 1909 Aufnahme des Verlagsgebietes „Pädagogik", Buchreihe „Prögels Praxis der Volksschule".

Nach dem Ableben des Firmengründers im Jahre 1916 Übernahme durch Herrn Wilhelm Prögel, vertreten durch Bevollmächtigte bis 1921. 1924 Gründung der pädagogischen Monatsschrift „Die Scholle", herausgegeben von F. Fikenscher. Zahlreiche pädagogische Handbuchreihen.
1945 Vernichtung aller Betriebsräume durch Kriegsschaden, Betrieb ruhte bis 1948. 1949 Neubeginn mit der Buchreihe „Prögels schulpraktische Handbücher", 1952 Neugründung von „Die Scholle". 1956 Neubau und Übersiedlung nach Sachsen b. Ansbach, 1973 Neuerwerb und Einrichtung erweiterter Versandräume und Übernahme der alleinigen Geschäftsleitung durch Herrn Hans K. Prögel.
Hauptwerke: Vielfältige Schülerarbeitsmittel für alle Schularten, Schulbücher, Lehrerhandbücher.
Buchreihen: „Prögels schulpraktische Handbücher", bisher 65 Bände — „Prögels Pädagogische Publikationen" — „Pädagogische Wende" — „Prögels Griffbereite Unterrichtsstoffe", die vorstehenden Veröffentlichungen sind sämtlich für die Hand von Lehrkräften bestimmt. — Schülertaschenbücher „Minibuch - Kernwissen kurz und bündig".
Zeitschrift: Pädagogische Zeitschrift „Die Scholle". Monatshefte für die Schule von heute. Gegründet von F. Fikenscher, Schriftleitung: Ludwig W. Müller und Georg Weigand, erscheint im 42. Jahrgang.
Verlagsgebiete: 10 — 11 — 26 — 28.

Pröpster, Albert
D-8960 Kempten/Allg., Postfach 2149, Schillerstraße 46

Progreß-Verlag Johann Fladung GmbH
D-6101 Gundernhausen üb. Darmstadt, Goethestraße 12

Progreß-Verlag DDDr. Micolini
A-8010 Graz/Österr., Glacisstraße 57

Pro Juventute Verlag
CH-8008 Zürich, Seefeldstraße 8

Promotheus-Verlag Anna Fasting KG
D-8031 Gröbenzell bei München

Pro musica Verlag
DDR-7010 Leipzig, Postfach 467, Karl-Liebknecht-Straße 12

Propyläen-Verlag
D-1000 Berlin 61, Lindenstraße 76

Pro Schule Verlag GmbH
D-4000 Düsseldorf 1, Postfach 6427, Corneliusstraße 9—11

Prugg Verlag
A-7000 Eisenstadt, Haydngasse 10

Prutscher, G. M.
A-1061 Wien VI, Mariahilferstraße 47

Pustet, Anton, Universitätsverlag
A-5020 Salzburg, Sigm.-Haffner-Gasse Nr. 18

Verlagsbuchhandlung Anton Pustet
D-8000 München 60, Münchhausenstr. 4

Signet wird geführt seit: 1. 9. 1970.

Grafiker:
Paul Günther, Augsburg.

Verlag Friedrich Pustet
D-8400 Regensburg, Gutenbergstraße 8, Postfach 339
Tel: (09 41) 9 00 41. **Fs:** 6 56 72. **Psch:** Nürnberg 69 69. **Bank:** Bayer. Staatsbank, Regensburg 770; Bayer. Hypo- und Wechselbank, Regensburg 209 163.
Gegr.: 1826. **Rechtsf:** Einzelfirma.
Inh/Ges: Dr. Friedrich Pustet, geb. 26. 11. 1927.
Verlagsleitung: Dr. Friedrich Pustet.
Geschichte: Im Jahr 1826 ließ sich Friedrich Pustet (1798—1882) aus Passau als Verlagsbuchhändler in Regensburg nieder. Schon die ersten Kataloge bezeugen seine verlegerische Vielseitigkeit, das rasche Wachstum des Buchdruckereibetriebes und die Errichtung einer eigenen Papierfabrik seinen zielstrebigen Wagemut.

1845 nahm Pustet die Herstellung von lateinisch-liturgischen Büchern in Schwarz-Rot-Druck auf und legte damit den Grundstein zum Weltruf der Firma. Zunächst stellten sich seiner Energie endlose Schwierigkeiten in den Weg, aber Pustet war der Mann, der die verlegerischen Möglichkeiten auf diesem Gebiet erkannte und sie verwirklichte. Seine Söhne Friedrich (1831 bis 1902) und Karl bauten auf seinem Werk erfolgreich weiter, dehnten das Verlagsgebiet beträchtlich aus, gründeten Filialen in Rom, New York und Cincinnati, sicherte sich wertvolle Privilegien für die liturgischen Ausgaben und erhielten hohe Auszeichnungen. Jetzt in der 5. Generation — der gegenwärtige Leiter des Unternehmens, Dr. Friedrich Pustet (geb. 1927) ist der Ururenkel des Gründers — hat das Haus Pustet Blütezeiten und heftige Krisen erlebt. Ein folgenschwerer Einschnitt für das Unternehmen waren das Zweite Vatikanische Konzil und die Liturgiereform, die das Lateinische als internationale Kirchensprache für die Liturgie durch die jeweilige Landessprache ablöste. Was im Hause Pustet über ein Jahrhundert lang der Mittelpunkt aller verlegerischen Bemühungen gewesen war, wurde über Nacht bedeutungslos. Das hatte auch Auswirkungen auf den graphischen Betrieb, der die bestmöglichen technischen Voraussetzungen besaß, in steigendem Maße Aufträge von auswärtigen Firmen abzuwickeln. — Der Verlag selbst bleibt der Liturgie verpflichtet, bemüht sich um wissenschaftliche und praktische Theologie, fördert den Dialog zwischen den Konfessionen und betreibt neuerdings die Herausgabe von Kunst- und Landschaftsbüchern.

Hauptwerke: Josef Schmid, „Synopse der drei ersten Evangelien" (6. Auflage) — Neuner-Roos, „Der Glaube der Kirche in den Urkunden der Lehrverkündigung" (8. Auflage) — Josef Blinzler, „Der Prozeß Jesu" (4. Auflage) — Artur M. Landgraf, „Dogmengeschichte der Frühscholastik" (8 Bände) — Josef Auer-Josef Ratzinger, „Kleine katholische Dogmatik" (8 Bände) — Georg Schwaiger (Hrsg.), „Bavaria sancta" (3 Bände).

Reihen: „Archiv für Liturgiewissenschaft" (seit 1949) — „Acta reformationis Catholicae" (1959 ff.) — „Biblische Untersuchungen" (1967 ff.) — „Studien zur Geschichte der Moraltheologie" (1954 ff.) — „Regensburger Neues Testament" — „Pustets kleine Predigtreihe" — „Oberpfälzer Kostbarkeiten".

Tges: Graphischer Großbetrieb, 3 Sortimentsbuchhandlungen.
Verlagsgebiete: 2a — 2b — 2c — 11 — 12 — 14 — 24.

Putty, Hans, Verlag
D-5600 Wuppertal 1, Bergstraße 11

Pyramidenverlag
A-5020 Salzburg, Arnoldstraße 4

Signet wird geführt seit: 1957.

Grafiker: Robert Eberwein.

Quell Verlag und Buchhandlung der Evang. Gesellschaft in Stuttgart GmbH

D-7000 Stuttgart 1, Furtbachstraße 12A, Postfach 897

Tel: (07 11) 60 57 46-48. **Psch:** Stuttgart 171 06-700. **Bank:** Städt. Girokasse Stuttgart 2 036 340; Deutsche Bank Stuttgart 90/64 916. **Gegr:** 1830 in Eßlingen. **Rechtsf:** GmbH.
Ges: Evangelische Gesellschaft in Stuttgart.
Verlagsleitung: Dr. phil. et theol. Helmut Riethmüller ☐, geb. 6. 4. 1923 in Eßlingen; Pfarrer Otto Kehr, Leiter der Evang. Gesellschaft, geb. 27. 7. 1914 in Döffingen.
Prokuristen: Otto Ruder ☐, geb. 25. 2. 1924 in Hugsweiler (Gesamtprokura); Walter Waldbauer ☐, geb. 5. 10. 1939 in Stuttgart (Prokura für die Buchhandlung der Evang. Gesellschaft in Stuttgart mit Filialen).
Lektorat: Helmut Zechner, geb. 24. 9. 1926 in Speyer; Hans-Joachim Pagel, geb. 26. 3. 1942 in Prenzlau.
Gesamtverkaufsförderung: Michael Jacob, geb. 24. 9. 1941 in Altenburg/Thür.
Technische Produktionsleitung mit Druckerei: Gerhard Kolb, geb. 11. 4. 1920 in Stuttgart.

358 Quell Verlag

Herstellung: Heinz Simon, geb. 11. 8. 1939 in Stuttgart.

Geschichte: Die Anfänge reichen bis 1830 zurück. Damals gründete Vikar Dr. Christoph Ulrich Hahn in Eßlingen am Neckar einen „Verein zur Ausbreitung kleiner religiöser Schriften", aus dem sich die Evangelische Gesellschaft in Stuttgart, deren Buchhandlungen und der Quell-Verlag entwickelt haben. 1905 wurde das „Evangelische Gemeindeblatt für Württemberg" gegründet, das wöchentlich mehrere Hunderttausend Leser erreicht. Der Verlag verfügt über eine lange Tradition, gutes evangelisches Schrifttum in allen Bevölkerungsschichten zu verbreiten und mit ihm Kirche und Gemeinde zu unterstützen. Heute wendet sich der Quell-Verlag mit seinem umfangreichen Programm an Christen und Nichtchristen, um ihnen das Verständnis der biblischen Botschaft und die fundierte Auseinandersetzung mit Problemen der modernen Welt zu erleichtern.

Hauptautoren: Horst Bannach, Christoph Bausch, Gerhard Blail, Wilhelm Busch, Uwe Gerber, Friedrich Hahn, Markus Hartenstein, Kurt Hutten, Johannes Kuhn, Robert Leuenberger, Klaus Lubkoll, Manfred Neun, Lydia Präger, Kurt Rommel, Helmut Thielicke.

Hauptwerke: Die „Fotobibel" als Nachfolgerin des zweibändigen, mit modernen Fotos bebilderten, interkonfessionellen, in viele Länder lizenzierten „Neuen Testaments für Menschen unserer Zeit" ist Zentrum der Verlagsarbeit. Darum gruppieren sich zeitgemäße Interpretationen biblischer Texte und Themen in den Werken: „Das Geschehen ohnegleichen — Panorama des Neuen Testaments", „Bibel und moderne Literatur — Große Lebensfragen in Textvergleichen", in den weit verbreiteten Foto-Text-Bänden von Kurt Rommel, in den Funk-Reihen von Johannes Kuhn, in den großen Redenbänden von Prof. Helmut Thielicke, die diesen Verfasser im In- und Ausland zu einem der bekanntesten deutschen Theologen machten. Die neue Reihe „Berichte und Beispiele aus der Praxis" mit den ersten Themen „Telefonseelsorge" und „Adoption" hat erfolgreich begonnen. Jahr für Jahr werden die „Losungen" als „extrahierte Bibel" in mehreren Hunderttausend Exemplaren verbreitet.

Zur Kirchen- und Konfessionskunde der Gegenwart gehören das in Jahrzehnten einzigartig gebliebene Standardwerk von Kurt Hutten „Das Buch der Sekten" sowie Prägers „Buch der Bruder- und Schwesternschaften" und Blails „Meine evang. Kirche". An Schulbüchern ragen heraus Markus Hartensteins „Meine erste Bibel", „Geschichten aus der Bibel" und „Liederbuch für die Jugend"; dazu „Aus dem Leben der Kirche" und das landeskirchliche Konfirmationsbuch.

Zeitschriften: „Evangelisches Gemeindeblatt für Württemberg", Red.: Pfr. Konrad Eißler und Dr. Albrecht Kircher, Auflage 160 000 Exempl. (wtl.) — „Für Arbeit und Besinnung", Zeitschrift für die Evangelische Landeskirche in Württemberg — „Materialdienst", Aus der Ev. Zentralstelle für Weltanschauungsfragen (2x mtl.).

Tges: Buchhandlung der Ev. Gesellschaft in Stuttgart, Heidenheim, Ludwigsburg, Schwäbisch Hall, Ulm/D. Zentrale: D-7000 Stuttgart 1, Theodor-Heuss-Straße 23.
Ev. Gemeindepresse GmbH D-7000 Stuttgart 1, Furtbachstraße 12 A.

Verlagsgebiete: 2a — 8 — 10 — 11 — 14 — 24 — 25 — 26 — 27 — 28 — 29.

Signet wird geführt seit: 1952.

Grafiker: —

Quelle & Meyer

D-6900 Heidelberg 1, Schloß-Wolfsbrunnen-Weg 29, Postfach 1340

Tel: (0 62 21) 2 24 43, 2 24 44. **Psch:** Karlsruhe 22 497. **Bank:** Deutsche Bank Heidelberg 03/44721. **Gegr:** 1906 in Leipzig. **Rechtsf:** GmbH & Co. KG.

Inh/Ges: Dr. Charlotte Barthel, Aenne Schmeil, Gisela Benckiser, Renate Thum.

Verlagsleitung: Dr. Walter Kißling, geb. 8. 9. 1930 in Gaildorf.
Prokuristen: Karl-Adam Groh, geb. 25. 7. 1914 in Heidelberg; Dieter Hoffmann, geb. 11. 6. 1940 in Kahlberg.
Lektoren: Brigitte Gerlinghoff, Helmut Benze, Gerd Bauer.

Hersteller: Dieter Hoffmann.
Werbeleiter: Hermann Klippel.
Vertriebsleiter: Edith Teich.
Buchhalter: Karl-Adam Groh.

Geschichte: Gegründet 1906 in Leipzig von Richard Quelle und Dr. Heinrich Meyer, die den Verlag bis 1926 leiteten. Nach dem Tod des Mitbegründers Richard Quelle (1926) war Dr. Heinrich Meyer bis 1933 alleiniger Leiter. Ab 1933 Werner Schmeil. Nach dem Zusammenbruch seit 1947 Neuaufbau der Firma in Heidelberg als GmbH; Sitzverlegung der Stammfirma (KG) von Leipzig nach Heidelberg am 1. 1. 1957. Seit dem Tod Werner Schmeils (1968) ist Dr. Walter Kißling alleiniger Leiter.

Hauptautoren: Wladimir Admoni, Adolf Bach, Fritz Blättner, Otto Friedrich Bollnow, Erika Essen, Wilhelm Flitner, Wolfgang Fischer, Ekkehard Fluck, Georg Fohrer, Rudolf Haas, Bernhard Hassenstein, Werner Hüllen, Klaus Köhring, Werner Kümmel, Ernst Leisi, Theodor Litt, Rudolf Lassahn, Ursula Lehr, Theodor Lewandowski, Lutz Mackensen, Hans Messelken, Ernst Meyer, Klaus Mörike, Werner Nachtigall, Hermann Röhrs, Hans G. Rolff, Leonhard Rost, Horst Scarbath, Klaus Schaller, Otto Schmeil, Peter Schulz-Hageleit, Eduard Spranger, Ewald Standop, Hans-Peter Tews, Ernst Wallner, Bernhard Weisgerber, Otti Wilmanns.

Hauptwerke: „Einleitung in das Neue Testament" (Kümmel) — „Biologie des Menschen" (Mörike-Betz-Mergenthaler) — „Flora von Deutschland" (Schmeil-Fitschen) — „Englische Literaturgeschichte" (Standop/Mertner) — „Biologisches Unterrichtswerk" (Schmeil) — „Jahrbuch der Deutschen Shakespeare-Ges.-West" — „Soziologie". Eine Einleitung (Wallner) — „Methodik des Deutschunterrichts" (Essen) — „Einführung in die Biologie".

Buchreihen: „Anthropologie und Erziehung" — „Gruppenpädagogik - Gruppendynamik" — „Biologische Arbeitsbücher" — „Grundlagen und Grundfragen der Erziehung" — „Quelle & Meyer aktuell" — „Uni-Taschenbücher".

Zeitschriften: „Blätter des Pestalozzi-Fröbel-Verbands".

Verlagsgebiete: 1 — 2a — 3 — 5 — 7 — 10 — 11 — 14 — 18 — 26 — 28 — 13 — 19 — 24 — 27.

Quickborn-Verlag GmbH
D-2000 Hamburg 90, Postfach 223, Meyerstraße 1

Quint-Musikverlag Stein & Amper Edition Amati
D-8000 München 19, Alfonsstraße 9

Quintus Verlag KG
A-111 Wien XI, Simmeringer Hauptstraße 101

Signet wird geführt seit: 1972.

Grafiker: Philipp Bertheau.

RADIUS-Verlag GmbH

D-7000 Stuttgart 1, Kniebis-Straße 42

Tel: (07 11) 28 30 91, 28 30 92. **Psch:** Stuttgart 16 636 705. **Bank:** Deutsche Bank Stuttgart 02/78 705. **Gegr:** 1963 in Stuttgart. **Rechtsf:** GmbH.
Verlagsleitung: Horst Bannach, geb. 1912 in Ostpreußen, Theologiestudium, 1937 in der Leitung der DCSV, 1947 GenSekr. der Evang. Studiengemeinde, 1955—1972 GenSekr. der Evang. Akademikerschaft in Deutschland, seit 1963 Geschäftsführer des RADIUS-Verlages.
Herstellung, Werbung, Vertrieb: Philipp Bertheau (Prokura), geb. 1927 in Hamburg, Sortimentslehre 1946—1948, Druckereipraktikum 1949—1951, seitdem im Verlagswesen tätig, u. a. Württ. Bibelanstalt Stuttgart 1960—1967; Bund Deutscher Buchkünstler.
Lektorat: Ekkehard Pohlmann, geb. 1941 in Gütersloh. Studium der Germanistik und Slavistik, Promotion 1972. Redakteur beim Sender Freies Berlin. Seit 1971 beim RADIUS-Verlag.
Verantw. Redakteur d. „RADIUS" (seit 1966): Walter Hähnle, geb. 1929 in Berlin. Studium: Theologie in Tübingen und Göttingen, Sozial- und Politikwiss. in Frankfurt und USA. Zeitungsvolontariat, Pressereferent der Ev. Akademie Boll 1958—1965.
Geschichte: Der 1963 in Stuttgart gegründete Verlag, in dem nunmehr schon

im 19. Jahrgang die von der Evangelischen Akademikerschaft herausgegebene Vierteljahresschrift „RADIUS" erscheint, will „diejenigen Linien aufspüren, an denen christliches Glauben und Denken auf anderes Glauben und Denken trifft, so bei Naturwissenschaft, Psychologie, Pädagogik, Soziologie und Wirtschaft".
Buchreihe: „Der Kreis", Informationen über den Diskussionsstand auf verschiedenen Gebieten, ab 1954; seit 1970 neuer Titel: „Projekte".
Zeitschrift: „RADIUS", Eine Vierteljahresschrift. Hrsg. Evang. Akademikerschaft. Gesamtleitung Horst Bannach; Chefred. Prof. Dr. Ulrich Schmidhäuser.
Verlagsgebiete: 2a — 3 — 5 — 6 — 7 — 8 — 10 — 18 — 28.

Verlag der Raiffeisendruckerei GmbH
D-5450 Neuwied, Postfach 2009, Heddesdorfer Straße 33—35

Werner Raith
D-8130 Starnberg, Possenhofener Str. 36

Räthgloben-Verlag
DDR-7033 Leipzig, Postfach 85, Raimundstraße 14

Ranner, Dr. Herta
A-1070 Wien VII, Zeismannsbrunng. 1

Rasteiger, Josef
A-8010 Graz, Joanneumring 6

Rathmann, Hermann, Verlagsbuchhdlg.
D-3550 Marburg/Lahn, Postfach 1650, Cappeler Straße 8

Signet wird geführt seit: 1958.

Grafiker: Rolf Ege.

Ratio-Verlag Treu Großmann

D-8000 München 13, Georgenstraße 2

Tel: (089) 33 13 57. **Psch:** München 155 17.
Bank: Bayerische Vereinsbank 322 053.
Gegr: Erstgründung 1931, Wiedergründung 28. 6. 1949. **Rechtsf:** Einzelfirma.
Inh/Ges: Treu Großmann.

Verlagsleitung: Treu Großmann □, geb. 17. I. 1924 in Schirwindt/Ostpr., seit 1926 in München, Buchhandelslehre im väterlichen Verlag von 1938 bis 1940, Dez. 1941 bis März 1943 Oberschule für Mädchen mit Reifeprüfung, 1943 bis 1947 Architekturstudium an der TH München, anschließend 2 Jahre professionaler Eiskunstlauf, 1949 Wiedergründung des Ratio-Verlages, seit 1970 auch Leitung des Verlages „Das große Gedeihen", München.
Geschichte: 1931 gründete Dr. Gustav Großmann den Ratio-Verlag, den seine Tochter mit seiner Genehmigung 1949 wieder eröffnete. Zunächst erschienen vorwiegend Bücher von Dr. Großmann, der vor der Wiedereröffnung zwei seiner Bücher an Schweizer Verlage gegeben hatte. Seine Arbeiten sind der Leistungssteigerung gewidmet. Außerdem werden die Gebiete Unternehmerliteratur, Psychologie und Philosophie gepflegt.
Hauptautoren: Dr. Gustav Großmann (Bücher zur beruflichen und persönlichen Leistungssteigerung u. a. durch berufl. Planarbeit — persönl. Zeitplanung — Analyse der eigenen Fähigkeiten). J. A. Marrow, D. Albert, H. G. Schütte (Unternehmerliteratur, Psychologie, Philosophie).
Hauptwerk: Großmann, „Sich selbst rationalisieren" (21 Auflagen, dazu eine Auflage in Englisch in englischem Verlag).
Verlagsgebiete: 20 — 30 — 3 Spez.Geb: 30 Leistungssteigerung.

Rau, Walter, Verlag
D-8960 Kempten, Höhenstr. 53; Zweigniederl.: D-4000 Düsseldorf 12, Postfach 6508, Benderstraße 168a

Rauch, Felizian
A-6010 Innsbruck 1, Innrain 6—8

Rauch, Karl, Verlag GmbH
D-4000 Düsseldorf 4, Postfach 6520, Grafenberger Allee 100

Raueiser, Hans, oHG
D-6600 Saarbrücken 3, Postfach 298, Viktoriastraße 3—5

Rausch, Adolf, GmbH
D-6900 Heidelberg 1, Postfach 1407,
Haspelgasse 12

Rauschenbusch, Helmut
D-2894 Stollhamm, Postfach 1109, Schulstraße 114

Rautenberg, Gerhard
D-2950 Leer/Ostfr., Postf. 909, Blinke 8

Ravensburger Verlag GmbH
D-7980 Ravensburg, Postfach 1860,
Marktstraße 22—26

Signet wird geführt seit: 1955.

Grafiker:
Hans Kramer, Frankfurt (M).

Ravenstein Geographische Verlagsanstalt und Druckerei GmbH

D-6000 Frankfurt (M), Wielandstr. 31/35

Tel: (06 11) 59 07 22. **Psch:** Frankfurt (M) 95711-600. **Bank:** Dresdner Bank Frankfurt (M) 962 375; Deutsche Bank Frankfurt 095/2796. **Gegr:** 1. 7. 1830. **Rechtsf:** GmbH.
Inh/Ges: Frau Helga Ravenstein, Rüdiger Bosse.
Verlagsleitung: Helga Ravenstein, Rüdiger Bosse.
Herstellung: Prok. Walter Roos.
Kartographie: Prokurist Günter Langbecker.
Geschichte: Das Unternehmen wurde 1830 von August Ravenstein gegründet, vererbte sich auf dessen Sohn Ludwig (1872). Nach seinem Tod übernahm der Sohn Hans Ravenstein die Leitung. Von 1934 bis 1953 leitet Ernst Ravenstein das Unternehmen, das 1953 von seinen beiden Kindern Helga und Helmut übernommen wird. Helmut Ravenstein scheidet 1962 aus. Inhaber waren dann bis Juli 1967 Frau Helga Ravenstein und Herr Dr. Klaus Vögler. Ab 1969 ist das Unternehmen im Besitz von Helga Ravenstein und Rüdiger Bosse.

Hauptwerke: „Deutsche und Französische Straßenkarte", 1:250.000 in 8 bzw. 16 Blättern — „Deutsche Straßenkarte", 1:400.000 in 4 Blättern — „Europäische/ Internationale Straßenkarten-Serie" (29 Blätter), z. B. Skandinavien, Großbritannien, Benelux, Frankreich, Spanien/Portugal, Alpenländer, Osteuropa, Amerika — „Der aktuelle Auto-Atlas Deutschland und Europa" (erscheint jedes Jahr neu mit Jahreszahl) — „Deutsche Büro- und Organisationskarten mit verschiedenen Maßstäben" — „Wanderkarten der Hauptwandergebiete" — „Stadtpläne von Frankfurt, London u. Paris" — „Politische Welt- und Europakarten".
Verlagsgebiet: 16.

Reader's Digest Verlag GmbH
A-1010 Wien I, Singerstraße 2

Reba-Verlag GmbH
D-6100 Darmstadt, Postfach 269, Holzhofallee 25—31

Recht und Gesellschaft AG, Verlag für
CH-4054 Basel, Bundesstraße 15

Signet wird geführt seit: 1971.

Grafiker: Manfred Mrotzek.

Verlagsgesellschaft Recht und Wirtschaft mbH

D-6900 Heidelberg 1, Häusserstraße 14, Postfach 105 960

Tel: (0 62 21) 2 56 61. **Fs:** 4-61665 rewih. **Psch:** Karlsruhe 137 94-750. **Bank:** Deutsche Bank Heidelberg 04/44513. **Gegr:** 6. 7. 1946 in Heidelberg. **Rechtsf:** GmbH.
Inh/Ges: Frau Angelika Sauer, geb. Mahle; Dr. Joachim v. Beck, beide in Heidelberg.
Verlagsleitung: Geschäftsführung: Angelika Sauer.
Verlagsleitung: Michael Giesecke.
Geschichte: Der Verlag entwickelte sich aus der gleichzeitig begründeten Zeitschrift „Betriebs-Berater", die schnell

als eine der führenden juristischen Zeitschriften Deutschlands Bedeutung erlangte. Weitere Zeitschriften der gleichen Fachrichtung und eine entsprechende Buchproduktion erweitern das Programm.
Der Verlag stellt sich bewußt in den Dienst der Wirtschaftspraxis und der Rechtsfortbildung. Er veröffentlicht neben den Zeitschriften vorwiegend Handbücher, Kommentare und Schriften über Einzelprobleme und komplexe Themenkreise auf den Gebieten Wirtschaftsrecht, Steuerrecht, Arbeits- und Sozialrecht. Das internationale Wirtschaftsrecht, speziell das EWG-Recht, hat in letzter Zeit einen besonderen Schwerpunkt eingenommen.
Hauptautoren/Hauptwerke: Serick, „Eigentumsvorbehalt und Sicherungsübertragung" (4 Bände) — Dürkes, „Wertsicherungsklauseln" — Galperin, „Kommentar zum Betriebsverfassungsgesetz" — Siebert/Hilger, „Arbeitsrecht" (Broschüren-Sammlung) — Bobrowski/Gaul, „Das Arbeitsrecht im Betrieb".
Buchreihen (Auswahl): „Abhandlungen zum Arbeits- und Wirtschaftsrecht" (27 Bände) — „Schriften des Betriebs-Beraters" (50 Bände) — Schriftenreihe „Recht der Internationalen Wirtschaft" (10 Bände) — Schriftenreihe „Steuerrecht und Steuerpolitik" (13 Bände) — „Heidelberger Musterverträge" (44 Hefte).
Zeitschriften: „Betriebs-Berater", Zeitschrift für Recht und Wirtschaft (3x mtl.) — „Außenwirtschaftsdienst des Betriebs-Beraters" (1x mtl.) — „Der Steuerberater" (1x mtl.).
Tges: I. H. Sauer-Verlag GmbH, D-6900 Heidelberg, Postfach 105 960 (Anschrift, Telefon, FS wie Verlagsgesellschaft Recht und Wirtschaft); Heidelberger Fachbücherei GmbH, D-6900 Heidelberg, Postfach 105 960.
Verlagsgebiete: 4 — 5.

W. Reckinger & Co. KG

D-5200 Siegburg, Postfach 221, Luisenstraße 100—102

Recla, Bernhard

A-8011 Graz, Postfach 277, Hauptplatz 7

Reclam

Wortzeichen wird geführt seit: 1971.

Philipp Reclam jun.

D-7000 Stuttgart 1, Mönchstraße 27—31, Postfach 466

Tel: (07 11) 29 58 56. **Psch:** Stuttgart 140 77-701. **Bank:** Girokasse Stuttgart 2 005 618. **Gegr:** 1. 10. 1828 in Leipzig. **Rechtsf:** KG.
Inh/Ges: Pers. haft. Gesellschafter: Dr. phil. Heinrich Reclam. Kommanditisten: Frau Annemarie Klinkhardt, geb. Reclam, Frau Ruth Conrad, geb. Reclam, Rolf Reclam.
Verlagsleitung: Dr. phil. Heinrich Reclam ☐, geb. 30. 10. 1910 in Leipzig.
Lektoren: Dr. phil. Albert Haueis, geb. 20. 4. 1909 in Markneukirchen (Prokurist); Dr. Dietrich Bode, geb. 27. 6. 1934 in Gießen (Prokurist); Dr. Dietrich Klose, geb. 30. 1. 1942 in Breslau; Dr. Klaus Fräßle, geb. 27. 7. 1933 in Furtwangen; Christian Graf, geb. 26. 8. 1940 in Darmstadt.
Herstellung: Stefan Reclam-Klinkhardt, geb. 30. 5. 1929 in Leipzig, Handl.-Bevollmächtigter.
Werbung: Christoph Wilhelmi, geb. 4. 12. 1934 in Hamburg, Handl.-Bevollmächtiger.
Auslieferung: Walter Maier, geb. 20. 4. 1925 in München, Handl.-Bevollmächtigter.
Buchhaltung: Ernest Fiedler, geb. 7. 3. 1927 in Frain/CSSR, Handl.-Bevollmächtigter.
Honorare und Lizenzen: Marianne Diehl, geb. 23. 1. 1934 in Stuttgart.
Ausstattung (freiberuflich): Alfred Finsterer, geb. 8. 6. 1908 in Nürnberg.
Leiter des technischen Betriebs: Rudi Knapp, geb. 13. 3. 1933 in Stuttgart, Handl.-Bevollmächtigter.
Geschichte: Familie Reclam, im 15. Jahrhundert in Savoyen nachweisbar, kommt als Hugenottenfamilie nach Deutschland. Anton Philipp Reclam (1807—1896), Sohn des Leipziger Buchhändlers Charles Henri Reclam (1776—1844), erwirbt am 1. 4. 1828 das „Literarische Museum" in Leipzig, gründet am 1. 10. 1828 seinen Verlag und kauft 1839 eine Druckerei. Ausgaben antiker Klassiker, Bibeln, Wörterbücher, Opernklavieraus-

züge, Liedersammlungen. liberale Broschüren und Kampfschriften. Zusammen mit seinem Sohn Hans Heinrich Reclam (1840—1920) gründet er 1867 „Reclams Universal-Bibliothek", die unter seinen Enkeln Dr. phil. Ernst Reclam (1876—1953, Verlag) und Hans Emil Reclam (1881—1943, techn. Betrieb) bis 1945 7600 Nummern mit über 280 Millionen Gesamtauflage erreicht. Daneben Zeitschrift „Reclams Universum", „Helios-Klassiker", Sammlung „Junge Deutsche", „Brehms Tierleben", Sammlung „Deutsche Literatur in Entwicklungsreihen", Werke von Richard Benz, Eugen Diesel, Edwin Redslob u. a. 1943/44 Bombenschäden und Zerstörung des Bücherlagers, 1950 Treuhandverwaltung. 1947 Gründung der Reclam Verlag GmbH in Stuttgart. Lizenzträger Gotthold Müller. Die Urenkel, Dr. Heinrich Reclam und Rolf Reclam, nehmen 1948 bzw. 1950 die Tätigkeit im Stuttgarter Haus auf. Wiederaufbau von „Reclams Universal-Bibliothek", die Ende 1973 1500 stets lieferbar gehaltene Titel umfaßt. 1950 Bezug des Stuttgarter Reclam-Hauses, 1953 Ausscheiden Gotthold Müllers, 1958 Umwandlung der Reclam-Verlag GmbH in die Stammfirma, 1960/61 Bezug des Erweiterungsbaues, 1965 Rolf Reclam scheidet aus der Geschäftsführung aus. Reclams Musik- und Theaterführer, Reclams Kunstführer (Deutschland, Frankreich, Italien, Österreich, Schweiz), Romanführer, Hörspielführer, Jazzführer, Sportführer, Filmführer, Geschichte der deutschen Literatur, UNESCO-Sammlung „Asiatische Literatur", „Werkmonographien zur bildenden Kunst". Anthologien, geb. Ausgaben umfangreicherer Werke der Weltliteratur. Sammelwerke zur neueren Literatur, Kunst und Musik (z. B. Die Literatur der Weimarer Republik, Die deutsche Exilliteratur, Die deutsche Literatur der Gegenwart, Neue Musik seit 1945). Quellen: 1) Annemarie Meiner, „Reclam, eine Geschichte der Universalbibliothek zu ihrem 75jährigen Bestehen", Leipzig 1942. 2) Kurzfassung: Annemarie Meiner, „Reclam, Geschichte eines Verlages", 2. überarbeitete und ergänzte Auflage, Stuttgart 1961, beide vergriffen. 3) Reclam, 100 Jahre Universal-Bibliothek, ein Almanach, Stuttgart 1967.
Buchreihen: „Reclam Universal-Bibliothek": gelbe Reihe Textausgaben der Weltliteratur und Philosophie — grüne Reihe „Erläuterungen und Dokumente" zu Werken der Weltliteratur — orange Reihe zweisprachige Textausgaben — blaue Reihe „Arbeitstexte für den Unterricht in der Sekundarstufe" — „Werkmonographien zur bildenden Kunst".
Alm: Reclams Literatur-Kalender, XX. Jg. 1974.
Btlg: izb (Informationszentrum Buch).
Verlagsgebiete: 2a — 2b — 2c — 3 — 7 — 8 — 10 — 11 — 12 — 13 — 14 — 16 — 25 — 26 — 4 — 6 — 17 — 18 — 19 — 20.

Redactor Verlag GmbH
D-6000 Frankfurt (M) 1, Mörikestr. 14

Rees, C. F. GmbH
D-7920 Heidenheim, Postfach 264, Olgastraße 15—17

Regenbogenverlag
A-1060 Wien VI, Theobaldgasse 19

Regensbergische Buchhandlung und Buchdruckerei, Abt. Verlag
D-4400 Münster, Postfach 6748-6749, Daimlerweg 58

Reich, Herbert, Evang. Verlag GmbH
D-2000 Hamburg 69, Postfach 690169, Bergstedter Markt 12

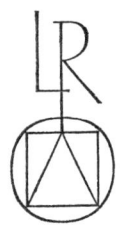

Signet wird geführt seit: 1971.

Grafiker: Hermann Zapf.

Dr. Ludwig Reichert Verlag
D-6200 Wiesbaden-Dotzheim, Reissstraße 10
Tel: (0 61 21) 46 56 36. **Psch:** Frankfurt (M) 2986 26-609. **Bank:** Deutsche Bank Wiesbaden 322651/01. **Gegr:** Januar 1970 in Wiesbaden. **Rechtsf:** Einzelfirma.
Inh: Dr. phil. Ludwig Reichert.
Verlagsleitung: Dr. phil. Ludwig Reichert, 1949—1951 Lektor bei Carl Win-

ter, Universitätsverlag GmbH, Heidelberg, seit 1. 1. 1952 bis 1974 Verlagsleiter bei Otto Harrassowitz, Wiesbaden.
Hauptwerke: Mariano Taccola, „De Machinis"; Die Lieder Reinmars und Walthers von der Vogelweide; Der Ruodlieb; Der Bamberger Psalter; Der Türkenkalender von 1454; Ein Losbuch Konrad Bollstatters, und weitere Faksimile-Ausgaben.
Buchreihen: „Facsimilia Heidelbergensia", Ausgewählte Handschriften der Universitätsbibliothek Heidelberg (bisher 4 Ausgaben mit Kommentarbänden) — „Elemente des Buch- und Bibliothekswesens" — „Tübinger Atlas des Vorderen Orients".
Zeitschrift: „Kratylos", Kritisches Berichts- und Rezensionsorgan für Indogermanische und Allgemeine Sprachwissenschaft. Band XVI ff. (hjl.).
Verlagsgebiete: 1 — 7 — 14 — 16.

Reichl, Otto, Verlag, Der Leuchter

D-5480 Remagen, Haus Herresberg

Signet wird geführt seit: 1945.

Grafiker: Johannes Boehland.

**Dietrich Reimer /
Andrews & Steiner**

D-1000 Berlin 45, Unter den Eichen 57

Tel: (030) 8 32 78 09. **Psch:** Berlin-West 11219-103. **Bank:** Berliner Bank AG 26/31047300; Bayerische Vereinsbank Kaufbeuren; Allgemeine Bankges.mbH. Frankfurt. **Gegr:** 1845 in Berlin. **Rechtsf:** Einzelfirma.
Inh: Wolfgang Andrews.
Verlagsleitung: Wolfgang Andrews, geb. 1910 in Berlin, seit 1932 im Verlag.
Geschichte: Gegründet 1845 von Dietrich Reimer, der den Verlag bis 1891 leitete. Dann trat Ernst Vohsen an seine Stelle. Ihm folgten 1919 Erich Andrews und Joseph Steiner mit weiteren Teilhabern. Alleininhaber seit 1962 ist Wolfgang Andrews.
Seit Ende des 19. Jahrhunderts pflegte der Verlag Veröffentlichungen auf den Gebieten der Geographie, Völkerkunde und Archäologie. Besonders zahlreich waren vor dem 1. Weltkrieg wissenschaftliche Veröffentlichungen zur Afrikanistik. Diese Gebiete wurden und werden bis zum heutigen Tage weitergepflegt.
Hauptwerke: Veröffentlichungen verschiedener Universitäten, u. a. Freie Universität Berlin, Universität Hamburg, Universität Köln, Philipps-Universität Marburg, sowie Dissertationen und Habilitationsschriften der speziellen Verlagsgebiete, Schriftenreihen des Deutschen Archäologischen Instituts.
Zeitschriften: „Afrika und Übersee, Sprachen und Kulturen", begründet von Carl Meinhof (1974, 57. Jahrgang) — „Baessler-Archiv", Beiträge zur Völkerkunde, herausgegeben von den Wissenschaftlern des Museums für Völkerkunde Berlin (1974, 47. Jahrgang).
Verlagsgebiete: 7 — 12 — 15 — 28.

Rein, Max, Verlag

D-6800 Mannheim 25, Postfach 26, Böcklinstraße 47

Signet wird geführt seit: 1920.

Grafiker: Heinold.

Ernst Reinhardt Verlag AG.

CH-4000 Basel 12, Sommergasse 46

Tel: (061) 43 03 36. **Psch:** 40-7505. **Bank:** Schweizer. Bankgesellschaft Basel. **Gegr:** 1945 in Basel. **Rechtsf:** AG.
Inh/Ges: Hermann Jungck.
Verlagsleitung: Hermann Jungck □, geb. 13. 6. 1904 (weitere Angaben vergleiche: Ernst Reinhardt Verlag München).

Geschichte: Gegründet nach dem 2. Weltkrieg zur Sicherstellung des Firmennamens und Weiterführung des Münchner Verlags, da Ausländern vorerst eine Verlagslizenz versagt blieb. Nach Normalisierung und einer kurzen Periode eigener Produktion von Büchern und Musiknoten wurde dem Münchner Verlag die Buchproduktion wieder ganz überlassen, während der Basler Verlag lediglich die Auslieferung für die Schweiz behielt und nur noch die Herstellung von Musiknoten, vor allem für Flöte, durch den Basler Verlag weitergepflegt wird, allerdings in beschränktem Umfang.

Hauptwerke: siehe Münchner Verlag.

Buchreihen: siehe Münchner Verlag.

Zeitschriften: siehe Münchner Verlag.

Verlagsgebiete: 3 — 10 — 2a — 18.

Signet wird geführt seit: 1928.

Grafiker:
1950 umgestaltet von Heinold.

Ernst Reinhardt Verlag

D-8000 München 19, Kemnatenstraße 46, Postfach 8000 München 38, Schalterfach

Tel: (089) 17 02 66. **Psch:** München 6117-805. **Bank:** Deutsche Bank München 20/28298. **Gegr:** 1899 in München. **Rechtsf:** Einzelfirma.

Inh: Hermann Jungck ⬜, geb. 13. 6. 1904 in Weissenburg/Elsass, aufgewachsen in Basel, dort humanist. Gymnasium und buchhändler. Ausbildung, als Buchhändler tätig in München, Paris und New York. Ab 1928 im Verlag seines Onkels Ernst Reinhardt (Bruder der Mutter) bis 1934 tätig. 1934—1937 Studium der Jurisprudenz in Basel, ab 1937 Allein-Inhaber des Verlags nach dem Tode des Onkels. Herbst 1944 Rückkehr nach Basel, Gründung des dort befindlichen Verlags, ab 1958 wieder in München.

Verlagsleitung: Bruno Linne, Verlagsdirektor und Prokurist; Roland Heinl, Buchhaltung und Prokura; Dr. Kurt Brem, Verlagslektor.

Geschichte: Verlagsgebiete ursprünglich Naturwissenschaften und Medizin. Erster Erfolg: Forel, „Die sexuelle Frage", 1904. Ab 1920 gliedern sich Philosophie und Religionswissenschaft an (Kafka'sche „Geschichte der Philosophie in Einzeldarstellungen", 30 Bde., die Werke von Friedrich Heiler, „Der Katholizismus" und „Das Gebet"). Ab 1937 „Reinhardts naturwiss. Kompendien" und Wessel, „Physik". Nach 1945 Geistesgeschichte mit immer stärkerer Betonung von Psychologie, Psychotherapie, Pädagogik. Hauptwerk dieser Zeit: Remplein, „Die seelische Entwicklung des Menschen", ferner erneut sexuelle Aufklärung: Seelmann, „Woher kommen die kleinen Buben und Mädchen".

Hauptautoren/Hauptwerke: Prof. Dr. H.-R. Lückert, als Autor und Herausgeber der Buchreihen „Erziehung und Psychologie", „Monographien und Studien zur Konfliktpsychologie", „Studien zur Begabungsforschung und Bildungsförderung" sowie der Zeitschrift „Schule und Psychologie", fortgesetzt als „Psychologie in Erziehung und Unterricht" — Prof. Dr. Gerd Biermann, als Autor und Herausgeber des „Handbuchs der Kinderpsychotherapie", 2 Bde., sowie der Buchreihen „Beiträge zur Kinderpsychotherapie", „Beiträge zur Psychodiagnostik des Kindes" und „Beiträge zur Psychologie des kranken Menschen" — Auf religiös-kontemplativ-psychotherapeutischem Gebiet: Wladimir Lindenberg mit den Büchern „Die Menschheit betet", „Mysterium der Begegnung", „Gespräche am Krankenbett" und „Jenseits der Fünfzig".

Buchreihen: „Erziehung und Psychologie" — „Monographien und Studien zur Konfliktpsychologie" — „Studien zur Begabungsforschung und Bildungsförderung" — „Beiträge zur Kinderpsychotherapie" — „Beiträge zur Psychodiagnostik des Kindes" — „Beiträge zur Psychologie und Soziologie des kranken Menschen".

Zeitschriften: „Psychologie in Erziehung und Unterricht" (vormals „Schule und Psychologie") — „Unsere Jugend".

Verlagsgebiete: 3 — 10 — 2a — 18.

Signet wird geführt seit: 1968.

Grafiker: Paul Göttin.

Friedrich Reinhardt Verlag

CH-4012 Basel 12, Missionsstraße 36

Tel: (061) 25 33 90. **Psch:** Basel 40-145; Karlsruhe 702 74-755. **Bank** Schweiz. Kreditanstalt. **Gegr:** 1900. **Rechtsf:** AG.
Inh/Ges: Dr. Clara Reinhardt, Prof. Dr. Hans Reinhardt, Dr. Karl Preiswerk.
Verlagsleitung: Dr. Ernst Reinhardt, geb. 14. 8. 1932; Herbert Denecke, geb. 12. 7. 1929.
Geschichte: Aus einer Buchdruckerei hervorgegangen. 1924 in eine AG umgewandelt. Nach dem Tod des Gründers 1949 übernahm Dr. Karl Preiswerk die Leitung des Verlags, die er 1966 an den Enkel des Gründers, Dr. Ernst Reinhardt, weitergab. Neben evangelischer Theologie werden vor allem noch Belletristik, biographische Bücher, Jugendliteratur und Naturwissenschaften gepflegt.
Hauptautoren: Paul Eggenberg, H. Hediger, Lieselotte Hoffmann, Werner Hofmann, Dino Larese, Gertrud Lendorff, Walter Lüthi, Adolf Maurer, Anne de Moor, Werner Pfendsack, Adolf Portmann, Emil Ernst Ronner, Philipp Schmidt, Ernst Staehelin, Eduard H. Steenken, Eduard Thurneysen.
Buchreihen: „Schweizerische Beiträge zur Altertumswissenschaft", Sonderbände zur „Theologischen Zeitschrift", „Theologische Dissertationen", „Quellen und Forschungen zur Basler Geschichte" und „Die Bibel, ausgelegt für die Gemeinde".
Zeitschriften: „Basler Predigten" — „Kirchenblatt für die reformierte Schweiz", „Theologische Zeitschrift".
Verlagsgebiete: 2a — 7 — 8 — 9 — 14 — 18 — 28.

Reisinger, Franz, Verlagsbuchhandlung

A-4601 Wels/Österr., Postf. 188, Stelzhammerstraße 13

Reisser, M. u. D.

A-1130 Wien XIII, Braunschweigg. 12

Reitz, Karin

A-1010 Wien I, Jordangasse 9—17

Reitze, Adam

D-2000 Hamburg 52, Roosens Weg 7

Signet wird geführt seit: 1970.

Grafiker: Franz Rieger, Stuttgart.

Religiöse Bildungsarbeit Stuttgart GmbH

D-7000 Stuttgart 1, Möhringer Str. 87 B
Buch und Kunst Kepplerhaus
D-7000 Stuttgart 1, Paulinenstraße 40

Tel: (07 11) 60 65 66 und 61 62 12. **Psch:** Stuttgart 7577-707. **Bank:** Girokasse Stuttgart 2057305; Dresdner Bank Stuttgart 9 032 952. **Gegr:** 25. 10. 1948 in Stuttgart. **Rechtsf:** GmbH.
Inh/Ges: Hedwig Ascher, Stuttgart; Anton Bauer, Stuttgart; Maria Bauer, Stuttgart; Alfons Baumgärtner, Stuttgart; Gertrud Ehlinger, Stuttgart; Herbert Elsner, Reutlingen-Sondelfingen; Heribert Feifel, Stuttgart; Paul Fischer, Stuttgart; Werner Groß, Rottenburg; Max Herre, Stuttgart; Dr. Ernst Hofmann, Stuttgart; Wolfgang Kleiner, Altkrautheim; Dieter Müller, Tübingen; Richard Müller, Stuttgart; Maria Noll, Stuttgart; Dr. Paul Eugen, Augsburg; Hans Paul, Oppenweiler; Otto Schneider, Stuttgart; Wolfgang Schrenk, Tübingen; Bernhard Schurr, Stuttgart; Erich Sommer, Stuttgart; Marga Vetter, Stuttgart.
Verlagsleitung: Max Herre, geb. 20. 5. 1924 in Laupheim; Willi Baumgart, geb. 11. 3. 1940 in Trier.
Verwaltungsrat: Vorsitzender: Anton Bauer, Stuttgart.
Mitglieder: Heribert Feifel, Stuttgart; Dr. Ernst Hofmann, Stuttgart; Wolfgang Schrenk, Tübingen.
Geschichte: Die „Religiöse Bildungsarbeit Stuttgart" wurde in den dreißiger Jahren von Hermann Breucha und Anton Weber gegründet. Dem 1948 ge-

gründeten Verlag wurde am 1. Juli 1972 die Buch und Kunst Kepplerhaus angegliedert. In diesem Jahr erscheint die homiletische Predigtzeitschrift „Dienst am Wort — Gedanken zur Sonntagspredigt" im 25. Jahrgang. Ferner werden Hilfen für die Gottesdienstgestaltung verlegt.
Hauptautoren/Hauptwerke: „Dienst am Wort - Gedanken zur Sonntagspredigt" — Herausgeber und Schriftleiter: Anton Bauer und Heribert Feifel — Mitglieder der Schriftleitung: Dr. Alfons Fischer, Paul Fischer, Werner Groß, Max Herre, Dr. Ernst Hofmann, Dieter Müller, Richard Müller, Dr. Eugen Paul, Otto Schneider, Wolfgang Schrenk, Bernhard Schurr, Erich Sommer.
Buchreihen: „Krankenkommunion" (Wortgottesdienste) — „Mutter des Erlösers und der Erlösten" (Wortgottesdienste).
Zeitschrift: „Dienst am Wort - Gedanken zur Sonntagspredigt", Loseblatt, monatlich, mit Sammelordner.
Tges: Buch und Kunst Kepplerhaus, D-7000 Stuttgart 1, Paulinenstraße 40.
Verlagsgebiete: 2b — 28.

Signet wird geführt seit: 1925.

Grafiker: Wilhelm Beucke.

Rembrandt Verlag GmbH

D-1000 Berlin 30, Tauentzienstraße 1

Tel: (030) 24 13 56 und 2 11 55 03. **Psch:** Berlin West 115 51-100. **Bank:** Berliner Bank AG 3907473000. **Gegr:** 8. 10. 1923 in Berlin. **Rechtsf:** GmbH.
Ges: Familien-GmbH.
Verlagsleitung: Konrad Lemmer □, geb. 12. 6. 1892, Ausbildung in Leipzig, Verlag und Sortiment, Akademie der graphischen Künste, 1923 Gründung des Rembrandt Verlages in Berlin; Dr. Klaus J. Lemmer, geb. 4. 8. 1925, Ausbildung in Berlin, Verlag und Sortiment, Studium Kunstgeschichte, Theaterwissenschaft, Archäologie.
Geschichte: Nach der Gründung 1923 in Berlin durch Konrad Lemmer (Teilhaber Bodo Müller) erschienen als erste Veröffentlichungen Mappen mit Original-Graphik und bibliophile Werke, Bücher zur Kunst- und Kulturgeschichte, auch Belletristik und Berolinensia, Buchreihe „Kunstbücher des Volkes". Die Anteile Müllers erwarb 1931 Dr. Helmut Rauschenbusch. Während der NS-Zeit schrieben viele, damals ihrer Posten als Hochschullehrer oder Museumsdirektoren enthobene Kunsthistoriker für den Verlag (u. a. Dorner, Fischel, Grote, Heise, Sauerlandt, Schardt). Bücher über unerwünschte Künstler wurden verboten (u. a. Barlach, Kollwitz, Lehmbruck, Marc, Nolde). Noch während des Krieges erschienen Werke von Buschor, Hentzen, Heydenreich, Kriegbaum, Pinder. Im letzten Kriegsjahr gingen bei verschiedenen Bombenangriffen alle Lagerbestände, Archive, Klischees usw. verloren. Nach dem Kriege Fortsetzung der Arbeit zunächst in den beiden Neugründungen Konrad Lemmer Verlag Berlin und Helmut Rauschenbusch Verlag Stollham. 1951 begann der Wiederaufbau des Rembrandt Verlages. Die Anteile Dr. Rauschenbuschs wurden 1952 von Konrad Lemmer übernommen. Ausweitung der Verlagsgebiete über Kunst- und Kulturgeschichte hinaus auf Musik, Theater, Tanz, Film, Fotobildbände und Pädagogik. Seit 1967 werden auch wieder Bücher und Mappen mit Originalgraphik herausgegeben. Zuletzt erschienen u. a. Werke von Ackermann, Alt, Berges, Collien, Franek-Koch, Grieshaber, Moore, Schmettau, Sorge, Trökes, Winner.
Buchreihen: „Die siebente Seite des Würfels" — „Handbuch der Kunst- und Werkerziehung" — „Erziehungswissenschaftliches Handbuch" — „Kunst-Pädagogik-Schule".
Tges: Konrad Lemmer Verlag.
Btlg: Werbegemeinschaft Kunst Buch Kunst.
Verlagsgebiete: 10 — 12 — 13 — 14.

Renner, Herbert
D-2000 Hamburg 65, Elgenkamp 49

Renner, Klaus
D-8000 München 70, Konrad-Celtis-Straße 33

Signet wird geführt seit: 1910.

Grafiker: Emil Preetorius.

Eugen Rentsch Verlag AG

CH-8703 Erlenbach-Zürich, Wiesenstraße 48, Postfach 47
D-7000 Stuttgart 1, Postfach 1164

Tel: (01) 90 01 33. **Psch:** Zürich 80-6646.
Bank: Zürcher Kantonalbank; Schweizerische Volksbank; Küsnacht-Zürich.
Gegr: 1910 in München. **Rechtsf:** AG.
Inh/Ges: Dr. Eugen Rentsch, Dr. Leonore Rentsch, Dipl.-Arch. Hans Rentsch, Margrit Speerli.
Verlagsleitung: Dr. Eugen Rentsch, geb. 3. 4. 1912, Mitglied Rotary Meilen (Zürich).
Lektorat, Propaganda: Dr. phil. Leonore Rentsch, geb. 24. 6. 1915.
Geschichte: Im Herbst 1910 gründete Dr. phil. Eugen Rentsch sen., geb 8. 4. 1877, in München seinen Verlag. Er begann seine Tätigkeit mit einem schöngeistigen und juristischen Programm, dem er bald einige große Architektenmonographien folgen ließ und vor allem die große wissenschaftliche Gotthelfausgabe in 24 Bänden und 18 Ergänzungsbänden. Dieses riesige Unternehmen steht heute vor seiner Vollendung. Die auf den Texten der wissenschaftlichen Edition beruhende 18bändige Volksausgabe hat wesentlich die Kenntnis der Werke des großen Epikers in der Schweiz, in Deutschland und Österreich gefördert. Nach dem ersten Weltkrieg 1919, kehrte E. Rentsch in die Schweiz zurück und baute in Erlenbach am Zürichsee sein Lebenswerk auf: einen aktiv am politischen und kulturellen Leben mitwirkenden Verlag. Nach dem im Jahre 1948 erfolgten Tode des Gründers übernahmen die Verlagsleitung dessen Sohn und Schwiegertochter als engste langjährige Mitarbeiter.
Die Produktion der 64 Jahre spiegelt die unruhige, schicksalsschwere Zeit in zeitkritischen, soziologischen, politischen, historischen, philosophischen und psychologischen Werken. Eine Anzahl moderner gut eingeführter Schulbücher, Reiseliteratur, Werke zu Kunst und Musik und sorgfältig ausgestattete Publikationen über Land, Volk und Kultur der Schweiz umreißen die weitgespannten Interessen der Verlagsleitung.
Hauptautoren: Ernst Aeppli, Hanna Arnold, Hans Barth, Einhard Bezzel, Rudolf Braun, Ernst Bohnenblust, Ernst Egli, Erich Eyck, Jeremias Gotthelf, Walter Guyer, W. Haeberli, Eduard Imhof, Rudolf Kassner, Annette Kolb, Hans Leibundgut, Friedrich Märker, Otto Müllner, Waldemar Ohle, Anna Elisabeth Ott, Max Picard, Werner Richter, Wilhelm Röpke, Alexander Rüstow, Gerhard H. Schwabe, Ferdinand Siebert, Nelly Stehel, Hans Streuli, Jan Tschichold, Richard Weiß.
Hauptwerke: „Weltgeschichte in 5 Bänden" (Felix Busigny, Christian Schmid, Karl Schib, Hans Hubschmid, Joseph Boesch, Erich Gruner, Eduard Sieber, W. Haeberli) — „Weltgeschichte in 2 Bänden" (Karl Schib, Joseph Boesch).
Buchreihe: „Wir und die Umwelt" (Aktuelle wissenschaftliche Schriften zu den Oekoproblemen unserer Zeit).
Verlagsgebiete: 3 — 5 — 6 — 10 — 11 — 14 — 9 — 15.

Signet wird geführt seit: 1956.

Grafiker: Walter Pichler.

Residenz Verlag

A-5020 Salzburg, Imbergstraße 9, Postfach 39 (A-5024)
A-1010 Wien, Krugerstraße 10

Tel: Salzburg (0 62 22) 72 4 90; Wien (02 22) 52 11 67. **Psch:** Wien 1759.965.
Bank: Salzburger Sparkasse Salzburg 24.866; Berger & Co Salzburg 2555; Creditanstalt-Bankverein Salzburg 95-58370. **Gegr:** 1956 in Salzburg. **Rechtsf:** Einzelfirma.
Inh: Wolfgang Schaffler.
Verlagsleitung: Wolfgang Schaffler □.
Lektorat: Renate Buchmann, Gertrud Frank.
Hersteller: Friedel Schafleitner.
Werbung: Astrid Bihari.
Vertrieb: Christl Sennewald.
Buchhaltung: Lotte Datzmann.

Geschichte: Der Residenz Verlag besteht seit dem Jahre 1956. Unter der Leitung von Verleger Wolfgang Schaffler hat der Verlag in den bisher 17 Jahren zielstrebiger Arbeit rund 200 Verlagsobjekte in einer Auflagenhöhe von insgesamt 1 000 000 Exemplaren herausgebracht; er erhielt bereits zehnmal den Österreichischen Staatspreis und 32 Diplome für die „Schönsten Bücher Österreichs". Zahlreiche Lizenzausgaben haben die Produktion des Residenz Verlags in aller Welt bekanntgemacht; die Taschenbuch- und Buchgemeinschaftsausgaben gehen in die Hunderttausende. Der Verlag selbst verlegt ausschließlich Originalmanuskripte und übernimmt keine Lizenzen aus anderen Produktionen.

Hauptautoren/Hauptwerke: Gerhard Amanshauser, „Ärgernisse eines Zauberers" — H. C. Artmann, „Unter der Bedeckung eines Hutes" — Rudolf Bayr, „Anfangsschwierigkeiten einer Kur" — Thomas Bernhard, „Der Italiener" — Alois Brandstetter, „Zu Lasten der Briefträger" — Barbara Frischmuth, „Rückkehr zum vorläufigen Ausgangspunkt" — Reinhard P. Gruber, „Aus dem Leben Hödlmosers" — Peter Handke, „Wunschloses Unglück" — Alfred Kolleritsch, „Die Pfirsichtöter" — Andreas Okopenko, „Lexikon-Roman" — Peter Rosei, „Bei schwebendem Verfahren" — Jutta Schutting, „Tauchübungen" — Ernst Nowak, „Kopflicht" — Carl Zuckmayer, „Henndorfer Pastorale" — Hans Weigel, „Flucht vor der Größe".
Kunstbände: „Egon Schiele" — „Hans Makart" — „Der Zeichner Alfred Kubin" — „Ornamentale Plakatkunst" — „Die Kunst der Graphik" — „Die Dürerzeichnungen der Albertina" — „Salzburg in alten Ansichten" — „Tirol in alten Ansichten" — „Walter Pichler Zeichnungen" — „Hochzeit" (Canetti/Hrdlicka, bibliophile Ausgabe) — „Stadtbaukunst in Österreich" — „Anton Lehmden, Die Graphik" — „Residenz Bibliothek" (moderne österr. Literatur, Anthologien neuer Erzählungen zu einem Thema) — „Die kleine Musiker Reihe" — „Zeugnisse alter Volkskunst".

Zeitschriften: „Offizielles Programm der Salzburger Festspiele" (jl.) — „Offizielles Programm der Osterfestspiele" (jl.) — „Das Salzburger Jahr" (jl.).

Alm: „Literatur-Almanach" (jl.).
Verlagsgebiete: 8 — 12 — 13 — 14 — 24.

Rewe-Verlag GmbH
D-5000 Köln 1, Postfach 101528,
Jakordenstraße 3—17

Signet wird geführt seit: 1940.

Grafiker:
Prof. Werner Andermatt.

Rex-Verlag
CH-6000 Luzern 5, St. Karliquai 12,
Postfach 161

Tel: (041) 22 69 12. **Fs:** Erreichbar über 58215 Luzern. **Psch:** 60-2030. **Bank:** Luzerner Kantonalbank Luzern. **Gegr:** 1. 4. 1931. **Rechtsf:** Verein.

Inh/Ges: Inhaber des Rex-Verlages ist der Schweizerische Katholische Jugendverband (SKJV).
Verlagsleitung: Dr. Zeno Inderbitzin, Geschäftsführer und Verlagsleiter, geb. 26. 1. 1930, von Morschach/Schwyz. Prokuristen: Alois Frei, von Gebenstorf AG, in Horw, geb. 21. 11. 1916, seit 1938 in der Firma, Chef der Sortimentsabteilung und Vertreter im Außendienst. Heinrich Egolf, von Hombrechtikon ZH, in Luzern, geb. 9. 8. 1921, seit 1949 in der Firma, Chef der Buchhaltung.

Geschichte: Der Rex-Verlag entstand aus dem Bedürfnis des Schweiz. Kath. Jungmannschaftsverbandes (religiöskulturelle Erfassung der schulentlassenen männlichen Jugend in den Pfarreien der deutschsprachigen Schweiz) nach einem wirksamen Bildungsinstrument für die Beschaffung des Bildungsgutes im Sinne eines lebendigen Laienapostolates und der Hilfsmittel für eine zeitnahe Jugendführung. Aus dieser vorerst verbandsintern gedachten Institution entwickelte sich der Rex-Verlag, der im ganzen deutschen Sprachraum eine wichtige Funktion für die katholische Bildungsarbeit übernahm.

Hauptautoren: Heinrich Federer, Sigisbert Frick, Josef Vital Kopp, Ruth Keller, Adolf Stadelmann, Roger Moser,

Anton Bischofberger, Ruedi Klapproth, Lucy M. Boston, Sheena Porter, Betty K. Erwin, Marielene Leist, Fritz Leist, Friedrich E. Freiherr von Gagern, Karl Stieger, Paolo Brenni, Toon Kortooms, **Hauptwerke:** Die gesammelten Werke von Heinrich Federer, Romane von Josef Vital Kopp, Übersetzungen holländischer, englischer und irischer Romane. Jugendbücher. Moderne liturgische Werke und katechetische Hilfsmittel. Lebenskundliche Werke.
Buchreihen: „Familienseminar" — Katechetische Reihe „Folge mir nach" — „Luzerner Historische Veröffentlichungen".
Zeitschrift: „tut/weite Welt", „medium".
Tges: Rex-Buchhandlung, CH-6000 Luzern, Postfach 161.
Verlagsgebiete: 2b — 3 — 8 — 9 — 10 — Spez.Geb: 10 Jugendführungsliteratur.

Rex-Verlag GmbH
D-8000 München 19, Lachnerstraße 5

Signet wird geführt seit: —

Grafiker: Heinz König.

Rheinisch-Bergische Druckerei- und Verlagsgesellschaft mbH

D-4000 Düsseldorf 1, Schadowstraße 11, Postfach 1135

Tel: (02 11) 88 51. **Fs:** 0858 1901. **Psch:** Essen 25693. **Bank:** Commerzbank, Deutsche Bank, Dresdner Bank, Bernhard Blanke, C. G. Trinkaus (alle in Düsseldorf). **Gegr:** 2. 3. 1946 in Düsseldorf. **Rechtsf:** GmbH.
Ges: Dr. Anton Betz, Dr. Erich Wenderoth, Dr. Gottfried Arnold, Frau Trude Droste, Frau Dr. Esther Betz, Dr. Karl Bringmann, Dr. Max Nitzsche, Dr. Manfred Droste, Dr. Joseph Schaffrath, Handelsblatt GmbH.
Verlagsgeschäftsführung: Dr. Karl Bringmann, Dr. Max Nitzsche, Dr. Manfred Droste ☐, Dr. Joseph Schaffrath.
Herausgeber „Rheinische Post": Dr. Anton Betz, Dr. Erich Wenderoth, Dr. Gottfried Arnold.

Chefredakteur „Rheinische Post": Dr. Joachim Sobotta.
Anzeigendirektor: Werner Gutzki (Prok.).
Vertriebsdirektor: Herbert Schulz, (Prok.).
Leiter des Rechnungswesens: Verlagsdirektor Dr. Josef Blaschke (Prok.).
Leiter der Personalverwaltung und Allgemeinen Verwaltung: Personaldirektor Karl Wilhelm Weber (Prok.).
Leiter der Bereiche Buch- und Zeitschriftenverlag, Verlagsdirektor der Droste Verlag GmbH: Dr. Manfred Lotsch (Prok.).
Technischer Leiter: Kurt Riebschläger (Prok.).
Buchreihen: „Düsseldorfer Jahrbuch" — „Quellen zur Geschichte des Niederrheins" — „Studien zur Düsseldorfer Wirtschaft".
Zeitungen: „Rheinische Post" — „Bergische Morgenpost".
Zeitschriften: „Unsere Wirtschaft" — „Schnelldienst / Informationen der Industrie- und Handelskammer zu Düsseldorf" — „Düsseldorfer Uni-Zeitung" — „Düsseldorf".
Tges: Droste Verlag GmbH, Düsseldorf; Neuborn Verlags- und Handelsgesellschaft mbH, Düsseldorf; Iris/Klischee GmbH, Düsseldorf.
Btlg: Neußer Zeitungsverlag GmbH, Neuß; Heinr. Lapp, Mönchengladbach; Vereinigte Klischeeanstalten GmbH, Viersen; Schaffrath KG, Geldern; Rheinische Presse-Auslieferung GmbH, Düsseldorf; Droste-Maclaren Fachverlag GmbH, Düsseldorf.
Verlagsgebiete: 1 — 8 — 13 — 14 — 15 — 20 — 28 — 29.

Signet wird geführt seit: —

Grafiker: —

Rheinland-Verlag GmbH

D-5000 Köln, Kennedy-Ufer 2, Landeshaus, Postfach 21 0720
in Kommission bei Rudolf Habelt Verlag GmbH, D-5300 Bonn 5, Am Buchenhang 1, Postfach 5004
Tel: (092) 82 83 26 87. **Psch:** Köln 721.44.

Bank: Westdeutsche Landesbank Köln 166660. **Gegr:** 13. 2. 1958 in Köln. **Rechtsf:** GmbH.
Ges: Landschaftsverband Rheinland Köln.
Verlagsleitung: Landesoberamtsrat Antonius J. Dommers, geb. 24. 6. 1937 in Mönchengladbach, Geschäftsführer.
Buchreihen: „Archaeo-Physika" — „Archäologische Funde und Denkmäler des Rheinlandes" — „Beihefte der Bonner Jahrbücher" — „Epigraphische Studien" — „Kunst und Altertum am Rhein" — „Rheinische Ausgrabungen" — „Schriften des Rheinischen Landesmuseums Bonn" (alle vom Rhein. Landesmuseum Bonn). — Sonstige Buchreihen: „Bonner Beiträge zur Kunstwissenschaft" — „Beiträge zur Landesentwicklung" — „Führer und Schriften des Rheinischen Freilichtmuseums in Kommern" — „Inventare nichtstaatlicher Archive" — „Rheinische Lebensbilder" — „Rheinische Schriften" — „Werken und Wohnen".
Zeitschriften: „Neues Rheinland" — „Rheinische Heimatpflege" — „Das Rheinische Landesmuseum Bonn" — „Zeitschrift für Archäologie des Mittelalters".
Verlagsgebiete: 12 — 14 — 28 — 15 — Spez.Geb: 14 Rhenania.

Rhenania Druck- u. Verlags-GmbH
D-5400 Koblenz, Postfach 2260, Görresplatz 5—7

Riccardo-Ton-Verlag
D-5000 Köln 1, Drususgasse 7—11

Richter & Springer siehe Hubertus-Verlag

Richters Verlag
D-6900 Heidelberg-Neuenheim, Berliner Straße 40

Ricordi, G. & Co.
D-8000 München 22, Postfach 535, Gewürzmühlstraße 5

Rieck, Siegfried
D-2870 Delmenhorst, Postfach 235, Lange Straße 122

Riederer, Dr. Verlag GmbH
D-7000 Stuttgart 1, Postfach 447, Johannesstraße 60

Ries u. Erler Musikverlag
D-1000 Berlin 33, Charlottenbrunnerstraße 42

Ringier & Co. AG
CH-4800 Zofingen, Florastraße

Risi-Ton-Verlag
D-1000 Berlin 33, Caspar-Theyss-Str. 20

Verlag Robbers & Co
D-6081 Dornheim, Rheinstraße 77

Robitschek, Adolf, Musikverlag
A-1011 Wien, Postfach 635, Graben 14

Robitschek oHG, Musikverlag
D-6200 Wiesbaden, Postfach 5090, Matth.-Claudius-Straße 18

Rodana Verlag
CH-8024 Zürich 1, Rämistraße 39

Röderberg-Verlag
D-6000 Frankfurt (M) 1, Postfach 2409, Schumannstraße 56

Röhm, Adolf
D-7032 Sindelfingen/Württ., Postf. 280, Böblinger Straße 68

Signet wird geführt seit: 1938.

Grafiker: Nachzeichnung des Bassenheimer Reiters.

Ludwig Röhrscheid GmbH.
D-5300 Bonn, Am Hof 28, Postfach 281
Tel: (0 22 21) 63 12 81-83. **Fs:** 886123. **Psch:** Köln 34118-507. **Bank:** Berliner Handelsgesellschaft Frankfurt (M) 4820-7; Dresdner Bank Bonn 2077681; Deutsche Bank Bonn 0463349. **Gegr:** 25. 1. 1818 in Bonn. **Rechtsf:** GmbH.

Inh/Ges: Stilke Kiosk- und Laden GmbH, Berlin.
Verlagsleitung: Karl Gutzmer, Hildegard Denhard.
Geschichte: Hervorgegangen aus den beiden 1818 von Adolph Marcus und Eduard Weber gegründeten Firmen, die 1891 an Ludwig Röhrscheid verkauft wurden und seither unter diesem Namen bestehen. Röhrscheid starb 1921. Seine Erben verkauften die Firma 1926 an den Berliner Verlagsbuchhändler Kommerzienrat Dr. Hermann Stilke, dessen Kinder heute Inhaber der Firma sind.
Hauptautoren: Hermann Aubin, Adolf Bach, Max Braubach, Edith Ennen, Dietrich Höroldt, Walther Hubatsch, Paul Egon Hübinger, Gustav Mensching, Rudolf Schützeichel, Franz Steinbach, Lothar F. Zotz.
Buchreihen: „Academica Bonnensia" — „Bonner Historische Forschungen" — „Bonner Rechtswissenschaftliche Abhandlungen" — „Pariser Historische Studien" — „Quartär", Jahrbuch der Hugo Obermaier-Gesellschaft für Erforschung des Eiszeitalters und seiner Kulturen — „Quartär-Bibliothek" — „Rechtsvergleichende Untersuchungen zur gesamten Strafrechtswissenschaft" — „Rheinische Vierteljahresblätter" — „Rheinischer Städteatlas" — „Rheinisches Archiv" — „Untersuchungen zur allgemeinen Religionsgeschichte".
Verlagsgebiete: 4 — 14 — Spez.Geb: 14 Rheinische Landeskunde, Namenkunde.

Römer Verlag GmbH
D-7301 Kemnat, Marco-Polo-Straße 1

Rösler, Hans
D-8900 Augsburg, Haunstetter Str. 18

Erich Röth-Verlag
D-3500 Kassel-Nordshausen, Korbacher Straße 235

Roether, Eduard
D-6100 Darmstadt, Postfach 4060, Berliner Allee 56

Rötzer, Elfriede Maria
A-7001 Eisenstadt, St. Rochusstraße 25

Röver, Friedrich, Verlag
D-2820 Leuchtenburg, Post Bremen-Veges., Mühlenweg 67

Signet wird geführt seit: Verlagsgründung.

Grafiker: Siegfried J. Gragnato, Stuttgart.

Rogner & Bernhard GmbH & Co. Verlags KG

D-8000 München 40, Trautenwolfstr. 5

Tel: (089) 39 30 57. **Psch:** München 17 16 38-804. **Bank:** Merck, Finck & Co München 27 187 X; Dresdner Bank München 3436 469. **Gegr:** 31. 1. 1968 in München. **Rechtsf:** GmbH & Co. KG.
Inh/Ges: Dr. Maria Bernhard, geb. 13. 7. 1936 in Berlin; Antje Ellermann, geb. 9. 1. 1940 in Hamburg; Dr. Heinrich Ellermann; Axel Matthes, geb. 18. 5. 1936 in Berlin; Klaus P. Rogner.
Verlagsleitung: Geschäftsführung: Antje Ellermann.
Lektorat: Axel Matthes.
Geschichte: Gegründet am 31. 1. 1968 als GmbH in München von Dr. Maria Anna Bernhard, Axel Matthes und Klaus P. Rogner. Am 9. Oktober 1973 wurde die GmbH in einer GmbH & Co. KG umgewandelt und als neue Gesellschafter traten ein: Dr. Heinrich Ellermann und Antje Ellermann. Am 30. Oktober 1973 wurde der Rücktritt des Geschäftsführers Klaus Peter Rogner von der Gesellschaft genehmigt.
Hauptautoren: Louis Aragon, Georges Bataille, André Breton, Hugo Ball, Michel Leiris, Antonin Artand, Hanns Eisler, Elisabeth Lenk, Oswald Wiener, Franz Hessel, Walter Serner, Raymond Roussel, Robert Desuos, Gustave Franbert, D. Martin Luther, Egon Erwin Kisch, Alphonse Dandet, Alfred Jarry, Theodor Lessing, Oscar Wilde.
Hauptwerke: Martin Luther, „Die ganze Heilige Schrift". Deutsch 1545. Ausgabe letzter Hand — Albrecht Dürer, „Das gesamte graphische Werk" — „Fidus 1868—1948". Zur ästhetischen Praxis bürgerlicher Fluchtbewegungen — „Die

Gesamtwerke von Artand" — „Das theoretische Werk von Georges Bataille".
Buchreihen: „Passagen" — „Klassiker der Karikatur" — „R+B-Studium" — „Europäische Graphik in Gesamtausgaben" — „Die Bresche" — „Bibliotheca Erotica et Curiosa".
Verlagsgebiete: 3 — 7 — 8 — 12 — 13 — 5 — 18 — 19.

Rohm, Karl
D-7120 Bietigheim, Hindenburgstraße 3

Rohr Druck GmbH
D-6750 Kaiserslautern, Postfach 1145, Schneiderstraße 8

Rohrer, R. M., Verlag
A-2500 Baden b. Wien, Pfarrgasse 3

Roland Verlag, Gerhard Schreiber & Co.
D-8000 München 90, Bodenschneidstr. 2

Signet wird geführt seit: 1957.

Grafiker: Schley, Freiburg.

Rombach + Co GmbH, Druck- und Verlagshaus

D-7800 Freiburg i. Br., Lörracher Str. 3, Postfach 1349

Tel: (07 61) 4 23 23. **Fs:** über unial 772728. **Psch:** Karlsruhe 49 14-757. **Bank:** Volksbank Freiburg 127 2705; Öfftl. Sparkasse Freiburg 202 3384. **Gegr:** 1907 in Freiburg i. Br. **Rechtsf:** GmbH.
Ges: Eleonore Hodeige-Rombach, Clemens Knoll, Heda Knoll, Dr. Walter Knoll, Paula Rombach, Johannes Vollmer.
Verlagsleitung: Dr. Fritz Hodeige, Geschäftsführer.
Adreßbuchverlag: Manhard Schütze.
Geschichte: Am 8. April 1938 Gründung der H. Rombach & Co KG, die am 21. Juni 1948 in die jetzige Gesellschaftsform Rombach+Co GmbH umgewandelt wurde; zu dieser Zeit Beginn der eigentlichen Verlagsproduktion. Die Firma besitzt eine maßgebliche Beteiligung bei der Badischen Verlags-GmbH, die die „Badische Zeitung" verlegt. Das Druck- und Verlagshaus zählt zu den führenden Unternehmen im südbadischen Raum. Seit 1966 ist ein Satzcomputer in Benutzung, Ende 1970 wurden großzügige Neubauten bezogen.
Buchreihen: „rombach hochschul paperback" — „Sammlung Rombach", Neue Folge — „Sozialwissenschaft in Theorie und Praxis" — „Absatzwirtschaft und Konsumforschung" — „Beiträge zur Wirtschaftspolitik" — „Wanderbücher des Schwarzwaldvereins" — „Einzelschriften zur militärischen Geschichte des Zweiten Weltkrieges".
Zeitschriften: „Bücherkommentare" (6x jl.) — „wissenschaftlicher literaturanzeiger" (6 jl.) — „Freiburger Universitätsblätter" (4x jl.) — „gastliches freiburg" (mtl.).
Tges: Badischer Verlag GmbH, Zeitungsverlag, Freiburg i. Br.
Verlagsgebiete: 3 — 5 — 6 — 14 — 24 — 2 — 4 — 7 — 15 — 17.

Rosenbaum Brüder Kunstverlag
A-1051 Wien V, Margaretenstraße 94

Signet wird geführt seit: 1. 10. 1968.

Grafiker: Prof. Eduard Ege.

Rosenheimer Verlagshaus Alfred Förg

D-8200 Rosenheim 2, Am Stocket 12, Postfach

Tel: (0 80 31) 16 32. **Psch:** München 58426-809. **Bank:** Kreis- und Stadtsparkasse Rosenheim 22723; Bayerische Vereinsbank Rosenheim 3834875. **Gegr:** 1911 in Werdau, Sachsen. Neugründung 23. 8. 1949 durch Herbert Meister und Alfred Förg. Umbenennung des Verlages am 17. 7. 1968. **Rechtsf:** Einzelfirma.
Inh/Ges: Seit 1. 1. 1964 Alfred Förg, geb. 27. 5. 1923.

Verlagsleitung: Alfred Förg.
Lektorat: Gerhard Schulz-Ranck.
Vertriebsleiter: Hansjörg Decker.
Pressedienst: Karin Erlbeck.
Geschichte: 1911 in Werdau/Sachsen gegründet (Oskar Meister Verlag) — 1946 Enteignung — 1949 Neugründung in Rosenheim durch Herbert Meister und Alfred Förg (Meister Verlag KG) — 1964 Alleininhaber Alfred Förg — 1968 Umbenennung in Rosenheimer Verlagshaus Alfred Förg und Neuorientierung des Verlagsprogramms.
Hauptautoren/Hauptwerke: Rosenheimer Raritäten mit „Wie's früher war in . . ." (Oberbayern, Schweiz, Kärnten und Steiermark, Tirol) — Eduard Stemplinger, „Immerwährender Bayerischer Kalender" — J. Schlicht, „Blauweiß in Schimpf und Ehr" — I. Gierl, „Stickereien in Bauernstuben" — Aberle, „Es war ein Schütz in seinen schönsten Jahren" — Aberle, „Nahui, in Gotts Nam!" (Die alte Schiffahrt auf Donau, Inn, Salzach und Traun) u. v. a. — Romane für junge Leute — Humor — Romane — „Das alpenländische Bücherbrett".
Buchreihe: Jugendsachbuchreihe „MACH MIT" und MACH MIT-Bildbände.
Verlagsgebiete: 8 — 9 — 12 — 14 — 23.

Signet wird geführt seit: 1957.

Grafiker:
Erich Hofmann, Konstanz.

Rosgarten Verlag Konstanz Friedrich & Co. KG.

D-7750 Konstanz, Luisenstraße 14, Postfach 430

Tel: (0 75 31) 5 54 05. **Psch:** Karlsruhe 2402-751. **Bank:** Dresdner Bank Konstanz 5806 847 (BLZ 690 800 32). **Gegr:** 1946 in Konstanz. **Rechtsf:** KG.
Inh/Ges: Komplementär: Dr. Herbert Friedrich; Kommanditistin: Frau Gerda Friedrich, geb. v. Knauer.
Verlagsleitung: Dr. rer. pol. Herbert Friedrich, Dipl.-Kfm., geb. 15. 5. 1897 in Leipzig (Lektorat und Herstellung) und Frau Gerda Friedrich (Werbung und Vertrieb).

Geschichte: 1946 in Konstanz gegründet, seit 1957 von den jetzigen Inhabern übernommen und ausgebaut. Der Verlag pflegte vor allem die Herausgabe von heimatkundlichen und volkskundlichen Werken, Monographien und Landschaftsfibeln.
Buchreihen: „Sagen und Schwänke" — „Fibeln", kleine Sachbücher für Wissensdurstige in Geschenkausstattung.
Verlagsgebiete: 14 — 8 — 13 — 15 — 16.

Rossipaul, Dr. Lothar, Verlag GmbH

D-7261 Stammheim/Calw, Postfach 27, Finkenweg 6

Signet wird geführt seit: unbekannt.

Grafiker: unbekannt.

Rotapfel-Verlag AG

CH-8024 Zürich, Frankengasse 6, Postfach 239

Tel: (51) 47 03 88. **Psch:** 80/7688. **Bank:** Aarg. Hypotheken- und Handelsbank 4310 Rheinfelden. **Gegr:** 1919. **Rechtsf:** AG.
Inh/Ges: Dr. jur. Peter Stierlin, Präsident des Verwaltungsrates; Dr. Paul Toggenburger, Direktor, Delegierter des Verwaltungsrates.
Verlagsleitung: Dr. jur. Paul Toggenburger, geb. 1917 in Marthalen, Kt. Zürich.
Geschichte: Der Rotapfel-Verlag wurde 1919 gegründet. Es finden sich im Bereiche der Biographie, der Dichtung und Weltanschauung schon bald ganze Werkgruppen von Romain Rolland, Georges Duhamel, Leo Tolstoi, Mahatma Gandhi, Christoph Blumhardt u. a. Die für den Verlag sehr bedeutsamen Gebiete der Erziehung, Lebensgestaltung, Heilpädagogik, Erwachsenenbildung sehen in ihrem Zentrum Werke und Werkgruppen von Heinrich Pestalozzi, Heinrich Hanselmann, Fritz Wartenweiler, Jakob Lutz, Konrad Widmer, Kurt Brotbeck. — Kinderbücher und Jugendschriften sind in stets neuer Folge erschienen. Eine Pionierleistung hat dabei der Bilderbuchklassiker Ernst

Kreidolf vollbracht. — Ein wichtiges Anliegen wurde dem Verlag auch die Herausgabe von Büchern, die dem Menschen Natur und Kunst erschließen.
Hauptwerke: Heinrich Pestalozzi, „Gedenkausgabe zum 200. Geburtstag" — Heinrich Hanselmann, „Einführung in die Heilpädagogik", „Eltern-Lexikon", „Andragogik", u. a. — Jakob Lutz, „Kinderpsychiatrie" — Fritz Wartenweiler: Biographien, Erwachsenenbildung — Konrad Widmer, „Die junge Generation und wir" — Kurt Brotbeck, „Der Mensch, Bürger zweier Welten" — Romain Rolland, Meister-Biographien — Ernst Kreidolf, Bilderbücher.
Verlagsgebiete: 8 —9 — 10 — 12 — 3 — 13 — 15 — 18 — Spez.Geb: 10 Heilpädagogik, Kinderpsychiatrie.
Tges: Rotapfel-Galerie Zürich (Kunstgalerie mit Wechselausstellungen), Anschrift wie Rotapfel-Verlag.

Signet wird geführt seit: 1. 7. 1973.

Grafiker: W. Tatlin.

Rotbuch Verlag GmbH

D-1000 Berlin 31, Jenaer Straße 9

Tel: (030) 8 54 16 06. **Psch:** Berlin-West 187484-101. **Bank:** Berliner Disconto Bank 568/7777. **Gegr:** 1. 7. 1973 in Berlin. **Rechtsf:** GmbH.
Inh/Ges: Rotbuch-Kollektiv ☐.
Verlagsleitung: Vertrieb: Eberhard Delius.
Lektorat: F. C. Delius.
Presse/Lizenzen: Anne Duden.
Werbung: Andreas Fimmel.
Lektorat: Bernd Rabehl.
Kursbuch-Redaktion: Ingrid Karsunke.
Herstellung: Manfred Naber.
Buchhaltung: Helga Scheller.
Lektorat: Harald Wieser.
Geschichte: Wir verstehen unseren Verlag als Instrument zur Verbreitung antikapitalistischer und nichtdogmatischer sozialistischer Literatur. Neben den allgemeinen Aufgaben der linken Gegeninformation und der Weiterentwicklung der Theorie sehen wir die besondere politische Notwendigkeit des Verlags in der Arbeit für und mit bestimmten Zielgruppen. Der Verlag sollte die dialektische Vermittlung zwischen arbeitenden politischen Gruppen und denen, die von diesen Gruppen agitiert werden oder werden sollen, mit seinen Publikationen unterstützen.
Unsere Zielgruppen sind vor allem: sich politisierende Lehrlinge, Jungarbeiter, Schüler, Studenten, Lehrer usw., aktive Genossen, die in konkreter politischer Arbeit stecken, Leute, die nicht in den Zentren der linken Bewegung sitzen.
Wir werden versuchen, das Interesse für literarische Texte außer beim liberalen Literaturpublikum gerade auch bei der Linken und unseren Zielgruppen zu erweitern — obwohl der Beschäftigung mit Literatur oft die politische Relevanz abgesprochen wird. Wir meinen: anders als die politische Theorie kann gerade die Literatur einen Beitrag zur Vermittlung zwischen individuellen und gesellschaftlichen Prozessen leisten. Der marxistische Anspruch auf möglichst breite Entfaltung der menschlichen Produktivkräfte schließt einen Anspruch an die Literatur ein. Literatur kann Entfremdung und Abstumpfung aufbrechen und das vorwegnehmen, was die gesellschaftlichen Verhältnisse (auch die politische Arbeit gegen diese Verhältnisse) noch nicht ermöglichen: die Befriedigung emotionaler, ästhetischer und spielerischer Bedürfnisse. Literatur kann die Änderung der menschlichen Verkehrsformen darstellen und die Sensibilisierung der Leser für ihre Erfahrungen, ihre Umgebung und ihre Verhaltensweisen erweitern.
Hauptautoren/Hauptwerke: Bernd Rabehl, Aras Ören, F. C. Delius, Peter Schneider, Rjazanov, Yaak Karsunke, Klaus Eschen, Renate Sami, Sibylle Plogstedt, Victor Serge, Hoffmanns Comic Teater, Ton Steine Scherben, Lenin, Lavrov, Che Guevara, Mao Tsetung.
Buchreihe: „Rotbücher".
Plattenserie: „Rotkehlchen".
Zeitschrift: „Kursbuch" (4x jl.).
Alm: „Das kleine Rotbuch" (jl.).
Verlagsgebiete: 3 — 5 — 6 — 8 — 10 — 14 — 24 — 26 — 28.

Rother Rudolf, Bergverlag

D-8000 München 19, Postfach 67, Landshuter Allee 49

Rotter, Ferdinand
A-4020 Linz, Noßbergerstraße 11

Verlag Lothar Rotsch

D-7401 Bebenhausen bei Tübingen, Hauptstraße 45
Tel: (0 71 22) 6 12 39. **Psch:** Stuttgart 1732 34-703. **Bank:** Volksbank Tübingen 8590-001. **Gegr:** 7. 3. 1972 in Bebenhausen. **Rechtsf:** Einzelfirma.
Inh: Lothar Rotsch.
Verlagsleitung: Lothar Rotsch, geb. 8. 10. 1932.
Geschichte: Der Verlag, 1972 als Einzelfirma begründet, widmet sich vor allem der Literatur- und Sprachwissenschaft. Er räumt der Theoriebildung und Methodenreflexion angemessenen Raum ein, stellt jedoch die Praxis philologischer Forschung in den Mittelpunkt. Die Frage nach der Anwendbarkeit von Sprach- und Literaturwissenschaft führt weiter zum Engagement in der Hochschuldidaktik, Lehrerausbildung und Lehrerfortbildung sowie Schulpädagogik (insbes. Curriculumforschung und Curriculumentwicklung).
Buchreihen: „Methoden und Modelle. Linguistik und Literaturwissenschaft" — „Thesen und Analysen" (Literaturwiss.) — „Elemente der deutschen Grammatik" — „Reflexion über Sprache" — „Sammlung Curriculum" — „Bausteine der Literaturwissenschaft" — „Bausteine der Sprachwissenschaft".
Zeitschrift: „Thema Curriculum. Beiträge zur Theorie und Praxis", hrsg. vom Arbeitskreis Curriculum (vtljl.).
Verlagsgebiete: 7 — 10.

Signet wird geführt seit: 1950.

Grafiker: Werner Rebhuhn.

Rowohlt Taschenbuch Verlag GmbH

D-2057 Reinbek, Hamburger Straße 17, Postfach 9
Tel: (040) 7 27 21. **Fs:** 02 17854. **Bank:** Hamburger Sparkasse Hamburg 1280/163005; Deutsche Bank 97/60000. **Gegr:** 1. 1. 1953 in Hamburg. **Rechtsf:** GmbH.
Inh/Ges: Rowohlt Verlag GmbH, Time Inc.
Verlagsleitung: Heinrich-Maria Ledig-Rowohlt ☐, geb. 12. 3. 1908.
Geschäftsführer: Kurt Busch, Horst Varrelmann, Dr. Matthias Wegner.
Prokuristen: Viktor Niemann, Ingo Petersen, Erwin Steen.
Geschichte: Von 1950 bis 1952 erschienen die rororo Taschenbücher im Rowohlt Verlag. Am 1. 1. 1953 wurde in Hamburg der Rowohlt Taschenbuch Verlag GmbH gegründet.
1960 Umzug in das eigene Verlagshaus nach Reinbek bei Hamburg. Seit dem Tode Ernst Rowohlts am 1. Dezember 1960 führt sein Sohn Heinrich-Maria Ledig-Rowohlt den Verlag allein weiter.
Buchreihen: „rowohlts rotations romane" (rororo). Ungekürzte Romane bekannter Autoren aus aller Welt. Bis Dezember 1973 erschienen 1234 Titel mit einer Gesamtauflage von über 95 Mio. Ersterscheinung 17. Juni 1950 — „rororo thriller" (Kriminalromane). Herausgegeben von Richard K. Flesch. Bis Dezember 1973 erschienen 293 Titel mit einer Gesamtauflage von 6,9 Mio. Ersterscheinung Oktober 1961 — „Rowohlts Klassiker der Literatur und der Wissenschaft" (rk). Herausgegeben von Ernesto Grassi unter Mitarbeit von Walter Hess. Bis Dezember 1973 erschienen 197 Titel mit einer Gesamtauflage von 5,0 Mio. Ersterscheinung April 1957 — „rororo-thriller" (Kriminalromane). Herausgegeben von Richard K. Flesch. Persönlichkeiten in Selbstzeugnissen und Bilddokumenten. Herausgegeben von Kurt Kusenberg. Bis Dezember 1973 erschienen 204 Titel mit einer Gesamtauflage von 7 Mio. Ersterscheinung März 1958 — „rowohlts deutsche enzyklopädie" (rde). Das Wissen des 20. Jahrhunderts im Taschenbuch. Herausgegeben von Ernesto Grassi. Bis Dezember 1973 erschienen 257 Titel mit einer Gesamtauflage von 10,2 Mio. Ersterscheinung September 1955 — „rororo aktuell". Herausgegeben von Freimut Duve. Seit August 1961 erschienen innerhalb der rororo bisher 120 Bände mit einer Gesamtauflage von 4,5 Mio — „rororo handbücher / rororo ratgeber". Bis Dezember 1973 erschienen 75 Titel

mit einer Gesamtauflage von 4,8 Mio. Ersterscheinung: September 1966 — „rororo kochbücher". Seit Februar 1965 erschienen bisher 17 Titel mit einer Gesamtauflage von 600 000 Expl. — „rororo theater". Seit Juli 1966 erschienen 34 Titel mit einer Gesamtauflage von 1,9 Mio — „rororo sachbücher". Bis Dezember 1973 erschienen 142 Titel mit einer Gesamtauflage von 7,9 Mio — „Die farbigen LIFE Bildsachbücher". Seit September 1969 erschienen 40 Titel mit einer Gesamtauflage von 1,3 Mio Expl. — „rororo sexologie". Herausgegeben von Prof. Dr. Dr. Hans Giese †, Institut für Sexualforschung an der Universität Hamburg. Seit August 1968 erschienen 30 Titel mit einer Gesamtauflage von 800 000 Expl. — „rororo tele". Information und Bildung. Herausgegeben von Dr. Gerhard Szczesny in Zusammenarbeit mit dem Fernsehen. Seit April 1969 erschienen 50 Titel mit einer Gesamtauflage von 1,4 Mio bis Dezember 1973 — „das neue buch" (dnb). Herausgegeben von Jürgen Manthey. Programmschwerpunkte: zeitgenössische Literatur vorwiegend jüngerer deutscher und ausländischer Autoren. Seit April 1972 erschienen 42 Titel mit einer Gesamtauflage von 400 000 Expl. — „rororo rotfuchs". Herausgegeben von Uwe Wandrey. Kinderbücher für alle Altersgruppen von 4—14 Jahren. Ab April 1972 erschienen 43 Titel mit einer Gesamtauflage von über 1 Mio Expl. bis Dezember 1973 — „rororo studium". Herausgegeben von Ernesto Grassi. Herausgeberassistent Eginhard Hora. Seit Mai 1972 erschienen 44 Titel mit einer Gesamtauflage von über 500 000 Expl. — „Technik-Lexikon". Taschenbuchausgabe des Lueger-Lexikon der Technik in 52 Bänden. Liegt vor seit Oktober 1971 mit einer Gesamtauflage von über 500 000 Expl.

Ab September 1974 erscheint „rororo vieweg". Eine neue mathematische und naturwissenschaftliche Taschenbuchreihe in Zusammenarbeit mit dem Vieweg Verlag. Mit der „rororo Tierwelt" veröffentlicht der Verlag in 18 Bänden ungekürzt das international anerkannte „Urania Tierreich" als Taschenbuchausgabe ab September 1974 —

Gesamtauflagen aller Reihen bis Dezember 1973 150 Millionen, über 2900 Titel.

Verlagsgebiet: 26.

Signet wird geführt seit: 1908.

Grafiker:
Prof. Dr. Walter Tiemann.

Rowohlt Verlag GmbH

D-2057 Reinbek, Hamburger Straße 17, Postfach 9

Tel: (040) 7 27 21. **Fs:** 02 17854. **Psch:** Hamburg 943 21. **Bank:** Hamburger Sparkasse Hamburg 1280/165752. Deutsche Bank 97/30250. **Gegr:** 1908; erste Neugründung 1919; zweite Neugründung 9. 11. 1945. **Rechtsf:** GmbH. **Inh/Ges:** Heinrich-Maria Ledig-Rowohlt, Harry Rowohlt, Verlagsgruppe Georg von Holtzbrinck.

Verlagsleitung: Verleger: Heinrich-Maria Ledig-Rowohlt ☐, geb. 12. 3. 1908 in Leipzig. Sort.-Lehre in Berlin. Sort.-Lehre in Köln und London. Seit 1930 Rowohlt Verlag, seit 1938 Geschäftsführer, seit 1946 Gesellschafter. Geschäftsführer: Kurt Busch, geb. 4. 3. 1910 in Stettin. Berufsoffizier, Generalstabslaufbahn, Verlagskaufmann. Seit 1948 Rowohlt Verlag, Finanz- und Personalwesen. Horst Varrelmann, geb. 22. 12. 1928 in Celle. Sort.-Lehre in Hannover, seit 1952 Rowohlt Verlag, 1959 Prokurist, 1970 Geschäftsführer. Leiter des Bereichs Vertrieb und Werbung. Dr. Matthias Wegner, geb. 29. 9. 1937 in Hamburg. Studium der Literaturwissenschaft und Kunstgeschichte in Göttingen, Berlin, Basel und Hamburg. 1965 Promotion. Anschließend Gesellschafter/Geschäftsführer im Christian Wegner Verlag, Hamburg. Seit 1970 Geschäftsführer im Rowohlt Verlag. Stellvertreter für Heinrich-Maria Ledig-Rowohlt im Bereich verlegerischer Leitung: H. G. Heepe. **Prokuristen:** Anne-Lotte Becker-Berke, Hans Georg Heepe, Viktor Niemann, Ingo Petersen, Erwin Steen. Theater-Verlag: Klaus Juncker, Handlungsbevollm.

Geschichte: 1908 von Ernst Rowohlt in Leipzig gegründet. 1913 übernahm Kurt Wolff den Verlag: Ernst Rowohlt wurde Geschäftsführer beim Hyperion Verlag, später Prokurist bei S. Fischer. 1919 Neugründung des Verlages. 1938 Ernst Rowohlt wird aus der Reichsschrifttumskammer ausgeschlossen, er emigriert nach Brasilien, Heinrich-Maria Ledig-Rowohlt führt den Verlag bis zur endgültigen Schließung weiter.
1945 Neugründung des Verlages in Hamburg, Stuttgart, Berlin und Baden-Baden durch Ernst Rowohlt und Heinrich-Maria Ledig-Rowohlt. 1950 Verlagssitz nur noch Hamburg. 1960 Umzug in das eigene Verlagshaus nach Reinbek bei Hamburg. Seit dem Tode Ernst Rowohlts am 1. 12. 1960 führt sein Sohn Heinrich-Maria Ledig-Rowohlt den Verlag allein weiter.

Hauptautoren: Carl Amery, James Baldwin, Honoré de Balzac, John Barth, Konrad Bayer, Simone de Beauvoir, Ulrich Becher, Eric Berne, Geoffrey Bibby, Wolfgang Borchert, Albert Camus, Truman Capote, Louis-Ferdinand Céline, C. W. Ceram, John Cheever, Robert Crichton, Roald Dahl, Gerald Durrell, Lawrence Durrell, Jean Effel, Sumner Locke Elliott, Maria Fagyas, Hans Fallada, William Faulkner, Juan Goytisolo, Ernesto Grassi, Shirley Ann Grau, Wolfgang Harich, Walter Hasenclever, Ernest Hemingway, Rolf Hochhuth, Marcel Jouhandeau, Jack Kerouac, Walther Kiaulehn, Pierre Klossowski, Paul Kornfeld, Kurt Kusenberg, Manfred Kyber, Friedo Lampe, Jane van Lawick-Goodall, D. H. Lawrence, Alan Lelchuk, Malcolm Lowry, Eric Malpass, Ludwig Marcuse, Arthur Miller, Henry Miller, Yukio Mishima, Robert Musil, Vladimir Nabokov, Alexander Sutherland Neill, Raymond Peynet, Harold Pinter, Alfred Polgar, Katherine Anne Porter, Jacques Prévert, James Purdy, Gregor von Rezzori, Horst-Eberhard Richter, Philip Roth, Peter Rühmkorf, Ernst von Salomon, Jean-Paul Sartre, Carl Ludwig Schleich, Hubert Selby, Irwin Shaw, B. F. Skinner, Saul Steinberg, Italo Svevo, Gerhard Szczesny, Junichiro Tanizaki, James Thurber, Ernst Toller, Kurt Tucholssky, John Updike, Mario Vargas Llosa, Thomas Wolfe, Hans Georg Wunderlich.

Hz/Alm: Rowohlt Almanach 1908—1962 mit vollständiger Bibliographie des Verlages (1908—1961) als Rowohlt Paperback Bd. 9. Ernst Rowohlt, dargestellt von Paul Mayer (rowohlt monographie 139), Mai 1968. Walther Kiaulehn, „Mein Freund der Verleger, Ernst Rowohlt und seine Zeit". Rowohlt Verlag, August 1967.
Verlagsgebiete: 8 — 3 — 6.

Rubato-Musik-Verlag
A-1020 Wien II, Hollandstraße 18

Rudolph'sche Verlagsbuchhandlung
D-7800 Freiburg/Br., Postfach 167, Tunibergstraße 7

Rudy, Friedrich Josef
A-1080 Wien VIII, Florianigasse 21

Rübsamen-Verlag Wilh. C.
D-7000 Stuttgart 1, Reinsburgstraße 102

Rüger, Alexander
D-5601 Dornap, Postfach 42, Finkenweg 17

Rühle-Diebener-Verlag KG
D-7000 Stuttgart-Degerloch, Postf. 250, Wolfschlugener Straße 5a

Rütten & Loening
DDR-1080 Berlin, Französische Str. 32

Rütten & Loening München siehe Scherz

Ruf-Buchhandlung GmbH
A-1011 Wien I, Stock im Eisen-Platz 3

Ruhfus, Fr. Wilh.
D-4600 Dortmund 1, Postfach 962, Königshof 23

Ruhland, Erich, Fachverlag
D-6000 Frankfurt (M) 1, Börsenplatz 1

Rumpel, Hans
A-1010 Wien I, Parkring 2

Rundschau-Verlagsges. Otto G. Königer KG
D-8000 München 40, Postfach 144, Ohmstraße 15

RV Reise- und Verkehrsverlag GmbH
D-7000 Stuttgart 80, Schockenriedstraße Nr. 40a

Ryborsch, Reinhard VWK
verlag für wirtschafts- und kartographie-publikationen
D-6050 Offenbach (Main), Aschaffenburger Straße 65

Saatkorn-Verlag GmbH
D-2000 Hamburg 13, Postfach, Grindelberg 13—17

Dr. Martin Sändig GmbH

D-6229 Walluf bei Wiesbaden, Nelkenstraße 2, Postabholfach

Tel: (0 61 23) 7 10 38. **Telex:** 4-182 915 saen d. **Telegramm-Adr:** Sandiquar Walluf I. **Psch:** Frankfurt (M) 26780-600. **Bank:** Chemical Bank Frankfurt (M) 120-306 781 (BLZ 501 208 00); Nassauische Sparkasse Walluf 4720 14811 (BLZ 510 500 15). **Gegr:** 7. 5. 1923 in Leipzig. **Rechtsf:** GmbH.
Ges: Kraus-Thomson Organization Ltd., FL-9491 Nendeln/Liechtenstein.
Geschichte: Dr. Emil Sändig gründete am 7. Mai 1923 in Leipzig die Firma „Deutscher Verlag GmbH.", deren Namen 1937 in „Dr. Sändig Verlagsgesellschaft" geändert wurde. Der Fachverlag für Papierliteratur wurde nach dem 2. Weltkrieg in Wiesbaden unter dem Namen „Dr. Sändig Verlag K.G." fortgeführt und Ende 1970 mit der „Dr. Martin Sändig oHG" vereinigt. Diese Firma etablierte sich 1951 zunächst als naturwissenschaftlich-technisches Antiquariat und Buchhandlung in Wiesbaden. Seit 1965 befaßte man sich in immer größerem Umfang mit dem Nachdruckgeschäft und publizierte Neudrukke hauptsächlich aus den Gebieten der Sprachwissenschaft, Volkskunde, Musik und Geschichte, sowie aus Naturwissenschaft und Medizin. Am 1. Okt. 1973 ging die Firma an die Kraus-Thomson-Organization, Ltd., Nendeln/Liechtenstein, über. Sie wird als Dr. Martin Sändig GmbH in Walluf bei Wiesbaden in der gleichen Form weitergeführt.
Hauptwerke: „Handbuch der Papier- und Pappenfabrikation" — „Papiertechnische Bibliothek" — Neudrucke und Nachdruckserien, u. a.: „Zeitschrift für Mundartforschung" (mit 7 Vorläufern) 1854—1943 — „Altfranzösische Bibliothek", hrsg. v. W. Foerster — „Studien zur englischen Philologie", Bde. 1—96 — „Hermaea", Bde. 1—35 — „Bausteine zur Geschichte der neueren deutschen Literatur", Bde. 1—33 — „Deutsche Dialektgeographie" — „Koninklijke Akademie van Wetenschappen te Amsterdam: Verhandelingen" (die meisten Titel der Afd. Letterkunde von 1893—1946) — „Corpus Apologetarum Christianorum saec. sec. ed. J. Car. Eques de Otto" — „Familiengeschichtliche Bibliographie, 1897—1937" — „Brüder Grimm, Kinder- und Hausmärchen" mit den Illustrationen von Otto Ubbelohde in drei Bänden — Schiller/Lübben, „Mittelniederdeutsches Wörterbuch", 6 Bde.
Tges: Offset-Druckerei und Buchbinderei dem Betrieb angeschlossen.
Verlagsgebiete: 7 — 14 — 19 — 20.

Signet wird geführt seit: 1961.

Grafiker: Bernhard Borchert.

Safari-Verlag (Reinhard Jaspert), Berlin

D-1000 Berlin 33 (Wilmersdorf), Rüdesheimer Platz 3

Tel: (030) 8 21 20 76. **Psch:** Berlin-West 66 99-105 **Bank:** Berl. Bank 3571348800. **Gegr:** 1. 2. 1921. **Rechtsf:** Einzelfirma.
Inh/Ges: Reinhard Jaspert.
Verlagsleitung: Reinhard Jaspert □, geb. 16. 7. 1904 in Frankfurt (M), seit 1925 im Verlagsbuchhandel tätig, übernahm 1936 die Leitung des Verlages. Er gestaltete den Verlag um auf die Linie der reinen Volksbildung, die er systematisch zunächst in den Grundthemen, dann in den Spezialgebieten aufbaute, so daß heute jedes Thema der Allgemeinbildung in dem Gesamtprogramm enthalten sein dürfte. In seiner Tätig-

keit der Verbandsarbeit war er Vors. d. Berliner Verleger- u. Buchh. Vereinigung, Vorsteher des Börsenvereins, Vorsitzender d. Arbeitskreises f. Jugendschrifttum und Mitarbeiter oder Vors. zahlreicher Fachausschüsse, wie der der Dt. Forschungsgesellschaft.
Otto Braun, geb. 5. 1. 1922 in Frankfurt (M), seit 26 Jahren im Verlag, kennt alle Buchhändler und betreut Vertrieb und Werbung.
Marianne Jaspert, geb. 26. 1. 1909 in Frankfurt (M), führt die gesamte Auslandsarbeit, ist mit im Lektorat tätig und koordiniert die Finanzierungspläne aller Objekte.
Dieter Jaspert, geb. 21. 9. 1939 in Berlin, ist nach Ausbildung im wissenschaftlichen Verlag Walter de Gruyter und einigen Jahren Auslandstätigkeit in der Redaktion und Herstellung tätig, sorgt für gründliche Sachregister und bewirkt die gute Zusammenarbeit mit den 38 wissenschaftlichen Lektoren aller Disziplinen.

Geschichte, Hauptautoren und Hauptwerke (zusammengefaßt).
Der Safari-Verlag wurde am 1. 2. 1921 in Berlin gegründet. Sein Verlagsprogramm der ersten Jahre galt dem Kolonialschrifttum. Zu dieser Literatur kamen in den zwanziger Jahren Reisebücher, u. a. Artur Heye mit seinen großen Erfolgen.
In den 30er Jahren übernahm Reinhard Jaspert die Leitung. Er ließ die Kolonialliteratur auslaufen und gestaltete sie um zu Themen der Länder- und Völkerkunde. Die heute auf 54 Bände angewachsene Reihe „Die Welt von heute" begann mit Heinrich Hausers „Australien" dem Hans Helfritz, Ernst Herrmann, Werner Hopp, Zedtwitz, aber auch Humboldt, Schliemann, Fridtjof Nansen u. v. a. folgten.
Zugleich begann der Ausbau einer kunstgeschichtlichen Abteilung, die mit Müselers „Deutsche Kunst" begann, die ihren jetzt dreißigjährigen Erfolg mit ihrem 715 000. Exemplar feiert. Ihr folgten die allgemeinverständlichen, gut aufgemachten und preiswerten Kunstbände aller Epochen, unter ihnen Speisers „Kunst Ostasiens". Inzwischen hatte der Safari-Verlag die große „Geschichte der deutschen Kunst" (v. Lützow, W. Bode, B. Dohme, H. Janitschek u. a.) von der Grote'schen Verlagshandlung neben der rund 50bändigen Onckenschen Weltgeschichte als geschlossene Verlagsgruppe übernommen. Auf dieser Basis begann die heute auf 87 Bände angewachsene Reihe „Die Welt des Wissens", die mit der „Geographischen Völkerkunde" von Prof. Passarge begann und mit Prof. Fochler-Haukes „Politisches Bild der Erde" und Prof. Baumanns Völkerkunde ihre Höhepunkte erreichte.
In ihr erschienen das wohl fundierteste Buch über „Altmexikanische Kulturen" von Krickeberg, die wohl einzigartige „Kartographie" von Bagrow, aber vor allem die Werke aus den exakten Naturwissenschaften (A. F. Marfeld, Gustav Schenk, Bolle, Helmut Bastian, Bischoff, Heinen, Hausen u. a.), aus der Naturkunde (Strohmeyer, Mezger, Boerner, Bardorf, Roedelberger und nicht zuletzt die erfolgreichsten Ausgaben [1 Million Aufl.] von Brehm), aus Architektur und Städtebau (Ernst May, Scharoun, Kraemer, Hillebrecht, Hassenpflug, Elsässer, Niemeyer u. a.), aus Geschichte und Kultur (Ekschmitt, Jung, Leithäuser, Nalzmer), aus Geographie (Maull, Krüger, Loofs), aus Politik (Reischauer, Shabad, Sieche, Keppel-Jones). Schließlich erschienen die großen Monographien der Kunst, oft als erste in Farben: „Moderne Französische Maler" (Wilenski), „Drei Jahrtausende Weltmalerei" (Braunfels), „Die Großen Deutschen Maler" (G. F. Koch), „Chinesische Malerei" (Speiser) und die umfassende „Außereuropäische Malerei" (Kühnel, Moortgat, Ubbelohde-Doering, Härtel, H.-W. Müller, Speiser).
Die Entwicklung des Verlages gibt in seinen ersten 50 Jahren ein gutes Bild der entscheidenden Wandlung unseres Bildungsgutes von den Auffassungen nach dem Ersten Weltkrieg bis heute — ein weiterer, spannungsgeladener Bogen. Das große Programm hat aber auch mit seinen rund 1000, zur Zeit über 250 lieferbaren Titeln in der Systematik des Aufbaus den Grundsatz gehalten, alle Themen einer Allgemeinbildung in verständlicher Darstellung zu bringen. Die neue Richtung dient einer noch besseren sachlichen Unterrichtung, also dem mit immer noch gründlicher ausgerüstetem Wissensmaterial geschriebenen Sachbuch. Führende Wissenschaftler arbeiten an dieser exakten Grundlage mit.

Buchreihen: „Die Welt des Wissens" — „Die Welt von heute" — „Safari-Kunstreihe" — „Safari-Bücher der Weltlite-

ratur" — seit 1974 „Völkerkunde der Gegenwart".
Hz: „Aus der Welt des Wissens" (halbjährlich).
Verlagsgebiete: 6 — 8 — 12 — 14 — 15 — 18.

Verlag Otto Sagner
Abteilung der Firma Kubon & Sagner, Inhaber Otto Sagner

D-8000 München 34, Heßstraße 39/41, Postfach 68

Tel: (089) 52 20 27. **Psch:** München 132207. **Bank:** Bayer. Landesbank München 45 137 (BLZ 700 500 00); Bayer. Vereinsbank München 204 346 (BLZ 700 202 70). **Gegr:** 1947 in Furth i. Wald. **Rechtsf:** Einzelfirma.
Inh/Ges: Otto Sagner.
Verlagsleitung: Otto Sagner □, geb. 25. 1. 1920 in Wiesen, Kreis Braunau (Böhmen).
Redakteur der Reihe „Slavistische Beiträge": Dr. Peter Rehder.
Geschichte: Kubon & Sagner, Alleininhaber Otto Sagner, ist seit 1950 auf Literatur in slawischen Sprachen spezialisiert.
Firmengründung in Furth i. Wald, 1959 Übersiedlung nach München ins eigene Betriebsgebäude.
Die Verbundenheit mit den deutschen Slawisten führte 1959 zur Gründung einer eigenen Verlagsabteilung, dem Verlag Otto Sagner. Unter Alois Schmaus, dem inzwischen verstorbenen Ordinarius für slawische Philologie an der Universität München, als erstem Herausgeber, entstand die Buchreihe „Slavistische Beiträge". Sie wird nach dem Tode von Alois Schmaus von Prof. Johannes Holthusen weitergeführt.
Hauptautoren: Deutsche Slavisten.
Hauptwerke: Mahnken-Pollok, „Materialien zu einer slawistischen Bibliographie" (1945—1963) — Kaiser-Höcherl, „Materialien zu einer slawistischen Bibliographie" (1963—1973).
Buchreihe: „Slavistische Beiträge" (Ausgewählte Dissertationen aus dem Gebiet der Slavistik).
Verlagsgebiete: 7 — 1 — 14.

Sales, Franz Verlag

D-8833 Eichstätt, Rosental 1

Otto Salle Verlag

D-6000 Frankfurt (M) 1, Hochstraße 31

Tel: (06 11) 28 79 47-49. **Fs:** 07 255 684 knov d stgt. **Psch:** Frankfurt (M) 79 82. **Bank:** Deutsche Bank AG Frankfurt (M) 92/3003. **Gegr:** 18. 1. 1887 in Braunschweig. **Rechtsf:** OHG.
Inh/Ges: Dietrich Herbst und Helmut Herbst.
Verlagsleitung: Dietrich Herbst, geb. 18. 1. 1928; Helmut Herbst, geb. 5. 7. 1914; Werner Bautsch, geb. 25. 1. 1923; Ernst Joachim Neubert, geb. 7. 12. 1926.
Geschichte: siehe Verlag Moritz Diesterweg.
Hauptwerke: Schulbücher und Lehrmaterialien für alle Schularten, Fachliteratur. Schwerpunkt: Naturwissenschaften.
Verlagsgebiete: 10 — 11 — 18.

Salvator-Verlag GmbH

D-5371 Steinfeld

Salzburger Jugend-Verlag oHG

A-5010 Salzburg, Postfach 48, Sigm.-Haffner-Gasse 12

Salzburger Kulturvereinigung

A-5010 Salzburg, Waagplatz 1a, Trakl-Haus, Postfach 42

Tel: (0 62 22) 85 3 46. **Bank:** Salzburger Sparkasse 1222. **Gegr:** 1947 in Salzburg. **Rechtsf:** Verein.
Verlagsleitung: Hofrat Dr. Matthias Partick.
Hauptwerke: Lehrbehelfe, hrsg. von Prof. Dr. Matthias Partick: „Lernhefte der Maturaschule Salzburg" — „Deutsch für die Oberstufe", 3 Teile.
Verlagsgebiet: 11.

Signet wird geführt seit: 1958.

Grafiker: A. W. Sauter.

Eugen Salzer-Verlag

D-7100 Heilbronn 1, Titotstraße 5, Postfach 3048

Tel: (0 71 31) 6 82 94. **Psch:** Stuttgart 4407-704. **Bank:** Kreissparkasse Heilbronn Girokonto 433; Handels- u. Gewerbebank AG Heilbronn 01 708. **Gegr:** 1. 10. 1891 in Heilbronn. **Rechtsf:** KG. **Inh/Ges:** Hartmut Salzer, pers. haft. Gesellschafter.
Verlagsleitung: Hartmut Salzer, geb. 3. 6. 1916 in Heilbronn.
Lektorat: Dr. Elsbeth Hinrichs.
Werbung: Brigitte Massa.
Auslieferung: Johannes Glage.
Geschichte: 1891 gründete Eugen Salzer seinen Verlag unter dem Leitspruch „Für Zeit und Ewigkeit" mit dem Sämann im Signet. Von Friedrich Naumann geistig befruchtet, sammelte er Autoren von Rang um sich, die das Gesicht des jungen Verlages mitprägten: Gertrud Bäumer, Adolf v. Harnack, Heinrich Lhotzky — aus dem schwäbisch-alemannischen Raum: August Lämmle, Hermann Oeser, Anna Schieber, Hermann Hesse, Theodor Heuss u. a. Es ging ihm darum, neben Büchern der Besinnung erzählende Werke zu bringen, die über den Tag hinaus Bestand haben. Schon 1913 erschien der erste Band von „Salzers Taschenbücher". Als Monika Hunnius 1923 durch ihren Neffen Hermann Hesse in Eugen Salzer ihren Verleger fand, war eine Verbindung geschaffen, die ein weites Feld erschloß: die baltische Literatur wurde in die Produktion aufgenommen mit Autoren wie Traugott Hahn, Helene Hoerschelmann, Mia Munier-Wroblewski, hernach Else Hueck-Dehio und Siegfried v. Vegesack. Später fanden Bücher aus dem ostdeutschen Raum Eingang. Auch Standardwerke wie Pfäfflins moderne Übersetzung des Neuen Testaments und Sulzer, „Christ erscheint am Kongo" zeigen, daß der Verlag durch die Jahrzehnte seine Richtung bewahrt hat. Dabei bemüht er sich besonders um zeitgeschichtliche Themen und um Fragen der Gegenwart. Nach den bedeutenden Erfolgen mit „Salzers Volksbücher" wurde 1971 mit einer neuen Reihe begonnen, „Salzers Großdruck-Bibliothek", die sich gut eingeführt hat. Seit 1928 stand Fritz Salzer, der älteste Sohn, seinem Vater zur Seite und führte nach dessen Tod im Jahr 1938 den Verlag weiter. Fritz Salzer fiel 1943 in Afrika. 1950 übernahm sein jüngster Bruder, Hartmut Salzer, die Leitung.
Hauptautoren: Waldemar Augustiny, Edith Biewend, Christel Ehlert, Lise Gast, Else Hueck-Dehio, Arthur Ignatius, Ingeborg Jaques-Buddenböhmer, Hans Lipinsky-Gottersdorf, Werner May, Jo Mihaly, Lotte Paepcke, Gertrud Papendick, Rose Planner-Petelin, Annemarie v. Puttkamer, Eva Rechlin, Hans Tesch, Siegfried v. Vegesack, Hellmut Walters, Joseph Wittig.
Buchreihen: „Salzers Volksbücher" — „Salzers Großdruck-Bibliothek".
Verlagsgebiete: 8 — 9 — 2a.

Sanitas Verlag M. Th. Kathol.

D-8939 Bad Wörishofen, Postfach 129, Heuweg 31

St. Benno-Verlag GmbH

DDR-7033 Leipzig, Thüringer Str. 1/3

St. Gabriel-Verlag

A-2340 Mödling

St. Hermagoras Bruderschaft

A-9020 Klagenfurt, Viktringer Ring 26

St.-Johannis-Druckerei C. Schweickhardt

D-7630 Lahr 12, Postfach 5

St. Josefs-Verlag

D-8700 Würzburg, Röntgenring 3, Zweigniederlassung: D-8861 Reimlingen üb. Nördlingen

St. Lubentius Verlag

D-6250 Limburg/Lahn, Postfach 180, Diezer Straße 17—19

St. Martins-Verlag

A-7000 Eisenstadt, St. Rochusstraße 21

Signet wird geführt seit: 1957.

Grafiker: Sepp Reindl.

Sankt Michaelsbund Diözesanverband München und Freising e. V.

D-8000 München 2, Herzog-Wilhelm-Straße 5
D-8000 München 33, Postfach 247

Tel: (089) 26 30 37. **Psch:** München 1286-800. **Bank:** Hypo-Bank München 87/7722 (BLZ 700 200 08). **Gegr:** 21. 3. 1910 in München als „Katholischer Preßverein für Bayern, Ortsverein München e. V.". **Rechtsf:** e. V.
Inh/Ges: Vorstandschaft: Prälat Simon Irschl, Ehrenvorsitzender; Msgr. Bernhard Egger, 1. Vorsitzender; Dr. Wilhelm Sandfuchs, 2. Vorsitzender; Msgr. Hans Schachtner, Geschäftsführender Direktor.
Verlagsleitung: Geschäftsführender Direktor: Msgr. Hans Schachtner, geb. 17. 2. 1930 in München.
Kaufmännischer Direktor: Alfons Marb, geb. 23. 4. 1926 in Vilshofen.
Redaktion „Münchener Katholische Kirchenzeitung": Hans-Georg Becker, Chefredakteur, geb. 23. 11. 1941 in Mühldorf am Inn; Richard Pinzl, Chef vom Dienst; Gustl Tögel, Bildredakteur; Ulrike Büechl und Karl Wagner, Redakteure; August Weiß, Vertriebsleiter; Peter M. Gräsler, Werbeleiter.
Redaktion „das neue buch/buchprofile": Dipl.-Bibl. Irmgard Rothweiler, geb. 15. 12. 1924 in Ulm
Büchereizentrale: Curt Vinz, geb. 12. 12 1908 in Lauenstein.
Geschichte: Gründung als „Katholischer Preßverein für Bayern" im Jahr 1901 durch Prälat Georg Triller, Eichstätt. Gründung des „Ortsvereins München e. V." am 21. März 1910. Nach widerrechtlicher Auflösung durch das nationalsozialistische Regime im Jahr 1934 Umbenennung in „Sankt Michaelsbund zur Pflege des katholischen Schrifttums in Bayern". Vom einstigen Gesamtbesitzstand des Preßvereins — 10 Druckereien und 15 Provinzzeitungen sowie Beteiligungen an weiteren 24 Tages- bzw. Wochenzeitungen — verblieb dem Sankt Michaelsbund neben seiner Büchereiarbeit nur mehr die „Münchener Katholische Kirchenzeitung" im Ortsverein München. Doch auch diese Zeitung wurde 1940 verboten, nachdem ihr zwei Jahre zuvor durch Kardinal Faulhaber noch die Qualifikation als kirchenoffizielles Bistumsblatt zuerkannt worden war. Nach Kriegsende Neuherausgabe der MKKZ für das Erzbistum München und Freising sowie im Zuge der Reorganisation und Erweiterung der Büchereiarbeit Auf- und Ausbau einer eigenen „Büchereizentrale" für Buchberatung, Buchbeschaffung und Buchbearbeitung in München. 1973 Umbenennung des bisherigen Ortsvereins München in „Diözesanverband München und Freising".
Zeitschriften: „Münchener Katholische Kirchenzeitung", Bistumsblatt für die Erzdiözese München und Freising (wtl.) — „das neue buch/buchprofile", Rezensionsorgan für die kath. Büchereiarbeit (zweimtl.).
Hz: „Mitteilungsblatt für die kath. öffentl. Büchereien des St. Michaelsbundes", internes Verbandsorgan (vtljl.).
Verlagsgebiete: 29 — 1 — 2b — 28.

Signet wird geführt seit: —

Grafiker: —

St. Otto-Verlag GmbH

D-8600 Bamberg, Lange Straße 22/24, Abholfach

Tel: (09 51) 2 52 52. **Fs:** 06 62 860 bmbg otvl. **Psch:** Nürnberg 7625-850. **Bank:** Deutsche Bank Bamberg 80/11827; Bayer. Vereinsbank Bamberg 3730972; Stadtsparkasse Bamberg 19653; Hypobank Bamberg 141976. **Gegr:** 17. 11. 1922 in Bamberg. **Rechtsf:** GmbH. **Ges:** 40 Gesellschafter.
Verlagsleitung: Arno Reißenweber, Geschäftsführer, geb. 25. 11. 1904; Helmut Treml, stellvertr. Geschäftsführer; Michael Thomann, Karl Krüger, Prokuristen.

Geschichte: 1922 gegründet, Zeitungs- und Buchverlag, Buch-, Rotations- und Offsetdruck und Sortimentsbuchhandlung (Görres-Buchhandlung). 1937 durch NS-Staat enteignet, Wiederbegründung 1947. Verlag der Diözesan- und Sonntagszeitung „St. Heinrichsblatt".
Hauptautoren: Oberstudienrat Dr. Georg Beck, Pater Gangolf Diener OFM, Dethard v. Winterfeld, D. Dr. Sigm. Frhr. v. Pölnitz, Dr. Anton Sterzl.
Hauptwerke: Religionsbücher, Diözesanschrifttum, Religiöse Kleinschriften, Bildbände.
Zeitschrift: „St. Heinrichsblatt", Bistumsblatt f. d. Erzdiözese Bamberg (wtl.).
Tges: Franz Gürtler's Buchdruckerei GmbH, D-8550 Forchheim, Hornschuchallee 6—8.
Verlagsgebiete: 2 — 11 — 15 — 24 — 29.

Signet wird geführt seit: 1971.

Grafiker: Klaus Walenta.

Verlag St. Peter

A-5010 Salzburg, St.-Peter-Bezirk, Stiege 1, Postfach 113

Tel: (0 62 22) 42 1 66. **Psch:** Wien 1922.716; München 120046-803. **Bank:** Salzburger Sparkasse Salzburg 2501-5. **Gegr:** 10. 8. 1946 in Salzburg. **Rechtsf:** Einzelfirma.
Inh/Ges: Erzabt Franz Bachler, Salzburg; Prior Pater Beda Winkler, Salzburg.
Einzelprokurist: Pater Wolfgang Schmidhuber, Salzburg.
Konzessionsinhaber: DDr. P. Friedrich Hermann, Salzburg.
Verlagsleitung: Verlagsleiter: Reinhard M. Rinnerthaler □, geb. 16. 4. 1949 in Salzburg, wohnhaft in Hof bei Salzburg. Seit August 1972 mit der Verlagsleitung betraut.
Geschichte: Gründung des Verlages „Rupertuswerk" am 10. 8. 1946 durch Pater Adalbero Raffelsberger. 1950 erschien der erste Kirchenführer der Reihe „Christliche Kunststätten Österreichs"; diese Reihe umfaßt bis heute über 100 Hefte. Im Jahre 1963 erschien der erste Band der Reihe „Österreichische Kunstmonographie" von Franz Eppel. 1963 auch Umbenennung „Rupertuswerk" in „Verlag St. Peter".
Hauptautoren/Hauptwerke: Franz Eppel, „Das Waldviertel", „Die Wachau", „Die Eisenwurzen" (Österreichische Kunstmonographie) — Alfred Schmeller, „Das Burgenland" (Österreichische Kunstmonographie) — Benno Ulm, „Das Mühlviertel" (Österreichische Kunstmonographie) — Erich Egg, „Das Tiroler Unterland" (Österreichische Kunstmonographie) — Meinrad Pizzinini, „Das Osttirol" (Österreichische Kunstmonographie) — Hugo Rokyta, „Die böhmischen Länder" — Franz Hubmann, „Die gute alte Zeit" — Nora Watteck, „Einsiedler im Salzburgischen" — Reinhard M. Rinnerthaler, „Fotoführer Salzburg" — Ferdinand Grell, „Der Salzbischof".
Buchreihe: „Österreichische Kunstmonographie" (Kunstführer durch österreichische Regionen).
Btlg: Mitgliedsverlag der „Verlegergemeinschaft für die Herausgabe Liturgischer Bücher".
Verlagsgebiete: 12 — 14 — 2b.

Sanssouci-Verlag siehe Arche, Die

Sappl, Paul
A-6332 Kufstein, Eichelwang 406

Sator, Ewald
A-1070 Wien VII, Schottenfeldgasse 80

Signet wird geführt seit: 1971.

Grafiker: Manfred Mrotzek.

I. H. Sauer-Verlag GmbH

D-6900 Heidelberg 1, Häusserstraße 14, Postfach 105 960

Tel: (0 62 21) 2 56 61. **Fs:** 4-61665 rewih. **Psch:** Karlsruhe 486 95. **Bank:** Deutsche Bank Heidelberg 04/04442. **Gegr:** 21. 9. 1964 in Heidelberg. **Rechtsf:** GmbH.
Inh/Ges: Heidelberger Fachbücherei GmbH, Heidelberg (= Tochtergesellschaft der Verlagsgesellschaft Recht und Wirtschaft mbH, Heidelberg).

Verlagsleitung: Geschäftsführung: Angelika Sauer.
Verlagsleitung: Michael Giesecke.
Geschichte: Das Programm des Verlages umfaßt in erster Linie praxisnahe Fachbücher, die den Führungskräften in Wirtschaft und Verwaltung als Informationsquelle dienen. Sie sind in gleicher Weise für das Selbststudium und als Lehrbücher im Bereich der Fachhochschulen und Fortbildungsseminare geeignet.
Schwerpunkte der Produktion sind Unternehmensführung, Organisation, Marketing, Verkauf, Personalwesen, Ausbildung, Psychologie und Rhetorik.
Hauptautoren: Dipl.-Psych. Ernst Korff, Dr. Ernst Zander, Harald Raschke.
Buchreihen: „Heidelberger Fachbücher" — „Taschenbücher für die Wirtschaft" — „Schriftenreihe moderne Berufsausbildung".
Verlagsgebiete: 3 — 5 — 21 — 10 — 16 — 20 — 26 — Spez.Geb: 3 Betriebspsychologie, Personalwesen — 5 Unternehmensführung, Organisation — 10 Berufsausbildung.

Sauer, Johann
A-5020 Salzburg, General-Keyes-Str. 5

Signet wird geführt seit: 1950.

Grafiker:
Herbert Leupin, Basel.

Sauerländer AG
CH-5001 Aarau, Laurenzenvorstadt 89, Postfach 570

Tel: (064) 22 12 64. **Telex:** 68 736 sag ch. **Psch:** 50-308. **Bank:** Schweizerische Bankgesellsch.; Schweizerische Kreditanstalt; Aargauische Kantonalbank; Allgemeine Aargauische Ersparniskasse — alle in Aarau. **Gegr.:** 1807. **Rechtsf:** AG. **Inh/Ges:** Hans Sauerländer; Heinz Sauerländer.
Verlagsleitung: Hans Christof Sauerländer, geb. 30. 1. 1943; Hans Sauerländer ◻, geb. 14. 3. 1909. Lektorat: Willy Brüschweiler, geb. 28. 11.1925; Rolf Inhauser, geb. 26. 5. 1939; Albert Kupper, geb. 23. 8. 1917.

Geschichte: Heinrich Remigius Sauerländer, einer Erfurter und später Frankfurter Drucker- und Verlegerfamilie entstammend, am 13. 12. 1776 geboren, errichtete am 1. 8. 1807 in Aarau seinen eigenen Betrieb, der rasch Bedeutung erlangte und heute in der sechsten Generation im Familienbesitz betrieben wird.
Hauptautoren-Jugendbuch: Věra Adlová, E. M. Almedingen, Cecil Bodker, Vera und Bill Cleaver, Walter Grieder, Elizabeth Goudge, Kurt Held, Russell Hoban, Friedl Hofbauer, Felix Hoffmann, Edith Klatt, Josef Lada, Rusia Lampel, Anita Lobel, Else H. Minarik, Isaac B. Singer, Lisa Aetzner.
Buchreihen: „Quellenwerk zur Entstehung der Schweizerischen Eidgenossenschaft" — „Aargauer Urkunden" — „Veröffentlichungen der Schweizerischen Gesellschaft für Geschichte der Medizin und der Naturwissenschaften" — „Sammlung schweizerischer Rechtsquellen" — „Grundlagen der chemischen Technik" — „bt-Jugendtaschenbücher" — „Fachlehrmittel".
Zeitschriften: „Chimia", Hrsg. Schweiz. Chemiker Verband (mtl.) — „Gesnerus", Vierteljahrsschrift zur Geschichte der Medizin und der Naturwissenschaften — „Gymnasium Helveticum", Hrsg. Verein Schweiz. Gymnasiallehrer (vtljl.) — „Der Schweizer Förster", Organ d. Verbandes Schweiz. Förster (mtl.) — „Schweizerische Bienen-Zeitung", Organ des Vereins Deutsch-schweizerischer Bienenfreunde (mtl.) — „Der Gewerbeschüler", Lesehefte mit Beilagen für Rechnen, Geschäftskunde, Deutsch, Berufskunde, Staats- und Wirtschaftskunde für Berufsschulen — „Cockpit", Luftfahrtzeitschrift für die Jugend (mtl.) — „Schweizerische Blätter für Gewerbeunterricht", Organ des Schweizerischen Verbandes für Gewerbeunterricht (mtl.) — „Dialog", Hrsg. Zentralverband Schweizer Volksbühnen und Gesellschaft für das schweizerische Volkstheater (mtl.) — „Der Strafvollzug in der Schweiz", Hrsg. Schweizerischer Verein für Straf-, Gefängniswesen und Schutzaufsicht (vtljl.).
Verlagsgebiete: 9 — 11 — 14 — 26 — 10 — 18 — 20 — 22 — 24.
Zwst: H. R. Sauerländer & Co., D-6000 Frankfurt (M), Finkenhofstraße 21.

Signet wird geführt seit: 1963.

Grafiker: C. F. Hagemann.

Sauerland-Verlag e. Gen.

D-5860 Iserlohn, Hagener Straße 1—3, Postfach 21

Tel: (0 23 71) 2 33 29. **Psch:** Dortmund 1222-460. **Bank:** Sparkasse Iserlohn 1818; Volksbank Iserlohn 75815. **Gegr:** 25. 2. 1920 in Iserlohn. **Rechtsf:** eingetragene Genossenschaft.
Inh/Ges: Genossenschaft.
Verlagsleitung: C. F. Hagemann, geb. 21. 9. 1923 in Torgau, buchhändlerische und technische Ausbildung in Salzgitter und Braunschweig, seit 1957 Geschäftsführer des Sauerland-Verlages.
Geschichte: Am 25. 2. 1920 gründeten mehrere Kaufleute, Beamte und Angehörige freier Berufe den Sauerland-Verlag als e. Gen. mit dem Ziel, Schrifttum und Karten über das Sauerland und seine angrenzenden Gebiete zu verbreiten. Zu den ersten Verlagswerken gehörte der heute in der 32. Auflage vorliegende Kneebusch, „Führer durch das Sauerland", und ein Kartenwerk im Maßstab 1 : 50 000. 1927 erschien u. a. eine Gedächtnisausgabe des sauerländischen Dichters Friedrich Wilhelm Grimme.
Nach dem Zweiten Weltkrieg brachte der Verlag neben Reise- und Wanderführern und Karten vor allem Bildbände über Landschaft, Kunst, Kultur und Wirtschaft, ferner Kalender sowie heimatkundliches Schrifttum heraus.
Hauptautoren: Friedrich Wilhelm Grimme, Christine Koch, Karl Kneebusch, Maria Kahle, Josef Bergenthal, Heinrich Luhmann, Heinrich Kleibauer, Ludwig Maasjost, Ernst Schlensker.
Hauptwerke: Bildbände von Landschaften und Städten — Bildbände mit Reiseführer und Anregungen zum Parken und Wandern in bekannten deutschen Ausflugs- und Erholungsgebieten — „Parken und wandern", eine Taschenbuchreihe, die in Wort, Bild und Karte interessante Erholungs- und Wanderlandschaften zeigt — Antologien von Grimme, Koch u. a. — Bildabreißkalender.
Verlagsgebiete: 15 — 16 — 24 — 26 — 8.

Scandecor Verlags GmbH

D-6070 Langen, Postfach 1650, Westendstraße 12a

Schacht Verlag Fritz Wortelmann GmbH

D-4630 Bochum, Postfach 2767, Bergstraße 115

Signet wird geführt seit: 1969.

Grafiker: G. Schäfer.

Karl A. Schäfer
Buch- und Offsetdruckerei
Goldstadtverlag

D-7530 Pforzheim, Finkensteinstraße 6, Postfach 1670

Tel: (0 72 31) 4 20 95. **Psch:** Karlsruhe 386 14-751. **Bank:** Deutsche Bank 01/06252; Volksbank Pforzheim 14 1022-4; Stadt- und Kreissparkasse — alle in Pforzheim. **Gegr:** Januar 1949.
Inh: Günter Schäfer.
Verlagsleitung: Günter Schäfer, Schriftsetzermeister, Hersteller.
Geschichte: Der seit 1949 bestehenden Buch-, Kunst- und Offsetdruckerei wurde im Jahre 1956 der „Goldstadtverlag" angeschlossen.
Hauptwerke: „Goldstadt-Reiseführer" (bisher 64 Bde.).
Verlagsgebiet: 16.

Signet wird geführt seit: 1935.

Grafiker: Ernst Grünewald, Bremen.

Verlag Moritz Schäfer

D-4930 Detmold 1, Paulinenstraße 43, Postfach 450

Tel: (0 52 31) 2 46 37. **Fs:** 9 35 803. **Psch:** Hannover 1644 46-300; Zürich 80-471 91; Wien 1096.013. **Bank:** Deutsche Bank Detmold 437/1076. **Gegr:** 1844 in Leipzig. **Rechtsf:** KG.

Ges: Hans Kunis, pers. haft. Ges.
Verlagsleitung: Jochen Kunis, geb. 26. 5. 1928, in der Firma tätig seit 1. 7. 1950; Kurt Klaus Kunis, geb. 13. 10. 1941, in der Firma tätig seit 1. 12. 1962.
Geschichte: Die 1844 durch Ernst Schäfer gegründete Firma baute auf eine bereits 1794 in Leipzig entstandene Firma auf. Ernst Schäfer ging 1848 nach den USA und gründete dort die Zweigfirma Schäfer & Coradi. Die Leipziger Firma Ernst Schäfer wurde 1864 auf den jetzigen Verlagsnamen Moritz Schäfer geändert. Sitzverlegung von Leipzig nach Detmold erfolgte 1950.
Hauptwerke: „Brot in unserer Zeit", hrsg. von Dr. W. Schäfer in Zusammenarbeit mit 40 Wissenschaftlern — „Standard-Methoden für Getreide, Mehl und Brot", hrsg. v. d. Arbeitsgemeinschaft Getreideforschung — Prof. Dr. M. Rohrlich, „Kleberforschung" — Dr. W. Schäfer/Altroge L., „Wissenschaft und Praxis der Getreidekonditionierung" — Dr. A. Schulerud, „Das Roggenmehl" — Gew. Stud.-Rat Gerecke, „Vademecum - Technische Werte der Getreideverarbeitung und Futtermitteltechnik" — K. Fischer, „Die Reismüllerei" — Dr. O. Eckardt, „Getreidekunde".
Buchreihen: „Fortschritte der Getreideforschung" — „Bibliothek des Müllers".
Zeitschriften: Wochenschrift „Die Mühle +Mischfuttertechnik" (wtl.) — „das wassertriebwerk" (mtl.) — „Mühlen u. Mischfutter-Jahrbuch" (jl.) — „Getreide-Jahrbuch" (jl.).
Verlagsgebiete: 20 — 22.

Schaeffers, Peter Musikverlag
D-1000 Berlin 19, Reichsstraße 4/I

Schäuble Verlag
D-6840 Lampertheim, Postfach 175

Schaffmann & Kluge, Landkartenverlag
D-1000 Berlin 30, Lützowstraße 105—106

Schaffstein, Hermann, Verlag
D-4600 Dortmund 1, Deggingstraße 93

Schaper, M. u. H.
D-3000 Hannover 26, Postfach 260 669, Grazer Straße 20

Scharioth'sche Buchhandlung
D-4300 Essen 1, Huyssenallee 58—64

Scharl, Franz
D-8000 München 5, Rumfordstraße 19

Signet wird geführt seit: 1952.

Grafiker: Verlag.

F. K. Schattauer Verlagsgesellschaft mbH

D-7000 Stuttgart 1, Lenzhalde 3, Postfach 2945

Tel: (07 11) 62 27 43. **Fs:** 721 886. **Psch:** Stuttgart 3220-708. **Bank:** Deutsche Bank Stuttgart 14/41559; Stuttgarter Bank 46 550; Simonbank Düsseldorf 486870. **Gegr:** November 1949. **Rechtsf:** GmbH.
Ges: Elfriede Schattauer, Prof. Dr. med. Paul Matis, Philipp Reeg.
Verlagsleitung: Prof. Dr. med. Paul Matis, geb. 18. 5. 1920 in Mährisch-Schönberg; Philipp Reeg, geb. 22. 8. 1911 in Darmstadt.
Geschichte: Der Verlag wurde als medizinisch-naturwissenschaftlicher Verlag von Friedrich-Karl Schattauer (geb. 7. 8. 1892 in Tilsit, gest. 12. 4. 1967) gegründet.
Hauptwerke: Bis Anfang 1974 400 Titel aus den Gebieten der Medizin und Naturwissenschaften. Lehrbücher, Farbatlanten, Symposionsberichte, Taschenbücher, Monographien. Spezialität: Coeditionen von Farbatlanten vorwiegend in englisch, französisch, italienisch, japanisch, spanisch. (Ausschließlich aus den Gebieten Medizin und Naturwissenschaften.)
Buchreihen: Supplemente zu den Zeitschriften „Thrombosis et Diathesis haemorrhagica" — „Nuclear-Medizin" — „Methods of Information in Medicine" — „Biomineralisation" — „Altern und Entwicklung" (beide in Gemeinschaft mit der Akademie der Wissenschaften und der Literatur Mainz).
Zeitschriften: „Die Medizinische Welt" — „Thrombosis et Diathesis haemorrhagica" — „Nuclear-Medizin" — „Zeitschrift für angewandte Bäder- und Klimaheilkunde" — „Methods of Information in Medicine" — „Phlebologie und Proktologie".

Hz: Verlagskatalog, sowie Schattauer Nova-med (6x jl.).
Tges: Uni-Taschenbücher GmbH, Stuttgart.
Btlg: med select-Gruppe (Gemeinschaftswerbung mit 8 medizinischen Verlagen für englischsprachige Literatur).
Verlagsgebiete: 17 — 18 — 28.

Schaubek-Verlag, VEB
DDR-7050 Leipzig, Oststraße 24/26

Schauenburg, Moritz, Verlag
D-7630 Lahr/Schwarzw., Postfach 2120, Schillerstraße 13

Schaumburg, Friedrich
D-2160 Stade, Postfach 1949, Große Schmiedestraße 27

Scheffler, Heinrich siehe Societäts-Verlag

Scheibl, Friedrich, Bukum Verlag
A-1093 Wien IX, Pulverturmgasse 7

Dr. Anna Schendl GmbH & Co. KG., Buch- und Zeitschriftenverlag, Buchhandlung und Antiquariat, Werbemittlung

A-1041 Wien, Karlsgasse 15
Postfach 29

Tel: (02 22) 65 55 93-96. **Psch:** Wien 173 7042. **Bank:** Erste Österr. Spar-Casse 00220116; Wiener Genossenschaftsbank 3233. **Gegr:** 1964 in Wien. **Rechtsf:** Ges. m.b.H. & Co. KG.
Inh/Ges: Geschäftsführende Gesellschafter: Dr. A. Schendl, geb. 8. 8. 1929 in Ebensee (OÖ.), Matura, Promotion zum Dr. phil. (Germanistik, Anglistik) an der Universität Wien, verehelicht mit Franz Ögg.
Franz Ögg, geb. 12. 11. 1933 in Kufstein, Matura, Buchhändler, Germanistikstudium an der Universität Wien.
Verlagsleitung: Finanzen, Anzeigenleitung, Buchhaltung, Personal: Dr. Anna Schendl.
Verlag, Buchhandlung, Antiquariat, Werbung, Agentur: Franz Ögg.
Geschichte: Gründungsjahr 1964. Erstes Werk eine Weihnachtserzählung von Felix Braun. In der Folge einige belletristische Bände. Übergang zu wissenschaftlicher Produktion mit volkskundlich-germanistischer Tendenz. 1965 Gründung der Zeitschrift „austropack", Zeitschrift für alle Gebiete des Verpackungswesens, für Transport und Verkehr. Umwandlung in eine GmbH & Co. KG: 1. 1. 1973.
Hauptautoren: Felix Braun, Prof. Walter Deutsch, Univ.-Prof. Dr. Hedwig Heger, Univ.-Prof. Dr. Eberhard Kranzmayer, Univ.-Prof. Dr. Richard Wolfram, Dr. Elisabeth Langer, Univ.-Prof. Dr. Annemarie Schweeger-Hefel, Harry Kühnel, Dr. Franz Madl.
Buchreihen: „Schriftenreihe zur Volksmusik" — „Veröffentlichungen des Instituts für Volkskunde an der Universität Wien" — „Abhandlungen zur Humangeographie" — Schriftenreihe „Pro Austria" — Schriftenreihe „Kommunalpolitik".
Zeitschriften: „austropack", Zeitschrift für Verpackung, Transport und Verkehr — „Ästhetik", Zeitschrift für Moderne Körperpflege in Österreich — „austria tennis", Offizielles Organ des ÖTV und seiner Landesverbände.
Verlagsgebiete: 3 — 6 — 7 — 12 — 13 — 14 — 15 — 28.

Scherpe Verlag
D-4150 Krefeld, Postfach 2630, Glockenspitz 140

Scherz Verlag
CH-3011 Bern, Marktgasse 25

Signet wird geführt seit: 1957.

Grafiker: —

Scherz Verlag GmbH
D-8000 München 19, Stievestraße 9
Tel: (089) 17 22 37/38. **Psch:** München 2033 71. **Bank:** Bayerische Vereinsbank München 971 580 **Gegr:** 22. 7. 1957. **Rechtsf:** GmbH.
Inh/Ges: Scherz Verlag AG Bern.
Verlagsleitung: Rudolf Streit-Scherz,

Geschäftsführer; Hermann Meyer, Prokurist, Verkaufsleiter.
Geschichte: Der Verlag wurde 1939 in Bern von Alfred Scherz gegründet. Von 1950 bis 1957 neben Berner Verlag in Stuttgart: Scherz und Goverts Verlag. Nach dem Tode von Alfred Scherz 1957 übernimmt Rudolf Streit-Scherz die Leitung der Firma. 1957 Trennung von Goverts und Gründung einer eigenen Scherz Verlag GmbH in Stuttgart, seit 1964 in München. Seit 1962 Mitglied der Gemeinschaft „dms — das moderne Sachbuch". 1968 Umgliederung der Firma zur Verlagsgruppe mit den Programmen: Scherz (Kultur- und Zeitgeschichte, Belletristik und Sachbuch), Phoenix (Unterhaltungsromane und praktische Ratgeber), Spectrum (Taschenbücher) und Rütten + Loening GmbH (Belletristik und Sachbücher). Seit 1973 hat der Scherz Verlag den Otto Wilhelm Barth Verlag übernommen und führt ihn im Rahmen seiner Verlagsarbeit unter seinem Namen weiter.
Hauptautoren: Karl Dietrich Bracher, Louis Bromfield, Pearl S. Buck, Gilbert Cesbron, Winston S. Churchill, A. J. Cronin, Ian Fleming, Sebastian Haffner, Friedrich Heer, Robert Jungk, Robert Kennedy, Arthur Koestler, Salvador de Madariaga, Golo Mann, Vladimir Maximow, George Mikes, Gerhart Herrmann Mostar, Joseph Novak, Harry Pross, Thomas Regau, Harold Robbins, Alexander Solschenyzin, Upton Sinclair, Fritz Stern, Lorenz Stucki, Jacqueline Susann, Alvin Toffler, Gerhard Zwerenz.
Buchreihen: „Facsimile-Querschnitte" — „Scherz-Krimi" — „Kleine Bettlektüren für Sternzeichen" — „Paraspektiven".
Verlagsgebiete: 6 — 8 — 14 — 15 — 26 — 9.

Fachverlag Schiele & Schön GmbH
D-1000 Berlin 61, Markgrafenstraße 11

Schiffahrts-Verlag „Hansa"
D-2000 Hamburg 11, Postfach 110 329, Stubbenhuk 10

Schiffer, Michael
D-4134 Rheinberg, Postfach 1407, Holzmarkt 12

Schikowski, Richard
D-1000 Berlin 30, Motzstraße 30

Schiller & Co. KG, Dr. Johannes
D-4640 Wattenscheid, Postfach 107, Hermannstraße 34

Joachim Schilling Verlag

D-8035 München-Gauting, Pippinstraße 11/11a

Tel: (089) 8 50 35 20. **Psch:** München 1672 12. **Bank:** Bayer. Hypobank Gauting. **Gegr:** 22. 10. 1952 in Bielefeld.
Rechtsf: Einzelfirma.
Inh: Hans Joachim Schilling, geb. 2. 7. 1928 in Duisburg.
Verlagsleitung: Bernd D. Waller, geb. 11. 5. 1941.
Geschichte: Der Verlag wurde 1952 in Bielefeld gegründet, 1954 nach Düsseldorf und 1968 nach Gauting vor München verlegt. Dort erfolgte schrittweise die Umwandlung des ursprünglichen Verlages für Bürotechnik und Betriebsorganisation zur heutigen Produktion: Kulturgeschichte, Tier und Natur, insbes. Pferdesport und Pferdezucht. Im Mittelpunkt: Zeitschrift „Sankt Georg", 75. Jahrgang, die Ende 1970 übernommen und mit der „Equipe" (seit 1968) verschmolzen wurde.
Hauptautoren: Ernst Wilhelm Eschmann, Hans Freyer, Ulrich Kaiser, J. v. Killisch-Horn, H. J. Köhler, Dieter Ludwig, Egon v. Neindorff, Johannes Chr. Papalekas, Werner Picht, M. Rassem, H. v. Trotha.
Zeitschriften: „Sankt Georg", Hippologisches Journal und Fachmagazin für Pferdesport und Pferdezucht — „Reiten und Fahren", Offizielles Magazin des Deutschen Reiter- und Fahrerverbandes e. V.
Verlagsgebiete: 6 — 20 — 5 — 14 — 21 — 28 — **Spez.Geb:** 23 Hippologie.

Schilling Verlag für Informationstechnik GmbH
D-2000 Hamburg 76, Hartwicusstraße 5

Schlaefli, Otto, Verlag
CH-3800 Interlaken, Bahnhofstraße 15

Schlapp, H. L., Verlag
D-6100 Darmstadt, Postfach 1160, Schulstraße 5

Schlesische Evangelische Zentralstelle
D-4000 Düsseldorf 1, Schulstraße 1

Schloendorn Verlags-KG
D-8000 München 40, Georgenstraße 27

Schlösser, Manfred siehe Agora

Schlüsselverlag Moser & Co.
A-6021 Innsbruck, Erlerstraße 5—7

schlütersche
Verlagsanstalt und Druckerei

Signet wird geführt seit: —
Grafiker: —

Schlütersche Verlagsanstalt und Druckerei

D-3000 Hannover, Georgswall 4, Postfach 5440

Tel: (05 11) 32 71 21-24 und 32 72 21-24. **Psch:** Hannover 101-206. **Bank:** Landeszentralbank Hannover 350 08136; Dresdner Bank Hannover 111 1188; Volksbank Hannover 136 999. **Gegr:** 3. 5. 1749 in Hannover. **Rechtsf:** KG.
Ges: Schlütersche Verwaltungsgesellschaft mbH, pers. haft. Gesellschafter.
Verlagsleitung: Horst Dreßel, geschäftsführender Gesellschafter.
Finanz- und Rechnungswesen: Hildegard Wolter (Einzelprokura), im Verlag tätige Gesellschafterin.
Verlagsbereich Zeitschriften: Helmut Schulz, Prokurist.
Verlagsbereich Branchen-Fernsprechbücher: Hans Lochmann, Prokurist.
Technischer Betrieb: Peter Roth, Prokurist.
Geschichte: 1749 Hann. Kirchengesangbücher, 1859 Hann. Tageblatt, 1895 Nordwestdeutsch. Handwerk, 1919 Der prakt. Tierarzt, 1920 Nieders. Wirtschaft, 1924 Deutsche Einzelhandelsztg., 1927 Nieders., 1930 Branchen-Fernsprechbücher, 1931 Was gibt es Neues für den Tierarzt?, 1945 Nieders. Ministerialbl., Gesetzblatt, Staatsanzeiger, Sammlung nieders. Rechts, 1950 Druckwelt, Buchprogramm „Medizin f. d. Arztpraxis", 1952 Handwerksbücher, 1960 Arzthelferin, 1966 Krankenpflege, 1969 Buchbinderbücher, Allg. Anz. f. Buchbindereien.
Hauptwerke: Branchen-Fernsprechbücher — Heesen, „Was gibt es Neues in der Medizin" — Schmidt-Treptow, „Was gibt es Neues für den Tierarzt?" — Heesen, „Krankenpflegehelferin+Krankenpflegehelfer" — Brück, „Die Arzthelferin" — Heesen, „Ich komme sofort".
Zeitschriften: „Niedersächsisches Ärzteblatt" — „Der praktische Tierarzt" — „Deutsches Tierärzteblatt" — „Druckwelt" — „Allgemeiner Anzeiger für Buchbindereien" — „Niedersächsische Wirtschaft" — „Deutsche Einzelhandelszeitung" — „Nordwestdeutsches Handwerk".
Verlagsgebiete: 20 — 21 — 28 — 2a — 11 — 17.

Schmid, Dr. Wilhelm
A-5020 Salzburg, Bergstraße 16

Schmidinger, M. H., Buchverlag
A-1131 Wien XIII, Steckhovengasse 18

Schmiedicke, H. C., Kunstverlag VOB
DDR-7010 Leipzig, Talstraße 3

Signet wird geführt seit: 1946.

Grafiker: Franz H. Wills.

Erich Schmidt Verlag

Hauptsitz D-1000 Berlin 30, Genthiner Straße 30G
Zweigniederlassung D-4800 Bielefeld, Herforder Straße 10, Postfach 7330
Zweigstelle D-8000 München 60, Paosostraße 7

Tel: Berlin (030) 2 61 17 41; Bielefeld (05 21) 6 60 61; München (089) 83 04 18. **Psch:** Berlin-West 3730-108. Hannover 16774-307. **Bank:** Berliner Bank Berlin 32076 27400; Deutsche Bank Bielefeld 56/3999. **Gegr:** Oktober 1924 in Berlin. **Rechtsf:** Einzelfirma.
Inh/Ges: Dr. rer. pol. Erich Schmidt.
Verlagsleitung: Dr. rer. pol. Erich Schmidt, Berlin; Dr. rer. nat. Johanna

Schmidt, Berlin, Prokuristin; Dr. phil. Ellinor Kahleyss, Berlin, Prokuristin. Bielefeld: Geschäftsführung Dipl.-Volkswirt Hans-Friedrich Mirow, Prokurist. München: Leitung Elisabeth Helmrich.

Geschichte: Der ESV wurde im Oktober 1924 von Dr. Erich Schmidt sen. als Korrespondenzverlag gegründet. Die Ausweitung zum Buch- und Zeitschriftenverlag wurde in den dreißiger Jahren vollzogen. Nach dem Tode von Dr. Erich Schmidt 1952 Übernahme auf dem Erbwege durch Dr. Johanna Schmidt unter der Verlagsleitung von Dr. Erich Schmidt jun., der seit dem 1. 1. 1964 Inhaber des Verlages ist. Bis zum Ende des 2. Weltkrieges domizilierte der Verlag ausschließlich in Berlin. Die Nachkriegsverhältnisse führten 1946 zur Einrichtung einer Zweigstelle in Detmold. 1947 folgte die Niederlassung in Bielefeld, in der die Detmolder Zweigstelle 1948 aufging. Die Zweigstelle in München wurde 1948 errichtet.

Hauptwerke: Loseblattwerke in den Bereichen Recht, Wirtschaft und Technik, ESV-Taschenlexika, Jahrbücher, Zeitschriften und Einzelwerke auf folgenden Gebieten: Öffentliches Recht, Rechtsgeschichte, Publizistik, Staatsbürgerkunde, audiovisuelle Unterrichtsmittel, Wirtschaftsrecht, Außenwirtschaft, Steuerrecht, Volks- und Betriebswirtschaft, Wirtschafts- und Berufspädagogik, Arbeitsrecht, Beamten- und Personalrecht, Sozialrecht, Sozialpolitik, Arbeitsschutz, Verkehrsrecht, Verkehrswirtschaft, Verkehrstechnik, Umweltschutz, Wasserrecht, Wasserwirtschaft, Wasserforschung, Abfallbeseitigung, Technik und Bauwesen, Philologie, Volkskunde, Geschichte.

Buchreihen: „Quellen und Forschungen zur Strafrechtsgeschichte" — „Zahlenbild-Transparente, -Dia-Reihen, -Sonderhefte" — „ESV-Unterrichtstransparente" — „Grundlagen und Praxis des Wirtschaftsrechts" — „Wirtschaftsrechtliche Beiträge" — „Recht der Wirtschaft" — „Grundlagen und Praxis des Steuerrechts" — „Betriebswirtschaftliche Studien" — „Grundlagen und Praxis der Betriebswirtschaft" — „Betriebswirtschaftliche Vergleiche" — „Aktuelle Datenverarbeitung" — „Ausbildung und Fortbildung" — „Das Arbeitsrecht der Gegenwart" — „Die Sozialordnung der Gegenwart" — „Schriftenreihe für Verkehr und Technik" — „Beiträge zur Umweltgestaltung" — „Wasserrecht und Wasserwirtschaft" — „Wasser und Abwasser in Forschung und Praxis" — „Schriftenreihe der Deutschen Dokumentations-Zentrale Wasser" — „Wasser-Kalender" — „Beihefte zu Müll und Abfall" — „Schriften des Instituts für Bauwesen" — „Grundlagen der Germanistik" — „Bibliographien zur deutschen Literatur des Mittelalters" — „Texte des späten Mittelalters und der frühen Neuzeit" — „Philologische Studien und Quellen" — „Jahresgaben der Heinrich-von-Kleist-Gesellschaft" — „Grundlagen der Anglistik und Amerikanistik" — „Grundlagen der Romanistik" — „Jahrbuch für Volksliedforschung" — „Europäische Sagen".

Zeitschriften: „Zahlenbild-Pressedienst" — „Neues Steuerrecht von A—Z" — „Die steuerliche Betriebsprüfung" — „Verkehrsrechts-Sammlung (VRS)" — „Rechnungswesen, Datentechnik, Organisation (RDO)" — „Zeitschrift für Interne Revision (ZIR)" — „Der Marktforscher" — „Verkehr und Technik (V+T)" — „Die Personalvertretung" — „Die Krankenversicherung" — „Die Berufsgenossenschaft" — „Die Tiefbau-Berufsgenossenschaft" — „Müll und Abfall" — „Dokumentation Wasser" — „Bau-Trichter" — „Zeitschrift für deutsche Philologie".

Verlagsgebiete: 4 — 5 — 6 — 7 — 10 — 11 — 14 — 20 — 21 — 25 — 27 — 28 — 1 — 24.

Schmidt & Carl Günther, Heinrich

D-6238 Hofheim/Taunus, Ubierstr. 20

Hugo Schmidt Verlag

Zweigniederlassung der Firma Karl Thiemig

D-8000 München 90, Pilgersheimer Str. Nr. 38

Signet wird geführt seit: 1928.

Grafiker: Werner Krieg.

Verlag Dr. Otto Schmidt KG

D-5000 Köln 51 (Marienburg), Ulmenallee 96—98

Tel: (02 21) 37 30 21. **Psch:** Köln 539 50-508; Berlin-West 362 21. **Bank:** Stadtsparkasse Köln 3060 2155. **Gegr:** 15. 10. 1905. **Rechtsf:** KG (seit 1940).
Inh/Ges: Pers. haft. Gesellschafter: Dr. jur. Hans Martin Schmidt. Kommanditisten: Staatsminister a. D. Rechtsanwalt Dr. jur. Otto Schmidt, Wuppertal; Hildegard Schmidt, Wuppertal; Marianne Krummacher, Bonn; Elsbeth Moritz, Bonn-Bad Godesberg; und deren Kinder.
Verlagsleitung: Dr. jur. Hans Martin Schmidt □, geb. 4. 8. 1929.
Finanzen und Organisation: Prokurist Robert Steves, geb. 13. 6. 1917.
Lektorat/Redaktion: Heinrich Hilgenberg, geb. 22. 8. 1932; Mechthild Lopau, geb. 19. 3. 1934; Rechtsanwalt Dr. Bert Tillmann, geb. 10. 3. 1933, und Min.-Rat i. R. Herbert Ziemer, geb. 8. 10. 1905.
Buchherstellung: Gerhard Hoven, geb. 20. 6. 1924.
Zeitschriftenherstellung: Josef Vossen, geb. 22. 11. 1917.
Werbung: Edmund Arand, geb. 13. 8. 1931.
Vertrieb: Aloys Wittig, geb. 1. 10. 1916.
Auslieferung: Rupprecht Kottwitz, geb. 15. 11. 1914.
Kundenbuchhaltung: Reinhold Kraus, geb. 13. 2. 1935.
Geschichte: 1905 gründete Dr. Otto Schmidt d. Ä. die „Centrale für GmbH Dr. Otto Schmidt" — auch heute noch die einzige Interessenvertretung der deutschen Gesellschaften mbH. Dieses Unternehmen wurde bald mit der Herausgabe der „Rundschau für GmbH" — jetzt im 64. Jahrgang — und einschlägiger GmbH-Literatur publizistisch tätig.
Daraus entwickelte der Gründer in den Jahren vor und nach dem 1. Weltkrieg einen rechtswissenschaftlichen Fachverlag, der vor allem gesellschaftsrechtliche und steuerrechtliche Kommentare, Handbücher und Monographien sowie viele Sammelwerke veröffentlicht. Nach dem 2. Weltkrieg erstreckte sich die Verlagsarbeit auch auf andere Rechtsgebiete. Im Jahre 1972 übernahm der Verlag die seit langem eingeführte „Monatsschrift für Deutsches Recht". Lieferbar sind z. Zt. rd. 280 Titel.
Besondere Verdienste erwarb sich der Verlag mit der Entwicklung und Einführung der Loseblattform für Bücher. Diese Editionsart wird nach wie vor besonders gepflegt.
Wissenschaftlich fundierte Literatur für die Rechts- und Steuerpraxis der Wirtschaft und ihrer Berater, der Gerichte und Verwaltungsbehörden — das ist eine wesentliche Leitlinie der Verlagsarbeit. Im Zusammenwirken mit der Centrale für GmbH Dr. Otto Schmidt ist der Verlag besonders an der wissenschaftlichen Durchdringung des geltenden und künftigen Rechts der Gesellschaften interessiert. In neuerer Zeit wendet er sich verstärkt auch der Betriebswirtschaft und Arbeitswissenschaft zu.

Hauptwerke (Auswahl): Die großen Steuerkommentare zu allen wichtigen Steuergesetzen in Loseblattform (z. B. „Herrmann-Heuer, Kommentar zur Einkommensteuer und Körperschaftsteuer einschl. Nebengesetze" in 9 Bänden — „Tipke-Kruse, Kommentar zur Reichsabgabenordnung") — „Steuerrechtsprechung in Karteiform", die umfassendste Sammlung höchstgerichtlicher Entscheidungen in Steuersachen (4 Ausgaben, 61 Bände) — „Steuererlasse in Karteiform" (20 Bände) — „Deutsche Steuer-Praxis" — Leibholz-Rinck, „Kommentar zum Grundgesetz" — Dahs, „Handbuch des Strafverteidigers" — Scholz, „Kommentar zum GmbH-Gesetz" — „Frankfurter Kommentar zum Gesetz gegen Wettbewerbsbeschränkungen" — „Kostenrechtsprechung" — Handbücher für GmbH, GmbH & Co., OHG und KG, Aktiengesellschaft, Stille Gesellschaft.

Reihen: „Steuerberater-Jahrbuch" (25 Bände) — „Der Rechts- und Steuerdienst" — „Rechtsfragen der Handelsgesellschaften" — „MDR-Schriftenreihe" — „Veröffentlichungen der Gesellschaft Hamburger Juristen".

Zeitschriften: „Monatsschrift für Deutsches Recht" — „Finanz-Rundschau/Deutsches Steuerblatt" (2x mtl.) — „Steuer und Wirtschaft" - Zeitschrift

für die gesamte Steuerwissenschaft (vtljl.) — „Umsatzsteuer-Rundschau/Mehrwertsteuer-Rundschau" (2x mtl.) — „GmbH-Rundschau", herausgegeben von der Centrale für GmbH Dr. Otto Schmidt (mtl.) — „Arbeit und Leistung" (mtl.).
Verlagsgebiete: 4 — 5.

Schmidt, Ph. C. W.
D-8530 Neustadt/Aisch, Postfach 1660, Nürnberger Straße 31

Schmidt, Reinhold
A-1060 Wien VI, Mariahilferstraße 113

Schmidt, Richard Carl & Co.
D-3300 Braunschweig, Helmstedter Str. Nr. 151

Schmidt-Römhild, Max
D-2400 Lübeck 1, Postfach 2051, Mengstraße 16

Schmitt, Curt L. GmbH
D-4930 Detmold, Postfach 103, Birkenallee 12—18

Schmitt, Franz oHG.
D-5200 Siegburg, Postfach 243, Kaiserstraße 99/101

Signet wird geführt seit: 1. 1. 1974.
Grafiker: Gabrielle Bastian.

Franz Schneekluth Verlag KG
D-8000 München 80, Vilshofener Str. 8, München 86, Postfach 86 03 48
Tel: Verlag (089) 98 88 98; Auslieferung (089) 85 23 40. **Fs:** 5-29 667. **Psch:** Frankfurt (M) 779 02-609. **Bank:** Deutsche Bank München 21-42438. **Gegr:** 1. 1. 1949 in Celle. **Rechtsf:** KG.
Inh/Ges: Ulrich Staudinger, pers. haft. Gesellschafter; Franz Ehrenwirth Verlag GmbH & Co KG., Kommanditist.
Verlagsleitung: Ulrich Staudinger (siehe Ehrenwirth Verlag).
Geschichte: Verlagsgründung 1949 durch Franz Schneekluth in Celle. Verlagssitz 1951 bis 1967 Darmstadt, seit 1. 1. 1968 München.
Hauptautoren: Gwen Bristow, Alexandra Cordes, Utta Danella, Stephan Dohl, Rudolf Braunburg, Ellen Bromfield-Geld, Michael Burk, Claretta Cerio, Francis Clifford, Taylor Caldwell, Dorothy Eden, Clemens Laar, Arthur-Heinz Lehmann, Hinrich Matthiesen, Joy Packer, Richard Martin Stern, Hermann Schreiber, Heinz G. Konsalik.
Verlagsgebiet: 8.

Signet wird geführt seit: 1961.
Grafiker: Uta Maltz.

Franz Schneider Verlag
D-8000 München 46, Frankfurter Ring Nr. 150
Tel: (089) 38 19 11. **Fs:** 05/215804. **Psch:** München 7845-805. **Bank:** Bayerische Hypotheken- und Wechselbank München 392/15555; Deutsche Bank Filiale 220 München 61/33037. **Gegr:** 1913 in Berlin. **Rechtsf:** GmbH & Co KG.
Inh/Ges: Franz-Joachim Schneider.
Verlagsleitung: Franz-Joachim Schneider □, geb. 8. 3. 1925 in Berlin.
Redaktion „Schneider-Bücher": Otmar Martin Friedl.
Redaktion „Kinder Kolleg": Gisela Schneider.
Redaktion „Wissen Universell": Franz Schneider.
Kaufm. Leitung: Dipl.-Kfm. Gerhard Buchner, Prokurist.
Verkauf: Christian Warweg, Prokurist.
Werbung: Martin Wißnet.
Public Relations: Dr. Karl Friedrich Schäfer.
Geschichte: Verlagsgründung 1913 durch Franz Schneider sen., der bis dahin Mitarbeiter von Friedrich Naumann und Theodor Heuss war. Franz Schneider ist der erste Verleger von Ludwig Marcuse. Der Verlag übersiedelte nach

dem Tode von Franz Schneider sen. (1946) nach Bayern. Leitung: Luise Schneider († 1964). Der heutige Inhaber Franz Schneider jun. entwickelt neben dem unterhaltsamen Jugendbuch die Sachbuchreihe „Wissen Universell" und die Serie zur Begabungsförderung „Kinder Kolleg" (Herausgeberin Gisela Schneider).

Hauptautoren: Enid Blyton (etwa 3 Mill. Expl.), Marie Louise Fischer (mehr als 2 Mill. Expl.), M. Haller (etwa 5 Mill. Expl.), Erich Kloss (etwa 5 Mill. Expl.), Sophie Reinheimer (etwa 2 Mill. Expl.), Rolf Ulrici (mehr als 2 Mill. Expl.), und mehr als 120 weitere Autoren.

Buchreihen: „Wissen Universell", Schneider-Sachbuchreihe — „Kinder Kolleg", Serie zur Begabungsförderung.

Verlagsgebiete: 9 — 18 — 23 — 25.

Schneider, Hans, Musikverlag
D-8132 Tutzing über München, Mozartweg 1

Schneider, Hermann
A-1015 Wien, Postfach 287

Signet wird geführt seit: 1942.

Grafikerin: Petra Clemen.

Verlag Lambert Schneider / Lothar Stiehm GmbH

D-6900 Heidelberg, Hausackerweg 16, Postfach 105 802

Tel: (0 62 21) 2 13 54. **Psch:** Karlsruhe 100. **Bank:** Bezirkssparkasse Heidelberg 44 202; Deutsche Bank Heidelberg 04/70005. **Gegr:** 1. 1. 1925 in Berlin. **Rechtsf:** GmbH.
Inh/Ges: Lothar Stiehm, Christa Stiehm.
Verlagsleitung: Lothar Stiehm, geb. 26. 12. 1930 in Halle/Saale.
Geschichte: 1925 Verlagsbeginn in Berlin mit Buber-Rosenzweigs Übertragung des AT. 1926—1930 „Die Kreatur". Eine Zeitschrift, hrsg. von Martin Buber, Viktor von Weizsäcker und Joseph Wittig, einem Juden, einem Protestanten und einem Katholiken. 1932 Abgabe der Judaica an den Schocken Verlag, Berlin, den Lambert Schneider bis zur Schließung durch die Gestapo 1938 leitete. 1944 Schließung des Verlages Lambert Schneider, Berlin, durch die Reichsschrifttumskammer. 1945 Neubeginn des Verlages in Heidelberg. Information über Programm und Autoren im Almanach „Rechenschaft, 40 Jahre Verlagsarbeit 1925—1965". 1970 Tod Lambert Schneiders; Übernahme und Fortführung des Verlages, unter Bewahrung seiner Zielsetzung, durch Lothar Stiehm. 1974 Übernahme eines Teils der Produktion des Jakob Hegner Verlages, Köln (Die Schrift, verdeutscht von Martin Buber, gemeinsam mit Franz Rosenzweig; weitere Titel von Buber, Platon, Thomas Morus, Pascal, Kierkegaard, Feuerbach, Bakunin, Mallarmé, Verlaine, Franz. Symbolisten, Legenda aurea).

Hauptautoren: Martin Buber, Franz Rosenzweig, Albert Schweitzer, Walther Rathenau.

Hauptwerke: „Tagebuch der Anne Frank" — Weltliteratur, zumeist in zweisprachigen Ausgaben — „Deutsche Neudrucke, Reihe: Goethezeit", hrsg. v. Arthur Henkel — Jahrbuch und Reihe der „Veröffentlichungen" der Deutschen Akademie für Sprache und Dichtung, Darmstadt — Judaistik, Publikationen zum Problem Deutsche und Juden, als Sammelpunkt die „bibliotheca judaica", hrsg. von Lothar Stiehm.

Buchreihe: „Reden und Gedenkworte" des Ordens Pour le mérite für Wissenschaften und Künste.

Verlagsgebiete: 1 — 2 — 3 — 6 — 7 — 8 — 10 — 12 — 13 — 14.

Schneider, Rudolf, Verlag
D-8000 München 90, Schönstraße 72c

Schneider Verlags GesmbH
A-1153 Wien XV, Dreihausgasse 9

Signet wird geführt seit: 1946.

Grafiker: —

Verlag Schnell & Steiner

D-8000 München 21, Von-der-Pfordten-Straße 15, Postfach 21 02 60
Auslieferung D-8000 München 60, Daudetstraße 34

Tel: (089) 56 46 56. **Psch:** München 19090-802. **Bank:** Bayer. Hypotheken- und Wechselbank München 40 23 340; Bayer. Vereinsbank, Fil. Laimer Bahnhof 650 660 7. **Gegr:** 1. 1. 1934 in München. **Rechtsf:** OHG.
Inh/Ges: Dr. Hugo Schnell, Dr. Johannes Steiner.
Verlagsleitung: Dr. Hugo Schnell □, geb. 15. 3. 1904 in München, Oberlehrerssohn, Human. Gymnasium Augsburg St. Stephan, Studium der Geschichte, Kunstgeschichte (spez. bayerischer Barock, Gegenwartskunst), Theologie, Literatur, Presse. Ein Jahr Akademie bild. Kunst München. Dr. phil. Aktiver Einsatz 1932/33 gegen NSDAP. Leiter verschiedener großer Kunstausstellungen im In- und Ausland. Verf. u. Hrsg. kunstwiss. u. geschichtl. Bücher, Kunstmonographien, besond. der Kleinen und Großen Kunst- und Kirchenführer, Kunstzeitschrift „Das Münster". Lange Jahre im Vorstand des Bayerischen Volksbildungsverbandes, Träger des Bayer. Verdienstordens, des Verdienstkreuzes der BRD, Comturkreuz des Sylvesterordens, Ritter des Ordens vom Hl. Grab zu Jerusalem, u. a. deutsche und internat. Ehrungen, Ehrenmitglied der Universität Innsbruck. Wichtigste Veröffentlichungen in Kürschners Dtsch. Gelehrten-Kalender 1970. Privatanschrift D-8999 Scheidegg, Tel: (0 83 81) 25 92.
Dr. Johannes Steiner □, geb. 14. 8. 1902, Kaufmannssohn, Altmannstein bei Riedenburg, Obb., Gymnasium Neuburg/Donau, Studium Betriebswissensch. u. Journalistik, Diplomkaufmann, Diss. „Kostenrechnung im Buchdruckgewerbe", 1930 bis 1933 Verlagsdirektor des „Geraden Weg" (Fritz Gerlich), der mutigsten Sonntagszeitung gegen den Nationalsozialismus, bis der Verlag 1933 durch die SA vernichtet wurde. Nach dem Zweiten Weltkrieg Vorstandsmitglied des Bayer. Verleger- und Buchhändlerverbandes von der Gründung bis 1949 als Schatzmeister. Publikationen: Herausgeber von Gerlich-Naab, „Prophetien wider das Dritte Reich" u. Dokumentationen über Konnersreuth; Bearbeiter der Griechenland-Bände der Reihe „Große Kunstführer".

Geschichte: Dr. Schnell gründete zusammen mit Dr. Steiner am 1. 1. 1934 den Verlag Schnell & Steiner, der sich vor allem der Herausgabe von „Kleinen Führern" durch Kirchen (Denkmäler, Burgen, Museen) widmete, um dieses Gut vor der geahnten Schließung oder Zerstörung wissenschaftlich (Schnell) und fotografisch (Steiner) festzuhalten. Die vielen Bedrängungen und Beschlagnahmungen erlaubten keine verlegerische Entfaltung. Erst nach 1945 konnte das Kirchenführerwerk, das größte in Mitteleuropa mit bereits über tausend Nummern, in einer Gesamtauflage von über 20 Millionen, und der Buchverlag, mit Betonung der wissenschaftlichen, kunstwissenschaftlichen und theologischen Gebiete sowie gepflegter Reiseführer, ausgebaut werden. „Das Münster", Zeitschrift für christliche Kunst und Kunstwissenschaft, das der Erforschung historischer christlicher Kunst dient und vor allem die gegenwärtige christliche Kunst als einziges Fachblatt in Deutschland fördert, erscheint seit 1947 als erste deutsche kunstwissenschaftliche Zeitschrift nach dem Zusammenbruch.

Hauptautoren: Linus Birchler, Karl Böck, Peter von Bomhard, Herbert Brunner, Hermann Dannheimer, Peter Dörfler, Max H. von Freeden, P. Reginald Garigou-Lagrange, Hans Grassl, Romano Guardini, Levin Frhr. v. Gumppenberg, Wilhelm Hausenstein, Hans H. Hofstätter, Rupert Hirschenauer, August Hoff, Josef Holzner, Anton Koerbling, Harry Kühnel, Anton Lehner, Norbert Lieb, Kurt Martin, Spyros Meletzis, Günter Metken, Herbert Muck, Theodor Müller, Theo Neuhofer, Walter Pause, Helen Papadakis, Michael Petzet, Hans Rall, Joseph Ratzinger, Alexander von Reitzenstein, Adolf Reinle, Hans Reuther, Oscar Sandner, Herbert Schade, Michael Schattenhofer, H. Schindler, Franz Schnabel, Reinhold

Schneider, Hugo Schnell, Bettina Seipp, Edith Stein, Joh. Steiner, Paul Stintzi, Karl Vossler, Hubert Graf Waldburg-Wolfegg, Albrecht Weber, Alfred Zacharias, Thomas Zacharias, Wilhelm Zentner, Friedrich Zoepfl, Wolfgang Zorn.
Hauptwerke: Hugo Schnell, „Der Kirchenbau des 20. Jahrhunderts in Deutschland" — Hoff/Muck/Thoma, „Dominikus Böhm" — Herbert Schade, „Johannes Molzahn" — Pause/Heiss, „Wandern im Bayerwald" — Johannes Steiner, „Theres Neumann von Konnersreuth"; „Die Visionen der Therese Neumann" — Thomas Zacharias, „Kleine Kunstgeschichte der antiken Welt" — Alfred Zacharias, „Mein Kunstbuch"; „Kleine Kunstgeschichte abendländischer Stile" — Reisebücher — Ausstellungskataloge.
Buchreihen: „Kleine Kunst- und Kirchenführer" (1012 Nummern) u. Große Kunstführer (z. Zt. 66 Nummern), hrsg. Hugo Schnell (Text) und Johannes Steiner (Bilderteil) — „Aus Bayerischen Schlössern" (reichillustrierte Broschüren, verfaßt von Mitarbeitern d. Bayer. Verwaltung der staatl. Schlösser, Gärten und Seen) — „Münchner Kunsthistorische Abhandlungen" (hrsg. vom Kunsthist. Seminar der Universität München, bis jetzt 5 Bände) — „Wer viel geht, fährt gut", Wanderbücher von W. Pause.
Zeitschrift: „Das Münster", Zeitschrift für christliche Kunst und Kunstwissenschaft, Hrsg. Dr. Hugo Schnell, Redaktion Dr. Hans H. Hofstätter, Baden-Baden (zweimtl.).
Verlagsgebiete: 2 — 7 — 11 — 12 — 14 — 15 — 16 — 28.

Schnelle, Ernst
D-4930 Detmold, Krumme Straße 26

Schnellsche J., Buchhandlung (C. Leopold) Verlag
D-4410 Warendorf/Wf., Postfach 550, Oststraße 24

Schnitzer Verlag KG
D-7752 St. Georgen, Bahnhofstraße 28

Verlag Schoeller & Co.
CH-8004 Zürich, Stauffacherquai 46
Tel: (01) 39 21 66. **Bank:** Schweizerische Bankgesellschaft Zürich 654 443 01 Y.
Gegr: 1970 in Zürich. **Rechtsf:** KG.
Ges: Frau Monika Schoeller, Zürich; Willy Droemer, München.
Verlagsleitung: Willy Droemer □, geb. 18. 7. 1911 in Berlin, Verleger in München.
Einzelprokura: Dr. Berthold Dukas, Zürich.
Hauptautoren: Lonnie Coleman, Abba Eban, Ralph Hurne, Lilli Palmer, Trevanian, Jürgen Thorwald, Peter Bamm, Werner Keller, Elia Kazan, Mary McCarthy, Desmond Morris.
Hauptwerke: Populäre Sachbücher und Belletristik.
Verlagsgebiete: 6 — 8 — 10 — 14 — 18.

Schönbrunn-Verlag GmbH
A-1010 Wien I, Schulerstraße 1—3

Signet wird geführt seit: 1971.

Grafiker: Gerhard Sander.

Ferdinand Schöningh
D-4790 Paderborn, Jühenplatz 1, Postfach 1020
Tel: (0 52 51) 2 13 22. **Psch:** Hannover 1533-309; Basel V 24445. **Bank:** Commerzbank (BLZ 472 400 47) 6275002; Volksbank (BLZ 472 601 21) 401639; Sparkasse Paderborn (BLZ 472 501 01) 687; Sparkasse Paderborn (BLZ 472 501 01) 1010388; Deutsche Bank (BLZ 472 700 29) 527/0228 (sämtlich in Paderborn). **Gegr:** 12. 5. 1847 in Paderborn. **Rechtsf:** KG.
Inh/Ges: Ferdinand Schöningh und Kommanditisten.
Gesamtgeschäftsleitung: Ferdinand Schöningh, geb. 1923. Finanzen, Personal und innere Organisation: Adolf Zünkler, geb. 1907 (Einzelprokura).
Verlagsleitung: Vinzenz Werb, geb. 1894 (Gesamtprokura).
Verlagsbereichsleiter neuere Sprachen:

Christoph Hottenrott, geb. 1920 (Gesamtprokura).
Verlagsbereichsleiter alte Sprachen und Deutsch: Dr. Werner Kugel, geb. 1933 (Gesamtprokura).
Verlagsbereichsleiter Geographie, Geschichte, Pädagogik und Mathematik: Dr. Volker Werb, geb. 1928 (Gesamtprokura).
Lektor für Philosophie, Theologie etc.: Gottfried Lehr, geb. 1933.

Geschichte: Der Verlag wurde 1847 durch Ferdinand Schöningh, 2. Sohn des Herzogl. Arensbergschen Justizamtmannes Dr. jur. Jakob Schöningh, in Paderborn mit einer Zeitung und einer Buchhandlung gegründet. Nach seinem Tode 1883 übernahm sein Sohn Ferdinand den Verlag, während sein Sohn Josef die Zeitung „Westfälisches Volksblatt" fortführte. Von 1925—1966 hat Eduard Schöningh (Sohn des Ferdinand Schöningh) den Verlag — ab 1954 eine Kommandit-Gesellschaft — geleitet. Seit seinem Tode (August 1966) steht der Verlag unter der Leitung seines Sohnes Ferdinand Schöningh.

Hauptautoren: Jean-Jacques Anstatt, Jakob Baxa, Ernst Behler, I. M. Bochenski, Philotheus Böhner, Werner Dettloff, Johannes von den Driesch, Hans Eichner, Josef Eesterhues, Etienne Gilson, Paul Gohlke, Osmund Gräff, Karl-Ernst Jeismann, Theoderich Kampmann, Kurt Kluxen, Gabriel Marcel, Hans Meyer, Klaus Mörsdorf, Heribert Mühlen, Gustav Muthmann, José Orabuena, Eric Orton, Rudolf Padberg, Carl Johann Perl, Franz Pöggeler, K. K. Polheim, Th. Rutt, W. Schäfer, Else v. Schaubert, Paul-Werner Scheele, Herman Schell, Hans-Erich Stier, Peter Hinrich Stoll, Robert Hermann Tenbrock, Karl Thieme, Hermann Tüchle, Georg Wolff.

Hauptwerke: „Deutsche Aristoteles-Ausgabe" — „Deutsche Augustinus-Ausgabe" — Veröffentlichungen des Grabmann-Instituts — Friedrich Schlegel, Kritische Ausgabe seiner Werke — „Henne-Rösch-Bibel" — „Schöninghs Schultexte": deutsch, englisch, französisch, griechisch, lateinisch. — Zahlreiche Unterrichtswerke für Griechisch, Latein, Englisch, Französisch, Erdkunde, Mathematik, Geschichte, Deutsch — „Bibliothek alter Literaturdenkmäler" — Veröffentlichungen der Görres-Gesellschaft.

Buchreihen: „Wort Werk Gestalt" (Interpretationen f. Deutschunterricht) — „Schöninghs Sammlung Pädagogischer Schriften" (Quellen zur historischen, empirischen und vergleichenden Erziehungswissenschaft) — „Sammlung Schöningh zur Geschichte und Gegenwart" — „Schöninghs Studienführer".

Zeitschriften: „Annuarium Historiae Conciliorum" (hjl.) — „Biblische Zeitschrift" (hjl.) — „Communicatio Socialis" (vtljl.) — „Theologie u. Glaube" (zweimtl.) — „Pädagogik und Schule in Ost und West" (zweimtl.) — „Katholische Frauenbildung" (mtl.) — „Die Realschule in Baden-Württemberg" (mtl.) — „Die Bayerische Realschule" (mtl.) — „VDR-Mitteilungen Berlin" (zweimtl.) — „VDR-Mitteilungen Hessen" (zweimtl.) — „Bildung Real" (mtl.) — „realschulblätter" Rheinland-Pfalz (mtl.) — „realschulinformation Saar" (vtljl.) — „Die Realschule in Schleswig-Holstein" (mtl.).

Tges: Blutenburg-Verlag, München; Ferdinand Schöningh, Wien; Schroedel-Diesterweg-Schöningh Verlagsunion für neue Lehrmedien, Hannover-Frankfurt-Paderborn; Uni-Taschenbücher GmbH, Stuttgart.

Btlg: ASI, Arbeitsgemeinschaft schulpädagogischer Information.

Verlagsgebiete: 1 — 2b — 3 — 4 — 5 — 6 — 7 — 10 — 11 — 14 — 15 — 19 — 28 — 8 — 9.

Ferdinand Schöningh, Universitäts-Buchhandlung und Verlag

D-8700 Würzburg 1, Franziskanerpl. 4 und Domerschulstraße 9, Postfach 129
Tel: (09 31) 1 20 44. **Psch:** Nürnberg 16567-855. **Bank:** Hypobank Würzburg 149-371017; Dresdner Bank Würzburg 3018829. **Gegr:** 26. 4. 1902 in Würzburg. **Rechtsf:** KG.
Ges: Ferdinand Schöningh, Paderborn.
Verlagsleitung: Adolf Wolz, geb. 11. 4. 1938, Geschäftsführer der Zweigniederlassung Würzburg.
Geschichte: Siehe Ferdinand Schöningh Verlag KG, Paderborn. Die Zweigniederlassung Würzburg betätigt sich als Kommissionsverlag der „Gesellschaft

für Fränkische Geschichte" und der „Quellen und Forschungen der Geschichte des Bistums und Hochstifts Würzburg".
Verlagsgebiet: 14.

Schönstatt-Verlag
D-5414 Vallendar/Rh., Hillscheiderstr. 1

Schönwetter, Julius
A-8230 Hartberg, Postfach 64, Michaeligasse 26

Scholz, Ingeborg
D-1000 Berlin 41, Wielandstraße 10

Scholz-Mainz Verlag, Jos. Erlangen GmbH
D-8520 Erlangen, Am Pestalozziring

B. Schott's Söhne
D-6500 Mainz, Postfach 3640, Weihergarten 1—9

Schottak, Franz, Lehrmittelverlag
A-3300 Amstetten, Postfach 24, Elsa-Brandström-Straße 15

Schreber, E.
D-7000 Stuttgart 1, Hackstraße 77

Signet wird geführt seit: ca. 1935.

Grafiker: —

Verlag J. F. Schreiber
Firmensitz: D-7301 Deizisau, Liebigstraße 1—11
Postanschrift: D-7300 Esslingen, Postfach 285
Tel: (0 71 53) 2 20 11. **Psch:** Stuttgart 781-701; Wien 1089 044. **Bank:** Deutsche Bank AG Esslingen 304 923; Dresdner Bank AG Esslingen 4 234 571; Kreissparkasse Esslingen 917 760. **Gegr:** 1831 in Esslingen, **Rechtsf:** KG.
Inh/Ges: Pers. haft. Ges.: Joachim Schreiber, geb. 9. 12. 1914 in Esslingen; Gerhard Schreiber, geb. 13. 3. 1922 in München. Kommanditist: Gottfried Schreiber, geb. 29. 12. 1917 in München.

Verlagsleitung: Verleger Gerhard Schreiber, geb. 13. 3. 1922 in München, 1. Vorsitzender der Arbeitsgemeinschaft von Jugendbuchverlegern in der BRD. Herstellung: Rolf Bianchi, geb. 16. 7. 1933, Verlagshersteller, Schriftsetzermeister, Diplom der Höheren Fachschule für das Graphische Gewerbe, Stuttgart.
Vertrieb + Presse: Jürgen Berger, geb. 5. 10. 1935, Ausbildung im Sortiment (H. Hugendubel München), Werbe- und Vertriebsleiter mehrerer Verlage (Bauverlag, Verlag Chemie, Belser Verlag).
Werbeleitung: Anton Stöckle, geb. 5. 6. 1941, Lehre und Praxis als Schriftsetzer, Absolvent der Württ. VWA — Fachrichtung: Wirtschaftswerbung und Marketing. Mehrjährige Werbepraxis, z. T. als Werbeleiter, in Industrie und Versicherung.
Rechnungswesen: Prok. Edwin Nagel, geb. 15. 11. 1929.
Einkauf: Prok. Christoph Link, geb. 12. 2. 1916.

Geschichte: Im März 1831 gründete der Lithograph Jakob Ferdinand Schreiber den Verlag als „Graphische Kunstanstalt". Seine Städteansichten und Landschaftsbilder waren ein großer Erfolg. Schon 1833 konnte er die Produktion erweitern um illustrierte Schul- und Lehrbücher, die noch heute gesuchte Raritäten auf dem Antiquariatsmarkt sind. Seit 1840 erschienen Bilderbücher, und auf diesem Gebiet hat der Verlag seine führende Stellung bis heute behalten, desgleichen auf dem der Spiel- und Bastelbogen, deren Tradition weit ins 19. Jahrhundert zurückreicht. Charakteristisch für den modernen Verlag J. F. Schreiber sind seine internationalen Koproduktionen, die u. a. in der Serie „Wissen der Welt" sehr deutlich zum Ausdruck kommen; an dieser seit 1969 erscheinenden „International Library" beteiligen sich die Verlage Collins (Glasgow), Flammarion (Paris), Watts (New York), Rizzoli (Mailand) und Österreichischer Bundesverlag (Wien). Die Tochtergesellschaft RSW (Rizzoli-Schreiber-Watts) bringt seit 1973 künstlerisch illustrierte Bilderbücher mit Texten namhafter Autoren.

Hauptautoren: Prof. Dr. Ernst W. Bauer (Jugendbuchpreisträger), Prof. Otto von Frisch, Irina Korschunow, Prof. H. Kratzmeier, James Krüss, Prof. Walter Mahringer, Dr. Klaus Ruge.

Hauptwerke: Kinder- und Jugendbücher, Modellbaubogen, „Graser-Tafeln", Jugendsachbücher.
Buchreihen: „Wissen der Welt" — „Tierkinder in aller Welt" — „Junior international".
Zeitschrift: „Teddy", Kinder-Zeitschrift für 6—10jährige. Hrsg. unter Mitarbeit von Prof. Dr. H. Kratzmeier und Prof. W. Mahringer (mtl.).
Tges: RSW Verlags-GmbH, Esslingen, Milano, New York.
Btlg: International Library.
Verlagsgebiete: 9 — 11 — 18 — 28 — 12 — 14 — 15 — 20 Reprints.

Schretzmayer, Leopold
A-2104 Spillern, Wiener Straße 68

Schriftenmissions-Verlag
D-4390 Gladbeck, Postfach 548, Goethestraße 79—81

Schriften zur Zeit Publikationsgesellschaft m.b.H.
A-1070 Wien, Museumstraße 5
Tel: (02 22) 93 33 53, 93 33 54. **Psch:** Wien 151 804. **Bank:** Zentralsparkasse d. Gemeinde Wien 601-046-105; Erste Österr. Spar-Casse 002-11923; Creditanstalt Bankverein 27-89394. **Gegr:** 1954 in Wien. **Rechtsf:** GmbH.
Inh/Ges: Verein „Gesellschaft der Redakteure und Angestellten der Schriften zur Zeit GmbH".
Verlagsleitung: Günther Nenning □, Dr. phil., Dr. rer. pol., auch Herausgeber und Chefredakteur, Vorsitzender der Journalistengewerkschaft, Vorsitzender der Paulus-Gesellschaft, Österreich. Sektion, Vorstandsmitglied der Arbeitsgemeinschaft katholischer Journalisten, Mitglied des Presserates der österreichischen Bischofskonferenz, Vorstandsmitglied der internationalen Journalistenföderation.
Geschichte: 1954 gegründet von Friedrich Torberg, finanziert vom Kongreß für Freiheit und Kultur (Amerikanische Stiftungsgelder), seit 1960 selbständiger Verlag, vorübergehend subventioniert von Dr. Hans Deutsch, Verleger in Wien und Luzern, ab 1965 im Eigentum von Günther Nenning, ab 1970 im Eigentum des Vereins „Gesellschaft der Redakteure des Neuen Forum", ab 1973 Publikation der Farbillustrierten „Neue Freie Presse", Autoren sind im wesentlichen Christen und Sozialisten links von der Mitte.
Hauptautoren: Gollwitzer, Rahner, Küng, Ernst Fischer, Georg Lukács, Robert Havemann, André Gorz, Ernest Mandel, Paul Sweezey, J.-P. Sartre, Simone de Beauvoir, Susan Sontag, Peter Handke, Peter Turrini, Alfred Hrdlicka, Ivan Illich.
Zeitschriften: „Neues Forum" — „Dialog" — „Fips" (Freier Informationsdienst für priesterliche Solidarität) — „Neue Freie Presse" — „Neues Österreich".
Verlagsgebiete: 2b — 3 — 5 — 6 — 7 — 8 — 9 — 10 — 12 — 13 — 28 — 29.

Signet wird geführt seit: 1850.
Stilisierung: 1969.

Grafiker: —

Hermann Schroedel Verlag KG
D-3000 Hannover-Döhren, Geschäftsleitung, Verwaltung und Redaktionen: Zeißstraße 10; Versand, Lager, Auslieferung: Zeißstraße 72; Postfach: Hannover-Döhren 260 620
Tel: (05 11) 83 40 74/79. **Telex:** 92 3527.
Psch: Hannover 797 21-308. **Bank:** Deutsche Bank Hannover 06/39 104; Dresdner Bank Hannover 111/2119. **Gegr:** Erstgründung 1792 in Halle (Saale); Kümmelsche Sortiments- und Verlagsbuchhandlung. 1850 Übernahme durch Friedrich Ludwig Schroedel. Seit 1885 Hermann Schroedel Verlag. Wiedergründung nach dem Kriege 1948.
Rechtsf: KG.
Inh/Ges: Pers. haft. Gesellsch.: Hermann v. Schroedel-Siemau; Dr. phil. Renate v. Schroedel-Siemau.
Gesamt-Geschäftsleitung: Hermann v. Schroedel-Siemau □, geb. 18. 5. 1931, Gesamtleitung und Geschäftsführung. Finanzdirektor Rudolf Schrepfer, stellvertr. Geschäftsführer.
Verlagsleitung: Verlagsdirektor Dr. phil.

Ludwig Arentz, Prokurist, Leiter der Hauptabteilung Entwicklung.
Dr. phil. Ilse Ebeler, Prokuristin, Leiterin der Hauptabteilung Information und Planung.
Gustav Westphal, Prokurist, Leiter der Redaktionsgruppe Naturwissenschaften.
Peter Brück, Prokurist, Leiter der Hauptabteilung Herstellung.
Vertriebsleitung: Rudolf Bretschneider.
Lektorat: Dr. phil. Alfred Blumenthal, Christian Morys.
Leitung der Niederlassungen: D o r t m u n d : Dr. phil. Helmuth Berg.
D a r m s t a d t : Hans-Albrecht Koeppel, Prokurist; Elisabeth Breit, Handlungsbevollmächtigte.
B e r l i n : Hans Haas.
Verantwortliche Leiter der Verlagsredaktionen: Karl-Heinz Primke, Redaktionsgruppe I (Mathematik).
Karl-Heinz Müller, Redaktionsgruppe II (deutsche Spracherziehung, Literaturerziehung, evangelische Religionslehre, Zeitschriften).
Christian Morys, Verlagsredaktion II a (deutsche Spracherziehung, Hand- und Taschenbuchreihen, wissenschaftliche Reihen).
Dr. Helmut Hake, Redaktionsgruppe III (politische Bildung, Geographie, Geschichte, Neue Sprachen, wissenschaftliche Reihen).
Gustav Westphal, Redaktionsgruppe IV (Physik, Chemie, Biologie).
Gerd Bösenberg, Verlagsredaktion V (vorschulischer Bereich).
Dr. Josef Ortner, Verlagsredaktion VI (Programmierte Unterweisung).
Dietrich Reuter, Verlagsredaktion VII (Ingenieur- und Technikerschulen).

Geschichte: Hermann Schroedel Verlag — 1792 in Halle (Saale) gegründet — ist einer der ältesten Verlage. Der Schwerpunkt seiner Arbeit liegt im Bereich der Pädagogik und des Schulbuches sowie moderner Unterrichtsmittel aller Art. Unterbrechung der Arbeit des Verlages im Herbst 1945 in Halle an der Saale, Neugründung 1946 zunächst in Wolfenbüttel als Wolfenbütteler Verlagsanstalt von Schroedel-Siemau & Co. KG; seit 1948 Hauptsitz in Hannover. Seit 1950 Hermann Schroedel Verlag KG. Gründung von Niederlassungen: 1951 Darmstadt, 1954 Berlin, 1963 Dortmund, 1972 München. 23. August 1963 Gründung gemeinsamer Tochterunternehmungen mit Velhagen & Klasing, Berlin: Geographische Verlagsgesellschaft Velhagen & Klasing und Hermann Schroedel GmbH & Co. KG, Berlin, und Velhagen & Klasing und Schroedel Geographisch-Kartographische Anstalt GmbH, Bielefeld.
13. Mai 1970 Gründung der Schroedel Diesterweg Schöningh Verlagsunion für neue Lehrmedien zusammen mit den Verlagen Moritz Diesterweg, Frankfurt (M), und Ferdinand Schöningh, Paderborn.

Hauptwerke: Die Produktion des Verlages umfaßt heute im Rahmen eines Gesamtprogramms von 2200 Titeln mit 850 Autoren vor allem Lernspiele für das Vorschulalter, Lehrbücher und Unterrichtswerke, Lernprogramme und Arbeitsmaterial für die Grund- und Hauptschule, Realschule, das Gymnasium, die Gesamtschule, die Ingenieurschule und technische Lehranstalten, außerdem didaktische Fachliteratur für die Hand des Lehrers und wissenschaftliche Veröffentlichungen in der Pädagogik und pädagogischen Psychologie.
Das Rechenwerk „Die Welt der Zahl" und das muttersprachliche Unterrichtswerk „Mein Sprachbuch" jetzt abgelöst durch „Die Welt der Zahl — neu" und „Mein neues Sprachbuch", die die moderne Didaktik berücksichtigen.
„Sprache und Sprechen" — Arbeitsmittel zur Sprachförderung.
Daneben neue Werke für den Mathematikunterricht vom 1. Schuljahr an: Frankfurt das „alef"-Projekt, „Welt der Mathematik" und „Neue Mathematik", Mathematik-Lernspiele „matema".
Für den Deutschunterricht Lesewerke: TP (Texte für die Primarstufe) und TS (Texte für die Sekundarstufe), außerdem Lesewerk „schwarz auf weiß".
Für die naturwissenschaftlichen Fächer: Die großen Unterrichtswerke für die Physik von Dorn-Bader und Walz und die Chemie-Werke von Cuny sowie die Neubearbeitung der „Biologie" von Lange-Strauß-Dobers.
Eine herausragende Veröffentlichung in der Pädagogik ist das wissenschaftliche Hauptwerk von Professor Dr. Heinrich Roth „Pädagogische Anthropologie" in zwei Bänden „Bildsamkeit und Bestimmung" und „Entwicklung und Erziehung", das neben das Standardwerk „Pädagogische Psychologie des Lehrens und Lernens" des gleichen Autors getreten ist.

Seit 1951 gemeinschaftliche Herausgabe des erdkundlichen Unterrichtswerkes „Seydlitz" mit dem Verlag Ferdinand Hirt, Kiel.

Ebenfalls seit 1951 Zusammenarbeit mit dem Verlag Ferdinand Schöningh, Paderborn für die Werke „Elemente der Mathematik", jetzt fortgesetzt durch „Mathematik heute" und „Zeiten und Menschen".

Gegenstand der Tochtergesellschaft Geographische Verlagsgesellschaft Velhagen & Klasing und Hermann Schroedel GmbH & Co. KG, Berlin, sind das Atlaswerk „Unsere Welt" („Große Ausgabe", kleine Ausgabe mit Länderausgaben für Niedersachsen, Hessen, Nordrhein-Westfalen, Schleswig-Holstein, Rheinland-Pfalz und Saarland, Baden-Württemberg und Bayern), das Lehrwerk „Dreimal um die Erde".

Im Bereich der neuen Sprachen mit dem Verlag Lambert Lensing in Dortmund: Unterrichtswerke „English for Today" (für Gymnasien), „English for you" (für Realschulen) und „English is fun" (für Hauptschulen), letzteres unter Mitwirkung der BBC London und des Verlages Langenscheidt, München, Berlin. Taschenbuch-Reihe „Moderner Englischunterricht — Arbeitshilfen für die Praxis". Außerdem: „Russisch heute" (für Gymnasien und Erwachsenenbildung).

Reihen: „Empirische Forschungen zu aktuellen pädagogischen Fragen und Aufgaben", herausgegeben vom Deutschen Institut für Internationale pädagogische Forschung und Prof. Dr. Heinrich Roth. — „Beiträge zu einer neuen Didaktik", herausgegeben von Prof. Dr. Heinrich Roth unter Mitwirkung von Prof. Dr. Heinrich Bauersfeld, Dr. Alfred Blumenthal, Prof. Dr. Klaus Gerth, Prof. Dr. Horst Ruprecht. — „Das Bildungsproblem in der Geschichte des europäischen Erziehungsdenkens", herausgegeben von Prof. Dr. Hans-Hermann Groothoff. — „Die Schule in Niedersachsen", herausgegeben von Dr. Rolf Hauer. — Taschenbuchreihe „Auswahl" A (grundlegende Aufsätze aus der Zeitschrift „Die Deutsche Schule"), herausgegeben von Prof. Dr. Heinrich Roth und Dr. Alfred Blumenthal. — Taschenbuchreihe „Auswahl" B, herausgegeben von Dr. Alfred Blumenthal.

Taschenbuchreihe „Ergebnisse aus der Arbeit der Niedersächsischen Lehrerfortbildung", herausgegeben vom Niedersächsischen Kultusministerium.

Zeitschriften: „Die Deutsche Schule", Zeitschrift für Erziehungswissenschaft und Gestaltung der Schulwirklichkeit, herausgegeben von der Gewerkschaft Erziehung und Wissenschaft im DGB, Dr. Alfred Blumenthal, Prof. Dr. Heinrich Roth, Ernst Reuter — „Hessische Lehrerzeitung" als Verbandszeitschrift der GEW, Landesverband Hessen. — „Die Realschule", Zeitschrift für Schulpädagogik und Bildungspädagogik", herausgegeben vom Verband Deutscher Realschullehrer — „Neue Unterrichtspraxis - Systeme und Mittel für Lehren und Lernen".

Verlagsgebiete: 10 — 11 — 16 — 24 — 26.

Niederlassungen:

D-4600 Dortmund, Deggingstraße 93, Postfach 656, Tel: (02 31) 57 93 35/36, Telex: 822659;
D-6100 Darmstadt, Am Kavalleriesand Nr. 47, Postfach 1026, Tel: (0 61 51) 8 54 58, 8 42 67 und 8 51 96, Telex 419546;
D-1000 Berlin 30, Lützowstraße 105-106, Tel: (030) 2 62 20 42/42;
D-8000 München 2, Marsstraße 4, Tel: (089) 59 16 72/73.

Tges: W. Crüwell Verlag, D-4600 Dortmund, Deggingstraße 93, Postfach 1283, Tel: (02 31) 52 74 96/97;
Konkordia AG für Druck und Verlag, D-7580 Bühl/Baden, Tel: (0 72 23) 2 25 01 und 2 36 31.
Schroedel Diesterweg Schöningh Verlagsunion GmbH & Co, Kommanditgesellschaft für neue Lehrmedien. D-3000 Hannover-Döhren, Zeißstraße 13, Tel: (05 11) 83 40 74/79, Büro Frankfurt: D-6000 Frankfurt (M), Hochstraße 29-31, Tel: (06 11) 28 79 47/49, Büro Paderborn: D-4790 Paderborn, Jühenplatz 1-3, Tel: (0 52 52) 2 13 22;
Geographische Verlagsgesellschaft Velhagen & Klasing und Hermann Schroedel GmbH & Co. KG, D-1000 Berlin 30, Lützowstr. 105-106, Tel: (030) 2 61 60 19 (50 %ige Beteiligung);
Velhagen & Klasing und Schroedel Geographisch-Kartographische Anstalt GmbH, D-4800 Bielefeld, Düppelstr. 21, Tel: (05 21) 7 30 64 (50 %ige Beteiligung);
Turm-Verlag Steufgen & Sohn, D-4000 Düsseldorf, Schloß-Str. 18, Tel: (02 11) 44 58 43.

Signet wird geführt seit: 1965.

Grafiker: Heinrich Heuwold.

Kurt Schroeder Verlagsbuchhandlung

D-5672 Leichlingen bei Köln, Johannisberg 41

Tel: (0 21 75) 33 55. **Psch:** Köln 550 32-508. **Bank:** Sparkasse Bonn 31 045 131. **Gegr:** 25. 3. 1919 in Bonn und Leipzig. **Rechtsf:** OHG.
Inh/Ges: Hannsgeorg Schroeder, Gerda Wingen.
Verlagsleitung: Hannsgeorg Schroeder, geb. 27. 1. 1921 in Bonn.
Geschichte: Gründung 1919 durch Kurt Schroeder als wissenschaftlicher Verlag (Geschichte, Kunstgeschichte, Orientalia, Staatswissenschaften). Zusammenarbeit mit zahlreichen wissenschaftlichen Gesellschaften. In den dreißiger Jahren auch belletristische Veröffentlichungen. Während des 2. Weltkrieges Unterbrechung der Verlagstätigkeit. Wiedergründung 1948 als Verlag für Reiseführer und geographische Veröffentlichungen. 1964 Tod des Verlagsgründers.
Buchreihen: „Schroeder Reiseführer" (Reiseführer neuer Konzeption für gehobene Ansprüche für Mittelmeerraum, Balkanländer, Vorderen Orient und ferne Reiseländer).
Verlagsgebiete: 16 — 15.

mvs | marion von schröder verlag

Signet wird geführt seit: 1969.
Grafiker: Eigenentwicklung.

Marion von Schröder Verlag GmbH

D-4000 Düsseldorf, Grupellostraße 28, Postfach 9229

Tel: (02 11) 36 05 16 bis 36 05 19. **Fs:** 858 7327. **Psch:** Essen 247 47-433. **Bank:** Deutsche Bank AG Düsseldorf; C. G. Trinkaus & Burkhardt Düsseldorf. **Gegr:** 12. 2. 1935 in Hamburg. **Rechtsf:** GmbH.
Ges: Econ Verlag GmbH (100 %).
Geschäftsführer: Erwin Barth von Wehrenalp □, geb. 25. 9. 1911; Uwe Barth von Wehrenalp; Dr. Friedrich Vogel.
Verlagsleitung: Gerhard Beckmann, geb. 30. 11. 1938.
Prokuristen: Guido Dubert, Betriebswirt grad., geb. 4. 5. 1941 in Breslau; Heinz Eberhard Dursthoff, geb. 24. 11. 1923 in Huntlosen.
Lektorat: Frau Dr. Ursula Schröder, Frau Dr. Mechthild Wodsak.
Geschichte: Der von der Baronin Marion von Schröder 1935 in Hamburg gegründete Verlag wurde nach dem Zweiten Weltkrieg von Bertelsmann übernommen und am 1. 7. 1968 von der Econ Verlag GmbH erworben.
Hauptautoren: J. G. Ballard, Ray Bradbury, Madeleine Brent, Christiane Collage, Anja Lundholm, Marilyn Durham.
Verlagsgebiet: 8.

Schroll u. Co., Anton, GmbH

D-8000 München 95, Postfach 348, Boosstraße 15

Signet wird geführt seit: 1970.

Grafiker: Hausentwurf.

Buch- und Kunstverlag Anton Schroll & Co.

A-1051 Wien V, Spengergasse 39

Tel: (02 22) 55 31 11 und 55 31 12. **Fs:** chrswn A 1 1969. **Psch:** Postsparkasse Wien 711 5424. **Bank:** Creditanstalt-Bankverein Wien V; Länderbank Wien V. **Gegr:** 17. 1. 1884. **Rechtsf:** KG.
Inh/Ges: Dieter Reisser, geb. 24. 12. 1928 in Wien; Christoph Reisser's Söhne AG, Wien.
Verlagsleiter: Friedrich Geyer, Wien, geb. 19. 6. 1913.
Geschichte: Gegründet 1884 von Anton Schroll. Der Verlag pflegte besonders die Gebiete Architektur und Kunstgewerbe, später auch kunstgeschichtliche Werke, die dem Verlag Weltgeltung verschaffen sollten. Ab 1921 erschienen Gesamtausgaben der Werke Anzengrubers, Grillparzers, Raimunds und Ne-

stroys. 1922 erschien die erste Mappe der Albertina-Facsimile, die den Grundstein zu seiner heute bestehenden wichtigen Stellung auf dem Gebiet der farbigen Kunst-Reproduktionen legte. Seit 1945 erscheint die Reihe „Europas Ferienstraßen".
Hauptautoren/Hauptwerke: Ludwig Baldass, „Hieronymus Bosch" — Vinzenz Oberhammer, „Die Gemäldegalerie des Kunsthist. Museums in Wien" — Ludwig Baldass, „Giorgione" — Franzsepp Würtenberger, „Der Manierismus".
Buchreihen: „Dehio-Handbuch, Die Kunstdenkmäler Österreichs" — „Österreichische Kunsttopographie" — „Europas Ferienstraßen" — „Epochen Europ. Kunst".
Verlagsgebiete: 12 — 15 — 24 — Spez.-Geb: Kunstgeschichte, Gemälde-Reproduktionen.
Zwst: Anton Schroll & Co. GmbH, D-8000 München 95, Boosstraße 15, Tel: (089) 65 35 90.
Geschäftsführer: Gerhard Kortkampf.
Psch: München 200 24. Gegr: 26. 6. 1953.

Schropp's Lehrmittelanstalt KG
D-4600 Dortmund, Olpe 29

Schünemann, Carl
D-2800 Bremen 1, Postfach 1109, 2. Schlachtpforte 7

Schürmann & Klagges
D-4630 Bochum, Postfach 2370, Hans-Böckler-Straße 12—16

Schütte, Christoph Günter, Verlagsgesellschaft mbH
D-3000 Hannover 1, Schiffgraben 40

Schütz, Hermann, Verlag, Inh. Erika Bräuel
D-1000 Berlin 61, Segitzdamm 36

Schütz, Karl Waldemar KG
D-4994 Preußisch Oldendorf, Am Osttor 98

Schuler-Verlag, Josef
D-7000 Stuttgart 1, Postfach 513, Lenzhalde 28

Schuler Verlagsgesellschaft mbH
D-8000 München 21, Agnes-Bernauer-Straße 88
Tel: (089) 58 10 41-45. **Fs:** 05/212445 epm.
Gegr: 1946 in Stuttgart. **Rechtsf:** GmbH.
Inh/Ges: Fratelli Fabbri Editori Mailand.
Verlagsleitung: Gian Piero Barello, Anton Bolza.
Verkaufsleitung: Udo Daniel.
Lektorat: Christian Schneider.
Geschichte: Der Verlag wurde 1946 von Josef Egon Schuler in Stuttgart gegründet. Er wurde am 1. 1. 1970 an die Fredap AG, Zürich, verkauft und übersiedelte zu diesem Zeitpunkt nach München. Im März 1973 wurden 80 % der Anteil an Fabbri, Mailand, verkauft und im Januar 1974 die restlichen 20 %. Der Verlag veröffentlicht in erster Linie Kunstbücher, Einrichtungs- und Kochbücher.
Verlagsgebiet: 12.

Schulte-Bulmke, Gerhard
D-6000 Frankfurt 70, Burnitzstraße 6

Schulfernsehen siehe Verlagsgesellschaft

Schultheiß, C. L., Musikverlag
D-7400 Tübingen, Denzenbergstraße 35

Signet wird geführt seit: 1971.

Grafiker: hauseigen.

Schulthess
Polygraphischer Verlag AG
CH-8001 Zürich, Zwingliplatz 2
Tel: (01) 34 93 36. **Fs:** Buchschulthess, Zürich. **Psch:** 80-916 und Karlsruhe 704 39-755. **Bank:** Schweizerische Kreditanstalt Zürich, Depositenkasse Rathausplatz. **Gegr:** 10. 8. 1791 in Zürich.
Rechtsf: AG.
Inh/Ges: Dr. Heinz Albers-Schönberg (Präsident), Hans C. Schulthess (Vize-

präsident), Frau Dr. Ch. Mark-Hürlimann, Dr. Ulrich Albers.
Verlagsleitung: Frau Dr. Charlotte Mark.
Geschäftsführer: Bruno Waldburger. Sortimentsleitung: Gabriel Alpiger. Druckereileitung: Armando Giuliato. Prokuristin: Esther Randegger.
Geschichte: Gegründet im Jahre 1791 durch den Theologieprofessor und Chorherrn Dr. h. c. Johannes Schulthess und weitergeführt durch seine Nachfahren Friedrich Schulthess (1804—1869), Friedrich Schulthess jun. (1832—1904) und Dr. h. c. Hans Schulthess (1872—1959), Robert Hürlimann (1893—1968). 1970 Fusion mit Polygraphischer Verlag AG, Zürich.
Hauptautoren: O. A. Germann, Max Guldener, Theo Guhl, Karl Oftinger, Wilhelm Schönenberger, Peter Jäggi, Karl Käfer, Emil Küng, Peter Tuor.
Hauptwerke: „Kommentar zum Zivilgesetzbuch" (Zürcher Kommentar) — Karl Oftinger, „Haftpflichtrecht", drei Bde. — Theo Guhl, „Schweiz. Obligationenrecht" — Oskar A. Germann, „Schweiz. Strafgesetzbuch" — Wilhelm Schönenberger, „Zivilgesetzbuch/Obligationsrecht" — Tuor/Jäggi/Schnyder, „Schweiz. Zivilgesetzbuch" — Max Guldener, „Schweiz. Zivilprozeßrecht" — Hand- und Lehrbücher aus dem Gebiet der Sozialwissenschaften.
Buchreihen: „Mitteilungen aus dem Handelswiss. Seminar der Universität Zürich" — „Zürcher Beiträge zur Rechtswissenschaft" — „Zürcher Schriften zum Verfahrensrecht" — „Zürcher Studien zum internationalen Recht" — „Zürcher Volkswirtschaftliche Forschungen" — „Basler wirtschaftswiss. Vorträge" — „Schweizerisches Jahrbuch für internationales Recht / Annuaire suisse de droit international" — „Staatswissenschaftliche Studien" — Verschiedene Reihen der HH St. Gallen.
Zeitschriften: „Außenwirtschaft", Zeitschrift für internationale Wirtschaftsbeziehungen. Seit 1946 (vtljl.) — „Schweizerische Aktiengesellschaft / Société anonyme suisse", Zeitschrift für Handels- und Wirtschaftsrecht. Seit 1928 (vtljl.) — „Schweizerische Juristenzeitung / Revue Suisse de Jurisprudence". Seit 1904, jährl. 24 Hefte.
Verlagsgebiete: 2a — 4 — 5 — 6 — 7 — 11 — 14 — 17 — 21 — 28.

Schultze, August
D-8601 Hollfeld/Ofr., Postfach, Marienplatz 12

Schulwissenschaftlicher Verlag Haase Ges. m. b. H.
A-1010 Wien I, Tiefer Graben 7

Schulz, H. Albert
D-5000 Köln 80, Im Eichenforst 16

Schulz, Hans Ferdinand
D-7800 Freiburg, Postfach 1463, Friedrichring 13

Schulz, Helmut Gerhard
D-2000 Hamburg 11, Ost West Straße 47

Verlag R. S. Schulz
Inh. Rolf S. Schulz

D-8136 Percha, Berger Straße 8—10
D-8136 Kempfenhausen, Seehang 4

Tel: (0 81 51) 1 30 41, 1 30 43. **Telex:** 5 26 427 buch. **Psch:** München 25115-809. **Bank:** Landeszentralbank München 32368; Bayerische Hypotheken- und Wechselbank München 1376. **Gegr:** 1957 in München. **Rechtsf:** Einzelfirma.
Inh: Rolf S. Schulz.
Verlagsleitung: Rolf S. Schulz □, geb. 29. 1. 1925 in München. Handelsrichter an der Kammer für Handelssachen Landgericht München II, Konsul der Republik Venezuela für den Freistaat Bayern.
Geschichte: Der Verlag publiziert seit 1957 rechts- und staatswissenschaftliche Werke und Medizin. Jährlich ca. 12 juristische und medizinische Neuerscheinungen.
Den mit der Anwendung und Durchführung von neu erlassenen sozialrechtlichen Gesetzen befaßten Stellen baldmöglichst nach Verabschiedung von gründlichen Fachkennern verfaßte, wirklich informative und sich in der Praxis bewährende Kommentare an die Hand zu geben, darin sieht der Verlag seine Aufgabe.
Seit 1972 publiziert der Verlag zusätzlich Belletristik und Sachbücher. Es erscheinen jährlich auf diesem Gebiet ca. 15 Titel.

Hauptautoren/Hauptwerke: Juristische Werke: Prof. Dr. A. Frhr. von Campenhausen / Prof. Dr. P. Lerche, „Deutsches Schulrecht" — Ministerialrat F. Eichler, „Unterhaltssicherungsgesetz" — Landessozialgerichts-Vizepräsident a. D. Dr. F. Etmer, „Angestelltenversicherungsgesetz", „Arzneimittelgesetz", „Bundesärzteordnung", „Deutsches Gesundheitsrecht", „Reichsknappschaftsgesetz", „RVO 3. Buch Unfallversicherung", „RVO 4. Buch Rentenversicherung der Arbeiter" — Landessozialgerichts-Vizepräsident a. D. Dr. F. Etmer / Prof. Dr. P. Lundt, „Deutsche Seuchengesetze" — Ministerialrat Dr. A. Geißler / Ministerialrat Dr. A. Rojahn / Oberamtsrat H. Stein, „Sammlung tierseuchenrechtlicher Vorschriften" — Dr. W. Hans, „Das Neue Mietrecht", „Gesetz über die Förderung eines freiwilligen sozialen Jahres", „Städtebauförderungsgesetz" — Universitätsdozent Dr. M. Kloepfer, „Deutsches Umweltschutzrecht", „Zum Umweltschutzrecht in der Bundesrepublik Deutschland" — Vizepräsident der Bayerischen Versicherungskammer Dr. H. Krug, „Gesetz für Jugendwohlfahrt" — Landessozialgerichtsrat a. D. Dr. F. Luber, „Bundessozialhilfegesetz", „Deutsche Sozialgesetze", „Fundstellen- und Inhaltsnachweis Arbeits- und Sozialrecht", „Körperbehindertenhilfe", „Krankenhausfinanzierungsgesetz", „Tuberkulosehilfe" — Regierungsdirektor Dr. E. Raschke, „Sammlung fleischbeschaurechtlicher Vorschriften" — Landgerichtsrat Dr. H. Riedel, „Jugendgerichtsgesetz", „Zeitschrift für Sozialhilfe" — Landessozialgerichtspräsident a. D. Dr. H. Schieckel, „Arbeitsförderungsgesetz", „Arbeitsförderungsgesetz (AFG)", „Bundesausbildungsförderungsgesetz", „Berufsbildungsgesetz", „Bundeskindergeldgesetze", „Gesetz über eine Altershilfe für Landwirte", „Vermögensbildungsgesetz Komm.", „Vermögensbildungsgesetz Text", „Zivildienstgesetz" — Landessozialgerichtspräsident a. D. Dr. H. Schieckel / Landessozialgerichtsrat Dr. H. J. Gurgel, „Bundesversorgungsgesetz" — Oberregierungsdirektor Dr. W. Thumser / Ministerialrat F. Eichler, „Gesetz zum Schutze der arbeitenden Jugend" — Senatspräsident Dr. R. Töpfer / Landessozialgerichts-Vizepräsident a. D. Dr. F. Etmer, „Notstandsrecht" — Prof. Dr. H. F. Zacher, „Das Vorhaben des Sozialgesetzbuches".

Belletristik und Sachbücher: Frank Arnau, „Watergate - Der Sumpf" — Werner Egk, „Die Zeit wartet nicht" — Anneliese Fleyenschmidt, „Wir sind auf Sendung" — Valeska Gert, „Katze von Kampen" — Michael Graeter, „Leute", Band I u. II — Erich Helmensdorfer, „Westlich von Suez"; „Hartöstlich von Suez" — Otto Hiebl, „Schön daß es München gibt" — Werner Höfer, „Starparade - Sternstunden"; „Deutsche Nobel Galerie" — Friedrich Hollaender, „Ich starb an einem Dienstag"; „Ärger mit dem Echo" — Hermann Kesten, „Revolutionäre mit Geduld" — Manfred Köhnlechner, „Die Managerdiät" — Karl-Heinz Köpcke, „Guten Abend, meine Damen und Herren" — Peter Kreuder, „Nur Puppen haben keine Tränen" — Hardy Krüger, „Wer stehend stirbt, lebt länger" — Angelika Mechtel, „Das gläserne Paradies"; „Friß Vogel" — Werner Meyer / Karl Schmidt-Polex, „Schwarzer Oktober" — Erik Ode, „Der Kommissar und ich" — Herbert Reinecker, „Das Mädchen von Hongkong" — Luise Rinser, „Hochzeit der Widersprüche" — Rolf S. Schulz, „Die soziale und rechtliche Verpflichtung des Verlegers" — Hannelore Schütz / Ursula von Kardorff, „Die dressierte Frau" — Monika Sperr, „Die dressierten Eltern" — Helene Thimig-Reinhardt, „Wie Max Reinhardt lebte" — Luise Ullrich, „Komm auf die Schaukel Luise".

Zeitschrift: Zeitschrift für Sozialhilfe (mtl.).

Verlagsgebiete: 1 — 4 — 5 — 6 — 8 — 10 — 13 — 15 — 17 — 25 — 26 — 28 — 30.

Schulze, Dr. Herbert, Buch- und Kunstverlag, Nachf.
DDR-7010 Leipzig, Stephanstraße 10

Signet wird geführt seit: 1925.

Grafiker: Lorenz Reinhard Spitzenfeil

H. O. Schulze KG.
D-8620 Lichtenfels, Markt 15 und Viktor-v.-Scheffel-Straße 29, Postfach 88

Tel: (0 95 71) 788. **Psch:** Nürnberg 700-853. **Bank:** Kreissparkasse Lichtenfels 695; Bayer. Vereinsbank Lichtenfels 3511855; Volksbank Lichtenfels 511. **Gegr:** 1865 in Lichtenfels. **Rechtsf:** KG.
Inh: Hermann D. Schulze.
Verlagsleitung: Hermann D. Schulze, geb. 7. 3. 1930 in Lichtenfels, Sortimentslehre, 1947—1950 Gehilfenstellungen, seit 1966 Komplementär der Familien KG.
Prokurist: Georg Schrepfer.
Geschichte: Der Verlag verlegte erstmalig 1898 den Kalender „Der Mainbote von Oberfranken" mit Beiträgen zur Geologie, Geschichte, Volkskunde und Wirtschaft Oberfrankens. Führer, Chroniken, Bildbände schließen sich an, dazu einige Handbücher aus dem Krankenkassenbereich.
Hauptautoren: Dr. Richard Teufel (Kunstgeschichte), Dr. Joachim Hotz (Kunstgeschichte), Dr. Ferdinand Geldner (Geschichte), Karl Treutwein (Kulturgeschichte).
Tges: H. O. Schulze, Buchdruckerei, Formularverlag sowie Sortimente in Kronach und Lichtenfels.
Verlagsgebiete: 12 — 14 — 15.

Schulzesche Verlagsbuchhandlung
D-2900 Oldenburg, Schlossplatz 21/22

Schumacher-Gebler, Verlag
D-8000 München 15, Goethestraße 21

Verlag Schuster
D-2950 Leer, Mühlenstraße 17, Postfach 944
Tel: (04 91) 27 73. **Psch:** Hannover 1205 28-304. **Bank:** Kreis- und Stadtsparkasse Leer 500 298. **Gegr:** 1965 in Leer. **Rechtsf:** Einzelfirma.
Inh: Theo Schuster.
Verlagsleitung: Theo Schuster.
Geschichte: 1965 erschien die erste Mundart-Schallplatte, inzwischen liegen ca. 35 Schallplatten vor. Das Schwergewicht des Buchverlages liegt auf dem Sektor Landes- und Volkskunde, Kulturgeschichte Nordwestdeutschlands, deutsche und außerdeutsche Mundarten, wissenschaftliche Reprints. Außerdem erscheinen Nachdrucke dekorativer Grafik aus dem 16.—19. Jahrhundert.
Verlagsgebiete: 14 — 27.

Schwab, Heinrich, Verlag
D-7860 Schopfheim, Postfach, Hebelstraße 32

Signet wird geführt seit Verlagsgründung. Es entstand 1527.

Das Signet stammt von Hans Holbein d. J.

Schwabe & Co
Inhaber Overstolz & Co
CH-4010 Basel, Steinentorstraße 13, Postfach 190
Zwst: Schwabe & Co. GmbH, D-7000 Stuttgart 1, Schlüsselwiesen 38, Tel: (07 11) 48 32 04, Geschäftsführer: Hans Dettmar.
Tel: (061) 23 55 23. **Psch:** 40-265. **Bank:** Schweizerische Bankgesellschaft Basel. **Gegr:** 1868. **Rechtsf:** Kollektivgesellschaft.
Inh/Ges: Dr. med. h. c. Christian Overstolz; Dr. jur. Christian Overstolz.
Verlagsleitung: Dr. med. h. c. Christian Overstolz, geb. 31. 8. 1899; Dr. jur. Christian Overstolz, geb. 6. 8. 1932.
Direktoren: Hans Reimann (Verlag); Josef A. Niederberger (technische Abteilung); Marc Götz (Rechnungswesen und Vertrieb).
Lektoren: Dr. med. Ludwig Keller (medizinisches Lektorat); Jakob Lanz (philosophisches Lektorat); Dr. phil. Hans Georg Oeri (medizinisches und allgemeines Lektorat).
Geschichte: Wenn auch der Verlag erst seit etwa 100 Jahren den heutigen Firmennamen führt, so reicht seine Geschichte doch bis ins 15. Jahrhundert zurück. Das Unternehmen wurde von Johann Petri gegründet, der seit 1494 als Drucker zusammen mit Amerbach und mit Froben, dem späteren Verleger des Erasmus von Rotterdam, zeichnete. Die Petri betrieben ihre Basler Offizin durch vier Menschenalter, wobei die

Blüte in die zweite und dritte Generation fällt und durch die Namen Adam und Henric Petri repräsentiert wird. Adam Petri wurde seit dem Auftreten Luthers mehr und mehr zum Reformationsdrucker. Henric Petri, Arzt und Weltmann, vom Kaiser 1556 geadelt, ein Verleger großen Stils, führte die Druckerdynastie auf ihren Gipfel. Unter den lückenlos nachgewiesenen späteren Besitzern des Unternehmens befindet sich die Familie Decker, die ihrerseits eine Zweigoffizin in Berlin eröffnete, welche als Hofdruckerei Friedrichs des Großen und seiner Nachfolger Berühmtheit erlangte und 1897 zur deutschen Reichsdruckerei erhoben wurde. Zu dieser Zeit befand sich das Basler Haus bereits seit 30 Jahren im Besitz der Familie Schwabe, die aus Hanau zugewandert war. 1968 waren es 100 Jahre, daß das Unternehmen den Namen Schwabe trägt. Ihre heutige angesehene Stellung verdankt die Firma ihrer umfangreichen wissenschaftlichen Verlagsproduktion, die sich im besonderen auf die Gebiete der Medizin und Philosophie, aber auch der Geschichte, Kunstgeschichte und Psychologie erstreckt.
Im medizinischen Sektor publiziert der Verlag neben einer Reihe von Zeitschriften Lehrbücher und Monograpien von internationaler Bedeutung.
Von der geisteswissenschaftlichen Verlagstätigkeit seien hier nur die Ausgaben der Werke, der Briefe und der Biographie von Jacob Burckhardt sowie der Gesammelten Werke von Johann Jakob Bachofen und Heinrich Wölfflin besonders erwähnt. Einen speziellen Hinweis verdient auch die mehrbändige Ausgabe des schriftlichen Nachlasses von Paul Klee, d. h. vor allem seiner Bauhausvorlesungen. Bisher liegen zwei Bände dieses Nachlasses vor: „Das bildnerische Denken" und „Unendliche Naturgeschichte". Im Bereich der Philosophie stehen als bedeutende Editionen das zehnbändige „Historische Wörterbuch der Philosophie" (Hrsg. Joachim Ritter; über 700 Autoren), dessen drei erste Bände bereits erschienen sind, sowie eine vollständig neubearbeitete Ausgabe von Ueberwegs „Grundriß der Geschichte der Philosophie" auf dem Programm.

Hauptautoren: Johann Jakob Bachofen, Heinrich Barth, Edgar Bonjour, Jacob Burckhardt, Georg R. Constam, Guido Fanconi, Paul Ganz, Heinz Stefan Herzka, Walter R. Hess, Werner Kaegi, David Katz, Hans Kayser, Paul Klee, Hermann Lübbe, Heinrich Meng, Karl Meuli, Adolf Portmann, Joachim Ritter, Jean-Pierre Schobinger, Leopold Szondi, Moritz Tramer, Friedrich Ueberweg, A. L. Vischer, Peter G. Waser, Heinrich Wölfflin.

Zeitschriften: „Museum Helveticum", Hrsg. Olof Gigon, Felix Heinimann, Fritz Wehrli — „Schweizerische Medizinische Wochenschrift", Hrsg. Chr. Hedinger, G. Riva, A. Uehlinger, Chr. Vorburger — „Helvetica Chirurgica Acta", Hrsg. M. Rossetti, A. Jost — „Helvetica Paediatrica Acta", Hrsg. A. Fanconi, E. Gautier, A. Prader, F. Rossi, G. Stalder, P. E. Ferrier — „Acta Paedopsychiatrica", Hrsg. D. Arn. van Krevelen — „Bulletin der Schweizerischen Akademie der Medizinischen Wissenschaften".

Verlagsgebiete: 3 — 14 — 17 — 10 — 11 — 24 — 28.

Schwabe & Co., GmbH
D-7000 Stuttgart 1, Schlüsselwiesen 38

Signet wird geführt seit: 1962.

Grafiker:
Theo-Günther Schiegl.

Schwabenverlag A.-G.
D-7304 Ruit b. Stuttgart, Gutenbergstraße 12
Tel: (07 11) 41 29 08. **Fs:** 07-23 556. **Psch:** Stuttgart 4559-701. **Bank:** Girokasse Stuttgart 2025 557; Deutsche Bank 14/24 738; Dresdner Bank 90291 02; Südwestbank 20 176; Schwäb. Bank 2 458; Ruiter Bank Ruit 30 35 000; Württ. Bank 857. **Gegr:** 1848 „Deutsches Volksblatt", 1875 A.-G. Deutsches Volksblatt, 1924 Schwabenverlag A.-G. **Rechtsf:** AG.
Inh/Ges: AG.
Verlagsleitung: Vorstand: Direktor Paul Löcher, geb. 14. 11. 1917 in Ludwigshafen/Rh.-Oggersheim.
Lektor: Dr. Rudolf Müller-Erb, geb. 6. 6. 1910 in Stuttgart.
Geschichte: 1848 Gründung als Verlag „Deutsches Volksblatt". 1875 Umwandlung in A.-G. Deutsches Volksblatt. Herausgabe von Zeitungen und Zeitschriften. Veröffentlichung von Büchern

und Broschüren: Zeitfragen, Geschichte der Diözese Rottenburg, Volksausgaben der Heiligen Schrift, Gebetbuchliteratur. 1924 neue Firmierung: Schwabenverlag A.-G. 1943 durch NS-Behörden Buchverlagsrecht entzogen. Buchproduktion seit 1946: katholische Theologie, ökumenische Literatur. Seit 1951 Jugendbücher, Sachbücher. Seit 1973 Großdruckreihe „Die kleine Gabe". Seit 1850 „Katholisches Sonntagsblatt", Wochenzeitung.
Katholischer Volks- und Hauskalender.
Hauptautoren: Theologie: Heinrich Fries, Hermann Tüchle, Yves Congar, Ambroise M. Carré, Pierre Rondot, George H. Dunne, John Henry Newman, Georg Moser, Hans-Bernhard Meyer.
Jugendbücher: Peter Berger, Fritz Brustal-Naval, Konrad Seiffert, Eva Rechlin, Inger Brattström, Aimée Sommerfelt, Erich Volkmar.
Verlagsgebiete: 2 — 8 — 9 — 24 — 11 — 14.
Angeschl. Betr: Schwabenverlag A.-G., Ellwangen/Jagst, Kurze Straße 5, Buch- und Kunstverlag, Buchbinderei, Druckerei, Schwabenverlag A.-G., Aalen, Bahnhofstraße 21, Sortiments-Buchhandlung, Druckerei.
Tges: Ipf- und Jagstzeitung G.m.b.H., Aalen, Bahnhofstraße 21, 90 Prozent. Süddeutsche Verlagsgesellschaft mbH., Ulm/Donau, Sedelhofgasse 21, Buch- u. Zeitschriftenverlag, Sortimentsbuchhandlung, Druckerei, 81 Prozent. Beteiligung: Rottenburger Druckerei, Rottenburg/N., Reiserstraße 2, Kunstverlag, Druckerei, 80 Prozent.

Schwabenwerk GmbH
D-7000 Stuttgart 1, Postfach 1365, Charlottenplatz 17

Schwager, Paul
D-5377 Dahlem-Baasem, Waldrandsiedlung 65

Schwaneberger Verlag GmbH
D-8000 München 45, Muthmannstr. 4
Tel: (089) 3 81 93-1. **Fs:** 5215 342 gerb d. **Psch:** München 8287-808. **Bank:** Bayer. Vereinsbank München 955 100. **Gegr:** 1910 in Leipzig. **Rechtsf:** GmbH.
Inh/Ges: Carl Gerber Grafische Betriebe KG.
Pers. haft. Gesellschafter: Dr. Adolf Gerber, Hans Hohenester.
Kommanditisten: Dr. Hermann Hohenester, Walther Hohenester, Elisabeth Kreeb
und Südd. Treuhandgesellschaft.
Verlagsleitung: Hans Hohenester ☐, Geschäftsführer, geb. 11. 7. 1931 in München.
Geschichte: Im Jahre 1910 brachte der Briefmarkenhändler Hugo Michel den ersten MICHEL-Katalog heraus. 1919 erwarb Hugo Schwaneberger die Rechte, die er 1950 an die Carl Gerber Grafischen Betriebe verkaufte. Die enge Verflechtung mit hervorragenden Druckfachleuten und eine eigene Besatzung von überdurchschnittlichen philatelistischen Mitarbeitern brachte den Schwaneberger Erzeugnissen noch größere Erfolge als vor dem Kriege. Nicht umsonst nennen liebevolle Spötter den für alle deutschsprachigen Sammler unentbehrlichen MICHEL-Katalog „Bibel der Philatelisten"!
Hauptwerke: „MICHEL-Deutschland-Katalog" — „MICHEL-Deutschland-Spezialkatalog" — „MICHEL-Europa-Katalog" — „MICHEL-Übersee-Katalog" — „MICHEL-Ganzsachen-Katalog" — „Handbuch und Katalog der deutschen Kolonialvorläufer" — „Abartenführer" — „Farbenführer".
Zeitschrift: „MICHEL-Rundschau".
Verlagsgebiet: 25.

L. Schwann Verlag
D-4000 Düsseldorf, Charlottenstr. 80/86, Postfach 7640
Tel: (02 11) 3 55 81. **Fs:** 08-582 463. **Psch:** Köln 386 43-502. **Bank:** Landeszentralbank 30008324; Westdeutsche Landesbank 30 84 811 — alle in Düsseldorf.
Gegr: 4. 11. 1821 in Neuß. **Rechtsf:** KG.
Inh/Ges: Pers. haft. Gesellschafterin: Schwann Verwaltungsgesellschaft mbH. Düsseldorf.
Kommanditisten: Adelheid Böhringer geb. Francken-Schwann; Theo Francken-Schwann; Annemarie Fürst, geb. Francken-Schwann.
Geschichte: Die im Jahre 1821 gegründete Firma ist eine Holding. Die verlegerische Tradition des L. Schwann Verlages ist auf den Pädagogischen Verlag Schwann GmbH übergegangen (vgl. dort).

Druck und Verlag Ernst Schwarcz

A-1090 Wien, Sensengasse 4
Tel: (02 22) 42 65 24. **Psch:** München 1204 37-807. **Bank:** Zentralsparkasse der Gemeinde Wien 612 158 709. **Gegr:** 1935 in Wien. **Rechtsf:** Einzelfirma.
Inh: Ernst Schwarcz.
Verlagsleitung: Ernst Schwarcz ☐, geb. 15. 7. 1923.
Geschichte: Gründung als „Sensen-Verlag" 1935 durch Josef Schwarcz, dem Vater des dzt. Inhabers. Namensänderung des Verlages ab 1. Jänner 1973. 1935—1938 vorwiegend Herausgabe medizinischer Bücher. Nach 1950 neuer Beginn der Verlagstätigkeit, besonders „Schriftenreihe für den Frieden".
Buchreihe: „Schriftenreihe für den Frieden".
Verlagsgebiet: 6.

Signet wird geführt seit: 1950.

Grafiker:
Erwin Nies, Göttingen.

**Verlag und Buchdruckerei
Otto Schwartz & Co. KG**

D-3400 Göttingen, Annastraße 7

Tel: (05 51) 3 10 51/52. **Psch:** Hannover 1071 12/307. **Bank:** Städt. Sparkasse Göttingen 88443; Commerzbank Göttingen 6 308 704; Norddeutsche Landesbank Hannover 2564. **Gegr:** 9. 7. 1871 in Berlin. **Rechtsf:** KG.
Inh/Ges: Pers. haft. Gesellschafter: Dr. Herbert Weißer; Dipl.-Volkswirt Konrad Weißer; Kommanditistin: Dr. Gerda Weißer.
Verlagsleitung: Dr. phil. Herbert Weißer, geb. 20. 4. 1925, abgeschlossene Buchhandelslehre, Studium in Göttingen und Köln. Abteilung: Volkskunde, Hochschulwesen, Erwachsenenbildung. Dipl.-Volkswirt Konrad Weißer, geb. 9. 7. 1926, Studium in Braunschweig, Hamburg und Göttingen. Abteilung: Volks- und Betriebswirtschaftslehre. Dr. jur. Werner Gornickel, geb. 20. 10. 1911, Studium, Promotion und wissenschaftlicher Assistent in Berlin. Rechtsanwalt in Göttingen; Lektor der Abteilung: Rechtswissenschaft.

Geschichte: Der Verlag wurde 1871 in Berlin gegründet. Seitdem erscheint auch die „Schwartzsche Vakanzen-Zeitung", die älteste Kommunalzeitschrift. Totale Zerstörung des Betriebes am 3. 2. 1945. Verlust eines Filialbetriebes in Wigangsthal, Schlesien. Wiederaufbau in Göttingen.
Hauptwerke: Rund 20 Schriftenreihen und 8 Zeitschriften erweisen neben Monographien, Kommentaren, Gesetzestexten und kommunalen Fachbüchern die Vielfalt des Verlagsprogramms.
Buchreihen: „Göttinger Rechtswissenschaftliche Studien" (bisher über 80 Titel), u. a.
Zeitschriften: „Soziale Welt" — „Die Mitarbeit" — „Der Städtebund" — „Schwartzsche Vakanzen-Zeitung", u. a.
Verlagsgebiete: 1 — 4 — 5 — 6 — 11 — 14 — 21 — 28 — Kommunales Schrifttum.

Schwarz, Richard, Nachf. Karl H. Paarmann, Landkartenverlag

D-1000 Berlin 30, Lützowstr. 105—106

Signet wird geführt seit: 1968.

Grafiker: selbst.

Dr. Wolfgang Schwarze Verlag

D-5600 Wuppertal 2, Heckinghauserstraße 65—67, Postfach 20 20 15

Tel: (0 21 21) 62 20 05/06. **Psch:** Köln 700 74. **Bank:** Dresdner Bank Wuppertal Werth 437 840. **Gegr:** 1968 in Wuppertal-Barmen. **Rechtsf:** Einzelfirma.
Inh/Ges: Dipl.-Kfm. Dr. rer. pol. Wolfgang Schwarze.
Verlagsleitung: Dr. Wolfgang Schwarze, geb. 11. 1. 1927, Drucker und Verleger; Ursula Rumker-Schulze, Prokuristin.
Geschichte: Der Verlag ist entstanden aus der fast hundertjährigen Offset- und Verpackungsdruckerei Schwarze & Oberhoff, deren Besitz sich in gleicher Hand befindet. 1964 wurde damit begonnen, sehr exclusive Ridinger Kalen-

der sowie Bildbände der Heimatforforschung herauszugeben. Das spezielle Gebiet Innenarchitektur kam dazu. Der Verlag wuchs sehr schnell und wurde 1968 in einem neugegründeten Verlag Dr. Wolfgang Schwarze Verlag ausgegliedert.
Hauptautoren: Es werden sehr exclusive Bildbände herausgegeben, deren Texte von den bekanntesten Fachautoren bearbeitet wurden.
Hauptwerke: Exclusive Bildbände mit Texten bekannter Fachautoren. Ferner jährlich etwa 15 verschiedene Kalender mit Vorlagen alter Stiche sowie Faksimileausgaben alter Stiche nach Werken von G. B. Piranesi, J. E. Ridinger, Philipp Wouwermann, Claude Lorrain u. a. — Innenarchitekturbände: Exclusives Wohnen, Kultiviertes Wohnen, Rustikales Wohnen, Wohnen Heute, Anspruchsvolles Wohnen — Kulturbände über das Bergische Land und die Stadt Wuppertal.
Tges: Schwarze & Oberhoff, Offset- und Buchdruckerei, Faltschachtelwerk (100 Prozent).
Verlagsgebiete: 12 — 13 — 14 — 24.

Signet wird geführt seit: 1910.

Grafiker: —

J. Schweitzer Verlag

D-1000 Berlin 30, Genthiner Straße 13

Tel: (030) 2 61 13 41 und 2 61 18 91. **Fs:** 0184027. **Psch:** Berlin-West 56667-108. **Bank:** Berliner Bank 3271036 400. **Gegr:** 1. 1. 1885 in München. **Rechtsf:** KG.
Inh/Ges: Pers. haft. Gesellschafter: Dr. phil. Kurt-Georg Cram, Dr. jur. Arthur L. Sellier.
Verlagsleitung: Dr. Kurt-Georg Cram, Dr. Arthur L. Sellier.
Verlagsbüro München: D-8000 München 80, Geibelstraße 8, Tel: (089) 47 96 92.
Geschichte: Der Verlag entstand 1885 als Verlagsabteilung des 1868 von Johann Baptist Schweitzer in München gegründeten J. Schweitzer Sortiments; 1893 erfolgte die Trennung in zwei selbständige Firmen, von denen Arthur Sellier das Sortiment und 1898 auch den Verlag übernahm. Mit diesem wurde der H. W. Müller Verlag verbunden; damit waren zwei juristische Fachverlage in einer Hand vereinigt.
Hauptautoren/Hauptwerke: Staudinger, „Kommentar zum BGB" — Meikel-Imhof-Riedel, „Grundbuchrecht" — Petters-Preisendanz, „Strafgesetzbuch" — Dittmann-Reimann-Bengel, „Testament und Erbvertrag" — „Privatrecht, Lehrbuch für Fachschulstudenten" — Steiner-Riedel, „Zwangsversteigerung und Zwangsverwaltung".
Buchreihen: „Arbeitspapiere Rechtsinformatik" — „Datenverarbeitung im Recht (Beihefte)" — „EDV und Recht" — „JA-Sonderhefte" — „Münchener Universitätsschriften" — „Recht der internationalen Verwaltung und Wirtschaft" — „RENGAW-Sammlung" — „Sammlung Stober" — „Schriftenreihe zum Vereins- und Verbandsrecht" — „UFITA-Schriftenreihe".
Zeitschriften: „Datenverarbeitung im Recht" — „Juristische Arbeitsblätter" — „Neue Zeitschrift für Wehrrecht" — „UFITA" — „Vierteljahresschrift für Sozialrecht".
Verlagsgebiet: 4.

Schweizer Jugend-Verlag, Union Druck+Verlag

CH-4500 Solothurn, Weissensteinstr. 2

Schweizer Spiegel-Verlag

CH-8024 Zürich, Rämistraße 39

Schweizer Verlagshaus AG

CH-8008 Zürich, Klausstraße 33

Signet wird geführt seit: 1956.

Grafiker: Werner Andermatt.

Schweizer Volks-Buchgemeinde

CH-6002 Luzern, Habsburgerstraße 44, Postfach 207

Tel: (041) 23 56 44. **Psch:** Luzern 60-9564. **Bank:** Luzerner Kantonalbank Luzern 6183. **Gegr:** 1. 10. 1941 in Luzern. **Rechtsf:** Vereins-Institution.
Inh/Ges: Schweizerischer Katholischer Volksverein (Dachorganisation der katholischen Männervereine der Schweiz).

Verlagsleitung: Geschäfts- und Vertriebsleiter: Werner Hug, lic. oec. (Prokura, geb. 1937), seit 1. 11. 1972, Nachfolger von Anton Röösli.
Vereinssekretär: Anton Röösli (Prokura, geb. 1935).
Lektorin: Brigitte Frey (geb. 1931).
Werbeleiter: Hans Fluri (Leiter der Kontaktstelle für Vorschulfragen, geb. 1942).
Buchhalter: Hans Burkart (Prokura, geb. 1915).
Geschichte: 1941 gegründet von Prälat Joseph Meier und Eugen Vogt, der erster Geschäftsführer wurde. Seine Nachfolger wurden 1970 Anton Röösli, 1972 Werner Hug. — Heutiger Mitgliederbestand: ca. 50 000. — Seit 1970 auch Vertrieb von Schallplatten, seit 1972 von Lernspielen, seit 1973 von Musik- und Sprachkassetten nebst Rekordern und seit 1974 Plattenspieler.
Hauptautoren: Fjodor M. Dostojewskij, Heinrich Federer, Jeremias Gotthelf, Erich Kästner, Alja Rachmanowa, J. K. Scheuber, Alexander Solschenizyn, Adalbert Stifter, Lorenz Stucki.
Hz: „SVB-Bücherkatalog" (jl.) — „SVB-Rundbriefe" (4x jl.).
Verlagsgebiete: 2b — 8 — 9 — 10 — Buchgemeinschaft — 30.

E. Schweizerbart'sche Verlagsbuchhandlung (Nägele u. Obermiller)

D-7000 Stuttgart 1, Johannesstraße 3 A

Tel: (07 11) 62 35 41—43. **Psch:** Stuttgart 14 981-706. **Bank:** Deutsche Bank, Filiale Stuttgart 14/02 684. **Gegr:** 1826 in Stuttgart. **Rechtsf:** OHG.
Inh/Ges: Klaus Obermiller, Dr. Erhard Nägele.
Verlagsleitung: Klaus Obermiller, geb. 4. 10. 1921 in Stuttgart; Dr. Erhard Nägele, geb. 5. 11. 1933 in Stuttgart.
Geschichte: Gegründet 1826 durch W. Emanuel Schweizerbart. Verlagsbeginn mit historischen Werken. Dazu kamen bald schöngeistige, wie Mörike „Maler Nolten" und „Stuttgarter Hutzelmännlein" und etwa 1830 erste naturwissenschaftliche Publikationen, später völlige Spezialisierung auf das noch heute gepflegte Gebiet der beschreibenden Naturwissenschaften. Ab Januar 1968 Übernahme der Verlagsbuchhandlung Gebr. Borntraeger, Berlin, durch die Gesellschafter der E. Schweizerbart'schen Verlagsbuchhandlung (Nägele u. Obermiller), Stuttgart, unter Weiterführung als deren Schwesterfirma.
Hauptwerke: Einzelwerke, Reihen- und Handbücher auf den Gebieten Geologie, Mineralogie, Hydrobiologie, Fischerei, Zoologie, Anthropologie, Botanik, Entomologie: Erwin Lindner, „Die Fliegen der paläarktischen Region" — Außerdem in Kommission die Schriften der Bundesanstalt f. Bodenforschung Hannover u. d. Niedersächs. Landesamtes Hannover, z. B. „Geologisches Jahrbuch".
Buchreihen: „Geotektonische Forschungen" — „Sammlung ‚Die Binnengewässer' " — „Handbuch für Binnenfischerei Mitteleuropas" — „Handbuch der Seefischerei Europas".
Zeitschriften: „Algological Studies" — „Anthropolog. Anzeiger" — „Archiv für Hydrobiologie" — „Ergebnisse der Limnologie" — „Bibliotheca Botanica" — „Botanische Jahrbücher" — „Contributions to Sedimentology" — „Fortschritte der Mineralogie" — „Fundberichte aus Baden-Württemberg" — „Jahresberichte u. Mitt. d. Oberrhein. Geol. Vereins" — „Verhandlungen u. Mitteil. d. Internat. Vereinigung f. Theor. u. Angew. Limnologie" — „Neues Jahrbuch f. Mineralogie" — „Neues Jahrbuch f. Geologie u. Paläontologie" — „Palaeontographica" — „Paläontologische Zeitschrift" — „Zeitschrift f. Morphologie u. Anthropologie" — „Zentralblatt f. Mineralogie" — „Zentralblatt f. Geologie u. Paläontologie" — „Zoologica".
Tges: Schwesterfirma: Gebrüder Borntraeger Verlagsbuchhandlung, Berlin-Stuttgart.
Verlagsgebiet: 18.

Schweizerisches Jugendschriftenwerk
CH-8022 Zürich, Postfach 747, Seefeldstraße 8

Schweizerisches Ost-Institut siehe SOI

Schwetzinger Verlagsdruckerei GmbH
D-6830 Schwetzingen/Baden, Postf. 26, Carl-Theodor-Straße 1

Schwieger, Heinz
D-6200 Wiesbaden, Gluckstraße 12

Signet wird geführt seit: Firmengründung.

Grafiker: —

Scientia Verlag und Antiquariat Kurt Schilling

D-7080 Aalen, Haldenweg 10, Postfach 1660

Tel: (0 73 61) 4 17 00. **Psch:** Stuttgart 11417-700; Den Haag 604506; Zürich VIII 546 54; Stockholm 5471 45-3; Wien 13 4426; Brüssel (Bruxelles) 350 522; Trient (Trento) 14/3581. **Bank:** Deutsche Bank Aalen 122 150; Kreissparkasse Aalen 61757. **Gegr:** 1. 11. 1953. **Rechtsf:** Einzelfirma.
Inh: Kurt Schilling.
Verlagsleitung: Kurt Schilling, geb. 12. 5. 1910, im Beruf seit 1924.
Lektorat: Günter Schilling, geb. 1931.
Herstellung: Wieland Schilling, geb. 1942.
Geschichte: Gegründet 1953 als KG, zunächst als wissenschaftliches Antiquariat, wurde der Firma schon bald nach der Gründung eine Verlagsabteilung für fotomechanische Neudrucke angegliedert. 1954/55 schon erschienen die ersten Neudruckausgaben; zuerst einige als Originalausgaben besonders gesuchte rechtswissenschaftliche Monografien. Der Aufstieg zu einem der führenden deutschen Reprint-Verlage erfolgte zu Beginn der sechziger Jahre mit der Herausgabe der OEuvre-Ausgaben großer Philosophen. Besonders ausgebaut wurden die Verlagsrichtungen Rechtsgeschichte, Zivilrecht, Staatslehre, Philosophie, mittelalterliche Geschichte; nicht nur auf dem Reprint-Sektor, sondern auch durch Erstveröffentlichungen. Zum 1. 1. 1973 Umwandlung der KG in eine Einzelfirma.
Hauptautoren: Ernst Troeltsch, Otto Willmann, Franz X. v. Baader, J. F. Herbart, Thomas Hobbes, John Locke, David Hume, Immanuel Hermann v. Fichte, Jakob Friedrich Fries — Rudolf v. Jhering, F. K. v. Savigny, Josef Kohler, Georg Jellinek, Hans Kelsen, Karl August Eckhardt, G. L. v. Maurer, Alfons Dopsch, Moritz Voigt, Paul J. A. v. Feuerbach, Julius Ficker, Karl Binding, Julius Binder, Hermann Conring, Johannes Althusius, Otto von Gierke.
Reihe: Untersuchungen zur deutschen Staats- und Rechtsgeschichte.
Verlagsgebiete: 4 — 5 — 1 — 2 — 3 — 5 — 7 — 10 — Spez.Geb: 30 Reprints.

Sckell, Dr. Otto

D-3550 Marburg a. d. L., Schützenstr. 32

Scriptor-Verlag GmbH & Co. KG
Wissenschaftl. Veröffentl.

D-6242 Kronberg/Ts, Postfach 96, Schreyerstraße 2

Sedlmayr, Hugo

A-6850 Dornbirn, Schulgasse 20

Seehafen-Verlag Erik Blumenfeld

D-2000 Hamburg 50, Postfach 501 347, Celsiusweg 15

Seehasen-Verlag R. W. Schwarz

D-7750 Konstanz, Postfach 435, Hardtstraße 17

Verlag Rolf Seeliger

D-8000 München 40, Gernotstraße 4

Tel: (089) 30 69 18. **Psch:** München 135383-800. **Bank:** Bayer. Hypotheken- u. Wechselbank München 3752704. **Gegr:** 1964 in München. **Rechtsf:** Einzelfirma.
Inh: Rolf Seeliger.
Verlagsleitung: Rolf Seeliger ☐, geb. 29. 7. 1925 in München, als Journalist Mitarbeiter zahlreicher Zeitungen und Zeitschriften.
Geschichte: Seit 1964 wurden in Zusammenarbeit mit Studentengruppen (siehe Dokumentenreihe „Braune Universität"), mit gewerkschaftlichen und Parteigruppen (siehe „Beiträge zur Mobilisierung der Sozialdemokratie") Schriftenreihen herausgegeben.
Hauptautoren/Hauptwerke: Rolf Seeliger (Hrsg.) unter Mitarbeit von Dieter Schoner, Hellmut Haasis, „Braune Universität - Deutsche Hochschullehrer gestern und heute", Dokumentation mit Stellungnahmen (6 Bände 1964—1968). — Rolf Seeliger, „Die außerparlamentarische Opposition" mit Beiträgen u. a.

von Helmut Schmidt, Thomas Dehler, Karl Theodor von Guttenberg (1968). — Rolf Seeliger (Hrsg.), „Großer Kompromiß ohne Ende? - Zur innerparteilichen Debatte in der SPD um den Koalitionsentscheid 1969" (1969). — Rolf Seeliger (Hrsg.), „Bonns Graue Eminenzen - Aktuelle Beiträge zum Thema Ministerialbürokratie und sozialdemokratische Reformpolitik" (1970). — Rolf Seeliger (Hrsg.), „Quo vadis SPD?" (1971). — Rolf Seeliger (Hrsg.), „SPD 72" (1972). — Professor Dr. Günter Slotta MdB (Hrsg.), „Chance für Europa - Aktuelle Beiträge zur Europäischen Sicherheitskonferenz" (1973). — Rolf Seeliger (Hrsg.), „Konzepte SPD 74" mit Beiträgen zur Mobilisierung der Sozialdemokratie von Bundestags-, Landtagsabgeordneten, Gewerkschaften usw. (1974). — Professor Dr. Günter Slotta MdB (Hrsg.), „Koalition in der Bewährung - innenpolitische Reformen trotz unterschiedlicher Standpunkte von SPD und FDP" mit Beiträgen von Bundestagsabgeordneten der SPD und FDP (1974).
Verlagsgebiet: 6.

Seelsorge-Verlag
D-7800 Freiburg/Br., Postfach 1366, Karlstraße 40

Seemann, E. A.
D-5000 Köln 41, Nassestraße 14

Seemann, E. A. (VEB)
DDR-7010 Leipzig, Schließfach 846, Jacobstraße 6

Seeverlag H. Schneider
A-6973 Höchst 94, Postfach 16

**Seewald Verlag
Dr. Heinrich Seewald**
D-7000 Stuttgart 70, Obere Weinsteige 44, Postfach 6
Tel: (07 11) 76 50 85. **Psch:** Stuttgart 60 804. **Bank:** Württembergische Bank Stuttgart 2228; Girokasse Stuttgart 28 29 966. **Gegr:** 5. 1. 1956. **Rechtsf:** KG.
Inh/Ges: Dr. Heinrich Seewald, pers. haft. Gesellschafter und 3 Kommanditisten.

Verlagsleitung: Verleger Dr. phil. Heinrich Seewald ⌑, geb. 10. 6. 1918 in Kassel, ehem. aktiver Offizier, Hochschulstudium an den Universitäten Freiburg i. Br. und Tübingen, Promotion als Historiker, erste Verlagstätigkeit als Lektor im Engelhornverlag Adolf Spemann, dann Geschäftsführer und Verlagsleiter der Scherz & Goverts Verlags GmbH, dann Mitinhaber des Seewald & Schuler Verlags GmbH, seit 5. 1. 1956 Inhaber, pers. haft. Gesellschafter des Seewald Verlags in Stuttgart-Degerloch. Lektorat: Rupprecht Sommer, geb. 21. 11. 1914 in Jena.

Geschichte: Seit der Gründung am 5. 1. 1956 liegt der Schwerpunkt der Verlagsarbeit auf den Gebieten: Politik, Zeitgeschichte, Wirtschaft. Unter Mitwirkung maßgeblicher Politiker — Fritz Erler, Franz Josef Strauß, Helmut Schmidt, Karl Schiller, Hans Filbinger, Erhard Eppler, Gerhard Stoltenberg u. a. — wude zum erstenmal in der Bundesrepublik Deutschland ein „Forum freier Diskussion" (dies auch die Verlagsdevise) aufgebaut. In den sechziger Jahren Begründung und Ausbau mehrerer, auch wissenschaftlicher Schriftenreihen und Sammlungen. 1973 Übernahme der „Sammlung Politeia" vom Verlag F. H. Kerle, Heidelberg. 1963 Begründung von „Seewalds Wein-Bibliothek" mit Ernst Hornickels „Die Spitzenweine Europas".

Hauptwerke: Ernst Benda, „Der Rechtsstaat in der Krise" — Wolfram Engels, „Soziale Marktwirtschaft" — Cornelia Gerstenmaier, „Die Stimme der Stummen" — Guttenberg, „Fußnoten" — Richard Löwenthal, Hans-Peter Schwarz (Hrsg.), „Die zweite Republik - 25 Jahre Bundesrepublik Deutschland - Eine Bilanz" — Robert S. McNamara, „Die Jahrhundertaufgabe - Entwicklung der Dritten Welt" — Hanns Martin Schleyer, „Das soziale Modell" — Axel Springer, „Von Berlin aus gesehen" — Karl Steinbuch, „Kurskorrektur" — Arthur F. Utz, „Sozialethik" (5 Bde., Sammlung Politeia) — Fritz Wiedemann, „Der Irrtum der antiautoritären Revolte" — Gerhard Ziemer, „Deutscher Exodus" — Ernst Hornickel, „Gesamtwerk für Weinfreunde in 5 Bänden": „Wein-Kenner", „Wein-Sorten", „Wein-Gotha", „Wein-Keller", „Wein-Reisen" — Hans Graf Huyn, „Das Tiroler Weinbuch" — Illa Andreae, „Alle Schnäpse dieser

Welt" — Helmut Arntz, „Kleines Sekt-Lexikon".

Hauptautoren: Rüdiger Altmann, Clemens-August Andreae, Jürgen Baumann, André Beaufre, Gerhart Binder, Paul Binder, Andreas Biss, Franz Böhm, Francois Bondy, Georges Bortoli, Goetz Briefs, Fritz van Briessen, Margarete Buber-Neumann, Hans Buchheim, Friedrich A. Cornelssen, Richard Graf Coudenhove-Kalergi, Dieter Cycon, Gustav Däniker, Ernst Deuerlein, Alfred Dregger, Robert Dvorak, Theodor Eschenburg, Edith Eucken-Erdsiek, Philipp W. Fabry, Hugo Fischer, Gerhard A. Friedl, Milton Friedman, Otto A. Friedrich, Hans-Georg Gadamer, Brigitta Gräfin von Galen, Mario von Galli, Pierre Gallois, John K. Galbraith, Franz Ulrich Gass, Eugen Gerstenmaier, Eberhard Günther, Wilhelm Hahn, Gerd Hamburger, Yehoshafat Harkabi, Otto Walter Haseloff, Hermann Höcherl, Wolfgang Höpker, Sigrid Hunke, Reimut Jochimsen, Gert-Klaus Kaltenbrunner, Walter Leisler Kiep, Botho Kirsch, Anneliese Kohleiss, Herbert Kremp, Gerd Langguth, Hanna Renate Laurien, Hans Maier, George Meany, Erich Mende, Ferdinand Otto Miksche, Carlo Moetteli, Armin Mohler, Norbert Muehlen, Günther Müller, Alfred Müller-Armack, Heinrich Niehaus, Nils Örvik, Kurt Pentzlin, Günter Rinsche, Wilhelm Röpke, Günter Rohrmoser, August Sahm, J. R. von Salis, Walter Salomon, Manfred Schäfer, Erwin K. Scheuch, Ulrich Scheuner, Theodor Schieder, Carlo Schmid, Matthias Schmitt, Gerd Schmückle, Heinrich Schneider, Helmut Schoeck, Percy Ernst Schramm, Caspar Freiherr v. Schrenck-Notzing, Axel Seeberg, Theo Sommer, Sven Steenberg, Hans Stercken, Franz Josef Strauß, Heinrich Streithofen, Hans-Georg von Studnitz, Frank Thieß, Arthur F. Utz, Paul Wilhelm Wenger, Heinrich Windelen, Rudolf Woller, Olaf von Wrangel.

Reihen: „Zeitpolitische Schriftenreihe" — „Militärpolitische Schriftenreihe" — „Veröffentlichungen des Instituts für Gesellschaftswissenschaften Walberberg e. V." — „Walberberger Gespräche" — „Sammlung Politeia" — „Schriftenreihe des Vereins für wirtschaftliche und soziale Fragen e. V. Stuttgart" — „Das Anti-Klischee" — Studien des Instituts für Elementar-Psychologie und optimales Verhalten — Dokumentationsreihe „Was uns verbindet" (zus. mit Inter Nationes) — „Das Schwetzinger Gespräch" — „Fröhliches Forum".

Verlagsgebiete: 2 — 3 — 4 — 5 — 6 — 10 — 13 — 14 — 18 — 20 — 21 — 22.

Signet wird geführt seit: 1921.

Grafiker: —

Seibt-Verlag Dr. Artur Seibt

D-8000 München 80, Anzinger Straße 1

Tel: (089) 40 45 61. **Fs:** 05-23789. **Psch:** München 1551-802; Wien 1095 78. **Bank:** Bayerische Vereinsbank München 30 60 21; Deutsche Bank München 20 35 202; Berliner Bank Berlin 270 779 9300. **Gegr:** 1938 in München. **Rechtsf:** GmbH und Co. KG.

Inh/Ges: SeKa-Verlags-GmbH, Lore Wirsching-Seibt, Medizinal-Dir. Dr. med. Paul Wirsching.

Verlagsleitung: Götz Ohmeyer, geb. 1. 9. 1927, Einzelprokura.
Herstellungsleitung: Horst Friedrich, Gesamtprokura.
Werbeleitung: Konrad Haslbeck, Gesamtprokura.

Geschichte: Nach langjähriger Vorarbeit erschien 1921 die erste Ausgabe des „Seibt"-Bezugsquellennachweises der Deutschen Industrie. Das von Dr. A. Seibt angewandte System der Einordnung von Erzeugnissen nach fachlichen Gesichtspunkten bewährte sich sehr schnell, so daß der damalige Bundesverband der Deutschen Industrie den „Seibt" zu seinem offiziellen Bezugsquellennachweis erklärte. Es folgten fremdsprachige Ausgaben und schließlich weitere Nachschlagewerke für Spezialbereiche. Nach einer Übereinkunft mit dem Deutschen Normenausschuß wurde 1973 das DIN-Bezugsquellenverzeichnis in den „Seibt" integriert.

Hauptwerke: „Seibt"-Industriekatalog mit Bezugsquellennachweis DIN-genormter Teile — „Seibt"-Exportkataloge englisch, französisch, spanisch —

„Seibt"-Medizinische Technik — „Handbuch der amerikanischen Wirtschaftsverbindungen in Deutschland".
Verlagsgebiet: 25.

Seith, Aug., Musikverlag
D-8000 München 15, Haydnstraße 2/III

Seitz, Franz X. & Val. Höfling
D-8000 München 80, Postfach 801 680, Vogelweideplatz 11

Signet wird geführt seit: 1972.

Grafiker: —

Sellier GmbH Freising
D-8050 Freising, Bahnhofstraße 14—16 u. Angerstraße 54, Postfach 1949
Tel: (0 81 61) 1 36 33. **Fs:** 05-26511. **Psch:** München 17374-802. **Bank:** Kreissparkasse Freising 1842; Bayer. Vereinsbank Freising 40 12 100. **Gegr:** 1702 in Freising. **Rechtsf:** GmbH.
Inh/Ges: Alfred Sellier, Kurt Sellier, Peter Sellier, Dr. Arthur Sellier.
Verlagsleitung: Kurt Sellier, geb. 31. 7. 1919 in Freising.
Geschichte: Die Firma wurde 1702 von Johann Ferdinand Sonntag als Hofbuchdruckerei des Bistums Freising gegründet. Nach wechselvollen Jahren — alle nachfolgenden Inhaber sind bekannt — nahm die Firma unter der Leitung von Dr. Franz Paul Datterer in der zweiten Hälfte des vorigen Jahrhunderts einen beachtlichen Aufschwung. Mit der Verlagstätigkeit wurde etwa 1860 begonnen. Verlegt wurden u. a. religiöse Literatur und Schulbücher. Nach dem Tode Dr. Franz Paul Datterers erwarb 1909 das Unternehmen der Münchener Verlagsbuchhändler Arthur Sellier, Inhaber der Münchner Firma J. Schweitzer, Sortiment und Verlag. Er führte das Freisinger Unternehmen als OHG unter dem Namen Dr. F. P. Datterer & Cie. weiter und ließ dort hauptsächlich seine eigenen Verlagswerke drucken. 1919 übernahm Robert Sellier, der zweite Sohn von Arthur Sellier, die Leitung der Firma in Freising. Er erweiterte diese zwischen den beiden Weltkriegen zu einer angesehenen, für wissenschaftliche Werke spezialisierten Druckerei und setzte auch die Verlagstätigkeit fort. Dabei wurde er vor allem in mühevoller Arbeit zum Wegbereiter der landwirtschaftlichen Literatur in Bayern, mußte aber 1937 die gesamten landwirtschaftlichen Werke an den sogenannten Reichsnährstand abtreten. 1950 wurde die Verlagsarbeit vollständig neu begonnen und unter Kurt Sellier ein Schulbuchverlag aufgebaut. Ab 1965 wurden in das Verlagsprogramm auch Kinderbücher und Lernspiele, insbesondere für die vorschulische Förderung, aufgenommen. Die Buchdruckerei hat sich nach dem Zweiten Weltkrieg zu einem modern ausgestatteten graphischen Großbetrieb mit etwa 280 Mitarbeitern entwickelt, der die Gebiete wissenschaftlicher Werksatz (Monotype), Buchdruck, Offsetdruck und Großbuchbinderei umfaßt. 1969 wurde das Unternehmen, nachdem es sich 60 Jahre im Besitz der Familie Sellier befand, umbenannt in Sellier OHG Freising, vormals Dr. F. P. Datterer & Cie. 1972 erfolgte dann die Umwandlung in eine Gesellschaft mit beschränkter Haftung unter der Firma Sellier GmbH Freising. Eine ausführliche Firmengeschichte erschien 1952 anläßlich des 250jährigen Jubiläums: Salzwedel-Benker, „Impressum Freisingae, Geschichte des Buchdrucks in Freising".

Hauptwerke: „Wir rechnen" (1951, Rechenbuchreihe, Hrsg. Michael Hagen u. Albert Schlagbauer — „Wir erleben die Natur" (1956), Hrsg. Dr. Leonhard Rükkert — „Hopsi-Fibel" (1960), Erstlesebuchreihe, Hrsg. Ferdinand Denzel — „Wir erforschen die Naturgesetze" (1966), Naturlehrebuchreihe, Hrsg. Rudolf Butschek und Dr. Ernst Hofmeister — „Stufen der Mathematik" (1971), Mathematikreihe für die Grundschule, Hrsg. Prof. Dr. Rainer Rabenstein und Dr. Konrad Daumenlang — „Hauswirtschaftliche und sozialberufliche Bücherei für Schule und Praxis" (1971), Hrsg. Reg.-Dir. Dipl.-Hdl. O. Frömsdorf — „Die Sache" (1973), Sachunterrichtswerk, Hrsg. Dr. Hans Gärtner — Programm für vorschulische Förderung: „Lesepeter", „Schreibepeter", „Rätselpeter" — Postkartenbilderbücher — Lerspielspaß-Bilderbücher, didaktik elementar.

Verlagsgebiete: 9 — 11.

Signet wird geführt seit: 1946.

Grafiker: —

Richard Sellmer Verlag KG

D-7000 Stuttgart 80 (Rohr), Schmellbachstraße 25

Tel: (07 11) 74 14 37. **Psch:** 63719-701. **Bank:** Girokasse Stuttgart 2229913; Commerzbank Stuttgart 43995704. **Gegr:** 30. 7. 1946 in Stuttgart. **Rechtsf:** KG.
Inh/Ges: Tim-Ulrich Sellmer, Hans-Helmut Sellmer, Frau Honorina Sellmer (sen.).
Verlagsleitung: Tim-Ulrich Sellmer, geb. 19. 12. 1939 in Berlin. Besuch des Gymnasiums in Stuttgart-Vaihingen, Offsetdruckerlehre, Meisterprüfung, Studium an der Ingenieurschule für Druck in Stuttgart, wegen Tod des Firmeninhabers vorzeitige Übernahme der Geschäftsleitung.
Hans-Helmut Sellmer, geb. 18. 1. 1938, Besuch des Gymnasiums Stuttgart-Vaihingen, Banklehre, Studium der Betriebswissenschaften in München, Abgang als Diplomkaufmann, Prokurist.
Geschichte: Der Verlag wurde im Jahre 1946 von Herrn Richard Sellmer gegründet. Im Verlagsprogramm stand zunächst die Herstellung und der Vertrieb von Kunstblättern, Postkarten und Adventskalendern. Der zuletzt genannte Artikel erwies sich als der größte Erfolg und somit spezialisierte man sich auf diesem Gebiet. Heute bietet der Verlag mehr als 70 verschiedene Sujets an. Der Export geht in über 25 Länder. Außer Adventskalender führt der Verlag auch Hexenhäuschen zum Basteln und Bekleben mit Süßigkeiten und Malbogen.
Verlagsgebiet: 30.

Semrau, Alfons

D-2000 Hamburg 4, Hochhaus 2

Sessler, Thomas Verlag GmbH

D-8000 München 34, Postfach 10, Theresienstraße 7, D-8340 Pfarrkirchen, Dr.-Bayer-Straße 14

Seven Seas Publishers

DDR-1080 Berlin, Glinkastraße 13—15

Signet wird geführt seit: 1963.

Grafiker: Jan Buchholz/ Reni Hinsch, Hamburg.

Siebenstern-Taschenbuch-Verlag GmbH & Co. KG

D-2000 Hamburg 76, Papenhuder Str. 2

Tel: (040) 2 20 12 91. **Psch:** Hamburg 7509-201. **Bank:** Dresdner Bank Hamburg 5 847 990. **Gegr:** 1. 4. 1963. **Rechtsf:** GmbH & Co. KG.
Inh/Ges: Benziger Verlag Zürich, Calwer Verlag Stuttgart, Claudius Verlag München, Chr. Kaiser Verlag München, Verlag Ernst Kaufmann KG Lahr, Luther-Verlag Witten, Verlag J. C. B. Mohr (Paul Siebeck) Tübingen, Neukircher Verlag des Erziehungsvereins Neukirchen, Ernst Reinhardt Verlag Basel, Verlag J. F. Steinkopf Stuttgart, Theologischer Verlag Zürich, Verlag Vandenhoeck & Ruprecht Göttingen, Friedrich Wittig Verlag Hamburg.
Verlagsleiter: Friedrich Wittig □, geb. 1906 in Berlin-Charl., geschäftsführender Gesellschafter.
Geschichte: Es handelt sich um den Zusammenschluß von christlichen Verlagen der Bundesrepublik und der Schweiz mit dem speziellen Ziel, dem evangelischen Schrifttum eine breite Wirkung durch Herausgabe einer eigenen Taschenbuchreihe zu sichern.
Hauptwerke: Siebenstern-Taschenbücher von Dietrich Bonhoeffer (Auswahl in 4 Bd.) — Hans v. Campenhausen, „Theologenspieß und -spaß" — Jacques Lusseyran, „Das wiedergefundene Licht" — Wolfhart Pannenberg, „Das Glaubensbekenntnis" — Max Tau, „Trotz allem!" — Max Weber, „Die protestantische Ethik" (2 Bde.) — Calwer: Luther-Ausgabe — Kierkegard-Auswahl — Schleiermacher-Auswahl.
Verlagsgebiet: 26.

Siegel, Ralph Maria, Musikedition

D-8000 München 70, Pelargonienweg 41

Verlag GmbH, Innsbruck, Maria-Theresien-Straße 38 — Buch- und Discoklub eV, Innsbruck, Maria-Theresien-Straße 38 — Association Européenne d'Edition, Paris 6e, Rue Vaugirad 71bis — Société Immobilière, Paris 6e, Rue Vaugirard 71bis.

Stehns, G. Ad., Buchhandlung Abt. Verlag

D-7000 Stuttgart 50, Postfach 501 045, Bahnhofstraße 13

Signet wird geführt seit: 1952.

Grafiker: Nils Oleson.

Franz Steiner Verlag GmbH

D-6200 Wiesbaden, Bahnhofstraße 39, Postfach 472

Tel: (0 61 21) 37 20 11 und 37 20 12. **Psch:** Frankfurt (M) 166 31—604. **Bank:** Wiesbadener Volksbank 231 59 04. **Gegr:** 1. 1. 1949 in Wiesbaden. **Rechtsf:** GmbH. **Ges:** Deutscher Apotheker-Verlag KG.
Verlagsleitung: Karl Jost, geb. 20. 8. 1910 in Mannheim; Hans Rotta, geb. 10. 6. 1921 in Elberfeld und Ernst Vaeth, geb. 7. 8. 1909 in Bielefeld.
Geschichte: Der Verlag — der zugleich Kommissionsverlag der Mainzer Akademie der Wissenschaften und der Literatur, der Deutschen Morgenländischen Gesellschaft und zahlreicher anderer wissenschaftlicher Gesellschaften ist — pflegt in erster Linie wissenschaftliche Literatur, darunter vorwiegend Altertums- u. Kunstwissenschaft, Alte, Mittlere und Neuere Geschichte, Philologie, Orientalistik, Geographie.
Hauptautoren: Ludwig Alsdorf, Ernst Benz, Karl Büchner, Friedrich Wilhelm Deichmann, Matthias Gelzer, Paul Hacker, Erich Haenisch, Matthias Herrmanns, Franz Kielhorn, Joseph Lortz, Emil Meynen, Carl Troll.
Hauptwerke: E. Lommatzsch (Hrsg.), „Altfranzösisches Wörterbuch" — J. Krämer (Hrsg.), „Pfälzisches Wörterbuch" — H. H. Eggebrecht (Hrsg.), „Handwörterbuch der musikalischen Terminologie" — F. W. Deichmann, „Ravenna" — R. Wagner-Rieger (Hrsg.), „Die Wiener Ringstraße" (Fritz-Thyssen-Stiftung) — „Die Ausgrabungen in Manching" — „Veröffentlichungen des Deutschen Archäologischen Instituts" — „Antike Gemmen in deutschen Sammlungen" — M. Hellmann (Hrsg.), „Glossar zur frühmittelalterlichen Geschichte im östlichen Europa."

Buchreihen: „Abhandlungen der Akademie der Wissenschaften und der Literatur" — „Veröffentlichungen des Instituts für europäische Geschichte Mainz" — „Frankfurter Historische Abhandlungen" — „Deutsche Handelsakten des Mittelalters und der Neuzeit" — „Forschungen zur antiken Sklaverei" — „Forschungen zur Kunstgeschichte und christlichen Archäologie" — „Hydronymia Germaniae" — „Abhandlungen für die Kunde des Morgenlandes" — „Verzeichnis der Orientalischen Handschriften" — „Erdkundliches Wissen" — „Erdwissenschaftliche Forschung" — „Wissenschaftliche Paperbacks" der Sozial- und Wirtschaftsgeschichte, Geographie, Germanistik.

Zeitschriften: „Archiv für Musikwissenschaft" (vtljl.) — „Archives Internationales d'histoire des sciences" (hjl.) — „Archiv für Rechts- und Sozialphilosophie" (vtljl.) — „Die Deutsche Berufs- und Fachschule" (mtl.) — „Erasmus" (mtl.) — „Geographische Zeitschrift" (vtljl.) — „Hermes. Zeitschrift für Klassische Philologie" (vtljl.) — „Historia. Zeitschrift für Alte Geschichte" (vtljl.) — „Jahrbücher für Geschichte Osteuropas" (vtljl.) — „Kunst des Orients" (hjl.) — „Neue Politische Literatur" (vtljl.) — „Paideuma" (jl.) — „Studia Leibnitiana" (vtljl.) — „Sudhoffs Archiv" (vtljl.) — „Vierteljahrschrift für Sozial- und Wirtschaftsgeschichte" (vtljl.) — „Zeitschrift für Allgemeine Wissenschaftstheorie" (hjl.) — „Zeitschrift der Deutschen Morgenländischen Gesellschaft" (hjl.) — „Zeitschrift für Deutsches Altertum und Deutsche Literatur" (vtljl.) — „Zeitschrift für Dialektologie und Linguistik" (4mtl.) — „Zeitschrift für Französische Sprache und Literatur" (vtljl.).

Verlagsgebiete: 1 — 2 — 3 — 4 — 5 — 6 — 7 — 11 — 12 — 14 — 15 — 16 — 18 — 25 — 28.

Steiner, Hubert
A-4400 Steyr, Fischergasse 2

Steiner, Dr. Josef
A-5020 Salzburg, General-Keyes-Str. 16

Steiner, Rudolf
CH-4143 Dornach, Haus Duldeck

Steinhauser, Dr. Karl
A-2544 Leobersdorf, Südbahnstraße 5

J. F. Steinkopf Verlag GmbH

D-7000 Stuttgart 1, Hermannstraße 5, Postfach 849
Tel: (07 11) 62 63 03. **Psch:** Stuttgart 21 618-709. **Bank:** Württ. Landessparkasse Stuttgart 1042 010 250; Girokasse Stuttgart 2 894 070; Bankhaus Ellwanger & Geiger Stuttgart 22 850. **Gegr:** 1792 in Stuttgart. **Rechtsf:** GmbH.
Inh/Ges: Ulrich Weitbrecht.
Verlagsleitung: Geschäftsführer Ulrich Weitbrecht, geb. 22. 10. 1927 in Stuttgart.
Verlagsgebiete: 2a — 8 — 10 — Schwäbisches.

Signet wird geführt seit: 1966.

Grafiker: Karl Riha.

Dr. Dietrich Steinkopff Verlag

D-6100 Darmstadt, Saalbaustraße 12, Postfach 1008
Tel: (0 61 51) 2 65 38/39. **Fs:** 4 19 627.
Psch: Frankfurt (M) 95697-607. **Bank:** Deutsche Bank Darmstadt 02/60 117.
Gegr: 1. 1. 1948 in Frankfurt (M).
Rechtsf: GmbH & Co. KG.
Inh/Ges: Jürgen Steinkopff, Gudrun Steinkopff.
Verlagsleitung: Jürgen Steinkopff.
Prokuristin: Margret Steinkopff-Zöfel.
Handlungsbevollm.: Karl Riha, Luise Eckhardt.

Geschichte: Der Verlag ging infolge der Nachkriegsverhältnisse aus dem 1908 gegründeten Verlag Theodor Steinkopff, Dresden und Leipzig, hervor. Dr.-Ing. E. h. Theodor Steinkopff (1870—1955), der Verlagsgründer, betreute bis zu seinem Tode den Dresdner Verlag. Dr. rer. pol. Dietrich Steinkopff (1901—1970) trat 1927 in den väterlichen Verlag in Dresden ein, wurde 1930 als Teilhaber aufgenommen und gründete 1948 in Frankfurt (M), ab 1950 in Darmstadt einen eigenen Verlag in Fortführung der Dresdner Tradition. Jürgen Steinkopff trat nach Abitur und buchhändlerischer Ausbildung in Frankfurt (M), Zürich, Tübingen und Oxford 1953 in den väterlichen Verlag ein. Er wurde 1958 Prokurist und Mitgesellschafter. Nach dem Tode seines Vaters am 29. 6. 1970 wurde er zum Geschäftsführer berufen und Kommanditist des Verlages Theodor Steinkopff KG, Dresden. Margret Steinkopff, geb Zöfel, trat nach buchhändlerischer Ausbildung in Tübingen, Bayreuth und Stuttgart 1968 in den Verlag ein und wurde 1970 zum Prokuristen bestellt.
Buchreihen: „Aktuelle Probleme der Intensivmedizin" (seit 1974) — „Aktuelle Probleme der Polymer-Physik" (seit 1970) — „Beiträge zur Kardiologie und Angiologie" (seit 1937) — „Current Topics in Nutritional Sciences" (seit 1957) — „DTI Diagnostische und therapeutische Informationen" (seit 1967) — „Fortschritte der physikalischen Chemie" (seit 1957) — „Fortschritte der Urologie und Nephrologie" (seit 1970) — „Fortschritte im Integrierten Pflanzenschutz" (seit 1974) — „Immunology Reports and Reviews" (seit 1959) — „Medizinische Praxis" (seit 1928) — „Nauheimer Fortbildungs-Lehrgänge" (seit 1924) — „Praxis der Sozialpsychologie" (seit 1974) — „Der Rheumatismus" (seit 1938) — „Supplementa zur Zeitschrift für Ernährungswissenschaft" (seit 1961) — „Verhandlungen der Deutschen Gesellschaft für Kreislaufforschung" (seit 1928) — „Verhandlungen der Deutschen Gesellschaft für Rheumatologie" (seit 1969) — „Verhandlungsberichte der Kolloid-Gesellschaft" (seit 1922) — „Wissenschaftliche Forschungsberichte" (seit 1921), Reihe I: Grundlagenforschung und grundlegende Methodik (Abt. A: Chemie und Physik - Abt. B: Biologie und Medizin), Reihe II. Anwendungstechnik und angewandte Wissenschaft — „Wis-

senschaftliche Veröffentlichungen der Deutschen Gesellschaft für Ernährung" (seit 1957).
Zeitschriften: „Basic Research in Cardiology" (seit 1938) — „Colloid and Polymer Science" (seit 1906) — „Intensivmedizin" (seit 1964) — „Progress in Colloid and Polymer Science" (seit 1909) — „Rheologica Acta" (seit 1958) — „Zeitschrift für Ernährungswissenschaft" (seit 1960) — „Zeitschrift für Gerontologie" (seit 1968) — „Zeitschrift für Kardiologie" (seit 1909) — „Zeitschrift für Rheumatologie" (seit 1938).
Hz: „Neuerscheinungen und Neuauflagen" (Hz), Erscheinen zwanglos. Gesamtkataloge, in der Regel alle zwei Jahre. Teilgebietsverzeichnisse meist jährlich.
Tges: UTB Uni-Taschenbücher GmbH.
Btlg: Arbeitsgemeinschaft Darmstädter Buchhandlungen; AwL, Arbeitsgemeinschaft wissenschaftlicher Literatur; AwV, Arbeitsgemeinschaft wissenschaftlicher Verleger.
Verlagsgebiete: 17 — 18 — 19 — 26 — 28 — 3 — 20.

Stephan-Verlagsgesellschaft mbH
D-6100 Darmstadt 2, Postfach 4164, Holzhofallee 33

Stephanus Druck & Verlag GmbH
D-7772 Uhldingen-Mühlhofen 1, Tüfinger Straße 3—5

Stephanus-Verlag Josef Aumann
A-1071 Wien VII, Postfach 303, Zollergasse 34

Stephenson, Carl, Verlag
D-2390 Flensburg, Postfach 291, Gutenbergstraße 12

Signet wird geführt seit: —

Grafiker: —

Stern-Verlag Janssen & Co

D-4000 Düsseldorf, Friedrichstraße 26, Postfach 7820

Tel: (02 11) 37 30 33. Psch: Köln 139 76. **Bank:** Stadtsparkasse Düsseldorf 47/000013; Dresdner Bank Düsseldorf 12/129240. **Gegr.:** 1900. **Rechtsf:** OHG.
Inh/Ges: Pers. haft. Gesellschafter: Horst Janssen; Klaus Janssen.
Verlagsleitung: Horst Janssen, Teilhaber seit 1956; Klaus Janssen, Teilhaber seit 1956.
Prokurist: G. Mihm, geb. 7. 4. 1895 in Poppenhausen, seit 1918 in der Firma.
Lektorat und Herstellung: M. Arnold.
Vertrieb und Werbung: Eckhard Bremenfeld.
Geschichte: Gegründet 1900 durch Ferdinand Studt. Seit 1930 Edmund Jansson Inhaber, nach dessen Tod 1935 seine Frau, Maria Janssen, geb. Studt. Heute wird das Unternehmen von der dritten Generation fortgeführt. Vor dem Kriege wurden juristische Werke verlegt, u. a. die mehrbändige Loseblattsammlung von Dahm, „Mietrechtskartei". Im Kriege mehrmals total bombenzerstört. Nach der Währungsreform Ausbau der Betriebsabteilungen Buchhandlung und Antiquariat.
Reihen: „Düsseldorfer Hochschulreihe" — „Instrumenta philosophica" Hrsg. Prof. L. Geldsetzer.
In dieser Reihe werden seltene ältere Werke wieder verfügbar gemacht, die das philosophische Wissen ihrer Zeit in terminologischer, bibliographischer, methodologischer und enzyklopädischer Hinsicht erschließen.
Verlagsgebiete: 3 — 7 — 20.

Stern Verlagsges. mbH
A-1200 Wien, Höchstädtplatz 3

Sternberg-Verlag bei Ernst Franz
D-7418 Metzingen/Württ., Postfach 48, Heerstraße 10

Steurer, Ida
A-4020 Linz, Bischofstraße 5

Steyler Verlagsbuchhandlung GmbH
D-4054 Nettetal 2, Bahnhofstraße 9

Stichnote Verlag siehe Deutsche Verlagsanstalt

Stieber, Dr. Ernst
A-1010 Wien I, Kennedyhaus

Signet wird geführt seit: 1972.

Grafiker: Christoph Albrecht.

Stieglitz-Verlag, E. Händle
D-7130 Mühlacker, Bahnhofstraße 62, Postfach 320
Tel: (0 70 41) 20 66. **Psch:** Stuttgart 122 43-703. **Bank:** Volksbank Mühlacker 77 560-0; Kreissparkasse Mühlacker 100 285. **Gegr:** 1951. **Rechtsf:** Einzelfirma.
Inh/Ges: Dipl.-Kaufmann Eugen Händle.
Verlagsleitung: Else Händle ☐, Buchhändlerin.
Geschichte: Im Jahre 1890 als Druckerei und Zeitungsverlag K. Elser gegründet. Herausgabe der Tageszeitung „Mühlacker Tagblatt". Der Stieglitz-Verlag als Buchverlag wurde im Jahre 1951 angegliedert.
Hauptautoren: Eva-Maria Arnold, S. Fischer-Fabian, Fritz Gordian, Karl Götz, Elisabeth Gürt, Otto Heuschele, August Lämmle, Hedwig Lohß, Hildegard von Podewils, Jo Hanns Rösler, Georg Schwarz, Fred C. Siebeck.
Verlagsgebiete: 8 — 15 — 16.

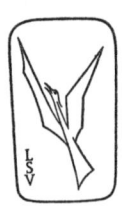

Signet wird geführt seit: 1966.

Grafiker: —

Lothar Stiehm Verlag GmbH
D-6900 Heidelberg, Hausackerweg 16, Postfach 1902
Tel: (0 62 21) 2 13 54. **Psch:** Karlsruhe 1330 99. **Bank:** Bezirkssparkasse Heidelberg 16 241; Deutsche Bank Heidelberg 04/56608. **Gegr:** 10. 11. 1966 in Heidelberg. **Rechtsf:** GmbH.
Inh/Ges: Lothar Stiehm, Christa Stiehm, Eberhard Guderjahn.
Verlagsleitung: Lothar Stiehm, geb. 26. 12. 1930 in Halle/Saale.
Geschichte: Im geisteswissenschaftlichen Bereich begonnen, hat der Verlag bald seinen Schwerpunkt bei der Literaturwissenschaft (besonders der Germanistik) gefunden. Die intendierte universellere Konzeption des Programms hat inzwischen im Verlag Lambert Schneider einen Rahmen; beide Verlage bilden unter der Leitung Lothar Stiehms ein Ganzes.
Hauptautoren/Hauptwerke: „Deutsche Beiträge zur geistigen Überlieferung". Ein Jahrbuch, hrsg. von George J. Metcalf, H. Stefan Schultz, Manfred Hoppe, Lothar Stiehm — „Poesie und Wissenschaft". Eine Sammlung, hrsg. von L. Stiehm. — „Literatur und Geschichte". Eine Schriftenreihe, hrsg. von L. Stiehm. — „Repertoria Heidelbergensia", hrsg. von L. Stiehm — „Houghton Library Bibliographical Contributions", hrsg. von der Houghton Library, Havard University.
Verlagsgebiete: 1 — 6 — 7 — 13 — 14.

Stifter-Gemeinde, Adalbert
A-5020 Salzburg, Gniglerstraße 31

Stimme-Verlag GmbH
D-6000 Frankfurt (M) 1, Finkenhofstraße 4

Stocker Josef, AG Verlag
CH-6002 Luzern/Schweiz, Postfach 1111, Kapellgasse 5

Stocker, Leopold
A-8011 Graz/Österr., Postfach 438, Bürgergasse 11

Stocker-Schmid Verlag AG
CH-8953 Dietikon-Zürich/Schweiz, Postfach 66, Hasenbergstraße 7

Stockinger & Krammer Ges. mbH
A-1010 Wien I, Helferstorferstraße 4

Stockmann-Buchverlag KG
D-4630 Bochum, Postfach 2449, Gudrunstraße 21

Stoedtner-Verlag
D-1000 Berlin 37, Postfach 52, Martin-Buber-Straße 12

Stöfka, Kurt
A-1180 Wien XVIII, Leo-Slezak-Gasse 3/1

Signet wird geführt seit: —

Grafiker: —

Wilhelm Stollfuss Verlag

D-5300 Bonn, Dechenstraße 7—11, Postfach 287

Tel: (0 22 21) 63 11 71—75. **Psch:** Köln 761 83-502; München 279 53-806; Wien 596 86; Bern III 195 19. **Bank:** Landeszentralbank 380 080 57; Sparkasse Bonn 31 022 775. **Gegr:** 1. 9. 1913. **Rechtsf:** Einzelfirma.
Inh/Ges: Dr. jur. Erich Stollfuss.
Verlagsleitung: Dr. jur. Erich Stollfuss ◻, geb. 29. 4. 1914 in Bonn, 1. u. 2. Juristisches Staatsexamen, 1940 Übernahme des väterlichen Verlages, Handelsrichter beim Landgericht Bonn.
Kaufmännische Leitung: Prokurist Wilhelm Grossmann, geb. 30. 6. 1906 in Saarbrücken.
Leitung der Herstellung: Prokurist Werner Hartmann, geb. 14. 1. 1917 in Wuppertal-Barmen.
Geschichte: Im Jahre 1913 begann Wilhelm Stollfuss (1882-1940) — Autor und Verleger in einer Person — mit der Herausgabe westdeutscher Reiseführer und Wanderkarten. Die bald für alle rheinischen Gebiete vorliegenden grünen Taschenbücher fanden in den zwanziger Jahren große Verbreitung. Dem Verlag wurde nach dem Zweiten Weltkrieg ein eigenes Kartographisches Institut angegliedert, in dem Landkarten für die verschiedensten Verwendungszwecke — Stadtpläne, Wanderkarten, Autokarten, Organisationskarten, Panoramakarten — hergestellt werden. Die der rheinischen Landschaft gewidmete Verlagsarbeit fand durch die Herausgabe von Bildbänden und geologischen Veröffentlichungen eine wertvolle Bereicherung. Mit dem großen Sammelwerk „Die Landkreise in Nordrhein-Westfalen" entstand seit den fünfziger Jahren die erste moderne, alle Lebensgebiete umfassende große Landesbeschreibung.
Seit dem 2. Jahrzehnt seines Bestehens wendete der Verlag sich auch der Veröffentlichung steuer- und wirtschaftsrechtlicher Themen zu. Waren es zunächst Steuertabellen und Leitfäden zur Abgabe von Steuererklärungen, die dem Steuerpflichtigen in anschaulicher Weise seine Rechte und Pflichten darstellten, so entwickelte sich hieraus im Laufe der Jahre in stetig zunehmendem Maße eine umfangreiche juristische, insbesondere steuerrechtliche Fachliteratur, die heute den weitaus größten Teil der Verlagsarbeit in Anspruch nimmt. Neben der 1949 begonnenen „Handbücherei für steuerberatende Berufe", bewährten Kommentaren sowie den seit 1951 verlegten „Amtlichen Handausgaben des Bundesministers der Finanzen" verdienen besonders die verschiedenen Nachschlagwerke hervorgehoben zu werden, die der Praxis zum schnellen Auffinden gesuchter Unterlagen dienen. Hierzu gehören das seit 1948 eingeführte, in jährlichen Bänden erscheinende „Schlagwortregister zur Rechtsprechung und Literatur des gesamten Steuerrechts", und seit 1964 das monatlich erscheinende Sammelwerk „Die Quintessenz des Steuerrechts". Die Verlagsarbeit widmet sich in besonderem Maße der deutschen Finanzrechtsprechung. Neben der „Sammlung der Entscheidungen des Bundesfinanzhofs" erscheinen seit 1953 die „Entscheidungen der Finanzgerichte", eine monatliche Sammlung aller wichtigen Entscheidungen der finanzgerichtlichen Mittelinstanz. In Gemeinschaftsarbeit mit den an der höchsten Rechtsprechung beteiligten Richtern wird monatlich die „Höchstrichterliche Finanzrechtsprechung" herausgegeben. Eine besondere Art von Kommentaren hat der Verlag mit den „Rechtsprechungskommentaren" ins Leben gerufen, die für Wissenschaft und Praxis die gesamte höchstrichterliche Finanzrechtsprechung, nach einzelnen Steuerarten geordnet, erschließt. Der Verlag gibt eine große Anzahl von

Fachzeitschriften heraus und verlegt seit 1951 auch die beiden Amtlichen Blätter des Bundesministers der Finanzen „Bundessteuerblatt" und „Bundeszollblatt". Durch den Erwerb des Industrie-Verlages Spaeth und Linde kamen im Jahre 1973 neben bedeutenden steuerrechtlichen Fachbüchern auch die offiziöse „Deutsche Steuer Zeitung" sowie das vom Rationalisierungs-Kuratorium der deutschen Wirtschaft herausgegebene „Handbuch der Rationalisierung" hinzu.

Buch- und Schriftenreihen:
L a n d e s k u n d e : Sammlung „Rheinisches Land", Beiträge aus Geschichte, Kunst und Volkstum der rheinischen Landschaft — Schriftenreihe des Geologischen Instituts der Universität Köln — „Die Landkreise in Nordrhein-Westfalen", Handbücher für Verwaltung, Wirtschaft und Kultur, herausgegeben vom Zentralausschuß für Deutsche Landeskunde.
S t e u e r - u n d W i r t s c h a f t s r e c h t : Schriftenreihe des Bundesministers der Finanzen — Finanzberichte des Bundesministers der Finanzen — Schriftenreihe des Instituts Finanzen und Steuern — Schriftenreihe des Forschungsinstituts der Deutschen Volks- und Betriebswirte — Schriftenreihe des Handbuchs der Rationalisierung — Rechtsprechungskommentare — Schriftenreihe „Recht und Praxis" — Stollfuss-Studienbücher für Wirtschaft und Verwaltung — Bücherei „betrieb und personal" — Reihe „Recht im Alltag".

Sammelwerke: Sammlung der Entscheidungen des Bundesfinanzhofs — Die Quintessenz des Steuerrechts — „Der Steuersparer", Laufende Informationen über Steuerersparnis- und Abzugsmöglichkeiten.

Zeitschriften: Bundessteuerblatt — Bundeszollblatt — Entscheidungen der Finanzgerichte — Höchstrichterliche Finanzrechtsprechung — Deutsche Steuer Zeitung — Deutsche Gemeindesteuer-Zeitung — Deutsche Verkehrsteuer-Rundschau — Zeitschrift für Zölle und Verbrauchsteuern — Die Steuerberatung — Informationen für steuerberatende Berufe der Öffentlichen Bausparkassen — Der Volks- und Betriebswirt — betrieb und personal.

Verlagsgebiete: 4 — 5 — 15 — 16 — 14.
Btlgn: Bonner Universitäts-Buchdruckerei (gegr. 1819), 100 %; Verlag Hoursch und Bechstedt, Bonn (gegr. 1902), 100 %; Industrie-Verlag Gehlsen, vorm. Spaeth und Linde, 100 %; Druckhaus Buchbender, Bonn, 100 %; dataprint, Rechenzentrum für Wirtschaft und Verwaltung, Bonn, 100 %.

Stormarn-Verlag GmbH
D-2082 Uetersen 1, Postfach 44

Verlag Dr. N. Stoytscheff

D-6100 Darmstadt, Adelungstraße 53, Postfach 1069

Tel: (0 61 51) 8 20 95/97. **Fs:** 04 19 241.
Telegr: Nasto. **Psch:** Frankfurt 6 95.
Bank: Commerzbank Darmstadt 1300 888; Sparkasse Darmstadt 562 963.
Gegr.: 1947. **Rechtsf:** Einzelfirma.
Inh: Dr. Naiden Stoytscheff.
Verlagsleitung: Dr. N. Stoytscheff ☐, geb. 2. 1. 1918. Präsidialmitglied des Bundesverbandes Deutscher Volks- und Betriebswirte e. V., Bonn, Vorsitzender der Südhessischen Volks- und Betriebswirte, Rechnungsprüfer des Südwestdeutschen Zeitschriftenverleger-Verbandes, Geschäftsführender Vorsitzender der Europa-Union Darmstadt, ehrenamtl. Arbeitsrichter.
Prokura: Dr. J. Krauss.

Geschichte: Der Verlag wurde nach dem Krieg in Nürnberg gegründet. Im Jahre 1952 siedelte er nach Darmstadt um. Bereits zwei Jahre später konnte ein eigenes, modernes Verlagshaus erbaut werden, in dem neben dem technischen Betrieb sämtliche Verlagsabteilungen untergebracht sind. Neben Kommentaren, Handbüchern und Nachschlagewerken auf dem Gebiet Recht, Wirtschaft, Steuer, Verkehr, Buchwesen, Ausbildung usw. werden auch seit 1952 monatliche Fachzeitschriften herausgegeben, deren Zahl inzwischen auf 16 gestiegen ist. Seit 1956 erscheint wöchentlich der JPD — Juristischer Pressedienst. Im Jahre 1954 wurden die Monatshefte „Verlags-Praxis" gegründet die von Prof. Dr. Münster herausgegeben wurden und nach seinem Tode von Prof. Dr. Haacke. Der Verlag veranstaltet große Steuertagungen für Verleger, Buchhändler und Druckereibesitzer.

Zeitschriften: „Juristische Praxis" (Auflage 52 000) — „Jugendschutz" — „Verlags-Praxis" — „Speditions-Praxis" — „Rechts- und Steuerbriefe für Verlage und Druckereien" — „Jungkaufmann" — „Speditions-Lehrling" — „Anwalts-Lehrling" — „Versicherungs-Lehrling" — „Verwaltungskunde" — „Steuer-Lehrling" — „Der junge Textilverkäufer" — „Darmstädter Reiter".
Verlagsgebiete: 4 — 5 — 10 — 21 — 24.

Stritt, Georg & Co. u. August Osterrieth

D-6000 Frankfurt (M) 1, Postfach 2342, Mainzer Landstraße 182—184

Stritzinger, F. W.

D-6072 Dreieichenhain, Postfach 43, Benzstraße 7

Stroh, Wilhelm, Verlag

D-6300 Gießen 2, Postfach 2 11 25, Nahrungsberg 70

Signet wird geführt seit: 15. 3. 1956.

Grafiker: Hans Klarer, Zürich.

Strom-Verlag

CH-8055 Zürich, Schweighofstraße 273

Tel: (01) 35 74 15. **Psch:** 80-18 447. **Bank:** Schweizerische Kreditanstalt, Stadtfiliale Zürich-Aussersihl, Zürich. **Gegr:** 15. 3. 1956. **Rechtsf:** Einzelfirma.
Inh/Ges: Ernst Kobelt-Schultze.
Verlagsleitung: Ernst Kobelt-Schultze.
Geschichte: Der Verlag hat sich für seine Entwicklung folgende drei Ziele gesetzt:
1. Möglichst lange Betreuung derselben Autoren.
2. Äußerst gesunde kaufmännische Dispositionen und diesbezügliche Zurückhaltung bei der Produktion.
3. So weit möglich, Pflege von mehr ausgewählterer Literatur.

Der Inhaber des Verlags ist auch nach 18jähriger Verlagstätigkeit von diesen Zielen nicht abgewichen, sondern hat noch viel mehr erkannt, wie oft reine kommerzielle Spekulationen mit literarischen Werken und den diesbezüglichen Autoren nicht das Glück, sondern mehr als oft, den Untergang eines Buch-Verlags bedeuten können.
Hauptautoren/Hauptwerke: Lothar Knaak, „Bedürfnisse des Selbstgefühls" — „Selbstbehauptung - Selbstachtung" — „Es geht um die Zukunft" — „Trotz - Protest - Rebellion" — Wolfgang Binde, „Die Revolution der Moral" — „Leben, Tod und Ewigkeit".
Verlagsgebiete: 3 — 10 — 14 — 8.

Strothe, Alfred, Verlag

D-3000 Hannover, Postfach 5847, Osterstraße 32

Strube, Adolf, Verlag

D-1000 Berlin 38, Postfach 130, Alemannenstraße 20

Strüder KG Verlag

D-5450 Neuwied, Postf. 2120, Engerser-Straße 33/36

Stubenrauch Verlagsbuchhandlung

A-1010 Wien I, Kärntnerstraße 4

Studien-Reisebüro und Verlag Günther Meiners

D-8860 Nördlingen, Hallgasse 15

Studiengesellschaft Werner Kamprath Darmstadt KG

D-6102 Pfungstadt, Ostendstraße 3

Stuttgarter Hausbücherei siehe Deutscher Bücherbund

Stuttgarter Verlagskontor GmbH

D-7000 Stuttgart 1, Rotebühlstraße 77

Signet wird geführt seit: 1956.

Grafiker: Hasso Freischlad.

Walter Stutz Verlag

D-8000 München 2, Pettenkoferstr. 30

Tel: (089) 53 25 36. **Psch:** München 654 45. **Bank:** Kreissparkasse München 5290; Bayer. Hypotheken- und Wechselbank München 53/91 910. **Gegr:** 1. 10. 1950. **Rechtsf:** Einzelfirma.
Inh/Ges: Walter Stutz.
Verlagsleitung: Walter Stutz □, geb. 28. 7. 1913 in Karlsruhe.
Geschichte: Seit Gründung pflegt der Verlag das Gebiet der juristischen Fachliteratur, wobei der Sparte Sozialrecht eine besondere Bedeutung zukommt. Ein Teil der sozialrechtlichen Werke des Verlages gehören — besonders die versorgungsrechtlichen — zu den weithin bekannten Standardwerken. In oft enger Verbindung mit der sozialrechtlichen Produktion entstanden auch Werke und Zeitschriften aus dem Bereich der Sozial- und Arbeitsmedizin sowie des Arbeitsschutzes. Neben diesen Spezialfächern des Verlages befinden sich in seinem Programm Kommentare, Textsammlung u. a. vorwiegend aus dem Zivilrecht. Unter den letzteren ist der ZPO-Kommentar „Zöller" das hervorragende Werk.
Hauptautoren/Hauptwerke: Loseblatt-Ausgaben: Thannheiser-Wende-Zech, „Handbuch des Bundesversorgungsrechts" — Salzmann-Eibl, „Bankrecht" — Weber, „Beschäftigung ausländischer Arbeitnehmer" — Redandt-Defren, „Sicherheitstechnik im Maschinenbau".
Kommentare: Zöller, „Zivilprozeßordnung" — Wilke, „Bundesversorgungsgesetz" — Ostler, „Bayerische Justizgesetze".
Zeitschriften: „Die Kriegsopferversorgung" (Versorgungsrecht-Versorgungsmedizin) (mtl.) — „Behindertenrecht" (vtljl.) — „Sammlung von Entscheidungen der Sozialversicherung, Versorgung und Arbeitslosenversicherung (Breithaupt)".
Verlagsgebiete: 4 — 5 — 17 — 20 — 28.

Signet wird geführt seit: 1969.

Grafiker: Christoph Albrecht.

Verlag Styria Meloun & Co.

D-5000 Köln 51, Schillerstraße 6, Postfach 51 10 29

Tel: (02 21) 37 53 57. **Psch:** Köln 18005-502. **Bank:** Sparkasse der Stadt Köln 7272156. **Gegr:** 1. 12. 1954. **Rechtsf:** KG. **Ges:** Adolf Meloun, geb. 1. 4. 1917, und Preßverein der Diözese Graz-Seckau als pers. haft. Gesellschafter sowie 3 Kommanditisten.
Verlagsleitung: Dr. Gerhard Trenkler.
Geschichte: Die Kölner Firma wurde 1954 als deutsche Auslieferung der Steirischen Verlagsanstalt Styria gegründet. Seit 1967 nimmt sie auch die Alleinauslieferung des Bayerischen Schulbuchverlages München für die Gebiete Bremen, Hamburg, Niedersachsen, Nordrhein-Westfalen und Schleswig-Holstein wahr.
Hz: „Styria-Lesebogen" (4x jl.).
Verlagsgebiete: 2b — 8 — 9.

Styria, Musikverlag
A-1010 Wien I, Lobkowitzplatz 1

Signet wird geführt seit: 1969.

Grafiker: Christoph Albrecht.

Styria, Steirische Verlagsanstalt Graz - Wien - Köln

A-8010 Graz, Schönaugasse 64, Postfach 435

Tel: (0 31 22) 77 5 61. **Fs:** 03-1782 Kleine Zeitung. **Psch:** Wien 7709.720. **Bank:** Österr. Creditinstitut, Filiale Graz 156-82728-000. **Gegr:** 1869 in Graz. **Rechtsf:** e. V.
Inh/Ges: Katholischer Preßverein in der Diözese Graz-Seckau; Generaldirektor: Dr. Hanns Sassmann.

Verlagsleitung: Dr. Gerhard Trenkler, geb. 5. 12. 1929 in Reichenberg, Dr. theol., 1962 Lektor, 1971 stellvertretender Verlagsleiter, seit 1973 Verlagsdirektor.
Lektor: Josef Helmut Oberguggenberger.
Werbeleiter: Peter Altenburg.
Hersteller: Hans Paar.

Geschichte: 1869 gemeinsam mit der Druckerei gleichen Namens von Prälat Karlon gegründet. Im gesamten deutschen Sprachraum wurde der Verlag durch die Herausgabe der 22bändigen Weltgeschichte von Johann Baptist von Weiß bekannt. Durch die Erwerbung des Verlages Anton Pustet verlagerte sich die verlegerische Tätigkeit vorwiegend nach Salzburg. Hier begann auch 1933 die Edition der deutsch-lateinischen Thomasausgabe, die inzwischen auf 29 Bände und 2 Ergänzungsbände angewachsen ist. 1938 wird der Preßverein durch die Nationalsozialisten aufgelöst und der Verlag von der Gauleitung übernommen. 1945 leben Preßverein und Verlag wieder auf.
Der Verlag pflegt vorwiegend die Sparten Theologie, Geschichte und Belletristik/Jugendbuch. In der Theologie hat er stets versucht, an der Erneuerung der Kirche mitzuhelfen, wobei die Spannweite von der wissenschaftlichen Untersuchung bis zur Spiritualität gezogen war. Die Übernahme französischer Geistigkeit für den deutschen Sprachraum wurde von Verlagsleiter Willy Schreckenberg sehr gefördert. Heute stehen vor allem pastorale Handreichungen im Vordergrund.
In der Produktion historischer Werke liegt der Schwerpunkt in der europäischen Geschichte, wobei auch hier sowohl wissenschaftliche Untersuchungen wie einem weiteren Kreis Interessierter verständliche Darstellungen ediert werden. Naturgemäß sind in seinem Programm viele Werke über die Geschichte Österreichs und jene des osteuropäischen Raumes zu finden (Hantsch, Geschichte Österreichs; Weinziel/Skalnik, Österreich, Die 2. Republik; Die Reihen Byzantinische, Osmanische und Slawische Geschichtsschreiber).
Das Interesse für die Geschichte hat auch stark das Jugendbuchprogramm beeinflußt.

Hauptautoren: Johann Baptist Bauer, Dom Helder Camara, Egon Caesar Conte Corti, Bruno Dreher, Herbert Eisenreich, Louis Evely, Francois Fejtö, Heinrich Fries, Hugo Hantsch, Gerta Hartl, Robert A. Kann, Herbert Kaufmann, Michel Quoist, Alja Rachmanowa, Hansheinz Reinprecht, Luigi Ugolini, Erika Weinzierl.

Buchreihen: „Byzantinische, Osmanische und Slawische Geschichtsschreiber" — „Geist und Leben der Ostkirche" — „Wegbereiter heutiger Theologie" — „Botschaft und Lehre".
Zeitschrift: „Die Republik" (vtljl.).
Hz: Styria-Lesebogen (zweimal jährl.).
Zweigstellen: Verlag Styria, Meloun & Co, D-5000 Köln 51, Schillerstraße 6; Buchhandlung Styria Wien, A-1010 Wien, Dominikanerbastei 4.
Btlg: Mitglied der Verlagsgruppe ENGAGEMENT.
Verlagsgebiete: 2b — 3 — 6 — 8 — 9 — 14.

Süddeutsche Optikerzeitung, Verlag
D-7000 Stuttgart 1, Postfach 669

Süddeutsche Verlagsges. mbH
D-7900 Ulm/Donau, Postfach 147, Sedelhofgasse 21

Signet wird geführt seit: 1. 1. 1974.

Grafiker: Schott Werbeagentur, Stuttgart.

Süddeutscher Verlag — Buchverlag

Produktion:
D-8000 München 15, Goethestraße 43, Vertrieb, Auslieferung, Rechnungswesen:
D-8000 München 2, Oberanger 43
Tel: (089) 53 49 15 / 2 60 40 55. **Fs:** 05/22 405 swvlg d. **Psch:** München 742 60-802. **Bank:** Bayerische Vereinsbank München 961 845. **Gegr:** 1947 in München.
Ges: Süddeutscher Verlag GmbH, München.
Verlagsleitung: Alleiniger Geschäftsführer: Robert F. Schäfer □.

Süddeutscher Verlag

Lektoren: Bernhard Pollak, Dr. Hans P. Rasp.
Finanzen: Josef Wagner (Prokurist).
Werbung und Verkauf: Martin Greil (Prokurist).
Presse- und Öffentlichkeitsarbeit: Dr. Rolf Cyriax.
Geschichte: Vorgänger der Süddeutschen Verlag GmbH war der Verlag Knorr & Hirth. Julius Knorr erwarb am 16. 7. 1862 die „Neuesten Nachrichten". Ab 6. 10. 1862 wurde das Blatt von Knorr & Hirth hergestellt. Die „Gesellschaft Druck und Verlag der Münchner Neuesten Nachrichten" wurde am 1. 1. 1894 gegründet. Am 6. 10. 1945 erscheint die erste „Süddeutsche Zeitung" unter der Lizenznummer 1 der US-Militärregierung. Der Buchverlag des Süddeutschen Verlages wurde im Jahre 1947 gegründet. Per 1. 1. 1973 übernahm die Südwest Verlag GmbH & Co. KG den bis dahin in der Süddeutschen Verlag GmbH geführten Buchverlag. Der im Zusammenhang mit der Übernahme der Geschäftsanteile an der Südwest Verlag GmbH & Co. KG durch die Süddeutsche Verlag GmbH erweiterte Unternehmensbereich Buch wird von Herrn Direktor Klaus Wagner, Geschäftsführer der Süddeutschen Verlag GmbH in deren Gesellschaftsversammlung vertreten.
Hauptautoren: Hans Grassel, Toni Hiebeler, Ludwig Hollweck, Ernst Hürlimann, Benno Hubensteiner, Ludwig Kusche, Ernst Maria Lang, Robert Löbl, Georg Lohmeier, Hubert Neuwirth, Carl Orff, Paul E. Rattelmüller, Michael Schattenhofer, Helmut Seitz, Siegfried Sommer, Bernhard Ücker.
Hauptwerke: „Bayerische Bibliothek" — „Traumstraße der Welt" — „Traumstraße Europas" — „Traumstraßen Deutschlands" — Traumstraßen Italien" — „Corpus der barocken Deckenmalerei in Deutschland", von Prof. Dr. Hermann Bauer und Prof. Dr. Bernhard Rupprecht (geplanter Umfang: 15 Bände) — „Michael Wening, der Bayerische Merian des Barock" — Lena-Christ-Gesamtausgabe.
Buchreihen: „Mit dem Auto wandern" — „Bummel durch ..." — „Bayerische Biografien".
Verlagsgebiete: 6 — 7 — 12 — 13 — 14 — 15 — 16 — 25 — Spez.Geb: Bavarica.

Süddeutsches Verlags-Institut Julius Müller Nachf.
D-7000 Stuttgart 1, Hasenbergsteige 47

Südkurier GmbH
D-7750 Konstanz, Marktstätte 4, Südkurier-Haus, Postfach 300
Tel: (0 75 31) 282-1. **Fs:** 733 231 a suek d.
Psch: Stuttgart 6004-705; Zürich 80-47 017; Wien 1080.641. **Bank:** Commerzbank, Deutsche Bank, Dresdner Bank, Stadt-Sparkasse, Volksbank, alle in Konstanz, ferner Thurgauische Kantonalbank in Kreuzlingen/Schweiz. **Gegr:** 1945 bzw. 1949. **Rechtsf:** GmbH.
Inh/Ges: Georg Bräunig, Friedrich Breinlinger, Ludwig Graf Douglas, Ludwig Emanuel Reindl, Südverlag GmbH, Johannes Weyl.
Verlagsleitung: Geschäftsführer: Friedrich Breinlinger, Dr. Brigitte Weyl, Johannes Weyl.
Prokuristen: Dipl.-Volksw. Hans Arnold, Verlagsverwaltung; Joachim G. Franke, Anzeigenleiter; Dr. Heinz Gültig, Hauptabteilung Verkauf; Herbert Harrer, Hauptverwaltung.
Tageszeitung: „Südkurier", tägliche Durchschnitts-Druckauflage über 135 000 Exemplare, führend vom Bodensee den Hochrhein entlang bis nahe Basel und hinauf in den Schwarzwald.
Verlagsgebiet: 29.
Tges: Druckerei und Verlagsanstalt Konstanz GmbH, D-7750 Konstanz, Am Fischmarkt, Postfach 632 — Druckerei und Verlagsanstalt Konstanz, Universitätsverlag GmbH, D-7750 Konstanz Bahnhofstraße 8, Postfach 632.

Südstern-Verlag Lamprecht u. Co.
D-7000 Stuttgart-Plieningen, Perlgrasweg 34

Südtirol-Verlag
A-6020 Innsbruck, Defreggerstraße 23

Südtirol-Verlag Herbert Neuner
D-8000 München 90, Lindenstraße 10

Südverlag GmbH

D-7750 Konstanz, Marktstätte 4, Postfach 322

Tel: (0 75 31) 2 33 00. **Fs:** 733 231 a suek d. **Psch:** Karlsruhe 666 62. **Bank:** Städtische Sparkasse Konstanz; Deutsche Bank Konstanz. **Gegr:** 1945. **Rechtsf:** GmbH.
Inh/Ges: Johannes Weyl; Dr. Carl Jödicke; Barbara Weyl; Dr. Brigitte Weyl.
Verlagsleitung: Geschäftsführende Gesellschafter: Johannes Weyl, Barbara Weyl und Dr. Brigitte Weyl.
Geschichte: Gründung 1945 als Südverlag, 1948 Umwandlung in Südverlag GmbH. Von 1952 bis 1958 als Rosgartenverlag GmbH firmierend. Seit 1958 wieder firmierend Südverlag GmbH. Von 1952 bis 1958 Gesellschafter der Südverlag GmbH München.
Hauptwerke: e. o. plauen, „Vater und Sohn" — Victor Mann, „Wir waren fünf".
Verlagsgebiete: 8 — 10.
Btlg: Südkurier GmbH, Zeitungs- und Buchverlag, D-7750 Konstanz, Marktstätte 4, Südkurier-Haus.

Signet wird geführt seit: 1. 1. 1974.
Grafiker: Schott Werbeagentur, Stuttgart.

Südwest Verlag GmbH & Co. KG

D-8000 München 15, Goethestraße 43, Produktion

D-8000 München 2, Oberanger 43, Vertrieb, Auslieferung, Rechnungswesen

Tel: (089) 2 60 40 55 **Fs:** 05/22 405 swvlg d.
Psch: München 742 60-802. **Bank:** Bayerische Vereinsbank München 961 845.
Gegr: 1. 5. 1963 in München. **Rechtsf:** GmbH & Co. KG.
Inh/Ges: Südwest Verlag GmbH, Ulm, Komplementärin; Süddeutsche Verlag GmbH, München, Kommanditistin.
Verlagsleitung: Robert F. Schäfer ☐, alleiniger Geschäftsführer.
Produktion: Roger Seitz (Prokurist).
Finanzen: Josef Wagner (Prokurist).

Werbung und Verkauf: Martin Greil (Prokurist).
Presse- und Öffentlichkeitsarbeit: Dr. Rolf Cyriax.
Geschichte: Gründung der Südwest-Verlags- und Vertriebs GmbH 1949. Umwandlung in eine Kommanditgesellschaft am 1. Mai 1963. Am 1. Januar 1973 übernahm die Südwest Verlag GmbH & Co. KG den Buchverlag der Süddeutschen Verlag GmbH. Die Komplementärin Südwest GmbH ist zugleich Komplementärin in der Paul List Verlag KG.
Hauptautoren: Hans Dollinger, Ellis Kaut, Jack London, Lutz Mackensen, Janusz Piekalkiewicz, Axel Rex, Harry Valérien, Christian Zentner, Kurt Zentner.
Buchreihen: „Künstler-Monographien" — „Südwest-farbig" — „Der gute Tip".
Tges: Die Südwest Verlag GmbH & Co. KG ist Gesellschafterin in der Firma Kurier Zeitungsverlag und -druckerei GmbH & Co. KG in Wien.
Verlagsgebiete: 6 — 9 — 10 — 11 — 16 — 23 — 25 — 12 — 14.

Südwestdeutsche Verlagsanstalt GmbH

D-6800 Mannheim 1, Postfach 5760, Pressehaus am Marktplatz S 6, 3

Sugar Music-Verlag KG

D-6500 Mainz, Postfach 3640, Weihergarten 5

SV Signet wird geführt seit: 1961.

Grafiker: —

Suhrkamp Verlag KG

D-6000 Frankfurt (M), Lindenstraße Nr. 29—35, Postfach 4229

Tel: (06 11) 74 02 31. **Fs:** 413972. **Psch:** Frankfurt 115761/609. **Bank:** Deutsche Bank AG Frankfurt 95/7100. **Gegr:** 1. 7. 1950 in Frankfurt/Main. **Rechtsf:** KG.
Ges: Dr. Siegfried Unseld, pers. haft. Gesellschafter.
Verlagsleitung: Dr. Siegfried Unseld ☐, geb. 28. 9. 1924.
Geschäftsführer: Dr. Heribert Marré.

Leiter des wissenschaftl. Verlagsteils: Axel Rütters.
Geschichte: Der Suhrkamp Verlag wurde am 1. 7. 1950 von Dr. h. c. Peter Suhrkamp in Frankfurt (M) gegründet. Nach seinem Tode am 31. 3. 1959 übernahm Dr. Siegfried Unseld die Verlagsleitung.
Hauptautoren: Adorno, Jürgen Becker, Beckett, Bachmann, Benjamin, Bernhard, Bloch, Brecht, Broch, Celan, Eich, Eliot, Enzensberger, Frisch, Habermas, Handke, Hesse, Hildesheimer, v. Horváth, Johnson, Joyce, Kasack, Kaschnitz, Koeppen, Kracauer, Krolow, Marcuse, Mitscherlich, Nossack, Penzoldt, Proust, Nelly Sachs, Scholem, Schröder, Shaw, Martin, Walser, Weiss, Wittgenstein.
Buchreihen: „Bibliothek Suhrkamp" — „edition suhrkamp" — „suhrkamp taschenbücher" — „suhrkamp taschenbücher wissenschaft" — „Spectaculum" — „Theorie 1 und 2".
Verlagsgebiete: 3 — 7 — 8 — 13 — 18 — 26 — 27.

Suppan, Franz, Musikverlag
D-5650 Solingen, Kasinostraße 3

Suszko, Dr. Nikolaus
A-5020 Salzburg, Gneisfeldstraße 18

Signet wird geführt seit: 1957.

Grafiker: K. E. Merseburger (Weinheim/Bergstr.).

Swedenborg Verlag
CH-8032 Zürich, Apollostraße 2
Tel: (051) 34 89 45. **Psch:** Zürich 80-2158; Stuttgart 8780. **Bank:** Zürcher Kantonalbank, Agentur Neumünster 16 4516. **Gegr:** 1952. **Rechtsf:** Stiftung.
Inh/Ges: Präsident: Dr. E. Frehner, Nationalökonom; Manager: Dr. F. Horn.
Verlagsleitung: Dr. Friedmann Horn, Pfarrer und Religionswissenschaftler, geb. 1921 in Oppeln/OS. 1939/40 Philologiestudium, 1945/51 Theologie und Religionswissenschaften, 1952 Dr. sc. rel. der Universität Marburg. Herausgeber rel. Zeitschriften, Übersetzer und Autor, Pfarrer der Neuen Kirche.
Geschichte: Der Verlag hat sich aus verschiedenen Ansätzen heraus entwickelt: Das Bedürfnis, die Werke von und über den schwedischen Naturforscher und Seher Emanuel Swedenborg (1688 bis 1772) dem deutschsprachigen Publikum zugänglich zu machen, führte seit Mitte des 19. Jahrhunderts zu verschiedenen Verlagsgründungen (so Verlag Deutscher Swedenborg Verein Stuttgart, Neukirchl. Buchverlag Zürich). Aus dem neukirchl. Buchverlag Zürich entstand 1932 der Swedenborg Verlag Zürich, der 1952 als religiöse Stiftung des „Schweiz. Bundes der Neuen Kirche" rechtlich unabhängig wurde, dem SBVV beitrat und von einem Kuratorium verwaltet wird.
Hauptautoren und Hauptwerke: Emanuel Swedenborg, sämtliche Werke in deutscher Sprache — Ernst Benz, Arbeiten über Swedenborg von Adolph Goerwitz, Gerhard Gollwitzer, Aglaja Heintschel-Heinegg, Friedemann Horn, Helen Keller, Felix Prochaska, Wm. Worcester u. a.
Reihe: „Swedenborg-Bücherei", bisher 4 Bände, weitere in Vorbereitung.
Zeitschriften: „Offene Tore", Beiträge zum neuen christl. Zeitalter (zweimtl.) — „Neukirchenblatt' (mtl.).
Verlagsgebiete: 2a — Spez.Geb: Werke von und über Emanuel Swedenborg.

Symposium-Verlag I. Siegler
D-7300 Esslingen/N., Postfach 33, Olgastraße 25

Tauentzien-Musikverlag
D-1000 Berlin 33, Hohenzollerndamm 54

Taunus-Verlag H. L. Grahl
D-6000 Frankfurt (M), NO 14, Am Lohrberg 2

Signet wird geführt seit: 1951.

Grafiker: —

Taylorix Fachverlag Stiegler & Co.

D-7000 Stuttgart 1, Rotebühlstraße 72, Postfach 829

Tel: (07 11) 61 17 73. **Fs:** 07 23 315. **Psch:** Stuttgart 164 11-708. **Bank:** Girokasse Stuttgart 2 007 317. **Gegr:** 1950 in Stuttgart. **Rechtsf:** KG.
Inh/Ges: Dr. Karl Lang, pers. haft. Gesellschafter.
Verlagsleitung: Dr. Karl Lang ▢. Verwaltung und Vertrieb: Dipl.-Volksw. Walter Alt (Prokurist). Lektorat: Prof. Dr. Werner Kresse (Prokurist).
Hauptautoren/Hauptwerke: Alt, Engel, Kresse, „Taschenbuch für den Buchhalter" — Gervais, „Tabellenbuch für den Kaufmann" — Kresse, „Neue Schule des Bilanzbuchhalters".
Buchreihen: Taschenbuchreihe: Taylorix-Wirtschafts-Taschenbücher für Betriebspraxis und Berufserfolg".
Verlagsgebiete: 5 — 24 — 25 — 26 — Spez.Geb: Rechnungswesen, Steuer, Recht.

Team Verlag Helmut Müller GmbH & Co. KG

D-8752 Dettingen/Main, Auwanne 19

Technik-Tabellen-Verlag, Fikentscher & Co.

D-6100 Darmstadt 2, Postfach 440, Eschollbrücker Straße 39

Technischer Verlag

A-5024 Salzburg/Österr., Postfach 3, Linzergasse 50/II

Technischer Verlag Ing. Walter Erb

A-1061 Wien VI, Mariahilferstraße 71

Signet wird geführt seit: 1965.

Grafiker: Gerhard Berthold.

Otto Teich

D-6100 Darmstadt, Hilpertstraße 9

Tel: (0 61 51) 8 41 20. **Psch:** Frankfurt (M) 323 90-604. **Bank:** Deutsche Bank Darmstadt 270 041. **Gegr:** 2. 1. 1889 in Leipzig. **Rechtsf:** Einzelfirma.
Inh/Ges: Claus Manfred Otto.
Verlagsleitung: Claus Manfred Otto, geb. 11. 5. 1928 in Leipzig.
Geschichte: Gegründet 1889 durch Otto Teich. Damalige Hauptgebiete: Humoristika (Otto Reutter), Vereinstheater, Salon-Musik. Später Übernahme mehrerer Verlage. Nach dem Tode des Gründers (1935) Weiterführung des Verlages durch dessen Tochter Elisabeth Otto. 1943 totale Ausbombung des Verlagshauses in Leipzig. 1949 Neubeginn in Frankfurt (M) und Übernahme der Verlagsleitung durch den Enkel des Gründers, Claus Manfred Otto. 1954 Übersiedlung nach Darmstadt. 1961 wurde der Theaterverlag Eduard Bloch, Berlin und 1965 der Bergwald-Verlag, Köln, erworben und deren Firmensitze ebenfalls nach Darmstadt verlegt. 1964 Einzug in eigenes Verlagsgebäude.
Buchreihen: „Teichs praktische Reihe" — Laienspiele, Vortragsbücher, Karnevalsbücher, Bücher für Festgestaltung und Freizeit, Geschenkbücher, Hochzeitszeitung.
Hz: „Lieber Theaterfreund" (jl.).
Verlagsgebiete: 9 — 10 — 13 — 23.

Tele-Africa Verlagsges. mbH

D-7000 Stuttgart 1, Robert-Bosch-Str. 4

Telex Verlag Jaeger + Waldmann

D-6100 Darmstadt, Postfach 1060, Holzhofallee 38

Signet wird geführt seit: 1950.

Grafiker: —

Tellus-Verlag Karl Koenen & Co. KG

D-4300 Essen, Sessenbergstraße 4, Postfach 37

Tel: (02 01) 23 20 64/65. **Psch:** Essen 745 80-434. **Bank:** Trinkaus & Burkhardt Essen 30/1289/006; Dresdner Bank Essen 4 041 902; Stadtsparkasse Essen 217 240. **Gegr:** 6. 12. 1950. **Rechtsf:** KG.
Inh/Ges: Komplementär: Karl Koenen.
Verlagsleitung: Verleger Karl Koenen, geb. 12. 7. 1897; Prokurist: Dipl.-Kfm. Klaus Stahlhacke.
Geschichte: Der Tellus-Verlag wurde am 6. 12. 1950 gegründet. Geschäftszweck ist der Betrieb eines Buch-, Lehrmittel- und Zeitschriftenverlages.
Hauptwerke: Tellus-Lesebogen für den Volks- und Berufsschulunterricht in Geschichte, Erdkunde, Staatsbürgerkunde und politischer Bildung. Naturkunde und Sonderbogen verschiedener Sachgebiete — Handbuch der Unterrichtshilfen — Schulwandbilder — Arbeitshefte für den Geschäfts- und Staatsbürgerkundeunterricht — Verkehrserziehung — Monographien: Brücke vom Wirtschaft zur Schule — Wörterbücher — Schreibprojektoren — Unterrichtsfilme — Leistungsmessung in der Grund- und Hauptschule — Arbeitshefte für Erdkunde und Geschichte — Unterrichtsmittel für die Sonderschule — Beurteilungshilfen — Übungshefte zur Rechtschreibung.
Buchreihen: Bildbandreihe „Die Länder der Welt".
Zeitschrift: „Der Kleingarten" (Fachblatt für das Kleingartenwesen).
Verlagsgebiete 10 — 11.

Teloeken, Alf, Verlag KG

D-4000 Düsseldorf 30, Postfach 320109, Römerstraße 9

Signet wird geführt seit: —
Entwurf: Dr. H. Weitkamp.

Telos Dr. Will Noebe KG. Verlagsbuchhandlung

D-1000 Berlin 30, Hohenstaufenstraße 21 und 60

Tel: (030) 24 74 95 — 24 36 56. **Psch:** Berlin 310892-102. **Bank:** Bank für Handel und Industrie Berlin 5641330. **Gegr:** 1. 1. 1898 in Neustrelitz i. M. **Rechtsf:** KG.
Inh/Ges: Dr. Will Noebe; Dr. Herbert Hahn; Wera Bauer; Der neue Bund e. V.
Verlagsleitung: Dr. Will Noebe; Bruno Land, Stellvertreter; A. M. Splett, Anzeigen.
Geschichte: Der Verlag wurde 1898 durch Georg Noebe gegründet. Will Noebe gründete 1924 die Monatsschrift „D. Ziel" und übernahm 1928 die von R. H. Francé herausgegeb. Schrift „TELOS". Sitzverlagerung 1932 von Hamburg nach Leipzig, dort 1933 Beschlagnahme durch die Gestapo, Weiterführung in der Tschechoslowakei, dort 1939 erneute Beschlagnahme und Fortführung unter Vorzensur bis 1945. Nach Kriegsende Neubeginn in Neustrelitz, dort 1948 erneute Inhaftierung und Beschlagnahme. Insgesamt verbrachte der pers. haft. Gesellsch. und Herausgeber rund 8 Jahre seines Lebens im KZ, Zwangsarbeitslagern und Zuchthaus, davon 5 Jahre in Ostsibirien. Seit Ende 1955 in West-Berlin.
Hauptautoren: Lucas Bernoulli, Friedrich Brobeck, Dr. Carl J. Burkhart, Margherita Coray, Dr. Claus Dehler, Prof. Dr. P. H. Diehl, Silvio Gesell, Annie Francé-Haraar, R. H. Francé, Dr. Erwin Moorweide, Prof. Waldemar Fritsch, Dr. Dr. E. Heun, Gero Kintzel-Hübner, Reg.-Direktor H. P. Neumann, Dr. R. Nölle, Bruno P. Schliephake, Dr. Hans Weitkamp, Karl Walker, Dr. Ernst Winkler, Prof. Dr. h. c. Werner Zimmermann.
Hauptwerke: Raoul Francé, „Lebenslehre" — P. H. Diehl, „Macht oder Geist" — Silvio Gesell, „Kannte Moses das Pulver"; „Die Wunderinsel"; „Aufstieg des Abendlandes" — Will Noebe, „Wie es wirklich war" — Walter Moré, „Somnium Keplers Traum" — Fritz Ko-

berg, „Unsterblicher Geist" — B. P. Schliephacke, „Die 7 Lebensstufen"; „Herakles"; „Kalewala"; „Bildersprache der Seele"; „Märchen, Seele und Kosmos".
Zeitschrift: „Telos - Das Ziel", Monatsschrift, 1974 / 51. Jg.
Verlagsgebiet: 3

Der Tempel Verlag GmbH
D-6100 Darmstadt 2, Berliner Allee 6

Tempoton-Verlag Hans Sikorski
D-2000 Hamburg 13, Jahnallee 23

Teoton-Verlag Ralph Maria Siegel
D-8000 München 70, Pelargonienweg 41

Signet wird geführt seit: 1959.

Grafiker: Erich Hofmann.

Terra-Verlag Heizmann
D-7750 Konstanz, Neuhauser Straße 21, Postfach 222
Tel: (0 75 31) 5 40 31*. **Fs:** 7/33 271. **Psch:** Karlsruhe (B) 609 11-751. **Bank-** Deutsche Bank Konstanz 163 667; Dresdner Bank Konstanz 5/828/818. **Gegr:** 1. 1. 1946. **Rechtsf:** Einzelfirma.
Inh/Ges: Eberhard Heizmann.
Verlagsleitung: Eberhard Heizmann □, geb. 29. 10. 1923 in Magdeburg.
Zeitschriften: „Angewandte Kosmetik" — „Friseurwelt" — „Hochzeit" — „Lady" — „Kamm und Schere" — „Tierärztliche Umschau" — „Die Veterinärmedizin" — Kundenzeitschriften für Friseure, Parfümerien und Kosmetikerinnen.
Hz: „Informationen" (erscheint in zwangloser Folge).
Verlagsgebiete: 17 — 20 — 28 — Spez.-Geb: 17 Veterinärmedizin.

Tetzlaff, Dr. Arthur, Verlag
D-6000 Frankfurt (M) 1, Niddastraße 64

Signet wird geführt seit: 1824.

Grafiker: C. Fr. Fleischer.

B. G. Teubner
D-7000 Stuttgart 80, Industriestraße 15, Postfach 80 10 69
Tel: (07 11) 73 30 76. **Psch:** Stuttgart 137 86-707. **Bank:** Dresdner Bank Stuttgart 9031-741. **Gegr:** 21. 2. 1811 in Leipzig. **Rechtsf:** GmbH.
Inh/Ges: Giesecke & Devrient GmbH, München.
Verlagsleitung: Geschäftsführer: Heinrich Krämer, geb. 17. 3. 1928 in Altendorf, Kr. Unna.
Prokuristen: Hans-Joachim Ernst, Axel Falkenstein, Ulrich Schloz.
Geschichte: Die Firma B. G. Teubner wurde am 21. 2. 1811 von Benedictus Gotthelf Teubner (1784—1856) durch Übernahme der Weinedelschen Buchdruckerei in Leipzig gegründet. Die Freude am Druck philologischer Werke sowie Beziehungen zu sächsischen Philologen regten Teubner zu eigener verlegerischer Arbeit an, und er verband 1824 die Druckerei mit einem Verlag. Der Ausgangspunkt war die Antike. Im Laufe der Entwicklung wurde die Verlagstätigkeit auf fast sämtliche Gebiete der Geisteswissenschaften ausgedehnt. Neben den philologischen trat schon frühzeitig der mathematisch-naturwissenschaftliche und später dann der technische Verlag. Von der Philologie als Schulwissenschaft ausgehend, wandte sich der Verlag dem immer größere Bedeutung gewinnenden Gebiet des Bildungs-, Erziehungs- und Unterrichtswesens zu und entwickelte sich nach dem 1. Weltkrieg zum führenden deutschen Schulbücher-Verlag.
Eine große Zahl der bedeutendsten Gelehrten zählt zu den Autoren des Verlages. Veröffentlichungen, wie die Bibliotheca scriptorum Graecorum et Romanorum Teubneriana (seit 1850), Enzyklopädie der mathematischen Wissenschaften (seit 1894), Archiv für Papyrusforschung (1898), Aus Natur und Geisteswelt (1898), Thesaurus Linguae Latinae (seit 1900), Kultur der Gegenwart, führten den Verlag auch weit über die Grenzen Deutschlands hinaus zu hohem Ansehen. Mehr als 15 000

Werke sind seit der Begründung des Verlages erschienen. Sie dienten dem Studium an Universitäten und Hochschulen sowie der wissenschaftlichen Forschung. Sie waren fernerhin bestimmt für den Unterricht an den Fach-, Berufs- und allgemeinbildenden Schulen.
Bis 1952 hatte die Firma — Verlag und graphische Betriebe — ihren Sitz in Leipzig. Da in der sowjetischen Besatzungszone die Voraussetzungen für eine freie wissenschaftliche Verlagsarbeit nicht mehr gegeben waren, übersiedelte die Firma nach Stuttgart. Anfang 1953 wurde die Verlagsproduktion zunächst auf den Gebieten Mathematik, Naturwissenschaften sowie Technik und später auf dem der Altertumswissenschaft wieder aufgenommen, mit Lehrbüchern für Universitäten, Technische Hochschulen, Ingenieurschulen (später Fachschulen), Fachbücher für die Berufsausbildung sowie textkritischen Ausgaben und Kommentaren.

Hauptwerke: Lehrbücher, Handbücher, textkritische Ausgaben, z. B. „Mathematisches Wörterbuch", Hrsg. Naas/Schmid, 3. Auflage — Jahnke/Emde/Lösch, „Tafeln höherer Funktionen", 7. Auflage — Kohlrausch, „Praktische Physik", Hrsg. Lautz/Taubert, 22. Auflage — Becker/Sauter, „Theorie der Elektrizität", 21. Auflage — Klein, „Einführung in die DIN-Normen", 6. Auflage — Wendehorst/Muth, „Bautechnische Zahlentafeln", 17. Auflage — Moeller/Fricke, „Grundlagen der Elektrotechnik" 15. Auflage — Frick/Knöll/Neumann, „Baukonstruktionslehre", 25. Auflage — „Lexicographi Graeci".

Buchreihen: „Bibliotheca scriptorum Graecorum et Romanorum Teubneriana" — „Sammlung wissenschaftlicher Commentare" — „Thesaurus Linguae Latinae" — „Enzyklopädie der mathematischen Wissenschaften" — „Mathematische Leitfäden" — „Leitfäden der angewandten Mathematik und Mechanik" — „Bibliotheca Mathematica Teubneriana" — „Teubners Physikalisch-Technische Sammlung" — „Teubners Fachbücher für Hoch- und Tiefbau" — „... für Elektrotechnik" — „... für Maschinenbau" — „Leitfaden der Elektrotechnik" — „Teubner Studienbücher" — „Teubner Studienskripten".

Zeitschrift: Jahresbericht der Deutschen Mathematiker-Vereinigung (jl. 4 Hefte).

Btlg: Arbeitsgemeinschaft der Baufachverlage.
Verlagsgebiete: 7 — 11 — 18 — 19 — 20 — 26 — 3 — 5 — 10 — 14 — 15 — 26 — Spez.Geb: 7 Altertumswissenschaft — 18 Physik — 19 Mathematik — 20 Maschinenbau, Elektrotechnik, Bauingenieurwesen.

Teubner BSB, B. G., Verlagsgesellschaft
DDR-7010 Leipzig, Postfach 930, Goldschmidtstraße 28

Signet wird geführt seit: 1968.
Grafiker: Walter Schollmayer.

Text Verlag GmbH & Co KG
D-2000 Hamburg 76, Hamburger Str. 23, Postfach 850

Tel: (04 11) 2 20 11 07. **Fs:** 02-14546. **Psch:** Hamburg 1172-200. **Bank:** Deutsche Bank Hamburg 72/04 050. **Gegr:** 1. 1. 1967. **Rechtsf:** GmbH & Co. KG.
Inh/Ges: Lutz Böhme, Gisela Böhme.
Herausgeber: Lutz Böhme.
Verlagsleitung: Joachim Preigschat.
Geschichte: Der Brancheninformationsdienst „text intern" erschien im Februar 1967 mit der ersten Nummer. Er ist der schnellste Informationsdienst dieser Branche überhaupt (dreimal wöchentlich), zugleich der teuerste (Jahresabonnement mit Porto über DM 450,—) und wendet sich ausschließlich an die Top-Manager der Kommunikationswirtschaft, z. B. an: Markenartikel-Manager und an die oberen Etagen der Verlage.
Hauptwerk: „text intern".
Verlagsgebiet: 30 — Spez.Geb: 30 Verlage, Marketing, Werbung, Public Relations, FFF.

Theaterverlag Elrich, Ges. mbH
A-1030 Wien III, Lothringerstraße 20

Theaterverlag Löwinger
A-1071 Wien VII, Postfach 80, Neubaugasse 36

Konrad Theiss Verlag
Stuttgart und Aalen

D-7000 Stuttgart 1, Villastraße 11, Postfach 730
D-7080 Aalen, Bahnhofstraße 65, Postfach 1680

Tel: (07 11) 43 29 81. **Psch:** Stuttgart 142 96-707. **Bank:** Kreissparkasse Aalen 1 494. **Gegr:** 3. 2. 1956 in Aalen/Württ.
Rechtsf: Einzelfirma.
Inh/Ges: Dr. Konrad Theiss
Verlagsleitung: Verleger Dr. Konrad Theiss, geb. 19. 12. 1905 in Döbern/Niederlausitz, Geschäftsführer der Süddeutschen Zeitungsdienst Druckerei und Verlagsges. mbH, Aalen; geschäftsführender Vorstand des Südwestdeutschen Zeitungsverbandes GmbH Stuttgart; Hrsg. der Tageszeitungen „Schwäbische Post" und „Gmünder Tagespost"; Mitglied des Vereins Südwestdeutscher Zeitungsverleger und des Verbandes heimatvertriebener Verleger; Mitglied des 1. württ.-badischen Landtags, Vizepräsident der IHK Heidenheim-Aalen. Geschäftsführer: Konrad Theiss, Aalen, geb. 1. 2. 1941 in Wolfegg, Kreis Ravensburg.
Verlagsleiter: Hans Schleuning, Stuttgart (Prokurist), geb. 7. 1. 1933 in Falkenberg O/S.

Geschichte: Gegründet 1953 als „Informations- und Werbedienst", Verlag für wirtschafts- und sozialpolitische Veröffentlichungen. Seit 1956: Verlag Heimat und Wirtschaft. Seit 1969: Konrad Theiss Verlag Stuttgart und Aalen. Der Schwerpunkt der Verlagsarbeit liegt auf dem Gebiet der Sachbücher, Nachschlagewerke, Bildbände und Literatur aus Baden-Württemberg sowie in der Herausgabe der Reihe „Heimat und Arbeit" mit systematisch, reich bebilderten Darstellungen deutscher Landkreise und Städte.

Hauptautoren: Karl Weller/Arnold Weller, „Württembergische Geschichte im südwestdeutschen Raum" — Otto Borst, „Stuttgart. Die Geschichte der Stadt" — Otto Rombach/Martin Blümcke, „Im Herzen Württembergs".

Buchreihen: „Heimat und Arbeit (Monographien deutscher Landkreise und Städte), Hrsg. Dr. Konrad Theiss — „bibliotheca urbana", Hrsg. Prof. Dr. Otto Borst.

Zeitschriften: „Schwäbische Heimat", Zeitschrift zur Pflege von Landschaft, Volkstum, Kultur. Herausgegeben vom Schwäbischen Heimatbund (Erscheinungsweise: vierteljährlich).
Verlagsgebiete: 2b — 12 — 14 — 15 — Spez.Geb: 15 Kreisbeschreibungen, Stadt- und Landesgeschichte, Landschaftsbildbände.

Theologischer Verlag Rolf Brockhaus GmbH

D-5600 Wuppertal 11, Postfach 110231

Signet wird geführt seit: 1. 1. 1971.

Grafiker: Arnold Hartmann, St. Gallen.

Theologischer Verlag und Buchhandlungen AG., Zürich

CH-8004 Zürich, Brauerstraße 60, Postfach 8021 Zürich

Tel: (01) 23 39 38. **Psch:** Zürich 80-2545.
Bank: Schweizerische Bankgesellschaft Zürich, Schweizerische Kreditanstalt Zürich. **Gegr:** 1. 1. 1971 in Zürich.
Rechtsf: AG.
Verlagsleitung: Marcel Pfändler, geb. 5. 3. 1927.
Lektoren: Adolf Hägeli, geb. 17. 5. 1926; Prof. Dr. Max Geiger, geb. 27. 4. 1922.
Geschichte: Der Theologische Verlag Zürich entstand auf den 1. Januar 1971 aus dem Zusammenschluß der beiden früheren Verlage EVZ-Verlag Zürich und Zwingli Verlag und Evangelische Buchhandlungen AG Zürich.
Die beiden traditionsreichen evangelischen Verlage der Schweiz haben im Jahre 1970 den Zusammenschluß vorbereitet und auf den 1. Januar 1971 vollzogen, um für die künftige Entwicklung eine breitere und leistungsfähigere Basis zu haben. Geistesgeschichtlich bedeutsam an diesem Zusammenschluß dürfte sein, daß nunmehr die verlegerische Betreuung der Werke und Nachlässe der großen Schweizer Theologen Karl Barth und

Emil Brunner im selben Verlagsunternehmen erfolgt.
Hauptautoren: Karl Barth, Emil Brunner, Oscar Cullmann, Walter Hollenweger, Andreas Lindt, Gottfried Locher, Walter Neidhart, Arthur Rich, James M. Robinson, Hans Heinrich Schmid, Joachim Staedtke, Eduard Thurneysen.
Hauptwerke: Theologie und Grenzgebiete, Religionsgeschichte, Altes Testament, Neues Testament, Kirchen-, Dogmen- und Theologiegeschichte, Systematische Theologie, Sozialethik, Praktische Theologie, Religionsunterricht, Kirchenmusik und Liturgie, kirchliche und weltanschauliche Zeitfragen, Lebens- und Existenzprobleme.
Buchreihen: „Abhandlungen zur Theologie des Alten und Neuen Testaments" — „Basler Beiträge zur Philosophie und ihrer Geschichte" — „Basler Studien zur historischen und systematischen Theologie" — „Polis" — „Schriftenreihe des schweizerischen Arbeitskreises für Kirchenmusik" — „Studien zur Dogmengeschichte und systematischen Theologie" — „Theologische Studien" — „Traditio Christiana" — „Veröffentlichungen des Instituts für Sozialethik der Universität Zürich" — „Zürcher Beiträge zur Reformationsgeschichte" — „Zürcher Bibelkommentare".
Zeitschriften: Musik und Gottesdienst (2mtl.) — RL Zeitschrift für Religionsunterricht und Lebenskunde (vtljl.).
Tges: Flamberg Verlag, Zürich; Furche Verlag, Hamburg; versch. Buchhandlungen.
Btlg: Bücherpick Verlegergemeinschaft, Bern.
Verlagsgebiete: 2a — 3 — 2b — 2c — 5 — 6 — 10 — 14.

Signet wird geführt seit: 1970.

Grafiker: Hermann Rapp.

Thesen Verlag Vowinckel & Co.

D-6100 Darmstadt, Dreibrunnenstraße 3
Tel: (0 61 51) 4 58 40. **Psch:** Frankfurt 206221-609. **Bank:** Bank für Gemeinwirtschaft Frankfurt 1072 6679 **Gegr:** 18. 12. 1969 in Frankfurt (M). **Rechtsf:** KG.
Inh/Ges: Dr. Ilse Vowinckel, Heinrich Schirmer, persönlich haftende Gesellschafter.
Verlagsleitung: Dr. Ilse Vowinckel, geb. 27. 10. 1932; Heinrich Schirmer, geb. 25. 9. 1927.
Geschichte: Gegründet 1969 und eröffnet 1970 in Frankfurt (M), 1973 nach Darmstadt verlegt. Schwerpunkte des Programms sind a) wissenschaftliche Reihen auf den Gebieten Literatur- und Sprachwissenschaft, Soziologie, Zeitgeschichte; b) Englisch-Lehrbücher für den Hochschulgebrauch; c) Rezensionszeitschrift „Kritikon Litterarum".
Hauptwerke: Cooper/Freund/Matthews, „Modern English for German Students", 2 Bde., mit Sprachlabor-Begleitkursen — Moessner/Schaefer, „Proseminar Mittelenglisch".
Buchreihen: „Anglistik und Amerikanistik" — „Germanistik" — „Vergleichende Literaturwissenschaft" — „Sozialpsychologie" — „Zeitgeschichte und Politologie".
Zeitschrift: „Kritikon Litterarum", Internationale Rezensionszeitschrift für Romanistik, Slavistik, Anglistik und Amerikanistik u. für Linguistik (vtljl.).
Verlagsgebiete: 3 — 6 — 7 — 11 — 27.

Signet wird geführt seit: 1925.

Grafiker: Prof. Erich Gruner, Leipzig,
modernisiert H. J. Müller, 1960,
Prof. Kurt Weidemann, 1972.

Georg Thieme Verlag KG

D-7000 Stuttgart-N, Herdweg 63, Postfach 732

Tel: (07 11) 21 48-1. Nach Geschäftsschluß telefonischer Auftragsdienst (07 11) 21 48-299. Telegrammadr.: Thiemebuch Stuttgart. **Fs:** 07-21 942. **Psch:** Stuttgart 450 00-705. **Bank:** Deutsche Bank 14/20017; Commerzbank 5174 008; Städt. Girokasse 2055 723 — alle in Stuttgart. **Gegr:** 1. 1. 1886 in Leipzig. **Rechtsf:** KG.
Inh/Ges: Pers. haft. Gesellschafter: Dr. med. h. c. Günther Hauff; Dr. jur. Albrecht Greuner; 4 Kommanditisten.

Verlagsleitung: Dr. med. h. c. Günther Hauff, geb. 17. 4. 1927 in Leipzig, pers. haft. Gesellsch., seit 1953. 30. 6. 1967 Dr. med. h. c. der Universität Gießen. Mitglied des Verleger-Ausschusses des Börsenvereins von 1959 bis 1965, Stellv. Vorstand des Vereins für Verkehrsordnung, Vorstandsmitglied und Kassenführer der Deutschen Röntgengesellschaft.
Dr. jur. Albrecht Greuner, geb. 9. 6. 1925 in Leipzig, pers. haft. Ges. seit 1. 4. 1962. Ausbildung in Verlag und Druckerei. Studium, Rechtsanwalt für Gewerblichen Rechtsschutz und Urheberrecht in Düsseldorf bis 1962. Mitglied des Verleger-Ausschusses des Landesverbandes der Verleger und Buchhändler in Baden-Württemberg.
Joachim Hillig, Geschäftsführer, Bereichsleiter Vertrieb und Marketing.
Achim Menge, Geschäftsführer, Bereichsleiter Planung, Marketing und Lizenzen.
Dr. med. Dieter Bremkamp, Cheflektor Medizin und Biologie.
Dr. rer. nat. Hans-Gerd Padeken, Cheflektor Chemie.
Dr. med. Robert H. Rosie, Schriftleiter Deutsche Medizinische Wochenschrift.
Klaus Erwert, Bereichsleiter Produktion.
Arno I. Göpel, Bereichsleiter Personal und Verwaltung.
Dipl.-Kfm. Walter Schick, Bereichsleiter Finanzen.

Geschichte: Gründung 1. 1. 1886 durch Georg Thieme in Leipzig. 1924 Dr. med. h. c. der Universität Leipzig, gest. 25. 12. 1925. Eintritt von Bruno Hauff als Teilhaber 1. 9. 1919, Dr. med. h. c. Univ. Frankfurt 1931 und Univ. Zürich 1959. Ehrensenator der Univ. Tübingen und Freiburg/Br., Ehrenmitglied Deutsche Röntgengesellschaft und Deutsches Zentralkomitee Krebsbekämpfung, gest. 9. 9. 1963.
1945 Übersiedlung des Verlages von Leipzig nach Wiesbaden, 1946 nach Stuttgart, dort 1954 mit Paul-Bonatz-Preis prämiiertes Verlagshaus.
Ankauf folgender Verlage und Objekte: 1886 Theodor Fischer, Kassel, 1887 Deutsche Med. Wochenschrift vom Verlag Georg Reimer, Berlin, 1900 Boas und Hesse, Berlin, 1902 Arthur Georgi (Ed. Besold, früher Erlangen) mit Rauber: Lehrbuch der Anatomie, 1926 Gräfe & Sillem, Hamburg, mit Fortschritten auf dem Gebiete der Röntgenstrahlen.

Seit 1945 erschienen über 2700 Verlagswerke; Übernahme, Neu- und Wiedergründung von 31 Zeitschriften und fremdsprachigen Ausgaben. Über 830 fremdsprachige Buchausgaben in 24 Sprachen erschienen bzw. in Vorbereitung. 102 ausländische Werke aus 10 Ländern in deutschen Ausgaben erschienen. Unter Buchautoren folgende Nobelpreisträger: F. M. Burnet, G. Domagk, W. Forssmann, W. R. Hess, P. Karrer, B. Katz, O. Warburg, H. v. Euler, K. Ziegler.

Hauptwerke: Kurze Handbücher, Lehrbücher, Monographien und mehrfarbige Atlanten der Medizin und der wichtigsten Nachbardisziplinen der Naturwissenschaften, z. B. Schinz, „Lehrbuch der Röntgendiagnostik", 6. Aufl., Houben/Weyl, „Methoden der organischen Chemie", Hrsg. Müller/Bayer/Meerwein/Ziegler, 4. Aufl., sowie folgende Reihen: „Anatomie, Normale und Pathologische" — „Arbeit und Gesundheit" — „Biochemie und Klinik" — „Fibeln für Praxis und Klinik" — „Fortschritte auf dem Gebiete der Röntgenstrahlen und der Nuklearmedizin, Ergänzungsbände" — „Gastroenterologie und Stoffwechsel" — „Orthopädie, Technische" — „Oto-Rhino-Laryngologie, Aktuelle" — „Sammlung psychiatrischer und neurologischer Einzeldarstellungen" — „Thieme Editions, Books and Periodicals in English" — „Thieme Lernprogramm" — „Thieme Ärztlicher Rat".
„Flexible Taschenbücher" Medizin, Zahnheilkunde, Krankenpflege u. Mittleres medizinisches Personal, Naturwissenschaften, Chemie. Zum Teil in Zusammenarbeit mit dem Deutschen Taschenbuch Verlag München. Seit 1964 erschienen 177 Titel, Gesamtauflage über 3 Millionen. Englische „Flexibooks" in Vorbereitung.

Zeitschriften: „Deutsche Medizinische Wochenschrift" (mit Lizenzausgaben in Italienisch und Spanisch) — „Fortschritte auf dem Gebiete der Röntgenstrahlen und der Nuklearmedizin" — „Röntgen-Blätter" — „Geburtshilfe und Frauenheilkunde" — „Zeitschrift für Laryngologie, Rhinologie, Otologie und ihre Grenzgebiete" — „Praxis der Pneumologie" — „Thoraxchirurgie und Vaskuläre Chirurgie" — „aktuelle neurologie" — „Psychiatrische Praxis" — „Fortschritte der Neurologie, Psychiatrie und ihrer Grenzgebiete" — „Neurochirurgia" — „Zeitschrift für Psychotherapie und medizinische Psychologie" — „Acta Hepato-Gastroenterologica" — „Zeitschrift für Tropenmedizin und Parasitologie" — „Die Rehabilitation" — „Das öffentliche Gesundheitswesen" — „Zeitschrift für Praktische Anästhesie, Wiederbelebung und Intensivtherapie" — „aktuelle chirurgie" — „Pharmakopsychiatrie - Neuro-Psychopharmakologie" — „Lymphologie" — „Hormone and Metabolic Research" — „Endoscopy" — „Journal of Maxillofacial Surgery" — „aktuelle gerontologie" — „aktuelle traumatologie" — „aktuelle urologie" — „EEG-EMG" — „Synthesis", in Gemeinschaft mit Academic Press, New York / London.

Hz: „Neue Bücher - New Books" (mtl.) — „Thieme-Information" (halbjl.) — „Thieme/Enke-Telex" (zwangl.).

Verlagsgebiete: 17 — 18 — 26.

Btlg: Seit 1971 am Verlag Ferdinand Enke, Stuttgart; bei gemeinsamer Geschäftsführung. Seit 1971 an der wissenschaftlichen Versandbuchhandlung „Stw"-Schrobsdorff - Thieme - Weise-Fachbuch-Service GmbH., Stuttgart.

Thieme, Georg, VEB

DDR-7010 Leipzig, Postfach 946, Hainstraße 17—19

Signet wird geführt seit: 1950.

Grafiker: Rudolf Erber.

Karl Thiemig, Graphische Kunstanstalt und Buchdruckerei AG, Abt. Verlag

D-8000 München 90, Pilgersheimer Straße 38, Postfach 90 07 40

Tel: (089) 66 30 31. **Fs:** 05-23 981 kthkg d. **Psch:** München 320 25-803. **Bank:** Bayerische Vereinsbank München 358 (BLZ 700 202 70). **Gegr:** 1. 9. 1950 in München. **Rechtsf:** AG.

Inh/Ges: Vorstand: Günter Thiemig, Vorsitzender; Hans Geiselberger, Stellvertreter.

Verlagsleitung: Peter Keskari.

Geschichte: Der Verlag ist Teil der am 1. September 1950 vor Karl Thiemig in München gegründeten Graphischen Kunstanstalt und Buchdruckerei (Mehrfarben-Qualitätstiefdruck und Buchdruck), die mit rund 1200 Mitarbeitern zu den Großen des graphischen Gewerbes zählt.

Die verlegerische Aktivität des Unternehmens entwickelte sich in vier Richtungen:

1. Naturwissenschaft und Technik (mit dem Schwerpunkt Kernphysik/Kerntechnik);
2. Tourismus: 1955 beginnt die neue Serie der seit 1850 blaugelben „Grieben-Reiseführer" zu erscheinen;
3. Kunst- und Kulturgeschichte: dieser Bereich erhält besondere Impulse mit der Übernahme der 1885 von Friedrich Bruckmann gegründeten Zeitschrift „Die Kunst und das schöne Heim";
4. Graphik, graphische Praxis und Werbegestaltung.

Buchreihen: „Thiemig-Taschenbücher" (Kern- und Reaktorphysik, Kern- und Reaktortechnik, Elektronik, Strahlenmeßtechnik, Strahlenschutz) — „Buchreihe der Atomkernenergie", Berichte der Kernenergie - Studiengesellschaft Hamburg (= KEST-Berichte) — „Grieben-Reiseführer" — „Fachbücher der Werbepraxis".

Zeitschriften: „Atomkernenergie", Unabhängige Zeitschrift über die Anwendung der Kernenergie in Wissenschaft, Technik und Wirtschaft mit Beiträgen aus dem gesamten Gebiet der Strahlenforschung (seit 1955) — „Kerntechnik" (seit 1959; ab 1971 vereinigt mit „Atompraxis" — „Die Kunst und das schöne Heim" (die älteste Zeitschrift für Malerei, Plastik, Architektur und Wohnkultur im deutschen Sprachraum, seit 1885) — „Graphik". Das Magazin für Werbegestaltung (seit 1948) — „Motor im Bild". Die Zeitschrift für Technik, Unterhaltung, Reise und Kultur (seit 1947).

Verlagsgebiete: 12 — 14 — 15 — 16 — 18 — 20 — 28.

Signet wird geführt seit: 1974

Grafiker: Ernst Strom

K. Thienemanns Verlag

D-7000 Stuttgart 1, Blumenstraße 36

Tel: (07 11) 24 06 41. **Fs:** 723 933 THIE d. **Psch:** Stuttgart 1287-709. **Bank:** Dresdner Bank AG Stuttgart 1923 043; Girokasse Stuttgart 2160 168. **Gegr:** 1. 6. 1849 in Stuttgart. **Rechtsf:** KG.
Inh/Ges: Pers. haft. Gesellschafter: Richard Weitbrecht, Weitbrecht Verlags GmbH; Kommanditistin: Lotte Weitbrecht.
Verlagsleitung: Richard Weitbrecht, Lektorat sowie Autoren- und Künstlerbetreuung, Herstellung. Vertriebsleiter: Fritz Pfenningstorff.
Geschichte: Karl Thienemann gründete mit 63 Jahren seinen Verlag. Nachfolger Julius Hoffmann (1863—1885), Anton Hoffmann (1885—1911), Otto Weitbrecht (1912—1936), Lotte Weitbrecht (ab 1936), Richard Weitbrecht (ab 1950).
Hauptautoren: Barbara Bartos-Höppner, Hans Baumann, Lisa-Maria Blum, Michael Ende, Anna Müller-Tannewitz, Otfried Preußler, Boy Lornsen, Cili Wethekam.
Hauptwerke: Kinder-, Bilder- und Jugendbücher, Diätkochbücher, Textbücher für Kinder- und Jugendtheater.
Zeitschrift: „Sommergarten", Jugendzeitschrift (mtl.).
Hz: „Thiene-Post" (drei- bis viermal jl.).
Verlagsgebiet: 9 — Diätkochbücher, Theaterverlag.

Ed. Emil Thoma KG

Verlag pädagogischer Unterrichtsmittel
D-8000 München 22, Thierschstraße 17

Thomas Druckerei und Verlag

D-4152 Kempen 1, Postfach 60

Thomas-Verlag AG

CH-8001 Zürich, Rennweg 14

Thorbecke, Jan, Verlag KG

D-7480 Sigmaringen, Postfach 546, Karlstraße 10

Thordsen Verlag

D-2000 Hamburg 1, Postfach 721, Burchardstraße 14

Thurner, Dr. Margaretha

A-1090 Wien IX, Nußdorfer Straße 14

Tiepelt, Karla

D-4408 Dülmen, Coesfelder Straße 18

Tierschutzverlag Erich Buberl

A-1130 Wien XIII, Hansi-Niese-Weg 9

Tiessen, Wolfgang, Verlag

D-6078 Neu-Isenburg 2, Nachtigallenstraße 6

Tiroler Graphik GmbH

A-6010 Innsbruck, Innrain 27—29

Tischer u. Jagenberg Musikverlag

D-4600 Dortmund-Hombruch, Am Bahnhof Tierpark 36

Titania-Verlag Ferdinand Schroll

D-7000 Stuttgart 1, Postf. 1352, Oberer Hoppenlauweg 26

Titz Verlag GmbH

D-5216 Niederkassel-Mondorf, Postfach 5045

Toeche-Mittler, Siegfried

D-6100 Darmstadt, Ahastraße 9

Tonger, P. J., Musikverlag

D-5038 Rodenkirchen (Rhein), Postf. 71, Auf dem Brand 10

Tonika Verlag Horst Büssow

D-2000 Hamburg 76, Adolfstraße 45

Tonleiter-Edition

D-1000 Berlin 19, Reichsstraße 4

Tonos-Musikverlag

D-6100 Darmstadt 2, Ahastraße 7—9

Topographikon (Das), Vlg. Rolf Müller

D-2000 Hamburg 39, Körnerstraße 7a

TR-Verlagsunion

Signet wird geführt seit: 1968.

Grafiker:
Konrad Wacker, München.

TR-Verlagsunion GmbH

D-8000 München 22, Thierschstraße Nr. 11/15, Mü 26, Postfach 5

Tel: (089) 29 45 00/02, Kursprogramme 22 41 92. **Fs:** 5-22 37 1 trd d. **Psch:** München 1535 51-808. **Bank:** Bayerische Vereinsbank 864 064; Bayerische Hypotheken- u. Wechselbank 441/104000. **Gegr:** 15. 11. 1968 in München. **Rechtsf:** GmbH.

Inh/Ges: Bayerischer Rundfunk, München; Südwestfunk, Baden-Baden; Verlagsbuchhandlung C. H. Beck, München; Bertelsmann Verlag, Gütersloh; BLV Verlagsgesellschaft, München; Verlag Georg D. W. Callwey, München; Droemersche Verlagsanstalt Th. Knaur Nachf., München; Ehrenwirth Verlag, München; S. Fischer Verlag, Frankfurt; Verlag Herder KG, Freiburg; Ernst Klett Verlag, Stuttgart; Kösel-Verlag, München; Langenscheidt-Verlag, München; Paul List Verlag, München; J. B. Metzlersche Verlagsbuchhandlung und C. E. Poeschel Verlag, Stuttgart; Verlag C. F. Müller, Karlsruhe; Verlag R. Oldenbourg, München; Günter Olzog Verlag, München; Prestel-Verlag München; Springer Verlag, Berlin-Heidelberg-New York; Süddeutscher Verlag, München.

Verlagsleitung: Präsidium: Dr. h. c. Hans Dürrmeier ☐ (Vorsitzender), geb. 12. 12. 1899; Stellvertreter: Gunthar Lehner, Direktor des Hörfunkprogramms des Bayerischen Rundfunks; Dr. Werner Reichel, sh. Klett-Verlag; Beratergremium: Werner Feißt, SWF (für Rundfunkanstalten); Dr. Rudolf Oldenbourg, sh. Oldenbourg Verlag und Dr. Ulrich Wechsler, sh. Verlagsgruppe Bertelsmann (für Verlage).
Geschäftsführer: Dr. Günter Olzog ☐ (sh. Olzog Verlag).
Sekretariat: Franziska Blay, geb. 3. 12. 1949.
Lektorat: Birgit Göbel M. A., geb. 9. 1. 1945.
Vertrieb: Ingeborg Schwarz, geb. 27. 7. 1944.
Kursprogramme: Günter Geppert, geb. 3. 1. 1939.
Öffentlichkeitsarbeit, Organisation: Ingeborg Ellwein, geb. 21. 6. 1925.
Buchhaltung: Christel Kirsch, geb. 17. 3. 1936.

Geschichte: Auf Initiative des damaligen Intendanten des Bayerischen Rundfunks, Christian Wallenreiter, wurde die TR-Verlagsunion als erster deutscher Fachverlag im Medienverbund gegründet. Die Tätigkeit umfaßt die Erstellung und den Vertrieb von Begleitbüchern und sonstigen Begleitmaterialien zu Funk- und Fernsehkursen bzw. Ausbildungs- u. Fortbildungsprogrammen. Zu den größeren Objekten der ersten Jahre zählen das Telekolleg und der von der gesamten ARD ausgestrahlte EDV-Fernsehkurs. Bis Ende 1973 wurden 168 Begleitbücher im Bereich der Medienverbundprogramme von der TR-Verlagsunion hergestellt. Dazu kommen Sprachkurs-Schallplatten und AAC-Cassetten. Im Jahre 1970 wurden die ersten TR-Recorder-Stationen errichtet, in denen Sprachstudien-Recorder gemietet oder gekauft werden können. Seit 1973 sind 16 TR-Recorder-Stationen in der Lage, auch Video-Cassetten über VCR-Cassetten-Recorder auf einem Farbfernsehgerät vorzuführen. Die Programme werden zentral von der TR geliefert.
Außerhalb der Medienverbundprogramme wird die TR-Verlagsunion im Bereich ihrer „Einzelwerke" als literarische Agentur tätig, indem sie im Einvernehmen mit den Autoren Verlage vermittelt und späterhin Autor und Verlag werbend begleitet.
Die TR-Verlagsunion steht in ständiger Kooperation mit den TR-Verlagsunionen in Wien und Zürich.
Mit der TR-Verlagsunion sind assoziiert: Auer-Verlag, Donauwörth; Franckhsche Verlagshandlung, Stuttgart; W. Girardet Verlag, Essen; Gräfe und Unzer Verlag, München; Max Hueber Verlag, München; Jahreszeiten-Verlag, Hamburg; Otto Maier Verlag, Ravensburg; Franz Schneider Verlag, München; Musikverlag B. Schott's Söhne, Mainz.

Hauptwerke: Begleitbücher zu Telekolleg I und Telekolleg II, Telekolleg für Erzieher, Lehrerkolleg; EDV-Fernsehkurs im Medienverbund; Fernsehkurs „Ausbildung der Ausbilder"; „tele-Be-

ruf", ein Medienverbundkurs für Auszubildende; Begleitbücher und Lehrerhandbücher zu verschiedenen Sendungen des Schulfunks und Schulfernsehens verschiedener deutscher Rundfunkanstalten; Schriftenreihe „Funk-/Fernseh-Protokolle"; Vierteljahresschrift „Fernsehen und Bildung"; „News of the week" - Sendetexte.
Verlagsgebiete: 10 — 11 — 13 — 27 — 30 — 28.

TR-Verlagsunion in Österreich Ges. m. b. H.
A-1082 Wien, Lenaugasse 17
Tel: (02 22) 42 42 17, 42 35 91.
Geschäftsführer: Dr. Lotte Frauendienst.
Ges: Verlag Franz Deuticke, Verlag Hölder-Pichler-Tempsky, Verlag Eduard Hölzel, Jugend und Volk Verlagsges. m. b. H., Leykam, Pädagogischer Verlag, Manz'sche Verlags- und Universitätsbuchhandlung, Österreichischer Bundesverlag, Österreichischer Gewerbeverlag GmbH.
Kooperationspartner der TR-Verlagsunion GmbH in München.

TR-Verlagsunion AG Zürich
CH-8044 Zürich, Restelbergstraße 71, Postfach
Tel: (01) 26 22 44. **Bank:** Schweiz. Bankgesellschaft Zürich-Fluntern.
Geschäftsführer: Urs Müller.
Ges: Schweizerische Radio- und Fernsehgesellschaft in Verbindung mit den Verlagen: Dreitannen-Vertrieb des Walter Verlages Olten, Ex Libris Verlag Zürich, Offset-Haus Zürich, Panton Verlag Zürich, Verlag des Schweizerischen Kaufmännischen Vereins Zürich.
Kooperationspartner der TR-Verlagsunion GmbH in München.

Transgraphic Gesellschaft für Transparentdruck mbH
D-2000 Hamburg 61, Klotzenmoor 53

Trans-Haro GmbH
D-8500 Nürnberg 1, Findelgasse 10

Verlag der Trajanus-Presse
D-6000 Frankfurt (M) 70, Hedderichstraße 106—114

Translegal AG
CH-6300 Zug, Löbern-Straße 5

Transpress VEB Verlag für Verkehrswesen
DDR-1080 Berlin, Französische Str. 13/14

Signet wird geführt seit: 1965.

Grafiker: Wilfried Hopf.

Rudolf Trauner Verlag
A-4020 Linz, Baumbachstraße 4a
Tel: (0 72 22) 78 2 41. **Bank:** Oberösterreichische Volkskreditbank Linz 2346.
Gegr: 1947. **Rechtsf:** Einzelfirma.
Inh/Ges: Kommerzialrat Landesrat Rudolf Trauner.
Verlagsleitung: Rudolf Trauner, geb. 3. 4. 1918 in Roggendorf, NÖ., Handelsakademie, kaufm. Tätigkeit, Wehrdienst, nach Rückkehr aus dem Krieg Buchhändler, 1947 Gründung eines eigenen Verlages.
Konsulent des Verbandes der österr. Zeitungs- und Zeitschriften-Grossisten, Ausschußmitglied des Bundesgremiums sowie des Landesgremiums Oberösterreich des Handels mit Büchern, Kunstblättern, Musikalien und Zeitschriften, und des Landesgremiums für grafische Unternehmungen, Mitglied des Kuratoriums des Wirtschaftsförderungsinstitutes des Landes Oberösterreich, Finanzreferent der Handelskammer Oberösterreich.
Heribert Erich Baumert, geb. 1. 12. 1920 in Linz, Buchdruckerlehre, Wehrdienst, seit 1. 11. 1960 im Rudolf Trauner Verlag als Herstellungsleiter. 1964 Ernennung zum wissenschaftlichen Konsulenten der oö. Landesregierung.
Geschichte: 1947 bewarb sich Rudolf Trauner um eine Verlagskonzession mit dem Standort Linz, Hafferlstraße 5. Ausgangspunkt der Buchproduktion in den ersten Nachkriegsjahren waren die

bewährten Werke der Weltliteratur. Mit der fortschreitenden Normalisierung der Marktlage verlagerte sich der Schwerpunkt des Verlagsprogrammes bald auf das Sach- und Fachbuch, wobei die Pflege des Jugendbuches fortgesetzt und zusammen mit der Sorte Sportbücher weiter ausgebaut wurde. Durch die Herausgabe von repräsentativen Bildbänden über Oberösterreichs Landschaft, Kunst und Kultur dokumentiert der Verlag seine Verbundenheit mit der engeren Heimt.
Hauptwerke: Bildbiographien: „Adalbert Stifter" — „Johann Kepler" — „Anton Bruckner" — Bildbände über Linz, St. Florian, Oberösterreich, Flügelaltar Kefermarkt — „Volkstracht in Niederösterreich", 3 Bde. — Sportbücher: „Sieg auf weißen Pisten" — „Sieg im Grand Prix" — „Fußballsport in Österreich" — Gastron. Lehrbücher: „Handlexikon der Kochkunst" — „Servier- und Getränkekunde" — „Wiener Süßspeisen" — Sachbücher: „Gesundheit durch Heilkräuter" — „Kochbuch für jeden Haushalt" — „Gesunde Kinder - glückliche Eltern" — „Ewig jung und zeitlos schön" — „Tiere der Welt", 2 Bde. — „Bunte Märchentruhe" — „Dichtermärchen" — „Höhlensagen" — „Sagen aus aller Welt" — „Eulenspiegel und anderes Narrenvolk" — „Das bunte Wilhelm-Busch-Album" — Romane von Maria v. Petani — „Oberösterreichischer Amtskalender".
Zeitschrift: „Linzer Woche - Programmrundschau für Oberösterreich" (mtl.).
Hz/Alm: „neues" aus dem Rudolf-Trauner-Verlag Linz (vtljl.).
Verlagsgebiete: 11 — 14 — 15 — 8 — 9 — 24.
Angeschl. Betr: Reise- und Versandbuchhandel, Zeitschriftenvertrieb „LibuZet", A-4020 Linz, Baumbachstraße 4a; Druckerei Rudolf Trauner GmbH, A-4020 Linz, Köglstraße 14.

Trautvetter & Fischer Nachf.
D-3550 Marburg, Postfach 546, Gladenbacher Weg 57

Tribüne Verlag und Druckerei des FDGB
DDR-1193 Berlin-Treptow, Am Treptower Park 28/30

Trikont-Verlag

D-8000 München 80, Josephsburgstr. 16

Tel: (089) 43 38 74. **Psch:** München 2265 85-800. **Bank:** Bank für Gemeinwirtschaft 1 727 070; Hypobank 59 129. **Gegr:** 1967 in München. **Rechtsf:** GmbH.
Inh/Ges: Gisela Erler, Herbert Röttgen.
Verlagsleitung: Kollektive Leitung.
Geschichte: Hervorgegangen aus einem Studentenverlag des Sozialistischen Deutschen Studentenbundes der Gruppen Köln und München. Zuerst Schwergewicht auf Publikationen aus der Dritten Welt. Seit 1968 allgemeine sozialistische Literatur. Der Verlag vertreibt auch deutsch- und englisch-sprachige Literatur aus der Volksrepublik China und verfügt über ein Schallplattensortiment mit revolutionären Liedern aus aller Welt.
Buchreihen: „Trikont-Texte" (Medizin, Erziehung) — „Trikont-Theorie" (Wissenschaftliche Reihe, die auf der marxistischen Methode beruht, mit Autoren wie C. Bettelheim, Poulantzas u. a.) — „Schriften zum Klassenkampf" (Autoren: J. P. Sartre, Che Guevara, K. H. Roth) — „Frauen in der Offensive" (Neue, für Herbst 1974 geplante Reihe zur Emanzipationsfrage der Frau).
Verlagsgebiete: 5 — 6 — 14 — 17.

Dr. Dr. Rudolf Trofenik, KG

D-8000 München 13, Elisabethstraße Nr. 18 und 28

Tel: (089) 37 70 41. **Psch:** München 1166 70. **Bank:** Bayer. Hypotheken- und Wechsel-Bank München 372 93 38. **Gegr:** 12. 12. 1961. **Rechtsf:** KG.
Inh/Ges: Dr. Dr. Rudolf Trofenik.
Verlagsleitung: Dr. jur. Dr. phil. Rudolf Trofenik, geb. 1911, Marburg/Drau, ehem. Privat-Dozent der Universität Ljubljana (Laibach).
Prokura: Ilse Schöner.

Hauptautoren: † Franz Babinger, H.-G. Beck, Hans Joachim Kissling, Leopold Kretzenbacher, † Alois Schmaus, Anton Slodnjak, Georg Stadtmüller, G. Valentini (Rom) u. a.
Buchreihen: I. Beiträge zur Kenntnis Südosteuropas und des Nahen Orients — II. Universität Regensburg - Slavistische Arbeiten — III. Geschichte, Kultur und Geisteswelt der Slowenen — IV. Litterae Slovenicae — V. Slavische Biographien — VI. Zeitschrift für Balkanologie — VII. Alpes Orientales.
Zeitschrift: „Zeitschrift für Balkanologie" (ab Bd. VII).
Verlagsgebiete: 3 — 7 — 14 — 15.

Triltsch, Konrad, Druck- und Verlagsanstalt
D-8700 Würzburg, Postfach 1011, Haugerring 5—6

Triltsch, Michael, Verlag
D-4000 Düsseldorf 1, Jahnstraße 36

Trofenik, Dr. Dr. Rudolf, Südostbuchhandel u. Verlag KG
D-8000 München 40, Elisabethstraße 28

Trüjen, Friedrich, Verlag
D-2800 Bremen, Parkstraße 83

Tsamas-Verlag Karl R. Pigge
D-6380 Bad Homburg, Kisseleffstr. 10

Tschudy-Verlag
CH-9004 St. Gallen, Burggraben 24

Turm Verlag
D-7120 Bietigheim, Postfach 229

Signet wird geführt seit: 1965.

Grafiker: Werner Storck.

Turris-Verlag Kurt Schleucher
D-6100 Darmstadt, Alexandraweg 26, Postfach 828
Tel: (0 61 51) 4 68 63. **Psch:** Frankfurt (M) 114586-602. **Bank:** Deutsche Bank, Filiale Darmstadt 270 181. **Gegr:** 1. 11. 1960 in Darmstadt. **Rechtsf:** Einzelfirma.
Inh: Kurt Schleucher.
Verlagsleitung: Kurt Schleucher, geb. 3. 9. 1914 in Darmstadt.
Geschichte: Gegründet 1960 von Kurt Schleucher mit der Aufgabe, durch die literarische Zeitschrift „Behaim-Blätter" die Kenntnis der deutschen Literatur im Ausland zu fördern und in der Biographienreihe „Deutsche unter anderen Völkern" zu dokumentieren, wie Deutsche in Europa und Übersee zu den humanitären, geistigen, künstlerischen und technischen Leistungen der Menschheit beitrugen. Außerdem Ausstellungskataloge.
Hauptautoren: Margret Boveri, Max v. Brück, Johannes Dreesen, Per Fischer, Herbert Günther, Werner Helwig, Hans Körner, Walter Konrad, Karl Krolow, Rudolf Kraft, Hans Kühner, Walter Mönch, Heimo Rau, Ulrich Riemerschmidt, Otto Rombach, Heinz Winfried Sabais, Heinrich Schiffers, Hermann Schreiber, Frank Thiess.
Hauptwerke: Aus der Reihe „Deutsche unter anderen Völkern": „Freunde, Helfer, Brüder"; „Diener einer Idee"; „Pioniere und Außenseiter"; „Frühe Wege zum Herzen Afrikas"; „Diplomaten des Friedens"; „Bis zu des Erdballs letztem Inselriff" (insgesamt 80 Biographien) — Kataloge zu den Ausstellungen: „Georg Büchner"; „Homo legens"; „Wir Zuschauer"; „Deutsche Forscher rund um den Tschadsee"; „Deutsche Forscher im Westen Afrikas"; „Die Ernst Ludwig-Presse zu Darmstadt".
Verlagsgebiete: 14 — 15.

tv — Tomus Verlag GmbH
D-8000 München 19, Prinzenstraße 7

Verlagsanstalt Tyrolia Gesellschaft m.b.H.

A-6020 Innsbruck, Exlgasse 20, Postfach 220

Tel: (0 52 22) 22 7 41. **Fs:** 05 3620. **Psch:** Wien 1889316; München 1200 24-803; Zürich 80-38659. **Bank:** Creditanstalt-Bankverein Innsbruck 89-64124; Sparkasse der Stadt Innsbruck 0000-005939; Banco di Roma 73008. **Gegr:** 1888 Katholischer Preßverein in Brixen, 1907 Tyrolia in Brixen und Innsbruck. **Rechtsf:** GmbH.

Inh/Ges: weitgestreutes Gesellschaftskapital, keine Majoritäten.

Aufsichtsrat: Präsident Propst Dr. Heinz Huber, Innsbruck; Hofrat Dr. Hermann Scheidle, Innsbruck; Dr. Karl Weingartner, Innsbruck; Franz Josef Graf Forni, Bozen.

Vorstand: Generaldirektor Dr. Georg Schiemer, Innsbruck; Direktor Konrad Kirchmair, Innsbruck; Chefredakteur Benedikt Posch, Innsbruck; Direktor Dr. Toni Ebner, Bozen.

Verlagsleitung: Generaldirektor Dr. Georg Schiemer; Prokurist Dr. Werner Kunzenmann.

Werbung: Dr. Walter Sackl.

Geschichte: 1888 Katholischer Preßverein Brixen, Südtirol. „Brixner Chronik", „Tiroler Volksbote", 1907 Tyrolia in Brixen, erste Buchprämie mit Reimmichl (Msgr. Sebastian Rieger), 1915 Übersiedlung nach Innsbruck. Der Buchverlag gewinnt unter Prälat Dr. Aemilian Schoepfer und Generaldirektor Albert Schiemer das moderne Gesicht eines aufgeschlossenen katholischen Programms. 1925 Trennung der in Südtirol gelegenen Zweige des Verlages und der Buchhandlungen vom Unternehmen in Nordtirol. In Südtirol „Verlagsanstalt Vogelweider", später „Athesia" unter Kanonikus Michael Gamper. 1938 gewaltsame Auflösung der Tyrolia durch den Nationalsozialismus. 1945 Neuaufbau und Ausbau des Unternehmens auf über 400 Mitarbeiter. Seit 1968 Tyrolia im neuen Haus in der Exlgasse.

Hauptautoren/Hauptwerke: Theologische Standardwerke der Priesterbildung (Griesl, Klostermann), der Moral (Hörmann), der biblischen Exegese (Gaechter, Kornfeld, Schedl), religiös praktische Handbücher zur Lebenshilfe, für die Verkündigung, zum Bibel- und Liturgieverständnis (Eppacher, Gareis-Wiesnet, J. E. Mayer, H. B. Meyer, Nemetschek, Rupp, Siedl, Wetzel), für Fragen der Erziehung und Erwachsenenbildung (Rupp, Schmid-Schoißwohl) — Jugendbücher mit literarisch-kulturgeschichtlichem Hintergrund (Sagenbücher von Auguste Lechner), Lebensbilder großer Menschen (Braumann, Hünermann), Kinderbücher (Luchner, Zingerle) — Sachbücher der Geschichte und Landeskunde (Eiler-Hoheneger, Huter, Lechthaler, Paulin), Tal- und Bezirkskunden (Biasi, Klien, Kostenzer, Steinegger-Thöni, Pizzinini), Tiroler Städte (Forscher, Innsbruck; Wagner, Hall), Tiroler Spezialitätenreihe (Tiroler Küche u. a.), Austriaca (Braumann, Görlich, Gsteu, Ilg) — Illustrierte Wanderführer für Nord- und Südtirol und alle österreichischen Bundesländer (Buchenauer, Delago, Goldberger, Hensler, Knoll, Rampold, Schueller) — Farbbildbände von Robert Löbl (Südtirol, Tirol, Oberösterreich, Wien, Steiermark, Salzburg) — Kunstbände als Monographie und Dokumentation: Kunst in Tirol (Egg), Die Hofkirche zu Innsbruck (Egg), Das Goldene Dachl (Oberhammer), die Kunstdenkmäler Südtirols (Weingartner, Neuausgabe 1973) — Fachwissenschaftliche Nachschlagewerke (Messner, Soziale Frage, Naturrecht; Klose, Soziallexikon) und Paperbacks (Coreth, Morel, Satura, Seidl) — Sammelwerke (Wolff, Dolomitensagen; Fink, Verzaubertes Land; Haider, Tiroler Brauch).

Zeitschrift: Österreichische Wochenzeitung „präsent".

Hz: „Tyrolia Hausblätter", erscheinen fallweise.

Tges: Sortimentsbuchhandlungen: Hauptgeschäft in Innsbruck, Maria-Theresien-Straße 15; Filialen in Innsbruck, Maximilianstraße 9 und Reichenauer-Straße 72, sowie in Ehrwald, Fulpmes, Imst, Landeck, Lienz, Mayrhofen, Schwaz, Wattens. Buchhandlung in Wien: A-1010 Wien, Stephansplatz 5. Druckerei und Buchbinderei im eigenen Haus.

Btlg: Organgesellschaft: Marianischer Verlag Gesellschaft m. b. H.

Verlagsgebiete: 2b — 5 — 8 — 9 — 11 — 12 — 14 — 15 — 16 — 24 — 29 — Spez.Geb: Tirolensien.

UDM Verlag
Inh.: Alexander J. Balcar
D-8000 München 40, Habsburger Platz 3
Tel: (089) 34 34 35; 34 32 00; 34 49 43.
Psch: München 130851. **Bank:** Bayerische Hypotheken- und Wechselbank, München. **Gegr:** 1958. **Rechtsf:** Einzelfirma.
Inh: Alexander J. Balçar.
Verlagsleitung: Alexander J. Balçar □.
Lektorat: Frau Adelheid Jaeckel.
Herstellung: Frau Christine von Schwerin.
Abteilung EWG: Frl. Sigrid Jaeckel.
Werbung: Hans-Joachim Friedrich.
Geschichte: Verlag der UDM (Union Diplomatique Mondiale, Diplomatische Weltunion) ist spezialisiert auf Nachschlagewerke der Europäischen Wirtschaftsgemeinschaft und der europäischen Vereinigung; darüber hinaus ist er Lizenzträger der Reihe „Who's who" des Verlages A. & C. Black, Ltd., London.
Hauptwerke: „Europa heute" — „Das EWG-Buch" — „Who's who", Ausgaben für München, Rhein und Ruhr, Hamburg, Aachen/Bonn/Köln, Berlin.
Verlagsgebiet: 25.

Signet wird geführt seit: 1945.

Grafiker: Herbert Schiefer.

Verlag Carl Ueberreuter
A-1095 Wien IX, Alserstraße 24
D-6900 Heidelberg/Schlierbach, In der Aue 32a
Tel: (02 22) 42 56 84. **Fs:** 07-4802. **Psch:** Wien 331 17. **Bank:** Creditanstalt-Bankverein Wien 29-00 629. **Gegr:** 1548. **Rechtsf:** OHG.
Inh/Ges: Hans A. Salzer, Thomas F. Salzer, Ing. Michael Salzer.
Verlagsleitung: Thomas F. Salzer, geb. 11. 7. 1912 in St. Pölten-Stattersdorf, Mitglied beim Rotary-Club, Wien.
Geschichte: Das Unternehmen wurde im Jahr 1548 in Wien gegründet. Die wechselnden Besitzer betätigten sich als Drucker und Verleger. In den vier Jahrhunderten, die seit der Gründung verflossen sind, wurden eine Unzahl von Büchern, Kalendern, Statistischen Werken und Zeitschriften verlegt. So erscheint der vom Verlag herausgegebene „Krakauer Schreibkalender" für das Jahr 1974 im 332. Jahrgang. Damit gehört dieser Kalender wohl zu den ältesten, heute noch regelmäßig periodisch erscheinenden Druckschriften.
Unter Maria Theresia war der Inhaber des Unternehmens der weit über die Grenzen der Monarchie hinaus bekannte Verleger und Drucker Johann Thomas Edler von Trattnern. Dieser hatte das alleinige Recht zur Herausgabe von Schulbüchern für die österreichisch-ungarische Monarchie. Von seinem Nachfolger, Carl Ueberreuter, kaufte im Jahr 1866 die Familie Salzer Druckerei und Verlag, um sich für die Erzeugnisse der von ihr seit 1798 betriebenen Papierfabrik einen festen Absatz zu sichern. Heute arbeiten rund 1000 Mitarbeiter unter der Leitung der Familie im Verlag, dem graphischen Großbetrieb und der Papierfabrik.
Nach dem Zweiten Weltkrieg begann der Verlag, Jugendbücher herauszugeben. Seither ist Ueberreuter einer der führenden Verleger auf diesem Gebiet im deutschsprachigen Raum.
Neben den Märchen- und Tierbüchern des Graphikers Janusz Grabianski, die sich in kurzer Zeit die Welt erobert haben und von denen bisher Lizenzausgaben in 21 Ländern erschienen sind, werden Bilderbücher, Sagenbände, klassische Jugendbücher, Sachbücher, Sportbücher und kulturgeschichtliche Werke für die Jugend verlegt.
Hauptautoren: Ferdinand Anton, Hesba F. Brinsmead, Theodor Dolezol, Hans Helfritz, Erich Kästner, Robert Lembke, Thomas Mann, Univ.-Prof. Dr. Hanns Leo Mikoletzky, Prof. Dr. Emil Nack, Martha Sandwall-Bergström, Hermann Schreiber, Charlotte Thomae, Adrienne Thomas, Herbert Tichy, Herbert Wendt, Carl Zuckmayer, Martin Beheim-Schwarzbach, Helmut Zwickl, Kurt Wölfflin, Gina Ruck-Pauquét, Doris Jannausch.
Buchreihen: „Karl May Taschenbücher" in Zusammenarbeit mit dem Karl May Verlag Bamberg — „Ueberreuter Taschenbücher", Abenteuer- und Zukunftsromane, „Little Krimi".
Verlagsgebiete: 9 — 11 — 24 — 26 — Spez.Geb: 26 „Karl May Taschenbücher".

Uhlig KG
D-5300 Bonn-Tannenbusch, Postf. 7260, An der Düne 13

Ullrich, Albert, Musikverlag
D-5300 Bonn-Bad Godesberg, Sibyllenstraße 18a

Signet wird geführt seit: Vor dem 1. Weltkrieg.
Grafiker: Prof. Ehmcke (Eule/Urfassung).
Erwin Poell (Modifikation 1968).

Verlag Ullstein GmbH

D-1000 Berlin 61, Lindenstraße 76

Tel: (030) 2 59 11. **Fs:** ullstein bln 183 723 vlgul d. **Psch:** Berlin West 12 41. **Bank:** Berliner Discontobank, Zweigst. Friedrichstadt 601/4880. **Gegr:** 14. 7. 1877 in Berlin. **Rechtsf:** GmbH.
Inh/Ges: Ullstein GmbH, Berlin.
Geschäftsführer: Wolf Jobst Siedler, geb. 17. 1. 1926 in Berlin.
Verlagsleitung: Wolfgang Richter, geb. 11. 12. 1916 in Berlin, Prokurist.
Vertriebsleitung: Hans-Karl Konheiser, geb. 21. 10. 1920 in Hamm, Westfalen, Prokurist.
Kaufmännische Leitung: Heidi Knauthe, geb. 19. 4. 1943 in Berlin.
Geschichte: Die am 21. 8. 1959 neugegründete Verlag Ullstein GmbH geht auf den 1877 in Berlin gegründeten Verlag Ullstein zurück; sie umfaßt heute unter der Gesamtleitung von Wolf Jobst Siedler den Verlag Ullstein, den Propyläen Verlag und den Ullstein Taschenbuchverlag, alle in Berlin. Nach der Enteignung des Ullstein-Vermögens 1934 blieb der Firmenname zunächst bestehen. 1937 wurde er in „Deutscher Verlag" geändert. 1945 erhielt der Verlag als „Verlag des Druckhauses Tempelhof" eine Lizenz der amerikanischen Militärregierung. Daneben erstand er in Wien unter seinem alten Namen.
1967 wurde eine klare Programmabgrenzung der Verlagsobjekte vorgenommen. Ullstein veröffentlicht vorwiegend Werke aus den Programmbereichen Belletristik, Sachbücher, Politik und Geschichte, Naturwissenschaft und Technik, Reise und Abenteuer, Kulturgeschichte und Bildbände. Im Propyläen Verlag erscheinen neben enzyklopädischen Werken, Klassiker-Ausgaben, Kunstbüchern, Original-Graphiken und Skulpturen zeitgenössischer Künstler und Faksimile-Ausgaben kostbarer Handschriften.
1953 wurde die Ullstein-Taschenbücher Verlag GmbH, Frankfurt/Main, gegründet, deren Leitung Wolfgang Richter unter dem Vorsitz von Werner E. Stichnote übernahm. Sie zählte bald zu den führenden deutschen Taschenbuchverlagen. 1960 wurde sie in die Verlag Ullstein GmbH überführt.
Buchreihen des Buchverlages:
„Ullstein Lexikon-Bibliothek" — „Ullstein Antiquitäten-Bibliothek" — Politik und Zeitgeschichte, Belletristik.
Buchreihen des Propyläen Verlages:
„Propyläen Kunstgeschichte" — „Propyläen Weltgeschichte" — „Propyläen Klassiker" — „Edition Propyläen" — „Propyläen Graphik" — „Propyläen Refactur" — „Propyläen Monographien zur Kunst" — „Propyläen Faksimile" — „Propyläen Reprints" — Kunst- und Bildbände, Gerhart Hauptmann Centenarausgabe, Biographie „Die großen Deutschen".
Buchreihen der Ullstein Taschenbücher:
Allgemeine Reihe, Kriminalromane, Urlaubs-Klassiker, Ullstein Materialien, Deutsche Geschichte, Dichtung und Wirklichkeit, Paperbacks, Wissenschaft.
Verlagsgebiete: 1 — 3 — 6 — 7 — 8 — 9 — 10 — 11 — 12 — 13 — 14 — 15 — 16 — 17 — 18 — 25 — 26 — 30.

Signet wird geführt seit: 1971.

Grafiker: Dr. Schlenker.

Eugen Ulmer

D-7000 Stuttgart 1, Gerokstraße 19, Postfach 1032

Tel: (07 11) 24 63 46. **Fs:** 7-21774. **Psch:** Stuttgart 7463-700; Zürich 80-47072; Wien 108 366. **Bank:** Deutsche Bank Stuttgart 14/76878; Südwestbank Stutt-

gart 21000. **Gegr:** 1868 in Ravensburg, 1873 Übersiedlung nach Stuttgart.
Rechtsf: GmbH & Co. KG.
Inh/Ges: Familiengesellschaft.
Verlagsleitung: Roland Ulmer, geb. 26. 4. 1937 in Heidelberg. Lisel Voigt, geb. 21. 4. 1910 in Stuttgart.
Prokurist Alexander Hunn (Filiale Württembergisches Wochenblatt für Landwirtschaft und Anzeigenbereich Landwirtschaft), geb. 17. 1. 1929 in Freiburg.
Prokurist Dieter Kleinschrot (Buchherstellung), geb. 1. 3. 1940 in Tübingen.
Prokurist Lisa Trätner (Buchhaltung), geb. 17. 1. 1916 in Zeulenroda.
Siegfried Hauptfleisch (Buchwerbung), geb. 11. 11. 1921 in Neustettin.
Manfred Hentzschel (Zeitschriften-Auslieferung), geb. 24. 9. 1913 in Leipzig.
Hermann Keppler (Buch-Auslieferung), geb. 19. 1. 1915 in Stuttgart.
Erhard Liebenstein (Anzeigenbereich Gartenbau), geb. 8. 5. 1941 in Würzburg.
Dr. Steffen Volk (Lektorat), geb. 2. 4. 1934 in Bonn.
Geschichte: Der Verlag ist seit Bestehen Fachverlag für Landwirtschaft und verwandte Gebiete. Weitere Produktionszweige sind Naturwissenschaften (speziell Biologie) und populäre Garten- und Tierbücher (Anleitungsbücher).
Die Familiengesellschaft wird heute von der 4. Generation seit Gründung geleitet.
Hauptwerke: 1973 wurden 43 Neuerscheinungen und Neuauflagen veröffentlicht, darunter 14 wissenschaftliche Monographien, 9 Schul- und Lehrbücher, 8 Hand- und Fachbücher, 10 Hobbybücher und 2 Kalender. Insgesamt sind z. Zt. über 400 Titel lieferbar. Das Zeitschriften-Programm umfaßt 16 Titel, einschließlich 3 Wochenzeitschriften.
Tges: Uni-Taschenbücher GmbH Stuttgart; Verlagsgesellschaft Schulfernsehen mbH & Co. KG.
Verlagsgebiete: 11 — 18 — 22 — 28 — 24.

Ulrich & Co., Karl
Buch- und Kunstverlag
D-8500 Nürnberg, Wodanstr. 34

Signet wird geführt seit: 1897.

Grafiker: unbekannt (modernisiert durch Hans Breidenstein).

Umschau Verlag Breidenstein KG

D-6000 Frankfurt am Main, Stuttgarter Straße 18—24

Tel: (06 11) 2 60 01. **Fs:** 04 11 964. **Psch:** Frankfurt (M) 35. **Bank:** Frankfurter Volksbank eGmbH; Effectenbank Warburg AG, Frankfurt (M). **Gegr:** 1850 als Verlagsbuchhandlung H. Bechhold, Frankfurt (M); seit 7. 1. 1950 Firmierung als Umschau Verlag. **Rechtsf:** KG.
Inh/Ges: Das Kapital befindet sich zu 100 % in Händen der Familie Breidenstein.
Verlagsleitung: Hans-Jürgen Breidenstein (Geschäftsführer).
Vertriebs- und Werbeleitung: Heinrich Rausch (Prokura).
Lektorat und Herstellung: Gerhard Roth.
Anzeigenleitung Schuh- und Leder-Zeitschriften: Alex Weis (Prokura).
Anzeigenleitung übrige Zeitschriften: Wolf Grünert.
Geschichte: Der Umschau Verlag erhielt seinen heutigen Firmennamen erst nach dem Zweiten Weltkrieg, doch setzte er damit unverändert die Tradition der Firma Bechhold, Verlagsbuchhandlung, fort, indem er den Titel der wichtigsten Bechhold'schen Zeitschrift „Umschau in Wissenschaft und Technik" gekürzt als Firma wählte. Der Vater des Begründers dieser Zeitschrift, Heinrich Bechhold, eröffnete bereits 1850 eine Buchhandlung; die „Umschau" erschien erstmalig 1897. 1922 übergab H. J. Bechhold seine Firma und die verlegerische Verantwortung den Inhabern der Brönners Druckerei, Wilhelm Breidenstein und dessen bald in Druckerei und Verlag mitarbeitenden Söhnen.
In der Firma Brönner war eigene Verlagsarbeit schon von Anbeginn im Jahre 1727 geleistet worden, und bald traten zu den Bechhold'schen Verlagswerken weitere Zeitschriften und naturwissenschaftlich-technische Bücher. Nach dem Zweiten Weltkrieg, der natürlich Rückschläge brachte, erweiterten die Brüder Wilhelm und Dr. Hartwig Breidenstein

besonders die Buchproduktion und setzten eine zweite Entwicklungsrichtung fort, die schon 1934 begonnen hatte: Fotografische Bildbände. Die Verfeinerung der Technik von Farbreproduktionen und die zunehmende internationale Zusammenarbeit der Verlage förderten die Herausgabe ganzfarbiger Bildbände. Mit seinen Deutschland-Bildbänden und zahlreichen Titeln von Reisezielen in aller Welt, seinen Kunstbildbänden, z. B. „Europäische Baukunst", aber auch mit seinen Landschafts- und Kunstkalendern, ist der Verlag international zu einem Begriff geworden.

Darüber hinaus setzt der Verlag jene Arbeit fort, die Bechhold begonnen hatte: die Herausgabe von Werken der Naturwissenschaft und Technik, wie es u. a. die lexikalischen Werke „Handbuch der Mikroskopie in der Technik", „Geschichte der Mikroskopie", „Bildkartei der Erzmikroskopie", aber auch die erfolgreiche Buchreihe zur Zeitschrift „Umschau in Wissenschaft und Technik" zeigen.

Im Jahr 1967 erweiterte der Verlag sein Programm durch die Übernahme der Landschafts- und Kunstbände des Verlages Simon und Koch, Konstanz.

Seit Juni 1973 wird in Vertriebscooperation das Programm des Frankfurter Weidlich Verlages (Bildbände) vom Umschau Verlag angeboten.

Hauptwerke: „Europäische Baukunst" — „Europäisches Kunsthandwerk" — „Deutschland-Bildbände": Deutschland im Farbbild — Bundesrepublik Deutschland — Die deutschen Lande (16 Bände) — Deutsche Länder im Farbbild (bisher 5 Bände) — Deutschland im Luftbild — Deutschland in alten Ansichten — Deutsche Ferienziele u. w. Bände. — „Österreich - Bildbände" — „Europäische Reiseziele" — Tier- und Pflanzenbücher — Allgemeinverständliche medizinische Bücher — Naturwissenschaftliche Werke („Bücher der Umschau") — Handbuch der Mikroskopie in der Technik — Bildkartei der Erzmikroskopie — Fotobücher — Hobbybücher — Landschafts- und Kunstkalender.

Zeitschriften: „Umschau in Wissenschaft und Technik" — „Ernährungs-Umschau" — „Kunststoff-Berater" — „pta - Der pharmazeutische technische Assistent" — „Chemie für Labor und Betrieb" — „Fotoblätter" — „Leica Fotografie" — „Soldat und Technik" — „Deutsche Verkehrswacht" — „Der Schuhmarkt" — „Leder- und Häutemarkt" — „Lederwaren-Zeitung".

Verlagsgebiete: 12 — 15 — 6 — 17 — 18 — 20 — 21 24 — 28 — Fotobücher.

Btlg: In Personalunion: Brönners Druckerei Breidenstein KG, Bröner Verlag Breidenstein KG, Sigma Studia Schlotte KG, Frankfurt (M), Stuttgarter Straße Nr. 18—24.

Union Betriebs GmbH

D-5300 Bonn, Argelanderstraße 173

Tel: (0 22 21) 22 00 49/40. **Fs:** 886858.
Psch: Köln 1937 95-504. **Bank:** Dresdner Bank Bonn 2081593; Commerz Bank Bonn 1124932. **Gegr:** 9. 12. 1959 in Bonn. **Rechtsf:** GmbH.
Inh/Ges: Dr. Alfred Dregger, Dr. Hans Filbinger, Kai-Uwe v. Hassel, Wilfried Hasselmann, Hans Katzer, Walther Leisler Kiep, Heinrich Köppler, Dr. Franz Roeder, Dietrich Rollmann, Dr. Gerhard Schröder.
Verlagsleitung: Verwaltung und Finanzen: Gerhard Braun, MdB, geb. 28. 12. 1923, Geschäftsführer.
Unternehmensleitung, Marketing, Technik: Peter Müllenbach, geb. 31. 8. 1919, Geschäftsführer.
Herstellung, Vertrieb: Bernd Profittlich, geb. 5. 7. 1946, Gesamtprokurist.
Geschichte: Gegründet unter „Presse- und Informationsdienste der Christlich-Demokratischen Union Deutschlands", später umbenannt in „Union Betriebs GmbH".
Hauptwerke: „Jahrbuch der CDU" (erscheint jährlich) — Parteitagsprotokolle der CDU.
Zeitschriften: „Deutsches Monatsblatt" (mtl.) — „Union in Deutschland" (wtl.) — „Frau und Politik" (mtl.) — „Agrarbrief" (mtl.) — „Der Mittelstand" (mtl.) — „Deutschland Union Dienst" (täglich) — „Das Wirtschaftsbild" (täglich).
Tges: Eichholz-Verlag, Bonn, 49 %; Bonner Werbe GmbH, Bonn, 100 %; Berliner Presse- und Informationsdienste, Berlin, 40 %; Kommunal-Verlag, Recklinghausen, 35 %.
Verlagsgebiet: 6.

Signet wird geführt seit: 1957.

Grafiker: Joseph Binder.

Union Verlag Stuttgart Commerell, Winners & Co.

D-7000 Stuttgart, Alexanderstr. 169-171, Postfach 326

Tel: (07 11) 60 48 41/43. **Psch:** Stuttgart 17-700. **Bank:** Württembergische Bank Stuttgart 1434; Deutsche Bank Stuttgart 14/565 32; Landeszentralbank Stuttgart 60007583; Girokasse Stuttgart 2186001. **Gegr:** 1. 1. 1890 in Stuttgart. **Rechtsf:** KG.

Inh/Ges: Ulrich Commerell, Dr. Heinrich Winners, als pers. haft. Gesellschafter, und zwei weitere Kommanditisten.
Verlagsleitung: Ulrich Commerell und Dr. Heinrich Winners.
Herstellung: Lieselotte Rätze.
Vertrieb: Alfred Lion.
Geschichte: Am 1. Januar 1890 Vereinigung der Verlagshandlungen und Buchdruckereien von Gebr. Kröner und Hermann Schönleins Nachfolger sowie des Verlages von W. Spemann Stuttgart zu einer Aktiengesellschaft unter der Firma Union Deutsche Verlagsgesellschaft Stuttgart, Berlin und Leipzig. 1937 Umwandlung der AG in eine KG. 1957 Umfirmierung in Union Verlag Stuttgart.
Hauptautoren: Betsy Byars, Sid Fleischman, Ingeborg Heidrich, Lisa Heiss, Angelika Kutsch, Keith Robertson, Rosemary Sutelift, Liselotte Welskopf-Henrich.
Verlagsgebiet: 9.

Union Verlag VOB

DDR-1080 Berlin, Charlottenstraße 79

Uni-Taschenbücher GmbH

D-7000 Stuttgart 80, Postfach 801124, Am Wallgraben 129

Universal Edition

A-1015 Wien I, Karlsplatz 6

Universitäts-Verlag

CH-1700 Fribourg, Pérolles 36

Universitäts- und Schulbuchhandlung G. m. b. H.

D-6600 Saarbrücken, Saargemünder-Straße 6

Altes Signet vermutlich seit Bestehen, modernisiert 1967.

Grafiker: Prof. Claus Hansmann, München.

Universitätsverlag Wagner Ges.m.b.H. Innsbruck-München

A-6010 Innsbruck, Innrain 27—29, Postfach 219
Zweigbüro: D-8000 München 23, Gedonstraße 4

Tel: Innsbruck (0 52 22) 27 7 21, München (089) 39 95 65. **Fs:** 05-3508 Kennwort „Tigra". **Psch:** Wien 7478.934; München 1201 39-800; Zürich 80-10431; **Bank:** Bank für Tirol u. Vorarlberg AG Innsbruck 100/345048; Sparkasse der Stadt Innsbruck Girokonto 0000/001107; Österr. Länderbank, Filiale Innsbruck 850-138/543. **Gegr:** 1554. **Rechtsf:** GmbH.

Inh/Ges: Frau Dr. Maria Müller und Staatsmin. a. D. Dr. Josef Müller, München, Gedonstraße 4.

Verlagsleitung: Geschäftsführer: Staatsminister a. D. Dr. Josef Müller, geb. 27. 3. 1898.
Prokuristen: Walter Bernardin, geb. 1. 5. 1923; Herbert Raschenberger, geb. 1. 10. 1916.
Verlagsleitung: Adele Wurnitsch, geb. 24. 4. 1929.

Geschichte: Der Universitätsverlag Wagner, gegründet 1554, gilt als ältester wissenschaftlicher Verlag des deutschen Sprachraumes. Er steht in reger Verbindung mit der Universität Innsbruck und ist bemüht, durch interessante Fachzeitschriften auf wissenschaftlichem Gebiet mit guten Leistungen hervorzutreten.

Hauptwerke: Bildbände, wie „Gardasee" und „Verona" — Bild-Autoführer („Autorama") — Bild-Skiführer („Skirama") — Kunst- und Reiseliteratur, wie „Das Land von Oberammergau" und „Tagebuch einer Weltreise" —

„Stille Nacht, Heilige Nacht", ausgezeichnet als eines der „Schönsten Bücher Österreichs", wissenschaftliche Werke für fast alle Fachgebiete.
Reihen: „Schlern-Schriften" — „Tiroler Wirtschaftsstudien".
Zeitschriften: „Anzeiger für die Altertumswissenschaft" — „Zeitschrift für Gletscherkunde und Glazialgeologie".
Verlagsgebiete: 8 — 14 — 16 — 28.

Universitas Verlag, von Bergen Dr. Klaus Schweitzer Nachf. oHG

D-1000 Berlin 30, Postfach 1443, Welserstraße 10 und 12

Signet wird geführt seit: 1952.

Grafiker: Prof. Erich Gruner.

Universum-Verlag GmbH

D-2800 Bremen, Heinrich-Heine-Str. 93

Tel: (04 21) 23 20 22. **Psch:** München 2822. **Bank:** Volksbank München 15 000. **Gegr:** 1952 in Frankfurt (M). **Rechtsf:** GmbH.
Inh/Ges: Dr. Arno Peters.
Verlagsleitung: Dr. Arno Peters □, geb. 22. 5. 1916, Historiker.
Geschichte: Zur Herausgabe der „Synchronoptischen Weltgeschichte" gründete Dr. Arno Peters 1952 in Frankfurt (M) den Universum-Verlag mit wirtschaftlicher Unterstützung von vier Kultusministerien der Bundesrepublik (Hessen, Hamburg, Niedersachsen, Bremen) in der Form einer gemeinnützigen GmbH. Die „Synchronoptische Weltgeschichte" wurde inzwischen zu einer zweibändigen historischen Enzyklopädie erweitert.
Hauptautor: Arno Peters.
Hauptwerke: „Peters Synchronoptische Weltgeschichte" — „Orthogonale Erdkarte".
Verlagsgebiete: 14 — 16.

Signet wird geführt seit: 1965.
Grafiker:

Walther Roggenkamp.

Verlag Urachhaus Kurt von Wistinghausen und Walter Junge

D-7000 Stuttgart 1, Urachstraße 41

Tel: (07 11) 26 05 89 und 26 59 39. **Psch:** Stuttgart 40097-708. **Bank:** Commerzbank Stuttgart 77 025 74; Girokasse Stuttgart 2 272 221. **Gegr:** 21. 2. 1925 in Stuttgart. **Rechtsf:** KG.
Inh: Kurt von Wistinghausen.
Verlagsleitung: Kurt von Wistinghausen, geb. 13. 5. 1901 in Reval (Estland). Studium der Kunstgeschichte und Theologie in Tübingen und Breslau. Verlagsbuchhändler in Stuttgart seit 1932. Johannes Mayer, geb. 20. 8. 1933 in Erfurt, Herstellung, Werbung, Verlagsbuchhändler, Geschäftsführer. Inge Thöns, geb. 16. 2. 1940 in Frankfurt (M), Studium der Germanistik und Romanistik, Lektorat.
Geschichte: Gegründet 21. 2. 1925 in Stuttgart als GmbH, 1937 umgewandelt in eine Kommanditgesellschaft, 1941 auf Anordnung der Gestapo geschlossen und 1942 liquidiert. 1. 1. 1946 neugegründet als Verlag Urachhaus Kurt von Wistinghausen und Walter Junge OHG.
Hauptautoren: Emil Bock, Friedrich Doldinger, Rudolf Frieling, Rudolf Geiger, Robert Goebel, Johannes Hemleben, Wilhelm Kelber, Gerhard Klein, Diether Lauenstein, Rudolf Meyer, Barbara Nordmeyer, Gottfried Richter, Fridrich Rittelmeyer, Alfred Schütze, Kurt von Wistinghausen.
Buchreihen: „Schriften zur Religionserkenntnis — Beiträge zur theologischen Forschung", „Vorträge".
Zeitschrift: „Die Christengemeinschaft", Monatsschrift zur religiösen Erneuerung (mtl.).
Verlagsgebiete: 2c — 3 — 8 — 9 — 10 — 14 — 28.

Urania-Verlag

DDR-7010 Leipzig, Salomonstraße 26/28

Urban & Schwarzenberg, Verlag für Medizin und Naturwissenschaften

D-8000 München 2, Pettenkoferstr. 18, Postanschrift: D-8000 München 15, Postfach 145

Tel: (089) 53 01 81. **Fs:** 05/23864. **Psch:** München 829 66. **Bank:** Deutsche Bank München 51/29 754. **Gegr:** 1. 12. 1866 in Wien. **Rechtsf:** OHG.
Inh/Ges: Dr. med. h. c. Heinz Urban ☐, Ernst Urban, Michael Urban.
Verlagsleitung: Michael Urban ☐, geb. 10. 8. 1939 in Berlin; Dr. med. Richard Degkwitz, geb. 14. 3. 1923 in München; Paul Schlicht, geb. 1. 10. 1933 in Augsburg.

Geschichte: Der Verlag wurde 1866 von Ernst Urban (1838—1923) und Eugen Schwarzenberg (1838—1908) in Wien gegründet. Er entwickelte sich bald zu einem der führenden wissenschaftlichen Verlage im deutschen Sprachgebiet. 1898 eröffnete Eduard Urban (1875—1953), der Sohn von Ernst Urban, in Berlin eine Zweigniederlassung, die 1905 Hauptsitz des Verlages wurde.
Eine große Anzahl für die damalige Zeit bedeutender Handbücher wurden in den letzten Jahren des 19. Jahrhunderts und bis zum Beginn des Ersten Weltkrieges veröffentlicht. Diese Tradition setzte der Verlag auch in der wirtschaftlich schwierigen Zeit der zwanziger Jahre fort. Werke, die „Spezielle Pathologie und Therapie der Krankheiten" (23 Bände), „Ergebnisse der gesamten Medizin" (22 Bände), „Neue Deutsche Klinik" (17 Bände), „Biologie und Pathologie des Weibes" (8 Bände) und vor allem das von E. Abderhalden herausgegebene „Handbuch der biologischen Arbeitsmethoden" (106 Bände) sind nur ein Teil der vielen wissenschaftlichen Veröffentlichungen, die das Ansehen des Hauses mehrten und in der ganzen Welt bekanntmachten.
Bomben zerstörten 1943 das Berliner Verlagshaus. Zum neuen Stammsitz der Firma wurde daher 1949 das 1945 von Heinz Urban, dem ältesten Sohn Eduard Urbans, gegründete Münchener Haus. Hier knüpfte der Verlag an die jahrzehntelange Tradition an und brachte in rascher Folge zahlreiche Monographien heraus, die dazu beitrugen, den Stand der deutschen medizinischen Wissenschaft wieder dem Ausland anzugleichen. Auch die bewährten Handbücher wurden neu bearbeitet und weitere Pläne dieser Art verwirklicht. Ein Novum für die deutsche medizinische Literatur sind die modernen Handbücher des Verlages im Lose-Blatt-System. Sie haben eine außerordentlich gute Aufnahme gefunden und werden auch in anderen Sprachen veröffentlicht.

Hauptwerke: Handbücher: „Reallexikon der Medizin und ihrer Grenzgebiete" — „Klinik der Gegenwart" — „Klinik der Frauenheilkunde und Geburtshilfe" — „Praxis der Zahnheilkunde" — Breitner, „Chirurgische Operationslehre" — „Chirurgie der Gegenwart" — Medizinische Atlanten, Lehrbücher, Monographien und seit 1968 „U+S Taschenbücher" — „Fortschritte der Klinischen Psychologie" — „Fachbücher für medizinische Assistenzberufe" — „Themen der Krankenpflege".

Zeitschriften: „Medizinische Klinik" — „Therapie der Gegenwart" — „Strahlentherapie" — „Bruns' Beiträge zur klinischen Chirurgie" — „Internationale Zeitschrift für klinische Pharmakologie, Therapie und Toxikologie" — „Fortschritte der Kieferorthopädie".

Hz: „liber novus", zweimonatliche Vorankündigungen für den Buchhandel, Bibliotheken und Ärzte. — „Vertriebs- und Werksbrief", monatliche Informationen für das Sortiment — Taschenbücher-Verzeichnis — Sonderverzeichnisse „Fachbücher für medizinische Assistenzberufe" — „Psychologie und Sozialwissenschaften" — „Medical Books in English" — „Lehrbücher für Medizinstudenten".

Angeschl. Betr: Oscar Rothacker, Buchhandlung und Antiquariat für Medizin und Naturwissenschaften, D-1000 Berlin 12, Hardenbergstraße 11; D-8000 München 2, Pettenkoferstr. 18; D-5000 Köln 41, Kerpenerstr. 75; D-8400 Regensburg, Universitätsstraße 31.
Verlagsgebiete: 17 — 18 — 26 — 28.

Urban & Schwarzenberg KG

A-1096 Wien IX, Postfach 102, Frankgasse 4

Vadian-Verlag

CH-9004 St. Gallen, Postfach 41, Katharinengasse 21

Franz Vahlen GmbH

D-8000 München 40, Wilhelmstraße 9, Postfach 400 340

Tel: (089) 34 00 41. **Fs:** 5 215 085 beck d. **Psch:** München 34063-808. **Bank:** Bayer. Hypotheken- und Wechselbank München 4067193. **Gegr.** 1. 1. 1870. **Rechtsf:** GmbH.
Inh/Ges: C. H. Beck'sche Verlagsbuchhandlung, München, Erika Gebhardt, Berlin.
Verlagsleitung: Dr. Hans Dieter Beck. Prokuristen: Rolf Grillmair, Albert Heinrich.
Geschichte: Am 1. 1. 1870 gründete Franz Vahlen (1833—1898) den Verlag durch Übernahme der von J. A. Gruchot herausgegebenen „Beiträge zur Erläuterung des preußischen Rechts" (von der Grote'schen Verlagsbuchhandlg. Hamm, Berlin) und von Aristoteles „De arte poetica liber rec. Johannes Vahlen" (von J. Gutenberg, Berlin). Von Beginn an pflegte Vahlen besonders das Gebiet der Staats- und Rechtswissenschaft, in jüngerer Zeit zunehmend auch die Wirtschafts- und Sozialwissenschaften. Inhaberfolge: 1898—1916 Friedrich Gebhardt, 1916—1931 Dr. Heinrich Heise und Agnes Gebhardt, 1931—1945 Ernst Gebhardt, ab 1945 GmbH, bis 1970 unter Geschäftsführung von Johannes Gundlach und Erika Gebhardt, seit 1971 unter Geschäftsführung von Dr. Hans Dieter Beck (Mehrheitsbeteiligung der C. H. Beck'schen Verlagsbuchhandlung).
Hauptautoren/Hauptwerke: Rechtswissenschaft: Schlegelberger-Geßler-Hefermehl-Hildebrandt-Schröder, „HGB" — v. Mangoldt-Klein, „Grundgesetz" — Hueck-Nipperdey, „Lehrbuch des Arbeitsrechts" — Fitting-Auffarth, „Betriebsverfassungs G" — Blümich-Falk, „Einkommensteuer G" — Philipp Möhring (verschiedene Werke, besonders zum Wirtschaftsrecht); Egon Schneider (jurist. Ausbildungsliteratur); u. a. Wirtschafts- und Sozialwissenschaften: Günter Wöhe, „Einführung in die Allgemeine Betriebswirtschaftslehre", ders., „Betriebswirtschaftliche Steuerlehre", ders., „Bilanzierung und Bilanzpolitik" — Artur Woll, „Allgemeine Volkswirtschaftslehre" — Heiner Müller-Merbach, „Operations Research" — Klaus Rose, „Theorie der Außenwirtschaft" u. a.
Buchreihen: Rechtswissenschaft: „Vahlens blaue Kommentare" — „Vahlens grüne Steuerkommentare" — „Vahlens neue Rechtsbücher" — Klaus Stern, „Studien zum öffentlichen Recht" — Klaus Vogel, „Praktikum des öffentlichen Rechts" u. a.
Wirtschafts- und Sozialwissenschaften: „Vahlens Handbücher der Wirtschafts- und Sozialwissenschaften" — „Vahlens Übungsbücher der Wirtschafts- und Sozialwissenschaften" — „WiSo-Kurzlehrbücher: Reihe Betriebswirtschaft / Reihe Volkswirtschaft / Reihe Sozialwissenschaft" — „Vahlens Wirtschaftslexika" — „Lernbücher für Wirtschaft und Recht", herausgegeben von Günter Wöhe und Gerhard Lüke — „Vahlens Praktikerbücher".
Zeitschrift: „WiSt - Wirtschaftswissenschaftliches Studium". Zeitschrift für Ausbildung und Hochschulkontakt, herausgegeben von Erwin Dichtl und Otmar Issing (erscheint monatlich in Gemeinschaft mit dem Verlag C. H. Beck).
Verlagsgebiete: 4 — 5 — 28.

Signet wird geführt seit: 1935.

Grafiker: A. Paul Weber.

Vandenhoeck & Ruprecht, Verlagsbuchhandlung

D-3400 Göttingen, Theaterstraße 13, Postfach 77

Tel: (05 51) 5 95 15—5 95 17, Auslieferung 6 13 35. **Psch:** Hannover 67 29-302. **Bank:** Commerzbank Göttingen 6227029; Deutsche Bank 4/06645; Kreissparkasse 657; Landeszentralbank 260/07375; Städtische Sparkasse 37 986; Volksbank 58 49 83.
Gegr. 13. 2. 1735. **Rechtsf:** KG.
Inh/Ges: Günther Ruprecht, Hellmut Ruprecht, Dr. Arndt Ruprecht, Dr. Dietrich Ruprecht.
Verlagsleitung: Günther Ruprecht □, geb. 17. 2. 1898, und Dr. Arndt Ruprecht, geb. 9. 12. 1928, für die Verlagsgebiete: 2a, 11. Hellmut Ruprecht □, geb. 10. 11. 1903, und Dr. Dietrich Ruprecht, geb. 1. 5. 1929, f. d. Verlagsgebiete: 3, 4, 5, 7, 11, 14, 19. Gesamtprok.: Dr. W. Hellmann.

Geschichte: Gegr. am 13. 2. 1735 durch d. holländischen Buchdrucker Abraham Vandenhoeck, geb. 1700 in Den Haag. Vandenhoeck starb bereits 1750. Seine Witwe Anna Vandenhoeck geb. Parry verkaufte die Druckerei und führte Verlag und Sortiment mit Unterstützung von Carl Friedrich Günther Ruprecht, der 1748 achtzehnjährig als Lehrling zu Vandenhoeck gekommen war, weiter und brachte den Verlag zu hoher Blüte, da Göttingen die erste Universität der Aufklärung war. Anna starb kinderlos 1787. Den Hauptteil des Vermögens erbten die Universitätswitwen- und Waisenkasse und die reformierte Kirche. C. F. G. Ruprecht führte jedoch den Verlag weiter. Das weitere Schicksal des Verlags war eng mit demjenigen der Universität verknüpft, mit ihrer hohen Blüte Ende des 18. Jh., mit ihrem Niedergang nach der Vertreibung der „Göttinger Sieben" (1837) und ihrem Wiederaufstieg. Der Verlag blieb Universitätsverlag bis heute durch viele Wandlungen hindurch. Während in den letzten Dezennien des 19. und den ersten des 20. Jhs. neben der Philologie vor allem die evangelische Theologie dominierte, wurden nach dem letzten Kriege zahlreiche frühere Arbeitsgebiete stärker wieder aufgenommen (s. u.). Gegenwärtig stehen die fünfte und sechste Generation Ruprecht in der Leitung. — Literatur: Wilhelm Ruprecht, „Väter und Söhne - Zwei Jahrhunderte Buchhändler in einer deutschen Universitätsstadt", Göttingen 1935, 296 S. — Günther Ruprecht, „Universität und Buchhandel" - Ansprache zum 225. Gründungstage des Verlages, Göttingen 1960, 23 S.

Hauptwerke: Jährlich erscheinen etwa 200 Titel, davon ca. ein Drittel Neuauflagen.

Zeitschriften: „Abhandlungen a. d. Mathem. Seminar d. Univ. Hamburg" (2 Doppelhefte pro Jg.) — „Glotta", Zeitschrift für griech. und latein. Sprache (2 Doppelhefte pro Jg.) — „Göttingische Gelehrte Anzeigen" (2 Doppelhefte pro Jg.) — „Gruppenpsychotherapie und Gruppendynamik" (unregelmäßig) — „Jahrbuch für Sozialwissenschaft" und „Bibliographie der Sozialwissenschaften" (je 3 Hefte pro Jg.) — „Jahrbuch für Internationales Recht" (jährlich) — „Lustrum", Internationale Forschungsberichte aus dem Bereich des Klassischen Altertums (jährl.) — „Mathematisch-Physikalische Semesterberichte" (2 Hefte pro Jg.) — „Nachrichten der Akademie der Wissenschaften in Göttingen" (Math.-phys. Klasse und phil.-hist. Klasse) erscheinen in zwangloser Folge. — „Neue Sammlung", Göttinger Blätter für Kultur und Erziehung (6 Hefte pro Jg.) — „Allgemeines Statistisches Archiv" (4 Hefte pro Jg.) — „Die Welt des Orients" (6 Hefte pro Jg.) — „Zeitschrift für vergleichende Sprachforschung" (2 Doppelhefte pro Jg.) — „Zeitschrift f. d. gesamte Genossenschaftswesen" (4 Hefte pro Jg.) — „Kerygma und Dogma", Zeitschr. f. theol. Forschung und kirchliche Lehre (4 Hefte pro Jg.) — „Wissenschaft und Praxis in Kirche und Gesellschaft" und „Göttinger Predigt-Meditationen" (12 Hefte pro Jg.) — „Praxis der Kinderpsychologie und Kinderpsychiatrie" (8 Hefte pro Jg.) — „Wege zum Menschen", Monatsschrift f. Seelsorge, Psychotherapie und Erziehung u. z. Förderung d. Zusammenarbeit von Arzt und Seelsorger (8 Hefte pro Jg.) — „Zeitschrift für Psychosomatische Medizin" (4 Hefte pro Jg.).

Buchreihe: „Kleine Vandenhoeck-Reihe".

Verlagsgebiete: 2a — 3 — 4 — 5 — 7 — 11 — 14 — 17 — 18 — 19 — 28.

Zwst: Zweigniederlassung Vandenhoeck & Ruprecht, Zürich 26, Badener Str. 69, Postfach — Verlag für medizinische Psychologie, Göttingen, Theaterstr. 13, Postfach 437 — Hubert & Co., Buchdruckerei und Großbuchbinderei, Göttingen, Robert-Bosch-Breite 6, Postfach 228 — Deuerlich'sche Buchhandlung, Sortiment, Göttingen, Weender Straße 33.

VDE-Verlag GmbH

D-1000 Berlin 12, Bismarckstraße 33

VDI-Verlag GmbH

D-4000 Düsseldorf 1 Graf-Recke-Str. 84, Postfach 1139

Tel: (02 11) 6 21 41. **Fs:** 0858-6525. **Psch:** Essen 1651. **Bank:** Deutsche Bank Düsseldorf 54/91600; Westdeutsche Landesbank Düsseldorf 3129517. **Gegr:** 1923 in Berlin. **Rechtsf:** GmbH.

Inh/Ges: Verein Deutscher Ingenieure, Düsseldorf.

VDI-Verlag

Verlagsleitung: Dipl.-Ing. Johannes Larink und Dipl.-Volkswirt Wolfgang von der Laden als Geschäftsführer. Gesamtprokura: Herbert Scholz.
Geschichte: Der 1923 in Berlin gegründete VDI-Verlag, Verlag des Vereins Deutscher Ingenieure, wurde im Februar 1947 wiederbegründet unter der Bezeichnung „Deutscher Ingenieurverlag GmbH", Düsseldorf, am 8. Juli 1955 Umfirmierung in „VDI-Verlag GmbH".
Hauptwerke: „VDI-Richtlinien" und „VDI-Handbücher" mit den Arbeitsergebnissen der etwa 600 Ausschüsse des Vereins Deutscher Ingenieure. — Bücher und VDI-Taschenbücher für zahlreiche Fachgebiete der Technik, auch für Grenz-Gebiete von Naturwissenschaft und Technik, wie Technikgeschichte, Patentwesen, Mensch und Technik.
Zeitschriften: „VDI-Nachrichten" (wöchentlich) — „VDI-Z", Zeitschrift für die gesamte Technik (18 Ausgaben im Jahr) — „Forschung im Ingenieurwesen" (6x jl.) — „Brennstoff-Wärme-Kraft" (mtl.) — „Grundlagen der Landtechnik" (6x jl.) — „HLH", Zeitschrift Heizung, Lüftung, Klimatechnik, Haustechnik (mtl.) — „Materialprüfung" (mtl.) — „Staub, Reinhaltung der Luft" (mtl.) — „Technikgeschichte" (4x jl.) — „TÜ - Sicherheit + Zuverlässigkeit in Wirtschaft, Betrieb, Verkehr" (mtl.) — „Umwelt - Forschung - Gestaltung - Schutz" (6x jl.) — „Umwelt-Report" (26x jl.) — „mt - Meerestechnik/Marine Technology" (6x jl.) — „VDI-Berichte" (unregelmäßig) — „VDI-Forschungshefte" (6x jl.) — „Fortschrittberichte der VDI-Zeitschriften" (unregelmäßig) — „Dokumentation Regelungstechnik" (12x jl.) — „VDI-Dokumentation Reinhaltung der Luft - Selecta International" (12x jl.) — „Deutsche Kraftfahrtforschung und Straßenverkehrs-Technik" (unregelmäßig) — „Technikgeschichte in Einzeldarstellungen" (unregelmäßig).
Verlagsgebiete: 20 — 26 — 28 — 29.

V-Dia-Verlag GmbH

(Farb-Diapositive) D-6900 Heidelberg 1, Postfach 1912, Heinrich-Fuchs-Str. 95-97

Velhagen & Klasing KG

D-1000 Berlin 30, Lützowstr. 105—106, Postfach 3144

Tel: (030) 2 62 10 71. **Gegr:** 1835 in Leipzig. **Rechtsf:** KG.
Inh/Ges: Franz Cornelsen, pers. haft. Gesellschafter; Dirk Cornelsen, Kommanditist.
Verlagsleitung: Franz Cornelsen □, hum. Gymn., Universitäten und TH Berlin, München, Hannover; 1933 Abschlußprüfung (Dipl.-Ing.), 1933—1945 Großindustrie, seit 1945 Verleger. Gesamtprokuristen: Götz Manth, Hans-H. Kannegießer, Manfred Lösing.
Geschichte: Der traditionsreiche alte Verlag ist seit Anfang 1954 im Besitz der Familie Cornelsen. Seit 1968 Zusammenarbeit mit Cornelsen-Velhagen & Klasing GmbH & Co., Verlag für Lehrmedien KG, Berlin (siehe dort).
Tges: 1963 Gründung gemeinsamer Tochterunternehmen mit dem Hermann Schroedel Verlag KG, Hannover; Geographische Verlagsgesellschaft Velhagen & Klasing und Hermann Schroedel GmbH & Co. KG, Berlin; und Velhagen & Klasing und Schroedel Geographisch-Kartographische Anstalt GmbH, Bielefeld.
Verlagsgebiet: 16.

Signet wird geführt seit: —

Grafiker: Prof. Willi Bahner.

Verband der wissenschaftlichen Gesellschaften Österreichs

A-1070 Wien, Lindengasse 37, Postfach 236

Tel: (02 22) 93 21 66, 93 47 56. **Psch:** Wien 7426.003. **Gegr:** Vereinsgründung 1949, Verlagskonzession seit 1954. **Rechtsf:** e. V.
Ges: Verband der wissenschaftlichen Gesellschaften Österreichs.
Verlagsleitung: Dr. Rainer Zitta, geb. 27. 12. 1932 in Gmunden, Studium der Theaterwissenschaften, anschließend

Universitätsassistent in Wien, Journalist, seit 1965 Generalsekretär des Verbandes der wissenschaftlichen Gesellschaften Österreichs.
Geschichte: Der Verband der wissenschaftlichen Gesellschaften Österreichs wurde — als „Notring der wissenschaftlichen Gesellschaften" — gegründet, um den wissenschaftlichen Gesellschaften Österreichs größere Schlagkraft zu verleihen. Er umfaßt derzeit 240 Gesellschaften, in deren Auftrag zumeist in der eigenen Offsetdruckerei jene wissenschaftlichen Publikationen gedruckt werden, die wegen ihres speziellen Themas und der damit verbundenen geringen Absatzfähigkeit keinen anderen Verleger finden. Ab 1967 hat der Verlag des Verbandes die Aufgabe übernommen, in Zusammenarbeit mit fast allen österreichischen Hochschulen ausgewählte Dissertationen in eigenen Reihen herauszubringen.
Buchreihen: „Aus Österreichs Wissenschaft" (in Fortführung der Reihe „Jahrbücher des Notringes der wissenschaftlichen Gesellschaften Österreichs") — „Gesamtverzeichnis österreichischer Dissertationen" — „Dissertationsreihen österreichischer Hochschulen" — „Jahrbücher der Wiener Gesellschaft für Theaterforschung" — „Salzburger Beiträge zur Paracelsusforschung" — „Österreichische volkskundliche Bibliographie" — „Topographie von Alt-Wien".
Zeitschriften: „Österreichische Hochschulzeitung" (14tägig) — „WIP - Wissenschaftlicher Programmdienst" (mtl.).
Verlagsgebiete: 1 — 5 — 7 — 13 — 14 — 22 — 2 — 3 — 4 — 6 — 10 — 12 — 15 — 17 — 18 — 19 — 21 — 23.

Verbandsdruckerei AG Bern,
CH-3001 Bern, Postfach 2741, Maulbeerstraße 10

Verein der Bibliothekare an öffentlichen Büchereien e. V.
(Verlag Buch und Bibliothek) D-7410 Reutlingen, Gartenstraße 18

Verein Nordfriesisches Institut e. V.
D-2257 Bredstedt, Osterstraße 63

Vereinigte Evangelische Mission
D-5600 Wuppertal 2, Rudolfstr. 137—139

Signet wird geführt seit: 1970.

Grafiker: F. Köhler.

Vereinigte Herold Verlage GmbH
D-8000 München 70, Waldgartenstr. 66, Postfach 70 0849
Tel: (089) 74 81 46. **Psch:** München 100 223. **Bank:** Bayer. Landesbank München. **Gegr.:** 5. 2. 1970. **Rechtsf:** GmbH.
Inh/Ges: Frau Inge Angeletti und The Herold Press, Inc. New York, N.Y.
Verlagsleitung: Dr. Joseph S. Herold □ (Generalbevollmächtigter).
Lektorat: Ingeborg Heinzel.
Geschäftsführer: Fritz Walter.
Geschichte: Aus organisatorischen Gründen wurde dieser Verlag zum Zwecke der Verwertung der Verlags- und Lizenzrechte der Firma Herold Neue Verlagsgesellschaft (Herold-Verlag) gegründet.
Hauptwerke: „Herold-Deutschland-Bibliothek", 30bändig. Hrsg. Dr. Joe S. Herold — Publikationen für Fremdenverkehr und PR.
Verlagsgebiete: 15 — 16 — Spez.Geb: Fremdenverkehr.

Vereinigte Verlagsanstalten GmbH, Bastion-Verlag
D-4000 Düsseldorf, Postfach 8227, Höherweg 278

Veritas-Verlag
A-4010 Linz. Hawachstraße 5

Veritas Verlag
D-8390 Passau, Theresienstraße 42

Verkehrs-Verlag Crusius
D-8000 München 40, Postfach 230, Hiltenbergerstraße 32

Verkehrs-Verlag J. Fischer
D-4000 Düsseldorf, Postfach 4075, Paulusstraße 1

**Verkehrs- und Wirtschaftsarchiv
Eike Techow Verlag KG**
D-6101 Nieder-Ramstadt, Postfach 48,
Karlstraße 49

Verkehrswissenschaftliche Lehrmittelgesellschaft mbH
D-6000 Frankfurt (M), Untermainkai 23—25

Verlag Abel & Müller
DDR-7010 Leipzig, Dittrichring 11

Verlag des Amtsblattes der Ev. Kirche in Deutschland
D-3000 Hannover-Herrenhausen, Postfach 210220, Herrenhauser Straße 2

Verlag für angewandte Psychologie
D-7000 Stuttgart 50, Postfach 501101, Wildbader Straße 4

Verlag für angewandte Wissenschaften
D-7570 Baden-Baden, Hardtstraße 1

Verlag für Arbeit und Alter GmbH
D-6200 Wiesbaden, Rosselstraße 35

Verlag „Austria-Press"
A-1011 Wien I, Postfach 150, Jasomirgottstraße 3

Verlag der Autoren GmbH & Co. KG, Theaterverlag
D-6000 Frankfurt (M), Staufenstraße 46

Verlag Bauen & Wohnen GmbH
D-8000 München 80, Rosenheimerstraße 145

VEB Verlag für Bauwesen
DDR-1080 Berlin, Französische Str. 13/14

Verlag Beruf + Schule Belz KG
D-2200 Elmshorn, Postfach 244, Albert-Johannsen-Straße 12

Verlag DAS BESTE GmbH
D-7000 Stuttgart 1, Rotebühlplatz 1, Postfach 178

Tel: (07 11) 2 09 91. **Fs:** 07-23 539. **Psch:** Stuttgart 24372 und 38627. **Bank:** Dresdner Bank AG Stuttgart 9 032 642. **Gegr:** 1948 in Stuttgart. **Rechtsf:** GmbH.
Inh/Ges: The Reader's Digest Assn. Inc. Pleasantville, New York 10 570, USA.
Verlagsleitung: Werner Weidmann, Verlagsdirektor.
Redaktion Zeitschrift: Anne Mörike.
Redaktion Auswahlbücher: Ursula Dülberg.
Redaktion Sachbücher: Ludwig Renke Harms.
Anzeigen: Karl Ludwig Henze.
Marketing: Helge Weisner.
Herstellung: Sigmund Zipperle.
Services: Klaus Hübner.
Finanzen: Wilfried Russ.
Management Information: Heinz Fricke.
Geschichte: Die Firma wurde, zunächst als Verlag der Monatszeitschrift „DAS BESTE aus Reader's Digest", 1948 in Stuttgart gegründet. Seit 1955 erscheinen im Quartalsrhythmus die Reader's Digest Auswahlbücher und seit 1960 alljährlich das Reader's Digest Jugendbuch. Es folgten Schallplatten und ein vielfältiges Angebot von Sachbüchern, die im Verlagsprogramm zunehmend an Bedeutung gewinnen.
Buchreihen: „Reader's Digest Auswahlbücher" (vtljl.) — „Reader's Digest Jugendbuch" (jl.) — „Die schönsten Bücher für junge Leser" (in loser Folge).
Zeitschrift: „Das Beste aus Reader's Digest" (mtl.).
Tges: 100 %ige Tochtergesellschaft PEGASUS Buch- und Zeitschriften-Vertriebsgesellschaft mbH, D-7000 Stuttgart 1, Rotebühlplatz 1.
Verlagsgebiete: 1 — 8 — 9 — 14 — 15 — 16 — 25 — 27 — 28 — 30.

Verlag bibliotheca christiana
D-5300 Bonn, Postfach 415, Endenicherstraße 104

Verlag für Bildung und Freizeitgestaltung Rössner & Co.
D-4018 Langenfeld, Kapellerweg 19

VEB Verlag Bildpostkarten

DDR-9010 Karl-Marx-Stadt, Postf. 743

Verlag Bonn Aktuell GmbH

D-7000 Stuttgart 31, Pforzheimer Straße 381

Verlag Die Brigantine

D-2000 Hamburg-Lokstedt, Gazellenkamp 80

Signet wird geführt seit: 1958.

Grafiker: Georg Bernhard.

Verlag Die Brigg

D-8900 Augsburg 11, Hermanstraße 33, Postfach 11 23 23

Tel: (08 21) 3 00 08. **Psch:** München 101 441-802. **Bank:** Dresdner Bank 1087939; Bayer. Vereinsbank 3349462. **Gegr:** 1950 in Augsburg und Basel. **Rechtsf:** Einzelfirma.

Inh: Josef Büchler.

Verlagsleitung: Josef Büchler, geb. 1926 in Augsburg.
Werbung und Vertrieb: Hartmut Lück, geb. 1944 in Breslau.

Geschichte: Gegründet 1950 als Teamwork in Augsburg und Basel. Seit 1958 nur noch in Augsburg.

Hauptautoren/Hauptwerke: Petra Moll/Kurt Seeberger, „Die schönste Stadt der Welt" — Rupert M. Stöckl/Oliver Hassencamp, „Fabel Fibel" — Elisabeth Emmerich/Annegert Fuchshuber, „Hallöle sucht das Turamichele" — Günther Strupp, „Struppzeug" — ferner Kalender sowie Bücher von Dieter Baur, Georg Bernhard, Theo Braun, Hans Fischer, Max Hahn, Guido Meister, Marga Rauch, Heiner Seybold, Erich Valentin, Ludwig Wegele.
Verlagsgebiete: 8 — 10 — 12 — 13 — 24 — 3 — 26.

Verlag Buchhändler Heute

D-4000 Düsseldorf, Jahnstraße 36

Verlag für Buch- u. Bibliothekswesen VEB

DDR-7010 Leipzig, Postfach 130, Gerichtsweg 26

Verlag für Buchmarkt-Forschung Dr. Wolfgang Strauß

D-2000 Hamburg 1, Beim Strohhause 34
D-4830 Gütersloh, Eickhoffstraße 14—16

Tel: (040) 2 80 22 76. **Psch:** Hamburg 2987 25. **Gegr:** 21. 12. 1962 in Hamburg. **Rechtsf:** Einzelfirma.

Inh: Dr. Wolfgang Strauß.

Verlagsleitung: Dr. Wolfgang Strauß, geb. 13. 3. 1909 in Kassel. Mitherausgeber (mit Prof. Dr. Peter Meyer-Dohm, Bochum) der „Schriften zur Buchmarkt-Forschung", Herausgeber der „Bertelsmann Briefe". Mitherausgeber (mit Helmut Hiller) von „Der deutsche Buchhandel", 5. Auflage, Hamburg 1974, sowie (mit Peter Meyer-Dohm) vom „Handbuch des Buchhandels in vier Bänden", Hamburg 1971 ff.

Hauptwerke: „Handbuch des Buchhandels", Band I-IV — „Lesen - Ein Handbuch" — „The Book Trade of the World" — Hiller/Strauß, „Der deutsche Buchhandel", 5. Auflage. — Publikationen aus dem Bereich der Buchmarkt-Forschung zu Rationalisierungsfragen und allgemeinen Problemen des Buchhandels.

Buchreihen: „Berichte des Instituts für Buchmarkt-Forschung" — „Schriften zur Buchmarkt-Forschung".

Verlagsgebiete: 1 — 5 — 10 — Buchhandel.

Verlag für Bürotechnik

Signet wird geführt seit: 1962.

Grafiker: Herbert Prietz.

**Verlag für Bürotechnik,
Andreas und Margarete Strippel,
Inhaber Dr. Hermann Schmitt-
Vockenhausen**

D-6230 Frankfurt (M) 80, Postf. 800 346

Tel: (0 61 96) 2 31 29. **Psch:** Frankfurt (M) 205740-602; Berlin W 7153-100. **Bank:** Volksbank Frankfurt (M) 11 019. **Gegr:** 1. 1. 1925 in Berlin. **Rechtsf:** Einzelfirma.
Inh/Ges: Dr. Hermann Schmitt-Vockenhausen.
Verlagsleitung: Dr. Hermann Schmitt-Vockenhausen, geb. 31. 1. 1923 in Vokkenhausen (Taunus), 1941 Abitur, Studium der Rechte an den Universitäten Frankfurt (M) und Berlin; 1950 Verlagsleiter bei Dr. Max Gehlen, Bad Homburg v. d. H.
Geschichte: Am 1. 1. 1925 in Berlin gegründet, hatte der Verlag mit Lehrbüchern für Kurzschrift, Maschinenschreiben und Buchführung durch bekannte Lehrbuchautoren wie Menzel, Rietdorf und Schulz-Schwieder große Erfolge. Der Aufbau nach der Zerstörung durch die Kriegsereignisse war sehr schwierig. 1958 wurde mit dem Übergang an den jetzigen Inhaber der Sitz nach Frankfurt (M) verlegt. 1965 wurde Friedrich Jacobi's Verlag (D-8000 München 9, Dollmannstr. 17) übernommen, in dem Lehrbücher für Kurzschrift und Maschinenschreiben erscheinen.
Hauptwerke: Dr. H. Nierhaus, „Handbuch der Sekretärin" — Erich Ruhland, „Die Sekretärin in Frage und Antwort" — Dokumentationen der Stühlinger Gruppe zur kaufmännischen Ausbildung — Zahlreiche Werke in Kurzschrift und Maschinenschreiben, u. a. von Astheimer/Ressel, Gerstner/Dettling, Dr. Wenzel, Frau M. Kirchhoff, Dross, Dirr, Kroiß, Leth Szameitat u. a.

Verlagsgebiete: 11 — 20 — 21.

Signet wird geführt seit: 1952; Neufassung seit 1974.

Grafiker: Petra Clemen Neufassung: Gestaltungsgruppe Bergstraße Weißbrod Werbung

Verlag Chemie GmbH

D-6940 Weinheim/Bergstr., Pappelallee 3, Postfach 1260/1280 Boschstraße 12

Tel: (0 62 01) 40 31 — 40 37. **Fs:** 465 516 vchwh d. **Psch:** Frankfurt 145314-600; Karlsruhe 21755-754. **Bank:** Volksbank Weinheim 11024807; Deutsche Bank Weinheim 01/13209; Dresdner Bank, Weinheim 6 602 174; First National City Bank New York 10200946. **Gegr:** 1. 4. 1921 in Leipzig; Neugründung: Januar 1947 in Heidelberg. **Rechtsf:** GmbH.
Ges: Gesellschaft Deutscher Chemiker: Deutsche Pharmazeutische Gesellschaft.
Verlagsleitung: Jürgen Kreuzhage, geb. 19. 8. 1936; Hans Schermer, geb. 26. 3. 1916.
Lektorat: Dr. Hans-Friedrich Ebel, geb. 10. 3. 1933 (Prokura); Dr. Gerd Giesler, geb. 21. 7. 1940.
Herstellung: Maximilian Montkowski, geb. 20. 8. 1933 (Prokura).
Werbe- und Vertriebsleitung: Helmut Schmitzer, geb. 30. 8. 1940.
Anzeigenabteilung: Harry Both, geb. 29. 1. 1920 (Prokura).
Rechnungswesen: Otto Dautermann, geb. 28. 9. 1931, (Prokura).
Geschichte: Der Verlag Chemie wurde 1921 in Leipzig von den damaligen wissenschaftlich-technischen Gesellschaften Deutsche Chemische Gesellschaft, Verein Deutscher Chemiker und dem Verein zur Wahrung der Interessen der Chemischen Industrie gegründet und mit der Betreuung ihrer publizistischen Interessen, insbesondere der von diesen Gesellschaften herausgegebenen Zeitschriften beauftragt. Diese Aufgabe nimmt der Verlag auch nach Zerstörung im 2. Weltkrieg und Neugründung weiter wahr. Seine Gesellschafter sind jetzt die Gesellschaft Deutscher Chemiker und die Deutsche Pharmazeutische Gesellschaft. Der Verlag stellt seine Dien-

ste aber auch zahlreichen anderen wissenschaftlich-technischen Gesellschaften auf seinem Arbeitsgebiet zur Verfügung. Daneben ediert er ein umfangreiches Buch- und Zeitschriftenprogramm auf allen Gebieten der Naturwissenschaften und Technik, vor allem aber auf dem Gebiet der Chemie. Weiterhin erscheinen auch Publikationen über Patent- und Urheberrecht sowie über den Gewerblichen Rechtsschutz im Verlag Chemie.

Hauptautoren/Hauptwerke: Im Verlag Chemie sind die Werke vieler Wissenschaftler aus Deutschland und dem Ausland erschienen, darunter zahlreicher Nobelpreisträger. Besonders wichtige Publikationen und Buchreihen: „Ullmanns Encyklopädie der technischen Chemie" — „Methoden der enzymatischen Analyse" — „Progress of Mass Spectrometry" — „Monographs in Modern Chemistry" — die naturwissenschaftliche Taschenbuchreihe „taschentext".

Zeitschriften: „Angewandte Chemie" (mit monatlich erscheinender Ausgabe in englischer Sprache) — „Chemie - Ingenieur - Technik" — „Chemie in unserer Zeit" — „Physik in unserer Zeit" — „Biologie in unserer Zeit" — „Pharmazie in unserer Zeit" — „Chemischer Informationsdienst" — „Justus Liebigs Annalen der Chemie" — „Chemische Berichte" — „Berichte der Bunsengesellschaft für physikalische Chemie" — „Archiv der Pharmazie" — „European Journal of Immunology" — „Die Stärke" — „Zeitschrift für Pflanzenernährung und Bodenkunde" — „Werkstoffe und Korrosion" — „Zeitschrift für Werkstofftechnik" — „Verfahrenstechnische Berichte" — „Gewerblicher Rechtsschutz und Urheberrecht" — „IIC - International Review of Industrial Property and Copyright Law" — „Verfahrenstechnische Berichte - VtB".

Tges: Physik Verlag GmbH, D-6940 Weinheim/Bergstr., Pappelallee 3, Majorität.
Btlg: Werbegemeinschaft „natselect".
Verlagsgebiete: 5 — 17 — 18 — 19.

Verlag für chemische Industrie H. Ziolkowsky KG

D-8900 Augsburg 1, Postfach 102565, Beethovenstraße 16

Verlag Darmstädter Blätter Schwarz & Co.

D-6100 Darmstadt, Postfach 332, Haubachweg 5

Verlag für Demoskopie

D-7753 Allensbach, Radolfzeller Str. 8

Verlag Deutsche Jugendbücherei GmbH & Co.

D-5038 Rodenkirchen, Weißer Straße 16

Verlag f. deutsche Musik Robert Rühle

D-8000 München 70, Pelargonienweg 41

Verlag der Deutschen Friedrich-Schiller-Stiftung GmbH

D-6100 Darmstadt, Havelstraße 16, Postfach 4147

Tel: (0 61 51) 86 61. **Psch:** Frankfurt (M) 898 37. **Bank:** Dresdner Bank Darmstadt 1757544. **Gegr:** 1. 1. 1970. **Rechtsf:** GmbH.
Verlagsleitung: Gerhard Gallus, Geschäftsführer.
Geschichte: Der Verlag der Deutschen Friedrich-Schiller-Stiftung GmbH ist gegründet worden, um Großdruckbücher für sehbehinderte, ältere Menschen und Lesebücher für sehbehinderte Kinder herzustellen. Es handelt sich dabei um ein Sozialwerk der Deutschen Friedrich-Schiller-Stiftung e. V., das mit Mitteln der öffentlichen Hand gefördert wird. Die Bücher können aus diesem Grund auch nicht an den Buchhandel abgegeben werden, sie werden nur direkt vom Verlag vertrieben.
Hauptwerke: Unterhaltungsliteratur bekannter Autoren in Großdruckbänden.
Verlagsgebiete: 8 — 10 — Spez.Geb: Großdruckbände.

Verlag Deutscher Tierschutzwerbedienst GmbH siehe Deutscher Tierschutzwerbedienst

Signet wird geführt seit: 1966.
Grafiker: Erich Pfeifer.

Verlag Dokumentation Saur KG.

D-8023 Pullach, Jaiserstraße 13, Postfach 148
Zweigstelle: Frankfurt (M), Neuhofstraße 25

Tel: (089) 7 93 21 21 / 7 93 09 14. **Fs:** 521 2067 saur d. **Psch:** München 206141-804. **Bank:** Kreissparkasse Pullach 573105; Bayer. Hypotheken- u. Wechselbank München 3388662. **Gegr:** 1948 in München. **Rechtsf:** KG.

Inh/Ges: Klaus Gerhard Saur.

Verlagsleitung: Klaus Gerhard Saur, geb. 27. 7. 1941 in Pullach. Stellvertr. Vorsitzender des Verbandes Bayer. Verlage und Buchhandlungen, Mitglied des Verlegerausschusses des Börsenvereins des Deutschen Buchhandels.
Herstellung: Horst Ahaus, geb. 24. 12. 1941 (Prokurist).
Lektorat u. Redaktion Buch- u. Bibliothekswesen: Dr. Helga Lengenfelder, geb. 26. 9. 1936 (Prokurist), Gitta Hausen, geb. 4. 1. 1917 und Dr. Maria Andras, geb. 11. 5. 1916.
Lektorat Geisteswissenschaften: Gerd Klaus Kaltenbrunner, geb. 23. 2. 1939.
Redaktion Fachadreßbücher: Michael Zils, geb. 4. 2. 1941.
Werbung: Volker Keller, geb 8. 6. 1946.
Vertrieb: Birgit Jansen, geb. 1949.
Bereich Zeitschriften: Johannes Möller, geb. 29. 8. 1919.

Geschichte: 1948 Gründung eines Ingenieurbüros für Betriebs- und Büroorganisation. 1949 Beginn des Unternehmens mit der Dokumentationstätigkeit. Seit 1960 liegt das Schwergewicht des Verlages auf der Herausgabe von Veröffentlichungen zum Buch- und Bibliothekswesen; Dokumentation und Information, Publizistik und Hochschulwesen. Seit 1970 deutsche Vertretung der Unesco, Paris und seit 1971 Vertrieb des Verzeichnisses lieferbarer Bücher (VlB). 1973 wurde mit der IFLA, dem Internationalen Verband der Bibliotheksverbände ein Exklusivvertrag abgeschlossen, nach dem alle Publikationen der IFLA im Verlag Dokumentation erscheinen. 1973 erschienen 80 Neuerscheinungen, wurden 3 Zeitschriften übernommen und 3 Zeitschriften neu gegründet.

Hauptautoren: Prof. Karl J. Arndt, Prof. Jörg Aufermann, Prof. Manfred Bluthardt, Prof. Hans Bohrmann, Prof. Lothar Czayka, Prof. Nils Diederich, Prof. Heinz-Dietrich Fischer, Dr. Rupert Hacker, Dr. Oskar Holl, Prof. Wolfgang Kehr, Prof. Hans-Joachim Koppitz, Prof. Kurt Koszyk, Prof. Horst Kunze, Dr. Karl-Heinrich Meyer-Uhlenried, Prof. Günther Pflug, Prof. Franz-Heinrich Philipp, Dr. Karl-F. Stock, Prof. Ernst Topitsch, Prof. B. C. Vickery, Prof. Gernot Wersig, Prof. Eugen Wüster.

Hauptwerke: „Grundlagen der praktischen Information und Dokumentation" — „Bibliothekarisches Grundwissen" — „Handbuch der filmwirtschaftl. Medienbereiche" — „Handbuch der Bibliographie" — „Handbuch der Raubdrucke" — „Internationale Bibliographie z. Geschichte d. dt. Literatur" — „Internationales Bibliothekshandbuch" — „Theorie und Praxis des mod. Bibliothekswesens".

Buchreihen: „Beiträge z. Informations- u. Dokumentationswissenschaft" — „Bibliothekspraxis" — „Bibliotheksstudien" — „Schriftenreihe der Dt. Ges. für Dokumentation" — „Dortmunder Beiträge z. Zeitungsforschung" — „Handbuch d. internationalen Dokumentation u. Information" — „Hochschulplanung" — „Informationssysteme" — „Kommunikation und Politik" — „Museumsberichte" — „Seminarberichte der Dt. Unesco-Kommission" — „IFLA-Publikationen".

Zeitschriften: „Nachrichten f. Dokumentation" — „Bibliotheksforum Bayern" — „Bibliographie Pädagogik" — „Bibliographie Programm. Unterricht" — „Archäographie" — „Bulletin of Reprints" — „Intern. Classification" — „HIS-Briefe" — „Intern. Library Journal" — „Politische Dokumentation" — „Publizistik-wiss. Referatedienst".

Tges: Consult-Verlag (100 %); Importbuchhandlung Saur & Co. (100 %); Uni-Taschenbuch GmbH Verlag Stuttgart (6,25 %).

Verlagsgebiete 1 — 10 — 25 — 5 — 6 — 7 — 28.

Verlag Echo aus Deutschland GmbH
D-7000 Stuttgart 1, Königstraße 2

Verlag Enzyklopädie VEB

DDR-7010 Leipzig, Postfach 130, Gerichtsweg 26

Verlag Erziehung und Wissenschaft

D-2000 Hamburg 13, Rothenbaumchaussee 15

Signet wird geführt seit: 1946.

Grafiker: Heinz Weiemann.

Verlag der Europäischen Bücherei H. M. Hieronimi

D-5300 Bonn, Johanniterstraße 13

Tel: (0 22 21) 23 18 43. **Psch:** Köln 155143-501. **Bank:** Dresdner Bank Bonn 2081 325; Bank für Gemeinwirtschaft Köln 10 976 241. **Gegr:** 31. 5. 1946 in Bonn. **Rechtsf:** Einzelfirma.
Inh: H. M. Hieronimi.
Verlagsleitung: H. M. Hieronimi □.
Innerbetriebliche Organisation: Ursula Hieronimi.
Vertretung Paris: Agence littéraire H. Strassova.
Lektorate und Beratung: Werner von Grünau, Irene Hieronimi, Ludwig Graf von Schönfeldt, Gustav Rademacher.
Geschichte: Der Verleger H. M. Hieronimi, geb. in Düsseldorf als Sohn des Oberlandesgerichtsrats Dr. Joseph Hieronimi, studierte nach Absolvierung des humanistischen Gymnasiums in Berlin, Bonn und Paris (Austauschstudent) Jura. Bereits als 15jähriger gründete er eine Schülergruppe der damaligen Deutsch-Französischen Gesellschaft. Während seines Studiums arbeitete er als Lektor bei bekannten deutschen und französischen Verlagen und betätigte sich auch als Übersetzer aus dem Französischen und Italienischen. Nach fünfjährigem Kriegsdienst gründete er 1946 in Bonn den jetzigen Verlag. Von Anfang an bestimmten Übersetzungen aus dem Französischen in sehr starkem Maße den Charakter der Verlagsproduktion. Autoren, die heute Weltruf genießen, wurden in deutscher Sprache erstmals in seinem Verlag herausgebracht. Während in den ersten Jahren Romane im Mittelpunkt der verlegerischen Arbeit standen, rückten etwa seit 1956 immer stärker großformatige Bildtextbände in den Vordergrund, die z. T. als Reihen in enger Koproduktion mit bekannten ausländischen Verlegern geplant und verlegt werden. H. M. Hieronimi ist in den letzten Jahren als Sprecher der „Verleger-Schutzgemeinschaft" hervorgetreten, eines Informationszentrums, das sich unter Zustimmung der meisten westdeutschen belletristischen Verleger die Abwehr gegenüber Zensurbestrebungen zum Ziel gesetzt hat.
Buchreihen: Luxusreiseführer „Reisen in Farben" — Frankreichreihe „Sehen in Farben" — Städte/Länderreihe „Mein geliebtes ..." — Städte/Länderreihe „... Erleben" — Reihe „Internationale Fotografie" — Reihe „Wege ins Unbekannte".
Verlagsgebiete: 3 — 8 — 14 — 15 — 16.

Signet wird geführt seit: 1967.

Grafiker: Helmut Herzog.

Verlag der Evangelisch-Lutherischen Mission

D-8520 Erlangen, Schenkstraße 69

Tel: (0 91 31) 3 30 64. **Psch:** Nürnberg 71300-857. **Bank:** Stadt- und Kreissparkasse Erlangen 32-000 102; Spar- und Kreditbank in der Evang.-Luth. Kirche in Bayern GmbH Nürnberg 3328. **Gegr:** 1. 10. 1897 in Leipzig. **Rechtsf:** e. V.
Inh/Ges: Evang.-Luth. Mission (Leipziger Mission) zu Erlangen e. V.
Verlagsleitung: Christoph Jahn, geb. 3. 9. 1932 in Dresden, Theologe, Journalist, 1956—1965 Brasilien; Eva Mueller, geb. 1. 9. 1938 in Berlin (Verlagsbuchhandlung); Christa Bartz, geb. 2. 9. 1941 in Berlin (Buchhaltung); Hannelore Wunderlich, geb. 19. 10. 1940 in Stuttgart (Lektorat).
Geschichte: Gegründet in Leipzig zur Herausgabe von Missionsblättern, spä-

ter Kleinschriften, theologische und ethnologische Arbeiten; erster Höhepunkt zwischen den Weltkriegen: Werke von D. Bruno Gutmann, Paul Rother und Carl Ihmels; Kinderschriften und Zeitschriften; kirchliche Gebrauchsliteratur und Bibelübersetzungen auch in afrikanischen Sprachen. 1950 nach Erlangen verlegt. Leitung 1951—62 Friedrich Kellermann, 1962—66 Heinz Tomczak. 1967 Begründung der Reihen „Erlanger Taschenbücher" und „Erlanger Hefte aus der Weltmission". 1969 erste Schallplatten. Handbücher über Länder und Kirchen in der Dritten Welt, Modell 1968 „Zwischen Sansibar und Serengeti" über Tanzania, 1969 Erich Viering, „Togo singt ein neues Lied". Dissertationen aus der Missionswissenschaft, Kirchenkunde, Stimmen aus der Oekumene, Themenkreis Mission und Entwicklung. Reiseberichte und Reportagen. Arbeitsmittel für Schul- und Jugendarbeit.

Hauptautoren: Johnson Gnanabaranam (Indien), Ebermut Rudolph, Rolf Italiaander, Theo Sundermeier, Ernst Jaeschke, Erich Vierig, Detlef Löhr, Johannes Pfeiffer.

Hauptwerke: Fotokalender „Ostafrika". Mechthild Clauss, „Der große Stuhl macht noch keinen König" — Johnson Gnanabaranam, „Heute, mein Jesus" — Rolf Italiaander, „Argumente kritischer Christen", „Heißes Land Niugini" „Partisanen und Profeten", „Sokagakkai - Japans neue Buddhisten" — Ernst Jaeschke, „Zwischen Sansibar und Serengeti" — Christoph Jahn, „Frequenzen der guten Nachricht" — Won Yong Kang, „Zwischen Tiger und Schlange" — Detlef Löhr, „Christen heute im Heiligen Land" — Margull/Freytag, „Keine Einbahnstraßen" — Stephen Neill, „Geschichte der christlichen Mission" — Ebermut Rudolph, „Indische Reise" — Theo Sundermeier, „Christus, der schwarze Befreier" — Kate Wenner, „Shamba Letu - Kibbuz in Afrika".

Buchreihen: „Erlanger Taschenbücher" — „Erlanger Hefte aus der Weltmission".

Hz: „Leipziger Mission '74" etc.

Btlg: Verlagsgemeinschaft Weltmission mit Evang. Missionsverlag Korntal und Freimund-Verlag Neuendettelsau.

Verlagsgebiete: 2 — 10 — 15 — 16 — 26 — 5 — 9 — 13 — 24 — 27.

Verlag und Schriftenmission der Evangelischen Gesellschaft für Deutschland GmbH

D-5600 Wuppertal-Elberfeld, Ottenbrucherstraße 38

Tel: (02 21) 30 13 13. **Psch:** Frankfurt 29965-609. **Bank:** Evangelische Darlehensgenossenschaft Münster 880302. **Gegr:** 1954 in Wuppertal. **Rechtsf:** GmbH.

Inh/Ges: Evangelische Gesellschaft für Deutschland.

Verlagsleitung: Geschäftsführer: Missionsdirektor Pfarrer Heinrich Jochums, geb. 17. 8. 1904.
Büroleitung: Herbert Becker, geb. 17. 5. 1942.

Hauptautoren: Pfarrer Heinrich Jochums, Professor Dr. Theophil Flügge, Dr. Otto Riecker, Pfarrer Horst Thurmann, Hedwig Andrea, Elisabeth Ohlig.

Hauptwerke: Jochums, „Heilsgewißheit" — Riecker, „Mission oder Tod" — Jochums, „Kein anderes Evangelium".

Buchreihen: „Aktuelle Fragen" — „Telos-Bücher".

Zeitschrift: „Der feste Grund" (mtl.).

Btlg: Herstellung und gemeinsamer Vertrieb von „Telos-Büchern". Zur Telos-Kooperation gehören insgesamt 9 evangelische Verlage

Verlagsgebiete: 2a — 26.

Signet wird geführt seit: 1949.

Grafiker: —

Verlag der Fehrs-Gilde e. V.

D-2000 Hamburg 65, Wellingsbüttler Weg 97

Tel: (040) 5 36 31 72. **Psch:** Hamburg 4430-206. **Bank:** Hamburger Sparkasse 1059/246106. **Gegr:** 16. 3. 1949 in Hamburg. **Rechtsf:** e. V.

Inh/Ges: Vorstand: Vors. Ewald Goltz, Oberstudienrat i. R.; 1. Stellvertreter: Günter Harte, Rektor; 2. Stellvertreter: Hellmut Kohrs, Oberstudienrat.

Verlagsleitung: Ewald Goltz, Oberstudienrat i. R., geb. 5. 7. 1909.

Geschichte: Der Verlag wurde 1949 gegründet, um den niederdeutschen Schriftstellern die Möglichkeit zu schaffen, ihre Manuskripte zu veröffentlichen, da es z. Zt. der Gründung kaum Verleger plattdeutscher Bücher gab. Der Vorstand arbeitet ehrenamtlich. Der Verlag ist als gemeinnützig anerkannt.

Hauptautoren: Dieter Bellmann, Hermann Claudius, Hans Ehrke, Johann Hinrich Fehrs, Günter Harte, Hans Heitmann, Hans Henning Holm, Moritz Jahn, Walter A. Kreye, Hinrich Kruse, Heinrich Schmidt-Barrien, Wilhelmine Siefkes, Ernst Otto Schlöpke, Thora Thyselius, Wilhelm Wisser.

Hauptwerke: Plattdeutsche Belletristik.

Zeitschrift: „Niederdeutsche Korrespondenz".

Alm: Almanach 1949—1964.

Verlagsgebiete: 7 — 8.

Verlag Filmkritik GmbH

D-6000 Frankfurt (M) 1, Rückertstr. 39

Verlag Forum Humanum
(Dr. Harald E. Braum)

A-1180 Wien XVIII, Haizingergasse 29

Verlag für die Frau

DDR-7010 Leipzig, Postfach 1005-1025, Friedrich-Ebert-Straße 76

Verlag der Freien Volksbühne Berlin

D-1000 Berlin 31, Ruhrstraße 6

Tel: (030) 87 02 01. **Psch:** Berlin-West 94 72-102. **Gegr:** 1947. **Rechtsf:** Einzelfirma.

Inh/Ges: Freie Volksbühne Berlin e. V. **Redaktion** der „Blätter der Freien Volksbühne Berlin": Dr. Günter Schulz.

Geschichte: Die vom Verlag herausgegebenen „Blätter der Freien Volksbühne Berlin" erscheinen seit November 1947 mit einer gegenwärtigen Auflage von 35 000 Exemplaren.

Verlagsgebiet: 13 — Theater.

Signet wird geführt seit: 1961.

Grafiker: Walter Krafft.

Verlag Freies Geistesleben GmbH

D-7000 Stuttgart 1, Haussmannstraße 76

Tel: (07 11) 28 32 55. **Psch:** Stuttgart 160 11. **Bank:** Städt. Girokasse 2723206; Commerzbank 7760 440, beide Stuttgart. **Gegr:** 30. 7. 1947 in Stuttgart. **Rechtsf:** GmbH.

Inh: Gemeinnützige Treuhandstelle e. V. Bochum.

Verlagsleitung: Dr. Wolfgang Niehaus, Geschäftsführer, geb. 26. 7. 1931 in Dresden.

Geschichte: Der Name des Verlags ist hervorgegangen aus der Idee der sozialen Dreigliederung, mit der Rudolf Steiner für ein autonomes, sich selbst verwaltendes und damit erst freies Geistesleben eintritt. Der Verlag dient dem Werk R. Steiners und seiner Schüler. Es erschienen grundlegende Werke und Vorträge Steiners in Taschenbuch-Ausgaben. Heute anthroposophisch orientierte Literatur fast aller geistes- und naturwissenschaftlichen Fächer, ferner Übersetzungen altfranzösischer Gralsromane, Texte der Goethezeit („Denken-Schauen-Sinnen") sowie Jugend- und Bilderbücher.

Hauptautoren: Rudolf Steiner, Ernst Bindel, Walther Bühler, Walther Cloos, Gerbert Grohmann, Herbert Hahn, Karl Heyer, Friedrich Husemann, Karl König, E. M. Kranich, H. E. Lauer, H. R. Niederhäuser, Dan Lindholm, Wolfgang Schad, W. Chr. Simonis, Theodor Schwenk, Andreas Suchantke, Jakob Streit, Georg Unger, Rudolf Treichler.

Buchreihen: „Denken-Schauen-Sinnen" — „Erziehung vor dem Forum der Zeit", Schriften aus der Freien Waldorfschule — „Menschenkunde und Erziehung", Hrsg. Pädagogische Forschungsstelle beim Bund der Waldorfschulen Stuttgart — „Menschenwesen und Heilkunst", Hrsg. Arbeitsgemeinschaft Anthroposophischer Ärzte Stuttgart — „Logoi", Wissenschaftliche Reihe — „Sozialhygienische Schriftenreihe", Hrsg. Verein für ein erweitertes Heilwesen e. V. Bad Liebenzell — „Heilpädagogik aus anthroposophischer Menschen-

478 Verlag Freies Geistesleben

kunde", Hrsg. Medizinische Sektion am Goetheanum — "Studien und Versuche", anthroposoph. Schriftenreihe — "Rudolf-Steiner-Taschenbuchausgaben".
Zeitschriften: "Die Drei", Zeitschrift für Wissenschaft, Kunst und soziales Leben (mtl.) — "Erziehungskunst", Monatsschrift zur Pädagogik Rudolf Steiners (mtl.).
Hz: "Von neuen Büchern" (zweimal jährl.).
Btlg: Arbeitsgemeinschaft von Jugendbuchverlegern.
Verlagsgebiete: 3 — 9 — 10 — 17 — 18 — 8 — 12 — 14 — 15.
Angeschl. Betr: Zwst: Buchhandlung Freies Geistesleben, D-7000 Stuttgart, Rotenbergstraße 4 und Alexanderstraße 11.

Verlag die Galerie GmbH
A-1060 Wien VI, Linke Wienzeile 36

Signet wird geführt seit: 1954.

Grafiker: Prof. Otto Hurm.

Verlag für Geschichte und Politik GmbH

A-1030 Wien, Neulinggasse 26/12
Tel: (02 22) 72 62 58 und 75 31 06. **Psch:** Wien 1925.751. **Bank:** Bankhaus Schoeller & Co. Wien 00774102; Österreichische Länderbank Wien 227-103-727.
Gegr: 28. 6. 1946 in Wien. **Rechtsf:** GmbH.
Ges: Dr. Karl Cornides.
Verlagsleitung: Dr. Karl Cornides, geb. 17. 2. 1911 in München.
Lektorat und Herstellung: Dr. Erika Rüdegger.
Geschichte: Der Verlag wurde 1946 von Wilhelm Cornides und Friedrich Maurig mit dem Ziel, die Geschichtsschreibung und politische Bildung in Österreich zu fördern, gegründet. 1953 übernahm Dr. Karl Cornides die Verlagsleitung. Neben grundlegenden Werken, wie der von Heinrich Benedikt herausgegebenen "Geschichte der Republik Österreich" und der "Geschichte Österreichs" von Erich Zöllner wurden zahlreiche wissenschaftliche Monographien, Biographien und Editionen von Quellen für die neuere Geschichte Österreichs veröffentlicht. Auf dem Gebiet der Politik ist der Verlag vor allem durch die Herausgabe von Schriftenreihen zur wirtschaftlichen und politischen Bildung tätig.
Hauptautoren: Heinrich Bendikt, Max Braubach, Friedrich Engel-Janosi, Walter Goldinger, Eric C. Kollman, Hans Krasensky, Friedrich Lehne, Alphons Lhotsky, Hans Millendorfer, Michael Mitterauer, Rudolf Neck, Richard Plaschka, Norbert Schausberger, Heinrich Schneider, Hermann Wiesflecker, Erich Zöllner.
Buchreihen: "Österreich Archiv" (Geschichte) — "Schriftenreihe des Österreichischen Ost- und Südosteuropa-Instituts" (Geschichte, Wirtschaft, Recht) — "Sozial- und wirtschaftshistorische Studien" — "Wiener Beiträge zur Geschichte der Neuzeit" — "Die Wirtschaft geht jeden an" — "Politische Bildung".
Verlagsgebiete: 5 — 6 — 11 — 14.

Verlag Glückauf GmbH
D-4300 Essen, Postfach 1794, Essen-Kray, Frillendorfer Straße 351

Verlag Goldene Worte
D-7000 Stuttgart-Sillenbuch, Postf. 59, Gorch-Fock-Straße 15

Verlag der Greif, Walther Gericke
D-6200 Wiesbaden-Biebrich, Wingertstraße 7

Verlag Handwerk und Technik GmbH
D-2000 Hamburg 76, Hans-Henny-Jahnn-Weg 27

Verlag Hans Bredow-Institut
D-2000 Hamburg 13, Heimhuderstr. 21

Verlag Haus Altenberg GmbH
D-4000 Düsseldorf 10, Postfach 10 006, Carl-Mosterts-Platz 1

Verlag Hans Schwalbach
Arbeitsstätte f. Gruppenpädagogik e. V.
D-6200 Wiesbaden-Dotzheim, Bethelstraße 35

Verlag Inter-Media GmbH
D-7000 Stuttgart 31, Pforzheimer Straße 381

Verlag „Junge Gemeinde", E. Schwinghammer KG
D-7000 Stuttgart 1, Postfach 979, Stafflenbergstraße 38

Verlag Junge Welt
DDR-1080 Berlin, Postfach 103, Mohrenstraße 36—37

Verlag Katholisches Bibelwerk GmbH
D-7000 Stuttgart 1, Silberburgstr. 121a

Verlag Die Kommenden
D-7800 Freiburg i. Br., Postfach 1707, Rosastraße 21

Verlag A. F. Koska
A-1095 Wien IX, Zimmermanngasse 1

Verlag der Kunst VEB
DDR-8019 Dresden, Spenerstraße 21

Verlag des Kunstgeschichtlichen Seminars der Universität Marburg/Lahn
D-3550 Marburg, Biegenstraße 11

Verlag für Lehrmittel Pößneck
DDR-6840 Pößneck, Neustädter Str. 63

Verlag der Liebenzeller Mission GmbH
D-7263 Bad Liebenzell, Postfach 21, Liobastraße 8

Verlag für Medizin Dr. Ewald Fischer
D-6900 Heidelberg 1, Postfach 105767, Blumenthalstraße 38—40

Verlag für medizinische Psychologie, Dr. Dietrich und Dr. Arndt Ruprecht
D-3400 Göttingen, Theaterstraße 13, Postfach 437
Tel: (05 51) 5 95 15/17, Auslieferung 6 13 35. **Psch:** Hannover 131133/303. **Bank:** Kreissparkasse Göttingen 657; Landeszentralbank 260/07375 (Vandenhoeck & Ruprecht). **Gegr:** Januar 1952.
Rechtsf, Inh/Ges und Verlagsleitung: Vgl. Vandenhoeck & Ruprecht.
Geschichte: Zweig des Verlages Vandenhoeck & Ruprecht, Göttingen; siehe dort.
Hauptautoren/Hauptwerke: Annemarie Dührssen, „Psychogene Erkrankungen bei Kindern und Jugendlichen", „Analytische Psychotherapie in Theorie, Praxis und Ergebnissen", „Psychotherapie bei Kindern und Jugendlichen" — Dieter Wyss, „Beziehung und Gestalt. Entwurf einer anthropologischen Psychologie und Psychopathologie", „Die tiefenpsychologischen Schulen von den Anfängen bis zur Gegenwart" — Samuel R. Slavson, „Einführung in die Gruppentherapie von Kindern und Jugendlichen".
Zeitschriften: Zeitschr. für psychosomatische Medizin", 17. Jahrg. — „Praxis der Kinderpsychologie", 20. Jahrg. — „Gruppenpsychotherapie und Gruppendynamik" — „Medizinische Psychologie".
Verlagsgebiet: 17.

Verlag Mensch und Arbeit Robert Pfützner GmbH
D-8000 München 80, Vogelweideplatz 10
Tel: (089) 47 40 51. **Psch:** München 1458 88-801. **Bank:** Aufhäuser München 29 71 00. **Gegr:** 1. 3. 1957 in München.
Rechtsf: GmbH.
Ges: Robert Pfützner, geschäftsf. Gesellschafter; fünf weitere Gesellschafter.
Verlagsleitung: Geschäftsführer Robert Pfützner, geb. 18. 4. 1920 in Eisenberg-Pfalz.
Herstellung: Wilhelm Höfelmaier, geb. 26. 6. 1933 in Dachau (Prokura).
Vertrieb, Werbung, Lizenzen: Gerhart Kindl, geb. 31. 3. 1936 in Temesvar/Rumänien (Prokura).

Verlag Mensch und Arbeit

Geschichte: Der Name des Verlags geht von der Zeitschrift „Mensch und Arbeit" aus (jetzt „Personal", Mensch und Arbeit im Betrieb), die erstmalig 1949 erschien. Der Verlag Mensch und Arbeit war bis 1957 ein Betriebsteil der F. Bruckmann KG München. Seit 1. 3. 1957 ist er ein selbständiges, wirtschaftlich und politisch unabhängiges Unternehmen. Der Verlag widmet sich mit Erfolg der Entwicklung und Verbreitung von Sachbüchern für den praktischen Gebrauch, von Literatur für sinnvolle Freizeitgestaltung und für die Erwachsenenbildung. Neben bekannten Standardwerken für das Sortiment, gewinnen Auftragsproduktionen für Verlage und Industrieunternehmen wie beispielsweise „Wie liest man die Bibel?" und „Türen nach Innen" sowie die erfolgreiche Reiseführer-Serie „Touropa-Urlaubsberater" zunehmende Bedeutung. Diese Aktivität als „Werkstatt" wird weiter ausgebaut.
Hauptwerke: „Die Axt im Haus" — „Selbst ist die Frau" — „Die Praxis der Chefsekretärin" — „Taschenbuch Mensch und Arbeit" — „Richtig führen im Büro", u. a.
Buchreihe: „Touropa-Urlaubsberater".
Zeitschrift: „Personal - Mensch und Arbeit im Betrieb" (8x jl.).
Verlagsgebiete: 5 — 6 — 10 — 16 — 20 — 28 — 2c — 11 — 17 — 19.

Verlag „Die Mitte" GmbH
D-6600 Saarbrücken 3, Richard-Wagner-Straße 67

Verlag der Nation
DDR-1040 Berlin, Friedrichstraße 113

Verlag Das neue Berlin
DDR-1080 Berlin, Kronenstraße 73/74

Verlag Neue Gesellschaft mbH
D-5300 Bonn-Bad Godesberg, Kölner Straße 149
Tel: (0 22 21) 88 31. **Psch:** Köln 560 70-500. **Bank:** Bank für Gemeinwirtschaft Bonn 10113506. **Gegr:** 1954 in Bielefeld. **Rechtsf:** GmbH.

Verlagsleitung: Dr. Günter Grunwald, Geschäftsführer.
Prokurist: Peter Marold.
Geschichte: 1954 Gründung des Verlages in Bielefeld. Herausgabe der Zweimonatsschrift „Die Neue Gesellschaft". 1969 Sitzverlegung nach Bonn-Bad Godesberg. Ab 1971 erscheint „Die Neue Gesellschaft" monatlich. Ab 1. 1. 1973 Übernahme der „Schriftenreihe der Friedrich-Ebert-Stiftung" vom Verlag für Literatur und Zeitgeschehen, Hannover.
Buchreihen: „Schriftenreihe des Forschungsinstituts der Friedrich-Ebert Stiftung" — „Theorie und Praxis der deutschen Sozialdemokratie".
Zeitschriften: „Die Neue Gesellschaft" (mtl.) — „studentische politik" (8x im Jahr) — „vierteljahresberichte - Probleme der Entwicklungsländer" (vtljl.) — „DDR-report" (mtl.).
Verlagsgebiete: 6 — 14 — 1 — 5 — 28.

Verlag Neue Kritik KG
D-6000 Frankfurt (M) 1, Myliusstr. 58

Verlag Neue Musik
DDR-1080 Berlin, Leipziger Straße 26

Verlag Neue Politik Wolf Schenke
D-2000 Hamburg 20, Geschw.-Scholl-Straße 142

Verlag Neue Wirtschafts-Briefe GmbH
D-4690 Herne, Postfach 620, Friedrichstraße 16—22

Verlag Neues Deutschland
DDR-1017 Berlin, Franz-Mehring-Platz 1

Verlag Neues Leben
DDR-1080 Berlin, Postfach 1223, Behrenstraße 40—41

Verlag Karl Nitzsche
DDR-9387 Niederwiesa, Am Hopfenberg 1

Verlag der Oblaten
D-6500 Mainz, Drosselweg 3

Verlag der Österreichischen Akademie der Wissenschaften
A-1010 Wien I, Dr. Ignaz-Seipel-Platz 2

Verlag des Österreichischen Gewerkschaftsbundes
A-1230 Wien XXIII, Altmannsdorferstraße 154—156

Signet wird geführt seit: 1974.

Grafiker: Rudolf Bruna.

Verlag der Österreichischen Staatsdruckerei

A-1037 Wien III., Rennweg 12a, Postfach 6

Tel: (02 22) 72 61 51. **Fs:** 11 805. **Psch:** Wien 178. **Gegr:** 1804 in Wien. **Rechtsf:** Bundesbetrieb.

Inh/Ges: Republik Österreich.

Verlagsleitung: Verlagsleiter Techn. Zentralinspektor Karl Brosig ☐, geb. 9. 6. 1917 in Wien. Ab 1971 Leiter des Gesamt-Verlages.
Lektor: Techn. Revident Franz Zdychynec. Seit 1973 Redakteur des Österreichischen Amtskalenders.
Werbeleiter: Dr. Ernst Baumgärtner, geb. 4. 2. 1916 in Offenburg/Baden. Seit 1972 mit der Werbung und Marktforschung des Verlages betraut.

Geschichte: Im Jahre 1804 gegründet, wurde der Verlag erst nach Kauf der Druckerei J. V. Degen durch kaiserliches Patent in staatliche Regie übernommen. Nach 1918 wurde er von der Republik weitergeführt. — Aus den Trümmern des 2. Weltkrieges wieder erstanden, wuchs der Verlag immer mehr zu einem gewichtigen Bestandteil des Gesamtbetriebes heran. 1971 erfolgte die längst fällige Konzentration, Modernisierung und der Ausbau des Verlages am Rennweg.

Hauptwerke: „Österreichischer Amtskalender" — „Österreichisches Jahrbuch" — „Österreichisches Arzneibuch" — „Österreichischer Gebrauchs-Zolltarif" (Loseblattsammlung) — „Erläuterungen zum Österreichischen Zolltarif" (Loseblattsammlung) — „Statistisches Handbuch für die Republik Österreich" — „Postlexikon der Republik Österreich" (Loseblattsammlung) — „Alpinvorschrift für die Österreichische Bundesgendarmerie" — „Jahresbericht und Jahresabschluß des ERP-Fonds".

Kunstbücher: Herzog René von Anjou, „Livre du coeur d'amours esprit" — „Das Österreichbuch", „The book of Austria", „Le livre d'Autriche" — „AEIOU, Ars venandi in Austria" — „Ansichten aus Österreich" — „Schwarzes Gebetbuch des Herzogs Galeazzo Maria Sforza von Mailand".

Buchreihen: „Handausgaben österreichischer Gesetze und Verordnungen" — „Kommentar zum Allg. Bürgerlichen Gesetzbuch" — „Entscheidungen des Obersten Gerichtshofes" — „Erkenntnisse des Verfassungsgerichtshofes" — „Erkenntnisse des Verwaltungsgerichtshofes" — „Beiträge zur österreichischen Statistik" — „Einkommen- und Lohnsteuertabellen".

Periodika: „Bundesgesetzblatt für die Republik Österreich" — „Amtsblatt für das Eichwesen" — „Amtsblatt der österreich. Finanzverwaltung" — „Amtsblatt der österreich. Justizverwaltung" — „Amtliche Nachrichten des Bundesministeriums für Soziale Verwaltung und des Bundesministeriums für Gesundheit und Umweltschutz" — „Amtliche Veterinärnachrichten" — „Stenographische Protokolle und Beilagen des National- und Bundesrates" — „Öffentliche Sicherheit, Illustr. Monatsrundschau", herausg. v. Bundesministerium f. Inneres.

Mehrfarbendrucke, Lichtdrucke: „Wappen der Bundesrepublik Österreich" — „Wappen der Bundesländer" — „Christkindlmarkt 1901" von C. Pippich — „Bauernkinder in Virgen" von E. Puchinger — „Madonna mit dem Christuskind" von G. Seghers — „Die Versöhnung" von F. G. Waldmüller — „Vorfrühling im Wienerwald" von F. G. Waldmüller — „Blumenstück" von C. Weiß — „Die Unterzeichnung des österreichischen Staatsvertrages, Belvedere Wien 15. Mai 1955" von R. Fuchs.

Tges: Österreichische Staatsdruckerei, Wien.

Verlagsgebiete: 4 — 5 — 24 — 28 — 6 — 8 — 12 — 14 — 17 — 23.

Verlag der Ortskrankenkassen

Signet wird geführt seit: —

Grafiker: —

Verlag der Ortskrankenkassen

D-5300 Bonn-Bad Godesberg, Karl-Finkelnburg-Straße 50, Postfach 726

Tel: (0 22 21) 36 30 96/97. **Psch:** Köln 16869-504. **Bank:** Sparkasse Bonn 20 000 287 (BLZ 380 500 00); Commerzbank Bonn-Bad Godesberg 3 882 412 (BLZ 380 400 07); Dresdner Bank Bonn-Bad Godesberg 2 643 108 (BLZ 380 800 55). **Gegr:** 1. 10. 1948 in Lübeck. **Rechtsf:** Ges. bürger. Rechts.
Inh/Ges: Die Landesverbände der Ortskrankenkassen (K.d.ö.R.) in der Bundesrepublik Deutschland.
Verlagsleitung: Heinz Plöger, Geschäftsführer, geb. 3. 10. 1913 in Rudczanny/Ostpreußen.
Geschichte: Gründung am 1. 10. 1948. Der Sitz des Verlages war von 1948 bis 1953 Lübeck. Seit 1953 befindet sich der Verlag in Bonn-Bad Godesberg.
Hauptwerke: „Soziale Krankenversicherung", Hefte für den Fernunterricht, herausgegeben vom Bundesverband der Ortskrankenkassen — Plöger/Wortmann, „Deutsche Sozialversicherungsabkommen mit ausländischen Staaten" (Loseblattsammlung) — „Urteilssammlung für die gesetzliche Krankenversicherung" (Loseblattsammlung) — Broschüren, Vordrucke und Merkblätter zum zwischenstaatlichen Krankenversicherungsrecht.
Zeitschriften: „Die Ortskrankenkasse" — „Selbstverwaltung der Ortskrankenkassen", Schriftleiter: Heinz Plöger.
Verlagsgebiet: 17 — Krankenversicherung.

Verlag der Palme
A-1030 Wien III, Heumarkt 7/11

Signet wird geführt seit: 1958.

Grafiker: Toni Attensperger.

Verlag der Phoenix-Drucke H. Kreißelmeier KG.

D-8021 Icking, Ludwig-Dürr-Straße 33
D-8000 München 19, Laimer Straße 14 (Stadtbüro)

Tel: (089) 17 48 53. **Psch:** München 1551 00-808. **Bank:** Bayer. Vereinsbank München 339 646. **Gegr:** 1. 1. 1958. **Rechtsf:** KG.
Inh/Ges: Dr. Hermann Kreißelmeier und eine Kommanditistin.
Verlagsleitung: Dr. Hermann Kreißelmeier, geb. 3. 2. 1926 in Wiesbaden.
Geschichte: Der Verlag der Phönix-Drucke bringt vornehmlich Bilder heute lebender Maler des deutschen Kulturbereichs in Kunstblättern und Kunstkarten heraus.
Hauptwerke: Kunstkartenserien: Deutsche Malerei im XX. Jahrhundert (Gilles, Grosz, Hofer u. a.) — Serie Emil Scheibe, „Wachstechnik" — Serie Emil Scheibe, „Christliche Motive" — Serie Christof Drexel — Serie Aubrey Beardsley — Serie Honoré Daumier, „Die Börse". Bibliophiler Band „Bild-Gedichte" von Christof Drexel.
Verlagsgebiet: 12.

Verlag für polizeiliches Fachschrifttum G. Schmidt-Römhild

D-2400 Lübeck 1, Postfach 2051, Mengstraße 16

Verlag für Psychologie (Dr. C. J. Hogrefe)

D-3400 Göttingen, Postfach 414, Rohnsweg 25

Verlag für Publizität M. G. Giesel

D-3001 Hannover-Isernhagen, Postf. 10, Auf der Heide 20

Verlag f. Recht, Staat und Wirtschaft (Waage-Verlag),
A-8010 Graz (Österr.), Harrachg. 28
A-8015 Graz, Postfach 15
Bank: Krentschker & Co Graz 0000-001529. **Gegr:** 1965 in Graz. **Rechtsf:** Einzelfirma.
Inh/Ges: Univ.-Prof. Dr. Hermann Baltl.
Verlagsleitung: Prof. Dr. Hermann Baltl, geb. 2. 2. 1918 in Graz.
Geschichte: Aus Verbindung mit den „Grazer Rechts- u. Staatswissenschaftl. Studien" (1958) als Fachverlag für Werke aus dem Bereich der Rechts- und Staatswissenschaften und den verwandten Gebieten entstanden.
Tges: „Grazer Rechts- u. Staatswissenschaftliche Studien".
Verlagsgebiete: 4 — 5 — 6 — 14 — 21 — 22.

Verlag Recht und Wahrheit GmbH & Co. KG
D-2000 Hamburg 73, Hohwachter Weg 14

Verlag Philipp Reclam
DDR-7010 Leipzig, Inselstraße 22/24

Verlag der Salzburger Druckerei
A-5020 Salzburg, Bergstraße 12

Verlag Schaffende Jugend GmbH
D-6000 Frankfurt (M), Rückertstraße 39

Verlag der Schiller-Buchhandlung Hans Banger
D-7142 Marbach a. N., Mainzer Str. 24

Verlag Die schönen Bücher Dr. Wolf Strache KG
D-7000 Stuttgart 1, Postfach 1124, Friedhofstraße 11

Verlag für Sammler
A-8011 Graz, Kreuzgasse 45, Postfach 54
Tel: (0 31 22) 34 89 23. **Psch:** Graz 2308 346. **Bank:** Creditanstalt-Bankverein Graz 87-66909. **Gegr:** 1968. **Rechtsf:** Einzelfirma.
Inh: Inge Schwarz und Dr. Karl Gratzl.

Verlagsleitung: Ingeborg Schwarz, geb. 8. 6. 1929 in Wien, Studium der Kunstgeschichte und Archäologie, seit 1956 in leitender Funktion im Verlagswesen tätig; Dr. Karl Gratzl, geb. 7. 8. 1934 in Gmünd, Niederösterreich, Studium der Soziologie und Anglistik, seit 1963 im Verlagswesen tätig.
Freier wissenschaftlicher Mitarbeiter: Dr. Hans Biedermann, geb. 22. 8. 1930 in Wien, seit 1958 im Verlagswesen tätig, daneben laufend wissenschaftliche Publikationen, speziell auf den Gebieten Kulturgeschichte und Völkerkunde.
Geschichte: Der Verlag hat es sich zur Aufgabe gestellt, kulturhistorisch wertvolle Bücher aus vergangenen Jahrhunderten neu herauszubringen. Neben solchen kommentierten Reprints erscheinen auch Neuerscheinungen zur Zeitgeschichte und Volkskunde.
Hauptwerke: Biedermann, „Materia Prima" — Schwarz-Winklhofer-Biedermann, „Buch der Zeichen und Symbole" — Dolch, „Geschichte des deutschen Studententums" — Vollmann, „Burschicoses Wörterbuch" — Halding, „Österreichs Märchenschatz" — Zingerle, „Sagen aus Tirol" — Proudhon, „Was ist Eigentum".
Verlagsgebiete: 1 — 5 — 14.

Verlag der Schulbrüder
D-7500 Karlsruhe 21, Postfach 210166, Rudolf-Freytag-Straße

Verlag des Schweizerischen Kaufmännischen Vereins
CH-8023 Zürich, Postfach, Talacker 34

Verlag 77
A-4020 Linz, Hagenstraße 5

Verlag für Sprachmethodik Hermann Kessler
D-5330 Königswinter 41 (Margaretenhöhe), Kantering 51—55

Verlag Die Spur GmbH & Co.
D-1000 Berlin 45, Moltkestraße 1

Verlag Stahleisen GmbH
D-4000 Düsseldorf 1, Postfach 8229, Breite Straße 27

Signet wird geführt seit: 1951.

Grafiker: Richard Bender.

Verlag für Standesamtswesen GmbH.

D-6000 Frankfurt (M) 1, Hebelstraße 17, Postfach 3749

Tel: (06 11) 59 07 01. **Psch:** Frankfurt (M) 1457 08-603. **Bank:** BHF-Bank Frankfurt (M) 465-4; Stadtsparkasse Frankfurt (M) 909028. **Gegr:** 15. 12. 1923 in Berlin. **Rechtsf:** GmbH.
Verlagsleitung: Verleger Dr. Wolfgang Metzner ☐.
Leiter des Bereichs Geschäftsleitung: Hermann Fellgiebel.
Leiter der Abteilung Herstellung: Hans Worzelberger.
Leiter der Abteilung Vertrieb: Gerhard Mindt.
Leiter des Bereichs Finanzen und Buchhaltung: Günter Mittelstaedt.
Verlagsgebiet: 4.

Signet wird geführt seit: 1950.

Grafiker: —

Verlag der Stiftung Gralsbotschaft GmbH

D-7000 Stuttgart 1, Lenzhalde 15

Tel: (07 11) 62 34 66. **Psch:** Wien 2332.109; Stuttgart 154 45-706. **Bank:** Girokasse Stuttgart 2449205. **Gegr:** 1950 in Schwäbisch Gmünd. **Rechtsf:** GmbH.
Inh/Ges: Stiftung Gralsbotschaft.
Verlagsleitung: Dr. jur. Kurt Große, Augsburg, geb. 1908, Geschäftsführer.
Geschichte: 1950 wurde der „Verlag Gralswelt" von Dr. Viktor Walter in Schwäbisch Gmünd im Interesse der Verbreitung des Wortes der Gralsbotschaft „Im Lichte der Wahrheit" von Abd-ru-shin gegründet. 1955 wurde der Verlag in den „Stiftungs-Verlag, Verlag der Stiftung Gralsbotschaft GmbH" in Schwäbisch Gmünd übernommen, 1961 der Verlagsname in der heutigen Form vereinfacht und 1963 der Sitz nach Stuttgart verlegt. Die ausschließliche Aufgabe des Verlages ist der Vertrieb der Werke Abd-ru-shins und der Bücher, die in unmittelbarem Anschluß an die Gralsbotschaft oder in unmittelbarem Zusammenhang mit ihr entstanden sind oder entstehen und inhaltlich deren geistiger Zielsetzung voll entsprechen.
Hauptautoren: Abd-ru-shin, Herbert Vollmann.
Hauptwerke: Abd-ru-shin, „Im Lichte der Wahrheit". Gralsbotschaft, Original deutsch, Übersetzungen: englisch, französisch, holländisch, italienisch, spanisch, tschechisch, portugiesisch; in Vorbereitung: russisch — „Fragenbeantwortungen" (deutsch, englisch, französisch) — „Die zehn Gebote Gottes und das Vaterunser, den Menschen gegeben von Abd-ru-shin" (deutsch, englisch, französisch, holländisch, italienisch, portugiesisch, russisch, spanisch) — Einführungsvorträge „Was sucht Ihr?" (deutsch, englisch, französisch, holländisch, italienisch, portugiesisch, spanisch, schwedisch, tschechisch).
Buchreihen: „Die geistigen Entwicklungsstufen der Menschheit". 9 Bände, jeder in sich abgeschlossen: „Aus verklungenen Jahrtausenden" (1 Band); 5 Bände Wegbereiter „Ephesus", „Zoroaster", „Lao-Tse", „Buddha", „Mohammed"; 3 Bände „Verwehte Zeit erwacht" — „Schriftenreihe der Stiftung Gralsbotschaft" (in sich abgeschlossene Hefte): Heft 1 „Die Parzival-Sage - Der Heilige Gral", Heft 2 „Woher kommt das für unsere Zeit so notwendige neue Wissen?", Heft 3 „Weltenwende", Heft 4 „Aufbau im Sinne der Schöpfungsgesetze", Heft 5 „Die Gottesbotschaften", Heft 6 „Einblicke in das Schöpfungswirken", Heft 7 „Gott und Mensch", Heft 8 „Treffpunkt Erde", Heft 9 „Trip in die Illusion - Drogenmißbrauch bei Jugendlichen", Heft 10 „Der Gottessohn - Geburt und Prozeß Jesu" — „Taschenbuchreihe" Band 1 „Die Welt, wie sie sein könnte!", Band 2 „Mehr Dinge zwischen Himmel und Erde..."
Zeitschrift: „Gralswelt", Zeitschrift für wahren Aufbau durch neues Wissen (mtl.).
Verlagsgebiete: 2c — 3.

Verlag Technik VEB
DDR-1020 Berlin, Postfach 1512,
Oranienburger Straße 13—14

Verlag TÜV Rheinland GmbH
D-5000 Köln 30, Lukasstraße 90

Verlag unser Weg, Schlesische Evang. Zentralstelle e. V.
D-4000 Düsseldorf 1, Schulstraße 1

Verlag Unternehmer Jahrbuch, August Lutzeyer
D-8867 Oettingen, Bahnhofstraße 1

Verlag Urachhaus siehe Urachhaus

Verlag für Verwaltungspraxis Franz Rehm KG
D-8000 München 80, Vogelweideplatz 10

Verlag Volk und Gesundheit VEB
DDR-1020 Berlin, Postfach 1509, Neue Grünstraße 18

Verlag Volk und Welt / Kultur und Fortschritt
DDR-1080 Berlin, Glinkastraße 13—15

Signet wird geführt seit: 1952.

Grafiker: unbekannt.

Verlag Die Waage, Felix M. Wiesner

CH-8125 Zollikerberg-Zürich, Langwattstraße 22

Tel: (01) 63 72 23. **Psch:** 80-24 236. **Bank:** Züricher Kantonalbank, Agentur Klusplatz. **Gegr:** 1951. **Rechtsf:** Einzelfirma. **Inh/Ges:** Felix M. Wiesner.

Verlagsleitung: Felix M. Wiesner, geb. 22. 1. 1920 in Wien, Stadtzürcher, Schweizerbürger. Seit 1930 in Zürich, Stud. von 1938—48 an der Univ. Zürich Chemie und Germanistik. Verleger seit 1946.

Geschichte: Nach etwa 5 Jahren Tätigkeit als Lektor beim Manesse-Verlag und Reisevertreter beim Arche-Verlag, sowie als Auslieferer österr. und deutscher Verlage in der Schweiz erfolgte 1951 Gründung der Waage. Programm: wertvolle literarische und bibliophile Publikationen aus West und Ost. Freundschaft mit Dr. Franz Kuhn stärkte die orientalische Produktionslinie. Bescheidene Kapitalbasis erzwingt Einmannbetrieb und gleichzeitige weitere Tätigkeit als Auslieferer und Verlagsvertreter beim Schweizer Buchhandel.

Hauptautoren/Hauptwerke: „Bücher der Waage", begonnen 1952, Lesetexte mit Illustrationen in schön ausgestatteten Leinenbänden — „Bibliothek chinesischer Romane", begonnen 1958, Erstübersetzungen bedeutender Erzählwerke der klassischen chinesischen Literatur. Übersetzer: Anna v. Rottauscher, Franz Kuhn, Robert van Gulik, Otto u. Artur Kibat, F. K. Engler u. a. Mitarbeiter — „Essenz+Evidenz", begonnen 1968, Taschenbücher mit Kurzarbeiten bedeutender Gelehrter aller Disziplinen über Zeitfragen — „Deutsche Erstausgabe in Leinenbänden der weltbekannten Judge-Dee-mysteries" von R. H. van Gulik, begonnen 1963. Daneben einige bibliophile Publikationen.

Verlagsgebiete: 3 — 6 — 8 — 26 — Spez.Geb: 8 Ostasiatische Belletristik, Bibliophilie.

Verlag Weltarchiv GmbH
D-2000 Hamburg 36, Neuer Jungfernstieg 21

Verlag Westdeutscher Türmer — Gesellschaft f. Haus- u. Grundbesitz mbH
D-4300 Essen 1, Postfach 620, Huyssenallee 50

Fachverlag f. Wirtschaft u. Technik Gesellschaft m. b. H. & Co. KG

A-3390 Melk, Linzer Straße 11—13
A-1071 Wien, Neubaugasse 1,
Postfach 456

Tel: (02 22) 93 33 75. **Psch:** Wien 1401.859, 7708.532. **Bank:** Creditanstalt-Bankverein Wien 57-18622. **Gegr:** 1966. **Rechtsf:** GmbH & Co. KG.
Inh/Ges: Franz Wedl, Dr. Kurt Wedl, Dkfm. Eduard Gruber.
Verlagsleitung: Brigitte Schüsterl, geb. 14. 10. 1942 in Wien.
Hauptwerke: Montanistische Literatur — „Leobener Grüne Hefte", Franz Kirnbauer (Hrsg.).
Buchreihe: „Österreichisches Montanhandbuch".
Verlagsgebiete: 14 — 20 — 21 — 1 — 5 — 18 — 24.

Verlag Die Wirtschaft
DDR-1055 Berlin, Am Friedrichshain 22

Verlag Wirtschaft und Finanzen GmbH
D-6100 Darmstadt, Postfach 4034, Berliner Allee 8

Signet wird geführt seit: 1958.

Grafiker: —

Verlag für Wirtschaft und Verwaltung Hubert Wingen
D- 4300 Essen 1, Alfredistraße 32, Postfach 1824

Tel: (02 01) 22 25 41. **Psch:** Essen 927 15. **Bank:** Stadtsparkasse 218 644; Nationalbank 228 885. **Gegr:** 1958 in Essen. **Rechtsf:** GmbH & Co. KG.
Inh/Ges: Verlagsgesellschaft Wingen GmbH; Martha Wingen.
Verlagsleitung: Dipl.-Kfm. Rainer Wingen, geb. 9. 11. 1944.
Geschichte: Der Verlag ist 1958 von Hubert Wingen in der jetzigen Rechtsform gegründet worden. Nach dem Tode des Firmengründers 1965 wurde der Verlag von seiner Frau Martha Wingen geleitet, jetzt von Dipl.-Kfm. Rainer Wingen.
Hauptwerke: „Wohnungsfinanzierungsbestimmungen" — „Handbuch der Wohnungsbauförderung" — „Strukturverbesserung des Landes Nordrhein-Westfalen" — Schulbücher für berufliche Schulen.
Buchreihen: „Wohnungsbau in Nordrhein-Westfalen" — „Wingen Texte" — „Landesentwicklung" — „Inspektorenlehrgang" — „Sparkassenfachlehrgang".
Tges: Ludgerus Verlag Hubert Wingen, Essen, Alfredistraße 32.
Verlagsgebiete: 4 — 11 — 2b — 10.

Verlag für Wirtschaftspraxis GmbH
D-6000 Frankfurt 1, Postfach 3663

Fachverlag für Wirtschafts- u. Steuerrecht Schäffer & Co. GmbH
D-7000 Stuttgart 1, Hackländerstraße 33

Verlag für Wissenschaft und Leben Georg Heidecker
D-8532 Bad Windsheim, Külsheimer Straße 11

Tel: (0 98 41) 31 38. **Psch:** Nürnberg 513 60-851. **Bank:** Kreis- und Stadtsparkasse Bad Windsheim 102 384; Commerzbank Nürnberg 5216 148. **Gegr:** 1. 3. 1935 in Berlin. **Rechtsf:** Einzelfirma.
Inh: Georg Heidecker.
Verlagsleitung: Georg Heidecker, geb. 12. 1. 1909 in Leipzig, seit 1911 in Berlin, seit 1949 in Bad Windsheim, Studium der Rechtswissenschaften.
Geschichte: Gegründet am 1. 3. 1935 in Berlin von Georg Heidecker, 1949 Übersiedlung nach Bad Windsheim.
Buchreihen: „Jahrbuch des elektrischen Fernmeldewesens", Hrsg. Staatssekretär Dipl.-Ing. Dietrich Elias, Bonn — „Jahrbuch des Postwesens", Hrsg. Staatssekretär Kurt Gscheidle, Bonn.
Zeitschrift: „Der Fernmelde-Ingenieur", Zeitschrift für Ausbildung und Fortbildung, Hrsg. Präsident Dipl.-Ing. Ronald Dingeldey, Darmstadt, Abt.-Präs. Dipl.-Ing. Georg Eisenhut, Darmstadt und Abt.-Präs. Dr.-Ing. Hermann Mahr, Darmstadt (mtl.).
Verlagsgebiete: 4 — 20 — 24.

Signet wird geführt seit: 1973.

Grafiker: Rolf Bünermann.

Verlag Wissenschaft und Politik
Berend von Nottbeck

D-5000 Köln 1, Salierring 14—16, Postfach 250 150

Tel: (02 21) 31 28 78 und 31 57 87. **Psch:** Köln 205617-503. **Bank:** Dresdner Bank Köln 3 260 884; Deutsche Bank Köln 2756005. **Gegr:** 1961 in Köln. **Rechtsf:** Einzelfirma.
Inh: Berend von Nottbeck.
Verlagsleitung: Berend von Nottbeck, geb. 13. 12. 1913 in Reval, Studium der Geschichte, Journalist, Leitung des Verlags für Politik und Wirtschaft bis 1960, seit 1966 selbständig.
Herstellung, Vertrieb, Werbung: Siegmund Mindt.
Lektorat, Rechte, Presse: Claus-Peter von Nottbeck.
Geschichte: Der Verlag wurde 1961 von Reinhard Mohn gegründet und von Beginn an von Berend von Nottbeck geleitet. Im Dezember 1965 wurde der Verlag von B. v. Nottbeck käuflich erworben und als Einzelfirma weitergeführt. Die Arbeit des Verlages gilt vor allem Publikationen der Sozial- und Politikwissenschaften, politischen Bildung, Rechtswissenschaften, Geschichte, Zeitgeschichte, Ost- und DDR-Forschung (Politik, Wirtschaft, Recht, Ideologie, Kultur). Daneben erscheinen politische Biographien, Memoiren, Dokumentationen sowie aktuelle Beiträge zur politischen Diskussion.
Hauptautoren: Ossip K. Flechtheim, Hermann Glaser, Hans Adolf Jacobsen, Alfred Kantorowicz, Boris Meissner, Ernst Niekisch, Carl Christoph Schweitzer.
Reihen: „Bibliothek Wissenschaft und Politik" — „Dokumente zur Außenpolitik" — „Abhandlungen des Bundesinstituts für ostwissenschaftliche und internationale Studien" — „Abhandlungen zum Ostrecht" — „Dokumente zum Ostrecht" — „Dokumente zum Studium des Kommunismus" — Loseblattsammlung „DDR-Gesetze".
Zeitschriften: „Deutschland Archiv", Monatszeitschrift für Fragen der DDR und der Deutschlandpolitik — „Internationales Recht und Diplomatie" (seit 1966 als Jahrbücher).
Verlagsgebiete: 4 — 5 — 6 — 14 — 3 — 7 — 10 — 13 — 28.

Signet wird geführt seit: 1961.

Grafiker: Jürgen Siebert.

Verlag für Wissenschaft, Wirtschaft und Technik

D-3388 Bad Harzburg 1, An den Weiden 15, Postfach 242

Tel: (0 53 22) 8 13 85. **Fs:** über 957 623 dvg erreichbar. **Psch:** Hannover 2080 33-306. **Bank:** Bankhaus Hermann Lampe Minden 10512; Norddeutsche Landesbank Bad Harzburg 23 258 361; Deutsche Bank Bad Harzburg 77/01626; Harzburger Volksbank Bad Harzburg 33 104.
Gegr: 1961 in Bad Harzburg. **Rechtsf:** GmbH & Co. KG.
Inh/Ges: Geschäftsführung: Frau Gisela Böhme ☐, zugleich Mitglied der Geschäftsleitung der Deutschen Volkswirtschaftlichen Gesellschaft e. V. Hamburg. Otto Roller, Ass., zugleich Mitglied der Geschäftsleitung der Deutschen Volkswirtschaftlichen Gesellschaft e. V. Hamburg.
Verlagsleitung: Dipl.-Volkswirt Jürgen Siebert, zugleich Mitglied der Geschäftsleitung der Deutschen Volkswirtschaftlichen Gesellschaft e. V. Hamburg. Vertriebsleiter: Dieter Schütze, zugleich Chefredakteur der Ztschr. „management heute".
Geschichte: Der Verlag wurde in Anlehnung an die drei Harzburger Akademien der Deutschen Volkswirtschaftlichen Gesellschaft e. V. Hamburg (Ak. für Führungkräfte der Wirtschaft, Ak. für Fernstudium, Wirtschaftsak. für Lehrer) gegründet und arbeitet publizistisch fast ausschließlich hierfür.
Hauptautoren/Hauptwerke: Prof. Dr. Reinhard Höhn, „Führungsbrevier der Wirtschaft", „Ressortlose Unternehmensführung", „Die Führung mit Stäben in der Wirtschaft", „Menschenführung im Handel", „Verwaltung heute -

Autoritäre Führung oder modernes Management", „Sozialismus und Heer", 3 Bde., „Die Armee als Erziehungsschule der Nation - Das Ende einer Idee" — Gisela Böhme, „Fernstudium und innerbetriebliche Weiterbildung" — Mitautor, „Vorzimmerbrevier" und „Konflikte im Vorzimmer" — Dr. med. Wilhelm Preusser, „Ernährung im Umbruch", „Fit im Büro", „Fit durch den Winter", „Fit aus dem Urlaub" — Prof. Dr. Karl Martin Bolte, „Der Achte Sinn", „Bundesrepublik wohin?"
Buchreihen: „Menschenführung und Betriebsorganisation" (Führung im Mitarbeiterverhältnis nach Harzburger Modell) — „Modernes Management in der Verwaltung" (Führung im Mitarbeiterverhältnis in der Öffentlichen Verwaltung) — „Taschenbücher zur Betriebspraxis" — Lehrer- und Schülerbücher zur Arbeitslehre/Wirtschaftslehre.
Zeitschriften: „management heute + marktwirtschaft" (mtl.) — „schule - arbeitswelt", Informationsdienst zur Arbeitslehre (vtljl.).
Verlagsgebiete: 4 — 5 — 11 — 17 — 28.

Verlag Zeichentechnik Ulrich Lange

D-6251 Schwickershausen/Ts. Schulstraße 4—6

Tel: (0 64 34) 74 37. **Psch:** Köln 22 10 86-501. **Bank:** Nassauische Sparkasse Camberg/Ts 483 031 114. **Gegr:** 1. 1. 1967 in Vorst/Ndrh. **Rechtsf:** Einzelfirma.
Inh: Ulrich Lange.
Verlagsleitung: Ulrich Lange, geb. 11. 5. 1922 in Stettin.
Geschichte: Als „Verlag Zeichentechnik, Dipl.-Chem. H. H. Schmitz" 1962 in Kempen/Ndrh. gegründet. 1967 vom damaligen Verlagsleiter als Eigenfirma übernommen, um für das Spezialgebiet des technischen Zeichnens eine Publikationsmöglichkeit zu schaffen.
Hauptwerke: Roediger, „Zeichn. konstr. Durchbildung von Maschinen" — Kunz, „EDV-orientierte Zeichnungs- und Normungsorganisation" — Hoffmann, „Übersetzung englischer und amerikanischer Zeichnungen" — Heidler, „Prüfungsaufgaben im technischen Zeichnen" — „ZRG-ABC", Nachschlagewerk für Warennamen.

Buchreihe: „Zeichnen heute".
Zeitschriften: „Zeichnen in Technik, Architektur, Vermessung" (7x jährl.) — „Zeichen-Datei" (7x jährl.).
Verlagsgebiete: 20 — 28 — 25.

Verlag Zeit im Bild

DDR-8010 Dresden, Julian-Grimau-Allee

Verlagsanstalt Courier GmbH

D-7000 Stuttgart 1, Kronprinzenstr. 24

Verlagsanstalt Deutsche Polizei GmbH

D-4010 Hilden, Forststraße 3a

Verlagsgesellschaft Recht u. Wirtschaft

siehe Recht u. Wirtschaft

Signet wird geführt seit: 1970.

Grafiker: H.-W. Herbold.

Verlagsgesellschaft Schulfernsehen mbH & Co KG

D-5000 Köln 41, Aachener Straße 456, Postfach 451 247

Tel: (02 21) 49 60 81/2. **Psch:** Köln 3403. **Bank:** Commerzbank Köln-Braunsfeld 14 45 949. **Gegr:** 12. 6. 1970. **Rechtsf:** GmbH & Co. KG.
Inh/Ges: Aschendorffsche Verlagsbuchhandlung, Münster; Bagel Verlag GmbH, Düsseldorf; Julius Beltz OHG, Weinheim; C. C. Buchners Verlag, Bamberg; Cornelsen-Velhagen & Klasing GmbH, Berlin; Ferd. Dümmlers Verlagsbuchhandlung, Bonn; Dr. Max Gehlen Verlagsbuchhandlung, Bad Homburg: Lehrmittelverlag Wilhelm Hagemann, Düsseldorf; Verlag Handwerk und Technik GmbH, Hamburg; Heckners Verlag, Wolfenbüttel; Hirschgraben Verlag, Frankfurt/Main; Ferdinand Hirt, Kiel; Gebr. Jänecke, Druck- und Verlagshaus, Hannover; Ferdinand Kamp, Bochum; Verlagsgesellschaft Rudolf Müller KG, Köln; Pädagogischer Verlag Schwann GmbH,

Düsseldorf; Eugen Ulmer, Stuttgart; Friedr. Vieweg & Sohn GmbH, Braunschweig; Georg Westermann Verlag, Braunschweig.
Verlagsleitung: Geschäftsführer Dr. Heinz Gollhardt, geb. 3. 3. 1935.
Geschichte: 20 pädagogische Verlage, die insgesamt über einen erheblichen Fundus an Erfahrung und Kontakten auf dem Gebiet der pädagogischen Literatur verfügen, gründeten im Jahr 1970 die Verlagsgesellschaft Schulfernsehen. Sie konzentrieren in diesem Unternehmen, das den Strukturveränderungen auf dem Bildungssektor angepaßt ist, ihre Erfahrungen und Kontakte. Die Verlagsgesellschaft Schulfernsehen entwickelt, produziert und vertreibt selbständig oder in Kooperation mit Funk und Fernsehen und anderen Unternehmen wissenschaftlich und didaktisch geeignetes Begleitmaterial zu Schulfunk und -fernsehsendungen sowie Lehr- und Lernmaterial im Medienverbund.
Periodikum: „Jahrbuch für Wissenschaft, Ausbildung, Schule - WAS".
Btlg: Mitglied der Arbeitsgemeinschaft schulpädagogische Information ASI.
Verlagsgebiete: 10 — 11 — 13 — 27.

Verlagsanstalt Tyrolia siehe Tyrolia

Verlagsgruppe Bertelsmann siehe Bertelsmann

Verlagshandlung der Anstalt Bethel

D-4813 Bethel bei Bielefeld, Königsweg 1, Postfach 47
Tel: (05 21) 7 64 31 13. **Psch:** Hannover 65093. **Bank:** Banken und Sparkassen in Bielefeld. **Gegr:** 1. 7. 1874. **Rechtsf:** Stiftung privaten Rechts.
Inh/Ges: von Bodelschwingh'sche Anstalten, Bethel; Geschäftsführer: Hartmut Beimdiek.
Verlagsleitung: Geschäftsführer mit Handlungsvollmacht: Hartmut Beimdiek, Bethel, Am Flaßkamp 10, geb. 2. 11. 1943, Geschäftsführer der Verlagsbuchhandlung seit 1. 6. 1970.
Geschichte: Mit einer von einem Anstaltspflegling geleiteten Schriftenniederlage begann 1874 die Geschichte der Verlags- und Buchhandlung der Anstalt Bethel. Seit 1889 stehen beide Firmen unter der Leitung erfahrener Buchhändler. Aus dem raschen Wachstum der Anstalt ergab sich bald die Notwendigkeit des eigenen Verlages, auf dessen Verlagsprogramm auch heute noch nur Bücher stehen, die mit der Arbeit der Anstalt Bethel zusammenhängen, sei es auf dem Gebiet der Theologie, der Äußeren und Inneren Mission oder der Medizin. Im Mittelpunkt der Verlagsarbeit steht das schriftstellerische Werk Friedrich von Bodelschwinghs, des Anstaltsgründers, sowie seines Sohnes Fritz von Bodelschwingh.
Hauptautoren/Hauptwerke: Friedrich von Bodelschwingh, „Ausgewählte Schriften" — Martin Gerhardt und Alfred Adam, „Friedrich von Bodelschwingh" — Friedrich von Bodelschwingh, „Briefwechsel" — Wilhelm Brandt, „Friedrich von Bodelschwingh, Nachfolger und Gestalter" — Karsten Jaspersen, „Lehrbuch der Geistes- und Nervenkrankenpflege" — „Kindergabe". Ein Kalender mit Arbeiten kranker Kinder aus Bethel.
Schriftenreihe: „Bethel". Beiträge aus der Arbeit der von Bodelschwingh'schen Anstalten.
Verlagsgebiete: 2a — Spez.Geb: 30 Literatur aus der Arbeit der v. Bodelschwingh'schen Anstalten.
Angeschl. Betr: Tochterges.: Buchhandlung der Anstalt Bethel, D-4813 Bethel, Königsweg 1, Postfach 47; Sortimentsbuchhandlung, 100 %. Personalunion mit der Verlagshandlung.

Verlagshandlung für praktische Psychologie Dr. Baldur R. Ebertin

D-7080 Aalen, Tulpenweg 15, Postfach 1223
Tel: (4 17 20) 6 47 20. **Psch:** Stuttgart 11693. **Bank:** Aalener Volksbank 10 3096 000. **Gegr:** 1964. **Rechtsf:** Einzelfirma.
Inh: Dr. Baldur R. Ebertin.
Verlagsleitung: Dr. phil. Baldur R. Ebertin, Dipl.-Psychologe, geb. 21. 7. 1933 in Erfurt.
Geschichte: Die Verlagsgründung 1964 in Aalen erfolgte zusammen mit Karl

Benz als Teilhaber. Seit 1. 12. 1965 ist Dr. Ebertin Alleininhaber der Firma. Der Verlag ist auf praktische Psychologie, Psychotherapie und Heilpädagogik spezialisiert.
Hauptwerke: Dr. Baldur Ebertin, „Kinder wollen spielen" — Katalog „Spielen-Helfen-Heilen" — „Spielen hilft heilen", eine Werbebroschüre zur Verteilung über Kinderärzte und Apotheken — „Aalener Würfelfarbspiele".
Verlagsgebiete: 3 — 17.

Verkehrs Verlag Jakob Fischer
D-4000 Düsseldorf 14, Postfach 140175, Paulusstraße 1

VFV

Signet wird geführt seit: —
Grafiker: —

VFV Verbands- und Fachschriftenverlag GmbH & Co

D-6500 Mainz, Rheinallee 1a-d, Postfach 28 80

Tel: (0 61 31) 2 92 41. **Fs:** 4187 412 os d. **Psch:** Frankfurt (M) 116471-601. **Bank:** Commerzbank Mainz 213 434 4 (BLZ 500 400 22). **Gegr:** 1. 1. 1971 in Mainz.
Rechtsf: GmbH & Co.
Inh/Ges: Gesellschaft für Unternehmensführung und Kommunikation mbH, Mainz; Georg Grandpierre, Idstein; Raabe KG, Mainz-Marienborn.
Verlagsleitung: Klaus Raabe □, Geschäftsführer und Verlagsleiter; Arnold Hahn, Prokurist.
Geschichte: 1971 in Bonn gegründet; 1973 Sitz Mainz/Rhein, 1972 Übernahme der Monatszeitschrift „Die Gefiederte Welt", ornithologisches Buchprogramm und Buchhandel des Verlages Jacob Heléne, Pfungstadt. — VFV verlegt Fach-, Kunden-, Hauszeitschriften, Kataloge, Messekataloge, Jahrbücher, Kalender, Broschüren für Werbezwecke, Aufklärungsschriften, Public-Relations-Schriften für Verbände, Vereine, Behörden, andere Institutionen oder Unternehmen.
Hauptwerke: Helmut Hampe, „Die Unzertrennlichen" — Klaus Immelmann, „Im unbekannten Australien - dem Lande der Papageien und Prachtfinken" — Karl Sabel, „Vogelfutterpflanzen" — Kurt Kraus, „Die Prachtfinken" — Hellmuth Dost, „Die Schamadrossel" — af Enehjelm, Klaus Immelmann, A. Radtke, „Der Zebrafink" — Gert Zeigler, „Die Gouldamadine".
Zeitschriften: „ZZA Zoologischer Zentral-Anzeiger", Fachzeitschrift f. d. zoologischen Facheinzelhändler (zweimtl.) — „Magazin der Tierfreunde", Kundenzeitschrift f. d. zoologischen Facheinzelhandel (zweimtl.) — „Die Gefiederte Welt", Fachzeitschrift für Vogelhaltung und Vogelpflege (mtl.) — „Unser Wald", Zeitschrift der Schutzgemeinschaft Deutscher Wald - Bund zur Förderung der Landschaft (zweimtl.).
Hz: „Interzoo-Messekatalog" (alle 2 Jahre) — „ZZA-Jahrbuch" (alle 2 Jahre).
Tges: BIOS-Versandbuchhandlung, D-6500 Mainz, Rheinallee 1.
Verlagsgebiete: 18 — 22 — 24 — 28 — 5.

Vier Türme Verlag
D-8711 Münsterschwarzach (M) über Kitzingen

Viernheim-Verlag
D-6806 Viernheim/Hessen, Postf. 1129, Lorcherstraße 41

V

Signet wird geführt seit: 1970.

Grafiker: Peter Morys, Wolfenbüttel.

Friedr. Vieweg u. Sohn Verlagsgesellschaft mbH, Braunschweig

D-3300 Braunschweig, Burgplatz 1, Postfach 3367

Tel: (05 31) 4 55 01. **Fs:** 9 52659 d. **Gegr:** 1786 von Friedrich Vieweg in Berlin.
Rechtsf: GmbH.
Ges: Verlagsgruppe Bertelsmann GmbH.
Verlagsleiter: Dr. Franz Lube, Geschäftsführer.
Geschichte: 1966 übernahm Pergamon Press Inc. den Verlag. Seit 1974 werden

die Anteile von der Verlagsgruppe Bertelsmann GmbH gehalten.
Hauptwerke: Mathematische, naturwissenschaftliche und technische Handbücher, Monographien, Lehrbücher, Fachbücher, Schulbücher, Lehrprogramme.
Zeitschriften: „Angewandte Informatik" (13. Jg. der „elektronischen datenverarbeitung") — „Chromatographia" — „Contributions to Atmospheric Physics" — „forma et functio" — „Linguistische Berichte" — „messtechnik" — „Physikalische Berichte" — „PTB-Mitteilungen" — „Zeitschrift für Flugwissenschaften".
Verlagsgebiete: 11 — 18 — 19 — 20 — 28 — 10.

Signet wird geführt seit: 1948.

Curt R. Vincentz Verlag

D-3000 Hannover, Schiffgraben 43, Postfach 6247

Tel: (05 11) 32 77 46. **Fs:** 923846. **Psch:** Hannover 123-305. **Bank:** Deutsche Bank Hannover 250700707/23361; Dresdner Bank Hannover 1121261. **Gegr:** 1893 in Hannover. **Rechtsf:** KG.
Inh/Ges: geschäftsführ. Gesellschafter Kurt Wolfgang Vincentz, geb. 5. 2. 1917 in Hannover.
Verlagsleitung: Verlagsleiter: Günther Herrmann (Prokurist), geb. 1911. Chefredakteure: Dr. Frank Vincentz (Prokurist), geb. 1930; Karl-Heinz Hoffmeister, geb. 1919. Redakteure: Olaf Lückert, geb. 1940; U. Mindé, geb. 1943; Dipl.-Chem. H. E. Werner, geb. 1919; Lis Meyer-Schomburg, geb. 1918.
Geschichte: Gegründet 1893 von Curt R. Vincentz (gestorben 1945).
Hauptwerke: Wendehorst, „Baustoffkunde", 20. Auflage — „farben+lack Adreßbuch", 6. Auflage — „Gummi-Adreßbuch", 6. Auflage — „Altenheim-Adreßbuch", 6. Auflage — „Taschenbuch für Lackierbetriebe", 31. Auflage.
Zeitschriften: „farbe + lack", 80. Jg. (mtl.) — „Industrie-Lackier-Betrieb", 42. Jg. (mtl.) — „Technischer Handel", 61. Jg. (mtl.) — „Schmiertechnik+Tribologie", 21. Jg. (zweimtl.) — „Die Bauverwaltung", 47. Jg. (mtl.) — „Zentralblatt für Industriebau", 20. Jg. (mtl.) — „Altenheim", 13. Jg. (mtl.).
Tges: Th. Schäfer Druckerei GmbH, Hannover, Tivolistraße 4.
Verlagsgebiete: 12 — 18 — 20 — 21 — 28.

Curt Vinz Verlag

D-8000 München 81, Wissmannstraße 3

Tel: (089) 93 16 02. **Psch:** München 137867-807. **Bank:** H. Aufhäuser München 372 803. **Gegr:** 10. 3. 1966 in München. **Rechtsf:** Einzelfirma.
Inh/Ges: Curt Vinz.
Verlagsleitung: Curt Vinz ▫, geb. 12. 12. 1908 in Lauenstein, gelernter Sortiments- und Verlagsbuchhändler. 1931 bis Kriegsausbruch Mitarbeiter des Eugen Diederichs Verlages in Jena. 1944 bis Ende 1945 als Kriegsgefangener in USA. Initiator und Herausgeber der „Bücherreihe Neue Welt" und der Zeitung der deutschen Kriegsgefangenen in USA „Der Ruf". 1946 Gründung (Lizenzträger) der Nymphenburger Verlagshandlung in München. 1962, zusammen mit Hermann Montanus, Gründung der Firma „Buch und Selbstbedienung" in München, jetzt in Frankfurt (M). Seit 1967 Leiter der Büchereizentrale des Sankt Michaelsbundes in München. 1951 bis 1961 Vorstandsmitglied (Schatzmeister) des Bayerischen Verleger- und Buchhändlerverbandes sowie Mitglied des Länderausschusses, bzw. der Abgeordnetenversammlung des Börsenvereins des Deutschen Buchhandels. Mitherausgeber der „Dokumentation deutschsprachiger Verlage".
Geschichte: Die Gründung erfolgte zur Erhaltung des Andenkens an das Erbe der traditionsreichen, 1672 gegründeten und 1945 beim Bombenangriff auf Dresden zerstörten Hofbuchhandlung H. Burdach, vormals Walthersche Hofbuchhandlung.
Hauptwerke: Curt Vinz, „Anton Graff, der Porträtist der Buchhändler des 18. Jahrhunderts", „Das Verlagsverzeichnis der Waltherschen Hofbuchhandlung in

Dresden vom Jahre 1833", „Hermann Burdach, Hofbuchhändler in Dresden 1819—1872".
Verlagsgebiete: 14 — Sächsische Geschichte und Kultur.

Visaphon GmbH
D-7800 Freiburg/Br., Postfach 1660, Merzhauser Straße 110

Signet wird geführt seit: 1925.

Grafiker: Gipkens.

Vogel-Verlag KG. Würzburg

D-8700 Würzburg, Max-Planck-Str. 7/9, Postfach 800
Zweigniederlassung Düsseldorf: D-4000 Düsseldorf 1, Talstraße 32 a, Postfach 8311, Tel: (02 11) 37 90 57, Fs: 08 588 179
Tel: (09 31) 41 02-1. **Fs:** 06 8 883. **Psch:** Nürnberg 9991-853. **Bank:** Deutsche Bank 02/49045; Bayer. Vereinsbank S 1386; Commerzbank 6820 500; Städt. Sparkasse 44446; Dresdner Bank 3148 890 (alle Würzburg). **Gegr:** Oktober 1891 in Pößneck/Thüringen. **Rechtsf:** KG.
Inh/Ges: Ludwig Vogel, Verleger, Höchberg, Karl Theodor Vogel, Verleger, Würzburg, als persönlich haftende Gesellschafter; Beate Freifrau von Wangenheim, Würzburg, Nina Eckernkamp, Rorschach/CH, als Kommanditisten.
Verlagsleitung: Dipl.-Kfm. Dr. Kurt Eckernkamp, Mitglied der Geschäftsleitung; Dipl.-Vw. Dr. Friedrich Fischer, Mitglied der Geschäftsleitung und Verlagsdirektor; Wolfgang Lüdicke, Prokurist und Verlagsdirektor; Dipl.-Ing. Heinz Schornstein, Prokurist und Direktor des Graphischen Betriebes; Dipl.-Vw. Wolf-Gunter Lemke, Prokurist und Kaufmännischer Direktor; Dipl.-Vw. Erwin Schmitt, Prokurist und Leiter des Rechnungswesens; Othmar Freiherr von Wangenheim, Prokurist und Sonderbeauftragter der Verleger; Dipl.-Kfm. Herbert Frese, Prokurist und Sonderbeauftragter der Verleger.

Geschichte: Carl Gustav Vogel entwikkelte den 1891 von ihm in Pößneck/Thür. gegründeten Vogel-Verlag zusammen mit seinen Söhnen Arthur Gustav und Ludwig Vogel schon in den zwanziger Jahren zu einem der bedeutendsten deutschen Fachverlage. Das Kriegsende brachte 1945 Demontage und Enteignung. Der Wiederaufbau des Verlages und seiner Druckerei erfolgte 1947 zunächst in Coburg, ab 1950 in Würzburg. Heute wird das Unternehmen, das mit über 1000 Mitarbeitern wieder zu den größten Fachverlagen in Europa gehört, von den Verlegern Ludwig und Karl Theodor Vogel geführt. Beteiligung besteht an den „Vereinigte Motor-Verlage" in Stuttgart.
Hauptwerke: Abhandlungen über betriebliche Praxis und Organisation sowie Rationalisierung von Arbeitsabläufen im Rahmen des „Fachbuch-Sonderprogramms" — Sicherheits- und Service-Fibeln als Reparaturhilfen für Techniker.
Buchreihe: Kamprath-Reihe „kurz und bündig" (Zusammenfassung einzelner Wissens- und Fachgebiete in knapper Form).
Zeitschriften: „Maschinenmarkt" (2x wtl.) — „werkzeugmaschine international" (6x jl.) — „techno-tip" (10x jl.) — „Bänder Bleche Rohre" (12x jl.) — „Drahtwelt" (12x jl.) — „Wire World international" (6x jl.) — „elektrotechnik" (2x mtl.) — „elektronikpraxis" (mtl.) — „elektrische ausrüstung" (6x jl.) — „elektromarkt" (mtl.) — „radio fernseh phono praxis" (10x jl.) — „Techniken der Zukunft" (2x jl.) — „U - das technische umweltmagazin" (6x jl.) — „Consulting" (10x jl.) — „Management-Wissen" (6x jl.) — „kfz-betrieb/automarkt" (24x jl.) — „Automobil-Industrie" (4x jl.) — „autofachmann" (mtl.) — „Textilbetrieb" (10x jl.) „Agrartechnik international", bisher Landmaschinenmarkt (16x jl.) — „Werbeartikel-Berater" (vtljl.) — „europa industrie revue" (4x jl.) — „Export-Markt" (99x jl.) — „Export-Berater" (mtl.) — „Meisterzeitung" (mtl.).
Hz: „mum" - Märkte und Meinungen", Informationszeitung für Marketing-, Werbe- und Verkaufsleiter.
Tges: Vereinigte Motor-Verlage GmbH, Stuttgart (40 %).
Verlagsgebiete: 20 — 28.

Signet wird geführt seit: 1945.

Grafiker: Konrad Volkert.

Verlag Heinrich Voggenreiter
Inh. Ernst Voggenreiter

D-5300 Bonn-Bad Godesberg 10, Meckenheimer Str. 12, Postfach 9026

Tel: (0 22 21) 34 10 43. **Fs:** 885662. **Psch:** Köln 27349-501. **Bank:** Bad Godesberger Kreditbank Mehlem 11040; Deutsche Bank Bad Godesberg 177/0155; Commerzbank Bad Godesberg 3885887. **Gegr:** 1919 in Regensburg. **Rechtsf:** Einzelfirma.

Inh/Ges: Ernst Voggenreiter.
Verlagsleitung: Inhaber: Ernst Voggenreiter.
Promotion: Christine Langrehr.
Vertrieb: Heinz Grabkowsky.
Geschichte: Der Verlag ist eng mit der Entwicklung der Deutschen Jugendbewegung verbunden. Er entstand 1919 aus einer Gründung Ludw. Habbels und Ludwig Voggenreiters und nannte sich 1922 (nach dem Ausscheiden Habbels) „Der Weiße Ritter Verlag Ludwig Voggenreiter", seit 1922 nur noch „Verlag Ludwig Voggenreiter". 1924 trat Heinrich Voggenreiter in den Verlag ein und wurde 1934 Mitinhaber in der Verlags oHG.
Sitz des Verlages: 1919 Regensburg, 1922 Berlin, 1924 Potsdam, 1949 Bad Godesberg.
Ab 1969 heißt der Verlag „Verlag Heinrich Voggenreiter" und ab 1972 geht er in den Besitz von Ernst Voggenreiter über und heißt ab dann „Voggenreiter Verlag, Inh. Ernst Voggenreiter".
Hauptautoren: Franz Biebl, Cesar Bresgen, Robert Götz, Fritz Jöde, Armin Knab, Kans Koepp, Walter Rein, Jens Rohwer, Gerd Watkinson, Günter Weiß, Walter Wiora, Reinhard Mey, Schobert Schulz, Ray Austin, Finbar Furey, John Everett, Frank Laufenberg.
Hauptwerke: Theodor Warner, „Liederbuch der Bündischen Jugend" (1929, vergriffen) — Georg Blumensaat, „Lied über „Deutschland" (1936, vergriffen) — Gustav Schulten, „Der Kilometerstein"

(1934) — Konrad Schilling/Helmut König, „Der Turm" (1952 ff.) — Heiner Wolf, „Unser fröhlicher Gesell" (1956 in Gemeinschaft mit Möseler Verlag, Wolfenbütel) — Konrad Schilling, Helmut König, „Der Schräge Turm" (1966) — Watkinson/Weiß, „Schulmusikwerk Bd. I-III" (1968) — Reinhard Mey, „Songbook, Ich wollte wie Orpheus singen" (1971) — Hermann Wagner, „Das Erbe", Deutsche Volkslieder aus Mittel- und Osteuropoa" (1972) — Frank Laufenberg, „Facts und Platten" (1974). — Spielhandbücher, Stundenbilder für den Kindergarten, Chansons, Folklore, Bänkelsang.

Hz: Voggenreiter Presseinfos (vtljl.).
Verlagsgebiete: 10 — 11 — 23 — 9 Folklore — 8 — 13 — 15 — Chormusik.

Vogt, Käthe, Verlag

D-1000 Berlin 19, Nußbaumallee 4

Vogt-Schild AG Verlag

CH-4500 Solothurn 2, Postfach 154, Dornacherstraße 35—39

Voigt, Bernh. Friedrich

D-2000 Hamburg 76, Hans-Henny-Jahnn-Weg 27

Signet wird geführt seit: 1960.

Grafiker: Hans J. Gerboth.

Verlag Volk und Heimat
Dr. Richard Mai

D-8021 Buchenhain vor München, Post Baierbrunn, Lärchenstraße 3

Tel: (089) 7 93 16 27. **Psch:** München 100930-809. **Bank:** Bayerische Vereinsbank München 1860. **Gegr:** 1. 4. 1951 in München. **Rechtsf:** Einzelfirma.
Inh: Dr. Richard Mai □.
Verlagsleitung: Dr. Richard Mai, geb. 18. 7. 1900 in Aachen, Dr. phil. 1923, Journalist, Pressereferent der Kaiser-Wilhelm-Ges. und Forschungsgemeinschaft der deutschen Wissenschaften in Berlin.

Verlag Volk und Heimat

Geschichte: Erste Verlagserscheinungen betrafen Schrifttum der Heimatvertriebenen. Seit 1954 Entwicklung der beiden Buchreihen „Mai's Auslandstaschenbücher" und „Mai's Weltführer".
Buchreihen: „Mai's Auslandstaschenbücher" — „Mai's Weltführer".
Verlagsgebiete: 15 — 16.

Volk und Wissen Verlag VEB

DDR-1080 Berlin, Postfach 1213, Lindenstraße 54a

Signet wird geführt seit: 1961.

Grafiker: Eigenentwurf.

Volkstum-Verlag / Wilhelm Landig

A-1040 Wien, Favoritenstraße 56

Tel: (02 22) 65 49 422 und 65 69 295. **Psch:** München 1 201 80 804; Wien 7603321. **Bank:** Creditanstalt-Bankverein (CABV) Wien 64-2676100. **Gegr:** 1961. **Rechtsf:** Einzelfirma.
Inh: Wilhelm Landig, geb. 20. 12. 1909 in Wien, Kunsthochschule, Werdegang: Abt.-Leiter in einem Modeverlag, dann Arbeitswissenschaftliches Institut, Fachamtsleiter, Kriegsleutnant, Journalist und Schriftsteller (eigene Werke in anderen Verlagen).
Verlagsleitung: Wilhelm Landig.
Geschichte: Der Verlag entwickelte sich seit 1961 bescheiden. Erst im Jahre 1968 begann er eine Sonderrichtung zu entwickeln, indem er zum Druck originalgetreuer Faksimileausgaben in würdiger Form überging. Hierbei wurde besonders auf Papier und Einband, sowie fehlerfreien Druck Wert gelegt. Der künstlerische Einschlag im Verlag erleichterte die Entwicklung dieser Hauptrichtung.
Hauptautoren: Univ.-Prof. Dr. Herman Wirth, Roeper Bosch (Marburg/Lahn), Univ.-Prof. Dr. Walter Steller (Kiel), Heinrich v. Dauthage, Lothar Greil.

Faksimile-Werke: Bartholomeo de Las Casas, „Beschreibung der indianischen Länder" (deutsch 1603) — Walter Raleigh, „Goldreich Guiana" (deutsch 1603) — Gagellan u. a. m., „Relation der Reysen..." (deutsch 1603) — Nikolaus Federmann, „Indian. Historia" (Landsknechtchronik von Venezuela 1557) — 2 Ulrich v. Hutten-Ausgaben 1557.

Verlagsgebiet: 14 — originalgetreue Faksimile-Ausgaben seltener alter Bücher.

Volksverlag Elgg AG

CH-8353 Elgg

Tel: (052) 47 17 27. **Psch:** Winterthur 84-943. **Bank:** Sparkasse Elgg. **Gegr:** 1925. **Rechtsf:** AG.
Inh/Ges: Arthur Spring, Eschlikon TG, Hauptaktionär.
Geschichte: Aus kleinen Anfängen hat sich der 1925 gegründete Verlag im Lauf der Jahrzehnte zum führenden Theaterverlag der Schweiz entwickelt. Zum 1. 12. 1969 erfolgte die Umwandlung in eine AG.
Hauptautoren: Max Gertsch, Werner Johannes Guggenheim, Alfred Huggenberger, Fritz Hochwälder, Walter Lesch, Alfred Rasser, Jakob Stebler, Albert Talhoff, A. J. Welti.
Hauptwerke: M. Gertsch, „Die Ehe ein Traum", Komödie — W. Guggenheim, „Frymann", Schauspiel — A. Huggenberger, „S' Glück uf Glinzegrütt" — F. Hochwälder, „Das heilige Experiment" — W. Lesch, „Dienstmann Nr. 13", Volksstück — A. Talhoff, „Es geschehen Zeichen" — A. J. Welti, „Steibruch", Dialektspiel.
Verlagsgebiet: 13 — Spez.Geb: 13 — Theaterstücke.

Volkswirtschaftlicher Verlag GmbH

D-8960 Kempten/Allgäu 1, Postf. 1120, Feilbergstraße 106

Emil Vollmer Verlag

Signet wird geführt seit: 1949.

Grafiker: Thannhäuser.

D-6200 Wiesbaden, Sonnenberger Straße 44, Postfach 43
Tel: (0 61 21) 3 95 71. **Fs:** 4 186 164 lowi. **Psch:** Frankfurt (M) 146862-602. **Bank:** Dresdner Bank AG Wiesbaden 273 296 (BLZ 510 800 60). **Gegr:** 1. 8. 1933 in Berlin. **Rechtsf:** KG.
Inh/Ges: Emil Vollmer, Sylvia Vollmer.
Verlagsleitung: Emil Vollmer □, geb. 24. 12. 1903 in Reutlingen, buchhändlerische, technische und kaufmännische Lehre und Ausbildung in Reutlingen, Berlin und Wien.
Geschichte: Der Verlag wurde gegründet, um das preiswerte gute Buch zu pflegen, vor allem Kunstbände und Werke aus der Weltliteratur.
Hauptwerke: Monumentalausgaben „Leonardo da Vinci" und „Michelangelo".
Buchreihen: „Tempel Klassiker" (Sonderausgaben) — „Mythologien der Völker" — „Die Großen und ihre Zeit" — „Vollmer-Bücherei", preiswerte Ausgaben der Weltliteratur.
Tges: R. Löwit GmbH, Großantiquariat und Verlag; Buch Bild und Ton; beide D-6200 Wiesbaden, Sonnenberger Straße 44.
Verlagsgebiete: 8 — 9 — 12 — 14 — 15.

Signet wird geführt seit: 1958.

Grafiker: Frieda Wiegand.

Hartfrid Voss Verlag

D-8026 Ebenhausen (Isartal), Anwenden 14
Tel: (0 81 78) 37 45/48 57. **Psch:** München 1537 63. **Bank:** Deutsche Bank München. **Gegr:** Juli 1958. **Rechtsf:** Einzelfirma.
Inh/Ges: Hartfrid Voss.
Verlagsleitung: Hartfrid Voss, geb. 4. 1. 1903 in Hamburg.
Geschichte: Gründung als Partnerverlag von Langewiesche-Brandt 1958 mit Übernahme verschiedener Titel aus diesem.
Hauptwerke: Literaturkalender: „Spektrum des Geistes" (bis 1972) — Lyrikanthologien: „Ergriffenes Dasein" — „Sprache der Liebenden" — „Lyrische Kardiogramme" — „Das bist du Mensch".
Neues ausschließliches Verlagsgebiet: Großschriftbände für ältere (sehbehinderte) Leser in Einzelausgaben und als Reihen.
Buchreihen: „Zur Dämmerstunde" — „Zur Lesefreude", Paperback-Großdruckreihe.
Verlagsgebiet: 8.

Signet wird geführt seit: 1924.

Grafiker: G. Berthold Weinheim.

Kurt Vowinckel Verlag

D-6903 Neckargemünd, Haus im Park, Postfach 220

Tel: (0 62 23) 20 93. **Psch:** Ludwigshafen 12 461. **Bank:** Bezirkssparkasse Neckargemünd 1027. **Gegr:** 1. 9. 1923 in Berlin. **Rechtsf:** Einzelfirma.
Inh/Ges: Kurt Vowinckel.
Verlagsleitung: Kurt Vowinckel; Elly Vowinckel, Prokura.
Geschichte: Begründet als Verlag für Geopolitik. Ausdehnung auf Raumforschung, Raumordnung und Auslandskunde bis 1945. 1923 bis 1935 in Berlin, dann Übersiedlung nach Heidelberg. 1945 bis 1951 Denkpause. Ab 1951 zunächst Geopolitik, dann Militärwissenschaft, Spezialgebiet Zweiter Weltkrieg.
Hauptautoren: Prof. Dr. Karl Haushofer, Prof. D. Albrecht Haushofer. Nach 1950: Generaloberst Heinz Guderian, Josef Priller.
Buchreihen: „Die Wehrmacht im Kampf" — „Wege zur Wirklichkeit" (Politisches Grundwissen).

Zeitschriften: Bis 1945: „Zeitschrift für Geopolitik" (mtl.) — „Raumforschung und Raumordnung" (mtl.) — „Europäische Revue" (mtl.). Nach 1951: „Zeitschrift für Geopolitik" (mtl.) — „Artillerie Rundschau" (vtljl.).
Tges: Scharnhorst Buchkameradschaft GmbH. Alleingesellschafter — Geschäftsführer am Ort des Verlages.
Verlagsgebiet: 6.

Vulkan-Verlag, Dr. W. Classen, Nachf., GmbH & Co.
D-4300 Essen 1, Postf. 7049, Hollestr. 1

Signet wird geführt seit: 1966.

Grafiker:
Johann Ernst Seidel.

Karl Wachholtz Verlag

D-2350 Neumünster, Gänsemarkt 1—3, Postfach 255

Tel: (0 43 21) 4 61 61. **Fs:** 299618. **Psch:** Hamburg 610 30. **Bank:** Commerzbank AG Neumünster 334839: Deutsche Bank AG Neumünster 51/13139; Dresdner Bank AG Neumünster 6054213; Stadtsparkasse Neumünster 655; Westbank AG Neumünster 85/598607. **Gegr:** 1920 in Neumünster. **Rechtsf:** KG.
Inh/Ges: Karl Wachholtz Verwaltungsgesellschaft GmbH. Geschäftsführer: Dr. Gisela Wachholtz.
Verlagsleitung: Verlagsleiter: Walter Kardel (Prokura).
Vertriebsleiter: Hans-Hermann Lipsius.
Geschichte: Der Karl Wachholtz Verlag begann in den zwanziger Jahren mit den ersten Veröffentlichungen auf den Gebieten Vorgeschichte, Schleswig-Holsteinische Geschichte und Niederdeutsche Sprachforschung. Inzwischen wurden diese Gebiete durch Reihen verschiedener Universitätswissenschaften erweitert. Eine große Anzahl von Einzelveröffentlichungen, vor allem über Kunst und Heimatkunde Schleswig-Holsteins folgten. Topographische und Luftbildatlanten der deutschen Bundesländer machten den Verlag darüber hinaus bekannt. Das Verlagsprogramm umfaßt zur Zeit über 200 lieferbare Titel.
Hauptwerke: „Geschichte Schleswig-Holsteins" — Kunsttopographie Schleswig-Holstein" — „Schleswig-Holsteinisches Wörterbuch" — Topographische Atlanten: „Schleswig-Holstein" — „Niedersachsen" — „Hessen" — „Rheinland-Pfalz" — Luftbildatlanten: „Schleswig-Holstein" — „Niedersachsen" — „Nordrhein-Westfalen" — „Rheinland-Pfalz" — „Bayern" — „Baden-Württemberg".
Buchreihen: „Offa-Bücher" (Vor- und Frühgeschichte) — „Göttinger Schriften zur Vor- und Frühgeschichte" — „Nordische Vorzeit" — „Quellen und Forschungen zur Geschichte Schleswig-Holsteins" — „Studien zur Schleswig-Holsteinischen Kunstgeschichte" — „Kieler Studien zur Deutschen Literaturgeschichte" — „Kieler Beiträge zur Anglistik und Amerikanistik" —„Niederdeutsche Sprachforschung" — „Landeskundliche Atlanten".
Zeitschriften: „Schleswig-Holstein" (mtl.) — „Die Heimat" (mtl.).
Tges: Zeitungsverlag (Holsteinischer Courier) und Druckerei, Neumünster.
Verlagsgebiete: 1 — 7 — 14 — 15 — 24.

Wachsmann & Co. GmbH, Fachverlag für Steuer- und Wirtschaftsliteratur
D-4050 Mönchengladbach, Postfach, Margaretenstraße 26—28

Wäser Verlag C. H.
D-2360 Bad Segeberg, Postfach 1420, Hamburger Straße 26

Wagenbach, Klaus, Verlag
D-1000 Berlin 31, Jenaer Straße 6

Waisenhaus-Buchdruckerei und Verlag
D-3300 Braunschweig, Waisenhausdamm 13

Waldheim-Eberle Großdruckerei und Verlagshaus Dr. Ludwig Polsterer
A-1071 Wien VII, Postfach 194, Seidengasse 3—11

Waldkircher Verlagsgesellschaft GmbH
D-7808 Waldkirch, Postfach 340

Waldstatt Verlag
CH-8840 Einsiedeln und D-7750 Konstanz, Postfach 485, Hussenstraße 6

**Walhalla u. Praetoria Verlag
Georg Zwickenpflug**
D-8400 Regensburg 2, Postfach 301, Dolomitenstraße 1

W Signet wird geführt seit: 1953.
Grafiker: Theo Frey.

**Walter-Verlag AG Olten
Walter-Verlag GmbH
Freiburg i. Br.**

CH-4600 Olten, Amthausquai 21, Postfach 525
Walter-Verlag GmbH, D-7800 Freiburg i. Br., Erwinstraße 58—60
Tel: Olten (062) 21 76 21; Freiburg (06 01) 7 10 50. **Fs:** wafag ch 68 226. **Psch:** Olten 46-92. **Bank:** Ersparniskasse Olten 15 459 020; Solothurner Handelsbank Olten 2 000 818 10; Solothurner Kantonalbank Olten 3-1007; Schweizerische Bankgesellschaft Olten 767 851 04 K; Schweiz. Kreditanstalt Zürich 475549-81; Dresdner Bank, Filiale Freiburg 404 9305. **Gegr:** 25. 1. 1921 in Olten. **Rechtsf:** AG / GmbH.
Inh/Ges: Dr. Franz Baumgartner, Präs. des Verwaltungsrates.
Verlagsleitung: Dr. Josef Rast □, geb. 14. 11. 1914 in Zürich.
Kaufmännische Leitung: Hanspeter Keller.
Druckereileitung: Walter Dodel.
Lektoren: Guido Elber (Reiseführer, Bildbände); Ines Buhofer (Religion, Kulturgeschichte); Siegfried Hermann (Psychologie).
Produktionsplanung: Theo Frey, Prokurist.
Hersteller: Lothar Wojzich.
Nebenrechte: Gerda Niedieck, Prokuristin.
Werbung: Liselotte Zimmermann.
Leitung Buchverlag GmbH: Burkhard Dähnert; Richard Urbahn, Prokurist.
Geschichte: 1921 Gründung: Graphische Anstalt und Verlag Otto Walter Aktiengesellschaft, Druck von Zeitschriften und Kalendern. Beginn der Buchproduktion. — 1924 Neubau, Eröffnung Zweigniederlassung in Konstanz. — 1930 Kapitalerweiterung und Ausbauten. — 1937 Umwandlung der Zweigniederlassung in Konstanz in eine GmbH mit Sitz in Freiburg i. Breisgau. Leitung: von 1959 bis 1973 Herbert Placzek. — 1938 Gründung der Dreitannen-Verlag GmbH, Leitung: Isidor Kunz. — 1940 Ausweitung der Buchproduktion, Leitung: Dr. Josef Rast. Gründung der Urs-Graf-Verlag GmbH Olten, Leitung: Titus Burckhardt. — 1944 Tod des Firmengründers Otto Walter. — 1946 bis 1970 Faksimile-Ausgaben bedeutender früher Handschriften durch den Urs-Graf-Verlag. 1970 Verkauf des Urs-Graf-Verlags an den Verlag Stocker-Schmid Dietikon. — 1946 Josef Rast beruft den emigrierten Verleger Jakob Hegner aus London nach Olten, Neugründung des Verlags Jakob Hegner — zunächst unter der Bezeichnung Summa-Verlag, Leitung: Jakob Hegner. — 1948 bis 1950 weiterer Ausbau des technischen Betriebs. — 1950 Leitung des Gesamtunternehmens: Dr. Eugen Meyer und Dr. Josef Rast. — 1956 Verkauf der Anteile am Hegner-Verlag an die Firma J. P. Bachem Köln. — 1961 Änderung des Firmennamens. Von nun an Walter-Verlag AG Olten. — 1969 Angliederung der Verlagsbuchbinderei an die Walter-Verlag GmbH Freiburg i. Br., Neubau in Heitersheim, Leitung: Hermann Maschkowitz. — 1974 Neue Leitung des Unternehmens: Druckereileitung: Walter Dodel, kaufmännische Leitung: Hanspeter Keller, Verlagsleitung: Dr. Josef Rast.

Hauptautoren/Hauptwerke: Bis 1956 schöngeistige und unterhaltende Literatur, u. a. Werke von F. H. Achermann und Louis de Wohl. Kulturgeschichte und Religion u. a. „Handbuch der Weltgeschichte" in 4 Bänden, herausgegeben von Alexander von Randa. Das Standardwerk „Die Schiffe der Völker", Autoren: Lächler/Wirz. Musiker- und Biographienreihe.
Von 1956 an Ausbau der literarischen Abteilung des Buchverlags durch O. F. Walter mit Autoren wie: Alfred Andersch, Isaak Babel, Peter Bichsel, Alfred Döblin, Natalia Ginzburg, Helmut Heissenbüttel, Klaus Nonnenmann, Wolfdietrich Schnurre, Jörg Steiner, Elio Vittorini u. a. Seit 1967 Kürzung

des literarischen Programms. Beginn der Herausgabe: Dokumente der Weltrevolution. Ausbau der Abteilung Psychologie. Übernahme des Gesamtwerks von C. G. Jung. Werkausgaben auf literarischem und kulturgeschichtlichem Gebiet: Alfred Döblin, Max Kommerell, Edgar Allan Poe, O'Henry, Werkausgabe von Hans Habe. Kulturgeschichtliche Werke von Ivar Lissner, Salcia Landmann, Eckart Peterich, Psychologische Werke von: Jaques Lacan, Jolande Jacobi, Amalie Jaffé, Erich Neumann, Jean Piaget, Josef Rattner, Thomas Szasz. Religiöse Werke von: Ladislaus Boros, Walter Nigg, Wilhelm Nyssen. Teilhard de Chardin. Zürcher Bibel-Konkordanz, gemeinsam mit EVZ.
Werkausgaben: C. G. Jung, Gesammelte Werke in Einzelbänden, Briefe in 3 Bänden, Studienausgaben in kartonierten Einzelbänden — Pierre Teilhard de Chardin, Werkausgabe, Oeuvre scientifique, in 11 Bänden.
Walter-Reiseführer über die wichtigsten Reisegebiete: kulturgeschichtliche, bebilderte Werke, Bildbände: Berge der Schweiz, Afghanistan, Königsfelden, Kyoto, Heilige Stätten u. a.
Buchreihen: „Edition CARDO" — „modelle", eine Reihe für den Religionsunterricht — „Schriften zur Parapsychologie".
Zeitschriften: „Zeitschrift für Parapsychologie und Grenzgebiete der Psychologie" (vtljl.) — „Sonntag", illustrierte Familienzeitschrift (wtl.).
Hz: „Treffpunkt" (vtljl.) — „Information" (sporadisch).
Btlg: dtv, Bücherpick, IZB.
Verlagsgebiete: 2a — 2b — 2c — 3 — 10 — 15 — 16 — 28 — 6 — 8 — 9 — 14.

Walter-Verlag GmbH
D-7140 Ludwigsburg, Neckarstraße 54

Walther, Dr. Carl, Verlag
D-6200 Wiesbaden, Lanzstraße 24

Wandl, Gertrude
A-2020 Hollabrunn, Hauptstraße 13

Verlag Ernst Wasmuth Tübingen KG

D-7400 Tübingen, Fürststraße 133, Postfach 2728

Tel: (0 71 22) 3 36 58. **Psch:** Stuttgart 7165. **Bank:** Deutsche Bank Tübingen 01/89373. **Gegr:** 1. 5. 1872 Verlagsanstalt Ernst Wasmuth AG, Berlin, 1946 Verlag Ernst Wasmuth KG, Tübingen. **Rechtsf:** KG.
Inh/Ges: pers. haft. Gesellschafter: Günther Wasmuth, geb. 23. 2. 1888 in Berlin, 1908/09 Buchhändlerausbildung, 1909/10 Studium der Kunstgeschichte und Archäologie in Leipzig, Paris, München und Berlin. 1913 Übernahme der Firmenleitung, 1914—18 Teilnahme am 1. Weltkrieg, 1944—45 Inhaftierung im Konzentrationslager, 1946 Wiederbegründung der Firma in Tübingen, 1958 Großes Bundesverdienstkreuz.
Geschichte: 1. 5. 1872 Verlagsgründung, Verlagsanstalt Ernst Wasmuth AG Berlin durch Ernst und Emil Wasmuth; maßgebliche Publikationen in Architektur, Kunstgeschichte und Archäologie. Nach dem Tode von Emil Wasmuth 7. 2. 1894 und Ernst Wasmuth 3. 10. 1897, Weiterführung des Betriebs durch die bisherigen Mitarbeiter und einen Geschäftsführer; 1913 Übernahme der Firma durch Günther Wasmuth, 1926 Gründung der Fa. Fretz und Wasmuth in Zürich (heute selbständige Firma), 1931 Umwandlung in eine GmbH, 1937 KG, 1943 Zerstörung von Verlagshaus und angeschlossener Buchhandlung durch Bomben, 1946 Wiederbegründung der Fa. in Tübingen; Neuauflage aller Standardwerke.
Hauptautoren/Hauptwerke: Bodo Eberhardt, „Deutsche Burgen" (1898) — Hugo Licht, „Architektur des 20. Jahrhunderts" (1901/02) — Hugo Licht, „Architektur Berlins" — J. C. Raschdorf, „Palastarchitektur" — „Oberitalien - Toskana" — „Ausgrabungen zu Olympia" (1875) — „Wasmuth's Monatshefte für Baukunst" (1914) — „Ornamentwerk" (1923) — „Volkskunst in Europa" (1926) — Serie „Orbis Terrarum" — Serie „Orbis Pictus" — wesentliche Werke zur Geschichte des Kunsthandwerks, z. B. Falke, „Geschichte der Seidenweberei" — H. Th. Bossert, „Geschichte des Kunstgewerbes" (1928-35) — „Wasmuth's Lexikon der Baukunst" (1929-37) — ferner „Das Möbelwerk" —

„Das Textilwerk" — „Das Eisenwerk" — „Die Schrift" — Bruhn-Tilke, „Kostümgeschichte in Bildern" (1955) — Tilke, „Kostümschnitte und Gewandformen" — Nash, „Bildlexikon des antiken Rom I/II" (1958/61) — Adolf Bernt (Gründer), Günter Binding (Hrsg.), „Das deutsche Bürgerhaus", bisher 18 Bände (ab 1959) — Travlos, „Bildlexikon des antiken Athen" (1971) — Dokumentation über Kunst und Architektur der Avantgarde (ab 1969).
Verlagsgebiete: 12 — 14 — 13 — 15.
Btlg: Wasmuth Buchhandlung und Antiquariat Berlin, Günther Wasmuth 51 %.

Weber, Gerhard
D-7073 Lorch 1, Postfach 1129, Schillerstraße 36

Signet wird geführt seit: 1962.

Grafiker: —

Verlag Kurt Wedl
A-1071 Wien, Neubaugasse 1, Postfach 457

Tel: (02 22) 93 33 75. **Psch:** Wien 1551.314. **Bank:** Creditanstalt-Bankverein Wien 49-19866. **Gegr:** 1956. **Rechtsf:** Einzelfirma.
Inh/Ges: Dr. rer. pol. Kurt Wedl.
Verlagsleitung: Dr. rer. pol. Kurt Wedl, geb. 7. 7. 1931 in Melk.
Geschichte: Seit 1896 besteht in Melk a. d. Donau der Buchdruckereibetrieb Franz Wedl OHG. Im Jahre 1956 hat der Gesellschafter dieser Firma, Dr. Kurt Wedl, die Konzession zur Ausübung des Verlagswesens erhalten und ist seither in enger Verbindung mit dem Druckereibetrieb auf dem Verlagssektor tätig.
Zeitschrift: Auslieferung der „Politischen Studien", Zweimonatsschrift für Zeitgeschichte und Politik.
Btlg: Buchdruckerei Franz Wedl OHG, Melk (37,5 %).
Verlagsgebiete: 6 — 12 — 13 — 14 — 26.

Wegweiser-Verlag
A-1090 Wien IX, Nußdorfer Straße 5

Wehlau, Margot, Verlag
D-1000 Berlin 33, Schorlemerallee 23

Wehr und Wissen Verlagsgesellschaft mbH
D-6100 Darmstadt 2, Postfach 4163

A. Weichert, Verlagsbuchhandlung
D-3000 Hannover 1, Drostestraße 14—16

Weidemanns Buchhandlung & Antiquariat — Verlag (H. Witt)
D-3000 Hannover 1, Postfach 6406, Georgstraße 11

Signet wird geführt seit: 1966.

Grafiker: Rainer Gabriel Tripp.

Verlag Wolfgang Weidlich
D-6000 Frankfurt (M), Savignystraße 61

Tel: (06 11) 77 62 15. **Psch:** Frankfurt (M) 1826 00. **Bank:** Bankhaus Gebr. Bethmann Frankfurt (M) 498-7-00. **Gegr:** 1. 6. 1956. **Rechtsf:** Einzelfirma.
Inh/Ges: Wolfgang Weidlich.
Verlagsleitung: Wolfgang Weidlich □.
Geschichte: Gründung des Verlages im Sommer 1956, zur Buchmesse erschien das erste Buch „Unvergessenes Sachsen". Mit diesem Titel wurde die große Reihe landes- und kulturgeschichtlicher Werke begonnen, von denen 1974 der 250. Band erscheint. Seit 1959 liegen Veröffentlichungen des Mitteldeutschen Kulturrates, Bonn, und ab 1965 des Herder-Instituts, Marburg, vor.
Hauptautoren: Kasimir Edschmid, Günther Grundmann, Otto Heuchele, Günther Imm, August Krach†, Rudolf Krämer-Badoni, Paul Löffler, Carl von Lorck, Werner Meyer, Helene von Nostitz, Wolfgang Paul, Otto Piper, Karl Rauch, Henning von Rumohr, Max Schefold, Franz Schneller, Heinz-Eugen Schramm, Helmut Sieber u. a.

Buchreihen: „Deutschland im Bild" (bisher 17 Bde.) — „Burgen - Schlösser - Herrensitze" (bisher 31 Bde.) — Städtereihe: „Bau- und Kunstdenkmäler des Deutschen Ostens" — „Schlesien" und „Ostpreußen" — „Deutsche Städte und Landschaften", (60 Bde.) — „Humor deutscher Länder und Landschaften" (15 Bde.).
Verlagsgebiete: 14 — 16 — 6 — 8 — 12 — 24 — 27.

Weinberger, Josef, Verlag

A-1160 Wien XVI, Neulerchenfelder Straße 3—7

Weinbrenner, Karl & Söhne

D-7000 Stuttgart 1, Postfach 104, Kolbstraße 4c

Weinmann, Dr. Wolfgang

D-1000 Berlin 41, Beckerstraße 7

Weisbecker Verlag GmbH

D-6000 Frankfurt (M), Postfach 901049, Voltastraße 77

Weismann Verlag GmbH im Raith Verlag

D-8130 Starnberg, Possenhofenerstr. 36

Weiß, Gebr., Verlag

D-1000 Berlin 62 (Schöneberg), Hewaldstraße 9

Weißes Kreuz Verlag

D-3500 Kassel-Harleshausen, Postf. 69, Am Rain 1

Weller, C. A.

D-1000 Berlin 15, Kurfürstendamm 217

Weltforum-Verlags GmbH für Politik und Auslandskunde

D-8000 München 19, Hubertusstr. 22/I

Signet wird geführt seit: 1950.

Grafiker: —

Druck- und Verlagsanstalt Welsermühl, Fritsch & Dusl KG

A-4600 Wels, Maria-Theresia-Straße 41
D-8000 München 80, Kufsteiner Str. 8,
Tel: (089) 98 20 31

Tel: (0 72 42) 69 41. **Fs:** 025 586. **Psch:** Postsparkasse Wien 127 709. **Bank:** Sparkasse Wels; Bank für Oberösterreich und Salzburg, Filiale Wels. **Gegr:** 1949 in Wels. **Rechtsf:** KG.

Inh/Ges: Ing. Heinz Fritsch ☐, Ing. Erwin Dusl, Dipl.-Kfm. Dr. Carl Fritsch.

Verlagsleiter: Karl Pramendorfer, geb. 7. 6. 1924 in Wels.
Lektorat: Prof. Carl Hans Watzinger.
Hersteller: Dagobert Mayr.

Geschichte: Die Gründung des Verlages erfolgte 1949 von Herrn Egon Fritsch als eigene Abteilung der Druckerei Welsermühl. Die ursprüngliche Produktion beschränkte sich auf lokalhistorische Bücher. 1951 wurde das Programm durch die Herausgabe von Jugendbüchern, zeitgeschichtlichen Werken und Reiseliteratur erweitert. Das Schwergewicht der Produktion liegt bei den Sachbüchern und Bildbänden. 1954 erfolgte die Gründung des Verlages Welsermühl GmbH Starnberg, der sich seit 1958 in München etabliert hat. Die Zwei-Mühlen Verlags GmbH, München 80, ist eine Tochtergesellschaft des Verlages.

Hauptautoren: Sachbücher: J. G. Lettenmair, Louis Mattlé, E. Tilgenkamp, Frank van Heller, H. L. Peterson, L. Koller, H. Frei, L. Greil, W. M. Schnitzler, A. Rastl, H. Polednik, M. Gold, H. Krackowizer, Max Reisch. Zeitgeschichte: W. F. Flicke, F. Langoth, E. E. Dwinger, Ch. Foley, L. Rendulic, W. Hagen, O. Reile, O. Robertson, W. Brockdorff, L. v. Greelen. Belletristik: R. Hohlbaum, A. de Ujvary A. Becker, F. Brandner.

Verlagsgebiete: 6 — 8 — 12 — 14 — 13 — 15 — 24.

Wenner, H. Th., Verlag

D-4500 Osnabrück, Postfach 4307,
Große Straße 69

Wenzel, Gustav & Sohn

D-3300 Braunschweig, Postfach 278,
Marthastraße 3

Wepf & Co.

CH-4001 Basel, Eisengasse 5

Werdertor Verlag, Dr. H. Preis

A-1010 Wien I, Werdertorgasse 4

Signet wird geführt seit: 1946.

Grafiker: —

**Werk-Verlag
Dr. Edmund Banaschewski**

D-8032 München-Gräfelfing, Hans-Cornelius-Straße 4, Postfach 120

Tel: (089) 85 50 21. **Fs:** 05-22 451 drban.
Psch: München 88 512-807. **Bank:** Kreissparkasse München, Hauptzweigstelle Gräfelfing (BLZ 702 501 50) 050 292 002.
Gegr: 1. 11. 1938.
Inh: Dr. Edmund Banaschewski.
Verlagsleitung: Dr. Edmund Banaschewski ⬜, geb. 16. 11. 1907 in Welschbillig, Krs. Trier. Nach dem Abitur an einem humanistischen Gymnasium folgten Studienjahre in Heidelberg, Berlin und Hamburg in den Fächern Philosophie, Soziologie, Psychologie, Geschichte und Volkswirtschaft. Promotion zum Dr. phil. 1932 mit einer bei R. Voigtländer Verlag, Leipzig, veröffentlichten Arbeit „Theorie des Verlages" (erste grundlegende soziologisch-strukturelle Arbeit über das Wesen des Verlages). Stationen des beruflichen Werdegangs: Pfalz-Verlag-Druckerei GmbH, Ludwigshafen am Rhein, Neue Pfälzische Landeszeitung, Ludwigshafen am Rhein, Germania AG für Verlag und Druckerei, Berlin, dem damals zentralen Verlag des deutschen Katholizismus, Verlagsgesellschaft Dr. Georg Maschke, Berlin, Mainzer Verlagsanstalt und Druckerei Will & Rothe KG., Mainz, und die E. Gundlach Aktiengesellschaft, Bielefeld.

Dr. E. B. ist Vorsitzender des Kuratoriums der Stiftung Jacob-Fugger-Medaille, Vorstandsmitglied der Deutschen Journalistenschule e. V., Vorsitzender der Arbeitsgemeinschaft LA-MED Leseranalyse medizinischer Zeitschriften, Mitglied des Präsidialrates des Zentralausschusses der Werbewirtschaft (ZAW), des Albertus Magnus-Kollegiums sowie Kuratoriumsmitglied der Gesellschaft von Freunden und Förderern der Universität München (Münchener Universitätsgesellschaft) e. V.
Einzelprokuristin: Irmgard Banaschewski geb. Maass, geb. 26. 8. 1910 in Hamburg. Gesamtprokuristen: Dr. Peter Banaschewski (Anzeigen), geb. 30. 5. 1934 in Berlin; Roland Bekelaer (Finanzen), geb. 1. 10. 1939 in Wernau/Neckar; Alfred Cobre, geb. 6. 1. 1920 in Berlin; Julius Hofmann (Finanzen), geb. 4. 3. 1905 in Johannesthal (Sudeten); Dipl.-Kaufmann Franz Koenig, geb. 3. 12. 1903 in Neustadt (Oberschlesien).
Handlungsbevollmächtigter: Walter Schöfer, geb. 23. 3. 1913 in Rosswald (Sudeten).

Geschichte: Dr. E. B. gründete am 1. 5. 1935 in Berlin den Drei-Säulen-Verlag und am 1. 11. 1938 in Berlin den Werk-Verlag Dr. Edmund Banaschewski. Im Drei-Säulen-Verlag, widmete er sich seiner Neigung zu Belletristik und Geisteswissenschaft. Dr. Banaschewski begründete eine der führenden literarischen Zeitschriften Deutschlands „Welt und Wort". Eine Reihe wesentlicher Buchpublikationen dieses Verlages, dessen Autoren u. a. Hans Reiser, Alfred Otto Stolze, Karl Friedrich Borée, Edmond About, Oscar Jancke, Edgar Lee Masters, Martin Beheim-Schwarzbach, Georg Britting, Bernhard Kellermann sind, fand ein gutes Echo.
Im Werk-Verlag Dr. Edmund Banaschewski standen bei Gründung dieses

Buch- und Zeitschriftenverlages Verlagsobjekte mit rohstoffwirtschaftlicher und technischer Zielrichtung im Vordergrund. Seitdem wird als besonderer Zweig des Verlages innerhalb der rohstoffwirtschaftlichen Produktionsgruppe die Zeitschrift „Rohstoff-Rundschau" (früher „Altmaterialwirtschaft") herausgegeben, die in monatlich zweimaliger Erscheinungsweise die ausführlichen Marktberichte und Kursnotierungen des In- und Auslands fortlaufend veröffentlicht. Eine entsprechende Buchproduktion ist mit der Herausgabe dieser Fachzeitschrift eng verknüpft.

Das Hauptgebiet des Verlages liegt jedoch im medizinisch-wissenschaftlichen Bereich. So wird am 25. 2. 1947 die „Ärztliche Forschung" ins Leben gerufen, mit der ein neuer Typ der medizinisch-wissenschaftlichen Zeitschrift geschaffen wird: Die Übersichtszeitschrift. Sie informiert über alle Gebiete der Medizin im Laufe eines Jahres in großen Übersichtsarbeiten. Am 21. 6. 1949 erfolgt die Begründung der „Ärztlichen Praxis", die in wöchentlich zweimaliger Erscheinungsweise erstmalig in Deutschland die Mittel der modernen Pressetechnik der medizinischen Wissenschaft dienstbar macht. Am 1. 11. 1952 wird die „Zahntechnik-Dentalpost" ins Leben gerufen, die ihre Fortsetzung in der „Zahnärztlichen Praxis", der Zeitung des praktischen Zahnarztes, findet. Mit der Gründung der „Täglichen Sonderausgaben Ärztliche Praxis", jetzt unter dem Titel „Tägliche Ärztliche Praxis", begründet Dr. E. B. am 30. 8. 1953 die Schnellberichterstattung über medizinisch-wissenschaftliche Kongresse, wie sie bis dahin im medizinisch-wissenschaftlichen Schrifttum der Welt unbekannt war. Am 15. 1. 1954 wird sodann „Pro Medico" mit seiner praktisch verwertbaren Referat-Information übernommen. Am 1. 9. 1956 erscheint zum ersten Mal die „Ärztliche Praxis im Bild - Das medizinische Bildjournal", später „visum - das medizinische Bildjournal/Ärztliche Praxis im Bild", eine medizinisch-wissenschaftliche Bildzeitschrift zur Fortbildung und Dokumentation. „euromed - Das europäisch-medizinische Magazin" erscheint seit dem 24. 5. 1961. Seine Aufgabe ist es, die ärztliche Welt und den Arzt als Mensch in seiner Umwelt darzustellen.

Daneben gewinnt die medizinisch-wissenschaftliche Buchproduktion und die ebenfalls von Dr. E. B. herausgegebene Schallplattenreihe „DISTAR" - Die Stimme des Arztes" ® zunehmende Bedeutung.

Hauptautoren: Karl Balogh, Werner Bappert, Geoffrey M. Berlyne, Hans Boeminghaus, Josef von Boros, Paul Deuticke, Friedrich Doenecke, Carl Josef Gauss, Adam Josef Hattemer, Max Hochrein, Heinrich Kranz, Theodor Laubenberger, Annemarie Leibbrand-Wettley, Werner Leibbrand, Hartwig Mathies, Gustav Wilhelm Parade, Hans Robbers, Gotthard Schettler, Federico Singer, René Schubert, Maria Schug-Kösters.

Buchreihen: „Vorträge der wissenschaftlichen Tagungen der Deutschen Medizinischen Arbeitsgemeinschaft für Herdforschung und Herdbekämpfung (DAH)" — „Jahresberichte der Deutschen Medizinischen Arbeitsgemeinschaft für Herdforschung und Herdbekämpfung (DAH)" — „Vorträge der Saarländisch-Pfälzischen Internistenkongresse" — „Vorträge der Internationalen Kissinger Kolloquien".

„Tagungsberichte der europäischen Fortbildungskongresse für deutschsprechende Ärzte (Europaeum Medicum Collegium)" — „Internationale Seminare für ärztliche Fortbildung" — „Seminare der Nordwestdeutschen Gesellschaft für ärztliche Fortbildung" — „Veldener Symposien" — Schriftenreihe „Arbeits-Hygiene und Arbeits-Medizin" — „Schriften zur ärztlichen Praxis" — „Schwerpunkte in der Geriatrie" — „Schriften zur Praxis des Zahnarztes".

Schallplattenreihen: DISTAR: „Die Stimme des Arztes" ® — „Vox Medici" ®.

Verlagsgebiete: 17 — 20 — 21 — 27.

Werkschriften-Verlag GmbH

D-6900 Heidelberg, Postfach 1860, Bachstraße 14

Signet wird geführt seit: 1946.

Grafiker: —

Werner-Verlag GmbH

D-4000 Düsseldorf 1, Berliner Allee 11a, Postfach 8529

Tel: (02 11) 32 09 88. **Fs:** 8 587 828. **Psch:** Essen 4447-438. **Bank:** Kreissparkasse Düsseldorf 1 000 101; Simon-Bank Düsseldorf 495 003. **Gegr:** 5. 11. 1945 in Düsseldorf. **Rechtsf:** GmbH.
Ges: Fritz Werner, Klaus Werner.
Verlagsleitung: Klaus Werner □, Geschäftsführender Gesellschafter, geb. 4. 8. 1919 in Berlin. Nach dem Abitur, von 1937—1939, kaufm. Lehrling im Droste-Verlag, Düsseldorf. 1945 zusammen mit seinem Vater Fritz Werner Gründung des Werner-Verlages.
Lektorat: Dr. jur. Bruno M. Kübler, Prof. Dipl.-Ing. K.-J. Schneider, Rainer Lange.
Vertrieb: Karl-Heinz Kessler, Prokurist.
Herstellung und Werbung: Eberhard Dickert.
Druckerei: Norbert Reintjes.
Geschichte: Gründung des Verlages am 5. November 1945 als Fritz A. H. Werner-OHG. 1. 1. 1948 Gründung der Werner-Verlag GmbH. Geschäftstätigkeit der OHG eingestellt am 30. 6. 1950. Das Ziel der Verlagsgründung war die Ausrichtung auf die Arbeitsgebiete Bautechnik, Bauwirtschaft, Baurecht. Ab 1947 wurden zwei Loseblattwerke herausgegeben: 1. „Handbuch für Grundstücks- und Baurecht", 2. „Handbuch für das gesamte Miet- und Raumrecht" (1952 Umwandlung dieses Handbuches in „Zeitschrift für Miet- und Raumrecht"). Neben den Verlagsgruppen Fachbücher und Fachzeitschriften wurde ein vielseitiger Formularverlag ausgebaut. 1963 wurde der Werner-Verlag GmbH eine Offset-Druckerei angeschlossen. Im Frühjahr 1970 erschien der erste Titel der Taschenbuchreihe „Werner-Ingenieur-Texte" (WIT) und der „Werner-Studien-Reihe". Außerdem startete der Verlag eine Vierteljahreszeitschrift „Baurecht" (BauR).

Anfang 1972 gab der Verlag in Kooperation mit dem Verlag J. C. B. Mohr (Paul Siebeck), Tübingen, die Zeitschrift „Das Wirtschaftsstudium" (WISU) heraus, eine Monatszeitschrift, die sich an die Studenten der Wirtschaftswissenschaften wendet. Parallel mit dieser neuen Zeitschrift erschienen ein Jahr später die ersten Bände der WISU-Texte , eine Taschenbuchreihe für Studenten der Wirtschaftswissenschaften.
Zur Zeit führt der Verlag rund 300 lieferbare Bücher in seinem Katalog. Im Jahr produziert der Verlag etwa 60 Neuerscheinungen und Neuauflagen.
Buchreihen: „Baurechtssammlung" — „Werner-Ingenieur-Texte" (WIT) — „Werner-Studien-Reihe" — „WISU-Texte" — Loseblattsammlungen: „Handbuch des Grundstücks- und Baurechts" (HGBR) — „Rechtsprechung der Bauausführung" (RdB).
Zeitschriften: „Zeitschrift für Miet- und Raumrecht" (ZMR) — „Baurecht" (BauR) — „Das Wirtschaftsstudium" (WISU).
Hz: „Die Baupost" (unregelmäßig).
Tges: 1. Persönliche Beteiligung der Herren Fritz Werner und Klaus Werner an der Bundesausschreibungsblatt-GmbH, Düsseldorf — 2. Persönliche Beteiligung des Herrn Klaus Werner an der Junge Edition K. Werner GmbH, Düsseldorf (Mehrheitsgesellschafter).
Btlg: ABV — Arbeitsgemeinschaft Baufachverlage.
Verlagsgebiete: 4 — 5 — 19 — 20 — 28 — Spez.Geb: 20 Bauwesen und 5 Wirtschaftswissenschaften.

Werner & Bischoff AG

CH-4001 Basel, Postfach, Kanoneng. 32

Wesel, Franz W., Verlag

D-7570 Baden-Baden, Postfach 1110, Rheinstraße 219-2

Westdeutscher Verlag

Signet wird geführt seit: 1964.

Grafiker: Hanswerner Klein.

Westdeutscher Verlag GmbH, Opladen

D-4000 Düsseldorf, Berliner Allee 59
Tel: (02 11) 82 31. **Gegr:** 1. 1. 1947.
Rechtsf: GmbH.
Ges: Verlagsgruppe Bertelsmann GmbH.
Verlagsleiter: Wilfried Wendt, Geschäftsführer.
Geschichte: 1947 von Dr. Friedrich Middelhauve gegründet. 1966 übernahm sein Sohn Dr. Friedrich Middelhauve die Leitung des Verlages. Seit 1. 1. 1974 hat die Verlagsgruppe Bertelsmann GmbH die Anteile übernommen.
Zum Verlagsprogramm gehören wirtschafts- und sozialwissenschaftliche sowie politologische Zeitschriften und Schriftenreihen, u. a. „Kölner Zeitschrift für Soziologie und Sozialpsychologie" — „Zeitschrift für betriebswirtschaftliche Forschung", Begründer Eugen Schmalenbach — „Politische Viertel-Jahresschrift", Zeitschrift der Deutschen Vereinigung für Politische Wissenschaft — „Zeitschrift für Parlamentsfragen".
Verlagsgebiete 5 — 6 — 14 — 20 — 21 — 3 — 4 — 7 — 10 — 12 — 17 — 18 — 19.

West-Ton-Verlag GmbH
D-5000 Köln, Am Hof 34—36

westermann

Signet wird geführt seit: 1973.
Grafiker: Grafisches Atelier Westermann.

Georg Westermann Verlag, Druckerei und Kartographische Anstalt

D-3300 Braunschweig, Georg-Westermann-Allee 66, Postfach 3320

Tel: (05 31) 70 81. **Fs:** 09 52841 wbuch d.
Psch: Hannover 19 65-308. **Bank:** Dresdner Bank 1 173 662 (BLZ 270 800 60); Norddeutsche Landesbank 2 168 961 (BLZ 270 500 00). **Gegr:** 21. 5. 1838 in Braunschweig. **Rechtsf:** GmbH & Co. KG.
Ges: Dipl.-Ing. Klaus Hillig, Dr. Jürgen Mackensen, Dipl.-Ing. Dirck Tebbenjohanns, Geschf. Gesellschafter.
Verlagsleitung: Dipl.-Ing. Klaus Hillig, Dr. Jürgen Mackensen, Dipl.-Ing. Dirck Tebbenjohanns.
Prokurist Verlagsbereich Bildung: Dr. Carl-August Schröder.
Prokurist Verlagsbereich Verkauf: Dr. Hans Goertz.
Prokurist Druckereiverkauf und Sachbücher: Dr. Fritz Winzer.
Prokurist Rechnungs- und Finanzwesen: Willi Sprengel.
Prokurist Personal und Recht: Gisela Merensky.
Prokurist Kartographische Anstalt: Dr. Ferdinand Mayer.
Prokurist Druckerei: Gerd Mackensen.
Prokurist Verlagsbereich Zeitschriften: Konstantin Klaffke.

Geschichte: Der Verlag wurde 1838 von Georg Westermann in Braunschweig gegründet. Übersetzungen aus dem Englischen und Französischen, Sprachwissenschaft, Wörterbücher und Werke zur Geographie und Geschichte standen am Anfang seines immer der allgemeinen Volksbildung verpflichteten Verlagsprogramms. 1853 erschien der erste Westermann Schulatlas, 1856 wurden „Westermanns Monatshefte" gegründet, die große deutsche Kulturzeitschrift, an der alle führenden Geister der Zeit mitarbeiteten und die dem Verlag Buchautoren wie Storm und Raabe zuführten. Als George Westermann 1879 starb, zählte sein Unternehmen zu den führenden deutschen Verlagsanstalten mit einer eigenen bedeutenden Druckerei und einer kartographischen Anstalt von Weltgeltung. Seine Söhne, Enkel und Urenkel bauten in den folgenden Jahrzehnten Verlag und technische Betriebe systematisch nach den vom Gründer vorgezeichneten Richtlinien weiter aus. Heute arbeiten unter der Leitung der 4. und 5. Familiengeneration rund 1200 Mitarbeiter in den Verlagsabteilungen, der Kartographischen Anstalt und dem graphischen Großbetrieb des Hauses Westermann.
Hauptwerke: Schulbücher, Lehrmittel: für Vorschule, Grund- und Hauptschule, Realschule, Gymnasium, Fibeln, Sprachbücher, Lesebücher, Bücher für den Fremdsprachenunterricht, für Mathe-

matik, Physik, Chemie, Biologie, Geschichte, Geographie, Gemeinschaftskunde, Sachunterricht, Tests, Unterrichtsprogramme, Dia-Serien, Filme, Transparente, Wandkarten, Wandbilder, Umrißstempel.
Atlanten: „Diercke Weltatlas" — „Westermann Schulatlas, Große Ausgabe" — „Westermann Schulatlas, Kleine Ausgabe" — „Westermann Atlas zur Weltgeschichte" — „Westermann Geschichtsatlas Politik-Wirtschaft-Kultur" — „Westermann - Rand Mc Nally, Internationaler Atlas".
Wissenschaft: Pädagogik, Geschichte, „Westermann Taschenbücher" — „Westermann Lexikon der Geographie".
Fachbücher für Technik, Handwerk und Gewerbe: Lehr- und Tabellenbücher, Fachbücher für die Berufsausbildung verschiedener Zweige.
Sachbücher: Bildbände und Nachschlagewerke über Kunst und Kulturgeschichte.
Weitere Medien: Overhead-Projektoren, Verstärkeranlagen, Arbeitskästen zum Sachunterricht, Film- und Diaprojektoren.
Zeitschriften: „Westermanns Monatshefte" — „schul-management" — „Westermanns Pädagogische Beiträge" — „Die Grundschule" — „Gesamtschule" — „Geographische Rundschau" — „Beihefte Geographische Rundschau" — „Lehrmittel aktuell" — „Paedagogica Europaea" — „Archiv für das Studium der neueren Sprachen und Literaturen".
Hz: „Die Schließform".
Tges: Georg Westermann Verlag, Druckerei und Kartographische Anstalt, Verlagsgesellschaft mbH, Wien.
Filialen: D-1000 Berlin 31, Kaubstraße Nr. 7a; D-2000 Hamburg 20, Isekai 20; D-5300 Bonn-Bad Godesberg, Hohestr. 1; Düsseldorf D-4005 Meerbusch-Büderich, Hohegrabenweg 13; D-8000 München 2, Kaufingerstraße 29.
Verlagsgebiete: 6 — 10 — 11 — 14 — 15 — 16 — 19 — 20 — 26 — 28 — 18 — 25 — 30.

Westfäl. Vereinsdruckerei Abt. Verlag

D-4400 Münster/Westf., Postfach 1675, Königstraße 59

Westfälische Verlagsbuchhandlung Mocker & Jahn

D-4770 Soest, Postfach 245, Jakobistr. 46

Westholsteinische Verlagsanstalt Boyens & Co.

D-2240 Heide/Holst., Postfach 50, Wulf-Isebrand-Platz 1

Wewel, Erich, Verlag G. J. Manz AG

D-8000 München 80, Anzinger Straße 1

WHO'S WHO-Book & Publishing GmbH, Verlag für Biographien

D-8012 Ottobrunn, Postfach 151

Wibau-Verlag GmbH

D-4000 Düsseldorf 1, Postfach 8606, Schillerstraße 33

Wichern-Verlag GmbH

D-1000 Berlin 41 (Friedenau), Fregestraße 71

Signet wird geführt seit: —

Grafiker: —

Herbert-Wichmann-Verlag GmbH

D-7500 Karlsruhe 21, Rheinstraße 122, Postfach 210 729

Tel: (07 21) 55 95 55. **Fs:** 7825 909. **Psch:** Karlsruhe 1163 70. **Bank:** Commerzbank AG., Filiale Karlsruhe 2 203 131. **Gegr:** 1889. **Rechtsf:** GmbH.
Inh/Ges: C. F. Müller, Großdruckerei und Verlag GmbH, Karlsruhe.
Verlagsleitung: Dr. Christof Müller-Wirth □, Geschäftsführer.
Geschichte: Der Verlag wurde 1889 gegründet. Späterer Inhaber Dr.-Ing. Slawik. Im Jahre 1962 wurde der Verlag von C. F. Müller, Großdruckerei und Verlag, Karlsruhe, übernommen. Das Verlagsprogramm umfaßt heute Schrifttum der Geodäsie und Photogrammetrie in Wissenschaft und Praxis mit den dazugehörigen Fachzeitschriften.

Hauptwerke: Bücher und Zeitschriften der Fachgebiete Geodäsie und Photogrammetrie. Buchreihen, Schriftenreihen.
Zeitschriften: „Allgemeine Vermessungs-Nachrichten" (81. Jahrg.), Schriftleiter Prof. Dr.-Ing. Heinz Draheim, TU Karlsruhe — „Bildmessung und Luftbildwesen" (42. Jahrg.), Schriftleiter Prof. Dr. rer. techn. Kurt Schwidefsky, TU Karlsruhe.
Verlagsgebiet: 18 Geodäsie — Photogrammetrie.

Wiechmann, Hermann A.
D-8130 Starnberg vor München, Postfach 27, Josef-Fischhaber-Straße 11

Wienand Verlag KG
D-5000 Köln 41 (Lindenthal), Postfach 41 09 48, Weyertal 59

„Wien-Melodie", Musikverlag GmbH
A-1160 Wien XVI, Neulerchenfelderstraße 3—7

Wiener Bohème Verlag GmbH
D-8000 München 2, Sonnenstraße 19

Wiener Börsen-Kurier Verlag F. Brabec
A-1010 Wien I, Biberstraße 2

Wiener Dom-Verlag
A-1011 Wien I, Postfach 668, Seilerstätte 12

„Wiener Küche", Ruhm-Verlag
A-3002 Purkersdorf/Wien, Postfach 16, Schöffelgasse 6

Wiener Modellgesellschaft mbH
A-1011 Wien I, Stubenring 16

Wiener Verlag
A-1121 Wien XII, Niederhofstraße 37

WiGe Wissenschaftsverlag GmbH
D-5000 Köln 60, Auerstraße 6

Wila Verlag für Wirtschaftswerbung Wilhelm Lampl
D-8000 München 21, Landsberger Straße 191a

Tel: (089) 57 95-1. **Fs:** 05 212 943. **Psch:** München 652 22-802. **Bank:** Dresdner Bank München 3 437 656 (BLZ 700 800 00). **Gegr:** 4. 10. 1949 in München. **Rechtsf:** Einzelfirma.
Inh: Wilhelm Lampl, geb. 21. 2. 1914; Ehrenbürger der Technischen Hochschule München, Vorsitzender des Fachverbandes Flachdruck.
Verlagsleitung: Verlagsleiter: Wolfgang Bode (Prokurist).
Personal/Finanzen: Käthe Lörler (Prokuristin).
Herstellung: Horst Neddermeyer.
Geschichte: Der Verlag wurde von Wilhelm Lampl Ende 1949 gegründet. Das Verlagsprogramm erstreckt sich vorzugsweise auf die Herausgabe von Veröffentlichungen auf dem Gebiete des gewerblichen Rechtsschutzes (Warenzeichen-, Patent- u. Gebrauchsmusterrecht).
Buchreihe: „Warenzeichen-, Marken- und Herkunftsschutz". Hrsg.: Willy Miosga, Leit. Reg.-Direktor a. D. (DPA).
Zeitschriften: „Warenzeichenblatt", Teil I (angemeldete Zeichen); „Warenzeichenblatt", Teil II (eingetragene Zeichen), jeweils 2x monatlich — „Auszüge aus den Offenlegungsschriften" (wöchentl.) — „Auszüge aus den Auslegeschriften" (wöchentl.) — „Auszüge aus den Gebrauchsmustern" (wöchentl.).
Tges: Joh. Roth sel. Ww., Graphische Kunstanstalt, München 21 — müreg - Tiefdruck W. Lampl & Co., München 21.
Verlagsgebiete: 4 — 20.

Wilckens & Co.
D-2000 Hamburg 66, Sternstraße 72—76

Wilkens, Bruno, Verlag
D-3000 Hannover-Buchholz, Postfach 8, Hansinckstraße 11

Winfried-Werk GmbH
D-8900 Augsburg, Abholfach, Frauentorstraße 5

Signet wird geführt seit: 1945.

Grafiker: —

Winkler-Verlag

D-8000 München 40, Martiusstraße 8

Tel: (089) 33 21 50 und 33 21 81. **Psch:** München 147 23. **Bank:** Bayer. Hypotheken- und Wechselbank München 6/251623. **Gegr:** 14. 12. 1945 in Coburg.
Inh/Ges: Niederlassung der Artemis-Verlags-GmbH München.
Verlagsleitung: Dr. Dieter Lutz.
Geschichte: Der Verlag wurde 1945 von Hildegard Winkler zur Pflege anspruchsvoller Literatur und der literarischen Tradition in Coburg gegründet und 1948 nach München verlegt. Bereits im Frühjahr 1949 brachte er die ersten Dünndruck-Ausgaben von Werken aus der klassischen Literatur heraus und legte damit den Grundstein zur „Dünndruck-Bibliothek der Weltliteratur", die sich rasch durch ihre zuverlässigen Texte einen Namen machte und in der heute fast alle wichtigen Werke der klassischen Dichtung der Welt erschienen sind. Als Ergänzung zur „Dünndruck-Bibliothek" brachte der Verlag 1964 die ersten Bände der „Fundgrube" heraus, einer Sammlung seltener Werke aus dem Bereich der Dichtung, der Memoiren der geschichtlichen und kulturgeschichtlichen Darstellungen aller Zeiten und aller Sprachen, die jetzt bereits über 50 Bände umfaßt.
Als dritter Schwerpunkt der Verlagsarbeit hat sich in den letzten Jahren die Germanistik herausgebildet. Hier erscheinen Kommentarbände zu einzelnen Autoren und literarischen Epochen. Am 1. Juli 1971 wurde der Winkler Verlag von der Artemis Verlags GmbH, München, erworben und wird als Zweigniederlassung weitergeführt. Die Zielsetzung der Verlagsarbeit wurde durch diesen Vorgang nicht berührt.
Hauptwerke: „Dünndruck-Bibliothek der Weltliteratur" — die klassische Dichtung der Welt, „Die Fundgrube" — eine Sammlung seltener literarischer Werke, „Winkler Weltliteratur in Sonderausgaben" — in loser Folge erscheinende, besonders preisgünstige Ausgaben von Standardwerken der Weltliteratur — Anläßlich des 25jährigen Bestehens der Dünndruckausgaben: „Winklers Jubiläumsbibliothek" — Winkler-Germanistik.
Verlagsgebiet: 8.

Winklers Verlag Gebrüder Grimm

D-6100 Darmstadt 2, Postfach 1120, Bismarckstraße 74—80

Signet wird geführt seit: 1874.

Carl Winter Universitätsverlag GmbH

D-6900 Heidelberg, Lutherstraße 59, Postfach 1866

Tel: (0 62 21) 4 91 11. **Fs:** 0461660. **Psch:** Karlsruhe 11521. **Bank:** Deutsche Bank Heidelberg 04/54496. **Gegr:** 1822 in Heidelberg. **Rechtsf:** GmbH.
Ges: Dr. phil. Carl Winter, Otto Winter.
Verlagsleitung: Dr. phil. Carl Winter, geb. 11. 9. 1937, Lektorat; Otto Winter, geb. 5. 7. 1935, kfm. Leitung.
Geschichte: Der Verlag ist aus dem Verlag von J. C. B. Mohr und Zimmer (Heidelberg 1805—1815) und dessen Nachfolger Mohr und Winter (Heidelberg 1815—1822) hervorgegangen. Die Gründung der Akademischen Buchhandlung von C. F. Winter in Heidelberg, der von den Anfängen an ein Verlag angeschlossen war, erfolgte am 11. Oktober 1822. 1835 übergab der Gründer Christian Friedrich Winter (1773—1858) seinen Söhnen Anton und Carl das Sortiment und wenige Jahre später auch den Verlag. Christian, ein dritter Sohn übernahm etwa zur gleichen Zeit den Brönner'schen Verlag in Frankfurt und gliederte dem Unternehmen sein eigenes Geschäft an (Christian Winter Frankfurt). Während Anton in der Mitte des vergangenen Jahrhunderts nach Leipzig übersiedelte (C. F. Winter'sche Verlagshandlung, Leipzig), führte Carl Winter die Verlagstradition in Heidelberg unter seinem Namen fort (Carl Winter Universitätsbuchhandlung). Die

von den Anfängen an bestehende enge Verbindung zur Heidelberger Universität verstärkten sich unter der Verlagsleitung seines Sohnes Carl und seines Enkels Otto Winter. In die Zeit von deren Verlegertätigkeit fällt die Begründung der großen sprach- und literaturwissenschaftlichen Reihen, die noch heute die Physiognomie des Verlags bestimmen. Das Gesamtunternehmen, zu dem die beiden Druckereien in Heidelberg und in Darmstadt gehören, firmiert seit 1947 Carl Winter Universitätsverlag, gegr. 1822, GmbH.

Buchreihen: „Anglistische Forschungen" — „Abhandlungen der Heidelberger Akademie der Wissenschaften, phil.-hist. Klasse" — „Annales Universitatis Saraviensis" — „Beiträge zur Neueren Literaturgeschichte" — „Bibliothek d. klass. Altertumswissenschaften" — „Bücherei Winter" — „Germanische Bibliothek" — „Heidelberger Forschungen" — „Heidelberger Rechtswissenschaftl. Abhandlungen" — „Heidelberger rechtsvergleichende und wirtschaftsrechtliche Studien" — „Indogermanische Bibliothek" — „Probleme der Dichtung" — „Sitzungsberichte der Heidelberger Akademie der Wissenschaften, phil.-hist. Klasse" — „Studien zum Fortwirken der Antike" — „Slavica, Sammlung slav. Lehr- und Handbücher" — „Sprachwissenschaftl. Studienbücher" — „Sammlung roman. Elementar- und Handbücher" — „Studia Romanica" — „Wiss. Kommentare zu griech. und lat. Schriftstellern".
Zeitschriften: „Gymnasium" (zweimtl.) — „Euphorion" (vtljl.) — „Germanisch-Romanische Monatsschrift" (vtljl.) — „Beiträge zur Namenforschung" (vtljl.) — „Zeitschrift für Slavische Philologie" (hjl.) — „Mitteilungsblatt des Deutschen Altphilologenverbandes" (vtljl.)
Tges: Druckerei Winter, Heidelberg; Druckerei Carl Winter (gegr. 1867), Darmstadt.
Verlagsgebiete: 7 — 3 — 4 — 12 — 14.

Winter'sche, C. F., Verlagshandlung
D-3300 Braunschweig, Postfach 185, Burgplatz 1

Wirtschaftsdienst Verlag u. Druckerei GmbH
D-6000 Frankfurt (M), Lange Straße 13

Signet wird geführt seit: 1952.

Grafiker: Helmut Heinz Euting.

Wirtschafts- und Forstverlag Euting KG

D-5451 Strassenhaus (über Neuwied), Tannenstraße 1

Tel: (0 26 34) 81 70. **Psch:** Köln 162 59.
Bank: Raiffeisenkasse Strassenhaus.
Gegr: Mai 1946. **Rechtsf:** KG.
Inh/Ges: Frau Erika Euting, geb. Hartmann, Komplementär, Kommanditist: Helmut H. Euting.
Verlagsleitung: Erika Euting.
Lektorat und Chefredakteur: Helmut H. Euting.
Geschichte: 1946 gegründet als „Euting-Wirtschafts- und Fachpresse" zur Herausgabe von Forstkalendern u. Pressediensten. Umwandlung 1952 in „Wirtschafts- und Forstverlag Euting KG".
Hauptwerke: Fachliteratur einschließlich Fachzeitschriften der Forstwirtschaft, Holzwirtschaft, Pflanzenzucht, Jagd.
Verlagsgebiet: 22.

Wirtschaftsverlag Dr. Anton Orac
A-1014 Wien I, Postfach 56, Graben 17

Wirz AG Verlag
CH-5001 Aarau, Postfach 99, Graben 32

Wissen Verlag GmbH
D-8000 München 21, Agnes-Bernauer-Straße 88

Signet wird geführt seit: 1968.

Grafiker: Johannes Müller.

Wissenschaftliche Buchgesellschaft

D-6100 Darmstadt, Hindenburgstr. 40, Postfach 1129

Tel: (0 61 51) 8 21 41. **Psch:** Frankfurt (M) 1071 68-605. **Bank:** Investitions- und Handelsbank Frankfurt (M) 62349. **Gegr:** 1949 in Tübingen. **Rechtsf:** m. WR. beg. V.

Inh/Ges: Wissenschaftliche Buchgesellschaft.

Verlagsleitung: Direktor Ernst Knauer, geb. 30. 12. 1915 (Geschäftsführender Direktor).

Prokuristen: Jürgen Bauer, geb. 31. 5. 1935, Roßdorf bei Darmstadt (Lektorat); Kurt Hoffmann, geb. 19. 4. 1929, Darmstadt (Verwaltung); Uwe Lessing, geb. 5. 2. 1942, Griesheim bei Darmstadt (Redaktion).

Geschichte: Die Gründung erfolgte im Frühjahr 1949 mit dem Ziel, das durch Kriegseinwirkungen weitgehend zerstörte deutsche wissenschaftliche Schrifttum durch reprografische Nachdrucke (Reprints) wieder erscheinen zu lassen sowie bedeutsame neue wissenschaftliche Bücher herauszubringen und zu erschwinglichen Preisen ihren Mitgliedern zugänglich zu machen, unter dem Namen „Wissenschaftliche Buchgemeinschaft" in Tübingen. 1953 wurde der Sitz des Unternehmens nach Darmstadt verlegt, wo die Umbenennung in „Wissenschaftliche Buchgesellschaft" vorgenommen wurde. Inzwischen können etwa 115 000 Mitglieder, die in über 100 Ländern der Welt direkt betreut werden, aus einem Gesamtangebot von einigen tausend Titeln wählen. Das Programm wird jährlich um mehrere hundert Titel erweitert. Originalgrafik, Büchermöbel und Schallplatten ergänzen das Angebot. Die Produktion der Bücher erfolgt entweder durch die Wissenschaftliche Buchgesellschaft allein oder in Zusammenarbeit mit anderen Verlagen. Der Zweck ist in jedem Fall, die Bücher den Mitgliedern zu einem günstigen Vorzugspreis (Mitgliederpreis) anzubieten. Die Verbindung mit dem in- und ausländischen Buchhandel wird durch eine eigene Verlagsabteilung gepflegt, um auch Nichtmitgliedern die Verlagsproduktion anbieten zu können. Die Arbeit der Wissenschaftlichen Buchgesellschaft konzentriert sich heute in starkem Maße auf eigene Erstveröffentlichungen (Originaltitel).

Hauptwerke: Erstveröffentlichungen, Neuauflagen und Nachdrucke auf dem Gebiet der Geisteswissenschaften.

Buchreihen: „Die Altertumswissenschaft", Einführungen in Gegenstand, Methoden und Ergebnisse ihrer Teildisziplinen und Hilfswissenschaften — „Althochdeutsche und mittelhochdeutsche Epik und Lyrik" — „Ars interpretandi" — „Einführungen in das fremdländische Recht" — „Erträge der Forschung" — „Die Erziehungswissenschaft". Einführungen in Gegenstand, Methoden und Ergebnisse ihrer Teildisziplinen und Hilfswissenschaften — „Freiherr-vom-Stein-Gedechtnisausgabe". Ausgewählte Quellen zur deutschen Geschichte des Mittelalters und der Neuzeit (A. Mittelalterliche Reihe, B. Neuzeitliche Reihe, C. Quellen zum politischen Denken der Deutschen im 19. und 20. Jahrhundert — „Grundzüge" — „Impulse der Forschung" — „Die Mathematik". Einführungen in Teilgebiete — „Die Philosophie". Einführungen in Gegenstand, Methode und Ergebnisse ihrer Disziplinen — „Texte der Forschung" — „Die Theologie". Einführung in Gegenstand, Methoden und Ergebnisse ihrer Disziplinen und Nachbarwissenschaften — „Wege der Forschung" — „WB-Paperbacks" — „Wissenschaftliche Länderkunden".

Zeitschriften: „Arbeitsberichte" (6x jl.) — „Jahreskatalog" (jl.) — „Schallplattenkatalog (jl.) — „Kunstkreis" (jl.) für Mitglieder — „WBV-Nachrichten" (2x jl.) — Gesamtverzeichnis (jl.) für Buchhandel und Nichtmitglieder.

Verlagsgebiete 2 — 3 — 4 — 6 — 7 — 10 — 14 — 15 — 5 — 13 — 17 — 18 — 19 — 20 — 25 — 26.

Signet wird geführt seit: 1960.
Grafiker: Prof. Walter Brudi, Stuttgart.

Wissenschaftliche Verlagsgesellschaft mbH.

D-7000 Stuttgart 1, Birkenwaldstr. 44, Postfach 40

Tel: (07 11) 29 25 59, außerhalb der üb-

510 Wissenschaftliche Verlagsgesellschaft

lichen Dienstzeiten (07 11) 29 61 22. **Psch:** Stuttgart 273 80-703; Zürich 80-470 80; Wien 108 5914. **Bank:** Ellwanger & Geiger, Stuttgart 22 459; Girokasse Stuttgart 2029 845. **Gegr:** 1921. **Rechtsf:** GmbH.
Inh: Dr. Irmgard Ebert-Schmiedel, Frau Lenore Rotta.
Verlagsleitung: Ernst Vaeth und Hans Rotta.
Prokuristen: Reinhold Hack, Karl Hübler, Herbert Hügel, Dr. Hans R. Petri, Barbara Schreck.
Geschichte: In den Jahren des Bestehens hat die Wissenschaftliche Verlagsgesellschaft mbH. eine große Anzahl Werke auf den Gebieten der Pharmazie, Medizin, Chemie, Physik und Biologie veröffentlicht. Die Zeitschriften sind international eingeführt.
Zeitschriften: „Cytobiologie, Zeitschrift für experimentelle Zellforschung" — „defazet, Deutsche Farben-Zeitschrift. Fachblatt für die Chemische und Lackindustrie sowie den Farbengroß- und Einzelhandel" — „Deutsche Lebensmittel-Rundschau, Zeitschrift für Lebensmittelkunde und Lebensmittelrecht" — „Medizinische Monatsschrift, Zeitschrift für allgemeine Medizin und Therapie" — „Naturwissenschaftliche Rundschau" — „Optik, Zeitschrift für Licht- und Elektronenoptik" — „Universitas, Zeitschrift für Wissenschaft, Kunst und Literatur" — „Universitas, A German Review of the Arts and Sciences, Quarterly English Language Edition" — „Universitas, Revista Alemana de Letras, Ciencias y Arte, Edición Trimestral en Lengua Española" — „The German Economic Review, An English-Language Quarterly on German Research and Current Developments" — „Mundus, A Quarterly Review of German Research Contributions on Asia, Africa and Latin America, Arts und Science".
Tges: S. Hirzel Verlag Stuttgart; Deutscher Apotheker-Verlag, Stuttgart; Franz Steiner Verlag, Wiesbaden.
Verlagsgebiete: 17 — 18 — 20 — 24 — 28.

Witte, Hans, Verlag GmbH
D-7800 Freiburg/Br., Postfach 1660, Merzhauser Straße 110

Wittemann, Arthur, Verlag
D-8000 München 71, Wolfratshauser Straße 206

Signet wird geführt seit: 1946.

Grafiker: Hans Kühne.

Friedrich Wittig Verlag
D-2000 Hamburg 76, Papenhuder Str. 2
Tel: (040) 2 20 12 91. **Psch:** Hamburg 874 08-206. **Bank:** Dresdner Bank Hamburg 5 864 069. **Gegr:** 1. 1. 1946. **Rechtsf:** Einzelfirma.
Inh/Ges: Friedrich Wittig.
Verlagsleitung: Friedrich Wittig □, geb. 1906 in Berlin-Charlottenburg. Nach dem Abitur 1924 Lehre im Scherl-Verlag, anschließend Hersteller im S. Fischer Verlag, von 1930 bis 1937 Leiter des Wichern-Verlags. Seit 1945 selbständiger Verleger. Kurator des Friedenspreises des Deutschen Buchhandels, den er 1950 mitbegründet hat. 1962 bis 1965 Vorsteher des Börsenvereins des Deutschen Buchhandels, seit 1965 Vorsitzender der Historischen Kommission.
Prokuristen: Hildegard Benneckenstein und Friedrich B. Holst.
Geschichte: 1945 mit Hilfe kirchlicher Freunde in Hamburg gegründet. Erste Veröffentlichung: die „Losungen 1946" der Herrnhuter Brüdergemeine. Das Verlagsprogramm wird von den persönlichen Neigungen des Verlegers bestimmt: Theologie, christliche Kunst (Buchmalerei des frühen Mittelalters), Kirchengeschichte (speziell Hamburgs), Buchkunst und schöne Literatur christlicher Prägung. Herstellung der Siebenstern-Taschenbücher.
Hauptautoren: Albrecht Goes, Johann Christoph Hampe, Johannes Pfeiffer, Otto von Taube, August Winnig, Wolfgang Böhme, Walter Künneth, Anna Paulsen, Ethelbert Stauffer, Kurt Weitzmann.
Hauptwerke: Albrecht Goes, „Unruhige Nacht", dramatisierte, mehrfach verfilmte Novelle mit 20 Übersetzungen — Die „Losungen" der Herrnhuter Brüdergemeine — Gesangbücher für sechs Kirchen.
Verlagsgebiete: 2a — 8 — 12.
Btlg: Siebenstern Taschenbuch Verlag GmbH & Co. KG, Hamburg.

Wittkop, Max GmbH, Verlagsanstalt
D-8000 München 19, Nymphenburger Straße 86

Wittmann, Dr. Heinrich, Verlag
D-8000 München 86, Postfach 860844, Menzelstraße 3

Wochenschau-Verlag Dr. Debus & Co.
D-6231 Schwalbach-Limes bei Frankfurt (M), Adolf-Damschke-Straße 105

Gert Wohlfarth KG
Verlag Fachtechnik +
Mercator Verlag

D-4100 Duisburg, Köhnenstraße 5—11, Postfach 371
Tel: (02131) 2 49 41. **Fs:** 855 474 press d. **Psch:** Essen 141 37-435. **Bank:** Stadtsparkasse Duisburg 200-103703. **Gegr:** 1. 11. 1972 in Duisburg. **Rechtsf:** KG.
Inh/Ges: pers. haft. Ges: Gert Wohlfarth; Kommanditist: Dipl.-Kfm. U. Wohlfarth.
Verlagsleitung: Gert Wohlfarth.
Geschichte: Die Gert Wohlfarth KG wurde am 1. 11. 1972 aus den von Gert Wohlfarth gegründeten Verlagen „Mercator-Verlag" (1949) und dem „Verlag Fachtechnik GmbH" (1953) als Gesamtunternehmen neugegründet.
In diesem Unternehmen werden die bisherigen Verlagsprogramme weitergeführt.
Hauptwerke: Der Mercator-Verlag setzt sein Programm Landschafts- und Kulturbücher des Nordrhein-Westfälischen Raumes fort.
Im Verlag Fachtechnik erscheinen 12 Fachzeitschriften, u. a. „Der Baustoffmarkt" und „baukeramik" sowie einschlägige Handbücher.
Buchreihe: „Mercator-Bücherei".
Verlagsgebiete: 14 — 20 — 28.

Heinz Wolf Verlag
Fachverlag für Steuerpraxis
D-7500 Karlsruhe 1, Postfach 6822, Amselweg 3

Signet wird geführt seit: 1969.

Grafiker: Rolf Albrecht.

Wolf Verlag GmbH

D-8400 Regensburg 1, Haidplatz 2, Postfach 112

Tel: (09 41) 5 20 91. **Psch:** München 9391-808. **Bank:** Bayerische Vereinsbank Regensburg 5 800 714 (BLZ 750 200 73). **Gegr:** 1895 in Regensburg. **Rechtsf:** GmbH.
Inh/Ges: Familiengruppe.
Verlagsleitung: Heinrich Eichhammer □, geb. 9. 10. 1922 in Regensburg, wohnhaft in D-8401 Tegernheim, Kellerstr. Nr. 51 (Verlagsleitung und Lektorat, Gesamtprokura).
Siegfried Brunner, geb. 19. 5. 1944 in Regensburg, D-8400 Regensburg, Lindenstraße 1/0 (Verkauf und Werbung, Gesamtbevollmächtigter).
Artur Welke, geb. 30. 10. 1911 in Bartschin, D-8400 Regensburg, Karl-Anselm-Straße 10 (Versand und Lager, Gesamtbevollmächtigter).
Geschichte: Im Jahre 1895 gründete der Pädagoge Leonhard Wolf das Unternehmen. Es entstanden Verwaltungsvordrucke, die Grundlage des heutigen „Wolf-Vordruck-Programms". Dem Verlag wurde bald eine Großhandlung für Organisationsmittel, Verwaltungs- und Schulbedarf angegliedert, jetzt: „Wolf-Schulbedarfsprogramm". Der „Pädagogische Verlag Wolf" entwickelte sich aus Verbindungen zur Hochschule. Als erster deutscher Verlag brachte er 1956 spezielle Arbeitsmittel für Schüler, die durch ihren Aufbau in kleinen Lernschritten die Selbsttätigkeit fördern, der Stoffsicherung dienen und die Unterrichtsarbeit rationalisieren.
Hauptwerke: „Arbeitsblätter", maßgeblich beeinflußt von Dr. Günther Lubowsky — „Wolf-Lehrtransparente", neue Lehrmedien für die Unterrichtsarbeit am Schreibprojektor — „Wolf-Bildtafeln beschreibbar" zur Stoffsicherung und Nachbereitung — „Wolf-Handbücher", begründet in den 30er

Jahren — „Wolf-Schultests", psychodiagnostisches Verfahren für die Schule, betreut von Prof. Dr. D. Rüdiger, Regensburg (seit 1970). — Im Verwaltungsfachverlag: „Wolf-Vordrucke" und andere Verwaltungshilfen wie Einzelakten, Karteien für Schulen und Pfarrämter.
Buchreihe: „Wolf-Buch", Reihe modern konzipierter Schülerbücher (seit 1958).
Zeitschrift: „Heimatliche Schule", Monatszeitschrift.
Hz: „Wolf-Telegramm" für Volks- und Sonderschule (3x jl.) — „Wolf-Telegramm" für Pfarrämter (2x jl.).
Angeschl. Betr: Wolf Lesen und Lernen, Fachbuchhandlung und Lehrmittelhaus, Regensburg, Haidplatz 2.
Verlagsgebiete: 10 — 11.

Wolff-Oldenburg, Gabriele, Verlag

D-7031 Holzgerlingen, Rosenstraße 15

Wort u. Bild Verlagsgesellschaft mbH

D-6100 Darmstadt, Eschollbrücker Str. 24—28

Wort und Welt Buchverlagsges. m.b.H. & Co. KG

A-6020 Innsbruck, Sterzingerstraße 8a

Wünschmann, Bruno u. Co., Verlags- und Exportbuchhandlung

D-2800 Bremen, Postfach 1234, Buntentorsteinweg 323

Württembergische Bibelanstalt

D-7000 Stuttgart 1, Postfach 755, Hauptstätter Straße 51

Ernst Wunderlich, Verlagsbuchhandlung

D-6370 Oberursel, Postfach 420

Signet wird geführt seit: 1945.

Grafiker: Walter Brudi.

Rainer Wunderlich Verlag Hermann Leins

D-7400 Tübingen, Goethestraße 6, Postfach 2740

Tel: (0 71 22) 2 21 12 und 2 23 40. **Fs:** 726281 mepo d. **Psch:** Stuttgart 4872.
Bank: Deutsche Bank Tübingen 01/27 217; Kreissparkasse Tübingen 24842.
Gegr: 1. 2. 1913 in Leipzig. **Rechtsf:** KG.
Inh/Ges: Pers. haft. Gesellschafter: Hermann Leins, daneben Familienmitglieder als Kommanditisten.
Verlagsleitung: Prof. Dr. h. c. Hermann Leins ☐, geb. 25. 5. 1899 in Stuttgart, geschäftsführender Gesellschafter der J. B. Metzlerschen Verlagsbuchhandlung und Carl Ernst Poeschel Verlag GmbH, Stuttgart. Mitglied der Schiller-Gesellschaft, Marbach, und der Friedrich-List-Gesellschaft.
Kaufmännische Leitung: Dipl.-Kfm. Günther Schweizer.
Lektorat: Dietlind Vetter.
Herstellung: Ernst Hoss.
Vertrieb und Werbung: Kurt Kloeppel.
Geschichte: Hermann Leins erwarb nach sorgfältiger buchhändlerischer Ausbildung zusammen mit Frau Elisabeth Witzel am 1. 4. 1926 den Firmennamen Rainer Wunderlich Verlag, nicht aber dessen ihm wesensfremde Produktion. Frau Witzel schied 1938 aus gesundheitlichen Gründen wieder aus. Als erste vertraute Isolde Kurz („Vanadis") dem jungen Tübinger Verleger ein Werk an; neben sie traten bald Gertrud Bäumer („Adelheid") und M. B. Kennicott („Das Herz ist wach"), deren Tochter Isabel Hamer schrieb 1938 den Erfolgsroman „Perdita". Krieg, Publikationsverbot, zwangsweise Schließung und Zusammenbruch brachten schwere Belastungen. Mit der Lizenz Nummer 1 in der französisch besetzten Zone erlebte der Verlag nach 1945 einen neuen Aufschwung, er gewann u. a. Theodor Heuss, Friedrich Sieburg und Vinzenz Erath, baute die Abteilung Zeitgeschichte systematisch auf, daneben eine Reihe historischer Biographien, ferner Musikbücher und Werke zur

Geistes- und Kulturgeschichte und Industrie- und Handelsgeschichte. So vielseitig das Programm ist, es steht unter einem inneren Gesetz; der Überlieferung verbunden, dem Geist des schwäbischen Humanismus verpflichtet, dabei weltoffen und gegenwartsnah. Hermann Leins hat seinem Verlag ein unverwechselbares Profil gegeben. Die innere Einheit drückt sich auch in der gepflegten Gestaltung aus.

Hauptautoren: Gertrud Bäumer, David Ben Gurion, Werner Bergengruen, Ludwig Berger, Leonard Bernstein, Sebastian Blau, Hans Blickensdörfer, Edmonde Charles-Roux, Noël Coward, Clemence Dane, Vinzenz Erath, Michael de Ferdinandy, Maxim Gorki, Ian Grey, Romano Guardini, Isabel Hamer, L. P. Hartley, Heinrich Hermelink, Hermann Hesse, Theodor Heuss, Elly Heuss-Knapp, Paul Horgan, Ricarda Huch, M. B. Kennicott, Isolde Kurz, Helene Lange, Hans Löscher, Reinhold Maier, Georgina Masson, W. Somerset Maugham, Daphne du Maurier, Hans-Otto Meissner, Eduard Mörike, Gerald Moore, Gregor Piatigorsky, Chaim Potok, Dorothy Sayers, Carlo Schmid, R. C. Sherriff, Friedrich Sieburg, Eduard Spranger, Toni Stolper, Dorothee von Velsen, David Friedrich Weinland, Jessamyn West, John W. Wheeler-Bennett, Benno von Wiese.
Tges: J. B. Metzlersche Verlagsbuchhandlung und Carl Ernst Poeschel Verlag GmbH, D-7000 Stuttgart 1, Kernerstraße 43.
Verlagsgebiete: 1 — 8 — 13 — 14 — 6 — 9 — 12 — 15 — 18 — 21.

Signet wird geführt seit: 1953.

Grafiker: —

Dr. Carl Wurm Verlag Erben

D-8440 Straubing, Innere Passauer Straße 8, Postfach 181
Tel: (0 94 21) 57 42. **Psch:** München 867 41. **Bank:** Bayer. Hypotheken- und Wechsel-Bank Straubing 140406; Stadtsparkasse Straubing 14 340; Volksbank Straubing 16 349. **Gegr:** 1. 1. 1932 in Berlin. **Rechtsf:** Einzelfirma.

Inh/Ges: Frau Maria Wurm.
Verlagsleitung: Frau Maria Wurm.
Hauptwerke: Wurm-Wagner-Zartmann, „Das Rechtsformularbuch" — Wagner-Zartmann, „Das Prozeßformularbuch" — Berger-Speich, „Die Reichsabgabenordnung" — „Das Steuerrecht in Frage und Antwort" — „Staat und Verfassung - Die Bundesrepublik".
Zeitschrift: „Kurze Steuer- und Rechtsnachrichten".
Verlagsgebiete: 4 — 28.

Neues Signet seit: 1970.

Grafiker: —

K. J. Wyss Erben AG

CH-3001 Bern, Effingerstr. 17, Postfach
Tel: (031) 25 37 15. **Psch:** Bern 30-145.
Bank: Kantonalbank von Bern in Bern.
Gegr: 1849 als Einzelfirma, 1930 umgewandelt in eine AG. **Rechtsf:** AG.
Inh/Ges: Familien-AG. Direktoren: Hans Wyss, Gustav Wyss, Hanspeter Knoblauch.
Verlagsleitung: Hans Wyss.
Geschichte: Das Unternehmen, umfassend Buch- und Offsetdruckerei und Verlag, wurde 1849 von Kaspar Joseph Wyss gegründet. Die Verlagstätigkeit umfaßte alle 5 Fakultäten. In den letzten 40 Jahren wandte sich der Verlag vorab der Rechtswissenschaft, dem Versicherungswesen, der Land- und Milchwirtschaft sowie Schulbüchern in deutscher und französischer Sprache zu.
Hauptwerke: Roelli / Jaeger / Keller, „Kommentar zum Bundesgesetz über den Versicherungsvertrag" — Härdy, „Kommentar zum Strafgesetzbuch" — Zollikofer, „Lehrbuch der Emmentaler Käserei" — Koestler/Stüssi, „Leitfaden der Butterfabrikation" — Egger, „Die modernen Schmelzkäseverfahren" — Schneider, „Praktische Milchprüfung" — J. Muggli, „Lehrbuch der Tilsiter- und Appenzellerkäserei".
Zeitschrift: „Schweiz. Zeitschrift für Musik-Handel und -Industrie".
Verlagsgebiete: 1 — 4 — 10 — 11 — 14 — 28.

Zaberndruck Philipp von Zabern
D-6500 Mainz, Postfach 4065, Welschnonnengasse 11—13

Signet wird geführt seit: —

Grafiker: —

Zauberkreis-Verlag
D-7550 Rastatt, Karlsruher Straße 22, Postfach 389

Tel: (0 72 22) 2 24 33. **Psch:** Karlsruhe 31182. **Bank:** Volksbank Rastatt 1313.00; Dresdner Bank Rastatt 6322153; Bezirkssparkasse Rastatt 030 197. **Rechtsf:** Einzelfirma.
Inh: Richard Greiser.
Verlagsleitung: Dr. Dietmar Greiser, Heinrich Ernst.
Vertriebsleitung: Egon Walter.
Hauptautoren: Dan Shocker, G. Dönges, G. F. Unger, R. Ullmann, L. Anzengruber, G. de Fries.
Buchreihen/Romanheftserien: Schicksalsroman — Arztroman — Schloßroman — Edelstein-Roman — Edelweiß-Berg-Roman — Science Fiction — Silber-Krimi — Grusel-Krimi — Macabros — Butler Parker — Silber-Western — Rodeo-Western — Unger-Western — Das Bunte Witzheft.
Tges: Hebel-Verlag, Rastatt, Inh. Richard Greiser, Kalender, Jugendbücher, Mal- und Kinderbücher.
Verlagsgebiete: 8 — 9 — 26.

Zauner, Hans jr.
D-8060 Dachau/Obb., Postfach 1980, Augsburger Straße 9

Zbinden Druck und Verlag AG
CH-4006 Basel, St. Albanvorstadt 16

Zechner & Hüthig Verlag GmbH
D-6270 Speyer, Postfach 68, Daimlerstraße 9

Zeise, Robert, Verlag
D-8400 Regensburg 2, Postfach 72, Siebenkeesstraße 13

Zeising, Karl W., Verlag
D-6100 Darmstadt 2, Postfach 1149, Donnersbergring 20

Zeitbuch-Verlag GmbH
D-1000 Berlin 33, Höhmannstraße 6

Zeller, Otto, Verlagsbuchhandlung
D-4500 Osnabrück, Postfach 1949, Jahnstraße 15

Zettner, Andreas, Verlag KG
D-8702 Veitshöchheim, Postfach 13, Hofweg 12

Signet wird geführt seit: 1973.

Grafiker:
Ph. Schmidt, Vienenburg.

A. W. Zickfeldt Verlag KG
D-3000 Hannover, Walderseestraße 14
Tel: (05 11) 62 13 55. **Psch:** Hannover 825-308. **Bank:** Volksbank Hannover 125083. **Gegr:** 23. 11. 1868 in Osterwieck/Harz. **Rechtsf:** KG.
Inh: Dr. Kurt Zickfeldt, persönlich haftend.
Verlagsleitung: Dr. Kurt Zickfeldt. Werbung und Vertrieb: Kurt Zickfeldt, jun.
Lektor: Hermann Wacker.
Geschichte: Gegründet 23. 11. 1868 in Osterwick/Harz. Pädagogischer Verlag seit 1896. In Hannover weitergeführt 1954. Bürogemeinschaft mit Elwin Staude Verlag Hannover.
Hauptautoren: Prof. Dr. Heinz Bach, Prof. M. Bönsch, Hans Ebeling, P. Faulbaum, A. Gößling, D. Gramm, G. Heizmann, W. Moog, H. Vogt, H. Wacker, H. O. Westermann.
Hauptwerke: Pädagogische Fachliteratur — Handbücher für den Grund-, Hauptschul- und Realschullehrer — Schulbücher für Grund- und Hauptschulen.
Buchreihe: „Praktische Schularbeit".
Tges: Elwin Staude Verlag GmbH, Hanover, Walderseestraße 14, (Bürogemeinschaft).
Verlagsgebiete: 10 — 11.

Ziemsen-Verlag
DDR-4600 Wittenberg, Postfach 22,
Lukas-Cranach-Straße 21

Zimmermann, Edith
D-6000 Frankfurt (M) 1, Zeppelinallee 21

Zimmermann, Gebr., Graphischer Betrieb GmbH
D-5983 Balve/Westf., Postfach 120, Widukindplatz 2

Zitzmann, Rudolf
D-8560 Lauf 2, Postfach 6, Espanstr. 1

Signet wird geführt seit 1946.

Grafiker: Prof. Rudolf Geyer.

Paul Zsolnay Verlag Ges.m.b.H.

A-1041 Wien IV, Prinz-Eugen-Straße 30, Postfach 142, Wien 50
D-2000 Hamburg 36, Hohe Bleichen 7, Libri-Haus
Tel: Wien (02 22) 65 76 61, 65 18 16; Hamburg (04 11) 34 51 56, 34 51 57. **Fs:** Hamburg 02-14 900. **Psch:** Wien 194 540; Hamburg 789 00. **Bank:** Österr. Länderbank 1-902-419; Österr. Credit Institut 49 500; Creditanst.-Bankverein 29-97-500 — alle in Wien; Vereinsbank Hamburg 1/05/15 476. **Gegr.:** 1923 in Wien. Neugründung 1946 in Wien. **Rechtsf:** GmbH.
Inh/Ges: Heinemann & Zsolnay Ltd., London W 1, 15-16 Queen Street, Mayfair, Großbritannien.
Verlagsleitung: Wien: Geschäftsleitung: Hans W. Polak ▢, und August Langer. Lektorat: Dr. Maria Felsenreich. Herstellung: Peter Baumgartner. Buchhaltung: Michaela Rosenberg. Vertrieb und Werbung: Thomas C. von Sacken.
Hamburger Geschäftsleitung: Charles und Kurt Lingenbrink.
Presse und Lektorat: Prof. Rudolf Italiaander.
Geschichte: Daß Franz Werfel einen neuen Verleger für seinen fast vollendeten ersten Roman „Verdi" suchte, veranlaßte Paul von Zsolnay (1895—1961), ein Verlagshaus zu gründen. Wenige Jahre nach der Gründung des Verlages umspannte die Liste seiner Autoren bereits den Erdkreis: Eduard Stukken, Heinrich Mann, Kasimir Edschmid, Frank Thiess, Walter v. Molo aus Deutschland; Egmont Colerus, Ernst Lothar, Felix Salten, Arthur Schnitzler, Robert Neumann und Roda Roda aus Österreich; die Engländer A. J. Cronin, John Galsworthy (Nobelpreis) und H. G. Wells; aus Amerika Theodore Dreiser, die Nobelpreisträger Pearl S. Buck und Sinclair Lewis; aus Frankreich die Colette, Edouard Estaunie und den Nobelpreisträger Roger Martin du Gard sowie Henri Barbusse; aber auch Schalom Asch, Valentin Katajew, Leonid Leonow, J. Ilf und E. Petrow.
Im Zweiten Weltkrieg verlegte Paul v. Zsolnay seine Tätigkeit nach London. Mit William Heinemann, einem der angesehensten Verlagshäuser Englands, gründete er die Heinemann & Zsolnay Ltd., die zunächst Bücher in französischer Sprache herausbrachte, u. a. Ernest Hemingways Werke. Nach Kriegsende kehrte Paul von Zsolnay auf den Kontinent zurück. An Stelle der alten Leipziger und Berliner Niederlassungen, die zerstört waren, erfolgte eine neue Firmengründung in Hamburg. Der Verlag pflegt wieder die schöne Literatur und das für ein großes Leserpublikum gedachte Sachbuch. Er stellte jetzt neue Autoren in deutscher Sprache vor (Graham Greene). Zahlreich sind die prominenten Autoren, die in den folgenden Jahren ihre Bücher dem Paul Zsolnay Verlag anvertrauten oder durch ihn erstmalig publiziert wurden und große Verbreitung fanden: aus dem deutschen Sprachraum Armin Ayren, Heinrich Kraus, Wolfgang Ott, Nikolai von Michalewsky und Erwin Münz; die Österreicher Fritz Habeck, Johannes Mario Simmel, Marlen Haushofer, Fritz Hochwälder, Alexander Lernet-Holenia, Kurt Klinger und Nobelpreisträger Erwin Schrödinger. Ferner: Nikolai Arschak-Daniel, Abram Terz-Sinjawski, John le Carré, Gyula Krúdy, Jean Hougron, Georges Blond, Victor Wolfgang v. Hagen, Carl Sandberg, Pulitzer-Preisträger Edwin O'Conner, Betrand Russell (Nobelpreisträger), Rumer Godden und J. B. Priestley.
Die Betreuung dieser neuen Autoren geht Hand in Hand mit der Pflege der Werke aus den Anfängen des Verlages unter besonderer Berücksichtigung des Sachbuches (Biographien, Kunst, Kulturgeschichte, Völkerkunde, Geschichte,

Zsolnay

Zeitgeschehen, Politik, Religion, Philosophie, Psychologie, Naturwissenschaften, Medizin, Mathematik). Über 1500 Werke von rund 550 Autoren mit einer deutschen Gesamtauflage von über 58 Millionen (1968) sind das Ergebnis einer 45jährigen Verlagsgeschichte. 1953, zum dreißigjährigen Jubiläum, erschienen die ersten Bände der „Paul Zsolnay-Jubiläumsausgaben", die seither (1971) auf eine 220 Bände umfassende wohlfeile Reihe angewachsen und damit die größte Sammlung dieser Art ist.
Das Programm des Verlages spiegelt die Aufgabe, die man sich in Wien und Hamburg gestellt hat: „Mittler einer Dichtung und Literatur zu sein, die auf die Stimme der Zeit ebenso hört, wie auf die Stimme der Ewigkeit, und die nichts als menschlich sein will' (Oskar Maurus Fontana, „Paul Zsolnay und sein Verlag").
Hauptautoren: Nikolai Arschak-Daniel, Georges Blond, Pearl S. Buck, John le Carré, Egmont Colerus, Colette, A. J. Cronin, Franz Th. Csokor, Theodore Dreiser, Kasimir Edschmid, John Galsworthy, Graham Greene, Fritz Habeck, Victor W. v. Hagen, Jean Hougron, Gyula Krúdy, Alexander Lernet-Holenia, Ernst Lothar, Roger Martin du Gard, Richard Mason, Edwin O'Conner, Wolfgang Ott, J. B. Priestley, Erwin H. Rainalter, Roda Roda, Bertrand Russell, Erwin Schrödinger, Johannes Mario Simmel, Eduard Stucken, Abram Terz-Sinjewski, Frank Thiess, F. Torberg, Daniele Varè, H. G. Wells.
Buchreihen: „Paul Zsolnay Jubiläumsausgaben" (1971: 320 Bände) — „Wiener Geschichtsbücher" (1970: 4 Bände) — „Eine Stadt erzählt" (1970: 4 Bände).
Verlagsgebiete: 6 — 8 — 12 — 14 — 15 — 17 — 18 — 19 — 23.
Tges: Mundus, Österr. Verlagsges. mbH, A-1041 Wien IV, Prinz-Eugen-Straße 30.

Zürcher Liederbuchanstalt

CH-8038 Zürich, Kalchbühlstraße 33, Postfach 69, 8060 Zürich

Tel: (01) 45 39 08. **Psch:** Zürich 80-2069.
Inh/Ges: Lehrerverein Zürich.
Verlagsleitung: Max Stoll, Präsident der Zürcher Liederbuchanstalt.
Hauptwerke: „Heim - Männerchor II" — „Heim - Gemischter Chor" — „Heim - Frauenchor" — „Hörler - Musiklehre" — „Volksliederbuch für Mittelschulen und Singkreise" — „Viva la Musica".
Verlagsgebiete: 10 — 11 — 13.

Signet wird geführt seit: 1970.

Grafiker: —

Zumstein Verlag KG

D-8000 München 22, Liebherrstraße 5

Tel: (089) 22 62 46. **Psch:** München 6562.
Bank: Bayerische Vereinsbank 5633 30.
Gegr: 1909 in Grünenbach/Allg. **Rechtsf:** KG.
Inh/Ges: Max Zumstein, Dipl.-Ing. Otto Zumstein, Wolfgang Zumstein.
Verlagsleitung: Max Zumstein, geb. 7. 7. 1912, Abitur, Verlagslehre, seit 1. 10. 1933 in der Firma, ab 1. 1. 1940 Teilhaber, ab 1. 1. 1950 Geschäftsführer.
Geschichte: Aus einer Sammlerleidenschaft für Landkarten und Reiseführer und dem daraus resultierenden Fachwissen entstand bereits 1909 in Grünenbach (Kreis Lindau) eine Spezial-Großhandlung. 1920 wurde ein Landkartenverlag angegliedert. Die stetige Entwicklung erforderte am 1. 1. 1940 eine Geschäftsverlegung nach München. Max Zumstein wird Teilhaber der neuen OHG.
Seit 1. 10. 1971 wird der Verlag getrennt geführt. Die Landkarten-Großhandlung von Zumsteins Landkartenhaus und der Großhandel der Firma Reise- und Verkehrsverlag, Stuttgart, haben sich ab 1. 10. 1971 zu der neuen Firma Geo Center, Internationales Landkartenhaus GmbH, München-Stuttgart, zusammengeschlossen. Beteiligung je 50 %.
Hauptwerke: Landkarten, Reiseführer.
Verlagsgebiet: 16.

Zupan, Maria Anna

A-1010 Wien I, Führichgasse 2

Zwei Bären Verlag

CH-3001 Bern, Postfach 2741, Maulbeerstraße 10

Zwingli-Verlag siehe Theologischer Verlag Zwingli.

Verlagsjubiläen

Im Jahre 1975 begehen den

175. Gründungstag:

C. F. Peters (1. 12.)

150. Gründungstag:

Verlag J. P. Peter Gebr. Holstein

100. Gründungstag:

Ludwig Auer (4. 6.)
Paulinus Druckerei

75. Gründungstag:

Pallottiner Druck und Lahn Verlag (21. 12.)
Gilles & Francke
Friedrich Reinhardt Verlag
Stern-Verlag, Janssen & Co.

50. Gründungstag:

Lambert Schneider/Lothar Stiehm (1. 1.)
Verlag für Bürotechnik (1. 1.)
Verlag Urachhaus (21. 2.)
Erika Klopp Verlag (1. 3.)
Dr. Alfred Hüthig Verlag
Jaeger-Verlag
Volksverlag Elgg

Im Jahre 1976 begehen den

250. Gründungstag:

N. G. Elwert'sche Universitäts- und Verlagsbuchhandlung

175. Gründungstag:

J. C. B. Mohr (Paul Siebeck) — (1. 8.)
Verlag Herder (27. 11.)
August Bagel

150. Gründungstag:

Bibliographisches Institut
Verlag Friedrich Pustet
E. Schweizerbart'sche Verlagsbuchhandlung

125. Gründungstag:

Wilhelm Ernst u. Sohn (1. 1.)

100. Gründungstag:

Adolf Bonz (16. 5.)

75. Gründungstag:

Droemer'sche Verlagsanstalt, Th. Knaur Nachf.

50. Gründungstag:

Hofbauer-Verlag (5. 2.)
Lambert Müller Verlag (1. 7.)

Verlagsjubiläen

Im Jahre 1977 begehen den

275. Gründungstag:
Sellier Verlag

250. Gründungstag:
Friedrich Frommann Verlag (März)

150. Gründungstag:
Greven Verlag

100. Gründungstag:
Carl Gerber Verlag (1. 7.)
Verlag Ullstein GmbH (14. 7.)

75. Gründungstag:
Ferdinand Schöningh (26. 4.)
Karl Robert Langewiesche (5. 5.)
Walter G. Mühlau (15. 10.)
Verlag B. Haugg
Insel-Verlag
Axel Juncker Verlag, Nachf. KG
Carl Ernst Poeschel
Polyglott Verlag

50. Gründungstag:
Jos. Gotth. Bläschke Verlag
Richard Boorberg
Elektrowirtschaft
Dr. Ernst Hauswedell & Co. Verlag

Im Jahre 1978 begehen den

150. Gründungstag:
Philipp Reclam jun. (1. 10.)
Bouvier Verlag, Herbert Grundmann (24. 11.)

100. Gründungstag:
J. F. Bergmann (1. 1.)
Gustav Fischer Verlag (1. 1.)
Franz Deuticke Verlag
Peter Hanstein

75. Gründungstag:
Georg Müller Verlag (Langen Müller)

50. Gründungstag:
Ebertin-Verlag (1. 10.)
Carl Hanser Verlag (1. 10.)
Buch- und Kunstverlag Ettal (Oktober)
Betriebswirtschaftlicher Verlag, Dr. Th. Gabler KG
Deutscher-Kartei-Verlag
Edition Pro Schola

Porträts

von Verlagsinhabern und verantwortlichen Verlagsleitern.
Die Anordnung folgt dem Namensalphabet.

WOLF-DIETRICH ANDREAS
Andreas & Andreas

MARTIN ARNDT
Oscar Brandstetter Verlag

MAX AUER
Verlag Ludwig Auer

DR. PETER BACHEM
J. P. Bachem Verlag /
Jakob Hegner Verlag

ALEXANDER J. BALCAR
UDM-Verlag

DR. EDMUND
BANASCHEWSKI
Werk-Verlag

KARL BAUR
Verlag Georg D. W. Callwey

DIETER BEUERMANN
Nicolaische Verlagsbuch-
handlung

DR. MANFRED
BELTZ-RÜBELMANN
Julius Beltz Verlag

DR. JEAN J. BENEDICT
Editions Pro Schola

DR. ALBERT BIRKHÄUSER
Birkhäuser Verlag

DR. GEORG BITTER
Georg Bitter Verlag /
Kommunal Verlag

STEPHAN BLOTZHEIM
Ostasiatischer Kunstverlag

CURT BOCK
Curt Bock Musikverlag

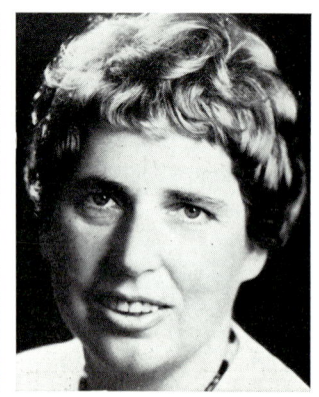

GISELA BÖHME
Verlag für Wissenschaft,
Wirtschaft und Technik

DR. GERHARD
BOHNENBERGER
Stachus-Verlag

HARALD BOLDT
Harald Boldt Verlag

GERHARD BOLLMANN
Koehlers Verlagsgesellschaft /
Maximilian-Verlag

AUREL BONGERS
Verlag Aurel Bongers

KARL BROSIG
Verlag der Österreichischen
Staatsdruckerei

DR. HEINZ BUNDSCHUH
Ramón Keller Verlag

ROLF CHRISTIANI
Archimedes Verlag

DR. HILDEGARD CLAASSEN
Claassen Verlag

FRANZ CORNELSEN
Cornelsen / Velhagen &
Klasing / COUP

ERICH CRAMER Kronen Verlag	DR. PAUL CRON Edition Cron	HEINRICH DELP Delp'sche Verlagsbuchhdlg.
HARRI DEUTSCH Verlag Harri Deutsch	REINHARD DEUTSCH Verlag Harri Deutsch	DR. PETER DIEDERICHS Eugen Diederichs Verlag
ULF DIEDERICHS Eugen Diederichs Verlag	DR. GEORG DIETRICH Altkönig-Verlag	DR. MAXIMILIAN DIETRICH Maximilian Dietrich Verlag

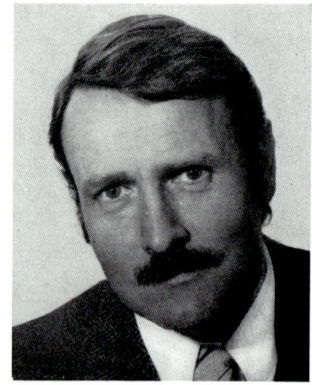

WILLY DROEMER
Droemersche Verlagsanstalt /
Schoeller Verlag

DR. MANFRED DROSTE
Droste Verlag

DR. h. c. HANS DÜRRMEIER
Süddeutscher Verlag /
TR-Verlagsunion

FRANZ EHRENWIRTH
Franz Ehrenwirth Verlag /
Schneekluth Verlag

HEINRICH EICHHAMMER
Wolf Verlag

GERHARD EICKHORN
Europa Union Verlag

HORST JOACHIM ERDMANN
Horst Erdmann Verlag

KARL G. FISCHER
Agis-Verlag

ERICH FLEISCHER
Erich Fleischer Verlag

DR. HERBERT FLEISSNER
Amalthea-Verlag/F. A. Herbig
Albert Langen-Georg Müller
Verlag

HANS FREVERT
Signal-Verlag

BERTHOLD FRICKE
Knorr & Hirth Verlag

HEINZ FRIEDRICH
Deutscher Taschenbuch Verlag

HEINZ FRITSCH-RICHTER
Verlagsanstalt Welsermühl

DR. h. c. FRIEDRICH GEORGI
Verlag Paul Parey

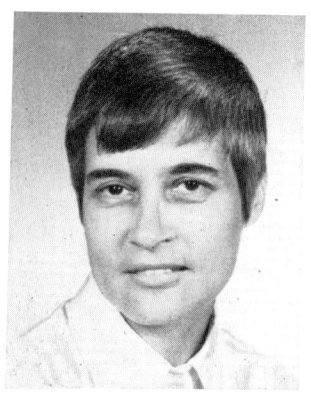

RENATE GERHARDT
Gerhardt Verlag

WERNER GIESEKING
Verlag Ernst und Werner
Gieseking

DR. Dres. h. c. HEINZ GÖTZE
Springer Verlag

WILHELM GOLDMANN †
Wilhelm Goldmann Verlag

TREU GROSSMANN
Ratio-Verlag

HERBERT GRUNDMANN
Bouvier Verlag

ELSE HÄNDLE
Stieglitz Verlag

DR. CARL HANSER
Carl Hanser Verlag

ROBERT HARSCH-NIEMEYER
Max Niemeyer Verlag

DR. ERNST L. HAUSWEDELL
Dr. Ernst Hauswedell & Co.
Verlag

EBERHARD HEIZMANN
Terra-Verlag

HANS-ALFRED HERCHEN
Verlag Harri Deutsch

SIEGFRIED HERGT
Heggen Verlag

DR. JOSEPH S. HEROLD
Herold Neue Verlags GmbH /
Vereinigte Herold Verlage

OTTO H. HESS
Colloquium Verlag

H. M. HIERONIMI
Verlag der Europäischen
Bücherei

PROF. DR. MAX HIRMER
Hirmer Verlag

OTTO HOCH
Hoch Verlag

HARRY v. HOFMANN
Harry v. Hofmann Verlag

HANS HOHENESTER
Carl Gerber Verlag /
Schwaneberg

GEORG VON HOLTZBRINCK
Verlagsgruppe Holtzbrinck

JOHANNES HOLZMEISTER
Fidula-Verlag

DIETER HÜLSMANNS
Verlag Eremiten Presse

DR. MARTIN HÜRLIMANN
Atlantis Verlag

ELLY HUTH
Huth Verlag

HORST E. JAEGER
Deutscher Adreßbuch Verlag /
Jaeger Verlag

REINHARD JASPERT
Safari-Verlag

DR. KLAUS JOHANNSEN
Elitera Verlag

HERMANN JUNGCK
Ernst Reinhardt Verlag

SIEGFRIED
KAPPE-HARDENBERG
blick+bild Verlag

HEINZ KAUFMANN
Verlag Ernst Kaufmann

DANIEL KEEL
Diogenes Verlag

JOSEF KELLER
Josef Keller Verlag

HELMUT KINDLER
Kindler Verlag

OSKAR KLOKOW
Oskar Klokow Verlag

ERIKA KLOPP
Erika Klopp Verlag

DR. DR. VITTORIO
KLOSTERMANN
Vittorio Klostermann Verlag

DR. EBERHARD KNITTEL
G. Braun Verlag

GERHARD KOMAR
Monika Komar Verlag

TOMAS KOSTA
Bund Verlag /
Europäische Verlagsanstalt

KARL KRÄMER
Karl Krämer Verlag

KARL HORST KRÄMER
Karl Krämer Verlag

ERNST KRATTINGER
Staatskunde Verlag

OTTO K. KRAUSSKOPF
Otto Krausskopf-Verlag

DR. PETER LALICS
Österreichischer Bundesverlag

DR. CARL LUDWIG LANG
A. Francke A. G.

DR. KARL LANG
Taylorix Fachverlag

DR. JAKOB LAUBACH
Matthias-Grünewald-Verlag

HEINRICH MARIA
LEDIG-ROWOHLT
Rowohlt Verlag /
Rowohlt Taschenbuch Verlag

PROF. DR. HERMANN LEINS
Rainer Wunderlich Verlag /
J. B. Metzlersche Verlags-
buchhandlung

KONRAD LEMMER
Rembrandt Verlag

FLORIAN LENSING-WOLFF
Verlag Lambert Lensing

FOLKER LINK-WIESEND
Carl Link Verlag

DR. PAUL W. LIST
Paul List Verlag

GUSTAV LÜBBE
Gustav Lübbe Verlag /
Bastei Verlag

DR. RICHARD MAI
Verlag „Volk und Heimat"

RICHARD MANTLIK
Verlag Bayernkurier

DR. BRUNO MARIACHER
Artemis-Verlag

PETER H. MARTENS
Optimal Verlag

DR. WOLFGANG METZNER
Verlag Bernard & Graefe

GERTRAUD MIDDELHAUVE
Middelhauve Verlag

DR. KARL-HEINZ
MÖLLER-KLEPZIG
L. A. Klepzig Verlag

GERD MOHN
Gütersloher Verlagshaus
Gerd Mohn

REINHARD MOHN
Verlagsgruppe Bertelsmann

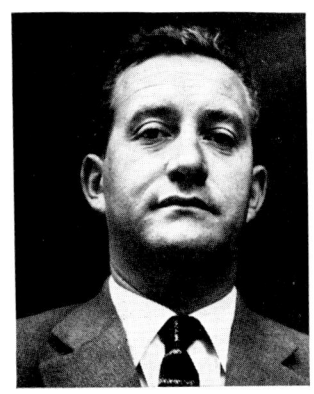

FRITZ MOLDEN
Fritz Molden Verlag

DR. CHRISTOF
MÜLLER-WIRTH
C. F. Müller Verlag /
Herbert-Wichmann-Verlag

DR. HORST QUIRING
Evang. Missionsverlag

KLAUS RAABE
VFV - Verbands- u. Fach-
schriftenverlag / Deutscher
Tierschutzwerbedienst

DR. JOSEF RAST
Walter Verlag

DR. DIETRICH RAUCH
Böhlau Verlag

DR. HEINRICH RECLAM
Reclam Verlag

FRIEDOLIN RESKE
Verlag Eremiten Presse

DR. HELMUT RIETHMÜLLER
Quell-Verlag

REINHART RINNERTHALER
Verlag St. Peter

OTTO RUDER
Quell-Verlag

ROTBUCH-KOLLEKTIV
Rotbuch Verlag

GÜNTHER RUPRECHT
Vandenhoeck & Ruprecht /
Ehrenfried Klotz Verlag

HELLMUT RUPRECHT
Vandenhoeck & Ruprecht

OTTO SAGNER
Verlag Otto Sagner

HANS SAUERLÄNDER
Verlag Sauerländer

ROBERT SCHÄFER
Verlagsgruppe List /
Süddeutscher / Südwest

WOLFGANG SCHAFFLER
Residenz Verlag

RICHARD SCHEIBEL
Emil Fink Verlag

WILHELM SCHERIAU
Donauland /
Kremayr & Scheriau

HANS MARTIN SCHMIDT
Verlag Dr. Otto Schmidt

RUDOLF K. FR. SCHNABEL
J. Fink Verlag

FRANZ-JOACHIM
SCHNEIDER
Franz Schneider Verlag

DR. HUGO SCHNELL
Verlag Schnell & Steiner

DR. KURT SCHOBER
Koehlers Verlagsgesellschaft /
Maximilian-Verlag

HERMANN VON
SCHROEDEL-SIEMAU
Hermann Schroedel Verlag

MARIA SCHÜTTE-
HAGEMANN
Lehrmittelverlag W. Hagemann

HERBERT SCHULT
Erich Hoffmann Verlag

HERMANN SCHULZ
Peter Hammer Verlag /
Jugenddienst-Verlag

ROLF S. SCHULZ
R. S. Schulz Verlag

GERHARD SCHUMANN
Hohenstaufen Verlag

ERNST SCHWARCZ
Schwarcz Verlag

ROLF SEELIGER
Rolf Seeliger Verlag

DR. HEINRICH SEEWALD
Seewald Verlag

GEORG SIEBECK
Verlag J. C. B. Mohr

DR. HANS-GEORG SIEBECK
Verlag J. C. B. Mohr

DR. P. BERNHARD SIRCH
EOS-Verlag

ARNO SPITZ
Berlin Verlag

DR. KONRAD SPRINGER
Springer Verlag

DR. JOHANNES STEINER
Verlag Schnell & Steiner

ERHARDT D. STIEBNER
Bruckmann Verlag

DR. ERICH STOLLFUSS
Wilhelm Stollfuss Verlag

DR. NAIDEN STOYTSCHEFF
Verlag Dr. N. Stoytscheff

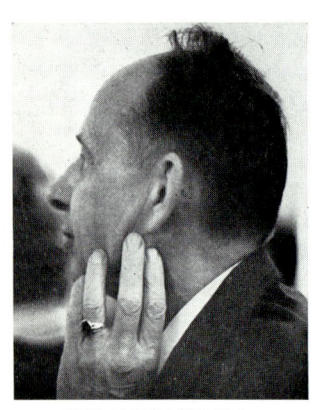

WULF STRATOWA
Manutiuspresse

WALTER STUTZ
Walter Stutz Verlag

URSULA SÜNDERMANN
Druffel-Verlag

ENGELBERT TAUSCHER
Pallottiner Verlag

KARL ERNST
TIELEBIER-LANGENSCHEIDT
Langenscheidt / Langenscheidt-
Longman / Mentor-Verlag /
Polyglott

DR. SIEGFRIED UNSELD
Insel-Verlag / Suhrkamp
Verlag / Nomos Verlagsges.

DR. HEINZ URBAN
Urban & Schwarzenberg

MICHAEL URBAN
Urban & Schwarzenberg

CURT VISEL
Edition Visel

CURT VINZ
Curt Vinz Verlag

DDR. KARL VÖTTERLE
Bärenreiter Verlag / Nagels
Verlag / Stauda Verlag /
Hinnenthal / Bosse Verlag

EMIL VOLLMER
Verlag R. Löwit

WALTER WALDBAUER
Quell-Verlag

ERWIN BARTH
v. WEHRENALP
Econ-Verlag / Claassen Verlag /
Marion von Schröder Verlag

WOLFGANG WEIDLICH
Verlag Wolfgang Weidlich

HANS WEITPERT
Chr. Belser Verlag

RUDOLF WENDORFF
Verlagsgruppe Bertelsmann

KLAUS WERNER
Werner-Verlag / Junge Edition

FRIEDRICH WITTIG
Friedrich Wittig Verlag

Geburtstagskalender

Im Jahre 1975 haben den

80. Geburtstag:
7. 4. G. Mihm (Stern)

75. Geburtstag:
19. 3. Dr. Volkmar Muthesius (Knapp)
4. 4. Hermann Luft (Hyperion)
18. 7. Dr. Richard Mai (Volk und Heimat)
19. 7. August von Breitenbuch (Gustav Fischer)
12. 9. Dr. Alfred Hüthig (R. v. Decker; Hüthig)

70. Geburtstag:
   Gerhard von Reutern (Gebr. Mann)
26. 2. Wilhelm Beltz (Beltz)
4. 3. Julius Hofmann (Werk-Verl.)
28. 4. Willi Martin Schmitt (Karteidienst)
3. 5. Edmund Bercker (Butzon & Bercker)
22. 5. Erich Breitsohl (Kreuz)
2. 7. Dr. Helmut Sellien (Betriebswirtsch. Verl. Gabler)
8. 10. Herbert Ziemer (Dr. O. Schmidt)
21. 11. Josef Keller (Keller)
19. 12. Dr. Konrad Theiss (Theiss)

65. Geburtstag:
   Wolfgang Andrews (Reimer)
   Dr. Klaus Johannsen (Elitera)
6. 1. Dr. Xaver Schnieper (C. J. Bucher)
1. 2. Dr. Anton Plattner (Cura)
19. 2. Wulf von Stratowa (Manutiuspresse)
24. 2. Max S. Metz (Metz)
4. 3. Kurt Busch (Rowohlt)
4. 4. Henrik Salle (Springer)
21. 4. Lisel Voigt (Ulmer)
12. 5. Kurt Schilling (Scientia)
16. 5. Karl Jilch (Jugend und Volk)
20. 5. Otto Bauer (O. Bauer)
6. 6. Dr. Rudolf Müller-Erb (Schwabenverl.)
1. 7. Hans-Heinrich Fockele (Hanser)
19. 8. Werner Pötschke (Gärtner Pötschke)
20. 8. Karl Jost (Steiner)
22. 8. Gustav Stresow (Prestel)
26. 8. Irmgard Banaschewski (Werk-Verl.)
15. 10. Dr. Rudolf Oldenbourg (Oldenbourg)
21. 10. Kurt-Werner Hesse (dipa)
30. 10. Dr. Heinrich Reclam (Reclam)
5. 12. Dr. Helmut Dreßler (Büchergilde Gutenberg)

60. Geburtstag:
   Hans Burkart (Schweizer Volks-Buch)
   Friedrich Schäfer (Sonnenweg)
19. 1. Hermann Keppler (Ulmer)
27. 1. Dr. Herbert Braun (Forkel)
9. 2. Siegfried Kappe (blick+bild)
15. 3. Herbert Schult (Erich Hoffmann)
14. 4. Gerd Hatje (Hatje)
21. 4. Werner Adrian (Spee)
28. 4. Dr. Waltraud Hunke (Mühlau)
2. 5. Fritz Ifland (Ifland)
12. 5. Dr. G. Niebling (Bechtle)
24. 6. Dr. Leonore Rentsch (Rentsch)
30. 6. Dr. Max Nitzsche (Droste; Knapp)
2. 9. Dr. Robert Polt (Buchgemeinschaft Donauland)
3. 9. Dr. Wilhelm Braun-Elwert (Elwert)
3. 12. Werner Gieseking (Gieseking)
11. 12. Heinrich Scheffler (Societäts-Verl.)
15. 12. Herta Figelius (Kyrios)
30. 12. Ernst Knauer (Wissenschaftl. Buchgesellschaft)

Geburtstagskalender

Im Jahre 1976 haben den

75. Geburtstag:
- 22. 2. Karl G. Fischer (Agis)
- 21. 4. Friedrich Hutkap (Merkur-Lehrmittel)
- 8. 5. Dr. Johannes Petschull (Litolff; C. F. Peters)
- 13. 5. Kurt von Wistinghausen (Urachhaus)
- 3. 9. Dr. Ernst L. Hauswedell (Hauswedell)
- 29. 12. Dr. Dr. h. c. Vittorio Klostermann (Klostermann)
- 30. 12. Dr. Carl Hanser (Hanser)

70. Geburtstag:
- Friedrich Wittig (Siebenstern; Wittig)
- 10. 3. Erich Leithe-Jasper (Braumüller)
- 30. 6. Wilhelm Grossmann (Stollfuss)
- 13. 7. Dr. Horst Heenemann (Heenemann; Pansegrau)
- 15. 8. Dr. Norbert Lauppert (Adyar)
- 19. 9. Hildegard Hutkap (Merkur-Lehrmittel)
- 12. 12. Maria Schütte-Hagemann (Lehrmittelverl. Hagemann)

65. Geburtstag:
- Günther Herrmann (Vincentz)
- Dr. Rudolf Trofenik (Trofenik)
- 14. 2. Gerhard Schumann (Hohenstaufen)
- 17. 2. Dr. Karl Cornides (Oldenbourg, Wien; Verl. f. Geschichte u. Politik)
- 27. 3. Klaus Piper (Piper)
- 3. 4. Günther Niemeyer (Niemeyer; Sponholtz)
- 1. 5. Fritz Wagner (Lamb. Müller)
- 2. 5. Dieter Langheld (Bote & Bock)
- 18. 5. Dr. Fritz Oeser (Alkor)
- 7. 7. Dr. Ernst Klett (Klett)
- 18. 7. Willy Droemer (Droemer; Schoeller)
- 22. 8. Philipp Reeg (Schattauer)
- 23. 9. Hans Meschendörfer (Bogen; Meschendörfer)
- 25. 9. Erwin Barth von Wehrenalp (Claassen; Econ; v. Schröder)
- 4. 10. Dr. h. c. Hans-Georg Siebeck (Mohr)
- 18. 10. Dr. Heinz Kretzschmar (Birkhäuser)
- 20. 10. Dr. Werner Gornickel (O. Schwartz)
- 30. 10. Artur Welke (Wolf)
- 12. 11. Rud. Duchow (Beuth)
- 15. 11. Siegfried Eberlein (Goldmann)
- 4. 12. Hermann Schäfer (Bundes-Verl.)
- 7. 12. Otto H. Hess (Colloquium)

60. Geburtstag:
- Georg Garske (Elitera)
- 17. 1. Lisa Trätner (Ulmer)
- 30. 1. Raymund Greve (Morus)
- 30. 1. Dr. Carl Ludwig Lang (Francke)
- 4. 2. Dr. Ernst Baumgärtner (Verl. d. Österr. Staatsdruckerei)
- 12. 2. Christoph Link (J. F. Schreiber)
- 26. 3. Carl Klepser (Kreuz)
- 26. 3. Hans Schermer (Physik-Verl.; Verl. Chemie)
- 11. 5. Dr. Maria Andras (Verlag Dokumentation)
- 22. 5. Dr. Arno Peters (Universum)
- 3. 6. Adolf Möller (Akadem. Druck- u. Verlagsanst. Dr. Struzl)
- 3. 6. Hartmut Salzer (Salzer)
- 15. 6. Werner Brandt (Knapp)
- 17. 7. Berthold Fricke (Knorr & Hirth)
- 7. 8. Heinrich Brüggemann (Maximilian)
- 9. 9. Fritz Arnold (Hanser)
- 24. 9. Hans Hug (Kreuz)
- 30. 9. Dr. Rudolf Habelt (Habelt)
- 1. 10. Herbert Raschenberger (Universitätsverl. Wagner)
- 1. 10. Aloys Wittig (Dr. O. Schmidt

16. 11. Wilhelm Scheriau (Buchgemeinschaft Donauland; Kremayr & Scheriau)
21. 11. Alois Frei (Rex)
11. 12. Wolfgang Richter (Ullstein)
18. 12. Dr. Dietrich Rauch (Böhlaus Nachf.)

Im Jahre 1977 haben den

85. Geburtstag:
16. 5. Dr. h. c. Albert Birkhäuser (Birkhäuser)
12. 6. Konrad Lemmer (Rembrandt)
11. 9. Maria Lempp (Kaiser)

80. Geburtstag:
21. 4. Dr. Hildegard Claassen (Claassen)
14. 5. Joseph Hüffer (Aschendorff)
15. 5. Dr. Herbert Friedrich (Rosgarten)
12. 7. Karl Koenen (Tellus)
17. 10. Dr. Johannes Broermann (Duncker & Humblot)
7. 12. Wilhelm Prögel (Prögel)

75. Geburtstag:
10. 6. Dr. Walther Heering (Heering)
14. 8. Dr. Johannes Steiner (Schnell & Steiner)
27. 8. Richard Bacht (Bacht)
29. 9. Erika Klopp (Klopp)
29. 10. Dr. Wilhelm Girardet (Girardet)
18. 11. Dr. Aloys Henn (Henn)
4. 12. Werner Brandeis (Brandeis)

70. Geburtstag:
Adolf Zünkler (Schöningh)
7. 1. Heinz von Arndt (v. Arndt)
1. 3. Dr. Günther Pfanneberg (Fachbuchverl. Pfanneberg)
3. 5. Wilhelm Schindler (Bayerischer Schulbuchverl.)
19. 6. Dr. Werner Schötz (Heckner)
26. 8. Heyno Wehrle (G. Braun)

29. 10. Dr. Karl-Heinz Möller-Klepzig (Klepzig)
13. 11. Dr. Arnold Bacmeister (Ifland)
16. 11. Dr. Edmund Banaschewski (Werk-Verl.)

65. Geburtstag:
Horst Bannach (Radius)
Harald Boldt (Boldt)
Werner Classen (Classen)
Dr. Horst Quiring (Evangel. Missionsverl.)
16. 3. Aenne Hirmer (Hirmer)
30. 3. Karl-August Deubner (Aulis)
3. 4. Dr. Eugen Rentsch (Rentsch)
20. 4. Dr. Viktor Fadrus (Jugend u. Volk)
27. 6. Georg Trurnit Berkenhoff (Sigillum)
7. 7. Max Zumstein (Zumstein)
11. 7. Thomas F. Salzer (Ueberreuter)
8. 8. Dr. Heinz Götze (Springer)
20. 11. Annelise von Lucius (Gustav Fischer)
28. 11. Dr. Leiva Petersen (Böhlaus Nachf. Weimar)
4. 12. Werner Brandeis (Brandeis)
10. 12. Otto Hoch (Hoch)
26. 12. Dr. Karl Bringmann (Droste; Knapp)

60. Geburtstag:
Dr. Jakob Laubach (Matthias-Grünewald)
Stanley A. Mason (Herdeg)
Dr. Paul Toggenburger (Rotapfel)
4. 1. Gitta Hausen (Verl. Dokumentation Saur)
14. 1. Werner Hartmann (Stollfuss)
18. 1. Erich Klausener (Morus)
20. 1. Dr. Gerhard Bohnenberger (Stachus)
5. 2. Kurt Wolfgang Vincentz (Vincentz)
15. 3. Dr. Heinrich Leippe (Furche; Leibniz)

Geburtstagskalender

1.	4.	Adolf Meloun (Styria-Meloun)
26.	5.	Werner Lindig (Bauverlag)
9.	6.	Karl Brosig (Verl. d. Österr. Staatsdruckerei)
13.	6.	Robert Steves (Dr. O. Schmidt)
2.	7.	Dr. Friedrich Georgi (Parey)
2.	7.	Helmut Küll (Heggen)
23.	8.	Albert Kupper (Sauerländer)
6.	9.	Dr. Kurt Schober (Maximilian)
10.	9.	Dr. Paul Cron (Edition Cron)
2.	10.	Martin Arndt (Brandstetter)
7.	11.	Wilhelm Jost (Paul Haupt)
11.	11.	Erika Braun (Forkel)
14.	11.	Paul Löcher (Schwabenverl.)
22.	11.	Josef Vossen (Dr. O. Schmidt)
29.	12.	Gottfried Schreiber (J. F. Schreiber)

Im Jahre 1978 haben den

90. Geburtstag:
23. 2. Günther Wasmuth (Wasmuth)

85. Geburtstag:
14. 3. Dr. Max Hirmer (Hirmer)

80. Geburtstag:
17. 1. D. Joh. Schlingensiepen (Jugenddienst)
17. 2. Günther Ruprecht (Klotz; Vandenhoeck & Ruprecht)
27. 3. Dr. Josef Müller (Universitätsverl. Wagner)
7. 5. Joseph Pinsker sen. (Pinsker)
18. 10. Richard Richter (Meiner)
27. 11. Karl Baur (Callwey)
31. 12. Dr. Theophil Herder-Dorneich (Herder)

75. Geburtstag:
4. 1. Hartfried Voss (Voss)
12. 4. Dr. Dr. h. c. Karl Vötterle (Bärenreiter; Bosse; Hinnenthal; Nagel)
7. 5. Max Auer (L. Auer)
9. 8. Robert Lerche (Lerche)
10. 10. Dr. Maximilian Dietrich (Dietrich)
18. 10. Dr. Josef Habbel (Habbel)
10. 11. Hellmut Ruprecht (Vandenhoeck & Ruprecht)
3. 12. Franz Koenig (Werk-Verl.)
24. 12. Emil Vollmer (Löwit; Vollmer)

70. Geburtstag:
Dr. Kurt Große (Verl. d. Stiftung Gralsbotschaft)
Walter Herdeg (Herdeg)
Else Sommer (Heimeran)
1. 1. Oskar Klokow (Klokow)
18. 1. Wilhelm Peter Herzog (Girardet)
12. 3. Heinrich-Maria Ledig-Rowohlt (Rowohlt)
8. 6. Alfred Finsterer (Reclam)
8. 8. Werner Dodeshöner (Eckart)
10. 8. Aurel Bongers (Bongers)
10. 8. Emil Driess (Herba)
30. 8. Albrecht Rübner (Beton-Verl.)
10. 9. Elly Huth (Huth)
22. 9. Theobald Grossmann (Fachverl. Grossmann)
12. 12. Curt Vinz (St. Michaelsbund; Vinz)

65. Geburtstag:
10. 1. Michael Schmitt (Parzeller)
5. 2. Franz Hartmann (Hanser)
23. 3. Walter Schöfer (Werk-Verl.)
5. 5. Fritz Bissinger (Kaiser)
6. 5. Dr. Horst Witte (Mohr)
19. 6. Friedrich Geyer (Schroll)
28. 7. Walter Stutz (Stutz)
5. 9. Hans G. Gschwind (Birkhäuser)
10. 9. Herbert Grundmann (Bouvier)
14. 9. Günther Neske (Neske)
24. 9. Manfred Hentzschel (Ulmer)
1. 10. Dr. Günter Grünke (Buchner)
3. 10. Heinz Plöger (Verl. d. Ortskrankenkassen)
2. 11. Walter Jensen (Desch)
16. 11. Edmund Johannes Lutz (Don Bosco)

3. 12. Reinhold Winter (Beuth)
13. 12. Berend von Nottbeck (Verl. f. Wissenschaft u. Politik)

60. Geburtstag:
    Hans Kuh (Herdeg)
    Lis Meyer-Schomburg (Vincentz)
2. 1. Dr. Naiden Stoytscheff (Stoytscheff)
2. 2. Dr. Hermann Baltl (Verl. f. Recht, Staat u. Wirtschaft)

10. 3. Otto Wolfgang Bechtle (Bechtle)
28. 3. Dr. Heinrich Gottwald (Böhlau, Köln)
3. 4. Rudolf Trauner (Trauner)
8. 4. Richard Meiner (Meiner)
12. 4. Gustav Lübbe (Bastei)
22. 4. Dr. Max Haupt (Haupt)
26. 4. Rolf Krall (Boysen & Maasch)
10. 6. Dr. Heinrich Seewald (Seewald)
25. 7. Jobst von Treuenfeld (Girardet)

Register des lexikographischen Teiles

Aufgenommen wurden nur die Verlage, die sich mit entsprechenden Informationen über ihre Häuser an dieser Ausgabe beteiligt haben.

Ortsregister

Die Verlage sind nach ihrem Hauptsitz verzeichnet.

D-7080 Aalen
Ebertin
Scientia
Theiss
Verlagshandlung f. prakt. Psychologie

CH-5001 Aarau
Sauerländer

D-2807 Achim bei Bremen
Fleischer

D-2070 Ahrensburg
Czwalina
Damokles

D-7971 Aitrach
Deutscher Kartei Verlag

D-8900 Augsburg
Junior Press
Lebendiges Wort
Verlag Die Brigg

D-7570 Baden-Baden
Agis
Nomos
Signal

D-3388 Bad Harzburg
Verlag für Wissenschaft, Wirtschaft und Technik

D-8173 Bad Heilbrunn
Klinkhardt

D-5340 Bad Honnef
Neue Darmstädter Verlagsanstalt

D-6550 Bad Kreuznach
Harrach

D-8532 Bad Windsheim
Verlag für Wissenschaft und Leben

D-8937 Bad Wörishofen
awi
Hans Holzmann

D-5983 Balve
Engelbert

D-8600 Bamberg
Bayerische Verlagsanstalt
Buchner
Karl-May-Verlag
Kesselringsche Verlagsbuchhdlg.
St. Otto

CH-4000 Basel
Birkhäuser
Hüthig & Wepf
Pharos
Reinhardt, Ernst
Reinhardt, Friedrich
Schwabe
Staatskunde

D-8580 Bayreuth
Hestia
Loewe

D-7401 Bebenhausen
Rotsch

D-8136 Berg am Starnberger See
Keller

D-5070 Bergisch Gladbach
Bastei
Heider
Lübbe

D-1000 Berlin
Bartens
Berlin
Bertelsmann Fachzeitschriftenverlag
Beuth
Bock
Bote & Bock
• Colloquium
• Cornelsen & Oxford
• Cornelsen, Velhagen & Klasing
Deutscher Verlag für Kunstwissenschaft

Diesterweg
• Duncker & Humblot
• Elitera
Geographische Verlagsgesellschaft
Gerhardt
• Grosse
• de Gruyter
Haueisen
• Heenemann
Heymanns
Klopp
Kompass
• Langenscheidt
• Lebendiges Wort
Luchterhand
Mann
Morus
Neff
Nicolaische Verlagshdlg.
Die Ordenssammlung
~~Pansegrau~~ → Heenemann
Parey
Praktisches Wissen
Reimer
Rembrandt
• Rotbuch
• Safari
Schmidt, Erich
Schweitzer
• Springer
Stapp
Telos
Ullstein
Velhagen & Klasing
Verlag der Freien Volksbühne

CH-3000 Bern
Ardschuna
Blaukreuz
Francke
Hallwag
Haupt
SOI
Wyss

D-4813 Bethel
Gieseking
Verlagshandlung der Anstalt Bethel

D-7056 Beutelsbach
Columbus

Ortsregister

D-4800 Bielefeld
Bielefelder Verlagsanstalt
Cornelsen-Velhagen &
 Klasing

D-4630 Bochum
Kamp

D-7765 Bodmann
Hohenstaufen

D-5300 Bonn-Bad Godesberg
Asgard
Borromäusverein
Bouvier
Dietz
Domus
Eichholz
Europa Union
Habelt
Hörnemann
Hofbauer
liberal
Röhrscheid
Siegler
Stollfuss
Union Betriebs GmbH
Verlag der Europäischen
 Bücherei
Verlag Neue Gesellschaft
Verlag der Ortskrankenkassen
Voggenreiter

D-5407 Boppard
Boldt
Fidula

D-3300 Braunschweig
Galerie Schmücking
Limbach
Vieweg
Westermann

D-2800 Bremen
Universum

D-8021 Buchenhain
Verlag Volk und Heimat

D-4046 Büttgen
Gärtner Pötschke

D-3167 Burgdorf-Ahrbeck
Knorr & Hirth

CH-1225 Chene-Bourg
Keller, Ramòn

D-3392 Clausthal-Zellerfeld
Pilger

D-8630 Coburg
Nation Europa

D-6100 Darmstadt
Agora
Bläschke
Deutsche Buch-Gemeinschaft
Deutscher Adreßbuch-
 Verlag für Wirtschaft
 und Verkehr
Hoffmann, Otto
Hoppenstedt
Jaeger International
Jaeger
Neue Darmstädter Verlagsanstalt
Steinkopff
Stoytscheff
Teich
Thesen
Turris
Verlag der Deutschen
 Friedrich-Schiller-
 Stiftung
Wissenschaftliche Buchgesellschaft

D-4930 Detmold
Schäfer

D-8850 Donauwörth
Auer

D-4600 Dortmund
Lensing

D-4000 Düsseldorf
Accidentia
Bagel
Bertelsmann Universitätsverlag
Beton
Claassen
Diederichs
Droste
Econ
Eremiten-Presse
Hagemann
Hoch

Junge Edition
Klepzig
Knapp, Wilhelm
Pädagogischer Verlag
 Schwann
Patmos
Pro Schule
Rheinisch-Bergische
 Verlagsges.
von Schröder
Schwann
Stern
VDI
Werner
Westdeutscher

D-4100 Duisburg
Gilles & Francke
Wohlfarth

D-8026 Ebenhausen
Langewiesche-Brandt
Voss

D-8019 Ebersberg
Andermann

CH-8353 Elgg
Volksverlag Elgg

D-8520 Erlangen
peri'med
Verlag der Evangelisch-
 Lutherischen Mission

CH-8703 Erlenbach
Rentsch

D-4300 Essen
Bacht
Diesterweg
Driewer
Girardet
Tellus
Verlag für Wirtschaft
 und Verwaltung

D-7300 Esslingen
Schreiber

D-8101 Ettal
Buchkunstverlag Ettal

D-7012 Fellbach-Schmiden
Spectrum

D-6000 Frankfurt (M)
Agora
Athenäum-Fischer
Belaieff
Bernard & Graefe
Büchergilde Gutenberg
Deutsch
Deutscher Fachverlag
Diesterweg
Dipa
DM-Verlag
Fischer
Fischer Taschenbuch-
 verlag
Goverts, Krüger,
 Stahlberg
Herder & Herder
Insel
Klostermann
Knapp, Fritz
Kommentator
Lembeck
Limpert
Litolff
Lorch
Metzner
Möbelspediteur
Norddeutsche Verlags-
 anstalt
Peters
Ravenstein
Salle
Societäts-Verlag
Spohr
Suhrkamp
Umschau
Verlag für Bürotechnik
Verlag für Standesamts-
 wesen
Weidlich

CH-8500 Frauenfeld
Huber & Co.

D-7800 Freiburg (Brsg.)
Alber
Atlantis
Christophorus
Haufe
Herder
Hyperion
Rombach
Walter

D-8050 Freising
Kyrios
Sellier

D-6400 Fulda
Parzeller

D-8035 Gauting
Schilling

D-2057 Geesthacht
Leuchtturm Albenverlag

D-6460 Gelnhausen
Burckhardthaus

D-7016 Gerlingen
Bleicher

D-8034 Germering
Karger

CH-1200 Genf
Nagel

D-6300 Gießen
Achenbach
Pfanneberg

D-6241 Glashütten i. Ts.
Auvermann

D-3400 Göttingen
Kallmeyer
Klotz
Musterschmidt
Schwartz
Vandenhoeck & Ruprecht
Verlag für medizinische
 Psychologie

D-3380 Goslar
Hübener

D-8032 Gräfelfing
Energiewirtschaft und
 Technik
Moos
Werk

**D-7031 Grafenau-
 Döffingen**
Lexika

A-8000 Graz
Adyar
Akademische Druck- u.
 Verlagsanstalt
Böhlau
Styria
Verlag für Recht, Staat
 und Wirtschaft
Verlag für Sammler

D-8031 Gröbenzell
Hacker

D-8022 Grünwald
Kauka

D-4830 Gütersloh
Bertelsmann Fachzeit-
 schriftenverlag
Bertelsmann Lexika
 Verlag
Bertelsmann
 Reinhard Mohn
Gütersloher Verlagshaus
 Gerd Mohn
Kartographisches Institut
 Bertelsmann
Praesentverlag
Verlagsgruppe Bertels-
 mann

D-2000 Hamburg
Bauhütten
Boysen & Maasch
Buske
v. Decker
Furche
Gerold & Appel
Hauswedell
Hoffmann und Campe
v. Hofmann
Kronen
Leibniz
Lesen
Meiner
M+K Hansa
Parey
Siebenstern Taschenbuch-
 verlag
Text
Verlag für Buchmarkt-
 forschung
Verlag der Fehrs-Gilde
Wittig
Zsolnay

D-3250 Hameln
Niemeyer, C. W.
Sponholz

D-4700 Hamm
Bergmann

Ortsregister 551

D-3000 Hannover
Fackelträger
Fehling
Pfeiffer, H.
Schlütersche Verlags-
  anstalt
Schroedel
Staude
Vinccntz
Zickfeldt

D-6900 Heidelberg
Hüthig
Quelle & Meyer
Recht und Wirtschaft
Sauer
Schneider, Lambert
Springer
Stiehm
Ueberreuter
Winter

**D-7920 Heidenheim
  (Brenz)**
Hoffmann, Erich

D-7100 Heilbronn
Salzer

D-4900 Herford
Koehlers Verlagsgesell-
  schaft
Maximilian
Nicolaische Verlagsbuch-
  hdlg.

D-3200 Hildesheim
Bernward
Olms

D-2250 Husum
Hamburger Lesehefte
Husum Druck- und Ver-
  lagsgesellschaft

D-8021 Icking
Kreißelmeier
Phoenix-Drucke

A-6010 Innsbruck
Tyrolia
Wagner

D-5960 Iserlohn
Sauerland

D-8045 Ismaning
Hueber
Hueber-Holzmann

D-7500 Karlsruhe
Braun
Müller, C. F.
Wichmann

D-3500 Kassel
Achenbach
Alkor-Edition
Bärenreiter
Hinnenthal
Kühne
Nagels
Stauda

D-4178 Kevelaer
Butzon & Bercker

D-2300 Kiel
Hirt
Mühlau

D-5000 Köln
Aulis
Bachem
Böhlau
Bund
Europäische Verlags-
  anstalt
Gesellschaft für Selbst-
  bedienung
Gesellschaft für über-
  nationale Zusammen-
  arbeit
Greven
Hanstein
Hegner
Heymann
Informedia
Kiepenheuer & Witsch
Middelhauve
Müller, Rudolf
Rheinland
Sigillum
Schmidt, Dr. Otto
Styria-Meloun
Verlag Wissenschaft und
  Politik
Verlagsgesellschaft
  Schulfernsehen

D-6240 Königstein (Ts)
Langewiesche
Optimal

D-7750 Konstanz
Druckerei und Verlags-
  anstalt Konstanz
Rosgarten
Stadler
Südkurier
Südverlag
Terra

D-7015 Korntal
Evang. Missionsverlag

CH-8280 Kreuzlingen
Archimedes

D-8640 Kronach
Link

D-7630 Lahr
Kaufmann
St. Johannis

D-8910 Landsberg
Markus

CH-1000 Lausanne
Editions Pro Schola

D-2950 Lehr
Schuster

D-5672 Leichlingen
Schroeder

D-7022 Leinfelden
Ass

D-8131 Leoni
Druffel

D-8620 Lichtenfels
Schulze

D-6250 Limburg
Pallottiner Druck und
  Lahn Verlag

A-4010 Linz
Oberösterreichischer
  Landesverlag
Trauner

Ortsregister

D-2400 Lübeck
Coleman
Hansisches Verlagskontor
Klokow

CH-6000 Luzern
Bucher
Edition Cron
Rex
Schweizer Volks-
 Buchgemeinde

D-8302 Mainburg
Pinsker

D-6500 Mainz
Deutscher Tierschutz-
 Werbedienst
Hoffmann, Dieter
Krach
Krausskopf
Matthias-Grünewald
VFV

D-6800 Mannheim
Bibliographisches Institut

D-3550 Marburg
Elwert

D-6554 Meisenheim (Glan)
Hain

A-3390 Melk (Donau)
Fachverlag für Wirtschaft
 und Technik

D-8940 Memmingen
Dietrich
Edition Visel

D-7418 Metzingen
Franz

D-7130 Mühlacker
Elser
Stieglitz

D-8000 München
Ackermann
ADAC
Aufstieg
AV-Agrar
Battenberg
Bayerischer Schulbuch-
 verlag
Bayernkurier
Bechtle
Beck
Berchmanskolleg
Bergmann
Bertelsmann, C.
Bertelsmann Ratgeber
 Verlag
Betz
Biederstein
Blutenburg
BLV
Bogen
Boorberg
Bruckmann
Callwey
Delp
Desch
Deutscher Kunstverlag
Deutscher Taschenbuch
 Verlag
Deutsches Bucharchiv
Diesterweg
Don Bosco
Droemer
Ehrenwirth
Ellermann
Francke
Franzis
Fritsch
Gerber
Gersbach
Goldmann
Gräfe und Unzer
Große Gedeihen, Das
Hanser
Haugg
Heering
Heimatwerk
Heimeran
Henle
Herbig
Herold Neue Verlags
 GmbH
Heyne
Hirmer
Humboldt Taschenbuch
IRO
Jugend und Volk
Juncker
Junior Press
Juventa
Kaiser
Karteidienst
Keimer
Kindler
Kochbuchverlag Heimeran
Kösel
Kommunalschriften-
 verlag
Korsch
Langen-Müller
Langenscheidt
Langenscheidt-Longman
Lerche
List
Mentor
Meschendörfer
Müller, Lambert
Nagel
Nymphenburger
Oertel
Oldenbourg
Olzog
Pfeiffer, Jos.
Pflaum
Pfriemer
Piper
Piperdrucke
Polyglott
Prestel
Ratio
Reinhardt, Ernst
Rogner & Bernhard
Sagner
St. Michaelsbund
Scherz
Schneekluth
Schneider, Franz
Schnell & Steiner
Schwaneberger
Seeliger
Seibt
Süddeutscher
Stutz
Staackmann
Stachus
Südwest
Thiemig
Trikont
Trofenik
TR-Verlagsunion
UDM
Urban & Schwarzenberg
Vahlen
Vereinigte Herold
 Verlage
Verlag Mensch und
 Arbeit
Vinz
Welsermühl
Wila
Winkler
Zumsteins Landkarten-
 haus

D-4400 Münster
Aschendorff

554 Ortsregister

D-6903 Neckargemünd
Vowinckel

D-7442 Neuffen
Sonnenweg

D-4133 Neukirchen-Vluyn
Neukirchener Verlag

D-2350 Neumünster
Wachholtz

D-5450 Neuwied
Luchterhand

D-8500 Nürnberg
Carl
Gong

D-6370 Oberursel (Taunus)
Altkönig
Finken

D-5461 Ockenfels
Ostasiatischer Kunstverlag

D-7013 Oeffingen
Bonz

D-7110 Öhringen
Hohenlohesche Buchhdlg.

D-2900 Oldenburg
Holzberg
Stalling

CH-4600 Olten
Walter

D-5670 Opladen
Heggen
Leske

D-4500 Osnabrück
Fromm

D-4790 Paderborn
Schöningh

D-8390 Passau
Passavia

D-8136 Percha
Schulz, R. S.

D-7530 Pforzheim
Schäfer

D-7417 Pfullingen
Neske

D-7310 Plochingen
Herba

D-8210 Prien
Bücking

D-8023 Pullach
Verlag Dokumentation

D-7550 Rastatt
Zauberkreis

D-4030 Ratingen
Henn

D-7980 Ravensburg
Maier, Otto
Munzinger

D-4350 Recklinghausen
Bitter
Bongers
Kommunal

D-8400 Regensburg
Bosse
Habbel
Pustet
Wolf

D-2057 Reinbek
Rowohlt
Rowohlt Taschenbuchverlag

D-7410 Reutlingen
Buch und Bibliothek
Domberger

D-3260 Rinteln
Merkur

D-2412 Ritzerau-Nusse
Hoeppner

D-8200 Rosenheim
Komar
Rosenheimer

D-8803 Rothenburg o. d. Tauber
Hegereiter
Peter, J. P.

D-7407 Rottenburg
Narr

CH-8803 Rüschlikon
Müller, Albert

D-7304 Ruit
Schwabenverlag

D-8802 Sachsen
Prögel

A-5000 Salzburg
Andreas & Andreas
MM
Müller, Otto
Residenz
Salzburger Kulturvereinigung
St. Peter
SN

D-8917 St. Ottilien
EOS

D-6251 Schwickershausen
Verlag Zeichentechnik

D-8130 Starnberg
Keller, Jos.

D-8504 Stein
Laetare

D-5451 Strassenhaus
Wirtschafts- und Forstverlag Euting

D-8440 Straubing
Wurm

D-7000 Stuttgart
Bauer, Otto
Belser
Boorberg
Bornträger

Ortsregister

Calwer
Christl. Verlagshaus
Deutsche Verlags-Anstalt
Deutscher Apotheker-
 Verlag
DRW
Enke
Europäische Bildungs-
 gemeinschaft
Fink, Emil
Fink, J.
Fischer, Gustav
Forkel
Franckh'sche Verlags-
 handlung
Frommann
Großmann, Th.
Hatje
Herold
Hiersemann
Hirzel
Holland & Josenhans
Holtzbrinck, von
Ifland
Klett
Koch, Alexander
Koehler, K. F.
Kohlhammer
Krämer, Karl
Kreuz
Kröner
Metzler
Motorbuch
Quell
Radius
Reclam
Reise- und Verkehrsver-
 lag (s. Bertelsmann)
Religiöse Bildungsarbeit
Schattauer
Schweizerbart
Seewald
Sellmer
Städte
Steinkopf
Taylorix
Teubner
Theiss
Thieme
Thienemann
Ulmer
Union
Urachhaus
Verlag Das Beste
Verlag Freies Geistes-
 leben
Verlag der Stiftung
 Gralsbotschaft
Wissenschaftliche
 Verlagsges.

CH-8800 Thalwil
Oesch

CH-3601 Thun
Ott

D-5500 Trier
Paulinus

D-7400 Tübingen
Erdmann
Huth
Mohr
Narr
Niemeyer, Max
Wasmuth
Wunderlich

D-5415 Vallendar
Patris

D-8011 Vaterstetten
Arndt, von

D-5620 Velbert
blick+bild

D-7730 Villingen
Neckar

CH-8604 Volketswil
Helbling

A-6134 Vomp
Bernhardt

CH-3084 Wabern
Büchler

D-6229 Walluf
Sändig

DDR-5300 Weimar
Böhlau

D-6940 Weinheim
Beltz
Physik
Verlag Chemie

A-4600 Wels
Welsermühl

A-1000 Wien
Böhlau
Borotha
Braumüller
Cura
Deuticke
Donauland
Europa
Freytag-Berndt
Globus
Hollinek
Hubertus
Jugend und Volk
Jungbrunnen
Kremayr & Scheriau
Manutiuspresse
Maudrich
Molden
Österreichischer
 Bundesverlag
Oldenbourg
Schendl
Schriften zur Zeit
Schroll
Schwarcz
Springer
TR-Verlagsunion
Ueberreuter
Verband d. wiss. Ge-
 sellschaften
Verlag für Geschichte
 und Politik
Verlag d. Österr.
 Staatsdruckerei
Fachverlag für Wirtschaft
 und Technik
Volkstum
Wedl
Wolfrum
Zsolnay

D-6200 Wiesbaden
Achenbach
Bauverlag
Betriebswirtschaftlicher
Brandstetter
Falken
Forkel
Harrassowitz
Hueber & Didier
Limes
Löwit
Reichert
Steiner
Vollmer

D-2940 Wilhelmshaven
Heinrichshofen

CH-8401 Winterthur
Foto+Schmalfilm

D-5810 Witten
Bundes
Canstein, von
Eckart
Luther

D-3340 Wolfenbüttel
Heckner
Kallmeyer

D-8700 Würzburg
Arena
Naumann
Ploetz
Schöningh
Vogel

D-5600 Wuppertal
Blaukreuz
Hammer
Jugenddienst
Schwarze
Verlag und Schriften-
 mission d. Ev. Ges.

CH-8125 Zollikerberg
Verlag Die Waage

CH-8000 Zürich
ABC
Arche
Artemis
Atlantis
Büchler
Classen
Diogenes
Edition Melodie
Edition Peterer
Elektrowirtschaft
Flamberg
Herdeg
Industrielle Organisation
Juris
Metz
Orell Füssli
Piper
Rotapfel
Schoeller
Schulthess
Stauffacher
Strom
Swedenborg
Theologischer
TR-Verlagsunion
Zürcher Liederbuchanstalt

Verlagsgebietsregister

Die Verlage sind hier ohne Berücksichtigung von Haupt- und Nebengebieten verzeichnet. Bezüglich der Spezialgebiete wird auf die Angaben bei den Verlagsprofilen verwiesen.

1 Allgemeines, Buch- und Schriftwesen, Hochschulkunde

Akademische Druck
Bagel
Beck
Bergmann, Siegfr.
Bertelsmann Universitätsverlag
Beuth
Bläschke
Böhlau
Buch und Bibliothek
Deutscher Verlag für Kunstwissenschaft
Deutsches Bucharchiv
Druckerei u. Verlagsanstalt Konstanz
Edition Visel
Greven
de Gruyter
Harrassowitz
Hauswedell
Heggen
Hiersemann
Holzberg
Huber
Junge Edition
Kamp
Kiepenheuer & Witsch
Klepzig
Klostermann
Langewiesche
Lesen
liberal
Luchterhand
Maier
Mann
Metzler
Molden
Neue Darmstädter
Olms
Olzog
Quelle & Meyer
Reichert
Rheinisch-Bergische
Sagner
St. Michaelsbund
Schmidt, Erich
Schneider, Lambert
Schöningh
Schulz, R. S.
Schwartz
Scientia
Steiner
Stiehm
Ullstein
Verband d. wiss. Gesellschaften
Verlag Das Beste
Verlag für Buchmarktforschung
Verlag Dokumentation
Verlag Neue Gesellschaft
Verlag für Sammler
Fachverlag für Wirtschaft und Technik
Wachholtz
Wunderlich
Wyss

2a Religion (evangelisch)

Akademische Druck
Bärenreiter
Bauer
Beck
Bertelsmann, C.
Blaukreuz
Böhlau
Bundes
Burckhardthaus
Calig
Calwer
Canstein, von
Christl. Verlagshaus
Diederichs
Eckart
Elwert
Evangel. Missionsverlag
Franz
Frommann
Furche
de Gruyter
Gütersloher Verlagshaus
Hammer
Haupt
Holzberg
Jugenddienst
Kaiser
Kamp
Kaufmann
Klotz
Kösel
Kreuz
Kühne
Laetare
Lebendiges Wort
Lembeck
Leuchter
Luther
Mohr
Neukirchener
Oldenbourg
Pfeiffer, J.
Piper
Pro Schule
Pustet
Quell
Quelle & Meyer
Radius
Reclam
Reinhardt, Ernst
Reinhardt, Friedrich
Salzer
Schlütersche
Schulthess
Sonnenweg
Spee
Stauda
Steinkopf
Swedenborg
Theologischer
Vandenhoeck & Ruprecht
Verlag u. Schriftenmission d. Ev. Gesellsch.
Verlag d. Evang.-Luth. Mission
Verlagsbuchhandlung d. Anstalt Bethel
Walter
Wissenschaftl. Buchgesellschaft
Wittig

2b Religion (katholisch)

Akademische Druck
Aschendorff
Auer
Bachem
Beck
Bernward
Bertelsmann, C.
Böhlau
Borromäusverein
Bucher

Burckhardthaus
Butzon & Bercker
Christophorus
Don Bosco
Driewer
EOS
Frommann
de Gruyter
Habbel
Hacker
Hammer
Haugg
Herder
Herold Neue Verlags-
  GmbH
Hiersemann
Hofbauer
Kamp
Kösel
Kohlhammer
Kühne
Kyrios
Matthias-Grünewald
Morus
Müller, Otto
Naumann
Oberösterreichischer
  Landesverlag
Österreichischer Bundes-
  verlag
Pallottiner
Parzeller
Passavia
Patmos
Patris
Paulinus
Pfeiffer, J.
Piper
Pro Schule
Pustet
Reclam
Religiöse Bildungsarbeit
Rex
Rombach
St. Michaelsbund
St. Otto
St. Peter
Schöningh
Schriften zur Zeit
Schwabenverlag
Schweizer Volksbuch-
  gemeinde
Spee
Styria
Theiss
Theologischer
Tyrolia
Walter
Wissenschaftl. Buchge-
  sellschaft

2c Religion (sonstige)

Adyar
Bauhütten
Beck
Bernhardt
Böhlau
Calig
Cura
Fritsch
Frommann
Ges. für übernationale
  Zusammenarbeit
de Gruyter
Hanstein
Kohlhammer
Langewiesche
Leuchter
Molden
Piper
Pustet
Reclam
Schneider, Lambert
Schnell & Steiner
Scientia
Seewald
Spee
Theologischer
Urachhaus
Verband d. wiss. Gesell-
  schaften
Verlag Mensch und
  Arbeit
Verlag der Stiftung
  Gralsbotschaft
Walter
Wissenschaftl. Buchge-
  sellschaft

3 Philosophie

ABC
Achenbach
Adyar
Agis
Agora
Albert
Ardschuna
Artemis
Aschendorff
Athenäum
Auer
Bachem
Bagel
Beck
Beltz
Berchmanskolleg
Bernhardt

Bertelsmann Universi-
  tätsverlag
Birkhäuser
Böhlau
Boldt
Bonz
Bouvier
Braumüller
Bucher
Burckhardthaus
Buske
Butzon & Bercker
Claassen
Classen
Delp
Deuticke
Deutsche Verlags-Anstalt
Diederichs
dipa
Driewer
Duncker & Humblot
Ebertin
Ehrenwirth
Enke
Europa
Fischer, Gustav
Fischer, S.
Francke
Fritsch
Fromm
Frommann
Furche
Gilles & Francke
de Gruyter
Gütersloher Verlagshaus
Habbel
Hain
Hammer
Hanstein
Harrassowitz
Haupt
Heenemann
Henn
Herder
Hirzel
Hofbauer
Hoffmann & Campe
Jugend und Volk
Juris
Juventa
Kaiser
Kamp
Karger
Keller, Ramòn
Kiepenheuer & Witsch
Kindler
Klett
Klinkhardt
Klostermann
Kösel

Kohlhammer
Komar
Kreuz
Kröner
Langewiesche
Lexika
liberal
List
Löwit
Luchterhand
Lübbe
Manutiuspresse
Matthias-Grünewald
Maudrich
Meiner
Mohr
Molden
Morus
Müller, Albert
Müller, Otto
Neckar
Neske
Niemeyer, Max
Nymphenburger
Oesch
Oldenbourg
Olms
Orell Füssli
Pädagogischer Verlag
Pallottiner
Paulinus
Pfeiffer, J.
Piper
Pro Schule
Quelle & Meyer
Radius
Ratio
Reclam
Reinhardt, Ernst
Rentsch
Rex
Rogner & Bernhard
Rombach
Rotapfel
Rotbuch
Rowohlt
Sauer
Schendl
Schneider, Lambert
Schöningh
Schriften zur Zeit
Schwabe
Scientia
Seewald
Spee
Springer
Steiner
Steinkopff
Stern
Strom

Styria
Suhrkamp
Telos
Teubner
Theologischer
Thesen
Trofenik
Ullstein
Urachhaus
Vandenhoeck & Ruprecht
Verlag Die Brigg
Verlag d. Europäischen Bücherei
Verlag Freies Geistesleben
Verlag der Stiftung Gralsbotschaft
Verlag Die Waage
Verlag Wissenschaft und Politik
Verlag für Wissenschaft, Wirtschaft und Technik
Verlagshandlung für praktische Psychologie
Walter
Westdeutscher
Winter

4 Rechtswissenschaft, Verwaltung

ADAC
Alber
Aschendorff
Athenäum
Bauhütten
Bauverlag
Beck
Berlin
Böhlau
Böhlau (Weimar)
Boldt
Boorberg
Bouvier
Braumüller
Bund
Butzon & Bercker
Cura
Decker, von
Deuticke
Deutsche Polizei
Deutsches Bucharchiv
Domus
Duncker & Humblot
Energiewirtschaft
Enke
Erdmann
Europäische Verlagsanstalt

Fleischer
Forkel
Gerold & Appel
Gersbach
Gieseking
Goldmann
de Gruyter
Hanstein
Haufe
Haupt
Heggen
Heider
Heymanns
Hollinek
Huth
Jugend und Volk
Juris
Kiepenheuer & Witsch
Klostermann
Koehler, K. F.
Kohlhammer
Kommentator
Kommunalschriften
Leitfadenverlag
Lexika
liberal
Link
Lorch
Luchterhand
Maximilian
Metzner
Mohr
Müller, C. F.
Müller, Rudolf
Musterschmidt
Neckar
Neue Darmstädter
Nomos
Orell Füssli
Recht und Wirtschaft
Reclam
Röhrscheid
Rombach
Schmidt, Erich
Schmidt, Otto
Schöningh
Schulthess
Schulz, R. S.
Schwartz
Schweitzer
Scientia
Seewald
Springer
Staude
Steiner
Stollfuss
Stoytscheff
Stutz
Vahlen
Vandenhoeck & Ruprecht

Verband d. wiss. Gesellschaften
Verlag d. Österr. Staatsdruckerei
Verlag für Recht, Staat und Wirtschaft
Verlag für Standesamtswesen
Verlag für Wirtschaft und Verwaltung
Verlag für Wissenschaft und Leben
Verlag Wissenschaft und Politik
Werner
Westdeutscher
Wila
Winter
Wissenschaftliche Buchgesellschaft
Wurm
Wyss

5 Wirtschafts- und Sozialwissenschaften, Statistik

Achenbach
Alber
Aschendorff
Asgard
Athenäum
Bachem
Bauverlag
Beck
Beltz
Berlin
Bertelsmann Universitätsverlag
Betriebswirtschaftlicher
Birkhäuser
blick+bild
BLV
Böhlau
Boldt
Boorberg
Braumüller
Bund
Butzon & Bercker
Decker, von
Deuticke
Deutsch
Deutsches Bucharchiv
Diederichs
Domus
Droste
Duncker & Humblot

Econ
Eichholz
Energiewirtschaft
Enke
Erdmann
Europa
Europäische Verlagsanstalt
Fischer, Gustav
Forkel
Fromm
Frommann
Gesellschaft für Selbstbedienung
Gilles & Francke
Girardet
Goldmann
de Gruyter
Hagemann
Hain
Hanser
Hanstein
Haufe
Haupt
Heenemann
Heggen
Heider
Herder
Herder & Herder
Herold Neue Verlags GmbH
Heymanns
Hoffmann & Campe
Hoppenstedt
Huber
Huth
Industrielle Organisation
Informedia
IRO
Jugend und Volk
Juris
Juventa
Kiepenheuer & Witsch
Klepzig
Klett
Knapp, F.
Koehler, K. F.
Kohlhammer
Kommentator
Krausskopf
Kröner
Leske
Lexika
liberal
Limes
Lorch
Luchterhand
Lübbe
Maier
Maximilian

Merkur
Metz
Metzler
Mohr
Molden
Munzinger
Naumann
Nicolaische
Nymphenburger
Oldenbourg
Olzog
Optimal
Orell Füssli
Parey
Pfeiffer, J.
Piper
Poeschel
Quelle & Meyer
Radius
Recht und Wirtschaft
Rentsch
Rogner & Bernhard
Rotbuch
Sauer
Schilling
Schmidt, Erich
Schmidt, Otto
Schöningh
Schriften zur Zeit
Schulthess
Schulz, R. S.
Schwartz
Scientia
Seewald
Siegler
Sigillum
Societäts
SOI
Springer
Steiner
Stollfuss
Stoytscheff
Stutz
Taylorix
Teubner
Theologischer
Trikont
Tyrolia
Vahlen
Vandenhoeck & Ruprecht
Verband der wiss. Gesellschaften
Verlag für Buchmarktforschung
Verlag Chemie
Verlag Dokumentation
Verlag d. Evang.-Luth. Mission
Verlag für Geschichte und Politik

Verlag Mensch und
 Arbeit
Verlag Neue Gesellschaft
Verlag der Österr.
 Staatsdruckerei
Verlag für Recht, Staat
 und Wirtschaft
Verlag für Sammler
Fachverlag für Wirtschaft
 und Technik
Verlag für Wissenschaft
 und Politik
Verlag für Wissenschaft,
 Wirtschaft und Technik
VFV
Werner
Westdeutscher
Wissenschaftl. Buchge-
 sellschaft

6 Politik, Zeitgeschichte, Wehrwesen

Achenbach
Alber
Arndt, von
Aschendorff
Athenäum
Atlantis
Bayernkurier
Bechtle
Beck
Beltz
Berlin
Bernard & Graefe
Bertelsmann Lexikon
 Verlag
Bertelsmann Universi-
 tätsverlag
Biederstein
Birkhäuser
blick+bild
Böhlau
Bogen
Boldt
Borromäusverein
Braumüller
Bruckmann
Bucher
Büchler
Bund
Burckhardthaus
Callwey
Colloquium
Delp
Desch
Deutsche Verlags-Anstalt
Diederichs
Dietz
Diogenes

dipa
Druffel
Duncker & Humblot
Eckart
Econ
Eichholz
Erdmann
Europa Union
Europa Verlag
Europäische Verlags-
 anstalt
Fink, J.
Fischer, Gustav
Fischer, S.
Francke
Franz
Fromm
Frommann
Ges. für übernationale
 Zusammenarbeit
Globus
Goverts, Krüger, Stahl-
 berg
de Gruyter
Gütersloher Verlagshaus
Hagemann
Hain
Hammer
Hanser
Harrassowitz
Haupt
Heggen
Herder & Herder
Hestia
Heymanns
Hoffmann, Dieter
Hoffmann, Otto
Hoffmann & Campe
Hohenstaufen
Huber
Informedia
Insel
Iro
Interavia
Jugend und Volk
Juventa
Kaiser
Kiepenheuer & Witsch
Kindler
Klett
Koehler, K. F.
Koehlers Verlagsges.
Kohlhammer
Kommunal
Kremayr & Scheriau
Kreuz
Laetare
Langen-Müller
Langewiesche-Brandt
Leibniz

Leske
liberal
Limes
List
Luchterhand
Lübbe
Matthias-Grünewald
Maximilian
Metz
Metzner
Molden
Morus
Motorbuch
Müller, Albert
Munzinger
Musterschmidt
Nagel
Nation Europa
Naumann
Neckar
Neff
Neske
Neue Darmstädter
Nicolaische
Nomos
Norddeutsche Verlags-
 anstalt
Nymphenburger
Österr. Bundesverlag
Oldenbourg
Olzog
Ordenssammlung
Orell Füssli
Ott
Pallottiner
Pfeiffer, J.
Pharos
Piper
Ploetz
Radius
Reclam
Rentsch
Rombach
Rotbuch
Rowohlt
Safari
Schendl
Scherz
Schilling
Schmidt, Erich
Schneider, Lambert
Schoeller
Schöningh
Schriften zur Zeit
Schulthess
Schulz, R. S.
Schwarcz
Schwartz
Seeliger
Seewald

562 Verlagsgebietsregister

Siegler
Signal
SN
Societäts
SOI
Spee
Sponholtz
Stalling
Steiner
Stiehm
Styria
Süddeutscher
Südwest
Theologischer
Thesen
Trikont
Ullstein
Umschau
Union Betriebs
Verband der wiss.
   Gesellschaften
Verlag Dokumentation
Verlag für Geschichte
   und Politik
Verlag Mensch und
   Arbeit
Verlag Neue Gesellschaft
Verlag der Österr.
   Staatsdruckerei
Verlag für Recht, Staat
   und Wirtschaft
Verlag Die Waage
Vowinckel
Walter
Wedl
Weidlich
Welsermühl
Westdeutscher
Westermann
Wissenschaftl. Buch-
   gesellschaft
Wunderlich
Zsolnay

7 Sprach- und Literatur-
   wissenschaft

Achenbach
Agora
Akademische Druck
Altkönig
Artemis
Aschendorff
Athenäum
Atlantis
Auer

Bagel
Beck
Bibliographisches Institut
Böhlau
Boldt
Bouvier
Brandtstetter
Braumüller
Bucher
Buske
Butzon & Bercker
Carl
Claassen
Delp
dipa
Editions Pro Schola
Elwert
Europa
Francke
Frommann
de Gruyter
Habbel
Habelt
Hain
Hammer
Hanser
Harrassowitz
Haupt
Hauswedell
Heimeran
Herder
Heymanns
Hiersemann
Hirt
Hirzel
Hohenstaufen
Holzberg
Huber
Hueber
Hueber-Didier
Humboldt Taschenbuch
Insel
Jugenddienst
Jugend und Volk
Juncker
Juris
Kamp
Karger
Keimer
Kesselring
Kiepenheuer & Witsch
Kindler
Klett
Klopp
Klostermann
Knapp, F.
Kösel
Kohlhammer
Kröner
Langen-Müller

Langenscheidt
Langenscheidt-Longman
Lensing
Limes
List
Luchterhand
Müller, Otto
Narr
Neske
Niemeyer, Max
Nymphenburger
Österr. Bundesverlag
Oldenbourg
Orell Füssli
Ott
Pädagogischer
Piper
Polyglott
Pro Schule
Quelle & Meyer
Radius
Reclam
Reichert
Reimer
Reinhardt, Friedrich
Rogner & Bernhard
Rombach
Rotsch
Sändig
Sagner
Schendl
Schmidt, Erich
Schneider, Lambert
Schnell & Steiner
Schöningh
Schriften zur Zeit
Schulthess
Scientia
Stauffacher
Steiner
Stern
Stiehm
Süddeutscher
Suhrkamp
Teubner
Thesen
Trofenik
Ullstein
Vandenhoeck & Ruprecht
Verband der wiss.
   Gesellschaften
Verlag Dokumentation
Verlag der Fehrs Gilde
Verlag Wissenschaft und
   Politik
Wachholtz
Westdeutscher
Winter
Wissenschaftl. Buch-
   gesellschaft

8 Schöne Literatur

Achenbach
Adyar
Agora
Altkönig
Andermann
Arche
Ardschuna
Arndt, von
Artemis
Aschendorff
Atlantis
Aufstieg
Bauer, Otto
Bechtle
Bertelsmann, C.
Biederstein
Birkhäuser
Bitter
Bläschke
Blaukreuz
blick+bild
Bogen
Bonz
Bucher
Bücking
Bundes
Carl
Christliches Verlagshaus
Claassen
Classen
Cura
damokles
Delp
Desch
Deutsche Verlags-Anstalt
Diederichs
Dietrich
Diogenes
Droemer
Droste
Druffel
Eckart
Ehrenwirth
Ellermann
Eremiten Presse
Europa
Europäische Bildungsgemeinschaft
Fackelträger
Fink, Emil
Fischer, S.
Flamberg
Francke
Gerhardt
Gesellschaft für übernationale Zusammenarbeit
Gilles & Francke

Globus
Goldmann
Goverts, Krüger, Stahlberg
Graefe und Unzer
Habbel
Hammer
Hanser
Hanstein
Hegner
Heimatwerk
Heimeran
Herbig
Heliopolis
Herder
Hestia
Hoffmann, Erich
Hoffmann und Campe
Holzberg
Husum
Hyperion
Insel
Jugenddienst
Jugend und Volk
Karl-May
Keller, Jos.
Kiepenheuer & Witsch
Kindler
Klett
Koehlers Verlagsges.
Kösel
Kohlhammer
Kreißelmeier
Kremayr & Scheriau
Langen-Müller
Langewiesche-Brandt
Limes
List
Luchterhand
Lübbe
Markus
Middelhauve
Molden
Müller, Albert
Müller, C. F.
Müller, Otto
Neff
Neukirchener
Nicolaische
Niemeyer, C. W.
Nymphenburger
Österr. Bundesverlag
Orell Füssli
Pallottiner
Parzeller
Passavia
Peter
Pharos
Piper
Praesentverlag

Prestel
Quell
Radius
Reclam
Reinhardt, Friedrich
Residenz
Rex
Rheinisch-Bergische
Rogner & Bernhard
Rosenheimer Verlagshaus
Rosgarten
Rotapfel
Rotbuch
Rowohlt
Safari
Salzer
Sauerland
Scherz
Schneekluth
Schneider, Lambert
Schoeller
Schöningh
Schriften zur Zeit
Schröder, von
Schulz, R. S.
Schwabenverlag
Schweizer Volksbuchgemeinde
Societäts
Sponholtz
Staackmann
Staatskunde
Stalling
Stapp
Stauffacher
Steinkopf
Stieglitz
Strom
Styria
Südverlag
Suhrkamp
Trauner
Tyrolia
Ullstein
Universitätsverlag
Wagner
Urachhaus
Verlag Das Beste
Verlag Die Brigg
Verlag der Deutschen Friedrich-Schiller-Stiftung
Verlag der Europäischen Bücherei
Verlag der Fehrs Gilde
Verlag Freies Geistesleben
Verlag der Österr. Staatsdruckerei
Verlag Die Waage

Voggenreiter
Vollmer
Voss
Walter
Weidlich
Welsermühl
Winkler
Wittig
Wunderlich
Zauberkreis
Zsolnay

9 Jugendschriften, Bilderbücher, Bastelbücher

Achenbach
ADAC
Andreas & Andreas
Arena
Artemis
Aschendorff
ASS
Atlantis
Auer
Aufstieg
Aulis
Bachem
Bauer, Otto
Beltz
Bertelsmann, C.
Bertelsmann Ratgeberverlag
Betz
Bibliographisches Institut
Bitter
Blaukreuz
BLV
Bundes
Butzon & Bercker
Christl. Verlagshaus
Christophorus
Classen
Deutsche Verlags-Anstalt
Deutscher Tierschutz-Werbedienst
Diederichs
Diogenes
Don Bosco
Druffel
Ehrenwirth
Ellermann
Engelbert
EOS
Europa
Evang. Missionsverlag
Fackelträger
Falken
Finken

Flamberg
Franckh'sche Verlagsbuchhandlung
Franzis
Goldmann
Habbel
Hallwag
Heimatwerk
Herba
Herder
Herold-Brück
Hoch
Hörnemann
Hoffmann, Erich
Hohenstaufen
Insel
Interconta
Jugend und Volk
Jungbrunnen
Junior Press
Kallmeyer
Karl-May
Kaufmann
Kauka
Kiepenheuer & Witsch
Klopp
Koehlers Verlagsges.
Korsch
Kremayr & Scheriau
Kreuz
Laetare
Langewiesche-Brandt
Leuchter
Loewe
Löwit
Luchterhand
Maier
Manutiuspresse
Markus
Middelhauve
Motorbuch
Müller, Albert
Neckar
Nymphenburger
Österr. Bundesverlag
Orell Füssli
Pallottiner
Patmos
Pfeiffer, J.
Pharos
Piper
Reinhardt, Friedrich
Rentsch
Rex
Rosenheimer Verlagshaus
Rotapfel
Salzer
Sauerländer
Scherz
Schneider, **Franz**

Schöningh
Schreiber
Schriften zur Zeit
Schwabenverlag
Schweizer Volksbuchgemeinde
Sellier
Signal
Spectrum
Sponholtz
Staackmann
Stalling
Styria
Südwest
Teich
Thienemann
Trauner
Tyrolia
Ueberreuter
Ullstein
Union
Urachhaus
Verlag Das Beste
Verlag der Evang.-Luth. Mission
Verlag Freies Geistesleben
Voggenreiter
Vollmer
Walter
Wunderlich
Zauberkreis

10 Erziehung, Unterricht, Jugendpflege

Achenbach
ADAC
Aschendorff
Asgard
Athenäum
Auer
Aulis
AV-Agrar
awi
Bärenreiter
Bagel
Bayerische Verlagsanstalt
Bayerischer Schulbuchverlag
Beck
Beltz
Bertelsmann Fachzeitschriftenverlag
Bertelsmann Ratgeberverlag
Bitter
Blaukreuz
Böhlau

Verlagsgebietsregister

Bonz
Bosse
Bouvier
Buchner
Büchler
Burckhardthaus
Butzon & Bercker
Calig
Calwer
Colloquium
Cornelsen & Oxford
Cornelsen-Velhagen-
  Klasing
Cura
Czwalina
Deutscher Tierschutz-
  Werbedienst
Diesterweg
dipa
Don Bosco
Ehrenwirth
Europa Union
Fidula
Finken
Forkel
Fromm
Furche
Gerber
Gerhardt
Gütersloher Verlagshaus
Hagemann
Hain
Haupt
Heckner
Henn
Herder
Heymanns
Hirt
Hoffmann, Otto
Hoffmann und Campe
Holland & Josenhans
Holzmann
Hueber-Holzmann
Hyperion
Jugenddienst
Jugend und Volk
Jungbrunnen
Junior Press
Juventa
Kaiser
Kallmeyer
Kamp
Karger
Kaufmann
Keimer
Keller, Ramòn
Kesselring
Klett
Klinkhardt
Kösel

Kohlhammer
Kreuz
Kröner
Laetare
Langenscheidt-Longman
Lensing
Leuchter
Lexika
Limbach
Limpert
Link
List
Luchterhand
Luther
Maier
Maximilian
Molden
Morus
Müller, Lambert
Müller, Otto
Müller, Rudolf
Neckar
Neukirchener
Oesch
Österr. Bundesverlag
Oldenbourg
Olzog
Pädagogischer
Pallottiner
Patmos
Patris
Pfeiffer, J.
Piper
Praktisches Wissen
Prögel
Pro Schule
Quell
Quelle & Meyer
Radius
Reclam
Reinhardt, Ernst
Rembrandt
Rentsch
Rex
Rotapfel
Rotbuch
Rotsch
Salle
Sauer
Sauerländer
Schmidt, Erich
Schneider, Lambert
Schoeller
Schöningh
Schriften zur Zeit
Schroedel
Schulz, R. S.
Schwabe
Schweizer Volksbuch-
  gemeinde

Scientia
Seewald
Signal
Spee
Stauda
Staude
Steinkopf
Stoytscheff
Strom
Südverlag
Südwest
Teich
Tellus
Teubner
Theologischer
TR-Verlagsunion
Verband der wiss.
  Gesellschaften
Verlag Die Brigg
Verlag für Buchmarkt-
  forschung
Verlag der Deutschen
  Friedrich-Schiller-
  Stiftung
Verlag Dokumentation
Verlag d. Evang.-Luth.
  Mission
Verlag Freies Geistes-
  leben
Verlag Mensch und
  Arbeit
Verlag für Wirtschaft
  und Verwaltung
Verlag Wissenschaft und
  Politik
Verlagsgesellschaft
  Schulfernsehen
Vieweg
Voggenreiter
Walter
Westdeutscher
Westermann
Wissenschaftl. Buch-
  gesellschaft
Wolf
Wyss
Zickfeldt
Zürcher Liederbuchanstalt

**11 Schulbücher, Wörter-
  bücher, Lehrmittel**

ADAC
Adyar
Aschendorff
Auer
Aulis
AV-Agrar
awi
Bachem

Verlagsgebietsregister

Bärenreiter
Bagel
Bauverlag
Bayerische Verlagsanstalt
Bayerischer Schulbuchverlag
Beck
Beltz
Bernward
Bertelsmann Lexikon Verlag
Beton
Beuth
Bibliographisches Institut
Blutenburg
BLV
Böhlau
Bosse
Brandstetter
Braumüller
Buchner
Büchler
Burckhardthaus
Calig
Calwer
Carl
Cornelsen & Oxford
Cornelsen-Velhagen-Klasing
Cura
Decker, von
Deuticke
Deutscher Fachverlag
Diesterweg
Droste
Editions Pro Schola
Ehrenwirth
Elektrowirtschaft
Elitera
Erdmann
Finken
Francke
Franzis
Freytag-Berndt
Geographische Verlagsges.
Gerber
Girardet
Grossmann
Gütersloher Verlagshaus
Hagemann
Harrassowitz
Haupt
Heckner
Helbling
Herba
Herder
Heymanns
Hirt
Holland & Josenhans

Huber
Hueber
Hueber-Didier
Hueber-Holzmann
Informedia
IRO
Jugend und Volk
Juncker
Kaiser
Kallmeyer
Kamp
Kaufmann
Kesselring
Klett
Klinkhardt
Knapp, Wilhelm
Kösel
Kohlhammer
Kronen
Langenscheidt
Langenscheidt-Longman
Lensing
Leske
Lexika
List
Lorch
Luchterhand
Matthias-Grünewald
Mentor
Merkur
Metzler
Morus
Müller, Lambert
Müller, Otto
Müller, Rudolf
Narr
Neske
Neue Darmstädter
Norddeutsche Verlagsanstalt
Oberösterr. Landesverlag
Österr. Bundesverlag
Oldenbourg
Olms
Orell Füssli
Pädagogischer
Pallottiner
Parzeller
Patmos
Paulinus
Pflaum
Ploetz
Prögel
Pro Schule
Pustet
Quell
Quelle & Meyer
Reclam
Rentsch
Salle

Salzburger Kulturvereinigung
St. Otto
Sauerländer
Schlütersche Verlagsanstalt
Schmidt, Erich
Schnell & Steiner
Schöningh
Schreiber
Schroedel
Schulthess
Schwabe
Schwabenverlag
Schwartz
Sellier
Siegler
Signal
Spee
Spohr
Staatskunde
Staude
Steiner
Südwest
Tellus
Teubner
Thesen
TR-Verlagsunion
Trauner
Tyrolia
Ueberreuter
Ullstein
Ulmer
Vandenhoeck & Ruprecht
Verlag für Bürotechnik
Verlag für Geschichte und Politik
Verlag Mensch und Arbeit
Verlag für Wirtschaft und Verwaltung
Verlag für Wissenschaft, Wirtschaft und Technik
Verlagsgesellschaft Schulfernsehen
Vieweg
Voggenreiter
Westermann
Wissenschaftl. Buchgesellschaft
Wolf
Wyss
Zickfeldt
Zürcher Liederbuchanstalt

12 Bildende Kunst, Architektur, Kunstgewerbe

ABC
Ackermann

Verlagsgebietsregister 567

Agis
Agora
Akademische Druck
Artemis
Aschendorff
Atlantis
Bacht
Bauhütten
Bauverlag
Bechtle
Beck
Belser
Bertelsmann Fachzeit-
   schriftenverlag
Bertelsmann Ratgeber-
   verlag
Beton
Bibliographisches Institut
Birkhäuser
Böhlau
Bogen
Bongers
Braun, G.
Brockmann
Bucher
Buchkunstverlag Ettal
Büchler
Burckhardthaus
Callwey
Carl
Delp
Desch
Deutsche Verlags-Anstalt
Deutscher Kunst-Verlag
Deutscher Verlag für
   Kunstwissenschaft
Dietrich
Diogenes
dipa
Domberger
Domus
Droste
Edition Cron
Edition Visel
Ellermann
Eremiten Presse
Fackelträger
Fink, Emil
Flamberg
Forum
Fromm
Galerie Schmücking
Gerhardt
Goldmann
Greven
de Gruyter
Gütersloher Verlagshaus
Habelt
Hallwag
Harrassowitz

Hatje
Haupt
Hauswedell
Heimeran
Henn
Herbig
Herdeg
Herder
Hiersemann
Hirmer
Hoeppner
Hörnemann
Hoffmann und Campe
Holzberg
Huber
Hüthig
Insel
Jugend und Volk
Kallmeyer
Kamp
Kaufmann
Keller, Jos.
Kindler
Klett
Knorr & Hirth
Koch, A.
Kohlhammer
Krach
Krämer
Kreißelmeier
Kremayr & Scheriau
Kröner
Langen-Müller
Langewiesche
Limes
Löwit
Maier
Mann
Molden
Moos
Müller, Lambert
Musterschmidt
Nagel
Neckar
Neff
Neske
Nicolaische
Niemeyer, C. W.
Nymphenburger
Oberösterr. Landesverlag
Österr. Bundesverlag
Orell Füssli
Ostasiatischer Kunst-
   verlag
Peter
Piper
Piperdrucke
Prestel
Pro Schule
Pustet

Reclam
Reimer
Rembrandt
Residenz
Rheinland
Rogner & Bernhard
Rosenheimer
Rotapfel
Safari
St. Peter
Schendl
Schneider, Lambert
Schnell & Steiner
Schreiber
Schriften zur Zeit
Schroll
Schuler
Schulze
Schwarze
Stalling
Stapp
Stauda
Stauffacher
Steiner
Süddeutscher
Südwest
Theiss
Thiemig
Tyrolia
Ullstein
Umschau
Verband der wiss.
   Gesellschaften
Verlag Die Brigg
Verlag Freies Geistes-
   leben
Verlag der Österr.
   Staatsdruckerei
Verlag der Phoenix-
   Drucke
Vincentz
Vollmer
Wasmuth
Wedl
Weidlich
Welsermühl
Westdeutscher
Winter
Wittig
Wunderlich
Zsolnay

**13 Musik, Tanz, Theater,
   Film, Rundfunk,
   Fernsehen**

Ackermann
Agora
Akademische Druck

568 Verlagsgebietsregister

Alkor
Aschendorff
Athenäum
Atlantis
Bärenreiter
Bechtle
Beck
Belaieff
Belser
Berlin
Bertelsmann Ratgeber-
  verlag
Bertelsmann Universi-
  tätsverlag
Bibliographisches Institut
Bielefelder Verlagsanstalt
Bock
Böhlau
Bosse
Bote & Bock
Bouvier
Braun, G.
Brockhaus
Bruckmann
Burckhardthaus
Calig
Classen
Colloquium
Cura
damokles
Diogenes
Edition Melodie
Edition Peterer
Fidula
Fischer, S.
Foto+Schmalfilm
Franzis
Gerhardt
Gesellschaft für über-
  nationale Zusammen-
  arbeit
Gilles & Francke
de Gruyter
Habelt
Hallwag
Haupt
Heering
Heimeran
Heinrichshofen
Helbling
Henle
Hiersemann
Ifland
Jugend und Volk
Kaiser
Kallmeyer
Kiepenheuer & Witsch
Klett
Koehlers Verlagsges.
Kreißelmeier

Langen-Müller
Langewiesche
Litolff
Manutiuspresse
Molden
Müller, Albert
Müller, Otto
Nagels
Neske
Nymphenburger
Oertel
Österr. Bundesverlag
Olms
Ostasiatischer Kunst-
  verlag
Peters
Piper
Prestel
Quelle & Meyer
Reclam
Rembrandt
Residenz
Rheinisch-Bergische
Rogner & Bernhard
Rosgarten
Rotapfel
Schendl
Schneider, Lambert
Schriften zur Zeit
Schulz, R. S.
Schwarze
Seewald
Simrock
Sirius
SN
Stauda
Stiehm
Süddeutscher
Suhrkamp
Teich
TR-Verlagsunion
Ullstein
Verband der wiss.
  Gesellschaften
Verlag Die Brigg
Verlag der Evang.-Luth.
  Mission
Verlag der Freien
  Volksbühne
Verlag Wissenschaft und
  Politik
Verlagsgesellschaft
  Schulfernsehen
Voggenreiter
Volksverlag Elgg
Wasmuth
Wedl
Welsermühl
Wissenschaftl. Buchge-
  sellschaft

Wunderlich
Zürcher Liederbuchanstalt

**14 Geschichte, Kultur-
geschichte, Volkskunde**

Adyar
Akademische Druck
Alber
Altkönig
Arena
Arndt, von
Artemis
Athenäum
Aschendorff
Atlantis
Auer
Aufstieg
Bachem
Bärenreiter
Bagel
Bartens
Battenberg
Bauhütten
Bayerische Verlagsanstalt
Beck
Bernard & Graefe
Bertelsmann Lexikon
  Verlag
Bertelsmann Universi-
  tätsverlag
Beton
Bibliographisches Institut
Biederstein
Birkhäuser
Böhlau
Boldt
Braumüller
Bruckmann
Bucher
Buchkunstverlag Ettal
Büchler
Buske
Calig
Callwey
Carl
Claassen
Classen
Colloquium
Delp
Desch
Deuticke
Deutsche Verlags-Anstalt
Deutscher Verlag für
  Kunstwissenschaft
Diederichs
Dietrich
Dietz
dipa
Droemer

Verlagsgebietsregister 569

Droste
Druffel
Duncker & Humblot
Econ
Ehrenwirth
Elwert
Erdmann
Europa
Europäische Verlags-
  anstalt
Fischer, S.
Francke
Franckh'sche Verlags-
  handlung
Fritsch
Frommann
Goverts, Krüger,
  Stahlberg
Gräfe und Unzer
Greven
de Gruyter
Gütersloher Verlagshaus
Hain
Hallwag
Hamburger Lesehefte
Hanstein
Harrach
Harrassowitz
Haupt
Heider
Heimeran
Herba
Herbig
Herder
Herold Neue Verlagsges.
Hestia
Hiersemann
Hinnenthal
Hirmer
Hirt
Hoffmann, Dieter
Hohenstaufen
Holzberg
Hoppenstedt
Huber
Husum
Jugend und Volk
Juris
Keller, Ramòn
Kiepenheuer & Witsch
Kindler
Klett
Klostermann
Koehler, K. F.
Koehlers Verlagsges.
Kösel
Kohlhammer
Krach
Kreißelmeier
Kremayr & Scheriau

Kröner
Langen-Müller
Langewiesche
Lerche
Limes
List
Löwit
Lübbe
Mann
Manutiuspresse
Markus
Matthias-Grünewald
Maximilian
Meschendörfer
Metz
Molden
Moos
Morus
Mühlau
Müller, Otto
M+K Hansa
Musterschmidt
Nagel
Neckar
Niemeyer, Max
Nymphenburger
Oberösterr. Landesverlag
Österr. Bundesverlag
Oldenbourg
Olms
Olzog
Ordenssammlung
Orell Füssli
Passavia
Paulinus
Peter
Pfriemer
Pharos
Pinsker
Piper
Ploetz
Prestel
Pro Schule
Pustet
Quell
Quelle & Meyer
Reclam
Reichert
Reinhardt, Friedrich
Rembrandt
Rentsch
Residenz
Rheinisch-Bergische
Rheinland
Röhrscheid
Rombach
Rosenheimer
Rosgarten
Rotbuch
Safari

Sändig
Sagner
St. Peter
Sauerländer
Schendl
Scherz
Schilling
Schmidt, Erich
Schneider, Lambert
Schnell & Steiner
Schoeller
Schöningh
Schreiber
Schulthess
Schulze
Schuster
Schwabe
Schwabenverlag
Schwartz
Schwarze
Seewald
Siegler
SN
SOI
Spectrum
Spee
Staackmann
Stalling
Stauffacher
Steiner
Stiehm
Stollfuss
Strom
Styria
Süddeutscher
Südwest
Teubner
Theiss
Theologischer
Thiemig
Trauner
Trikont
Trofenik
Turris
Tyrolia
Ullstein
Universitätsverlag
  Wagner
Universum
Urachhaus
Vandenhoeck & Ruprecht
Verband der wiss.
  Gesellschaften
Verlag Das Beste
Verlag der Europ.
  Bücherei
Verlag Freies Geistes-
  leben
Verlag für Geschichte
  und Politik

Verlag Neue Gesellschaft
Verlag der Österr.
  Staatsdruckerei
Verlag für Recht, Staat
  und Wirtschaft
Verlag für Sammler
Fachverlag für Wirtschaft
  und Technik
Verlag Wissenschaft und
  Politik
Vinz
Volkstum
Vollmer
Wachholtz
Walter
Wasmuth
Wedl
Weidlich
Welsermühl
Westdeutscher
Westermann
Winter
Wissenschaftl. Buch-
  gesellschaft
Wohlfarth
Wunderlich
Wyss
Zsolnay

**15 Erd- und Völkerkunde,
  Reisen, Bildbände**

Accidentia
ADAC
Akademische Druck
Altkönig
Andermann
Artemis
Aschendorff
Atlantis
Bechtle
Beck
Belser
Berlin
Bertelsmann Lexikon
  Verlag
Bibliographisches Institut
Birkhäuser
Bleicher
blick+bild
BLV
Böhlau
Bogen
Boldt
Braun, G.
Bruckmann
Bucher
Büchler
Callwey

Carl
Claassen
Classen
Delp
Desch
Deutsche Verlags-Anstalt
Deutscher Tierschutz-
  Werbedienst
Diederichs
Droemer
Droste
DRW
Enke
Erdmann
Franckh'sche Verlags-
  handlung
Fromm
Gerber
Goverts, Krüger,
  Stahlberg
Gräfe und Unzer
Greven
de Gruyter
Hagemann
Hallwag
Harrassowitz
Haupt
Herba
Herder
Herold Neue Verlagsges.
Hirt
Hörnemann
Hofmann, von
Huber
Jugend und Volk
Kartographisches Institut
  Bertelsmann
Keller, J.
Kiepenheuer & Witsch
Klett
Knapp, Wilhelm
Knorr & Hirth
Koehler, K. F.
Koehlers Verlagsges.
Kohlhammer
Krach
Kreißelmeier
Kremayr & Scheriau
Langen-Müller
Langewiesche
Leske
Limbach
Limes
List
Lübbe
Metz
Molden
Mühlau
Müller, Albert
Müller, Lambert

Müller, Otto
M+K Hansa
Munzinger
Musterschmidt
Nagel
Neckar
Neske
Neukirchener
Niemeyer, C. W.
Nymphenburger
Oberösterr. Landesverlag
Österr. Bundesverlag
Oldenbourg
Olms
Orell Füssli
Ott
Peter
Pharos
Pinsker
Piper
Polyglott
Praesent
Reimer
Reise- u. Verkehrsverlag
  (s. Bertelsmann)
Rentsch
Rheinisch-Bergische
Rheinland
Rombach
Rosgarten
Rotapfel
Safari
St. Otto
Sauerland
Schendl
Scherz
Schnell & Steiner
Schöningh
Schreiber
Schroeder
Schroll
Schulz, R. S.
Schulze
SN
Spectrum
Staackmann
Stadler
Stapp
Stauffacher
Steiner
Stieglitz
Stollfuss
Süddeutscher
Teubner
Theiss
Thiemig
Trauner
Turris
Tyrolia
Ullstein

Umschau
Verband der wiss.
  Gesellschaften
Vereinigte Herold
  Verlage
Verlag Das Beste
Verlag der Europ.
  Bücherei
Verlag der Evang.-Luth.
  Mission
Verlag Freies Geistes-
  leben
Voggenreiter
Volk und Heimat
Vollmer
Wachholtz
Walter
Wasmuth
Welsermühl
Westermann
Wissenschaftl. Buch-
  gesellschaft
Zsolnay

16 Karten, Reiseführer, Atlanten, Globen

ADAC
Akademische Druck
ASS
Belser
Bibliographisches Institut
BLV
Columbus
Deuticke
Droemer
Evang. Missionsverlag
Fink, J.
Freytag-Berndt
Geographische Verlagsges.
Goldmann
Gräfe und Unzer
Greven
de Gruyter
Hallwag
Hegereiter
Herder
Herold Neue Verlagsges.
IRO
Jaeger
Jaeger International
Kartographisches Institut
  Bertelsmann
Kiepenheuer & Witsch
Klett
Koehlers Verlagsges.
Kohlhammer
Krach
Leske

List
MM
Müller, Otto
Nagel
Österr. Bundesverlag
Orell Füssli
Polyglott
Praesent
Ravenstein
Reclam
Reichert
Reise- u. Verkehrsverlag
  (s. Bertelsmann)
Rosgarten
Sauer
Sauerland
Schäfer
Schnell & Steiner
Schroedel
Schröder
Städte
Stauffacher
Steiner
Stieglitz
Stollfuss
Süddeutscher
Südwest
Thiemig
Tyrolia
Ullstein
Universitätsverlag
  Wagner
Universum
Velhagen & Klasing
Vereinigte Herold Verlage
Verlag Das Beste
Verlag der Europ.
  Bücherei
Verlag der Evang.-Luth.
  Mission
Verlag Mensch und
  Arbeit
Volk und Heimat
Walter
Weidlich
Westermann
Zumstein

17 Medizin

ABC
Adyar
Bergmann, J. F.
Braun, G.
Enke
Finke, J.
Fischer, Gustav
Fritsch

Goldmann
Goverts, Krüger,
  Stahlberg
Grosse
de Gruyter
Hegemann
Hallwag
Hanser
Hansisches Verlagskontor
Herder
Hiersemann
Hirzel
Hollinek
Hüthig
Hyperion
Jugend und Volk
Juris
Karger
Karteidienst
Keller, Ramòn
Kindler
Kohlhammer
Kremayr & Scheriau
Maudrich
Molden
Morus
Müller, Albert
Musterschmidt
Naumann
Nicolaische
Olms
Orell Füssli
Ott
peri'med
Pflaum
Reclam
Rombach
Schattauer
Schlütersche Verlags-
  anstalt
Schulthess
Schulz
Schwabe
Springer
Stauffacher
Steinkopff
Terra
Thieme
Trikont
Ullstein
Umschau
Urban & Schwarzenberg
Vandenhoeck & Ruprecht
Verband der wiss.
  Gesellschaften
Verlag Chemie
Verlag Freies Geistes-
  leben
Verlag für medizinische
  Psychologie

572 Verlagsgebietsregister

Verlag Mensch und Arbeit
Verlag der Österr. Staatsdruckerei
Verlag Wissenschaft, Wirtschaft und Technik
Verlagshandlung für praktische Psychologie
Werk
Westdeutscher
Wissenschaftl. Buchgesellschaft
Wissenschaftl. Verlagsgesellschaft
Zsolnay

18 Naturwissenschaften

Adyar
Agis
Akademische Druck
Aschendorff
Aulis
Beck
Belser
Bergmann, J. F.
Bibliographisches Institut
Biederstein
Birkhäuser
BLV
Boldt
Bornträger
Borotha
Braun, G.
Bucher
Carl
Claassen
Cornelsen-Velhagen-Klasing
Cramer
Desch
Deuticke
Deutsche Verlags-Anstalt
Deutscher Apotheker Verlag
Droemer
Droste
Duncker & Humblot
Ebertin
Elektrowirtschaft
Enke
Fischer, Gustav
Fischer, S.
Franckh'sche Verlagshandlung
Fritsch
Frommann
Girardet
Goldmann
Grosse
de Gruyter
Hain
Hallwag
Hanser
Henn
Herba
Herder
Hiersemann
Hirmer
Hirt
Hirzel
Hohenlohesche
Hübener
Hüthig
Hüthig & Wepf
Jugend und Volk
Juris
Karger
Kiepenheuer & Witsch
Klepzig
Klett
Knapp, Wilh.
Kohlhammer
Krausskopf
Kremayr & Scheriau
Kronen
Lexika
Maudrich
Mentor
Moos
Morus
Müller, Albert
Musterschmidt
Nicolaische
Nymphenburger
Oldenbourg
Ott
Parey
Physik
Pilger
Piper
Pro Schule
Quelle & Meyer
Radius
Reclam
Reinhardt, Ernst
Reinhardt, Friedrich
Rogner & Bernhard
Rotapfel
Safari
Salle
Sauerländer
Schattauer
Schneider, Franz
Schoeller
Schreiber
Schweizerbart
Seewald
Springer
Steiner
Steinkopff
Teubner
Thieme
Thiemig
Ullstein
Ulmer
Umschau
Urban & Schwarzenberg
Vandenhoeck & Ruprecht
Verband der wissenschaftl. Gesellschaften
Verlag Chemie
Verlag Freies Geistesleben
Verlag Mensch und Arbeit
Verlag für Wirtschaft und Technik
VFV
Vieweg
Vincentz
Westdeutscher
Westermann
Wichmann
Wissenschaftl. Buchgesellschaft
Wissenschaftl. Verlagsgesellschaft
Wunderlich
Zsolnay

19 Mathematik

Archimedes
Aschendorff
Aulis
Bagel
Bibliographisches Institut
Birkhäuser
Braun, G.
Cornelsen-Velhagen-Klasing
Cramer
Fritsch
Girardet
de Gruyter
Hagemann
Hain
Hanser
Herder
Hirt
Hirzel
Juris
Kallmeyer
Kamp
Kiepenheuer & Witsch
Klett
Lexika

Mentor
Oldenbourg
Orell Füssli
Pro Schule
Quelle & Meyer
Reclam
Rogner & Bernhard
Schöningh
Springer
Steinkopff
Teubner
Vandenhoeck & Ruprecht
Verband der wissenschaftl. Gesellschaften
Verlag Chemie
Vieweg
Werner
Westdeutscher
Westermann
Wissenschaftl. Buchgesellschaft
Zsolnay

20 Technik, Industrie, Handwerk, Gewerbe

ADAC
Archimedes
Aulis
awi
Bartens
Bertelsmann Ratgeberverlag
Beton
Beuth
Bibliographisches Institut
Bielefelder Verlagsanstalt
Birkhäuser
Bleicher
Boldt
Boysen & Maasch
Braun, G.
Callwey
Carl
Classen
Coleman
Colloquium
Decker, von
Deuticke
Deutsch
Deutsche Verlags-Anstalt
Deutscher Fach-Verlag
Droste
DRW
Econ
Ehrenwirth
Elektrowirtschaft
Elitera
Energiewirtschaft
Ernst, W.

Fischer, S.
Franckh'sche Verlagshandlung
Franzis
Girardet
Goldmann
de Gruyter
Hagemann
Hallwag
Hanser
Hanstein
Haueisen
Haufe
Heenemann
Henn
Herder & Herder
Heymanns
Hirzel
Hörnemann
Holland & Josenhans
Holzmann
Hoppenstedt
Hübener
Hueber-Holzmann
Hüthig
Hüthig & Wepf
Industrielle Organisation
Jaeger International
Juris
Klepzig
Knapp, W.
Koch
Koehlers Verlagsges.
Kohlhammer
Krämer
Krausskopf
Lexika
Lorch
Maier
Maximilian
Metzler
Motorbuch
Müller, C. F.
Müller, Rudolf
Neckar
Norddeutsche
Oldenbourg
Olms
Ott
Pansegrau
Pfanneberg
Pflaum
Pfriemer
Pro Schule
Ratio
Reclam
Rheinisch-Bergische
Sändig
Sauer
Schäfer

Schilling
Schlütersche
Schmidt, Erich
Schreiber
Seewald
Sigillum
Spohr
Springer
Stalling
Steinkopff
Stern
Stutz
Terra
Teubner
Thiemig
Umschau
VDI
Verlag für Bürotechnik
Verlag Mensch und Arbeit
Verlag für Wirtschaft und Technik
Verlag für Wissenschaft und Leben
Verlag Zeichentechnik
Vieweg
Vincentz
Vogel
Werk
Werner
Westdeutscher
Westermann
Wila
Wissenschaftl. Buchgesellschaft
Wissenschaftl. Verlagsgesellschaft
Wohlfarth

21 Handel, Verkehrswesen

ADAC
Birkhäuser
Decker, von
Deutscher Fach-Verlag
DRW
Econ
Elitera
Fink, J.
Girardet
de Gruyter
Hagemann
Haufe
Haupt
Herder & Herder
Hoffmann, Otto
Holland & Josenhans
Holzmann
Hoppenstedt

Hüthig
Jaeger International
Jaeger Verlag
Koch
Koehlers Verlagsges.
Kommentator
Krausskopf
Langenscheidt
Langenscheidt-Longman
Leitfadenverlag
Leske
Limbach
Lorch
Maximilian
Metzler
Möbelspediteur
Motorbuch
Nagel
Niemeyer, C. W.
Oesch
Optimal
Orell Füssli
Ott
Passavia
Pfanneberg
Sauer
Sauerländer
Schilling
Schlütersche
Schmidt, Erich
Schulthess
Schwartz
Seewald
Sigillum
Springer
Stalling
Stoytscheff
Umschau
Verband der wiss.
  Gesellschaften
Verlag für Bürotechnik
Verlag für Recht, Staat
  und Wirtschaft
Verlag für Wirtschaft
  und Technik
Vincentz
Werk
Westdeutscher
Wunderlich

22 Land- und Forstwirtschaft, Gartenbau

AV-Agrar
Bartens
Belser
Beton
Boldt
Callwey

DRW
Enke
Fehling
Gärtner Pötschke
Gersbach
Girardet
de Gruyter
Heenemann
Herbig
Hörnemann
Huber
Hubertus
Jugend und Volk
Kommentator
Müller, Albert
M+K Hansa
Nymphenburger
Österr. Bundesverlag
Parey
Sauerländer
Schäfer
Seewald
Springer
Ulmer
Verlag für Recht, Staat
  und Wirtschaft
VFV
Werk
Wirtschafts- und Forstverlag
Wyss

23 Turnen, Sport, Spiele

Achenbach
ADAC
ASS
Belser
Birkhäuser
Blaukreuz
BLV
Christophorus
Czwalina
Deutsche Verlags-Anstalt
Droste
Falken
Franckh'sche Verlagshandlung
Goverts, Krüger, Stahlberg
Hatje
Haupt
Heering
Herder
Hörnemann
Hoffmann, Dieter
Hoffmann, Erich
Humboldt Taschenbuch
Ifland

Jugend und Volk
Kallmeyer
Klokow
Kösel
Komar
Limpert
Maier
Motorbuch
Müller, Albert
Munzinger
Nymphenburger
Österr. Bundesverlag
Ott
Parzeller
Pfeiffer, J.
Pro Schule
Rosenheimer
Schilling
Schneider, Franz
Südwest
Teich
Verband der wiss.
  Gesellschaften
Verlag der Österr.
  Staatsdruckerei
Voggenreiter
Zsolnay

24 Kalender, Jahrbücher, Almanache

Accidentia
Ackermann
Arena
Artemis
Aschendorff
Aufstieg
Bacht
Bärenreiter
Bauhütten
Bernward
Blaukreuz
BLV
Bongers
Braun, G.
Bruckmann
Bucher
Büchler
Bundes
Butzon & Bercker
Carl
Christl. Verlagshaus
Christophorus
Deutscher Tierschutz
  Werbedienst
Desch
Domberger
Domus
Druffel

Verlagsgebietsregister 575

DRW
Econ
Edition Visel
Eremiten-Presse
Evang. Missionsverlag
Fehling
Fink, Emil
Fischer, S.
Franckh'sche Verlags-
 handlung
Franz
Fromm
Gärtner Pötschke
Gerber
Gieseking
Gräfe und Unzer
Greven
de Gruyter
Gütersloher Verlagshaus
Harrach
Hatje
Haufe
Heering
Herbig
Herdeg
Hofbauer
Hoffmann und Campe
Hofmann, von
Holzmann
Insel
Jugend und Volk
Kartographisches Institut
 Bertelsmann
Kaufmann
Klokow
Koehlers Verlagsges.
Kohlhammer
Komar
Korsch
Krach
Krausskopf
Kronen
Kyrios
Laetare
Langewiesche
Limpert
Maximilian
MM
Müller, Lambert
Müller, Rudolf
M+K Hansa
Neckar
Nymphenburger
Österr. Bundesverlag
Ostasiatischer Kunst-
 verlag
Ott
Pallottiner
Patmos
peri'med

Pfeiffer, J.
Pustet
Quell
Quelle & Meyer
Residenz
Rombach
Rotbuch
St. Otto
Sauerländer
Sauerland
Schmidt, Erich
Schneider, Franz
Schroedel
Schroll
Schwabe
Schwabenverlag
Schwarze
Spectrum
Stadler
Stalling
Stapp
Stoytscheff
Taylorix
Trauner
Tyrolia
Ueberreuter
Ulmer
Umschau
Verlag der Evang.-Luth.
 Mission
Verlag der Österr.
 Staatsdruckerei
Verlag für Wirtschaft
 und Technik
Verlag für Wissenschaft
 und Leben
VFV
Wachholtz
Weidlich
Welsermühl
Wissenschaftl. Verlags-
 gesellschaft

**25 Lexika, Nachschlage-
 werke**

ADAC
Akademische Druck
Andreas & Andreas
Artemis
Battenberg
Beck
Bertelsmann Lexikon
 Verlag
Betriebswirtschaftlicher
Bibliographisches Institut
Bielefelder Verlagsanstalt
Böhlau

Boldt
Bucher
Calwer
Deutsch
Deutsche Verlags-Anstalt
Deutscher Adreßbuch-
 Verlag
Deutscher Fach-Verlag
Deutscher Verlag für
 Kunstwissenschaft
Droemer
DRW
Erdmann
Francke
Franckh'sche Verlags-
 handlung
Franzis
Frommann
Girardet
Grossmann
de Gruyter
Harrassowitz
Henle
Herder
Herder & Herder
Hiersemann
Hirzel
Hörnemann
Hollinek
Hueber
Hüthig
Informedia
Jugend und Volk
Juncker
Kamp
Keller, J.
Kiepenheuer & Witsch
Kindler
Klett
Klostermann
Knapp, F.
Koehlers Verlagsges.
Kösel
Kohlhammer
Kröner
Kronen
Langenscheidt
Langenscheidt-Longman
Leitfaden
Lexika
Luchterhand
Mann
Munzinger
Narr
Nicolaische
Nymphenburger
Österr. Bundesverlag
Oldenbourg
Ott
Passavia

576 Verlagsgebietsregister

Piper
Ploetz
Polyglott
Praesent
Praktisches Wissen
Quell
Reclam
Schmidt, Erich
Schulz, R. S.
Schwaneberger
Seibt
Siegler
Stachus
Stauffacher
Steiner
Süddeutscher
Südwest
Taylorix
UDM
Ullstein
Verlag Das Beste
Verlag Die Brigg
Verlag Dokumentation
Verlag der Österr.
   Staatsdruckerei
Verlag Zeichentechnik
Westermann
Wissenschaftl. Buch-
   gesellschaft

26 Taschenbücher

ADAC
Arena
Bastei
Beck
Betriebswirtschaftlicher
Bibliographisches Institut
Blaukreuz
Desch
Deutsch
Deutscher Taschenbuch
   Verlag
Diogenes
Droemer
Elitera
Enke
Fink, Emil
Fischer, Gustav
Fischer Taschenbuch
   Verlag
Francke
Fromm
Furche
Girardet
Goldmann
de Gruyter
Gütersloher Verlagshaus
Hallwag

Haupt
Herder
Heyne
Humboldt Taschenbuch
Hyperion
Informedia
Insel
Kamp
Karger
Kiepenheuer & Witsch
Kindler
Knapp, Fritz
Kohlhammer
Lexika
List
Luchterhand
Lübbe
Maier
Matthias-Grünewald
Niemeyer, C. W.
Olzog
Ostasiatischer Kunst-
   verlag
Pallottiner
peri'med
Pflaum
Piper
Prögel
Quell
Quelle & Meyer
Rotbuch
Rowohlt Taschenbuch
Sauer
Sauerländer
Sauerland
Scherz
Schrödel
Schulz, R. S.
Siebenstern
Springer
Steinkopff
Suhrkamp
Taylorix
Teubner
Thieme
Ueberreuter
Ullstein
Urban & Schwarzenberg
VDI
Verlag Die Brigg
Verlag der Evang.-Luth.
   Mission
Verlag und Schriften-
   mission
Verlag Die Waage
Wedl
Westermann
Wissenschaftl. Buch-
   gesellschaft
Zauberkreis

**27 Sprechplatten, Ton-
bänder, Dias**

Aufstieg
awi
Bärenreiter
Bartens
Braun, G.
Belser
BLV
Bogen
Burckhardthaus
Butzon & Bercker
Calig
Christophorus
Cornelsen & Oxford
Cornelsen-Velhagen-
   Klasing
Diesterweg
Edition Cron
Edition Melodie
Elitera
Europäische Bildungs-
   gemeinschaft
Gräfe und Unzer
de Gruyter
Hagemann
Hoffmann, Otto
Hoppenstedt
Hueber
Hueber-Didier
Hueber-Holzmann
Informedia
Kaufmann
Klett
Kösel
Langenscheidt
Langenscheidt-Longman
Limes
Luchterhand
Merkur
Müller, Otto
Neske
Österr. Bundesverlag
Pallottiner
Patmos
Peter
Pro Schule
Quell
Quelle & Meyer
Schmidt, Erich
Schuster
Springer
Suhrkamp
Thesen
TR-Verlagsunion
Verlag Das Beste
Verlag der Evang.-Luth.
   Mission

Verlagsgesellschaft
  Schulfernsehen
Weidlich
Werk

28 Zeitschriften

ADAC
Adyar
Alber
Andreas & Andreas
Aschendorff
Asgard
Auer
Aulis
Bachem
Bartens
Bastei
Bauhütten
Bauverlag
Beck
Belser
Beltz
Bergmann, Siegfried
Beton
Bielefelder Verlagsanstalt
Birkhäuser
Blaukreuz
BLV
Böhlau
Bogen
Bosse
Bouvier
Braumüller
Braun, G.
Bruckmann
Bucher
Buch und Bibliothek
Bund
Butzon & Bercker
Callwey
Calwer
Cornelsen-Velhagen-
  Klasing
Decker, von
Deuticke
Deutscher Apotheker-
  Verlag
Deutscher Fach-Verlag
Deutscher Kartei-Verlag
Deutscher Kunst-Verlag
Deutscher Tierschutz
  Werbedienst
Diesterweg
Domus
Droste
Druckerei und Verlags-
  anstalt Konstanz

DRW
Duncker & Humblot
Ebertin
Eckart
Edition Visel
Elitera
Energiewirtschaft
Enke
EOS
Europa Union
Europäische Verlags-
  anstalt
Fischer, Gustav
Fischer, S.
Forum
Franckh'sche Verlags-
  handlung
Fromm
Furche
Gesellschaft für Selbst-
  bedienung
Gesellschaft für übern.
  Zusammenarbeit
Gieseking
Girardet
Gong
Grosse
de Gruyter
Gütersloher Verlagshaus
Hain
Hallwag
Hanser
Hanstein
Harrach
Hatje
Haufe
Haupt
Henn
Herdeg
Herder
Hirzel
Hofbauer
Hoffmann, Otto
Hoffmann und Campe
Holzmann
Hübener
Hüthig
Hüthig & Wepf
Husum
Industrielle Organisation
Informedia
IRO
Jaeger
Jugend und Volk
Kaiser
Kamp
Karteidienst
Keller, J.
Klepzig
Klett

Koch
Koehlers Verlagsges.
Kösel
Kohlhammer
Kompass
Krausskopf
Kreuz
Laetare
Langenscheidt
liberal
Limbach
Limpert
Link
Luchterhand
Luther
Matthias-Grünewald
Maximilian
Merkur
Meschendörfer
Mohr
Müller, Otto
Müller, Rudolf
M+K Hansa
Nation Europa
Neckar
Neukirchener
Niemeyer, C. W.
Oberösterr. Landesverlag
Oesch
Österr. Bundesverlag
Oldenbourg
Olzog
Ott
Pallottiner
Paulinus
peri'med
Pfeiffer, J.
Pflaum
Pfriemer
Prögel
Quell
Quelle & Meyer
Radius
Reimer
Reinhardt, Friedrich
Religiöse Bildungsarbeit
Rheinisch-Bergische
Rheinland
Rotbuch
St. Michaelsbund
Schattauer
Schendl
Schilling
Schlütersche
Schmidt, Erich
Schnell & Steiner
Schöningh
Schreiber
Schriften zur Zeit
Schulthess

Schulz, R. S.
Schwabe
Schwartz
Siegler
Springer
Steiner
Steinkopff
Stutz
Terra
Thiemig
TR-Verlagsunion
Ulmer
Umschau
Universitätsverlag
   Wagner
Urachhaus
Urban & Schwarzenberg
Vahlen
Vandenhoeck & Ruprecht
VDI
Verlag Das Beste
Verlag Dokumentation
Verlag Mensch und
   Arbeit
Verlag Neue Gesellschaft
Verlag der Österr.
   Staatsdruckerei
Verlag Wissenschaft und
   Politik
Verlag für Wissenschaft,
   Wirtschaft und Technik
Verlag Zeichentechnik
VFV
Vieweg
Vincentz
Vogel
Walter
Werner
Westermann
Wissenschaftl. Verlags-
   gesellschaft
Wohlfarth

Wurm
Wyss

29 Tages- und Wochen-   zeitungen

Aschendorff
Bayernkurier
Bernward
Bucher
Bund
Droste
Elser
Fromm
Haugg
Kompass
Molden
Naumann
Niemeyer, C. W.
Oberösterr. Landesverlag
Paulinus
Pflaum
Pinsker
Quell
Rheinisch-Bergische
St. Michaelsbund
St. Otto
Schriften zur Zeit
Südkurier
Tyrolia
VDI

30 Sonstiges

Andreas & Andreas
AV-Agrar
Bayer. Verlagsanstalt
Bertelsmann
   Reinhard Mohn
Bläschke

Bleicher
Bruckmann
Buchgemeinschaft
   Donauland
Büchergilde Gutenberg
Deutsche Buchgemein-
   schaft
Europäische Bildungs-
   gemeinschaft
Gräfe und Unzer
Große Gedeihen, Das
de Gruyter
Hagemann
Heggem
Junge Edition
Kaufmann
Kesselring
Kochbuchverlag
   Heimeran
Komar
Kyrios
Leuchtturm
Löwit
Markus
Müller, Lambert
Niemeyer, C. W.
Optimal
Pfeiffer, J.
Pinsker
Praktisches Wissen
Ratio
Schulz, R. S.
Schweizer Volks-
   Buchgemeinde
Scientia
Sellmer
Staude
Text
TR-Verlagsunion
Ullstein
Verlag Das Beste
Westermann

Namensregister

☐ vor dem Namen verweist auf den Bildteil

Abel, Rainer 85
Ablaßmayer, Curt 86
Achenbach, Andreas F. 36
Achtnich, Elisabeth 107
Adrian, Werner 343, 421
Ahaus, Horst 474
Ahrens, Dr. Karl 418
Albers, Dr. Ulrich 404
Albers-Schönberg, Dr. Heinz 403
Albrecht, Ursula 132
Alpiger, Gabriel 404
Alt, Walter 445
Altenberger 124
Altenburg, Peter 441
Altenhein, Dr. Hans 291
Altstadt, Manfred 80
Amman, Dieter 265
Ammon, Hartmut 124
Anderegg, Harry 211
Andras, Dr. Maria 474
Andreae, Dr. Arnold D. H. 268, 305
☐ Andreas, Wolf-Dietrich 44
Andreas de Martinez, Judith 44
Andrews, Wolfgang 364
Angeletti, Inge 213, 469
Angermann, Johannes 203, 340
Ansorge, Dietmar W. 80
Appel, Rolf 62, 178
Appelhoff, Heinz 268
Arand, Edmund 392
Arentz, Dr. Ludwig 177, 400
Arndt, Heinz von 47
☐ Arndt, Martin 98
Arnold, Fritz 196
Arnold, Dr. Gottfried 370
Arnold, Hans 272, 442
Arnold, M. 435
Arquint, Dr. Caspar 201
Artmaier, Gertrud 66
Ascher, Hedwig 366
Asmus, Walter 183
Attwood, Uta 309
Auer, Franz 53
☐ Auer Max 53
Auerbach, Frank 154
Auvermann, Detlev 55

☐ Bachem, Dr. Peter 56, 205
Bachem, Peter 169
Bachler, Franz 384
Bacht, Richard 56
Backhaus, Rolf 105
Bacmeister, Dr. Arnold 234
Bärmeier, Erich 136
Bagel, Peter 58
☐ Balçar, Alexander J. 459
Baldus, Klaus 124
Ballenberger, Gerhard 170
Baltl, Dr. Hermann 483
☐ Banaschewski, Dr. Edmund 501
Banaschewski, Irmgard 501
Banaschewski, Dr. Peter 501
Bannach, Horst 359
Banndorff, Dr. Traudlinde 89
Banzhaf, Dieter 184
Baratta-Dragono, Dr. Mario von 417
Barello, Gian Piero 403
Baron, Joachim 35
Barth, Dr. Gerhard 158
Barthel, Dr. Charlotte 358
Bartolitius, Fr. E. 85
Bartz, Christa 475
Battenberg, Dr. Ernst 60
Baudach, Katharina 239, 240
Bauer, Anton 366
Bauer, Dr. Doris 320
Bauer, Gerd 358
Bauer, Dr. Jörg 158
Bauer, Jürgen 509
Bauer, Maria 366
Bauer, Otto 61
Bauer, Wera 446
Baumann, Joachim 309
Baumann, Konrad 35
Baumann, Wilhelm 294
Baumanns, Dr. Leo 149
Baumeister, Hans 100
Baumert, Heribert Erich 455
Baumgärtner, Alfons 366

Baumgärtner, Dr. Ernst 481
Baumgart, Willi 366
Baumgartner, Dr. Franz 497
Baumgartner, Peter 515
Baur, Helmuth 110
☐ Baur, Karl 110
Baur, Veronika 110
Baur-Heinold, Dr. Margarete 110
Bauriedl, Ruprecht 329
Bausch, Dieter 76
Bausch, Dr. Jörg 158
Bautsch, Werner 133, 381
Bechtle, Dr. Friedrich 65
Bechtle, Otto Wolfgang 65
Beck, Dr. Hans Dieter 66, 80, 466
Beck, Dr. Joachim von 361
Beck, Wolfgang 66, 80
Becker, Hans 165, 166, 183
Becker, Hans-Georg 383
Becker, Herbert 476
Becker, Wilfred 198
Becker, Wilfred C. 198
Becker-Berke, Anne-Lotte 377
Becker-Voss, Lotte 60
Beckmann, Gerhard 114, 402
Bee, Dr. Oskar 227
Beer, Hermann 284
Beer, Dr. Willy 149
Beger-Hintzen, Hubert 110
Behnke, Maria 74
Behrens, Katharina 291
Beimdiek, Hartmut 489
Bekelaer, Roland 501
Beltz, Dr. G. 150
Beltz, Wilhelm 70
☐ Beltz-Rübelmann, Dr. Manfred 70
Bemmann, Dr. Hans 95
Benckiser, Gisela 358
Bender, Dr. Helmut 170
☐ Bénédict, Dr. Jean J. 147
Benkenhoff, Georg 418

Benneckenstein, Hildegard 510
Bente, Dr. Martin 208
Benze, Helmut 358
Bercker, Edmund 109
Bercker jr., Dr. Edmund 109
Bercker, Klaus 109
Beretta di Cologna, Constanze 110
Berg, Günther W. 222
Berg, Dr. Gunnar 319
Berg, Dr. Helmuth 400
Berger, Dr. 279
Berger, Fritz 291
Berger, Jürgen 398
Bergmann, Siegfried 72
Berkenhoff, Georg Trurnit 418
Bernardin, Walter 463
Berner, Felix 124
Bernhard, Anton 124
Bernhard, Dr. Maria 372
Bernhardt, Irmingard 73
Bertheau, Philipp 359
Berthold, Hartwig 233, 241, 278, 279, 301, 353
Bertsch, Hilde 418
Bettschart, Rudolf C. 134
Betz, Dr. Anton 370
Betz, Dr. Esther 370
☐ Beuermann, Dieter 324
Biak, Kurt 239, 240
Bianchi, Rolf 398
Biedermann, Dr. Hans 40, 483
Biedermann, Horst 132
Biehn, Heinz 253
Bihari, Astrid 368
Biller, Josef 354
Binz, Alfons 260
☐ Birkhäuser, Dr. Albert 81
Birkhäuser, Alfred 81
Birkhäuser, Dr. Max 81
Birkhäuser, Theodor 81
Bissinger, Fritz 244
Biswanger, Wilhelm 338
Bitter, Erika 83
☐ Bitter, Dr. Georg 83, 268
Bitter, Paul 289
Bläsing, Heinz F. 350
Bläschke, Josef Gotthard 84
Blaschke, Dr. Josef 370
Blay, Franziska 454
Bleicher, Heinz M. 85
Block, Peter 226
Blottner, Eberhard 62

☐ Blotzheim, P. Stephan 337
Blum, Jürgen 194
Blum, Ursula 276
Blumenthal, Dr. Alfred 400
Bochmann, Gerd-Achim 135
☐ Bock, Curt 88
Bock, Peter F. 109
Bode, Dr. Dietrich 362
Bode, Wolfgang 506
Bodmer, Dr. Daniel 53
Böck, Eugen 46
Boeckeler, Dr. Armin 294
☐ Böhme, Gisela 448, 487
Böhme, Lutz 448
Böhmer, Ingeborg 58
Böhnlein, Günther 288
Böhringer, Adelheid 408
Böhringer, Dr. Paul 338, 342
Boele, Pieter 220
Bösenberg, Gerd 400
Böß, Georg 212
Böttcher, Gerhart 232
☐ Bohnenberger, Dr. Gerhard 429
Bohnenberger, Gertrude 429
☐ Boldt, Harald 92
Boldt, Peter 92
Boll, G. M. 342
Boller, Klaus 126, 238
☐ Bollmann, Gerhard 264, 299
Bolza, Anton 403
☐ Bongers, Aurel 92
Boorberg, Richard 93
Borgartz, Herbert 144
Bork, Lili Ann 134
Bormann, Dr. Felix von 319
Bormann, Dr. Werner 75
Borotha, Dr. Gerda 94
Bosse, Bernhard 95
Bosse, Rüdiger 361
Bossert, Alarich 212
Botbol, Gisa 310
Both, Harry 348, 472
Bourel, François 179
Bräunig, Georg 442
Brandeis, Werner 307
Brandstätter, Dr. Christian 309
Brandstetter, Marion 98
Brandstetter, Wilhelm 341
Brandt, Werner 260
Braselmann, Werner 323
Braun, Erika 168

Braun, Gerhard 149, 462
Braun, Dr. Herbert 168
Braun, Otto 380
Braun-Elwert, Dr. Wilhelm 151
Brede, Dr. Werner 66
Breede, Dieter 294
Breh, Karl 99
Brehm, Raimund 183
Breidenstein, Hans-Jürgen 461
Breinlinger, Friedrich 141, 442
Breit, Elisabeth 400
Breitenbuch, August von 164
Breitenbuch, Bernd von 164
Breitenstein, Johanna 44
Breitsohl, Erich 273
Brem, Dr. Kurt 365
Bremenfeld, Eckhard 435
Bremer, Friedrich-Wilhelm 272
Bremkamp, Dr. Dieter 451
Bretschneider, Rudolf 400
Bringmann, Dr. Karl 140, 261, 370
Brinkmann, Ingrid 220
Britting, Klaus 184
Brölsch, Werner 195
Broermann, Dr. Johannes 143
☐ Brosig, Karl 481
Brucker, Erhard 349
Brüche, Dr. E. 348
Brück, Peter 400
Brüggemann, Heinrich 264, 299
Brüschweiler, Willy 385
Brugger, Erika 69
Brugger, Walter 71
Bruhns, Guntwin 59
Bruhns, Hildegard 59
Brunner, Albert 208
Brunner, Cilly 208
Brunner, Siegfried 511
Buchhierl, Klaus-Dietrich 118
Buchmann, Renate 368
Buchner, Gerhard 393
Buck, Hans-Sigismund von 83
Budrich, Edmund 284
Budwell, Joachim 81
Büechl, Ulrike 383
Büchler, Josef 471
Büchler, Marc F. 106
Büchler, Rico 106

Namensregister

Büchting, Hans-Ulrich 66
Bücken, Ernst Wolfgang 315
Bücking, Dr. Helmuth 106
Bücking, Laura Johanna 106
Bühler, Hans 208
Bühler, Heinz 124
Bühn, Rudi 74
Bührle, Charlotte 48
Bührle, Dr. Dieter 48
Büttner, Tankred 236
Buhofer, Ines 497
Bumann, Gerhard 274
Bundschuh, Aurelia 252
☐ Bundschuh, Dr. Heinz 252
Burckas, Joachim 289
Burger, Helmut 266
Burkart, Hans 411
Burkhard-Meier, Ellen 128
Burkhard-Meier, Dr. Michael 128
Busch, Kurt 376, 377
Buske, Helmut 108
Butz, Dr. Eckehard 76

Capellmann, Georgette 354
Carl, Dr. Gerda 112
Chester, Philip 117
Christen, Dr. Hardy 243
Christiani, Renate 45
☐ Christiani, Rolf 45
☐ Claassen, Dr. Hildegard 114
Classen, Werner 115
Cobre, Alfred 501
Coleman, Charles 115
Collier, Peter 117
Commerell, Ulrich 463
Conrad, Ruth 362
Cordts, Uwe 278
Cornelsen, Dirk 468
☐ Cornelsen, Franz 117, 118, 468
Cornelsen, Hildegard 117
Cornides, Dr. Karl 332, 478
Cornides, Dr. Thomas 331
Courtenay, Sonia 310
Cram, Dr. Kurt-Georg 187, 410
☐ Cramer, Erich 274
Cramer, Jörg 118
Cremer, Bernd 122
Cremer-Hunzinger, Stefani 165

☐ Cron, Dr. Paul 146
Culp, Dieter 137
Cyriax, Dr. Rolf 289, 442, 443
Czwalina, Dr. Clemens 119
Czwalina, Ingrid 119

Dähnert, Burkhard 497
Dahlmann, Hans-Martin 323
Dahrendorf, Dr. Malte 418
Dang, Karl-Hans 270
Dangl, Agilo 306
Daniel, Horst 291
Daniel, Udo 403
Daniels, Dr. Hans 94
Dasch, Max 419
Datzmann, Lotte 368
Dauch, Dr. Alfred 58
Dautermann, Otto 348, 472
Decker, Hansjörg 374
Degkwitz, Dr. Richard 465
Déhaas, Cécile 312
Dehoust, Peter 319
Delius, Eberhard 375
Delius, F. C. 375
Delp, Heinrich 121
Delp, Dr. Ludwig 132
Denecke, Herbert 366
Denhard, Hildegard 372
Deßecker, Rosemarie 249
Deubner, Karl-August 54
Deubner, Ursula 54
Deubner, Wolfgang 54
Deuticke, Karoline (Lilly) 123
☐ Deutsch, Harri 123
☐ Deutsch, Reinhard 123
Dickert, Eberhard 242, 503
Diederichs, Inge 132
☐ Diederichs, Dr. Peter 132
☐ Diederichs, Ulf 132
Diehl, Johanna 148
Diehl, Marianne 362
Diesbach, Lutz 186
Diestel, Gudrun 276
Dietrich, Cläre 43
Dietrich, Fred 37
☐ Dietrich, Dr. Georg 43
Dietrich, Jürgen 43
☐ Dietrich, Dr. Maximilian 133
Dittrich, Rolf 158
Dodel, Ulrich 201
Dodel, Walter 497

Dodeshöner, Werner 112, 144, 293
Doerdelmann, Bernhard 344
Dörfler, Heinz-Ferdi 70
Döring, Alfred 323
Doering, Gebhard von 148
Döring, Rüdiger 86
Dörries, Otto 134
Dold, Liselotte 319
Domberger, Karin 136
Domberger, Luitpold 136
Dommers, Antonius J. 371
Dorn, Dr. Knut 198
Dorn, Richard W. 198
Dorn, Wolfram 286
Douglas, Ludwig Graf 442
Dräger, Walter 339
Dregger, Dr. Alfred 462
Dreikandt, Ulrich K. 183
Dreßel, Horst 390
Dressendörfer, Dr. Anton 294
Dreßler, Dr. Helmut 105
Driess, Emil 210
Driess, Siegfried 210
Driewer, Hans 138
Driewer, Luise 138
☐ Droemer, Willy 138, 139, 396
Drosdowski, Dr. Günther 80
☐ Droste, Dr. Manfred 140, 261, 370
Droste, Trude 370
Drüeke, Wiltrud 163
Dubert, Guido 114, 144, 402
Duchow, Rudolf 78
Duden, Anne 375
Dülberg, Ursula 470
☐ Dürrmeier, Dr. Hans 454
Dürschner, Werner 432
Dukas, Dr. Berthold 396
Dursthoff, Heinz Eberhard 114, 144, 402
Duske, Gerhard 346
Dusl, Erwin 500

Eallinger, Karl Andreas 321
Ebel, Dr. Hans-Friedrich 348, 472
Ebeler, Dr. Ilse 400
Eberlein, Siegfried 182

Ebert, Jörg 158
Ebert-Schmiedel, Dr. Irmgard 127, 219, 510
Ebertin, Dr. Baldur R. 143, 489
Ebertin, Reinhold 143
Ebner, Harald 58
Ebner, Dr. Toni 458
Eckernkamp, Dr. Kurt 492
Eckernkamp, Nina 492
Eckhardt, Luise 434
Egger, Dr. Alois 55, 86
Egger, Bernhard 383
Egli, Hans 169
Egolf, Heinrich 369
Ehlers, Dr. Jürgen 256
Ehlinger, Gertrud 366
Ehrenwirth, Ellen 148
☐ Ehrenwirth, Franz 148, 393
Ehrenwirth, Martin 148
☐ Eichhammer, Heinrich 511
☐ Eickhorn, Gerhard 156
Eidlitz, Johannes 309
Einsele, Carl 81
Einsle, Hans 297
Eisenhammer, Edgar 100
Elber, Guido 497
Ellermann, Antje 372
Ellermann, Dr. Heinrich 372
Ellwein, Ingeborg 454
Elsner, Herbert 366
Emge, Dr. Martinus 417
Emich, Jörg 419
Emrich, Joachim 107
Engel, Dr. Waltraud 419
Enke, Dr. Alfred 153
Enke, Dietrich 153
Enßlin, Werner 110
Epprecht, Hans 319
Erb, Hans F. 124
☐ Erdmann, Horst Joachim 154
Erlbeck, Karin 374
Erler, Gisela 456
Ernst, Hans-Joachim 447
Ernst, Hans-Martin 156
Ernst, Heinrich 514
Ernstberger, Hans 137
Erpf, Hans 60
Erwert, Klaus 451
Eschenhagen, Wieland 291
Eugen, Dr. Paul 366
Euting, Erika 508
Euting, Helmut H. 508
Evers, Helmut 315

Fabritzik, U. 317
Fadrus, Dr. Viktor 240
Fäßler, Renate 350
Falkenstein, Axel 447
Faltermaier, Dr. Martin 244
Farnung, Hermann W. 287
Faseth, Inge 309
Fausel, Rolf Helmut 163
Faust, Martin 292
Feez, Rolf 99
Fehling, Elisabeth 161
Fehrle, Dr. Hans 99
Feifel, Heribert 366
Feißt, Werner 454
Felder, Karl 80
Feldmann, Dr. Angela 309
Fellgiebel, Hermann 484
Felsenreich, Dr. Maria 515
Felten, Dr. 124
Ferle, Dr. Horst 289
Feuerlein, Richard 137
Fiedler, Ernest 362
Fiedler, Heinz 76
Fietz, Gerhard 118
Figelius, Herta 276
Filbinger, Dr. Hans 462
Fimmel, Andreas 375
Finsterer, Alfred 362
Fischer, Dr. Friedrich 492
Fischer, Gerda 156
Fischer, Karl G. 39
Fischer, Klaus Jürgen 39
Fischer, Paul 366
Flasse, Gunther 77
Flatow, Dr. Ernst 334
☐ Fleischer, Erich 167
☐ Fleissner, Dr. Herbert 210, 277, 327
Floren, Elisabeth 343, 421
Flory, Herbert 80
Fluger, Peter Carl 309
Fluri, Hans 411
Fock, Dr. Hans Werner 131, 295
Fockele, Hans-Heinrich 196
Förg, Alfred 373, 374
Föringer, Wolf-Dieter 184
Fohlmeister, Heinz 273
Forni, Franz Josef Graf 458
Forstmaier, Arthur 227
Fräßle, Dr. Klaus 362
Francke, Barbara 180
Francke, Werner 180
Frank, Gertrud 368

Franke, Joachim G. 442
Franken, Joseph P. 179
Franken-Schwann, Theo 408
Frauendienst, Dr. Lotte 455
Frederking, Gert 309
Free, Carsten 215
Frehner, Dr. E. 444
Frei, Alois 369
Freiberg, Franz 74
Frese, Herbert 492
☐ Frevert, Hans 418
Frey, Brigitte 411
Frey, Hansrudolf 228
Frey, Theo 497
Frick, Albert 76
☐ Fricke, Berthold 262
Fricke, Heinz 470
Fricke, Ilse 262
Friedl, Otmar Martin 393
Friedrich, Gerda 374
Friedrich, Dr. Günter 200
Friedrich, Hans-Joachim 459
☐ Friedrich, Heinz 129
Friedrich, Dr. Herbert 374
Friedrich, Horst 414
Friedrich, Kurt 285
Friedrich, Werner 160
Fries, Jürgen 285
Fritsch, Dr. Carl 500
Fritsch, Gertraud 173
☐ Fritsch, Heinz 500
Fritsch, Werner 173
Fritz, Martha 128
Fritz, Sibylle 111
Fritzsche, Walter 350
Frohn, Klaus 215
Fromberg 55
Fromm, Leo Victor 173
Frosch, Karl 46
Fuchs, Emil 76
Fuchs, Karsten 291
Fuchs, Dr. Reimar W. 216
Fuchs, Ursula 134
Fürst, Annemarie 408
Fuhr, Rüdiger 161
Fuhrer, Margrit 169

Gadewolz, Robert 319
Gaebler, B. 164
Gaedeke, Günter 200
Gallus, Gerhard 473
Gallus, Hans-Jörg 215
Ganske, Kurt 223

Ganske, Thomas 223
Ganter, Hedwig 243
Garske, Georg 150
Gasser, Josef 243
Gatz, Konrad 110
Gaupp, Berthold 93
Gebhardt, Erika 466
Gefers, Heinrich 232
Geiger, Dr. Max 449
Geiping, Albert 291
Geiselberger, Hans 452
Geisler, Günter 105
Gelberg, Hans-Joachim 70
Gemmerich, Horst 161
Georgi, Christian 340, 341
☐ Georgi, Dr. Friedrich 340
Geppert, Günter 454
Gerber, Dr. Adolf 177, 408
Gerdts, Klaus 117
☐ Gerhardt, Renate 177
Gerhardy, Eva Maria 317
Gerlinghoff, Brigitte 358
Gerold, Annelies 62, 178
Geschke, Georg 171
Geyer, Friedrich 402
Giese, Karl-Heinz 291, 292
Giesecke, Michael 361, 385
Gieseking, Ernst 180
☐ Gieseking, Werner 180
Giesler, Dr. Gerd 472
Giradet, Dr. Paul 181
Girardet, Dr. Wilhelm 181
Giradet jr., Dr. Wilhelm 181
Giuliato, Armando 404
Gladbach, Franz-Wilhelm 236
Gläser, Harald 212
Glage, Johannes 382
Glimm, Karl 292
Glökler, Hans 226
Glonnegger, Erwin 294
Göbel, Birgit 454
Goebel, Horst 430
Göpel, Arno J. 451
Göpfert, Dr. Herbert G. 196
Göppert, Klaus 97
Goertz, Dr. Hans 504
Götz, Heinz 93
Götz, Marc 406
☐ Götze, Dr. Heinz 71, 423
Goldack, Margit 221
☐ Goldmann, Wilhelm 182

Gollhardt, Dr. Heinz 489
Goltz, Ewald 476
Gombert, Albert 44
Gomm, Albert 81
Gondrom, Reinhold 290
Gondrom, Volker 290
Gornickel, Dr. Werner 409
Gottwald, Dr. Heinrich 88
Gottwald, Lieselotte 261
Grab, Horst 99
Graber, Dr. Gustav Hans 46
Grabinger, Werner 139
Grabkowsky, Heinz 493
Gräf, Otto 209
Gräfen, Edmund 152
Gräsler, Peter M. 383
Graf, Christian 362
Grandpierre, Georg 490
Graßmann, Karl-Heinz 156
Gratzl, Dr. Karl 40, 483
Greil, Martin 289, 442, 443
Greiser, Dr. Dietmar 514
Greiser, Franz 178, 269
Greiser, Richard 514
Grell, Ernst 105
Gresly, Urs 106
Greuner, Dr. Albrecht 153, 450, 451
Greuner, Claus 80
Greve, Raymund 311
Greven, Dr. Jochen 52, 165, 166
Greven, Sigurd 185
Grillmair, Rolf 66, 80, 466
Grimm, Dr. Gerhard 334
Grimm, Hartmut 183
Grisebach, Dorothee 350
Groh, Karl-Adam 358, 359
Grois, Gerhard 298
Groll, Dr. Gunter 122
Gross, Karlheinz 62
Groß, Werner 366
Grosse, Dr. Eduard 185
Große, Dr. Kurt 484
Großmann, Dr. Alexander 186
Großmann, Frieda 186
Großmann, Frithjof 186
Großmann, Siegfried 275
Grossmann, Theobald 186
☐ Großmann, Treu 186, 360
Großmann, Wilhelm 437
Grote, Herbert 144
Gruber, Eduard 486
Grünau, Werner von 475

Grünert, Wolf 461
Grünke, Dr. Günter 104
☐ Grundmann, Herbert 97
Grunwald, Dr. Günter 134, 480
Grupp, Till 263
Gschwend, Kurt 169
Gschwind, Hans G. 81
Guderjahn, Eberhard 436
Gültig, Dr. Heinz 442
Günthner, Rudolf 170
Gundersen, Käthe 156
Gutbrod, Dr. Jürgen 266
Gutmann, Peter 75
Gutzki, Werner 370
Gutzmer, Karl 372

Haarmann, Rainer 291
Haas, Hans 400
Habbel, Dr. Josef 189
Habbel, Konrad 189
Habelt, Dr. Rudolf 189
Haberland, Günter 266
Habersetzer, Peter 171
☐ Hablitzel, Chris 285
Hablitzel, Fridolin 285
Hack, Reinhold 127, 219, 510
Hacker, Johann 334
Hacker, Siegfried 190
Hägeli, Adolf 167, 449
Hähnle, Walter 359
☐ Händle, Else 436
Händle, Eugen 151, 436
Hänsel, Gerhard 265
Häring, Arno 292
Häring, Elisabeth 214
Häring, Klaus 214
Haffmans, Gerd 134
Hagemann, C. F. 386
Hahn, Arnold 490
Hahn, Dr. Herbert 446
Hahn, Dr. Kurt 76
Hain, Dieter 193
Hake, Dr. Helmut 400
Halfar, Günter 81
Hamm, Wanda 46
Hanle, Dr. Adolf 80
Hansen-Schmidt, Hans 317
☐ Hanser, Dr. Carl 196
Harff, Günter 127
Harlis, Christiane 333
Harms, Ludwig Renke 470
Harms-Hunold, Annette 173

Harnack, Dr. Dieter 139
Harrach, Carl Ferdinand 198
Harrassowitz, Gertrud 198
Harrer, Herbert 442
☐ Harsch-Niemeyer, Robert 325
Hartmann, Franz 196
Hartmann, Heinz 86
Hartmann, Dr. Kurt 295
Hartmann, Dr. Otto 295
Hartmann, Werner 437
Hartstang, Hugo 323
Haslbeck, Konrad 331, 414
Hassel, Kai-Uwe von 462
Hasselmann, Wilfried 462
Hasselweiler, Benno 75
Hassenpflug, Dr. Helwig 187
Hatje, Gerd 199
Hauck, Hans 272
Hauck, Karl 212
Haueis, Dr. Albert 362
Haueisen, Elisabeth-Maria 200
Haueisen, Eugen 200
Hauff, Dr. Günther 153, 450, 451
Hauff, Walter 227
Haupt, Dr. Max 201
Haupt, Paul 201
Hauptfleisch, Siegfried 461
Hausberg, Hans-Joachim 255
Hausen, Gitta 474
☐ Hauswedell, Dr. Ernst L. 202
Heckens, Josef 109
Heenemann, Hanna 203, 340
Heenemann, Hans-Rüdiger 203, 340
Heenemann, Dr. Horst 203, 340
Heenemann, Jens Peter 203, 340
Heepe, Hans Georg 377
Heering, Melina 204
Heering, Dr. Walther 204
Hegglin, Anton 312
Heidecker, Georg 486
Heider, Hans 205
Heiligenthal, Peter 36
Heilmann, Dr. Helmuth 313
Heimeran, Margit 206, 263
Heimeran, Till 206, 263
Heine, Heiko 161

Heinl, Roland 365
Heinold, Ehrhardt 283
Heinrich, Albert 66, 80, 466
Heinrichs, Norbert 342
Heinrichs, Werner 58
Heinzel, Ingeborg 469
Heinzelmann, Gerhard 171
☐ Heizmann, Eberhard 447
Heldt, Rudolf 187
Helldörfer, Eduard 183
Hellmann, Dr. W. 466
Helmrich, Elisabeth 391
Helwig, Rudolf 103
Helwig, Theo L. 253
Henksmeier, Dr. Karl Heinrich 179
Henn, Dr. Aloys 209
Henn, Dr. Gregor 209
Henn, Renate 209
Hennig, Manfred 76
Henselder, Peter 291, 422
Hentzschel, Manfred 461
Henze, Karl Ludwig 470
Herbst, Dietrich 133, 381
Herbst, Helmut 133, 381
☐ Herchen, Hans-Alfred 123
Herda, Friedrich 240
Herdeg, Walter 211
Herder-Dorneich, Dr. Hermann 41, 114, 211, 213, 352
Herder-Dorneich, Dr. Theophil 41, 114, 211, 352
☐ Hergt, Siegfried 204
Hermann, Ernst 128
Hermann, Dr. Franz 94
Hermann, DDr. Friedrich 384
Hermann, Siegfried 497
Herold, Dr. Günter 89
☐ Herold, Dr. Joseph Simon 213, 469
Herre, Max 366
Herrmann, Günther 491
Herth, Rüdiger 70
Herz, Gunter 268
Herzog, Astrid 44
Herzog, Günther 80
Herzog, Wilhelm Peter 181
Hess, Anna 116
☐ Hess, Otto H. 116
Hess-Maier, Dorothee 294
Hesse, Kurt-Werner 135
Heubach, Rudi 116

Heyes, Heinz-Gerd 35
Heyne, Rolf 215
Hieke, Katharina 62
☐ Hieronimi, Hubert M. 475
Hieronimi, Irene 475
Hieronimi, Ursula 475
Hiersemann, Erica 216
Hiersemann, Karl Gerd 216
Hildebrandt, Rüdiger 223
Hilgenberg, Heinrich 392
Hilgenberg, Heinrich A. 197
Hilgenstock, Ernst-Günter 432
Hilland, Ilse 187
Hillig Joachim 451
Hillig, Klaus 504
Himmel, Dieter 285
Hinrichs, Dr. Elsbeth 382
Hinze, Christa 132
Hippe, Annelore 51
Hippe, Dorothee 51
Hippe, Dr. Werner 51
Hirmer, Aenne 218
Hirmer, Albert 218
☐ Hirmer, Dr. Max 218
Hirt-Reger, Götz 218
Hlavka, Dr. Gertrude 98
Hoch, Joachim 220
☐ Hoch, Otto 220
Hochenegg, Harald 172
Hodeige, Dr. Fritz 373
Hodeige-Rombach, Eleonore 373
Hodick, Erich 95
Höcker, Karla 258
Höfelmaier, Wilhelm 479
Hoeft, Anita 116
Hoeller, Carl 66
Hönig, Margarethe 38
Hönigschmied, Maria 139
Hoeppner, Hans 220
Hoeppner, Jutta 220
Hörnemann, Werner 220
Hoffmann, Dieter 221
Hoffmann, Dieter 358, 359
Hoffmann, Kurt 509
☐ Hoffmann, Paula 222
Hoffmann-Heyden, Jürgen 318
Hoffmeister, Karl-Heinz 491
Hofman, Dr. Ernst 366
☐ Hofmann, Harry von 223
Hofmann, Julius 501
Hofmann, Max 336

☐ Hohenester, Hans 177, 408
Hohenester, Dr. Hermann 177, 408
Hohenester, Walther 177, 408
Hohmann, Werner 78
Holland, Helmut 225
Hollinek, Elisabeth 225
Hollinek, Dr. Richard 225
Hollinek, Richard 225
Holm, Günter 70
Holst, Friedrich B. 510
Holstein, Alfred 204, 344
Holstein, Peter 204, 344
Holstein, Rainer 204, 344
Holtz, Günter 423
☐ Holtzbrinck, Georg von 165, 225, 377
Holtzbrinck, Georg-Dieter von 225, 226
Holtzendorff-Fehling, Ursula von 161
Holtzendorff-Fehling sen., Werner von 161
Holtzhauer, Herbert 320
Holtzhauer, Hertha 320
Holtzhauer, Klaus 320
Holzapfel, Klaus-J. 322
Holzapfel, Michael 322
Holzberg, Heinz 226
Holzboog, Günther 174
Holzmann, Peter 227
☐ Holzmeister, Johannes 162
Holzmeister, Liselotte 162
Honig, Christian 292
Hopf, Dr. Andreas 75
Hoppe, Fritz 54
Horbach, Gerd 56, 205
Horn, Christel 346
Horn, Dr. Friedmann 444
Hosemann, Eberhard 70
Hoss, Ernst 512
Hottenrott, Christoph 397
Hoven, Gerhard 392
Huber, Dr. Heinz 458
Huber, Paul 265
Huber, Pia 265
Huberti, Dr. Günter 62
Hueber, Anna 229
Hueber, Ernst 229
Hueber, Ilse 229
Hübler, Karl 127, 219, 510
Hübner, Klaus 470
Hüffer, Dr. Anton Wilhelm 49
Hüffer, Joseph 49
Hüffer, Maxfritz 49

Hüffer, Dr. Paul-Eduard 49
Hügel, Herbert 127, 219, 510
☐ Hülsmanns, Dieter 155
Huemer, Alois 421
Hürlimann, Bettina 53
☐ Hürlimann, Dr. Martin 52, 53
Hüthig, Dr. Alfred 120, 232, 233, 313
Hüthig, Holger 232
Hüthig, Marlene 232
Hug, Hans 273
Hug, Werner 411
Hugel, Heinz 142, 262
Hulwa, Günter M. 126, 238
Humphrys, Christopher 426
Hunke, Dr. Waltraud 311
Hunn, Alexander 461
☐ Huth, Elly 234
Hutkap, Friedrich 301
Hutkap, Friedrich-Albert 301
Hutkap, Hildegard 301
Hutkap, Ilse-Brigitte 301

Ifland, Fritz 234
Ihlo, Holger 218
Ihrig, Georg Wilhelm 70
Illenberger, Dr. Jörg 70
Inderbitzin, Dr. Zeno 369
Inhauser, Rolf 385
Irschl, Simon 383
Isensee, Dieter 226
Italiaander, Rudolf 515

Jacob, Michael 357
Jaeckel, Adelheid 459
Jaeckel, Sigrid 459
☐ Jaeger, Horst E. 126, 238
Jäger, Otto 95
Jäger, Dr. Werner 282
Jäkel, Günther 60
Jagdt, Elisabeth 311
Jahn, Christoph 475
Jansen, Birgit 474
Jansen, Heinz 102
Janson, Björn 292
Janssen, Horst 435
Janssen, Klaus 435
Jaspert, Dieter 380
Jaspert, Marianne 380

☐ Jaspert, Reinhard 379
Jeffry, W. F. 426
Jelinek, Alfred 240
Jensen, Walter 122
Jerabek, Luise 200
Jerofsky, Gudrun 222
Jilch, Karl 240
Jochems, Friedhelm 265
Jochums, Heinrich 476
Jödicke, Dr. Carl 443
☐ Johannsen, Dr. Klaus 150
John, Dietrich 161
Joos, Alfred 266
Joos, Rösi 71, 423, 427
Josephi, Wolfgang 129
Jost, Bernd 292
Jost, Karl 433
Jost, Konrad 129
Jost, Wilhelm 201
Jürgensmeyer, Hans M. 122
Juncker, Klaus 377
Jung, Dr. Hans 418
☐ Jungck, Hermann 364, 365
Junge, Wolfgang 156

Kabitz, Ulrich 244
Kahleyss, Dr. Ellinor 391
Kaindl-Hönig, Max 419
Kaiser, Hans-Jörg 269
Kalckhoff, Dr. Herbert 168
Kalenberg, Heinz 109
Kallmeyer, Georg 246
Kaltenbrunner, Gerd Klaus 474
Kamp, Dr. Ferdinand 246
Kannegießer, Hans-Herbert 118, 468
☐ Kappe-Hardenberg, Siegfried 86
Kardel, Walter 496
Karg, Peter 243
Karl, Hans-Joachim 60
Karnapp, Dr. Birgit-Verena 354
Karsunke, Ingrid 375
Kaselowsky, Richard 81
Katzer, Hans 462
☐ Kaufmann, Heinz 249
Kaufmann, Helmut 128
Kaufmann, Rolf 249
☐ Keel, Daniel 134
Kehr, Otto 357
Keil, Brigitta 144
Keller, Ernst 251

Keller, Hanspeter 497
☐ Keller, Josef 251
Keller, Dr. Ludwig 406
Keller, Peter 251
Keller, Rolf 170
Keller, Volker 474
Keller, Dr. Will 223
Kemper, Juergen 135
Keppler, Hermann 461
Keskari, Peter 352, 452
Kessler, Karl-Heinz 503
Kettel, W. O. Paul 316
Ketteler, Antje 132
Ketterer, Heinz 150
Kiep, Walther Leisler 462
Kieser, Ernst 243
Kils-Hütten, Walter 191
Kindl, Gerhart 479
☐ Kindler, Helmut 254
Kindler, Nina 254
Kirchmair, Konrad 458
Kirchner, Bernd H. D. 124
Kirsch, Christel 454
Kisker, Hans 319
Kissler, Hans-Joachim 326
Kißling, Dr. Walter 358
Kittelmann, Eva Maria 119
Klaffke, Konstantin 504
Klausener, Erich 311
Kleibel, Elisabeth 314
Klein, Rudolf 165, 166
Kleiner, Wolfgang 366
Kleinschrot, Dieter 461
Klemm, Arno 274
Klepser, Carl 273
Klesl, Dr. Wolfgang 89
Klett, Dr. Ernst 256
Klett, Michael 256
Klett, Roland 256
Klett, Dr. Thomas 256
Klietmann-Paetzold, Anneliese 336
Klinge, Heiko 74
Klinkhardt, Annemarie 257, 362
Klinkhardt, Michael 257
Klinkhardt, Peter 257
Klippel, Hermann 359
Klock, Franz-Joachim 196
Kloeppel, Kurt 512
Klokow, Charlotte 257
☐ Klokow, Oskar 257
☐ Klopp, Erika 258
Klose, Dr. Dietrich 362
Klostermann, Michael 258
☐ Klostermann, Dr. Dr. Vittorio 258

Knapp, Reinhart 62
Knapp, Rudi 362
Knauer, Ernst 509
Knaus, Dr. Albrecht 223
Knauthe, Heidi 460
Knecht, Walter 338
Kniffler, Thomas 206, 263
☐ Knittel, Dr. Eberhard 99
Knoblauch, Hanspeter 513
Knobloch, Erhard J. 54
Knoch, Friedrich 114, 352
Knoch, Fritz 212
Knoke, Dr. Gerhard 58
Knoll, Clemens 373
Knoll, Heda 373
Knoll, Dr. Walter 373
Knospe, Herbert 187
Knudsen, Holger 291
Kobelt-Schultze, Ernst 439
Koch, Brigitte 107
Koch, Hansjürgen 140
Koch, Theo 209
Kocheise, Reinhold 320
Koegel, Arthur 319
Koegeler, Hans 40
Koehler, Hans-Focko 264
Koeltzsch, Johannes 333
Koenen, Karl 446
Koenig, Franz 501
Köpcke, Dr. Günther 305
Koeppel, Hans-Albrecht 400
Köppelmann, Hartmut 100
Köppen, Manfred 116
Köppler, Heinrich 462
Köster, Eleonore 279
Köster, Hans-Curt 279
Köster, Manfred 156
Köstler, Hermann 71
Kohlbauer, Karl 172
Kohlmeyer, Manfred 76
Kohrs, Walter 274
Kolb, Gerhard 357
Kolbe, Dr. Jürgen 196
Koller, Dr. Otto 228
☐ Komar, Gerhard 267
Komar, Monica 267
Kommenda, Heinz 157
Konheiser, Hans-Karl 460
Kopp, Ernst Ludwig 222
Koop, Klaus 350
Korsch, Werner 270
Koschnick, Wolfgang 317
Koschwitz, Hans 232
☐ Kosta, Tomas 106, 159
Kottwitz, Rupprecht 392
Krämer, Heinrich 447

Krämer, Johannes 308
☐ Krämer, Karl 271
☐ Krämer, Karl Horst 271
Krall, Rolf 97
Kramer, Dr. Manfred 40
Krammer, Olga 148
☐ Krattiger, Ernst 428
Kraus, Karl 157
Kraus, Reinhold 392
Krauss, Dr. J. 438
☐ Krausskopf, Otto K. 272
Krausskopf, Sigrid 272
Krauth, Dr. Lothar 137
Kreeb, Elisabeth 177, 408
Kreiner, Dr. Viktor 207
Kreißelmeier, Dr. Hermann 272, 482
Kremayr, Rudolf 103, 273
Kremer, P. B. 221
Kremling, Dr. Ernst 237
Kremling, Dr. Helmut 237
Kresse, Dr. Werner 445
Kretzschmar, Dr. Heinz 83
Kretzschmar, Walter 256
Kreuzhage, Jürgen 348, 472
Krick, Manfred 163
Kritzler, K. H. 344
Krüger, Angela 203, 340
Krüger, Karl 383
Krüger, Michael 196
Krümpelmann, Wilhelm 74
Krummacher, Marianne 392
Krzywon, Dr. Ernst-Josef 265
Kubitz 124
Kučera, Dr. Antonin 98
Kübler, Dr. Bruno M. 503
Kühlechner, Marlene 325
Kühne, Dr. Heinz 188
Kühr, Dr. Christian 291
Küll, Helmut 204
Kümpfel, Dr. Helmut 204
Künnemann, Horst 418
Künzel, Harry 58
Küstermann, Erich 288
Kugel, Dr. Werner 397
Kuh, Hans 211
Kuhlmann, Dr. Marlis 153
Kuhn, Gerhard 158
Kulmann, Hanns 220
Kumans, Rudolf 130
Kunis, Hans 387
Kunis, Jochen 387

Namensregister

Kunis, Kurt Klaus 387
Kunkel, Klaus 236
Kunsemüller, Dr.
 Johannes 226
Kunz, Dr. Harald 96
Kunz, Jack J. 211
Kunz, Walter 247
Kunzenmann, Dr.
 Werner 458
Kupper, Albert 385
Kursch, Heinz-P. 315

Lacour, Maria 179
Laden, Wolfgang von der 468
☐ Lalics, Dr. Peter 330
Lampl, Wilhelm 506
Land, Bruno 446
Landig, Wilhelm 494
☐ Lang, Dr. Carl
 Ludwig 169, 170
Lang, Franz 354
☐ Lang, Dr. Karl 445
Langanke, Ulrich 233, 241, 278, 279, 301, 353
Langbecker, Günter 361
Lange, Rainer 503
Lange Ulrich 488
Langer, August 515
Langheld, Dieter 96
Langheld, Wolfgang 96
Langner, Klaus 291
Langrehr, Christine 493
Lanz, Jakob 406
Larink, Johannes 468
Laschitz, Dr. Heino 289
Laubach, Heinz 298
☐ Laubach, Dr. Jakob 298
Laudien, Bruno 223
Lauer, Dr. Hans 246
Laufs, Christel 214
Lauppert, Dr. Norbert 38
Lebe, Dr. Reinhard 124
Lebek, G. 317
Lederer, Hugo 204
☐ Ledig-Rowohlt, Heinrich-Maria 376, 377
Leesen, Hans-Joachim von 215
Lehmann, Erich 418
Lehmann, Dr. Hans 229
Lehmann, Heinz 266
Lehmann, Dr. Werner 137
Lehner, Gunthar 454
Lehner, Hubert 328
Lehr, Gottfried 397
☐ Leins, Dr. Hermann 303, 512

Leipold, Dr. Eugen 146
Leippe, Dr. Heinrich 174, 281
Leisler Kiep, Walther 462
Leiter, Dr. Helmut 240
Leithe-Jasper, Erich 98
Lembeck, Dr. Hans-Hartwig 282
Lemke, Wolf-Gunter 492
Lemmer, Dr. Klaus J. 367
☐ Lemmer, Konrad 367
Lempp, Maria 244
Lengenfelder, Dr. Helga 474
☐ Lensing-Wolff, Florian 282
Lentfer, Helmut 80
Lenz, Werner 75
Lenzing, Olf 350
Leonhard, Ernst 124, 222
Leonhardt, Karl Ludwig 76
Leonhardt, Wolfgang 267
Lerch-Ott, Bruno 338
Lerch-Ott, Sylvia 338
Lerche, Robert 283
Lessing, Uwe 509
Leupelt, Wolfgang 254
Liebenstein, Erhard 461
Lieber, Reinhard 323
Liedtke, Gerhard 66
Limmer, Hans 331
Lindig, Werner 62
Lingenbrink, Charles 515
Lingenbrink, Kurt 515
Link, Christoph 398
☐ Link-Wiesend, Folker O. 288
Linke, Georg 52
Linne, Bruno 365
Lion, Alfred 463
Lipsius, Hans-Hermann 496
☐ List, Dr. Paul W. 289
Lochmann, Hans 390
Loeben, W. von 317
Löcher, Paul 407
Lörler, Käthe 506
Löser, Gerhard 291
Lösing, Manfred 117, 118, 177, 468
Lopau, Mechthild 392
Lorch, Andreas 127
Lorch, Eva 127, 291, 422
Lorch, Peter 127, 291, 422
Lorenz, Detlef 150
Lorson, F. C. 282
Lotsch, Dr. Manfred 140, 261, 370
Lotz, Johannes B. 71

Lubasch, Dr. Kurt 187
Lube, Dr. Franz 490
Luchterhand, Heinz 291
Lucius, Annelise von 164
Lucius, Dr. Wulf D. von 164
Ludwig, Gerd. W. 266
Ludwig, Dr. Wolfgang 418
☐ Lübbe, Gustav 60, 292
Lübbing, Dr. Hermann 226
Lück, Hans 99
Lück, Hartmut 471
Lückert, Olaf 491
Lüdicke, Wolfgang 492
Lüer, Manfred 151, 327
Luft, Hermann 234
Luft, Jorinde 234
Lukaschek, K. 342
Lukes, Josef 309
Lustig, Manfred 301
Lutz, Dr. Dieter 507
Lutz, Edmund Johannes 137
Lutz, Dr. Hanns-Martin 323
Lynn, Christa 78

Mackensen, Gerd 504
Mackensen, Dr. Jürgen 504
Mäckle, Adolf 170
Märker, Alexander 260
☐ Mai, Dr. Richard 493
Maier, Fritz 419
Maier, Karl 294
Maier, Otto Julius 294
Maier, Walter 362
Maier-Bruck, Dr. Franz 273
Majewski, Maren 258
Majunke, Birgit 200
Maltzahn-Krausskopf, Inga Maria Freifrau von 272
Mang, Dr. Otto 78
Manth, Götz 117, 118, 177, 468
☐ Mantlik, Richard 65
Manz, Lucia 432
Marb, Alfons 383
☐ Mariacher, Dr. Bruno 48
Mark-Hürlimann, Dr. Charlotte 404
Markert, Dr. Dietrich 127, 291, 422
Markwort, Helmut 183

Marloh, Klaus-Christoph 319
Marold, Peter 480
Marré, Dr. Heribert 236, 326, 443
Marten, Hermann 81
☐ Martens, Peter H. 335
Martin, Dr. Emil 265
Marx, Günter 62
Mason, Stanly A. 211
Massa, Brigitte 382
Mathaei, Dr. Renate 253
Matis, Dr. Paul 387
Matthei, Wolfgang 42, 57, 431
Matthes, Axel 372
Matzenauer, Hans 242
Maudrich, Irmgard 298
May, Eberhart 132
Mayer, Dr. Ferdinand 504
Mayer, Heinz 154
Mayer, Johannes 464
Mayer, P. B. 426
Mayr, Dagobert 500
Mayr-Melnhof, Friedrich 306
Mazakarini, Leo 309
Mehl, Renate 70
Mehling, Franz 139
Mehling, Günther 110
Mehnert, Karl-Michael 187
Mehra, N. K. 426
Meiner, Richard 300
Meiser, Gerd 51
Meister, Kurt 287
Melcher, Heinz 232
Meleghy, Christa de 197
Meloun, Adolf 440
Menge, Achim 451
Menges, Axel 199
Menn, Axel 260
Menzel, Marianne 350
Merensky, Gisela 504
Merkle, Ursula 312
Merten, Franz-Gerhard 227
Merten, Dr. Theodor 227
Mertens, Dr. Eberhard 333
Mertz, Wolfgang 52, 165, 166, 183
Merz, Hans 106
Meschendörfer, Hans 91, 302
Metz, Max S. 303
Metz-Krobisch, Pia 303
Metzgen, Günter 86
☐ Metzner, Dr. Wolfgang 73, 484

Meurer, Hansjürgen 188
Meyer, Birgit 309
Meyer, Hans 115
Meyer, Hermann 389
Meyer, Horst 258
Meyer, Dr. Peter 194
Meyer, Peter G. E. 171
Meyer-Quade, Jochen 118
Meyer-Rosorius, Klaus 196
Meyer-Schomburg, Lis 491
Meyne, Frauke 270
Meyne, Dr. Jens 270
Meynecke, Dirk 144
Meysel, K. 317
Michaletz, Claus 423
Middelhauve, Dr. Friedrich 284
☐ Middelhauve, Gertraud 306
Mietsch, Fritjof 269
Miggisch, Rudolf 289
Mihm, G. 435
Miksch, Christoph 346
Milberg, Dr. Hildegard 265
Mindé, U. 491
Mindt, Gerhard 484
Mindt, Siegmund 487
Miquel, Alexandra von 253
Mirow, Hans-Friedrich 391
Mittelstaedt, Günter 484
Mitterhuber, Edith 430
Mitterhuber, Josef 430
Mittler, Dr. Max 52, 53
Mock, Ursula 339
Möbis, Marianna K. 329
Möller, Adolf 40
Möller, Johannes 474
☐ Möller-Klepzig, Dr. Karl-Heinz 255
Moeren, Dr. Egon 200
Mörike, Anne 470
Möser, Heinrich 331
Mößmer, Albert 201
Mößmer, Annemarie 201
Mößmer, Dr. Ernst 201
Mößmer, Irmengard 201
Mößmer, Johanna 201
☐ Mohn, Gerd 188
Mohr, Heribert 114
Mohr, Dr. Knut 279
Moissl, Dr. Richard 314
☐ Molden, Fritz P. 309
Monnerjahn, Dr. E. 342
Montkowski, Maximilian 348, 472

Moos, Heinz 310
Moritz, Elsbeth 392
Morys, Christian 400
Moser, Bruno 201
Müllenbach, Peter 149, 462
Müller, Alfred 233, 241, 278, 279, 301, 353
Müller, Christa 122
Müller, Dieter 366
Müller, Eduard 84
Müller, Elsa 228
Müller, Emmerich 214
Müller, Erentraud 314
Müller, Ernst 228
Müller, Erwin 269
Mueller, Eva 475
Müller, Gerhard 314
Müller, Gerhard 315
Müller, Heinz 281
Müller, Dr. Josef 463
Müller, Karl-Heinz 400
Müller jr., Lambert 314
Müller, Ludwig 126, 238
Müller, Ludwig W. 355
Müller, Dr. Maria 463
Müller, Marianne 116
Müller, Richard 366
Müller, Ulrich Friedrich 280
Müller, Urs 455
Müller, Dr. Walther 315
Müller-Erb, Dr. Rudolf 407
Müller-Römheld, Dr. Walter 282
☐ Müller-Wirth, Dr. Christof 313, 505
☐ Müller-Wirth, Dr. Robert 313
Münsberg, Paul 355
Münzer, Hans Friedrich 278
Mull, Ernst 202
Mull, Horst 203
Mull, Dr. Werner 203
Mundry, Dietfried 431
Mundt, Dr. Hans Josef 122
Munz, Christof 111
Munz, Dieter 265
Munzinger, Cora 316
☐ Munzinger, Dr. Ludwig 316
Murko, Liselotte 142, 262
Muth, Dr. Ludwig 212
Muthesius, Peter 260
Muthesius, Dr. Volkmar 260

Namensregister

Naber, Manfred 375
Nägele, Dr. Erhard 94, 411
Nägele, D. Hermann 266
Nagel, Edwin 398
Nagel, Dr. Louis 318
Nagel, Wolf 271
Nagler, Monica 310
Nalbach, Lothar 124
Naparowski, Bärbel 223
Narr, Gunter 319
Naumann, Dr. Heinrich-Wilhelm 320
Naumann, Resi 320
Naumann, Ruth 320
Neddermeyer, Horst 506
Neff, Kurt 274
Nehmann, Euchar R. 170
☐ Nenning, Dr. Dr. Günther 399
☐ Neske, Günther 321
Nessler, Dr. Edith 124
Neubert, Ernst Joachim 133, 381
Neumann, Joachim 288
Neumann, Karl-Heinz 284
Neunzig, Hans A. 327
Neven DuMont, Annette 253
☐ Neven DuMont, Dr. Reinhold 253
Niebling, Dr. G. 65
Niederberger, Josef A. 406
Niedermayer, Lilo 287
Niedieck, Gerda 497
Niehaus, Dr. Wolfgang 477
Niemann, Viktor 376, 377
Niemeyer, Günther 324, 423
Niendorf, Joachim 153
Nikel, Peter 254
Nitzsche, Dr. Max 140, 261, 370
Noebe, Dr. Will 446
Noetzel, Florian 207
Noetzel, Otto Heinrich 207
Nold, Liselotte 276
Nolden, Josef 109
Noll, Maria 366
Nolte, Ernst 202
Nopitsch, Dr. Antonie 276
Nottbeck, Berend von 487
Nottbeck, Claus-Peter von 487
Nowacek, Karl 309
Nowotny, Gerald 273

Nyssen, Dr. Ute 253

Oberguggenberger, Josef Helmut 441
Obermiller, Klaus 94, 411
Ögg, Franz 388
Oeltze, Otto 76
Oeri, Dr. Hans Georg 406
☐ Oesch, Emil 329
Oesch, Martin 333
Oeser, Dr. Fritz 42
Oestergaard jr., Jörgen 116
☐ Oestergaard sen., Paul 116
Oestergaard jr., Peter 116
Oesterhelt, Dr. Berndt 93
Oesterreicher, Kurt 86
Offinger, Werner 86
O'Hanlon-Saarbach, Paddy 426
Ohmeyer, Götz 331, 414
Olbrich, K.-H. 426
Oldenbourg, Eberhard 331
Oldenbourg, Johannes 331
Oldenbourg, Dr. Rudolf 331, 454
Oldenbourg, Walter 331
Olms, Hans-Joachim 117
☐ Olms, Walter-Georg 333
☐ Olzog, Dr. Günter 334, 454
Olzog, Ruth 334
Opitz, Arne 291, 292
Oppenheim 124
Oppenheim, Dr. Friedrich Carl Freiherr von 156
Ortner, Dr. Josef 400
Ostermeier, Günther 161
Ostermeyer, Dr. Hella 218
Ott, Eberhard 93
Ott, Hans 338
Otto, Claus Manfred 445
Overstolz sen., Dr. Christian 406
Overstolz jr., Dr. Christian 406

Paar, Hans 441
Padeken, Dr. Hans-Gerd 451
Paeschke, Olaf 74

Pagel, Hans-Joachim 357
Pahl, Arne 144
Paraquin, Walter 128
Partick, Dr. Matthias 381
Paul, Hans 366
Paula, Dr. Robert 89
Pauli, Oscar 86
Paulsen, Ingwert 194, 233
Pechtold, Uwe 150
Peisker, Hans 191
Pemwieser, Franz 44
Pepper, Hugo 157
Peter, Heinz 354
Peterer, Anton 146, 147
☐ Peterer, Jane 146, 147
☐ Peters, Dr. Arno 464
Peters, Franz Wilhelm 354
Peters, Dr. Heinz 131, 295
Peters, Dr. Klaus 423
Peters, Dr. Paulhans 110
Petersen, Ingo 376, 377
Petersen, Dr. Leiva 89
Petri, Dr. Hans R. 127, 219, 510
Petrowitz, Dr. Walter 172
☐ Petschull, Dr. Johannes 290, 345
Petzolt, Dr. Helmut 198
Peychaer, Herwig 146
Pfäfflin, Friedrich 196
Pfändler, Marcel 167, 449
Pfanneberg, Gero 345
Pfanneberg, Dr. Günther 345
Pfeiffer, Hans Jo 81
Pfeiffer, Herbert 343, 421
Pfeiffer-Belli, Christian 110
Pfenningstorff, Fritz 453
Pfenningstorff, Wolfgang 321
Pflug, Brigitte 276
☐ Pfriemer, Udo 347
Pfützner, Robert 479
Pietsch, Paul 311
Pietsch, Dr. Ursula 66
Pilger, Ellen 349
Pilz, René 290
Pinsker sen., Josef 349
☐ Pinsker jr., Josef 349
Pinzl, Richard 383
☐ Piper, Klaus 350
Piper, Martin 350
Plagge, Friedrich 266
Plattner, Dr. Anton 119
Plattner, Dr. Winfried 309
Platzer, Rudolf 172

590 Namensregister

Pleißner, Werner 250
Plischke, Hans Hermann 78
Plitzko, Willibald 266
Ploch, Joachim 158
Plöger, Heinz 482
Pludra, Artur 200
Pötschke, Werner 175
Pogats, Erich 157
Pohl, Hermann 167
Pohle, Gerhard 256
Pohlmann, Ekkehard 359
☐ Polak, Hans W. 515
Pollak, Bernhard 442
Pollitz, Andreas 294
Polt, Dr. Robert 103
Poneß, Gerhard 126
Popp, Alfons 46
Popp, Bernhard 46
Popp, Bruno 46
☐ Popp, Georg 46
Popp, Winfried 46
Pordes, Ilse 310
Posch, Benedikt 458
Pracht, Jens-Peter 333
Pramendorfer, Karl 500
Prass, Heinz 324
Prechtl, Georg Max 157
Preigschat, Joachim 448
Preiswerk, Dr. Karl 366
☐ Prelinger, Kurt 184
Preuß, Gisela 80
Preussner, Norbert 76
Primke, Karl-Heinz 400
Prögel, Edeltraud 355
Prögel, Hans K. 355
Prögel, Wilhelm 355
Profittlich, Bernd 149, 462
Pruskil, Siegfried 171
Puschacher, Oscar E. 225
Puschel, Christa 292
Pustet, Dr. Friedrich 356

☐ Quiring, Dr. Horst 159

Raabe, Günther 288
☐ Raabe, Klaus 130, 490
Rabehl, Bernd 375
Rack, Damian 51
Rackow, Dietrich 187
Rackwitz, Joachim 232
Radecke, Hans-Jürgen 96
Radel, Hartmut 134
Rademacher, Gustav 475
Rätze, Lieselotte 463
Rampp, Walter 86

Randegger, Esther 404
Raschenberger, Herbert 463
Rasp, Dr. Hans-Peter 442
☐ Rast, Dr. Josef 497
Rau, Helmut 224
☐ Rauch, Dr. Dietrich 88, 89
Rausch, Heinrich 461
Rauschnigg, Hans 160
Ravenstein, Helga 361
Rech, Bertold 231
Recher, Bernhard 312
Recher-Vogel, Adolf 312
Recher-Vogel, Dorly 312
☐ Reclam, Dr. Heinrich 362
Reclam, Rolf 362
Reclam-Klinkhardt, Stefan 257, 362
Reeg, Philipp 387
Reetz, Dr. Olaf 278, 279
Rehder, Dr. Peter 381
Rehm, Dr. Wolfgang 57
Rehmer, Kitty 140
Reichel, Dr. Werner 256, 454
Reichert, Dr. Ludwig 198, 363
Reif, Adelbert 289
Reifferscheid, Eduard 291
Reihlen, Dr. Helmut 78
Reimann, Hans 406
Reimann, Martha 276
Rein, Thomas 331
Reindl, Hubert 86
Reindl, Ludwig Emanuel 442
Reinecker, Wolfgang 93
Reiner, Wolfgang 325
Reinhardt, Dr. Clara 366
Reinhardt, Dr. Ernst 366
Reinhardt, Dr. Hans 366
Reinhardt, Sabine 292
Reinhardt, Dr. Stephan 291
Reintjes, Norbert 503
Reisner, Dr. Jakob 100
Reißenweber, Arno 63, 253, 383
Reisser, Dieter 402
Reitschuler, Dr. Siegfried 37
Renner, Hans Peter 102
Rentsch, Dr. Eugen 368
Rentsch, Hans 368
Rentsch, Dr. Leonore 368
Resius, Dr. Adolf M. W. 268, 305
☐ Reske, Friedolin 155

Reus, Karl-Heinz 246
Reuter, Dietrich 400
Reuter, Dr. Wolfgang 251
Reutern, Gerhard von 295
Reuthner, Hans-Georg 114, 144
Ribbert, Friedrich 324
Richter, Richard 300
Richter, Walter 91, 206, 302
Richter, Werner 204
Richter, Wolfgang 460
Riebschläger, Kurt 370
Riedel, Gerda 120
Rieger, Gerhard 80
Riehl, Werner 123
☐ Riethmüller, Dr. Helmut 357
Riha, Karl 434
☐ Rinnerthaler, Reinhard M. 384
Risch, Susanne 244
Rittberg, Hello Graf von 99
Ritter, Rolf 430
Rittler, Thea 99
Ritzkat, Paul 215
Rix, Tim J. 279
Roberts, H. F. 426
Robitsch, Reinhard 201
Roche, Marc de 338
Roeder, Dr. Franz 462
Roehler, Klaus 291
Röhring, H. 317
Röhring, Hans-Helmut 223
Röösli, Anton 411
Rössner, Dr. Hans 350
Röttgen, Herbert 456
Rogner, Klaus P. 372
Roller, Otto 487
Rollmann, Dietrich 462
Rombach, Paula 373
Rombach, Theo 212
Romstoeck, Dr. Walter 354
Roos, Walter 361
Rosenberg, Michaela 515
Rosenkranz, Dieter 195
Rosie, Dr. Robert H. 451
Rossek, Dr. Detlev 148
Rost, Adalbert 346
Rost, Eberhard 54
Roth, Franz M. 341
Roth, Gerhard 461
Roth, Peter 390
Rothmuller, Claudio 426
Rothweiler, Irmgard 383
Rotsch, Lothar 376

Rotta, Hans 127, 219, 433, 510
Rotta, Lenore 127, 219, 510
Rotzler, Regine 232
Rowohlt, Harry 377
Rub-Haupt, Paul 201
Rubin, Hans Wolfgang 286
Rubner, Erwin 273
☐ Ruder, Otto 357
Rübel, Aloys 107
Rübner, Albrecht 76
Rübsam, Franz Josef 200
Rüdegger, Dr. Erika 332, 478
Rüger, Werner 167
Rühlig, Karl 51
Rütters, Axel 444
Ruf, Mechthild 284
Rumker-Schulze, Ursula 409
Ruoss, Gerhard 211
Rupprecht, Heinz 71
Rupprecht, Walter 148
Ruprecht, Dr. Arndt 259, 466
Ruprecht, Dr. Dietrich 259, 466
☐ Ruprecht, Günther 259, 466
☐ Ruprecht, Hellmut 259, 466
Russ, Peter 127
Russ, Wilfried 470

Saare, Maria 236
Sachse, Helmut 315
Sacken, Thomas C. von 515
Sackl, Dr. Walter 458
Sadtler, Christel 215
Sager, Dr. Peter 420
☐ Sagner, Otto 381
Salle, Henrik 423
Saltzberg, Arnold 426
Salzer, Hans A. 459
Salzer, Hartmut 382
Salzer, Michael 459
Salzer, Thomas F. 459
Sandfuchs, Dr. Wilhelm 383
Sanzenbacher, Heinz 331
Sassmann, Dr. Hanns 440
Sauer, Angelika 361, 385
☐ Sauerländer, Hans 385
Sauerländer, Hans Christof 385
Sauerländer, Heinz 385

Saur, Klaus Gerhard 474
Schacherl, Dr. Lillian 354
Schachtner, Hans 383
Schade, E. 256
Schäfer 124
Schäfer, Dr. Dietrich 158
Schäfer, Friedrich 420
Schäfer, Günter 386
Schäfer, Heinz 113
Schäfer, Hermann 107
Schäfer, Hildegard 83
Schäfer, Dr. Karl Friedrich 393
☐ Schäfer, Robert F. 289, 441, 443
Schäfer, Dr. Wolfram 166
Schäpers, Dr. Roland 229, 231
Schaetz, Maria-Veronika 265
☐ Schaffler, Wolfgang 368
Schaffner, Dr. Hans 84
Schaffrath, Dr. Joseph 140, 261, 370
Schafleitner, Friedel 368
Schallück, Paul 179
Schattauer, Elfriede 387
Schatter, Hans-Reinhard 86
Schaumberger, Hans 309
Scheckenbach, Paulina 276
Scheel, Wolfgang 93
Scheffler, Heinrich 419
Scheffler, Heinz 197
☐ Scheibel, Richard 163
Scheidle, Dr. Hermann 458
Scheller, Helga 375
Scheller, Udo 223
Schenck, Helmuth 120
Schenck, Peter-Horst 120
Schendl, Dr. Anna 388
☐ Scheriau, Wilhelm 103, 273
Schermer, Hans 348, 472
Scherz, Hans 184
Scheuchzer, Dr. Roland H. H. 235
Scheuffelen, Dr. Thomas 291
Schewetzky, Anneliese 36
Schick, Josef 140
Schick, Walter 451
Schickling, Dr. Hans 109
Schiefer, Hero 294
Schiemer, Dr. Georg 458
Schifferli, Peter 45
Schillhammer, Franz 103, 273

Schilling, Günter 412
Schilling, Hans Joachim 389
Schilling, Kurt 412
Schilling, Wieland 412
Schilling, Wolfgang 311
Schindler, Wilhelm 63
Schirmer, Andreas 62
Schirmer, Elisabeth 62
Schirmer, Heinrich 450
Schirmer, Michael 62
Schlageter, Hubert 212
Schlaus, Peter 288
Schlecht, Artur 93
Schlegel, Werner 294
Schleucher, Kurt 457
Schleuning, Hans 449
Schlicht, Paul 465
Schlingensiepen, D. Johannes 195, 239
Schlippenbach, Marco Graf von 238
Schlösser, Manfred 39
Schlösser, Monika 39
Schlotterer, Christoph 196
Schloz, Ulrich 447
Schlüter, Marguerite 287
Schluppeck, Heribert 307
Schmeil, Aenne 358
Schmid, Emilie 171
Schmid, Dr. Erwin 142, 262
Schmid, Joachim 248
Schmid, Lothar 248
Schmid, Roland 248
Schmidhuber, Wolfgang 384
Schmidt, Eckhard 227
Schmidt, Eicke 110
Schmidt, Dr. Erich 390
Schmidt, Gisela 270
☐ Schmidt, Dr. Hans Martin 392
Schmidt, Heinz 62
Schmidt, Heinz 191
☐ Schmidt, Hermann 270
Schmidt, Hildegard 392
Schmidt, Joachim W. 271
Schmidt, Dr. Johanna 390, 391
Schmidt, Dr. Otto 392
Schmitt, Erwin 492
Schmitt, Gernot 248
Schmitt, Dr. Helma 112
Schmitt, Michael 341
Schmitt, Raimund 112
Schmitt, Dr. Tilman 112
Schmitt, Willi Martin 248
Schmitt-Vockenhausen, Dr. Hermann 327, 472

Schmitz, Rolf 60
Schmitz, Werner 78
Schmitzer, Helmut 472
Schmoll, Günter 156
Schmuck, Dr. Anton 353
Schmücking, Rolf 176
☐ Schnabel, Rudolf K. Fr. 163
Schneider, Christian 403
Schneider, Felicitas 319
☐ Schneider, Franz-Joachim 393
Schneider, Gerhard 93
Schneider, Gisela 393
Schneider, Heinrich 232
Schneider, Hermann 51
Schneider, K.-J. 503
Schneider, Klaus 153
Schneider, Otto 366
Schneider, Dr. Rolf 117
Schneider, Dr. Rudolf 86
☐ Schnell, Dr. Hugo 395
Schnieper, Dr. Xaver 102
Schnitzer, Herbert 256
☐ Schober, Dr. Kurt 264, 299
Schöberl, Gerhard 168
Schöberl, Renate 168
Schöfer, Walter 501
Schoeller, Monika 396
Schön, Günter 60
Schön, Wolfgang 285
Schoeneberg, Erich 324, 423
Schöner, Ilse 456
Schönfeldt, Ludwig Graf von 475
Schoenicke, Werner 226
Schöningh, Ferdinand 86, 396, 397
Schötz, Dr. Werner 203
Scholz, Herbert 468
Scholz, Horst 60
Schopp, Christian 66
Schornstein, Heinz 492
Schrapfeneder, Franz 309
Schreck, Barbara 127, 219, 510
Schreiber, Gerhard 398
Schreiber, Gottfried 398
Schreiber, Joachim 398
Schreiber, Renate 189
Schreiber, Wilhelm 156
Schrenk, Wolfgang 366
Schrepfer, Georg 406
Schrepfer, Rudolf 177, 399
☐ Schroedel-Siemau, Hermann von 399

Schroedel-Siemau, Dr. Renate von 399
Schröder, Dr. Carl-August 504
Schröder, Dr. Gerhard 462
Schroeder, Hannsgeorg 402
Schröder, Hartwig 316
Schröder, Dr. Ursula 114, 402
Schroeder, Werner 213
Schroer, Jürgen 195
Schroers, Rolf 286
Schuder, Werner 187
Schüsterl, Brigitte 486
☐ Schütte-Hagemann, Maria 191
Schütz, Waldemar 319
Schütze, Dieter 487
Schütze, Manhard 373
☐ Schult, Herbert 222
Schulthess, Hans C. 403
Schulz, Dr. Günter 477
Schulz, Helmut 390
Schulz, Herbert 370
☐ Schulz, Hermann 195, 239
Schulz, Kurt 346
☐ Schulz, Rolf S. 404
Schulz-Ranck, Gerhard 374
Schulze, Hermann D. 406
☐ Schumann, Gerhard 224
Schupp, Anton 214
Schurr, Bernhard 366
Schuster, Theo 406
Schwabe, Gert 429
Schwabe-Burckhardt, Dr. Hansrudolf 348
Schwabe-Winter, Dr. Rudolf 348
Schwabl, Dr. Wilhelm 427
Schwanen, Helmut 140, 261
☐ Schwarcz, Ernst 409
Schwarz, Ingeborg 454
Schwarz, Jürgen 107
Schwarz, Volker 326
Schwarz-Winklhofer, Inge 40, 483
Schwarze, Dr. Wolfgang 409
Schwarzer, Dr. Horst 243
Schweickert, Dr. Alexander 266
Schweim, Lothar 70
Schweizer, Günther 303, 512

Schwend, Karl 421
Schwend, Peter 421
Schwerin, Christine von 459
Schwoerer, Frank 213
Seebacher, Brigitte 269
Seefeld, Dr. Alfred von 130
Seel, Sibylle 232
☐ Seeliger, Rolf 412
☐ Seewald, Dr. Heinrich 413
Segebrecht, Dietrich 105
Sehr, Carlos 342
Seibert, Betty 237
Seidl, Karl Heinz 196
Seidler, Edgar 423
Seils, Gerhard 222
Seipp, Dr. Paul 291
Seippel, Otfrid 188
Seitz, Roger 443
Sellien, Frank 127
Sellien, Dr. Helmut 77
Sellien, Dr. Dr. Reinhold 77
Sellien, Udo 77
Sellier, Alfred 415
Sellier, Dr. Arthur L. 410, 415
Sellier, Kurt 415
Sellier, Peter 415
Sellmer, Hans-Helmut 416
Sellmer, Honorina 416
Sellmer, Tim-Ulrich 416
Sellung, Karin 39
Sennewald, Christl 368
Servos, Bernd 140
Seuss, Juergen 105
Sicker, Frank 161
Sicker, Marianne 161
Sidler, J. 150
☐ Siebeck, Georg 308
☐ Siebeck, Dr. Hans Georg 308
Siebert, Jürgen 487
Siedler, Wolf Jobst 460
Siegert, Renate 257
Siegler, Dr. Heinrich von 417
Siegmund-Schultze, Dr. Jutta 140
Sieling, Dr. H. H. 268
Sierski, Wolfgang 236
Silbermann, Adolf 183
Simon, Günther 276
Simon, Heinz 358
☐ Sirch, Dr. P. Bernhard 154

Skalecki-Kindler, Georgette 254
Skambraks, Werner 290
Slavik, Willibald 103
Smetana, Eduard 274
Sobotta, Dr. Joachim 370
Söhngen, DDr. 112
Söth, Siegfried 316
Sommer, E. 317
Sommer, Else 206, 263
Sommer, Erich 366
Sommer, Rudolf 223
Sommer, Rupprecht 413
Sontowski, Hans 35
Späth, Almut 319
☐ Spangenberg, Christa 151
Speerli, Margrit 368
Spencker, Joachim 196
Sperling, H.-J. 344
Spiegel, Norbert 339
Spindler, Dr. Lothar 120
☐ Spitz, Arno 72, 73
Splett, A. M. 446
Sporer, Eugen 354
Sprengel, Willi 504
Spring, Arthur 494
Springer, Dr. Georg F. 71, 423, 427
☐ Springer, Dr. Konrad F. 71, 423, 427
Sprung, Otto 89
Stadler, Michael 429
Stähli, Rolf A. 228
Stahlhacke, Klaus 446
Stapp, Wolfgang 431
Stark, Rudolf 331
Starke, Anneliese 148
Staude, Charlotte 148
Staudinger, Irmengard 148
Staudinger, Ulrich 148, 393
Staudt, Hildegard 175
Stechele, Peter 291
Steen, Erwin 376, 377
Steglich, Johannes 85
Stegmann, Erika 253
Stein, Manfred vom 185
Stein, Rudolf 342
Steinberg, Manfred 288
Steiner, Helmut 89
Steiner, Ingrid 89
☐ Steiner, Dr. Johannes 395
Steingräber, Dr. Erich 100
Steinkopff, Gudrun 434
Steinkopff, Jürgen 434
Steinkopff-Zöfel, Margret 434

Steinmetz, Melanie 80
Stempfle, Alfred M. 227
Steves, Robert 392
Stiebler, Dr. Christof 100
Stiebner, Erhardt D. 100
Stiefelmeier, Heinrich 48
Stiehm, Christa 394, 436
Stiehm, Lothar 394, 436
Stierlin, Dr. Peter 374
Stindl, Erwin 320
Stöckle, Anton 398
Stoll, Dr. Gerhard E. 293
Stoll, Max 516
☐ Stollfuss, Dr. Erich 437
Stolte, Klaus 100
Storkenmaier, Reinhold 137
Stottele, Christian 294
☐ Stoytscheff, Dr. Naiden 438
Stratmann, Fred 76
☐ Stratowa, Wulf (von) 296
Straube, Dr. Dietmar 344
Strauß, Dr. Wolfgang 471
Streese, Joachim 274
Streit, Annemarie 201
Streit-Scherz, Rudolf 388
Stresow, Gustav 354
Ströbl, Alois 294
Strohal, Alois 267
Strünckmann, Erna 130
Struzl, Elsy 40
Stürken, Kurt 285
Sturmberg, Otto 317
☐ Stutz, Walter 440
Sudholt, Volker 282
Sündermann, Helmut 319
☐ Sündermann, Ursula 141
Sünnemann, Viktor 86
Surber, Hansjörg 81
Suter, Annebeth 134

Tamm, Erhard 152
☐ Tauscher, Engelbert 339
Tebbenjohanns, Dirck 504
Tegelaar, Helga 76
Teich, Edith 359
Teschendorff, Martin 341
Thalmann, Klaus 137
Thee, Annelise 307
Theile, Albert 100
Theiss, Dr. Konrad 449
Theiss, Konrad 449
Theißen, Norbert 83
Theobald, Hans-Wilhelm 215

Thiel, Günter 246
Thiele, Gisela 198
Thiele-Fredersdorf, Herbert 66
Thiemann, Helmut 76
Thieme, Andreas 263
Thiemig, Günter 352, 452
Thoenen, Dr. U. Pierre 194
Thönnes, Kurt 201
Thöns, Inge 464
Thomann, Michael 383
Thum, Renate 358
Thurmann, Werner 263
☐ Tielebier-Langenscheidt, Karl-Ernst 233, 241, 278, 279, 301, 353
Tillmann, Dr. Bert 392
Timpe, Lothar K. 124
Timsit, Melsene 310
Tochtermann, Michael 114, 144
Tögel, Gustl 383
Toggenburger, Dr. Paul 374
Trätner, Lisa 461
Trageiser 124
Trauner, Rudolf 455
Treffer, Dr. Günter 309
Treiber, Anton 256
Tremel, Dr. Klaus 66
Treml, Helmut 383
Trenkler, Dr. Gerhard 440, 441
Treuenfeld, Jobst von 181
Tritt, Karl Otto 421
Trofenik, Dr. Dr. Rudolf 456
Trometer, Erich 243
Türck, Erika 55
Tuijnman, P. M. 250

Überall, Manfred 233, 278, 353
Ulack, Hans J. 282
Ullrich, Dr. Wolfgang 291
Ulmer, Roland 461
Ulmer-Baur, Ingeborg 110
Unbescheid, R. K. 426
☐ Unseld, Dr. Siegfried 236, 326, 443
Urbahn, Richard 497
Urban, Ernst 465
☐ Urban, Dr. Heinz 465
☐ Urban, Michael 465
Urlau, E. 317

Namensregister

Vaeth, Ernst 127, 219, 433, 510
Varrelmann, Horst 376, 377
Veit, Martin 256
Ventzki, Jens-Jürgen 140
Vensky-Stalling, Borwin 430
Vetter, Adolf 429
Vetter, Ditlind 512
Vetter, Marga 366
Vincentz, Dr. Frank 491
Vincentz, Kurt Wolfgang 491
☐ Vinz, Curt 383, 491
Vischer, Manfred 228
☐ Visel, Curt 133, 147
Vössing, Kurt 76
Vötterle, Barbara 57
Vötterle, Hildegard 42
☐ Vötterle, DDr. Karl 57, 95, 217, 318, 431
Vogel, Dr. Friedrich 114, 402, 428
Vogel, Johannes 263
Vogel, Karl Theodor 492
Vogel, Ludwig 492
Vogel, Rudolf 102
Vogel, Dr. Susanne 428
Voggenreiter, Ernst 493
Vohl, Friedrich 168
Voigt, Henning L. 287
Voigt, Lisel 461
Voigt, Dr. Walter 278
Volk, Dr. Steffen 461
Volks, Jo 58
Vollmann, Herbert 73
☐ Vollmer, Emil 290, 495
Vollmer, Johannes 373
Vollmer, Sylvia 495
Vollpracht, Peter 256
Vosdellen, Herbert 35
Voss, Hartfrid 495
Vossen, Josef 392
Vowinckel, Elly 495
Vowinckel, Dr. Ilse 450
Vowinckel, Kurt 495

Wachholtz, Dr. Gisela 496
Wachinger, Dr. Lorenz 346
Wachinger-Langewiesche, Kristof 280
Wacker, Hermann 514
Wackers, Ferdinand 343, 421
Waetzoldt, Dr. Stephan 131
Wagner, Fritz 314
Wagner, Herbert 309
Wagner, Josef 289, 442, 443
Wagner, Karl 383
Wagner, Otto Erich 194
Wahl, Helmut 233, 241, 278, 279, 301, 353
☐ Waldbauer, Walter 357
Waldburger, Bruno 404
Walde, Gerhard 171
Waldmüller, Dr. 124
Waller, Bernd D. 389
Walter, Egon 514
Walter, Fritz 469
Walter, Irmgard 201
Walter, Wolfgang 109, 201
Wangenheim, Beate Freifrau von 492
Wangenheim, Othmar Freiherr von 492
Wanninger, Dr. Josef 58
Warweg, Christian 393
Wasmuth, Günther 498
Watzinger, Carl Hans 500
Weber, Alfred 127
Weber, G. 164
Weber, Helmut 124
Weber, Dr. Hermann 66
Weber, Karl Wilhelm 370
Weber, Dr. Rudolf 187
Wechsler, Dr. Ulrich 74, 454
Wedl, Franz 486
Wedl, Dr. Kurt 334, 486, 499
Wegner, Dr. Matthias 376, 377
Wegner, Dr. Michael 80
☐ Wehrenalp, Erwin Barth von 114, 144, 402
Wehrenalp, Uwe Barth von 114, 144, 402
Wehrle, Heyno 99
Weichert, Gisela 210, 277
☐ Weidlich, Wolfgang 499
Weidmann, Werner 470
Weidtke, Hans-Jürgen 85
Weigand, Georg 355
Weigel, Felix O. 198
Weinbrenner, Karl-Heinz 142, 262
Weinbrenner, Marta 142, 262
Weinbrenner, Dr. Rudolf 142, 262
Weinert, Dr. Heinz 106
Weinert, Hubertus 37
Weingartner, Dr. Karl 458
Weinig, Manfred 204
Weis, Alex 461
Weisner, Helge 470
Weiß, August 383
Weiß, Dr. Fritz 128
Weiss, Gerda 233, 241
Weißer, Dr. Gerda 409
Weißer, Dr. Herbert 409
Weißer, Konrad 408
Weitbrecht, Lotte 453
Weitbrecht, Richard 453
Weitbrecht, Ulrich 434
☐ Weitpert, Hans 69
Weitpert-Vogt, Hilde 69
Welke, Artur 511
Wellershoff, Dr. Dieter 253
Wellnhofer, Simon Rudolf 104
Wenderoth, Dr. Erich 370
☐ Wendorff, Rudolf 74
Wendt, Dr. Heinz F. 278
Wendt, Wilfried 75, 504
Wenzel, Dr. Heinz 187
Wepf, Heinrich 232, 233
Werb, Vinzenz 396
Werb, Dr. Volker 397
Werder, Alice 134
Werner, Fritz 503
Werner, H. E. 491
Werner, Hella 242
☐ Werner, Klaus 242, 503
Werner, Renate 210, 277
Wertmüller, Gerhard 215
Wessel, Heinz 202, 203
Westphal, Gustav 400
Westphal, Karl-Heinz 291
Weth, Dr. Rudolf 323
Wetterau, Josef 308
Wetzel, Anni 70
Wewel, Dr. Meinolf 41
Weyer, Dr. Hans 221
Weygandt, Helmut 124
Weyl, Barbara 443
Weyl, Dr. Brigitte 141, 442, 443
Weyl, Johannes 442, 443
Widmann, A. 317
Wiechmann, Peter 250
Wieckenberg, Dr. Ernst-Peter 66
Wiedermann, Karl 103
Wiegand, Dieter 175
Wielsch, Dietfried 288
Wiemer, Horst 66, 80
Wienhold, Friedrich 308
Wienke, Heinz 149
Wieser, Harald 375
Wiesner, Felix M. 485
Wild, Dr. Christoph 265

Namensregister

Wild, Dr. Heinrich 265
Wild, Dr. Stefan 265
Wilhelmi, Christoph 362
Willers, Dr. Hermann 278
Willhöft, Edgar 165, 166
Windmayer, Hans 137
Windsheimer, Dr. Hans 313
Wingen, Gerda 402
Wingen, Martha 486
Wingen, Rainer 486
Winkelheide, Josef 179
Winkler, Beda 384
Winner, Dr. Matthias 131
Winners, Dr. Heinrich 463
Winter, Dr. Carl 507
Winter, Hans 210
Winter, Helmut 35
Winter, Otto 507
Winter, Reinhold 78
Winzer, Dr. Fritz 504
Wippler, Elmar 285
Wirsching, Lotte 193
Wirsching, Dr. Paul 414
Wirsching-Seibt, Lore 414
Wirthle, Werner 419
Wißnet, Martin 393
Wistinghausen, Kurt von 464
Witte, Dr. Horst 308
Wittig, Aloys 392

☐ Wittig, Friedrich 416, 510
Wittig, Rudolf 86
Wodsak, Dr. Mechthild 114, 402
Wohlfarth, Gert 511
Wohlfarth, Hans-Eberhard 215
Wohlfarth, U. 511
Wojzich, Lothar 497
Wolff von Amerongen, Otto 156
Wolkenhauer, Albert 200
Wolter, Annette 184
Wolter, Hildegard 390
Wolz, Adolf 397
Worzelberger, Hans 484
Wulf, Annegret 83
Wunderlich, Hannelore 475
Wunderlich-Krausskopf, Karin 272
Wurm, Maria 513
Wurnitsch, Adele 463
Wurster, Ruth 199
Wyss, Gustav 513
Wyss, Hans 513

Zacheus, Elisabeth 83
Zapatka, Josef 158
Zapke, Horst 355

Zaslawski, Dr. Heinz 182
Zdychynec, Franz 481
Zebrowski, Andreas 158
Zechner, Helmut 357
Zeiffer, F. 344
Zester, Horst W. 35
Zickfeldt, Johanna 432
Zickfeldt, Dr. Kurt 432, 514
Zickfeldt jr., Kurt 432, 514
Zickfeldt, Volker 432
Ziegler, Hans 169
Ziemer, Herbert 392
Zils, Michael 474
Zimmermann, Hans 152
Zimmermann, Heinz 152
Zimmermann, Liselotte 497
Zipperle, Sigmund 470
Zitta, Dr. Rainer 468
Zittwitz, Christian Henning von 242
Zoellner, Raimund B. 339
Zoglmann, Dr. Helga 309
Zopp, Dr. Hans 76
Zorn, Dr. Gerhard 75
Zünkler, Adolf 396
Zumstein, Max 516
Zumstein, Otto 516
Zumstein, Wolfgang 516
Zwart, R. H. de 426